Scherer/Volpert

Grundlagen des Kostenrechts – RVG

Kanzleimanagement

Grundlagen des Kostenrechts – RVG

Rechtsanwaltsvergütungsgesetz

---

20. Auflage 2026

Begründet von
Dipl.-Kfm.
Michael Scherer, Hannover

Fortgeführt von
Dipl.-Rpfl.
Joachim Volpert, Düsseldorf

DeutscherAnwaltVerlag

Zitiervorschlag:
Scherer/Volpert, Grundlagen des Kostenrechts – RVG, § 1 Rn 1

Hinweis
Die Ausführungen und die Berechnungen in diesem Werk wurden mit Sorgfalt und nach bestem Wissen erstellt. Sie stellen jedoch lediglich Arbeitshilfen und Anregungen für die Lösung typischer Fallgestaltungen dar. Die Eigenverantwortung für die Formulierung von Verträgen, Verfügungen und Schriftsätzen sowie für eigene Berechnungen trägt der Benutzer. Autor und Verlag übernehmen keinerlei Haftung für die Richtigkeit und Vollständigkeit der in diesem Buch enthaltenen Ausführungen und Berechnungen.

Anregungen und Kritik zu diesem Werk senden Sie bitte an
kontakt@anwaltverlag.de
Autor und Verlag freuen sich auf Ihre Rückmeldung.

Satz: PMGi – Agentur für intelligente Medien GmbH, Hamm
Druck: Hans Soldan Druck GmbH, Essen
Umschlaggestaltung: gentura, Holger Neumann, Bochum
ISBN 978-3-8240-1788-1

Bibliografische Information der Deutschen Nationalbibliothek
Die Deutsche Nationalbibliothek verzeichnet diese Publikation in der Deutschen Nationalbibliografie; detaillierte bibliografische Daten sind im Internet über http://dnb.d-nb.de abrufbar.

Vorwort

Das vorliegende Buch ist aus der Erfahrung langjähriger Lehrtätigkeit von Herrn Dipl.-Kfm. Michael Scherer in der Berufsschule in ReNo-Fachklassen entstanden. Deshalb wurde auf eine anschauliche Darstellung des nicht immer leichten Stoffes besondere Aufmerksamkeit gerichtet. Das Ziel ist, dem Anfänger den Einstieg in diese Materie auf einem dem Lernenden angemessenen Niveau zu erleichtern, aber auch dem schon Fortgeschrittenen Hinweise für seine praktische Tätigkeit zu geben. Das Buch enthält deshalb auch eine Vielzahl von Beispielen und zahlreiche Übungsaufgaben von unterschiedlichem Schwierigkeitsgrad. Das bewährte Konzept ist die Darstellung des Stoffes mit vielen Beispielen, die alle Details der Berechnung der Gebühren für die Leserinnen und Leser nachvollziehbar aufzeigen.

Die Adressaten dieses Buches sind die Auszubildenden von Rechtsanwälten, die dieses Buch als Lernbuch für den Berufsschulunterricht und für den Unterricht in den Kanzleien sowie zum Selbststudium verwenden können. Sie sind nach Beendigung ihrer Ausbildung häufig diejenigen, die die Vergütungsrechnungen im Anwaltsbüro zu erstellen haben. Aber auch Studierenden der Rechtswissenschaften, Rechtsanwälten und Rechtspflegern soll das Buch den Einstieg in das anwaltliche Gebührenrecht ermöglichen.

Die Gliederung des Buches folgt weitgehend dem Aufbau des RVG. Dadurch wird das Nachschlagen im Buch bei der Suche nach bestimmten Erläuterungen erleichtert. Außerdem ist das auch wegen der Sachzusammenhänge im Gesetz sinnvoll. Wichtigen gebührenrechtlichen Themen wurden im Buch eigene Kapitel gewidmet. Beispielhaft seien das Mahnverfahren, das Aufforderungsschreiben, die Gebührenanrechnung oder die Zwangsvollstreckung genannt. In den Abschlussprüfungen sollen die Auszubildenden nachweisen, dass sie in der Lage sind, „Werte, Gebühren und Auslagen für Vergütungsrechnungen zu ermitteln“. Da die richtige Abrechnung von bei der Anwaltsvergütung regelmäßig vorkommenden Wertgebühren Kenntnisse der Ermittlung des Gegenstandswerts voraussetzt, nimmt auch die Darstellung der Wertermittlung den erforderlichen Raum ein.

Da das Buch dem Aufbau des RVG folgt, lassen sich die Kapitel des Buches gut in die individuellen handlungsorientierten Lernarrangements der Berufsschulen einbeziehen, die die Schulen nach dem Rahmenlehrplan der KMK vom 27.06.2014 erstellen. Dies gilt ebenso für die innerbetriebliche Ausbildung in den Rechtsanwaltskanzleien nach dem Ausbildungsrahmenplan (ReNoPat-Ausbildungsverordnung vom 27.06.2014 – BGBl. 2014 I, 1490).

Zum Beispiel enthält Lernfeld 4 des schulischen Rahmenlehrplans die Beratungshilfe, die Vergütungsberechnung unter Beachtung gebühren- und steuerrechtlicher Vorschriften, dabei unterscheiden sie Vergütungsvereinbarung und gesetzliche Vergütung. Hierzu verwendet man aus dem Buch die § 9, § 4 Rdn 2 ff., § 5 sowie § 2 Rdn 10 ff.

Dem Autodidakten wird empfohlen, beim selbstständigen Lernen die einzelnen Abschnitte des Buches in der Reihenfolge der Übungsaufgaben durchzuarbeiten. Soweit dies erforderlich ist, wurde auch auf verfahrensrechtliche Bestimmungen, insbesondere der ZPO und der StPO, eingegangen. Es dürfte klar sein, dass neben diesem Buch immer auch der Gesetzestext zur Hand zu nehmen ist.

Bei den Übungsaufgaben wurde darauf verzichtet, den vollständigen Lösungsweg zu den einzelnen Aufgaben anzugeben. Zur Selbstkontrolle werden jeweils die Endergebnisse der Aufgaben einschließlich der Umsatzsteuer und die zur Lösung zu prüfenden Paragrafen und Nummern des betreffenden Kostengesetzes angegeben.

Mein besonderer Dank gebührt Herrn Scherer, dessen Werk ich mit der 20. Auflage fortsetzen darf.

Düsseldorf, Frühjahr 2026 *Joachim Volpert*

Aus den Vorbemerkungen zur 10. Auflage

Ein wichtiger Bestandteil dieses Buches sind die Übungsaufgaben mit den Lösungen zur Selbstkontrolle. Da Kontrolle nicht schaden kann, haben meine Kolleginnen und Kollegen Sigrid Antel, Gerlinde Dietrich-Zander, Ingrid Eilers-Witt, Volker Götze und Manfred Kolf, denen hierfür Dank gebührt, die Lösungen zu den Übungsaufgaben nachgerechnet. Besonderer Dank gilt Giesela Scherer dafür, dass sie das gesamte Manuskript durchgesehen hat.

Hannover, Sommer 2004

Aus den Vorbemerkungen zur 11. Auflage

Viele Fragestellungen, die das RVG nach seinem Inkrafttreten aufgeworfen hat, sind von der Rechtsprechung bisher noch nicht gelöst worden. Es wird an den betreffenden Stellen im Buch auf solche ungeklärten Streitfragen jeweils hingewiesen. Halten Sie sich im Zweifel an die in Ihrem Gerichtsbezirk üblichen Praktiken – sofern bekannt. Giesela Scherer hat alle Beispielsrechnungen und die Lösungen der Übungsaufgaben nachgerechnet, wofür ihr Dank gebührt. Meinen Kolleginnen und Kollegen danke ich für die Hinweise zur Verbesserung dieses Buches.

Hannover, Sommer 2006

Vorbemerkungen zur 18. Auflage

Ab der 18. Auflage erscheint dieses Buch im Deutschen Anwaltverlag. Äußerlich hat es eine neue, modernere Gestaltung erhalten, aber inhaltlich ist es bei der in den vorherigen Auflagen bewährten Struktur geblieben. Die 18. Auflage ist auf dem Stand der Gesetzgebung und der Rechtsprechung vom Frühjahr 2017. Sie ist entsprechend erweitert worden.

Hannover, Frühjahr 2017

Vorbemerkungen zur 19. Auflage

Die neue Auflage ist auf dem Stand der Gesetzgebung und der Rechtsprechung bis zum 1. Januar 2021. Bereits enthalten ist das „Gesetz zur Verbesserung des Verbraucherschutzes im Inkassorecht" vom 18.12.2020, welches seit dem 1. Oktober 2021 in Kraft ist. Dieses Gesetz, das insbesondere die Geschäftsgebühr und die Einigungsgebühr neu regelt, hat zu erheblichen Änderungen im Buch geführt. Auch die Übungsaufgaben sind davon betroffen. Weiterhin bereits enthalten ist das „Gesetz zur Förderung verbrauchergerechter Angebote im Rechtsdienstleistungsmarkt", welches seit dem 1. Oktober 2021 in Kraft ist. Die Werte und die Beträge aus dem Bereich des Familien- und Unterhaltsrechts sind auf dem Stand 1. Januar 2022.

Hannover, Frühjahr 2021 *Michael Scherer*

Vorbemerkungen zur 20. Auflage

Die neue Auflage ist auf dem Stand der Gesetzgebung und der Rechtsprechung bis zum 15. Mai 2026. Enthalten ist deshalb insbesondere das „Gesetz zur Neuregelung der Vormünder- und Betreuervergütung und zur Entlastung von Betreuungsgerichten und Betreuern sowie zur Änderung des Rechtsanwaltsvergütungsgesetzes und des Justizkostenrechts (KostBRÄG 2025)" vom 07.04.2025, das am 1. Juni 2025 in Kraft getreten ist. Dieses Gesetz hat aufgrund der darin enthaltenen linearen Gebührenanhebungen und systematischen Änderungen zu erheblichen Änderungen im Buch geführt. Ferner sind die Änderungen durch das „Gesetz zur Änderung des Zuständigkeitsstreitwerts der Amtsgerichte, zum Ausbau der Spezialisierung der Justiz in Zivilsachen sowie zur Änderung weiterer prozessualer Regelungen" vom 8. Dezember 2025 berücksichtigt, soweit sie für die Anwaltsvergütung von Bedeutung sind.

Düsseldorf, Frühjahr 2026 *Joachim Volpert*

Inhaltsverzeichnis

Abkürzungsverzeichnis

→ § 3	siehe § 3 (des Buches)
Abs.	Absatz, Absätze
abzügl.	abzüglich
a. F.	alte Fassung
AG	Amtsgericht
Alt.	Alternative
Anm.	Anmerkung
ArbGG	Arbeitsgerichtsgesetz
BerHG	Beratungshilfegesetz
Beschl.	Beschluss
BGB	Bürgerliches Gesetzbuch
BRAGO	Bundesrechtsanwaltsgebührenordnung (bis 2004)
BRAO	Bundesrechtsanwaltsordnung
Buchst.	Buchstabe
bzw.	beziehungsweise
d. h.	das heißt
e. A.	einstweilige Anordnung
evtl.	eventuell
EStG	Einkommensteuergesetz
f., ff.	folgende (eine), folgende (mehrere)
FamFG	Gesetz über das Verfahren in Familiensachen und in …
FamGKG	Gesetz über Gerichtskosten in Familiensachen
Geb.	Gebühr
gem.	gemäß
GKG	Gerichtskostengesetz
GNotKG	Gerichts- und Notarkostengesetz (seit 2013)
GVG	Gerichtsverfassungsgesetz
GvKostG	Gesetz über die Kosten der Gerichtsvollzieher
GVZ	Gerichtsvollzieher
h. M.	herrschende Meinung
Hs.	Halbsatz
i. H. v.	in Höhe von
InsO	Insolvenzordnung
i. V. m.	in Verbindung mit
JVKostG	Justizverwaltungskostengesetz
KV	Kostenverzeichnis des GKG, GvKostG und JVKostG
LG	Landgericht
Lit.	Litera = Buchstabe
NJW	Neue Juristische Wochenschrift
Nr., Nrn.	Nummer, Nummern
OWiG	Gesetz über Ordnungswidrigkeiten
PKH	Prozesskostenhilfe
PPT	Pauschale für Post- und Telekommunikationsentgelte, Kommunikationspauschale
RA	Rechtsanwältin, Rechtsanwalt

RAe	Rechtsanwältinnen, Rechtsanwälte
RAen	Rechtsanwältinnen, Rechtsanwälten
RDG	Rechtsdienstleistungsgesetz
RPflG	Rechtspflegergesetz
RVG	Rechtsanwaltsvergütungsgesetz
S.	Satz
s.	siehe
StGB	Strafgesetzbuch
StPO	Strafprozessordnung
u. a.	unter anderem
u.	und
USt.	Umsatzsteuer (Mehrwertsteuer)
usw.	und so weiter
v. H.	vom Hundert
vgl., vergl.	vergleiche
VKH	Verfahrenskostenhilfe
Vorbem.	Vorbemerkung
VV	Vergütungsverzeichnis des RVG
z. B.	zum Beispiel
zz., zzt.	zurzeit
Ziff.	Ziffer (innerhalb einer Nummer des VV)
ZPO	Zivilprozessordnung
zzgl.	zuzüglich
ZV	Zwangsvollstreckung

§ 1 Die Grundlagen des Kostenrechts

A. Einführung

Das Kostenrecht wird häufig für ein schwieriges Gebiet gehalten. Die Ursache für diese Ansicht liegt zum Teil darin begründet, dass vom Anfänger nicht selten versucht wird, eine Lösung jeweils nur für den einzelnen Kostenfall zu finden, ohne den Einzelfall im Gesamtzusammenhang der Kostenvorschriften zu sehen. 1

So wird es z. B. grundsätzlich unmöglich sein, die Vergütungsrechnung eines Rechtsanwaltes nur nach einer bestimmten Nummer des Vergütungsverzeichnisses des Rechtsanwaltsvergütungsgesetzes (RVG) zu erstellen, ohne dabei zugleich die allgemeinen Vorschriften in den Paragrafen der einzelnen Abschnitte des RVG und auch die grundlegenden Wertvorschriften des 4. Abschnitts des RVG, des Gerichtskostengesetzes (GKG) und der Zivilprozessordnung (ZPO) anzuwenden.

Dieses Buch will in diesem Sinne die Grundlagen des Kostenrechts und die für das Verständnis notwendigen Zusammenhänge darstellen. Soweit dies erforderlich und im Rahmen eines Kostenbuches vertretbar ist, werden auch die für das Verständnis notwendigen Vorschriften des Verfahrensrechtes, insbesondere der ZPO und der Strafprozessordnung (StPO) in ihren Grundzügen dargelegt. Dies ist insofern bedeutsam, da Kostenrecht Folgerecht des Verfahrensrechtes ist. Das bedeutet, dass es ohne Kenntnis der Abläufe von Gerichtsverfahren zumindest in groben Zügen schwerlich möglich sein wird, die Vergütung korrekt zu berechnen.

Damit dies nicht nur graue Theorie bleibt, wird die praktische Anwendung aller behandelten Kostenvorschriften in ausführlichen Beispielen aufgezeigt. Weil praktische Tätigkeiten nicht nur theoretisch erlernt werden können und bekanntlich Übung den Meister macht, steht eine große Zahl von Übungsaufgaben im Aufgabenteil zur Verfügung. Da dieses Buch auch zum Selbststudium gedacht ist, werden zu den einzelnen Übungsaufgaben Lösungshinweise gegeben, die Sie als Denkanstöße zum Auffinden Ihres eigenen Lösungsweges betrachten sollten.

Es wurde versucht, die Darstellung auf die reinen Grundlagen zu beschränken, ohne auf jede Spitzfindigkeit aus Literatur und Rechtsprechung eingehen zu wollen. Diese Linie lässt sich jedoch nicht immer durchhalten. So gibt es auch zu in der Praxis sehr häufig auftretenden – also ganz „normalen“ – Kostenfällen eine zu beachtende umfangreiche Rechtsprechung. Diese Rechtsprechung hat in dieses Buch nur insoweit Eingang gefunden, als sie grundlegende Richtlinien hergibt. Öfter als man es glaubt, ist aber die Rechtsprechung uneinheitlich, d. h. verschiedene Gerichte fällen zu gleichen Sachfragen unterschiedliche Urteile. In solchen Fällen wurde nur die Mehrheitsmeinung dargestellt, wobei in kritischen Fällen darauf hingewiesen wird, dass die Rechtsprechung noch keine einheitliche Meinung entwickelt hat. Der Fortgeschrittene wird in diesen Fällen beim Erstellen von Kostenrechnungen die einschlägigen Kommentare heranziehen und insbesondere auch die Rechtsprechung des zuständigen Gerichts bzw. Oberlandesgerichts.

Im Folgenden sollen zunächst die unterschiedlichen Kostengesetze vorgestellt und ihre gemeinsamen Grundlagen dargestellt werden. Dazu ist auch die Klärung verschiedener Begriffe notwendig. Danach folgt eine Einführung in das RVG und in das GKG, wobei im Wesentlichen die Kosten für zivilrechtliche und strafrechtliche Sachverhalte behandelt werden.

B. Die Kostengesetze

2 Die vier **wichtigsten Kostengesetze** sind:

- das **Gerichtskostengesetz (GKG)**, welches die Gerichtskosten, insbesondere für den Zivilprozess, sonstige zivilprozessuale Verfahren (aus dem Bereich der streitigen Gerichtsbarkeit), den Strafprozess, sowie insbesondere wichtige Streitwertvorschriften enthält,
- das **Gesetz über Gerichtskosten in Familiensachen (FamGKG)**, welches die Gerichtskosten und die Verfahrenswertvorschriften in Familiensachen und in Angelegenheiten der freiwilligen Gerichtsbarkeit bestimmt,
- das **Gerichts- und Notarkostengesetz (GNotKG)**, welches die Kosten in Angelegenheiten der freiwilligen Gerichtsbarkeit bestimmt, soweit sie nicht im FamGKG geregelt sind, und für Gerichte und Notare gilt,
- das **Rechtsanwaltsvergütungsgesetz (RVG)**, welches die Vergütung für die Tätigkeit der Rechtsanwälte regelt.

3 Weitere Gesetze, die Kostenbestimmungen enthalten, sind:

- die **Zivilprozessordnung (ZPO)**, welche in den §§ 3 bis 9 Vorschriften über den Wert des Streitgegenstands enthält, die zum Teil auch für den Streitwert der Gerichtsgebühren des GKG gelten, sowie wichtige Bestimmungen darüber, welche Partei nach einem gerichtlichen Verfahren die Kosten des Rechtsstreits zu tragen hat,
- das **Gerichtsvollzieherkostengesetz (GvKostG)**, welches die Gebühren und Auslagen für die Amtshandlungen der Gerichtsvollzieher regelt,
- das **Justizvergütungs- und -entschädigungsgesetz (JVEG)**, welches die Entschädigung von Zeugen und von ehrenamtlichen Richtern (z. B. Schöffen) für ihren Verdienstausfall und von Sachverständigen, Übersetzern und Dolmetschern für ihre Leistungen sowie für alle Personen Aufwandsentschädigungen und den Ersatz von Reisekosten bestimmt,
- das **Justizverwaltungskostengesetz (JVKostG)**, welches für die Erhebung von Kosten (Gebühren und Auslagen) durch die Justizbehörden des Bundes in Justizverwaltungsangelegenheiten gilt.

Diese Aufzählung ist nicht vollständig.

Merke:

Das Kostenrecht umfasst die Rechtsvorschriften, nach denen der Staat die Abgaben für die Inanspruchnahme der Gerichte bestimmt, nach denen Rechtsanwälte und Notare ihre Gebührennoten schreiben, nach denen Gerichtsvollzieher ihre Kosten berechnen und nach denen Zeugen, Sachverständige, Schöffen, Handelsrichter usw. entschädigt werden. Wichtige Kostengesetze sind RVG, GKG, FamGKG und GNotKG.

Hinweis:

Leserinnen und Leser werden dieses Buch nur dann wirklich nutzen können, wenn sie die herangezogenen Rechtsvorschriften jeweils in den Gesetzen nachlesen. Alle hier besprochenen Gesetze lassen sich z. B. in der Gesetzessammlung „Habersack (früher „Schönfelder“): Deutsche Gesetze“ auffinden. Diese, oder eine andere Gesetzessammlung, sollte deshalb neben diesem Buch bereitliegen.

C. Der Kostenbegriff

Mit dem in den verschiedenen Kostengesetzen verwendeten Begriff „Kosten" ist **nicht** der Kostenbegriff im wirtschaftlichen Sinne gemeint, den die Betriebswirtschaftslehre definiert als: „Verbrauch an Gütern und Dienstleistungen, der zur Hervorbringung einer betrieblichen Leistung erforderlich ist." 4

Kosten im Sinne der Justiz sind 5

- die Abgaben, die der Staat für die Inanspruchnahme der Gerichte fordert, also die so genannten **Gerichtskosten**,
- aber auch die Aufwendungen, die einer Partei für die Inanspruchnahme der Leistungen eines Rechtsanwalts, eines Notars oder eines Gerichtsvollziehers entstehen, also **außergerichtliche Kosten**,
- weiterhin die eigenen Aufwendungen, die einer Partei oder einem Beteiligten bei der Durchführung eines gerichtlichen Verfahrens entstehen, wozu z. B. Reisekosten und Entschädigungen für Zeitversäumnis bei Wahrnehmung eines gerichtlichen Termins gehören (§ 91 Abs. 1 ZPO, § 464a Abs. 2 StPO), was ebenfalls **außergerichtliche Kosten** sind.

Die Kostengesetze und die die gerichtlichen Verfahren regelnden Gesetze (StPO, ZPO, FamFG usw.) behandeln die außergerichtlichen Kosten teilweise unterschiedlich, sodass im Einzelfall zu prüfen ist, was gemeint ist, wenn das Gericht die „Kosten des Verfahrens", die „notwendigen Auslagen" oder die „Kosten des Rechtsstreits" einem der Beteiligten auferlegt. 6

> *Beispiel:*
>
> In § 464a Abs. 1 StPO werden in Strafsachen als Kosten des Verfahrens nur die Gebühren und Auslagen der Staatskasse definiert, wogegen nach § 91 ZPO im Zivilprozess zu den Kosten des Rechtsstreits auch die außergerichtlichen Kosten der Partei gehören. Notwendige Auslagen sind in Strafsachen gemäß § 464a Abs. 2 StPO insbesondere auch die Entschädigung für eine notwendige Zeitversäumnis nach den Vorschriften, die für die Entschädigung von Zeugen gelten, und die Gebühren und Auslagen eines Rechtsanwalts, soweit sie nach § 91 Abs. 2 ZPO zu erstatten sind.

In gerichtlichen Verfahren regelt das jeweilige Verfahrensrecht erstens, wer die Kosten des Verfahrens zu tragen hat, und zweitens auch den Gang des Verfahrens, in dem der Betrag der notwendigen Kosten festgesetzt wird, die ein Beteiligter einem anderen zu erstatten hat (vgl. §§ 91 ff., 103 ff. ZPO, §§ 464 ff. StPO). Siehe dazu weiter unten die Kapitel über „Kostentragungspflicht" und „Kostenfestsetzung".

> **Merke:**
>
> Der Kostenbegriff der Justiz umfasst im Regelfall gerichtliche und außergerichtliche Kosten. Bei gerichtlichen Verfahren regelt das Verfahrensrecht, wer die Kosten zu tragen hat und wie diese Kosten festgesetzt werden.

Die **Kosten werden in den einzelnen Kostengesetzen in Gebühren und Auslagen unterteilt**, vgl. jeweils § 1 Abs. 1 S. 1 GKG, FamGKG, GNotKG, GvKostG und JVKostG. Für die Anwaltsvergütung gilt das ebenfalls, § 1 Abs. 1 S. 1 RVG. Gebühren sind Kosten, die pauschal erhoben werden, ohne dass ein Zusammenhang mit dem entstandenen tatsächlichen Aufwand des Gerichts, des Rechtsanwalts oder des Notars besteht. Neben den Gebühren werden für gesetzlich genau bestimmte Aufwendungen Auslagen erhoben, die teilweise als Barauslagen nachgewiesen und ersetzt werden (z. B. Vergütungsverzeichnis Nrn. 7004 und 7006 RVG) oder die ihrerseits wieder pauschalisiert sind und damit den Gebühren angenähert sind (z. B. Vergütungsverzeichnis Nrn. 7000 und 7

7002 RVG). Auslagen und Aufwendungen werden dem RA nur mandatsbezogen ersetzt. Das ergibt sich aus Vorbemerkung 7 Abs. 1 S. 1 des VV RVG, wonach mit den Gebühren auch die allgemeinen Geschäftskosten entgolten werden.

Übersicht: Der Kostenbegriff

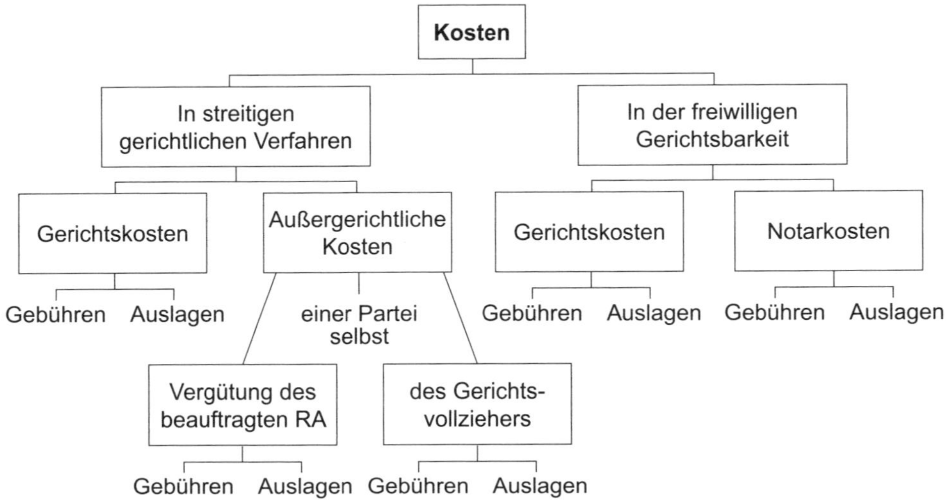

> **Merke:**
>
> Kosten werden in Gebühren und Auslagen unterteilt.

8 Das RVG kennt noch eine Besonderheit: In dessen § 1 wird nicht von Kosten gesprochen, sondern davon, dass der Rechtsanwalt für seine Berufstätigkeit eine **Vergütung** erhält, die aus Gebühren und Auslagen besteht. Konsequenterweise erstellt der Rechtsanwalt für seine Tätigkeit keine Kostenrechnung, sondern gemäß § 10 RVG eine **Vergütungsrechnung**. Der Grund dafür ist darin zu sehen, dass nur der Rechtsanwalt eine privatrechtliche Entlohnung für seine Dienste erhält.

9 Gerichte, Gerichtsvollzieher und Notare werden dagegen nicht aufgrund privatrechtlicher Verträge tätig, sondern im Rahmen des öffentlichen Rechts, sodass der Gesetzgeber hier wohl für eine Unterscheidung auch im Kostenbegriff sorgen wollte. In diesen Fällen sprechen die Gesetze von **Kosten**, die sich aus Gebühren und Auslagen zusammensetzen (§ 1 Abs. 1 GKG, § 1 Abs. 1 GNotKG, § 1 GvKostG), sodass nach diesen Gesetzen **Kostenrechnungen** erstellt werden (§ 19 GKG, § 18 FamGKG, §§ 18, 19 GNotKG, § 5 GvKostG). Da sowohl die „Vergütung" des Rechtsanwalts nach dem RVG als auch die „Kosten" nach den anderen Gesetzen sich aus Gebühren und Auslagen zusammensetzen, werden die Begriffe Vergütung und Kosten insofern gleichwertig benutzt.

> **Merke:**
>
> Gerichte, Gerichtsvollzieher und Notare erstellen Kostenrechnungen, wogegen Rechtsanwälte Vergütungsrechnungen fertigen.

I. Der Gebührenbegriff

10 Der Begriff Gebühr steht im öffentlichen und im privaten Recht für eine pauschale Abgeltung von Leistungen, ohne dass es auf den Aufwand ankommt, der zur Erbringung dieser Leistung notwen-

dig ist. Der Gesetzgeber will dem Bürger durch die pauschale Berechnung der Gebühren die Durchsetzung seiner Rechtsansprüche finanziell erschwinglich machen.

Würden die Kosten eines Prozesses nach dem getriebenen Aufwand des Gerichts und der prozessbevollmächtigten Rechtsanwälte ermittelt, also etwa nach der Anzahl der Sitzungstermine und der ausgetauschten Schriftsätze, so könnte ein Prozess z. B. wegen eines Mangels an einem gekauften Fernsehgerät im Wert von 500 Euro wesentlich teurer werden als ein Prozess wegen eines geplatzten Wechsels über 500.000 Euro, in dem schon nach einem Verhandlungstermin das Urteil ergeht. Würde für jede einzelne Handlung des Gerichts oder der Rechtsanwälte jeweils eine Gebühr berechnet, so wären die Kosten eines Prozesses für den Recht suchenden Bürger im Voraus nicht kalkulierbar, sodass er vermutlich auf die Geltendmachung seiner Rechte verzichten würde.

Da unsere Kostengesetze im Wesentlichen aber **Pauschgebühren** vorschreiben, kann jeder ziem- 11
lich genau die Kosten eines auf ihn zukommenden Prozesses berechnen und danach entscheiden, ob er sich auf dieses Kostenrisiko einlassen will, oder lieber versuchen sollte, den Prozess z. B. durch außergerichtliches Verhandeln mit dem Gegner abzuwenden.

Dieses System der Verfahrenspauschgebühren führt aber andererseits auch zu einer erheblichen Vereinfachung der Gebührenberechnung, was insbesondere für Leser, die sich zum ersten Mal mit dem Kostenrecht beschäftigen, eine gewisse Beruhigung sein dürfte. Zur Erleichterung der Gebührenabrechnung werden in den Kostengesetzen nämlich Bagatellgebühren für einzelne Tätigkeiten weitgehend vermieden.

Folgende **Gebührenarten**, die nachstehend noch ausführlich dargestellt werden, lassen sich unter- 12
scheiden: Pauschgebühren, Wertgebühren, Rahmengebühren, Festgebühren.

Übersicht: Gebührenarten

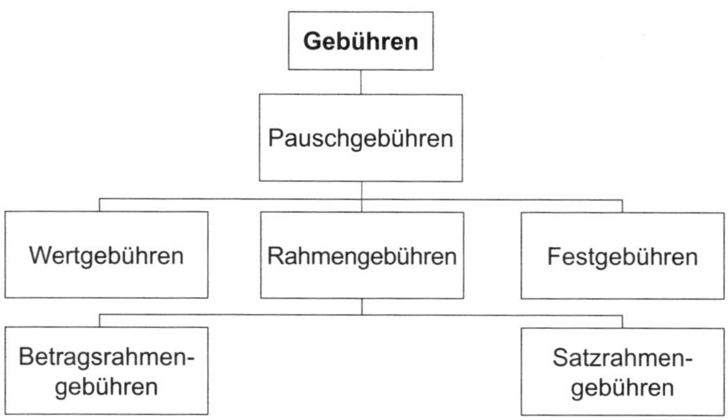

1. Pauschgebühren

Pauschgebühren entstehen für die Inanspruchnahme der Gerichte, Notare, Rechtsanwälte und Ge- 13
richtsvollzieher. Was Pauschgebühren sind, macht man sich am anschaulichsten im Vergleich zu einer Handwerkerrechnung klar: Die Höhe dieser Rechnung wird abhängig sein von der Mühe und dem Aufwand, die der Handwerker bei der Ausführung seiner Arbeiten hatte, was insbesondere bedeutet, dass er jede einzelne Arbeitsstunde aufschreibt und berechnet, die z. B. zur Reparatur eines Autos notwendig war. Würde man dagegen die Pauschgebühren der Justiz auf dieses Werkstattbeispiel übertragen, so könnte dies zur Folge haben, dass der Preis für die Reparatur eines Au-

tos sich pauschal nach dessen Wert bestimmen würde, ohne Rücksicht darauf, ob nur ein Tropfen Öl fehlt, oder ob der Motor ausgetauscht werden muss. Die Reparatur eines teuren Autos wäre damit immer kostspielig, die eines billigen Autos dagegen preiswert.

Das System der Pauschgebühren in der Justiz bezweckt genau dies. Für den Recht suchenden Bürger soll ein Prozess über einen Gegenstand mit niedrigem Wert auch dann finanziell tragbar sein, wenn er einen hohen Aufwand erfordert, wogegen ein Prozess wegen eines hohen Streitwertes immer auch im Voraus kalkulierbare höhere Kosten verursacht. Dem liegt der Gedanke zugrunde, dass die Durchsetzung des Rechts nicht an unverhältnismäßig hohen Kosten scheitern sollte.

14 **Pauschgebühren** werden für bestimmte Verfahrensabschnitte oder für bestimmte Handlungen erhoben, jedoch grundsätzlich nur einmal für den gesamten Verfahrensabschnitt oder die gesamte Handlung vom Anfang bis zum Ende. Unerheblich ist, welcher Arbeitsaufwand und welche Mühe im Einzelnen damit verbunden sind. So wird z. B. nicht jede einzelne Tätigkeit eines Rechtsanwalts (jedes einzelne Schreiben, jede einzelne Besprechung mit dem Mandanten, jedes einzelne Auftreten vor Gericht) vergütet, sondern er erhält nur Gebühren für das Verfahren insgesamt. Die Gerichtsgebühr in den meisten Zivilprozessen in erster Instanz besteht regelmäßig aus einer einzigen Verfahrensgebühr in dreifacher Höhe – ohne Rücksicht auf die Anzahl der Verhandlungstermine.

15 Eine Ausnahme davon bilden die insbesondere im RVG vorkommenden **Rahmengebühren**, bei denen es zulässig ist, im Einzelfall unter anderem auch den Umfang und die Schwierigkeit der anwaltlichen Tätigkeit in der Höhe der zu berechnenden Gebühr zu berücksichtigen (siehe unten unter Rdn 31 f.: Rahmengebühren).

Hinweise auf den Pauschcharakter der Gebühren finden sich in den Kostengesetzen in den §§ 15, 16 ff. und insbesondere § 19 RVG, in § 35 GKG und in § 93 Abs. 1 GNotKG.

16 Was an den **Pauschgebühren** der vom Gesetzgeber gewünschte Vorteil für den Bürger ist, dass er bei niedrigen Gegenstandswerten relativ niedrige Gebühren zahlen muss, ist ein gewisser Nachteil für Gerichte, Notare und Rechtsanwälte. So sind Prozesse wegen niedriger Streitwerte normalerweise genauso arbeitsintensiv wie Prozesse, in denen es um hohe Streitwerte geht. Ein Rechtsanwalt wird folglich bei einem Prozess wegen eines niedrigen Streitwertes kaum eine Entlohnung erhalten, die seinem Arbeitsaufwand gerecht wird. Dafür erhält er bei einem anderen Prozess wegen eines hohen Wertes eine höhere Entlohnung als seinem Arbeitseinsatz entsprechen würde. Der Gesetzgeber geht davon aus, dass in der Praxis eine solche Mischung von hohen und niedrigen Gegenstandswerten vorkommt, die die hohen und die niedrigen Gebühren einander ausgleichen lässt, sodass insgesamt für die berufliche Tätigkeit der Rechtsanwälte und Notare ausreichende Gebühren anfallen. Dies gilt übrigens nicht für die Gerichte, die ihre Kosten durch die Gebühreneinnahmen nur zu einem Teil decken; den Rest trägt dort der Steuerzahler.

2. Wertgebühren

a) Berechnung der Wertgebühren

17 Die meisten Gebühren richten sich in ihrer Höhe nach dem zugrunde liegenden Gegenstandswert, Streitwert, Verfahrenswert oder Geschäftswert, weshalb man sie **Wertgebühren** nennt. Die unterschiedlichen Begriffe für den Wert meinen alle dasselbe, jedoch wird der Wert in den einzelnen Kostengesetzen unterschiedlich bezeichnet (siehe § 2 Abs. 1 RVG, § 3 Abs. 1 GKG, § 3 Abs. 1 FamGKG, § 3 Abs. 1 GNotKG).

> **Merke:**
>
> Die einzelnen Kostengesetze benutzen unterschiedliche Bezeichnungen für den Wert:
>
> Das RVG nennt ihn Gegenstandswert.
>
> Das GKG nennt ihn Streitwert.
>
> Das FamGKG nennt ihn Verfahrenswert.
>
> Für die Notare nennt das GNotKG ihn Geschäftswert.

Um die **Höhe einer Wertgebühr** feststellen zu können, muss

(1) erst einmal der **Wert** der Angelegenheit ermittelt werden. Dies ist häufig kein Problem, da er z. B. durch den eingeklagten Geldbetrag vorgegeben ist. In anderen Fällen ist die Wertermittlung nicht ganz so einfach, sodass hierfür ein größeres Kapitel in diesem Buch vorgesehen ist. 18

Aus dem Wert der Angelegenheit ergibt sich jedoch nicht direkt die jeweilige Gebühr. Dazu sind noch zwei weitere Schritte notwendig:

(2) Man muss die Rechtsvorschrift finden, die für den jeweiligen Gebührentatbestand eine Gebühr entstehen lässt. Normalerweise enthält die betreffende Rechtsvorschrift nun aber keine Gebühr in Euro, sondern einen Gebührensatz. Dieser **Gebührensatz** kann eine volle Gebühr (= 1,0) entstehen lassen, aber auch eine höhere oder niedrigere Gebühr (z. B. 1,3 oder 0,8). Es sind auch Gebührensätze von z. B. 0,65 oder 0,75 möglich. Durch diese Festlegung des Gebührensatzes versucht der Gesetzgeber vor allem, dem Umfang und der Schwierigkeit der Sache gerecht zu werden, sodass für erfahrungsgemäß umfangreichere und schwierigere Tätigkeiten ein höherer Gebührensatz festgelegt ist und für einfachere Tätigkeiten ein niedrigerer. 19

(3) Mit Hilfe des Wertes und des Gebührensatzes ergibt sich die konkrete Gebühr in Euro nun aus der dem jeweiligen Kostengesetz beigefügten **Gebührentabelle**. Aus dieser Tabelle liest man den Betrag der vollen Gebühr nach dem Wert („Wert bis zu (...) Euro") ab. Hat man keine volle Gebühr zu berechnen, so muss man den aus der Tabelle abgelesenen Betrag noch mit dem Gebührensatz multiplizieren. Die errechnete Gebühr ist dann nach der üblichen kaufmännischen Rundungsregel auf volle Cent zu runden. 20

> *Beispiel:*
>
> Ein Rechtsanwalt erhält eine 0,3 Gebühr nach einem Wert von 1.000,00 €. Aus der dem RVG anliegenden Tabelle Anlage 2 zu § 13 RVG lesen wir in der Wertstufe bis 1.000,00 € eine volle Gebühr von 93,00 € ab. Wir rechnen 93,00 € x 0,3 = 27,90 € und haben damit die dem Rechtsanwalt konkret erwachsene Gebühr ermittelt. Die Berechnung ist also einfach. Hilfreich sind aber in der Praxis Tabellenwerke, die für alle Gebührensätze die ausgerechneten Gebühren enthalten (z. B. Schwarzwälder Gebührentabelle).

Da Rechtsangelegenheiten bzw. gerichtliche Instanzen nach dem RVG in der Regel gebührenrechtlich in mehrere Tätigkeitsbereiche eingeteilt sind, können in einer Angelegenheit bzw. Instanz für den Rechtsanwalt mehrere verschiedene Gebühren nebeneinander entstehen, die durchaus auch nach unterschiedlichen Gebührensätzen berechnet werden können. So erhält ein Rechtsanwalt z. B. in einem Zivilprozess in erster Instanz regelmäßig insgesamt 2,5 Gebühren (eine 1,3 Verfahrensgebühr nach Nr. 3100 VV RVG und eine 1,2 Terminsgebühr nach Nr. 3104 VV RVG). 21

Für die Gerichtskosten gilt dagegen nach dem GKG, dass für ein Verfahren nur eine einzige Gebühr entsteht, so z. B. für den Zivilprozess in erster Instanz eine 3,0 Verfahrensgebühr nach Nr. 1210 KV GKG oder in der Berufungsinstanz eine 4,0 Verfahrensgebühr nach Nr. 1220 KV GKG. 22

Merke:

Die Höhe einer Wertgebühr wird in vier Schritten ermittelt:
(1) Wert der Angelegenheit feststellen (eigentlich der schwierigste Schritt!)
(2) Gebührensatz ermitteln
(3) Betrag der vollen Gebühr aus Tabelle ablesen
(4) Volle Gebühr mit dem jeweiligen Gebührensatz malnehmen

Hinweis:

Die Gebührentabelle des FamGKG entspricht der Gebührentabelle des GKG.

23 In Strafsachen richten sich die Gerichtsgebühren nicht nach einem Wert, sondern nach der Höhe der rechtskräftig erkannten Strafe (siehe Kostenverzeichnis, Vorbemerkung 3.1, Abs. 1 GKG).

Anmerkung:

Allerdings richten sich nur die Gerichtsgebühren nach der Höhe der Strafe, nicht die Gebühren des Verteidigers nach dem RVG, die erstens, von Ausnahmen in Nrn. 4142 – 4144 VV RVG abgesehen, keine Wertgebühren, sondern Rahmengebühren sind und zweitens sich im Wesentlichen danach richten, vor welchem Gericht und in welcher Instanz der Strafprozess stattfindet (Nrn. 4106 ff. VV RVG).

b) Die Degression der Gebührentabellen

24 Die den Kostengesetzen anliegenden **Gebührentabellen sind degressiv** aufgebaut. Degressiv heißt abnehmend, sich stufenweise vermindernd. Gemeint ist damit: Je höher der Wert ist, nach dem eine Gebühr zu berechnen ist, desto niedriger wird die Gebühr im Verhältnis zum Wert. Oder anders ausgedrückt: Die Gebühren steigen bei niedrigen Werten schneller als bei hohen.

Beispiel:

Bei einem Wert von 500,00 € beträgt die volle Gebühr nach der Tabelle des GKG 40,00 €. Bei einem Wert von 5.000,00 € beträgt sie nicht, wie zu erwarten wäre, das Zehnfache, also 400,00 €, sondern nur 170,50 €. Bei einem Wert von 50.000,00 € beträgt sie weder 4.000,00 € noch 1.705,00 €, sondern nur 638,00 €. Bei einem Wert von 500.000,00 € beträgt die Gebühr weder 40.000,00 € noch 17.050,00 €, noch 6.380,00 €, sondern nur 4.138,00 €. Das Beispiel lässt deutlich erkennen, dass die Gebühren nicht entsprechend mit den Werten steigen.

25 Dass bei niedrigen Werten die Gebühren vergleichsweise höher sind als bei den hohen Werten, hängt damit zusammen, dass alle Verfahren normalerweise den gleichen Arbeitsaufwand erfordern, unabhängig vom Wert, um den es dabei geht. Obwohl der Gesetzgeber wünscht, dass auch Prozesse wegen niedriger Streitwerte für den Bürger noch finanzierbar sind, hält er es doch für gerecht, dass auch bei den niedrigen Streitwerten noch ein gewisser Teil des entstehenden Aufwandes bei Gericht und bei den Rechtsanwälten abgedeckt wird. Man darf sich dabei natürlich nicht wundern, wenn bei Zivilprozessen wegen niedriger Streitwerte bereits in der ersten Instanz die Prozesskosten für das Gericht und zwei Rechtsanwälte insgesamt fast so hoch sind wie der Streitwert oder ihn sogar übersteigen. Andererseits „subventionieren“ die Verfahren wegen hoher Werte sozusagen die Verfahren wegen niedriger Werte.

Beispiel:

Zivilprozess wegen eines Streitwertes von 400,00 € in erster Instanz. Beide Parteien sind durch Rechtsanwälte vertreten. Es entsteht eine dreifache Gerichtsgebühr in Höhe von 120,00 €, sowie für jeden Rechtsanwalt 2,5 mal 51,50 € zuzüglich 20,00 € Auslagenpauschale und 28,26 € USt., also zusammen 177,01 €. Die Prozesskosten insgesamt betragen also 120,00 € + 2 x 177,01 € = 474,03 €. Alleine in der ersten Instanz übersteigen die Kosten also schon den Streitwert.

Bei einem Wert von 1.000,00 € würden die in gleicher Weise berechneten Prozesskosten dagegen nur noch 783,95 € betragen und damit den Streitwert bereits unterschreiten. Bei einem Wert von 10.000,00 € entstünden Prozesskosten von sogar nur noch 4.776,00 €. Für die Berechnung der voraussichtlichen Prozesskosten können zur Erleichterung in der Praxis ebenfalls Tabellenwerke herangezogen werden (z. B. Gesamtkostentabelle).

Es sei an dieser Stelle der Hinweis gestattet, dass dies nicht nur eine theoretische Spielerei ist, sondern dass die **Degression** der Gebührentabelle ein bei vielen Kostenrechnungen zu beachtender Faktor ist. Dies ist immer dann der Fall, wenn von Teilbeträgen eines Gegenstandswertes gleichartige Gebühren berechnet werden. Diese Gebühren werden dann nach den niedrigen Wertteilen aus der Tabelle abgelesen, was zu vergleichsweise hohen Gebühren führt, die, wenn man sie zusammenrechnet, zur Folge haben, dass die Summe der Gebühren höher ist, als wenn man eine Gebühr nach dem Wert insgesamt berechnet hätte. Auf diesen letzteren Gebührenbetrag sind dann die Gebühren für die Wertteile zu kappen. Sie werden sich noch später nach § 15 Abs. 3 RVG ausgiebig mit dieser Problemstellung beschäftigen. **26**

Beispiel:

In einem Prozess lautet die Klage über einen Streitwert von 1.000,00 €. Die Gerichtskostenvorauszahlung für die (dreifache) Verfahrensgebühr beträgt 183,00 €. Später erweitert der Kläger die Klageforderung um 500,00 € auf 1.500,00 €. Wegen der zusätzlichen 500,00 € wäre nun eine weitere Gerichtskostenvorauszahlung nach der Tabelle von 120,00 € fällig. Wäre aber die Klage von Anfang an über 1.500,00 € eingereicht worden, so wäre nur eine Vorauszahlung von 246,00 € einzuzahlen gewesen. Die wegen der 500,00 € nach § 12 Abs. 1 S. 2 GKG einzuzahlende weitere Vorauszahlung darf wegen §§ 35, 39 Abs. 1 GKG nur 63,00 € betragen, da die 246,00 € nach dem gesamten Wert die Obergrenze darstellen (183,00 € + 63,00 € = 246,00 €).

Diese Überlegungen spielen z. B. eine Rolle bei § 36 Abs. 2, Abs. 3 GKG, § 30 Abs. 3 FamGKG und § 15 Abs. 3 RVG (vgl. § 2 Rdn 135 f.) sowie auch bei § 22 Abs. 1 RVG.

c) Vergleich der vollen Gebühren der wichtigen Kostengesetze

27

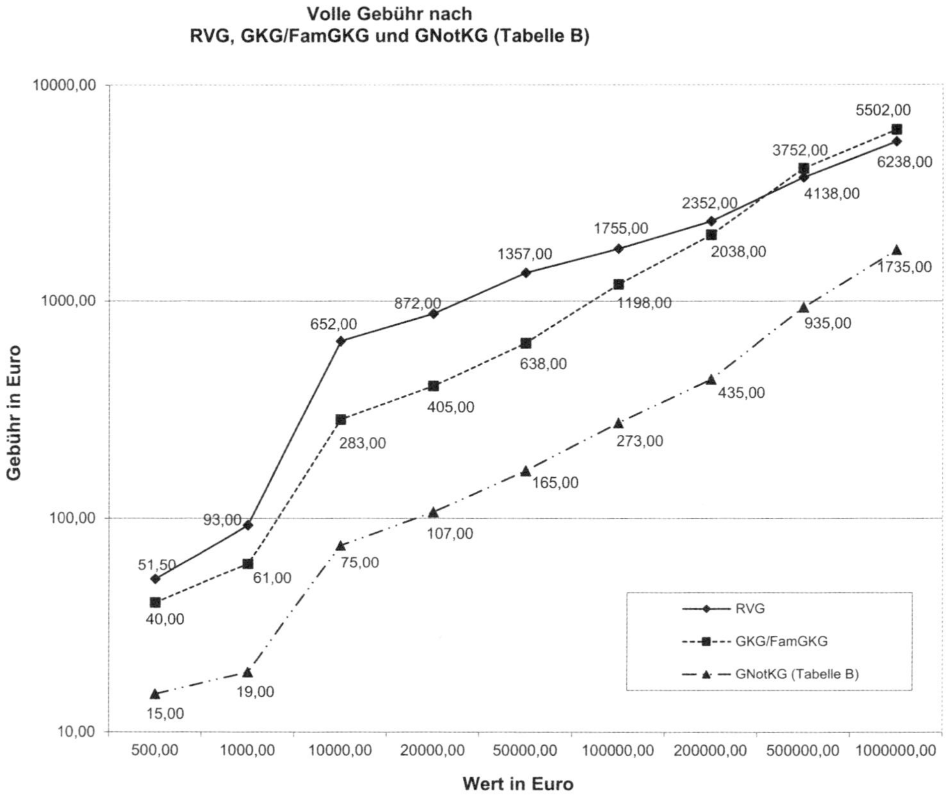

Abbildung 1

28 In **Abbildung 1** werden die Gebühren aus den Tabellen (Gebührensatz jeweils 1,0) des GKG (FamGKG), des RVG und des GNotKG (Tabelle B für Notare) grafisch einander gegenübergestellt. Es wird dabei deutlich,

- dass die Gebühren des GKG (das FamGKG sowie das GNotKG (Tabelle A) enthalten die gleiche Tabelle) fast immer unter denen des RVG liegen,
- dass bei Werten bis zu circa 320.000 Euro die Gebühren des RVG teilweise erheblich über denen des GKG liegen; über einem Wert von 320.000 Euro ist die 1,0 Gebühr des GKG höher als die 1,0 Gebühr nach dem RVG,
- dass die Gebühren des GNotKG (Tabelle B) bei gleichen Werten erheblich niedriger sind als die Gebühren nach Tabelle A, nach RVG und nach GKG (FamGKG). Allerdings lassen sich die Gebühren des GNotKG (Tabelle B) so nicht direkt mit den Gebühren nach dem RVG und nach dem GKG vergleichen, da das GNotKG die optisch niedrigeren Gebühren teilweise durch höhere Geschäftswerte und durch höhere Gebührensätze ausgleicht.

29 Aus Abbildung 1 lässt sich wegen der durch die Kostengesetze vorgegebenen Wertstufen nicht ohne weiteres erkennen, dass die Gebühren bei niedrigen Werten stärker als bei höheren Werten steigen. Dies lässt sich aber aus Abbildung 2 ablesen.

Volle Gebühr in Prozent vom Wert nach RVG, GKG/FamGKG und GNotKG (Tabelle B)

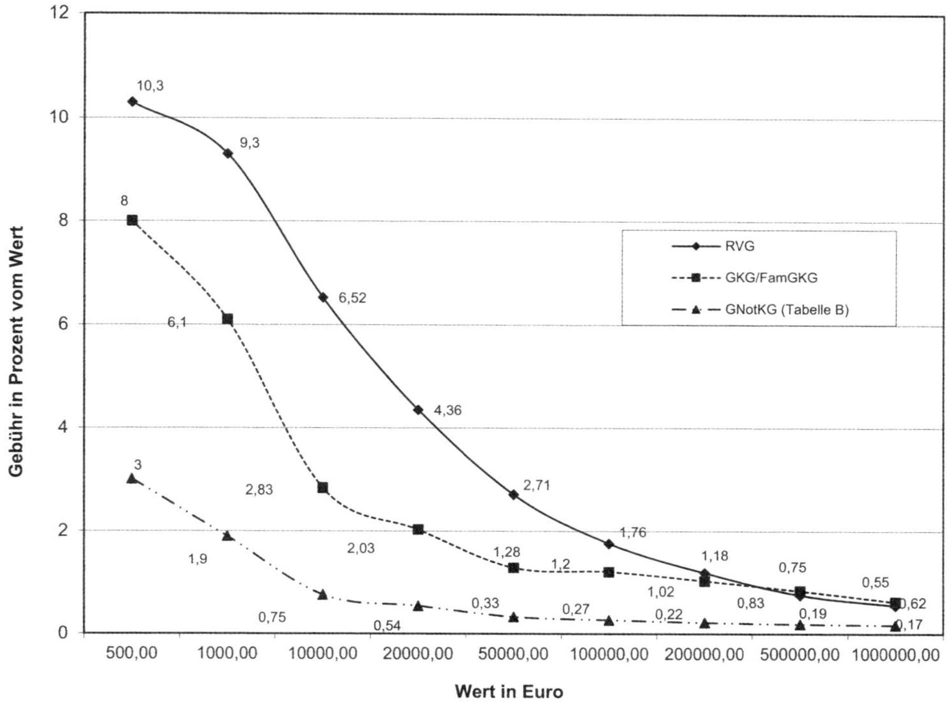

Abbildung 2

In **Abbildung 2** wird die **Degression** der Gebührentabellen der drei Kostengesetze (GKG, RVG und Tabelle B des GNotKG) aufgezeigt. Die Tabellen des GKG und des FamGKG sowie Tabelle A des GNotKG sind identisch. Es wird in dieser Abbildung dargestellt, wie hoch die Gebühren in Abhängigkeit des Wertes sind, jeweils ausgedrückt in Prozent des Wertes. Man kann also bei dieser Darstellungsweise ablesen, wie viel Prozent des Wertes an das Gericht, den Rechtsanwalt oder den Notar für eine volle Gebühr zu zahlen sind. Dabei ist deutlich erkennbar, 30

- dass die Gebühren bei den niedrigen Werten verhältnismäßig höher sind gegenüber den hohen Werten und
- dass bei Werten bis zu etwa 50.000 Euro die Gebühren insbesondere des RVG verhältnismäßig stark absinken,
- wogegen die Gebühren oberhalb der Werte von etwa 50.000 Euro nur noch ganz leicht sinken,

womit die **Degression der Gebührentabellen** erklärt ist.

Beispiele:

Es werden zwei Zivilprozesse mit unterschiedlichen Streitwerten geführt. In jedem dieser Prozesse entstehen drei volle Gebühren für das Gericht nach dem GKG und für jeden der beiden beteiligten Rechtsanwälte jeweils insgesamt 2,5 volle Gebühren, also für beide Anwälte zusammen fünf Gebühren nach dem RVG. Wir verwenden Abbildung 2, um die Gebühren in Prozent vom Streitwert zu ermitteln und somit für jede Partei das Risiko aufzuzeigen, wie viel Geld sie neben dem eigentlichen Streitgegenstand an Kosten verlieren kann, wenn sie den Prozess verliert. Auslagen und die USt. bleiben unberücksichtigt.

(1) Streitwert 10.000 Euro. An Gerichtsgebühren entstehen 3 x 2,83 % des Wertes, also 8,49 %. Die Anwaltsgebühren betragen 5 x 6,52 %, das sind 32,60 %. Insgesamt wird dieser Prozess also 41,09 % des Streitwertes kosten (ohne Auslagen und Umsatzsteuer).

(2) Streitwert 1 Mio. Euro. An Gerichtsgebühren entstehen 3 x 0,59 % des Wertes, also 1,87 %. Die Anwaltsgebühren betragen 5 x 0,55 %, das sind 2,75 %. Insgesamt wird dieser Prozess also nur 4,62 % des Streitwertes kosten (ohne Auslagen und Umsatzsteuer).

Der Prozess wegen des höheren Streitwertes von 1 Mio. Euro ist also vergleichsweise billiger zu führen. Gäbe es keine Degression der Gebührentabellen, wären die Kosten für diesen zweiten Prozess um ein Vielfaches höher. Sie sollten die vorstehenden Überlegungen einmal anhand der Gebührentabellen nachprüfen.

Merke:

Unter der **Degression** der Gebührentabellen versteht man, dass die Gebühren bei niedrigen Werten vergleichsweise höher sind als bei höheren Werten.

Dies hat oft eine große praktische Bedeutung, wenn Gebühren von Teilbeträgen eines Wertes zu berechnen sind.

3. Rahmengebühren

31 Neben den Wertgebühren werden insbesondere im RVG auch **Rahmengebühren** verwendet. Bei dieser Art von Gebühren ist ein Rahmen durch eine **Mindest-** und eine **Höchstgrenze** abgesteckt. Im Einzelfall erfolgt dann die Bemessung der Gebühr innerhalb des Rahmens nach den Gesamtumständen des Falles, insbesondere nach der Bedeutung und dem Umfang der Sache, der Schwierigkeit der Tätigkeit und nach Maßgabe der Vermögens- und Einkommensverhältnisse des Auftraggebers und im Hinblick auf ein besonderes Haftungsrisiko des RA nach billigem Ermessen (vgl. § 14 Abs. 1 RVG, § 92 Abs. 1 GNotKG; siehe auch § 2 Rdn 108 ff.). Billiges Ermessen heißt, dass bei der Bestimmung der Gebühr im Einzelfall **alle** Umstände **angemessen** zu berücksichtigen sind, wobei auch die in anderen gleichartigen Fällen entstandenen Gebühren als Anhaltspunkt heranzuziehen sind, oder anders ausgedrückt, es muss die Gebühr in jedem Einzelfall **gerecht** bemessen werden.

Rahmengebühren gibt es insbesondere im **RVG**. Dort gibt es Betragsrahmengebühren (z. B. in den Nr. 4100 ff. des VV RVG) und Satzrahmengebühren (z. B. in Nr. 2300 des VV RVG), die beide nach § 14 zu bestimmen sind. Im **GNotKG** gibt es Betragsrahmengebühren z. B. in den Nrn. 24100 ff. KV GNotKG, wobei die Bemessung nach § 92 Abs. 1 GNotKG erfolgt. Das **GKG** kennt keine Rahmengebühren.

32 Rahmengebühren unterteilen sich in **Betragsrahmengebühren** und **Satzrahmengebühren**.

- Ein **Betragsrahmen** wird durch eine Mindest- und eine Höchstgebühr in Euro abgegrenzt. Ein Beispiel findet sich in Nr. 4100 VV RVG: 48,00 Euro bis 432,00 Euro.
- Ein **Gebührensatzrahmen** wird durch einen niedrigsten und einen höchsten Gebührensatz abgegrenzt und reicht von einem Bruchteil bis zum Vielfachen der vollen Gebühr. Ein wichtiges Beispiel findet sich in Nr. 2300 VV RVG: 0,5 bis 2,5. Satzrahmengebühren richten sich nach dem Gegenstandswert, nachdem im Einzelfall zunächst der Gebührensatz bestimmt wurde.

Da es in der Praxis schwierig ist, zu bestimmen, wann eine Rahmengebühr im Einzelfall angemessen ist, behilft man sich bei Gebühren nach dem RVG häufig mit dem Mittelwert zwischen der niedersten und der höchsten Grenze des jeweiligen Rahmens. Diese so genannte Mittelgebühr wird bei der Masse der Durchschnittsfälle angewandt. Zur Berechnung siehe § 2 Rdn 113 ff.

Übersicht: Rahmengebühren

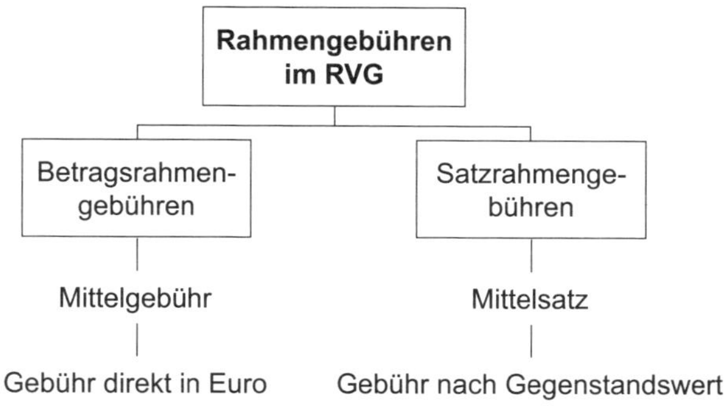

4. Festgebühren

Für bestimmte Tätigkeiten können nur **Festgebühren** erhoben werden, also in Euro betragsmäßig 33
bestimmte Geldbeträge. Festgebühren sind unabhängig vom Wert der Sache und vom Umfang oder von der Schwierigkeit der Tätigkeit. Dies gilt auch dann, wenn es um einen sehr hohen Wert geht oder wenn es sich um eine schwierige Tätigkeit handelt. Beispiele dafür finden sich in den Nrn. 2500 ff. des Vergütungsverzeichnisses zum RVG; in den Nrn. 26002 und 26003 des Kostenverzeichnisses zum GNotKG; in den Nrn. 2110 bis 2119 des Kostenverzeichnisses zum GKG.

II. Der Auslagenbegriff

Neben den Gebühren werden nach den Kostengesetzen für gesetzlich genau bestimmte Aufwen- 34
dungen so genannte **Auslagen** erhoben. Die Kostengesetze kennen entweder Auslagen, die **bar** anfallen und nur in Höhe der tatsächlichen Ausgaben zu ersetzen sind (z. B. in Nrn. 7004 und 7006 VV RVG), oder Auslagen, die einen Aufwand **pauschal** abgelten (z. B. in Nrn. 7003 und 7005 VV RVG). Die pauschal berechneten Auslagen sind eigentlich versteckte Gebühren: Wo kostet die Herstellung einer Fotokopie tatsächlich 0,50 Euro, wie es in Nr. 9000 des Kostenverzeichnisses zum GKG oder in Nr. 7000 des Vergütungsverzeichnisses zum RVG angegeben ist? Zusammen mit den Gebühren ergeben die Auslagen die Kosten eines Verfahrens bzw. die Vergütung des Rechtsanwalts.

Nicht zu den Auslagen gehören Ausgaben allgemeiner Art, wie Gehälter für Personal, Farbpatronen, Papier, Briefumschläge, die mit den zu berechnenden Gebühren abgegolten werden (Allgemeine Geschäftskosten, vgl. Vorbemerkung 7 Abs. 1 im VV des RVG). Auch für das Schreiben von Schriftsätzen wie z. B. Klageschriften oder von notariellen Urkunden dürfen grundsätzlich keine Auslagen berechnet werden (vgl. Vorbemerkung 7 Abs. 1 zum VV RVG, Vorbemerkung 3.2 Abs. 1 zum KV GNotKG). Nur für die Anfertigung **zusätzlicher** Kopien, Ausdrucken oder Ausfertigungen können in bestimmten Fällen Dokumentenpauschalen erhoben werden (vgl. Nr. 7000 Abs. 1 VV RVG, Nr. 32000 KV GNotKG).

Auslagen dürfen nur in den gesetzlich bestimmten Fällen erhoben werden, da sie in den Kostenge- 35
setzen nach Art und Berechnung genau festgelegt sind (vgl. Vorbemerkung 7 Abs. 1 S. 2 VV RVG). Die gesetzlichen Grenzen dürfen nicht überschritten werden. Zu den Auslagen zählen neben der so genannten Dokumentenpauschale unter anderem Postentgelte, Telekommunikationsdienstleistungsentgelte und Reisekosten.

Vorschriften über Auslagen finden sich beispielsweise in Teil 7 des Vergütungsverzeichnisses zum RVG, in den Nrn. 32000 ff. des Kostenverzeichnisses zum GNotKG sowie in den Nrn. 9000 ff. des Kostenverzeichnisses zum GKG.

D. Kostenschuldner

I. Gerichtskosten

36 Für die Gerichtskosten ist grundsätzlich derjenige der Schuldner, der das Verfahren beantragt hat (§ 22 Abs. 1 S. 1 GKG). Daneben haftet für die Gerichtskosten auch derjenige, dem durch gerichtliche Entscheidung die Kosten auferlegt sind, z. B. im Urteil (§ 29 Nr. 1 GKG). Mehrere Kostenschuldner haften als Gesamtschuldner (§ 31 Abs. 1 GKG).

Das GKG schreibt in seinem § 31 Abs. 2 S. 1 jedoch eine Ausnahme von der gesamtschuldnerischen Haftung des § 421 BGB vor: Es unterscheidet so genannte **Erstschuldner** und **Zweitschuldner**, wobei die Staatskasse gezwungen ist, zuerst bei den Erstschuldnern zu versuchen, die Gerichtskosten zu erlangen. Erst wenn die Zwangsvollstreckung in das bewegliche Vermögen eines Erstschuldners erfolglos geblieben ist oder aussichtslos erscheint, kann der Zweitschuldner herangezogen werden.

Hieraus ergibt sich die folgende Übersicht:

***Erstschuldner* ist,**

- wem durch gerichtliche Entscheidung die Kosten auferlegt sind, z. B. im Urteil (§ 29 Nr. 1 GKG, § 308 Abs. 2 ZPO), oder
- wer die Kosten durch Vergleich übernommen hat (§ 29 Nr. 2 GKG).

***Zweitschuldner* ist,**

- wer das gerichtliche Verfahren veranlasst hat, also der Antragsteller bzw. Kläger oder Berufungskläger (§ 22 Abs. 1 S. 1 GKG).

Daraus ergibt sich als Konsequenz: Es gibt also selbst dann ein Prozesskostenrisiko für den Kläger, wenn er den Prozess gegen einen Schuldner gewinnt, der zahlungsunfähig ist!

Merke:

Für die Gerichtskosten gibt es Erstschuldner und Zweitschuldner.

Es haftet regelmäßig derjenige, der den Prozess verloren hat (Erstschuldner).

Ist der unterliegende Beklagte zahlungsunfähig, muss der Kläger für die Gerichtskosten aufkommen (Zweitschuldner).

II. Rechtsanwaltsvergütung

37 Die Rechtsanwaltsvergütung wird regelmäßig **von dem Auftraggeber** des Rechtsanwalts geschuldet (§§ 611, 675 BGB). Der Auftraggeber kann die Erstattung der Vergütung, die er seinem Rechtsanwalt schuldet, von dem unterlegenen Gegner verlangen (§ 91 Abs. 2 ZPO). Ist der Auftraggeber Mitglied in einer **Rechtsschutzversicherung**, dann ist nur er allein der Schuldner der Vergütung, da die Rechtsschutzversicherung namens und im Auftrag des Versicherten handelt (§ 16 Abs. 2 der Allgemeinen Bedingungen für die Rechtsschutzversicherung – ARB); in der Praxis sendet aber der Rechtsanwalt seine Vergütungsrechnung an die Rechtsschutzversicherung, die daraufhin zahlt. Eine **Haftpflichtversicherung** bestellt dagegen im Allgemeinen selbst den Rechtsanwalt, sodass sie auch allein Schuldnerin der Anwaltsvergütung ist (§ 5 Abs. 4 der Allgemeinen Bedingungen für

die Haftpflichtversicherung – AHB); daran ändert auch nichts, dass der Versicherte die Prozessvollmacht für den Rechtsanwalt unterschreiben muss.

> **Merke:**
>
> **Vergütungsschuldner** des Rechtsanwalts ist im Regelfall der Auftraggeber selbst.
>
> Man kann die Vergütung vom unterlegenen Gegner einfordern.
>
> Ist der Gegner zahlungsunfähig, muss der Auftraggeber seinem Rechtsanwalt die Vergütung selbst zahlen.

III. Notarkosten

Für die Notarkosten haftet an erster Stelle derjenige, dessen Erklärung beurkundet oder dessen Unterschrift beglaubigt wurde, aber auch, wer ansonsten die Tätigkeit des Notars veranlasst bzw. beauftragt hat (§ 29 GNotKG). Weiterhin ist auch **Kostenschuldner**, wer die Kosten durch eine vor dem Notar abgegebene Willenserklärung übernommen hat oder wer nach dem BGB für die Kostenschuld eines anderen kraft Gesetzes haftet, wie z. B. die persönlich haftenden Gesellschafter einer OHG oder KG (§ 29 GNotKG). 38

> **Merke:**
>
> Für die Notarkosten haftet regelmäßig, wer die Tätigkeit des Notars veranlasst hat, wessen Erklärung beurkundet oder wessen Unterschrift beglaubigt wurde.

IV. Mehrere Kostenschuldner

Mehrere **Kostenschuldner** haften grundsätzlich als Gesamtschuldner, wobei aber die Haftung des einzelnen Kostenschuldners **gegenüber Rechtsanwälten und Notaren** auf den Betrag begrenzt wird, der entstanden wäre, wenn nur für seine Sache die Kosten entstanden wären, sodass keiner der Gesamtschuldner für die Kosten haften muss, die nur allein gegen einen anderen entstanden sind (§ 7 Abs. 2 RVG, § 30 Abs. 2 GNotKG). Wenn also mehrere Kostenschuldner mit unterschiedlich hohen Werten an einer gemeinschaftlichen Sache beteiligt sind, sodass für jeden eigentlich nur für seinen Anteil verschieden hohe Kosten erwachsen würden, dann besteht eine gesamtschuldnerische Haftung nur insoweit, als die verschiedenen Gegenstände zusammenfallen und somit die Kosten gegen alle entstanden sind. 39

Für die Gerichtskosten gilt die Haftung als Gesamtschuldner jedoch nur im Falle von Streitgenossen (§ 32 Abs. 1 S. 2 GKG). Ansonsten erfolgt für die Gerichtskosten die gesamtschuldnerische Haftung in der Reihenfolge, dass zuerst der **Erstschuldner** und, falls dieser nicht zahlt, der **Zweitschuldner** herangezogen wird (siehe hierzu Rdn 36). 40

> **Merke:**
>
> Von mehreren Kostenschuldnern kann von Rechtsanwälten und Notaren ein beliebiger zur Zahlung herangezogen werden. Keiner muss aber für Kosten haften, die allein nur gegen einen anderen entstanden sind.

E. Die Kostentragungspflicht im Zivilprozess

41 Nach der Durchführung eines Zivilprozesses stellt sich die Frage, wer für die Prozesskosten aufkommen muss. Nun, das weiß doch jeder: Der Verlierer zahlt die Kosten! Wie ist es aber, wenn es keinen Verlierer gibt, wenn beide Parteien Verlierer sind, weil beide Parteien nur teilweise Recht bekommen haben? Hat man nicht schon einmal gehört, dass der Kläger zur Zahlung der Prozesskosten verurteilt wurde, obwohl er den Prozess gewonnen hatte? Oder wie ist es, wenn der Verlierer die Prozesskosten wegen Zahlungsunfähigkeit nicht zahlt?

Wer die Kosten eines Rechtsstreits zu tragen hat, wird vom Gericht von Amts wegen entschieden (§ 308 Abs. 2 ZPO). Grundsätzlich regelt die ZPO diese Frage so, dass die im Zivilprozess unterliegende Partei die gesamten Kosten des Rechtsstreites zu tragen und somit die dem Gegner erwachsenen Kosten zu erstatten hat, soweit sie zur zweckentsprechenden Rechtsverfolgung notwendig waren (§ 91 ZPO, siehe dazu auch Rdn 93 ff.). Zu diesen Kosten gehört auch die den prozessbevollmächtigten Rechtsanwälten zu zahlende Vergütung. Von diesem Grundsatz gibt es aber einige **Ausnahmen**:

42
- Wenn jede Partei teils obsiegt, teils unterliegt, so sind die Verfahrenskosten verhältnismäßig zu teilen oder gegeneinander aufzuheben (§ 92 ZPO).

  > *Beispiel für verhältnismäßige Teilung:*
  >
  > Klage wegen 7.000 Euro. Der Beklagte wird zur Zahlung von 6.000 Euro verurteilt, im Übrigen wird die Klage abgewiesen. Also haben der Beklagte in Höhe von 6.000 Euro und der Kläger in Höhe von 1.000 Euro den Prozess verloren. Die im Urteil enthaltene Kostenentscheidung wird im Regelfall lauten: „Der Kläger trägt die Kosten zu $^1/_7$, der Beklagte zu $^6/_7$."

  > *Beispiel für „gegeneinander aufheben":*
  >
  > Beide Parteien haben ungefähr je zur Hälfte obsiegt bzw. sind unterlegen. Die Kostenentscheidung im Urteil lautet in diesem Fall nur: „Die Kosten werden gegeneinander aufgehoben."

  Wenn die **Kosten gegeneinander aufzuheben** sind, so bedeutet dies gemäß § 92 ZPO, dass jede Partei ihre eigenen außergerichtlichen Kosten (z. B. ihre Reisekosten, Anwaltshonorar) selbst trägt und zusätzlich die Hälfte der Gerichtskosten. Die außergerichtlichen Kosten der Parteien fallen manchmal in unterschiedlicher Höhe an, z. B., wenn eine Partei besonders hohe Reisekosten zu den Terminen hatte oder wenn für eine Partei ein Verkehrsanwalt tätig war. Folglich ist das Ergebnis ein anderes, wenn die Kosten gegeneinander aufgehoben werden, als bei einer Halbierung der Prozesskosten zwischen den Parteien herauskäme! In Scheidungssachen und ihren Folgesachen ist es die Regel, die Kosten gegeneinander aufzuheben (§ 150 Abs. 1 FamFG).
- **„Sofortiges Anerkenntnis":** Ist der Schuldner verklagt worden, obwohl er durchaus leistungsbereit war, so hat der Kläger die Prozesskosten zu tragen, wenn der Beklagte den Anspruch im Prozess sofort anerkennt (§ 93 ZPO).

  > *Beispiel:*
  >
  > Ein Schuldner wird verklagt, obwohl er weder im Verzug ist noch die Forderung bestritten oder die Leistung verweigert hat. (Der Gläubiger hat versäumt, den Schuldner zu mahnen.)
- Wer einen Termin oder eine Frist versäumt, hat die dadurch verursachten Kosten zu tragen (§ 95 ZPO). § 95 ZPO wurde bisher ebenso wie § 38 GKG i. V. m. Nr. 1901 KV GKG (**Verzögerungsgebühr**) in der Praxis nur selten angewendet.

Für Versäumnisurteile gibt es noch eine Sondervorschrift in § 344 ZPO, wonach für ein in gesetzlicher Weise ergangenes Versäumnisurteil die durch die Säumnis entstandenen **Versäumniskosten** der säumigen Partei auch dann aufzuerlegen sind, wenn das Versäumnisurteil aufgehoben oder abgeändert und letztlich zugunsten des Säumigen entschieden wird. Aus den Prozesskosten, die die unterlegene Partei zu tragen hat, werden also die durch die Säumnis entstandenen zusätzlichen Kosten ausgesondert und der obsiegenden säumigen Partei auferlegt. Im Urteil findet sich dann etwa folgende Formel, wenn der Kläger den Prozess gewonnen hat: „Der Kläger trägt die Kosten seiner Säumnis, der Beklagte trägt die übrigen Kosten."

- Die Kosten eines ohne Erfolg eingelegten Rechtsmittels fallen der Partei zur Last, die es eingelegt hat (§ 97 Abs. 1 ZPO). Jedoch hat die obsiegende Partei die Kosten zu tragen, wenn sie etwas erst im Rechtsmittelverfahren vorbringt, was sie auch schon in einer früheren Instanz hätte vorbringen können (§ 97 Abs. 2 ZPO).
- Wenn die Zwangsvollstreckung in das Vermögen des zur Kostentragung verurteilten Beklagten (**Erstschuldner**) erfolglos verläuft, muss der Kläger als **Zweitschuldner** die Gerichtskosten zahlen (§ 31 Abs. 2 GKG). Jedoch kann der Zweitschuldner danach bei dem Erstschuldner Rückgriff nehmen, da dieser zur Zahlung der Kosten verurteilt wurde. Diese Regelung stellt also nur einen Vorteil für die Staatskasse dar, die somit schneller die Gerichtskosten zu Lasten des Zweitschuldners, der eigentlich den Prozess gewonnen hat, eintreiben kann.

Merke:

Im Zivilprozess trägt grundsätzlich derjenige die Prozesskosten, der den Prozess verliert.

Wenn ein Rechtsstreit beendet ist, muss das Gericht also darüber entscheiden, 43

- welche Partei die Kosten des Rechtsstreits zu tragen hat, wobei diese **Kostenentscheidung** von Amts wegen im Urteil erfolgt, und
- wie hoch diese Kosten betragsmäßig sind, die die unterlegene Partei der obsiegenden erstatten muss, was nur auf Antrag einer Partei in einem besonderen **Kostenfestsetzungsverfahren** geschieht.

I. Die Kostenentscheidung in zivilen Rechtsstreitigkeiten

Kostenentscheidung (**Kostengrundentscheidung**) nennt man den gerichtlichen Ausspruch darüber, welche Partei die Prozesskosten zu tragen hat. In jedem Zivilprozess muss das Gericht im Urteil neben der Entscheidung in der eigentlichen Streitsache auch darüber entscheiden, welcher Partei die Kosten aufzuerlegen sind. In die Urteils- oder Beschlussformel nimmt das Gericht hierzu einen eigenen Satz auf, der z. B. lauten kann: „Der Kläger trägt die Kosten des Rechtsstreits" oder „Der Kläger trägt $^1/_3$ der Kosten des Rechtsstreits, der Beklagte $^2/_3$". Das Gericht trifft hierbei nur eine **Kostenentscheidung** dem Grunde nach; die Höhe der von einer Partei der anderen zu erstattenden Kostenbeträge muss später in einem besonderen **Kostenfestsetzungsverfahren** festgesetzt werden. 44

Das Gericht muss die Kosten wegen § 91 Abs. 1 ZPO grundsätzlich dem unterlegenen Gegner auferlegen. Ausnahmen von diesem Grundsatz enthalten insbesondere die §§ 93 bis 96 ZPO (vgl. Rdn 41 ff.).

In einem Rechtszug ergeht die Kostenentscheidung in der Regel erst im Schlussurteil als dem letzten Urteil der Instanz. Teil- oder Zwischenurteile enthalten normalerweise keine Kostenentscheidung.

Für die Kostenentscheidung durch das Gericht sind Anträge im Normalfall überflüssig, da das Gericht von Amts wegen über die Kostentragungspflicht entscheiden muss (§ 308 Abs. 2 ZPO). In der

Praxis werden von den Rechtsanwälten diesbezügliche Anträge jedoch häufig gestellt, damit deren Auftraggeber sehen sollen, dass vom Anwalt auch auf die Klärung der Kostenfrage geachtet wird.

45 Eine Kostenentscheidung muss nicht nur im Urteil eines Zivilprozesses, sondern auch in jedem anderen zivilprozessualen Verfahren ergehen, wenn Kosten in ihm entstanden sind. So werden z. B. in den Vollstreckungsbescheid gemäß § 699 Abs. 3 ZPO auch die bisher entstandenen notwendigen Kosten des Verfahrens ohne besonderen Antrag aufgenommen. Der Vollstreckungsbescheid stellt somit eine Kostenentscheidung und ausnahmsweise gleichzeitig die Kostenfestsetzung dar.

46 Wenn das Gericht einmal die Kostenentscheidung im Urteil vergessen hat, so kann es diese durch Ergänzungsurteil nachholen (§ 321 Abs. 1 ZPO). Achtung: Dazu ist ein Antrag notwendig, der innerhalb von einer Frist von 2 Wochen seit Urteilszustellung zu stellen ist (§ 321 Abs. 2 ZPO). In der Praxis wird die Kostenentscheidung vom Gericht des Öfteren schon einmal dann vergessen, wenn das Gericht dem Kläger, auch wenn er in der Hauptsache obsiegt, die Mehrkosten für die Anrufung eines unzuständigen Gerichtes zwingend aufzuerlegen hat (§ 281 Abs. 3 S. 2 ZPO).

Grundsätzlich ist eine Kostenentscheidung nicht für sich allein anfechtbar (§ 99 Abs. 1 ZPO). Sie wird jedoch automatisch mit angefochten, wenn gegen die Entscheidung in der Hauptsache ein Rechtsmittel (Berufung, Revision und Beschwerde) eingelegt wird.

Merke:

In der Kostenentscheidung befindet das Gericht ohne Antrag darüber, welche Partei die notwendigen Prozesskosten zu tragen hat. Die Kostenentscheidung ergeht in der Regel im Schlussurteil der Instanz. Da hier nur eine Entscheidung dem Grunde nach getroffen wird, müssen die von einer Partei der anderen zu erstattenden Beträge später in einem besonderen Kostenfestsetzungsverfahren festgesetzt werden.

II. Die Kostenfestsetzung in zivilen Rechtsstreitigkeiten

1. Der Kostenfestsetzungsantrag

47 *Hinweis:*

Unterscheiden Sie das hier in Rdn 47 ff. behandelte Kostenfestsetzungsverfahren nach den §§ 103 ff. ZPO, in dem die Verfahrenskosten gegen den unterlegenen Gegner festgesetzt werden von dem Vergütungsfestsetzungsverfahren, dass ein RA nach § 11 RVG wegen seiner Vergütung gegen seinen eigenen Mandanten durchführen kann, welches später in § 2 Rdn 82 ff. behandelt wird.

48 Kostenfestsetzung nennt man das gerichtliche Verfahren, durch das die Kosten betragsmäßig festgesetzt werden, die eine Partei der anderen Partei gemäß der Kosten(grund)entscheidung erstatten muss. Das **Kostenfestsetzungsverfahren** ist nach den §§ 103 bis 107 ZPO ein besonderes Nachverfahren zum jeweiligen Hauptverfahren.

49 Die Entscheidung des Gerichts im Kostenfestsetzungsverfahren ergeht durch Beschluss, dem so genannten **Kostenfestsetzungsbeschluss**. Der Zweck des Kostenfestsetzungsverfahrens besteht darin, einen Vollstreckungstitel zu schaffen, aus dem die obsiegende Partei wegen der vom unterlegenen Gegner zu erstattenden Prozesskosten die Zwangsvollstreckung betreiben kann. Der Kostenfestsetzungsbeschluss ist gemäß § 794 Abs. 1 Nr. 2 ZPO ein solcher Vollstreckungstitel.

Achtung: 50

Aus einem **selbstständigen Kostenfestsetzungsbeschluss** (der nicht auf das Urteil gesetzt ist), darf die Zwangsvollstreckung erst nach Ablauf einer zweiwöchigen Wartefrist beginnen (§ 798 ZPO).

Beispiel:

Wird der selbstständige Kostenfestsetzungsbeschluss an einem Dienstag dem Schuldner zugestellt, so läuft die Frist am Dienstag in zwei Wochen ab, sodass ab Mittwoch wegen der Kosten vollstreckt werden darf.

Der Kostenfestsetzungsbeschluss ergeht nur **auf Antrag** der Partei, die sich durch ihren Prozessbevollmächtigten vertreten lassen kann. Der Prozessbevollmächtigte kann dabei nur im Namen seines Auftraggebers handeln, ein eigenes Antragsrecht hat er nicht. 51

Der Antrag ist immer bei dem **Gericht der ersten Instanz** einzureichen, auch wegen der in den höheren Instanzen durch die Einlegung von Rechtsmitteln entstandenen Kosten (§ 103 Abs. 2 ZPO). Über den Festsetzungsantrag entscheidet das Gericht des ersten Rechtszuges (§ 104 Abs. 1 S. 1 ZPO), dessen Aufgaben bei der Kostenfestsetzung nach § 21 Nr. 1 RPflG der Rechtspfleger wahrnimmt. War der Prozess auch in einer Rechtsmittelinstanz anhängig, dann kann der in der Berufungs- oder Revisionsinstanz tätige Rechtsanwalt eine Berechnung der Kosten dieser Rechtsmittelinstanz an den Rechtsanwalt, der in der ersten Instanz beauftragt war, übersenden. Dieser beantragt dann die Festsetzung der Kosten für alle Instanzen. Der gesetzliche Umfang der Prozessvollmacht für den in erster Instanz bestellten Rechtsanwalt umfasst gemäß § 81 ZPO auch die Vertretung im Kostenfestsetzungsverfahren und die Empfangnahme der vom Gegner zu erstattenden **Kosten** – übrigens nicht aber die Empfangnahme des **Streitgegenstands**, also z. B. der eingeklagten Geldforderung.

Der Kostenfestsetzungsantrag muss von der Partei, die einen Kostenerstattungsanspruch hat, schriftlich oder zu Protokoll der Geschäftsstelle des erstinstanzlichen Gerichts gestellt oder als elektronisches Dokument (§§ 130a ff. ZPO eingereicht werden, wobei die Einreichung als elektronisches Dokument für Rechtsanwälte verpflichtend ist (§ 130d ZPO). Anwaltszwang besteht dafür nicht (§ 13 RPflG). Es besteht keine Frist zur Antragstellung. Folgende Antragserfordernisse sind hierbei zu beachten: 52

- Der Antrag muss aufgrund eines zur Zwangsvollstreckung geeigneten Titels gestellt werden (§ 103 Abs. 1 ZPO). Dazu gehören im Wesentlichen Urteile, aber auch andere **Vollstreckungstitel**, soweit sie eine Kostenentscheidung enthalten, wie z. B. Prozessvergleiche oder sofort vollstreckbare Anwaltsvergleiche gemäß § 796a ZPO (siehe auch § 794 Abs. 1 Nr. 4b ZPO), aber z. B. keine sonstigen außergerichtlichen Vergleiche. Der Titel mit der Kostengrundentscheidung ist in einfacher Ausfertigung beizufügen, wenn er dem zuständigen Gericht nicht schon vorliegt.
- Es können nur **Prozesskosten** (§ 103 Abs. 1 ZPO) geltend gemacht werden, also nur die in dem betreffenden gerichtlichen Verfahren erwachsenen Kosten. Dazu gehören auch die zwar außerhalb des Verfahrens, aber doch zu seiner Vorbereitung entstandenen Kosten, wie z. B. die Anwaltsvergütung für vorgerichtliche Mahnschreiben **im Rahmen eines Prozessauftrages** oder für ein dem Prozess vorausgegangenes gerichtliches Mahnverfahren (siehe § 19 Abs. 1 Ziff. 1 RVG, Anmerkung zu Nr. 3305 VV RVG oder Anmerkung S. 1 zu Nr. 1210 KV GKG).

  In diesem Zusammenhang besteht das Problem der **Anrechnung der Geschäftsgebühr** für ein vorgerichtliches anwaltliches **Mahn- oder Aufforderungsschreiben ohne Klageauftrag**. Für ein solches in Auftrag gegebenes Schreiben entsteht eine Geschäftsgebühr gemäß Nr. 2300 VV

RVG. Nach Vorbemerkung 3 Abs. 4 S. 1 VV RVG ist diese Geschäftsgebühr auf die im Prozess gemäß Nr. 3100 VV RVG anfallende Verfahrensgebühr anzurechnen, jedoch nur zur Hälfte dieser Geschäftsgebühr (höchstens allerdings 0,75).

Hinweis:

Der RA erhält also die Geschäftsgebühr in voller Höhe und zusätzlich nur eine um die anteilig anzurechnende Geschäftsgebühr verminderte Verfahrensgebühr. **Gegenüber dem eigenen Mandanten** kann der RA nach § 15a Abs. 1 RVG wählen, wie er die Anrechnung der Geschäftsgebühr berücksichtigt. Bei allen Übungsaufgaben in diesem Buch wird die Geschäftsgebühr von der Verfahrensgebühr anteilig abgezogen, sodass sich die Verfahrensgebühr und nicht die Geschäftsgebühr rechnerisch verringert. (Zur Anrechnung der Geschäftsgebühr siehe auch § 4 Rdn 28 ff. und § 6 Rdn 29 ff.).

Gegenüber dem unterlegenen Gegner richtet sich die Anrechnung nach § 15a Abs. 3 RVG, der klarstellt, wann der unterlegene Gegner bei der Kostenfestsetzung Vorteile aus der Anrechnungsvorschrift ziehen kann. Siehe hierzu § 2 Rdn 144 f.

53 In den in § 15a Abs. 3 RVG geregelten Fällen wird klargestellt, wann sich der unterlegene Gegner im Kostenfestsetzungsverfahren auf die Anrechnung berufen kann. Liegt kein entsprechender Fall vor, kann im Kostenfestsetzungsantrag also die **unverminderte Verfahrensgebühr** nach Nr. 3100 VV RVG geltend gemacht werden. Daneben hat der RA noch Anspruch auf den nicht angerechneten Teil der Geschäftsgebühr, in der Regel also eine halbe Geschäftsgebühr. Diese halbe Geschäftsgebühr ist entweder von dem Mandanten zu zahlen oder, wenn es eine entsprechende Anspruchsgrundlage nach dem BGB gibt, vom unterlegenen Gegner. Siehe zu § 15a RVG auch § 2 Rdn 144 f.

Das Problem besteht nun darin, dass die Geschäftsgebühr nicht zu den Verfahrenskosten zählt und deshalb nicht in einen **Kostenfestsetzungsbeschluss** mit aufgenommen werden kann (BGH, Beschluss vom 27.06.2006 – VII ZB 116/05). Als Ausweg bietet sich an, die Geschäftsgebühr im Prozess als Verzugsschadensforderung neben der Hauptforderung mit einzuklagen. Der BGH hat entschieden, dass dann die Geschäftsgebühr als Nebenforderung im Sinne von § 4 ZPO den Streitwert des Prozesses nicht erhöht (BGH, Beschluss vom 30.01.2007 – X ZB 7/06; BGH, Beschluss vom 07.07.2020 – VI ZB 66/19). Siehe hierzu auch § 4 Rdn 34 ff.

- Weiterhin ist die unterliegende Partei im **Kostenfestsetzungsverfahren** nur verpflichtet, die Gebühren nach dem für die Gerichtskosten **maßgebenden Streitwert** zu erstatten, da die gerichtliche Kostenentscheidung stets nur die wegen des rechtshängig gewordenen, also eingeklagten, Anspruches entstandenen Kosten betrifft. Aus diesem Grundsatz ergeben sich folgende Überlegungen:

War der Wert des ursprünglichen Auftrags des Rechtsanwalts höher als später der Prozessstreitwert, so kann nur der Teil der Anwaltsvergütung im Kostenfestsetzungsverfahren festgesetzt werden, der in dem Prozess selbst nach dem für den Prozess maßgebenden Wert entstanden ist (§ 32 Abs. 1 RVG). Der restliche Teil der Anwaltsvergütung könnte z. B. als Verzugsschaden mit einer besonderen Klage geltend gemacht werden. Zweckmäßiger ist es jedoch, diesen bereits vor der Klageeinreichung bekannten Teil der Vergütung in einer einheitlichen Klage neben dem Rest der Hauptforderung einzuklagen, falls der Schuldner ihre Erstattung verweigert (§ 93 ZPO beachten!). Es wird jedoch nur selten vorkommen, dass ein Schuldner zwar einen Teil der vom RA außergerichtlich eingeforderten Hauptforderung zahlt und damit anerkennt, jedoch die Zahlung der durch die Anwaltstätigkeit erwachsenen Vergütung ablehnt.

Beispiel:

Unbedingter Klageauftrag über 9.000,00 €. Der Rechtsanwalt sendet auftragsgemäß erst ein Mahnschreiben an den Schuldner, der daraufhin 5.000,00 € überweist. Wegen des Restes wird Klage eingereicht. Der Rechtsanwalt hat gegenüber seinem Auftraggeber Anspruch auf folgende Betriebsgebühren:

0,8 Verfahrensgebühr gem. §§ 2, 13 RVG, Nr. 3101 Ziff. 1 VV RVG (Wert: 5.000,00 €)	283,60 €
1,3 Verfahrensgebühr gem. §§ 2, 13 RVG, Nr. 3100 VV RVG (Wert: 4.000,00 €)	383,50 €
	667,10 €

Die Anwendung des § 15 Abs. 3 RVG (vgl. § 2 Rdn 135 f.) führt hier nicht zu einer Kürzung, sodass eine diesbezügliche Erklärung an dieser Stelle unterbleiben kann.

Von seinem Auftraggeber darf der Rechtsanwalt also insgesamt 667,10 € an Verfahrensgebühren neben anderen ihm eventuell erwachsenen Gebühren fordern. Im Obsiegensfall wird der Rechtspfleger dagegen im Kostenfestsetzungsverfahren neben den anderen Kosten nur eine Verfahrensgebühr von 383,50 € gegen den Schuldner festsetzen, da nur 4.000,00 € rechtshängig geworden sind und der Streitwert gemäß § 63 Abs. 2 GKG hierauf festgesetzt und gemäß § 32 Abs. 1 RVG für die Anwaltsgebühren maßgebend ist. Die 0,8 Verfahrensgebühr in Höhe von 283,60 € für die nicht rechtshängig gewordenen 5.000,00 € kann der Rechtsanwalt von seinem Auftraggeber fordern, der bei einer entsprechenden Anspruchsgrundlage nach dem BGB vom Gegner Erstattung verlangen und diese notfalls einklagen kann. Bei Einreichung der Klage hätte dann auch die 0,8 Verfahrensgebühr von 283,60 € ggf. als Verzugsschaden (§ 280 BGB) zusammen mit der Restforderung von 4.000,00 € geltend gemacht werden können, sodass der Klageantrag insgesamt über 4.283,60 € gelautet haben würde.

Die Kosten, die die vorgerichtlich erledigten 5.000,00 € betreffen, erhöhen übrigens den Streitwert der Klage, wenn sie zusammen mit der Hauptforderung von 4.000,00 € eingeklagt werden, da sie dann keine Nebenforderung der eingeklagten Hauptforderung im Sinne des § 4 Abs. 1 ZPO sind!

- Die geltend gemachten **Prozesskosten müssen notwendig** im Sinne des § 91 ZPO, d. h. zweckentsprechend, gewesen sein. Hierzu zählt z. B. nicht ein gemäß § 3a RVG über die gesetzliche Vergütung hinaus vereinbartes Anwaltshonorar, welches die dies zusagende Partei selbst zahlen muss, auch wenn sie obsiegt. Siehe auch Rdn 93 ff. 54
- Dem **Kostenfestsetzungsantrag beizufügen** ist eine Berechnung der Kosten mit je einer Kopie für jeden Gegner (§ 103 Abs. 2 ZPO). Diese Berechnung umfasst nicht nur die Vergütung des Prozessbevollmächtigten, sondern auch gegebenenfalls die einem Verkehrsanwalt, einem Terminsvertreter (vgl. § 7 Rdn 77 ff.) oder die dem Prozessbevollmächtigten der Rechtsmittelinstanz zustehende Vergütung. Die Kostenberechnung muss den Anforderungen des § 10 Abs. 2 RVG genügen (siehe § 2 Rdn 78 ff.).

  Die einzelnen Kostenansätze sind glaubhaft zu machen (§ 104 Abs. 2 ZPO). Für die anwaltlichen Post- und Telekommunikationsauslagen gemäß Nr. 7001 VV RVG genügt sogar die anwaltliche Versicherung ihres Entstehens, welche in den meisten Fällen auch noch deshalb entfallen kann, weil nur die Auslagenpauschale nach Nr. 7002 VV RVG in Rechnung gestellt wird.
- Wenn **mehrere Personen** auf Grund der gerichtlichen Kostengrundentscheidung für die Verfahrenskosten haften, dann muss der Kostenfestsetzungsbeschluss beziffern, wer welchen Betrag zu zahlen hat (KG, Beschluss vom 19.03.2014 – 25 WF 162/13). Der RA sollte bei der

Antragstellung also bereits angeben, von welcher Person er welchen Betrag erstattet sehen will. Bei zwei Personen wäre schon das das Wort „hälftig“ ausreichend.

- Die **Zustellung des Kostenfestsetzungsbeschlusses** an die zur Kostentragung verpflichtete Partei erfolgt von Amts wegen unter Beifügung einer Kopie der Kostenrechnung (§ 104 Abs. 1 S. 3 ZPO). Ist diese Partei anwaltlich vertreten, erfolgt die Zustellung an den Prozessbevollmächtigten der ersten Instanz, z. B. durch Gerichtsfach gegen Empfangsbekenntnis (§ 174 ZPO). Dem Antragsteller wird der Kostenfestsetzungsbeschluss nur dann förmlich zugestellt, wenn sein Antrag ganz oder teilweise zurückgewiesen wird, sonst erhält er nur formlose Mitteilungen vom Gericht (§ 104 Abs. 1 S. 4 ZPO). Nachdem der Kostenfestsetzungsbeschluss der zur Kostentragung verpflichteten Partei zugestellt worden ist, erhält der Antragsteller eine vollstreckbare Ausfertigung des Kostenfestsetzungsbeschlusses, in der das Datum der Zustellung an den Antragsgegner vermerkt ist. Das Zustellungsdatum ist wichtig im Hinblick auf die vor der Zwangsvollstreckung einzuhaltende zweiwöchige Wartefrist gemäß § 798 ZPO.

Hinweis:

Auslagen für die Zustellung des Kostenfestsetzungsbeschlusses werden vom Gericht nur dann erhoben, wenn in dem Prozess in einer Instanz Auslagen für mehr als 10 Zustellungen anfallen (Anmerkung zu Nr. 9002 des Kostenverzeichnisses des GKG). Gegebenenfalls werden die Auslagen vom Gericht angefordert.

Merke:

Nachdem im Urteil nur dem Grunde nach entschieden ist, wer die Prozesskosten zu tragen hat, wird im Kostenfestsetzungsverfahren bestimmt, in welcher Höhe eine Partei der anderen Kosten zu erstatten hat. Dies geschieht nur auf Antrag.

2. Muster eines Kostenfestsetzungsantrages

55 In der Praxis werden für den **Kostenfestsetzungsantrag** sehr häufig vorgefertigte Texte verwendet. Da man sich jedoch besser mit dem notwendigen Inhalt vertraut machen kann, wenn man einen solchen Antrag selbst schreibt, finden Sie nachstehend ein Muster:

Muster: Kostenfestsetzungsantrag

An das Amtsgericht/Landgericht **(1)**

......

......

Kostenfestsetzungsantrag

Aktenzeichen des Gerichts ......

In Sachen ....../......

beantrage (bitte) ich namens des Klägers **(2)**, die nachstehend berechneten Kosten festzusetzen, die der Beklagte dem Kläger nach dem Urteil des Amts-/Landgerichts ...... vom ...... zu erstatten hat.

Weiterhin beantrage (bitte) ich,
a) die Verzinsung des festzusetzenden Betrages gemäß § 104 Abs. 1 S. 2 ZPO auszusprechen **(3)** und
b) dem Kläger z. H. des Unterzeichneten eine vollstreckbare Ausfertigung des Kostenfestsetzungsbeschlusses zu erteilen. **(4)**

Kosten der 1. Instanz

1) Kosten des Prozessbevollmächtigten, RA ...... **(5)**
Gegenstandswert: ...... **€ (6)**

1,3 Verfahrensgebühr gem. §§ 2, 13 RVG, Nr. 3100 VV RVG	......€	
1,2 Terminsgebühr gem. §§ 2, 13 RVG, Nr. 3104 VV RVG	......€	
20 % Post- und Telekommunikationsentgelte gem. § 2 Abs. 2 RVG, Nr. 7002 VV RVG	......€	**(7)**
19 % USt. gem. § 2 Abs. 2 RVG, Nr. 7008 VV RVG **(11)**	......€	
Verauslagte Gerichtskosten	......€	**(8)**
2) Kosten des Verkehrsanwalts, RA ...... **(9)** gemäß beiliegender Vergütungsrechnung vom	......€	
Kosten der 2. Instanz (10)		
Kosten des Prozessbevollmächtigten der 2. Instanz, RA ......, gemäß beiliegender Vergütungsrechnung vom	......€	
insgesamt:	......**€**	

Weitere vom Kläger eventuell gezahlte Gerichtskosten und Auslagenvorschüsse beantrage (bitte) ich zuzusetzen.

Der Antragsteller ist nicht umsatzsteuerpflichtig und daher nicht zum Vorsteuerabzug berechtigt. **(11)**

Rechtsanwalt

Erläuterungen zu vorstehendem Muster: 56

(1) Der Antrag wird immer beim Prozessgericht erster Instanz eingereicht.

(2) Das Recht zur Antragstellung hat nur die obsiegende Partei; deren Prozessbevollmächtigter kann nur in Vollmacht handeln, da er kein eigenes Antragsrecht besitzt.

(3) Der festzusetzende Kostenbetrag kann ab dem Tag, an dem der Kostenfestsetzungsantrag bei Gericht **eingeht**, mit fünf Prozentpunkten über dem jeweiligen Basiszinssatz verzinst werden (§ 104 Abs. 1 S. 2 ZPO). Es ist sinnvoll, diesen Antrag bereits hier zu stellen – auch wenn er auch noch nachgeholt werden könnte.
(4) Die Beantragung der vollstreckbaren Ausfertigung ist bereits bei der Antragstellung zweckmäßig.
(5) Dies ist der unterzeichnende Prozessbevollmächtigte der ersten Instanz.
(6) Die Kostenrechnung muss den Anforderungen des § 10 Abs. 2 RVG genügen. Sie muss aber nicht in den Festsetzungsantrag mit aufgenommen werden, sondern es reicht, auf eine beigefügte Berechnung der Kosten zu verweisen.
(7) Siehe § 104 Abs. 2 ZPO und unter Rdn 47 ff.
(8) Kann entfallen, wenn stattdessen etwa folgender Antrag aufgenommen wird: „Die vom Kläger verauslagten Gerichtskosten beantrage (bitte) ich mit festzusetzen."
(9) Die Vergütung des Verkehrsanwalts ist grundsätzlich nicht erstattungsfähig (siehe Rdn 93 ff.). Falls sie jedoch in besonderen Fällen zu erstatten ist, reicht der Prozessbevollmächtigte die Vergütungsrechnung des Verkehrsanwalts mit ein.
(10) Der Prozessbevollmächtigte der ersten Instanz stellt den Kostenfestsetzungsantrag auch hinsichtlich der Kosten der Rechtsmittelinstanzen.
(11) Wenn der Antragsteller z. B. als Kaufmann zum Vorsteuerabzug berechtigt ist, entfällt dieser Satz, und USt. auf die Anwaltsvergütung darf in dem Kostenfestsetzungsantrag nicht berechnet werden. Siehe § 104 Abs. 2 S. 3 ZPO und unter Rdn 93 ff.

3. Der Kostenfestsetzungsbeschluss

57 Über den **Kostenfestsetzungsantrag** entscheidet der Rechtspfleger, nachdem er dem Gegner durch Übersendung einer Kopie des Kostenfestsetzungsantrages Gelegenheit zur Stellungnahme innerhalb einer Frist von zwei Wochen gegeben hat. Hierdurch gewährt er dem Gegner rechtliches Gehör (Art. 103 Abs. 1 GG).

Bestreitet der Gegner tatsächliche Angaben des Antragstellers, dann ist dieser verpflichtet, seine Angaben zumindest glaubhaft zu machen. Der Rechtspfleger kann aber auch jeden angebotenen Beweis erheben und insbesondere schriftliche Erklärungen von Richtern, Prozessbevollmächtigten, Parteien oder Zeugen einholen.

Über den Kostenfestsetzungsantrag entscheidet der Rechtspfleger durch Beschluss. Ist der Antrag nicht zulässig oder nicht begründet, wird er ganz oder teilweise mit einer Begründung zurückgewiesen; andernfalls ergeht der Kostenfestsetzungsbeschluss über die ganzen oder einen Teil der geltend gemachten Kosten.

58 Der **Kostenfestsetzungsbeschluss** wird der zur Kostentragung verurteilten Partei in Ausfertigung zusammen mit einer Kopie der Kostenberechnung des Antragstellers förmlich zugestellt. Der obsiegenden Partei wird eine vollstreckbare Ausfertigung mit normaler Post übersandt. Nur wenn der Antrag ganz oder teilweise zurückgewiesen wurde, erfolgt eine förmliche Zustellung auch an den Antragsteller (§ 104 Abs. 1 S. 3, S. 4 ZPO), da sich der Antragsteller dann mit dem Rechtsbehelf der sofortigen Beschwerde bzw. der befristeten Erinnerung gegen die Entscheidung wehren kann. Sind die Parteien anwaltlich vertreten, erfolgen die Zustellungen gegen Empfangsbekenntnis stets an die Prozessbevollmächtigten der ersten Instanz, auch wenn es sich um Kosten der Rechtsmittelinstanzen handelt.

59 Der Kostenfestsetzungsbeschluss muss wie jede anfechtbare gerichtliche Entscheidung grundsätzlich eine **Rechtsbehelfsbelehrung** enthalten (§ 232 ZPO), also welcher Rechtsbehelf zulässig ist und bei welchem Gericht er einzulegen ist.

Aus der **vollstreckbaren Ausfertigung** des Kostenfestsetzungsbeschlusses kann die obsiegende Partei die Zwangsvollstreckung betreiben. Die auf den Kostenfestsetzungsbeschluss gesetzte Vollstreckungsklausel lautet wie folgt: 60

> **Formulierungsbeispiel:**
>
> Vorstehende Ausfertigung wird dem (...) (z. B. Kläger) zum Zwecke der Zwangsvollstreckung erteilt.
>
> Eine Ausfertigung ist dem (...) (z. B. Beklagten) z. Hd. des Rechtsanwalts (...) am (...) zugestellt worden.
>
> Die Zwangsvollstreckung darf frühestens zwei Wochen nach diesem Tag beginnen (§ 798 ZPO).
>
> Datum (...)
>
> Urkundsbeamter der Geschäftsstelle

Ist das Urteil, das die Kostengrundentscheidung enthält, nur **gegen Sicherheitsleistung vorläufig vollstreckbar**, so kann die Zwangsvollstreckung aus dem Kostenfestsetzungsbeschluss nur betrieben werden, wenn die Sicherheitsleistung in voller Höhe hinterlegt ist. In den Kostenfestsetzungsbeschluss wird dann folgende Einschränkung aufgenommen: 61

> **Formulierungsbeispiel:**
>
> Der Kostenfestsetzungsbeschluss ist nur vollstreckbar, wenn die für die Zwangsvollstreckung des zugrunde liegenden Urteils vom (...), Aktenzeichen (...), erforderliche Sicherheit von (...) € geleistet wird.

Nach Zugang des **Kostenfestsetzungsbeschlusses** haben die Prozessbevollmächtigten der Parteien Folgendes zu veranlassen: 62

- Der Vertreter der **obsiegenden Partei** muss prüfen, ob die Kosten antragsgemäß festgesetzt worden sind. Andernfalls kann er den Beschluss mit der sofortigen Beschwerde bzw. der befristeten Erinnerung anfechten. Hält er den Beschluss für richtig, so muss er prüfen, ob und unter welchen Voraussetzungen die Zwangsvollstreckung möglich ist (Wartefrist, Sicherheitsleistung usw.).
- Der Vertreter der **unterliegenden Partei** muss prüfen, ob nicht überhöhte Kosten festgesetzt worden sind. Gegebenenfalls ist die Anfechtung mit der sofortigen Beschwerde bzw. der befristeten Erinnerung möglich. Sodann muss er seinen Mandanten von der Zustellung des Beschlusses unterrichten und ihm mitteilen, welchen Betrag er zahlen muss, da ihm sonst die Zwangsvollstreckung droht.

> **Merke:**
>
> Ein **selbstständiger Kostenfestsetzungsbeschluss** wird nicht auf das Urteil gesetzt. Er ergeht nur auf Antrag. Aus ihm ist die Zwangsvollstreckung erst nach einer **Wartefrist** von zwei Wochen zulässig.

4. Vereinfachte Kostenfestsetzung

Der Nachteil des **normalen Kostenfestsetzungsverfahrens**, dass aus dem Kostenfestsetzungsbeschluss gemäß § 798 ZPO erst nach einer Wartefrist von zwei Wochen vollstreckt werden darf, wird bei der so genannten vereinfachten Kostenfestsetzung vermieden. 63

Der **Vorteil der vereinfachten Kostenfestsetzung** nach § 105 ZPO liegt darin, dass der Kostenfestsetzungsbeschluss auf das Urteil und seine Ausfertigungen gesetzt wird. Deshalb ist keine besondere Vollstreckungsklausel für den Beschluss notwendig (§ 795a ZPO). Die Vollstreckungsklausel und die Zustellung des Urteils wirken für den Beschluss mit, sodass aus dem Urteil **ohne Wartefrist** wegen der eingeklagten Hauptforderung und wegen der Verfahrenskosten vollstreckt werden kann.

64 Die vereinfachte Kostenfestsetzung ist **zulässig**,

- wenn der **Kostenfestsetzungsantrag** bei Gericht eingeht, bevor eine Ausfertigung des Urteils erteilt ist und eine Verzögerung der Ausfertigung nicht eintritt (§ 105 Abs. 1 ZPO) und
- wenn die Prozesskosten nicht nach Quoten verteilt sind (§ 106 Abs. 1 S. 2 ZPO) und
- wenn dem Kostenfestsetzungsantrag **voll** entsprochen werden kann (§ 105 Abs. 1 S. 4 ZPO).

Ein besonderer Kostenfestsetzungsantrag ist sogar entbehrlich, wenn die Partei vor der Verkündung des Urteils eine Berechnung ihrer Kosten bei dem Gericht eingereicht hat (§ 105 Abs. 2 ZPO).

65 Ergeht ein solcher **unselbstständiger Kostenfestsetzungsbeschluss**, so wird auf das Urteil folgender Vermerk gesetzt:

> **Formulierungsbeispiel:**
>
> Die zu erstattenden Kosten werden auf (...) €
>
> nebst Zinsen von fünf Prozentpunkten über
>
> dem jeweiligen Basiszinssatz seit dem (...) festgesetzt.
>
> Datum (...)
>
> Rechtspfleger

Nachdem die Kostenfestsetzung auf diese Weise erfolgt ist, werden die Parteien davon benachrichtigt, wobei die erstattungspflichtige Partei auch eine Kopie der Kostenberechnung des Antragstellers erhält.

In der Praxis wird von der vereinfachten Kostenfestsetzung häufig Gebrauch gemacht, insbesondere bei Versäumnisurteilen und Anerkenntnisurteilen.

> **Merke:**
>
> Empfehlenswert ist die vereinfachte Kostenfestsetzung, bei der der Kostenfestsetzungsbeschluss auf das Urteil gesetzt wird. Bei diesem unselbstständigen Kostenfestsetzungsbeschluss ist keine Wartefrist vor der Zwangsvollstreckung einzuhalten.

5. Die Kostenausgleichung

66 Zwischen den Parteien muss die so genannte Kostenausgleichung durchgeführt werden, wenn das Gericht im Urteil die **Kosten nach Bruchteilen** (Quoten) verteilt hat, wobei man übrigens auch von einer Kostenteilung oder Quotierung spricht. Die Kostenentscheidung kann dann z. B. lauten: „Der Kläger trägt $1/3$ der Kosten des Rechtsstreits, der Beklagte $2/3$" (§ 92 Abs. 1 ZPO). Siehe hierzu das erste Beispiel unter Rdn 42. In diesem Beispiel hätte der Kläger einen Kostenerstattungsanspruch gegen den Beklagten und umgekehrt. Jedoch bedeutet dies auch, dass im Endergebnis nur der Beklagte Kosten an den Kläger erstatten muss.

Der **Zweck des Kostenausgleichsverfahrens** nach § 106 ZPO liegt darin, eine doppelte Kostenfestsetzung zu ersparen, indem in einem einheitlichen Beschluss die gegenseitigen Kostenerstattungsansprüche der Parteien ausgeglichen, d. h. miteinander verrechnet werden.

Das Verfahren läuft meistens so ab, dass die Partei, die sich **im Endergebnis** einen Kostenerstattungsanspruch ausrechnet, einen Kostenfestsetzungsantrag bei Gericht einreicht. Über diesen Antrag allein kann der Rechtspfleger aber nicht entscheiden, da er aus dem Urteil weiß, dass die Kosten nach Quoten verteilt sind. Nach § 106 Abs. 1 ZPO übersendet der Rechtspfleger eine Kopie des eingereichten Kostenfestsetzungsantrags an die andere Partei mit der Aufforderung, ihre Kostenberechnung innerhalb von einer Woche bei dem Gericht einzureichen. Diese Frist kann nicht verlängert werden (§ 224 Abs. 2 ZPO). 67

Legt die andere Partei nach Aufforderung durch das Gericht nicht innerhalb der Wochenfrist ihre Kostenberechnung vor, so wird der Kostenfestsetzungsbeschluss erlassen, ohne die Kosten dieser Partei zu berücksichtigen. Jedoch kann die Partei für ihre aufgewendeten Prozesskosten noch später einen zweiten Kostenfestsetzungsbeschluss erwirken (§ 106 Abs. 2 ZPO). Die andere Partei kann übrigens nicht gezwungen werden, ihre Kostenberechnung vorzulegen.

Merke:

Die Kostenausgleichung soll die doppelte Kostenfestsetzung ersparen. Sie wird notwendig bei teilweisem Obsiegen der Parteien und entsprechender Kostenteilung. Die unterlegene Partei muss die Wochenfrist zur Einreichung ihrer Kostenberechnung einhalten. Im Kostenfestsetzungsbeschluss wird dann nur der Überschuss, den eine Partei der anderen zu erstatten hat, festgesetzt.

6. Kosten im Kostenfestsetzungsverfahren

Das Kostenfestsetzungsverfahren ist **gerichtsgebührenfrei**, es können höchstens Auslagen entstehen. Als Prozessbevollmächtigter erhält auch der **Rechtsanwalt keine besondere Vergütung**, da die Kostenfestsetzung gemäß § 19 Abs. 1 S. 2 Ziff. 14 RVG noch zum Rechtszug gehört und mit der Verfahrensgebühr abgegolten ist. Wird allerdings ein Rechtsanwalt nur mit der Vertretung im Kostenfestsetzungsverfahren beauftragt, berechnet sich seine Vergütung nach Nr. 3403 VV RVG; dies kommt aber nur selten vor. 68

Erst im **Erinnerungs- bzw. Beschwerdeverfahren** (siehe Rdn 70 ff.) können für den prozessbevollmächtigten Rechtsanwalt besondere Gebühren entstehen (Nr. 3500 VV RVG; siehe § 7 Rdn 105 ff.). Gerichtsgebühren entstehen für das Erinnerungsverfahren nicht (§ 11 Abs. 4 RPflG); im Beschwerdeverfahren können sie nur entstehen, wenn eine Beschwerde als unzulässig verworfen oder zurückgewiesen wird (Kostenverzeichnis zum GKG Nr. 1812). 69

Wenn im Erinnerungs- bzw. Beschwerdeverfahren also neue Kosten anfallen, dann muss das Gericht in seiner Entscheidung über den eingelegten Rechtsbehelf bzw. das eingelegte Rechtsmittel auch eine Kosten(grund)entscheidung treffen (§ 308 Abs. 2 ZPO). Dieser weitere Kostenerstattungsanspruch kann auch im Kostenfestsetzungsverfahren geltend gemacht werden.

Merke:

Im Kostenfestsetzungsverfahren fallen in der Regel keine besonderen Gebühren an.

Erst im Erinnerungs- und Beschwerdeverfahren entsteht eine besondere Rechtsanwaltsvergütung.

Nur bei erfolgloser Beschwerde können besondere Gerichtsgebühren entstehen.

7. Erinnerung und Beschwerde im Kostenfestsetzungsverfahren

70 Wenn eine Partei mit einem Kostenfestsetzungsbeschluss nicht zufrieden ist, kann sie sich dagegen entweder mit einer sofortigen Beschwerde oder mit einer befristeten Erinnerung zur Wehr setzen (§ 104 Abs. 3 S. 1 ZPO).

Die **Erinnerung** ist ein **Rechtsbehelf**, über den dasselbe Gericht entscheidet, das die angefochtene Entscheidung erlassen hat, sodass die Sache in der gleichen Instanz bleiben kann.

Die **Beschwerde** ist ein **Rechtsmittel**, bei dem grundsätzlich eine höhere Instanz **(Beschwerdegericht)** die angefochtene Entscheidung nachprüft (§§ 72, 119, 133 GVG).

Beschwerdeführer nennt man denjenigen, der die Beschwerde einlegt. Seine Gegenpartei ist der **Beschwerdegegner**. Niemals ist das Gericht Beschwerdegegner. Wer eine Erinnerung einlegt heißt Erinnerungsführer.

71 Als Rechtsbehelf gegen den Kostenfestsetzungsbeschluss ist nach § 104 Abs. 3 ZPO und § 11 Abs. 1 RPflG grundsätzlich die sofortige Beschwerde nach den §§ 567 ff. ZPO vorgesehen. Für die sofortige Beschwerde ist jedoch nach § 567 Abs. 2 ZPO ein Mindestwert („Beschwer") von 300,01 Euro vorgesehen. Bis zum Wert von 300,00 Euro ist nach § 11 Abs. 2 S. 1 RPflG die befristetete Erinnerung zulässig.

72 Die **Erinnerung** wird bei dem Gericht eingelegt, gegen dessen Entscheidung sie sich richtet (§ 11 Abs. 2 S. 7 RPflG, § 569 ZPO).

73 Die **Beschwerde** kann bei dem Gericht eingelegt werden, dessen Entscheidung angefochten werden soll **(Untergericht)**, aber auch beim Beschwerdegericht (§ 569 Abs. 1 ZPO). Die Einlegung erfolgt in der Regel durch Einreichung eines Schriftsatzes.

Merke:

Erinnerung	=	Rechtsbehelf	=	Entscheidung bei dem gleichen Gericht
Beschwerde	=	Rechtsmittel	=	Entscheidung bei einem höheren Gericht

Es gibt **zwei Arten der Beschwerde**: die sofortige Beschwerde und die Rechtsbeschwerde.

74
- Die **sofortige Beschwerde** kann nur innerhalb einer **Notfrist von zwei Wochen** seit Zustellung der anzufechtenden Entscheidung eingelegt werden (§ 569 Abs. 1 ZPO).

  Sie ist dann zulässig, wenn dies im Gesetz ausdrücklich so bestimmt ist. Sie finden dann im Gesetz einen Wortlaut wie: „Gegen die Entscheidung findet sofortige Beschwerde statt". Beispiele hierfür sind die §§ 104 Abs. 3 S. 1, 127 Abs. 2, Abs. 3 und 793 ZPO. Außerdem ist sie auch bei Ablehnung von Verfahrensanträgen ohne mündliche Verhandlung durch das Gericht statthaft (§ 567 Abs. 1 Ziff. 2 ZPO).

  Das Gericht, dessen Entscheidung mit der sofortigen Beschwerde angefochten wird, darf selbst seine Entscheidung zugunsten des Beschwerdeführers abändern, also der Beschwerde abhelfen (§ 572 Abs. 1 ZPO), andernfalls ist die Beschwerde unverzüglich dem **Beschwerdegericht** zur Beurteilung vorzulegen.

  Im Kostenfestsetzungsverfahren kommt die sofortige Beschwerde häufig vor. Aufgrund der Abhilfebefugnis des Untergerichts kann auch der Rechtspfleger selbst bei einer sofortigen Beschwerde gegen einen von ihm erlassenen Kostenfestsetzungsbeschluss der Beschwerde abhelfen, wenn er seine Entscheidung nachträglich als unrichtig erkennt (§ 11 Abs. 1 RPflG, § 572 Abs. 1 ZPO). In diesem Fall wird die Sache gar nicht erst an das Beschwerdegericht abgegeben.

  Über die meisten Beschwerden wird in der Praxis ohne mündliche Verhandlung entschieden.

- Die **Rechtsbeschwerde** richtet sich gegen den Beschluss des Beschwerdegerichts über die eingelegte Erstbeschwerde. Da sie ähnlich der Revision ausgestaltet ist, beschränkt sie sich auf eine **rechtliche Überprüfung** der angefochtenen Entscheidung. **Rechtsbeschwerdegericht** ist einzig der Bundesgerichtshof (§ 133 GVG), sodass gerade auf dem Gebiet des Kostenrechts eine bundesweit einheitliche Rechtsprechung gewährleistet ist.

  Die Rechtsbeschwerde ist allerdings nur zulässig, wenn
  1. dies im Gesetz ausdrücklich so bestimmt ist oder
  2. wenn die Rechtssache grundsätzliche Bedeutung hat oder der Fortbildung des Rechts bzw. einer einheitlichen Rechtsprechung dient.

  Bei Vorliegen einer der Voraussetzungen nach der zweiten Alternative muss das Beschwerdegericht die Rechtsbeschwerde zulassen (§ 574 ZPO). Ohne Zulassung durch das Beschwerdegericht ist in Kostensachen eine Rechtsbeschwerde nicht möglich.

  Die Rechtsbeschwerde ist beim Rechtsbeschwerdegericht einzulegen (§ 575 Abs. 1 ZPO), also beim Bundesgerichtshof. Der Rechtsbeschwerdeführer muss die Rechtsbeschwerde binnen einer **Notfrist von einem Monat** seit Zustellung des Beschlusses einreichen und auch grundsätzlich innerhalb dieser Monatsfrist begründen. Da die Begründungsfrist aber keine Notfrist ist, kann sie bei erheblichen Gründen auch um bis zu zwei Monate verlängert werden.
- Eine **Anschlussbeschwerde** liegt vor, wenn der Beschwerdegegner sich der Beschwerde des Beschwerdeführers anschließt (§ 567 Abs. 3 ZPO). Die Anschließung kann noch nach Ablauf der Beschwerdefrist geschehen; wobei es sich dann um eine unselbstständige Anschlussbeschwerde handelt, die ihre Wirkung verliert, wenn der Beschwerdeführer die Beschwerde zurücknimmt oder wenn diese als unzulässig verworfen wird.

  > *Beispiel:*
  >
  > Zum Verständnis der Anschlussbeschwerde folgendes **Beispiel:** So könnte sich der Beschwerdeführer gegen eine nur teilweise Festsetzung der beantragten Kosten wenden und der Beschwerdegegner diese festgesetzten Kosten immer noch als überhöht ansehen. Der Beschwerdegegner hatte jedoch von einer Beschwerde abgesehen, da er hoffte, auch der Beschwerdeführer werde keine Beschwerde einlegen. Wenn der Beschwerdeführer nun mit seiner Beschwerde bis zum letzten Tag der Frist gewartet hat, wäre es doch wohl nicht zu rechtfertigen, dem Beschwerdegegner in diesem Fall die Beschwerdemöglichkeit zu verwehren.

  Für die **Anschlussrechtsbeschwerde** gilt nach § 574 Abs. 4 ZPO das zuvor gesagte entsprechend.

Merke:

Sofortige Beschwerde	=	Das Untergericht darf der Erstbeschwerde abhelfen
Rechtsbeschwerde	=	Rechtsmittel gegen die Entscheidung des Beschwerdegerichts über eine Erstbeschwerde, Entscheidung nur durch BGH
Anschlussbeschwerde	=	Anschluss des Beschwerdegegners an die Beschwerde, auch noch nach Fristablauf

Gegen einen Kostenfestsetzungsbeschluss sind zugelassen, entweder 75
- die **befristete Erinnerung** oder
- die **sofortige Beschwerde**.

Was davon zulässig ist, unterscheidet sich durch die **Beschwer**; es gilt eine Grenze von 300 Euro. 76
Dies wird in den folgenden Rdn 77 ff. und Rdn 85 ff. dargestellt.

Merke:

Merken Sie sich, dass bei einer Beschwer von bis zu 300,00 € die befristete Erinnerung gegeben ist und ab einer Beschwer von 300,01 € die sofortige Beschwerde.

a) Die sofortige Beschwerde

77 Gegen Entscheidungen des Rechtspflegers ist nach § 11 Abs. 1 RPflG grundsätzlich das Rechtsmittel gegeben, das nach den allgemeinen verfahrensrechtlichen Vorschriften der ZPO gestattet ist. Wenn man eine Entscheidung des Rechtspflegers anfechten will, muss man also in der ZPO nachsehen, welches Rechtsmittel für diesen Fall dort vorgesehen ist. Für den Kostenfestsetzungsbeschluss ist in § 104 Abs. 3 S. 1 ZPO das Rechtsmittel der **sofortigen Beschwerde** als zulässig erklärt, wobei es keinen Unterschied macht, ob man gegen den Erlass eines Kostenfestsetzungsbeschlusses oder gegen die Zurückweisung eines Kostenfestsetzungsantrages vorgehen will.

78 Die **sofortige Beschwerde** ist speziell in den §§ 567 ff. ZPO geregelt. Insbesondere ist § 567 Abs. 2 ZPO zu beachten: Demnach ist die Beschwerde unzulässig, wenn der **Beschwerdewert von mehr als 300,00 Euro**, also 300,01 Euro, nicht erreicht ist. Der Beschwerdewert, auch „**Beschwer**" genannt, ist übrigens der Differenzbetrag zwischen dem, was die Partei verlangt hat, und dem, was sie tatsächlich im Kostenfestsetzungsbeschluss erreicht hat. Aus der Sicht des Gegners ist der Beschwerdewert, der Betrag, den er nicht zu zahlen gewillt ist.

Beispiel:

Die Partei beantragt die Festsetzung von 5.000,00 € Kosten. Im Beschluss erhält sie nur 4.700,00 €. Ihre Beschwer ist folglich 30,00 € und damit ist der Beschwerdewert um 1 Cent gerade nicht erreicht.

Hinweis:

Falls nach der ZPO für den betreffenden Sachverhalt kein Rechtsmittel vorgesehen ist (also bei einer Beschwer von weniger als 300,01 Euro), dann ist gegen die Entscheidung des Rechtspflegers immer noch die **befristete Erinnerung** gemäß § 11 Abs. 2 RPflG zulässig; siehe Rdn 85 ff.

Wenn übrigens eine Partei die sofortige Beschwerde eingelegt hat, darf die andere Partei, wenn sie den Beschwerdewert von 300,01 Euro nicht erreicht, die unselbstständige Anschlussbeschwerde erklären (§ 567 Abs. 3 ZPO).

79 Die sofortige Beschwerde ist binnen einer **Notfrist von zwei Wochen** seit Zustellung des Kostenfestsetzungsbeschlusses einzulegen (§ 569 Abs. 1 ZPO). Die Frist läuft für jede Partei gesondert und zwar ab dem Tag, an dem ihr jeweils der Beschluss zugestellt wurde. „Beschwert" ist übrigens jede Partei, für die eine gerichtliche Entscheidung ungünstig ist.

Eine **Notfrist** kann übrigens weder verkürzt noch verlängert werden (§ 224 ZPO), sie ist unbedingt einzuhalten. Die Frist für die Erinnerung ist dagegen keine Notfrist.

80 Über die eingelegte sofortige Beschwerde darf der Rechtspfleger selbst entscheiden (§ 11 Abs. 1 RPflG, § 572 Abs. 1 ZPO), wenn er die Beschwerdebegründung als richtig – und damit seinen Kostenfestsetzungsbeschluss als unrichtig – erkennt, also abhilft. Also ist durch den **Rechtspfleger nur Abhilfe** zulässig, aber keine für den Beschwerdeführer ungünstige Entscheidung. Eine mündliche Verhandlung muss nicht stattfinden (§ 128 Abs. 4 ZPO), sie kommt auch praktisch nicht häufig vor. Wenn der Rechtspfleger nicht abhilft, entscheidet das **Beschwerdegericht** durch Beschluss über die sofortige Beschwerde, also das im Rechtszug nächsthöhere Gericht. Auch hier wird keine mündliche Verhandlung stattfinden. Es gilt ein Verschlechterungsverbot, d. h., in dem Beschluss

darf der Beschwerdesteller nicht schlechter gestellt werden als in dem angefochtenen Kostenfestsetzungsbeschluss (wie §§ 528, 557 Abs. 1 ZPO).

Gegen den Beschluss des Beschwerdegerichts ist bei Vorliegen der Voraussetzungen eine **Rechtsbeschwerde** zulässig (§ 574 ZPO, siehe oben). 81

Merke:

Wenn der Beschwerdewert mehr als 300 Euro beträgt, ist gegen Entscheidungen des Rechtspflegers im Kostenfestsetzungsverfahren die sofortige Beschwerde binnen einer Notfrist von zwei Wochen seit Zustellung des Kostenfestsetzungsbeschlusses gegeben, über die das nächsthöhere Gericht entscheidet, falls der Rechtspfleger nicht selbst abhilft.

Hinweis:

An dieser Stelle des Buches werden die sofortige Beschwerde und die befristete Erinnerung nach den Vorschriften der ZPO und des RPflG dargestellt. Verwechseln Sie diese nicht mit der sofortigen Beschwerde und der Rechtsbeschwerde nach dem FamFG; dort ersetzen im Familienverfahren die Beschwerde und die Rechtsbeschwerde sozusagen die Berufung und die Revision des gewöhnlichen Zivilprozesses. Deswegen beträgt z. B. der Beschwerdewert in § 61 Abs. 1 FamFG ebenso 1.000 Euro wie für die Berufung gemäß § 511 Abs. 2 ZPO. Auch entspricht z. B. die Beschwerdefrist nach § 63 Abs. 1 FamFG mit einem Monat der Berufungsfrist gemäß § 517 ZPO.

Nachstehend finden Sie ein Muster für das Beschwerdeschreiben: 82

Muster: Beschwerdeschreiben

An das Amtsgericht/Landgericht ......

Sofortige Beschwerde

Aktenzeichen des Gerichts ......

In Sachen ....../......

lege ich namens des Klägers (bzw. Beklagten) gegen den Kostenfestsetzungsbeschluss des Amts-/ Landgerichts ...... vom ......, zugestellt am ......,

sofortige Beschwerde

ein und beantrage, den angefochtenen Beschluss abzuändern und die Kosten wie von mir beantragt festzusetzen.

Begründung: ......

Rechtsanwalt

Hinweis für die Praxis:

Wenn die zur Kostenerstattung verpflichtete Partei sofortige Beschwerde gegen den Kostenfestsetzungsbeschluss einlegt, dann ist die obsiegende Partei gemäß § 570 Abs. 1 nicht automatisch daran gehindert, die Zwangsvollstreckung aus dem angefochtenen Beschluss zu betreiben. Hier kann der Vertreter der unterlegenen Partei einen Antrag auf Erlass einer einstweiligen Anordnung gemäß § 570 Abs. 2, Abs. 3 ZPO stellen, dass die Vollstreckung des Kostenfestsetzungsbeschlusses einstweilig einzustellen sei, was von den Vollstreckungsorganen nach § 775 Ziff. 2 ZPO zu beachten ist.

83 Nach § 104 Abs. 3 S. 2 ZPO kann das Beschwerdegericht das Beschwerdeverfahren so lange aussetzen, bis die Kosten(grund)entscheidung, auf die der Festsetzungsantrag gestützt wird, rechtskräftig wird. Hierdurch soll vermieden werden, dass das Beschwerdegericht unnötige Mehrarbeit hat, wenn z. B. die in einem vorläufig vollstreckbaren Urteil enthaltene Kostenentscheidung später durch das Urteil eines Berufungs- oder Revisionsgerichts geändert wird.

84 Nachstehende **Übersicht** zeigt die Möglichkeiten der Anfechtung (**Beschwerde** und **Erinnerung**) im Kostenfestsetzungsverfahren.

Übersicht: Erinnerung und Beschwerde gegen den Kostenfestsetzungsbeschluss

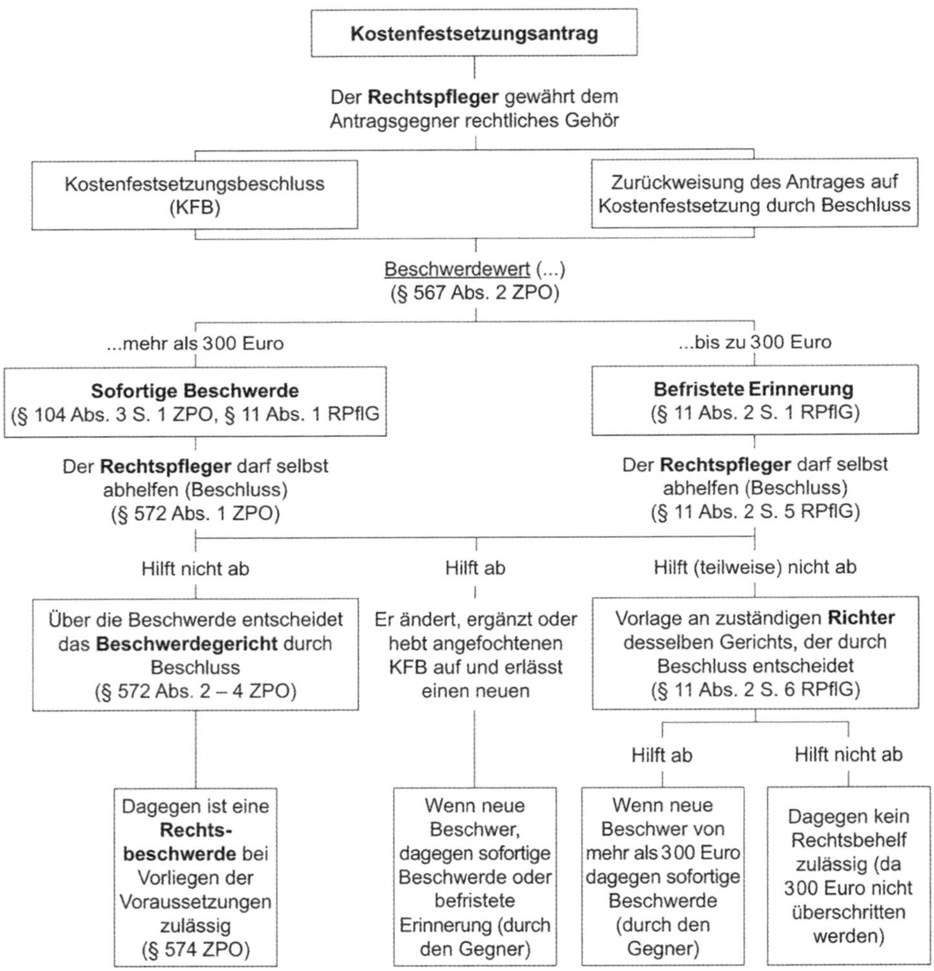

b) Die befristete Erinnerung

85 Die **Erinnerung** ist ein Rechtsbehelf, der insbesondere gegen Entscheidungen des Rechtspflegers in den gesetzlich bestimmten Fällen zulässig ist. Es gibt zwei Arten der Erinnerung:

- die einfache (unbefristete) Erinnerung (z. B. § 766 ZPO) und
- die befristete Erinnerung (z. B. § 11 Abs. 2 S. 1 RPflG).

Im Kostenfestsetzungsverfahren findet sich davon nur die **befristete Erinnerung**, die gemäß § 11 Abs. 2 S. 1 RPflG jedoch nur dann zulässig ist, wenn es nach den Bestimmungen der ZPO eigentlich kein Rechtsmittel gegen die Entscheidung des Rechtspflegers gibt. 86

Wie unter Rdn 77 ff. dargestellt wurde, setzt eine sofortige Beschwerde gemäß § 567 Abs. 2 ZPO eine Beschwer von mehr als 300 Euro voraus. Da also bis zu diesem Betrag eine Beschwerde unzulässig ist, gibt es in diesem Fall kein Rechtsmittel. Genau dieser Sachverhalt ist in § 11 Abs. 2 S. 1 RPflG gemeint, sodass bis zu einer Beschwer von bis zu genau 300 Euro gegen die Entscheidung des Rechtspflegers die **befristete Erinnerung** zugelassen wird.

Bei der mit der Erinnerung anzufechtenden Entscheidung des Rechtspflegers kann es sich entweder um den Erlass eines Kostenfestsetzungsbeschlusses handeln oder um den Beschluss, mit dem ein Kostenfestsetzungsantrag zurückgewiesen wird. 87

In beiden Fällen kann jede Partei, sofern sie mit bis zu 300 Euro beschwert ist, die befristete Erinnerung einlegen. Hierbei ist eine **Frist von zwei Wochen** seit Zustellung der Entscheidung zu beachten (§ 11 Abs. 2 S. 1 RPflG). Die Frist läuft für jede Partei gesondert, und zwar ab dem Tag, an dem ihr der Beschluss zugestellt wurde. „Beschwert" ist jede Partei, für die eine gerichtliche Entscheidung ungünstig ist. Eine Mindestbeschwerdesumme gibt es hier nicht, da § 567 Abs. 2 ZPO für die Erinnerung nicht gilt.

Der Rechtspfleger darf einer befristeten Erinnerung nach § 11 Abs. 2 S. 5 RPflG selbst abhelfen. 88
Dies muss man so verstehen, dass der Rechtspfleger hier abhelfen **muss, wenn** sich – gegebenenfalls nach weiteren Ermittlungen – die Erinnerung als begründet erweist. Ist die Erinnerung begründet, so hilft der Rechtspfleger ihr ab, indem er den Kostenfestsetzungsbeschluss aufhebt, abändert, ergänzt oder neu erlässt. Er muss dann auch eine Kostenentscheidung treffen, da für das Erinnerungsverfahren eine besondere Anwaltsvergütung entsteht (§ 308 Abs. 2 ZPO, Nr. 3500 VV RVG). Anwaltszwang besteht für das Erinnerungsverfahren jedoch nicht (§ 13 RPflG).

Der Rechtspfleger entscheidet durch Beschluss über die Erinnerung, nachdem er dem Antragsgegner rechtliches Gehör gewährt hat. Eine mündliche Verhandlung ist möglich (§ 128 Abs. 4 ZPO), aber selten. Hilft der Rechtspfleger der Erinnerung nicht ab, so legt er sie dem Richter (bzw. der Kammer) zur Entscheidung vor (§ 11 Abs. 2 S. 6 RPflG).

Der Richter bzw. die Kammer entscheidet in diesem Fall durch Beschluss über die Erinnerung. 89
Gegen diese **richterliche** Entscheidung ist in der Regel eine sofortige Beschwerde durch den Antragsteller nach § 104 Abs. 3 S. 1 ZPO nicht zulässig, da im Allgemeinen der Beschwerdewert von 300 Euro nicht überschritten sein kann.

Merke:

Im Kostenfestsetzungsverfahren ist gegen die Entscheidungen des Rechtspflegers die befristete Erinnerung binnen einer Notfrist von 2 Wochen seit Zustellung der angefochtenen Entscheidung zulässig, wenn die Beschwer 300 Euro nicht überschreitet.

Der Rechtspfleger darf selbst abhelfen.

c) Gebühren bei Erinnerung oder Beschwerde im Kostenfestsetzungsverfahren

Während das Kostenfestsetzungsverfahren selbst weder Gerichtsgebühren verursacht noch für den prozessbevollmächtigten RA gemäß § 19 Abs. 1 S. 2 Ziff. 14 RVG Anwaltsgebühren, können im Erinnerungs- oder Beschwerdeverfahren Gebühren entstehen. 90

Gerichtsgebühren werden für das **Erinnerungsverfahren** nicht erhoben (§ 11 Abs. 4 RPflG). Jedoch fällt im **Beschwerdeverfahren** nach dem Kostenverzeichnis Nr. 1812 des GKG eine Gerichtsgebühr an, aber nur dann, wenn die Beschwerde verworfen oder zurückgewiesen wird, was eventuell dadurch vermieden werden kann, dass die Beschwerde noch vor einer gerichtlichen Entscheidung zurückgenommen wird.

Rechtsanwaltsgebühren entstehen für Tätigkeiten im Beschwerde- oder Erinnerungsverfahren gemäß Nr. 3500 VV RVG in Höhe einer 0,5 Verfahrensgebühr. Für das Erwachsen dieser Gebühr spielt es keine Rolle, ob ein Beschwerdeverfahren oder ein Erinnerungsverfahren betrieben wird. Alles Weitere finden Sie in § 7 Rdn 105 ff.

8. Streitwertänderung

91 Manchmal kann es vorkommen, dass das Gericht den Streitwert eines Prozesses noch nach Erlass des Kostenfestsetzungsbeschlusses abändert. Auf Antrag muss dann der Rechtspfleger des Gerichts erster Instanz auch den Kostenfestsetzungsbeschluss entsprechend abändern. Der Antrag ist binnen einer Frist von einem Monat seit Zustellung bzw. Verkündung des Wertfestsetzungsbeschlusses bei der Geschäftsstelle des Gerichts erster Instanz zu stellen (§ 107 ZPO). Eine weitere Änderung eines Kostenfestsetzungsbeschlusses von Amts wegen sieht der am 01.07.2026 in Kraft tretende § 102 ZPO vor. Wenn das Gericht seine Streitwertfestsetzung ändert, kann es von Amts wegen auch seine getroffene Kostenentscheidung von Amts wegen ändern. Dann ist auch eine bereits erfolgte Kostenfestsetzung von Amts wegen zu ändern.

9. Versicherungen im Kostenfestsetzungsverfahren

92 Wenn der Auftraggeber des Rechtsanwalts bei einer Rechtsschutz- oder Haftpflichtversicherung versichert ist, wird sich die Frage ergeben, ob dem Mandanten oder seiner Versicherung der Kostenerstattungsanspruch gegen den unterlegenen Gegner zusteht (vgl. Rdn 37).

Da nicht die **Rechtsschutzversicherung** den Rechtsanwalt beauftragt, sondern der Versicherte selbst den Auftrag erteilt, steht der Kostenerstattungsanspruch dem Mandanten als Prozesspartei zu. Die Anwaltsvergütung wird also dem Rechtsanwalt von seinem Auftraggeber geschuldet, der deshalb auch Antragsteller im Kostenfestsetzungsverfahren ist. Die Rechtschutzversicherung würde die Kosten allerdings dann gegenüber ihrem Versicherten übernehmen, wenn dieser den Prozess verliert.

Bei der **Haftpflichtversicherung**, insbesondere bei der Kraftfahrzeughaftpflichtversicherung, bestellt die Versicherung den Prozessbevollmächtigten häufig im eigenen Namen. Die Anwaltsvergütung wird in diesem Fall also von der Versicherung geschuldet, sodass dann auch der Kostenerstattungsanspruch der den Prozess führenden Versicherung zusteht.

III. Begriff der notwendigen Kosten in zivilen Rechtsstreitigkeiten

93 Gemäß § 91 Abs. 1 ZPO hat die unterliegende Partei grundsätzlich die gesamten Kosten des Rechtsstreits zu tragen und die der obsiegenden Partei erwachsenen Kosten zu erstatten, soweit sie zur zweckentsprechenden Rechtsverfolgung oder Rechtsverteidigung **notwendig** waren. Die zu erstattenden Kosten umfassen auch die Entschädigung der obsiegenden Partei für die durch notwendige Reisen oder durch die notwendige Wahrnehmung von Terminen entstandene Zeitversäumnis, was grundsätzlich auch gilt, wenn sie anwaltlich vertreten ist. Auch einer anwaltlich vertretenen Partei werden Reisekosten dadurch entstehen, dass das Gericht das persönliche Erscheinen der Parteien anordnet.

Wie man sieht, liegt die Betonung darauf, dass die Kosten notwendigerweise entstanden sein müssen. Deshalb sind die Parteien verpflichtet, die Kosten angemessen niedrig zu halten. Notwendig in diesem Sinne sind nur für solche Handlungen entstandene Kosten, die objektiv erforderlich und geeignet erscheinen, den eingeklagten Anspruch zu verfolgen oder zu verteidigen.

Nicht notwendige Kosten müssen nicht erstattet werden, das sind Kosten für ungewöhnliche oder zwecklose Maßnahmen. So werden gemäß § 91 Abs. 2 S. 1 ZPO der obsiegenden Partei grundsätzlich die Mehrkosten nicht erstattet, die dadurch entstehen, dass der beauftragte Rechtsanwalt seinen Wohnsitz oder seine Kanzlei nicht an dem Ort des Prozessgerichts hat. Allerdings wird von den Gerichten anerkannt, dass eine Partei im Regelfall einen an ihrem Wohnort ansässigen Rechtsanwalt beauftragen darf von dem sie in einem mündlichen Gespräch beraten werden kann – nur wenn die Partei selbst rechtskundig ist handelt es sich dann nicht um notwendige Reisekosten ihres beauftragten Rechtsanwalts. Jedoch können Reisekosten des auswärtigen Rechtsanwalts erstattungsfähig sein, wenn dadurch andere Kosten, z. B. Reisekosten der Partei erspart werden, aber nur bis zur Höhe dieser ersparten Beträge. Das Gericht wird hier Vergleichsrechnungen anstellen. 94

Hinweis für die Praxis: 95

Wenn eine Partei ohne Notwendigkeit einen außerhalb des Gerichtsbezirks ansässigen Rechtsanwalt beauftragt, dann sind dessen Reisekosten nur bis zur höchstmöglichen Entfernung innerhalb des Gerichtsbezirks zu erstatten (BGH, Beschluss vom 09.05.2018 – I ZB 62/17; BGH, Beschluss vom 04.12.2018 – VIII ZB 37/18; OLG Frankfurt a.M., Beschluss vom 11.09.2018 – 6 W 33/17; LG München, Beschluss vom 12.08.2019 – 30 O 5993/17).

Falls eine Partei **mehrere Rechtsanwälte** gleichzeitig bestellt hat, wird nur die Vergütung für einen Rechtsanwalt erstattet; werden mehrere Rechtsanwälte nacheinander bestellt, ist deren Vergütung ausnahmsweise zu erstatten, wenn ein Anwaltswechsel zwingend notwendig wurde, z. B. durch Tod des erstbeauftragten Rechtsanwalts (§ 91 Abs. 2 ZPO). Auch wenn zwischen einem Mahnverfahren und dem nachfolgenden Prozess ein Anwaltswechsel stattfindet führt dies zu unnötigen Kosten, die nicht zu Lasten erstattungspflichtigen Gegners gehen dürfen (BGH, Beschluss vom 21.12.2017 – IX ZB 31/16). 96

Grundsätzlich nicht zu erstatten sind auch die Aufwendungen für einen **Verkehrsanwalt** (**Korrespondenzanwalt**), der am Wohnort der Partei den Schriftverkehr mit dem bei einem auswärtigen Gericht zugelassenen prozessbevollmächtigten Rechtsanwalt führt. Nur in Ausnahmefällen sind solche Aufwendungen erstattungsfähig, z. B. wenn der Partei die erforderliche Gewandtheit zum Schriftverkehr mit dem auswärtigen Rechtsanwalt fehlt, was z. B. bei Kaufleuten kaum der Fall sein kann. Weitere Hinweise zur Erstattbarkeit der Aufwendungen für den Verkehrsanwalt können an dieser Stelle nicht gegeben werden, weshalb auf § 7 Rdn 78 ff. verwiesen sei. 97

Merke:

Die im Zivilprozess unterlegene Partei muss nur die notwendigen Prozesskosten erstatten. Jede Partei wird grundsätzlich unter mehreren gleichartigen Maßnahmen also die kostengünstigste wählen müssen.

Nicht zu den Kosten des Rechtsstreits gehören übrigens **vorgerichtliche Aufwendungen**, wie z. B. für Mahnschreiben der Partei, für Nachnahmesendungen oder für Inkassobüros. Diese Kosten können nur als Verzugsschaden im Sinne des § 280 Abs. 2 BGB neben der eigentlichen Hauptforderung eingeklagt werden, wobei sie gemäß § 4 Abs. 1 ZPO nicht den Streitwert erhöhen. Auch die Kosten für anwaltliche Aufforderungsschreiben **ohne** Klageauftrag gehören nicht zu den Kosten des späteren Rechtsstreits und können nicht festgesetzt werden. 98

Dagegen rechnet die **vorprozessuale Anwaltsvergütung** grundsätzlich mit zu den Kosten, die durch den Rechtsstreit entstanden sind, wenn der Rechtsanwalt einen **unbedingten Auftrag** zur gerichtlichen Geltendmachung der Forderung, also zur Durchführung des gerichtlichen Mahnverfahrens oder eines Prozesses hatte und das Verfahren in diesem Rahmen durch vorgerichtlichen Schriftverkehr mit dem Schuldner vorbereitet hat.

Hinweis:

Es war umstritten, ob es im Sinne des § 91 Abs. 1 ZPO notwendig ist, vor einem gerichtlichen Verfahren einem Rechtsanwalt den Auftrag zur nur außergerichtlichen Eintreibung einer Forderung zu erteilen, wodurch sich die Kosten um die (teilweise anzurechnende) Geschäftsgebühr erhöhen. Dieser Sachverhalt wurde durch den BGH klargestellt (Versäumnisurteil vom 17.09.2015 – IX ZR 280/14). Darin führt der BGH auch aus, dass der Gläubiger **im Verzugsfall** immer einen Anspruch auf rechtliche Beratung hat. Er sagt weiterhin, dass ein eventuell zunächst vom Gläubiger dem RA erteilter Auftrag auf außergerichtliche Vertretung vom Mandaten bis zum Abschluss der Beratung noch in einen Auftrag auf gerichtliche Vertretung geändert werden kann. Dies wäre dann der Fall, wenn sich durch die Beratung herausstellt, dass nur eine gerichtliche Rechtsverfolgung erfolgversprechend sein wird.

Allerdings kann der Gläubiger nur die zur Wahrnehmung seiner Rechte notwendigen und zweckmäßigen Kosten ersetzt verlangen. Wenn der Schuldner **offenkundig zahlungsunwillig** ist und deshalb der Versuch einer **außergerichtlichen** Forderungseintreibung nicht erfolgversprechend erscheint, sind die hierdurch entstehenden Kosten nicht notwendig. Der RA ist gegenüber seinem Mandanten verpflichtet, keine unnötigen Kosten entstehen zu lassen – und der Schuldner muss solche Gebühren deshalb dann auch nicht erstatten. So haben entschieden das LG Essen (Beschluss vom 05.12.2011 – 19 O 40/10) und der BGH (Urteil vom 26.02.2013 – XI ZR 345/10). Siehe hierzu auch § 4 Rdn 34 ff.

99 Der Gesetzgeber sieht die von der obsiegenden Partei gemäß Nr. 7008 VV RVG an ihren RA zu zahlende Umsatzsteuer (USt.) nicht als notwendige Kosten im Sinne des § 91 ZPO an, wenn diese Partei gegenüber dem Finanzamt zum Abzug der **Vorsteuer** berechtigt ist, was insbesondere bei Gewerbetreibenden wie z. B. Kaufleuten zutrifft. Als Begründung hierfür wird angegeben, dass der **vorsteuerabzugsberechtigte Auftraggeber** die an seinen RA gezahlte USt. als Vorsteuer vom Finanzamt zurückfordern kann; deshalb sei er vermögensmäßig durch die an seinen RA zu begleichende USt. nicht geschädigt und könne aus diesem Grunde auch nicht vom zur Kostentragung verurteilten Gegner die Erstattung der USt. verlangen. Außerdem könne womöglich der vorsteuerabzugsberechtigte Auftraggeber, nachdem er sich vom erstattungspflichtigen Gegner die USt. habe erstatten lassen, diese überdies auch noch als Vorsteuer gegenüber dem Finanzamt geltend machen und habe hierdurch einen zusätzlichen – ungerechtfertigten – Vorteil.

100 *Exkurs:*

Die **Umsatzsteuer (Mehrwertsteuer)** ist eine Verbrauchsteuer, der Umsätze an Lieferungen und sonstigen Leistungen unterliegen, die von Gewerbetreibenden ausgeführt werden.

Kauft ein Geschäftsmann z. B. eine Ware, so kann er die auf den Kaufpreis erhobene Umsatzsteuer seinerseits als so genannte **Vorsteuer** gegenüber dem Finanzamt geltend machen, sodass ihn die gezahlte Umsatzsteuer im Ergebnis überhaupt nicht belastet.

Wenn der Kaufmann dann die Ware weiterverkauft tritt Folgendes ein: Dem Käufer gegenüber berechnet er die **Umsatzsteuer** auf den gesamten Kaufpreis. Von dieser dem Finanzamt geschuldeten Umsatzsteuer kann er die Vorsteuer absetzen, sodass er nur den Teil der umgangssprachlich so genannten Mehrwertsteuer, der auf den so genannten „Mehrwert" entfällt, an das Finanzamt abführen muss. Dieser „Mehrwert" ergibt sich aus der Differenz zwischen Verkaufs-

und Einkaufspreis der Ware, und auf jeder einzelnen Handelsstufe wird im Ergebnis nur diese Differenz als so genannte **„Zahllast"** mit der Umsatzsteuer belegt.

Die auf den einzelnen Handelsstufen entstehenden Zahllastbeträge ergeben zusammengerechnet übrigens den Betrag der Umsatzsteuer, den der Endverbraucher zu zahlen hat.

Da der Endverbraucher nicht zum Vorsteuerabzug berechtigt ist, muss er die volle auf den Kaufpreis entfallende Umsatzsteuer tragen, weshalb die Umsatzsteuer eine typische Endverbrauchersteuer ist. Aus der Sicht des Umsatzsteuerpflichtigen selbst ist sie nur ein durchlaufender Posten, der zusätzliche Buchungsarbeiten erfordert.

In § 104 Abs. 2 S. 3 ZPO ist vorgeschrieben, dass bei der **Kostenfestsetzung** Umsatzsteuerbeträge 101 (Mehrwertsteuer) nur dann berücksichtigt werden dürfen, wenn der Antragsteller bzw. sein RA erklärt, dass diese Beträge vom Antragsteller nicht als Vorsteuer abgesetzt werden können. Ob in dem Kostenfestsetzungsbeschluss Umsatzsteuerbeträge mit aufgenommen werden, hängt also von der entsprechenden Erklärung des Antragstellers ab. Das Gericht ist nicht verpflichtet, zu prüfen, ob die Erklärung des Antragstellers aus umsatzsteuerrechtlicher Sicht zu Recht abgegeben ist.

Bestehen auf Seiten des Antragstellers im Ausnahmefall Zweifel, ob er für die Umsatzsteuerbeträ- 102 ge zum Vorsteuerabzug berechtigt ist, so kann er zunächst die Kostenfestsetzung ohne Ansatz der Umsatzsteuer betreiben und später in einem weiteren Festsetzungsantrag die Umsatzsteuer nach Klärung der Zweifel nachträglich geltend machen. In den meisten Fällen dürfte die **Vorsteuerabzugsberechtigung** der erstattungsberechtigten Partei unstreitig oder offenkundig sein. Jedenfalls sind z. B. Handwerker, Kaufleute, Handelsgesellschaften, Rechtsanwälte, Steuerberater und die meisten Gewerbetreibenden in der Regel umsatzsteuerpflichtig und damit zum Abzug der Vorsteuer berechtigt – Ausnahmefälle bestehen bei Kleinbetrieben.

Es ist dem Antragsteller wegen der strafrechtlichen Folgen abzuraten, seine Berechtigung zum Vorsteuerabzug wahrheitswidrig zu verneinen, um sich unberechtigte Vorteile zu erschleichen. Sollte gegen einen zur Kostenerstattung verurteilten Schuldner unerlaubterweise die USt. festgesetzt worden sein, so könnte sich dieser gegen den Kostenfestsetzungsbeschluss mit einer Vollstreckungsgegenklage nach § 767 ZPO wehren.

Nach der Vorschrift in § 104 Abs. 2 Satz 3 ZPO muss man im Rechtsanwaltsbüro bei der Kosten- 103 festsetzung, bei Beantragung eines Mahnbescheids (siehe auch das diesbezügliche Feld bei der elektronischen Beantragung eines Mahnbescheids) sowie bei der Zwangsvollstreckung die **Vorsteuerabzugsberechtigung** des Auftraggebers berücksichtigen. Zahlt der Kostenschuldner in solchen Fällen nur die Gebühren und Auslagen des RA, so wird dessen obsiegender Auftraggeber als Gewerbetreibender folglich noch die nicht erstattete USt. seinem RA bezahlen müssen – welche er dann seinerseits als Vorsteuer steuerlich geltend machen kann. Der hierzu im Anwaltsbüro zu führende zusätzliche Schriftverkehr und die damit verbundenen hinzukommenden Buchungsarbeiten dürften unvermeidlich sein.

Merke:

Vorsteuerabzugsberechtigt sind Handwerker, Kaufleute, Handelsgesellschaften, Rechtsanwälte, Steuerberater und die meisten Gewerbetreibenden. (Ausnahme: Kleinbetriebe)

Wenn die obsiegende Partei zum Vorsteuerabzug berechtigt ist, so kann sie vom unterlegenen Gegner **nicht** verlangen, die an ihren RA gezahlte USt. zu erstatten.

Im Kostenfestsetzungsantrag ist eine Erklärung darüber abzugeben, wenn der Antragsteller nicht zum Vorsteuerabzug berechtigt ist.

F. Wie schreibt man eine Vergütungsrechnung?

I. Allgemeine Hinweise

104 Wer als Neuling erstmalig selbstständig eine Vergütungsrechnung erstellen muss, ist sich oft nicht nur über die zu berechnenden Gebühren und Auslagen im Ungewissen, sondern meist noch mehr über die notwendige **äußere Form einer Vergütungsrechnung**.

Dabei ist es gar nicht so schwierig, einer Vergütungsrechnung den „richtigen Schliff" zu geben, wenn als **Grundsatz** beachtet wird, dass der Empfänger in die Lage gebracht werden muss, die Berechnung nachvollziehen zu können. Die Vergütungsrechnung muss also alle Angaben enthalten, die der Empfänger zu einer Nachprüfung benötigt. Dazu ein Tipp: Wenn Sie sich an die Stelle des Empfängers der Vergütungsrechnung versetzen, dann müssten Sie eigentlich ganz von selbst darauf kommen, welche Angaben er braucht, um die Rechnung überprüfen und erwägen zu können, ob sie Anlass gibt, eine gerichtliche Entscheidung darüber herbeizuführen. Der Zahlungspflichtige kann die Vergütungsrechnung nämlich auch gerichtlich überprüfen lassen (§ 11 RVG, siehe § 2 Rdn 82 ff.).

> **Merke:**
>
> Eine Kosten- bzw. Vergütungsrechnung muss alle Angaben enthalten, die der Empfänger benötigt, um die Rechnung überprüfen und beurteilen zu können, ob er eine gerichtliche Nachprüfung der Kostenrechnung herbeiführen sollte.

105 Für die Rechtsanwälte und für die so genannten Gebührennotare ist sogar gesetzlich genau vorgeschrieben, welchen Inhalt eine anwaltliche Vergütungsrechnung bzw. eine notarielle Kostenrechnung mindestens haben muss. In § 10 RVG und § 19 GNotKG stehen insbesondere jeweils im zweiten Absatz ähnliche Bestimmungen über den Inhalt. Danach müssen Vergütungs- bzw. Kostenrechnungen folgende **notwendige Angaben** enthalten:

(1) Der **Gegenstandswert** (bzw. für Notare der Geschäftswert) ist anzugeben. Wenn die Berechnung des Wertes sonst nicht nachvollziehbar ist, müssen der Wert aufgeschlüsselt und die Überlegungen zur Ermittlung des Wertes dargestellt werden. Aus dem gleichen Grund wird es notwendig sein, die Paragrafen anzuführen, nach denen sich der Wert ergibt. Die Wertangabe kann bei den Anwaltsgebühren ausnahmsweise entfallen, wenn die Gebühren nicht nach einem Wert zu berechnen sind, wie z. B. bei Strafsachen.

(2) Die **Höhe des Gebührensatzes** muss nicht genannt werden, sondern lediglich der Endbetrag der Gebühr. Es ist also nicht anzugeben, ob der Gebührensatz z. B. 0,3, 0,5, 0,8 oder 1,3 beträgt. Nur bei Satzrahmengebühren, also insbesondere der Geschäftsgebühr Nr. 2300 VV RVG, sollte der angewandte Gebührensatz innerhalb des vorgesehenen Gebührenrahmens von 0,5 bis 2,5 bzw. 0,5 bis 1,3 angegeben werden, damit der Schuldner die Gebührenbemessung des Anwalts nachvollziehen kann.

(3) Die **Bezeichnung der Gebühr** ist üblich und auch in § 10 Abs. 2 Satz 1 RVG bzw. § 19 Abs. 2 GNotKG vorgeschrieben. Man schreibe also nicht z. B. 1,3 Gebühr gemäß §§ 2, 13 RVG, Nr. 3100 VV RVG, sondern 1,3 **Verfahrensgebühr** gemäß §§ 2, 13 RVG, Nr. 3100 VV RVG.

(4) Die **angewandten Kostenvorschriften** müssen aufgeführt werden. Hier sind die Paragrafen des Kostengesetzes bzw. die Nummern des Vergütungsverzeichnisses oder Kostenverzeichnisses zu nennen, nach denen die Gebühren oder die Auslagen berechnet wurden. Es müssen aber nur die Paragrafen angeführt werden, aus denen sich die Gebühren bzw. die Auslagen oder ihre Höhe jeweils konkret ergeben. Schreiben Sie im Zweifel lieber alle Vorschriften mit auf, die Sie benötigen, um eine konkrete Gebühr zu ermitteln.

(5) Die **Beträge in Euro** sind zu den einzelnen Gebühren jeweils anzugeben.

(6) Die **Auslagen** sind mit ihren Einzelbeträgen anzugeben. Es sind also die verschiedenen Auslagen getrennt aufzuführen, z. B. Post- und Telekommunikationsentgelte, Reisekosten pro Reise, Tage- und Abwesenheitsgelder pro Reise.

(7) Die **Umsatzsteuer** (Mehrwertsteuer) kann auf den Zahlungspflichtigen abgewälzt werden. Sie muss aber nachvollziehbar angegeben werden, wozu auch die Angabe des Prozentsatzes gehört.

> *Achtung:*
>
> Die Umsatzsteuer (USt.) darf jedoch nur auf Gebühren und Auslagen berechnet werden, nicht etwa auch auf vorgelegte Gerichtskosten oder durchlaufende Gelder (Fremdgeld)! Berechnen Sie deshalb die USt. in der Kostenrechnung direkt nach den aufgeführten Gebühren und Auslagen und **vor** den vorgelegten Kosten.

(8) Die eventuell **vorgelegten Gerichtskosten** sind anzugeben, wobei bei Verauslagung in mehreren Teilbeträgen zu unterschiedlichen Zeitpunkten auch eine entsprechende Aufschlüsselung erforderlich sein wird.

(9) Empfangene **Vorschüsse** sind anzugeben und abzuziehen.

(10) Die Vergütungs- bzw. Kostenrechnungen müssen vom Rechtsanwalt bzw. Notar nicht **eigenhändig unterschrieben** werden, die Rechnung muss aber von ihm oder auf seine Veranlassung dem Auftraggeber mitgeteilt worden sein. Die Berechnung bedarf nur der Textform, was gemäß § 126b BGB bedeutet, dass eine lesbare Erklärung, in der die Person des Erklärenden genannt ist, auf einem dauerhaften Datenträger abgegeben werden muss.

> **Merke:**
>
> Vergütungs- bzw. Kostenrechnungen müssen folgende **notwendige Angaben** enthalten: Gegenstands- bzw. Geschäftswert, Benennung der Gebühr, alle angewandten Gebührenvorschriften, Beträge in Euro, Auslagen, USt., vorgelegte Gerichtskosten, gezahlte Vorschüsse, Textform.

II. Muster für die äußere Form von Vergütungsrechnungen

Eine Kosten- bzw. Vergütungsrechnung sieht im Allgemeinen wie nachfolgend aus. Als Beispiel **106**
wird die **Vergütungsrechnung eines Rechtsanwalts** gewählt, wobei auf die Einhaltung der Bestimmungen des § 10 RVG geachtet wird. Auf die umsatzsteuerrechtlichen Vorschriften wird erst später in Rdn 109 ff. eingegangen.

Muster: Vergütungsrechnung eines Rechtsanwalts

Gegenstandswert: 5.000,00 € (evtl. gem. §§ . . . . . .) **(1)**		
1,3 **(2)** Verfahrensgebühr **(3)** gem. §§ 2, 13 RVG, Nr. 3100 VV RVG **(4)**	460,85 €	**(5)**
1,2 **(2)** Terminsgebühr **(3)** gem. §§ 2, 13 RVG, Nr. 3104 VV RVG **(4)**	425,40 €	**(5)**
20 % Pauschale für Post- und Telekommunikationsentgelte gem. § 2 Abs. 2 S. 1 RVG, Nr. 7002 VV RVG **(4)**	20,00 €	**(6)**
Dokumentenpauschale (112 abzüglich 100 Fotokopien) gem. § 2 Abs. 2 S. 1 RVG, Nr. 7000 Ziff. 1 Lit. c VV RVG **(4)**	6,00 €	**(6)**
	912,25 €	
19 % USt. gem. § 2 Abs. 2 S. 1 RVG, Nr. 7008 VV RVG **(4)**	173,33 €	**(7)**
	1.085,58 €	
Gerichtskostenvorauszahlung vom 10.04..	511,50 €	**(8)**
	1.597,08 €	
abzüglich Honorarvorschusszahlung vom 30.04..	– 500,00 €	**(9)**
noch zu zahlen	**1.097,08 €**	
Unterschrift **(10)**		

Abgedruckt ist als Beispiel die Vergütungsrechnung eines Rechtsanwalts. Eine Kostenrechnung des Notars wird nach ähnlichen Grundsätzen erstellt. Die fett gedruckten Ziffern in Klammern beziehen sich auf die Erläuterungen im vorstehenden Abschnitt (siehe Rdn 105).

III. Die Skizzierung des Sachverhalts

107 Insbesondere bei umfangreichen Angelegenheiten empfiehlt es sich, den Sachverhalt erst zu skizzieren, bevor man sich an die Fertigung der Vergütungsrechnung macht. Diese Sachverhaltsskizzierung kann man auch schon immer dann auf einem besonderen Blatt vornehmen, wenn die betreffende Akte zur Weiterbearbeitung vorliegt, weil man es sich dann erspart, später zur Erstellung der Vergütungsrechnung wieder den gesamten Akteninhalt nachlesen zu müssen.

Eine **Sachverhaltsskizzierung** ist nichts weiter als eine chronologische (= zeitlich geordnete) Aufzählung der für die Gebührenermittlung wichtigen Ereignisse unter Angabe des jeweiligen Wertes.

Dies sei anhand eines **Beispiels** erläutert:

> *Beispiel:*
>
> RA Unser hat unbedingten Klageauftrag von Alt gegen Jung wegen Zahlung von 6.500,00 €. RA Unser sendet dem Jung ein Aufforderungsschreiben, wonach Jung 1.500,00 € zahlt. Der Restbetrag wird von RA Unser eingeklagt.
>
> RA Euer beantragt für den Gegner Jung, die Klage abzuweisen und erhebt Widerklage wegen eines ganz anderen Streitgegenstandes in Höhe von 3.000,00 €. Im ersten Verhandlungstermin erkennt RA Euer einen Teilbetrag von 2.000,00 € sofort an, worauf ein von RA Unser beantragtes Teilanerkenntnisurteil ergeht. Über die restlichen Ansprüche aus Klage und Widerklage wird streitig verhandelt. Sodann ergeht ein Beweisbeschluss, wonach über die restlichen Ansprüche aus Klage und Widerklage Beweis erhoben werden soll. Danach erweitert RA Unser die Klage um 1.000,00 €. Nach der umfangreichen Vernehmung mehrerer Zeugen und Sachverständiger an vier Terminen und weiterer Verhandlung ergeht Urteil.

Die **Sachverhaltsskizzierung** zu vorstehendem Beispiel sieht wie folgt aus:

Zeitlicher Ablauf	Wert	Verfahrens-gebühr	Termins-gebühr	Zusatzgebühr
1	2	3	4	5
Vorgerichtliche Erledigung	1.500,00 €	**1.500,00 €**		
Klage eingereicht	5.000,00 €			
Widerklage	3.000,00 €			
= zusammen	8.000,00 €	**8.000,00 €**		
Erster Verhandlungstermin	8.000,00 €		**8.000,00 €**	
Nach Teilanerkenntnisurteil weitere Verhandlung wegen	2.000,00 € 6.000,00 €			
Beweisbeschluss	6.000,00 €			
Klageerweiterung	1.000,00 €	**1.000,00 €**		
Prozessgegenstand insgesamt	9.000,00 €	**9.000,00 €**		
Verfahrensgebühr also nach	9.000,00 €	**9.000,00 €**		
Zweiter Verhandlungstermin	7.000,00 €			
davon bisher noch keine Terminsgebühr berechnet	1.000,00 €		**1.000,00 €**	
Beweisaufnahmen	7.000,00 €			**7.000,00 €**
Terminsgebühr also nach	9.000,00 €		**9.000,00 €**	

Der Streitwert von Klage und Widerklage ist zu addieren, weil im Sachverhalt ausdrücklich gesagt ist, dass Klage und Widerklage nicht denselben Gegenstand betreffen (§ 45 Abs. 1 S. 1 GKG). Gemäß § 39 Abs. 1 GKG und nach § 22 Abs. 1 RVG sind die Werte der Klage und der Klageerweiterung zusammenzurechnen, sodass sich als für die zu berechnende Verfahrensgebühr maßgeblicher Wert ergibt:

5.000,00 € + 3.000,00 € + 1.000,00 € = 9.000,00 €. (Spalte 3).

Die Terminsgebühr berechnet sich nach dem Wert, über den insgesamt verhandelt wurde, wobei es unerheblich ist, dass im zweiten Verhandlungstermin nur noch über einen verbliebenen niedrigeren Wert verhandelt wurde, denn wenn eine Gebühr erst einmal entstanden ist, wirkt sich eine spätere Herabsetzung des Wertes nach § 15 Abs. 4 RVG nicht mehr aus:

8.000,00 € + 1.000,00 € = 9.000,00 €. (Spalte 4).

Für die vier umfangreichen Beweisaufnahmetermine erhält der RA die Zusatzgebühr gemäß Nr. 1010 VV RVG nach dem verbliebenen Wert von 7.000,00 € (Spalte 5).

Es wird erkennbar, dass letztlich nur die fett gedruckten Werte bedeutsam sind; die Spalten 1 und 2 dienen nur dazu, den Fall in den Griff zu bekommen. Gerade als Anfänger sollte man jedoch den zeitlichen Ablauf des Falles genau skizzieren, damit nicht wesentliche Entwicklungen übersehen werden.

Allerdings ist zu berücksichtigen, dass die vom Gericht gemäß § 63 Abs. 2 GKG vorzunehmende Streitwertfestsetzung für die Gerichtsgebühr Nr. 1210 KV GKG gemäß § 32 Abs. 1 RVG für die Anwaltsgebühren maßgebend ist. Wenn also das Gericht den Streitwert auf 9.000,00 € festsetzt, ist das für die Verfahrens- und Terminsgebühr maßgebend. Wenn für eine der Gebühren ein anderer Gegenstandswert (§ 2 RVG) gilt, müsste dieser im Verfahren gemäß § 33 RVG auf Antrag durchgesetzt werden.

108 Es dürfte in vorstehendem Beispiel deutlich geworden sein, dass man die **Skizzierung als wertvolles Hilfsmittel** einsetzen sollte, um aus dem Sachverhalt die für die Erstellung einer Vergütungsrechnung notwendigen Fakten zu gewinnen. Die sich aus dem geschilderten Fall ergebende nachstehende Vergütungsrechnung des RA Unser werden allerdings erst fortgeschrittene Leser gänzlich nachvollziehen können. Beachten Sie die übersichtliche Schreibweise mit den zwei Betragsspalten.

Vergütungsrechnung:

Gegenstandswert: 1.500,00 €* / 9.000,00 €* / 7.000,00 €*

(*siehe vorstehende Erläuterung)

0,8 Verfahrensgebühr gem. §§ 2, 13 RVG, Nrn. 3100, 3101 Ziff. 1 VV RVG (Wert: 1.500,00 €)	107,60 €	
1,3 Verfahrensgebühr gem. §§ 2, 13 RVG, Nr. 3100 VV RVG (Wert: 9.000,00 €)	770,25 €	
	877,85 €	
(Gemäß § 15 Abs. 3 RVG wären die Verfahrensgebühren zu kürzen auf 1,3 nach dem zusammengerechneten Wert von 10.500,00 €. Da dies 919,10 € ergibt, ist hier keine Kürzung vorzunehmen.)		877,85 €
1,2 Terminsgebühr gem. §§ 2, 13 RVG, Nr. 3104 VV RVG (Wert: 9.000,00 €)		711,00 €
0,3 Zusatzgebühr gem. §§ 2, 13 RVG, Nr. 1010 VV RVG (Wert: 7.000,00 €)		142,05 €
(vier umfangreiche Beweistermine am (...), (...), (...), (...))		
20 % Post- und Telekommunikationsentgelte gem. § 2 Abs. 2 RVG, Nr. 7002 VV RVG		20,00 €
		1.750,90 €
19 % USt. gem. § 2 Abs. 2 RVG, Nr. 7008 VV RVG		332,67 €
		2.083,57 €

Merke:

Vor dem Erstellen einer Vergütungsrechnung sollte der Sachverhalt unter Angabe der Gegenstandswerte skizziert werden. Dazu schreibt man aus der Aufgabe bzw. Akte alle in gebührenrechtlicher Hinsicht wesentlichen Angaben heraus.

Es ist zu berücksichtigen, dass eine vom Gericht gemäß § 63 Abs. 2 GKG vorzunehmende Streitwertfestsetzung für die Gerichtsgebühr Nr. 1210 KV GKG gemäß § 32 Abs. 1 RVG für die Anwaltsgebühren maßgebend wäre. Wenn also das Gericht den Streitwert auf 9.000,00 € festsetzen würde, wäre dieser Wert auch für die Zusatzgebühr Nr. 1010 VV RVG maßgebend. Wenn für diese Gebühr ein Gegenstandswert (§ 2 RVG) in Höhe von 7.000,00 € gelten soll, müsste dieser im Verfahren gemäß § 33 RVG auf Antrag durchgesetzt werden.

Weitere Hinweise speziell zum Erstellen von Vergütungsrechnungen der Rechtsanwälte gemäß § 10 RVG finden Sie in § 2 Rdn 74 ff.

IV. Steuerliche Vorschriften für Vergütungsrechnungen

Für die **Wirksamkeit einer Vergütungsrechnung** sind zwei verschiedene Aspekte zu unterscheiden. Zum einen geht es um die Frage, unter welchen Voraussetzungen die Rechnung gegenüber dem Zahlungspflichtigen zivilrechtlich wirksam ist, und zum anderen besteht das Problem, dass die Rechnung bestimmte **steuerrechtliche Vorgaben** erfüllen muss, damit der Zahlungspflichtige – wenn er vorsteuerabzugsberechtigt ist – die in dieser Rechnung enthaltene Umsatzsteuer als Vorsteuer bei seinem Finanzamt geltend machen darf. 109

- Damit der Zahlungspflichtige wirksam zur Zahlung verpflichtet ist, muss die Vergütungsrechnung eines RA die Vorgaben des § 10 RVG und die Kostenrechnung eines Notars die Vorschriften des § 19 GNotKG erfüllen. Werden diese zwingenden Bestimmungen nicht eingehalten, kann der Zahlungspflichtige die Bezahlung der Rechnung verweigern. Siehe auch Rdn 104–106 und § 2 Rdn 74–81.
- Nach dem Umsatzsteuergesetz (§ 14 UStG) müssen Rechnungen bestimmte Pflichtinhalte ausweisen, damit der Rechnungsempfänger **vorsteuerabzugsberechtigt** ist. Fehlt nur eine dieser Pflichtangaben, wird der Empfänger der Rechnung diese zurückgeben und eine auch im steuerrechtlicher Hinsicht einwandfreie und vollständige Rechnung verlangen und die Zahlung verweigern, bis er eine korrekte Rechnung erhält.

Nachfolgend wird es um die Ausgestaltung von **Kostenrechnungen aus steuerrechtlicher Sicht** gehen. Betroffen sind übrigens alle Rechnungen – also nicht nur von Rechtsanwälten und Notaren, sondern von allen Gewerbetreibenden wie z. B. Kaufleuten und Handwerkern. Die umsatzsteuerrechtlichen Vorschriften sind immer einzuhalten, wenn ein umsatzsteuerpflichtiger Unternehmer (oder RA, Notar) einem anderen umsatzsteuerpflichtigen **Unternehmer** eine Rechnung erteilt. 110

Hinweis:

Für das Verständnis des Hintergrundes für diese umsatzsteuerrechtlichen Vorschriften ist eventuell die Lektüre des Exkurses unter Rdn 100 hilfreich.

Diese umsatzsteuerrechtlichen Vorschriften gelten nicht, wenn ein Unternehmer (oder RA, Notar) einem privaten **Verbraucher** eine Rechnung aufgibt, da Verbraucher nicht vorsteuerabzugsberechtigt sind. Jedoch müssen auch diese Rechnungen im Sinne von § 10 RVG oder § 19 GNotKG ordnungsgemäß sein. 111

Da jedoch wohl die meisten Rechnungen mit Hilfe von EDV-Programmen erstellt werden, wird es zweifellos nicht sinnvoll – und eventuell gar nicht möglich – sein, Rechnungen sowohl mit als auch ohne Einhaltung der steuerrechtlichen Vorschriften zu erstellen. Also werden wahrscheinlich alle Rechnung die steuerlichen Erfordernisse erfüllen. Es könnte ferner auch sein, dass die Betriebsprüfer des Finanzamtes Aufklärungsbedarf sehen, wenn Rechnungen teilweise die steuerlichen Vorschriften erfüllen und teilweise nicht. Dies könnte eine gründlichere Überprüfung zur Folge haben. Wer will das schon?

Aus dem zuvor Gesagten dürfte klar geworden sein, dass die pingeligen steuerrechtlichen Vorschriften für die Erstellung von Rechnungen dem Finanzamt eine bessere Überprüfung und Kontrolle der Umsatzsteuerzahlungen ermöglichen sollen.

Bei den genannten Vorschriften des Umsatzsteuergesetzes handelt es sich um nachstehend aufgeführte Punkte. Nach § 14 UStG müssen folgende **Pflichtangaben in einer Rechnung** enthalten sein: 112

(1) Vollständiger **Name** und vollständige **Anschrift** des leistenden Unternehmers (**Rechtsanwalt**, Partnerschaftsgesellschaft, BGB-Gesellschaft, Notar)

(2) Vollständiger **Name** und vollständige **Anschrift** des **Leistungsempfängers**

(3) Die dem leistenden Unternehmer (RA, Notar) vom Finanzamt erteilte Steuernummer oder die ihm vom Bundesamt für Finanzen erteilte **Umsatzsteuer-Identifikationsnummer**

(4) Das Ausstellungsdatum der Rechnung (**Rechnungsdatum**)

(5) Eine fortlaufende **Rechnungsnummer** mit einer oder mehreren Zahlenreihen, die zur Identifizierung der Rechnung vom Rechnungsaussteller einmalig vergeben wird

(6) Die Menge und die Art der gelieferten Gegenstände oder den **Umfang und die Art der sonstigen Leistung** (z. B. Erstellung eines Mietvertrages über das Gebäude X; Verfahren vor dem Amtsgericht Y, Az. zzz; Beratung in einer Bußgeldsache am TTMMJJ)

(7) Den **Zeitpunkt** der Lieferung oder **der sonstigen Leistung** oder bei Anzahlungen der Zeitpunkt der Vereinnahmung, sofern dieser Zeitpunkt feststeht und nicht mit dem Ausstellungsdatum der Rechnung identisch ist

(8) Das nach **Steuersätzen** und einzelnen Steuerbefreiungen aufgeschlüsselte Entgelt sowie jede im Voraus vereinbarte Minderung des Entgelts, sofern sie nicht bereits im Entgelt berücksichtigt sind

(9) Den anzuwendenden **Steuersatz** sowie den auf das Entgelt entfallenden **Steuerbetrag**

(10) Im Falle einer Steuerbefreiung den Hinweis darauf, dass für die Lieferung oder sonstige Leistung eine Steuerbefreiung gilt

(11) Die Bundesrechtsanwaltskammer hat empfohlen, Vergütungsrechnungen, die vom Rechtsanwalt erstellt werden, am Ende mit folgendem Hinweis zu versehen:

„Ist die anwaltliche Leistung für den unternehmerischen Bereich des Rechnungsempfängers erbracht worden, muss die Rechnung acht Jahre aufbewahrt werden. Ist der Rechnungsempfänger nicht Unternehmer, beträgt die Aufbewahrungsfrist für eine ‚Leistung ***im Zusammenhang mit einem Grundstück****' zwei Jahre (§ 14 Abs. 2 Nr. 1, Abs. 4 Nr. 9 UStG). Die Aufbewahrungsfrist beginnt mit dem Schluss des Kalenderjahres, in dem die Rechnung ausgestellt worden ist (§§ 14 Abs. 1, 14b Abs. 1 UStG). Die Verletzung der Aufbewahrungsfrist kann als Ordnungswidrigkeit geahndet werden (§ 26a UStG).“*

Diese Aufbewahrungsfristen gelten nach § 14 Abs. 1 und § 14b Abs. 1 UStG für einen Mandanten, der **nicht Unternehmer** ist, nur dann, wenn die Leistungen des RA **im Zusammenhang mit einem Grundstück** erbracht worden sind. Für Mandanten, die Verbraucher sind, ist der Hinweis im Normalfall also entbehrlich.

113 Am Beispiel der **Vergütungsrechnung** eines Rechtsanwalts sollen die vorstehenden **Pflichtangaben** verdeutlicht werden. Die vorstehenden Punkte (1) bis (11) sind in der Musterrechnung kenntlich gemacht.

Muster: Vergütungsrechnung gemäß § 14 UStG

Justine Justus * Klaus Justus
Rechtsanwältin Rechtsanwalt (1)

Kanzlei Justus, Lavesallee 16, 30169 Hannover **(1)**

Frau
Emma Muster
Trammplatz 1 (2)
30159 Hannover

Aktenzeichen: 0815/2025
Steuernummer: 22/123/45678 **(3)**
Rechnungsnummer: 333/26 **(5)**
Hannover, den 2. Mai 2026 **(4)**

Vergütungsrechnung gemäß § 10 RVG

In Sachen Muster ./. Faul

Prozessführung in einer Mietangelegenheit **(6)**
In der Zeit vom 11.11.2025 bis zum 04.04.2026 **(7)**

Sehr geehrte Frau Muster,
in Ihrer Sache gegen Faul erlauben wir uns, Ihnen unsere nachstehend berechnete Vergütung in Rechnung zu stellen:

Steuersatz 19 % **(8)**

Gegenstandswert: 5 000,00 Euro
(gem. § 23 Abs. 1 RVG, § 41 Abs. 2 GKG

1,3	Verfahrensgebühr gem. §§ 2, 13, VV Nr. 3100 RVG	460,85 Euro	
1,2	Terminsgebühr gem. §§ 2, 13, VV Nr. 3104 RVG	425,40 Euro	
20 %	Pauschale für Post- und Telekommunikationsentgelte gem. § 2 Abs. 2 S. 1, VV Nr. 7002 RVG	20,00 Euro	
	Zwischensumme:	906,25 Euro	
19 %	USt. gemäß § 2 Abs. 2 S. 1, VV Nr. 7008 RVG	172,19 Euro	**(9)**
	Zwischensumme:	1.078,44 Euro	
	Gerichtskostenvorauszahlung vom 21.11.2025	511,50 Euro	
	Zwischensumme:	1.589,94 Euro	
	abzüglich Honorarvorschusszahlung (inkl. USt.) vom 11.11.2025	– 500,00 Euro	
	Rechnungsentdbetrag, noch zu zahlen	1.089,94 Euro	

Bitte überweisen Sie den Rechnungsbetrag bis zum 03.06.2026 auf das
Konto IBAN: DE77 2505 0000 0123 4567 89 bei der Sparkasse Hannover.

Ist die anwaltliche Leistung für den unternehmerischen Bereich des Rechnungsempfängers erbracht worden, muss die Rechnung acht Jahre aufbewahrt werden. Ist der Rechnungsempfänger nicht Unternehmer, beträgt die Aufbewahrungsfrist für eine Leistung im Zusammenhang mit einem Grundstück zwei Jahre (§ 14 Abs. 2 Nr. 1, Abs. 4 Nr. 9 UStG). Die Aufbewahrungsfrist beginnt mit dem Schluss des Kalenderjahres, in dem die Rechnung ausgestellt worden ist (§§ 14 Abs. 1, 14 b Abs. 1 UStG). Die Verletzung der Aufbewahrungsfrist kann als Ordnungswidrigkeit geahndet werden (§ 26 a UStG). **(11)**

Mit freundlichen Grüßen

Justus

Rechtsanwältin

114 Auch wenn nur eine der vorstehend genannten Pflichtangaben fehlt, ist der Rechnungsempfänger nicht zum Vorsteuerabzug berechtigt und wird die Zahlung der Rechnung bis zu deren Korrektur verweigern. Deshalb sollte auf akkurate Rechnungsschreibung geachtet werden.

Bei Rechnungen über Kleinbeträge bis zu 250 Euro sind die Pflichtangaben nach § 33 UStDV eingeschränkt, insbesondere kann die Rechnungsnummer entfallen. Solche Rechnungen werden aber eher selten auftreten und außerdem wird es aus den oben aufgeführten Gründen nicht zweckmäßig sein, Rechnungen mit und ohne Rechnungsnummer zu erstellen.

115 Auch bei **Berechnung eines Vergütungsvorschusses** nach § 9 RVG gegenüber zum Vorsteuerabzug berechtigten Mandanten sind von den Pflichtangaben die folgenden zu machen: der Umsatzsteuersatz, die fortlaufende Rechnungsnummer, die Steuernummer und die Art und Dauer der Tätigkeit. Für den Notar gilt dies selbstverständlich entsprechend. Auch für den Fall, dass die Vorschusszahlung die entstehenden Gebühren und Auslagen vollständig ausgleicht, ist noch die Erstellung einer **Schlussrechnung** mit allen Pflichtangaben erforderlich. In dieser ist der Gesamtbetrag der Gebühren und Auslagen zuzüglich der Umsatzsteuer zu berechnen; die gezahlten Vorschüsse sind dann mit ihrem Bruttobetrag (also einschließlich USt.) abzusetzen.

116 Nach den steuerrechtlichen Vorschriften (§ 14b UStG) besteht für die vom RA ausgestellten Rechnungen (Kopien) eine **Aufbewahrungsfrist von acht Jahren**. Daher reicht eine Durchschrift in der Handakte nicht aus, denn die Handakten müssen nur sechs Jahre aufbewahrt werden (§ 50 Abs. 1 BRAO). Daher müssen Kopien der Rechnungen gesondert außerhalb der Handakten archiviert werden. Bei der **Einnahmen-Überschuss-Rechnung** nach § 4 Abs. 3 EStG ist es sinnvoll, Kopien der noch nicht bezahlten Rechnungen alphabetisch geordnet in einem Ordner „offene Posten" aufzubewahren und nach der Bezahlung acht Jahre lang nach den fortlaufenden Rechnungsnummern geordnet in einem Ordner „bezahlte Rechnungen" abzulegen. Natürlich kann das auch mit Hilfe von EDV-Programmen erledigt werden.

Bei der **Vergabe der Rechnungsnummern** darf keine Nummer übersprungen werden, da sonst das Finanzamt eine Betrügerei darin sehen könnte. Daher sollten auch Rechnungen mit Rechnungsnummern aufbewahrt werden, die verschrieben, storniert, zurückgenommen oder umgeschrieben worden sind. Auch solche Fälle sollten sorgfältig dokumentiert werden, damit der Steuerprüfer keine Steuerhinterziehung wittert.

117 Zuletzt muss noch auf den Unterschied zwischen **steuerlichen Rechnungen** und **anderen Berechnungen** der Vergütung hingewiesen werden. Die genannten Pflichtangaben nach § 14 UStG sind nur in Rechnungen vorzunehmen, die **dem Auftraggeber** erteilt werden. Wenn ein Rechtsanwalt seine Vergütung in anderen Schriftsätzen berechnet, entfallen die **steuerlichen** Pflichtangaben, wie z. B. in

- Kostenfestsetzungsanträgen nach § 104 ZPO,
- Vergütungsfestsetzungsanträgen nach § 11 RVG,
- Abrechnungen im Rahmen der Prozesskostenhilfe,
- Berechnungen eines Verzugsschadens gemäß § 280 Abs. 2 BGB gegenüber dem Gegner des Auftraggebers, z. B. in einem Aufforderungsschreiben,
- Vergütungsrechnungen gegenüber der **Rechtsschutzversicherung** des Mandanten,
- Vergütungsrechnungen gegenüber der **Haftpflichtversicherung** des Anspruchsgegners.

Die Konsequenz daraus ist, dass wenn z. B. eine Versicherung verpflichtet ist, die Vergütung des RA zu bezahlen, dennoch eine mit allen steuerlichen Pflichtangaben versehene Vergütungsrechnung **an den Auftraggeber** zu senden ist.

118 Falls der **Mandant vorsteuerabzugsberechtigt** ist, wird die Versicherung unter Übersendung der Rechnungskopie aufgefordert, den Nettobetrag zu zahlen, während der Mandant gebeten wird, nur die Umsatzsteuer zu begleichen. Ist der **Mandant nicht vorsteuerabzugsberechtigt**, wird die Ver-

sicherung zur Zahlung des vollen Bruttobetrages inkl. Umsatzsteuer ersucht, während der Mandant die Rechnung mit allen Pflichtangaben nur zur Information erhält.

Falls der Mandant nicht vorsteuerabzugsberechtigt ist, wird ein zur Zahlung der Anwaltsvergütung verpflichteter Gegner, der selbst vorsteuerabzugsberechtigt ist, vermutlich so lange die Zahlung verweigern, bis ihm eine Rechnung mit allen steuerlichen Pflichtangaben erteilt wird.

Wenn ein Rechtsanwalt von einem Mandanten nur die einzuzahlenden **Gerichtskosten** fordert, liegt keine Vergütungsrechnung vor, sondern nur die Berechnung vorgelegter Kosten. In diesem Fall darf eine fortlaufende Rechnungsnummer nicht vergeben werden.

Es sei schließlich noch darauf hingewiesen, dass **Rechtsanwälte und Notare** selbst auch **vorsteuerabzugsberechtigt** sind. Deshalb sollten Rechtsanwälte und Notare, wenn sie selber Rechnungen empfangen, darauf bestehen, dass die umsatzsteuerrechtlichen Vorschriften eingehalten werden, denn sonst könnte die in den Rechnungen enthaltene Vorsteuer nicht zum Vorsteuerabzug verwendet werden. 119

Hinweis:

Eine Übersicht, welche Auslagen in der Vergütungsrechnung umsatzsteuerpflichtig sind und welche nicht, finden Sie in § 2 Rdn 192 ff.

§ 14 Abs. 1 S. 2 UStG unterscheidet seit dem 01.01.2025 zwischen der elektronischen und einer sonstigen Rechnung: 120

- In einer ersten Übergangsphase bis Ende 2026 können Anwälte für 2025 und 2026 ausgeführte Umsätze noch durch Rechnungen in Papierform abrechnen.
- Ab dem 01.01.2027 gilt diese Ausnahme nur noch, wenn der Gesamtumsatz im vorangegangenen Kalenderjahr nicht mehr als 800.000,00 € betragen hat. Anwälte mit einem höheren Umsatz sind ab diesem Zeitpunkt zur Ausstellung einer den neuen Anforderungen entsprechenden elektronischen Rechnung verpflichtet.
- Ab dem 01.01.2028 müssen dann alle uneingeschränkt elektronische Rechnungen im Sinne des § 14 Abs. 1 S. 3 UStG ausstellen.

§ 2 Die Grundlagen des RVG

A. Der Aufbau des RVG

Das Rechtsanwaltsvergütungsgesetz ist die gesetzliche Regelung zur Berechnung der Vergütung für die Ausübung anwaltlicher Tätigkeiten der Rechtsanwältinnen und Rechtsanwälte. 1

Nach dem Willen des Gesetzgebers soll das Rechtsanwaltsvergütungsgesetz schon durch seinen äußeren Aufbau transparent und dadurch anwenderfreundlich sein, insbesondere für den Recht suchenden Bürger. So hat dies die Bundesregierung in ihrer Gesetzesvorlage begründet. Erreicht werden soll dieses Ziel durch eine **übersichtliche Struktur**:

- Die **grundlegenden gesetzlichen Regelungen** werden in mehr als 60 Paragrafen vorgeschrieben (**Paragrafenteil**).
- Die **einzelnen Gebührentatbestände** werden in einer Anlage zum RVG, dem **Vergütungsverzeichnis** (Anlage 1) geregelt. Es handelt sich um mehr als 230 Gebührenvorschriften, die jeweils unter einer vierstelligen Nummer verzeichnet sind.
- In einer weiteren Anlage findet sich eine **Gebührentabelle** (Anlage 2) für die am häufigsten vorkommenden Gegenstandswerte bis zu 500.000,00 €.

Zur Erhöhung der Übersichtlichkeit ist dem Paragrafenteil des RVG eine Inhaltsübersicht und dem Vergütungsverzeichnis eine Gliederung vorangestellt. Dies macht es leichter, bestimmte Gebührenvorschriften aufzufinden.

Der Aufbau des Paragrafenteils und des Vergütungsverzeichnisses des RVG wird in den nachstehenden Übersichten aufgezeigt. 2

Inhaltsübersicht des Paragrafenteils des RVG			
Abschnitt	**§§**	**Bezeichnung**	**Inhalt**
1	1 – 12c	Allgemeine Vorschriften	Insbesondere Vergütungsvereinbarung, Regelung bei mehreren Auftraggebern, Fälligkeit und Verjährung der Vergütung, Vorschuss, Gebührenberechnung, Vergütungsfestsetzungsverfahren
2	13 – 15a	Gebührenvorschriften	Definition der Wertgebühren, der Rahmengebühren und des Abgeltungsbereichs der Gebühren
3	16 – 21	Angelegenheit	Definition der Angelegenheit und des Rechtszuges, Vergütung bei Verweisung, Abgabe und Zurückverweisung von einem Gericht an ein anderes Gericht
4	22 – 33	Gegenstandswert	Verweisung auf die für die Gerichtskosten geltenden Wertvorschriften und besondere Wertvorschriften für die Rechtsanwaltsgebühren, Wertfestsetzung durch das Gericht
5	34 – 36	Außergerichtliche Beratung und Vertretung	Anwaltstätigkeit als Berater, Gutachter und Mediator, Vergütung bei Hilfeleistung in Steuersachen, in schiedsrichterlichen Verfahren und in Verfahren vor dem Schiedsgericht
6	37 – 41a	Gerichtliche Verfahren	Insbesondere Vergütungsregelungen für Verfahren vor den Verfassungsgerichten und dem Europäischen Gerichtshof
7	42 – 43	Straf- und Bußgeldsachen	Insbesondere Feststellung einer Pauschgebühr für Strafverteidiger

Inhaltsübersicht des Paragrafenteils des RVG			
Abschnitt	**§§**	**Bezeichnung**	**Inhalt**
8	44 – 59a	Beigeordneter oder bestellter Rechtsanwalt, Beratungshilfe	Rechtsanwaltsvergütung bei Beratungshilfe, Prozesskostenhilfe und bei gerichtlicher Bestellung oder Beiordnung eines Strafverteidigers
9	59b – 62	Übergangs- und Schlussvorschriften	Allgemeine Übergangsvorschrift, spezielle Übergangsvorschrift aus Anlass des In-Kraft-Tretens des RVG

3 Wahrscheinlich werden Sie aus dem Paragrafenteil am häufigsten die Abschnitte 1 bis 4 benötigen, wobei der dritte Abschnitt wegen der Definition der gebührenrechtlichen Angelegenheit und der vierte Abschnitt wegen der Wertvorschriften für Sie besonders bedeutsam sein werden.

Gliederung des Vergütungsverzeichnisses des RVG			
Teil	**Verzeichnis-nummern**	**Bezeichnung**	**Inhalt**
1	1000 – 1010	Allgemeine Gebühren	Einigungsgebühr, Aussöhnungsgebühr, Erledigungsgebühr, Gebührenregelung bei mehreren Auftraggebern, Hebegebühr, Zusatzgebühr für sehr umfangreiche Beweisaufnahmen
2	2100 – 2508	Außergerichtliche Tätigkeiten einschließlich der Vertretung im Verwaltungsverfahren	Prüfung der Erfolgsaussicht eines Rechtsmittels, Geschäftsgebühr für außergerichtliche Vertretung, Beratungshilfe und andere
3	3100 – 3518	Bürgerliche Rechtsstreitigkeiten, Verfahren der freiwilligen Gerichtsbarkeit, öffentlich-rechtlichen Gerichtsbarkeiten, Verfahren nach dem Strafvollzugsgesetz und ähnliche Verfahren	Gebühren im ersten Rechtszug, in der Berufung und Revision, in Verfahren vor dem Finanzgericht, im Mahnverfahren, in der Zwangsvollstreckung, im Insolvenzverfahren, des Verkehrsanwalts, des Terminsvertreters, für sonstige Einzeltätigkeiten, im Beschwerde- und Erinnerungsverfahren und anderen Verfahren
4	4100 – 4304	Strafsachen	Gebühren des Strafverteidigers
5	5100 – 5200	Bußgeldsachen	Gebühren des Verteidigers
6	6100 – 6500	Sonstige Verfahren	Gebühren in Verfahren nach dem Gesetz über die internationale Rechtshilfe in Strafsachen, Verfahren nach dem Deutsch-Schweizerischer-Polizeivertrag-Umsetzungsgesetz und Verfahren nach dem Gesetz über die Zusammenarbeit mit dem Internationalen Strafgerichtshof, Disziplinarverfahren, berufsgerichtlichen Verfahren und anderen Verfahren
7	7000 – 7008	Auslagen	Dokumentenpauschale, Entgelte für Post- und Telekommunikationsdienstleistungen, Reisekosten, spezielle Haftpflichtversicherungsprämien, Umsatzsteuer

Aus dem Vergütungsverzeichnis werden Sie vermutlich nur den sechsten Abschnitt selten gebrauchen können, aller anderen Abschnitte werden Sie sich – abhängig von den Tätigkeitsschwerpunkten der betreffenden Anwaltskanzlei – häufig bedienen. 4

Das GKG und das FamGKG sowie auch das GNotKG sind übrigens genauso aufgebaut wie das RVG. Auch das GKG und das FamGKG sowie auch das GNotKG unterteilen sich jeweils in einen Paragrafenteil und ein Kostenverzeichnis und enthalten am Ende noch eine Gebührentabelle. Eine Einführung in das GKG und das FamGKG finden Sie in § 12 dieses Werkes.

Nachfolgend sollen die wichtigsten Vorschriften des Paragrafenteils und des Vergütungsverzeichnisses des RVG vorgestellt werden. Natürlich muss hier eine Auswahl getroffen werden, da es sich bei vorliegendem Buch um ein Lernbuch und nicht um einen Kommentar zum RVG handelt.

B. Allgemeine Vorschriften des Paragrafenteils des RVG (§§ 1 bis 12c RVG)

In dem **ersten Abschnitt des Paragrafenteils des RVG** werden Sie außer dem Geltungsbereich des Gesetzes insbesondere Regelungen über Vergütungsvereinbarungen, über Besonderheiten bei der Beauftragung mehrerer Rechtsanwälte oder beim Vorhandensein mehrerer Auftraggeber, über Honorarvorschüsse, über Fälligkeit und Verjährung der Vergütung, über den notwendigen Inhalt von Vergütungsrechnungen und über das Vergütungsfestsetzungsverfahren vorfinden. 5

Die einzelnen Paragrafen dieses Abschnitts werden in den folgenden Kapiteln nur insoweit vorgestellt, wie sie nicht in späteren speziellen Kapiteln behandelt werden.

I. Der Geltungsbereich des RVG (§ 1 RVG)

Rechtsanwälte und Rechtsanwältinnen erhalten für ihre Tätigkeit eine **Vergütung**, die sich aus **Gebühren** und dem Ersatz ihrer **Auslagen** zusammensetzt. Diese Vergütung wird nach dem Rechtsanwaltsvergütungsgesetz (RVG) berechnet, wie sich aus dessen § 1 Abs. 1 ergibt. 6

Auf Tätigkeiten, die auch andere Personen als ein Rechtsanwalt übernehmen können, findet das RVG keine Anwendung: z. B. Tätigkeiten des RA als Vormund, Betreuer, Testamentsvollstrecker, Treuhänder, Insolvenzverwalter, Nachlassverwalter usw. (§ 1 Abs. 2 RVG).

II. Die Höhe der Vergütung (§ 2 RVG)

Die Gebühren des Rechtsanwalts werden häufig nach dem Gegenstandswert berechnet, um den es in der betreffenden Angelegenheit geht (§ 2 Abs. 1 RVG). Man spricht hier auch von **Wertgebühren**. Siehe auch Rdn 105 ff. 7

Nun gibt es auch viele Angelegenheiten, in denen es um keinen in Geld bestimmbaren Wert geht. In diesen Fällen werden die Gebühren im RVG unabhängig von einem Gegenstandswert gesetzlich vorgeschrieben. Es handelt sich hierbei insbesondere um strafrechtliche Angelegenheiten und um Ordnungswidrigkeiten.

Die Höhe der Gebühren ist für jeden einzelnen Gebührentatbestand in dem als Anlage 1 zum RVG abgedruckten **Vergütungsverzeichnis** vorgeschrieben. In diesem Verzeichnis finden Sie jeweils unter einer vierstelligen Nummer zu jedem Gebührentatbestand entweder den Gebührensatz bei Wertgebühren oder die Höhe der Gebühr in Euro bei den anderen Gebühren. Bei den Rahmengebühren ist bei Satzrahmengebühren ein Gebührensatzrahmen (z. B. von 0,5 bis 2,5) und bei Betragsrahmengebühren ein Betragsrahmen (z. B. von 48,00 € bis 432,00 €) angegeben. 8

Weiterhin regelt das Vergütungsverzeichnis auch die am häufigsten vorkommenden Auslagen des Rechtsanwalts.

9 In § 2 Abs. 2 RVG wird auch auf die übliche **Rundungsregel** hingewiesen: Geldbeträge werden auf drei Stellen nach dem Komma berechnet und dann auf zwei Stellen nach dem Komma gerundet; dabei wird aufgerundet wenn die dritte Nachkommastelle 0,5 Cent oder mehr beträgt, ansonsten wird abgerundet.

III. Die Vereinbarung der Vergütung (§§ 3a ff. RVG)

1. Die schriftliche Vergütungsvereinbarung

10 Ein RA ist nicht verpflichtet, die Vertretung eines Mandanten zu übernehmen, im Gegensatz zum Notar, der seine Urkundstätigkeit gemäß § 15 BNotO nicht ohne ausreichenden Grund verweigern darf. Wenn der RA über die Annahme eines Auftrages frei entscheiden kann, dann steht ihm auch frei, es abzulehnen, zu den gesetzlichen Gebühren tätig zu werden. Daher darf der RA die Übernahme eines Auftrages davon abhängig machen, dass der Auftraggeber ihm eine höhere als die gesetzlich vorgeschriebene Vergütung gewährt. Selbstverständlich muss der RA erst einmal einen Auftraggeber finden, der dazu auch bereit ist. Eine niedrigere als die vom RVG vorgesehene Vergütung darf der RA allerdings nach § 49b Abs. 1 S. 1 Bundesrechtsanwaltsordnung (BRAO) prinzipiell nicht verlangen. Ausnahmen von diesem Verbot regelt § 4 RVG.

Grundsätzlich kann also der RA nur eine **höhere** als die gesetzliche Vergütung fordern und mit seinem Auftraggeber vereinbaren. Allerdings gibt es eine Ausnahme zu § 49b Abs. 1 S. 1 BRAO in § 4 Abs. 1 RVG, wonach der RA nur in **außergerichtlichen** Angelegenheiten eine niedrigere als die gesetzliche Vergütung vereinbaren darf, also z. B. bei außergerichtlicher Vertretung (Geschäftsgebühr, Nr. 2300 VV RVG). Jedoch muss dann die vereinbarte niedrigere Gebühr in einem angemessenen Verhältnis zur Leistung, Verantwortung und zum Haftungsrisiko des RA stehen. Dies gilt nicht bei Inkassodienstleistungen, da hier der RA sogar ganz auf eine Vergütung verzichten kann.

11 Die Vereinbarung eines **Erfolgshonorars** ist gemäß § 49b Abs. 2 BRAO grundsätzlich unzulässig (zu den Ausnahmen siehe aber Rdn 26 ff.). Eine Vergütungsvereinbarung wird auch als **Honorarvereinbarung** bezeichnet, jedoch ist **Vergütungsvereinbarung** der gesetzlich definierte Begriff.

12 Vergütungsvereinbarungen sind für alle anwaltlichen Tätigkeiten zulässig, mit Ausnahme der Tätigkeiten, die ein im Wege der **Prozess- oder Verfahrenskostenhilfe** beigeordneter RA ausübt, denn § 3a Abs. 4 RVG ordnet an, dass in diesem Fall eine Vereinbarung über eine höhere als die gesetzliche Vergütung nach § 13 RVG nichtig ist. Eine die gesetzliche Vergütung nicht übersteigende Vereinbarung wäre zwar zulässig, aber nach § 122 Abs. 1 Nr. 3 ZPO nicht wirksam, solange die Prozess- oder Verfahrenskostenhilfe bewilligt und nicht aufgehoben ist.

13 *Hinweis:*

Da in § 34 Abs. 1 RVG für Anwaltstätigkeiten wie Beratung, Erstellung von schriftlichen Gutachten und Mediation keine Gebühren vorgeschrieben sind, soll der RA für diese Tätigkeiten mit dem Auftraggeber eine **Gebührenvereinbarung** treffen. Es muss also erst einmal eine Einigung über die zu zahlenden Gebühren erzielt werden. Deshalb wird in § 34 RVG der Begriff der Vergütungsvereinbarung nicht verwendet.

14 In Fällen der **Beratungshilfe** kann der RA mit dem Rechtsuchenden nur für den Fall der Nichtbewilligung einer erst **nach durchgeführter Beratung** beantragten Beratungshilfe eine Vergütungsvereinbarung abschließen, wenn der RA auf diese Möglichkeit bei Mandatsübernahme hin-

gewiesen hat (§ 8a Abs. 4 BerHG). Dagegen kann der RA bei Beratungshilfe sogar ganz auf eine Vergütung verzichten, was jedoch nicht zugunsten eines erstattungspflichtigen Gegners gelten soll (§ 4 Abs. 1 S. 4 RVG i. V. m. § 9 BerHG); ein RA kann demnach bei Beratungshilfe auf die Stellung eines Vergütungsantrags bei Gericht verzichten, wenn ihm der Aufwand für diesen Antrag zu hoch erscheint. Wenn der RA auf eine Bezahlung für seine Beratungstätigkeit verzichtet, wird dies übrigens „pro bono" genannt.

Hinweis:

Nach den §§ 48 und 49a Bundesrechtsanwaltsordnung (BRAO) ist der RA grundsätzlich verpflichtet, Mandate im Rahmen der Prozesskostenhilfe oder der Beratungshilfe zu übernehmen und dann auch nur die im RVG für diese Sachen vorgesehenen niedrigeren Gebühren zu berechnen. Voraussetzung für die Beiordnung des RA ist hier das finanzielle Unvermögen des Auftraggebers. Unter bestimmten Umständen kann der RA aber bei Prozesskostenhilfe auch Gebühren bis zu der für normale Fälle im RVG verordneten Höhe fordern, was in § 50 RVG geregelt ist.

Nach § 49 BRAO muss sich ein RA als Pflichtverteidiger in Straf- und Bußgeldsachen vom Gericht bestellen lassen. Jedoch muss der Beschuldigte, dem das Gericht den Pflichtverteidiger bestellt, nicht arm sein. Deshalb ist es in diesen Sachen durchaus zulässig, trotz gerichtlicher Bestellung eine Vergütungsvereinbarung abzuschließen, wenn der Mandant diese freiwillig unterschreibt und nicht etwa durch Haft oder ähnliches sich unter Druck gesetzt fühlt.

Wirksam ist eine Vergütungsvereinbarung nur bei **ausdrücklicher** Vereinbarung (§ 3a Abs. 1 **15**
RVG), wobei der RA standesrechtlich dazu verpflichtet ist, den Auftraggeber darauf hinzuweisen, dass das vereinbarte Honorar die gesetzliche Vergütung übersteigt. Auf keinen Fall darf die Vergütungsvereinbarung in der Vollmacht enthalten sein. Auch muss der RA in der Vergütungsvereinbarung darauf hinweisen, dass ein unterlegener Gegner nicht mehr als die gesetzliche Vergütung erstatten muss. Eine Vereinbarung über die Vergütung bedarf zumindest der **Textform**, das ist die einfachste Form von Willenserklärungen gemäß § 126b BGB.

Hinweis:

Die **Textform** nach § 126b BGB enthält im Prinzip Willenserklärungen in einer Urkunde, also in Schriftzeichen, jedoch wird im Gegensatz zur **Schriftform** (§ 126 BGB) auf die eigenhändige Unterschrift der Erklärenden verzichtet. Die Urkunde kann deshalb dem Empfänger per Post oder per Fax übermittelt werden oder auch per E-Mail. Es ist dann ausreichend, dass der Empfänger den Text auf seinem Monitor lesen kann; der Empfänger entscheidet darüber, ob er den Text ausdrucken will oder nicht. Textform bedeutet also lediglich, dass die Erklärung schriftlich abgegeben wird und vom Empfänger dauerhaft wiedergegeben, also ausgedruckt werden kann. Weiterhin ist die Person des Erklärenden zu nennen und der Abschluss der Erklärung durch eine Nachbildung der Namensunterschrift oder anders erkennbar zu machen. Die Namensunterschrift kann also z. B. durch Aufdrücken eines Faksimile-Stempels oder Einfügen einer eingescannten Unterschrift in ein elektronisches Dokument ersetzt werden. Selbst ein Hinweis am Ende der Erklärung wie „Dieses Schreiben wurde maschinell erstellt und trägt deshalb keine Unterschrift" ist für die Textform genügend.

Letztlich muss die Vergütungsvereinbarung einen Hinweis darauf enthalten, dass die gegnerische Partei, ein Verfahrensbeteiligter oder die Staatskasse im Falle Kostenerstattung regelmäßig nicht mehr als die gesetzliche Vergütung nach dem RVG erstatten muss (§ 3a Abs. 1 S. 3 RVG).

Der Gesetzgeber will durch diese Vorschriften vermeiden, dass ein Auftraggeber eine Vergütungsvereinbarung akzeptiert, ohne vorher den Text genau gelesen und seine Bedeutung erfasst zu haben. Dem Auftraggeber soll unmissverständlich erkennbar sein, dass er sich gegenüber dem RA zur Zahlung einer höheren als der gesetzlich vorgeschriebenen Vergütung verpflichtet.

Selbstverständlich darf sich auch der **Auftraggeber** der Textform bedienen und seine Einverständniserklärung z. B. per Fax an den RA senden. Damit der RA später die Vereinbarung beweisen kann, wird er sich jedoch vorzugsweise die Vereinbarung vom Auftraggeber unterschreiben lassen.

16 Der Vertrag über die Vereinbarung der Vergütung muss ausdrücklich als „**Vergütungsvereinbarung**“, „Honorarvereinbarung“, „Honorarschein“ oder ähnlich bezeichnet sein (§ 3a Abs. 1 S. 2 RVG). Weiterhin darf die Vergütungsvereinbarung nicht in der Prozessvollmacht enthalten sein. Dagegen darf die Vergütungsvereinbarung in einem Schriftstück zusammen mit der Auftragserteilung enthalten sein. Es müssen also zwei Schriftstücke erstellt werden: Vollmacht und Vergütungsvereinbarung.

Der Text der Vergütungsvereinbarung muss deutlich von etwaigen anderen Abmachungen abgesetzt sein, also z. B. von Vereinbarungen über den Gerichtsstand für Regressforderungen des Mandanten oder über die Beschränkung der Anwaltshaftung. Es können also Vergütungsvereinbarung und andere Vereinbarungen zusammen in einem Schriftstück stehen, wobei aber die Vergütungsvereinbarung eindeutig und offensichtlich von den anderen Vereinbarungen abgehoben sein muss. Der Auftraggeber soll zu seinem Schutz unschwer erkennen können, dass er gegenüber dem RA eine von der gesetzlichen Bestimmung abweichende Vergütung akzeptiert. Dies fordert der BGH (Urteil vom 03.12.2015 – IX ZR 40/15). Es ist also zu empfehlen, die Vergütungsvereinbarung von anderen Vereinbarungen abzugrenzen, z. B. durch fette oder andersfarbige Schrift oder durch Einrahmung und/oder graue Unterlegung.

Es sei darauf hingewiesen, dass eine **fehlerhafte Vergütungsvereinbarung** in § 4b S. 1 RVG nicht für gänzlich unwirksam erklärt wird; jedoch ist der Auftraggeber in diesem Fall nicht zur Zahlung einer höheren Vergütung als der sich aus dem RVG ergebenden gesetzlichen Vergütung verpflichtet. Eine fehlerhafte Vereinbarung könnte z. B. wegen Formmangels (nicht zumindest Textform), wegen fehlender Bezeichnung als „Vergütungsvereinbarung“ oder weil sie nicht deutlich von anderen Vereinbarungen – außer der Auftragserteilung – abgesetzt ist, vorliegen. Siehe hierzu auch den Hinweis weiter unten in Rdn 18.

Hinweis:

In § 4b S. 2 RVG wird auf § 814 BGB verwiesen, wonach bei einer fehlerhaften Vergütungsvereinbarung der Auftraggeber eine bereits gezahlte höhere Vergütung vom RA später nicht zurückfordern kann, wenn er bei der Zahlung bereits wusste, dass der RA aufgrund einer fehlerhaften Vereinbarung keine höhere als die gesetzliche Vergütung fordern darf.

17 Von juristischen Formularverlagen sind vorgedruckte Vergütungsvereinbarungen erhältlich, die auch als **Honorarscheine** bezeichnet werden. Werden solche Vordrucke benutzt, dann kann man sicher sein, dass die gesetzlichen Vorschriften bezüglich der Vergütungsvereinbarungen eingehalten werden. Da andererseits Formulare gerade in einer so wichtigen Sache wie dem Verlangen einer höheren Vergütung keinen guten Eindruck bei den Mandanten hinterlassen, werden häufig in der Anwaltskanzlei geschriebene Schriftstücke bevorzugt. Zu beachten ist allerdings, dass sowohl Vordrucke wie auch immer wieder verwendete Textbausteine als Allgemeine Geschäftsbedingungen im Sinne der §§ 305 ff. BGB gelten. Das Wort „Vereinbarung“ bringt zum Ausdruck, dass die Vergütung mit dem Auftraggeber ausgehandelt sein sollte. Muster für Vergütungsvereinbarungen finden Sie weiter unten.

Inhalt der Vereinbarung einer höheren Vergütung können höhere Gebühren und/oder höhere Auslagen sein. Dabei muss entweder genau die Höhe der Vergütung oder zumindest die Art und Weise ihrer Berechnung angegeben werden. Beispielsweise sind die folgenden Vergütungsvereinbarungen zulässig: 18

- Häufig wird ein **Pauschalhonorar** verabredet (1. Muster).
- Es kann ein **Zuschlag** auf die gesetzlichen Gebühren, also z. B. der doppelte Betrag der gesetzlichen Gebühren, vereinbart werden (2. Muster). Der Zuschlag kann auch prozentual vorgenommen werden (3. Muster).
- Es ist auch möglich, einen bestimmten **höheren Gegenstandswert** abzusprechen (4. Muster).
- Bei Vereinbarung vom Auftraggeber zu erstattender **höherer Auslagen** darf eine plausible Höhe nicht überschritten werden. Es können z. B. höhere Reisekosten, wie Kilometergelder oder Tages- und Abwesenheitsgelder, ausgemacht werden (4. Muster).
- Bei einer **Rahmengebühr** kann abgesprochen werden, dass der höchste Betrag oder Satz des Rahmens zu zahlen ist (5. Muster).
- Auch **Zeitgebühren**, also Stundenhonorare, können vereinbart werden, was des Öfteren insbesondere in außergerichtlichen Angelegenheiten geschieht (siehe § 4 Rdn 86 f.). Über die Höhe der Stundenvergütung ist in Anwaltskreisen zu hören, dass Stundensätze von etwa 150 Euro an aufwärts vereinbart werden. Für die Vereinbarung von Zeitgebühren können die folgenden Gründe sprechen:
  - Die gesetzlichen Gebühren werden der Schwierigkeit und dem Umfang des Auftrages nicht gerecht.
  - Es kann schwierig sein, den Gegenstandswert der Sache festzustellen.
  - Entweder wohnt der Mandant im Ausland oder die anwaltliche Vertretung findet gegenüber im Ausland ansässigen Personen statt.
- Die Festsetzung des Betrages der vereinbarten erhöhten Vergütung kann dem billigen **Ermessen des Vorstandes der Rechtsanwaltskammer** überlassen werden (§ 3a Abs. 2 S. 1 RVG). Eine solche Vereinbarung wird gerne dann gewählt, wenn sich Umfang und Schwierigkeit der anwaltlichen Tätigkeit im Vorhinein nicht voraussagen lassen.

Hinweis:

Es wird verschiedentlich empfohlen, in die Vergütungsvereinbarung eine Bestimmung aufzunehmen, wonach die Umsatzsteuer (MwSt.) vom Auftraggeber zusätzlich zu zahlen ist.

Bezüglich der **Kostenerstattungspflicht** ist zu beachten, dass der zur Kostentragung verurteilte Gegner nur die gesetzliche Vergütung zu erstatten hat, da nur diese „notwendig“ im Sinne des § 91 Abs. 2 S. 1 ZPO ist, nicht aber eine zwischen dem Mandanten und dem RA vereinbarte höhere Vergütung (BGH, Beschluss vom 24.01.2018 – VII ZB 60/17). Die obsiegende Partei erhält also vom Gegner nur die gesetzliche Vergütung erstattet und muss ihrem RA die Differenz bis zur vereinbarten Vergütung aus eigener Tasche zuzahlen. Darauf muss der RA im Text der Vereinbarung hinweisen. 19

Wenn eine vereinbarte oder vom Vorstand der Rechtsanwaltskammer festgesetzte Vergütung unter Berücksichtigung aller Umstände unangemessen hoch ist, so kann sie nach § 3a Abs. 3 RVG in einem Rechtsstreit vom Gericht auf den angemessenen Betrag bis zur Höhe der gesetzlichen Vergütung herabgesetzt werden.

Nur **in außergerichtlichen Angelegenheiten** ist nach § 4 Abs. 1 RVG die Vereinbarung einer **Pauschalvergütung** oder **Zeitvergütung** standesrechtlich zulässig, die **niedriger** ist als die sich nach dem RVG ergebenden gesetzlichen Gebühren. In den außergerichtlichen Angelegenheiten muss die vereinbarte Vergütung jedoch in einem angemessenen Verhältnis zur Leistung, zur Verantwor- 20 tung und zum Haftungsrisiko des RA stehen. So kann der RA beispielsweise mit einem Kaufmann vereinbaren, dass dieser pro Jahr z. B. (angemessene) 9.000 Euro zuzüglich USt. zahlt, womit alle im laufenden Jahr durchgeführten Beratungen des Mandanten abgegolten sind. Kommt es dann infolge der außergerichtlichen Tätigkeit zu einem Prozess, so fällt das Verfahren nicht mehr unter die Pauschale, vielmehr muss der RA für die Prozessführung und die Zwangsvollstreckung die gesetzliche Vergütung nach dem RVG fordern.

21 Wenn es sich bei der **außergerichtlichen** Angelegenheit um eine **Inkassodienstleistung** handelt (oder die Voraussetzungen für die Bewilligung von Beratungshilfe vorliegen), muss die Vergütung nicht in einem angemessenen Verhältnis zur Anwaltstätigkeit stehen und in diesen Fällen darf der RA sogar ganz auf eine Vergütung verzichten (§ 4 Abs. 1 S. 3 RVG).

22 In bestimmten **gerichtlichen** Verfahren (Mahnverfahren, Zwangsvollstreckung), die **Inkassodienstleistungen** betreffen, kann eine niedrigere als die gesetzliche Vergütung vereinbart werden (§ 4 Abs. 2 RVG). Nur in diesen genannten gerichtlichen Verfahren darf der RA sogar ganz auf eine Vergütung verzichten.

Merke:

Grundsätzlich kann ein RA eine **höhere** als die gesetzliche Vergütung fordern und mit seinem dazu bereiten Auftraggeber in einer Vergütungsvereinbarung ausmachen.

Hierzu ist eine ausdrückliche und von der Prozessvollmacht gesonderte schriftliche Vereinbarung (in Textform) notwendig.

Die Vergütungsvereinbarung muss optisch eindeutig von anderen im Vertragstext enthaltenen Bestimmungen – mit Ausnahme der Auftragserteilung – abgesetzt sein (z. B. durch Fettdruck oder andere Schriftfarbe).

Der Auftraggeber ist darauf hinzuweisen, dass das vereinbarte Honorar die gesetzliche Vergütung übersteigt.

Der zur Kostentragung verurteilte Gegner hat nur die gesetzliche Vergütung zu erstatten.

Die im RVG vorgeschriebene Mindestvergütung darf nur in den vom Gesetz bestimmten Fällen unterschritten werden.

Die Vereinbarung eines Erfolgshonorars ist grundsätzlich unzulässig. (Ausnahmen nur in den in § 4a RVG genannten Fällen, siehe Rdn 26 ff.).

Nur im Fall der Beratungshilfe und bei Inkassodienstleistungen, die entweder außergerichtlich oder in bestimmten gerichtlichen Verfahren (Mahnverfahren, Zwangsvollstreckung) betrieben werden, darf der RA ganz auf eine Vergütung verzichten (§ 4 Abs. 1 S. 3, Abs. 2 RVG). Dies gilt jedoch nicht gegenüber einem erstattungspflichtigen Gegner.

23 Nachstehend werden noch einige **Muster von Vergütungsvereinbarungen** vorgestellt. Wie oben bereits erwähnt wurde, werden in der Anwaltskanzlei selbst geschriebene Vergütungsvereinbarungen nicht selten vorgedruckten Honorarscheinen vorgezogen.

Hinweis:

Bei einer Vergütungsvereinbarung kann es dem RA unterlaufen, versehentlich eine niedrigere Vergütung auszuhandeln, als in dem RVG vorgeschrieben ist. Die Vereinbarung geringerer Gebühren und Auslagen als das RVG vorsieht, ist jedoch nach § 49b Abs. 1 S. 1 BRAO grundsätzlich unzulässig, also standeswidrig. Um nicht unbeabsichtigt das Standesrecht zu verletzen, ist daher zu empfehlen, in die Vergütungsvereinbarung eine Bestimmung aufzunehmen, wonach vom Auftraggeber mindestens die gesetzlichen Gebühren und Auslagen zu zahlen sind – falls nicht eine der Ausnahmen vorliegt (siehe Rdn 20 ff.).

Ferner muss bei einer Vergütungsvereinbarung eindeutig feststehen, für welche Tätigkeiten der Auftraggeber eine andere als die gesetzliche Vergütung zahlen soll (OLG Karlsruhe, Urteil vom 28.08.2014 – 2 U 2/14); die Tätigkeiten sind also genau zu bezeichnen.

Unter Aufgabe seiner bisherigen Rechtsprechung hat der BGH entschieden (Beschluss vom 05.06.2014 – IX ZR 137/12), dass die Vereinbarung der Vergütung nicht gänzlich unwirksam ist, wenn gegen die **Formvorschriften** des § 3a Abs. 1 RVG verstoßen wird. Allerdings darf laut BGH aus einer solchen unwirksamen Vereinbarung **höchstens die gesetzliche Vergütung** vom Auftraggeber gefordert werden, also gegebenenfalls nur die vereinbarte, jedoch niedrigere Vergütung. So jetzt auch § 4b S. 1 RVG.

1. Muster: Vergütungsvereinbarung in Zivilsachen (Pauschalhonorar)

Vergütungsvereinbarung

In der Sache ......

habe ich Herrn Rechtsanwalt ......

zu meinem Vertreter/Prozessbevollmächtigten bestellt.

Ich verpflichte mich, ihm für seine Tätigkeit in dieser Sache **anstelle der gesetzlichen Gebühren** ein Honorar von ...... € (in Worten ...... Euro) zu zahlen, das wie folgt fällig ist: ......

Sind die gesetzlichen Gebühren höher, so gelten diese. *)

Auslagen, Reisekosten, Tage- und Abwesenheitsgelder und die Umsatzsteuer (USt.) sind daneben gesondert zu zahlen.

Der Ausgang der anwaltlichen Bemühungen ist ohne Einfluss auf die Höhe des Honorars.

Mir ist bekannt, dass das vereinbarte Honorar höher ist als die nach den gesetzlichen Vorschriften sich ergebende Vergütung und dass im Falle des Obsiegens der Gegner nur die gesetzliche Vergütung zu erstatten hat. *)

......, den ......

......

(Unterschrift des Auftraggebers)

*) Dieser Satz entfällt, wenn niedrigere Gebühren z. B. bei Inkassodienstleistungen vereinbart sind.

2. Muster: Vergütungsvereinbarung in Zivilsachen (Zusatzhonorar)

Vergütungsvereinbarung

In der Sache ......

haben wir

Frau Rechtsanwältin ......

zu unserer Vertreterin/Prozessbevollmächtigten bestellt.

Wir verpflichten uns, ihr für ihre Tätigkeit in dieser Sache **zusätzlich zu den gesetzlichen Gebühren** ein Honorar von ...... € (in Worten ...... Euro) zu zahlen, das wie folgt fällig ist: ......

Auslagen, Reisekosten, Tage- und Abwesenheitsgelder und die Umsatzsteuer (USt.) sind daneben gesondert zu zahlen.

Der Ausgang und der Umfang der anwaltlichen Bemühungen sind ohne Einfluss auf die Höhe des Honorars.

Uns ist bekannt, dass das vereinbarte Honorar höher ist als die nach den gesetzlichen Vorschriften sich ergebende Vergütung und dass im Falle des Obsiegens der Gegner nur die gesetzliche Vergütung zu erstatten hat.

......, den ......

....

(Unterschriften der Auftraggeber)

3. Muster: Vergütungsvereinbarung in Zivilsachen (Erhöhung der gesetzlichen Gebühren)

Vergütungsvereinbarung

In der Sache ......

haben wir

Herrn Rechtsanwalt ......

zu unserem Prozessbevollmächtigten bestellt.

Wir verpflichten uns, ihm für seine Tätigkeit in dieser Sache die anfallenden gesetzlichen Gebühren in einer Höhe von **150 % des jeweils gesetzlich vorgesehenen Gebührensatzes** zu zahlen.

Auslagen, Reisekosten, Tage- und Abwesenheitsgelder und die Umsatzsteuer (USt.) sind daneben gesondert zu zahlen.

Der Ausgang und der Umfang der anwaltlichen Bemühungen sind ohne Einfluss auf die Höhe des Honorars.

Uns ist bekannt, dass das vereinbarte Honorar höher ist als die nach den gesetzlichen Vorschriften sich ergebende Vergütung und dass im Falle des Obsiegens der Gegner nur die gesetzliche Vergütung zu erstatten hat.

......, den ......

....

(Unterschriften der Auftraggeber)

4. Muster: Vergütungsvereinbarung in Zivilsachen (höherer Gegenstandswert, höhere Reisekosten)

Vergütungsvereinbarung

In der Sache ......

habe ich

Frau Rechtsanwältin ......

zu meiner Vertreterin/Prozessbevollmächtigten bestellt.

Ich verpflichte mich, ihr für ihre Tätigkeit in dieser Sache die **gesetzlichen Gebühren nach einem Gegenstandswert** von ...... € (in Worten ...... Euro) zu zahlen.

Sind die Gebühren nach den gesetzlichen Wertvorschriften höher, so gelten diese. *)

Für **Reisekosten mit dem Kraftwagen** sind für jeden angefangenen Kilometer des Hin- und Rückweges 0,75 € zu zahlen.

Sonstige Reisekosten, Tage- und Abwesenheitsgelder, Auslagen und die Umsatzsteuer (USt.) sind daneben gesondert zu zahlen.

Der Ausgang und der Umfang der anwaltlichen Bemühungen sind ohne Einfluss auf die Höhe des Honorars.

Mir ist bekannt, dass das vereinbarte Honorar höher ist als die nach den gesetzlichen Vorschriften sich ergebende Vergütung und dass im Falle des Obsiegens der Gegner nur die gesetzliche Vergütung zu erstatten hat. *)

......, den ......

......

(Unterschrift des Auftraggebers)

*) Dieser Satz entfällt, wenn niedrigere Gebühren z. B. bei Inkassodienstleistungen vereinbart sind.

5. Muster: Vergütungsvereinbarung in Strafsachen

Vergütungsvereinbarung

In der Strafsache/Bußgeldsache/Privatklagesache

wegen ......

habe ich

Herrn Rechtsanwalt ......

zu meinem Verteidiger/Vertreter bestellt.

Ich verpflichte mich, ihm für seine Tätigkeit in dieser Sache die anfallenden **Rahmengebühren nach dem höchsten Betrag des jeweiligen Gebührenrahmens** zu zahlen.

Auslagen, Reisekosten, Tage- und Abwesenheitsgelder und die Umsatzsteuer (USt.) sind daneben gesondert zu zahlen.

Der Ausgang der anwaltlichen Bemühungen ist ohne Einfluss auf die Höhe des Honorars.

Mir ist bekannt, dass das vereinbarte Honorar höher ist als die nach den gesetzlichen Vorschriften sich ergebende Vergütung und dass im Falle des Obsiegens nur die gesetzliche Vergütung erstattet wird.

......, den ......

......

(Unterschrift des Auftraggebers)

24 Gemäß § 49b Abs. 5 BRAO besteht bei Wertgebühren eine **Hinweispflicht auf die Berechnung der Anwaltsgebühren** nach dem Gegenstandswert. Nach dieser Vorschrift ist der RA vor der Übernahme eines Mandats verpflichtet, seinen Mandanten darauf hinzuweisen, wenn sich die Gebühren nach dem Gegenstandswert richten. Dies soll dem Auftraggeber Anlass geben, die Gelegenheit wahrzunehmen, den RA über die Höhe der zu erwartenden Gebühren zu befragen. Der Gesetzgeber begründet diese Vorschrift damit, dass in der Vergangenheit immer wieder Mandanten über die bei hohen Gegenstandswerten zu zahlenden hohen Gebühren überrascht worden seien. Der RA muss die Rechtsprechung des BGH zu dieser Hinweispflicht kennen (z. B. Beschluss vom 13.11.2025 – IX ZR 175/24).

- Der Hinweis muss danach so konkret gefasst sein, dass der Mandant erkennen kann, welche konkrete Tätigkeit nach dem Gegenstandswert abgerechnet wird.
- Wenn der Rechtsanwalt schuldhaft den Hinweis unterlässt, muss er dem Mandanten den hierdurch verursachten Schaden ersetzen. Voraussetzung dafür ist jedoch, dass dem Mandanten durch den unterlassenen Hinweis ein Schaden entstanden ist, er etwa den Anwalt nicht beauftragt hätte, wenn der Hinweis erteilt worden wäre. Sein Schaden besteht dann in der Belastung mit der Gebührenforderung.

25 Grundsätzlich darf ein RA nach § 49b Abs. 3 S. 1 BRAO die ihm zustehenden Gebühren mit niemandem teilen, auch nicht mit einem anderen RA. Die beiden einzig zulässigen Fälle einer **Gebührenteilung** zwischen Rechtsanwälten sind in § 49b Abs. 3 S. 2 und S. 5 BRAO normiert:

- Nach § 49b Abs. 3 S. 2 BRAO ist es übliche Praxis, dass ein **Verkehrsanwalt** (Gebühr nach Nr. 3400 VV RVG) mit dem Hauptbevollmächtigten die Gebühren teilt, wenn der Verkehrsanwalt über das Führen des Schriftverkehrs hinaus z. B. den Entwurf der Klageschrift gefertigt hat. Üblich ist in diesen Fällen, dass die insgesamt für beide RA entstehenden Gebühren hälftig geteilt werden (§ 22 Berufsordnung für Rechtsanwälte, BORA). Auch wenn in § 49b Abs. 3 S. 2 BRAO nur die Nr. 3400 VV RVG (Verkehrsanwalt) genannt ist, gehen die Kommentatoren davon aus, dass eine solche Gebührenteilung auch zwischen dem Hauptbevollmächtigtem und dem **Unterbevollmächtigtem** (Nrn. 3401, 3402 VV RVG) zulässig ist, wenn der Unterbevollmächtigte mehr als nur die Vertretung in einer Verhandlung erledigt hat, also z. B. Schriftsätze ausgearbeitet hat.
- Praktisch weniger bedeutsam ist die Vorschrift des § 49b Abs. 3 S. 5 BRAO, wonach **mehrere Rechtsanwälte**, die gemeinsam als Hauptbevollmächtigte einen Fall bearbeiten, die Gebühren untereinander in einem angemessenen Verhältnis teilen dürfen. Hier erhält zwar jeder RA nach § 6 RVG für seine Tätigkeit die volle Vergütung, diese wird aber unter den beteiligten RA entsprechend ihren Leistungen aufgeteilt. Zu denken wäre hier an Fälle, in denen ein RA im Einverständnis mit seinem Auftraggeber einen Spezialisten für ein bestimmtes Rechtsgebiet heranzieht.

Hinweis:

Nach § 23 der Berufsordnung für Rechtsanwälte (BORA) muss ein Rechtsanwalt spätestens mit Beendigung des Mandats gegenüber dem Mandanten und/oder Gebührenschuldner unverzüglich über Honorarvorschüsse und Fremdgelder abrechnen.

Die Abgabe und Entgegennahme eines Teils der Gebühren oder sonstiger Vorteile für die Vermittlung von Aufträgen ist unzulässig (§ 49b Abs. 3 S. 1 BRAO). Ein RA darf also niemandem eine „Provision" für die Vermittlung von Mandanten zahlen oder z. B. von einem Notar eine Belohnung dafür annehmen, dass er ihm diesen Klienten für ein Beurkundungsgeschäft zugeführt hat. Die einzig zulässige Gebührenteilung wurde vorstehend vorgestellt.

Es ist grundsätzlich unzulässig, Gebührenforderungen zwecks Beitreibung an einen Dritten, der nicht RA ist, abzutreten oder gar ein Inkassobüro mit ihrer Einziehung zu beauftragen, es sei denn, der Mandant hat schriftlich eingewilligt (§ 49b Abs. 4 S. 2 BRAO).

2. Die Vereinbarung eines Erfolgshonorars (§ 4a RVG)

Das anwaltliche Standesrecht erklärt es in § 49b Abs. 1 S. 1 Bundesrechtsanwaltsordnung (BRAO) 26
grundsätzlich für **unzulässig, geringere Gebühren und Auslagen zu vereinbaren** oder zu fordern, als im RVG vorgesehen sind. Die Vorschriften des RVG über Gebühren und Auslagen schreiben also die jeweilige **Mindestvergütung** vor, die in der Regel nicht unterschritten werden darf. Das Unterbieten dieser Mindestvergütung ist nicht nur standeswidrig, sondern kann auch als unlauterer Wettbewerb gelten. Nur bei besonderen Umständen im Einzelfall (§ 49b Abs. 1 S. 2 BRAO) und in den gesetzlich bestimmten Fällen darf die Mindestvergütung unterschritten werden (siehe Rdn 20 ff.).

Eine Vereinbarung, durch die die Höhe der Vergütung vom Ausgang der Sache oder vom sonstigen 27
Erfolg der anwaltlichen Tätigkeit abhängig gemacht wird, also die Vereinbarung eines **Erfolgshonorars**, ist grundsätzlich unzulässig (§ 49b Abs. 2 S. 1 BRAO) – außer bei den im RVG ausdrücklich bestimmten Fällen.

Nur unter den in § 4a Abs. 1 RVG genannten Voraussetzungen ist die **Vereinbarung eines Erfolgshonorars** zulässig. Demnach darf ein Erfolgshonorar lediglich in bestimmten Fällen vereinbart werden:

1. Der Auftrag darf sich auf eine **Geldforderung** von höchstens 2.000 Euro beziehen. Dabei spielt es keine Rolle, ob der RA die Forderung geltend machen oder abwehren soll. Für andere Forderungen als Geldforderungen gilt dies nicht.
2. Bei **Inkassotätigkeiten** die entweder außergerichtlich oder in bestimmten gerichtlichen Verfahren (Mahnverfahren, Zwangsvollstreckung) betrieben werden, ist die Vereinbarung eines Erfolgshonorars zulässig. Auf die Höhe der Forderung kommt es in diesen Fällen nicht an.
3. Wenn im Einzelfall der Auftraggeber im Hinblick auf seine wirtschaftlichen Verhältnisse seine Rechte nur verfolgen könnte, wenn ihm dies durch Vereinbarung eines Erfolgshonorars ermöglicht würde – siehe nachstehende Beispiele.

In den Fällen der vorstehenden Nrn. 1 und 3 gilt Folgendes: Wenn für den Fall des Misserfolgs der Anwaltstätigkeit keine oder eine niedrigere als die gesetzliche Vergütung vereinbart ist, dann muss für den Erfolgsfall ein angemessener Zuschlag auf die gesetzliche Vergütung vereinbart werden.

Beispiele:

Mandant Rainer Kaputtnik ist durch einen Unfall schwer verletzt worden. Er wurde von dem Fahrradfahrer Roland Ungethüm, während dieser mit seinem Handy telefonierte, mit dem Fahrrad überfahren. Wegen der Unfallfolgen ist Kaputtnik gezwungen, seinen Beruf aufzugeben. Da Ungethüm sich weigert, Schadenersatzansprüche anzuerkennen, muss Kaputtnik seine hohen Schadenersatzansprüche wegen der Berufsunfähigkeit und seine erhebliche Schmerzensgeldforderung einklagen. Kaputtnik kann die entsprechend hohen Anwaltskosten für die Rechtsverfolgung nicht aufbringen. Müsste er die Anwaltskosten im Fall des Unterliegens selbst zahlen, könnte er sich den Prozess nicht leisten. Prozesskostenhilfe wird ihm voraussichtlich nicht bewilligt. Deshalb vereinbart er mit RAin Kuckuck ein Erfolgshonorar nur für den Fall, dass Kaputtnik den Prozess gegen Ungethüm gewinnt. Sollte er den Prozess gewinnen, erhält RAin Kuckuck 150 % der gesetzlichen Gebühren und im Falle des Unterliegens erhält sie nichts.

Ein mittelständisches Unternehmen kann einen großen, sehr teuren Bauprozess nur führen, wenn ein Erfolgshonorar vereinbart wird.

Es besteht ein Rechtsstreit über einen Erbteil von bedeutender Höhe und der Auftraggeber kann sich die entsprechend hohen Gebühren für einen RA nicht leisten.

28 Wird ein Erfolgshonorar vereinbart, hat der RA zum Schutz des Auftraggebers eine Reihe von **Aufklärungs- und Hinweispflichten**. Damit soll sichergestellt werden, dass der Mandant kein Erfolgshonorar vereinbart, ohne sich über die wirtschaftlichen Folgen im Klaren zu sein.

Gemäß § 4a Abs. 3 RVG müssen in der Vereinbarung über ein Erfolgshonorar folgende **Pflichtangaben** stehen:

1. Erforderlich ist eine Angabe, welche Vergütung bei Eintritt welcher Bedingung verdient sein soll.
2. Es muss angeben werden, wie sich die Vereinbarung auf anfallende Gerichtskosten und im Unterliegensfall dem Gegner zu erstattende Kosten auswirken soll.
3. Weiterhin sind die Gründe zu nennen, die für die Bestimmung des Erfolgshonorars ausschlaggebend sein sollen.
4. Wenn im Einzelfall der Auftraggeber seine Rechte nur bei Vereinbarung eines Erfolgshonorars verfolgen könnte, muss der RA die voraussichtliche gesetzliche Vergütung angeben und gegebenenfalls die erfolgsunabhängige vertragliche Vergütung, zu der er bereit wäre, den Auftrag anzunehmen.

29 Im Falle einer **fehlerhaften Vergütungsvereinbarung** bleibt die Vereinbarung zwar wirksam, aber der RA darf dann höchstens die gesetzliche Vergütung verlangen (§ 4b RVG).

Hinweis:

In einem Strafverfahren gegen einen RA fordert der BGH vor der Vereinbarung eines Erfolgshonorars eine Aufklärung des Auftraggebers durch den RA über die gesetzlichen Gebühren und Auslagen. Diese Verpflichtung des RA bezeichnet der BGH sogar als „Garantenstellung" des RA (BGH, Urteil vom 25.09.2014 – 4 StR 586/13).

30 Durch § 4a Abs. 1 S. 3 RVG wird sichergestellt, dass selbst wenn der Auftraggeber **Beratungshilfe** oder **Prozesskostenhilfe** in Anspruch nehmen kann, ein Erfolgshonorar vereinbart werden darf – natürlich nur unter den vorstehend erläuterten Voraussetzungen. Der Gesetzgeber denkt hier an Fälle, in denen durch die Tätigkeit des RA der Mandant einen erheblichen Vermögenszuwachs erfährt. Dies könnte z. B. der Fall sein bei einer für den RA aufwändigen erbrechtlichen Auseinandersetzung, durch die der bedürftige Pflichtteilsberechtigte ein großes Vermögen erhalten kann.

Merke:

Ein Erfolgshonorar ist nur in den gesetzlich bestimmten Fällen zulässig.

Bei Vereinbarung eines Erfolgshonorars hat der RA zum Schutz des Auftraggebers eine Reihe von Aufklärungs- und Hinweispflichten.

IV. Mehrere Rechtsanwälte (§ 6 RVG)

31 Ein Mandant kann mehrere Rechtsanwälte mit der Wahrnehmung seiner Interessen in derselben Angelegenheit beauftragen. Dies wird nur in schwierigen Fällen geschehen. Werden diese RAe nebeneinander jeweils mit einer besonderen Hauptvollmacht tätig, so kann jeder RA für sich die volle Vergütung verlangen. In der Praxis kommt es z. B. vor, dass in Strafsachen ein Angeklagter durch

zwei Verteidiger vertreten wird oder dass in Verkehrsunfallsachen Versicherung und Kraftfahrer durch verschiedene RAe vertreten werden.

Achtung:

Nicht unter § 6 RVG fallen Anwaltssozietäten, die die entstehenden Gebühren nur einmal verlangen können, da der Mandant den Anwaltsvertrag mit allen in der Sozietät verbundenen Anwälten als Gemeinschaft schließt, sowie die in Nrn. 3400 bis 3402 VV RVG genannten Fälle des Verkehrsanwalts und des Terminsvertreters, da diese ergänzende Tätigkeiten ausführen (dazu siehe unten § 7 Rdn 77).

Sollte ein Gegner zur Erstattung der Kosten verpflichtet sein, muss er grundsätzlich die Kosten für nur einen RA erstatten.

V. Mehrere Auftraggeber (§ 7 RVG, Nr. 1008 VV RVG)

→ *Dazu Aufgaben Gruppe 7* 32

Wenn ein RA mehrere Auftraggeber (Mandanten) in derselben Angelegenheit vertritt, können sich deswegen seine Gebühren erhöhen. Dies ist zum einen in § 7 RVG und zum anderen in Nr. 1008 VV RVG geregelt. Da diese beiden Gesetzesstellen in einem engen Zusammenhang stehen, sollen sie auch nachfolgend gemeinsam dargestellt werden.

1. Grundsätzliche Überlegungen

In § 15 Abs. 2 RVG ist grundsätzlich bestimmt, dass der RA die Gebühren in derselben Angelegenheit nur einmal fordern kann. In § 7 Abs. 1 RVG wird zusätzlich geregelt, dass auch eine höhere Anzahl von Auftraggebern nicht dazu führt, mehrmals eine Gebühr für dieselbe Angelegenheit fordern zu können, obwohl der RA natürlich mit jedem der Auftraggeber einen Geschäftsbesorgungsvertrag abschließt und folglich von jedem der Auftraggeber eigentlich ein Honorar fordern könnte. Es ist also so, dass der RA in einer einzigen gebührenrechtlichen Angelegenheit **dieselbe Gebühr immer nur einmal** erhält. Mit derselben Gebühr sind Gebühren mit derselben Bezeichnung gemeint. Deshalb kann pro Angelegenheit nur eine Verfahrens- oder eine Terminsgebühr verdient werden, beide Gebühren aber auch nebeneinander, weil sie eine unterschiedliche Bezeichnung tragen. 33

Einerseits ist es einsehbar, dass eine anwaltliche Tätigkeit für mehrere Auftraggeber für den RA eine höhere Arbeitsbelastung bedeutet, da z. B. Besprechungen mit mehreren Mandanten in der Regel länger dauern werden, als wenn der RA nur Fragen eines Mandanten beantworten muss. Andererseits muss sich der RA nur in eine einzige Akte einarbeiten, da es sich trotz mehrerer Auftraggeber letztlich nur um eine einzige Angelegenheit handelt. Insoweit wird die Bestimmung des § 7 Abs. 1 RVG verständlich, demzufolge der RA auch bei mehreren Auftraggebern zwar jede Gebühr nur einmal erhält, aber für bestimmte Gebühren gemäß Nr. 1008 VV RVG eine **Erhöhung dieser Gebühren** für jeden zusätzlichen Auftraggeber eintritt.

Bevor wir uns aber mit der Vorschrift des Nr. 1008 VV RVG eingehender beschäftigen, sollten wir erst noch eine grundsätzliche Überlegung des Gesetzgebers nachvollziehen, die leider im Gesetz nicht ausdrücklich dargestellt worden ist. Um Nr. 1008 VV RVG richtig anwenden zu können, müssen wir nämlich die Begriffe **Angelegenheit** und **Gegenstand** unterscheiden. 34

Was eine **Angelegenheit** ist, richtet sich

(1) nach dem Auftrag, der eben auch einheitlich von mehreren Auftraggebern erteilt sein kann,

(2) danach, ob der RA seine Tätigkeit auftragsgemäß in einem einheitlichen Rahmen ausübt und

(3) nach dem inneren Zusammenhang der einzelnen Gegenstände.

Einen einheitlichen Auftrag haben **mehrere Auftraggeber** dann erteilt, wenn ihre Ansprüche vom RA gemeinsam behandelt werden sollen. Macht dann der RA die verschiedenen Ansprüche z. B. in einem Brief an den Gegner oder in einer Klage zusammen geltend, so liegt ein einheitlicher Rahmen vor. Ein innerer Zusammenhang der verschiedenen Ansprüche (Gegenstände) ist dann gegeben, wenn sie in einer einzigen Klage bei Gericht geltend gemacht werden können, z. B. wenn mehrere Unfallopfer ihre unterschiedlichen Schadenersatzansprüche gegen denselben Unfallverursacher durchsetzen wollen.

Der **Gegenstand** der anwaltlichen Tätigkeit ist das Recht oder Rechtsverhältnis, auf das sich der Auftrag bezieht, also z. B. der konkrete Zahlungsanspruch, der eingeklagt werden soll.

a) Mehrere Gegenstände in einer Angelegenheit

35 Eine Angelegenheit kann also **mehrere Gegenstände** umfassen, wenn z. B. der Auftrag dahin geht,

- Unterhaltsansprüche einer Mutter für sich und für ein minderjähriges Kind zusammen einzufordern, oder
- den Schadenersatzanspruch des einen Unfallopfers und den Schmerzensgeldanspruch des anderen Verletzten gegen denselben Täter einzuklagen, oder
- in einer Klage eine Kaufpreisforderung und eine Darlehensforderung zusammen geltend zu machen.

In den vorstehenden drei Beispielen ist keine Gebührenerhöhung gemäß Nr. 1008 VV RVG möglich, da Absatz 1 der Anmerkung zu Nummer 1008 VV RVG bestimmt, dass als Voraussetzung der Erhöhung bei Wertgebühren der **derselbe Gegenstand** der anwaltlichen Tätigkeit vorliegen muss. In den drei Beispielsfällen werden innerhalb einer Angelegenheit (z. B. Klage) aber verschiedene Gegenstände (Ansprüche) geltend gemacht.

36 Ist der RA von mehreren Auftraggebern in einer Angelegenheit gemeinschaftlich wegen **verschiedener Gegenstände** beauftragt worden, so erhält er dafür auch höhere Gebühren, jedoch nicht gemäß § 7 RVG, Nr. 1008 VV RVG! In solchen Fällen werden gemäß § 22 Abs. 1 RVG von den einzelnen Gegenständen die **Werte zusammengerechnet**, sodass der RA über den sich daraus ergebenden höheren Gegenstandswert natürlich auch eine erhöhte Vergütung erhält. In diesem Falle erwachsen dem RA übrigens alle Wertgebühren für diesen Auftrag nach dem höheren Wert und es werden nicht nur die in Nr. 1008 VV RVG bestimmten Gebühren erhöht.

> *Beispiel:*
>
> Zwei Unterhaltsgläubiger klagen jeweils einen eigenen Unterhaltsanspruch in Höhe von 500,00 € monatlich gegen denselben Unterhaltsschuldner in einer Klage ein. Da es sich bei den Forderungen nicht um denselben Gegenstand handelt, gibt es keine Erhöhung gemäß Nr. 1008 VV RVG, sondern die Gegenstandswerte von jeweils 12 x 500,00 € = 6.000,00 € (§ 51 Abs. 1 FamGKG) werden nach § 22 Abs. 1 RVG addiert, sodass der Gegenstandswert in dieser Angelegenheit 12.000,00 € beträgt.

37 Es sei aber darauf hingewiesen, dass die Vergütung des RA hierbei niedriger ausfällt, als wenn er jeden Auftraggeber gesondert vertreten hätte, da die Gebühren bei steigenden Gegenstandswerten nicht mehr so stark wachsen. Man spricht hier auch von der **Degression der Gebührentabelle** (siehe § 1 Rdn 24 ff.).

> *Hinweis:*
>
> Ein Beispiel für **verschiedene** Gegenstände in **einer** Angelegenheit zeigt der BGH, der entschieden hat, dass, wenn ein RA **mehrere Geschädigte** wegen deren jeweils eigenen Ansprü-

chen in einem Prozess gemeinsam vertritt, nur eine gebührenrechtliche Angelegenheit vorliegt (Beschluss vom 24.03.2016 – III ZB 116/15).

Als weiteres Beispiel aus der Rechtsprechung für das Vorliegen **verschiedener** Gegenstände in **verschiedenen** Angelegenheiten sei das Urteil des LG Passau vom 21.05.2015 (3 S 101/14) zitiert. Nach einem Verkehrsunfall hatten die verletzte Ehefrau Schmerzensgeld (höchstpersönlicher Anspruch) und der Ehemann Schadenersatz (wegen Sachschadens) eingefordert. Mann und Frau hatten ihrem RA jeweils eine **gesonderte** Vollmacht erteilt, da die Frau im Krankenhaus lag. Damit hatte der RA zum einen **zwei Aufträge**, die er getrennt in außergerichtlichen Schreiben erfolgreich bearbeitete (siehe auch Rdn 132). Hinzu kommt hier zudem, dass die Forderungen von Frau und Mann aus demselben Unfall ganz verschieden waren. Die Schmerzen der Frau können nicht gemeinsame Schmerzen gewesen sein und der Pkw gehörte nur dem Ehemann. (Achtung: Je nach Sachlage hätte der RA eventuell darauf hinweisen müssen, dass ein gemeinsamer Auftrag der kostengünstigere Weg ist).

Merke:

Ein Auftrag, auch von mehreren Personen, in einem Verfahren ist eine gebührenrechtliche Angelegenheit.

Mehrere Aufträge in mehreren Verfahren sind mehrere gebührenrechtliche Angelegenheiten.

Grundsätzlich entscheidet der erteilte Auftrag.

In einer Angelegenheit können mehrere Ansprüche vorliegen, die zusammengerechnet den Gegenstandswert ergeben.

b) Derselbe Gegenstand der anwaltlichen Tätigkeit

Liegt **derselbe Gegenstand** der anwaltlichen Tätigkeit in einer Angelegenheit vor, so tritt eine **Gebührenerhöhung** gemäß Nr. 1008 VV RVG ein, und zwar nur dann. Nach dem oben Gesagten handelt es sich um denselben Gegenstand, wenn der RA für die mehreren Auftraggeber wegen desselben Rechts oder Rechtsverhältnisses tätig wird. Dies liegt grundsätzlich in den beiden folgenden Fällen vor: 38

(1) Der RA vertritt mehrere Auftraggeber, die als **Gesamtschuldner** (§ 421 BGB) oder als **Gesamthandsschuldner** verklagt worden sind.

Bei Gesamtschuldnern schuldet jeder einzelne die ganze Leistung, der Gläubiger kann sie aber insgesamt nur einmal verlangen. Dies kommt in der Praxis häufig vor.

Dagegen schulden Gesamthandsschuldner eine Leistung nur gemeinschaftlich, sodass gegen alle ein Titel erwirkt werden muss (§§ 736, 740 Abs. 2, 747 ZPO). Beispiele dafür sind die Erbengemeinschaft bei ungeteiltem Nachlass oder das Gesamtgut bei ehelicher Gütergemeinschaft.

(2) Der RA vertritt **Gesamthandsgläubiger** (§ 432 BGB) oder **Gesamtgläubiger** (§ 428 BGB) als Kläger.

Gesamthandsgläubiger bestehen bei Gemeinschaften zur gesamten Hand wie bei der ehelichen Gütergemeinschaft und der Erbengemeinschaft, da ein Anspruch nur allen Beteiligten gemeinsam zusteht. Gesamthandsgläubiger sind als Kläger so genannte notwendige Streitgenossen (§ 62 ZPO).

Bei Gesamtgläubigern hat zwar jeder Berechtigte einen eigenen Anspruch, der Schuldner braucht aber nur einmal zu leisten. Dies kommt in der Praxis eher selten vor. Ein Beispiel wäre ein gemeinsames Bankkonto z. B. von Eheleuten.

Achtung:

Es reicht nicht, wenn es sich nur um **gleiche** oder **ähnliche** Gegenstände handelt, wie z. B. die Einforderung von Unterhaltsansprüchen von Mutter und Kind. Mutter und Kind haben nicht **denselben** Unterhaltsanspruch, sondern jeweils einen eigenen.

c) Zusammenfassung

39 Wie aus den beiden vorstehenden Abschnitten ersichtlich ist, erhält ein für mehrere Auftraggeber tätiger RA immer eine erhöhte Vergütung. Entweder erhöht sich seine Vergütung dadurch,

(1) dass bei **verschiedenen Gegenständen** die einzelnen Gegenstandswerte gemäß § 22 Abs. 1 RVG zusammengerechnet werden, oder dadurch,

(2) dass sich bei **demselben Gegenstand** die allgemeine Betriebsgebühr (Verfahrensgebühr oder Geschäftsgebühr) gemäß § 7 RVG, Nr. 1008 VV RVG erhöht.

Merke:

Bei mehreren Auftraggebern ist zu entscheiden:

Verschiedene Gegenstände → Addition der Werte (§ 22 Abs. 1 RVG)

Derselbe Gegenstand → Erhöhung nur der Betriebsgebühr (§ 7 RVG, Nr. 1008 VV RVG)

Merke:

Die Erhöhung einer Betriebsgebühr gemäß Nr. 1008 VV RVG für mehrere Auftraggeber ist nur möglich, wenn

- der RA für alle Auftraggeber in **derselben** Angelegenheit und
- wegen **desselben** Gegenstandes tätig wird.

Im Folgenden wollen wir uns noch eingehender mit dem § 7 RVG und der Nummer 1008 des VV RVG beschäftigen.

2. Wann liegt eine Mehrheit von Auftraggebern vor?

40 Eine Mehrheit von Auftraggebern liegt vor, wenn ein RA für verschiedene natürliche oder juristische Personen innerhalb eines Auftrages gleichzeitig tätig werden soll. Beauftragen mehrere Auftraggeber eine Anwaltssozietät, so ist diese in der Regel als ein RA anzusehen. Es kommt nicht darauf an, ob die Aufträge gleichzeitig oder nacheinander erteilt werden.

Zwei Fälle sind besonders zu beachten, da sie wegen des Pauschalcharakters der Gebühren nicht unbedingt mit obigen Ausführungen über die höhere Arbeitsbelastung des RA bei mehreren Auftraggebern in Einklang stehen:

- **Juristische Personen** oder ihnen gleichgestellte Gesellschaften sind immer nur ein Auftraggeber, unabhängig von der Anzahl der Gesellschafter oder Vertreter.
- Bei **Vertretung von Personen** ist nicht die Zahl der Vertreter, sondern die Zahl der Vertretenen entscheidend; dies gilt für natürliche und für juristische Personen.

Daraus ergeben sich folgende Schlussfolgerungen: Eine GmbH, die durch zwei Geschäftsführer gemeinschaftlich vertreten wird, ist ein Auftraggeber, wogegen ein allein sorgeberechtigter Elternteil, der drei minderjährige Kinder wegen desselben Gegenstands vertritt, als Vertreter von drei Auftraggebern des RA erscheint. Wenn eine OHG und einer ihrer Gesellschafter persönlich verklagt worden sind, so hat der RA, der beide vertritt, zwei Auftraggeber. Ein Hausverwalter, der eine Wohnungseigentümergemeinschaft vertritt, ist nicht selbst der Auftraggeber des RA, sondern die von ihm vertretene Wohnungseigentümergemeinschaft. Wenn ein Haftpflichtversicherer den RA beauftragt, die Versicherung, den Fahrer und den Halter des Pkw zu vertreten, so sind dies drei Auftraggeber. Die folgende Aufstellung versucht die umfangreiche Rechtsprechung zu der Frage, wann mehrere Auftraggeber vorliegen, zusammenzufassen.

Mehrere Auftraggeber liegen in folgenden Fällen vor: 41

- Der RA vertritt den Halter und den Fahrer eines Kfz im Auftrage der Haftpflichtversicherung.
- Bei einer Erbengemeinschaft müssen alle Erben klagen und verklagt werden, da die Gemeinschaft nicht parteifähig ist, sodass es sich ebenfalls um mehrere Auftraggeber handelt.
- Nur wenn bei einer Klage gegen eine OHG oder KG die persönlich haftenden Gesellschafter zusammen mit der Gesellschaft **verklagt** werden hat der RA, der alle gemeinsam als Beklagte vertritt, mehrere Auftraggeber; eine OHG bzw. KG **als Klägerin** ist dagegen ein Auftraggeber. Gleiches gilt für eine Klage gegen eine BGB-Gesellschaft.
- Eheleute sind häufig zwei Auftraggeber, z. B. wenn sie als Gesamtschuldner verklagt werden oder als gemeinschaftliche Eigentümer klagen. In anderen Fällen ist dies bei Eheleuten nicht immer so eindeutig (siehe dazu die Anmerkungen weiter unten).
- Sind mehrere Personen wegen derselben Straftat Privat- oder Nebenkläger, so handelt es sich um mehrere Auftraggeber.

Nur **ein Auftraggeber** ist in nachstehenden Beispielen vorhanden: 42

- Nur ein Auftraggeber sind juristische Personen, auch wenn ihr Vorstand oder ihre Geschäftsführung aus mehreren Personen besteht.
- Dies gilt auch für Personengesellschaften (OHG, KG), weil sie unter ihrer Firma als Einheit im Rechtsverkehr auftreten, also klagen und verklagt werden können (§§ 124, 161 HGB).
- Gleiches gilt für die GmbH & Co. KG, die auch eine KG ist.
- Da die BGB-Gesellschaft nach der Rechtsprechung des BGH im Prozess als parteifähig angesehen wurde, hatte ihr Prozessbevollmächtigter grundsätzlich nur einen Auftraggeber. Seit dem 01.01.2024 ist gesetzlich geregelt,
  - dass die BGB-Gesellschaft entweder selbst Rechte erwerben und Verbindlichkeiten eingehen kann, wenn sie nach dem gemeinsamen Willen der Gesellschafter am Rechtsverkehr teilnehmen soll (dann ist die Gesellschaft rechtsfähig), oder
  - sie kann den Gesellschaftern zur Ausgestaltung ihres Rechtsverhältnisses untereinander dienen (dann ist die Gesellschaft nicht rechtsfähig).

  Bei Beauftragung durch eine rechtsfähige BGB-Gesellschaft hat der RA nur einen Auftraggeber.
- Eine Wohnungseigentümergemeinschaft ist gemäß § 9a Abs. 1 Nr. 1 WEG nur ein Auftraggeber, da sie als Gemeinschaft Rechte erwerben und Verbindlichkeiten eingehen und vor Gericht klagen und verklagt werden kann. Insoweit ist sie rechtsfähig und parteifähig. (Ausnahme: Beschlussklagen gemäß § 44 WEG, vgl. BGH, Beschluss vom 15.09.2011 – V ZB 39/11).
- Ein minderjähriges Kind, das durch beide Eltern vertreten wird, ist ebenfalls nur ein Auftraggeber.

Eheleute leben im Regelfall im gesetzlichen Güterstand der Zugewinngemeinschaft (§§ 1363–1390 BGB). Das bedeutet, dass das Vermögen des Mannes und das Vermögen der Frau nicht gemeinschaftliches Vermögen der Ehegatten ist (§ 1363 Abs. 2 BGB). Aus diesem Grund sind Ehegatten auch **nicht automatisch Gesamtschuldner oder Gesamtgläubiger**! Es muss also jeweils überprüft werden, ob die Ehegatten bei einer Klage wirklich Gesamtgläubiger sind, was z. B. durch gemeinsam mit einem Dritten abgeschlossenem Kauf- oder Mietvertrag der Fall ist. Beweiskräftig erkennbar wäre dies daran, dass beide Eheleute einen schriftlichen Vertrag unterschrieben haben. Sind dann beide Ehegatten Kläger, so handelt es sich bei der Tätigkeit des RA um denselben Gegenstand, infolgedessen eine Gebührenerhöhung nach Nr. 1008 VV RVG eintritt. Dies kann z. B. 43

gegeben sein, wenn eine Klage auf Herausgabe wegen einer im gemeinschaftlichen Eigentum der Eheleute stehenden Sache angestrengt wird. Gemeinschaftliches Eigentum der Eheleute ist aber der Sonderfall, was folglich jeweils nachzuprüfen ist.

Da im **Regelfall** aber die Eheleute keine vermögensrechtliche Rechtsgemeinschaft bilden, können sie im Normalfall auch nicht Gesamtschuldner oder -gläubiger sein, sodass z. B. bei einer Klage nur des Ehemanns seine Ehefrau nicht auch zur Klägerin wird. Die Ehefrau ist in diesem Fall von dem Prozess überhaupt nicht betroffen und kann somit auch nicht zur Auftraggeberin des RA des Ehemannes geworden sein. Sollte sie zusammen mit ihrem Mann zu einer Besprechung beim RA erschienen sein, so nicht als Auftraggeberin des RA, sondern nur als Begleitung ihres Mannes.

Beispiel:

Die in Zugewinngemeinschaft lebenden Eheleute Wudtke klagen 2.000,00 € Mietrückstand gegen einen Mieter ein, dem sie eine ihnen gemeinsam gehörende Wohnung vermietet haben. Da der Mieter die Miete seinen beiden Vermietern schuldet, kann er auch nur an beide zahlen, wobei die Zahlung an einen von beiden ausreichend wäre (§ 428 BGB). Ebenso können nur beide Eheleute gemeinsam die Miete fordern und einklagen. Deshalb richtet sich die Klage beider Eheleute auf denselben Gegenstand, womit der beauftragte RA eine gemäß Nr. 1008 VV RVG erhöhte Verfahrensgebühr erhält.

Beispiel:

Die Eheleute Funck klagen aufgrund eines notariellen Kaufvertrages auf Verschaffung von Bruchteilseigentum zu je $^{1}/_{2}$ gegen den Verkäufer. Der gemeinsame Prozessbevollmächtigte hat von jedem der Kläger den Auftrag, dessen Anspruch auf Verschaffung jeweils des hälftigen Miteigentums geltend zu machen. Es handelt sich hierbei um zwei **verschiedene Gegenstände**, also jeweils einer dem Ehegatten zustehenden Miteigentumshälfte und nicht des gesamten Grundstücks. Deshalb werden hier zwei Gegenstände eingeklagt, deren Werte zusammengerechnet werden. Der RA hat zwar zwei Mandanten, aber nicht „mehrere Auftraggeber" im Sinne von Nr. 1008 VV RVG. So hat das OLG Koblenz 2008 entschieden.

Merke:

Erhält der RA seinen Auftrag von beiden Eheleuten, so handelt es sich in der Regel um zwei Auftraggeber.

44 In **Ehesachen** kann der RA wegen § 356 StGB (Parteiverrat) nicht beide Eheleute vertreten, sodass er auch dann nur einen Auftraggeber hat, wenn beide Eheleute zu einer Besprechung der Scheidung in seinem Büro erscheinen.

45 In **Strafsachen** darf der RA wegen des Verbots in § 146 StPO nicht mehrere Angeklagte verteidigen, sodass mehr als ein Auftraggeber in Strafsachen nur bei einer Mehrheit von Privat- oder Nebenklägern vorkommen kann.

46 Umstritten ist, ob eine in eigener Sache tätig werdende **Anwaltssozietät** als ein Auftraggeber gilt oder ob eine Erhöhung gemäß Nr. 1008 VV RVG für die der Sozietät angehörenden Anwälte zulässig ist. Grundsätzlich wird eine Erhöhung nicht zulässig sein, da es sich bei der Anwaltssozietät um eine BGB-Gesellschaft handelt (siehe oben). Gleiches gilt für den Fall, dass die Anwaltssozietät Honorarforderungen einklagt. Hier muss die Sozietät als ein RA behandelt werden, sodass eine Erhöhung unzulässig ist. Gegenüber ihrem eigenen Mandanten tritt sie nämlich als ein RA auf, und gegenüber dem erstattungspflichtigen Gegner werden erhöhte Gebühren für mehrere Sozien keine notwendigen Kosten im Sinne des § 91 ZPO sein.

Gleiches gilt, wenn sich die Anwälte in einer im Partnerschaftsregister eingetragenen **Partnerschaft** zusammengeschlossen haben, da die Partnerschaft wie eine OHG behandelt wird (§ 7 Abs. 2 PartGG i. V. m. § 124 HGB). 47

Hinweis:

Es sei in diesem Zusammenhang noch darauf hingewiesen, dass ein RA, der eigene Honorarforderungen einklagt, zwar gemäß § 91 Abs. 2 S. 4 ZPO Gebühren und Auslagen **in eigener Sache** verlangen kann, aber **keine Umsatzsteuer** darauf, da es sich im umsatzsteuerlichen Sinne um eine Eigenleistung für ein Unternehmen handelt. Der nur für sich selbst tätige RA erzeugt im umsatzsteuerrechtlichen Sinne keinen Außenumsatz mit Dritten und ist daher, wenn er sich selbst vertritt, nicht zur Abführung von Mehrwertsteuer auf seine Vergütung an das Finanzamt verpflichtet, sodass er auch nicht deren Erstattung verlangen kann.

Vertritt übrigens der RA einen Mandanten in derselben Angelegenheit gegenüber **mehreren Gegnern**, so tritt keine Erhöhung gemäß Nr. 1008 VV RVG ein. 48

3. Welche Gebühren werden bei mehreren Auftraggebern erhöht?

Nach dem eindeutigen Wortlaut der Nr. 1008 VV RVG erhöhen sich bei mehreren Auftraggebern nur die **Verfahrensgebühr** oder die **Geschäftsgebühr**, also die so genannten Betriebsgebühren. Andere Gebühren als die Betriebsgebühren werden nicht erhöht. 49

Als **Betriebsgebühren** bezeichnet man übrigens Gebühren, die der RA für das „Betreiben des Geschäfts einschließlich der Information" des RA durch den Mandanten erhält (vgl. Vorbemerkung 2.3 Abs. 3 VV RVG, Vorbemerkung 3 Abs. 2 VV RVG und Vorbemerkung 4 Abs. 2 VV RVG). Wenn der RA für die Durchführung eines Auftrages zusätzlich noch andere Gebühren erhält, so erwächst ihm doch als erste der Gebühren immer eine Betriebsgebühr schon für seine erste Tätigkeit nach Auftragserteilung (vgl. Nr. 3100 VV RVG).

Es werden demnach alle Gebühren erhöht, die sich Verfahrensgebühr oder Geschäftsgebühr nennen, also z. B. die folgenden Gebühren:

- Geschäftsgebühr (Nr. 2300 VV RVG); hier erhöht sich auch die Kappungsgrenze von 1,3 entsprechend gemäß der Anmerkung Abs. 4 zu Nr. 1008 VV RVG
- Geschäftsgebühr für ein einfaches Schreiben (Nr. 2301 VV RVG)
- Geschäftsgebühr bei Beratungshilfe (Nr. 2503 VV RVG)
- Verfahrensgebühr in erster Instanz (Nr. 3100 VV RVG)
- Verfahrensgebühr in erster Instanz bei vorzeitiger Erledigung (Nr. 3101 Nr. 1 VV RVG)
- Differenz-Verfahrensgebühr in erster Instanz (Nr. 3101 Nr. 2 VV RVG)
- Verfahrensgebühr in zweiter Instanz (Nr. 3200 VV RVG)
- Verfahrensgebühr in zweiter Instanz bei vorzeitiger Erledigung (Nr. 3201 Anm. Nr. 1 VV RVG)
- Differenz-Verfahrensgebühr in zweiter Instanz (Nr. 3201 Anm. Nr. 2 VV RVG)
- Verfahrensgebühr in dritter Instanz (Nr. 3206 RVG)
- Verfahrensgebühr in dritter Instanz bei vorzeitiger Erledigung (Nr. 3207 VV RVG)
- Verfahrensgebühr im Mahnverfahren (Nr. 3305 VV RVG)
- Verfahrensgebühr im Mahnverfahren bei vorzeitiger Erledigung (Nr. 3306 VV RVG)
- Verfahrensgebühr im Mahnverfahren für die Einlegung des Widerspruchs (Nr. 3307 VV RVG)
- Verfahrensgebühr in der Zwangsvollstreckung (Nr. 3309 VV RVG)
- Verfahrensgebühr des Verkehrsanwalts (Nr. 3400 VV RVG)
- Verfahrensgebühr des Terminsvertreters (Nr. 3401 VV RVG)
- Verfahrensgebühr für sonstige Einzeltätigkeiten (Nr. 3403 VV RVG)

- Verfahrensgebühr für Verfahren über die Beschwerde oder Erinnerung gegen einen Kostenfestsetzungsbeschluss (Nr. 3500 VV RVG)
- Verfahrensgebühr in Strafsachen, aber nur bei Vertretung von Privat- oder Nebenklägern (Vorbemerkung 4 Abs. 1 VV RVG; z. B. Nrn. 4104, 4106, 4112, 4118, 4124, 4130, 4143, 4300, 4301 VV RVG)

50 Keine Betriebsgebühr ist die **Beratungsgebühr** (§ 34 RVG), da der RA, um diese Gebühr zu verdienen, nur berät und kein Verfahren betreibt. Der RA hat aber bei der Beratungsgebühr einen Ermessensspielraum, um eine angemessene Vergütung für die Mehrarbeit und Mehrverantwortung für mehrere Auftraggeber zu ermöglichen. Auch die Beratungsgebühr in der Beratungshilfe (Nr. 2501 VV RVG) oder die **Beratungshilfegebühr** (Nr. 2500 VV RVG) ist keine Betriebsgebühr, sodass es hier auch bei mehreren Auftraggebern bei der Festgebühr ohne eine Erhöhung verbleibt (OLG Frankfurt, Beschluss vom 15.02.2018 – 20 W 166/17).

Merke:

Eine Erhöhung der Ausgangsgebühr um 0,3 für jeden weiteren Auftraggeber gibt es nur für die so genannten Betriebsgebühren, also für jede Art der Geschäftsgebühr oder der Verfahrensgebühr. Für andere als die vorgenannten Gebühren (z. B. Terminsgebühr, Einigungsgebühr, Hebegebühr, Beratungsgebühr, Grundgebühr) gibt es keine Erhöhung.

Die Pauschale für Post- und Telekommunikationsdienstleistungsentgelte (Nr. 7002 VV RVG: maximal 20,00 €) darf nur einmal gefordert werden, wobei es auf die Anzahl der Auftraggeber nicht ankommt, da es sich nur um eine einzige gebührenrechtliche Angelegenheit handelt.

4. Wie berechnet man die Erhöhung für mehrere Auftraggeber?

a) Die Erhöhung bei Wertgebühren

51 Wird der RA in **derselben Angelegenheit** und wegen **desselben Gegenstandes** für mehrere Auftraggeber tätig, so erhält er von allen Auftraggebern zusammen die Vergütung gemäß § 7 Abs. 1 RVG nur einmal. Allerdings erhöhen sich nach Nr. 1008 VV RVG die Geschäftsgebühr oder die Verfahrensgebühr, also die so genannten Betriebsgebühren, durch jeden weiteren Auftraggeber um einen Gebührensatz von 0,3. Diese 0,3 werden dem Gebührensatz der jeweiligen Ausgangsgebühr hinzugerechnet – bei mehr als einem weiteren Auftraggeber auch mehrfach. Die **Ausgangsgebühr** ist diejenige Betriebsgebühr, die der RA bei Vertretung nur eines Mandanten erhalten hätte.

52 Jedoch ist die **Erhöhung begrenzt**: Die Erhöhung darf insgesamt einen Gebührensatz von 2,0 nicht übersteigen, d. h. insgesamt kann maximal eine Erhöhung von 7 x 0,3 = 2,0 (!) berechnet werden, da das mathematisch richtige Ergebnis von 2,1 gemäß Nr. 1008 Anm. Abs. 3 VV RVG gesetzlich nicht zulässig ist. Bei 8 oder mehr Auftraggebern (also 7 oder mehr **weiteren** Auftraggebern) ist diese maximale Erhöhung immer erreicht.

Beispiel:

Eine aus 11 Personen bestehende Erbengemeinschaft wird in einer Klage vertreten. Für die Ausgangsgebühr (Verfahrensgebühr) nach Nr. 3100 VV RVG gilt ein Gebührensatz von 1,3. Die Erhöhung für 10 weitere Auftraggeber würde 10 x 0,3 = 3,0 betragen, jedoch darf sie höchstens 2,0 ausmachen. Die Erhöhung von 2,0 wird zu dem Gebührensatz der Ausgangsgebühr von 1,3 addiert, sodass sich zusammen mit der Ausgangsgebühr 3,3 ergeben. Dies ist der in Verfahren in erster Instanz maximal zulässige Gebührensatz der Verfahrensgebühr.

53 Der Gebührensatz der Ausgangsgebühr beträgt natürlich nicht immer 1,3. In der Berufungsinstanz ist der Gebührensatz der Verfahrensgebühr 1,6 (Nr. 3200 VV RVG) und in der Revisionsinstanz vor dem Bundesgerichtshof beträgt er 2,3 (Nr. 3208 VV RVG). Der RA erhält also als Verfahrensgebühr in der

ersten Instanz insgesamt höchstens 3,3, in der Berufungsinstanz höchstens 3,6 und im Revisionsverfahren vor dem BGH höchstens 4,3; also erhält er jeweils den Gebührensatz der Ausgangsgebühr zuzüglich maximal 2,0. Daneben gibt es auch noch andere Gebührensätze wie z. B. die 0,8 Verfahrensgebühr für die vorzeitige Beendigung des Auftrags (Nr. 3101 Ziff. 1 VV RVG) – hier kann die erhöhte Verfahrensgebühr höchstens 2,8 betragen – oder die 0,3 Verfahrensgebühr in der Zwangsvollstreckung (Nr. 3309 VV RVG) – hier ist maximal eine erhöhte Verfahrensgebühr von 2,3 möglich.

Beispiel:

Wie vorstehendes Beispiel (11 Auftraggeber). In der Berufungsinstanz würde die Erhöhung für die 10 weiteren Auftraggeber 10 x 0,3 = 3,0, jedoch höchstens 2,0 betragen. Zu der Ausgangsgebühr von 1,6 addiert, ergeben sich 1,6 + 2,0 = 3,6. Da die Erhöhung auch in der Berufungsinstanz nicht mehr als 2,0 betragen darf, darf als erhöhte Verfahrensgebühr eben nur der Gebührensatz von 3,6 berechnet werden.

Anmerkung:

Der folgende Hinweis demonstriert die unterschiedliche Berechnung der Erhöhung bei Wertgebühren, Betragsrahmengebühren und Festgebühren.

Es fällt auf, dass bei sieben oder mehr weiteren Auftraggebern die Erhöhung bei **Wertgebühren** immer höchstens 2,0 beträgt, gleichgültig, wie hoch der Gebührensatz der Ausgangsgebühr ist. Dadurch ergeben sich prozentual gesehen völlig unterschiedliche Erhöhungen für die weiteren Auftraggeber. Dies ist weder besonders intelligent noch ist es gerecht, da der RA im Revisionsverfahren vor dem BGH bei dieser Zahl von Auftraggebern seine Verfahrensgebühr gerade etwas weniger als verdoppeln kann (von 2,3 auf 4,3 = 187 %) und der RA, der die 8 Auftraggeber in einer Angelegenheit der Zwangsvollstreckung vertritt, dagegen seine Verfahrensgebühr fast verachtfachen kann (von 0,3 auf 2,3 = 767 %).

Bei den **Betragsrahmengebühren** (also z. B. der Verfahrensgebühr in Strafsachen) gilt dies merkwürdigerweise dann wieder nicht. Diese Gebühren erhöhen sich bei weiteren Auftraggebern für jeden weiteren Auftraggeber um jeweils 30 % von der Ausgangsgebühr. Somit ist bei hohen oder niedrigen Ausgangsgebühren die Erhöhung pro weiterem Auftraggeber eben immer 30 %; sie beträgt bei 7 oder mehr weiteren Auftraggebern maximal 200 % (das Doppelte der Ausgangsgebühr). Bei Betragsrahmengebühren kann es also nicht zu solchen wahnsinnig hohen Aufschlägen für mehrere Auftraggeber kommen, wie bei den Wertgebühren von bis zu 767 %.

Auch **Festgebühren**, z. B. die Geschäftsgebühr bei Beratungshilfe (Nr. 2503 VV RVG) erhöhen sich bei weiteren Auftraggebern für jeden weiteren Auftraggeber um jeweils 30 % von der Ausgangsgebühr.

Ein Grund für diese Ungleichbehandlung von Wertgebühren und Betragsrahmengebühren in der Nr. 1008 VV RVG ist nicht erkennbar. Es bleibt der Verdacht, dass die Autoren des Gesetzesentwurfes sich über die mathematischen Konsequenzen einer vielleicht beabsichtigten Vereinfachung der Gebührenberechnung nicht im Klaren waren.

Merke: 54

Die **Ausgangsgebühr** ist diejenige Betriebsgebühr, die der RA bei Vertretung nur eines Mandanten erhalten hätte.

Die Ausgangsgebühr erhöht sich für jeden weiteren Auftraggeber um jeweils 0,3.

Bei sieben oder mehr weiteren Auftraggebern beträgt die Erhöhung bei Wertgebühren immer höchstens 2,0, gleichgültig, wie hoch der Gebührensatz der Ausgangsgebühr ist.

55 Die folgende **Tabelle** zeigt jeweils die Erhöhung für mehrere Auftraggeber bei unterschiedlichen Ausgangsgebühren. Sie enthält Ausgangsgebührensätze unterschiedlicher Höhe, die jeweiligen Erhöhungen und in der Spalte „maximale erhöhte Gebühr" den Satz der Ausgangsgebühr zuzüglich der höchstmöglichen Erhöhung.

Tabelle: Maximale Erhöhung für verschiedene Ausgangsgebührensätze

Ausgangsgebühr	+ Erhöhung für ... **weitere** Auftraggeber =							Maximale erhöhte Gebühr
	1	2	3	4	5	6	7 und mehr	
0,3	0,3	0,6	0,9	1,2	1,5	1,8	2,0	2,3
0,5	0,3	0,6	0,9	1,2	1,5	1,8	2,0	2,5
0,8	0,3	0,6	0,9	1,2	1,5	1,8	2,0	2,8
1,0	0,3	0,6	0,9	1,2	1,5	1,8	2,0	3,0
1,3	0,3	0,6	0,9	1,2	1,5	1,8	2,0	3,3
1,6	0,3	0,6	0,9	1,2	1,5	1,8	2,0	3,6
2,3	0,3	0,6	0,9	1,2	1,5	1,8	2,0	4,3

56 Aus den vorstehenden Beispielen ergibt sich, dass die **Berechnung der Erhöhung** für mehrere Auftraggeber bei Wertgebühren in fünf Schritten vorgenommen wird. Diese fünf Schritte lassen sich zu folgendem Berechnungsschema zusammenfassen:

Berechnungsschema für Wertgebühren

(1) Zuerst wird die jeweils verdiente Geschäfts- oder Verfahrensgebühr, die man in diesem Zusammenhang **Ausgangsgebühr** nennt, festgestellt.

(2) Dann stellt man die Anzahl der **weiteren** Auftraggeber fest, indem man die Anzahl der Auftraggeber minus 1 rechnet. Für den ersten Auftraggeber gibt es ja schon die Ausgangsgebühr.

(3) Danach berechnet man den Satz der **Erhöhung** der Ausgangsgebühr, indem für jeden weiteren Auftraggeber 0,3 hinzufügt, was also z. B. bei zwei weiteren Auftraggebern 0,6 ergibt.

(4) Nun ist zu prüfen, ob die berechnete **Erhöhung** insgesamt nicht mehr als **höchstens 2,0** beträgt.

(5) Den so gewonnenen Erhöhungssatz addiert man zu dem Gebührensatz der Ausgangsgebühr und erhält somit die gemäß Nr. 1008 VV RVG **erhöhte Gebühr**.

57 *Hinweis:*

Manchmal wird in der Praxis für weitere Auftraggeber eine „Erhöhungsgebühr" zusätzlich zu der entstandenen Ausgangsgebühr berechnet. Die Rechtsprechung geht jedoch einhellig davon aus, dass es **keine selbstständige „Erhöhungsgebühr"** gibt. Sie bezieht sich auf den Wortlaut der Nr. 1008 VV RVG, wo nur davon gesprochen wird, dass für jede weitere Person die Verfahrens- oder Geschäftsgebühr „sich erhöht". Es kann also nur eine einzige entsprechend erhöhte Betriebsgebühr geben (siehe z. B. LG Saarbrücken, Beschluss vom 16.11.2011 – 12 O 155/10).

aa) Alle Auftraggeber sind an demselben Gegenstand beteiligt

58 An dieser Stelle soll noch ein Problem aufgezeigt werden. Nicht selten kann man beobachten, dass die Vergütungsrechnungen bei mehreren Auftraggebern so aufgestellt werden, dass zuerst die jeweilige Betriebsgebühr als „Grundgebühr" berechnet und dann eine weitere „Erhöhungsgebühr" oder „Zusatzgebühr" erhoben wird. So sollte man nicht verfahren, da diese Art der Berechnung häufig nur zu unnötigen Verwirrungen führt und auch nicht dem Wortlaut der Nr. 1008 VV RVG entspricht. Dort ist vorgeschrieben, dass sich die Betriebsgebühr für jeden weiteren Auftraggeber um 0,3 erhöht, was heißt, dass jeweils nur **eine einzige erhöhte Betriebsgebühr** erwächst. Des-

halb sollte die Erhöhung nur gemäß dem nachstehenden Beispiel berechnet werden. Dies ist so, auch wenn manche Anwaltssoftware das anders zeigt.

Merke:

Bei mehreren Auftraggebern erhöht sich die jeweils entstandene Betriebsgebühr und es erwächst nur eine einzige erhöhte Gebühr. „Erhöhungsgebühren" kennt das RVG nicht.

Beispiel:

Eine Erbengemeinschaft von 3 Erben führt einen Prozess wegen einer Forderung von 1.000,00 €. An den 1.000,00 € sind alle Auftraggeber gemeinsam beteiligt. Nach einem Verhandlungstermin ergeht das Urteil. Es wird eine Verfahrensgebühr für insgesamt 3 Auftraggeber berechnet:

Gegenstandswert: 1.000,00 €

1,9	erhöhte Verfahrensgebühr gem. §§ 2, 13, **7** RVG, Nrn. 3100, **1008** Anm. Abs. 1 VV RVG (Anm.: einschließlich Erhöhung für 2 weitere Auftraggeber: 2 x 0,3 = 0,6)	176,70 €
1,2	Terminsgebühr gem. §§ 2, 13 RVG, Nr. 3104 VV RVG	111,60 €
20 %	Pauschale für Post- und Telekommunikationsentgelte gem. § 2 Abs. 2 S. 1 RVG, Nr. 7002 VV RVG	20,00 €
		308,30 €
19 %	USt. gem. § 2 Abs. 2 S. 1 RVG, Nr. 7008 VV RVG	58,58 €
		366,88 €

In diesem Beispiel wird gemäß vorstehendem Berechnungsschema in fünf Schritten vorgegangen:

(1) Die Ausgangsgebühr ist in diesem Fall eine 1,3 Verfahrensgebühr.
(2) Die Anzahl der **weiteren** Auftraggeber beträgt 3 – 1 = 2.
(3) Für die 2 weiteren Auftraggeber wird die Erhöhung berechnet (2 x 0,3 = 0,6).
(4) Die berechnete Erhöhung ist nicht zu kürzen, da sie nicht mehr als 2,0 beträgt.
(5) Sodann wird die einheitliche erhöhte Verfahrensgebühr errechnet (1,3 + 0,6 = 1,9).

Die Terminsgebühr wird natürlich nicht erhöht, da sie keine Betriebsgebühr ist.

Beispiel:

Eine Wohnungseigentümergemeinschaft von 8 Personen lässt den Hausverwalter als ihren Vertreter einen RA mit der Führung eines Prozesses in der Berufungsinstanz beauftragen. Gegenstandswert 4.400,00 €. Im Verfahren wird streitig verhandelt und ein Gutachten erstattet.

Es werden wieder Vorüberlegungen in fünf Schritten angestellt:

(1) Die Ausgangsgebühr ist in diesem Fall eine 1,6 Verfahrensgebühr gemäß Nr. 3200 VV RVG.
(2) Die Anzahl der **weiteren** Auftraggeber beträgt 8 – 1 = 7.
(3) Für die 7 weiteren Auftraggeber wird die Erhöhung berechnet (7 x 0,3 = 2,1).
(4) Die berechnete Erhöhung ist auf 2,0 zu kürzen, da sie mehr als 2,0 beträgt.
(5) Sodann wird die einheitliche erhöhte Verfahrensgebühr errechnet (1,6 + 2,0 = 3,6).

Die Terminsgebühr wird natürlich nicht erhöht, da sie keine Betriebsgebühr ist.

Gegenstandswert: 4.400,00 €

3,6	erhöhte Verfahrensgebühr gem. §§ 2, 13, **7** RVG, Nrn. 3200, **1008** Anm. Abs. 1 VV RVG (Anm.: einschließlich Erhöhung für 7 weitere Auftraggeber: 7 x 0,3 = 2,0 max.)	1.276,20 €
1,2	Terminsgebühr gem. §§ 2, 13 RVG, Nr. 3202 VV RVG	425,40 €
20 %	Pauschale für Post- und Telekommunikationsentgelte gem. § 2 Abs. 2 S. 1 RVG, Nr. 7002 VV RVG	20,00 €
		1.721,60 €
19 %	USt. gem. § 2 Abs. 2 S. 1 RVG, Nr. 7008 VV RVG	327,10 €
		2.048,70 €

bb) Die Auftraggeber sind nur teilweise am Gegenstand beteiligt

59 Auf eine Stelle in Nr. 1008 VV RVG wurde bisher noch nicht eingegangen, nämlich auf Abs. 2 der Anmerkung zu dieser Nummer. Diese Stelle lautet: „Die Erhöhung wird nach dem Betrag berechnet, an dem die Personen **gemeinschaftlich beteiligt** sind“. Es kann also vorkommen, dass die Auftraggeber zwar einen gemeinschaftlichen Auftrag erteilt haben, aber innerhalb der Angelegenheit nicht gleichmäßig an dem Gegenstand oder den verschiedenen Gegenständen beteiligt sind. Oder anders ausgedrückt, die Auftraggeber haben einen gemeinsamen Gegenstand und dann noch jeder einen eigenen, dies aber innerhalb eines Auftrages.

Dieselbe Angelegenheit liegt dann vor, wenn mehrere Mandanten einen einheitlichen Auftrag erteilen und den gleichen Erfolg wollen. Wenn die Auftraggeber nur teilweise ein gemeinsames Ziel verfolgen, wird die Erhöhung nur nach dem Wert berechnet, an dem die Auftraggeber gemeinsam beteiligt sind. Leider ist in Nr. 1008 VV RVG nicht geregelt, wie dies zu berechnen ist.

60 In der Praxis und auch in der Rechtsprechung vieler Gerichte wird auch hier die Berechnung oft so vorgenommen, dass neben einer „Grundgebühr“ eine „Erhöhungsgebühr“ berechnet wird. Dagegen sprechen die oben angeführten Argumente; auch führt dies häufig nur zu unnötigen Verwirrungen (siehe hierzu vorstehend Rdn 57).

61 Auch in den Fällen der unterschiedlichen Beteiligung der Auftraggeber an dem Gegenstand wollen wir immer eine **einheitliche erhöhte Betriebsgebühr** für den Gegenstand oder Teil des Gegenstandes berechnen, an dem die Auftraggeber innerhalb der Angelegenheit **gemeinsam** beteiligt sind. Für den Gegenstandswert, der nur **einen** der Auftraggeber betrifft, berechnen wir dann für diesen noch eine **zusätzliche nicht erhöhte Betriebsgebühr**. Dazu erweitern wir unser obiges 5-Schritte-Schema (vgl. Rdn 51 ff.) zu einem **8-Schritte-Schema**:

(1) Feststellung der **Ausgangsgebühr** und des Gebührensatzes.

(2) Ermittlung der Zahl der **weiteren** Auftraggeber, die an dem **gemeinsamen Gegenstand** beteiligt sind.

(3) Berechnung des **Erhöhungssatzes**, indem die Anzahl der weiteren Auftraggeber mit 0,3 multipliziert werden.

(4) **Prüfung**, ob der berechnete Erhöhungssatz nicht 2,0 übersteigt.

(5) Berechnung des Satzes der **erhöhten Betriebsgebühr** (Satz der Ausgangsgebühr + berechneter Erhöhungssatz.

(6) Feststellung des Wertteiles, an dem die **Auftraggeber gemeinsam** beteiligt sind

(7) und des Wertteiles, der **nur einen Auftraggeber** betrifft.

(8) Da wir Gebühren von Wertteilen berechnen, **ist § 15 Abs. 3 RVG entsprechend anzuwenden**. Wir dürfen also für die erhöhte und die nicht erhöhte Betriebsgebühr zusammen höchstens eine Gebühr nach der Wertesumme und dem höchsten angewandten Gebührensatz berechnen!

Deshalb berechnen wir die Gebühren für die Wertteile nach den für diese in Betracht kommenden unterschiedlichen Gebührensätzen und vergleichen dann die Summe der Teilgebühren mit der einheitlichen Betriebsgebühr, die sich bei dem höchsten verwendeten Gebührensatz nach der Wertesumme ergibt. Die Summe der Teilgebühren müssen wir dann auf den Betrag dieser einheitlichen Betriebsgebühr kürzen, wenn der letztere niedriger ist (siehe hierzu Rdn 135 f.).

Beispiel:

Ein RA soll in einem Prozess für zwei Auftraggeber gemeinsam 1.000,00 € einklagen und für einen der beiden Auftraggeber noch zusätzlich 19.000,00 € gegen denselben Gegner. In dem Verfahren wird streitig verhandelt und ein Gutachten erstattet.

Es werden zunächst Vorüberlegungen in acht Schritten angestellt:

(1) Die Ausgangsgebühr ist in diesem Fall eine 1,3 Verfahrensgebühr gemäß Nr. 3100 VV RVG.
(2) Die Anzahl der am gemeinsamen Gegenstand beteiligten weiteren Auftraggeber beträgt 2 – 1 = 1.
(3) Für den einen weiteren Auftraggeber wird die Erhöhung berechnet (1 x 0,3 = 0,3).
(4) Die berechnete Erhöhung ist nicht auf 2,0 zu kürzen, da sie nicht mehr als 2,0 beträgt.
(5) Sodann wird die einheitliche erhöhte Verfahrensgebühr errechnet (1,3 + 0,3 = 1,6).
(6) Die beiden Auftraggeber sind gemeinsam an den 1.000,00 € beteiligt.
(7) Die 19.000,00 € betreffen nur einen Auftraggeber.
(8) Prüfung gemäß § 15 Abs. 3 RVG.

Die Terminsgebühr wird natürlich nicht erhöht, da sie keine Betriebsgebühr ist.

Gegenstandswert: 1.000,00 € / 19.000,00 €

1,6	erhöhte Verfahrensgebühr (Wert: 1.000,00 €) gem. §§ 2, 13, **7** RVG, Nrn. 3100, **1008** Anm. Abs. 1, Abs. 2 VV RVG	148,80 €	
	(Anm.: einschließlich Erhöhung für 1 weiteren Auftraggeber: 1 x 0,3 = 0,3)		
1,3	Verfahrensgebühr (Wert: 19.000,00 €) gem. §§ 2, 13 RVG, Nr. 3100 VV RVG	1.062,10 €	
		1.210,90 €	
	Gemäß § 15 Abs. 3 RVG darf höchstens eine 1,6 Verfahrensgebühr nach der Wertesumme von 20.000,00 € berechnet werden, das wären 1.395,20 €. Da diese Gebühr nicht überschritten wird, sind die Verfahrensgebühren getrennt zu berechnen:		1.210,90 €
1,2	Terminsgebühr (Wert: 20.000,00 €) gem. §§ 2, 13 RVG, Nr. 3104 VV RVG		1.046,40 €
20 %	Pauschale für Post- und Telekommunikationsentgelte gem. § 2 Abs. 2 S. 1 RVG, Nr. 7002 VV RVG		20,00 €
			2.277,30 €
19 %	USt. gem. § 2 Abs. 2 S. 1 RVG, Nr. 7008 VV RVG		432,69 €
			2.709,99 €

Nachstehend finden Sie ein weiteres Beispiel zur Anwendung des § 15 Abs. 3 RVG im Zusammenhang mit der Berechnung der Gebührenerhöhung für mehrere Auftraggeber, die neben einem gemeinsamen Gegenstand auch noch eigene Gegenstände im Rahmen einer Angelegenheit, z. B. einem Prozess, verfolgen.

Beispiel:

Ein RA soll in einem Prozess für zwei Auftraggeber gemeinsam 19.000,00 € einklagen und für einen der beiden Auftraggeber noch zusätzlich 1.000,00 € gegen denselben Gegner. In dem Verfahren wird streitig verhandelt und ein Gutachten erstattet.

Es werden zunächst wieder Vorüberlegungen in acht Schritten wie im vorigen Beispiel angestellt.

Gegenstandswert: 19.000,00 € / 1.000,00 €

1,6	erhöhte Verfahrensgebühr (Wert: 19.000,00 €) gem. §§ 2, 13, **7** RVG, Nrn. 3100, **1008** Anm. Abs. 1, Abs. 2 VV RVG	1.307,20 €	
	(Anm.: einschließlich Erhöhung für 1 weiteren Auftraggeber: 1 x 0,3 = 0,3)		
1,3	Verfahrensgebühr (Wert: 1.000,00 €) gem. §§ 2, 13, Nr. 3100 VV RVG	120,90 €	
		1.428,10 €	
	Gemäß § 15 Abs. 3 RVG darf höchstens eine 1,6 Verfahrensgebühr nach der Wertesumme von 20.000,00 € berechnet werden, das sind 1.395,20 €. Da diese Gebühr hier überschritten wird, darf für die Verfahrensgebühren nicht mehr berechnet werden als:		1.395,20 €
1,2	Terminsgebühr (Wert: 20.000,00 €) gem. §§ 2, 13 RVG, Nr. 3104 VV RVG		1.046,40 €
20 %	Pauschale für Post- und Telekommunikationsentgelte gem. § 2 Abs. 2 S. 1 RVG, Nr. 7002 VV RVG		20,00 €
			2.461,60 €
19 %	USt. gem. § 2 Abs. 2 S. 1 RVG, Nr. 7008 VV RVG		467,70 €
			2.929,30 €

In diesem Beispiel greift also der § 15 Abs. 3 RVG, sodass die Summe der Teilgebühren zu kürzen ist.

b) Die Erhöhung bei Betragsrahmengebühren

62 Gemäß Nr. 1008 VV RVG werden bei Betragsrahmengebühren der Mindest- und der Höchstbetrag des Rahmens für jeden weiteren Auftraggeber jeweils um 30 % erhöht und dann im Regelfall unter Anwendung des § 14 RVG die Mittelgebühr gebildet. Ein **Hinweis zur Vereinfachung**: Rein rechnerisch kommt man zum gleichen Ergebnis, wenn man von der Mittelgebühr ausgeht und dann diese um 30 % erhöht. Ist die Mittelgebühr den Umständen nach nicht angemessen, so ist sie gemäß § 14 RVG entsprechend zu ermäßigen oder zu erhöhen (siehe Rdn 108 ff.).

Erhöhungen für mehrere Auftraggeber dürfen insgesamt das Doppelte des Mindest- und Höchstbetrages des Rahmens nicht übersteigen. Wenn man sich an den vorstehenden Hinweis zur Vereinfachung hält, darf das Doppelte der als Ausgangsgebühr berechneten Mittelgebühr nicht überschritten werden.

c) Die Erhöhung bei Festgebühren

Bei Festgebühren werden diese für jeden weiteren Auftraggeber um 30 % erhöht, wobei auch hier die Erhöhungen insgesamt das Doppelte der als Ausgangsgebühr erhobenen Festgebühr nicht übersteigen dürfen. Zu erhöhende Festgebühren können als Verfahrensgebühren z. B. durch Beiordnung eines RA für mehrere Nebenkläger entstehen (z. B. Nrn. 4104, 4106, 4124, 4130, usw. VV RVG). 63

Die im Rahmen der Beratungshilfe entstehende Geschäftsgebühr (Nr. 2503 VV RVG) ist eine als Festgebühr ausgelegte Geschäftsgebühr, die sich nach Nr. 1008 VV RVG bei mehreren Auftraggebern um jeweils 30 % für jeden weiteren Auftraggeber erhöht; so hat das OLG Nürnberg 2006 entschieden.

d) Die Erhöhung bei Satzrahmengebühren

Diese Art der Erhöhung kommt bei der Geschäftsgebühr der Nr. 2300 VV RVG in Betracht. Da die Art der Berechnung der Erhöhung im Gesetz nicht vorgeschrieben ist, berechnet man die Erhöhung am einfachsten zu der innerhalb des Rahmens gemäß § 14 RVG als Ausgangsgebühr konkret festgelegten Gebühr hinzu. Also rechnet man als Erhöhung z. B. bei einem weiteren Auftraggeber 0,3 zu dem beispielsweise 1,3 betragenden Satz der Ausgangsgebühr hinzu. 64

Bei mehreren weiteren Auftraggebern muss man die für den ersten Auftraggeber bestimmte Ausgangsgebühr um die Anzahl der weiteren Auftraggeber mal 0,3 erhöhen, wobei die **Erhöhungen** insgesamt nicht mehr als 2,0 ausmachen dürfen. Siehe auch die Tabelle oben in Rdn 55.

Beispiel:

Fünf Auftraggeber lassen wegen einer bestrittenen Forderung ein anwaltliches Aufforderungsschreiben ohne Klageandrohung fertigen. Der RA hält unter Berücksichtigung aller Umstände des § 14 RVG einen Gebührensatz von 1,3 (Kappungsgrenze) für angemessen. Für vier weitere Auftraggeber beträgt die Erhöhung 4 x 0,3 = 1,2. Da die Ausgangsgebühr in diesem Fall 1,3 beträgt, erhöht sie sich um 1,2, also um nicht mehr als 2,0. Nun berechnet man die einheitliche erhöhte Geschäftsgebühr für alle Auftraggeber durch Addition der Ausgangsgebühr mit der Erhöhung, also 1,3 + 1,2 = 2,5. Bei einem Gegenstandswert von 1.000,00 € sieht die Vergütungsrechnung dann so aus:

Gegenstandswert: 1.000,00 € (gem. § 23 Abs. 1 S. 3 RVG)

2,5	erhöhte Geschäftsgebühr gem. §§ 2, **7**, 13, 14 RVG, Nrn. **1008**, 2300 Anm. Abs. 1 VV RVG	232,50 €
	(einschl. Erhöhung für 4 weitere Auftraggeber) → *[nachfolgenden Hinweis beachten]*	
20 %	Pauschale für Post- und Telekommunikationsentgelte gem. § 2 Abs. 2 S. 1 RVG, Nr. 7002 VV RVG	20,00 €
		252,50 €
19 %	USt. gem. § 2 Abs. 2 S. 1 RVG, Nr. 7008 VV RVG	47,98 €
		300,48 €

Hinweis: 65

In vorstehendem Fall durfte der Gebührensatz der Geschäftsgebühr bei durchschnittlichen Umständen bei **einem** Auftraggeber nicht höher als 1,3 sein (**Kappungsgrenze**). Die Anmerkung Abs. 4 zu Nr. 1008 VV RVG besagt, dass auch die Kappungsgrenze von 1,3 (Nr. 2300 Anm. Abs. 1 VV RVG) im Fall der **mehreren** Auftraggeber sich entsprechend erhöht.

Dies würde natürlich auch im Fall der Inkassotätigkeit nach Nr. 2300 Anm. Abs. 2 VV RVG gelten. Hier beträgt die Kappungsgrenze statt 1,3 lediglich 0,9.

5. Die Haftung der Auftraggeber für die Vergütung

66 Jeder **Einzelne** der Auftraggeber schuldet gemäß § 7 Abs. 2 RVG dem RA die Gebühren und Auslagen, die er schulden würde, wenn der RA nur in seinem Auftrag tätig geworden wäre. Also könnte der RA von einem der Auftraggeber z. B. die 1,3 Verfahrensgebühr und die Auslagenpauschale für Post- und Telekommunikationsentgelte verlangen und von einem zweiten nur die 0,3 Erhöhung. Er könnte aber auch z. B. von beiden jeweils 0,8 verlangen (also die Hälfte von 1,3 + 0,3 = 1,6), sowie jeweils die Hälfte der Auslagenpauschale. Mehr als 1,3 darf der RA jedoch von keinem der beiden fordern, da sie nur bis zu dieser Höhe als Gesamtschuldner haften.

Insgesamt darf er also in diesem Beispiel nur einmal die 1,6 Verfahrensgebühr verlangen und auch die Auslagenpauschale nur einmal.

Sind die Auftraggeber mit verschiedenen Gegenständen an der Angelegenheit beteiligt, dann haftet jeder nur für die nach dem Einzelwert seines Auftrages berechneten Gebühren.

6. Erstattungspflicht der Gegenpartei

67 Die gemäß § 7 RVG, Nr. 1008 VV RVG erhöhten Gebühren müssen von der unterlegenen Gegenpartei erstattet werden. Dies kommt übrigens durch die Degression der Gebührentabelle für sie billiger, als wenn jeder Streitgenosse jeweils einen eigenen RA beauftragt hätte.

Umstritten ist aber, in welcher Höhe ein Einzelner der Streitgenossen Gebühren und Auslagen von der unterlegenen Gegenpartei verlangen kann. Nur eines dürfte feststehen: Der unterlegene Gegner muss nicht mehr erstatten, als die obsiegenden mehreren Auftraggeber ihrem gemeinsamen RA insgesamt gemäß § 7 Abs. 2 S. 2 RVG an Gebühren und Auslagen bezahlen müssen.

7. Die Dokumentenpauschale bei mehreren Auftraggebern

68 Beachten Sie, dass es, je mehr Auftraggeber ein RA in einer Angelegenheit hat, umso eher dazu kommt, dass der RA in dieser Angelegenheit eine Dokumentenpauschale berechnen kann. Nach Nr. 7000 Ziff. 1 Lit. c) VV RVG erhält der RA für Kopien zur notwendigen Unterrichtung der Auftraggeber eine Dokumentenpauschale, soweit hierfür mehr als 100 Kopien zu fertigen waren. Bis zu 100 Kopien dürfen also nicht berechnet werden, sodass die Berechnung erst ab der 101. Kopie einsetzt. Diese Anzahl von Kopien ist natürlich früher erreicht, wenn der RA z. B. Mitteilungen über den Fortschritt eines Prozesses an mehr als einen Auftraggeber übersenden muss.

Die Berechnung der Dokumentenpauschale erfolgt so, dass von der 101. bis 150. Kopie 0,50 € berechnet werden und ab der 151. Kopie nur noch 0,15 €.

VI. Die Fälligkeit der Vergütung des Rechtsanwaltes (§ 8 RVG)

69 Die Vergütung des Rechtsanwalts wird fällig, wenn der Auftrag erledigt oder die Angelegenheit beendet wird, ferner, wenn in einem gerichtlichen Verfahren eine Kostenentscheidung ergangen, der Rechtszug beendet ist oder auch wenn das Verfahren länger als drei Monate ruht, d. h. wenn in dieser Zeit in einer Sache nichts geschieht (§ 8 Abs. 1 RVG).

Ruhen des Verfahrens im Sinne dieser Vorschrift bedeutet, dass mehr als drei Monate lang tatsächlich nichts passiert; es muss sich nicht um ein förmliches Ruhen des Verfahrens im Sinne von § 251 ZPO handeln. Dieser Punkt wird in der Praxis häufig übersehen. Allerdings gilt dies dann nicht, wenn das Gericht einen neuen Termin setzt, der mehr als drei Monate später liegt oder wenn es Fristen von mehr als drei Monaten setzt.

Eine Erledigung des Auftrages liegt auch dann vor, wenn der Auftrag gekündigt wurde oder seine Durchführung unmöglich geworden ist, z. B. bei Tod des RA.

Der Zeitpunkt der **Fälligkeit** bedeutet, dass der RA dann die Vergütung von seinem Auftraggeber 70
verlangen darf. Ein anderes Wort für Fälligkeit ist **Einforderbarkeit**. Ferner ist der Fälligkeitszeitpunkt für den Beginn der Verjährung wichtig, siehe Rdn 72.

In einem gerichtlichen Verfahren kann auch nach seiner Beendigung durch Urteil die Anwaltstätig- 71
keit noch weiterlaufen, weil das anschließend weiterhin zu betreibende Kostenfestsetzungsverfahren noch zum Auftragsumfang des RA gehört (§ 19 Abs. 1 Ziff. 14 RVG). Ein solches Kostenfestsetzungsverfahren könnte sich verzögern, möglicherweise um Jahre. In einem derartigen Fall könnte die nach dem Urteil beginnende Verjährung eintreten, bevor das Gericht die Höhe der Vergütung des RA überhaupt festgesetzt hat. Um dies zu vermeiden, regelt § 8 Abs. 2 S. 1, S. 2 RVG, dass die Verjährung gehemmt ist, solange das Verfahren anhängig ist. **Hemmung** bedeutet, dass die Verjährung, solange der Grund für die Hemmung besteht, nicht eintreten kann (§ 209 BGB).

Falls die Fälligkeit durch das Ruhen des Verfahrens eingetreten ist, ist die Verjährung zunächst einmal für drei Monate gehemmt (§ 8 Abs. 2 S. 3 RVG), sodass die Verjährung erst nach Ablauf der drei Monate beginnen kann. Falls nach dem Ruhen das Verfahren dann doch weiterbetrieben wird, tritt erneut Hemmung ein, und zwar für die Dauer des Verfahrens (§ 8 Abs. 2 S. 4 RVG).

Merke:

Fälligkeit bedeutet, dass der RA dann die Vergütung von seinem Auftraggeber verlangen darf.

Die Vergütung des Rechtsanwalts wird in der Regel fällig, wenn der Auftrag erledigt oder die Angelegenheit beendet wird.

Die Verjährung beginnt mit dem Ablauf des Jahres in dem der Vergütungsanspruch fällig wird.

Die Verjährung ist gehemmt, solange ein gerichtliches Verfahren läuft.

VII. Die Verjährung des Vergütungsanspruches

Für den Vergütungsanspruch des Rechtsanwalts beträgt die **Verjährungsfrist drei Jahre**. Beach- 72
ten Sie, dass die Frist erst mit dem Schluss des Kalenderjahres beginnt, in dem der Vergütungsanspruch fällig geworden ist (§§ 195, 199 Abs. 1 BGB). Wenn mehrere verschiedene Fälligkeitstatbestände vorliegen, ist davon der zuerst eingetretene maßgebend.

Der Eintritt der Verjährung kann außer durch Gebührenklage oder Antrag im gerichtlichen Mahnverfahren auch durch Antrag auf Festsetzung der Vergütung gehemmt werden (§ 11 Abs. 7 RVG, § 204 BGB).

Beispiel:

RA Ruhl hat für seinen Auftraggeber Leibhammer einen Prozess geführt. Das Gericht verkündet das Urteil, das auch eine Kostenentscheidung enthält, am 01.02.2023. Die Anwaltsvergütung von RA Ruhl ist somit fällig geworden (§ 8 Abs. 1 S. 2 RVG, siehe vorstehend unter Rdn 69 ff.). Nach § 199 Abs. 1 BGB beginnt nun der Lauf der Verjährungsfrist mit dem Schluss des Jahres 2023, d. h. **nach seinem Ablauf** am 31. Dezember um 24 Uhr. Die Verjährungsfrist beginnt also am 01.01.2024 um 0 Uhr und endet am 31.12.2026 um 24 Uhr.

Bis zum 31.12.2026 um 24 Uhr muss RA Ruhl nun gegen Leibhammer den Antrag auf Festsetzung der Vergütung beim zuständigen Gericht der 1. Instanz einreichen. Für eine Gebührenklage oder einen Antrag im Mahnverfahren fehlt das Rechtsschutzbedürfnis (siehe Rdn 82 ff.).

Hinweis:

Die Verjährung beginnt immer mit der Fälligkeit. Dies gilt auch, wenn der RA seinem Auftraggeber noch keine Vergütungsrechnung übersandt hat, sodass der RA den Beginn der Verjährung seines Vergütungsanspruches nicht dadurch hinausschieben kann, dass er dem Auftraggeber seine Vergütungsberechnung erst zu einem späteren Zeitpunkt mitteilt (§ 10 Abs. 1 S. 2 RVG).

Merke:

Der Vergütungsanspruch des Rechtsanwalts verjährt innerhalb von drei Jahren.

Die Frist beginnt erst mit dem Ablauf des Kalenderjahres, in dem der Vergütungsanspruch fällig geworden ist.

Die Hemmung der Verjährungsfrist tritt durch Antrag auf Festsetzung der Vergütung nach § 11 RVG (Vergütungsfestsetzungsverfahren) ein oder durch Gebührenklage bzw. Antrag im Mahnverfahren.

VIII. Der Gebührenvorschuss (§ 9 RVG)

73 Der RA kann von seinem Auftraggeber für die entstandenen und die voraussichtlich entstehenden Gebühren und Auslagen einen angemessenen Vorschuss fordern (§ 9 RVG).

Der RA kann auch die Übernahme eines Auftrags von der Zahlung des Vorschusses abhängig machen. Bis zum Eingang der Vorschusszahlung muss der RA keine Tätigkeiten beginnen. Jedoch wird der RA dies seinem Auftraggeber mitteilen müssen, insbesondere wenn dringliche Arbeiten anstehen oder Fristen einzuhalten sind.

Natürlich darf z. B. ein gerichtlich bestellter Verteidiger oder ein im Rahmen der Prozesskostenhilfe beigeordneter RA keinen Vorschuss fordern.

IX. Die Berechnung der Vergütung (§ 10 RVG)

1. Inhalt der Vergütungsrechnung

74 Der RA muss die Vergütungsrechnung persönlich unterschreiben und dem Auftraggeber mitteilen, sonst ist der Auftraggeber nicht zur Zahlung verpflichtet (§ 10 Abs. 1 RVG).

Als **notwendiger Inhalt der Vergütungsrechnung** müssen gemäß § 10 Abs. 2 RVG immer angegeben werden

- der Gegenstandswert, wenn die Gebühren Wertgebühren sind,
- die Einzelberechnung der verschiedenen Gebühren mit kurzer Bezeichnung des jeweiligen Gebührentatbestands und mit Angabe der entsprechenden Nummer des Vergütungsverzeichnisses des RVG,
- die einzelnen Auslagen mit ihrer Bezeichnung und unter Benennung der entsprechenden Vorschriften des RVG,
- die Umsatzsteuer = Mehrwertsteuer (Nr. 7008 VV RVG),
- verauslagte Gerichtskosten,
- empfangene Vorschüsse.

Wenn der RA statt der **Pauschale für Post- und Telekommunikationsdienstleistungsentgelte** des Nr. 7002 VV RVG die tatsächlich entstandenen Post- und Telekommunikationsdienstleistungen berechnen will, so genügt die Angabe des Gesamtbetrages (§ 10 Abs. 2 S. 2 RVG). Auf Verlangen des Auftraggebers wird er die Beträge jedoch einzeln aufschlüsseln und ihre Entstehung nachweisen müssen. Die übrigen Auslagen (Dokumentenpauschale, Reisekosten) müssen nach Art und Höhe getrennt aufgeführt werden. 75

Wenn der RA seine Vergütung gerichtlich geltend macht, dann muss er im Vergütungsfestsetzungsantrag (§ 11 RVG), in der Klage oder im Antrag auf Erlass des Mahnbescheids angeben, dass er eine Vergütungsrechnung erstellt und dem Auftraggeber mitgeteilt und somit seiner Pflicht nach § 10 Abs. 1 S. 1 RVG genügt hat. Sonst muss das Gericht den Antrag wegen Unschlüssigkeit zurückweisen. Der RA trägt dann das Risiko, dass entstehende Gerichtskosten gemäß § 93 ZPO ihm selbst zur Last fallen. 76

Die Verjährung der Vergütung beginnt ab der Fälligkeit, auch wenn der RA die Berechnung dem Auftraggeber noch nicht mitgeteilt hat (§ 10 Abs. 1 S. 2 RVG). 77

2. Wie schreibt man eine Vergütungsrechnung?

Es soll hier die äußere Form einer anwaltlichen Vergütungsrechnung erläutert werden. Wenn einige Grundregeln beachtet werden, ist es gar nicht so schwierig, eine geordnete und übersichtliche Berechnung zu Papier zu bringen, die den Anforderungen des § 10 RVG genügt. 78

Versetzen Sie sich bei der Erstellung einer Vergütungsrechnung doch einmal in die Lage des Auftraggebers, der die Rechnung bezahlen soll. Der Rechnungsempfänger muss imstande sein, aus den Angaben in der von Ihnen entworfenen Berechnung die einzelnen Gebühren und Auslagen nachzurechnen. Überlegen Sie, welche Angaben wichtig sind, damit dem Empfänger Ihrer Berechnung dies gelingen kann. Es ist also nicht nur erforderlich, dass Sie eine Vergütungsrechnung anfertigen können, sondern Sie müssen sie auch noch so erstellen, dass sie für andere Personen verständlich ist! Deshalb dürfen Sie keine wesentlichen Angaben unterlassen.

Merke:

Eine Vergütungsrechnung muss enthalten:

- die abgerechnete Angelegenheit (z. B. Rechtsstreit Maus ./. Katz),
- den Gegenstandswert bei Wertgebühren,
- die Höhe des Gebührensatzes der jeweiligen Gebühr, allerdings allenfalls bei einer Satzrahmengebühr (z. B. Geschäftsgebühr Nr. 2300 VV RVG),
- die Bezeichnung des jeweiligen Gebührentatbestands,
- die angewandten Gebührenvorschriften (Nummern des Vergütungsverzeichnisses),
- den Betrag der Gebühr in Euro
- sowie die Bezeichnung der verschiedenen Auslagen (Nrn. 7000 ff. VV RVG) mit Angabe der Nummern des Vergütungsverzeichnisses und der Einzelbeträge.

Die Umsatzsteuer, vorgelegte Gerichtskosten, das Absetzen von eventuellen Vorschüssen und die Unterschrift des RA dürfen nicht vergessen werden.

Erfahrungsgemäß stellt sich oft die Frage, welche Paragrafen und Nummern des Vergütungsverzeichnisses bei Ansatz einer Gebühr zu zitieren sind. Die Lösung liegt in der Überlegung, welche einzelnen Paragrafen und Nummern zur konkreten Ermittlung der Gebühr notwendig sind. 79

Hinweis:

Es existiert noch wenig Rechtsprechung zu der Frage, welche Paragrafen und Nummern des Vergütungsverzeichnisses bei Ansatz einer Gebühr zu zitieren sind.

Manche Kommentatoren berufen sich auf § 10 Abs. 2 S. 1 RVG, wonach in der Vergütungsrechnung „... die angewandten Nummern des Vergütungsverzeichnisses ...“ anzugeben sind. Daraus wird die Meinung abgeleitet, es genüge die Angabe lediglich der Nummer der jeweiligen Gebühr.

Andererseits kann man die Stelle in § 10 Abs. 2 S. 1 RVG auch so auslegen, dass **auch** die Nummern des Vergütungsverzeichnisses anzugeben sind, da im oben zitierten Gesetzestext das Wort **„nur“** fehlt. Dann ist auch z. B. § 2 Abs. 2 S. 1 RVG mit zu zitieren, da dieser Gesetzestext erst auf das Vergütungsverzeichnis verweist. Im Einzelfall sind auch andere Paragrafen mit zu nennen, wie z. B. § 14 RVG bei Rahmengebühren oder auch jeweils andere Vorschriften für den konkreten Fall.

Damit die Vergütungsrechnung für den Empfänger verständlich und nachprüfbar ist, sollten alle Vorschriften zitiert werden, die für die konkrete Ermittlung einer bestimmten Gebühr zu beachten sind.

Beispiel:

Bei den Wertgebühren, die nach der Tabelle ermittelt werden, wird wohl in jedem Falle der § 13 RVG mit aufzuführen sein, da dieser auf die Gebührentabelle in Anlage 2 zum RVG verweist. Weiter sollte der § 2 Abs. 2 S. 1 RVG genannt werden, da dieser Gesetzestext erst auf das Vergütungsverzeichnis verweist. Schließlich muss die Nummer aus dem Vergütungsverzeichnis zitiert werden, aus der sich die zu berechnende Gebühr ergibt, also z. B. die Nummer 3100 VV RVG für die Verfahrensgebühr. Falls eine Vorschrift die Höhe des Gebührensatzes verändert, ist auch diese anzugeben, also z. B. die Nummer 1008 VV RVG, die zu einer Erhöhung des Gebührensatzes bei mehreren Auftraggebern führt.

Andere Paragrafen, die zwar auch zu beachten sind (z. B. § 15 RVG), die aber weder eine Gebühr entstehen lassen noch die Höhe einer Gebühr beeinflussen, werden nicht zitiert. Bei § 15 RVG bildet allerdings der Absatz 3 eine Ausnahme, der angegeben werden muss, wenn er Einfluss auf die Höhe der Gebühr nimmt (siehe Rdn 135 f.). Auch § 14 RVG (Rahmengebühren, siehe Rdn 108 ff.) gehört zu den Vorschriften, die mit anzugeben sind, da dort bestimmt wird, wie der RA innerhalb des Rahmens die Gebühr zu ermitteln hat. In der Praxis wird er übrigens oft nicht zitiert. Zumindest bei Gebühren in Strafsachen bestehen die Gerichte aber häufig darauf, dass § 14 RVG bei der Berechnung der Vergütung angegeben wird. Auch bei der Geschäftsgebühr der Nr. 2300 des VV RVG (siehe§ 4 Rdn 3 ff.) sollte § 14 RVG mit zitiert werden, da im Einzelfall immer erst der Gebührensatz innerhalb des Rahmens der Nr. 2300 VV RVG festgelegt werden muss, bevor man die Höhe der Gebühr nach dem Gegenstandswert aus der Tabelle ermitteln kann. Ohne den § 14 RVG lässt sich also eine Rahmengebühr nicht bestimmen.

80 Auch die Paragrafen 16 bis 19 RVG müssen meist nicht genannt werden. Dies gilt zumindest, soweit durch ihre Anwendung Gebühren nur einmal entstehen, denn man wird nicht begründen müssen, dass man nur eine einzige Gebühr verlangt. Dies betrifft die §§ 16 und 19 RVG. Werden jedoch innerhalb eines Auftrages aufgrund der §§ 17 und 18 RVG Gebühren mehrfach berechnet, so wird man diese Paragrafen auch zitieren müssen.

Bei bestimmten einzelnen Nummern des Vergütungsverzeichnisses, die mehrere verschiedene Gebühren enthalten, ist auch die genaue Stelle der geforderten Gebühr anzugeben, also z. B. der Satz, der Buchstabe oder die Ziffer, worin diese Gebühr geregelt ist. So ist bei der sehr häufig verwendeten Nr. 3101 VV RVG immer zwingend anzugeben, ob die Gebühr der Ziffer 1, der Ziffer 2 oder der Ziffer 3 gefordert wird. Zwei Beispiele hierzu finden Sie in § 5 Rdn 22.

Wenn sich eine bestimmte Gebühr aus einer Nummer des Vergütungsverzeichnisses nur im Zusammenhang mit einer Vorbemerkung ergibt, ist auch diese Vorbemerkung mit zu zitieren. Vorbemerkungen finden sich im Vergütungsverzeichnis immer vor einem Abschnitt, in dem zusammengehörende Gebühren geregelt sind. So ist z. B. für den Fall, dass eine Terminsgebühr auch ohne mündliche Verhandlung vor Gericht gefordert wird, die Vorbemerkung 3 Abs. 3 VV RVG mit aufzuführen. Sehen Sie sich hierzu das zweite Beispiel in § 5 Rdn 22 an.

Die zur Ermittlung des Gegenstandswertes angewandten Vorschriften werden zwar häufig nicht angegeben. Sie sind aber immer dann zu zitieren, wenn die Berechnung des Wertes sonst nicht nachvollziehbar ist. 81

Merke:

In der Vergütungsrechnung sind die Paragrafen und die Nummern des Vergütungsverzeichnisses aus dem RVG anzugeben, die den Vergütungsanspruch im Einzelnen begründen. Dabei sind auch Absätze, Sätze, Nummern, Buchstaben, Vorbemerkungen, usw. anzugeben.

Man zitiert die Paragrafen und Nummern gerne in aufsteigender Reihenfolge.

Die praktische Anwendung der vorstehend aufgestellten Grundregeln soll am **Beispiel** folgender Vergütungsrechnung demonstriert werden:

Beispiel:

Betr.: Rechtsstreit Schweinskopf ./. Sülz

Gegenstandswert: 1.500,00 €

1,3	Verfahrensgebühr gem. §§ 2, 13 RVG, Nr. 3100 VV RVG	174,85 €
1,2	Terminsgebühr gem. §§ 2, 13 RVG, Nr. 3104 VV RVG	161,40 €
1,0	Einigungsgebühr gem. §§ 2, 13 RVG, Nrn. 1000, 1003 VV RVG	134,50 €
20 %	Pauschale für Post- und Telekommunikationsentgelte gem. § 2 Abs. 2 S. 1 RVG, Nr. 7002 VV RVG	20,00 €
	Dokumentenpauschale (12 Fotokopien) gem. § 2 Abs. 2 S. 1 RVG, Nr. 7000 Ziff. 1 Buchst. d) VV RVG	6,00 €
	Fahrtkosten zur Besprechung am 27.08.20(. . .) 90 km mit Pkw (0,42 € pro km) gem. § 2 Abs. 2 S. 1 RVG, Nr. 7003 VV RVG	37,80 €
	Tage- und Abwesenheitsgeld über 4 Std. gem. § 2 Abs. 2 S. 1 RVG, Nr. 7005 Ziff. 2 VV RVG	50,00 €
		584,55 €
19 %	USt. gem. § 2 Abs. 2 S. 1 RVG, Nr. 7008 VV RVG	111,06 €
		695,61 €
	Gerichtskostenvorauszahlung vom 29.05.20(. . .).	246,00 €
		941,61 €
	– Honorarvorschuss vom 30.04.20(. . .)	– 500,00 €
	noch zu zahlen	**441,61 €**

Unterschrift RA

Weitere Hinweise zum Aufbau einer Vergütungsrechnung, zu den nach dem Umsatzsteuergesetz vorgeschriebenen Pflichtangaben und wie man einen Fall kostenrechtlich in den Griff bekommt, finden Sie in § 1 Rdn 104 ff.

X. Die Vergütungsfestsetzung gegen den eigenen Auftraggeber (§ 11 RVG)

82 *→ Dazu Aufgaben Gruppe 15*

Vorbemerkung:

Gemäß § 1 Abs. 1 S. 1 RVG erhält der RA eine **Vergütung**, die sich aus Gebühren und Auslagen zusammensetzt (vgl. § 1 Rdn 4 ff.). Im Verhältnis zwischen RA und Mandant kann die dem RA zustehende Vergütung im **Vergütungsfestsetzungsverfahren** nach § 11 RVG gerichtlich festgesetzt werden.

Dagegen werden im Verhältnis der Prozessparteien untereinander die Verfahrenskosten im **Kostenfestsetzungsverfahren** nach den §§ 103 ff. ZPO festgesetzt.

In der Praxis wird zwischen den Begriffen Vergütungsfestsetzung und Kostenfestsetzung leider häufig nicht unterschieden. Das liegt teilweise daran, dass einheitliche Antragsformulare bzw. Textbausteine für beide Verfahren benutzt werden.

Es ist jedoch so, dass im **Kostenfestsetzungsverfahren** bereits ein Vollstreckungstitel vorliegt und es nur noch um die Höhe der zu erstattenden Verfahrenskosten geht, wogegen es **Zweck des Vergütungsfestsetzungsverfahrens** ist, dem RA erst einen Titel für seinen Vergütungsanspruch zu besorgen und zugleich auf Kosten sparende Weise dem Auftraggeber die Sicherheit zu verschaffen, dass die Höhe der Vergütung gerichtlich überprüft wird.

83 **Zweck des Vergütungsfestsetzungsverfahrens** nach § 11 RVG ist, die Vergütung des RA in einem vereinfachten, billigen Verfahren in vollstreckbarer Form gerichtlich feststellen zu lassen und einen ordentlichen Rechtsstreit zwischen dem Auftraggeber und dem RA zu ersparen. Der RA kann dadurch kurzfristig einen Vollstreckungstitel erlangen, während der Auftraggeber auf einfache und kostengünstige Weise die Rechnung des RA gerichtlich nachprüfen lassen kann.

Gebührenschuldner des RA ist sein Auftraggeber. Deshalb wird der RA im Namen seines Auftraggebers die Verfahrenskosten **gegen den Prozessgegner im Kostenfestsetzungsverfahren** festsetzen und später auch beitreiben lassen, wenn der Gegner zur Erstattung der Kosten verurteilt wurde (siehe § 1 Rdn 41 ff., insbesondere Rdn 47 ff.). Sollte der Gegner jedoch nicht erstattungspflichtig sein, weil er den Prozess gewonnen hat oder sollte er im Falle seiner Verurteilung zahlungsunfähig sein, wird der RA seine Vergütung vom **eigenen Auftraggeber** fordern und, falls dieser die Gebühren nicht zahlt, auch gegen ihn im **Vergütungsfestsetzungsverfahren** festsetzen lassen.

Merke:

Kostenfestsetzung –	erfolgt durch den RA in Vollmacht und **für** seinen Auftraggeber aufgrund eines Vollstreckungstitels gegen den unterlegenen Gegner wegen der gesamten Verfahrenskosten.
Vergütungsfestsetzung –	soll dem RA einen Vollstreckungstitel wegen seiner Vergütung **gegen** seinen Auftraggeber verschaffen.

84 Beteiligte am Vergütungsfestsetzungsverfahren sind nur der RA und sein Auftraggeber. Das Gesetz nennt sie Antragsteller und Antragsgegner, wobei man den Auftraggeber meist auch dann als Antragsgegner bezeichnet, wenn er den Antrag gestellt hat. Dass ein Auftraggeber den Festsetzungs-

antrag stellt, ist übrigens in der Praxis selten; die überwiegende Zahl der Festsetzungsanträge wird vom RA gestellt. Der Gegner aus dem vorher stattgefundenen Prozess ist an dem Festsetzungsverfahren nach § 11 RVG nicht beteiligt.

Das Vergütungsfestsetzungsverfahren findet nur auf Antrag statt. **Antragsberechtigt** sind nur der RA und auch sein Auftraggeber. Der Antrag ist zulässig, sobald die Vergütung fällig ist (§ 8 Abs. 1 RVG, siehe Rdn 7 ff.). Für den Antrag besteht kein Anwaltszwang, sodass der Auftraggeber den Antrag auch ohne anwaltliche Hilfe entweder schriftlich oder zu Protokoll der Geschäftsstelle des zuständigen Gerichts stellen kann.

Gemäß § 11 Abs. 1 S. 1 RVG ist das Vergütungsfestsetzungsverfahren nur bei der Festsetzung der **gesetzlichen Vergütung** nach den Bestimmungen des RVG anwendbar, nicht etwa bei einem vereinbarten höheren Honorar (siehe auch Rdn 7 ff.). In Fällen der Honorarvereinbarung müssen die Gebühren eingeklagt oder im gerichtlichen Mahnverfahren geltend gemacht werden. Zu der gesetzlichen Vergütung gehören übrigens auch die in Nrn. 7000 ff. VV RVG geregelten Auslagen, aber nicht nur diese, sondern alle Auslagen, sofern sie in dem gerichtlichen Verfahren entstanden sind (so der Hinweis auf § 670 BGB). Außerdem ist die nach § 42 RVG gerichtlich festgestellte Pauschgebühr für den Wahlverteidiger im Vergütungsfestsetzungsverfahren festsetzbar. 85

Die gesetzliche Vergütung muss dem RA **im Rahmen eines gerichtlichen Verfahrens** erwachsen sein, was sich aus § 11 Abs. 1 S. 1 RVG ergibt. Der RA muss jedoch nicht Prozessbevollmächtigter gewesen sein, sondern es genügt auch eine Tätigkeit als Unterbevollmächtigter oder Verkehrsanwalt. Die Voraussetzung eines gerichtlichen Verfahrens hat zur Folge, dass das **Vergütungsfestsetzungsverfahren unzulässig** ist, 86

- wenn der RA ausschließlich mit **außergerichtlichen Tätigkeiten** beauftragt war, also z. B. mit außergerichtlichen Vergleichsverhandlungen, mit dem Abfassen von außergerichtlichen Mahn- oder Kündigungsschreiben, mit der Tätigkeit als Mediator (§ 34 RVG), mit der Erteilung eines Rates (§ 34 RVG) oder mit der Erstellung eines Gutachtens (§ 34 RVG).
- Wenn der dem RA erteilte Auftrag umfassender war als der Gegenstand des gerichtlichen Verfahrens, kann nur der Teil der insgesamt angefallenen Vergütung festgesetzt werden, der auf den Gegenstand des gerichtlichen Verfahrens entfällt. Siehe nachstehendes Beispiel.

Beispiel:

RA Kummer erhält Klageauftrag wegen 10.000,00 €. Nach der Besprechung mit dem Auftraggeber zur Entgegennahme der Information, aber noch vor der Einreichung der Klageschrift bei dem zuständigen Gericht zahlt der Schuldner 7.000,00 €. Wegen des Restbetrages wird die Klageschrift eingereicht.

RA Kummer erhält eine 0,8 Verfahrensgebühr gemäß Nr. 3101 Ziff. 1 VV RVG nach dem Gegenstandswert von 7.000,00 € und eine 1,3 Verfahrensgebühr gemäß Nr. 3100 VV RVG nach dem Gegenstandswert von 3.000,00 € (§ 15 Abs. 3 RVG ist zu beachten).

Im Vergütungsfestsetzungsverfahren kann nur die 1,3 Verfahrensgebühr nach dem Gegenstandswert von 3.000,00 € festgesetzt werden, nicht aber die 0,8 Verfahrensgebühr nach dem nur außergerichtlich erledigten Gegenstandswert von 7.000,00 €.

Diese 0,8 Verfahrensgebühr kann nur in einem Mahnverfahren oder in der Gebührenklage geltend gemacht werden, aber nicht im Vergütungsfestsetzungsverfahren. Alternativ hätte man sie auch mit der Klage wegen der 3.000,00 € als Verzugsschaden zusätzlich mit einklagen können.

Für das Vergütungsfestsetzungsverfahren **zuständig ist immer das Gericht der ersten Instanz**, auch wenn die Anwaltsgebühren aus der zweiten oder dritten Instanz geltend gemacht werden. Beim Gericht der ersten Instanz ist also der Antrag auf Festsetzung der Vergütung auch der RAe einzureichen, die nur in einem höheren Rechtszug tätig geworden sind. 87

88 *Hinweis:*

Falls eine Zwangsvollstreckung gegen einen Schuldner fruchtlos verläuft, kann der RA seine **Vergütung für den Vollstreckungsauftrag** gegen seinen Auftraggeber gemäß § 11 RVG festsetzen lassen. Der Antrag auf Vergütungsfestsetzung ist in diesem Fall beim sachlich zuständigen Vollstreckungsgericht zu stellen. Örtlich zuständig ist das Amtsgericht, in dessen Bezirk die letzte Vollstreckungshandlung stattgefunden hat (OLG Celle, Beschluss vom 02.09.2015 – 4 AR 31/15).

89 Dem **Antrag auf Vergütungsfestsetzung** hat der RA eine Kopie für den Antragsgegner und die Belege zur Gebührenberechnung, soweit sie sich nicht in den Gerichtsakten befinden, beizufügen (§ 11 Abs. 2 S. 3 RVG i. V. m. §§ 103 ff. ZPO). Anstelle eines fehlenden Beleges genügt gemäß § 104 Abs. 2 ZPO die Glaubhaftmachung, z. B. auch durch eine eidesstattliche Versicherung. Wenn der RA für Postauslagen nur den Pauschbetrag der Nr. 7002 VV RVG fordert, ist eine Glaubhaftmachung nicht erforderlich. Für über diesen Pauschbetrag hinausgehende Auslagen an Post- und Fernsprechentgelten genügt die Versicherung, dass diese tatsächlich entstanden sind (siehe § 1 Rdn 47 ff.). Die dem Antrag beizufügende Gebührenrechnung kann eine Kopie der Vergütungsrechnung sein, die zuvor dem Mandanten mit Unterschrift des RA übersandt sein muss (§ 10 Abs. 1 RVG).

90 **Grundsätzlich unzulässig** ist die Vergütungsfestsetzung gemäß § 11 Abs. 8 RVG, wenn **Rahmengebühren** abgerechnet werden. Dies gilt für alle Rahmengebühren, also die Satzrahmengebühren oder die Betragsrahmengebühren, was insbesondere für Strafsachen gilt (Nrn. 4100 ff. VV RVG). Der Grund für diese Vorschrift liegt vereinfacht gesagt darin, dass bei Rahmengebühren nach § 14 Abs. 1 RVG eine Ermessensentscheidung zu treffen ist, über die im Streitfall zwischen RA und Auftraggeber nicht der Rechtspfleger, sondern in einem Gebührenprozess nur der Richter nach Einholung eines Gutachtens des Vorstandes der Rechtsanwaltskammer entscheiden soll (§ 14 Abs. 3 RVG). Jedoch gibt es **Ausnahmen**: Auch bei Rahmengebühren (in Straf- und Bußgeldsachen) ist das Vergütungsfestsetzungsverfahren zulässig, wenn der RA nur die Mindestgebühren aus dem jeweiligen Rahmen verlangt oder wenn der Auftraggeber der Höhe der vom RA zuvor festgelegten Gebühren (§ 315 Abs. 2 BGB) ausdrücklich, also schriftlich, zugestimmt hat.

91 Werden vom zahlungspflichtigen Mandanten **nicht im Gebührenrecht begründete Einwendungen** erhoben, so muss der RA seine Gebühren einklagen oder im gerichtlichen Mahnverfahren geltend machen (§ 11 Abs. 5 RVG). Dies wäre z. B. der Fall, wenn der Mandant behauptet, dem RA gar keinen Auftrag erteilt zu haben oder er habe die Vergütung bereits gezahlt. Auch der Vorwurf, der RA habe den ihm erteilten Auftrag nur schlampig erfüllt und deshalb keinen Anspruch auf Vergütung, ist ein nicht gebührenrechtlicher Einwand. Wendet der Auftraggeber dagegen ein, der RA habe Vorschriften des RVG unzutreffend angewandt, dann handelt es sich um gebührenrechtliche Einwendungen, über die im Vergütungsfestsetzungsverfahren vom Rechtspfleger entschieden werden kann. Solange eine Vergütungsfestsetzung gemäß § 11 RVG möglich ist, können die Gebühren weder im Mahn- noch im Klageverfahren durchgesetzt werden, da in diesem Fall das Rechtsschutzinteresse fehlt, denn das Festsetzungsverfahren ist einfacher und für den Mandanten billiger.

Beispiel:

Die Mandantin des RA erhebt als Antragsgegnerin den Einwand der Schlechterfüllung und der Falschberatung. Durch die Falschberatung seien höhere Gerichts- und Anwaltskosten entstanden, wegen derer die Mandantin einen Schadenersatzanspruch gegen den RA geltend macht. Da diese Einwendungen nicht gebührenrechtlicher Natur sind, ist eine Vergütungsfestsetzung durch den Rechtspfleger abzulehnen (OLG Brandenburg, Beschluss vom 22.10.2018 – 6 W 28/18).

Hinweis:

Sollen z. B. Rahmengebühren aus Strafsachen im gerichtlichen Mahnverfahren geltend gemacht werden, so ist zu empfehlen, im Antrag für das Mahnverfahren anzugeben, dass es sich um Rahmengebühren handelt, für die eine Vergütungsfestsetzung gemäß § 11 Abs. 8 RVG nicht zulässig ist, da manche Gerichte sonst anfragen, warum nicht das gegenüber dem Mahnverfahren kostengünstigere Festsetzungsverfahren gewählt worden ist, denn für eine Gebührenklage oder das Mahnverfahren fehlt das Rechtsschutzbedürfnis, solange die Vergütungsfestsetzung möglich ist.

Für **Gebührenklagen** gibt es wahlweise den besonderen **Gerichtsstand des Hauptprozesses** 92
(§ 34 ZPO), der auch die sachliche Zuständigkeit regelt. Das Gericht des Hauptprozesses ist ohne Rücksicht auf den Streitwert der Gebührenklage das Gericht, das in der ersten Instanz mit der Sache befasst war, wegen der die Vergütung eingeklagt werden soll. Auch die in den höheren Instanzen entstehenden Gebühren sind beim Gericht der ersten Instanz einzuklagen. Wegen des einfacheren Verfahrens der Vergütungsfestsetzung gemäß § 11 RVG hat § 34 ZPO jedoch nur eine geringe praktische Bedeutung, denn – wie schon vorstehend erwähnt – fehlt für eine Gebührenklage das Rechtsschutzbedürfnis, solange die Vergütungsfestsetzung möglich ist. Ferner gilt § 34 ZPO nur für Zivilprozesse mit Ausnahme des Familiengerichts.

Bereits mit der Einreichung des Antrags auf Festsetzung der Vergütung tritt die **Hemmung der** 93
Verjährung ein, nicht erst durch Einreichung der Gebührenklage (§ 11 Abs. 7 RVG).

Im Vergütungsfestsetzungsverfahren kann nicht nur die Vergütung des RA festgesetzt werden, son- 94
dern auch die vom RA **verauslagten Gerichtskosten** können gegen den früheren Mandanten in den Festsetzungsbeschluss mit aufgenommen werden. Dies ergibt sich aus dem Hinweis auf § 670 BGB in § 11 Abs. 1 RVG.

Die Vorschriften der §§ 103 ff. ZPO über das Kostenfestsetzungsverfahren gelten sinngemäß auch 95
für das Vergütungsfestsetzungsverfahren (§ 11 Abs. 2 S. 3 RVG). Beachten Sie hierbei, dass die festgesetzte Vergütung vom Eingang des Festsetzungsantrages beim Gericht an mit fünf Prozentpunkten über dem jeweiligen Basiszinssatz zu verzinsen ist (§ 104 Abs. 1 S. 2 ZPO); dieser **zusätzliche Antrag** sollte nicht vergessen werden.

Die Bearbeitung des Festsetzungsantrages gehört zu den Aufgaben des Rechtspflegers (§ 21 Nr. 2 96
RPflG). Vor der Festsetzung muss der Rechtspfleger den Beteiligten rechtliches Gehör gewähren (§ 11 Abs. 2 S. 2 RVG). Zu diesem Zweck wird dem Antragsgegner vom Gericht eine Kopie des Antrags übersandt, bzw. von vielen Gerichten aus Beweisgründen auch förmlich zugestellt. Die Übersendung bzw. Zustellung muss an den Auftraggeber persönlich geschehen, da der bisher bevollmächtigte RA nun im Festsetzungsverfahren zum Gegner seines früheren Auftraggebers geworden ist. Die vom RA gezahlten Zustellungsauslagen (Nr. 9002 KV GKG) werden vom Gericht besonders erhoben und in den Vergütungsfestsetzungsbeschluss mit aufgenommen (§ 11 Abs. 2 S. 5 RVG).

Der Rechtspfleger entscheidet über den Festsetzungsantrag durch Beschluss, der zu begründen ist, wenn dem Antrag oder vom Antragsgegner vorgebrachten Einwendungen ganz oder teilweise nicht stattgegeben wird. Der vom Rechtspfleger erlassene Vergütungsfestsetzungsbeschluss ist Vollstreckungstitel im Sinne des § 794 Abs. 1 Nr. 2 ZPO.

Wird der von dem RA angegebene Gegenstandswert vom Auftraggeber bestritten, so darf der Rechtspfleger über den Wert nicht im Vergütungsfestsetzungsverfahren entscheiden, sondern er muss das Verfahren nach § 11 Abs. 4 RVG aussetzen, bis das für das zugrunde liegende Prozessverfahren zuständige Gericht gemäß den §§ 32 und 33 RVG über den Wert entschieden hat.

97 Die **Zwangsvollstreckung** aus dem Vergütungsfestsetzungsbeschluss wird nach § 11 Abs. 2 S. 3 RVG unter sinngemäßer Anwendung der Vorschriften der ZPO über die Zwangsvollstreckung aus Kostenfestsetzungsbeschlüssen (§ 794 Abs. 1 Nr. 2 ZPO) durchgeführt. Dabei ist insbesondere auf die zweiwöchige Wartefrist des § 798 ZPO vor dem Beginn der Zwangsvollstreckung zu achten.

98 Das Vergütungsfestsetzungsverfahren ist **gebührenfrei**. Nach § 11 Abs. 2 S. 4 RVG werden keine Gerichtsgebühren berechnet. Auch der RA erhält in dem Verfahren über den Festsetzungsantrag nach § 19 Ziff. 14 RVG keine Gebühr. Nur die vom RA bezahlten Auslagen für die Zustellung des Kostenfestsetzungsbeschlusses sind in diesen mit aufzunehmen (§ 11 Abs. 2 S. 5 RVG).

99 Nach § 11 Abs. 2 S. 6 RVG findet **keine Kostenerstattung** durch den Antragsgegner statt. Falls der Mandant zur Vertretung **im Vergütungsfestsetzungsverfahren** einen anderen RA beauftragt, erhält er dessen Vergütung demnach nicht erstattet. Dies gilt auch im Rechtsbehelfsverfahren.

100 **Einwendungen gegen den Vergütungsfestsetzungsbeschluss**, die sich gegen die Art oder die Höhe der festgesetzten Gebühren richten, sind zulässig. Gemäß § 11 Abs. 2 S. 3 RVG gelten für diese Einwendungen dieselben Regeln wie im Kostenfestsetzungsverfahren. Also kann man bei einer Beschwer von mehr als 300 Euro die **sofortige Beschwerde** einlegen und bei einer Beschwer bis 300 Euro die **befristete Erinnerung** (§ 104 Abs. 3 S. 1 ZPO und § 11 Abs. 2 S. 1 RPflG), die beide binnen einer Frist von zwei Wochen seit Zustellung des Beschlusses einzureichen sind. Alles Weitere finden Sie in § 1 Rdn 70 ff.

Im Rechtsbehelfsverfahren erhält der RA keine Gebühren, da er nach § 11 Abs. 2 S. 6 Hs. 2 RVG **keine Kostenerstattung** verlangen kann. Aus diesem Grund ist auch § 91 Abs. 2 S. 3 ZPO nicht anwendbar. Demnach erwächst dem RA im Falle einer Beschwerde oder Erinnerung gegen den Vergütungsfestsetzungsbeschluss **kein Gebührenanspruch** auf eine Beschwerdegebühr nach Nr. 3500 VV RVG gegen seinen Mandanten.

Falls indessen der Auftraggeber eigens zur Vertretung im Erinnerungs- bzw. Beschwerdeverfahren einen anderen RA bestellt hat, erwachsen diesem Gebühren nach Nrn. 3500, 3513 VV RVG. Jedoch muss der Auftraggeber diese Vergütung selbst bezahlen, da nach § 11 Abs. 2 S. 6 Hs. 2 RVG auch im Rechtsbehelfsverfahren keine Kostenerstattung stattfindet.

101 Im Vergütungsfestsetzungsverfahren und im Erinnerungsverfahren werden nach § 11 Abs. 2 S. 4 RVG keine Gerichtsgebühren erhoben. Einzig im **Beschwerdeverfahren** kann nach Nr. 1812 KV GKG eine Gerichtsgebühr entstehen, allerdings nur dann, wenn die Beschwerde verworfen oder zurückgewiesen wird.

102 Da bei den Verwaltungs-, Finanz- und Sozialgerichten bisher noch keine Rechtspfleger eingeführt sind, verweist § 11 Abs. 3 RVG das Vergütungsfestsetzungsverfahren in die Zuständigkeit des Urkundsbeamten der Geschäftsstelle dieser Gerichte. Die für die jeweilige Gerichtsbarkeit geltenden Vorschriften über die Erinnerung im Kostenfestsetzungsverfahren werden sinngemäß für anwendbar erklärt, das sind die §§ 126 ff. VwGO, § 149 Abs. 1 FGO und §§ 197 Abs. 1, 178 SGG.

Merke:

Zweck des Vergütungsfestsetzungsverfahrens nach § 11 RVG ist, die Vergütung des RA in einem vereinfachten, billigen Verfahren gerichtlich nachprüfen und in vollstreckbarer Form feststellen zu lassen.

Das Vergütungsfestsetzungsverfahren findet nur auf Antrag des RA oder seines Auftraggebers statt.

Die Festsetzung der Vergütung ist nur für gesetzliche Gebühren zulässig, die in einem gerichtlichen Verfahren entstanden sind, und für die dafür verauslagten Gerichtskosten.

Unzulässig ist die Vergütungsfestsetzung bei Rahmengebühren, außer wenn nur die Mindestgebühren des Rahmens geltend gemacht werden oder der Auftraggeber der konkreten Höhe der Gebühr ausdrücklich zugestimmt hat.

Unzulässig ist die Vergütungsfestsetzung bei nicht gebührenrechtlich begründeten Einwendungen und bei Honorarvereinbarung.

Zuständig für das Festsetzungsverfahren ist immer das Gericht der ersten Instanz.

Vor der Zwangsvollstreckung aus einem Vergütungsfestsetzungsbeschluss ist eine zweiwöchige Wartefrist seit Zustellung des Beschlusses zu beachten.

XI. Hinweispflicht des Rechtsanwalts auf die Gebühren

Gemäß § 49b Abs. 5 Bundesrechtsanwaltsordnung (BRAO) besteht bei Wertgebühren eine **Hinweispflicht auf die Berechnung der Anwaltsgebühren** nach dem Gegenstandswert. Nach dieser Vorschrift ist der RA vor der Übernahme eines Mandats verpflichtet, seinen Mandanten darauf hinzuweisen, wenn sich die Gebühren nach dem Gegenstandswert richten. Dies soll dem Auftraggeber Anlass geben, die Gelegenheit wahrzunehmen, den RA über die Höhe der zu erwartenden Gebühren zu befragen. Der Gesetzgeber begründet diese Vorschrift damit, dass in der Vergangenheit immer wieder Mandanten über die bei hohen Gegenstandswerten zu zahlenden hohen Gebühren überrascht worden seien. 103

Grundsätzlich muss aber ein Auftraggeber davon ausgehen, dass ein RA nicht umsonst für ihn arbeitet und dass folglich Gebühren für die Anwaltstätigkeit entstehen. Bei **Wertgebühren** könnten diese bei sehr hohen Werten aber auch sehr hoch ausfallen, was nicht unbedingt auch mit dem zu erwartenden Umfang der Anwaltstätigkeit in Einklang stehen muss. Dies könnte für den Auftraggeber vorher nicht erkennbar sein, sodass er sich nachher über die hohen Gebühren überrascht zeigen könnte. Deshalb gilt die Hinweispflicht nur für Wertgebühren.

Bei **anderen Gebühren** als Wertgebühren besteht diese Hinweispflicht nicht, da der Auftraggeber von der Entstehung von Gebühren ausgehen muss und diese auch nicht extrem hoch ausfallen können.

Merke:

Bei Wertgebühren muss der RA den Auftraggeber vor der Übernahme des Mandats auf die Berechnung nach dem Gegenstandswert hinweisen.

C. Gebührenvorschriften allgemeiner Art des Paragrafenteils des RVG (§§ 13 bis 15a RVG)

104 In diesem **zweiten Abschnitt des Paragrafenteils des RVG** werden die Wertgebühren, die Rahmengebühren und der Abgeltungsbereich der Gebühren definiert.

I. Berechnung der Wertgebühren (§ 13 RVG)

105 Die Gebühren des Rechtsanwalts werden häufig nach dem Gegenstandswert berechnet, um den es in der betreffenden Angelegenheit geht (§ 2 Abs. 1 RVG). Man spricht hier auch von **Wertgebühren**. Siehe auch Rdn 7 ff.

106 Um den Betrag einer bestimmten Gebühr in Euro zu ermitteln, benötigen Sie zwei Angaben, nämlich

- den **Gebührensatz** für die betreffende Gebühr, den Sie aus dem Vergütungsverzeichnis des RVG entnehmen können und
- die **Gebühr aus der Tabelle**, die Sie aus der dem RVG als Anlage 2 beigefügten Tabelle ablesen können (§ 13 Abs. 1 S. 3 RVG). Bei den in der Tabelle aufgeführten Gebühren handelt es sich um die zu der jeweiligen Wertstufe gehörenden Gebühren, die sozusagen für den Gebührensatz 1,0 gelten.

Die konkrete Gebühr ermitteln Sie dann, indem Sie die aus der Tabelle abgelesene Gebühr mit dem aus dem Vergütungsverzeichnis entnommenen Gebührensatz multiplizieren.

> *Hinweis:*
>
> Die in § 13 Abs. 1 S. 2 RVG enthaltene Aufstellung regelt nur den **Aufbau der Gebührentabelle**, die in der Anlage 2 zum RVG abgedruckt ist, und dient nicht dazu, aus ihr die Gebühren direkt abzulesen. Sie werden jedoch die Angaben aus der Darstellung in § 13 Abs. 1 S. 2 RVG benötigen, um Gebühren auszurechnen, wenn der Gegenstandswert höher als 500.000,00 € liegt, da bei diesem Wert die Tabelle in Anlage 2 endet.
>
> Verwenden Sie also zum Berechnen der Gebühren nur die Tabelle in Anlage 2 und auch nicht die Tabelle aus § 49 RVG, die nur dann gilt, wenn dem Auftraggeber Prozesskostenhilfe bewilligt worden ist.

107 Die **Gebührentabelle** für den Gebührensatz 1,0 befindet sich in **Anlage 2** am Ende des RVG.

Schließlich ist in § 13 Abs. 2 RVG noch der Mindestbetrag einer Gebühr vorgeschrieben; danach beträgt die **Mindestgebühr 15 Euro**.

II. Rahmengebühren (§ 14 RVG)

1. Arten von Rahmengebühren

108 → *Dazu Aufgaben Gruppe 1*

Rahmengebühren sind solche Gebühren, die sich nicht nach einem festen Gebührensatz wie die meisten Wertgebühren nach dem Gegenstandswert richten, sondern für die das RVG einen **Gebührenrahmen** vorsieht, für den nur die untere und die obere Grenze festgelegt ist.

Im RVG gibt es zwei Arten von Rahmengebühren, wobei für beide § 14 RVG gilt: Betragsrahmengebühren und Satzrahmengebühren. Innerhalb des Gebührenrahmens erfolgt in jedem einzelnen Fall unter Berücksichtigung aller Umstände die Festlegung der für diesen speziellen Fall angemessenen Gebühr.

Betragsrahmengebühren sind Gebühren, für die nur ein Mindest- und ein Höchst**betrag in Euro** bestimmt ist. Innerhalb des Betragsrahmens wird dann die im jeweiligen Einzelfall nach § 14 RVG geschuldete Gebühr bestimmt. Hauptanwendungsfall für Betragsrahmengebühren sind die Gebühren in Strafsachen (Nrn. 4100 ff. VV RVG; siehe auch § 10 Rdn 8). Als Beispiel für einen Betragsrahmen nehmen wir Nr. 4104 VV RVG, wo ein Betragsrahmen von 48,00 € bis 348,00 € vorgegeben ist. 109

Satzrahmengebühren sind Gebühren, für die im RVG nur ein Mindest- und ein Höchst**satz** bestimmt ist. Unter Gebührensatz ist hier ein Multiplikator der Gebühr nach § 13 RVG, die für einen Gebührensatz von 1,0 steht, zu verstehen. Innerhalb des Spielraums des Gebührensatzrahmens muss unter Berücksichtigung aller Umstände der im Einzelfall angemessene Gebührensatz festgelegt werden. Wenn man so den Gebührensatz bestimmt hat, ergibt sich die Höhe der Gebühr in Euro zwangsläufig nach dem Gegenstandswert aus der Gebührentabelle. Hauptanwendungsfall für Satzrahmengebühren ist die Geschäftsgebühr nach Nr. 2300 Anm. Abs. 1 VV RVG, für die ein Gebührensatzrahmen zwischen 0,5 und 2,5 vorgesehen ist (siehe auch § 4 Rdn 3 ff.). Satzrahmengebühren finden vorwiegend bei außergerichtlichen Tätigkeiten des RA Anwendung. 110

2. Die Bestimmung der Rahmengebühr im Einzelfall

Im Einzelfall erfolgt die Bestimmung der Gebühr in dem jeweiligen Rahmen durch den RA. Der RA hat hierbei im Rahmen des § 14 RVG einen gewissen Ermessensspielraum, was aber nicht bedeutet, dass der RA die Gebühr besonders hoch festlegen darf, weil er vielleicht gerade Geld braucht. 111

Der Betrag der Gebühr in Euro bzw. der Gebührensatz muss vom RA gemäß § 14 Abs. 1 RVG in einer unter Berücksichtigung aller persönlichen und sachlichen Umstände des Einzelfalles angemessenen Höhe bestimmt werden. Im Gesetz werden einige Anhaltspunkte angegeben, nach denen der RA sein Ermessen ausüben soll. Bei diesen Anhaltspunkten handelt es sich aber nur um vom Gesetz vorgegebene Beispiele („vor allem"), da aber alle Umstände zu beachten sind, können im konkreten Einzelfall auch noch weitere Gesichtspunkte wesentlich sein.

Sehen wir uns einmal die vom Gesetz genannten Umstände genauer an (vgl. auch § 10 Rdn 8). Danach sind zu berücksichtigen: 112

- **Der Umfang der anwaltlichen Tätigkeit**. Hier spielt z. B. der Arbeitsaufwand des RA, insbesondere die zeitliche Dauer der Hauptverhandlung in Strafsachen, eine entscheidende Rolle. Denn es ist schon ein Unterschied, ob die Hauptverhandlung nur eine Stunde oder den ganzen Tag dauert. Es ist auch ein zeitlicher Unterschied, ob ein Strafverteidiger sich mit seinem Mandanten in seiner Kanzlei oder im Untersuchungsgefängnis bespricht. Ähnliche Überlegungen sind z. B. über die Länge von Schriftsätzen oder die Dauer von Vertragsverhandlungen (Besprechungen mit der Gegenpartei im Rahmen der Geschäftsgebühr, Nr. 2300 VV RVG) anzustellen.
- **Die Schwierigkeit der anwaltlichen Tätigkeit**. Unter Umfang der Tätigkeit versteht man den zeitlichen Arbeitsaufwand, wogegen unter Schwierigkeit insbesondere die fachlichen Anforderungen an den RA gemeint sind. Hier ist an Fälle zu denken, in denen erhebliche, im Normalfall nicht vorkommende Probleme juristischer oder nicht juristischer Art auftauchen. Es kann sich hierbei um juristische Spezialkenntnisse handeln, über die nicht jeder RA verfügt, oder z. B. um Fremdsprachenkenntnisse des RA, der einen Ausländer verteidigt.
- **Die Bedeutung der Angelegenheit**. Hier ist die Bedeutung gemeint, die die Angelegenheit für den Auftraggeber hat – nicht die Bedeutung für den RA. Die Bedeutung kann darin liegen, welche Auswirkungen die Angelegenheit auf die wirtschaftlichen Verhältnisse des Auftraggebers hat, auf seine gesellschaftliche Stellung und auf sein Ansehen im öffentlichen Leben (z. B. bekannter Politiker). In Strafsachen wird die Bedeutung insbesondere daran zu messen sein, wel-

che Folgen eine Verurteilung für den Beschuldigten mit sich bringen würde. Auf den Erfolg der Tätigkeit des RA kommt es hierbei nicht an; es ist also für die Bestimmung der Gebühr gleichgültig, ob der Angeklagte freigesprochen oder verurteilt wird, da die Bedeutung sich an den zu erwartenden Folgen orientiert.

- **Die Vermögens- und Einkommensverhältnisse des Auftraggebers**. Da dies häufig falsch gesehen wird, sei zuerst darauf hingewiesen, dass die Vermögens- und Einkommensverhältnisse des Auftraggebers nicht allein über die Höhe der Gebühr entscheiden, sondern nur neben den anderen genannten Umständen zur Gebührenbestimmung herangezogen werden.

  Dabei werden auch nur die wirtschaftlichen Verhältnisse des Auftraggebers, nicht etwa des erstattungspflichtigen Gegners herangezogen. Ausschlaggebend sind neben der Höhe des Einkommens des Auftraggebers auch seine laufenden Ausgaben und insbesondere seine Unterhaltsverpflichtungen.

  Der Grundgedanke dafür, die wirtschaftlichen Verhältnisse des Auftraggebers mit zu berücksichtigen, liegt darin, dass niemand durch die Inanspruchnahme des RA in wirtschaftliche Not geraten soll. Andererseits soll der, der es sich leisten kann, auch eine höhere Gebühr bezahlen. Da der wirtschaftliche Gesichtspunkt aber nur einer der zu berücksichtigenden Umstände ist, bedeutet dies nicht, dass der „Arme" immer nur die Mindestgebühr und der „Reiche" immer nur die Höchstgebühr bezahlen muss. In diesen Fällen ist aber eine Ermäßigung der aufgrund der anderen Umstände ermittelten Gebühr bzw. eine Erhöhung derselben vorzunehmen.
- **Ein besonderes Haftungsrisiko des RA**. Bei **Satzrahmen**gebühren (z. B. Geschäftsgebühr) **kann** nach § 14 Abs. 1 S. 2 RVG ein besonderes Haftungsrisiko des RA bei der Bemessung der Höhe des Gebührensatzes herangezogen werden. Bei den **Betragsrahmen**gebühren (z. B. in Strafsachen) **muss** ein besonderes Haftungsrisiko des RA nach § 14 Abs. 1 S. 3 RVG berücksichtigt werden. Ein besonders hohes Haftungsrisiko des RA bei ansonsten gleichen Umständen kann sich also gebührenerhöhend auswirken; dies ist dann gegeben, wenn die Gefahr, für eine Pflichtverletzung bei Ausübung der Anwaltstätigkeit haften zu müssen, gegenüber dem Normalfall besonders hoch ist. Dass ein RA für Fehler gegenüber seinem Auftraggeber haften muss, ist normal und in der Bemessung der regulären Gebühren bereits einkalkuliert. Deshalb ist nach § 14 Abs. 1 RVG nur ein außergewöhnliches Haftungsrisiko zusätzlich zu berücksichtigen.
- **Sonstige Umstände**. Nicht zu berücksichtigen sind z. B. hohe Bürokosten des RA oder andere Gesichtspunkte, die mit dem konkreten Einzelfall nichts zu tun haben.

3. Mittelgebühr und Mittelsatz

113 Nach vorstehenden Überlegungen werden die jeweiligen Rahmenhöchstwerte z. B. nur bei den Durchschnitt in außergewöhnlicher Weise übersteigenden Einkommens- und Vermögensverhältnissen und gleichzeitig besonderer Schwierigkeit der anwaltlichen Tätigkeit angemessen sein. Der Mindestwert des Gebührenrahmens wird z. B. nur dann in Betracht kommen, wenn die wirtschaftlichen Verhältnisse des Auftraggebers schwach sind und gleichzeitig der Fall für den RA besonders einfach ist.

114 Wegen der im Einzelfall zum Teil erheblichen Schwierigkeit, die angemessene Gebühr zu finden, hilft man sich im **Regelfall** damit, dass ein Mittelwert in Ansatz gebracht wird. Bei Betragsrahmengebühren wird die so genannte **Mittelgebühr** und bei Gebührensatzrahmen der **Mittelsatz** berechnet. Der Mittelwert ist bei mittleren Umständen im Sinne des § 14 RVG angemessen, also bei mittleren Einkommens- und Vermögensverhältnissen, mittlerer Bedeutung der Angelegenheit usw. Die Mittelgebühr bzw. der Mittelsatz liegen genau in der Mitte des jeweiligen Gebührenrahmens und lassen sich am schnellsten so ausrechnen:

$$\text{Betragsrahmengebühr (Mittelgebühr)} = \frac{\text{Mindest- + Höchstgebühr}}{2} = \frac{40 + 270}{2} = 155{,}00 \text{ Euro}$$

$$\text{Satzrahmengebühr (Mittelsatz)} = \frac{\text{Mindest- + Höchstsatz}}{2} = \frac{0{,}5 + 2{,}5}{2} = 1{,}5$$

Liegen im Einzelfall außergewöhnliche Umstände vor, so ermäßigt oder erhöht man die Mittelgebühr bzw. den Mittelsatz entsprechend, wobei man allerdings innerhalb der Mindest- und Höchstwerte des Gebührenrahmens bleiben muss. Auf diese Weise benutzt man also meist den Mittelwert zumindest als Ansatzpunkt, wenn keine durchschnittlichen Umstände vorliegen. 115

Jedoch wird man insbesondere bei der Geschäftsgebühr (Nr. 2300 Anm. Abs. 1 VV RVG) nicht nur auf den Mittelwert sehen können, sondern bei dem sehr weiten Gebührenrahmen von 0,5 bis 2,5 für diese Gebühr wird es in erster Linie auf den Arbeitsaufwand des RA ankommen. Hier wird bei der Bestimmung des Gebührensatzes im konkreten Einzelfall auch ein Blick in die die Rechtsprechung zu vergleichbaren Fällen hilfreich sein. Näheres siehe § 4 Rdn 3 ff.

Den Höchstbetrag bzw. den Mindestbetrag des Rahmens wird man als konkrete Gebühr im Einzelfall nur dann nehmen können, wenn mehrere – aber nicht unbedingt alle – der in § 14 RVG genannten Umstände dafür sprechen. Liegt auch nur ein einziger Umstand außerhalb des Normalen, ist aber ein Abweichen von dem Mittelwert bereits gerechtfertigt. Andererseits kann aber ein überdurchschnittlicher Umstand durch einen unterdurchschnittlichen auch sozusagen ausgeglichen werden.

Merke:

Bei Rahmengebühren nimmt man im Regelfall den Mittelwert des Gebührenrahmens, den man bei Vorliegen außergewöhnlicher Umstände entsprechend angemessen ermäßigt oder erhöht.

4. Die Berechnung der Rahmengebühr im Einzelfall

Dieses Kapitel ist speziell für diejenigen Leserinnen und Leser vorgesehen, die sich sehr eingehend mit der Bestimmung der Höhe von Rahmengebühren, insbesondere der Geschäftsgebühr im Einzelfall beschäftigen wollen. 116

Hinweis: 117

Die nachstehenden Überlegungen basieren auf einem Aufsatz von *Otto*, NJW 2006, 1472 ff., der dort den Versuch unternimmt, praktische Hinweise zur Bestimmung der im Einzelfall angemessenen Rahmengebühr zu geben. Ministerialrat *Klaus Otto* hat seinerzeit im Bundesjustizministerium maßgeblich an der Gesetzesfassung des RVG mitgewirkt. Da Anwälte und auch die Gerichte offenkundig große Probleme mit der Ermittlung der für die Bearbeitung einer ganz bestimmten Angelegenheit angemessenen Rahmengebühr haben, ist es zweckdienlich, objektive und nachvollziehbare Kriterien zur Hand zu haben, mit deren Hilfe sich in fast jedem Einzelfall die zutreffende Gebühr innerhalb des Rahmens finden lässt. Zu diesem Zweck werden die grundlegenden Schritte zur Bestimmung der im Einzelfall richtigen Gebühr bei Rahmengebühren hier in der in einem Lehrbuch gebotenen Kürze dargestellt.

Nach § 14 Abs. 1 RVG sind „vor allem" Umfang und Schwierigkeit der anwaltlichen Tätigkeit bei der Bestimmung der jeweiligen Gebühr im Einzelfall zu berücksichtigen. **Umfang und Schwierigkeit** sind daher die wichtigsten Kriterien des § 14 RVG; die übrigen dort genannten Gesichtspunkte 118 (siehe Rdn 111 f.) werden erst sozusagen zur Feinabstimmung herangezogen. Umfang und Schwierigkeit sind im Übrigen nicht das Gleiche.

- Der **Umfang** der Tätigkeit ergibt sich aus dem zeitlichen Aufwand, den der RA in einer Angelegenheit erbringen muss. Der RA wird hierzu wohl die für die Besorgung eines Geschäfts benötigten Arbeitszeiten nachvollziehbar festhalten müssen.
- Die **Schwierigkeit** ergibt sich aus dem Ausmaß der Arbeit und der damit verbundenen Mühe, die der RA in einer Angelegenheit erbringen muss. Eine Tätigkeit ist schwierig, wenn große Probleme zu bewältigen sind, die im Regelfall nicht vorhanden sind. Zu denken wäre hier z. B. an erforderliche Fremdsprachenkenntnisse des RA oder die Tätigkeit in nicht alltäglichen Rechtsgebieten. Dies wird der RA erläutern müssen.

Wann ist nun eine anwaltliche Tätigkeit umfangreich, wann schwierig? Zur Beurteilung dieser Frage wird von der Überlegung auszugehen sein, wie die **durchschnittlichen Fälle** aussehen, in denen dann die im vorigen Kapitel dargestellte **Mittelgebühr** zu berechnen wäre.

119 Da der **Umfang** als Bemessungskriterium sich aus dem zeitlichen Aufwand des RA ergibt, ist festzustellen, wie hoch der durchschnittliche Zeitaufwand eines RA zur Erledigung eines bestimmten Geschäfts sein wird. Das wäre der Zeitaufwand, bei dem die Erhebung der Mittelgebühr aus Sicht des Gesetzgebers gerechtfertigt wäre. Daher seien die folgenden Überlegungen aus dem oben genannten Aufsatz von Otto als Anhaltspunkte in den Raum gestellt, allerdings sinngemäß umgestellt auf die heute geltenden Beträge:

- Bei **Betragsrahmengebühren** kann im Prinzip davon ausgegangen werden, dass der Gesetzgeber den Umfang der erforderlichen Anwaltstätigkeit bei der Festlegung des jeweiligen Gebührenrahmens bereits berücksichtigt hat. Der Durchschnitt liegt jedes Mal in der Mitte des Rahmens, also bei der Mittelgebühr. Um den durchschnittlichen Zeitaufwand in dem Gebührenrahmen zu ermitteln, nimmt man die für die jeweilige Tätigkeit vorgesehene Mittelgebühr und vergleicht sie mit dem durchschnittlichen Stundensatz (hier angenommen mit 220 Euro/Stunde), der von Anwälten bei Vergütungsvereinbarungen gefordert wird.
  Beispiele für Terminsgebühren in Strafsachen:

Nr. ... VV RVG	Mittelgebühr	geteilt durch Stundensatz	durchschnittlicher Zeitaufwand
4108	330,00 €	330,00 : 220 = 1,5	circa 1 1/2 Stunden
4114	383,50 €	383,50 : 220 = 1,74	circa 1 3/4 Stunden
4120	635,50 €	635,50 : 220 = 2,89	circa 3 Stunden

  Sollte nun eine Hauptverhandlung länger oder kürzer dauern als im Durchschnitt, so kann die Terminsgebühr innerhalb des Rahmens höher oder niedriger angesetzt werden. Zur Ermittlung der durchschnittlichen Stundensätze siehe § 4 Rdn 86 f.
- Bei **Satzrahmengebühren** kann zur Feststellung des durchschnittlichen Zeitaufwandes anwaltlicher Tätigkeit hilfsweise die Justizstatistik herangezogen werden (s. hierzu https://www.statistischebibliothek.de/mir/receive/DEHeft_mods_00169447, s. dort die verlinkte Excel-Datei und dort das Blatt: 24231–04: Dauer des Verfahrens, Streitwert, Prozesskostenhilfe vor dem Amtsgericht). Die in der Praxis wichtigste Satzrahmengebühr ist die Geschäftsgebühr (Nr. 2300 Anm. Abs. 1 VV RVG), bei der im Durchschnittsfall ein Gebührensatz von 1,3 vom Gesetzgeber als zutreffend betrachtet wird. Wird ein Gegenstandswert von 6.000 Euro zugrunde gelegt, beträgt eine 1,3 Gebühr 538,20 Euro. Mit Hilfe eines Stundensatzes von 220 Euro pro Stunde lässt sich nun berechnen, welcher Arbeitsaufwand für die Geschäftsgebühr vom Gesetzgeber im durchschnittlichen Fall zugrunde gelegt wurde. Die Rechnung ergibt nach den Vorstellungen des Gesetzgebers einen durchschnittlichen Arbeitsaufwand für außergerichtliche anwaltliche Vertretungstätigkeit von etwa zweieinhalb Stunden (538,20 : 220 = 2,45). Der Gegenstandswert im konkreten Einzelfall spielt bei dieser auf Durchschnittswerten basierenden

Überlegung keine Rolle, da er später bei der Gebührenberechnung beim Ablesen der Gebühr aus der Tabelle Berücksichtigung findet. Entscheidend ist nur das Ergebnis dieser Berechnung, welches besagt, dass bei einem Gebührensatz von 1,3 in durchschnittlichen Fällen etwa zweieinhalb Stunden Arbeitszeit des RA aufzuwenden sind.

Bei der **Schwierigkeit** ist vom Normalfall auszugehen; bei besonderen Problemen ist die Sache schwierig, bei Fehlen eines jeden Problems ist die Sache vermutlich einfach. Mathematisch wird sich dies wohl kaum berechnen lassen. Bei einer durchschnittlichen Schwierigkeit ist von der **Mittelgebühr** des Rahmens auszugehen. Zur Frage der Schwierigkeit gibt es Hinweise aus der Rechtsprechung, welche Tätigkeiten als durchschnittlich, eher einfach oder deutlich schwieriger anzusehen sind: 120

Als **durchschnittlich schwierig** sieht die Rechtsprechung in vielen Fällen z. B.

- die außergerichtliche Regulierung von „üblichen" Verkehrsunfällen,
- Mietstreitigkeiten,
- Streitigkeiten bei Mängeln aus Kaufverträgen.

Als in der Regel **einfach** werden z. B. folgende Sachverhalte genannt:

- grundsätzlich die Durchsetzung von unstreitigen Ansprüchen, die sich ohne besondere Anstrengung aus dem Gesetz oder aus einem Vertrag ableiten lassen,
- also etwa die Eintreibung von Kaufpreisforderungen oder
- die Einziehung von Zahlungsrückständen, z. B. von Darlehensraten oder aus Abonnementsverträgen
- oder auch die Kündigung von Wohnungsmietverträgen wegen Mietrückständen.

Demgegenüber können meist als **schwierig** die folgenden Rechtsfälle angesehen werden:

- Vertretung bei der Abwicklung von Verkehrsunfällen, bei denen mehrere Fahrzeuge beteiligt sind,
- Vertretung bei der Abwicklung von Verkehrsunfällen, wenn schwerwiegende Unfallfolgen bestehen, wie z. B. lange Arbeitslosigkeit, Geschäftseinbußen bei Selbstständigen oder die finanziellen Folgen für die Hinterbliebenen eines bei einem Unfall Getöteten,
- familienrechtliche Streitigkeiten, die sich lange hinziehen und bei denen sich ständig neue Streitpunkte ergeben,
- Streitigkeiten, bei denen schwierige technische Fragen zu klären sind,
- Streitigkeiten, bei denen ausgedehnte medizinische Gutachten eine Rolle spielen, wie z. B. bei schwerwiegenden Unfallfolgen oder bei Streitigkeiten über die Haftpflicht eines Arztes,
- Tätigkeit an Wochenenden oder an Feiertagen,
- Tätigkeiten unter hohem Zeitdruck (z. B. bei einstweiliger Verfügung, bei drohender Verjährung).

Nun erfolgen die weiteren **Überlegungen in drei Schritten**: 121

(1) Nachdem nun im konkreten Einzelfall die Kriterien „Umfang" und „Schwierigkeit" daraufhin überprüft worden sind, ob sie dem Durchschnitt entsprechen oder darüber oder darunter liegen, wird für jedes Kriterium getrennt der entsprechend begründete Gebührensatz festgelegt.

(2) Sodann werden diese beiden sich ergebenden Gebührensätze addiert und durch zwei geteilt. Auf diese Weise ergibt sich der durchschnittliche Gebührensatz der Kriterien „Umfang" und „Schwierigkeit".

(3) Die weiteren Kriterien des § 14 RVG (Bedeutung der Sache, Einkommensverhältnisse des Auftraggebers, Haftungsrisiko des RA) werden nun daraufhin untersucht, ob sie über- oder unterdurchschnittlich sind; gegebenenfalls wird der in (2) berechnete Gebührensatz entsprechend erhöht oder gesenkt.

Beispiele:

Wie könnte in Fällen außergerichtlicher Vertretung bei der Bestimmung der Höhe der Geschäftsgebühr (Nr. 2300 Anm. Abs. 1 VV RVG i. V. m. § 14 RVG) vorgegangen werden?

Die im Folgenden genannten Gebührensätze sind nur **Vorschläge** für die nachstehenden Beispielsrechnungen, die in der Praxis von den jeweiligen Umständen des konkreten Falles abhängig sind:

a) Vertretung in einer Verkehrsunfallsache gegenüber der Versicherung bei „normalen" Unfallfolgen (Die Gerichte sprechen hierbei vom „durchschnittlichen Verkehrsunfall"):

Umfang: Der RA hat etwa drei Arbeitsstunden aufgewendet; Gebührensatz 1,3.

Schwierigkeit: Es wurde ein Gutachten erstellt und es entstand Schriftverkehr mit der Versicherung, also normale Schwierigkeit; Gebührensatz 1,3.

Der sich daraus ergebende Gebührensatz beträgt (1,3 + 1,3) : 2 = 1,3.
Die restlichen Kriterien sind durchschnittlich, sodass es bei dem Gebührensatz von 1,3 verbleibt.

b) Vertretung in einer Verkehrsunfallsache bei einem leichten Unfall gegenüber der Versicherung:

Umfang: Der RA hat etwa eine Arbeitsstunde aufgewendet; Gebührensatz 0,8.

Schwierigkeit: Nach einem Schreiben an die Versicherung hat diese die geforderte Summe sofort gezahlt; Gebührensatz 0,8.

Der sich daraus ergebende Gebührensatz beträgt (0,8 + 0,8) : 2 = 0,8.
Die restlichen Kriterien sind durchschnittlich, sodass es bei dem Gebührensatz von 0,8 verbleibt.

c) Vertretung in einer Verkehrsunfallsache gegenüber der Versicherung:

Umfang: Der RA hat etwa eineinhalb Arbeitsstunden aufgewendet; Gebührensatz 0,9.

Schwierigkeit: Nach zwei Schreiben an die Versicherung und der Auswertung eines Gutachtens des Kfz-Sachverständigen hat diese die geforderte Summe gezahlt; Gebührensatz 1,3.

Der sich daraus ergebende Gebührensatz beträgt (0,9 + 1,3) : 2 = 1,1.
Die restlichen Kriterien sind durchschnittlich, sodass es bei dem Gebührensatz von 1,1 verbleibt.

d) Vertretung in einer Verkehrsunfallsache gegenüber der Versicherung bei schwerwiegenden Unfallfolgen:

Umfang: Der RA hat etwa vier Arbeitsstunden aufgewendet; Gebührensatz 1,5.

Schwierigkeit: Nach mehreren Schreiben an die Versicherung und Telefonaten und der Auswertung von zwei medizinischen Gutachten und eines Gutachtens des Kfz-Sachverständigen wurde in einer Besprechung mit dem Bevollmächtigten der Versicherung eine Einigung erzielt; Gebührensatz 2,3.

Der sich daraus ergebende Gebührensatz beträgt (1,5 + 2,3) : 2 = 1,9.
Die restlichen Kriterien sind durchschnittlich, sodass es bei dem Gebührensatz von 1,9 verbleibt. Wegen der erhöhten Schwierigkeit und des Umfangs der vielen Gutachten darf die Gebühr 1,3 übersteigen (Nr. 2300 Anm. Abs. 1 VV RVG).

e) Vertretung in einer Kaufpreissache; die Forderung ergibt sich unstrittig aus dem Kaufvertrag:

Umfang:	Der RA hat nur 20 Minuten Arbeitszeit aufgewendet; Gebührensatz 0,5.
Schwierigkeit:	Nach Erhalt nur eines Aufforderungsschreibens kündigt der Schuldner an, er wolle nach der nächsten Gehaltszahlung die Forderung begleichen, was nach 4 Tagen geschieht; Gebührensatz 0,5.

Der sich daraus ergebende Gebührensatz beträgt (0,5 + 0,5) : 2 = 0,5.
Es handelt sich um einen einfachen Fall der Inkassotätigkeit für eine unbestrittene Forderung nach Nr. 2300 Anm. Abs. 2 VV RVG – hier schreibt das Gesetz den Gebührensatz 0,5 vor.
Hätte der Schuldner erst nach einer weiteren Mahnung gezahlt, dann könnte der Umfang z. B. mit 0,9 bewertet werden, was zu einem Gebührensatz von 0,7 (0,9 + 0,5 : 2) führen könnte – hier ist nur der Umfang stärker zu berücksichtigen, schwieriger wurde das nicht.

Hinweis:

Aus der Rechtsprechung zur Geschäftsgebühr sind noch diese Beispiele nützlich:

Nach der Rechtsprechung des Bundesgerichtshofs ist eine Erhöhung der Geschäftsgebühr über die für durchschnittliche Fälle geltende Regelgebühr von 1,3 hinaus nach Nr. 2300 Anm. Abs. 1 VV RVG nur gerechtfertigt, wenn die Tätigkeit umfangreich oder schwierig und damit überdurchschnittlich war (BGH, Urteil vom 15.09.2015 – VI ZR 175/14; BGH, Urteil vom 11.07.2012 – VIII ZR 323/11; BGH, Urteil vom 13.11.2013 – X ZR 171/12).

Wegen der Eilbedürftigkeit der Sache und des damit verbundenen Zeitdrucks und erforderlicher Spezialkenntnisse des RA hielt der BGH die Einstufung als schwierig und damit eine 1,5 Geschäftsgebühr für vertretbar (BGH, Urteil vom 17.11.2015 – VI ZR 493/14).

Bei einer schwierigen Beweislage hat der BGH wegen „überdurchschnittlich schwieriger Fragen zur Beweislastverteilung bei groben Pflichtverstößen" eines Hausnotrufs keine Bedenken gegen den Ansatz einer 1,8 Geschäftsgebühr (BGH, Urteil vom 11.05.2017 – III ZR 92/16).

In einem schwierigen Fall, in dem es um Schadenersatzansprüche aus fehlerhafter Anlageberatung ging, hielt der BGH eine 2,3 Geschäftsgebühr „angesichts der Komplexität der Materie" nicht für ungerechtfertigt (BGH, Beschluss vom 20.03.2012 – XI ZB 20/11).

Die Mindestgebühr von 0,5 kommt nur für denkbar einfachste außergerichtliche Anwaltstätigkeiten in Betracht (BGH, Urteil vom 07.05.2015 – III ZR 304/14)

Merke:

Die entscheidenden Kriterien sind bei der Bestimmung der richtigen Gebührenhöhe innerhalb eines Rahmens Umfang und Schwierigkeit der Sache.

Bei einer Betragsrahmengebühr ist bei einer Mittelgebühr des Rahmens von 300 Euro für den Umfang ein zeitlicher Aufwand von etwa eineinhalb Stunden als durchschnittlich zu betrachten; bei Mittelgebühren in anderer Höhe entsprechend mehr oder weniger.

Bei der 1,3 Geschäftsgebühr ist für den Umfang ein Zeitaufwand von etwa zweieinhalb Stunden als durchschnittlich zu betrachten, wobei es nicht auf den Gegenstandswert ankommt.

Bei der Schwierigkeit ist vom Normalfall auszugehen; bei besonderen Problemen ist die Sache schwierig, bei Fehlen eines jeden Problems ist die Sache vermutlich einfach.

Als im Einzelfall richtige Gebühr nimmt man den Mittelwert der jeweils für Umfang und Schwierigkeit berechneten Gebühr.

Die weiteren Kriterien des § 14 RVG kommen nur ergänzend hinzu.

5. Die Geltendmachung von Rahmengebühren

122 Gegenüber dem Auftraggeber können Rahmengebühren im Streitfall meistens nur über den Weg einer Klage im Zivilprozess geltend gemacht werden, da eine Vergütungsfestsetzung gemäß § 11 Abs. 8 RVG bei Rahmengebühren dann unzulässig ist, wenn höhere Gebühren als die Mindestgebühren geltend gemacht werden oder wenn keine Zustimmungserklärung des Auftraggebers vorgelegt werden kann (vergleiche Rdn 82 ff.).

In dem Rechtsstreit des RA mit seinem Auftraggeber über die Höhe der verlangten Rahmengebühren muss nach § 14 Abs. 3 RVG das Gericht ein Gutachten des Vorstandes der Rechtsanwaltskammer über die Angemessenheit der Gebühren einholen. Der RA muss in der Klage alle Gründe angeben, warum er von der Mittelgebühr abgewichen ist, damit dies in dem Gutachten berücksichtigt werden kann.

6. Die Anrechnung von Rahmengebühren aufeinander (§ 14 Abs. 2 RVG)

123 Durch § 14 Abs. 2 RVG wird vorgeschrieben: „Ist eine Rahmengebühr auf eine andere Rahmengebühr anzurechnen, ist die Gebühr, auf die angerechnet wird, so zu bestimmen, als sei der Rechtsanwalt zuvor nicht tätig gewesen.“

Dies kann z. B. Bedeutung haben, wenn aus einem Bußgeldverfahren ein Strafverfahren wird. Der Verteidiger muss dann die Grundgebühr Nr. 5100 VV RVG anrechnen auf die Grundgebühr Nr. 4100 VV RVG, wobei er beide Gebühren im jeweiligen Rahmen so bestimmt, als wäre er erstmalig mit dem Fall befasst. Er kann so für beide Gebühren die Mittelgebühr ansetzen und muss bei der zweiten Gebühr nicht berücksichtigen, dass er sich mit dem Fall schon beschäftigt hat.

III. Die Grundsätze des § 15 RVG

124 *→ Dazu Aufgaben Gruppe 11*

Der § 15 RVG regelt den **Abgeltungsbereich der Gebühren** und definiert diese als **Pauschgebühren**. In den einzelnen Absätzen werden mehrere wichtige Fragen behandelt, die für alle Gebühren gelten und deshalb für das gesamte RVG von **großer Bedeutung** sind:

Absatz 1: **Begriff der Pauschgebühr**
Eine Gebühr entgilt die gesamte Tätigkeit des RA, für die sie gewährt wird vom Auftrag bis zur Erledigung der Angelegenheit.

Absatz 2: **Dieselbe Angelegenheit**
Grundsätzlich darf jede Gebühr nur einmal gefordert werden (Einmaligkeit der Gebühr).

Absatz 3: **Verschiedene Gebührensätze für Teile des Gegenstands**
Sind für Wertteile eines Gegenstandes verschieden hohe Gebührensätze anzuwenden, so erhält der RA zwar für die Teile gesondert berechnete Gebühren, jedoch darf insgesamt nicht mehr als die nach dem Gesamtbetrag und nach dem höchsten anzuwendenden Gebührensatz sich ergebende Gebühr berechnet werden.

Absatz 4: **Vorzeitiges Ende der Tätigkeit**
Eine vorzeitige Beendigung des Auftrages lässt die bereits verdienten Gebühren grundsätzlich unberührt.

Absatz 5: **Neuer Auftrag in derselben Angelegenheit**
Die wiederholte Erteilung eines Auftrages in derselben Angelegenheit führt nicht zu einer Vermehrung der Gebühren, es sei denn, der frühere Auftrag liegt mehr als zwei Kalenderjahre zurück.

Absatz 6: **Beauftragung mit Einzelhandlungen**
Ein in derselben Angelegenheit mit mehreren einzelnen Handlungen beauftragter RA erhält nicht mehr Gebühren als ein RA, der von vornherein mit der gesamten Angelegenheit beauftragt worden wäre.

Eine **wichtige Ergänzung** erfährt der § 15 RVG durch die §§ 16 bis 21 aus dem dritten Abschnitt des RVG. Sie werden bemerkt haben, dass dem Begriff der **„Angelegenheit"** in § 15 RVG eine besondere Bedeutung zukommt. Was eine Angelegenheit ist, wird in den §§ 16 ff. RVG im Einzelnen und sehr ausführlich geregelt (siehe Rdn 147 ff.). Der § 15 RVG und die §§ 16 ff. RVG ergänzen sich, woraus sich letztlich ergibt, wie viele Gebühren und Auslagenpauschalen (Nr. 7002 VV RVG) ein RA für die Erledigung eines Auftrages erhält. 125

Die sechs Absätze des § 15 RVG werden in den nachfolgenden Kapiteln erläutert.

1. Eine Gebühr gilt die gesamte Tätigkeit des RA ab

Nach **§ 15 Absatz 1 RVG** entgelten die Gebühren, soweit gesetzlich nichts anderes bestimmt ist, die gesamte Tätigkeit des RA vom Auftrag bis zur Erledigung der Angelegenheit. Deshalb spricht man hier auch von **Pauschgebühren**. 126

Beispiel:

In einem Zivilprozess fertigt ein RA insgesamt 17 Schriftsätze. Er erhält dafür nur eine einzige Verfahrensgebühr gemäß §§ 2, 13 RVG, Nr. 3100 VV RVG.

Für gerichtliche Verfahren ist insbesondere in § 19 Abs. 1 Ziff. 1 bis 17 RVG geregelt, was zu einem Rechtszug gehört, insbesondere mit welchen Handlungen des RA eine Angelegenheit beendet ist (siehe Rdn 153 ff. und auch § 1 Rdn 13 ff.: „Pauschgebühren").

Merke:

Der RA erhält Pauschgebühren, die für seine Tätigkeit vom Anfang bis zum Ende einer Angelegenheit nur einmal entstehen.

2. Grundsätzlich kann eine Gebühr nur einmal gefordert werden

Nach **§ 15 Absatz 2 RVG** darf der RA die Gebühren **in derselben Angelegenheit** nur einmal fordern. Hat beispielsweise der RA von Anfang an den unbedingten Auftrag, eine Forderung einzuklagen, so wird er zunächst versuchen, die Forderung mittels eines anwaltlichen Aufforderungsschreibens einzufordern. Erst nachdem der vorherige außergerichtliche Versuch, die Forderung beizutreiben, erfolglos verlaufen ist, wird er die Klage einreichen. In diesem Fall ist die auftragsgemäße Beitreibung der Forderung auf dem Klageweg eine einzige Angelegenheit. Für das zuerst erstellte Aufforderungsschreiben mit Klageauftrag erhält der RA keine besonderen Gebühren, da es mit zur Vorbereitung der später eingereichten Klageschrift zählt. Dies wird auch durch § 19 Abs. 1 Ziff. 1 RVG ausdrücklich so angeordnet. 127

Beispiel:

Ein RA fertigt auftragsgemäß ein Aufforderungsschreiben, wobei er bereits unbedingten Klageauftrag hat. Da das Aufforderungsschreiben schon zur Vorbereitung der Klage gehört, könnte er hierfür eine Verfahrensgebühr nach den §§ 2, 13 RVG, Nr. 3100 VV RVG beanspruchen, die ihm jedoch nach der besonderen Vorschrift des Nr. 3101 Ziff. 1 VV RVG dann nur als eine 0,8 Verfahrensgebühr erwächst, wenn der Schuldner vor Einreichung der Klageschrift zahlt.

Falls der Schuldner dagegen nicht zahlt und die Klage eingereicht wird, entsteht hierfür die 1,3 Verfahrensgebühr nach den §§ 2, 13 RVG, Nr. 3100 VV RVG und das Aufforderungsschreiben wird dann als Vorbereitungstätigkeit nicht gesondert berechnet.

128 Dass die Gebühren in einer Angelegenheit nur einmal entstehen können, ist sicherlich nicht schwer zu verstehen. Was jedoch eine Angelegenheit ist, ist schon nicht mehr so einfach zu erklären. Der BGH hat einmal den **Begriff der Angelegenheit** so definiert:

Eine **Angelegenheit** ist der Rahmen, innerhalb dessen sich die anwaltliche Tätigkeit abspielt, wobei in der Regel der dem Anwalt erteilte **Auftrag entscheidend ist**.

129 Eine Angelegenheit kann durchaus mehrere **Gegenstände** umfassen, falls der erteilte Auftrag mehrere Gegenstände einbezieht. So können z. B. in einer Klage (= Angelegenheit) eine Kaufpreisforderung und eine Schadenersatzforderung (= zwei Gegenstände) geltend gemacht werden.

Als **Gegenstand** sieht man das Recht oder Rechtsverhältnis, auf das sich die anwaltliche Tätigkeit aufgrund des Auftrages bezieht.

130 Da das RVG den Begriff der Angelegenheit nicht definiert, hat man in der Rechtsprechung versucht, das Vorliegen einer **Angelegenheit** an **drei Voraussetzungen** zu knüpfen:

- Eine Angelegenheit liegt vor, wenn ein **einheitlicher Auftrag** besteht.
- Bei Verfolgung mehrerer Gegenstände muss der **gleiche Rahmen** eingehalten werden; es werden also z. B. mehrere Gegenstände in einer Klage oder in einem Aufforderungsschreiben geltend gemacht.
- Bei verschiedenen Gegenständen muss ein **innerer Zusammenhang** zwischen den Gegenständen bestehen; so können z. B. mehrere Unfallopfer wegen desselben Verkehrsunfalls ihre unterschiedlichen Schadenersatzansprüche in einer Klage geltend machen.

Hieraus ergeben sich folgende Überlegungen: Wird eine Klage nach Einreichung abgeändert, so ist der Rechtsstreit auch nach der Änderung noch dieselbe Angelegenheit. Dagegen liegt eine neue Angelegenheit vor, wenn eine bereits eingereichte Klage zurückgenommen und später neu erhoben wird, da mit der Zurücknahme der erste Auftrag erledigt war.

Beispiel:

RA Nimm erhält Klageauftrag. Nachdem er die Klageschrift eingereicht hat, nimmt der Auftraggeber, Herr Angst, den Klageauftrag zurück, worauf RA Nimm die Klage auftragsgemäß zurücknimmt. Die Sache ist damit erledigt. RA Nimm berechnet eine 1,3 Verfahrensgebühr (Nr. 3100 VV RVG) und eine Auslagenpauschale.

Später ruft der Angst an, und bittet, die Klage erneut einzureichen, da er sich jetzt sicher sei, den Prozess zu gewinnen. RA Nimm berechnet ein zweites Mal eine 1,3 Verfahrensgebühr und eine Auslagenpauschale.

Wird dagegen ein Rechtsmittel zurückgenommen, z. B. weil Zweifel an der Zulässigkeit des Rechtsmittels entstanden sind, und danach das Rechtsmittel nach Ausräumung der Zweifel innerhalb der Rechtsmittelfrist erneut eingelegt, so liegt nur eine Angelegenheit vor. So sieht das die Rechtsprechung, denn solange noch Zweifel bestehen, ist der dem RA erteilte Auftrag noch nicht erledigt.

131 Zwei Angelegenheiten liegen ferner vor, wenn in einer Verkehrsunfallsache der RA sich zuerst an die Kaskoversicherung des Geschädigten und später an die Haftpflichtversicherung des Unfallschuldigen wendet, da hier verschiedene Anspruchsgegner vorliegen. Andererseits handelt es sich um nur eine Angelegenheit, wenn sich die Verhandlungen mit der Haftpflichtversicherung über

mehrere Jahre hinziehen, oder wenn der Geschädigte als Auftraggeber des RA zuerst nur Sachschaden und später auch noch Schmerzensgeld von der Haftpflichtversicherung fordert.

Hinweis:

Umstritten ist, ob die Einholung einer **Deckungszusage der Rechtsschutzversicherung** durch den RA gebührenrechtlich eine besondere Angelegenheit ist. Der BGH hat entschieden, dass unter dem Gesichtspunkt des Verzugsschadens Anwaltskosten für die Einholung einer Deckungszusage der Rechtsschutzversicherung des Geschädigten – unabhängig von der Frage, ob es sich hierbei um eine besondere Angelegenheit im Sinne des § 18 RVG handelt – nicht zu erstatten sind, wenn die Inanspruchnahme anwaltlicher Hilfe zur Einholung der Deckungszusage nicht erforderlich war (BGH, Urteil vom 13.12.2011 – VI ZR 274/10). Die meisten RAe sehen denn auch die Einholung der Deckungszusage als kostenlosen Service für den Mandanten an.

Das OLG Celle sowie das OLG Düsseldorf verlangen, das der RA den Mandanten darüber belehren muss, wenn er für die Einholung der Deckungszusage eine besondere Gebühr berechnen will (OLG Celle, Urteil vom 12.01.2011 – 14 U 78/10; OLG Düsseldorf, Urteil vom 08.02.2011 – I-24 U 112/09).

Nur eine Angelegenheit liegt auch vor, wenn mehrere Personen in einer Klage gegen denselben Gegner vorgehen. Dabei muss der Auftrag gleichzeitig und gemeinsam von den Streitgenossen an den RA erteilt worden sein. Wenn die Streitgenossen den RA jedoch nacheinander an verschiedenen Terminen beauftragt und bevollmächtigt haben, dann liegen verschiedene Angelegenheiten vor. 132

Beispiel:

Nach einem Unfall beauftragt der Vater am 15. Juni den RA mit der Geltendmachung von Schadenersatzansprüchen. Am 20. Juni beauftragt die ebenfalls durch diesen Unfall verletzte volljährige Tochter den RA mit der Geltendmachung von Schmerzensgeld. Auch wenn es nur einen Prozess gegen den Unfallverursacher gibt, handelt es sich für den RA um zwei gebührenpflichtige Angelegenheiten (AG Bielefeld, Urteil vom 29.09.2017 – 401 C 158/17). Der RA sollte dann auch zwei Akten anlegen, damit deutlich wird, dass es sich um zwei Angelegenheiten handelt.

Geht der Rechtsstreit durch mehrere Instanzen, so gilt nach § 17 Nr. 1 RVG **jede Instanz als verschiedene Angelegenheit**, d. h., in jedem Rechtszug entsteht z. B. die Verfahrensgebühr und die Terminsgebühr neu. Eine neue Instanz, in der sämtliche Gebühren neu entstehen, beginnt grundsätzlich dann, wenn ein Gericht höherer Ordnung mit dem Verfahren über ein Rechtsmittel befasst wird. 133

Im Hinblick auf die Gebühren gilt sozusagen als eigene Angelegenheit auch jeder einzelne Tätigkeitsbereich, für den das RVG eine besondere Pauschgebühr vorsieht. Solche Vorschriften finden sich in den §§ 17 und 18 RVG.

Beispiele:

Gemäß § 18 Abs. 1 Ziff. 16 RVG gelten ein Zwangsvollstreckungsauftrag an den Gerichtsvollzieher und ein Verfahren zur Abnahme der Vermögensauskunft jeweils als besondere Angelegenheit, obwohl es sich für den RA um nur einen Vollstreckungsauftrag seines Mandanten handelt. Deshalb kann die Vollstreckungsgebühr (Nr. 3309 VV RVG) ein zweites Mal entstehen und auch die Auslagenpauschale nach Nr. 7002 VV RVG. Der BGH (z. B. Beschluss vom 20.09.2018 – I ZB 120/17) hat hierzu entschieden, dass die gesamten zu einer bestimmten Vollstreckungsmaßnahme gehörenden, miteinander in einem inneren Zusammenhang stehenden

Einzelmaßnahmen von der Vorbereitung der Vollstreckung bis zur Befriedigung des Gläubigers oder bis zum sonstigen Abschluss der Vollstreckung dieselbe gebührenrechtliche Angelegenheit bilden. Dabei stehen nur diejenigen Einzelmaßnahmen in einem inneren Zusammenhang, welche die einmal eingeleitete Maßnahme mit demselben Ziel der Befriedigung fortsetzen.

Nach § 17 Ziff. 2 RVG sind das gerichtliche Mahnverfahren und der sich anschließende Prozess zwei Angelegenheiten, sodass – wenn auch die Verfahrensgebühren aufeinander angerechnet werden – die Pauschale für Entgelte für Post- und Telekommunikationsdienstleistungen (Nr. 7002 VV RVG) doppelt berechnet werden kann. (Zur Anrechnung von Gebühren siehe weiter unten in Rdn 144 f. und in § 6 Rdn 29 ff.)

Zusätzlich beschreibt der § 19 Abs. 1 Ziff. 1 bis 17 RVG, was zu einem Rechtszug gehört bzw. welche Tätigkeiten des RA besondere gebührenrechtliche Angelegenheiten bilden.

Merke:

Jede Gebühr kann in derselben Angelegenheit nur einmal gefordert werden.

Das Verfahren über ein Rechtsmittel ist eine neue Angelegenheit.

Der Umfang einer Angelegenheit wird im Wesentlichen durch den erteilten Auftrag bestimmt.

134 Es gibt aber auch nicht zu § 15 Absatz 2 RVG gehörende Fälle, in denen das RVG durch **Anrechnungsvorschriften** ausdrücklich bestimmt, dass Gebühren nur einmal anfallen, obwohl es sich eigentlich um zwei Angelegenheiten handelt. Ein solcher Fall läge vor, wenn der RA den Auftrag gehabt hätte, zu versuchen, eine Forderung erst einmal nur außergerichtlich beizutreiben. Für das Aufforderungsschreiben wäre erst einmal eine Geschäftsgebühr gemäß den §§ 2, 13, 14 RVG, Nr. 2300 VV RVG entstanden. Das Aufforderungsschreiben wäre dann auftragsgemäß eine erste Angelegenheit gewesen.

Falls nun das Aufforderungsschreiben ohne Erfolg bleibt, wird der Auftraggeber Klageauftrag erteilen. Dieser nachträglich erteilte Klageauftrag ist nun eine zweite Angelegenheit, für die eigentlich eine zusätzliche Verfahrensgebühr gemäß den §§ 2, 13 RVG, Nr. 3100 VV RVG entstehen müsste. Hier bestimmt nun Vorbemerkung 3 Abs. 4 des Vergütungsverzeichnisses des RVG ausdrücklich, dass die bereits entstandene Geschäftsgebühr auf die Verfahrensgebühr des anschließenden, mit der früheren Tätigkeit zusammenhängenden, gerichtlichen Verfahrens (zur Hälfte) anzurechnen ist. Dass die Geschäftsgebühr auf die später erwachsende Verfahrensgebühr anzurechnen ist, bedeutet, dass die Geschäftsgebühr (zur Hälfte) in der Verfahrensgebühr aufgeht, bzw. im Endergebnis, dass nur die Verfahrensgebühr in voller Höhe berechnet werden darf und von der Geschäftsgebühr nur die Hälfte übrig bleibt. Berechnungsbeispiele hierzu finden Sie in § 4 Rdn 28 ff. und § 4 Rdn 32 f.

Die vorstehend erläuterte Anrechnungsvorschrift ist durch die nur hälftige Anrechnung leider etwas kompliziert geregelt worden. Es gibt auch einfachere Beispiele. Ein RA hat Auftrag, das gerichtliche Mahnverfahren durchzuführen. Zur Erledigung dieses Auftrages reicht er den Antrag auf Erlass des Mahnbescheides bei Gericht ein. Nachdem der Gegner Widerspruch eingelegt hat, geht die Sache in den Zivilprozess über; der RA wird auftragsgemäß auch in dem Prozess tätig. Auch in diesem Fall hat der RA zwei Aufträge nacheinander bearbeitet. Für das Mahnverfahren erhält er eine 1,0 Verfahrensgebühr gemäß §§ 2, 13 RVG, Nr. 3305 VV RVG. Für den Prozess als zweite Angelegenheit erhält er eine 1,3 Verfahrensgebühr gemäß §§ 2, 13 RVG, Nr. 3100 VV RVG. Da es sich um zwei Angelegenheiten handelt (§ 17 Ziff. 2 RVG), müsste der RA nach § 15 Abs. 2 RVG eigentlich beide Gebühren erhalten. Auch in diesem Fall greift jedoch als Sonderregelung eine Anrechnungsvorschrift, die als Anmerkung in Nr. 3305 VV RVG steht, sodass letzten Endes in diesem

Fall nur die 1,3 Verfahrensgebühr (Nr. 3100) übrig bleibt und die 1,0 Verfahrensgebühr (Nr. 3305) gänzlich in dieser untergeht. Hierzu folgendes Beispiel:

Beispiel:

Ein RA reicht auftragsgemäß einen Antrag auf Erlass eines Mahnbescheids wegen einer Forderung von 5.000,00 € ein und berechnet dafür eine 1,0 Verfahrensgebühr gemäß §§ 2, 13 RVG, Nr. 3305 VV RVG. Da der Schuldner Widerspruch gegen den Mahnbescheid einlegt und Antrag auf Durchführung des streitigen Verfahrens gestellt worden ist (den Antrag können sowohl der Antragsteller als auch der Antragsgegner stellen), geht die Sache anschließend in den Zivilprozess über. Der RA erhält nun von seinem Auftraggeber Klageauftrag und reicht die Klagebegründung ein. Auf die dafür entstehende 1,3 Verfahrensgebühr gemäß §§ 2, 13 RVG, Nr. 3100 VV RVG wird die bereits entstandene 1,0 Verfahrensgebühr nach der Anmerkung in Nr. 3305 VV RVG angerechnet. Die 1,3 Verfahrensgebühr beträgt in diesem Beispiel 460,85 €. Darauf ist die 1,0 Verfahrensgebühr für das Mahnverfahren (Nr. 3305), also 354,50 €, anzurechnen, sodass der RA im Ergebnis nur die 460,85 € Verfahrensgebühr erhält. Die Verfahrensgebühr für das Mahnverfahren verschwindet also sozusagen in der Verfahrensgebühr für den Prozess.

Beispiel:

Wie vorstehend. Nachdem der Schuldner Widerspruch eingelegt hat, erteilt der Auftraggeber Klageauftrag über 7.000,00 €. Der anschließende Zivilprozess betrifft also die 5.000,00 € aus dem Mahnverfahren und zusätzlich werden noch weitere 2.000,00 € eingeklagt. Die 1,3 Verfahrensgebühr für den Prozess beträgt nun 615,55 €. Darin geht die 1,0 Verfahrensgebühr für das Mahnverfahren von 354,50 € wieder voll auf.

Beispiel:

Wie vorstehend. Der RA erhält jetzt aber nur Klageauftrag über 3.000,00 €, da der Schuldner nach Erhalt des Mahnbescheids 2.000,00 € gezahlt hat. Nach Zustellung der Klage zahlt der Beklagte auch den Restbetrag. Die 1,3 Verfahrensgebühr für den Prozess beträgt nun nur 306,15 €. Die Anrechnung der 1,0 Verfahrensgebühr für das Mahnverfahren gestaltet sich hier etwas schwieriger, da die **Degression der Gebührentabelle** zu berücksichtigen ist. Das hat zur Folge, dass die 1,0 Verfahrensgebühr nur nach dem Wert der gerichtlichen Tätigkeit angerechnet werden darf, also nur nach 3.000,00 €, anstatt nach den im Mahnverfahren geltend gemachten 5.000,00 €. Die mit der Tätigkeit nur im Mahnverfahren wegen der 2.000,00 € verdiente 1,0 Verfahrensgebühr bleibt dagegen erhalten, da dieser Teil des Auftrages mit der Zahlung durch den Schuldner erledigt ist.

I. Vergütungsrechnung für das Mahnverfahren

Gegenstandswert: 5.000,00 €

1,0	Verfahrensgebühr im Mahnverfahren gem. §§ 2, 13 RVG, Nr. 3305 VV RVG*	354,50 €
20 %	Pauschale für Post- und Telekommunikationsentgelte (für Mahnverfahren) ** gem. § 2 Abs. 2 S. 1 RVG, Nr. 7002 VV RVG	20,00 €
		374,50 €
19 %	USt. gem. § 2 Abs. 2 S. 1 RVG, Nr. 7008 VV RVG	71,16 €
		445,66 €

II. Vergütungsrechnung für den Zivilprozess

Gegenstandswert: 3.000,00 €

1,3	Verfahrensgebühr im Prozess gem. §§ 2, 13 RVG, Nr. 3100 VV RVG	306,15 €
hierauf ist nach der Anmerkung zu Nr. 3305 VV RVG anzurechnen:*		
– 1,0	Verfahrensgebühr im Mahnverfahren gem. §§ 2, 13 RVG, Nr. 3305 VV RVG **(Wert: 3.000,00 €!)**	– 235,50 €
		70,65 €
20 %	Pauschale für Post- und Telekommunikationsentgelte (für Prozess)** gem. § 2 Abs. 2 S. 1 RVG, Nr. 7002 VV RVG (20 % der 1,3 Verfahrensgebühr)	20,00 €
		90,65 €
19 %	USt. gem. § 2 Abs. 2 S. 1 RVG, Nr. 7008 VV RVG	17,22 €
		107,87 €

Eine Terminsgebühr entsteht hier nicht, da der Schuldner vor dem Termin gezahlt hat.

* Die Mahnverfahrensgebühr wird angerechnet, d. h., sie geht in der Verfahrensgebühr für den Prozess unter. In diesem Fall muss sie abgezogen werden, da sie bereits für das Mahnverfahren in der ersten Rechnung erhoben worden ist, jedoch nur nach dem Wert, der im Prozess noch übrig geblieben ist.

** Die Auslagenpauschale entsteht in jeder Angelegenheit. Mahnverfahren und Prozess sind zwei Angelegenheiten. Die Auslagenpauschale für den Prozess wird von der 1,3 Verfahrensgebühr **vor** der Anrechnung der Mahnverfahrensgebühr, also von 288,60 € berechnet (sie beträgt jedoch höchstens 20,00 €); siehe hierzu auch Rdn 204 ff.

In vorstehender Berechnung wurde also jener Teilbetrag der Verfahrensgebühr für den Prozess in Höhe von 70,65 € zusätzlich zur Verfahrensgebühr für das Mahnverfahren (Rechnung I.) belassen, der sich aus der Tätigkeit im Prozess ergibt, da die Gebühr für das Mahnverfahren nur nach dem Wert der prozessualen Tätigkeit angerechnet werden musste (siehe auch Rdn 204 ff., § 4 Rdn 28 ff. und § 4 Rdn 32 f.).

Merke:

Ein Auftrag = Eine Angelegenheit = Eine Vergütungsrechnung.

Zwei Aufträge = Zwei Angelegenheiten = Zwei Vergütungsrechnungen.

Hinweis:

In bestimmten Fällen führen zwei oder mehrere Aufträge nach § 15 Abs. 5 und 6 RVG **nicht** zu zwei oder mehreren Angelegenheiten (siehe Rdn 138 ff. und Rdn 142 f.).

Merke:

In gewissen, im RVG genannten Fällen, liegen zwar mehrere Angelegenheiten vor, jedoch wird durch **Anrechnungsvorschriften** geregelt, dass bestimmte Gebühren aufeinander angerechnet werden, sodass im Ergebnis auch nur eine Gebühr entsteht.

3. Verschiedene Gebührensätze für Teile des Gegenstands

Sind für Teile des Gegenstandswertes **verschiedene Gebührensätze** (z. B. 0,8 und 1,3) anzuwenden, so sind die Gebühren für die einzelnen **Wertteile** gesondert zu berechnen. Sie dürfen aber insgesamt nicht mehr betragen als die Gebühr nach dem höchsten verwendeten Gebührensatz (z. B. 1,3) aus den zusammengerechneten Wertteilen des Gegenstandswertes (**§ 15 Absatz 3 RVG**). Diese Vorschrift zwingt den RA zum Vergleich, was für den Mandanten bzw. erstattungspflichtigen Gegner „günstiger" ist: Die zusammengerechnete Gebühr nach den einzelnen Teilwerten oder die nach dem höchsten verwendeten Gebührensatz aus dem Gesamtbetrag berechnete Gebühr. 135

Beispiel:

Es entsteht innerhalb einer Angelegenheit eine 0,8 Verfahrensgebühr (Nr. 3101 Ziff. 1 VV RVG) nach einem Wertteil von 6.000,00 € und eine 1,3 Verfahrensgebühr (Nr. 3100 VV RVG) nach einem Wertteil von 18.000,00 €. Der RA kann berechnen:

0,8	Verfahrensgebühr gem. §§ 2, 13 RVG, Nr. 3101 Ziff. 1 VV RVG nach dem Wert von 6.000,00 €	331,20 €
1,3	Verfahrensgebühr gem. §§ 2, 13 RVG, Nr. 3100 VV RVG nach dem Wert von 18.000,00 €	1.062,10 €
		1.393,30 €
	Der RA ist durch § 15 Abs. 3 RVG zu folgender vergleichenden Berechnung gezwungen:	
1,3	Verfahrensgebühr gem. §§ 2, 13 RVG, Nr. 3100 VV RVG nach dem Gesamtwert von 24.000,00 €	**1.205,10 €**

Da der Betrag einer Gebühr mit dem höchsten verwendeten Gebührensatz von 1,3 nach dem gesamten Gegenstandswert geringer als die Summe der beiden zusammengerechneten Gebühren ist, kann der RA nur 1.205,10 € in Ansatz bringen.

Die Bestimmung des § 15 Absatz 3 RVG ist im Wesentlichen anzuwenden, wenn z. B. folgende Gebühren in einer Angelegenheit zusammentreffen: 136

- 0,8 Verfahrensgebühr bei vorzeitiger Erledigung (Nr. 3101 Ziff. 1 VV RVG) und 1,3 Verfahrensgebühr (Nr. 3100 VV RVG)
- 0,8 Differenz-Verfahrensgebühr bei Einigung über nicht rechtshängige Ansprüche (Nr. 3101 Ziff. 2 VV RVG) und 1,3 Verfahrensgebühr (Nr. 3100 VV RVG)
- 1,1 Differenz-Verfahrensgebühr bei Einigung über nicht rechtshängige Ansprüche (Nr. 3201 Anmerkung Ziff. 2 VV RVG) und 1,6 Verfahrensgebühr (Nr. 3200 VV RVG) in der Berufungsinstanz
- 1,0 Einigungsgebühr bei rechtshängigen Ansprüchen (Nr. 1003 VV RVG) und 1,5 Einigungsgebühr bei nicht rechtshängigen Ansprüchen (Nr. 1000 VV RVG)
- 1,3 Einigungsgebühr bei in der Berufungs- oder Revisionsinstanz rechtshängigen Ansprüchen (Nr. 1004 VV RVG) und 1,5 Einigungsgebühr bei nicht rechtshängigen Ansprüchen (Nr. 1000 VV RVG)
- Erhöhte Verfahrens- oder Geschäftsgebühr, wenn mehrere Auftraggeber nur teilweise am Gegenstand gemeinsam beteiligt sind (Nr. 1008 Anmerkung Abs. 2 VV RVG) und nicht erhöhte Verfahrens- oder Geschäftsgebühr für den Rest des Gegenstands.

Merke:

Sind für Wertteile des Gegenstandes unterschiedlich hohe Gebührensätze zu berechnen, so wird für jeden Wertteil die Gebühr gesondert berechnet, jedoch darf die Summe der so errechneten Gebühren nicht höher sein, als die nach dem Gesamtwert und dem höchsten angewendeten Gebührensatz berechnete Gebühr.

Beispiel:

Die Bedeutung des § 15 Abs. 3 RVG soll anhand einer vollständigen Vergütungsrechnung aufgezeigt werden: Der RA hat Klageauftrag über 1.600,00 €. Im ersten Verhandlungstermin wird eine Einigung vom Gericht zu Protokoll genommen, wonach der Beklagte 1.420,00 € an den Kläger zahlt. In diesen Vergleich sind 1.300,00 € mit einbezogen worden, die noch nicht eingeklagt waren.

Gegenstandswert: 2.900,00 € / 1.600,00 € / 1.300,00 €

1,3	Verfahrensgebühr gem. §§ 2, 13 RVG, Nr. 3100 VV RVG (Wert: 1.600,00 €)	228,80 €	
0,8	Differenz-Verfahrensgebühr gem. §§ 2, 13 RVG, Nr. 3101 Ziff. 2 VV RVG (Wert: 1.300,00 €)	107,60 €	
		336,40 €	
	Gemäß **§ 15 Abs. 3 RVG** darf höchstens eine 1,3 Verfahrensgebühr nach der Wertesumme von 2.900,00 € berechnet werden, das wären 306,15 €. Da diese Gebühr hier überschritten wird, sind als Verfahrensgebühren nur zu berechnen:		306,15 €
1,2	Terminsgebühr gem. §§ 2, 13 RVG, Nr. 3104 VV RVG (Wert: 2.900,00 €)		282,60 €
1,0	Einigungsgebühr gem. §§ 2, 13 RVG, Nrn. 1000 Anm. Abs. 1, 1003 VV RVG (Wert: 1.600,00 €)	176,00 €	
1,5	Einigungsgebühr gem. §§ 2, 13 RVG, Nr. 1000 Anm. Abs. 1 VV RVG (Wert: 1.300,00 €)	201,75 €	
		377,75 €	
	Gemäß **§ 15 Abs. 3 RVG** darf höchstens eine 1,5 Einigungsgebühr nach der Wertesumme von 2.900,00 € berechnet werden, das wären 353,25 €. Da diese Gebühr hier überschritten wird, sind als Einigungsgebühren nur zu berechnen:		353,25 €
20 %	Pauschale für Post- und Telekommunikationsentgelte gem. § 2 Abs. 2 S. 1 RVG, Nr. 7002 VV RVG		20,00 €
			962,00 €
19 %	USt. gem. § 2 Abs. 2 S. 1 RVG, Nr. 7008 VV RVG		182,78 €
			1.144,78 €

Wenn Sie diesen Fall und seine Lösung jetzt noch nicht verstanden haben, dann ist das erstens jetzt noch nicht schlimm und zweitens werden Sie die Berechnung der Einigungsgebühr in solchen Fällen schon noch lernen. Wichtig ist an dieser Stelle nur, dass Sie gesehen haben, dass die Anwendung des § 15 Abs. 3 RVG in einer Vergütungsrechnung auch mehrfach vorkommen kann. Sie sollten sich jetzt nur merken, dass Sie immer dann überlegen müssen, ob Sie eine vergleichende Berechnung gemäß § 15 Abs. 3 RVG vorzunehmen haben, wenn eine Gebühr gleicher Art zweimal vorkommt. In diesem Fall ist die Verfahrensgebühr und die Einigungsgebühr jeweils zweimal in der Berechnung vorgekommen.

Beachten Sie die übersichtliche Darstellung der Berechnung der Vergütung mit den **zwei Spalten** für die Beträge in Euro. Auf diese Weise machen Sie sich selbst die Arbeit leichter.

Merke:

Wenn in einer Vergütungsrechnung Gebühren gleicher Art zweimal vorkommen, ist eine Prüfung nach § 15 Abs. 3 RVG zu bedenken.

Es ist sinnvoll und übersichtlich, die Gebühren gleicher Art untereinander in die Berechnung zu schreiben und dann die vergleichende Prüfung nach § 15 Abs. 3 RVG zu dokumentieren.

Dem § 15 Abs. 3 RVG vergleichbare Regelungen gibt es auch in den anderen Kostengesetzen, also dem GKG (§ 36 Abs. 3), dem FamGKG (§ 30 Abs. 3) und dem GNotKG (§ 94 Abs. 1).

4. Bereits verdiente Gebühren fallen nicht wieder weg

Auf bereits entstandene Gebühren ist es ohne Einfluss, wenn sich die Angelegenheit vorzeitig erledigt oder der Auftrag endigt, bevor die Angelegenheit erledigt ist (**§ 15 Absatz 4 RVG**). Dies hängt mit dem Charakter der Gebühren als Pauschgebühren zusammen, sodass es gleichgültig ist, welchen Umfang an Tätigkeiten der RA entwickelt. Es ist also grundsätzlich schon ausreichend, dass der RA nach Erhalt des Auftrages die notwendigen Informationen vom Auftraggeber entgegennimmt. Erledigt sich die Sache z. B. sofort danach, so hat er die Gebühr mit dieser Informationsbeschaffung bereits verdient, sie fällt nicht etwa wieder weg. 137

Beispiel:

Der Gegner zahlt sofort **nach** Zustellung der Klageschrift, weiteres Prozessieren erübrigt sich. Die 1,3 Verfahrensgebühr, die mit Einreichung der Klageschrift entstanden ist, fällt nicht wieder weg, auch nicht teilweise (Nr. 3100 VV RVG).

Das Gesetz schränkt diesen Grundsatz jedoch in einigen Gebührenbestimmungen wieder ein.

Beispiel:

Endigt der Auftrag, **bevor** der RA die Klage bei Gericht eingereicht hat, so erhält er nur eine 0,8 Verfahrensgebühr (Nr. 3101 Ziff. 1 VV RVG).

Bei Rahmengebühren ist nach § 14 RVG auch der Umfang der anwaltlichen Tätigkeit von Bedeutung, sodass bei vorzeitiger Beendigung des Auftrages eine niedrigere Gebühr entsteht, als wenn der Auftrag vollständig durchgeführt worden wäre; dies wäre z. B. bei der Geschäftsgebühr nach Nr. 2300 VV RVG und bei den Rahmengebühren in Straf- und Bußgeldsachen (Nrn. 4100 ff., 5100 ff. VV RVG) zu beachten.

5. Neuer Auftrag in derselben Angelegenheit

In § **15 Absatz 5 RVG** wird bestimmt, dass ein RA, dem zunächst für **Einzeltätigkeiten** wie Schriftsatzanfertigung, Terminsvertretung oder Tätigkeit als Verkehrsanwalt Gebühren erwachsen sind, sich diese Gebühren dann anrechnen lassen muss, wenn er später in derselben Angelegenheit erneut mit Einzeltätigkeiten beauftragt wird, oder wenn er später **als Bevollmächtigter für die ge-** 138

samte Angelegenheit tätig wird und hierfür Gebühren erhält. Das bedeutet, dass er für die vorher erledigten Einzeltätigkeiten und für seine Tätigkeit als Bevollmächtigter insgesamt nur eine so hohe Vergütung beanspruchen darf, wie wenn er von Anfang an Bevollmächtigter für die gesamte Angelegenheit gewesen wäre.

Beispiel:

RA Zeck hat als Terminsvertreter einen Beweistermin wahrgenommen und damit eine 0,65 Verfahrensgebühr (Nr. 3401 VV RVG) und eine 1,2 Terminsgebühr (Nr. 3402 VV RVG) verdient (siehe auch § 7 Rdn 96). Später wird er zum Prozessbevollmächtigten in dieser Angelegenheit bestellt und nimmt an einem weiteren Termin teil, wofür ihm jeweils eine 1,3 Verfahrensgebühr (Nr. 3100 VV RVG) und eine 1,2 Terminsgebühr (Nr. 3104 VV RVG) zustehen. Er muss sich dann jeweils die früher verdienten Gebühren für Einzeltätigkeiten auf die später verdienten Gebühren des Prozessbevollmächtigten anrechnen lassen.

139 Durch § 15 Abs. 5 RVG wird auch der Fall geregelt, wenn ein Auftrag vom Mandanten zurück genommen wird und später in derselben Angelegenheit ein **erneuter Auftrag** erteilt wird.

Beispiel:

RA Mücke erhält den Auftrag, beim Schuldner seines Auftraggebers einen Betrag außergerichtlich beizutreiben. Nach Erhalt eines Aufforderungsschreibens zahlt der Schuldner nicht. Der Mandant entschließt sich, die Sache nicht weiter zu verfolgen und beendet den Auftrag. RA Mücke berechnet eine Geschäftsgebühr nach Nr. 2300 VV RVG.

Nach einem halben Jahr erteilt der Auftraggeber einen erneuten Auftrag zur außergerichtlichen Beitreibung seiner Forderung mit der Begründung, er habe erfahren, dass der Schuldner geerbt habe. RA Mücke übersendet dem Schuldner erneut ein außergerichtliches Aufforderungsschreiben, woraufhin der Schuldner zahlt. Da es sich noch um dieselbe Angelegenheit (dieselbe Forderung) handelt kann hier RA Mücke keine neue Geschäftsgebühr für das zweite Aufforderungsschreiben berechnen. Allenfalls könnte er innerhalb des Rahmens des § 14 RVG eine höhere Gebühr fordern, wenn er zuvor unterhalb des Gebührensatzes von 1,3 geblieben war.

140 Durch § 15 Abs. 5 RVG soll sichergestellt werden, dass der RA keine mehrfachen Gebühren erhält, wenn die Erledigung eines einzelnen Auftrags nicht zur Erledigung der Angelegenheit selbst führt und der RA deswegen einen **weiteren Auftrag** in derselben Angelegenheit erhält. Es wäre jedoch ungerecht, wenn dem RA der neue Auftrag erst nach langer Zeit erteilt würde und er sich völlig neu in die betreffende Sache einarbeiten müsste, ohne dass er hierfür eine hinreichende Vergütung erhielte. Deshalb sieht § 15 Abs. 5 S. 2 RVG vor, das seit der ersten Auftragserteilung nicht mehr als **zwei Kalenderjahre** vergangen sein dürfen, sonst wird der **neue Auftrag** als neue gebührenpflichtige Angelegenheit betrachtet. Das Gesetz unterstellt also, dass ein RA sich noch etwa zwei Jahre an eine Angelegenheit erinnern kann und deswegen keine zusätzlichen Gebühren für eine erneute Einarbeitung erhält. Dies gilt natürlich nicht, wenn die Bearbeitung eines Auftrages mehr als zwei Jahre dauert.

Die 2-Jahresfrist beginnt zum Zeitpunkt der Erledigung des Auftrages, was häufig dem Zeitpunkt entspricht, in dem die Vergütung nach § 8 RVG fällig wird. Die 2-Jahresfrist wird zur Erleichterung nicht in Jahren, sondern in **Kalender**jahren berechnet, sodass die Frist immer an einem 31. Dezember endet.

Hinweis:

Die Zweijahresregel des § 15 Abs. 5 S. 2 RVG bezieht sich nicht auf die Fälligkeit, sondern auf die **Erledigung** des Auftrags. Das bedeutet, dass z. B. bei einem **Ruhen des Verfahrens** der RA immer noch prüfen muss, wann die Fortsetzung des Verfahrens zu beantragen ist. Er ist also weiterhin in der Sache tätig, die so lange nicht erledigt ist, wie sie ruht. Bei Fortsetzung des Verfahrens z. B. erst nach drei Jahren liegt also keine neue Angelegenheit vor (VGH München, Beschluss vom 08.12.2014 – 15 M 14.2529; OVG Bautzen, Beschluss vom 04.01.2018 – 5 E 81/16; OVG Weimar, Beschluss vom 17.12.2018 – 4 VO 812/18).

Beispiel:

RA Leffers hat mit Einverständnis des Auftraggebers als Terminsvertreter einmalig einen Verhandlungstermin am 17.05.2023 wahrgenommen. Hierfür erhielt er eine 0,65 Verfahrensgebühr (Nr. 3401 VV RVG) und eine 1,2 Terminsgebühr (Nr. 3402 VV RVG, siehe auch § 7 Rdn 88 ff.). Am 22.09.2025 wird er zum Hauptbevollmächtigten in dieser Angelegenheit bestellt und nimmt daraufhin an mehreren Terminen mit streitiger Verhandlung teil. Da die zwei Kalenderjahre seit der ersten Auftragserteilung in dieser Angelegenheit aber erst am 31.12.2025 abgelaufen sind, kann RA Leffers auf die ihm jetzt als Prozessbevollmächtigten zustehende 1,3 Verfahrensgebühr nur die ihm sozusagen noch fehlende halbe (0,65) Verfahrensgebühr, aber keine zusätzliche Terminsgebühr mehr verlangen.

Beispiel:

RA Gierig hat Prozessauftrag. Er fordert von seinem Mandanten Arm einen Honorarvorschuss von 900,00 €. Da Arm den Vorschuss nach einem Informationsgespräch nicht zahlt, kündigt RA Gierig den Auftrag und fertigt nicht die Klageschrift. Drei Monate später bezahlt der Arm dem RA den verlangten Vorschuss und beauftragt den RA erneut. Die Klageschrift wird erstellt und bei Gericht eingereicht. In diesem Fall kann RA Gierig nach § 15 Abs. 5 RVG die schon vor der Kündigung angefallenen Gebühren nach drei Monaten nicht noch einmal berechnen.

Beispiel:

Frau Ruppig hat durch RAin Sanders die Scheidung von ihrem Ehemann beantragen lassen. Auf Zureden von RAin Sanders nimmt sie später den Scheidungsantrag zurück. Nach einem halben Jahr reicht sie erneut die Scheidung ein. Hier liegen zwei Angelegenheiten vor, obwohl noch keine zwei Jahre vergangen sind. Denn mit der Zurücknahme des Antrags war die erste Angelegenheit erledigt (AG Ludwigshafen, Beschluss vom 31.08.2016 – 5d F 19/15).

Merke:

Nach § 15 Abs. 5 RVG kann ein RA, der in einer Angelegenheit zunächst nur mit Einzeltätigkeiten beauftragt war, insgesamt nicht mehr Gebühren als ein Prozessbevollmächtigter erhalten, wenn er später einen erneuten Auftrag zu weiteren Einzeltätigkeiten oder zur Gesamtvertretung erhält.

Gleiches gilt, wenn nach Zurücknahme eines Auftrages später ein erneuter Auftrag in derselben Angelegenheit erteilt wird.

Diese Verpflichtung gilt zwei volle Kalenderjahre seit Erledigung des früheren Auftrages und endet immer an einem 31. Dezember.

Innerhalb der zwei Kalenderjahre sind auch vom RVG etwa vorgeschriebene **Anrechnungen von Gebühren** vorzunehmen (§ 15 Abs. 5 S. 2 RVG). Durch diese Anrechnungen wird im Prinzip das gleiche Ergebnis erreicht, wie durch die Regelung des § 15 Abs. 5 RVG. Da nicht immer klar ersichtlich ist, wann der RA im Sinne des § 15 Abs. 5 RVG „in derselben Angelegenheit" zu einem späteren Zeitpunkt „weiter tätig" wird, enthält das RVG jeden Zweifel ausschließende **Anrechnungsbestimmungen**, z. B. an folgenden Stellen: 141

- Beratungsgebühr (§ 34 Abs. 2 RVG)
- Gebühr für die Prüfung der Erfolgsaussicht eines Rechtsmittels (Nr. 2100 VV RVG)

- Beratungsgebühr bei Beratungshilfe (Nr. 2501 Anm. Abs. 2 VV RVG)
- Geschäftsgebühr bei Beratungshilfe (Nr. 2503 Anm. Abs. 2 VV RVG)
- Geschäftsgebühr (Nr. 2300 und Vorbemerkung 3 Abs. 4 VV RVG)
- Verfahrensgebühr bei Urkundenprozess (Nr. 3100 Anm. Abs. 2 VV RVG)
- Verfahrensgebühr im Mahnverfahren (Nr. 3305 VV RVG)
- Verfahrensgebühr für die Einlegung des Widerspruchs im Mahnverfahren (Nr. 3307 VV RVG)
- Grundgebühr des Strafverteidigers (Nr. 4100 Anm. Abs. 2 VV RVG)
- Gebühren für Einzeltätigkeiten des Strafverteidigers (Vorbemerkung 4.3 Abs. 4 VV RVG)
- Gebühren für Einzeltätigkeiten im Bußgeldverfahren (Nr. 5200 Anm. Abs. 3 VV RVG)

Beispiel:

RA Rathmann erteilt dem Vermieter Wille einen Rat in einer Mietsache und berechnet dafür eine Beratungsgebühr. Nach einer Woche erscheint der Wille wieder und beauftragt RA Rathmann mit der Absendung eines Aufforderungsschreibens an den Mieter Faul. Da Faul nicht zahlt, soll RA Rathmann nun ein Mahnverfahren gegen ihn einleiten. Faul legt Widerspruch gegen den ihm zugestellten Mahnbescheid ein. Nun erteilt Wille dem RA Rathmann Prozessauftrag gegen den Faul, um seine Ansprüche im Zivilprozess durchsetzen zu können. Nach Einreichung der Klageschrift zahlt Faul.

Obwohl RA Rathmann in dieser Mietsache mit insgesamt vier gebührenpflichtigen Tätigkeiten (Rat, Aufforderungsschreiben, Mahnverfahren, Prozessauftrag) beauftragt wurde, darf er nur eine 1,3 Verfahrensgebühr (Nr. 3100 VV RVG) berechnen und daneben noch eine halbe Geschäftsgebühr (siehe Vorbemerkung 3 Abs. 4 VV RVG). Sehen Sie sich hierzu die vorstehend aufgeführten Anrechnungsbestimmungen an.

6. Beauftragung mit Einzelhandlungen

142 Der § 15 Absatz 5 RVG wird durch **§ 15 Absatz 6 RVG** ergänzt, indem dort bestimmt wird, dass ein RA für die Ausführung von **mehreren Einzeltätigkeiten**, die zu derselben Angelegenheit gehören, nicht mehr Gebühren beanspruchen darf, als wenn er von Anfang an als Prozessbevollmächtigter alle diese Einzeltätigkeiten erledigt haben würde. Die Höchstgrenze, bis zu der er für die Einzeltätigkeiten insgesamt Gebühren berechnen darf, ist also die einem Prozessbevollmächtigten zustehende Verfahrensgebühr (Nrn. 3100, 3200, 3206, 3309 VV RVG) oder Terminsgebühr (Nrn. 3104, 3202, 3210 VV RVG). Beispiele hierfür sind: Einzelaufträge jeweils zur Anfertigung mehrerer Schriftsätze (Nr. 3403 VV RVG) oder zur mehrfachen Vertretung in der mündlichen Verhandlung (Nrn. 3401, 3402 VV RVG).

Ein Auftrag zu Einzelhandlungen könnte jede einzelne Tätigkeit betreffen, für die ein mit der Durchführung des ganzen Prozesses beauftragter RA keine besonderen Gebühren, sondern nur eine einzige Pauschgebühr erhält, also z. B. einzelne Schriftsätze, einzelne Terminswahrnehmungen oder auch außergerichtliche Vergleichsverhandlungen. Es spielt dabei keine Rolle, ob der RA verschiedene Aufträge erhalten hat, solange es sich um dieselbe Angelegenheit handelt.

Beispiel:

Ein RA erhält folgende Aufträge jeweils als Einzelaufträge: Zustellung des Urteils, Einholung des Rechtskraftzeugnisses, Beauftragung des Gerichtsvollziehers mit der Zwangsvollstreckung, Beantragung einer richterlichen Durchsuchungsanordnung (§ 758a ZPO).

Hätte der RA von Anfang an einen Vollstreckungsauftrag erhalten, so hätte er nur eine einzige **0,3 Verfahrensgebühr** (Vollstreckungsgebühr) nach Nr. 3309 VV RVG erhalten. Also erhält der RA in diesem Fall nach § 15 Abs. 6 RVG auch nicht entsprechend den vier Aufträgen vier

Einzelgebühren sondern nur die genannte 0,3 Verfahrensgebühr. Dies ergibt sich auch aus § 18 Abs. 1 Ziff. 1, § 19 Abs. 1 Ziff. 9, Abs. 2 Ziff. 1 RVG.

Beispiel:

RA Steiner hat auftragsgemäß in einer Prozessangelegenheit vor dem Amtsgericht für den Valentin einen Schriftsatz gefertigt. Er erhält hierfür eine **0,8 Verfahrensgebühr** für sonstige Einzeltätigkeiten (Schriftsatzgebühr) nach Nr. 3403 VV RVG. In der betreffenden Angelegenheit erhält er sodann den Auftrag, die Gewährung von Prozesskostenhilfe zu beantragen. Hierfür erwächst ihm eine **1,0 Verfahrensgebühr** nach Nr. 3335 VV RVG. Später erteilt ihm Valentin in dieser Angelegenheit noch den Auftrag, gegen eine Entscheidung des ersuchten Richters Erinnerung gemäß § 573 Abs. 1 ZPO einzulegen. Für die letzte Tätigkeit berechnet RA Steiner eine **0,5 Verfahrensgebühr** gemäß Nr. 3500 VV RVG. Die Gebühren für die drei einzelnen Handlungen würden insgesamt 2,3 betragen.

Wäre RA Steiner von Valentin zum Prozessbevollmächtigten für die gesamte Angelegenheit bestellt worden, so hätten die drei einzeln ausgeführten Tätigkeiten gemäß § 16 Ziff. 2 und § 19 Abs. 1 Nr. 1, Nr. 4 und Nr. 5 RVG zum Rechtszug gehört und wären mit der **1,3 Verfahrensgebühr** (Nr. 3100 VV RVG) abgegolten gewesen. Deswegen darf RA Steiner nach § 15 Abs. 6 RVG für die drei einzelnen Handlungen auch nur insgesamt eine 1,3 Verfahrensgebühr verlangen. Die dem Prozessbevollmächtigten erwachsende Verfahrensgebühr begrenzt also nach § 15 Abs. 6 RVG die dem nur mit einzelnen Handlungen beauftragten RA zustehenden Gebühren nach oben hin.

Ein Fall, wie in diesem Beispiel, wird in der Praxis in dieser Form nur recht selten vorkommen.

In § 15 Abs. 6 RVG wird zum Grundsatz erhoben, dass z. B. der in einem Prozess nur mit Einzelhandlungen beauftragte RA keine höheren Gebühren erhalten kann, als der Prozessbevollmächtigte für das gesamte Verfahren für die gleichen Tätigkeiten als Pauschgebühren erhalten würde. Damit wird der **Grundsatz der Pauschgebühren** bestätigt (siehe § 1 Rdn 13 ff.).

In § 15 Abs. 6 RVG werden zur Klarstellung neben den einzelnen Handlungen auch Tätigkeiten, die 143
nach § 19 RVG zum Rechtszug oder zum Verfahren gehören, genannt. Dies hat z. B. insbesondere Bedeutung für einen RA, der in einer Zwangsvollstreckungssache lediglich mit der **Erinnerung gegen die Art und Weise der Zwangsvollstreckung** (§ 766 ZPO) beauftragt wird. Gemäß § 19 Abs. 2 Ziff. 2 RVG gehört diese Erinnerung zum Verfahren der Zwangsvollstreckung und würde somit in einer Vollstreckungssache keine zusätzliche Gebühr auslösen. Wenn nun der RA ohne einen Vollstreckungsauftrag zu haben nur mit der Erinnerung nach § 766 ZPO beauftragt wird, würde eigentlich eine 0,5 Verfahrensgebühr für die Erinnerung gemäß Nr. 3500 VV RVG entstehen. Da der RA nach § 15 Abs. 6 RVG jedoch nicht mehr Gebühren erhalten kann als für einen Vollstreckungsauftrag, kann er für diese Erinnerung gemäß § 15 Abs. 6 RVG i. V. m. § 19 Abs. 2 Ziff. 2 RVG nur eine 0,3 Verfahrensgebühr nach Nr. 3309 VV RVG berechnen. Siehe hierzu § 8 Rdn 47.

Der in § 15 Abs. 6 RVG ausgedrückte Grundsatz gilt nicht nur für zivilrechtliche Angelegenheiten, sondern für alle, also auch strafrechtliche oder außergerichtliche Angelegenheiten. So kann z. B. ein RA, der in einer Strafsache nur mit der Durchführung von mehreren Einzeltätigkeiten beauftragt wurde, insgesamt nicht mehr Gebühren erhalten als wenn er für diese Instanz zum Strafverteidiger bestellt worden wäre.

Merke:

Wenn in derselben Angelegenheit ein RA mit mehreren Aufträgen nur zu Einzelhandlungen betraut wird, so erhält er nicht mehr Gebühren als wenn er von vornherein mit der Bearbeitung der gesamten Angelegenheit beauftragt worden wäre.

IV. Die Anrechnung einer Gebühr (§ 15a RVG)

1. Anrechnungswahlrecht des Rechtsanwalts (§ 15a Abs. 1 RVG)

144 Verschiedentlich sieht das RVG vor, dass Gebühren aufeinander anzurechnen sind, wenn der RA in derselben Sache mehrere Aufträge nacheinander erhält. So ist die außergerichtliche Geschäftsgebühr gemäß Vorbemerkung 3 Abs. 4 VV RVG auf die Verfahrensgebühr eines nachfolgenden gerichtlichen Verfahrens (hälftig) anzurechnen. Die im Mahnverfahren entstehende Verfahrensgebühr ist gemäß der Anmerkung zu Nr. 3305 VV RVG auf die Verfahrensgebühr des nachfolgenden Prozesses anzurechnen, ebenso ist die eventuell in einem Mahnverfahren entstehende Terminsgebühr gemäß der Anmerkung Abs. 4 zu Nr. 3104 VV RVG auf die im Prozess entstehende Terminsgebühr anzurechnen.

Im Prinzip wird die **Anrechnung** so vorgenommen, dass die für den ersten Auftrag verdiente Gebühr bei der Berechnung der entsprechenden Gebühr für die zweite Angelegenheit von dieser abgezogen wird. Dadurch verringert sich die Gebühr, auf die angerechnet wird, nicht aber die Gebühr, mit der angerechnet wird. Für eine ausführliche Erläuterung der Anrechnung von Gebühren siehe § 6 Rdn 29 ff.

Sinn dieser Vorschrift ist, dass der Mandant solche Gebühren nicht doppelt bezahlen soll. Durch § 15a RVG hat der Gesetzgeber dafür gesorgt, dass die Anrechnungsvorschriften auf jeden Fall dem Mandanten des RA zugutekommen und der erstattungspflichtige Gegner nur unter bestimmten Umständen die Art der Anrechnung verlangen kann. Nach § 15a Abs. 1 RVG hat der RA ein Wahlrecht, welche der aufeinander anzurechnenden Gebühren er verlangt, jedoch muss er die Anrechnung auf jeden Fall vornehmen. Insbesondere im **Kostenfestsetzungsverfahren** hat § 15a Abs. 3 RVG große Bedeutung, wenn dem Prozess eine außergerichtliche Tätigkeit des RA vorausgegangen ist und die hierfür entstandene **Geschäftsgebühr** auf die Verfahrensgebühr anzurechnen ist.

Der RA hat also ein Wahlrecht, ob er die volle Geschäftsgebühr oder die volle Verfahrensgebühr verlangt – jedoch darf er gesetzlich insgesamt nicht mehr verlangen, als nach der vorgeschriebenen Anrechnung verbleibt.

2. Die Anrechnung gegenüber einem erstattungspflichtigen Dritten (§ 15a Abs. 3 RVG)

145 Durch den § 15a RVG wird die Wirkung der Anrechnung sowohl im Innenverhältnis zwischen Mandant und RA (Abs. 1) als auch im Außenverhältnis gegenüber erstattungspflichtigen Dritten (Abs. 3) geregelt. Insbesondere kann sich nach § 15a Abs. 3 RVG ein Dritter grundsätzlich nicht auf die Art der Anrechnung berufen und so keine ungerechtfertigten Vorteile für sich herausschinden. In einem Kostenfestsetzungsbeschluss kann demnach eine **Verfahrensgebühr** auch dann in voller Höhe festgesetzt werden, wenn zuvor bereits eine **Geschäftsgebühr** entstanden ist. Im Kostenfestsetzungsverfahren gegen den erstattungspflichtigen Gegner findet also im Regelfall keine Anrechnung einer (halben) Geschäftsgebühr statt. Dies ist ein Vorteil für den Mandanten. Gegenüber seinem Mandanten muss der RA die Anrechnung allerdings vornehmen.

Das Beispiel einer Vergütungsrechnung mit Hinweisen zur Kostenfestsetzung finden Sie in § 4 Rdn 34 ff.

Hinweis:

Es soll allerdings sichergestellt werden, dass ein ersatzpflichtiger Dritter nicht mehr Gebühren erstatten muss, als der Mandant unter Berücksichtigung der Anrechnungsvorschriften seinem RA schuldet. Gemäß § 15a Abs. 3 RVG kann der zur Kostenerstattung verpflichtete Schuldner deshalb nur dann verlangen, dass eine Gebühr ihm gegenüber angerechnet wird,

- wenn er den Anspruch auf eine der beiden Gebühren bereits erfüllt hat, also wenn er z. B. eine der beiden Gebühren bereits gezahlt hat oder
- wenn wegen einer dieser Gebühren bereits ein Vollstreckungstitel gegen ihn besteht oder
- wenn Erstattungsansprüche auf beide Gebühren in demselben Verfahren gegen ihn geltend gemacht werden, also wenn z. B. beide Gebühren gegen ihn eingeklagt wurden. Dies könnte dann der Fall sein, wenn im Prozess die außergerichtlich entstandene Geschäftsgebühr voll als Verzugsschaden mit eingeklagt wurde und die Verfahrensgebühr für die Vertretung im Prozess zu den festzusetzenden Verfahrenskosten gehört.

Merke:

Wenn der RA in derselben Sache mehrere Aufträge nacheinander erhält, sind bestimmte Gebühren aufeinander anzurechnen, damit der Mandant oder der erstattungspflichtige Gegner diese Gebühren nicht doppelt zahlen muss.

Gegenüber dem Mandanten wird in der Regel die für den ersten Auftrag verdiente Gebühr bei der Berechnung der entsprechenden Gebühr für die zweite Angelegenheit von dieser abgezogen – insbesondere wenn die erste Gebühr bereits abgerechnet und bezahlt wurde.

Die Anrechnungsvorschriften betreffen vornehmlich das Verhältnis zwischen dem Mandanten und dem RA und der erstattungspflichtige Gegner kann nur unter bestimmten Umständen die Art der Anrechnung verlangen.

Bei der Kostenfestsetzung nach einem Zivilprozess wird gegenüber dem erstattungspflichtigen Gegner grundsätzlich die volle Verfahrensgebühr festgesetzt, ohne Anrechnung einer eventuell zuvor entstandenen Geschäftsgebühr.

3. Die Anrechnung mehrerer Gebühren auf eine Gebühr (§ 15a Abs. 2 RVG)

Falls ein RA zunächst wegen verschiedener Gegenstände jeweils getrennt tätig wird und dann diese 146
Gegenstände in einer gemeinsamen Angelegenheit weiter bearbeitet werden, dann sind die einzelnen Gebühren auf die in der gemeinsamen Angelegenheit entstehende Gebühr ganz oder teilweise (je nach der anzuwendenden Anrechnungsbestimmung) anzurechnen. Zum Beispiel könnten mehrere vorgerichtlich entstandene Geschäftsgebühren auf die Verfahrensgebühr eines nachfolgenden Prozesses angerechnet werden müssen oder vor dem Prozess könnte es mehrere selbständige Beweisverfahren wegen einzelner Gegenstände gegeben haben.

Gemäß § 15a Abs. 2 RVG ist der anzurechnende Betrag für jede anzurechnende Gebühr gesondert zu ermitteln. Jedoch darf der Gesamtbetrag der Anrechnung denjenigen Anrechnungsbetrag nicht übersteigen, der sich ergeben würde, wenn eine einzige Gebühr anzurechnen wäre, die sich aus dem Gesamtbetrag der betroffenen Wertteile nach dem höchsten für die Anrechnungen einschlägigen Gebührensatz berechnet. Dies heißt, dass § 15 Abs. 3 RVG anzuwenden ist (siehe Rdn 135 ff.).

Beispiel:

Anzurechnen sind:

eine 1,3 Geschäftsgebühr (Wert: 18.000,00 €) = 1.062,10 € und
eine 0,8 Geschäftsgebühr (Wert: 2.000,00 €) = 140,80 €
auf
eine 1,3 Verfahrensgebühr (Wert: 20.000,00 €) = 1.133,60 €.

Dann ist **im ersten Schritt** folgende Prüfung nach § 15a Abs. 2 S. 1 RVG vorzunehmen:

Anrechnungsbeträge der beiden Geschäftsgebühren:

0,65 Geschäftsgebühr (Wert: 18.000,00 €) = 531,05 €
0,4 Geschäftsgebühr (Wert: 2.000,00 €) = 70,40 €
Beide anzurechnenden Gebühren zusammen betragen 601,45 €.

Nach Anrechnung beider hälftigen Geschäftsgebühren verbleibt von der 1,3 Verfahrensgebühr (1.133,60 €) ein Betrag in Höhe von 532,15 €.

Im zweiten Schritt ist gemäß § 15a Abs. 2 S. 2 RVG höchstens eine 0,65 Geschäftsgebühr (höchster Anrechnungssatz) aus den addierten Werten (20.000,00 €) mit 566,80 € anzurechnen.

Bei Anrechnung einer 0,65 Gebühr nach dem Wert von 20.000,00 € mit 566,80 beträgt die Verfahrensgebühr 566,80 €.

Also ist die Anrechnung 1.133,60 € – 566,80 €, sodass von der Verfahrensgebühr nach § 15a Abs. 2 RVG der höhere Betrag in Höhe von 566,80 € verbleibt.

D. Der Begriff der Angelegenheit (§§ 16 bis 21 RVG)

147 Der **dritte Abschnitt** des Paragrafenteils des RVG ist eine **wichtige Ergänzung des § 15 RVG**, worin geregelt ist, dass der RA für seine Tätigkeit in einer bestimmten Angelegenheit nur einmalige Pauschgebühren erhalten kann, gleichgültig, wie viele Einzelhandlungen er zur Erledigung der Angelegenheit ausgeführt hat (siehe Rdn 124 ff.).

Dass der RA die Gebühren in einer Angelegenheit nur einmal verlangen kann, hört sich einfach an, ist es aber nicht. Je nach Fall wird man auf Fragen stoßen wie, mit welcher Tätigkeit die Angelegenheit anfängt und womit sie aufhört. Zwischen Anfang und Ende liegen weitere Einzeltätigkeiten, bei denen man sich fragen wird, ob sie noch zu der Angelegenheit gehören, oder nicht doch schon zu einer anderen, neuen Angelegenheit.

148 Zur Beantwortung dieser Fragen wird die **Abgrenzung der Angelegenheit** durch die §§ 16 bis 21 RVG geregelt, und zwar für alle Gebühren und für alle Verfahren an dieser Stelle im dritten Abschnitt zusammengefasst. Durch die Konzentration der Abgrenzungsvorschriften in dem dritten Abschnitt weiß man zwar immer, wo nach den Abgrenzungsvorschriften zu suchen ist, andererseits sind aber auch schon einige Seiten Gesetzestext zusammengekommen, was das Finden nicht gerade leichter macht.

Hinweis:

Im Umgang mit dem RVG ist es besonders wichtig, dass Sie verstanden haben, welchen Regelungsinhalt jeweils die §§ 16 bis 21 haben, da Sie mit diesem Wissen das Sie interessierende Problem meist leichter finden werden, ohne sieben Seiten Gesetzestext lesen zu müssen.

Auch wenn § 15 RVG noch im zweiten Abschnitt steht, gehört er doch mit den im dritten Abschnitt stehenden §§ 16 bis 21 RVG zusammen. Die einzelnen Paragrafen haben in ihrem Zusammenspiel die folgenden Rollen zu erfüllen: 149

- In § 15 RVG ist die **grundlegende Regelung** enthalten, also die **Einmaligkeit der Pauschgebühren** in einer Angelegenheit. Der Begriff der Angelegenheit wird durch die §§ 16 bis 19 RVG geklärt.
- In § 16 RVG steht eine Aufzählung von Tätigkeiten, die jeweils **dieselbe Angelegenheit** bilden. Damit werden Zweifel ausgeräumt, ob diese Tätigkeiten gemeinsam zu einer Angelegenheit gehören oder zu mehreren Angelegenheiten.
- In § 17 RVG wird genau das Gegenteil von § 16 RVG geregelt, indem vorgeschrieben wird, welche Tätigkeiten **verschiedene Angelegenheiten** bilden.
- In § 18 RVG werden Tätigkeiten aufgelistet, die grundsätzlich **besondere Angelegenheiten** sein sollen, wobei es nicht darauf ankommt, mit welchen anderen Tätigkeiten sie zusammentreffen. Sie finden hier hauptsächlich aufgeführt, welche Maßnahmen bei Tätigkeiten in Zwangsvollstreckungssachen als besondere Angelegenheiten besondere Gebühren auslösen.
- In § 19 RVG werden dem jeweiligen Rechtszug oder Verfahren **Vorbereitungs-, Neben- und Abwicklungstätigkeiten** und solche Verfahren zugeordnet, die mit dem Rechtszug oder Verfahren zusammenhängen.
- In § 20 RVG wird geregelt, inwieweit die **Abgabe oder Verweisung** eines Prozesses von einem Gericht zu einem anderen einen neuen Rechtszug darstellt, in dem die Gebühren neu entstehen.
- In § 21 RVG wird angeordnet, dass die **Zurückverweisung** eines Prozesses von einem Rechtsmittelgericht an das untergeordnete Gericht einen neuen Rechtszug darstellt, in dem die Gebühren neu entstehen.

Die §§ 16 bis 21 RVG werden in den folgenden Kapiteln noch kurz genauer vorgestellt, wobei es an dieser Stelle sinnlos ist, diese umfangreichen Paragrafen vollständig zu behandeln. Es werden die im Sinne dieses Buches bedeutsamen Stellen herausgegriffen und dargestellt, wobei bestimmte Teile besser später in Beziehung zu bestimmten Gebührenvorschriften behandelt werden; so werden z. B. insbesondere die Vorschriften, die sich mit den Angelegenheiten der Zwangsvollstreckung befassen, im Zusammenhang mit den Gebühren für Vollstreckungsaufträge dort dargestellt.

> **Merke:**
>
> **Wichtig** ist, dass Sie verstanden haben, welchen **Regelungszweck** jeweils die §§ 16 bis 21 RVG haben. Dann finden Sie schneller heraus, was zu einer Angelegenheit gehört und was nicht.

I. Dieselbe Angelegenheit (§ 16 RVG)

Nach § 15 Abs. 2 RVG darf der RA in derselben Angelegenheit die Gebühren nur einmal fordern. Da der **Begriff der Angelegenheit** in § 15 RVG nicht definiert ist, klärt **§ 16 RVG**, welche bestimmten Tätigkeiten zu einer Angelegenheit gehören sollen. Im Wesentlichen handelt es sich gemäß § 16 RVG in folgenden Fällen um nur eine, also **dieselbe Angelegenheit**: 150

- Das Verfahren, in dem über den Antrag auf Prozesskostenhilfe entschieden wird, und nach der Bewilligung der Prozesskostenhilfe der anschließende Prozess (Ziff. 2)
- Mehrere Verfahren in demselben Rechtszug, welche die Bewilligung, Aufhebung oder Änderung der Prozesskostenhilfe oder die Anordnungen von Zahlungen betreffen, oder der erneute Antrag auf Bewilligung der Prozesskostenhilfe, nachdem der erste Antrag wegen fehlender Begründung abgelehnt worden ist (Ziff. 3)

- Das Ehescheidungsverfahren und die im Verfahren ebenfalls erledigten Folgesachen wie Sorgerecht, Unterhalt und Versorgungsausgleich (Ziff. 4), dies gilt auch für die Aufhebung einer Lebenspartnerschaft
- Mehrere Verfahren über a) die Erinnerung oder b) die Beschwerde im Kostenfestsetzungsverfahren gelten als dieselbe Angelegenheit (Ziff. 10)

Die Aufzählung in § 16 RVG ist eine vollständige, sodass es andere als die genannten Fälle in derselben Angelegenheit nicht gibt.

II. Verschiedene Angelegenheiten (§ 17 RVG)

151 Den Gegensatz zu § 16 RVG regelt § 17 RVG in einer vollständigen Aufzählung die Fälle, in denen verschiedene Angelegenheiten bestehen. Selbst wenn der RA nur einen Auftrag erhalten hat, liegen bei diesen Sachverhalten also verschiedene Angelegenheiten vor, in denen die Gebühren jeweils getrennt berechnet werden. Im Wesentlichen handelt es sich bei den folgenden in **§ 17 RVG** aufgeführten Sachen um **verschiedene Angelegenheiten**:

- Das gerichtliche Mahnverfahren und der sich eventuell anschließende Prozess (Ziff. 2)
- Das vereinfachte Verfahren über den Unterhalt Minderjähriger und das auf Antrag stattfindende streitige Verfahren (Ziff. 3)
- Das Verfahren über die Anordnung eines Arrestes, den Erlass einer einstweiligen Verfügung oder einer einstweiligen Anordnung mit dem jeweiligen Verfahren in der Hauptsache (Ziff. 4)
- Der Urkunden- und Wechselprozess und das anschließend stattfindende Nachverfahren (Ziff. 5)
- Bestimmte Güte- und Schlichtungsverfahren und der anschließende Prozess (Ziff. 7)
- Das strafrechtliche Ermittlungsverfahren und
  a) der nachfolgende Hauptprozess oder
  b) ein nach Einstellung des Ermittlungsverfahrens sich anschließendes Bußgeldverfahren (Ziff. 10)
- Das Bußgeldverfahren vor der Verwaltungsbehörde und das nachfolgende gerichtliche Verfahren vor dem Amtsgericht (Ziff. 11)

Dies hat insbesondere Bedeutung für die Anrechnung von Gebühren und die Berechnung der Postentgeltpauschale und der Dokumentenpauschale (Nrn. 7000 und 7002 VV RVG).

III. Besondere Angelegenheiten (§ 18 RVG)

152 In **§ 18 RVG** werden in einer vollständigen Aufstellung solche Tätigkeiten aufgelistet, die grundsätzlich selbstständige, also **besondere Angelegenheiten** sein sollen, wobei es nicht darauf ankommt, mit welchen anderen Tätigkeiten sie zusammentreffen. Das bedeutet, dass der RA, der eine der aufgezählten Tätigkeiten ausübt, dafür immer besondere Gebühren erhält, gleichgültig, welche Gebühren für andere Tätigkeiten er daneben noch erhält. Dies ergibt sich aus § 15 Abs. 2 RVG, wonach der RA die Pauschgebühren in derselben Angelegenheit nur einmal fordern kann, d. h., in verschiedenen Angelegenheiten kann er sie folglich mehrfach berechnen.

Im Wesentlichen handelt es sich bei den folgenden in **§ 18 Abs. 1 RVG** aufgeführten Sachen um **besondere Angelegenheiten**:

- Jede einzelne Vollstreckungsmaßnahme vom Beginn bis zur Erledigung dieser Maßnahme (Ziff. 1)
- Beschwerden und Erinnerungen sind grundsätzlich besondere gebührenrechtliche Angelegenheiten (Ziff. 3), wobei nach § 16 Ziff. 10 RVG mehrere Erinnerungen und Beschwerden in einem Kostenfestsetzungsverfahren dieselbe Angelegenheit sind
- Das Verfahren auf Zulassung der Austauschpfändung (Ziff. 7)

- Das Verfahren über Anträge auf anderweitige Verwertung (Ziff. 8)
- Das Verteilungsverfahren (Ziff. 10)
- Das Verfahren auf Eintragung einer Zwangssicherungshypothek (Ziff. 11)
- Das Verfahren zur Abnahme der Vermögensauskunft (Ziff. 16).

Die meisten der in § 18 RVG aufgeführten besonderen Angelegenheiten betreffen Tätigkeiten im **Zusammenhang mit Zwangsvollstreckungsmaßnahmen**. Deshalb wird der Katalog des § 18 RVG in dem Kapitel über die Gebührenberechnung bei Aufträgen zur Zwangsvollstreckung in diesem Zusammenhang noch ausgiebig behandelt (siehe § 8).

IV. Vorbereitungs-, Neben- und Abwicklungstätigkeiten (§ 19 RVG)

In **§ 19 RVG** wird angeordnet, dass zu einem Rechtszug oder einem Verfahren auch alle **Vorbereitungs-, Neben- und Abwicklungstätigkeiten** sowie **Nebenverfahren** gehören. Dies bedeutet, dass diese genannten Tätigkeiten alle **zusammen eine einzige Angelegenheit** bilden, sodass die Gebühren nur einmal entstehen können. Dies gilt nur dann nicht, wenn eine dieser Tätigkeiten schon in § 18 RVG als besondere Angelegenheit genannt ist. 153

Mit einem **Rechtszug** ist ein Prozess in erster oder in Rechtsmittelinstanz gemeint. Mit einem **Verfahren** ist jedes Verfahren gemeint, also auch z. B. ein Verfahren der Zwangsvollstreckung oder das gerichtliche Mahnverfahren. 154

Der Begriff des Rechtszuges bzw. des Verfahrens wird im Kostenrecht teilweise anders als im Verfahrensrecht aufgefasst. Während prozessrechtlich gesehen nur Handlungen, die sich direkt mit einem gerichtlichen Verfahren befassen, zum Rechtszug (= Instanz) gehören, beginnt die Tätigkeit des Rechtsanwalts schon **vor** Einreichung der Klage und endet erst **nach** Zustellung des Urteils. Durch § 19 RVG erfolgt eine entsprechende Klarstellung.

Prozessrechtlich ist ein Rechtszug der Verfahrensabschnitt eines Rechtsstreits vor einem bestimmten Gericht. Das gerichtliche Verfahren beginnt im ersten Rechtszug vor dem durch das Verfahrensrecht festgelegten Gericht der ersten Instanz und kann durch Einlegung von Rechtsmitteln in den zweiten und gegebenenfalls in den dritten Rechtszug vor die jeweils übergeordneten Gerichte kommen.

Die möglichen Instanzenzüge sind: AG → LG → BGH (in Familiensachen: AG → OLG → BGH) oder LG → OLG → BGH. Die gerichtliche Instanz beginnt mit der Einreichung der Klage bzw. des Rechtsmittels und endet mit dem Erlass des Endurteils.

Gebührenrechtlich beschreibt § 19 RVG für Prozessverfahren und andere gerichtliche Verfahren, was im Sinne des § 17 Nr. 1 RVG unter einem Rechtszug verstanden wird. Der Rechtszug im Sinne des Verfahrensrechts stimmt demnach mit dem Rechtszug im Sinne des Gebührenrechts nicht überein. Gebührenrechtlich beginnt der Rechtszug schon **vor** Inanspruchnahme des Gerichts, nämlich mit dem Auftrag, und endet mit der Erledigung der Angelegenheit durch den RA (§ 15 Abs. 1 RVG), d. h. erst **nach** der Entscheidung, die die gerichtliche Instanz oder das gerichtliche Verfahren abschließt.

Durch § 19 RVG wird also der § 15 RVG ergänzt, wie schon zuvor dargestellt wurde (vgl. auch Rdn 124 ff., Rdn 147 ff.). In § 15 Abs. 1 RVG wird bestimmt, dass die Gebühren die gesamte Tätigkeit des RA vom Auftrag bis zur Erledigung der Angelegenheit abgelten. In § 15 Abs. 2 RVG wird festgestellt, dass die Gebühren in derselben Angelegenheit nur einmal gefordert werden können, wobei sie allerdings nach § 17 Nr. 1 RVG in jedem Rechtszug und in jedem gerichtlichen Verfahren beansprucht werden können. Der Begriff des Rechtszuges bzw. des Verfahrens wird nun durch den § 19 RVG beschrieben.

155 Im Sinne des **§ 19 RVG** gehören **gebührenrechtlich** beispielsweise zum Rechtszug oder zum gerichtlichen Verfahren:

- die Vorbereitung der Klage oder des Verfahrensantrages (Abs. 1 Nr. 1), wozu auch die Einholung der notwendigen Informationen durch den RA und die Beratung des Mandanten sowie der Schriftverkehr mit der Gegenseite (z. B. Mahnschreiben) gehören;
- außergerichtliche Vergleichsverhandlungen (Abs. 1 Nr. 2);
- die Ablehnung von Richtern, Rechtspflegern, Urkundsbeamten oder Sachverständigen wegen Befangenheit (Abs. 1 Nr. 3);
- die Festsetzung des Streitwertes (Abs. 1 Nr. 3);
- die Einholung des Notfrist- und des Rechtskraftzeugnisses (Abs. 1 Nr. 9);
- in Straf- oder Bußgeldverfahren die Einlegung von Rechtsmitteln bei dem Gericht desselben Rechtszuges durch den bisherigen Verteidiger (Abs. 1 Nr. 10);
- die Kostenfestsetzung (Abs. 1 Nr. 14), (vgl. aber § 16 Nr. 10 RVG);
- die Einforderung der Vergütung des RA einschließlich der Vergütungsfestsetzung nach § 11 RVG (Abs. 1 Nr. 14);
- die Zustellung eines Vollstreckungstitels im Parteibetrieb (Abs. 1 Nr. 16);
- die Herausgabe der Handakten an den Auftraggeber (Abs. 1 Nr. 17);
- richterliche Durchsuchungsbeschlüsse in Vollstreckungsverfahren (Abs. 2 Nr. 1);
- die **Erinnerung gegen die Art und Weise der Zwangsvollstreckung** nach § 766 ZPO (Abs. 2 Nr. 2), jedoch keine anderen Erinnerungen aus § 18 Nr. 3 RVG;
- die Aufhebung einer Vollstreckungsmaßnahme (Abs. 2 Nr. 6).

156 Das Wort „insbesondere“ in § 19 Abs. 1 S. 2 RVG zeigt übrigens, dass die dort genannte Aufzählung nicht vollständig ist. Die in § 19 RVG aufgeführten Tätigkeiten sind deshalb nur als Beispiele zu verstehen. Auch diesen Beispielen **ähnliche Tätigkeiten** sind also entsprechend als Vorbereitungs-, Neben- oder Abwicklungstätigkeiten zu behandeln. Insofern unterscheidet sich § 19 RVG von den §§ 16 bis 18 RVG, die keine Beispiele nennen, sondern ausschließlich die dort genannten Tätigkeiten regeln.

Für jede Tätigkeit, die der RA in dem Rechtszug ausführt, erhält er gemäß dem Grundsatz der pauschalen Vergütung eine oder mehrere der im Vergütungsverzeichnis des RVG aufgeführten Gebühren. Jede dieser Gebühren erhält er jeweils nur einmal (§ 15 Abs. 2 RVG), wenn nicht eine gesetzlich festgelegte Ausnahme vorgesehen ist. Solche Ausnahmen finden sich in den §§ 17 und 18 RVG (vgl. Rdn 151 f.).

Merke:

In Prozessverfahren und anderen gerichtlichen Verfahren erhält der RA für alle ausgeübten Tätigkeiten einschließlich sämtlicher Vorbereitungs-, Neben- oder Abwicklungstätigkeiten grundsätzlich die Gebühren nur einmal, vom Auftrag bis zur Erledigung des jeweiligen Verfahrens (§ 19 RVG).

Was verschiedene und besondere Angelegenheiten sind, in denen besondere Gebühren entstehen, wird in den §§ 17 und 18 RVG geregelt.

157 Für den Fall, dass der RA nur den Auftrag hat, außergerichtlich tätig zu werden, gilt § 19 RVG aber nicht, da dann kein Rechtszug und kein gerichtliches Verfahren vorliegt. Sollte der RA also beispielsweise auftragsgemäß eine Forderung außergerichtlich eintreiben, so erhält er zunächst eine Geschäftsgebühr nach Nr. 2300 VV RVG. Da die Geschäftsgebühr nach Vorbemerkung 2.4 Abs. 3 VV RVG für „das Betreiben des Geschäfts einschließlich der Information“ entsteht, fallen natürlich alle diesbezüglich erforderlichen Anwaltstätigkeiten mit unter diese Gebühr, ohne dass es einer Regelung wie in § 19 RVG bedarf. Wenn der RA nun nach dem Scheitern seiner Bemühungen

einen Prozessauftrag erhält, dann erwächst ihm dafür eine Verfahrensgebühr nach Nr. 3100 VV RVG. Obwohl es sich hier eigentlich um zwei Aufträge und damit zwei Angelegenheiten im gebührenrechtlichen Sinn handelt, ist gemäß der Vorbemerkung 3 Abs. 4 VV RVG die Geschäftsgebühr auf die nun entstehende Verfahrensgebühr zur Hälfte anzurechnen, sodass der RA für seine gesamte Tätigkeit zwar höhere, aber eben keine doppelten Gebühren erhält. Damit wird berücksichtigt, dass der RA sich nicht in zwei unterschiedliche Angelegenheiten einarbeiten musste, sondern dass der zweite Auftrag die Fortsetzung des ersten Auftrages war, bzw. dass der erste Auftrag der Vorbereitung des zweiten Auftrages diente.

V. Verweisung, Abgabe (§ 20 RVG)

In § 20 S. 1 RVG wird bestimmt, dass eine Sache, die an ein anderes Gericht der **gleichen instanzlichen Ebene** verwiesen oder abgegeben wird, zusammen mit dem Ausgangsverfahren einen Rechtszug bildet, sodass die Gebühren bei beiden Gerichten nur einmal entstehen können, wenn ein RA die Partei vor beiden Gerichten vertritt. So könnte z. B. das Amtsgericht einen Prozess in erster Instanz wegen Erhöhung des Streitwertes an das Landgericht verweisen (§ 506 ZPO). 158

Eine **Verweisung** oder Abgabe im Sinne des § 20 S. 2 RVG erfolgt stets von einem **Rechtsmittelgericht** an **irgendein Gericht** einer niedrigeren instanzlichen Ebene. Das Gericht, an das verwiesen wird, gehört dann zwar zu einer niedrigeren instanzlichen Ebene, es ist aber nicht im gegebenen Instanzenzug dem Rechtsmittelgericht untergeordnet, sondern es ist z. B. einem anderen Rechtsmittelgericht untergeordnet. In diesem Fall ist das weitere Verfahren vor dem niedrigeren Gericht gebührenrechtlich ein neuer Rechtszug, also eine besondere Angelegenheit, sodass vor dem niedrigeren Gericht alle Gebühren neu entstehen.

Beispiel:

Klage vor dem LG Bückeburg, das seine örtliche Zuständigkeit bejaht. Das OLG Celle verneint jedoch die Zuständigkeit und verweist auf Antrag an das LG Hannover. Auch wenn das Obergericht (OLG Celle) dasselbe ist, wechselt hier der Instanzenzug von LG Bückeburg → OLG Celle in LG Hannover → OLG Celle. Noch deutlicher wäre dies, wenn das OLG Celle die Sache an das LG München II verweist.

Das Gericht des „niedrigeren Rechtszuges“ nach § 20 S. 2 RVG ist zu unterscheiden vom „untergeordneten Gericht“ in § 21 Abs. 1 RVG. An das untergeordnete Gericht – das mit der Sache bereits befasst war – wird die Sache vom Rechtsmittelgericht zurückverwiesen.

VI. Zurückverweisung (§ 21 RVG)

Wenn ein Rechtsmittelgericht das angefochtene Urteil aufhebt, kann es den Rechtsstreit an die Vorinstanz zurückverweisen, damit dieses Gericht in der Sache neu verhandelt und abschließend entscheidet. Voraussetzung ist, dass das Rechtsmittelgericht durch Berufung, Revision (oder Beschwerde) mit der Sache befasst gewesen sein muss. 159

Die **Zurückverweisung** ist bei der **Revision** die Regel, da das Revisionsgericht (BGH), wenn es die Revision für zulässig und begründet hält, die Sache an das untergeordnete Gericht zur erneuten Verhandlung und Entscheidung zurückverweist (§ 563 Abs. 1 ZPO).

In einem solchen Fall ist das weitere Verfahren vor dem untergeordneten Gericht ein neuer Rechtszug, in dem die Gebühren neu entstehen. Beachten Sie aber Vorbemerkung 3 Abs. 6 VV RVG, wonach im **Zivilprozess** die bereits entstandene Verfahrensgebühr auf die Verfahrensgebühr für das erneute Verfahren anzurechnen ist; im **Strafverfahren** gilt dies nicht.

E. Die Abschnitte 4 bis 9 des Paragrafenteils des RVG

160 In den vorstehenden Kapiteln wurden die allgemeinen, grundlegenden Vorschriften des RVG aus den ersten drei Abschnitten in der Reihenfolge des Gesetzes vorgestellt. Diese Anordnung wurde getroffen, damit diese Vorschriften, die schließlich für alle Gebühren gelten, in diesem Buch leichter gefunden und nachgelesen werden können.

Für die Abschnitte 4 bis 9 des RVG empfiehlt sich diese Vorgehensweise nicht mehr. Diese Abschnitte sollen – soweit für einen ersten Einstieg in das Kostenrecht erforderlich – im Zusammenhang mit bestimmten Tätigkeiten und Verfahren, die ein RA hauptsächlich betreibt, in eigenen Hauptkapiteln behandelt werden. Auf diese Weise lassen sich die allgemeinen Vorschriften aus dem Paragrafenteil des RVG mit den zugehörigen Gebührenvorschriften aus dem Vergütungsverzeichnis des RVG kombinieren und so die Verknüpfungen zwischen den beiden großen Teilen des RVG besser aufzeigen und verständlich machen. Außerdem werden in diesen Hauptkapiteln zusammengehörige Tätigkeiten unter einem Leitgedanken zusammengefasst, so wie sie auch in der anwaltlichen Praxis auftauchen. Hier sind beispielsweise die außergerichtlichen Anwaltstätigkeiten, die Vergütung bei Prozesskostenhilfe oder die Gebühren des Strafverteidigers zu nennen.

Der **4. Abschnitt** des Paragrafenteils des RVG enthält Vorschriften über die **Ermittlung des Gegenstandswertes**. Diese Wertvorschriften werden in diesem Buch schon deswegen in einem eigenen Hauptkapitel dargestellt, weil das RVG nur für einige spezielle Angelegenheiten überhaupt Wertvorschriften enthält und die gebräuchlichsten Wertvorschriften in anderen Gesetzen enthalten sind. Diese anderen Gesetze (GKG, FamGKG, GNotKG und ZPO) nehmen in der Erörterung neben dem RVG einen größeren Raum ein, sodass Sie die Gesamtdarstellung der Bewertungsregeln in § 3 finden.

Die Vorschriften über die Mediation aus dem **5. Abschnitt** des Paragrafenteils des RVG finden Sie in dem Kapitel über die außergerichtlichen Angelegenheiten (§ 4 Rdn 102 ff.).

Der **6. Abschnitt** des Paragrafenteils des RVG wird in diesem Buch mit Ausnahme des § 39 RVG nicht behandelt.

Der **7. Abschnitt** des Paragrafenteils des RVG wird im Zusammenhang mit der Vergütung in **Straf- und Bußgeldsachen** angesprochen (siehe § 10).

Der **8. Abschnitt** des Paragrafenteils gehört thematisch zu der Vergütung bei **Prozess- und Verfahrenskostenhilfe und Beratungshilfe** (siehe § 9).

F. Das Vergütungsverzeichnis des RVG

161 Als Anlage zum RVG enthält das Vergütungsverzeichnis eine Aufzählung sämtlicher Gebührentatbestände, die in sechs Teilen gegliedert sind. In einem siebenten Teil werden die Auslagentatbestände geregelt. Auch in anderen Kostengesetzen werden die Gebühren und Auslagen in einem eigenen Verzeichnis geregelt, so insbesondere im GKG.

Der **1. Teil** des Vergütungsverzeichnisses regelt **allgemeine Gebühren**, die im Zusammenhang mit anderen Gebühren entstehen können, wie z. B. die **Einigungsgebühr** oder die **Hebegebühr**. Diese Gebühren sollen in dem unmittelbar nachfolgenden Kapitel erörtert werden.

Der **2. Teil** des Vergütungsverzeichnisses enthält die Gebühren für **außergerichtliche Anwaltstätigkeiten**, die in diesem Buch in einem eigenen Hauptkapitel (siehe § 4) zusammengefasst werden sollen.

Der **3. Teil** des Vergütungsverzeichnisses normiert die Gebühren insbesondere für **bürgerliche Rechtsstreitigkeiten**. Wesentliche Bestimmungen aus diesem 3. Teil sollen in speziellen Hauptkapiteln für bestimmte Verfahren präsentiert werden, so für das gerichtliche **Mahnverfahren** (siehe § 6), für den **Zivilprozess** (siehe § 7) und für die **Zwangsvollstreckung** (siehe § 8).

Der **4. und 5. Teil** des Vergütungsverzeichnisses reguliert die Gebühren, die in **Straf- und Bußgeldsachen** entstehen können. Sie finden diese Gebühren in § 10.

Der **6. Teil** des Vergütungsverzeichnisses wird in diesem Buch nicht behandelt.

Der **7. Teil** des Vergütungsverzeichnisses beinhaltet die Vorschriften über die **Auslagen**. Da diese Vorschriften von allgemeiner Bedeutung neben sämtlichen Gebührenvorschriften sind, werden sie in einem nachfolgenden Kapitel vorgestellt (siehe Rdn 192 ff.).

Zunächst sollen hier noch **Hinweise zur Anwendung des Vergütungsverzeichnisses** gegeben werden. In dem nachfolgenden Abdruck aus dem Vergütungsverzeichnis wurden deshalb drei Stellen besonders hervorgehoben: 162

(1) Zu Beginn jedes Teils, Abschnitts oder Unterabschnitts des Vergütungsverzeichnisses finden sich **Vorbemerkungen**. Diese sind besonders wichtig, da dort die Gebühren definiert werden oder andere bedeutsame Hinweise über das Entstehen der Gebühr gegeben oder auch Anrechnungen bestimmter Gebühren angeordnet werden. Jede Vorbemerkung trägt die Nummer des Teils, Abschnitts oder Unterabschnitts des Vergütungsverzeichnisses, zu dem sie gehört. So gehört z. B. die Vorbemerkung 3.2.2 zu Teil 3, Abschnitt 2, Unterabschnitt 2.
→ **Die Vorbemerkungen müssen Sie zur Kenntnis nehmen.**

(2) Diese Zeile nennt nach einer **vierstelligen Nummer** die **Gebühr mit ihrer Bezeichnung** und den zugehörigen **Gebührensatz**, z. B. 1,5 oder 1,3.

(3) Zu den meisten Gebühren erwähnt das Vergütungsverzeichnis **Anmerkungen**. Diese Anmerkungen sind häufig in Absätze untergliedert und geben wichtige Hinweise auf zusätzliche Gebührentatbestände. So ist z. B. bei der Einigungsgebühr (Nr. 1000 VV RVG) in der Anmerkung Absatz 1 geregelt, für welche Tätigkeit diese Gebühr nicht entsteht, oder in Absatz 3 wird gesagt, wann in dem häufig vorkommenden Fall der unter einem Widerrufsvorbehalt abgeschlossenen Einigung die Gebühr zur Entstehung gelangt.
→ **Die Anmerkungen zu den Gebühren müssen Sie zur Kenntnis nehmen.**

Beispiel aus dem Vergütungsverzeichnis zur Erläuterung der Stellen (1), (2) und (3): 163

Teil 1. Allgemeine Gebühren

Nr.	Gebührentatbestand	Gebühr oder Satz der Gebühr nach § 13 RVG
Vorbemerkung 1: **(1)** Die Gebühren dieses Teils entstehen neben den in anderen Teilen bestimmten Gebühren.		
1000	Einigungsgebühr für die Mitwirkung beim Abschluss eines Vertrags	
	1. durch den der Streit oder die Ungewissheit über ein Rechtsverhältnis beseitigt wird	1,5 **(2)**
	2. durch den die Erfüllung des Anspruchs geregelt wird bei gleichzeitigem vorläufigem Verzicht auf seine gerichtliche Geltendmachung oder, wenn bereits ein zur Zwangsvollstreckung geeigneter Titel vorliegt, bei gleichzeitigem vorläufigem Verzicht auf Vollstreckungsmaßnahmen (Zahlungsvereinbarung)	0,7 **(2)**
	(1) Die Gebühr nach Nummer 1 entsteht nicht, wenn der Hauptanspruch anerkannt oder wenn auf ihn verzichtet wird. Im Privatklageverfahren ist Nummer 4147 anzuwenden.	**(3)**
	(2) Die Gebühr entsteht auch für die Mitwirkung bei Vertragsverhandlungen, es sei denn, dass diese für den Abschluss des Vertrags im Sinne des Absatzes 1 nicht ursächlich war.	**(3)**
	(3) …	

Wenn Sie im Vergütungsverzeichnis nach einer Gebühr suchen, sollten Sie sich also nicht nur mit dem hinter der jeweiligen vierstelligen Nummer stehenden Namen der Gebühr und dem Gebührensatz **(2)** zufrieden geben, sondern auch die Anmerkungen **(3)** zu dieser Gebühr lesen sowie die Vorbemerkungen **(1)** zu dem entsprechenden Teil, Abschnitt oder Unterabschnitt des Vergütungsverzeichnisses. Außerdem sollten Sie auch noch die jeweils nachfolgenden Nummern darauf überprüfen, ob dort zu Ihrer gefundenen Gebühr nicht noch besondere Regelungen vorgesehen sind. So dürfen Sie z. B. die Einigungsgebühr (Nr. 1000 VV RVG) nicht in Scheidungssachen anwenden, sondern hierfür ist die Nr. 1001 VV RVG (Aussöhnungsgebühr) vorgesehen. In der Nummer 1003 VV RVG ist eine weitere bedeutsame Änderung, nämlich eine Ermäßigung der Einigungsgebühr (Nr. 1000 VV RVG) im gerichtlichen Verfahren zu finden. Es kommen Fälle vor, dass im Vergütungsverzeichnis eine zu einer bestimmten Nummer zugehörige weitere Gebühr ganz schön weit weg von der ersten Nummer zu finden ist.

Merke:

Wenn Sie eine bestimmte Gebühr im Vergütungsverzeichnis gefunden haben, sollten Sie auch Folgendes prüfen:

- die Anmerkungen zu dieser Gebühr,
- die Vorbemerkungen zu dem entsprechenden Teil, Abschnitt oder Unterabschnitt des Vergütungsverzeichnisses,
- die der Gebühr nachfolgenden Nummern.

164 Auch das **Zitieren aus dem Vergütungsverzeichnis** will bedacht sein. Bei jeder Gebühr wird anzugeben sein, dass sie aus dem Rechtsanwaltsvergütungsgesetz (RVG) stammt, und dort aus dem Vergütungsverzeichnis (VV). Es wird auf jeden Fall die jeweilige vierstellige Nummer (Nr.) und neben dem Gebührensatz die Bezeichnung der Gebühr (z. B. 1,5 Einigungsgebühr) anzugeben sein und eventuell – nur falls dies besondere Bedeutung hat – auch die entsprechende Anmerkung (Anm.) oder Vorbemerkung (Vorbem.) und daraus den betreffenden Absatz (Abs.) oder in einigen Fällen auch die betreffende Ziffer (Ziff.).

Beispiel:

Das **Zitieren einer Gebühr** könnte demnach beispielsweise so aussehen:

1,2 Terminsgebühr
gem. §§ 2, 13 RVG, Vorbem. 3 Abs. 3, Nr. 3104 Anm. Abs. 1 Ziff. 1 VV RVG.

In vorstehendem Beispiel wurde versucht, alle eine Gebühr festlegenden Elemente mit aufzuführen. Daher handelt es sich um eine etwas übertriebene Darstellung. In den allermeisten Fällen werden Sie Ihre Zitate der Gebührenvorschriften ein wenig kürzer fassen können. Siehe hierzu auch § 1 Rdn 104 ff.

Beispiel:

Das **kürzeste Zitat** einer Gebühr könnte demnach beispielsweise so aussehen:

1,2 Terminsgebühr gem. §§ 2, 13 RVG, Nr. 3104 VV RVG.

I. Allgemeine Gebühren (Nrn. 1000 bis 1010 VV RVG)

165 Der **1. Teil des Vergütungsverzeichnisses** regelt die Tatbestände für solche Gebühren, die unabhängig davon entstehen können, für welchen Bereich von Tätigkeiten der RA beauftragt ist und nach welchem Teil des Vergütungsverzeichnisses dafür Gebühren anfallen. Die Gebühren aus dem

ersten Teil werden also **neben den Gebühren aus den anderen Teilen** des Vergütungsverzeichnisses erwachsen und gehören dann zu der betreffenden Angelegenheit.

Bei den Gebühren, die neben den anderen Gebühren entstehen können, handelt es sich um die Einigungsgebühr, die Aussöhnungsgebühr, die Erledigungsgebühr, die Hebegebühr und die Zusatzgebühr für besonders umfangreiche Beweisaufnahmen. Außerdem ist hier noch die Erhöhung der Betriebsgebühren für den Fall geregelt, dass der RA mehrere Auftraggeber hat. Diese Gebühren werden in den folgenden Kapiteln vorgestellt.

Merke:

Laut Vorbemerkung 1 des Vergütungsverzeichnisses entstehen die Gebühren des 1. Teils **neben** den in anderen Teilen bestimmten Gebühren.

1. Die Einigungsgebühr (Nrn. 1000, 1003 und 1004 VV RVG)

a) Außergerichtliche Einigung und gerichtlich protokollierter Vergleich

→ Dazu Aufgaben Gruppe 14 166

Ein **Vergleich** ist gemäß § 779 BGB ein „Vertrag, durch den der Streit oder die Ungewissheit der Parteien über ein Rechtsverhältnis im Wege gegenseitigen Nachgebens beseitigt wird." Wichtig ist nach dem BGB, dass beide Parteien nachgeben. Ein ganz geringes Nachgeben genügt bereits.

Jeder Vergleich ist natürlich auch eine **Einigung**. Jedoch ist der Begriff der Einigung weiter gefasst als der Begriff des Vergleichs, da bei einer Einigung im Gegensatz zum Vergleich **kein gegenseitiges Nachgeben** vorausgesetzt wird. Insofern ist eine Einigung also kein echter Vergleich im Sinne des BGB.

Die **Definition der Einigungsgebühr** in Nr. 1000 VV RVG verzichtet auf das gegenseitige Nachgeben als Voraussetzung für das Entstehen dieser Gebühr. Demnach fällt die Einigungsgebühr an, wenn ein Vertrag abgeschlossen wird, durch den der Streit oder die Ungewissheit der Parteien über ein Rechtsverhältnis beseitigt wird. Dieser Vertrag muss also nicht unbedingt ein Vergleichsvertrag im Sinne des BGB sein. Wie viel eine Partei in einem Einigungsvertrag nachgibt, ist unerheblich, es sei denn, eine Partei gibt in vollem Umfang nach wie bei einem Anerkenntnis oder einem Verzicht.

Die **Einigungsgebühr entsteht** für die anwaltliche Mitwirkung in drei Fällen: 167

- Die Einigungsgebühr nach Nr. 1000 **Ziff. 1** VV RVG entsteht bei Abschluss eines Vertrags, durch den der **Streit oder die Ungewissheit** über ein Rechtsverhältnis beseitigt wird. Da in diesen Fällen eine Ungewissheit besteht, wie ein späteres gerichtliches Verfahren ausgehen könnte, kommen sich hier Gläubiger und Schuldner meist entgegen, sodass der Schuldner nur einen Teil des Anspruchs an den Gläubiger zahlt. Allerdings muss für den Anfall der Einigungsgebühr ein Streit oder eine Ungewissheit über ein Rechtsverhältnis bestanden haben, sodass die Einigungsgebühr nicht gleich bei jedem Vertrag entsteht, den die Parteien abschließen, ohne sich zuvor je gestritten zu haben. **Gegenstandswert** ist hier der volle Wert des durch die Einigung geregelten Anspruchs **ohne** Nebenforderungen, nicht das Ergebnis der Einigung. Es handelt sich hier also um eine **streitige Forderung**.
- Die Einigungsgebühr entsteht nach Nr. 1000 **Ziff. 2** VV RVG bei Abschluss eines Vertrags, in dem es nur um die Regelung der Zahlungsweise durch den Schuldner geht, der z. B. die Schuldsumme in voller Höhe, aber in Raten abzahlen will. Druckmittel des Gläubigers ist sein **Verzicht auf die gerichtliche Geltendmachung** seines Anspruchs, solange der Schuldner die vereinbarten Zahlungen leistet. Da es hier nur um die Art der Zahlung der ansonsten unbestrittenen Forderung geht, wird die Einigungsgebühr bei einer solchen **Zahlungsvereinbarung (Raten-**

zahlungsvereinbarung) nach einem niedrigeren **Gegenstandswert** berechnet, der nach § 31b RVG nur 50 Prozent des Anspruchs **ohne** Nebenforderungen beträgt. Es handelt sich hier also um eine **unstreitige Forderung**.

- Die Einigungsgebühr nach Nr. 1000 **Ziff. 2** VV RVG entsteht auch bei Abschluss eines Vertrages über eine **Zahlungsvereinbarung** wenn der Gläubiger bereits einen **Vollstreckungstitel gegen den Schuldner** besitzt und aufgrund der Einigung der Schuldner die titulierte Schuldsumme zwar in voller Höhe, aber nur in Raten bezahlt. In dem Vertrag erklärt der Gläubiger den **Verzicht auf Vollstreckungsmaßnahmen**, solange der Schuldner zahlt. Der **Gegenstandswert** wird hier nach § 31b RVG mit 50 Prozent des Anspruchs **mit** Nebenforderungen berechnet, da es sich um eine Maßnahme der Vollstreckung einer titulierten Forderung handelt (siehe § 25 Abs. 1 Ziff. 1 RVG). Falls bereits der Gerichtsvollzieher beauftragt wurde, gilt auch Nr. 1000 **Ziff. 2** VV RVG, nicht Nr. 1003 VV RVG (siehe hierzu auch § 8 Rdn 41 ff.).

168 Eine Einigungsgebühr erhält der RA, wenn er ursächlich bei einem Einigungsvertrag mitgewirkt hat. Nach Abs. 2 der Anmerkungen zu Nr. 1000 VV RVG erhält der RA die Einigungsgebühr auch dann, wenn er nur bei den Verhandlungen über den Einigungsvertrag mitgeholfen hat, ohne bei dem späteren Abschluss des Vertrages (Unterschrift) oder bei der gerichtlichen Protokollierung der Einigung zugegen gewesen zu sein. „Ursächlich" bedeutet, dass der RA den Vertrag mitgestaltet hat.

169 Der **Gebührensatz der Einigungsgebühr** ist in seiner Höhe davon abhängig, ob der Einigungsvertrag außergerichtlich oder in einem gerichtlichen Verfahren abgeschlossen wird:

- Der Gesetzgeber geht davon aus, dass die **außergerichtliche Erledigung** von Rechtsstreitigkeiten im Wege der Einigung über einen Rechtsstreit der Regelfall sein sollte. Deshalb sollen die beteiligten RA nach Nr. 1000 Ziff. 1 VV RVG mit einem Gebührensatz der Einigungsgebühr von 1,5 belohnt werden, wenn sie es schaffen, Streitfälle ohne Inanspruchnahme des Gerichts durch gütliche Einigung zu bereinigen. Hierzu gehört auch insbesondere der vollstreckbare Anwaltsvergleich (siehe Rdn 178 ff.). Der Gebührensatz der Einigungsgebühr von 1,5 ist also die grundsätzliche Regelung, die für alle die Fälle gilt, die nicht in den nachfolgenden Nummern des Vergütungsverzeichnisses nach Nr. 1000 Ziff. 1 VV RVG genannt sind.
- Gemäß Nr. 1003 VV RVG reduziert sich der Gebührensatz der Einigungsgebühr auf eine 1,0 Einigungsgebühr in der ersten Instanz, wenn der Einigungsvertrag über einen Gegenstand abgeschlossen wird, über den ein **gerichtliches Verfahren anhängig** ist. Dies betrifft alle Arten von gerichtlichen Verfahren, also auch z. B. das Verfahren auf Bewilligung der Prozesskostenhilfe oder das gerichtliche Mahnverfahren. Allerdings ist in der Definition der Gebühr das selbstständige Beweisverfahren ausdrücklich ausgenommen, sodass in diesem gerichtlichen Verfahren ausnahmsweise eine 1,5 Einigungsgebühr zur Entstehung gelangt.
- In den **Rechtsmittelinstanzen** erhöht sich der Satz der Einigungsgebühr nach Nr. 1004 VV RVG für die Einigung über gerichtlich anhängige Gegenstände auf 1,3.
- Für Zahlungsvereinbarungen über unstrittige Forderungen entsteht nach Nr. 1000 Ziff. 2 VV RVG nur eine 0,7 Einigungsgebühr (siehe § 4 Rdn 60 ff.). Sie entsteht auch, falls der Schuldner, nachdem der Gerichtsvollzieher einen Pfändungsauftrag erhalten hat, mit dem RA des Gläubigers eine **Ratenzahlungsvereinbarung** ausmacht, da Nr. 1003 VV RVG hier nicht gilt. Allerdings ist in diesem Fall die **Wertvorschrift** des § 31b RVG zu beachten, die besagt, dass bei einer Einigung nur über eine Zahlungsvereinbarung der Gegenstandswert 50 Prozent des Anspruchs beträgt. Siehe hierzu auch § 8 Rdn 4 und § 8 Rdn 41 ff.

170 Beachten Sie, dass die Einigungsgebühr nie für sich allein entstehen kann, sondern immer nur zusätzlich neben anderen Gebühren, also z. B. neben einer Verfahrensgebühr oder neben einer Geschäftsgebühr. Es muss also zumindest eine Betriebsgebühr für das Betreiben des Geschäfts entstehen, sonst kann auch keine Einigungsgebühr anfallen.

Eine **Übersicht** über die verschiedenen Möglichkeiten der Berechnung der Einigungsgebühr finden Sie in Rdn 182 f.

> **Merke:**
>
> Bei **außergerichtlichem** Abschluss eines Einigungsvertrages über ein streitiges oder ungewisses Rechtsverhältnis beträgt der Gebührensatz der Einigungsgebühr 1,5.
>
> Bei Abschluss des Einigungsvertrages in einem **gerichtlich** anhängigen Verfahren in erster Instanz entsteht die Einigungsgebühr nur in Höhe von 1,0. **Ausnahme:** Im selbstständigen Beweisverfahren beträgt der Gebührensatz der Einigungsgebühr 1,5.
>
> Für **Zahlungsvereinbarungen** zur Erfüllung eines anerkannten Anspruchs oder bei vorläufigem Verzicht auf Vollstreckung eines titulierten Anspruchs entsteht nur eine 0,7 Einigungsgebühr. Hierfür besteht eine besondere Wertvorschrift.
>
> Die Einigungsgebühr kann nie für sich alleine entstehen, sondern immer nur zusätzlich neben anderen Gebühren.

Für den Abschluss eines Vergleichs erhalten die beteiligten RAe häufig die folgenden Gebühren, wobei zu unterscheiden ist, ob der Vergleich außergerichtlich oder in einem gerichtlichen Verfahren abgeschlossen wird: 171

- Bei Abschluss eines **außergerichtlichen Einigungsvertrages** wird in der Regel eine Geschäftsgebühr nach Nr. 2300 Anm. Abs. 1 VV RVG neben der Einigungsgebühr nach Nr. 1000 Ziff. 1 VV RVG entstehen.

Beispiel:

RA Kurz hat Auftrag zur außergerichtlichen Erledigung einer streitigen Schadenersatzforderung von 25.000,00 €. Er führt den Schriftverkehr mit der Gegenseite, bespricht den Sachverhalt im Einverständnis mit seinem Auftraggeber telefonisch kurz mit dem Gegner und erreicht den Abschluss eines Einigungsvertrages, wonach der Schuldner 17.500,00 € zahlt. RA Kurz berechnet für seine Tätigkeit als Vergütung:

Gegenstandswert: 25.000,00 €

1,3	Geschäftsgebühr gem. §§ 2, 13, 14 RVG, Nr. 2300 Anm. Abs. 1 VV RVG	1.205,10 €
1,5	Einigungsgebühr gem. §§ 2, 13 RVG, Nr. 1000 Ziff. 1 VV RVG	1.390,50 €
20 %	Pauschale für Post- und Telekommunikationsentgelte gem. § 2 Abs. 2 RVG, Nr. 7002 VV RVG	20,00 €
		2.615,60 €
19 %	USt. gem. § 2 Abs. 2 RVG, Nr. 7008 VV RVG	496,96 €
		3.112,56 €

In Anbetracht des durchschnittlichen Umfangs der Anwaltstätigkeit erscheint ein Gebührensatz in Höhe von 1,3 für die Geschäftsgebühr nach § 14 RVG angemessen.

Der Gegenstandswert der Einigungsgebühr ergibt sich aus dem durch die Einigung erledigten streitigen Betrag.

Wie man sieht, erhält der RA für den außergerichtlichen Abschluss eines Einigungsvertrages in der Regel Gebühren von insgesamt bis zu 2,8.

- Bei Abschluss eines außergerichtlichen Einigungsvertrages nur **über eine Zahlungsvereinbarung** (Ratenzahlung) bei vorläufigen Verzicht des Gläubigers auf eine gerichtliche Geltendmachung seines vom Schuldner vollständig anerkannten Anspruchs wäre in vorstehendem Beispiel der **Gegenstandswert** für die dann 0,7 Einigungsgebühr nach § 31b RVG mit 50 % von 25.000,00 € zu berechnen und würde somit 12.500,00 € betragen.
- Bei Abschluss eines Einigungsvertrages in einem gerichtlich **anhängigen Verfahren** wird häufig die Sache im Verhandlungstermin nur erörtert und sodann ein Vergleich zu gerichtlichem Protokoll gegeben, ohne dass es noch zur Stellung der Anträge kommt. Dies ist der typische Fall, in dem die Einigungsgebühr – jetzt aber nach Nr. 1003 oder Nr. 1004 VV RVG – neben der Verfahrensgebühr (z. B. Nr. 3100 VV RVG) und der Terminsgebühr (z. B. Nr. 3104 VV RVG) entsteht.

Beispiel:

RAin Knapp hat Klageauftrag wegen einer Schadenersatzforderung von 25.000,00 €. Sie reicht die Klageschrift bei Gericht ein und erscheint im Verhandlungstermin, in dem es nach Erörterung der Sache durch ihre Mitwirkung zum Vergleichsabschluss kommt, wonach der Schuldner 17.500,00 € zahlt. Die RAin behält sich vor, diese Einigung binnen einer Woche zu widerrufen, wovon sie jedoch nach Rücksprache mit ihrem Auftraggeber keinen Gebrauch macht, sodass der gerichtlich protokollierte Vergleich wirksam wird. Der RAin Knapp erwächst der folgende Vergütungsanspruch:

Gegenstandswert: 25.000,00 €

1,3	Verfahrensgebühr gem. §§ 2, 13 RVG, Nr. 3100 VV RVG	1.205,10 €
1,2	Terminsgebühr gem. §§ 2, 13 RVG, Nr. 3104 VV RVG	1.112,40 €
1,0	Einigungsgebühr gem. §§ 2, 13 RVG, Nr. 1000 Ziff. 1 und Anm. Abs. 3, **Nr. 1003** VV RVG	927,00 €
20 %	Pauschale für Post- und Telekommunikationsentgelte gem. § 2 Abs. 2 RVG, Nr. 7002 VV RVG	20,00 €
		3.264,50 €
19 %	USt. gem. § 2 Abs. 2 RVG, Nr. 7008 VV RVG	620,26 €
		3.884,76 €

Der Gegenstandswert der Einigungsgebühr ergibt sich aus dem durch die Einigung erledigten streitigen Betrag.

Sie sehen, dass ein RA für den Abschluss eines Einigungs- oder Vergleichsvertrages in einem gerichtlichen Verfahren im Allgemeinen Gebühren von insgesamt 3,5 erhält, also etwas mehr als bei außergerichtlicher Erledigung. Dafür hat der RA aber auch eine Klageschrift zu entwerfen und er muss in einem gerichtlichen Verhandlungstermin erscheinen. Deshalb ist, wie oben gesagt, gebührenrechtlich ein Anreiz gegeben, einen Rechtsstreit ohne Anrufung des Gerichts gütlich beizulegen, denn der Arbeitsaufwand des RA wird bei außergerichtlicher Tätigkeit geringer sein.

172 Bei Abschluss eines Vergleichs- oder Einigungsvertrages durch einen RA ist es üblich, Bedingungen oder Vorbehalte geltend zu machen. Der Vergleich wird in solchen Fällen erst dann wirksam, wenn die aufschiebende Bedingung eintritt oder wenn bei dem unter Vorbehalt des Widerrufs geschlossenen Vergleich der Widerruf nicht ausgeübt wird. Nach Anmerkung Abs. 3 zu Nr. 1000 VV RVG erhält der RA in solchen Fällen die Einigungsgebühr erst dann, wenn die Bedingung eingetreten ist oder der Vergleichs- oder Einigungsvertrag nicht mehr widerrufen werden kann. Anders ausgedrückt, der Vergleich bzw. die Einigung muss in jedem Fall wirksam werden, damit dem RA

dafür die Einigungsgebühr erwächst. Insofern ist die Einigungsgebühr als einzige Gebühr vom Erfolg der anwaltlichen Bemühungen abhängig.

- Die Vereinbarung einer **aufschiebenden Bedingung** bei einem Einigungsvertrag kommt recht häufig vor bei Scheidungsvereinbarungen, die erst wirksam werden sollen, wenn der Scheidungsbeschluss rechtskräftig wird.
- Der **Vorbehalt des Widerrufs** ist üblich, wenn ein RA in einer gerichtlichen Verhandlung einen Vergleichsvertrag abschließen und zu gerichtlichem Protokoll geben will, da er dann erst seinen nicht im Termin anwesenden Mandanten fragen muss, ob dieser mit dem Abschluss des Vergleichs einverstanden ist. Für den Widerruf wird gewöhnlich eine Frist von z. B. einer Woche vereinbart; wird der Vergleich nicht innerhalb dieser Frist widerrufen, dann wird er wirksam. Sehen Sie hierzu auch die vorstehenden Beispiele.

Um die Einigungsgebühr zu erhalten, muss der RA an dem Abschluss des Vertrages über den Ver- **173**
gleich bzw. die Einigung zumindest mitgewirkt haben, wobei seine **Mitwirkung ursächlich** für das Zustandekommen des Vergleichs gewesen sein muss (Anmerkungen Abs. 2 und 3 zu Nr. 1000 RVG). Er muss also wenigstens Verhandlungen über eine mögliche Einigung mit der Gegenseite geführt und einen Entwurf des Vertrages konzipiert oder einen solchen immerhin geprüft haben. Hat er solche Tätigkeiten entfaltet, so ist es nicht mehr unbedingt notwendig, dass er bei dem Abschluss des Einigungsvertrages, also der Unterschrift, selbst zugegen ist. Wenn die Parteien den Vergleich unter sich, also ohne Mitwirkung ihrer RAe, aushandeln, erhalten die RAe die Einigungsgebühr nicht. Gleiches gilt, wenn ein RA nur einen Vergleichsvorschlag der Gegenseite kommentarlos an seinen Auftraggeber weiterleitet. Der RA muss den Beweis dafür antreten, dass er an dem Vergleichsabschluss überhaupt mitgewirkt hat.

Maßgeblicher **Gegenstandswert** für die Berechnung der Einigungsgebühr ist immer der Wert, **174**
über den die Verhandlungen hinsichtlich einer Einigung geführt werden; niemals der Wert, der später als Ergebnis der Einigung ausgehandelt wird. In den Fällen nur einer Zahlungsvereinbarung beträgt der Gegenstandswert nach § 31b RVG lediglich 50 % der Forderung.

> *Beispiel:*
>
> Klage über 4.000,00 €; Vergleich, wonach der Beklagte 3.300,00 € zahlt; Gegenstandswert für die Einigungsgebühr sind 4.000,00 € und keinesfalls 3.300,00 €. Sehen Sie hierzu auch die vorstehenden Beispiele.

Gelingt eine Einigung nur über einen **Teil des Streitgegenstandes**, so errechnet sich die Einigungsgebühr nur nach dem durch die Einigung erledigten Teil.

> **Merke:**
>
> Gegenstandswert für eine Einigung ist immer, **worüber**, nicht **worauf** man sich einigt.
>
> Der Gegenstandswert nur einer Zahlungsvereinbarung berechnet sich mit lediglich 50 % des Anspruchs.

Werden in einen gerichtlich protokollierten Vergleich **nicht rechtshängige Ansprüche** mit ein- **175**
bezogen, so wird für die vergleichsweise Erledigung der nicht rechtshängigen Gegenstände nach Nr. 1000 Anm. Abs. 1 VV RVG eine Einigungsgebühr mit einem Gebührensatz von 1,5 berechnet, wogegen der Gebührensatz für den Vergleich über die eingeklagten Gegenstände in der ersten Instanz 1,0 beträgt (Nr. 1003 VV RVG) und in den Rechtsmittelinstanzen 1,3 (Nr. 1004 VV RVG). Zu beachten ist, dass der RA für die vergleichsweise Erledigung der nicht rechtshängigen Gegenstände neben der 1,5 Einigungsgebühr eine weitere Verfahrensgebühr (**„Differenzverfahrensgebühr“**, Nr. 3101 Ziff. 2 VV RVG) nach dem Wert des nicht rechtshängigen Anspruchs erhält.

Der Gebührensatz der Differenzverfahrensgebühr beträgt in der ersten Instanz 0,8 und in den Rechtsmittelinstanzen 1,1 (Nr. 3201 Anm. Ziff. 2 VV RVG, bzw. Nr. 3207 VV RVG; vgl. auch § 7 Rdn 28 ff.). Der RA erhält die Differenzverfahrensgebühr zusätzlich zu der für das Betreiben des Prozesses nach Nrn. 3100, 3200 oder 3206 VV RVG entstehenden Verfahrensgebühr. **Achtung:** Da also in solchen Fällen sowohl zwei Verfahrensgebühren als auch zwei Einigungsgebühren zu berechnen sind, ist bezüglich der beiden Verfahrensgebühren als auch der beiden Einigungsgebühren immer eine Überprüfung nach § 15 Abs. 3 RVG vorzunehmen (siehe Rdn 135 f.).

Hinweis:

Der Gegenstandswert für die 1,5 Einigungsgebühr und für die Differenzverfahrensgebühr ist derselbe, nämlich der Wert der nicht rechtshängigen Gegenstände.

Auch in den Rechtsmittelinstanzen beträgt bezüglich der nicht rechtshängigen Ansprüche der Gebührensatz der Einigungsgebühr 1,5; er wird nicht erhöht.

In den Rechtsmittelinstanzen tritt nur eine Erhöhung der Einigungsgebühr für die im Prozess anhängigen Ansprüche von 1,0 auf 1,3 ein laut Nr. 1004 VV RVG.

Beispiel:

Klage auf Schadenersatz von 15.500,00 €. Nach streitiger Verhandlung werden in Gesprächen über eine mögliche Einigung weitere 4.500,00 € Schadenersatz gefordert, die nicht eingeklagt wurden. In dem Termin wird nun auch über den nicht eingeklagten Anspruch von 4.500,00 € mit dem Ziel der Vermeidung eines weiteren gerichtlichen Verfahrens gesprochen. Das Ergebnis, auf das man sich zur Erledigung der insgesamt geforderten 20.000,00 € einigt, beträgt 16.700,00 €, die der Beklagte zu zahlen hat, wobei jede Partei die Hälfte der Kosten übernimmt. Es wird beantragt, diesen Vergleich zu gerichtlichem Protokoll zu nehmen. Der Gegenstandswert der Einigungsgebühr ist insgesamt 20.000,00 €, der Wert der Verfahrensgebühr 15.500,00 € und derjenige der Differenzverfahrensgebühr 4.500,00 €. Der Wert der Terminsgebühr beträgt 20.000,00 €, da in dem Termin auch über den nicht eingeklagten Anspruch erörtert wurde (Umkehrschluss aus Nr. 3104 Anm. Abs. 3 VV RVG).

Jedoch ist hinsichtlich der Einigungsgebühr zu beachten, dass sich deren Gebührensatz danach richtet, ob der Gegenstand der Einigung eingeklagt ist oder nicht. Insofern ist für die eingeklagte Forderung (15.500,00 €) eine 1,0 Einigungsgebühr zu erheben, und für die nicht anhängige Forderung (4.500,00 €) beträgt der Satz der Einigungsgebühr 1,5.

Zu diesem Fall finden Sie nach den folgenden Hinweisen die Vergütungsrechnung.

Wichtig:

Bei der Berechnung der **Verfahrensgebühr** und der **Differenzverfahrensgebühr** ist § 15 Abs. 3 RVG unbedingt zu beachten! Das bedeutet, dass der Gesamtbetrag beider Verfahrensgebühren in der ersten Instanz nicht höher sein darf als eine 1,3 Verfahrensgebühr nach dem gesamten durch die Einigung erledigten Wert. Ist der Gesamtbetrag jedoch niedriger, also günstiger für den Mandanten, so ist der niedrigere Wert zu berechnen (siehe auch Rdn 135 f.).

Voraussetzung für die Berechnung der **Differenzverfahrensgebühr** ist, dass der RA auch bezüglich der nicht rechtshängigen Ansprüche einen **Prozessauftrag** hat. Hätte er dagegen den Auftrag, wegen der nicht rechtshängigen Ansprüche eine außergerichtliche Einigung herbeizuführen, so wäre seine Vergütung hierfür nach Nr. 2300 Anm. Abs. 1 VV RVG (Geschäftsgebühr) zu berechnen, nicht nach Nr. 3101 Ziff. 2 VV RVG. Man wird jedoch Nr. 2300 VV RVG (Geschäftsgebühr) nur dann anwenden können, wenn der Auftraggeber bei Auftragserteilung ausdrücklich eine außergerichtliche Regulierung gewünscht hat. Eine entstehende Geschäftsgebühr wäre dann auf die Differenzverfahrensgebühr anzurechnen, wenn es später doch noch zu einer gerichtlichen Protokollierung eines Vergleiches kommt (siehe § 6 Rdn 42 ff.).

Es kommt häufig vor, dass von einer Klageforderung **zunächst** nur ein Teil eingeklagt (rechtshängig gemacht) wird, um Prozesskosten zu sparen. Der restliche Teil wird dann später in einem gerichtlich protokollierten Vergleich mit einbezogen.

Weiterhin ist auch hinsichtlich der beiden zu erhebenden **Einigungsgebühren** § 15 Abs. 3 RVG zu beachten, da auch hier unterschiedliche Gebührensätze auf Wertteile des insgesamt durch die Einigung erledigten Gegenstands berechnet werden.

Beispiel:

Zu vorstehendem Sachverhalt folgt nun das **Beispiel einer Vergütungsrechnung**:

Gegenstandswert: 15.500,00 € / 4.500,00 € / 20.000,00 €

1,3	Verfahrensgebühr gem. §§ 2, 13 RVG, Nr. 3100 VV RVG (Wert: 15.500,00 €)	990,60 €	
0,8	Verfahrensgebühr (Differenzverfahrensgebühr) gem. §§ 2, 13 RVG, Nr. 3101 Ziff. 2 VV RVG (Wert: 4.500,00 €)	283,60 €	
		1.274,20 €	
	Kürzung gem. § 15 Abs. 3 RVG, da eine 1,3 Verfahrensgebühr nach dem Gesamtwert von 20.000,00 €, also 1.133,60 €, überschritten wird.		1.133,60 €
1,2	Terminsgebühr gem. §§ 2, 13 RVG, Nr. 3104 VV RVG (Wert: 20.000,00 €)		1.046,40 €
1,0	Einigungsgebühr gem. §§ 2, 13, Nr. 1000 Ziff. 1, Nr. 1003 VV RVG (Wert: 15.500,00 €)	762,00 €	
1,5	Einigungsgebühr gem. §§ 2, 13 RVG, Nr. 1000 Ziff. 1 VV RVG (Wert: 4.500,00 €)	531,75 €	
		1.293,75 €	
	Keine Kürzung gem. § 15 Abs. 3 RVG, da eine 1,5 Einigungsgebühr nach dem Gesamtwert von 20.000,00 €, also 1.308,00 €, nicht überschritten wird.		1.293,75 €
20 %	Pauschale für Post- und Telekommunikationsentgelte gem. § 2 Abs. 2 RVG, Nr. 7002 VV RVG		20,00 €
			3.493,75 €
19 %	USt. gem. § 2 Abs. 2 RVG, Nr. 7008 VV RVG		663,81 €
			4.157,56 €

Hinweis:

Wäre in dem Termin über die nicht rechtshängigen Ansprüche nicht gesprochen worden, so wäre die **Terminsgebühr** in vorstehendem Beispiel nur nach dem Wert von 15.500,00 € entstanden, da dann von den RAen lediglich beantragt worden wäre den Vergleich zu gerichtlichem Protokoll zu nehmen, ohne dass von den RA innerhalb oder außerhalb des Gerichts über eine Einigung gesprochen worden wäre (Nr. 3104 Anm. Abs. 3 VV RVG). Die Parteien hätten sich dann alleine und ohne Mithilfe ihrer RA geeinigt haben müssen. Dies ist jedoch ziemlich unwahrscheinlich. Nach der Vorbemerkung 3 Abs. 3 VV RVG entsteht eine Terminsgebühr auch für solche auf eine Einigung gerichteten Gespräche außerhalb des Gerichts, sodass wohl in den meisten Fällen auch die Terminsgebühr nach dem Wert der gesamten durch die Einigung erledigten Ansprüche erwächst.

Merke:

Werden nicht rechtshängige Ansprüche mit in einen gerichtlich protokollierten Vergleich einbezogen, so erwächst dem RA in erster Instanz eine so genannte 0,8 Differenzverfahrensgebühr nach dem Wert dieser Ansprüche zusätzlich.

Für die nicht rechtshängigen Gegenstände entsteht eine 1,5 Einigungsgebühr, und für die rechtshängigen Gegenstände beträgt der Gebührensatz der Einigungsgebühr 1,0.

Der Gegenstandswert für die 1,0 Einigungsgebühr und für die 0,8 Differenzverfahrensgebühr ist derselbe, nämlich der Wert der nicht rechtshängigen Gegenstände.

Sowohl auf die Verfahrensgebühren als auch auf die Einigungsgebühren ist jeweils § 15 Abs. 3 RVG anzuwenden.

176 In **Ehesachen** (§ 121 FamFG) findet im Übrigen bei nichtvermögensrechtlichen Streitigkeiten z. B. Scheidungsantrag) die Einigungsgebühr gemäß Nr. 1000 Anm. Abs. 5 VV RVG keine Anwendung. Jedoch kann der RA bei Mitwirkung an der Aussöhnung der Eheleute eine 1,5 **Aussöhnungsgebühr** nach Nr. 1001 VV RVG beanspruchen. Auch in einigen anderen Verfahren (z. B. bestimmten Verwaltungsrechtssachen) gilt Nr. 1000 VV RVG nicht.

Hinweis:

Nur soweit bei **Rechtsverhältnissen des öffentlichen Rechts** eine vertragliche Verfügung über Ansprüche zulässig ist, kann nach Nr. 1000 Anm. Abs. 4 VV RVG eine Einigungsgebühr entstehen, ansonsten nicht. In Finanz-, Verwaltungs- und Sozialgerichtssachen ist der Anfall einer Einigungsgebühr also grundsätzlich nicht möglich. In diesen Verfahren kann sich der RA jedoch eine 1,5 **Erledigungsgebühr** nach Nr. 1002 VV RVG verdienen, wenn aufgrund der Bemühungen des RA ein angefochtener Verwaltungsakt von der Behörde zurückgenommen oder geändert wird, ohne dass ein Gericht eine streitige Entscheidung in der Hauptsache erlassen muss.

177 Verfahrensrechtlich lässt sich noch aufzeigen, dass ein rechtshängiges Verfahren ohne Urteil dadurch beendet werden kann, dass vor Gericht von den Parteien ein so genannter **Prozessvergleich** vereinbart und vom Gericht protokolliert wird. Der Prozessvergleich ist dann nach § 794 Abs. 1 Nr. 4 ZPO ein Vollstreckungstitel. Ein Prozessvergleich entsteht auch dann, wenn die Parteien einen außergerichtlich vereinbarten Vergleich dem Gericht nur zu Protokoll geben. Auch im Prüfungsverfahren zur Prozesskostenhilfe können sich die Parteien bereits über den streitigen Anspruch vergleichen und ihn zu gerichtlichem Protokoll (§ 118 Abs. 1 S. 3 ZPO) geben, wobei ebenfalls ein Vollstreckungstitel entsteht.

Eine weitere Möglichkeit, durch eine außergerichtliche Einigung einen Vollstreckungstitel zu schaffen, ist mit dem vollstreckbaren Anwaltsvergleich gegeben.

b) Vollstreckbarer Anwaltsvergleich

178 Zur Förderung der außergerichtlichen Streitbeilegung ist nach § 796a ZPO ein außergerichtlicher, für vollstreckbar zu erklärender Anwaltsvergleich möglich.

Ein Vergleich im Sinne des § 796a ZPO muss den Anforderungen des § 779 BGB genügen, also den Streit oder die Ungewissheit über ein Rechtsverhältnis im Wege gegenseitigen Nachgebens durch Vertrag beseitigen. Insofern wird von einem solchen Vergleich mehr verlangt als von einer Einigung im Sinne von Nr. 1000 VV RVG, da ein Vergleich im Sinne des BGB nur bei **gegenseitigem Nachgeben** vorliegt; bei einer Einigung im Sinne des RVG muss nur der Streit beseitigt werden, wozu auch ein einseitiges Nachgeben genügt.

Im Unterschied zu dem gerichtlich protokollierten Vergleich (§ 163 Abs. 1 S. 1 ZPO) muss der **vollstreckbare Anwaltsvergleich** nach § 796a ZPO von den RA beider Parteien in deren Namen und in Vollmacht unterschrieben sein.

Aus dem Anwaltsvergleich kann nur vollstreckt werden, wenn sich der Schuldner darin der sofortigen Zwangsvollstreckung unterworfen hat und wenn der Vergleich entweder beim zuständigen Amtsgericht (§ 796b ZPO) oder bei einem Notar (§ 796c ZPO) in Verwahrung genommen wird.

Aus dem Anwaltsvergleich kann dann gemäß § 794 Abs. 1 Nr. 4 Lit. b ZPO unter der zusätzlichen Voraussetzung, dass der Vergleich für vollstreckbar erklärt wird, die **Zwangsvollstreckung** stattfinden: **179**

- Gemäß § 796b ZPO kann der Anwaltsvergleich durch das **Gericht**, das für eine entsprechende Klage zuständig gewesen wäre, als Prozessgericht auf Antrag einer Partei für vollstreckbar erklärt werden.
- Nach § 796c ZPO kann mit Zustimmung der Parteien der Anwaltsvergleich auch von einem **Notar** in Verwahrung genommen und für vollstreckbar erklärt werden.

In beiden Fällen ist also eine **Vollstreckungsklausel** gemäß den §§ 795 und 750 Abs. 1 ZPO notwendig. Vor Beginn der Zwangsvollstreckung muss dem Schuldner die vollstreckbare Ausfertigung des Vergleichs zugestellt werden. Vor der Zwangsvollstreckung aus für vollstreckbar erklärten Anwaltsvergleichen ist gemäß § 798 ZPO eine **Wartefrist von zwei Wochen** nach der Zustellung einzuhalten.

Hinweis:

Die Vollstreckbarerklärung durch den Notar oder durch das Gericht wird jeweils mit einer Festgebühr von 72,00 € berechnet (Nr. 23800 KV GNotKG, Nr. 2118 KV GKG).

Für die außergerichtlichen Vergleichsverhandlungen erhält der RA eine **Geschäftsgebühr** nach Nr. 2300 Anm. Abs. 1 VV RVG (siehe § 4 Rdn 3 ff.). Zusätzlich erhält er im Regelfall eine 1,5 **Einigungsgebühr** nach Nr. 1000 Ziff. 1 VV RVG. Falls jedoch ein Rechtsstreit über den Vergleichsgegenstand anhängig ist, erhält der RA nach der Einschränkung in Nr. 1003 VV RVG nur eine verminderte, also 1,0 Einigungsgebühr. **180**

Beispiel:

Zwischen den RAen der zerstrittenen Parteien Badewitz und Hasenfratz wird außergerichtlich ein von beiden RAen namens und in Vollmacht ihrer Parteien unterschriebener Anwaltsvergleich ausgehandelt, in dem sich der Schuldner der sofortigen Zwangsvollstreckung unterwirft. Die beteiligten RAe haben während der Vergleichsverhandlungen im Einverständnis mit ihren Auftraggebern Besprechungen miteinander durchgeführt. Der Vergleich beseitigt einen Streit wegen 8.000,00 €. Der Schuldner Badewitz hat sich vergleichsweise verpflichtet 5.500,00 € an Hasenfratz zu zahlen. Jeder der beiden beteiligten RAe kann folgende Vergütungsrechnung aufstellen:

Gegenstandswert: 8.000,00 €

1,3	Geschäftsgebühr gem. §§ 2, 13, 14 RVG, Nr. 2300 Anm. Abs. 1 VV RVG	692,90 €
1,5	Einigungsgebühr gem. §§ 2, 13 RVG, Nr. 1000 Ziff. 1 VV RVG	799,50 €
20 %	Pauschale für Post- und Telekommunikationsentgelte gem. § 2 Abs. 2 RVG, Nr. 7002 VV RVG	20,00 €
		1.512,40 €
19 %	USt. gem. § 2 Abs. 2 RVG, Nr. 7008 VV RVG	287,36 €
		1.799,76 €

Der Gegenstandswert der Einigungsgebühr ergibt sich aus dem durch die Einigung erledigten streitigen Betrag – nicht aus dem Ergebnis der Einigung.

Merke:

Der RA erhält für seine Tätigkeit im Hinblick auf den Abschluss eines Anwaltsvergleichs zusätzlich zu den sonstigen Gebühren eine 1,5 Einigungsgebühr, wenn folgende Voraussetzungen vorliegen:

Es muss sich um ein gegenseitiges Nachgeben im Sinne des § 779 BGB handeln.

Der Vergleich muss von beiden RAen namens und in Vollmacht der Parteien unterschrieben sein.

Der Schuldner muss sich in dem Vergleich der sofortigen Zwangsvollstreckung unterworfen haben.

Über den Vergleichsgegenstand darf kein Rechtsstreit anhängig sein.

181 Für das **Verfahren auf Vollstreckbarerklärung** des Anwaltsvergleichs nach den §§ 796a bis 796c ZPO erhält der RA nach Vorbemerkung 3.1 Abs. 1 VV RVG die in Nrn. 3100 ff. VV RVG bestimmten Gebühren zusätzlich zu den für den Vergleichsabschluss entstandenen Gebühren. In Vorbemerkung 3 Abs. 4 VV RVG wird angeordnet, dass die bei Abschluss des Anwaltsvergleichs entstandene Geschäftsgebühr zur Hälfte (jedoch höchstens mit einem Gebührensatz von 0,75) auf die Verfahrensgebühr für ein Verfahren auf Vollstreckbarerklärung dieses Vergleichs anzurechnen ist. Eine ähnliche Regelung für den Bereich der Beratungshilfe enthält für die Geschäftsgebühr Nr. 2503 Anm. Abs. 2 S. 2 VV RVG, wonach die Festgebühr von 102,00 € zu einem Viertel anzurechnen ist.

Der **Gegenstandswert** des Verfahrens auf Vollstreckbarerklärung eines Anwaltsvergleichs bemisst sich nach dem Einigungsergebnis des Anwaltsvergleichs (dem Vergleichsergebnis), soweit es für vollstreckbar erklärt werden soll (OLG Oldenburg, Beschluss vom 25.04.2012 – 8 W 34/12).

Beispiel:

Fortsetzung des vorstehenden Beispiels: In dem zwischen den Parteien Badewitz und Hasenfratz ausgehandelten Anwaltsvergleich hat sich der Schuldner vergleichsweise verpflichtet, 5.500,00 € an Hasenfratz zu zahlen und er hat sich diesbezüglich der sofortigen Zwangsvollstreckung unterworfen. RA Zünsdorf beantragt als Bevollmächtigter des Gläubigers Hasenfratz die Vollstreckbarerklärung beim zuständigen Landgericht. Eine mündliche Verhandlung findet nicht statt. RA Zünsdorf kann folgende Vergütungsrechnung aufstellen:

Gegenstandswert: 5.500,00 €

1,3	Verfahrensgebühr gem. §§ 2, 13 RVG, Nr. 3100 VV RVG darauf ist gemäß der Vorbemerkung 3 Abs. 4 VV RVG **anzurechnen**:	538,20 €	
0,65	Geschäftsgebühr gem. §§ 2, 13, 14 RVG, Nr. 2300 Anm. Abs. 1 VV RVG*	– 269,10 €	
		269,10 €	
20 %	Pauschale für Post- und Telekommunikationsentgelte gem. § 2 Abs. 2 S. 1 RVG, Nr. 7002 VV RVG		20,00 €
			289,10 €
19 %	USt. gem. § 2 Abs. 2 S. 1 RVG, Nr. 7008 VV RVG		54,93 €
			344,03 €

* Gegenstandswert der anzurechnenden Geschäftsgebühr ist nicht der Wert der außergerichtlichen Einigung, sondern der Wert, um den es in dem gerichtlichen Verfahren auf Vollstreckbarerklärung geht.

Achtung:

Bei der Anrechnung muss darauf geachtet werden, dass es bei der Vollstreckbarerklärung um den Wert geht, der vollstreckt werden soll. Deshalb darf die Geschäftsgebühr nur nach diesem Wert angerechnet werden. Da das Ergebnis einer Einigung häufig unter dem Wert liegen wird, der ursprünglich gefordert wurde, dürfen Sie die halbe Geschäftsgebühr in diesem Fall nicht nach dem Wert anrechnen, den Sie in der Vergütungsrechnung für den außergerichtlichen Anwaltsvergleich angesetzt haben. Zur Anrechnung bei vergleichbarem Sachverhalt sei auch auf entsprechende Beispiele an anderer Stelle in diesem Buch, z. B. in § 4 Rdn 32 f., verwiesen.

Merke:

Für das Verfahren auf Vollstreckbarerklärung des Anwaltsvergleichs entsteht regelmäßig eine Verfahrensgebühr nach Nr. 3100 VV RVG.

Darauf anzurechnen ist die halbe Geschäftsgebühr (jedoch höchstens mit einem Gebührensatz von 0,75), die für den Abschluss des Anwaltsvergleichs berechnet wurde, jedoch nur nach dem Wert der vollstreckt werden soll.

c) Übersichten zur Einigungsgebühr

182

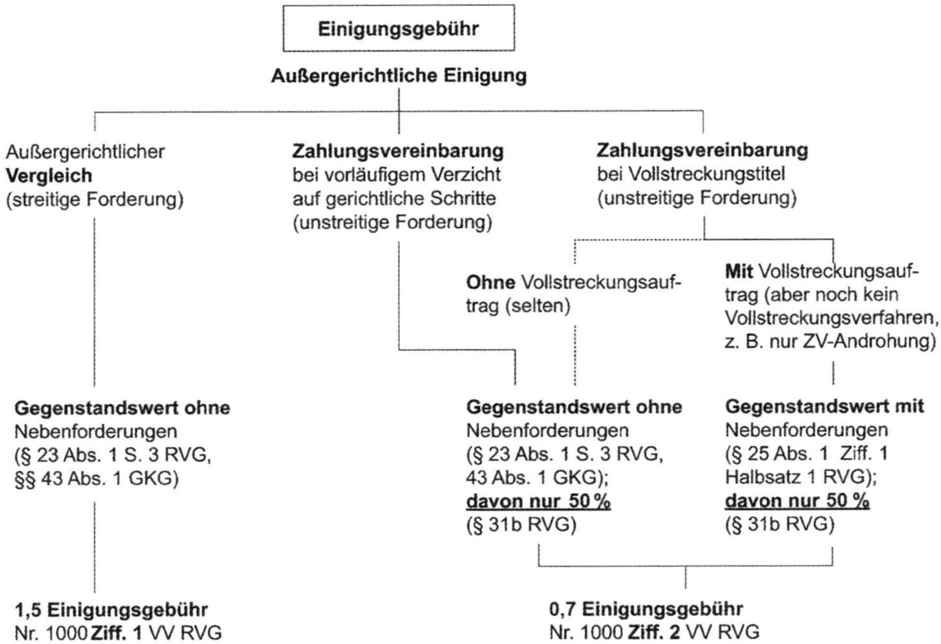

183

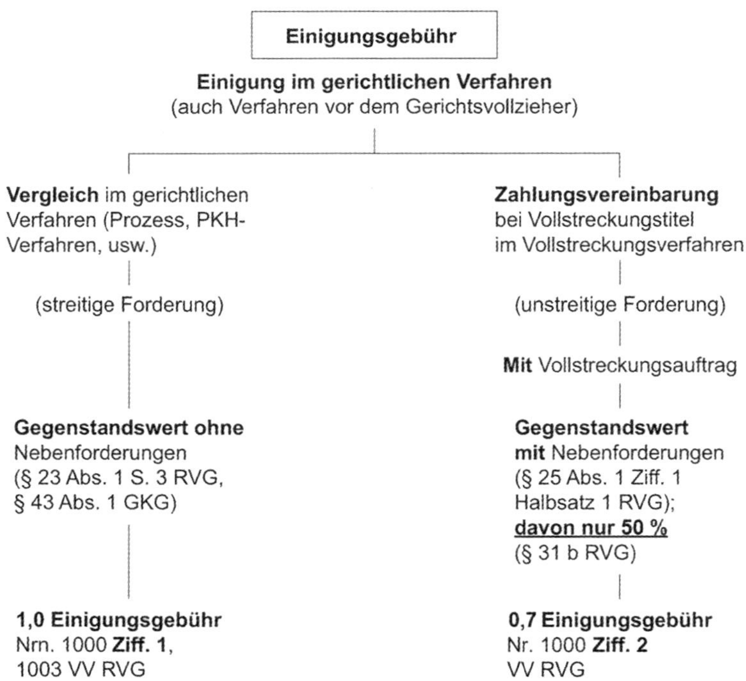

Merke:

Streitige Forderung: Bei Ungewissheit über den Ausgang eines Rechtsstreits wird oft ein **Vergleich** geschlossen, in dem sich die Parteien entgegenkommen, sodass der Schuldner nur einen Teil des geforderten Betrages zahlen muss. **Gegenstandswert** ist dann der ursprünglich geforderte Betrag ohne Nebenforderungen, also **worüber**, nicht **worauf** man sich geeinigt hat.

Unstreitige Forderung: Bei Einigung nur über eine **Zahlungsvereinbarung** (Ratenvereinbarung) zahlt der Schuldner den vollen Betrag, aber eben nur in Raten. Der **Gegenstandswert** beträgt dann nur 50 % des Anspruchs **ohne** Nebenforderungen – wenn jedoch bereits ein Vollstreckungsauftrag für eine titulierte Forderung vorliegt, wird der Gegenstandswert **einschließlich** der Nebenforderungen berechnet.

2. Mehrere Auftraggeber (Nr. 1008 VV und § 7 RVG)

→ *Dazu Aufgaben Gruppe 7* 184

Wenn ein RA mehrere Mandanten in derselben Angelegenheit vertritt, können sich deswegen seine Gebühren erhöhen. Dies ist zum einen in Nr. 1008 VV RVG und zum anderen in § 7 RVG geregelt. Da diese beiden Gesetzesstellen in einem engen Zusammenhang stehen, sollen sie auch gemeinsam dargestellt werden. Dies ist bereits in Rdn 32 ff. erfolgt, sehen Sie bitte dort nach.

3. Die Hebegebühr (Nr. 1009 VV RVG)

→ *Dazu Aufgaben Gruppe 4* 185

Die Prozessvollmacht, deren Umfang in § 81 ZPO gesetzlich geregelt ist, ermächtigt den RA nur zur Empfangnahme der vom unterlegenen Gegner oder aus der Staatskasse zu erstattenden Kosten. Zur Empfangnahme von anderem Geld benötigt der RA neben der gewöhnlichen Prozessvollmacht des § 81 ZPO eine besondere Vollmacht, eine **Geldempfangsvollmacht**. Der Mandant muss also dem RA einen besonderen Auftrag zur Entgegennahme der Streitsumme erteilt haben.

Für die **Weiterleitung** von baren oder unbaren Zahlungen erhält der RA eine **Hebegebühr** (Verwahrungsgebühr) zusätzlich zu den für seine sonstige Tätigkeit entstandenen Gebühren. Die Hebegebühr wird nicht aus der Tabelle des § 13 Abs. 1 RVG abgelesen, sondern gemäß Nr. 1009 VV RVG berechnet. 186

Die Hebegebühr lässt sich nach folgender Tabelle berechnen:

Tabelle 1: Berechnung der Hebegebühr

bei Beträgen	%	**also**
bis zu 2.500,00 €	1,00	1 % des Betrages (*→ somit höchstens 25,00 €*)
bis zu 10.000,00 €	0,50	0,5 % des 2.500,00 € übersteigenden Betrages + 25,00 € (*→ somit höchstens 37,50 € + 25,00 €*)
über 10.000,00 €	0,25	0,25 % des 10.000,00 € übersteigenden Betrages + 25,00 € + 37,50 €

Beispiel der Berechnung gemäß Tabelle 1:

Weiterzuleiten ist ein Betrag von 23.000,00 €. Der 10.000,00 € übersteigende Betrag ist 13.000,00 €. Wir rechnen: 13.000,00 € x 0,25 : 100 = 32,50 €. Wir addieren: 32,50 € + 25,00 € + 37,50 € = **95,00 €**.

Es gibt auch noch eine zweite, elegantere Möglichkeit zur Berechnung der Hebegebühr, die auch **Schnellrechnung** genannt wird. Sie sollten sich aber auf eine von beiden Methoden festlegen, um Verwirrungen zu vermeiden.

Tabelle 2: Berechnung der Hebegebühr (Schnellrechnung)

bei Beträgen	%	**also**
bis zu 2.500,00 €	1,00	1 % des Betrages
bis zu 10.000,00 €	0,50	0,5 % des Gesamtbetrages + 12,50 €
über 10.000,00 €	0,25	0,25 % des Gesamtbetrages + 37,50 €

Beispiel der Berechnung gemäß Tabelle 2:

Weiterzuleiten ist ein Betrag von 23.000,00 €. Wir rechnen: 23.000,00 € x 0,25 : 100 = 57,50 €. Wir addieren: 57,50 € + 37,50 € = **95,00 €**. Die entsprechende Vergütungsrechnung lautet:

Gegenstandswert: 23.000,00 €

Hebegebühr gem. § 2 Abs. 2 S. 1 RVG, Nr. 1009 VV RVG	95,00 €
20 % Post- und Telekommunikationsentgelte gem. § 2 Abs. 2 S. 1 RVG, Nr. 7002 VV RVG*	19,00 €
19 % USt. gem. § 2 Abs. 2 S. 1 RVG, Nr. 7008 VV RVG	21,66 €
	135,66 €

* siehe unten (Rdn 188)

187 Die **Mindestgebühr** der Hebegebühr beträgt 1,00 € (Nr. 1009 VV RVG, Randspalte), also abweichend von § 13 Abs. 2 RVG. Denken Sie auch bei der Hebegebühr an die Berechnung der **Umsatzsteuer** (Nr. 7008 VV RVG).

188 Wie bei allen Gebühren können zur Hebegebühr noch **Auslagen für Post- und Telekommunikationsentgelte** (Nr. 7002 VV RVG) hinzugerechnet werden. Wenn Sie die Auslagenpauschale berechnen, müssen Sie auch nicht darauf achten, ob Sie in der Gebührenangelegenheit, anlässlich der die Gelder weitergeleitet werden, bereits eine Auslagenpauschale in Rechnung gestellt haben. Auch wenn die 20,00 € bereits in der der Auszahlung zugrunde liegenden Angelegenheit erreicht sind, darf auf die Hebegebühr gleichwohl eine zusätzliche Auslagenpauschale verlangt werden. Die Weiterleitung von Geld stellt demzufolge eine eigene Angelegenheit dar.

Beispiel:

Auftrag zur außergerichtlichen Beitreibung einer Forderung. Zusätzlich zu der Geschäftsgebühr nach Nr. 2300 VV RVG wurde eine Auslagenpauschale für Post- und Telekommunikationsentgelte von 16,30 € berechnet. Dann dürfen für die Hebegebühr nicht nur noch höchstens 3,70 € als zusätzliche Auslagenpauschale angesetzt werden, da die Geschäftsgebühr und die Hebegebühr verschiedene Angelegenheiten bilden.

Der RA kann die Hebegebühr erst bei der **Ablieferung** der Zahlung an den Auftraggeber entnehmen (Nr. 1009 Anm. Abs. 1 VV RVG), d. h., er darf dann die Hebegebühr von dem weiterzuleitenden Geldbetrag abziehen (Nr. 1009 Anm. Abs. 2 S. 2 VV RVG). Wird das Geld vom RA nur empfangen, aber noch nicht weitergeleitet, dann darf eine Hebegebühr noch nicht berechnet werden. Wird eine Geldsumme in Teilbeträgen ausgezahlt, so wird die Gebühr von jedem Teilbetrag gesondert erhoben (Nr. 1009 Anm. Abs. 3 VV RVG), bei Ratenzahlungen des Gegners jedoch nicht, wenn der RA alle empfangenen Teilbeträge auf einmal an seinen Mandanten auszahlt. 189

Hinweis:

Die Hebegebühr darf nach Nr. 1009 Anm. Abs. 2 S. 1 VV RVG nur bei Ablieferung des Geldes an den Auftraggeber entnommen werden, nicht aber bei Zahlungen an Dritte.

Der RA erhält **keine Hebegebühr** (Nr. 1009 Anm. Abs. 5 VV RVG), wenn er 190

- **Gerichtskosten**, z. B. als Vorschuss, einzahlt,
- vom Gegner eingezogene **Kosten** an den Mandanten weiterleitet,
- erhaltene Gelder auf die ihm zustehende **Vergütung** verrechnet.

In der Praxis wird von den Rechtsanwälten übrigens häufig auf die Hebegebühr verzichtet. Dies wird seinen Grund auch in nachstehender Überlegung haben.

Der Gegner ist meistens zur Erstattung der Hebegebühr nicht verpflichtet, da die Hinzuziehung des RA zur Weiterleitung von Geld im Regelfall nicht notwendig ist. Will der Auftraggeber des RA die Hebegebühr nicht selbst bezahlen, so muss der Gegner darauf hingewiesen werden, dass ihm die Hebegebühr berechnet wird. Der Schuldner könnte dann zur Vermeidung der Hebegebühr direkt an den Gläubiger zahlen. Wenn der RA seinen Mandanten nicht entsprechend beraten hat, wird er die Hebegebühr kaum von ihm verlangen können.

Hinweis:

Zahlt der unterlegene Beklagte den ausgeurteilten Betrag an den RA des Klägers, ohne dazu aufgefordert zu sein, dann ist er zur Zahlung der darauf entfallenden Hebegebühr verpflichtet (LG Karlsruhe, Beschluss vom 05.03.2019 – 3 O 22/14).

Merke:

Die Hebegebühr entsteht erst bei Ablieferung des Geldes.

Keine Hebegebühr entsteht bei Weiterleitung von Kosten.

Keine Hebegebühr entsteht bei Verrechnung von Zahlungen auf die Vergütung des RA.

Die Mindestgebühr beträgt hier 1,00 €.

Jede Auszahlung löst eine eigene Hebegebühr und gegebenenfalls eine daraus berechnete gesonderte Postentgeltpauschale aus. Die Auszahlung gehört auch nicht mehr zu der Gebührenangelegenheit, anlässlich der die Gelder weitergeleitet werden, sodass auch insoweit gegebenenfalls eine gesonderte Postentgeltpauschale entsteht.

Beispiel:

Ein Betrag von 230.000,00 € geht auf dem Anderkonto des RA ein. Weisungsgemäß nimmt der RA folgende Auszahlungen vor: Der RA überweist vom Anderkonto 500,00 € Gerichtskosten an das Gericht. Zur Ablösung einer Grundschuld werden an die Volksbank 90.000,00 € überwiesen. An die Stadt werden für Straßenbaukosten 9.000,00 € überwiesen. Der RA entnimmt dem Anderkonto für seine Vergütungsrechnung 2.100,84 € ohne die noch zu berechnende Umsatzsteuer. Der verbleibende Restbetrag wird an den Mandanten ausgekehrt. Auslagen für Post- und Telekommunikationsdienstleistungen im Sinne von Nrn. 7001 f. VV RVG sind nicht angefallen.

Die anfallenden Hebegebühren werden dem Kostenschuldner gesondert in Rechnung gestellt und nicht dem jeweils ausgezahlten Betrag entnommen. Der jeweilige Stand des Anderkontos und die entstehenden Verwahrungsgebühren lassen sich wie folgt übersichtlich berechnen:

		Hebegebühr	**Anderkonto**
Fremdgeld, Eingang am (...)			230.000,00 €
Gerichtskosten vom (...)			– 500,00 €
(davon **Hebegebühr**)*	0,00 €*	0,00 €*	229.500,00 €
Ablösung Grundschuld Volksbank am (...)			– 90.000,00 €
(davon **Hebegebühr**)*	262,50 €		139.500,00 €
+ 19 % USt	49,88 €	312,38 €	
an Stadt für Straßenbaukosten am (...)			– 9.000,00 €
(davon **Hebegebühr**)*	57,50 €		130.500,00 €
+ 19 % USt	10,93 €	68,43 €	
Verrechnung der Anwaltsvergütung	2.100,84 €		
+ 19 % USt	399,16 €		
	2.500,00 €	0,00 €*	– 2.500,00 €
= restliches Fremdgeld, **an Mandanten auszuzahlen**:			**= 128.000,00 €**
abzüglich **Hebegebühr**	357,50 €		
+ 19 % USt	67,93 €	425,43 €	
	Hebegebühr insgesamt:	**806,24 €**	

Anmerkung:

* Nur zur Verdeutlichung! Die Hebegebühr entsteht nicht auf Kosten, die an ein Gericht weitergeleitet werden, hier die 500,00 € Gerichtskosten (Nr. 1009 Anm. Abs. 5 VV RVG).
Bei den Straßenbaukosten handelt es sich nicht um Kosten im Sinne des RVG! Die Umsatzsteuer ist von den Verwahrungsgebühren jeweils gesondert zu berechnen. Auf die Vergütung des RA darf keine Hebegebühr berechnet werden.

4. Die Zusatzgebühr für besonders umfangreiche Beweisaufnahmen (Nr. 1010 VV RVG)

191 Für **sehr umfangreiche** Beweisaufnahmen in einem Verfahren gibt es eine Zusatzgebühr neben der Verfahrens- und der Terminsgebühr. Die **0,3** Zusatzgebühr für besonders umfangreiche Beweisaufnahmen nach Nr. 1010 VV RVG darf jedoch nur berechnet werden, wenn in Verfahren nach Teil 3 VV RVG **mindestens drei** gerichtliche Beweistermine stattfinden, in denen Sachverständige oder Zeugen **umfangreich** vernommen werden. Der Gesetzgeber will damit verhindern, dass Beweisanträge von Anwälten nur gestellt werden, um diese Gebühr zu verdienen – so die amtliche Begründung. Siehe hierzu § 7 Rdn 23. Diese Zusatzgebühr entsteht insbesondere **nicht in Straf- und Bußgeldverfahren**, die nicht nach Teil 3 VV RVG, sondern nach den Teilen 4 und 5 VV RVG abgerechnet werden.

II. Die Auslagen (Nrn. 7000 bis 7008 VV RVG)

→ *Dazu Aufgaben Gruppe 8* 192

Im Teil 7 des Vergütungsverzeichnisses zum RVG werden die **Auslagentatbestände** aufgeführt. Bei den **Auslagen** im Sinne des Kostenrechts handelt es sich um Aufwendungen zur Ausführung eines Auftrags im Sinne des BGB (§ 675 i. V. m. § 670 BGB). Im RVG wird vorausgesetzt, dass ein RA nach § 670 BGB einen Anspruch auf Aufwandsersatz hat (Vorbemerkung 7 Abs. 1 S. 2 VV RVG). Das RVG regelt also nicht den Aufwandsersatz überhaupt, sondern nur die Berechnung von bestimmten, typischen Aufwendungen, die infolge der anwaltlichen Tätigkeiten regelmäßig vorkommen. Außerdem klärt das RVG die Beziehung zwischen Gebühren und Auslagen.

Unterscheiden Sie Gebühren und Auslagen. Mit den **Gebühren** werden auch die **allgemeinen** Praxiskosten des RA entgolten, also z. B. die Ausgaben für Bücher, Papier, Löhne, Büromiete, Telefonanschlussentgelte usw. (Vorbemerkung 7 Abs. 1 S. 1 VV RVG). Für solche allgemeinen Geschäftskosten dürfen dem Mandanten weder Gebühren noch Auslagen berechnet werden.

Besondere erforderliche Aufwendungen zur Ausführung eines Auftrags sind aber vom Mandanten zu ersetzen (§ 670 BGB). Für vier typische solche Aufwendungsarten bestimmt Teil 7 des Vergütungsverzeichnisses zum RVG, dass der RA Anspruch auf Ersatz dieser **Auslagen** hat. Andere zu ersetzende Auslagen sind z. B. vorgelegte Gerichtskosten, Gebühren für Anfragen bei der Meldebehörde, Gerichtsvollzieherkosten, Detektivkosten, Übersetzungskosten, Kosten der Anmietung eines Bankschließfaches in der Sache eines bestimmten Auftraggebers, usw. 193

Bei den im letzten Teil des Vergütungsverzeichnisses **normierten Auslagentatbeständen** geht es im Wesentlichen um

- die Dokumentenpauschale (Nr. 7000 VV RVG),
- die Entgelte für Post- und Telekommunikationsdienstleistungen (Nrn. 7001, 7002 VV RVG),
- die Reisekosten, die nach Fahrtkosten und Tage- und Abwesenheitsgeld unterteilt werden (Nrn. 7003 bis 7006 VV RVG)
- und in bestimmten seltenen Fällen um gezahlte Prämien für eine Haftpflichtversicherung (Nr. 7007 VV RVG).

Außerdem hat der RA Anspruch auf Ersatz der auf seine **Vergütung** (Gebühren und Auslagen) entfallenden **Umsatzsteuer** (Nr. 7008 VV RVG). Dies betrifft neben den Gebühren insbesondere auch die oben genannten Auslagen nach den Nrn. 7000 bis 7007 VV RVG. Auf **andere Auslagen** wie z. B. die für Anfragen beim Einwohnermeldeamt gezahlten Gebühren, die **Aktenversendungspauschale** und die Abrufgebühren für die Einsichtnahme in das elektronische Grundbuch oder das elektronische Handelsregister bzw. Unternehmensregister ist ebenfalls Umsatzsteuer zu berechnen. Auf **durchlaufende Posten** wie z. B. vorgelegte Gerichtskosten und vorgelegte Gebühren des Gerichtsvollziehers wird dagegen keine Umsatzsteuer berechnet. Siehe hierzu Rdn 215 ff. 194

Der RA muss dem Mandanten die geforderten Auslagen im Einzelnen aufstellen und belegen, außer bei den Auslagen für Post- und Telekommunikationsdienstleistungen (§ 10 Abs. 2 S. 2 RVG).

1. Die Dokumentenpauschale (Nr. 7000 VV RVG)

Die von einem RA z. B. zur Unterrichtung seines Auftraggebers gefertigten Schreiben oder die an das Gericht gerichteten Schriftsätze fallen nach den geltenden Grundsätzen mit unter die allgemeinen Geschäftskosten im Sinne der Vorbemerkung 7 Abs. 1 S. 1 VV RVG, die mit der pauschalen Betriebsgebühr (Geschäftsgebühr oder Verfahrensgebühr) bereits abgegolten sind und folglich nicht zusätzlich in Rechnung gestellt werden dürfen. So kann also z. B. für einen Brief an den Auftraggeber keine gesonderte Dokumentenpauschale berechnet werden. Die meisten üblichen 195

Schreibarbeiten (z. B. Schriftsätze, Kopien von Klageschriften zwecks Zustellung) werden also grundsätzlich schon durch die entstehenden Gebühren abgegolten.

196 Eine **Dokumentenpauschale** steht dem RA nur für die Herstellung und Überlassung bestimmter **Kopien** oder Ausdrucke zu, die in Nr. 7000 VV RVG genannt sind. Eine Kopie ist etwas anderes als eine Ablichtung. Kopie im Sinne des Kostenrechts ist nach Auffassung des Gesetzgebers die Reproduktion einer Vorlage auf einem körperlichen Gegenstand, bspw. Papier, Karton oder Folie. Wird deshalb ein elektronisches Dokument durch Scannen/Einscannen erzeugt, liegt keine Kopie vor und es kann die Dokumentenpauschale nicht entstehen. Erst der Ausdruck des eingescannten Dokuments würde dann die Dokumentenpauschale auslösen. Im Einzelnen dürfen Dokumentenpauschalen für Kopien und Ausdrucke nach Nr. 7000 VV RVG unter folgenden Voraussetzungen erhoben werden:

(1) Für **Kopien und Ausdrucke aus Behörden- und Gerichtsakten**, soweit deren Herstellung zur sachgemäßen Bearbeitung der Rechtssache geboten ist, darf eine Dokumentenpauschale berechnet werden (Nr. 7000 Ziff. 1 Lit. a) VV RVG). Dies ist der Fall, wenn dem RA Kopien aus der betreffenden Akte zur sachgerechten Erledigung der Angelegenheit ständig zur Verfügung stehen müssen. Insbesondere in Strafsachen benötigt der Verteidiger einen möglichst umfassenden Auszug aus den Ermittlungsakten, sodass für die hierzu gefertigten notwendigen Fotokopien immer eine Dokumentenpauschale erhoben werden darf. Auch in sozial- oder verwaltungsrechtlichen Angelegenheiten kann es erforderlich sein, Kopien aus Behörden- oder Gerichtsakten anzufertigen.

Für solche Kopien und Ausdrucke kann eine Dokumentenpauschale **ab der ersten Seite** berechnet werden.

(2) Für Kopien oder Ausdrucke zur notwendigen Mitteilung oder **Zustellung an Gegner oder Beteiligte** aufgrund einer Rechtsvorschrift oder nach Aufforderung durch das Gericht oder eine Behörde kann **grundsätzlich keine Dokumentenpauschale** in Rechnung gestellt werden. Es handelt sich hierbei im Wesentlichen um Kopien oder Ausdrucke

- der eigenen Schriftsätze des RA und
- der Schriftsatzanlagen wie z. B. Urkunden,

die einem Schriftsatz oder einer Klageschrift in einem Zivilprozess nach den §§ 131 Abs. 1, 133 Abs. 1 und 253 Abs. 5 ZPO zur Zustellung an die Gegenseite beigefügt werden müssen, also um die üblichen beglaubigten und einfachen Kopien.

Obwohl solche Kopien oder Ausdrucke grundsätzlich nicht berechnet werden dürfen, kann der RA eine **Dokumentenpauschale für mehr als 100 Kopien** oder Ausdrucke erheben, wenn in einer gebührenrechtlichen Angelegenheit oder in einem Rechtszug mehr als 100 Kopien oder Ausdrucke dieser Art angefertigt worden sind (Nr. 7000 Ziff. 1 Lit. b) VV RVG). In diesem Fall sind die ersten 100 Kopien oder Ausdrucke kostenfrei herzustellen und die 101. bis zur 150. Kopie oder Ausdruck werden jeweils mit 0,50 € berechnet.

Hinweis:

Der Schreibaufwand für die **eigenen Schriftsätze** des RA ist im Sinne der Vorbemerkung 7 Abs. 1 S. 1 VV RVG mit der jeweiligen Betriebsgebühr für das Verfahren bereits abgegolten, sodass diese ohne Berechnung erstellt werden müssen. Folglich sind grundsätzlich **ohne Berechnung** einer Dokumentenpauschale zu erstellen:

- die Urschrift des Schriftsatzes,
- eine Kopie für die Handakten des RA,
- eine Kopie für weitere Anwälte des Auftraggebers, wie z. B. einen Terminsvertreter oder einen Korrespondenzanwalt,

- je eine Kopie für jeden Gegner, wobei es sich auch um mehrere Gegner handeln kann (Ausnahme mehr als 100 Kopien!),
- je eine Kopie für jeden RA der Gegenseite, wobei jeder Gegner durch einen anderen RA vertreten sein kann (Ausnahme mehr als 100 Kopien!),
- je eine Kopie für den bzw. die eigenen Auftraggeber, wobei es sich auch um mehrere Personen handeln kann, was allerdings als weitere Ausnahme in Nr. 7000 Ziff. 1 Lit. c) VV RVG besonders geregelt ist (siehe nachstehend).

Die durch § 131 Abs. 1 ZPO vorgeschriebenen Schriftsatzanlagen hat der RA aus den vorgenannten Gründen ebenfalls ohne Berechnung anzufertigen. Es handelt sich dabei meist um Kopien von Urkunden, die den das Verfahren vorbereitenden Schriftsätzen beigefügt werden. Aus Sicherheitserwägungen legt man die Urkunden selbst ungern den Schriftsätzen in Urschrift bei, sondern lieber nur in Kopie. Auch von den Schriftsatzanlagen sind nach § 133 Abs. 1 S. 1 ZPO grundsätzlich die für die Zustellung an den oder die Gegner erforderliche Zahl von Kopien beizufügen. Insofern gilt das einleitend zu den Schriftsätzen Gesagte auch für die zugehörigen Anlagen, die in gleicher Anzahl wie die Schriftsätze entsprechend der oben dargestellten Aufstellung ohne Berechnung zu kopieren sind. Auch hierfür ist die Erhebung einer Dokumentenpauschale erst für den Mehraufwand ab der 101. Kopie zulässig.

Dem RA soll nur ein ungewöhnlich hoher Mehraufwand für Fotokopien bzw. Mehrfachausdrucke vergütet werden. Deshalb gilt für die im Gesetz ausdrücklich genannten Kopien der Buchstaben b) und c), dass nur bis zu 100 Kopien bereits mit den Gebühren abgegolten sind und erst der Mehraufwand ab der 101. Kopie zusätzlich berechnet werden kann.

(3) Ferner kann der RA eine Dokumentenpauschale für Kopien oder Ausdrucke verlangen, die zur notwendigen **Unterrichtung des Auftraggebers** über 100 Seiten hinaus gefertigt wurden, was insbesondere bei mehreren Auftraggebern der Fall sein wird (Nr. 7000 Ziff. 1 Lit. c) VV RVG).
Obwohl auch solche Kopien oder Ausdrucke grundsätzlich nicht berechnet werden dürfen, kann der RA eine **Dokumentenpauschale für mehr als 100 Kopien** oder Ausdrucke erheben, wenn in einer gebührenrechtlichen Angelegenheit oder in einem Rechtszug insgesamt mehr als 100 Kopien oder Ausdrucke dieser Art angefertigt worden sind (Nr. 7000 Ziff. 1 Lit. c) VV RVG). In diesem Fall sind die ersten 100 Kopien oder Ausdrucke kostenfrei herzustellen und die 101. bis zur 150. Kopie oder Ausdruck werden jeweils mit 0,50 € berechnet und ab der 151. Kopie oder Ausdruck werden 0,15 € berechnet.

(4) Im Übrigen darf der RA nur eine Dokumentenpauschale für Kopien oder Ausdrucke verlangen, die **mit Einverständnis des Auftraggebers zusätzlich** gefertigt wurden, auch wenn sie zur Unterrichtung Dritter dienen (Nr. 7000 Ziff. 1 Lit. d) VV RVG).
Wichtig ist hierbei, dass die Kopien oder Ausdrucke im **Einverständnis** mit dem Auftraggeber erstellt wurden. Der Mandant ist also in der Regel zu fragen, ob er mit der Fertigung bestimmter Kopien oder Ausdrucke einverstanden ist. Seine Zustimmung kann der Klient ausdrücklich oder stillschweigend und vor oder nach der Herstellung der Kopien oder Ausdrucke erklären. Ein stillschweigendes Einverständnis wird man unterstellen können, wenn der RA die Kopien oder Ausdrucke zur ordnungsgemäßen Besorgung der Angelegenheit erstellen musste. Für Kopien oder Ausdrucke aus Gerichts- oder Behördenakten ist das Einholen der Zustimmung des Mandanten nicht erforderlich, da dies bereits unter Nr. 7000 Ziff. 1 Lit. a) VV RVG fällt.
Die Kopien oder Ausdrucke müssen **zusätzlich** hergestellt worden sein. Kopien oder Ausdrucke, die unter den oben unter (2) und (3) aufgestellten Katalog fallen, können nicht zusätzlich gefertigt worden sein, da sie im Regelfall zur Erledigung der anwaltlichen Aufgaben notwendig

sind. Gemeint sind hier also sonstige dort nicht genannte Kopien oder Ausdrucke. Beispiele hierfür sind vom Auftraggeber bestellte zusätzliche Schriftsatzkopien

- zur Unterrichtung seiner Haftpflichtversicherung,
- zur Unterrichtung seiner Rechtsschutzversicherung,
- zur Information eines durch einen anderen RA vertretenen Streitgenossen (also zur Unterrichtung eines Dritten) oder
- zur Information einer anderen Dienststelle, wenn der Auftraggeber eine prozessführende Behörde ist.

197 Die **Höhe der Dokumentenpauschale** bestimmt sich nach der Nr. 7000 des Vergütungsverzeichnisses im RVG und beträgt

- für die ersten 50 abzurechnenden Kopien 0,50 € pro Seite und
- für alle weiteren Kopien 0,15 € pro Seite.
- für Kopien **in Farbe** für die ersten 50 abzurechnenden Seiten 1,00 € und für jede weitere Seite 0,30 € pro Seite.

Die Dokumentenpauschale wird in derselben Angelegenheit und in gerichtlichen Verfahren in jedem Rechtszug einheitlich berechnet. In einer neuen Instanz fängt also die Zählung der Kopien oder Ausdrucke wieder bei 1 an; Gleiches gilt, wenn der Mandant einen neuen Auftrag in einer anderen Angelegenheit erteilt (Nr. 7000 Anm. VV RVG). Für die Kopien oder Ausdrucke, die erst beginnend mit der 101. Kopie oder Ausdruck berechnet werden dürfen gilt, dass die 101. bis 150. Seite mit 0,50 € berechnet werden und erst ab der 151. Seite werden 0,15 € erhoben (bzw. 1,00 € und 0,30 € für Farbkopien oder Ausdrucke).

Hinweis:

Die vorstehende Aussage trifft natürlich erst dann zu, wenn Sie festgestellt haben, wie viele Kopien oder Ausdrucke überhaupt zu berechnen sind. Sie müssen also **alle zu berechnenden Kopien** oder Ausdrucke in einer Angelegenheit zusammenzählen, sodass die 101. Seite sich aus der insgesamt gefertigten Zahl der Kopien ergibt, nach Abzug der Anzahl der Kopien oder Ausdrucke, die nicht berechnet werden dürfen. So ist die Aussage in Nr. 7000 VV RVG gemeint, dass „für die ersten **abzurechnenden** Seiten je Seite ... 0,50 €" berechnet werden.

Frage:

Dürfen 100 oder 200 Kopien oder Ausdrucke nicht berechnet werden? Da in Nr. 7000 Ziff. 1 VV RVG unter den Buchstaben b) und c) jeweils die Aussage zu finden ist, „...soweit **hierfür** mehr als 100 Kopien zu fertigen waren", müssen die Kopien oder Ausdrucke, die unter den Buchstaben b) und c) fallen, jeweils getrennt berechnet werden. Falls folglich Kopien nach Buchstaben b) und c) zugleich gefertigt werden, müssen **jeweils** mehr als 100 Kopien oder Ausdrucke entstehen, sodass in einer Angelegenheit also insgesamt höchstens 200 Kopien oder Ausdrucke nicht berechnet werden dürfen. Den RA zwingt dies, die Kopien oder Ausdrucke nach Arten **getrennt aufzuzeichnen**.

Beispiel 1:

RAin Anger fertigt in einer Strafsache in der ersten Instanz 40 Kopien oder Ausdrucke aus der Gerichtsakte und berechnet dafür 20,00 € als Dokumentenpauschale. In der zweiten Instanz stellt sie 55 abzurechnende Kopien oder Ausdrucke her und berechnet dafür 25,75 €.

Beispiel 2:

RAin Winter fertigt in einer Angelegenheit 180 Kopien oder Ausdrucke zur Zustellung an den Gegner sowie 110 Kopien oder Ausdrucke zur notwendigen Unterrichtung ihres Auftraggebers.

Von den 180 Kopien oder Ausdrucke nach Buchstabe b) sind 100 nicht zu berechnen und von den 110 Kopien oder Ausdrucke nach Buchstabe c) sind ebenfalls 100 nicht zu berechnen. Es verbleiben 90 zu berechnenden Kopien oder Ausdrucke, sodass die Dokumentenpauschale so berechnet wird: 50 x 0,50 € + 40 x 0,15 € = 31,00 €.

Beispiel 3:

RAin Kohn fertigt in einer Angelegenheit 180 Kopien oder Ausdrucke zur Zustellung an den Gegner sowie 20 Kopien oder Ausdrucke zur notwendigen Unterrichtung ihres Auftraggebers. Von den 180 Kopien nach Buchstabe b) sind 100 nicht zu berechnen und von den 20 Kopien oder Ausdrucke nach Buchstabe c) sind keine zu berechnen. Es verbleiben 80 zu berechnenden Kopien oder Ausdrucke, sodass die Dokumentenpauschale so berechnet wird: 50 x 0,50 € + 30 x 0,15 € = 29,50 €.

Beispiel 4:

RAin Dietrich-Zander fertigt in einer Angelegenheit 100 Kopien oder Ausdrucke zur Zustellung an den Gegner sowie 100 Kopien oder Ausdrucke zur notwendigen Unterrichtung ihres Auftraggebers. Von den 100 Kopien oder Ausdrucke nach Buchstabe b) und von den 100 Kopien nach Buchstabe c) sind jeweils keine zu berechnen. Es verbleiben keine zu berechnenden Kopien oder Ausdrucke, sodass die Dokumentenpauschale 0,00 € beträgt.

Die Dokumentenpauschale kann auch für die **Übermittlung von Seiten per Telefax** berechnet 198
werden (Anmerkung Abs. 1 S. 2 zu Nr. 7000 VV RVG). Allerdings erhält nur der RA, der die Seiten übersendet, die Pauschale, aber nach h. M. nicht ein RA, der die Seiten empfängt – dies könnte man jedoch auch anders sehen, da er von den empfangenen Seiten Ausdrucke anfertigt, welche er gegebenenfalls jedoch nur mit dem **Einverständnis** seines Auftraggebers nach Nr. 7000 Ziff. 1 Lit. d) VV RVG berechnen könnte.

Hinweis: 199

Für das bloße **Einscannen** und Abspeichern von Seiten im PC kann keine Dokumentenpauschale berechnet werden, weil hier keine Kopien erzeigt werden. Für Kopien aus Behörden- und Gerichtsakten (Nr. 7000 Ziff. 1 Lit. a) VV RVG) hat das Berliner Kammergericht mehrfach entschieden, dass für das bloße Einscannen keine Dokumentenpauschale entsteht (z. B.: KG, Beschluss vom 28.08.2015 – 1 Ws 59/15). Allerdings kann jederzeit durch Ausdrucken eine Dokumentenpauschale entstehen.

Hinweis: 200

Der **Ausdruck** eingescannter oder vom Gericht auf einem Datenträger überlassener Seiten durch den RA berechtigt im Hinblick auf den weitgehend eingeführten elektronischen Rechtsverkehr im Regelfall nicht zur Berechnung einer Dokumentenpauschale. Dem RA ist es zuzumuten bzw. er ist verpflichtet, elektronische Akten am Bildschirm zu bearbeiten. Es ist nicht „zur sachgemäßen Bearbeitung der Rechtssache geboten“ (so Nr. 7000 Ziff. 1 Lit. a) VV RVG), Seiten auszudrucken. Der allgemeine Grundsatz der kostenschonenden Prozessführung ist zu beachten. Wenn also der RA solche Seiten ausdruckt, wird er eine triftige Begründung dafür vorbringen müssen. Zur Rechtsprechung in dieser Frage: z. B. Berliner KG, Beschluss vom 28.08.2015 – 1 Ws 59/15; OLG Celle, Beschluss vom 28.09.2015 – 1 Ws 518/15; OLG Braunschweig, Beschluss vom 25.08.2015 – 1 Ws 233/15; VG Dresden, Beschluss vom 21.08.2019 – 12 K 2345/16 A.

Für nach Nr. 7000 Ziff. 1 Lit. d) VV RVG mit Einverständnis des Auftraggebers diesem oder einem 201
Dritten überlassene **elektronisch gespeicherte Dateien** erhält der RA eine besondere Dokumen-

tenpauschale gemäß Nr. 7000 Ziff. 2 VV RVG in Höhe von 1,50 € pro Datei. Die Art der Überlassung der Datei dürfte hier keine Rolle spielen: Ob die Datei auf einem Stick gespeichert, auf CD-ROM versandt oder per E-Mail übermittelt wird, führt immer nur unabhängig von der Anzahl der gespeicherten Seiten zu einer Dokumentenpauschale von 1,50 €. Bei mehreren in **einem Arbeitsgang** überlassenen Dokumenten beträgt die Dokumentenpauschale höchstens 5,00 €.

Beispiel 5:

RAin Eilers-Witt übersendet in einer Angelegenheit von einem 45-seitigen Schriftsatz eine zusätzliche Kopie per Fax im Einverständnis mit ihrem Auftraggeber an dessen Versicherung. Außerdem übersendet sie ebenfalls mit Einverständnis per E-Mail eine weitere Kopie dieses gespeicherten Schriftsatzes an einen Dritten. Es handelt sich um Kopien nach Nr. 7000 Ziff. 1 Buchstabe d) und Ziff. 2 VV RVG. Die Dokumentenpauschale beträgt 45 x 0,50 € + 1,50 € = 24,00 €.

202 Bei **mehreren Auftraggebern** schuldet jeder Auftraggeber nur die Gebühren und Auslagen, die er schulden würde, wenn der RA nur in seinem Auftrag tätig geworden wäre (§ 7 Abs. 2 RVG). Jedoch schuldet jeder der Auftraggeber auch die Dokumentenpauschale, soweit diese nur durch die Unterrichtung der mehreren Auftraggeber entstanden ist. Damit ist nur die Dokumentenpauschale gemeint, die dadurch entsteht, dass sie zur Unterrichtung der Auftraggeber nach Nr. 7000 Ziff. 1 Lit. c) VV RVG bei mehr als 100 Kopien anfällt. Insgesamt kann der RA natürlich die Dokumentenpauschale von den mehreren Auftraggebern nur einmal verlangen; jeder der Auftraggeber muss aber diesbezüglich für die anderen mithaften.

203 Die **Erstattung der Dokumentenpauschale** durch den unterlegenen Gegner erfolgt – wie bei den anderen Verfahrenskosten – nach § 91 ZPO nur dann, wenn die hergestellten **Kopien** oder Ausdrucke **notwendig** waren. Dies ist dann der Fall, wenn ohne die gezogenen Kopien eine ordnungsgemäße Durchführung des Prozesses nicht gewährleistet ist. So halten wohl die meisten Gerichte es für notwendig, dass von Urkunden, die im Zivilprozess der Klageschrift als Anlagen beigefügt werden sollen, Kopien oder Ausdrucke gefertigt werden. Wenn der Gegner die Anzahl oder die Notwendigkeit der Kopien oder Ausdrucke bestreitet, ist dies im Einzelnen von dem RA darzulegen und glaubhaft zu machen (§ 104 Abs. 2 S. 1 ZPO).

Merke:

Die **Höhe der Dokumentenpauschale** beträgt für die ersten 50 abzurechnenden Kopien oder Ausdrucke 0,50 € pro Seite und für alle weiteren Kopien 0,15 € pro Seite. Für **Farbkopien** oder Farbausdrucke beträgt sie für die ersten 50 abzurechnenden Seiten 1,00 € und für jede weitere Seite 0,30 € pro Seite.

Kopien oder Ausdrucke nach Nr. 7000 Ziff. 1 Buchstaben b) und c) VV RVG dürfen erst berechnet werden, wenn mehr als 100 Kopien oder Ausdrucke gefertigt wurden.

2. Die Auslagen für Post- und Telekommunikationsdienstleistungen (Nrn. 7001, 7002 VV RVG)

204 Die im Vergütungsverzeichnis des RVG in den Nummern 7001 und 7002 aufgeführten Auslagen für Post- und Telekommunikationsdienstleistungen werden in der Praxis oft auch nur „Auslagen“ genannt. Bei den in dieser Vorschrift genannten **Entgelten für Post- und Telekommunikationsdienstleistungen** handelt es sich im Wesentlichen um Auslagen für Briefmarken sowie um zeittaktbezogene Kosten für Telefongespräche und Telefaxsendungen. Auch die Kommunikation mittels elektronischer Medien – per E-Mail usw. – gehört dazu (AG Schöneberg, Beschluss vom 17.04.2014 – 70 II RB 274/13). Diese Auslagen sind nach Nrn. 7001, 7002 VV RVG vom Auftrag-

geber zu erstatten. Dies gilt freilich nicht für z. B. die Telefonanschlussentgelte, die zu den allgemeinen Geschäftskosten im Sinne von Vorbemerkung 7 Abs. 1 S. 1 VV RVG gehören.

Dem RA wird nach Nrn. 7001 und 7002 VV RVG eine **Wahlmöglichkeit** eingeräumt:

- Die **tatsächlich entstandenen Aufwendungen** können gemäß Nr. 7001 VV RVG in voller Höhe geltend gemacht werden. In der Berechnung braucht nur der Gesamtbetrag der Auslagen angegeben zu werden (§ 10 Abs. 2 S. 2 RVG). Da aber auf ausdrückliches Verlangen des Mandanten eine Einzelaufstellung mit Belegen erfolgen muss, sollten alle Belege gesammelt werden. Im Kostenfestsetzungsverfahren genügt die Glaubhaftmachung durch Versicherung des RA (§ 104 Abs. 2 ZPO), jedenfalls solange kein Streit über die Notwendigkeit dieser Auslagen besteht.
- Der Einfachheit halber wird in der Praxis meist die **Pauschale** gemäß Nr. 7002 VV RVG in Rechnung gestellt. Damit entfällt natürlich die Einzelberechnung und Nachweispflicht. Die Auslagenpauschale kann in derselben Angelegenheit und pro Rechtszug nur einmal berechnet werden; also dürfen z. B. bei den Anträgen auf Erlass des Mahn- und Vollstreckungsbescheids insgesamt nur 20,00 € geltend gemacht werden.

  Allerdings kann die **Auslagenpauschale in jeder Angelegenheit** wieder erneut geltend gemacht werden. Da z. B. das gerichtliche Mahnverfahren und der anschließende Zivilprozess verschiedene Angelegenheiten sind (§ 17 Ziff. 2 RVG), können in beiden Verfahren jeweils bis zu 20,00 € als Auslagenpauschale berechnet werden.

Die Auslagenpauschale beträgt nach Nr. 7002 VV RVG 20 % der Gebühren des RA. Die Pauschale **205**
darf aber in einem Rechtszug bzw. in einer Angelegenheit 20,00 € nicht übersteigen. Sollten tatsächlich höhere Auslagen entstanden sein, so ist eine Berechnung nach Nr. 7001 VV RVG vorzunehmen.

> *Hinweis:*
>
> Die höchstzulässige Pauschale wird bei Gebühren von mehr als 100,00 € immer erreicht; Sie brauchen dann nicht zu rechnen.

Bei der pauschalen Berechnung sind Bruchteile von Cent-Beträgen nach der üblichen kaufmännischen Rundungsregel (4/5) ab- oder aufzurunden. Obwohl § 2 Abs. 2 S. 2 RVG nur für Gebühren gilt, ist diese Art der Rundung allgemein gebräuchlich. Vermutlich wurde bei der Abfassung des RVG übersehen, die Rundung auch für die Auslagen zu regeln. Da § 13 Abs. 2 RVG nur Gebühren betrifft, kann der Betrag der Auslagenpauschale natürlich auch niedriger als die Mindestgebühr von 15,00 € sein.

Auch der im Wege der **Prozess- oder Verfahrenskostenhilfe** beigeordnete RA kann der Staatskasse gegenüber die Auslagenpauschale wählen. Zu beachten ist, dass Grundlage für die Pauschale dann nach Nr. 7002 Anm. Abs. 2 VV RVG die geringeren Gebühren gemäß der Tabelle in § 49 RVG sind.

Sind überhaupt **keine Auslagen** für Briefporto oder Telefongespräche entstanden, wie bei Ertei- **206**
lung eines mündlichen Rates, ist die Berechnung einer Auslagenpauschale unzulässig. Es müsste in der Sache wenigstens ein Telefongespräch geführt oder ein Brief versandt worden sein, um die Pauschale berechnen zu können. Selbstverständlich zählt die Briefmarke, die zur Versendung der Vergütungsrechnung verwendet wurde, hierbei nicht mit (siehe Nr. 7001 Anm. VV RVG).

In einigen Fällen ordnet das RVG an, dass für eine frühere Tätigkeit des RA entstandene Gebühren **207**
auf die für eine spätere Tätigkeit in derselben Sache anfallenden Gebühren anzurechnen sind, so z. B. im Vergütungsverzeichnis des RVG in Vorbemerkung 3 Abs. 4, bei Nr. 2501 Anm. Abs. 2, bei den Nrn. 3305 und 3307, bei Nr. 4100 Anm. Abs. 2. Dies hat zur Folge, dass zwar die Gebühren angerechnet werden, aber **keine Anrechnung** der Auslagenpauschalen erfolgt, da diese in jeder Angelegenheit gemäß der Anmerkung zu Nr. 7002 VV RVG wieder erneut gefordert werden können. Begründung: Bei Fortsetzung des Mandats werden die bereits in der vorigen Angelegenheit entstandenen Auslagen eben nicht nachträglich niedriger. Deshalb wird für jede Angelegenheit

eine besondere Vergütungsrechnung erstellt – auch damit dem Rechnungsempfänger deutlich wird, warum die Auslagenpauschale mehrfach anfällt.

Merke:

Für Post- und Telekommunikationsdienstleistungsentgelte kann der RA eine Auslagenpauschale von 20 % der gesetzlichen Gebühren fordern, die in jedem Rechtszug und in jeder Angelegenheit neu entsteht.

Die Auslagenpauschale darf in jeder Angelegenheit 20,00 € nicht übersteigen.

Wenn Gebühren aufeinander folgender Angelegenheiten anzurechnen sind, werden die Auslagen nicht aufeinander angerechnet.

Sind überhaupt keine Auslagen für Briefporto oder Telefongespräche entstanden ist die Berechnung einer Auslagenpauschale unzulässig, z. B. bei mündlichem Rat.

Beispiel:

RA Bauernfeind beantragt auftragsgemäß die Durchführung des gerichtlichen Mahnverfahrens. Nachdem der Antragsgegner Widerspruch eingelegt hat, geht die Sache in den Zivilprozess über. Vor dem ersten Verhandlungstermin zahlt der Beklagte den geschuldeten Betrag von 1.000,00 €. RA Bauernfeind muss die folgenden zwei getrennten Vergütungsrechnung für beide Verfahren aufstellen:

I. Vergütungsrechnung für das Mahnverfahren

Gegenstandswert: 1.000,00 €

1,0	Verfahrensgebühr im Mahnverfahren gem. §§ 2, 13 RVG, Nr. 3305 VV RVG*	93,00 €
20 %	Pauschale für Post- und Telekommunikationsentgelte (für Mahnverfahren)** gem. § 2 Abs. 2 S. 1 RVG, Nr. 7002 VV RVG	18,60 €
		111,60 €
19 %	USt. gem. § 2 Abs. 2 S. 1 RVG, Nr. 7008 VV RVG	21,20 €
		132,80 €

II. Vergütungsrechnung für den Zivilprozess

Gegenstandswert: 1.000,00 €

1,3	Verfahrensgebühr im Prozess gem. §§ 2, 13 RVG, Nr. 3100 VV RVG	120,90 €
	hierauf ist nach der Anmerkung zu Nr. 3305 VV RVG anzurechnen: *	
1,0	Verfahrensgebühr im Mahnverfahren gem. §§ 2, 13 RVG, Nr. 3305 VV RVG	– 93,00 €
		27,90 €
20 %	Pauschale für Post- und Telekommunikationsentgelte (für Prozess)** gem. § 2 Abs. 2 S. 1 RVG, Nr. 7002 VV RVG (20 % von der 1,3 Verfahrensgebühr)	20,00 €
		47,90 €
19 %	USt. gem. § 2 Abs. 2 S. 1 RVG, Nr. 7008 VV RVG	9,10 €
		57,00 €

* Die Mahnverfahrensgebühr wird angerechnet, d. h., sie geht in der Verfahrensgebühr für den Prozess unter. In diesem Fall muss sie abgezogen werden, da sie bereits für das Mahnverfahren in der ersten Rechnung erhoben worden ist.

** Die Auslagenpauschale entsteht in jeder Angelegenheit. Mahnverfahren und Prozess sind zwei Angelegenheiten. Die Auslagenpauschale für den Prozess wird von der 1,3 Verfahrensgebühr **vor** der Anrechnung der Mahnverfahrensgebühr, also von 120,90 € berechnet (sie beträgt jedoch höchstens 20,00 €); siehe hierzu den nachstehenden Hinweis.

Hinweis:

Es bestand ein Streit darüber, ob die Auslagenpauschale von 20 % in der zweiten Rechnung 1) **nach** Anrechnung der Gebühren oder 2) **vor** Anrechnung der Gebühren zu berechnen ist. Die Meinung zu 1) bezieht sich darauf, dass in Nr. 7002 VV RVG ausgegangen wird von „20 % der Gebühren" und dass die Gebühren in einer Angelegenheit sich eben erst nach der gesetzlichen Anrechnung ergeben. Die Meinung zu 2) beruft sich darauf, dass im RVG keine Anrechnung der Auslagen vorgeschrieben ist, sondern nur der Gebühren.

Weil § 15a Abs. 1 RVG dem RA erlaubt, in beiden Angelegenheiten – unter Berücksichtigung der Anrechnung nach seiner Wahl – seine Gebühren zu berechnen, spricht vieles dafür, dass die Pauschale von den Gebühren abgekoppelt ist. In der Literatur überwiegt deshalb mittlerweile die zweite Meinung, die die Auslagenpauschale **vor** der Anrechnung von Gebühren berechnet. Nach meiner Ansicht spricht für diese Meinung, dass die nach Anrechnung der Gebühren verbleibende Zwischensumme auch z. B. 0,00 € betragen könnte, wodurch der RA in der zweiten Angelegenheit überhaupt keinen Auslagenersatz bekäme, obwohl er in dieser Angelegenheit mit Sicherheit Auslagen für Porto und Telefon hatte; solche Auslagen werden vermutlich nur bei außergerichtlichen Aufträgen, wie bei einer mündlichen Beratung, nicht entstehen. Die im RVG vorgeschriebenen Anrechnungen betreffen im Wesentlichen die Betriebsgebühren, die auch die Einarbeitung des RA in den Fall entgelten sollen. Durch die Anrechnungsvorschriften soll verhindert werden, dass der RA, der den Fall schon kennt, für die Einarbeitung doppelt bezahlt wird. Dies spricht jedenfalls nicht dagegen, die Auslagen, die in der zweiten Angelegenheit unzweifelhaft anfallen werden, gesondert als Pauschale nach Nr. 7002 VV RVG in Rechnung zu stellen, denn sogar eine Einzelberechnung nach Nr. 7001 VV RVG wäre jederzeit möglich.

Letztlich werden auch bei Fortsetzungen des Mandats die bereits zuvor entstandenen Auslagen nicht nachträglich niedriger.

Merke:

In Anrechnungsfällen werden die 20 % für die Auslagenpauschale (PPT) von den Gebühren **vor** der Anrechnung berechnet.

Zum Thema Anrechnung von Gebühren siehe auch § 6 Rdn 29 ff.

3. Die Reisekosten (Nrn. 7003 bis 7006 VV RVG)

Reisekosten werden dem RA nur ersetzt, wenn er bei einer **Geschäftsreise** den Ort, in dem seine Kanzlei oder seine Wohnung liegt, verlassen hat (Vorbemerkung 7 Abs. 2 VV RVG). Für Geschäfte an seinem Wohnort oder am Ort, in dem seine Kanzlei liegt, darf der RA Reisekosten nicht berechnen. Auch der Weg von der Kanzlei zu dem am selben Ort liegenden Gericht lässt keinen Anspruch auf Erstattung von Reisekosten entstehen. Der RA muss deshalb die Gemeindegrenze seiner Wohnung oder seiner Kanzlei überschreiten, um mandatsbezogene Reisekosten verdienen zu können. Fahrten innerhalb des Ortes sind also definitionsgemäß keine Geschäftsreisen. 208

Hinweis:

Wenn der Gerichtsbezirk mehrere Orte umfasst, sind Reisen des RA innerhalb des Gerichtsbezirks zum Gericht erstattungsfähig, wenn der Kanzlei- oder Wohnort des RA an einem anderen Ort als dem Gerichtsort liegt (AG Gießen, Beschluss vom 22.09.2014 – 47 C 329/12).

Die Kosten für **Geschäftsreisen**, deren Ersatz der RA verlangen kann, lassen sich in folgende Gruppen unterteilen:

- Fahrtkosten (Nrn. 7003, 7004 VV RVG)
- Tage- und Abwesenheitsgeld (Nr. 7005 VV RVG)
- Übernachtungskosten (Nr. 7006 VV RVG)
- Sonstige Reisekosten (Nr. 7006 VV RVG)

209 Als **Fahrtkosten** sind dem RA bei Benutzung seines eigenen Pkw für jeden gefahrenen Kilometer des Hin- und Rückweges 0,42 € zu erstatten (Nr. 7003 VV RVG). Dieser Betrag soll die Anschaffungs-, Unterhaltungs- und Betriebskosten sowie die Abnutzung des Pkw abdecken. Ergibt sich bei Zusammenrechnung der gefahrenen Kilometer des Hin- und Rückweges ein angefangener Kilometer, so ist er aufzurunden. Das RVG sieht nur eine Abrechnung nach vollen Kilometern vor (LG Rostock, Beschluss vom 30.07.2009 – 18 Qs 78/09). Zusätzlich zu dieser Kilometerpauschale kann der RA den Ersatz bestimmter bei Benutzung des Pkw anfallender barer Auslagen verlangen, insbesondere der Parkgebühren und z. B. bei Auslandsreisen der Straßenbenutzungsgebühren (Maut); diese speziellen Aufwendungen fallen unter Nr. 7006 VV RVG (siehe unten).

210 Bei Benutzung anderer Verkehrsmittel werden die tatsächlichen Aufwendungen ersetzt, soweit sie angemessen sind (Nr. 7004 VV RVG). Zu den anderen Verkehrsmitteln gehören die öffentlichen Verkehrsmittel wie Bahn und Straßenbahn, Taxi, Flugzeug und Schiff. Höhere Kosten für Flugzeugbenutzung werden nur dann angemessen sein, wenn mit dem Flugzeug eine beträchtliche Zeitersparnis gegenüber anderen Verkehrsmitteln zu erzielen ist und z. B. Übernachtungskosten eingespart werden (OLG Koblenz, Beschluss vom 09.11.2012 – 14 W 616/12). Bei Flugreisen des RA im Inland sind grundsätzlich nur die Kosten nach dem Tarif der Economy-Class (kurzfristig umzubuchendes Economy-Flex-Ticket) erstattungsfähig (BGH, Beschluss vom 06.11.2014 – I ZB 38/14).

211 Als **Tage- und Abwesenheitsgeld** erhält der RA bei einer Geschäftsreise

- von nicht mehr als vier Stunden 30,00 €,
- zwischen vier und acht Stunden 50,00 € und
- von mehr als acht Stunden 80,00 €.

Da es sich um Pauschalbeträge handelt, kommt es auf die tatsächlich entstandenen Kosten, z. B. für ein Frühstück oder ein Mittagessen, nicht an. Bei Auslandsreisen können diese Beträge noch um 50 % erhöht werden (Nr. 7005 VV RVG).

Die Zeit wird vom Verlassen der Kanzlei oder der Wohnung an gerechnet und endet mit der Rückkehr dorthin. Jeder **Kalendertag** ist gesondert zu berechnen. Da der Tag um 0 Uhr beginnt und um 24 Uhr endet, hat bei einer Übernachtung die Geschäftsreise an zwei Tagen stattgefunden. Dies ist wichtig, da die Stunden der Abwesenheit dann für jeden Reisetag gesondert gerechnet werden und nicht nur einmal mehr als 8 Stunden für die Übernachtung!

Beispiel:

RA Kolf verlässt sein Büro am Mittwoch um 19.55 Uhr. Von der Geschäftsreise kehrt er am Donnerstag um 13.35 Uhr in seine Kanzlei zurück. Das Tage- und Abwesenheitsgeld wird für Mittwoch und Donnerstag getrennt berechnet, sodass er am Mittwoch für mehr als vier Stunden 50,00 € und am Donnerstag für mehr als 8 Stunden 80,00 € erhält.

Die Kosten der Übernachtung in einem normalen Hotel kann er durch eine Quittung nachweisen, aus der das gesondert ausgewiesene Frühstück und die darauf entfallende Umsatzsteuer herauszurechnen sind – das Frühstück ist bereits mit dem Tage- und Abwesenheitsgeld ausgeglichen.

Laut Tachometerangabe ist er mit seinem Pkw auf dem Hin- und Rückweg 387,5 km gefahren, wofür er 388 x 0,42 €, also 162,96 € für Fahrtkosten erhält. Er musste 4,00 € an Parkgebühren bezahlen.

Merke:

Reisekosten für Geschäftsreisen dürfen nur geltend gemacht werden, wenn das Ziel der Reise außerhalb der politischen Gemeinde liegt, in der der RA seine Kanzlei oder seinen Wohnsitz unterhält.

Die Berechnung von Tage- und Abwesenheitsgeld erfolgt pro Kalendertag.

Ein Kalendertag beginnt um 0 Uhr und endet um 24 Uhr.

Die **Übernachtungskosten** werden dem RA in der tatsächlich entstandenen Höhe erstattet, wenn sie angemessen sind. Die Übernachtungskosten fallen unter Nr. 7006 VV RVG. Sie sind dem RA dann zu erstatten, wenn er die Geschäftsreise zur Nachtzeit (also vor 6 Uhr) antreten müsste (LG Hamburg, Beschluss vom 11.06.2019 – 625 Qs 19/19). Die Kosten für ein **Frühstück** (Sowieso-Kosten = Essen muss man immer, die Kosten entstehen nicht allein durch die Reise) gehören übrigens nicht zu den Übernachtungskosten, sondern sind bereits mit dem Tage- und Abwesenheitsgeld abgegolten. 212

Neben den Übernachtungskosten gehören zu den **sonstigen Reisekosten** (Nr. 7006 VV RVG) z. B. Parkgebühren (OLG Düsseldorf, Beschluss vom 29.10.2018 – 2 Ws 531/18) oder Mautgebühren, die nicht unter die Kilometerpauschale für die Kfz-Benutzung fallen. Ein weiteres Beispiel für sonstige Reisekosten sind Auslagen für die Beförderung von Akten, Geräten, usw. 213

Dient eine Reise mehreren Geschäften für verschiedene Auftraggeber, so sind die entstandenen Reisekosten wie die Fahrtkosten und die Tage- und Abwesenheitsgelder nach dem Verhältnis der Kosten zu verteilen, die bei fiktiver Durchführung, also für den Fall gesonderter Ausführung, der einzelnen Geschäfte entstanden wären (Vorbemerkung 7 Abs. 3 S. 1 VV RVG). Man muss also jeweils ausrechnen, welche Kosten entstanden wären, wenn jedes Geschäft allein ausgeführt worden wäre. 214

Hinweis:

Achten Sie darauf, dass auch der RA der Gegenseite es bei seinem Kostenfestsetzungsantrag berücksichtigt, wenn er am selben Tag mehrere Termine für verschiedene Mandanten wahrzunehmen hatte.

Beispiel:

Für die drei Auftraggeber Arm, Bein und Cerberus hat RA Götze auf einer Reise Geschäfte erledigt. Er ist insgesamt 200 km mit dem Pkw gefahren und war 9 Stunden abwesend. Die Gesamtkosten dieser Reise betragen 200 x 0,42 € = 84,00 € für Fahrtkosten und 80,00 € für Tage- und Abwesenheitsgeld, zusammen also 164,00 €.

Es sind nun die fiktiven Kosten zu berechnen, die entstanden wären, wenn jede Reise einzeln durchgeführt worden wäre. Zur Verteilung der Kosten gemäß der Vorbemerkung 7 Abs. 3 S. 1 VV RVG ist das folgende Lösungsschema hilfreich. Darin ergibt sich ein Teil aus der Division der Gesamtkosten von 164,00 € durch die 31,06 Teile. Die Teile ergeben sich aus dem unter „Summe“ berechneten Euro-Betrag, wobei hier die letzte „0“ weggelassen werden kann; eine Verschiebung der Kommastelle nach links ist hier oft hilfreich. Wenn man die Teile durch Verschiebung des Kommas mit Dezimalstellen darstellt, erspart man sich übrigens die Errechnung von sehr vielen Nachkommastellen bei 1 Teil in Euro. Der Unterschied zwischen den Spalten „Summe“ und „Teile“ liegt also nur in der Kommastelle. Die anteiligen Kosten werden dann dadurch berechnet, dass man 1 Teil in Euro mit dem jeweiligen Anteil („Teile“) multipliziert.

In der zweiten und dritten Spalte sind die unterschiedlichen fiktiven Fahrtkosten sowie die Tage- und Abwesenheitsgelder für die drei Auftraggeber angegeben, die jeweils bei getrennter Durchführung der Reisen entstanden wären, und zwar

- für Arm 141 km und 3 Std. (Fahrtkosten 140 x 0,42 €),
- für Bein 162 km und 7 Std. (Fahrtkosten 165 x 0,42 €) und
- für Cerberus 123 km und 5 Std (Fahrtkosten 125 x 0,42 €).

Mandant	Fiktive Kosten bei gesonderter Reise			Teile (Anteile der Mandanten)	1 Teil in €	Anteilige Kosten
	Fahrtkosten	Tage- und Abwesenheitsgeld	Summe			
A	58,80 €	30,00 €	88,80 €	8,88	5,280103 €	46,89 €
B	69,30 €	50,00 €	119,30 €	11,93	5,280103 €	62,99 €
C	52,50 €	50,00 €	102,50 €	10,25	5,280103 €	54,12 €
				31,06		**164,00 €**

Hierzu noch ein Tipp: Wenn Sie vermeiden wollen, dass Ihre Rechnung nicht aufgeht, sollten Sie die „Teile“ und „1 Teil in €“ mit möglichst vielen Stellen rechnen (Dezimaleinstellung des Rechners entsprechend ändern!). Sonst werden Sie einige Cent oder sogar Euro übrig behalten oder auch zu viel berechnet haben. Die Endsumme bei „Anteilige Kosten“ muss auf jeden Fall mit der Gesamtsumme der Ausgaben übereinstimmen. Durch Rundungen kann das Ergebnis um Cent-Beträge differieren; diese Cents müssen Sie dann „gerecht“ verteilen.

Merke:

Werden mehrere abrechenbare Geschäfte auf einer Reise erledigt, dann sind die Reisekosten anteilig zu verteilen. Dazu sind die fiktiven Reisekosten in jeder einzelnen Angelegenheit zu ermitteln und sodann die tatsächlichen Gesamtreisekosten im Verhältnis der fiktiven Kosten zu verteilen. Vorgehensweise:

1. Berechnen Sie die tatsächlich entstandenen Gesamtreisekosten für die Reise.
2. Ermitteln Sie die fiktiven Reisekosten (Fahrtkosten und Tage- und Abwesenheitsgeld), die entstanden wären, wenn der RA die Reise jeweils für den einzelnen Mandanten gesondert durchgeführt hätte – dies ergibt den Anteil jedes einzelnen Mandanten an den Gesamtreisekosten.
3. Berechnen Sie die Summe der fiktiven Reisekosten und teilen Sie die Gesamtreisekosten durch diese Summe – jetzt haben Sie den Betrag eines Teiles in Euro.
4. Multiplizieren den Betrag eines Teiles mit den jeweiligen Teilen (Anteilen) der einzelnen Mandanten – jetzt haben Sie seinen Anteil an den Gesamtreisekosten.

4. Die umsatzsteuerliche Behandlung der Auslagen

Ein RA erbringt gegenüber seinen Mandanten einen steuerpflichtigen Umsatz. Umsatz ist das Entgelt, das der RA für seine Tätigkeit erhält, wozu jedenfalls die Gebühren gehören. Bei den Auslagen kommt es darauf an, ob es sich um **durchlaufende Posten** handelt, also Beträge, die der RA lediglich als Mittelsperson weiterleitet. Der RA ist dann weder Gläubiger noch Schuldner dieser Beträge. Im Wesentlichen wird es sich hierbei um Gebühren und Auslagen handeln, die von einem Gericht oder einer Behörde nach einer Gebührenordnung gegenüber dem Mandanten des RA berechnet werden. Dagegen sind Gebühren, Auslagen, Abgaben und Steuern, die von dem RA selbst geschuldet werden, keine durchlaufenden Posten, selbst wenn sie dem Mandanten gegenüber gesondert in Rechnung gestellt werden. Hiernach lassen sich die Auslagen des RA hinsichtlich der Umsatzsteuerpflicht vorbehaltlich noch ausstehender Rechtsprechung wie folgt unterteilen. 215

Umsatzsteuerpflichtig sind jedenfalls alle Anwaltsgebühren laut RVG, die Dokumentenpauschale (Nr. 7000 VV RVG), Auslagen für Post- und Telekommunikationsdienstleistungen (Nrn. 7001, 7002 VV RVG), Reisekosten (Nrn. 7003–7006 VV RVG) und die im Einzelfall gezahlte Prämie für eine Haftpflichtversicherung (Nr. 7007 VV RVG). Vorsicht ist aber geboten bei Auslagen, die dem RA von einem anderen Unternehmer in Rechnung gestellt worden sind. Hier greift der Vorsteuerabzug mit der Folge, dass der RA auf den Bruttobetrag der Fremdauslage nicht noch einmal seine eigene Umsatzsteuer erheben darf. Das hätte nämlich zur Folge, dass er die Umsatzsteuer einmal im Wege des Vorsteuerabzugs vom Finanzamt und einmal vom Mandanten erstattet bekäme. Beispiel: Der RA stellt dem Mandanten Reisekosten für eine Bahnfahrt in Höhe von 100,00 € in Rechnung. In den Kosten ist bereits 7 % Umsatzsteuer mit 6,54 € enthalten, die der RA im Rahmen der Umsatzsteuererklärung vom Finanzamt im Rahmen des Vorsteuerabzugs erstattet bekommt. Deshalb darf er nur auf den Nettobetrag in Höhe von 93,46 € nach Nr. 7008 VV RVG seine Umsatzsteuer in Höhe von 19 % aufschlagen. Der Mandant muss dem RA deshalb für die Bahnfahrt 111,22 € erstatten (93,46 € + 19 %, nicht 100,00 € + 19 %). 216

Umsatzsteuerpflichtig sind auch Abrufe aus dem elektronischen Grundbuch, da hier nur der allein abrufberechtigte RA der Schuldner der Gebühren ist. Auch Gebühren für Anfragen bei den Einwohnermeldeämtern werden als umsatzsteuerpflichtige Auslagen in Rechnung gestellt, da nur der RA, aber nicht der Mandant selbst diese Anfragen tätigen darf.

Auch bei den Kosten der **Aktenversendungspauschale** (Nr. 9003 KV GKG) ist der RA selbst der Kostenschuldner, da nur er und nicht der Mandant die Übersendung der Akten zur Einsicht in seinen Büroräumen verlangen darf. Dies dient letztlich auch der Arbeitserleichterung für den RA, sodass er dem Gericht gegenüber zum Kostenschuldner wird (BGH, Urteil vom 06.04.2011 – IV ZR 232/08). 217

Nicht umsatzsteuerpflichtig sind als durchlaufende Posten z. B.: Gerichtskosten nach dem GKG oder Gebühren für Maßnahmen des Gerichtsvollziehers in Angelegenheiten der Zwangsvollstreckung. In diesen Fällen ist nur der Mandant, aber nicht der RA der Gebührenschuldner. Der RA verauslagt diese Kosten nur und verlangt dann deren Erstattung als Auslagen. 218

Sollte jedoch der RA dem Gericht gegenüber eine Erklärung (**Übernahmeerklärung**) abgegeben haben, die Kosten übernehmen zu wollen und wird er dann von der Staatskasse persönlich in Anspruch genommen, wird er selbst zum Kostenschuldner und dann sind die Gerichtskosten **keine durchlaufenden Posten**! In diesem Fall werden die dem ausgleichspflichtigen Mandanten gegenüber berechneten Gerichtskosten umsatzsteuerpflichtig! Eine solche Übernahmeerklärung sollte der RA unterlassen.

Hinweis:

In der Praxis ergeben sich Probleme dadurch, dass Gerichte oder Behörden Rechnungen auf den Namen des RA und nicht auf den Namen des Mandanten ausstellen.

Deshalb sollte der RA schon bei der Antragstellung gegenüber dem Gericht oder der Behörde klarstellen, dass der RA nur im Namen und auf Rechnung des Mandanten tätig wird und dass das Gericht oder die Behörde die Rechnung auf den Namen des Mandanten ausstellen soll. Dann ist es im Hinblick auf die Umsatzsteuerpflicht unschädlich, dass die Rechnung an den RA gesandt wird und dieser die Auslagen bezahlt und sie sodann seinerseits gegenüber seinem Mandanten in Rechnung stellt. Durch die Klarstellung in der Rechnung, wer der Auslagenschuldner ist, werden diese Auslagen nicht umsatzsteuerpflichtig, wenn der RA sie in seine Vergütungsrechnung aufnimmt.

Merke:

Im umsatzsteuerrechtlichen Sinn handelt es sich um **umsatzsteuerpflichtige Auslagen**, wenn der RA gegenüber einem Dritten oder einer Behörde persönlicher Schuldner der Kosten ist.

Nicht umsatzsteuerpflichtige Auslagen (durchlaufende Posten) sind solche Beträge, die im Namen und für Rechnung des Mandanten verauslagt oder vereinnahmt werden. Schon bei der Antragstellung sollte gegenüber dem Gericht oder der Behörde klargestellt werden, dass der RA im Namen und auf Rechnung des Mandanten tätig wird und dass das Gericht oder die Behörde die Rechnung auf den Namen des Mandanten ausstellen soll.

219 Die nachstehende **Übersicht** zeigt, welche Auslagen umsatzsteuerpflichtig sind und welche als durchlaufende Posten nicht. Ist der Mandant der Kostenschuldner, sind die Auslagen nicht umsatzsteuerpflichtig, wogegen es sich um umsatzsteuerpflichtige Auslagen handelt, wenn der RA der Kostenschuldner ist.

Auslagen in der Vergütungsrechnung des RA	**Kostenschuldner**	**Umsatzsteuerpflicht**
Gerichtskosten für Mahnverfahren	Mandant	nein
Gerichtskosten und Vorschüsse für Zivilprozess	Mandant	nein
Kosten für Sachverständige oder Dolmetscher	Mandant	nein
Gerichtsvollzieherkosten	Mandant	nein
Gerichtskosten in Straf- und Bußgeldverfahren	Mandant	nein
Anfragen beim Einwohnermeldeamt	RA	ja
Aktenversendungspauschale (Nr. 9003 KV GKG)	RA	ja
Abruf aus dem elektronischen Grundbuch	RA	ja
Einholung eines Gewerberegisterauszuges	Mandant	nein

Beispiel:

Wie die Berechnung der Umsatzsteuer auf unterschiedliche Auslagen in einer anwaltlichen Vergütungsrechnung aussehen könnte, wird nachstehend am Beispiel der Abrechnung eines Vollstreckungsauftrages gezeigt. Es ist sinnvoll, die Auslagen in umsatzsteuerpflichtige und in umsatzsteuerfreie Auslagen zu unterteilen. Achten Sie darauf, an welcher Stelle in der Vergütungsrechnung die Umsatzsteuer berechnet wird.

Gegenstandswert: 4.000,00 €

0,3	Vollstreckungsgebühr gem. §§ 2, 13 RVG, Nr. 3309 VV RVG	88,50 €
20 %	Pauschale für Post- und Telekommunikationsentgelte gem. § 2 Abs. 2 RVG, Nr. 7002 VV RVG	17,70 €
	Dokumentenpauschale (für 4 Seiten) gem. § 2 Abs. 2 RVG, Nr. 7000 VV RVG	2,00 €
	Auslagen für eine Melderegisterauskunft	4,80 €
		113,00 €
19 %	**USt. gem. § 2 Abs. 2 RVG, Nr. 7008 VV RVG**	21,47 €
		134,47 €
	Vorgelegte Kosten (Kostenrechnung des Gerichtsvollziehers vom (...))	29,40 €
	Auslagen für Einholung eines Gewerberegisterauszuges	13,00 €
		176,87 €

§ 3 Die Grundlagen der Bewertung

A. Vorbemerkung

→ Dazu Aufgaben Gruppe 6 1

In diesem Kapitel wird es um die zur richtigen Berechnung der Wertgebühren erforderliche **Ermittlung des Gegenstandswertes** gehen. Im Wesentlichen ist der Gegenstandswert an vier Stellen in den Kostengesetzen geregelt, und zwar in den §§ 22 bis 33 RVG, in den §§ 39 bis 65 GKG, in den §§ 33 bis 56 FamGKG sowie in §§ 37, 38, 42 bis 45, 46 bis 54 sowie 99 bis 102 GNotKG.

> Merken Sie sich schon jetzt:
>
> Es gibt keine korrekte Berechnung von Wertgebühren ohne vorherige richtige Ermittlung des Gegenstandswertes!

B. Allgemeine Hinweise (§ 23 RVG)

Wie bereits weiter oben ausgeführt wurde (siehe § 1 Rdn 13 ff.: „Pauschgebühren"), hat der Ar- 2
beitsaufwand des RA in der Regel keinen Einfluss auf die Höhe der ihm zustehenden Gebühren. Soweit das RVG nichts anderes bestimmt, werden diese nämlich nach dem Wert berechnet, den der Gegenstand der anwaltlichen Tätigkeit hat. Diesen Wert bezeichnet das RVG als Gegenstandswert (§ 2 Abs. 1 RVG). Die **Gebührenbestimmung nach dem Gegenstandswert ist** im RVG **der Regelfall**. Eine wichtige Ausnahme bilden die Betragsrahmen- und Festgebühren in Straf- und Bußgeldsachensachen, die sich naturgemäß nicht nach einem Wert richten. Letztlich werden die Gebühren nicht nach dem Gegenstandswert berechnet, wenn es sich um Betragsrahmengebühren jedweder Art oder um Festgebühren handelt (siehe § 1 Rdn 10 ff.: „Der Gebührenbegriff"). Das gilt auch in bestimmten Fällen der Honorarvereinbarung (siehe § 2 Rdn 10 ff.).

Der Gegenstandswert ist der Wert, um den es bei der Tätigkeit des RA geht, z. B. der Betrag einer eingeklagten Forderung. Während das GKG (in § 3 Abs. 1 GKG) vom „Wert des Streitgegenstandes" (Streitwert) spricht, verwendet das RVG den allgemeinen Begriff „Gegenstandswert" (§ 2 Abs. 1 RVG), da es nicht nur auf Streitfälle, sondern auf die gesamte Berufstätigkeit des RA abstellt. In Familiensachen wird für die Gerichtsgebühren der Begriff „Verfahrenswert" verwendet (§ 3 Abs. 1 FamGKG).

> **Merke:**
>
> Geht es um wertabhängige Gerichtsgebühren, so wird der Wert im GKG **Streitwert** genannt und bei den Familiengerichten im FamGKG **Verfahrenswert**. Das GNotKG regelt **den Geschäftswert**.
>
> Geht es um wertabhängige Anwaltsgebühren, nennt man den Wert **Gegenstandswert**.
>
> Die Begriffe dürfen nicht miteinander verwechselt werden, da sie Unterschiedliches meinen:
> - Die Gerichtsgebühren des GKG berechnen sich nach dem Streitwert.
> - Die Gerichtsgebühren des FamGKG berechnen sich nach dem Verfahrenswert.
> - Die Gerichts- und Notargebühren des GNotKG berechnen sich nach dem Geschäftswert.
> - Die Wertgebühren des Rechtsanwalts nach dem RVG berechnen sich nach dem Gegenstandswert.
>
> Der Streit-, Verfahrens- oder Geschäftswert für die Gerichtsgebühren kann mit dem Gegenstandswert für die Anwaltsgebühren übereinstimmen, muss es aber nicht!

3 Wer nun die Vorschriften über die Ermittlung des Gegenstandswertes für die Anwaltsgebühren finden will, wird natürlich zuerst im RVG danach suchen. Tun Sie dies bitte jetzt. Sie werden auf die §§ 22 bis 33 im 4. Abschnitt des RVG stoßen, die nun aber leider so gut wie keine allgemeinen Wertberechnungsvorschriften enthalten. In den §§ 23a bis 31b RVG finden sich Wertvorschriften für spezielle Anwendungsfälle, wie z. B. die Verfahren über die Prozesskostenhilfe, die Zwangsvollstreckung, die Zwangsversteigerung oder das Insolvenzverfahren. Eine **allgemeine Wertvorschrift** findet sich nur in § 23 RVG. Dieser enthält aber im Wesentlichen nur **Verweise auf andere Kostengesetze**, so in § 23 Abs. 1 S. 1 RVG auf das GKG (und dort indirekt auf die ZPO), in Familiensachen auf das FamGKG sowie in § 23 Abs. 3 S. 1 RVG auf das GNotKG.

Merke:

Der Gegenstandswert für die Anwaltsgebühren wird nach den für die Gerichtsgebühren geltenden Wertvorschriften (GKG und FamGKG) ermittelt, wenn der Rechtsanwalt in einem gerichtlichen Verfahren tätig ist, in dem Gerichtsgebühren als Wertgebühren entstehen. Bei außergerichtlicher Tätigkeit, wenn also kein Zusammenhang mit einem gerichtlichen Verfahren besteht, richtet sich der Gegenstandswert gemäß § 23 Abs. 1 S. 3 RVG ebenfalls nach den Wertvorschriften des GKG oder FamGKG, wenn der Gegenstand der Tätigkeit auch Gegenstand eines gerichtlichen Verfahrens sein könnte. Im Übrigen richtet sich der Gegenstandswert gemäß § 23 Abs. 3 S. 1 RVG nach den dort bestimmten Wertvorschriften des GNotKG (§§ 37, 38, 42 bis 45, 46 bis 54 sowie 99 bis 102 GNotKG).

Im Folgenden müssen wir uns also zuerst einmal mit den für die Gerichtsgebühren geltenden Wertvorschriften befassen, d. h. mit den entsprechenden Vorschriften des GKG sowie des FamGKG.

I. Die Wertvorschriften nach GKG und FamGKG

4 Das RVG kennt also bis auf wenige eigene Vorschriften keine eigenen Wertberechnungsvorschriften. Für gerichtliche Verfahren verweist § 23 Abs. 1 S. 1 RVG auf die für die Gerichtsgebühren geltenden Vorschriften. Sie werden nun sehr richtig vermuten, dass diese Vorschriften im GKG oder im FamGKG enthalten sein werden. Schlagen Sie diese Gesetze bitte jetzt auf.

Sie werden feststellen, dass auch das GKG noch nicht alle Regeln enthält, die zur Ermittlung des Gegenstandswertes notwendig sind. § 48 Abs. 1 S. 1 GKG verweist für die Wertberechnung in **bürgerlichen Rechtsstreitigkeiten** auf die §§ 3 bis 9 der ZPO, soweit das GKG in seinen sonstigen Wertvorschriften keine anderen Bestimmungen enthält. Die vorstehend genannten Wertvorschriften der ZPO sind also – je nach Fall – auch zur Wertermittlung heranzuziehen. Auch einige andere Gesetze können Wertbestimmungen enthalten, so z. B. § 182 InsO.

5 In **Familiensachen** (z. B. Ehescheidung und Folgesachen) werden die Werte nach den §§ 33 bis 52 FamGKG bestimmt. Diese Werte werden dort **Verfahrenswert** genannt.

An dieser Stelle wird es angebracht sein, Ordnung in diese etwas verwirrende Anzahl der in verschiedenen Gesetzen enthaltenen und teilweise sogar miteinander konkurrierenden Wertvorschriften zu bringen. Dazu ist es notwendig, den Begriff „Wert" nach den in den einzelnen Gesetzen unterschiedlichen Anwendungsarten zu unterteilen, denn jedes Gesetz verwendet seinen eigenen Wertbegriff.

1. Die Arten des Wertes im Zivilprozess und im Gebührenrecht

Ein „Wert“ wird sowohl im Verfahrensrecht als auch im Kostenrecht zu verschiedenen Zwecken benötigt. Diese unterschiedlichen Arten des Wertes sollen zunächst einmal in nachstehender Übersicht dargestellt werden. 6

Übersicht: Arten des Wertes

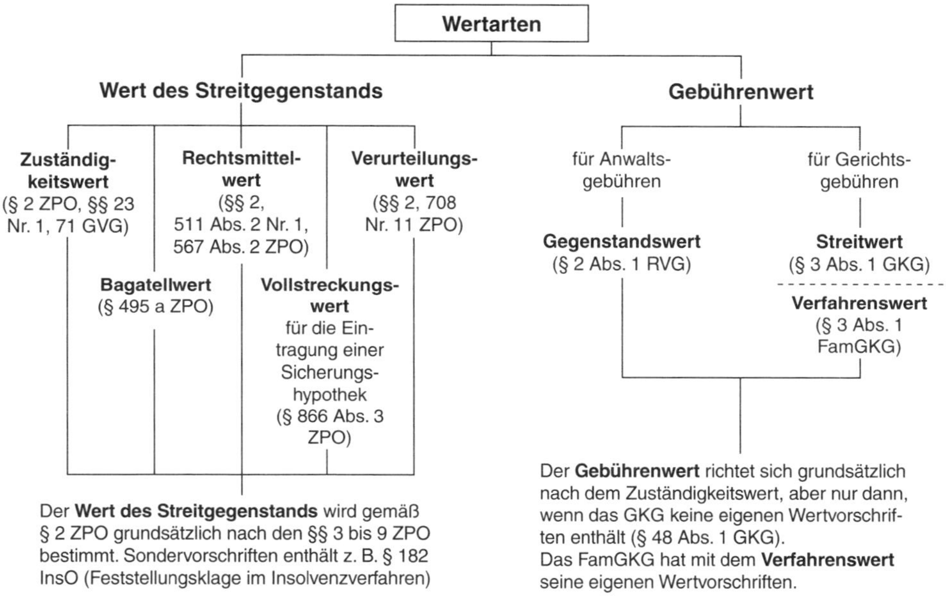

Man muss sich über die verschiedenen Aufgaben der einzelnen Arten von Werten im Klaren sein, damit man den Wert jeweils im Hinblick auf seinen Zweck und auf die entsprechenden gesetzlichen Vorschriften richtig bestimmen kann. Die Bedeutung dieser unterschiedlichen Arten von Werten zur Verfahrenslenkung und für das Gebührenrecht sollen deshalb in Rdn 7 ff. erläutert werden.

2. Die Bedeutung des Wertes des Streitgegenstands zur Verfahrenslenkung im Zivilprozess

Vorstehend wurden unter Rdn 6 fünf Arten des Wertes des Streitgegenstands zur Verfahrenslenkung nach den Wertvorschriften der ZPO vorgestellt. Drei davon werden in der ZPO sogar schon ganz am Anfang beschrieben. In § 2 ZPO sind diese drei Arten aufgeführt: 7

- Zuständigkeit: „Wert des Streitgegenstandes“.
- Rechtsmittel: Wert „des Beschwerdegegenstandes“, „der Beschwer“.
- Verurteilung: Wert „der Verurteilung“.

Neben diesen drei wichtigsten Unterscheidungen des prozessualen Werts werden an späterer Stelle in der ZPO noch der Bagatellwert (§ 495a ZPO) und der Vollstreckungswert für die Eintragung einer Zwangssicherungshypothek (§ 866 Abs. 3 ZPO) geregelt.

Die unterschiedliche Bedeutung dieser fünf verschiedenen prozessualen Werte wird nachfolgend behandelt.

a) Der Wert des Streitgegenstands

8 Der Wert des Streitgegenstands entscheidet darüber, ob eine Klage im ersten Rechtszug beim Amtsgericht oder beim Landgericht einzureichen ist. Die sachliche Zuständigkeit der ordentlichen Gerichte in erster Instanz ist in den §§ 23 Ziff. 1, 71 Abs. 1 GVG geregelt. Demnach beträgt die so genannte **Anfangsklagesumme für das Landgericht 10.000,01 Euro**.

Der Wert des Streitgegenstands ist gemäß § 2 ZPO nach den §§ 3 bis 9 ZPO zu bestimmen.

Beachten Sie, dass in fast allen Fällen der Wert des Streitgegenstands über die sachliche Zuständigkeit des Amtsgerichts oder des Landgerichts in erster Instanz entscheidet. **Ohne Rücksicht auf den Wert des Streitgegenstandes** werden nur ganz bestimmte Streitigkeiten entweder den Amtsgerichten oder den Landgerichten zugewiesen:

- Die **Amtsgerichte** sind z. B. zuständig für alle Mietstreitigkeiten über Wohnräume, Streitigkeiten wegen Wildschäden (§ 23 Ziff. 2 GVG) und Familiensachen (§ 23a GVG).
- Zur ausschließlichen Zuständigkeit der **Landgerichte** gehören z. B. Ansprüche wegen Amtspflichtverletzung gegen Richter und Beamte (§ 71 Abs. 2 Ziff. 2 GVG), Streitigkeiten zwischen Notaren und Notarvertretern (§ 42 BNotO), die Auflösung einer GmbH durch Urteil (§ 61 Abs. 3 GmbHG) oder Klagen auf Unterlassung bzw. Widerruf Allgemeiner Geschäftsbedingungen (§§ 1, 6 Unterlassungsklagengesetz).

Beispiel:

Althans klagt gegen Jungheinrich auf Zahlung von 2.000,00 € wegen einer Kaufpreisforderung und auf Zahlung von 3.000,00 € wegen einer Schadenersatzforderung. Da beide Klageforderungen beziffert sind, ergibt sich im Prinzip kein Problem bei der Ermittlung des Zuständigkeitswertes. Man muss nur wissen, dass nach den §§ 2, 5 ZPO die beiden in einer Klage geltend gemachten Ansprüche addiert werden. Bei einem zusammengerechneten Zuständigkeitswert von genau 5.000,00 € ist also das Amtsgericht für die Klage zuständig (§ 23 Ziff. 1 GVG).

Merke:

Der Zuständigkeitswert dient zur Entscheidung über die sachliche Zuständigkeit des Amtsgerichts oder des Landgerichts in erster Instanz und wird nach den §§ 3 bis 9 ZPO bestimmt. Er ergibt sich in der Regel aus dem Klageantrag.

b) Der Wert des Beschwerdegegenstands

9 Der Wert des Beschwerdegegenstands entscheidet in vermögensrechtlichen Streitigkeiten über die Zulässigkeit der Einlegung eines gegen eine gerichtliche Entscheidung gerichteten Rechtsmittels. Diesen Wert bezeichnet § 2 ZPO als „Wert der Beschwer“ bzw. als „Wert des Beschwerdegegenstands“ und hebt ihn damit für die Rechtsmittelinstanzen vom „Wert des Streitgegenstandes“ als Zuständigkeitswert für die erste Instanz ab.

10 Gemäß § 511 Abs. 2 Ziff. 1 ZPO ist die **Berufung** nur zulässig, wenn der „Wert des Beschwerdegegenstandes“ **1.000 Euro übersteigt**. Eine Ausnahme davon wird nach § 511 Abs. 1 Ziff. 2, Abs. 4 ZPO gemacht, wenn die Rechtssache **grundsätzliche Bedeutung** hat oder der Fortbildung des Rechts bzw. einer einheitlichen Rechtsprechung dient.

Der gleiche Wert (1.000 Euro) gilt für die **Beschwerde** in vermögensrechtlichen **Familiensachen** gemäß § 61 FamFG. Auch hier kann bei grundsätzlicher Bedeutung der Sache eine Zulassung der Beschwerde bei einem niedrigeren Wert des Beschwerdegegenstands erfolgen. In Familiensachen treten sozusagen die Beschwerde an die Stelle der Berufung und die Rechtsbeschwerde an die Stelle der Revision im Zivilprozess.

Gemäß § 567 Abs. 2 ZPO ist eine **sofortige Beschwerde** gegen Entscheidungen **über Kosten** nur zulässig, wenn ein dort bestimmter „Wert des Beschwerdegegenstandes" überstiegen wird; dieser Wert beträgt 300 Euro. Dies betrifft im Wesentlichen sofortige Beschwerden gegen Kostenfestsetzungsbeschlüsse (vgl. § 1 Rdn 70 ff.) und gegen Entscheidungen über die Verpflichtung, die Prozesskosten zu tragen. **11**

Nach der Bestimmung des § 2 ZPO ist der Wert des Beschwerdegegenstands gemäß den §§ 3 bis 9 ZPO zu ermitteln.

Voraussetzung für das Einlegen eines Rechtsmittels ist, das derjenige, der das Rechtsmittel einlegt, **12**
„beschwert" ist. „Beschwer" bedeutet, dass die Entscheidung, die angefochten werden soll, für denjenigen, der das Rechtsmittel einlegt, ungünstig ist. Das ist dann der Fall, wenn man etwas bei Gericht beantragt hat, was dann vom Gericht versagt wird. Die **„Beschwer"** ist also der Gegenstand, um den eine Partei durch eine gerichtliche Entscheidung benachteiligt ist.

Für die Zulässigkeit der Berufung oder der sofortigen Beschwerde muss nach den §§ 511 Abs. 2 Ziff. 1, 567 Abs. 2 ZPO der dort bestimmte „Wert des Beschwerdegegenstands" überschritten werden. Der „Wert des Beschwerdegegenstands" ist also maßgeblich, nicht der „Wert der Beschwer". Das heißt nichts anderes, als dass es nicht darauf ankommt, welcher Betrag in der angefochtenen gerichtlichen Entscheidung steht, sondern es kommt auf den Betrag an, dessen Änderung in der Rechtsmittelschrift beantragt wird. So könnte jemand, der zur Zahlung von 20.000,00 € verurteilt wurde, Berufung nur wegen eines Teilbetrages von 12.000,00 € einlegen.

In der ersten Instanz bestimmt der Klageantrag des Klägers den Wert des Streitgegenstands, der für die Zuständigkeit benötigt wird. In der Rechtsmittelinstanz ergibt sich der Wert des Beschwerdegegenstands also aus dem Rechtsmittelantrag des Rechtsmittelklägers bzw. des Beschwerdeführers. Der Beschwerdegegenstand ist dann also der Streitgegenstand, um den es in der Rechtsmittelinstanz geht. Und über die Zulässigkeit des Rechtsmittels entscheidet der „Wert des Beschwerdegegenstands".

Beispiel:

Althans klagt gegen Jungheinrich auf Zahlung von 4.000,00 € wegen Kaufpreisforderung und auf Zahlung von 500,00 € wegen Schadenersatzforderung. Der Klage wird wegen der Kaufpreisforderung stattgegeben und wegen der Schadenersatzforderung wird sie abgewiesen.

Legt Jungheinrich wegen der 4.000,00 € Berufung ein, so ist dieser Rechtsmittelantrag zulässig, da die Berufungssumme von 1.000,00 € überschritten wird.

Althans kann wegen der 500,00 € keine Berufung einlegen.

Beispiel:

Wie vorstehendes Beispiel. Jungheinrich möchte nur wegen eines Teilbetrages der Kaufpreisforderung in Höhe von 1.000,00 € in die Berufung gehen. Er wurde zwar zur Zahlung von 4.000,00 € verurteilt, aber da sein Rechtsmittelantrag nur die 1.000,00 € betrifft, ist die Berufung unzulässig, da jetzt der „Wert des Beschwerdegegenstandes" nicht die Berufungssumme von 1.000,00 € um mindestens 1 Cent übersteigt.

Die Verurteilung Jungheinrichs zur Zahlung der 4.000,00 € nennt man übrigens dessen Beschwer.

Es sei noch darauf hingewiesen, dass nicht nur die Berufungssumme überschritten sein muss, sondern dass auch grundsätzlich dem Gericht der ersten Instanz zur Begründung der Berufung ein rechtlicher Fehler nachgewiesen werden muss (§ 513 Abs. 1 ZPO).

Merke:

Der Wert des Beschwerdegegenstands entscheidet über die Zulässigkeit der Einlegung eines Rechtsmittels in vermögensrechtlichen Streitigkeiten.

Die **Berufung** ist zulässig, wenn der „Wert des Beschwerdegegenstandes" 1.000 Euro übersteigt.

Eine **Kostenbeschwerde** ist zulässig, wenn der „Wert des Beschwerdegegenstandes" 300 Euro übersteigt.

Bei der Berufung und bei der sofortigen Beschwerde richtet sich der „Wert des Beschwerdegegenstandes" nach dem gestellten Antrag.

In vermögensrechtlichen **Familiensachen** ist die **Beschwerde** nur zulässig, wenn der Wert des Beschwerdegegenstands 1.000 Euro übersteigt.

c) Der Wert der Verurteilung

13 In vermögensrechtlichen Streitigkeiten sind gemäß § 708 Ziff. 11 ZPO dann **Urteile vorläufig ohne Sicherheitsleistung vollstreckbar**, wenn der „Gegenstand der Verurteilung" in der Hauptsache 1.250 Euro nicht übersteigt oder wenn einzig die Entscheidung über die Kosten vollstreckbar ist und eine Vollstreckung im Wert von nicht mehr als 1.500 Euro ermöglicht.

Gemäß § 2 ZPO wird der „Wert der Verurteilung" nach den §§ 3 bis 9 ZPO berechnet. Dabei ist § 4 Abs. 1 ZPO zu beachten, wonach für die Wertberechnung bei der Verurteilung der Zeitpunkt des Schlusses der mündlichen Verhandlung, auf die das Urteil ergeht, entscheidend ist.

Beispiel:

Althaus hat Frau Neubauer wegen einer Schadenersatzforderung von 4.200,00 € verklagt. Die Klage wurde abgewiesen. Das Urteil ist vorläufig ohne Sicherheitsleistung vollstreckbar, da Frau Neubauer aus dem Urteil nur wegen der ihrem RA zustehenden Vergütung in Höhe von 1.017,45 € die Vollstreckung gegen den Althaus betreiben kann.

Merke:

In vermögensrechtlichen Streitigkeiten sind Urteile vorläufig ohne Sicherheitsleistung vollstreckbar, wenn der Wert der ausgeurteilten Hauptsache 1.250 Euro nicht übersteigt oder wenn nur die Kostenentscheidung vollstreckbar ist und eine Vollstreckung im Wert von nicht mehr als 1.500 Euro ermöglicht.

d) Der Bagatellwert für die Bestimmung des amtsgerichtlichen Verfahrens nach billigem Ermessen (§ 495a ZPO)

14 Die ZPO kennt den so genannten **Bagatellwert**, der zum Zweck hat, bei sehr niedrigen Streitwerten zu einer Vereinfachung des Verfahrens zu kommen. Der Bagatellwert wird gemäß § 2 ZPO („Wert des Streitgegenstandes") nach den §§ 3 bis 9 ZPO bestimmt. Der Bagatellwert betrifft die Bestimmung des amtsgerichtlichen Verfahrens nach billigem Ermessen (§ 495a ZPO).

Ein wichtiger Verfahrensgrundsatz der ZPO ist der Grundsatz der Mündlichkeit der Verhandlung vor Gericht (§ 128 Abs. 1 ZPO). Von diesem Grundsatz wird die folgende Ausnahme gemacht:

Der Richter am Amtsgericht kann sein **Verfahren nach billigem Ermessen** bestimmen, wenn der Streitwert 1.000 Euro nicht übersteigt (§ 495a ZPO). Der Richter am Amtsgericht hat also bis zur

Wertgrenze von 1.000 Euro die Möglichkeit, auf eine mündliche Verhandlung zu verzichten. Jedoch muss auf Antrag mündlich verhandelt werden. Wenn der Richter nach § 495a ZPO verfährt, ist bei der Berechnung der Anwaltsvergütung für die Terminsgebühr Nr. 3104 Anm. Abs. 1 Ziff. 1 VV RVG zu beachten. Falls jedoch in diesem Verfahren ein Versäumnisurteil nach § 331 Abs. 3 ZPO ergeht, reduziert sich die Terminsgebühr nach Nr. 3105 Anm. Abs. 1 Ziff. 2 VV RVG auf den Gebührensatz von 0,5 (siehe § 7 Rdn 38).

Der Richter am Amtsgericht muss bei einem „Wert des Beschwerdegegenstands" von bis zu 1.000 Euro in sein Urteil auch den Tatbestand nicht mehr aufzunehmen und sein Urteil nicht mehr schriftlich zu begründen, wenn er den wesentlichen Inhalt der Begründung in das Protokoll diktiert hat. Dies ergibt sich aus § 313a Abs. 1 i. V. m. § 511 Abs. 2 Ziff. 1 ZPO, weil dann eine Berufung gegen das Urteil nicht möglich ist, wenn die Sache keine grundsätzliche Bedeutung hat.

Merke:

Der in § 495a ZPO geregelte Bagatellwert wird nach den §§ 3 bis 9 ZPO bestimmt.

Der Richter am Amtsgericht bestimmt sein Verfahren nach billigem Ermessen bis zur Wertgrenze von 1.000 Euro.

e) Der Wert für die Eintragung einer Zwangssicherungshypothek (§ 866 Abs. 3 ZPO)

Bei der Zwangsvollstreckung in ein Grundstück darf eine **Zwangssicherungshypothek** nur für ei- 15
nen Betrag von mehr als 750 Euro in das Grundbuch eingetragen werden (§ 866 Abs. 3 ZPO). Dieser Betrag setzt sich aus der Hauptforderung und den Kosten zusammen. Bei der Feststellung des Erreichens dieser Wertgrenze bleiben Zinsen unberücksichtigt, wenn sie als Nebenforderungen geltend gemacht werden. Sinn dieser Wertgrenze ist, das Grundbuch von Eintragungen für Minimalbeträge frei zu halten.

Beispiel:

Frau Hartmann besitzt einen Vollstreckungstitel gegen den Weichholz über einen Betrag von 680,00 € nebst 10 % Zinsen hieraus seit dem 27. Oktober letzten Jahres. Sie beantragt am 1. April diesen Jahres die Eintragung einer Zwangssicherungshypothek im Grundbuchblatt des Weichholz wegen folgender Beträge:

(1) 680,00 € titulierte Hauptforderung nebst 10 % Zinsen hieraus seit dem 1. April diesen Jahres

(2) 29,09 € rückständige Zinsen für den Zeitraum vom 27. Oktober letzten Jahres bis zum 31. März diesen Jahres (die jedoch nicht tituliert sind)

(3) 71,00 € bisher aufgelaufene Vollstreckungskosten

Kann die Sicherungshypothek wie beantragt eingetragen werden?

Der Wert für die Vollstreckung muss gemäß § 866 Abs. 3 ZPO mindestens 750,01 € betragen, was von der titulierten Hauptforderung zumindest ohne Zinsen und Vollstreckungskosten nicht erreicht wird. In § 866 Abs. 3 ZPO wird verboten, Zinsen zu berücksichtigen, wenn sie als Nebenforderungen geltend gemacht werden. Die bisher aufgelaufenen Kosten früherer Vollstreckungsmaßnahmen dürfen dagegen der Hauptforderung hinzugerechnet werden.

Die Sicherungshypothek kann also wie beantragt eingetragen werden, da der Vollstreckungswert 751,00 € beträgt (680,00 € + 71,00 €).

Die Vorschrift des § 866 Abs. 3 ZPO regelt nur den Mindestwert für die Eintragung einer Zwangssicherungshypothek in das Grundbuch, nicht den Wert für die Berechnung der Gebühren.

Auf andere Weise wird nämlich der Gegenstandswert für die Gebühren bei Beantragung der Eintragung der Sicherungshypothek durch einen RA berechnet. Nach § 25 Abs. 1 Ziff. 1 Halbsätze 1 und 2 RVG werden in den Gegenstandswert in der Zwangsvollstreckung alle Nebenforderungen einbezogen, also zusätzlich zur Hauptforderung auch Kosten und Zinsen.

Merke:

Eine Zwangssicherungshypothek darf nur bei einem Wert von mehr als 750 Euro in das Grundbuch eingetragen werden.

3. Die Bedeutung des Wertes im Gebührenrecht

16 Im Zivilprozess haben wir es sowohl bei den Anwaltsgebühren als auch bei den Gerichtsgebühren überwiegend mit vom Wert abhängigen Gebühren (**Wertgebühren**) zu tun. Das bedeutet, dass sich die Gebühren nach dem Wert des Gegenstands bemessen, um den es geht.

Das GKG nennt „seinen" Wert für die Gerichtsgebühren **Streitwert** (§ 3 Abs. 1 GKG). Im FamGKG wird der Wert als **Verfahrenswert** bezeichnet (§ 3 Abs. 1 FamGKG).

Das RVG verwendet den neutralen Begriff **Gegenstandswert**, da Gegenstand der anwaltlichen Tätigkeiten nicht nur Streitverfahren oder gerichtlichen Verfahren sind (§ 2 Abs. 1 RVG).

Idealerweise ist der Streit- oder Verfahrenswert für die Gerichtsgebühren und der Gegenstandswert für die Anwaltsgebühren gleich hoch. Allerdings sind Fälle möglich, bei denen diese Werte auseinanderfallen.

II. Die Wertvorschriften der ZPO, des GKG und des FamGKG für die Ermittlung des Gebührenwerts

17 Das RVG kennt bis auf wenige Bestimmungen keine eigenen Wertberechnungsvorschriften. In § 23 verweist das RVG auf die **Gerichtskostengesetze**, so in Abs. 1 für den Zivilprozess auf das GKG, bzw. in Familiensachen auf das FamGKG und in Abs. 3 in anderen Angelegenheiten auf das Gerichts- und Notarkostengesetz (GNotKG). Beispiele für die in Abs. 3 genannten „anderen Angelegenheiten" sind der Entwurf eines Miet- oder Kaufvertrages oder eines Antragsschreibens z. B. an die Stadtverwaltung.

Der **Gegenstandswert** für die Anwaltsgebühren richtet sich **in gerichtlichen Verfahren** also nach den für die Gerichtsgebühren geltenden Wertvorschriften, wenn diese Gerichtsgebühren als Wertgebühren anfallen (§ 23 Abs. 1 S. 1 RVG). Gerichtliche Verfahren sind aber nicht nur Zivilprozesse, sondern auch Verfahren vor den Gerichten der Fachgerichtsbarkeit. Soweit es sich um einen bürgerlichen Rechtsstreit oder um ein Verfahren vor Gerichten der Arbeits-, Verwaltungs- oder der Finanzgerichtsbarkeit handelt, sind die Wertvorschriften des GKG heranzuziehen (§ 1 GKG). Auch in bestimmten Verfahren der Sozialgerichtsbarkeit ist das GKG anzuwenden. In gerichtlichen Verfahren in Familiensachen gelten die Wertvorschriften des FamGKG.

Die vorgenannten **Wertvorschriften** werden aber gemäß § 23 Abs. 1 S. 3 RVG nicht nur bei gerichtlichen Verfahren angewandt, sondern auch sinngemäß bei üblicherweise einem **gerichtlichen Verfahren vorausgehenden außergerichtlichen anwaltlichen Tätigkeiten**, insbesondere also bei Zahlungsaufforderungen, Mahnungen, Kündigungen, Versuchen der gütlichen Einigung oder bei der Vorbereitung einer Klage oder der Rechtsverteidigung. Dies gilt selbst dann, wenn sich die Angelegenheit ohne gerichtliches Verfahren erledigt oder der RA darin später nicht tätig wird.

Gemäß § 23 Abs. 1 S. 3 RVG betreffen die genannten Wertvorschriften auch die von Anfang an beabsichtigte außergerichtliche Erledigung von Rechtsangelegenheiten, wenn der Gegenstand der Anwaltstätigkeit auch Gegenstand eines gerichtlichen Verfahrens **sein könnte**.

Es lässt sich also festhalten, dass in gerichtlichen Verfahren und für ihnen normalerweise vorausgehende oder sie vermeidende anwaltliche Tätigkeiten der Streit- oder Verfahrenswert für die Gerichtsgebühren (GKG und FamGKG) und der Gegenstandswert für die Anwaltsgebühren grundsätzlich nach den gleichen Regeln ermittelt werden.

Wenn es **für die Gerichtsgebühren keine Wertvorschriften** gibt, weil z. B. das gerichtliche Verfahren **gerichtsgebührenfrei** ist oder in dem gerichtlichen Verfahren die Gerichtsgebühr als **Festgebühr** anfällt, bestimmt sich der Gegenstandswert nach § 23 Abs. 1 S. 2 RVG. Dann sind entweder die Wertvorschriften des jeweiligen Kostengesetzes entsprechend anzuwenden oder der Rechtsanwalt ermittelt den Gegenstandswert nach den Wertvorschriften des RVG in §§ 23a bis 31b RVG. **18**

Beispiel:

Rechtsanwalt Müller beantragt einen Pfändungs- und Überweisungsbeschluss für eine Vollstreckungsforderung in Höhe von 10.000 €.

Als Gerichtsgebühr entsteht die Festgebühr nach Nr. 2111 KV GKG in Höhe von 24,00 €. Der Rechtsanwalt ist zwar in einem gerichtlichen Verfahren tätig, in dem aber die Gerichtsgebühr nicht als Wertgebühr anfällt. Deshalb ist § 23 Abs. 1 S. 1 RVG nicht einschlägig, sondern der Gegenstandswert wird gemäß § 23 Abs. 1 S. 2 RVG gemäß § 25 Abs. 1 Nr. 1 RVG ermittelt. Maßgebend ist der Betrag der zu vollstreckenden Geldforderung einschließlich der Nebenforderungen.

§ 23 Abs. 3 RVG regelt die Ermittlung des Gegenstandswert für alle **anderen Angelegenheiten**, in denen gar **kein gerichtliches Verfahren** vorliegt und auch nicht vorliegen könnte, z. B. bei Entwürfen von Verträgen oder bei der Überprüfung von fremden Vertragsentwürfen. Dies wird in Rdn 117 ff. behandelt.

Merke:

In gerichtlichen Verfahren werden der Streit- oder Verfahrenswert für die Gerichtsgebühren und der Gegenstandswert für die Anwaltsgebühren grundsätzlich nach den gleichen Regeln ermittelt.

Die Bewertung von anwaltlichen Tätigkeiten, die üblicherweise einem gerichtlichen Verfahren vorausgehen, erfolgt wie bei gerichtlichen Verfahren.

Wenn
1. für die Gerichtsgebühren keine Wertvorschriften vorgesehen sind oder
2. gar kein gerichtliches Verfahren vorliegt und auch nicht vorliegen kann,

ist der Gegenstandswert für die Anwaltsgebühren gemäß § 23 Abs. 3 RVG entweder nach bestimmten Wertvorschriften des GNotKG zu ermitteln oder, wenn auch dies nicht geht, nach billigem Ermessen zu schätzen, und wenn sogar dies nicht möglich ist oder bei nichtvermögensrechtlichen Angelegenheiten, wird grundsätzlich ein Gegenstandswert von 5.000 Euro angenommen.

Für die **Wertberechnung in bürgerlichen Rechtsstreitigkeiten** (nicht in Familiensachen!) verweist das GKG in § 48 Abs. 1 auf die Wertvorschriften der §§ 3 bis 9 ZPO, aber nur soweit das GKG in seinen anderen Wertvorschriften nichts anderes bestimmt. **19**

Dies muss noch einmal verdeutlicht werden: Die für die Gerichts- und die Anwaltsgebühren maßgeblichen Wertvorschriften sind in erster Linie in den §§ 39 bis 60 GKG enthalten. Nur wenn das GKG keine Regelung trifft, sind die §§ 3 bis 9 ZPO heranzuziehen. §§ 3 bis 9 ZPO gelten damit nur subsidiär. Sie werden sich vorstellen können, dass hier einige mögliche Fehlerquellen auf Sie lauern. Zu Ihrer Beruhigung: Glücklicherweise sind die meisten den Gebührenwert betreffenden Bewertungsfragen im GKG geregelt.

Andererseits heißt es im GKG an verschiedenen Stellen: „... soweit nichts anderes bestimmt ist". Andere Wertvorschriften enthält aber nicht nur die ZPO in den §§ 3 bis 9, sondern für bestimmte Fälle auch das RVG in seinen §§ 23a bis 31b. Die wichtigsten davon werden im Rahmen dieses Buches sein: § 23a RVG (Gegenstandswert im Verfahren über die Prozesskostenhilfe), § 25 RVG (Gegenstandswert in der Zwangsvollstreckung), § 31b RVG (Gegenstandswert bei Zahlungsvereinbarungen).

20 In **Familiensachen** werden die Werte nur nach den §§ 33 bis 52 FamGKG bestimmt.

21 Zur **praktischen Vorgehensweise** bei der Lösung einer Bewertungsfrage sollten Sie also (außer in Familiensachen) zuerst im GKG nach einer entsprechenden Regelung suchen und erst, wenn der betreffende Sachverhalt dort nicht geregelt ist, in der ZPO nachsehen. Allerdings sollten Sie auch die speziellen Wertvorschriften in den §§ 23a bis 31b RVG im Auge behalten.

Als Anfängerin bzw. als Anfänger auf dem Gebiet des Kostenrechts müssen Sie sich davor hüten, zur Klärung eines Bewertungsproblems gleich die erstbeste und Ihnen in den Sinn kommende Wertvorschrift heranzuziehen. Denn diese Vorschrift wird vermutlich eine Bestimmung aus der ZPO sein, sie ist mit ziemlicher Sicherheit für Ihr Gebührenproblem nicht anwendbar.

Ziehen Sie eine falsche Vorschrift zur Ermittlung des Streit- oder Gegenstandswertes heran, so werden Sie teilweise traumhaft hohe Werte und damit ebensolche Gebühren erhalten. Genau dies wollte der Gesetzgeber nicht. Die sich nach den Bestimmungen des GKG ergebenden Streitwerte sind teilweise sogar erheblich niedriger als die entsprechenden Zuständigkeitswerte der ZPO.

22 Beachten Sie also, dass es zum Zweck der Bestimmung der sachlichen Zuständigkeit (ZPO) und zum Zweck der Berechnung der Gebühren (GKG, FamGKG und RVG) zum Teil sogar erheblich voneinander abweichende Wertvorschriften gibt. So beinhalten z. B. folgende Vorschriften abweichende, teilweise sogar gegensätzliche Regeln:

§ 4 ZPO ⟷ §§ 40, 43 GKG, auch § 25 Abs. 1 Nr. 1 RVG
§ 8 ZPO ⟷ § 41 GKG
§ 9 ZPO ⟷ § 42 GKG bzw. § 51 FamGKG
§ 5 ZPO ⟷ §§ 41 Abs. 3, 42 Abs. 3, 44, 45 GKG oder § 51 Abs. 2 FamGKG

23 *Beispiel 1:*

Hurtig hat durch zu schnelles Fahren mit dem Fahrrad auf der falschen Straßenseite einen Unfall verursacht und den Kaputtig schwer verletzt. Kaputtig fordert eine Rente in Höhe von 500,00 € monatlich, und zwar so lange, bis er in 32 Jahren in Pension geht. Er wird dabei von RA Taler vertreten.

a) Welches Gericht ist sachlich für die Klage zuständig?
b) Wie hoch ist der Streitwert?

An diesem Fall soll demonstriert werden, wie der Zuständigkeitswert und der Gebührenwert ermittelt werden.

Lösung zu a):

Es handelt sich um eine vermögensrechtliche Angelegenheit, für die abhängig vom Wert des Streitgegenstands die sachliche Zuständigkeit bestimmt ist. Es kommt somit nach den §§ 23 Ziff. 1, 71 Abs. 1 GVG auf die Höhe des Zuständigkeitswertes an. Dieser wird über § 2 ZPO nach den §§ 3 bis 9 ZPO ermittelt. In § 9 ZPO finden wir eine Wertberechnungsvorschrift für wiederkehrende Nutzungen oder Leistungen, wozu auch eine Rente gehört.

Da die Rente 32 Jahre lang gezahlt werden soll, handelt es sich um eine wiederkehrende Leistung von bestimmter Dauer. Der Vervielfältiger für den Jahresbetrag der Leistung ist in diesem Fall auf **höchstens den dreieinhalbfachen Wert** des einjährigen Bezugs begrenzt.

Der **Zuständigkeitswert** berechnet sich also wie folgt: 500,00 € x 12 x 3,5 = 21.000,00 €. Damit ist also das Landgericht zuständig.

Lösung zu b):

Gemäß der oben aufgestellten Regel, wegen des Streitwerts zuerst im GKG nach einer passenden Vorschrift zu suchen, haben Sie dort sicher schon den § 42 GKG entdeckt, der sich ebenfalls mit wiederkehrenden Leistungen befasst. § 42 GKG beschäftigt sich zwar mit wiederkehrenden Leistungen, aber nicht mit Renten. Gemäß § 48 Abs. 1 S. 1 GKG ist nun in der ZPO die passende Wertvorschrift zu suchen. Dies ist § 9 ZPO. Demnach ist auch für den Streitwert des GKG der Vervielfältiger **höchstens der dreieinhalbfache Jahresbetrag** der Rente.

Der **Streitwert** nach dem GKG berechnet sich also wie folgt: 500,00 € x 12 x 3,5 = 21.000,00 €.

In diesem Fall sind also der Wert des Streitgegenstands und der Streitwert für die Gerichtsgebühr nach derselben Vorschrift zu ermitteln. Wegen § 23 Abs. 1 S. 1 RVG ist dieser Streitwert auch Gegenstandswert der Gebühren des Rechtsanwalts.

Beispiel 2: 24

Kevin Ofenloch hat gegen den Torben Bierhäusle auf Zahlung von 4.900,00 € nebst 233,33 € Verzugszinsen geklagt und den Prozess gewonnen. Die festgesetzten Kosten des Verfahrens betragen 1.500,45 €. Nun beauftragt er seinen RA mit der Zwangsvollstreckung.

a) Welches Gericht war sachlich für die Klage zuständig und hat das Urteil erlassen?
b) Wie hoch war der Streitwert für den Prozess?
c) Wie hoch ist der Gegenstandswert für die Zwangsvollstreckung?

Lösung zu a):

Es handelt sich um eine vermögensrechtliche Angelegenheit, für die abhängig vom Wert des Streitgegenstands die sachliche Zuständigkeit bestimmt ist. Es kommt somit nach den §§ 23 Ziff. 1, 71 Abs. 1 GVG auf die Höhe des Wert des Streitgegenstands an. Dieser wird über § 2 ZPO nach den §§ 3 bis 9 ZPO ermittelt. In § 4 ZPO finden wir eine Wertberechnungsvorschrift, wonach Nebenforderungen wie Zinsen nicht bei der Wertermittlung berücksichtigt werden dürfen. Da es hier um eine Zahlungsklage ging, bei der schon eine Geldsumme angegeben wird, ist eine spezielle Wertvorschrift überflüssig.

Also beträgt der **Wert des Streitgegenstands** 4.900,00 € und das Amtsgericht war für die Klage sachlich zuständig.

Lösung zu b):

Da es bei einer Zahlungsklage keine spezielle Wertvorschrift gibt, ist gemäß § 48 Abs. 1 S. 1 GKG der Wert des Streitgegenstands der ZPO heranzuziehen. Also beträgt auch der **Streitwert**

des Prozesses 4.900,00 € (ohne Nebenforderungen). Nach diesem Streitwert richten sich die Gerichtsgebühr sowie nach § 23 Abs. 1 S. 1 RVG auch die Gebühren des RA.

Lösung zu c):

Das RVG enthält in § 25 Abs. 1 Ziff. 1 Hs. 1 RVG für den RA eine Spezialvorschrift für die Wertberechnung in der Zwangsvollstreckung. Danach sind in Angelegenheiten der Zwangsvollstreckung Nebenforderungen zur Hauptforderung hinzuzurechnen. Auf Wertvorschriften für Gerichtsgebühren kann in der Zwangsvollstreckung nicht zurückgegriffen werden, weil dort die Gerichts- und Gerichtsvollziehergebühren durchweg als Festgebühren entstehen.

Der **Gegenstandswert in der Zwangsvollstreckung** zur Berechnung der Vergütung des RA berechnet sich gemäß § 25 Abs. 1 Nr. 1 RVG also wie folgt: 4.900,00 € + 233,33 € = 5.133,33 €. Hinzu kommen noch die festgesetzten Verfahrenskosten von 1.500,45 €, sodass sich für den Vollstreckungsauftrag ein Wert von 6.633,78 € ergibt.

Sie finden ein **weiteres Beispiel** für das Auseinanderfallen von Wert des Streitgegenstands und Streitwert für die Gerichtsgebühr in Rdn 121 ff.

Merke:

In bürgerlichen Rechtsstreitigkeiten bestimmt sich sowohl der Streitwert als auch wegen § 23 Abs. 1 S. 1 RVG der Gegenstandswert grundsätzlich nach den Wertvorschriften der §§ 39 bis 60 GKG.

Wenn das GKG keine Regelung trifft, wird der Wert gemäß § 48 GKG nach den §§ 3 bis 9 ZPO ermittelt.

Sondervorschriften in den § 23a bis 31b RVG sind zu beachten.

25 In der nachstehenden **Übersicht** soll der Zusammenhang der bei der Wertermittlung in **bürgerlichen Rechtsstreitigkeiten** zu beachtenden Gesetzesvorschriften verdeutlicht werden; dies gilt jedoch nicht in Familiensachen.

Übersicht: Wertvorschriften zum Gebührenwert

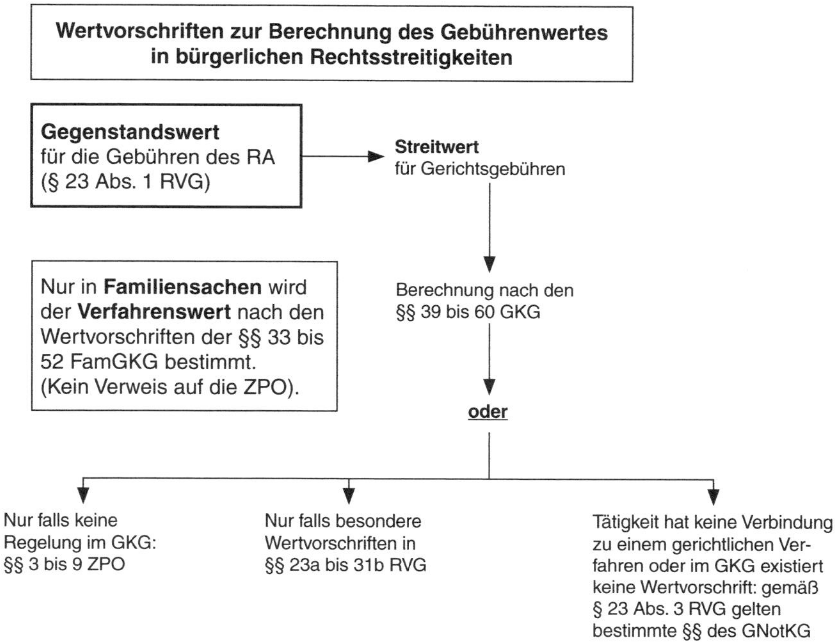

III. Die Ermittlung des Gegenstandswertes für anwaltliche Tätigkeiten (§ 23 RVG)

Die Gebühren der Rechtsanwälte werden in der Regel nach dem Wert berechnet, den der Gegen- 26
stand der anwaltlichen Tätigkeit hat (§ 2 Abs. 1 RVG). Es handelt sich dann um so genannte **Wertgebühren**, zu denen auch die **Satzrahmengebühren** (z. B. die Geschäftsgebühr Nr. 2300 VV RVG) gehören. In Straf- und Bußgeldsachen gilt dies nicht, da hier Betragsrahmengebühren oder Festgebühren die Regel sind.

Für Tätigkeiten **in gerichtlichen Verfahren** oder diesen **vorausgehenden** bzw. sie **vermeidenden** außergerichtlichen Tätigkeiten wird der Gegenstandswert gemäß § 23 Abs. 1 RVG nach den für die Gerichtsgebühren geltenden Wertvorschriften berechnet. In bürgerlichen Rechtsstreitigkeiten und in Familiensachen sind also auch für die Anwaltsgebühren die Wertvorschriften des GKG bzw. des FamGKG maßgeblich (§ 23 Abs. 1 RVG).

Für die Wertberechnung in **bürgerlichen Rechtsstreitigkeiten** sind die Wertvorschriften der ZPO in §§ 2 bis 9 ZPO als Grundlage zur Berechnung der Rechtsanwaltsgebühren ergänzend nur maßgebend, wenn das GKG oder das RVG in den §§ 23a ff. keine besondere Regelung enthalten (§ 48 Abs. 1 S. 1 GKG). Für **Familiensachen** gelten die besonderen Wertvorschriften in den §§ 33 bis 52 FamGKG.

Nur für andere als in § 23 Abs. 1 RVG genannte Angelegenheiten, die nicht die Mitwirkung an einem gerichtlichen Verfahren betreffen oder seiner Vorbereitung dienen, werden in § 23 Abs. 3 S. 1 RVG bestimmte Wertvorschriften des GNotKG für anwendbar erklärt. Im Prinzip wird es sich hierbei häufig um anwaltliche Tätigkeiten handeln, die zur Begründung eines Rechtsverhältnisses führen, wie z. B. die Anfertigung von Vertragsentwürfen. Dies wird in Rdn 117 ff. dargestellt.

27 Soll der RA in derselben Angelegenheit **mehrere Ansprüche** geltend machen, werden die Werte der einzelnen Gegenstände **zusammengerechnet** (§ 22 Abs. 1 RVG; siehe Rdn 50 ff.). Dies gilt auch für Scheidungssachen und deren Folgesachen, wenn die Folgesachen in den so genannten Scheidungsverbund einbezogen sind (§ 16 Ziff. 4 RVG; siehe § 11 Rdn 67 ff.). Aber auch hiervon gibt es Ausnahmen: Beispielsweise wird die Hebegebühr (Nr. 1009 VV RVG) jeweils aus dem Wert des ausgezahlten Betrages berechnet; die einzelnen Auszahlungen werden nicht zusammengerechnet (siehe § 2 Rdn 185 ff.).

IV. Prüfungsschema zur Ermittlung des Gegenstandswertes (§ 23 RVG)

28 Zur Lösung einer Aufgabe aus dem Kostenrecht ist es in der überwiegenden Zahl der Fälle notwendig, mit der Ermittlung des Wertes zur Berechnung der Wertgebühren zu beginnen.

Sie haben Glück, wenn es sich um eine **bezifferte Klage** handelt, denn dann geht man normalerweise von dem in der Klage genannten Betrag als dem Streitwert aus. Eine bezifferte Klage liegt z. B. dann vor, wenn es sich um eine Kaufpreisforderung oder eine Darlehensrückforderung handelt, denn in diesen Fällen steht mit dem eingeforderten Geldbetrag der Streitwert und damit auch der Gegenstand der anwaltlichen Tätigkeit und der Gegenstandswert fest. In anderen Fällen werden Sie schon etwas überlegen und rechnen müssen.

29 Zur **Ermittlung des Gegenstandswertes** für die Anwaltsgebühren sollten Sie Überlegungen in folgender Reihenfolge schrittweise nacheinander anstellen, wie dies im nachstehenden **Prüfungsschema** aufgezeigt ist.

Übersicht: Prüfungsschema zur Ermittlung des Gegenstandswertes

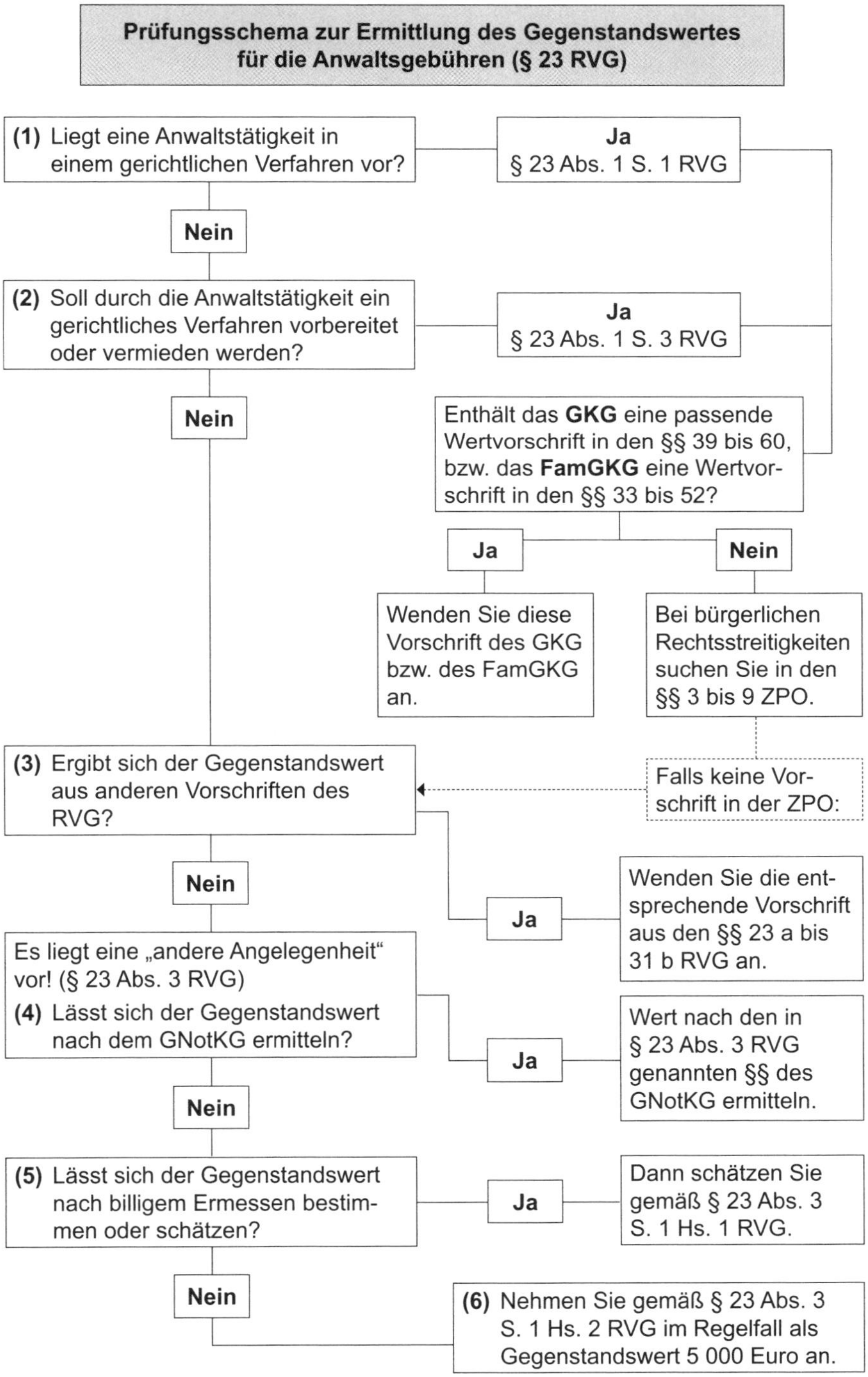

Erläuterungen zu vorstehendem Prüfungsschema:

Zu (1): Gerichtliche Verfahren in diesem Sinne sind der Zivilprozess und Verfahren in Familiensachen sowie Verfahren vor Gerichten der Verwaltungs-, Arbeits-, Sozial- oder der Finanzgerichtsbarkeit.

Zu (2): Vorbereitung eines gerichtlichen Verfahrens im weitesten Sinne, ohne dass dieses Verfahren bereits eingeleitet sein muss. Auch die bloße außergerichtliche Erledigung von Rechtsangelegenheiten gehört hierzu, wenn die Angelegenheit Gegenstand eines gerichtlichen Verfahrens sein könnte.

Zu (3): Für bestimmte Verfahren, wie z. B. die Zwangsvollstreckung, kennt das RVG spezielle Wertvorschriften (siehe z. B. § 25 RVG).

Zu (4): Andere Angelegenheiten sind häufig anwaltliche Tätigkeiten, die ein Rechtsverhältnis begründen sollen, wie z. B. Vertragsentwürfe oder die Teilnahme an Verkaufsverhandlungen. Es dürfen nur die in § 23 Abs. 3 S. 1 RVG genannten Paragrafen des GNotKG herangezogen werden, alle anderen nicht.

Zu (5): Eine Schätzung kommt nur hilfsweise dann in Frage, wenn sich der Wert nicht nach den Punkten (1) bis (4) ergibt.

Zu (6): Mit § 23 Abs. 3 S. 1 Hs. 2 RVG gibt es eine Hilfsvorschrift für den Fall, dass noch nicht einmal genügende tatsächliche Anhaltspunkte für eine Schätzung vorliegen. Der Regelwert beträgt dann 5.000 Euro, jedoch kann er im Einzelfall auch niedriger oder höher geschätzt werden, darf aber 500.000 Euro nicht übersteigen.

Beispiel 1:

RA Rotspon leitet Mitte Mai ein Verfahren vor dem Familiengericht ein für ein Kind, dessen Vater Unterhalt in Höhe von monatlich 480,00 € leisten soll, zahlbar jeweils zum Monatsersten im Voraus. Seit Januar ist der Unterhalt rückständig. Es soll der Gegenstandswert ermittelt werden. Wir gehen nach dem vorstehenden Schema vor.

(1) Es liegt ein familiengerichtliches Verfahren vor. Gemäß § 23 Abs. 1 S. 1 RVG suchen wir zuerst im FamGKG nach einer entsprechenden Bestimmung. Die passende Wertvorschrift findet sich in § 51 FamGKG. Nach § 51 Abs. 1 FamGKG ist für den Verfahrenswert für die Gerichtsgebühr der für die ersten zwölf Monate nach Einreichung des Antrags geforderte Betrag maßgeblich, wenn der Unterhalt nicht für weniger als ein Jahr gefordert wird.
Der für die ersten 12 Monate geforderte Betrag ist dann 12 x 480,00 € = 5.760,00 €.
Vorsicht! In der Aufgabe steht etwas über rückständigen Unterhalt. Dazu finden wir eine Aussage in § 51 Abs. 2 S. 1 FamGKG, wonach die vor Klageeinreichung fälligen Unterhaltsbeträge hinzugerechnet werden. Da der Unterhalt jeweils zum Monatsersten im Voraus zu zahlen ist (§ 1612 Abs. 3 BGB), bestehen bereits fällige Beträge (Rückstand) von Januar bis Mai, also für fünf Monate, was 5 x 480,00 € = 2.400,00 € ergibt.
Der Verfahrenswert für die Gerichtsgebühr beträgt also 5.760,00 € + 2.400,00 € = 8.160,00 €.
Dieser Verfahrenswert ist gemäß § 23 Abs. 1 S. 1 RVG auch der Gegenstandswert für die Anwaltsgebühren.

Beispiel 2:

Wie 1. Beispiel. RA Rotspon soll den Vater aber nur in einem außergerichtlichen Schreiben zur Zahlung auffordern, da sich die Mutter als Auftraggeberin gerne ohne ein gerichtliches Verfahren mit dem Vater gütlich einigen möchte. Der Gegenstandswert soll ermittelt werden. Wir gehen nach dem vorstehenden Schema vor.

(1) Es liegt kein gerichtliches Verfahren vor.

(2) Es liegt ein Versuch der gütlichen Einigung vor, der den Zweck hat, ein gerichtliches Verfahren zu vermeiden. RA Rotspon soll also versuchen, ein gerichtliches Verfahren zu verhindern. Diese Tätigkeit fällt unter § 23 Abs. 1 S. 3 RVG. Weil der Gegenstand der außergerichtlichen Tätigkeit auch Gegenstand eines gerichtlichen Verfahrens sein könnte, gelten die Wertvorschriften für ein solches Verfahren entsprechend. Diese sind in Beispiel 1 vorgestellt worden.
Der Gegenstandswert beträgt deshalb 8.160,00 €. Berechnung wie im Beispiel 1.

Beispiel 3:

RAin Müller-Thurgau hat den Auftrag, den Kaufvertrag für ein Motorboot zu entwerfen. Der Kaufpreis soll 80.000,00 € betragen. Der Gegenstandswert soll ermittelt werden. Wir gehen nach vorstehendem Schema vor.

(1) Es liegt kein gerichtliches Verfahren vor.
(2) Es soll auch kein gerichtliches Verfahren vorbereitet oder verhindert werden.
(3) Es liegt eine „andere Angelegenheit" vor (§ 23 Abs. 3RVG). Typisches Beispiel dafür: Fertigung eines Vertragsentwurfes. Der Gegenstandswert muss nach den in § 23 Abs. 3 S. 1 RVG genannten Wertvorschriften des GNotKG ermittelt werden.
Von diesen Vorschriften befasst sich § 47 S. 1 GNotKG mit dem Wert einer Sache bei Kauf. Demnach ist der Kaufpreis maßgebend für den anwaltlichen Gegenstandswert. RAin Müller-Thurgau wurde von ihrem Auftraggeber ein Kaufpreis von 80.000,00 € genannt.
In einer anderen Angelegenheit führt sie einen Prozess, bei dem es um ein gleichartiges Motorboot geht. In diesem Verfahren hat der Sachverständige den Wert des Wasserfahrzeugs auf 250.000,00 € geschätzt.
Die Erklärung: Das Motorboot mit Sonderausstattung wird vom Vater an den Sohn zu einem „Verwandtschaftssonderpreis" verkauft. Gemäß § 47 S. 3 i. V. m. § 46 Abs. 1 GNotKG ist aber der Verkehrswert einer Sache maßgebend, wenn der Kaufpreis niedriger als der Verkehrswert ist.
Also beträgt der Gegenstandswert in diesem Fall nicht 80.000,00 €, wie Sie beim ersten Lesen des Sachverhaltes sicherlich vermutet haben, sondern 250.000,00 €!

Beispiel 4:

RAin Oechsle-Weinstein entwirft einen Darlehensvertrag über ein Darlehen von 50.000,00 €. Der Gegenstandswert soll ermittelt werden. Wir gehen nach vorstehendem Schema vor.

(1) Es liegt kein gerichtliches Verfahren vor.
(2) Es soll auch kein gerichtliches Verfahren vorbereitet werden.
(3) Es liegt eine „andere Angelegenheit" vor (§ 23 Abs. 3 RVG). Typisches Beispiel dafür: Fertigung eines Vertragsentwurfes. Der Gegenstandswert darf nur nach den in § 23 Abs. 3 S. 1 RVG genannten Wertvorschriften des GNotKG ermittelt werden, nicht nach anderen dort ungenannten Bestimmungen. Von den genannten Wertvorschriften des GNotKG könnte sich § 52 Abs. 1 GNotKG mit einem Darlehen beschäftigen. Danach bestimmt sich der Wert eines Rechts oder Anspruchs auf wiederkehrende Nutzungen oder Leistungen nach dem Wert, den das Recht für den Berechtigten hat. Das Darlehen ist für den Darlehensgeber 50.000,00 € wert. Wird § 52 GNotKG für nicht anwendbar gehalten, weiter nach (4).
(4) Können Sie den Gegenstandswert nach billigem Ermessen bestimmen? Selbstverständlich: Bei einer Darlehenssumme von 50.000,00 € haben Sie genügende tatsächliche Anhaltspunkte für eine Schätzung des Gegenstandswerts auf 50.000,00 €. Punkt (5) entfällt also.

30 Den **Streitwert für die Gerichtsgebühren** in bürgerlichen Rechtsstreitigkeiten bestimmen Sie nach den Punkten (1) und (2) der obigen Übersicht (Prüfungsschema zur Ermittlung des Gegenstandswertes) genauso wie den Gegenstandswert für die Anwaltstätigkeit.

> **Merke:**
>
> Es gibt keine richtige Berechnung einer Gebühr ohne richtige Ermittlung des Gegenstandswertes.

C. Einzelfragen der Berechnung des Gegenstandswertes, wenn ein gerichtliches Verfahren möglich ist

31 Nachfolgend sollen eine Reihe von häufiger auftauchenden Bewertungsfragen detailliert dargestellt werden. Es sei jedoch darauf hingewiesen, dass es den Rahmen dieses Buches sprengen würde, dabei auf jede Einzelheit einzugehen. Sollten Sie mit der Lösung eines speziellen Problems nicht zurechtkommen, so sei der Griff zu den einschlägigen Kommentarwerken empfohlen.

32 Wenn auch der Schwerpunkt der nachfolgenden Betrachtungen auf die Ermittlung des **Gegenstandswertes anwaltlicher Tätigkeiten** zielt, so gelten doch alle Hinweise – soweit sie nicht dem nur für Anwälte geltenden RVG entnommen sind – in gleicher Weise auch für die Berechnung des **Streitwerts bzw. des Verfahrenswerts (Familiensachen) für die Gerichtsgebühren**.

Weiterhin gelten die nachstehend erläuterten Wertvorschriften nicht nur für anwaltliche Tätigkeiten innerhalb gerichtlicher Verfahren, sondern auch für diese **vorbereitende oder vermeidende außergerichtliche Tätigkeiten** (§ 23 Abs. 1 S. 3 RVG; siehe Rdn 26 f., 28 und 28 ff.).

I. Zeitpunkt der Wertberechnung (§ 4 ZPO, § 40 GKG, § 34 FamGKG)

33 Manchmal kommt es vor, dass sich bei unverändertem Streitgegenstand dessen Wert während eines gerichtlichen Verfahrens zwischen der Einreichung der Klage und der Urteilsverkündung verändert. Um für solche Fälle einen verbindlichen Zeitpunkt für die Wertberechnung festzulegen ordnet § 4 Abs. 1 ZPO an, dass der **Zeitpunkt der Einreichung der Klage** bzw. der Antragstellung bei Gericht für die Wertberechnung entscheidend ist.

34 Für die **Berechnung des Werts des Streitgegenstands nach der ZPO** ist es also ohne Bedeutung, wenn sich der Wert des Streitgegenstandes während des Verfahrens ändert – an der sachlichen Zuständigkeit des Gerichts ändert sich hierdurch nichts.

> *Beispiel:*
>
> Vogel klagt gegen Würmling auf Herausgabe von 100 Aktien der BMW AG. Bei Klageeinreichung betrug der Börsenkurs der Aktien 44,00 €. Der Kurswert der Aktien belief sich also auf 4.400,00 €. Vogel musste seine Klage beim Amtsgericht einreichen. Bis zum ersten Verhandlungstermin, in dem auch das Urteil verkündet werden soll, ist der Börsenkurs auf 55,00 € gestiegen (Kurswert 5.500,00 €). Würmling kann nun aber nicht die Verweisung an das Landgericht verlangen, da sich durch die Wertsteigerung nichts an der sachlichen Zuständigkeit des Amtsgerichtes ändert.

35 Die in § 4 ZPO aufgestellten Grundsätze gelten grundsätzlich auch für die Gerichts- und die Anwaltsgebühren. In gebührenrechtlicher Hinsicht wird § 4 ZPO durch § 40 GKG ergänzt. Wenn sich der Wert des eingeklagten Streitgegenstands während eines Prozesses ändert, so ändert sich der Streitwert nicht, sondern es gilt für den **Streitwert für die Gerichtsgebühr** folgendes: „Für die Wertberechnung ist der Zeitpunkt der den jeweiligen Streitgegenstand betreffenden Antragstellung maßgebend, die den Rechtszug einleitet“. In Prozessverfahren ist als dieser Zeitpunkt der Tag der

Einreichung der Klage zu betrachten, da hierdurch der Rechtsstreit anhängig wird. Wenn sich während einer Instanz der Wert des eingeklagten Streitgegenstands erhöht oder ermäßigt, so ist dies also ohne Auswirkung auf den Streitwert für die Gerichtsgebühr. Für Verfahren vor dem Familiengericht gilt nach § 23 FamGKG der gleiche Grundsatz: Es kommt nur auf den Tag der ersten Antragstellung an. Allerdings ist im Falle einer **Klageerweiterung**, bei der ein zusätzlicher Streitgegenstand hinzukommt, die erste sich hierauf beziehende Antragstellung maßgebend (siehe unten).

> *Beispiel:*
>
> Klage auf Zahlung von 4.000,00 US-Dollar. Bei Klageeinreichung beträgt der Kurs des Euro zum US-Dollar 1,20 US-Dollar und zum Schluss der letzten mündlichen Verhandlung 1,26 US-Dollar. Gerichts- und Anwaltsgebühren werden nach dem bei Einreichung der Klage festgestellten Wert von 4.800,00 €, nicht nach 5.040,00 € berechnet. Der Streitgegenstand (die 4.000,00 US-Dollar) ist übrigens gleich geblieben, nur sein Wert in Euro hat sich verändert.

Diese Überlegungen sind für jede Instanz gesondert anzustellen. In einer Rechtsmittelinstanz kann der Streitwert jedoch nicht über dem Wert des Streitgegenstands der ersten Instanz liegen (§ 47 Abs. 2 S. 1 GKG).

Im Falle einer **Klageerweiterung** oder einer **Widerklage** ist der für die Wertberechnung maßgebliche Zeitpunkt der Zeitpunkt der Einreichung des die Klageerweiterung oder Widerklage ankündigenden Schriftsatzes oder des mündlichen Antrags im Verhandlungstermin (§ 40 GKG). In diesen Fällen ändert sich nämlich nicht der Wert des Streitgegenstands, sondern der Streitgegenstand **selbst** wird ein anderer. Das kann z. B. durch Klageänderung, Klageerweiterung oder teilweise Klagerücknahme geschehen. Hierdurch ergibt sich ein neuer Streitwert. Siehe hierzu Rdn 63 f., insbesondere Rdn 65 ff. 36

> *Beispiel:*
>
> Klage auf Zahlung eines Kaufpreises von 4.000,00 €. Im zweiten Verhandlungstermin werden zusätzlich 2.000,00 € Schadenersatzforderung eingeklagt. Gerichts- und Anwaltsgebühren werden nach der insgesamt rechtshängigen Summe von 6.000,00 € berechnet. Siehe § 22 Abs. 1 RVG, § 39 Abs. 1 GKG und auch § 33 Abs. 1 FamGKG.

Merke:

Für die Wertberechnung ist grundsätzlich der Zeitpunkt der Klageeinreichung entscheidend.

Eine Änderung des Wertes des eingeklagten Streitgegenstands nach Klageeinreichung wirkt sich nicht auf den Streitwert der Instanz aus – anders als bei einer Klageänderung.

II. Haupt- und Nebenforderungen (§ 4 ZPO, § 43 GKG, § 37 FamGKG)

Normalerweise gilt der Grundsatz des § 5 Hs. 1 ZPO wie auch des § 22 Abs. 1 RVG, dass mehrere in einer Klage geltend gemachte Ansprüche zusammengerechnet werden. In der Praxis ist es die Regel, dass insbesondere bei Geldforderungen Nebenforderungen zusammen mit der Hauptforderung eingeklagt werden. Denken Sie hier nur z. B. an die gesetzlichen Verzugszinsen in Höhe von 5 Prozentpunkten über dem Basiszinssatz (§ 288 Abs. 1 BGB). Es wäre nun aber sehr umständlich, solche sich ständig erhöhenden Zinsbeträge zu berechnen und in den Streitwert mit einzurechnen. 37

Deshalb ordnet § 4 Abs. 1 Hs. 2 ZPO ein **Additionsverbot für** einige Arten von **Nebenforderungen** an, soweit diese nur als Nebenforderungen geltend gemacht werden. Ein Anspruch ist dann eine Nebenforderung, wenn er von einer Partei neben dem Hauptanspruch erhoben wird und wenn er von dem Hauptanspruch rechtlich abhängig ist. Die in § 4 ZPO aufgezählten Nebenforderungen sind also für die Wertberechnung ohne jede Bedeutung, wenn sie zusammen mit der Hauptforderung eingefordert werden. In § 43 Abs. 1 GKG und in § 37 FamGKG wird dieses Additionsverbot auch für den Streit- und Verfahrenswert für die Gerichtsgebühr geregelt.

Zu den unter das Additionsverbot fallenden Nebenforderungen gehören nur die im Gesetz genannten: Früchte, Nutzungen, Kosten und Zinsen. Diese vier Arten sollen nachfolgend näher erläutert werden.

Früchte: Früchte einer Sache sind die Erzeugnisse oder sonstige Ausbeute einer Sache (§ 99 BGB). Beispiele: Milch von der Kuh, Wolle vom Schaf, Äpfel vom Baum. Wird die Herausgabe eines Schafes nebst der geschorenen Wolle verlangt, so darf der Wert der Wolle nicht zum Wert des Hauptgegenstandes (Schaf) addiert werden. Ist das Schaf dagegen noch ungeschoren, so ist sein Wert natürlich um den Wert seiner Wolle höher.

Nutzungen: Nutzungen sind einmal die Früchte einer Sache oder eines Rechtes und zusätzlich die Vorteile, welche der Gebrauch der Sache oder des Rechtes gewährt (§ 100 BGB). Das herauszugebende Schaf könnte z. B. als „Rasenmäher" gedient haben und damit die Kosten für ein „Mietschaf" eingespart haben.

Kosten: Kosten im Sinne des § 4 ZPO bzw. des § 43 Abs. 1 GKG und des § 37 FamGKG sind alle Beträge, die der Kläger zur Durchsetzung seines Anspruches vorprozessual aufwenden musste. Hierzu gehören alle außergerichtlichen Kosten, die der Durchsetzung des Anspruches dienten, wie z. B. Mahnkosten, Inkassokosten, Kosten eines Privatgutachtens, Reisekosten, usw. Weiterhin gehören hierzu auch die Kosten eines früheren Prozesses, der wegen desselben Anspruches geführt worden ist, also z. B. die Kosten der ersten Instanz.

Die Verfahrenskosten des gerade laufenden Rechtsstreits gehören nicht zu den Kosten im Sinne des § 4 ZPO bzw. des § 43 Abs. 1 GKG, da sie nicht mit eingeklagt zu werden brauchen, sondern der unterliegenden Partei in der gerichtlichen Entscheidung von Amts wegen, soweit sie notwendig waren, auferlegt werden (§§ 91 ff., 308 Abs. 2 ZPO). Auch in Familiensachen entscheidet das Familiengericht über die Kostentragungspflicht der Kosten des laufenden Verfahrens gemäß § 81 FamFG.

Zinsen: Im Sinne des § 4 ZPO bzw. des § 43 Abs. 1 GKG und des § 37 FamGKG sind sowohl vertragliche als auch gesetzliche Zinsen Nebenforderungen, wenn sie zusammen mit der Hauptforderung geltend gemacht werden. Dies gilt auch für als Verzugsschaden eingeforderte Zinsen, aber nicht für anderen Verzugsschaden.

Wenn der Hauptanspruch sich nicht mehr im Streit befindet, sind die weiterhin darauf eingeforderten Zinsen nun allerdings zu einer Hauptforderung geworden; dies gilt selbst dann, wenn noch ein Teil des Hauptanspruches in dem Rechtszug anhängig ist.

Beispiel:

Ohnesorg klagt gegen Sorglos auf Zahlung von 1.000,00 € nebst 10 % Zinsen seit 1 Jahr. Noch vor dem ersten Verhandlungstermin erkennt der Sorglos einen Teilbetrag der Hauptforderung von 700,00 € an und zahlt diesen Betrag, jedoch ohne Zinsen. Wegen der restlichen 300,00 € und der 10 % Zinsen auf die 1.000,00 € bleibt das Verfahren anhängig. Der Kläger macht nun die nicht gezahlten Zinsen auf die Teilforderung von 700,00 € als weitere Hauptforderung geltend. Über die verbliebenen Ansprüche wird im ersten Verhandlungstermin streitig verhandelt und es ergeht Urteil.

Der Streitwert ist gemäß § 63 Abs. 2 GKG nur für die Gerichtsgebühr festzusetzen. Das die 3,0 Verfahrensgebühr Nr. 1210 KV GKG gemäß § 6 Abs. 1 Nr. 1 GKG mit Einreichung der Klage entstanden und fällig geworden ist, kommt es gemäß § 40 GKG auf den Streitwert zu diesem Zeitpunkt an.

Das Gericht setzt deshalb den Streitwert auf 1.000,00 € fest, sodass der Kostenbeamte bei Gericht die Verfahrensgebühr nach diesem Streitwert berechnet. Gemäß § 32 Abs. 1 RVG ist diese Streitwertfestsetzung für die Gerichtsgebühr auch für die Anwaltsgebühren maßgebend.

Deshalb stellt das Gericht bei der Streitwertfestsetzung folgende Überlegungen auch nicht an, weil sie für die Berechnung der Gerichtsgebühr unerheblich sind:

Nach dem Anerkenntnis beläuft sich der Streitwert auf 300,00 € zuzüglich der nicht gezahlten 10 % Zinsen auf 700,00 € für ein Jahr (= 70,00 €), also auf 370,00 €. Die Zinsen auf den nicht mehr streitigen Teilbetrag sind zur noch streitigen Hauptforderung geworden, da sie nicht mehr als Nebenforderung von („neben") den erledigten 700,00 € abhängig sind. Die Zinsen auf die noch strittigen 300,00 € bleiben weiterhin als Nebenforderung nach der Rechtsprechung mehrerer OLG und des BGH unberücksichtigt.

Die Konsequenz: In diesem Verfahren sind die gerichtliche Verfahrensgebühr Nr. 1210 KV GKG und die anwaltliche Verfahrensgebühr Nr. 3100 VV RVG jeweils wegen § 63 Abs. 2 GKG, § 32 Abs. 1 RVG nach einem Wert von 1.000,00 € zu berechnen, da die zunächst eingeklagte Forderung von 1.000,00 € ohne Zinsen für den Wert maßgeblich ist. Auch die anwaltliche Terminsgebühr Nr. 3104 VV RVG ist wegen § 32 Abs. 1 RVG nach dem festgesetzten Wert in Höhe von 1.000,00 € zu berechnen. Nach dem Anerkenntnis wurde zwar die verbliebene Hauptforderung von 300,00 € um eine weitere Hauptforderung von 700,00 € erhöht (§ 22 Abs. 1 RVG, § 39 Abs. 1 GKG). Das hat aber nur Auswirkungen auf den Gegenstandswert der anwaltlichen Terminsgebühr, der auf Antrag im Verfahren gemäß § 33 RVG ausdrücklich festgesetzt wird (siehe hierzu Rdn 125 ff.).

Merke:

Für neben der Hauptforderung geltend gemachte Nebenforderungen besteht für die Wertermittlung ein Additionsverbot, soweit es sich um Früchte, Nutzungen, Kosten und Zinsen handelt.

Schon vom **Begriff der Nebenforderungen** her setzen diese das Bestehen einer Hauptforderung voraus, mit der sie zusammen eingefordert werden. Werden Nebenforderungen dagegen allein ohne Hauptforderung geltend gemacht, so ist der Wert der Nebenforderungen als Wert des Streitgegenstands maßgebend (§ 4 Abs. 1 Hs. 2 ZPO: „... wenn sie als Nebenforderungen geltend gemacht werden"). Das Gleiche gilt für den Streitwert für die Gerichtsgebühr gemäß § 43 Abs. 1 GKG („... als Nebenforderungen betroffen ...").

Beispiel:

Klage auf Zahlung von 2.500,00 €. Dann teilweise Klagerücknahme, es verbleiben 600,00 €. Außerdem werden die Anwaltskosten geltend gemacht, und zwar betreffend die 600,00 € als Nebenforderung und soweit sie die 600,00 € übersteigen als Hauptforderung. Ohne Hauptforderung kann es keine Nebenforderung geben (BGH, Beschluss vom 13.02.2019 – IV ZB 8/18).

Der Streitwert für die Gerichtsgebühr beträgt 2.500,00 € und ist bei der Festsetzung gemäß § 63 Abs. 2 FGKG sowohl für die Gerichtsgebühr als auch gemäß § 32 Abs. 1 RVG für die Anwaltsgebühren maßgebend.

Besondere Regelungen für den Streitwert für die Gerichtsgebühr trifft § 43 GKG (bzw. § 37 38
FamGKG) in den Absätzen 2 und 3. In bestimmten Fällen, in denen es allein um Nebenforderun-

gen ohne die Hauptforderung geht, ist der Wert der Nebenforderungen als Gebührenwert maßgebend, soweit er den Wert der Hauptforderung nicht übersteigt:

- In § 43 Abs. 2 GKG (bzw. § 37 Abs. 2 FamGKG) wird der Fall geregelt, dass es bei (nicht mehr) rechtshängiger Hauptforderung allein um die Nebenforderung geht und
- in § 43 Abs. 3 GKG (bzw. § 37 Abs. 3 FamGKG) der Fall, dass es einzig um die Kosten des anhängigen Rechtsstreits geht, wobei der Hauptanspruch bereits erledigt ist.

Gemäß § 43 Abs. 2 GKG ist der Wert der Nebenforderungen maßgebend ist, soweit er den Wert des Hauptanspruchs nicht übersteigt, wenn Nebenforderungen ohne den Hauptanspruch betroffen sind. In § 43 Abs. 2 GKG ist der Fall geregelt, dass eine Tätigkeit nur die Nebenforderung betrifft und nicht die Hauptforderung; sei es, dass die Hauptforderung nicht (mehr) rechtshängig oder zwar noch rechtshängig ist, aber von der Tätigkeit nicht betroffen wird. Ein Beispiel hierfür wäre, dass ein Prozess nur wegen des Zinsanspruches durchgeführt wird, nicht aber wegen der längst beglichenen Hauptforderung.

Beispiel:

Maier verklagt Meyer auf Zahlung von 10.000,00 € nebst 5 % Zinsen seit 10 Jahren (die Verjährungsfrist war vertraglich verlängert worden). Vor dem Verhandlungstermin zahlt Meyer die 10.000,00 € und verweigert die Zahlung der Zinsen. Wegen der 10.000,00 € erklärt Maier die Sache für erledigt. Im danach stattfindenden Termin lässt das Gericht nur wegen des Zinsanspruches verhandeln. Danach ergeht das Urteil. Der Streitwert wird vom Gericht auf 10.000,00 € festgesetzt.

Die beteiligten RAe erhalten die Verfahrens- und die Terminsgebühr (Nr. 3100 und Nr. 3104 VV RVG) jeweils nach dem festgesetzten Streitwert (Wert der eingeklagten Hauptforderung) in Höhe von 10.000,00 €. Gemäß § 32 Abs. 1 RVG ist die Streitwertfestsetzung für die Gerichtsgebühr nach § 63 Abs. 2 GKG auch für die Anwaltsgebühren maßgebend.

Wer erreichen möchte, dass die Terminsgebühr (Nr. 3104 VV RVG) wegen § 43 Abs. 2 GKG nur nach dem Wert der Nebenforderung (das sind 5 % von 10.000,00 € = 500,00 x 10 = 5.000,00 €) geltend gemacht werden kann, muss gemäß § 33 RVG bei Gericht einen Antrag stellen, den Gegenstandswert für die Terminsgebühr auf 5.000,00 € festzusetzen. Ohne positive Entscheidung über diesen Antrag dürfen die Anwälte die Terminsgebühr nach einem Wert von 10.000,00 € verlangen.

Das Gericht berechnet eine 3,0 Verfahrensgebühr Nr. 1210 KV GKG nach dem Streitwert von 10.000,00 €.

39 Im **Wechsel- oder Scheckprozess** sind die Zinsen, die Kosten und die Provisionen entgegen der Regelung im Wechselgesetz (WG) Nebenforderungen; dies gilt auch für das Nachverfahren (§ 4 Abs. 2 ZPO).

40 Es gibt eine **wichtige Ausnahme für die Zwangsvollstreckung**: Hier setzt sich der Gegenstandswert für die Anwaltsgebühren zusammen aus der Hauptforderung, den Verfahrenskosten, den Zinsen und den bisher angefallenen Kosten der Zwangsvollstreckung (§ 25 Abs. 1 Ziff. 1 Hs. 1 RVG).

III. Mehrere Ansprüche in einer Klage (= Klagehäufung, § 5 ZPO)

41 Es ist durchaus möglich, dass ein Kläger in einer Klage mehrere unterschiedliche Ansprüche nebeneinander geltend macht. Man nennt dies **Anspruchshäufung** oder auch **objektive Klagehäufung** (§ 260 ZPO). In der Praxis geschieht dies recht häufig.

Es kann aber auch vorkommen, dass mehrere Personen als Streitgenossen gemeinschaftlich klagen oder verklagt werden. In diesem Fall spricht man von **Parteienhäufung** bzw. **subjektiver Kla-**

gehäufung (§§ 59, 60 ZPO). Grundsätzlich führt jeder der Streitgenossen seinen eigenen Prozess unabhängig von den anderen Streitgenossen (§ 61 ZPO). Interessant ist die subjektive Klagehäufung in Hinsicht auf die Wertberechnung aber nur dann, wenn die Streitgenossen voneinander unabhängige Ansprüche verfolgen oder abwehren. Dies ist aber praktisch nur recht selten der Fall.

Durch § 5 Hs. 1 ZPO wird nun für den die Zuständigkeit bestimmenden **Wert** des Streitgegenstands angeordnet, dass mehrere in einer Klage geltend gemachte Ansprüche zusammengerechnet werden. Dies gilt grundsätzlich auch für den **Streitwert** für die Gerichtsgebühren und wird in § 39 Abs. 1 GKG, § 33 Abs. 1 FamGKG und in § 22 Abs. 1 RVG ausdrücklich bestätigt. Es muss sich dabei um selbstständige Ansprüche handeln, die unterschiedliche wirtschaftliche Leistungen betreffen. Wenn dies der Fall ist, wird ein Gesamtwert durch Addition errechnet. Wenn die Ansprüche nicht selbstständig sind und nicht auf unterschiedliche wirtschaftliche Leistungen gerichtet sind, so darf **keine Addition** erfolgen. Das ist z. B. **in folgenden Fällen** gegeben: 42

- Wenn die Ansprüche auf **demselben Rechtsverhältnis** beruhen, so ist keiner gegenüber dem anderen wirtschaftlich selbstständig.

  Beispiel:

  Ein Verkäufer klagt auf Zahlung des Kaufpreises und auf Abnahme der gekauften Sache. Bei beiden eingeklagten Forderungen geht es um das gleiche wirtschaftliche Ziel, die Erfüllung des Kaufvertrages. Eine Wertaddition darf nicht vorgenommen werden.

- Wenn eine Leistungs- und eine Feststellungsklage zusammentreffen, wird ebenfalls das gleiche wirtschaftliche Ziel verfolgt.

  Beispiel:

  Ein Verkäufer klagt auf Feststellung, dass der Kaufvertrag nichtig sei und auf Rückübereignung der verkauften Sache, wobei der Kaufpreis 6.500,00 € betrug. Bei beiden eingeklagten Forderungen geht es um das gleiche wirtschaftliche Ziel, den Kaufvertrag aus der Welt zu schaffen. Der Zuständigkeitswert und der Gebührenwert des GKG bemessen sich beide auf 6.500,00 €.

- Wenn zusammen mit einem Hauptanspruch ein **Hilfsanspruch** eingeklagt wird, darf § 5 Hs. 1 ZPO nicht angewandt werden. Deshalb ist für den für die **Zuständigkeit maßgebenden Wert des Streitgegenstands** der höhere Wert von Hauptanspruch oder Hilfsanspruch entscheidend. Dagegen ist für den **Streitwert** für die Gerichtsgebühr § 45 Abs. 1 S. 2 GKG zu beachten, wonach der Wert des Hilfsanspruchs mit dem Wert des Hauptanspruchs nur dann zusammengerechnet wird, wenn das Gericht über den Hilfsanspruch entschieden hat. Weitere Voraussetzung ist, dass wenn beide Ansprüche nicht denselben Gegenstand betreffen (§ 45 Abs. 1 S. 3 GKG). In diesem letzten Fall ist nur der Wert des höheren Anspruchs maßgebend.

Hinweis:

Kostenrechtlich liegen dann verschiedene Gegenstände vor, wenn die von den Parteien geltend gemachten gegensätzlichen Ansprüche einander nicht ausschließen, sodass es möglich ist, dass das Gericht jeder Partei den von ihr geforderten Anspruch zuerkennt.

Dagegen haben von den Parteien geltend gemachte gegensätzliche Ansprüche dann denselben Gegenstand, wenn das Gericht nur entweder den Anspruch der einen Partei oder den Anspruch der anderen Partei anerkennen kann. Eine Zuerkennung beider Ansprüche ist logischerweise ausgeschlossen, wenn es um denselben Gegenstand geht.

Auch wenn beide Ansprüche denselben Gegenstand betreffen, ist es jedoch nicht unmöglich, dass die verschiedenen Ansprüche einen unterschiedlich hohen Wert haben. Deshalb ist in solchen Fällen nach § 45 Abs. 1 S. 3 GKG der Wert des höheren Anspruchs maßgebend.

Beispiel:

Ein Verkäufer klagt auf Zahlung des Kaufpreises von 6.000,00 € und hilfsweise für den Fall, dass diesem Antrag nicht stattgegeben wird, auf Rückübereignung der verkauften Sache, die einen Verkehrswert von 6.500,00 € hat. Bei beiden eingeklagten Forderungen geht es um das gleiche wirtschaftliche Ziel, die Erfüllung des Kaufvertrages (also um denselben Gegenstand), sodass der höhere Wert (6.500,00 €) der für die **Zuständigkeit maßgebende Wert des Streitgegenstands** ist. Wenn das Gericht über den Hilfsantrag nicht entscheidet, bemisst sich der **Streitwert für die Gerichtsgebühr** dagegen gemäß § 45 Abs. 1 S. 2, 3 GKG nur auf 6.000,00 €; wenn es jedoch über den Hilfsantrag entscheidet, beläuft sich der Streitwert nach § 45 Abs. 1 S. 2, 3 GKG auf 6.500,00 €.

Beispiel:

Ein Verkäufer klagt auf Zahlung des Kaufpreises von 6.000,00 € und hilfsweise für den Fall, dass diesem Antrag nicht stattgegeben wird, auf Ausübung seines vereinbarten Wiederkaufsrechts (Wiederkaufpreis 6.500,00 €). Das Gericht weist den Hauptantrag ab und gibt dem Hilfsantrag statt. Der Streitwert für die Gerichtsgebühr ergibt sich nach § 45 Abs. 1 S. 2 GKG durch Zusammenrechnung der Werte von Haupt- und Hilfsantrag und beträgt demnach 12.500,00 €, da der Kaufvertrag und das Wiederkaufsrecht verschiedene Gegenstände haben.

Merke:

Bei Klagehäufung wird ein Gesamtwert durch Addition der Werte der Einzelansprüche gebildet, wenn diese auf unterschiedliche selbstständige wirtschaftliche Leistungen gerichtet sind.

43 Für den für die **Zuständigkeit maßgebenden Wert des Streitgegenstands** ist noch zu beachten, dass keine Addition nach § 5 Hs. 1 ZPO stattfindet, wenn für **einen** der eingeklagten Ansprüche die sachliche Zuständigkeit in § 23 Ziff. 2 GVG streitwertunabhängig geregelt ist. Der Anspruch, der unter § 23 Ziff. 2 GVG fällt, bleibt dann bei der Ermittlung des **Werts des Streitgegenstands** unberücksichtigt. Für den **Streitwert für die Gerichtsgebühr** wird die Addition dagegen selbstverständlich vorgenommen.

Besondere Regeln gelten gemäß § 5 Hs. 2 ZPO und § 45 Abs. 1 S. 1 und S. 3 GKG für Klage und Widerklage. Dies wird in Rdn 71 ff. behandelt.

1. Objektive Klagehäufung

44 Die **Anspruchshäufung** bzw. **objektive Klagehäufung** besteht in einem Verfahren entweder von Anfang an oder sie entsteht erst nachträglich durch Klageänderung.

Von Anfang an besteht eine Anspruchshäufung, wenn der Kläger gemäß § 260 ZPO **mehrere verschiedene Ansprüche** gegen denselben Beklagten geltend macht. Für den für die Zuständigkeit maßgebenden Wert des Streitgegenstands und den Streitwert für die Gerichtsgebühr gilt, dass die Werte der verschiedenen Ansprüche addiert werden und ein Gesamtwert gebildet wird (§ 5 Hs. 1 ZPO, § 39 Abs. 1 GKG, § 22 Abs. 1 RVG).

Beispiel:

Schneider klagt gegen Reents auf Herausgabe eines Pferdes (Verkehrswert: 6.000,00 €) und auf Rückzahlung eines Darlehens von 4.500,00 €. Welches Gericht ist für die Klage sachlich zuständig?

Es liegen zwei wirtschaftlich selbstständige Ansprüche vor, die zu einem Gesamtwert zu addieren sind, und zwar für den Wert des Streitgegenstands (§ 5 Hs. 1 ZPO) wie auch für den Streitwert für die Gerichtsgebühr (§ 39 Abs. 1 GKG, § 22 Abs. 1 RVG). Bei einem Gesamtwert von 6.000,00 € + 4.500,00 € = 10.500,00 € ist das Landgericht sachlich zuständig.

Nachträglich kann es zur Anspruchshäufung kommen, wenn vom Kläger ein weiterer Anspruch zusätzlich eingeklagt wird. Dies wird auch **Klageerweiterung** genannt. Auch hier ist die Addition nach § 5 Hs. 1 ZPO vorzunehmen. Mit der Einreichung des Klageerweiterungsantrages entsteht eine erhöhte gerichtliche Verfahrensgebühr und erwächst dem RA mit der ersten auftragsgemäßen Tätigkeit eine Verfahrensgebühr nach dem nunmehr erhöhten Streit- und Gegenstandswert und ggf. über den erhöhten Wert auch eine entsprechende Terminsgebühr. 45

Beispiel:

RA Schmidt klagt für Scherber gegen Reents auf Herausgabe eines Pkw (Verkehrswert: 4.000,00 €). Nach streitiger Verhandlung und Beweisaufnahme erweitert er die Klage um den zusätzlichen Anspruch auf Zahlung von Schadenersatz in Höhe von 1.500,00 €, da Reents den Pkw beschädigt hat. Nach einer weiteren streitigen Verhandlung erkennt Reents beide Ansprüche an. Der Streitwert wird vom Gericht auf 5.500,00 € festgesetzt.

Wie wirkt sich die Klageerweiterung auf den Wert aus?

Die Klageerweiterung ist in diesem Falle zulässig, da sie sachdienlich ist (§ 263 ZPO). Es liegen zwei wirtschaftlich selbstständige Ansprüche vor, die gemäß § 39 Abs. 1 GKG bzw. § 22 Abs. 1 RVG für den Streitwert zu einem Gesamtwert zu addieren sind. Es ergibt sich nach der Klageerweiterung ein Gesamtwert von 4.000,00 € + 1.500,00 € = 5.500,00 €. Die nachträgliche Erhöhung des Werts des Streitgegenstands durch die Klageerweiterung bleibt für die Zuständigkeitsfrage hier ohne Auswirkung (vgl. § 506 ZPO).

RA Schmidt und das Gericht berechnen die Gebühren nach dem festgesetzten Streit- und Gegenstandswert von 5.500,00 €.

Merke:

Die Werte mehrerer Gegenstände in einer Angelegenheit werden zusammengerechnet.

2. Subjektive Klagehäufung

Parteienhäufung bzw. **subjektive Klagehäufung** liegt vor, wenn mehrere Personen als Streitgenossen gemeinschaftlich klagen oder verklagt werden (§§ 59, 60 ZPO). Die Bildung eines Gesamtwerts nach § 5 Hs. 1 ZPO verbietet sich bei der Parteienhäufung aber oft, da die Streitgenossen meistens keine voneinander unabhängigen Ansprüche verfolgen oder abwehren. 46

Die Streitgenossenschaft besteht häufig, gerade weil die mehreren Kläger bzw. mehreren Beklagten hinsichtlich des Streitgegenstandes in Rechtsgemeinschaft stehen oder aus demselben tatsächlichen und rechtlichen Grunde berechtigt oder verpflichtet sind (§ 59 ZPO). Dies führt oft dazu,

- dass die mehreren Kläger als Gesamtgläubiger oder Gesamthandsgläubiger vom Beklagten dessen Leistung insgesamt nur einmal verlangen können, bzw.,
- dass ein Gläubiger von mehreren als Gesamtschuldner oder Gesamthandsschuldner Beklagten deren Leistung insgesamt nur einmal fordern kann (vgl. §§ 421, 428, 432 BGB und § 2 Rdn 38).

In solchen Fällen geht es um den gleichen wirtschaftlichen Anspruch, was daran erkennbar ist, dass er nur einmal gefordert werden kann. Dieser Anspruch kann dann natürlich auch nur einmal den Gegenstandswert bilden, sodass eine Addition nach § 5 Hs. 1 ZPO nicht vorgenommen werden darf.

> *Beispiel:*
>
> Der Möbelverkäufer Schulz klagt gegen die Eheleute Säumig auf Zahlung des Restkaufpreises von 700,00 € für die an beide Eheleute verkaufte Einbauküche. Obwohl Schulz zwei Schuldner hat, kann er doch deren als Gesamtschuldner zu erbringende Leistung insgesamt nur einmal verlangen. Der Wert beträgt 700,00 €.

Nur wenn einer der Streitgenossen eine wirtschaftlich selbstständige Forderung zusätzlich geltend macht oder deswegen in Anspruch genommen wird, ist eine Wertaddition nach § 5 Hs. 1 ZPO durchzuführen.

> *Beispiel:*
>
> Der Möbelverkäufer Schulz klagt gegen die Eheleute Säumig auf Zahlung des Restkaufpreises von 700,00 € für die an beide Eheleute verkaufte Einbauküche. Zusätzlich verklagt er Frau Säumig auf Schadenersatz in Höhe von 120,00 €, da sie in seinem Geschäft eine Blumenvase umgestoßen hat. Der Wert beträgt hier 820,00 €.

Merke:

Bei der Streitgenossenschaft darf eine Wertaddition nur dann vorgenommen werden, wenn einer der Streitgenossen eine wirtschaftlich selbstständige Forderung zusätzlich geltend macht oder deswegen in Anspruch genommen wird.

Eine für den RA durch mehrere Auftraggeber möglicherweise entstehende Mehrarbeit wird nicht durch Wertaddition, sondern durch eine Gebührenerhöhung abgegolten (§ 7 RVG und Nr. 1008 VV RVG; siehe § 2 Rdn 32 ff.).

3. Verbindung von Prozessen oder Trennung von Ansprüchen

a) Prozessverbindung

47 Ein Gericht kann die **Verbindung mehrerer** bei ihm **anhängiger Prozesse** derselben oder verschiedener Parteien zum Zwecke der gleichzeitigen Verhandlung und Entscheidung anordnen, wenn die in diesen Prozessen eingeklagten Ansprüche in einem rechtlichen Zusammenhang stehen oder in einer Klage hätten geltend gemacht werden können (§ 147 ZPO). Voraussetzung für die **Prozessverbindung** sind also mehrere anhängige Prozesse und die Möglichkeit der objektiven oder subjektiven Klagehäufung.

Die Prozessverbindung hat hinsichtlich der Wertberechnung **keine rückwirkenden Auswirkungen**. Die bis zur Verbindung ermittelten Einzelwerte der einzelnen Prozesse und damit auch die in ihnen entstandenen Gebühren bleiben unverändert erhalten.

48 Von der Prozessverbindung an verfährt man dann wie bei einer Anspruchshäufung und addiert gemäß § 5 Hs. 1 ZPO die Einzelwerte der einzelnen Prozesse zu einem **Gesamtwert**. Nach diesem Gesamtwert werden dann alle noch **neu entstehenden Gebühren** berechnet. Dies ist wichtig, da wegen der **Degression der Gebührentabellen** die Gebühren nach dem zusammengerechneten Gesamtwert geringer sind als es die zusammengerechneten Gebühren nach den Einzelwerten der einzelnen Prozesse wären (vgl. § 1 Rdn 24 ff.).

Vor der Verbindung angefallene Gebühren werden auf die nachher neu entstehenden Gebühren angerechnet, wobei es gleichgültig ist, ob die anzurechnenden Gebühren vorher nur in einem oder in mehreren der später verbundenen Prozesse entstanden sind. Da die Verfahrensgebühr schon in jedem der Einzelprozesse erwachsen sein muss, kann sich dies z. B. auf die dem RA erwachsende Terminsgebühr auswirken.

Beispiel:

Zwei Prozesse werden gemäß § 147 ZPO verbunden. Prozess 1 hat einen Streitwert von 500,00 € und Prozess 2 einen von 800,00 €. RAin Mager vertritt den Kläger. In Prozess 1 war bereits vor der Verbindung in einem Termin verhandelt worden. Nach der Verbindung wird in einem neuen Termin verhandelt. RAin Mager erhält folgende Gebühren:

1,3	Verfahrensgebühr gem. §§ 2, 13 RVG, Nr. 3101 VV RVG nach dem Wert von 500,00 €	66,95 €
1,3	Verfahrensgebühr gem. §§ 2, 13 RVG, Nr. 3100 VV RVG nach dem Wert von 800,00 €	120,90 €
	Summe:	**187,85 €**
1,2	Terminsgebühr gem. §§ 2, 13 RVG, Nr. 3104 VV RVG nach dem Gesamtwert von 1.300,00 €	161,40 €
	darauf ist anzurechnen aus Prozess 1:	
1,2	Terminsgebühr gem. §§ 2, 13 RVG, Nr. 3104 VV RVG nach dem Wert von 500,00 €	– 61,80 €
	sodass im verbundenen Verfahren nur noch zusätzlich entstehen:	**99,60 €**

Die sich nach der Verbindung ergebende Verfahrensgebühr nach dem Gesamtwert von 1.300,00 € beträgt nur 174,85 €. Da sie niedriger ist, wählt die RAin die obige Berechnung vor der Verbindung, welche eine höhere Verfahrensgebühr von 187,85 € ergibt. Dies kann sie tun, da die Verbindung sich nur auf die **nach** der Verbindung entstehenden Gebühren auswirkt.

Merke:

Bei der Prozessverbindung bleiben die bis dahin ermittelten Werte und die entstandenen Gebühren unverändert erhalten. Nach der Prozessverbindung wird ein Gesamtwert gebildet, der für alle neu erwachsenden Gebühren maßgebend ist.

b) Prozesstrennung

Ein Gericht kann anordnen, dass mehrere in einer Klage erhobene Ansprüche in getrennten Prozes- 49
sen verhandelt werden (§ 145 ZPO). Der Gesamtwert des Prozesses wird dann zerlegt in Einzelwerte für die nach der Trennung verbleibenden Einzelprozesse.

Kostenrechtlich hat dies einmal zur Folge, dass die bis zur Trennung entstandenen Gebühren erhalten bleiben. In den verbleibenden Einzelprozessen entstehen aber diese Gebühren auch. Wegen der **Degression der Gebührentabellen** werden die zusammengerechneten Gebühren nach den Einzelwerten der einzelnen Prozesse aber höher sein als die Gebühren nach dem zusammengerechneten Gesamtwert des Verfahrens vor der **Prozesstrennung** (vgl. § 1 Rdn 24 ff.). Deshalb darf der RA die hierdurch entstehende Differenz nachberechnen.

Beispiel:

Ein Prozess wird gemäß § 145 ZPO in zwei Einzelprozesse aufgetrennt. Prozess 1 hat einen Streitwert von 500,00 € und Prozess 2 einen von 800,00 €. RAin Mager vertritt den Kläger. Vor der Prozesstrennung war bereits in einem Termin verhandelt worden. Nach der Trennung wird in den Einzelprozessen erneut verhandelt, dann ergehen die Urteile. RAin Mager kann folgende Gebühren (nach)berechnen:

1,3	Verfahrensgebühr gem. §§ 2, 13 RVG, Nr. 3101 VV RVG nach dem Wert von 500,00 €	66,95 €
1,3	Verfahrensgebühr gem. §§ 2, 13 RVG, Nr. 3100 VV RVG nach dem Wert von 800,00 €	120,90 €
	Summe:	187,85 €
	abzüglich der bereits berechneten Verfahrensgebühr nach dem Gesamtwert von 1.300,00 € vor Trennung:	– 174,85 €
=	nachzuberechnende Verfahrensgebühr	**13,00 €**
1,2	Terminsgebühr gem. §§ 2, 13 RVG, Nr. 3104 VV RVG nach dem Wert von 500,00 €	61,80 €
1,2	Terminsgebühr gem. §§ 2, 13 RVG, Nr. 3104 VV RVG nach dem Wert von 800,00 €	111,60 €
		173,40 €
	abzüglich der bereits berechneten Terminsgebühr nach dem Gesamtwert von 1.300,00 € vor Trennung:	– 161,40 €
=	nachzuberechnende Terminsgebühr	**12,00 €**

Hat die RAin gegenüber ihrem Auftraggeber noch keine Gebühren berechnet, so wählt sie statt der Nachberechnung die sich nach der Prozesstrennung aus vorstehender Berechnung ergebenden höheren Gebühren.

Sie sehen, dass es bei der Prozesstrennung wegen der Degression der Gebührentabellen regelmäßig zu einer Nachforderung von Gebühren kommen wird.

Merke:

Nach der Prozesstrennung kommt es wegen der Degression der Gebührentabellen zu einer Nachforderung, wenn vor der Trennung entstandene Gebühren nach der Trennung in den Einzelprozessen noch einmal entstehen. Dies muss zumindest immer die Verfahrensgebühr des RA betreffen.

IV. Mehrere Gegenstände anwaltlicher Tätigkeit in derselben Angelegenheit (§ 22 Abs. 1 RVG)

50 Während § 5 Hs. 1 ZPO für den Zivilprozess anordnet, dass mehrere in einer Klage geltend gemachte Ansprüche zusammengerechnet werden, erweitert § 22 Abs. 1 RVG diesen Grundsatz auf alle – auch außergerichtliche – Tätigkeiten des RA: **„In derselben Angelegenheit werden die Werte mehrerer Gegenstände zusammengerechnet“**.

Voraussetzung für die Zusammenrechnung ist, dass der RA bezüglich mehrerer Gegenstände in derselben Angelegenheit tätig wird. Dann werden die Gebühren nur nach dem zusammengerechneten Wert der einzelnen Gegenstände berechnet. In einer Angelegenheit können also mehrere Gegenstände zusammen behandelt werden. Darüber können die Mandanten bei der Auftragsvergabe frei entscheiden. Leider definiert das Gesetz nicht, was es unter den Begriffen **Gegenstand** und **Angelegenheit** versteht, sodass diese einer nachstehenden Erläuterung bedürfen.

Als **Gegenstand** der anwaltlichen Tätigkeit wird das Recht oder das Rechtsverhältnis, auf das sich der dem RA erteilte Auftrag bezieht, bezeichnet, also z. B. der Kaufpreisanspruch oder der Unterhaltsanspruch, der eingeklagt werden soll. 51

Was eine **Angelegenheit** ist, richtet sich 52

1. nach dem vorliegenden Auftrag (der auch einheitlich von mehreren Auftraggebern erteilt werden kann),
2. danach, ob der RA seine Tätigkeit auftragsgemäß im Zusammenhang eines einheitlichen Rahmens ausübt und
3. nach dem inneren Zusammenhang der einzelnen Gegenstände.

Einen **einheitlichen Auftrag** haben ein oder mehrere Auftraggeber dann erteilt, wenn unterschiedliche Ansprüche vom RA gemeinsam behandelt werden sollen. Macht dann der RA die verschiedenen Ansprüche z. B. in einem Brief an den Gegner oder in einer Klage zusammen geltend, so liegt ein **einheitlicher Rahmen** vor. Ein **innerer Zusammenhang** der verschiedenen Ansprüche (Gegenstände) ist dann gegeben, wenn sie in einer einzigen Klage bei Gericht geltend gemacht werden können, z. B. 53

- wenn ein Auftraggeber gegen denselben Beklagten eine Kaufpreis- und eine Darlehensforderung einklagt oder
- wenn mehrere Unfallopfer ihre unterschiedlichen Schadenersatzansprüche gegen denselben Unfallverursacher durchsetzen wollen oder
- wenn mehrere Unterhaltsberechtigte gemeinsam gegen denselben Unterhaltsverpflichteten eine familiengerichtliche Entscheidung beantragen.

Für den Fall **mehrerer Auftraggeber** sieht das in § 7 RVG i. V. m. Nr. 1008 VV RVG eine Gebührenerhöhung für den beauftragten RA vor (siehe dazu § 2 Rdn 32 ff.)

Wegen der **Degression der Gebührentabelle** (siehe § 1 Rdn 24 ff.) ergeben sich durch die Zusammenrechnung gemäß § 7 RVG i. V. m. Nr. 1008 VV RVG niedrigere Gebühren als wenn die Gebühren nach den Einzelwerten berechnet werden. 54

Beispiel:

In drei verschiedenen Angelegenheiten mit je einem Wert von 1.100,00 € ergibt sich für den beauftragten RA je eine 1,3 Verfahrensgebühr gemäß §§ 2, 13 RVG, Nr. 3100 VV RVG von 174,85 €, insgesamt also 524,55 €.

Wären dies drei Gegenstände innerhalb einer einzigen Angelegenheit, so ergäbe sich nur eine 1,3 Verfahrensgebühr gemäß §§ 2, 13 RVG, Nr. 3100 VV RVG nach dem zusammengerechneten Wert von 3.300,00 € mit 383,50 €, also wegen der Degression der Gebührentabelle 141,05 € weniger.

Der Grundsatz der Zusammenrechnung erfährt in den Kostengesetzen aber auch eine Reihe von **Ausnahmen**: So in § 48 Abs. 3 GKG oder in § 33 Abs. 1 S. 2 FamGKG für aus nichtvermögensrechtlichen Ansprüchen hergeleitete vermögensrechtliche Ansprüche, in § 44 GKG für die Stufenklage, in § 45 GKG für Klage und Widerklage sowie wechselseitig eingelegte Rechtsmittel, in Nr. 1009 Anm. Abs. 3 VV RVG für die Hebegebühr und in VV Vorbemerkung 3.3.5 Abs. 2 S. 1 RVG für die Gebühren im Insolvenzverfahren. Weitere Hinweise zu § 33 Abs. 1 S. 2 FamGKG finden Sie in § 11 Rdn 106 ff. 55

Merke:

Für die Anwaltsgebühren gilt, dass in derselben Angelegenheit die Werte mehrerer Gegenstände zusammengerechnet werden.

V. Teile des Streitgegenstandes (§ 36 GKG)

56 In § 36 GKG sind drei Absätze enthalten, die im Einzelnen regeln, wie die Gebühren zu berechnen sind, wenn Handlungen des Gerichts oder des Rechtsanwalts nur Teile des Streitgegenstandes betreffen. Es handelt sich um folgende drei Fälle:

- Gebührenberechnung nur nach dem Wert eines Teils des gesamten Streitgegenstandes (§ 36 Abs. 1 GKG)
- Gebührenberechnung für einzelne gleiche Handlungen nach dem Wert verschiedener Teile des Streitgegenstandes (§ 36 Abs. 2 GKG)
- Unterschiedlich hohe Gebührensätze für einzelne gleiche Handlungen, die Teile des Streitgegenstandes betreffen (§ 36 Abs. 3 GKG)

Wenn einzelne Handlungen nur Nebenforderungen betreffen, ist § 43 GKG anzuwenden. Siehe Rdn 37 ff.

1. Gebühren für einen Teil des Streitgegenstandes (§ 36 Abs. 1 GKG)

57 Wenn während eines Rechtszuges gebührenauslösende Handlungen des Gerichts oder des Rechtsanwalts nur einen Teil des gesamten Streitgegenstandes betreffen, dann werden die Gebühren für diese Handlungen gemäß § 36 Abs. 1 GKG nur nach dem Wert des entsprechenden Teils des Streitgegenstandes berechnet.

Beispiel:

RAin Ahrens klagt auftragsgemäß gegen Bolz auf Zahlung von 7.000,00 €. Nach Zustellung der Klageschrift zahlt Bolz 1.000,00 €. Die Sache wird insoweit für erledigt erklärt. Im ersten Verhandlungstermin wird über den restlichen Teil des Streitgegenstandes von 6.000,00 € verhandelt. Anschließend ergeht das Urteil. Das Gericht setzt den Streitwert auf 7.000,00 € fest.

Die RAin kann die Verfahrensgebühr und die Terminsgebühr gemäß § 32 Abs. 1 RVG nach dem vollen Wert von 7.000,00 € abrechnen. Die Terminsgebühr muss nur dann nach dem verbliebenen Teil des Streitgegenstandes in Höhe von 6.000,00 € abgerechnet werden, wenn im Antragsverfahren gemäß § 33 RVG der Gegenstandswert für die Terminsgebühr auf 6.000,00 € festgesetzt wird.

Die gerichtliche 3,0 Verfahrensgebühr entsteht nach dem Wert von 7.000,00 € (Nr. 1210 KV GKG); eine Ermäßigung nach Nr. 1211 KV GKG auf eine 1,0 Gebühr tritt nicht ein, da nicht das gesamte Verfahren durch die Teilzahlung des Beklagten erledigt wird.

2. Gebühren für einzelne gleiche Handlungen für Teile des Streitgegenstandes (§ 36 Abs. 2 GKG)

58 Es kann durchaus vorkommen, dass von einzelnen Wertteilen des gesamten Streitgegenstandes in derselben Instanz für gleiche Handlungen gleichartige Gebühren mit gleich hohem Gebührensatz zu berechnen sind. Es ist dann für jede einzelne Handlung die entsprechende Gebühr zu ermitteln. Hierbei ist nun aber eine Höchstgrenze zu beachten, die im Zusammenhang mit der **Degression der Gebührentabellen** steht. Denn § 36 Abs. 2 GKG bestimmt, dass der Gesamtbetrag der gleichartigen Gebühren nicht höher sein darf, als wenn die Gebühr von vornherein nach dem Gesamtbetrag der Wertteile zu berechnen gewesen wäre.

Das hört sich vielleicht kompliziert an, ist aber eigentlich ganz einfach zu handhaben: Sollte es wirklich vorkommen, dass der RA nur für Wertteile des ganzen Streitgegenstands tätig wird, dann addiert man die Werte der Teile und berechnet die Gebühr nach deren Gesamtwert.

3. Unterschiedliche Gebührensätze für Handlungen für Teile des Streitgegenstandes (§ 36 Abs. 3 GKG)

Sind in einer Instanz für einzelne gleichartige Handlungen, die Teile des Streitgegenstandes betreffen, verschieden hohe Gebührensätze anzuwenden, so müssen die Gebühren für die Wertteile gesondert berechnet werden. Hierbei ist nun aber eine **Höchstgrenze** zu beachten, die im Zusammenhang mit der **Degression der Gebührentabellen** steht. Die Gebühren dürfen insgesamt nicht mehr betragen als eine Gebühr nach dem Gesamtbetrag der Wertteile und nach dem höchsten angewandten Gebührensatz (§ 36 Abs. 3 GKG). Vergleichen Sie dazu die Vorschrift des § 15 Abs. 3 RVG, die für alle anwaltlichen Tätigkeiten den Grundsatz des § 36 Abs. 3 GKG wiederholt (siehe in § 2 Rdn 135 f., dort auch Berechnungsbeispiele). 59

Um die Vorschriften der §§ 36 Abs. 3 GKG und 15 Abs. 3 RVG zu befolgen, müssen die Gebühren für die die Wertteile betreffenden Tätigkeiten jeweils gesondert berechnet werden, wobei dann die Summe der so ermittelten Gebühren mit der nach dem Gesamtwert unter Anwendung des höchsten vorkommenden Gebührensatzes sich ergebenden Gebühr zu vergleichen ist. Sodann ist die eventuell aus diesem Vergleich resultierende niedrigere Gebühr in Rechnung zu stellen. Dies wird anhand von Beispielen zu § 15 Abs. 3 RVG in § 2 Rdn 135 f. demonstriert.

Beispiel:

RA Dannenberg erhält Klageauftrag wegen einer Forderung von 10.000,00 €. Nachdem er seinen Auftraggeber beraten hat, aber noch vor Einreichung der Klageschrift bei Gericht, zahlt der Schuldner 1.500,00 €. Wegen der Restforderung wird die Klage erhoben. Danach zahlt der Schuldner auch den Restbetrag. RA Dannenberg berechnet seine Verfahrensgebühr wie folgt:

Es entsteht innerhalb der Angelegenheit eine 0,8 Verfahrensgebühr (Nr. 3101 Ziff. 1 VV RVG) nach einem Wertteil von 1.500,00 € und eine 1,3 Verfahrensgebühr (Nr. 3100 VV RVG) nach einem Wertteil von 8.500,00 €. Der RA wird berechnen:

0,8	Verfahrensgebühr gem. §§ 2, 13 RVG, Nrn. 3100, 3101 Ziff. 1 VV RVG nach dem Wert von 1.500,00 €	107,60 €
1,3	Verfahrensgebühr gem. §§ 2, 13 RVG, Nr. 3100 VV RVG nach dem Wert von 8.500,00 €	770,25 €
	Summe:	**877,85 €**
	Der RA ist durch § 15 Abs. 3 RVG zu folgender Kontrollberechnung gezwungen:	
1,3	Verfahrensgebühr gem. §§ 2, 13 RVG, Nr. 3100 VV RVG nach dem Gesamtwert von 10.000,00 €	**847,60 €**

Da der Betrag einer Gebühr mit dem höchsten verwendeten Gebührensatz von 1,3 nach dem gesamten Gegenstandswert geringer ist, kann der RA nur 847,60 € in Ansatz bringen.

Merke:

Für Handlungen, die nur einen Teil des Streitgegenstandes betreffen, sind die Gebühren nur nach dem Wert dieses Teiles zu berechnen (§ 36 Abs. 1 GKG).

Für gleiche Handlungen, die einzelne Wertteile des gesamten Streitgegenstandes betreffen, sind gleichartige Gebühren mit gleich hohem Gebührensatz zu berechnen. Die Gebühren können von vornherein nach dem Gesamtbetrag der Wertteile berechnet werden. Werden sie jedoch zeitlich nacheinander berechnet, so ist als Höchstgrenze die Gebühr nach dem Gesamtbetrag der Wertteile zu beachten (§ 36 Abs. 2 GKG).

Für gleichartige Handlungen, die einzelne Wertteile des gesamten Streitgegenstandes unter Anwendung unterschiedlicher Gebührensätze betreffen, sind die Gebühren gesondert zu berechnen und deren Summe dann zu vergleichen mit einer nach dem Gesamtbetrag der Wertteile und nach dem höchsten angewandten Gebührensatz sich ergebenden Gebühr. Davon ist der niedrigere Betrag als Gebühr anzusetzen (§ 36 Abs. 3 GKG, § 15 Abs. 3 RVG).

VI. Stufenklage (§ 44 GKG)

60 Die **Stufenklage** bildet einen **Sonderfall der objektiven Klagehäufung**. Der Kläger kann hierbei in mehreren miteinander verbundenen Klageanträgen sein eigentliches Klageziel schrittweise vorbereiten. Nach § 254 ZPO ist es ausnahmsweise gestattet, für die letzte Stufe einen zunächst betragsmäßig unbestimmten Klageantrag zu stellen. In Familiensachen heißt die Stufenklage „**Stufenantrag**", § 38 FamGKG.

Zur Vorbereitung seines eigentlichen Anspruches wird der Kläger bei der Stufenklage Klageanträge oftmals in drei Stufen miteinander verbinden, über die das Gericht nacheinander (also eine Stufe nach der anderen) verhandeln und entscheiden soll. Die Klageanträge für die **drei Stufen** werden häufig sein:

- in der **ersten Stufe** beispielsweise ein Antrag auf Rechnungslegung (z. B. gemäß § 259 Abs. 1 BGB) oder auf Auskunft über Einkommensverhältnisse und
- in der **zweiten Stufe** ein Antrag auf Abgabe der eidesstattlichen Versicherung über die Vollständigkeit der in der ersten Stufe gemachten Angaben (z. B. gemäß § 259 Abs. 2 BGB),
- wonach erst in der **dritten Stufe** der Antrag auf Zahlung oder Herausgabe mit einem bestimmten Betrag angegeben werden kann.

Stufenklagen kommen häufiger bei Erbauseinandersetzungen oder bei Unterhaltsverfahren („Stufenantrag") vor. Die zweite Stufe kann auch entfallen, wenn auf die Abgabe einer eidesstattlichen Versicherung verzichtet wird; dann gibt es eben nur zwei Stufen.

Hinweis:

Da es sich bei der Stufenklage gemäß § 254 ZPO um eine einzige Klage handelt, gilt auch für den RA, dass nur eine einzige gebührenrechtliche Angelegenheit vorliegt, in der jede Gebühr nur einmal entstehen kann.

Die in der Stufenklage miteinander verbundenen Klageanträge haben alle das gleiche Ziel: Die gerichtliche Durchsetzung eines Leistungsanspruches. Es wäre also eigentlich folgerichtig, zur Streitwertermittlung den Wert des Leistungsanspruches heranzuziehen. Leider ist dies nicht so eindeutig geregelt; zudem müssen wir noch zwischen der Ermittlung des für die Zuständigkeit maßgebenden Wertes des Streitgegenstands und der Ermittlung des Streitwerts für die Gerichtsgebühr unterscheiden.

61 Für den **Wert des Streitgegenstands** gilt das **Additionsgebot** des § 5 Hs. 1 ZPO, was bedeutet, dass die Werte der Ansprüche der meistens drei Stufen gemäß § 3 ZPO zu schätzen und dann zu addieren sind.

62 Für den **Streitwert für die Gerichtsgebühr** existiert eine **eigenständige Regelung in § 44 GKG**, die berücksichtigt, dass der Kläger nur an dem im Endeffekt verfolgten Leistungsanspruch ein wirkliches Interesse hat. Deshalb ist für den Streitwert nur einer der verbundenen Klageansprüche, und zwar der höhere, maßgebend. Dies mag sich schwieriger anhören als es ist: Wenn alle Stufen

vom Gericht entschieden sind, kommt es praktisch nur auf den **Wert** des in **der letzten Stufe** geltend gemachten Leistungsanspruches an, denn der Wert der nur zur Vorbereitung dienenden Stufen kann nicht höher sein als dieser. Nur wenn es aus irgendwelchen besonderen Gründen nicht zur letzten Stufe kommt, sind die Vorstufen zu bewerten.

Hinweis:

Für den **Streitwert für die Gerichtsgebühr** ist abzustellen auf den bei Antragstellung der ersten Stufe erwarteten Wert (§ 40 GKG, § 34 FamGKG), also womit der Antragsteller vernünftigerweise rechnet, was in der letzten Stufe herauskommen wird. Wird später in der letzten Stufe nur ein geringerer Wert gefordert, verbleibt es bei dem Wert der ersten Stufe (OLG Schleswig, Beschluss vom 30.06.2015 – 10 WF 73/15).

Merke:

Bei einer Stufenklage ergibt sich der **Streitwert für die Gerichtsgebühr** in der Regel aus dem Wert des in der letzten Stufe geltend gemachten Leistungsanspruches.

Der RA kann bei einer Stufenklage jede Gebühr nur einmal nach diesem Wert berechnen.

VII. Klageänderungen

Verfahrensrechtliche Vorschriften über die Klageänderung finden sich in den §§ 263 und 264 ZPO. **63**
In § 263 ZPO ist geregelt, unter welchen Voraussetzungen eine Klageänderung zulässig ist (Einwilligung des Beklagten oder Sachdienlichkeit), und in § 264 ZPO wird klargestellt, in welchen drei Fällen es sich ohne gleichzeitige Änderung des Klagegrundes nicht um eine Klageänderung handelt (Änderung der Parteiausführungen), bzw. wann sie zulässig ist (Erweiterung oder Beschränkung des Klageantrages, Einforderung eines anderen Gegenstandes oder des Interesses wegen nachträglicher Veränderung). Eine **Klageänderung** kann z. B. vorliegen,

- wenn der Kläger in einem bereits laufenden Prozess einen **anderen Klageantrag** als zuvor stellt, auch wenn er auf demselben Sachverhalt beruht (Ausnahmen § 264 Nr. 2 und 3 ZPO). Ein anderer Klageantrag läge beispielsweise vor, wenn der Kläger von einer Feststellungsklage zu einer Leistungsklage übergeht, oder von einer Klage auf Unterlassung einer Geschäftsschädigung auf eine Schadenersatzklage überwechselt.
- wenn der Kläger den **Klagegrund ändert**, d. h. wenn der Kläger seinen Klageantrag aus einem anderen Lebenssachverhalt als zuvor herleiten will. Es ist also eine Klageänderung, wenn der Kläger eine ganz neue Begründung für seinen eingeklagten Anspruch, der der gleiche bleibt, vorbringt. Dies kommt praktisch seltener vor.

Die Klageänderung wirkt sich selbstverständlich auf den Wert des Streitgegenstandes aus, wobei **64**
zunächst die **Auswirkungen auf die Zuständigkeit** betrachtet werden sollen:

- Im Falle der nachträglichen **Verminderung des Streitgegenstandes** hat dies keine Auswirkungen auf die sachliche Zuständigkeit des Gerichts, da nach Eintritt der Rechtshängigkeit die Zuständigkeit gemäß § 261 Abs. 2 Nr. 2 ZPO erhalten bleibt.
- Im Falle der **Erweiterung des Klagegegenstandes** (§ 264 Nr. 2, 3 ZPO) ist jedoch der neu hinzugekommene Anspruch noch nicht rechtshängig, sodass es hierfür eine Sonderregelung gibt: das Amtsgericht muss gemäß § 506 ZPO bei Überschreitung der Streitwertgrenze den Rechtsstreit an das zuständige Landgericht verweisen, allerdings nur, wenn eine Partei einen entsprechenden Antrag stellt.

Beispiel:

Maturek klagt gegen Steinheim vor dem Landgericht auf Zahlung eines Kaufpreises von 15.000,00 €. Nach dem ersten Verhandlungstermin nimmt Maturek den Klageantrag um 5.000,00 € auf 10.000,00 € zurück. Wie wirkt sich dies auf die Zuständigkeit des Landgerichtes aus?

Bei einer Klagesumme von genau 10.000,00 € wäre nun eigentlich das Amtsgericht zuständig (§ 23 Nr. 1 GVG). Eine wirtschaftlich gesehen wenig sinnvolle Verweisung an das Amtsgericht findet aber nicht statt, da nach Eintritt der Rechtshängigkeit die Zuständigkeit des Landgerichts gemäß § 261 Abs. 2 Nr. 2 ZPO erhalten bleibt.

Beispiel:

Mutosch klagt gegen Steinel vor dem Amtsgericht auf Zahlung eines Kaufpreisteiles von 5.000,00 €. Nachdem der Prozess für Mutosch günstig verläuft, erweitert dieser den Klageantrag um die restlichen 10.000,00 € auf 15.000,00 €. Wie wirkt sich dies auf die Zuständigkeit des Amtsgerichtes aus?

Bei einer Klagesumme von 15.000,00 € ist nun eigentlich das Landgericht zuständig (§§ 23 Nr. 1, 71 Abs. 1 GVG). Das Verfahren bleibt aber beim Amtsgericht anhängig, solange keine Partei einen Antrag auf Verweisung an das Landgericht gemäß § 506 ZPO stellt.

Die **Auswirkungen auf den Streitwert für die Gerichtsgebühr** sollen nachstehend erörtert werden.

1. Gebührenwert bei Klageerweiterung

65 Der Gegenstandswert der anwaltlichen Tätigkeit kann sich während eines gerichtlichen Verfahrens durch eine **Abänderung des Streitgegenstandes** erhöhen. Dies ist bei einer **Klageerweiterung** oder **Klageerhöhung** der Fall.

Die Gebühren berechnen sich bei der Klageerweiterung nach dem erhöhten **Streitwert** ab dem Zeitpunkt der Änderung. Davon sind selbstverständlich nur die Gebühren betroffen, die erst nach der Erhöhung (erneut oder neu) entstehen. Es kann also durchaus vorkommen, dass einzelne Gebühren

- nur vor der Erhöhung,
- andere Gebühren erst nach der Erhöhung und
- weitere Gebühren sowohl vor als auch nach der Erhöhung entstehen.

Nur im letzten Fall werden die Gebühren nach dem höchsten Wert berechnet.

Beispiel:

Meier verklagt Müller auf Zahlung von 4.000,00 €. Nach der ersten streitigen Verhandlung erweitert Meier die Klageforderung um 1.000,00 € auf 5.000,00 €. Es wird erneut streitig verhandelt und eine Beweisaufnahme durchgeführt. Nun erhöht Meier die Klageforderung um zusätzliche 2.000,00 € auf 7.000,00 €. Nach weiterer streitiger Verhandlung ergeht das Urteil. Das Gericht setzt den Streitwert auf 7.000,00 €.

Der prozessbevollmächtigte RA des Meier erhält eine Verfahrensgebühr und eine Terminsgebühr gemäß § 32 Abs. 1 RVG nach dem festgesetzten Streitwert von 7.000,00 €, da er bezüglich dieses Wertes tätig geworden ist.

Hätte nach der letzten Erhöhung um 2.000,00 € – warum auch immer – kein Termin mehr stattgefunden, wäre die Terminsgebühr nur nach dem Gegenstandswert von 5.000,00 € angefallen. Dieser Gegenstandswert muss aber nur dann der Terminsgebühr zugrunde gelegt werden, wenn er im Verfahren gemäß § 33 RVG auf Antrag auf 5.000,00 € für die Terminsgebühr festgesetzt worden wäre.

Hinweis:

Nacheinander in einem Verfahren im Wege der Klageerweiterung geltend gemachte Gegenstände sind zu addieren (§ 39 GKG). Es ist nicht erforderlich, dass die Gegenstände gleichzeitig eingefordert werden (OLG Celle, Beschluss vom 09.06.2015 – 2 W 132/15).

Von der Klageerweiterung mit Abänderung des Streitgegenstandes zu unterscheiden ist der Fall der **Wertänderung bei unverändertem Streitgegenstand**, was zum Beispiel beim Streit um Wertpapiere mit einem veränderlichen Kurswert, um Herausgabe einer bestimmten Sache bei steigendem Marktpreis oder um Zahlung einer ausländischen Währung vorkommen kann. Bei den genannten Beispielen bleibt der Streitgegenstand (die Menge der Wertpapiere, die geforderte Sache, die Menge der ausländischen Währung) gleich, nur ändert sich deren Wert in Euro. Für die Berechnung der Anwaltsgebühren ist hierbei außergerichtliche und gerichtliche Anwaltstätigkeit gegeneinander abzugrenzen: 66

- Für **außergerichtliche Anwaltstätigkeiten** ist in aller Regel der zum **Zeitpunkt der Verrichtung** der anwaltlichen Tätigkeit sich ergebende Wert für die Berechnung der Gebühren maßgebend. Ist der RA in einer Angelegenheit mehrmals tätig geworden, so ist der **höchste Wert** während der Anwaltstätigkeit für die Berechnung der Gebühren maßgeblich. Dies ist für jede anfallende Gebühr einzeln zu prüfen, sodass sich für verschiedene Gebühren unterschiedliche Gegenstandswerte ergeben können.

  Beispiel zur Gebührenberechnung für eine ***außergerichtliche*** *Anwaltstätigkeit:*

  Auftrag zur außergerichtlichen Beitreibung einer Forderung auf Lieferung von 1.000 Aktien der Siemens AG. Bei Auftragserteilung beträgt der Kurs der Aktie 80,00 €, bei Absendung eines Schreibens an den Schuldner 85,00 €, bei einer Besprechung mit dem Schuldner 90,00 €, danach 87,00 €. Jetzt schlägt der Schuldner in einem neuen Besprechungstermin den Abschluss eines Vergleichs vor; der Vergleich wird bei einem Kurs von 79,00 € abgeschlossen.

  Der RA erhält eine Geschäftsgebühr (Nr. 2300 VV RVG) nach einem Wert von 90.000,00 €, da der höchste Kurs des Wertpapiers während seiner Tätigkeit maßgebend ist. Die Einigungsgebühr (Nr. 1000 VV RVG) kann nur nach dem Wert von 79.000,00 € erhoben werden, da der RA diesbezüglich nur in dem letzten Termin tätig war.

  Der Gegenstand (die 1.000,00 Aktien) ist übrigens gleich geblieben, nur sein Wert in Euro hat sich verändert.

- Für **gerichtliche Verfahren** und damit die Gerichtsgebühr schreibt § 40 GKG vor, dass es auf den **Wert zu Beginn** der Instanz ankommt. Schwankungen des Wertes zwischen Beginn und Ende der gerichtlichen Instanz bleiben hier also unberücksichtigt. Dies gilt für alle in der Instanz entstehenden Gebühren, gleichgültig zu welchem Zeitpunkt sie anfallen. Siehe hierzu Rdn 33 ff., dort finden sich auch Beispiele.

Handelt es sich um eine Klageänderung durch **Änderung des Streitgegenstandes** im Sinne des § 263 ZPO, sodass ein Gegenstand aus dem Verfahren ausscheidet und stattdessen ein anderer Gegenstand eingeführt wird, so werden die Gebühren nach dem zusammengerechneten Wert der beiden Gegenstände berechnet, sofern der RA sich um beide Gegenstände bemüht hat. Der Wert der Klageänderung ist für den Zeitpunkt der Einreichung des die Klageänderung ankündigenden Schriftsatzes oder des mündlichen Antrags im Verhandlungstermin festzustellen. 67

Beispiel:

Frau Riecher lässt RAin Hartmann auf Zahlung von Miete von monatlich 500,00 € für die Monate Juni, Juli und August klagen. Die Klageschrift wird dem Mieter zugestellt. Danach zahlt der Mieter 500,00 € für den Juni. Die RAin erhöht nun die Klage um zusätzliche 500,00 € für den September und erklärt die Forderung bezüglich des Juni für erledigt. Danach erst kommt es in der Sache zum ersten Verhandlungstermin. Im Urteil wird der Klägerin für die Monate Juli, August und September ein Betrag von 1.500,00 € zugesprochen. Das Gericht setzt den Streitwert auf 2.000,00 € fest.

RAin Hartmann erhält gemäß § 32 Abs. 1 RVG Verfahrensgebühr (Nr. 3100 VV RVG) und Terminsgebühr (Nr. 3104 VV RVG) nach einem Gegenstandswert von 2.000,00 € (Juni, Juli, August, September). Die Terminsgebühr (Nr. 3104 VV RVG) müsste nur dann nach einem Gegenstandswert von 1.500,00 € (Juli, August, September) abgerechnet werden, wenn dieser im Verfahren gemäß § 33 RVG auf Antrag auf 1.500,00 € für die Terminsgebühr festgesetzt worden wäre.

Merke:

Bei der **Klageerweiterung** (zusätzlicher Streitgegenstand) werden die Gebühren nach dem erhöhten Streitgegenstand ab dem Zeitpunkt der Änderung berechnet, wenn die Gebühren nach der Erhöhung erneut oder neu entstehen. In gerichtlichen Verfahren ist zumindest für die Verfahrensgebühr immer der höhere Wert maßgeblich.

Bei **Ausscheiden eines Streitgegenstands** während des Prozesses (z. B. durch teilweise Klagerücknahme) und **Einbringung eines anderen Gegenstands** werden die Gebühren nach dem zusammengerechneten Wert dieser Gegenstände berechnet.

Im Fall der **Wertänderung** bei unverändertem Streitgegenstand kommt es für die Gebührenberechnung

- bei außergerichtlichen Anwaltstätigkeiten auf den höchsten während der Tätigkeit sich ergebenden Wert und
- in gerichtlichen Verfahren auf den Zeitpunkt der Einreichung der Klage an (§ 40 GKG).

2. Gebührenwert bei nachträglicher Herabsetzung des Streitwertes

68 Von einer nachträglichen Herabsetzung des Wertes des Streitgegenstandes gehen Auswirkungen auf die Anwalts- und Gerichtsgebühren aus.

Beispiel:

Das Gericht hatte den Streitwert für den Prozess zunächst vorläufig gemäß § 63 Abs. 1 GKG auf 10.000,00 € festgesetzt.

Nach dem Urteil wird der Streitwert gemäß § 63 Abs. 2 GKG endgültig auf 7.000,00 € festgesetzt.

Die Gerichtsgebühr und die Anwaltsgebühren können wegen § 63 Abs. 2 GKG, § 32 Abs. 1 RVG nur nach einem Wert in Höhe von 7.000,00 € abgerechnet werden.

Wenn aufgrund einer Streitwertfestsetzung bereits eine Kostenentscheidung ergangen ist und die Kostenfestsetzung gemäß §§ 103 ff. ZPO erfolgt ist, kann nach einer danach vorgenommenen Änderung des Streitwerts nach dem am 1.7.2026 in Kraft getretenen **§ 102 ZPO** eine Änderung der Kostenentscheidung und des Kostenfestsetzungsbeschlusses erforderlich werden.

Beispiel:

Nach dem Urteil, indem die Kosten dem Kläger zu 1/3 und dem Beklagten zu 2/3 auferlegt werden, wird der Streitwert für den Prozess gemäß § 63 Abs. 2 GKG endgültig auf 7.000,00 € festgesetzt.

Auf dieser Grundlage erfolgt die Kostenfestsetzung.

Das Gericht ändert daraufhin gemäß § 63 Abs. 3 GKG den Streitwert von Amts wegen auf 6.000,00 € ab.

Außerdem ändert es seine Kostenentscheidung deshalb von Amts wegen auf eine Kostenverteilung von 1/4 zu 3/4 ab.

Der Rechtspfleger ändert daraufhin auch den Kostenfestsetzungsbeschluss von Amts wegen aufgrund der geänderten Kostenverteilung und der Ermäßigung des Streitwerts ab.

Wird die Wertfestsetzung für die Gerichtsgebühren

1. nach § 63 Abs. 3 GKG,
2. nach § 55 Abs. 3 FamGKG,
3. infolge einer Beschwerde gegen die Festsetzung des Streitwerts nach § 68 GKG oder
4. infolge einer Beschwerde gegen die Festsetzung des Verfahrenswerts nach § 59 FamGKG

geändert, so kann das Gericht gemäß § 102 ZPO seine getroffene Kostenentscheidung von Amts wegen ändern. Wird die Kostenentscheidung geändert, ist auch eine bereits erfolgte Kostenfestsetzung von Amts wegen zu ändern.

Wenn sich während eines Rechtsstreits der **Streitwert auf einen Teilbetrag vermindert** (z. B. 69
durch jeweils teilweise Erledigterklärung, Verzicht, Anerkenntnis oder Vergleich) und dann die Klageforderung **anschließend wieder erhöht** wird, so wirkt sich die teilweise Erledigung auf die bereits entstandenen Gebühren nicht aus. Die Gebühren entstehen aber auch nach dem Betrag der Erhöhung. Die Gebühren entstehen in solchen Fällen jedoch nicht getrennt nach den Wertteilen, sondern nach dem Wert, der **insgesamt** in den Prozess eingebracht wurde. Für den prozessbevollmächtigten RA bedeutet dies, dass er Gebühren nach dem Wert erhält, der insgesamt in den Prozess eingebracht wurde (Verfahrensgebühr) und der Gegenstand der Terminsgebühr war.

Beispiel:

Klage wegen Forderung von 10.000,00 €. Im ersten Verhandlungstermin wird streitig verhandelt. Danach wird der Rechtsstreit bezüglich 9.000,00 € für erledigt erklärt. Im zweiten Verhandlungstermin wird wieder streitig verhandelt. Im dritten Verhandlungstermin wird die Klage um 2.000,00 € erhöht und anschließend streitig verhandelt. Danach werden vier umfangreiche Beweisaufnahmen durchgeführt.

Im Urteil wird der Streitwert auf 12.000,00 € festgesetzt.

Der Rechtsanwalt erhält seine Verfahrens- und Terminsgebühr wegen § 32 Abs. 1 RVG nach dem festgesetzten Streitwert von 12.000,00 €. Das entspricht auch dem Gegenstandswert für beide Gebühren:

Ab dem dritten Verhandlungstermin wird der Rechtsstreit wegen 3.000,00 € geführt (10.000,00 € – 9.000,00 € + 2.000,00 €). Die Verfahrensgebühr (Nr. 3100 VV RVG) wird nach einem Wert von 12.000,00 € berechnet (10.000,00 € + 2.000,00 €), da der RA wegen dieser Beträge Prozessauftrag hat und die Klage eingereicht bzw. der Erhöhungsantrag gestellt ist.

Terminsgebühren (Nr. 3104 VV RVG) sind wie folgt entstanden: Zunächst nach 10.000,00 €, dann nach 1.000,00 € und dann nach 3.000,00 €. Natürlich erhält der RA aber wegen § 15

Abs. 2 RVG insgesamt nur eine Terminsgebühr nach dem Wert, der Gegenstand der wahrgenommenen Termine war (10.000,00 € + 2.000,00 €).

Für die vier umfangreichen Beweisaufnahmen erhält der RA die Zusatzgebühr gemäß Nr. 1010 VV RVG gemäß § 32 Abs. 1 RVG nach dem festgesetzten Streitwert in Höhe von 12.000,00 €.

Merke:

Bei **Ausscheiden eines Streitgegenstands** während des Prozesses (z. B. durch teilweise Klagerücknahme, teilweise Erledigung der Hauptsache oder teilweisen Verzicht) und **Einbringung eines anderen Gegenstands** werden die Gebühren nach dem zusammengerechneten Wert aller Gegenstände berechnet, sofern dieser Wert während des Entstehungszeitraums der jeweiligen Gebühr gegeben war.

VIII. Klage und Widerklage, wechselseitige Rechtsmittel, Aufrechnung, Hilfsanspruch (§ 45 GKG)

70 Für den für die **Zuständigkeit maßgebenden Wert des Streitgegenstands** wird in § 5 ZPO angeordnet: „Mehrere in einer Klage geltend gemachte Ansprüche werden zusammengerechnet; dies gilt nicht für den Gegenstand von Klage und Widerklage". Für den **Streitwert** für die Gerichtsgebühr enthält § 45 GKG wichtige Sondervorschriften, die dem § 5 ZPO gegenüber Vorrang haben und die nachfolgend dargestellt werden sollen.

Bezüglich des **Werts des Streitgegenstands** sei noch darauf hingewiesen, dass zwar die Gegenstände von Klage und Widerklage gemäß § 5 Hs. 2 ZPO nicht zusammengerechnet werden dürfen, aber der höhere von beiden Werten als **Wert des Streitgegenstands** heranzuziehen ist. Siehe auch Rdn 41 ff.

Beispiel:

Klage beim Amtsgericht auf Zahlung von 5.000,00 €, Widerklage auf Zahlung von 12.000,00 €. Zur Ermittlung des Werts des Streitgegenstands dürfen beide Beträge nicht addiert werden. Für die Widerklage wäre das Landgericht sachlich zuständig; das Amtsgericht verweist den Rechtsstreit jedoch nur auf Antrag einer Partei dorthin (§ 506 ZPO). Siehe auch Rdn 63 f.

1. Klage und Widerklage (§ 45 Abs. 1 S. 1 GKG)

71 Einen wichtigen Zusatz zum Additionsverbot des § 5 Hs. 2 ZPO für den Gegenstand von Klage und **Widerklage** enthält hinsichtlich des Streitwerts für die Gerichtsgebühr § 45 Abs. 1 S. 1 GKG, der unter bestimmten Voraussetzungen aus dem **Additionsverbot** ein **Additionsgebot** macht. Wann dies eintritt, hängt davon ab, ob Klage und Widerklage sich auf

- denselben Streitgegenstand oder auf
- verschiedene Gegenstände beziehen,

was also jeweils zu prüfen ist.

72 Betreffen Klage und Widerklage **denselben Streitgegenstand**, gilt der **einfache Wert** dieses Streitgegenstandes (§ 45 Abs. 1 S. 3 GKG). Der Wert des Streitgegenstandes ist also nur einmal, nicht doppelt zu nehmen. Es handelt sich dann um denselben Streitgegenstand, wenn das Gericht nur einer Partei Recht geben kann, sich also beide Anträge gegenseitig ausschließen. Weitere Voraussetzung ist, dass Klage und Widerklage nicht in getrennten Prozessen verhandelt werden. Sind die Werte von Klage und Widerklage unterschiedlich hoch, so nimmt man den höheren Wert von beiden.

Folgende Fälle mögen Ihnen als Anhaltspunkte dienen, wann Klage und Widerklage denselben Streitgegenstand haben:

- Klage auf Leistung aus einem Vertrag und Widerklage auf Feststellung der Nichtigkeit des Vertrages
- Klage auf Feststellung des Bestehens eines Vertrages und Widerklage auf Rückgabe der empfangenen Leistung
- Klage auf Herausgabe einer Sache und Widerklage auf Feststellung, dass der Beklagte Eigentümer dieser Sache ist
- Klage auf Herausgabe eines Kraftfahrzeuges und Widerklage auf Herausgabe der Fahrzeugpapiere (Zulassungsbescheinigung I und II. Beide Parteien nehmen für sich das Eigentum am Fahrzeug und an den Papieren in Anspruch (OLG Nürnberg, Beschluss vom 27.08.2019 – 13 W 2775/19).

Beispiel:

Klage auf Zahlung des Kaufpreises von 2.000,00 € und Widerklage auf Feststellung der Nichtigkeit des Kaufvertrages. Der Streitwert beträgt 2.000,00 €, eine Addition findet nicht statt, da es um denselben Gegenstand (den Kaufvertrag) geht. Besteht der Kaufvertrag nicht, so darf das Gericht dem Kläger auch keinen Zahlungsanspruch zuerkennen; erkennt das Gericht den Zahlungsanspruch zu, so kann es nicht gleichzeitig die Nichtigkeit des Kaufvertrages feststellen.

Betreffen Klage und Widerklage **verschiedene Gegenstände**, so bilden deren **zusammengerechneten Werte** den Streitwert (§ 45 Abs. 1 S. 1 GKG). Verschiedene Gegenstände liegen vor, wenn beide Parteien Recht bekommen, also beide Anträge nebeneinander bestehen können. 73

Folgende Fälle mögen Ihnen als Anhaltspunkte dienen, wann Klage und Widerklage verschiedene Gegenstände haben, sodass das Gericht beiden Klageanträgen stattgeben könnte:

- Klage auf Leistung von Schadenersatz und Widerklage auf Feststellung, dass keine weiteren Schadenersatzansprüche bestehen
- Klage auf Herausgabe der Zulassungsbescheinigung Teil II (Fahrzeugbrief) und Widerklage auf Zahlung des Kaufpreises
- Klage auf Auflassung eines Grundstücks und Widerklage auf Zahlung des Kaufpreises – so die Rechtsprechung. Auch dies fällt unter den oben aufgestellten Grundsatz, dass beide Parteien Recht bekommen können sollen, denn man kann sich auch vorstellen, dass keine Partei leisten muss, falls der Kaufvertrag nichtig ist – dies passt aber auch unter das Schema, denn dann hat eben keine Partei Recht bekommen. Geht es dagegen in dem Verfahren um die Wirksamkeit des Kaufvertrages, so kann die eine Partei zur Auflassung und die andere Partei zur Kaufpreiszahlung verurteilt werden, also beide Parteien Recht erhalten.
- Klage des Auftraggebers bei einem Werkvertrag auf Rückzahlung einer geleisteten Anzahlung und Widerklage des Werkunternehmers auf Zahlung des restlichen Werklohnes – wenn also gegenseitig Teilansprüche aus demselben Rechtsverhältnis eingeklagt werden. Dieser Fall entspricht nicht unbedingt dem oben aufgestellten Grundsatz, dass beide Parteien Recht bekommen können müssen, denn wenn das Gericht der Klage stattgibt, wird es den Widerkläger abweisen und umgekehrt. So sieht es aber die Rechtsprechung mit der Begründung, dass die Werte zu addieren sind, weil letztlich die gesamte Werklohnforderung zwischen den Parteien streitig ist.

Beispiel:

Klage auf Lieferung einer gekauften Sache (Kaufpreis 8.000,00 €) und Widerklage auf Leistung von 2.000,00 € Schadenersatz. Da beide Parteien Recht bekommen können, beträgt der Streitwert hier 10.000,00 €.

Beispiel:

Klage auf Zahlung des Restkaufpreises von 4.000,00 € und Widerklage auf Klageabweisung und auf Rückzahlung der Anzahlung von 1.000,00 €; der Streitwert beträgt 5.000,00 €. Zwischen den Parteien ist genau genommen der gesamte Kaufpreis streitig.

74 Betreffen Klage und Widerklage nur **teilweise denselben Gegenstand** und schließen sich somit also beide Anträge gegenseitig nur teilweise aus, so erhöht man den Streitwert der Klage um den Teilbetrag der Widerklage, der einen verschiedenen Gegenstand betrifft.

Beispiel:

Ein Unfallschuldiger klagt auf Feststellung, dass er keinen Schadenersatz von 30.000,00 € schuldet; der Geschädigte erhebt Widerklage auf Zahlung eines Teilbetrages des Schadens von 5.000,00 €. In Höhe von 5.000,00 € sind die Feststellungsklage und die Widerklage auf Zahlung wirtschaftlich deckungsgleich, sodass deren Werte (also jeweils 5.000,00 €) nicht zusammengerechnet werden. Der den Teilbetrag von 5.000,00 € übersteigende Wert der Feststellungsklage (hier 25.000,00 €) ist dagegen zu den 5.000,00 € zu addieren. Der Schadenersatz, um den es geht, beläuft sich also insgesamt auf 30.000,00 €.

Merke:

Derselbe Gegenstand von Klage und Widerklage liegt vor, wenn das Gericht bei Zuerkennung des Anspruches der einen Partei der anderen Partei deren Anspruch zwangsläufig aberkennen muss. Dann besteht ein **Additionsverbot** für den Wert von Klage und Widerklage.

Verschiedene Gegenstände von Klage und Widerklage liegen vor, wenn das Gericht beiden Klageanträgen stattgeben könnte. Dann besteht ein **Additionsgebot** für den Wert von Klage und Widerklage.

2. Hilfswiderklage

75 Die Hilfswiderklage – auch Eventualwiderklage genannt – wird als **Hilfsantrag** des Beklagten für den Fall gestellt, dass dem Klageantrag des Klägers stattgegeben wird.

Beispiel:

Kaltenbach klagt gegen den Verkäufer Bolle auf Herausgabe einer Digitalkamera. Bolle beantragt mit seinem Hauptantrag Klageabweisung wegen Nichtigkeit des Kaufvertrages und erhebt nur für den Fall, dass der Klage stattgegeben wird, mit einem Hilfsantrag Widerklage auf Zahlung des Kaufpreises.

Nach herrschender Meinung hat die **Hilfswiderklage** immer einen von der Klage verschiedenen Streitgegenstand, da der Hilfswiderklage erst dann stattgegeben werden kann, wenn der Eventualfall eintritt, dass die Klage begründet ist. Die Logik der Mehrheitsmeinung liegt darin, dass, wenn schon die Klage als begründet erkannt wurde, für eine Widerklage nur dann noch Raum ist, wenn der Widerkläger zusätzlich Recht bekommen könnte. Deshalb sind die Werte von Klage und Widerklage zu addieren. Die Zusammenrechnung der Werte von Klage und Widerklage darf nach herrschender Meinung allerdings nur dann stattfinden, wenn der Eventualfall, für den sie erhoben wurde, auch tatsächlich eintritt. Falls die Klage z. B. abgewiesen wird, findet eine Zusammenrechnung nicht statt.

Beispiel:

Fortsetzung des vorstehenden Beispiels:

Wird der Klage stattgegeben, so ist der Eventualfall (nämlich die Entscheidung über die Hilfswiderklage) eingetreten und die Werte der Gegenstände von Klage und Widerklage werden zusammengerechnet.

3. Wechselseitige Rechtsmittel (§ 45 Abs. 2 GKG)

Man spricht von wechselseitigen Rechtsmitteln, wenn von beiden Parteien gegen dasselbe Urteil 76
jeweils ein Rechtsmittel eingelegt wird. Dies kann durch jede Partei entweder selbstständig oder im Wege der Anschließung an das vom Gegner bereits eingelegte Rechtsmittel geschehen. Zu den Rechtsmitteln gehören neben Berufung und Revision auch die Beschwerde.

Auch bei wechselseitigen Rechtsmitteln gelten gemäß § 45 Abs. 2 GKG die in § 45 Abs. 1 S. 1 und 3 GKG aufgestellten Grundsätze, sodass wechselseitige Rechtsmittel in gebührenrechtlicher Hinsicht wie Klage und Widerklage zu behandeln sind (siehe Rdn 71 ff.). Betreffen also die von beiden Parteien eingelegten Rechtsmittel **denselben Streitgegenstand**, so bestimmt sich der Streitwert nach dem einfachen Wert dieses Gegenstands (bzw. dem höheren von einer Partei geltend gemachten Wert); betreffen die wechselseitigen Rechtsmittel **verschiedene Streitgegenstände**, so sind deren Werte zusammenzurechnen. Verschiedene Streitgegenstände liegen auch dann vor, wenn sich die Rechtsmittelanträge der Parteien auf verschiedene Teile derselben Forderung beziehen. Voraussetzung ist, dass über beide Rechtsmittelanträge in einem Verfahren verhandelt wird.

Im Berufungs- und im Revisionsverfahren bestimmt sich der Streitwert grundsätzlich nach den Anträgen des Rechtsmittelklägers (§ 47 Abs. 1 S. 1 GKG). Bei wechselseitigen Rechtsmitteln kommt es auf beide Anträge an.

Beispiel:

Klingmann verklagt Bohne auf Zahlung von 10.000,00 €. Das Gericht der ersten Instanz gibt in seinem Urteil der Klage in Höhe von 6.000,00 € statt und weist sie wegen der restlichen 4.000,00 € ab.

Klingmann legt wegen der abgewiesenen 4.000,00 € Berufung ein und Bohne wegen der Verurteilung zur Zahlung von 6.000,00 €.

Der Streitwert der Berufungsinstanz ergibt sich aus der Addition der Werte beider Berufungsanträge (§§ 45 Abs. 1 S. 1 und Abs. 2, 47 Abs. 1 S. 1 GKG) und beträgt folglich 10.000,00 €. Die Zusammenrechnung ist vorzunehmen, weil die beiden Berufungsanträge sich auf verschiedene Teile derselben Forderung beziehen, über die das Berufungsgericht letztlich insgesamt entscheiden muss.

Beispiel:

Kuppe verklagt Brosius und Bertram als Gesamtschuldner auf Zahlung von 5.000,00 €. Das Gericht der ersten Instanz gibt in seinem Urteil der Klage gegen Brosius in voller Höhe statt und weist sie gegen Bertram ab.

Kuppe legt Berufung wegen der Abweisung seiner Forderung gegen Bertram ein und Brosius legt Berufung wegen der Verurteilung zur Zahlung der 5.000,00 € ein.

Der Streitwert der Berufungsinstanz beträgt 5.000,00 € gemäß den §§ 45 Abs. 1 S. 1 und 3 und Abs. 2, 47 Abs. 1 S. 1 GKG. Eine Zusammenrechnung findet nicht statt, da es sich um denselben Streitgegenstand (die 5.000,00 €) handelt.

Merke:

Derselbe Gegenstand von wechselseitig eingelegten Rechtsmitteln liegt vor, wenn das Gericht bei Zuerkennung des Anspruches der einen Partei der anderen Partei deren Anspruch zwangsläufig aberkennen muss. Dann besteht ein **Additionsverbot** für die Werte der wechselseitig eingelegten Rechtsmittel.

Verschiedene Gegenstände von wechselseitig eingelegten Rechtsmitteln liegen vor, wenn das Gericht beiden Rechtsmittelanträgen stattgeben könnte. Dann besteht ein **Additionsgebot** für die Werte der wechselseitig eingelegten Rechtsmittel.

4. Hilfsaufrechnung (§45 Abs. 3 GKG)

77 Wenn zwei Personen einander etwas schulden, so kann grundsätzlich jeder seine Forderung gegen die Forderung des anderen aufrechnen, wenn die wechselseitigen Forderungen fällig sind (§§ 387 ff. BGB). Die **Aufrechnung** bewirkt, dass die Forderungen, soweit sie sich decken, als erloschen gelten.

Klagt nun bei wechselseitigen Forderungen eine Partei wegen ihres Anspruches, so kann die beklagte Partei ohne Bestreiten der Klageforderung im Prozess die Aufrechnung mit ihrer Gegenforderung erklären. Da in diesem Fall die Klageforderung unbestritten bleibt und der Beklagte zur Bekämpfung der Klageforderung die Aufrechnung als erstes Abwehrmittel geltend macht, wird diese als **Primäraufrechnung (Hauptaufrechnung)** bezeichnet. Streitig kann dieser Prozess überhaupt nur dann verlaufen, falls nun der Kläger seinerseits die zur Aufrechnung verwendete Gegenforderung bestreitet. Es dürfte auf der Hand liegen, dass der Streit bei der Primäraufrechnung im Grunde genommen nur über eine Forderung (die vom Kläger bestrittene Gegenforderung des Beklagten) gehen kann, sodass eine Zusammenrechnung der Werte beider Forderungen nicht gerechtfertigt ist – deshalb fällt die Primäraufrechnung auch nicht unter § 45 Abs. 3 GKG. Über den unbestrittenen Bestand der Klageforderung wird weder verhandelt noch muss das Gericht eine Entscheidung über sie fällen; verhandelt und entschieden wird nur über das Bestehen der vom Kläger bestrittenen Gegenforderung.

78 Von der Primäraufrechnung zu unterscheiden ist die **Hilfsaufrechnung**, auch **Eventualaufrechnung** genannt. Diese wird vom Beklagten nur hilfsweise als Verteidigungsmittel im Prozess vorgebracht. In einem solchen Fall bestreitet der Beklagte zuerst einmal das Bestehen der Klageforderung, beantragt Klageabweisung und bringt Einreden und Einwendungen gegen die Klageforderung vor; nur für den Fall, dass das Gericht gegen ihn entscheiden will, erklärt er hilfsweise die Aufrechnung mit einer ihm gegen den Kläger zustehenden Gegenforderung. Im Gegensatz zur Primäraufrechnung darf das Gericht die Hilfsaufrechnung also erst dann berücksichtigen, wenn die sonstigen Verteidigungsmittel des Beklagten gegen die Klageforderung diese nicht entkräften können. Der Kläger wird nun seinerseits gegen die hilfsweise aufgerechnete Forderung Verteidigungsmittel vorbringen, denn nur wenn er diese ausschalten kann, wird seine Klage den gewünschten Erfolg haben. Sie sehen, dass das Gericht, wenn der Eventualfall eintritt, sich nicht nur mit der Klageforderung, sondern auch mit der Gegenforderung – also mit zwei Forderungen – beschäftigen muss.

Es wird nun für das Verständnis der Regelung des §45 Abs. 3 GKG förderlich sein, sich zunächst einmal mit dem Zweck dieser Vorschrift zu beschäftigen. Wie vorstehend dargestellt, müssen sich das Gericht und die beteiligten Rechtsanwälte im Falle der Hilfsaufrechnung nicht nur mit der Überprüfung von einer Forderung, sondern von zwei Forderungen befassen: der Klageforderung und auch der Aufrechnungsforderung. Die hierdurch entstehende Mehrarbeit soll nach dem Gesetz durch höhere Gebühren abgegolten werden, die sich als Folge der in § 45 Abs. 3 GKG angeordneten Zusammenrechnung der Werte von Klageforderung und Aufrechnungsforderung ergeben. Höhere Gebühren sind aber nur bei vorstehend dargestelltem Sachverhalt gerechtfertigt, nicht dagegen bei der Primäraufrechnung. Deswegen setzt § 45 Abs. 3 GKG enge Grenzen für die Werteaddition.

Gemäß § 45 Abs. 3 GKG ist bei der **Hilfsaufrechnung** eine Zusammenrechnung der Werte von Klageforderung und Aufrechnungsforderung nur unter den folgenden drei Voraussetzungen zulässig: 79

(1) Es muss sich um eine Hilfsaufrechnung handeln – nicht um eine Primäraufrechnung.
(2) Die zur Aufrechnung verwendete Gegenforderung muss vom Kläger bestritten werden – eine Hilfsaufrechnung mit einer unstreitigen Gegenforderung berechtigt nicht zur Werteaddition.
(3) Über die Gegenforderung muss eine der Rechtskraft fähige Entscheidung ergehen – eine Werteaddition ist also nicht zulässig, wenn es zu keiner Entscheidung über die Gegenforderung kommt oder sie nicht der Rechtskraft fähig ist.

Mit „der Rechtskraft fähig" hat es folgende Bewandtnis: das Gericht entscheidet nicht nur über die Klageforderung, sondern auch über das Bestehen der Gegenforderung. Dies birgt für den die Aufrechnung erklärenden Beklagten das Risiko in sich, dass das Gericht zu der Entscheidung gelangt, dass die Gegenforderung nicht besteht. Da dann diese Entscheidung nach § 322 Abs. 2 ZPO der Rechtskraft fähig ist, kann der Beklagte diese Gegenforderung bis zur Höhe des Betrages, für den die Aufrechnung geltend gemacht worden ist, nicht mehr in einem späteren Prozess einklagen. Nur der Mehrbetrag könnte zukünftig noch eingeklagt werden. Übrigens, wenn das Gericht auf das Bestehen der Gegenforderung erkennt, hat diese dann natürlich auch „ausgedient", da sie mit der Aufrechnung erlischt.

Es lassen sich nun beispielhaft einige Fälle aufführen, in denen zwar eine Hilfsaufrechnung erklärt wird, eine Werteaddition jedoch wegen Fehlens einer der in § 45 Abs. 3 GKG aufgezählten Voraussetzungen unterbleiben muss: 80

- Das Gericht weist die Klage ab, weil die Klageforderung nicht besteht.
- Das Gericht gibt der Klage statt, weil die Klageforderung besteht, erklärt aber die Aufrechnung für unzulässig, z. B. nach den §§ 296, 296a ZPO).
- Das Gericht gibt der Klage statt, weil die Klageforderung besteht und durch Aufrechnung mit der **unbestrittenen** Gegenforderung erloschen ist.
- Der Kläger nimmt die Klage zurück.
- Die Parteien erklären die Hauptsache für erledigt.

Nur wenn die vorstehend genannten drei Voraussetzungen des § 45 Abs. 3 GKG zutreffen, dürfen die Werte der Klageforderung und der Gegenforderung zusammengerechnet werden, wobei die Gegenforderung nur bis zur Höhe der Klageforderung berücksichtigt werden darf, falls sie höher als diese ist. Da die Werteaddition nicht von der Aufrechnungserklärung, sondern nur von der Entscheidung des Gerichts abhängt, kann der Gebührenwert erst nach der gerichtlichen Entscheidung rückwirkend für den Zeitpunkt der Aufrechnungserklärung festgestellt werden. Die verschiedenen Fälle, in denen die Werteaddition entweder vorzunehmen ist oder zu unterbleiben hat, lassen sich am besten anhand folgender Beispiele erläutern:

> *Beispiel:*
>
> Kilger klagt gegen Börnsen auf Zahlung von 5.000,00 €. Börnsen bestreitet das Bestehen dieser Klageforderung und beantragt Klageabweisung; hilfsweise erklärt er, für den Fall, dass das Gericht das Bestehen der Klageforderung bejaht, die Aufrechnung mit einer ihm von Kilger geschuldeten Gegenforderung von 5.000,00 €, wodurch Klageforderung und Gegenforderung beide zum Erlöschen kämen. Kilger bestreitet das Bestehen der Gegenforderung.

Der Gebührenwert kann erst nach Erlass des Urteils festgestellt werden, wobei mehrere Möglichkeiten (1. bis 4. Urteil) alternativ durchgespielt werden sollen:

1. Urteil: Das Gericht gibt der Klage statt, weil nach gerichtlicher Erkenntnis die Klageforderung besteht. In der Urteilsbegründung stellt das Gericht rechtskraftfähig fest (§ 322 Abs. 2 ZPO), dass die Gegenforderung nicht besteht.

Das Gericht musste in diesem Beispiel beide Forderungen untersuchen. Es ist zu prüfen, ob die Voraussetzungen des § 45 Abs. 3 GKG zutreffen: Es handelt sich um eine Hilfsaufrechnung. Der Kläger bestreitet die Gegenforderung. Über die Gegenforderung wurde rechtskraftfähig entschieden.

Also sind die Werte von Forderung und Gegenforderung zusammenzurechnen. Der Streitwert wird vom Gericht deshalb gemäß § 63 Abs. 2 GKG auf 10.000,00 € festgesetzt.

2. Urteil: Das Gericht weist die Klage ab, weil zwar die Klageforderung besteht, aber auch die Gegenforderung, sodass beide Forderungen durch Aufrechnung erloschen sind. In der Urteilsbegründung stellt das Gericht diese Rechtsfolge rechtskraftfähig fest, da auch die Entscheidung, dass die Gegenforderung durch Aufrechnung „verbraucht" ist, in Rechtskraft ergeht (§ 322 Abs. 2 ZPO).

Das Gericht musste auch in diesem Beispiel beide Forderungen untersuchen. Da wiederum die Voraussetzungen des § 45 Abs. 3 GKG zutreffen, sind die Werte von Forderung und Gegenforderung zusammenzurechnen.

Der Streitwert wird vom Gericht deshalb gemäß § 63 Abs. 2 GKG auf 10.000,00 € festgesetzt.

3. Urteil: Das Gericht weist die Klage ab, weil die Klageforderung nicht besteht. Die hilfsweise Aufrechnung kommt hier also überhaupt nicht zum Zuge.

Der Streitwert wird vom Gericht deshalb gemäß § 63 Abs. 2 GKG auf 5.000,00 € festgesetzt.

4. Urteil: Abwandlung des 2. Urteils. Börnsen rechnet hilfsweise mit einer ihm von Kilger geschuldeten Gegenforderung von 8.000,00 € auf. Die Gegenforderung ist nur in Höhe von 5.000,00 € durch Aufrechnung erloschen. In der Urteilsbegründung stellt das Gericht diese Rechtsfolge rechtskraftfähig fest, da auch die Entscheidung, dass die Gegenforderung durch Aufrechnung in Höhe von 5.000,00 € „verbraucht" ist, in Rechtskraft ergeht (§ 322 Abs. 2 ZPO). Nur in Höhe von 3.000,00 € darf Börnsen die Gegenforderung später noch gegen Kilger einklagen.

Der Streitwert wird vom Gericht deshalb gemäß § 63 Abs. 2 GKG auf 10.000,00 € festgesetzt.

Zuletzt noch ein Wort zu den **Anwaltsgebühren im Falle der Hilfsaufrechnung**: Wie bereits oben ausgeführt wurde, wird der Streitwert erst nach dem Urteil rückwirkend für den Zeitpunkt der hilfsweisen Aufrechnungserklärung festgesetzt, **falls** das Gericht über die hilfsweise aufgerechnete Gegenforderung entschieden hat. Wenn das Gericht auch über die Gegenforderung entschieden hat und den Streitwert entsprechend höher unter Berücksichtigung der Hilfsaufrechnung festgesetzt hat, erhält der prozessbevollmächtigte RA dann wegen § 32 Abs. 1 RVG die ihm zustehenden Gebühren nach den zusammengerechneten Werten von Klage- und Gegenforderung.

Merke:

Bei der Hilfsaufrechnung ist eine Zusammenrechnung der Werte von Klageforderung und Aufrechnungsforderung nur unter folgenden drei Voraussetzungen vorzunehmen (§ 45 Abs. 3 GKG):

1. Es muss sich um eine **Hilfs**aufrechnung handeln
2. Die zur Aufrechnung verwendete Gegenforderung muss vom Kläger bestritten werden
3. Über die Gegenforderung muss eine rechtskraftfähige Entscheidung ergehen

Weil das Gericht gemäß § 63 Abs. 2 GKG den Streitwert für die Gerichtsgebühr von Amts wegen mit Beendigung des Prozesses festsetzen muss, wird im Rahmen dieser Streitwertfestsetzung auch über die Berücksichtigung der Hilfsaufrechnung beim Streitwert entschieden. Die Festsetzung ist dann gemäß § 32 Abs. 1 RVG für die Anwaltsgebühren maßgebend.

5. Hilfsanspruch (§ 45 Abs. 1 S. 2 GKG)

Es kommt vor, dass ein Kläger neben seinem Hauptantrag, für den Fall, dass dieser keinen Erfolg 81
hat, einen **Hilfsantrag (Eventualantrag)** stellt.

Beispiel:

Kania verklagt Brösel auf Zahlung des Kaufpreises von 10.000,00 € für den verkauften Gebrauchtwagen (Hauptantrag); für den Fall, dass das Gericht diesen Anspruch zurückweist, beantragt er hilfsweise, den Brösel zur Rückgabe des Pkw zu verurteilen (Hilfsantrag).

Der Kläger stellt hier zwei Anträge, es handelt sich also um einen Fall der Anspruchshäufung. Da der zweite Antrag nur hilfsweise gestellt wird, spricht man auch von einer **hilfsweisen Anspruchshäufung**. Diese ist für den Zuständigkeitswert und für den Gebührenwert unterschiedlich geregelt.

Für den für die **Zuständigkeit maßgebenden Wert des Streitgegenstands** ist § 5 Hs. 1 ZPO nicht 82
anwendbar, sodass die Werte von Haupt- und Hilfsantrag nicht zusammengerechnet werden dürfen. Nach herrschender Meinung ist der höhere Wert entweder des Haupt- oder des Hilfsantrages maßgebend.

Für den **Streitwert** für die Gerichtsgebühr enthält § 45 Abs. 1 S. 2 und 3 GKG eine besondere Re- 83
gelung: Wird neben einem Hauptanspruch ein Hilfsanspruch geltend gemacht, so ist der Wert des Hilfsanspruches und der Wert des Hauptanspruchs zusammenzurechnen, **wenn** das Gericht auch über den Hilfsanspruch entscheidet. Entscheidet das Gericht nicht über den Hilfsanspruch, so bleibt sein Wert außer Betracht. Eine Addition der Werte darf dagegen auf keinen Fall vorgenommen werden, wenn beide Ansprüche denselben Gegenstand betreffen (§ 45 Abs. 1 S. 3 GKG); dann ist nur der Wert des höheren Anspruchs maßgebend.

Beispiel:

Kania verklagt Brösel auf Zahlung des Kaufpreises von 10.000,00 € für den verkauften Gebrauchtwagen; für den Fall, dass das Gericht diesen Anspruch zurückweist, beantragt er hilfsweise, den Brösel zur Rückgabe des Pkw zu verurteilen. Der Verkehrswert des Pkw hat sich zwischenzeitlich wegen gestiegener Nachfrage nach diesem Modell auf 11.000,00 € erhöht. Es werden drei mögliche Ausgänge des Prozesses geprüft (Urteile 1 bis 3).

1. Urteil: Brösel wird zur Zahlung des Kaufpreises verurteilt. Über den Hilfsantrag musste also vom Gericht nicht entschieden werden. Der Streitwert wird vom Gericht deshalb gemäß § 63 Abs. 2 GKG auf 10.000,00 € festgesetzt.

2. Urteil: Brösel wird zur Herausgabe des Pkw verurteilt. Das Gericht hat also auch über den Hilfsantrag entschieden. Der Streitwert wird vom Gericht deshalb gemäß § 63 Abs. 2 GKG auf 11.000,00 € festgesetzt. Da beide Ansprüche denselben Gegenstand betreffen, ist der Wert des höheren Anspruchs maßgebend.

3. Urteil: Die Klage des Kania wird abgewiesen, womit über den Hauptantrag und auch über den Hilfsantrag entschieden wurde. Der Streitwert wird vom Gericht deshalb gemäß § 63 Abs. 2 GKG auf 11.000,00 € festgesetzt. Da beide Ansprüche denselben Gegenstand betreffen, ist der höhere Wert des Hilfsantrages maßgebend.

Was in Rdn 77 ff. (Hilfsaufrechnung) bezüglich der **Anwaltsgebühren** gesagt ist, gilt in ähnlicher Weise auch für den Fall des Hilfsantrages. Wird der Hilfsantrag vom Gericht bei der Streitwertfestsetzung berücksichtigt oder auch nicht berücksichtigt, ist das jeweils wegen § 32 Abs. 1 RVG für die Anwaltsgebühren maßgebend. Der RA wird die Verfahrensgebühr (Nr. 3100 VV RVG) und die Terminsgebühr (Nr. 3104 VV RVG) nach dem gemäß § 45 Abs. 1 S. 2 und 3 GKG erhöhten oder nicht erhöhten Wert erhalten.

Merke:

Für den Streitwert für die Gerichtsgebühr wird der Wert eines Hilfsanspruches nur dann mit dem Wert des Hauptanspruches zusammengerechnet, wenn das Gericht über den Hilfsanspruch entscheidet.

Betreffen beide Ansprüche denselben Gegenstand, so ist nur der Anspruch mit dem höheren Wert maßgebend.

IX. Geldforderungen

84 Die Einforderung von Geldbeträgen bietet erfreulicherweise in der Regel bewertungstechnisch überhaupt keine Probleme. Bei Geltendmachung z. B. einer Kaufpreisforderung oder einer Darlehensrückforderung steht mit dem eingeforderten Geldbetrag der Gegenstand der anwaltlichen oder gerichtlichen Tätigkeit und damit der Streitwert eindeutig fest.

Wenn ein Geldbetrag gefordert wird, ist also die Höhe dieses Betrages für die Bemessung des Gegenstandswertes maßgebend, allerdings **ohne Nebenforderungen** wie Zinsen oder Kosten (§ 4 ZPO, § 43 Abs. 1 GKG; siehe Rdn 37 ff.).

Auch in **Familiensachen** bemisst sich der Verfahrenswert nach der Höhe einer bezifferten Geldforderung, wenn diese Verfahrensgegenstand ist (§ 35 FamGKG) und Nebengegenstände wie Zinsen und Kosten werden nicht berücksichtigt (§ 37 FamGKG).

Werden **Nebenforderungen** alleine **ohne die Hauptforderung** geltend gemacht, so ist der Wert der Nebenforderungen maßgebend, soweit sie die Hauptforderung nicht übersteigen (§ 43 Abs. 2 und 3 GKG; siehe Rdn 37 ff.).

Eine praktisch sehr wichtige Ausnahme für die Anwaltsgebühren gilt für die Wertermittlung in Angelegenheiten der **Zwangsvollstreckung**. Hier setzt sich der Gegenstandswert abweichend von § 43 Abs. 1 GKG zusammen aus Hauptforderung und Nebenforderungen wie z. B. Zinsen und den bisher angefallenen Kosten (§ 25 Abs. 1 Ziff. 1 Hs. 1 RVG; siehe § 8 Rdn 18 ff.).

X. Herausgabeansprüche (§ 6 ZPO)

Bei Ansprüchen auf Herausgabe von beweglichen Sachen oder Grundstücken wird der Streitwert durch den **Verkehrswert** der jeweiligen Sache bestimmt (§ 6 S. 1 ZPO). 85

Der Verkehrswert ist der objektive Wert der Sache, also der Wert, den die Sache nach allgemeiner Anschauung hat. Nur der objektive Wert ist maßgeblich, nicht z. B. der Liebhaberwert oder der Wert, den die Sache nur speziell für den Kläger persönlich hat.

Das bedeutet auch, dass nicht etwa der für die Sache gezahlte Kaufpreis, sondern nur der objektive Verkehrswert entscheidend ist. Dies gilt insbesondere, wenn der Kaufpreis besonders hoch (Liebhaberpreis) oder besonders niedrig (Freundschaftspreis) war. Allerdings wird der Kaufpreis in der Regel einen wichtigen Hinweis auf die Höhe des zu schätzenden Verkehrswertes liefern.

Der Verkehrswert ist vom Gericht nach **„freiem Ermessen"** festzusetzen (§ 3 ZPO), was übrigens nicht so ausgelegt werden darf, dass das Gericht den Wert völlig willkürlich festsetzen dürfte. Häufig wird jedoch nur eine Schätzung weiterhelfen. Das Gericht kann eine Beweiserhebung durchführen, muss dies aber nicht (§ 3 ZPO: „kann"). Im Übrigen müssen sich schon die RAe der Parteien über den Verkehrswert Gedanken machen, denn die Parteien sollen bei jedem Antrag, sofern dieser nicht in einer bestimmten Geldsumme besteht, den Wert des Streitgegenstands angeben (§ 61 GKG, § 253 Abs. 3 ZPO).

Sehr **umstritten** ist, ob Abzüge vom Verkehrswert für auf der Sache ruhende Lasten und Schulden vorgenommen werden dürfen. Dies betrifft insbesondere Grundstücke, die mit Grundpfandrechten belastet sind. Es wird richtig sein, den Verkehrswert ohne Abzug valutierender Grundpfandrechte zu schätzen. Als Grundsatz ist dies z. B. in § 38 GNotKG geregelt. Dagegen werden nach herrschender Meinung dauernde Belastungen (z. B. Erbbaurechte, Wegerechte), wenn sie den wirtschaftlichen Wert des Grundstücks nachhaltig mindern, abgezogen. Prüfen Sie vorsichtshalber, wie sich die für Sie zuständigen Gerichte zu dieser Frage stellen.

> *Beispiel:*
>
> Kaffke verklagt Breitner auf Rückgabe des verkauften Gebrauchtwagens, den er diesem für einen Kaufpreis von 10.000,00 € verkauft hatte. Der Verkehrswert des Pkw hat sich bis zur Klageerhebung (§ 4 Abs. 1 ZPO) wegen gestiegener Nachfrage auf 11.000,00 € erhöht. Der Streitwert beträgt 11.000,00 €.

Merke:

Bei Herausgabeansprüchen wird der Streitwert durch den objektiven Wert (Verkehrswert) der jeweiligen Sache bestimmt.

XI. Miet- oder Pachtverträge (§ 41 GKG, § 8 ZPO)

Hinweis: 86

Die Streitwertermittlung in Miet- oder Pachtvertragssachen gehört zu den Angelegenheiten, in denen man sehr leicht sehr große Fehler machen kann. Wenn Sie hierbei den falschen Paragrafen heranziehen, erhalten Sie möglicherweise einen Streitwert von der 25-fachen Höhe des Wertes, der sich nach der richtigen Wertvorschrift ergibt. Einen solch großen Unterschied ergeben die Bewertungsvorschriften für den Wert des Streitgegenstands und für den Streitwert für die Gerichtsgebühr. Es ist daher bei Miet- oder Pachtverträgen noch mehr als sonst notwendig, diese beiden Wertarten streng auseinander zu halten.

87 Der für die **Zuständigkeit maßgebende Wert des Streitgegenstands** und der Rechtsmittelwert in Miet- oder Pachtvertragssachen werden nach § 8 ZPO bestimmt, sofern die sachliche Zuständigkeit bei Mietverhältnissen über Wohnraum nicht sowieso schon durch § 23 Ziff. 2 Lit. a GVG ohne Rücksicht auf den Wert den Amtsgerichten zugewiesen ist. Von § 8 ZPO werden aber nur die Fälle betroffen, in denen das Bestehen oder die Dauer eines Miet- oder Pachtverhältnisses streitig ist, wobei sich dann der Zuständigkeitswert aus dem auf die gesamte streitige Zeit entfallenden Entgelt ergibt, höchstens aber dem 25fachen Jahresbetrag. Ein Rechtsstreit wegen Zahlung des Miet- oder Pachtentgelts oder sonstiger Leistungen fällt nicht unter § 8 ZPO.

88 Der **Streitwert für die Gerichtsgebühr** in Miet- oder Pachtvertragssachen wurde aus sozialen Gründen (nur) in den in § 41 GKG genannten Streitigkeiten besonders niedrig gehalten; er darf höchstens nach dem einjährigen Entgelt berechnet werden.

Beachten Sie, dass § 41 GKG nicht für Leistungsklagen auf Zahlung rückständigen Miet- oder Pachtentgelts gilt: Streitwert ist hier natürlich der eingeforderte Betrag.

1. Streit über Bestehen oder Dauer eines Miet- oder Pachtvertrages (§ 41 Abs. 1 GKG)

89 Ist das **Bestehen** oder die **Dauer** eines Miet-, Pacht- oder ähnlichen Nutzungsverhältnisses streitig, so ist für die Berechnung des **Streitwerts für die Gerichtsgebühr** das einjährige Entgelt („Miete“, „Pacht“) heranzuziehen. Bezieht sich der Streit auf einen kürzeren Zeitraum, so ist der Streitwert für diesen Zeitraum zu berechnen (§ 41 Abs. 1 GKG). Beachten Sie die Erläuterungen über den Begriff des Miet- und Pachtentgelts in Rdn 94.

Der **Anwendungsbereich des § 41 Abs. 1 GKG** betrifft alle Fälle, in denen die Parteien um Bestehen, Nichtbestehen oder Dauer eines Miet- oder Pachtvertrages streiten, worunter insbesondere folgende Klagen fallen:

- Feststellungsklage, dass ein Miet- oder Pachtvertrag (auch Untermietvertrag) besteht oder nicht besteht, oder über dessen Dauer.
- Feststellungsklage, dass eine fristgerechte oder fristlose Kündigung unwirksam ist.

90 **Nicht anzuwenden** ist § 41 Abs. 1 GKG z. B. bei Streitigkeiten über die Zahlung des Miet- oder Pachtentgelts oder wenn das Gericht den Inhalt des Mietvertrages feststellen soll.

Die nach § 41 Abs. 1 GKG zu berücksichtigende streitige Zeit beginnt regelmäßig mit der Klageerhebung. Das Ende dieser streitigen Zeit ist

- bei einem auf bestimmte Dauer abgeschlossenen Vertrag das Vertragsende und
- bei einem auf unbestimmte Zeit abgeschlossenen Vertrag der Zeitpunkt, zu dem die nächste Kündigung zulässig ist.
- Bei einer fristlosen Kündigung wird die streitige Zeit vom Zeitpunkt der fristlosen Kündigung bis zum Zeitpunkt des nächsten ordentlichen Kündigungstermins berechnet.

> *Beispiel:*
>
> Förster und Fleischer streiten darüber, ob zwischen ihnen ein Jagdpachtvertrag auf vier Jahre wirksam abgeschlossen ist. Es war ein monatliches Pachtentgelt von 400,00 € vereinbart. Der Gebührenwert beträgt 12 x 400,00 € = 4.800,00 €.

Merke:

Bei Streit über Bestehen oder Dauer eines Miet- oder Pachtverhältnisses ist der **Streitwert für die Gerichtsgebühr** höchstens das einjährige Entgelt.

2. Räumungsklage nach Beendigung eines Miet- oder Pachtvertrages (§41 Abs. 2 GKG)

Wenn ein Miet- oder Pachtverhältnis oder ein ähnliches Nutzungsverhältnis abgelaufen oder gekündigt ist und dann **Räumungsklage** erhoben wird, so ist aus sozialen Gründen der **Streitwert für die Gerichtsgebühr** höchstens der Betrag des Entgelts für ein Jahr; er ist geringer, wenn die streitige Zeit weniger als ein Jahr ausmacht (§ 41 Abs. 2 S. 1 GKG). Nach dem Wortlaut dieser Vorschrift ist diese auch dann anzuwenden, wenn gleichzeitig ein Streit über das Bestehen des Nutzungsverhältnisses ansteht. 91

Nach der Formulierung des § 41 Abs. 2 GKG gilt dieser nur für die Räumung eines Grundstücks, Gebäudes oder Gebäudeteils, nicht jedoch für die Klage auf Herausgabe **beweglicher Sachen**. Geht es weiterhin um die Herausgabe einer Sache, **ohne** das ein Miet- oder Pachtverhältnis vorliegt, so ist die Bewertung in diesen Fällen nach dem Verkehrswert gemäß § 6 ZPO vorzunehmen (siehe Rdn 85). Dies trifft z. B. zu, wenn der Käufer als neuer Eigentümer einer Eigentumswohnung vom Verkäufer die Räumung verlangt – denn es liegt hier kein Miet- oder sonstiges Nutzungsverhältnis vor.

Sollte zusätzlich zum Räumungsverlangen rückständiges Miet- oder Pachtentgelt eingeklagt werden, sind gemäß § 5 ZPO (§ 22 Abs. 1 RVG) der Jahresbetrag (also 12 x Monatsmiete/-pacht) und das rückständige Entgelt zu addieren, wobei der Rückstand auch das einjährige Entgelt übersteigen darf. Wichtig: Zum Begriff der Miete siehe Rdn 94.

Beispiel:

Völz hat den Mietvertrag über die an Morbach vermietete Wohnung gekündigt, da Morbach ihm für insgesamt 13 Monate die Miete schuldig geblieben ist. Da Morbach die Wohnung nicht verlässt, klagt Völz auf Räumung der Wohnung. Die monatliche Miete (ohne Nebenkosten) beträgt 1.000,00 €, hinzu kommen Nebenkosten von 200,00 € pro Monat. Zum Begriff der Miete siehe Rdn 94.

Der **Streitwert für die Gerichtsgebühr** berechnet sich wie folgt:

Räumungsklage (§ 41 Abs. 2 S. 1 GKG)	12 x 1.000,00 € =	12.000,00 €
Rückstand für 13 Monate	13 x 1.200,00 € =	15.600,00 €
Gebührenwert insgesamt (§ 22 Abs. 1 RVG, § 5 ZPO)		**27.600,00 €**

Merke:

Bei Räumungsklage nach Beendigung eines Miet- oder Pachtverhältnisses ist der **Streitwert für die Gerichtsgebühr** höchstens ein Jahresbetrag des Entgelts.

Verlangt der Kläger die Räumung nicht nur wegen Beendigung eines Miet- oder Pachtverhältnisses, sondern **auch** aus einem anderen Rechtsgrund (z. B. Eigentum oder Besitz), so ist immer der Wert der Nutzung eines Jahres maßgebend, der meistens dem einjährigen Entgelt entspricht (§ 41 Abs. 2 S. 2 GKG).

3. Räumungsklage und Sozialklausel des BGB (§41 Abs. 3 und 4 GKG)

In § 41 Abs. 3 GKG ist für den Fall eine Anordnung getroffen, dass bei einem anhängigen Räumungsprozess der Mieter (z. B. auch durch Widerklage) seine Ansprüche auf Fortsetzung des Mietverhältnisses („Sozialklausel“, §§ 574 bis 574b BGB) geltend macht. Der Streitwert des Räumungsverlangens und der Streitwert des Fortsetzungsverlangens sind dann nicht zusammenzurech- 92 nen, obwohl hier verschiedene Streitgegenstände vorliegen. Als **Streitwert für die Gerichtsgebühr** für das gesamte Verfahren ist also stets nur maximal ein Jahresbetrag des Entgelts anzusetzen. Voraussetzung ist, dass das Gericht über beide Ansprüche in demselben Prozess verhandelt.

Für die Rechtsmittelinstanz ist nach § 41 Abs. 4 GKG grundsätzlich derselbe Wert anzunehmen, der für die erste Instanz maßgeblich war, wenn nicht die Beschwer geringer ist.

4. Erhöhung der Wohnungsmiete (§ 41 Abs. 5 GKG)

93 Bei einer Klage des Vermieters auf Zustimmung des Mieters zur Erhöhung der Miete gemäß den §§ 558 ff. BGB ist gemäß § 41 Abs. 5 GKG höchstens der Jahresbetrag des zusätzlich geforderten Entgelts maßgebend. Man muss also den Unterschiedsbetrag zwischen der bisherigen und der vom Vermieter verlangten höheren Miete ermitteln und davon den Jahresbetrag berechnen, wenn nicht die streitige Zeit kürzer als ein Jahr ist. Bei einer Klage auf Feststellung einer Minderung der Miete für Wohnraum ist der Jahresbetrag der Mietminderung, bei Feststellung einer Überschreitung der nach § 556d Abs. 1 oder § 556e BGB zulässigen Miete der Jahresbetrag der Überschreitung maßgebend. Die Regelung des § 41 Abs. 5 GKG gilt nur für Wohnraum, bei Geschäftsräumen ist § 9 ZPO anzuwenden.

5. Zum Begriff der Miete (§ 41 GKG)

94 Bei einer **Leistungsklage auf Zahlung der Miete** setzt man selbstverständlich den eingeforderten Betrag als Streitwert an, wobei dieser sich aus der eigentlichen Miete und den so genannten Nebenkosten zusammensetzt. Der Mieter schuldet dem Vermieter eben diesen im Mietvertrag vereinbarten Gesamtbetrag. Es gibt hierbei keine Begrenzung auf das einjährige Mietentgelt!

Dagegen ist der **Mietbegriff des § 41 GKG** erklärungsbedürftig, denn es war bisher in der Rechtsprechung umstritten, ob für den Anwendungsbereich dieser Vorschrift zur monatlichen Nettomiete die Nebenkosten hinzuzurechnen sind.

Die Miete ist als Entgelt des Mieters für die Gebrauchsüberlassung durch den Vermieter gedacht, wogegen die Nebenkosten für den Vermieter nur durchlaufende Posten sind, die nicht für ihn bestimmt sind, sondern an Dritte (z. B. Schornsteinfeger, Heizöllieferant) weiterzuleiten sind. Zumindest wurden in der Rechtsprechung meist die Nebenkosten weggelassen, die nicht als Entgelt für die Gebrauchsüberlassung angesehen werden; es wurden hier häufig Heizkosten und Warmwasserkosten genannt.

In der neueren Rechtsprechung gab es eine deutliche Tendenz dahin, sämtliche Nebenkosten wegzulassen und nur die Nettomiete zur Wertberechnung heranzuziehen. Durch die Aufnahme des Satzes 2 in § 41 Abs. 1 GKG wird diese Rechtsprechung bestätigt. Damit wird klargestellt, dass Nebenkosten nur noch dann als Entgelt im Sinne des § 41 GKG anzusehen sind, wenn diese als zusätzliches Entgelt für die Gebrauchsüberlassung zu betrachten sind. Werden diese Nebenkosten vereinbarungsgemäß als Pauschale erhoben ohne Verpflichtung, darüber eine gesonderte Abrechnung zu erstellen, so kann man davon ausgehen, dass sie ein zusätzliches pauschales Entgelt darstellen – sie erhöhen also nur die monatliche Miete. In diesem Falle gehen die Nebenkosten in die Wertberechnung gemäß § 41 GKG mit ein; dies dürfte eher selten der Fall sein. Andernfalls ist Grundlage der Berechnung des Wertes nur die **Nettomiete**. Für Pachtverträge gelten diese Überlegungen gleichermaßen.

Merke:

Für den Anwendungsbereich des § 41 GKG wird in der Regel der Berechnung des **Streitwerts für die Gerichtsgebühr** nur die Nettomiete oder -pacht zugrunde gelegt.

XII. Ansprüche auf wiederkehrende Leistungen (§ 9 ZPO, § 51 FamGKG, § 42 GKG)

Hinweis: 95

Bei der Bewertung wiederkehrender Leistungen gibt es Unterschiede, je nachdem, ob die Bewertungsvorschriften für den Wert des Streitgegenstands nach §§ 2 ff. ZPO oder für den Streitwert für die Gerichtsgebühr heranzuziehen sind. Es ist daher bei wiederkehrenden Leistungen notwendig, die Wertarten streng auseinander zu halten.

Wiederkehrende Leistungen sind solche, die sich aus demselben Rechtsgrund in kleineren oder 96 größeren Zeitabständen wiederholen, wobei die einzelnen Leistungen nicht unbedingt gleichmäßig hoch und die zeitlichen Zwischenräume nicht unbedingt regelmäßig sein müssen. Wert des Streitgegenstands und Streitwert für die Gerichtsgebühr haben gemein, dass zunächst der Wert des Bezugs für ein Jahr festzustellen und dann – je nach der anzuwendenden Wertvorschrift – mit der entsprechenden Zahl der Jahre zu vervielfältigen ist.

Der **Wert des Streitgegenstands** und der Rechtsmittelwert werden bei wiederkehrenden Leistun- 97 gen nach § 9 ZPO bestimmt, der außerdem für die Ermittlung des **Streitwerts für die Gerichtsgebühr** heranzuziehen ist, sofern § 42 GKG bzw. § 51 FamGKG hierfür keine Sonderregeln enthalten. Danach verbleiben z. B. im **Anwendungsbereich des § 9 ZPO**: Renten aus unerlaubten Handlungen und vertragliche Geldrenten, vertragliche (nicht familienrechtliche) Unterhaltsansprüche, Leibrenten, Nutzungen (§ 100 BGB), Reallasten, Erbbauzinsen.

Zur **Berechnung des Werts des Streitgegenstands** wird bei einem Recht auf wiederkehrende Nutzungen oder Leistungen gemäß § 9 ZPO der dreieinhalbfache Wert des Jahresbetrages angesetzt. Es kommt dabei nicht (wie im GNotKG) darauf an, ob das den wiederkehrenden Leistungen zugrunde liegende Recht von bestimmter oder von unbeschränkter Dauer ist, oder ob der zukünftige Wegfall des Rechts ungewiss ist. Jedoch bildet bei einem Recht von bestimmter Dauer der dreieinhalbfache Jahresbetrag des § 9 ZPO nur den Höchstwert; bei einer kürzeren bestimmten Dauer ist die tatsächliche Zeit anzusetzen, sodass z. B. bei einem nur auf zwei Jahre vereinbarten Unterhalt der Jahresbetrag mit 2 zu vervielfältigen ist.

Exkurs:

Die nachstehenden Erläuterungen sind insbesondere auch für § 52 GNotKG von Bedeutung.

Der zukünftige Wegfall eines Rechts kann gewiss sein, nur der Zeitpunkt des Wegfalls nicht. Es handelt sich bei solchen Rechten von **unbestimmter Dauer** häufig um Rechte, die an das Leben einer Person geknüpft sind; wann diese sterben wird, weiß halt niemand.

Die Dauer eines Rechts kann ferner **zeitlich unbeschränkt** sein (also ein Recht auf ewig) oder auch der **Zeit nach bestimmt** sein (z. B. auf 30 Jahre). Bezugsrechte von unbeschränkter Dauer können z. B. häufig Reallasten sein.

Nur bei einem **zeitlich bestimmten Recht** ist es möglich, dass ein Vervielfältiger von weniger als 3,5 zur Berechnung des Zuständigkeitswertes herangezogen werden kann.

Da dies manchmal verwechselt wird, sei darauf hingewiesen, dass für Grunddienstbarkeiten § 7 ZPO anzuwenden ist, wobei der zu vergleichende Wert der Grunddienstbarkeit für das herrschende und das dienende Grundstück nach § 3 ZPO zu schätzen ist.

Entscheidend ist bei allen Wertarten, dass § 9 ZPO und § 42 GKG bzw. § 51 FamGKG nur anzu- 98 wenden sind, wenn es bei dem Streit um das **Recht als solches** geht. Betrifft der Rechtsstreit nur **Rückstände einzelner Leistungen**, ohne dass zugleich um das Recht auf zukünftige Leistungen selbst gestritten wird, so bestimmt nur der Gesamtbetrag der Rückstände vor Klageeinreichung den Streitwert.

Wird das **Recht auf zukünftige Leistungen zusammen mit Ansprüchen auf Rückstände** aus der Zeit vor der Einreichung der Klage bzw. des Antrags eingefordert, so werden die Rückstände dem Wert hinzugerechnet (§ 5 Hs. 1 ZPO, § 42 Abs. 3 S. 1 Hs. 1 GKG, § 51 Abs. 2 FamGKG); ausgenommen sind Prozesse vor den Arbeitsgerichten (§ 42 Abs. 3 S. 1 Hs. 2 GKG). Ein solcher Rückstand kann durchaus den nach § 9 ZPO oder § 42 Abs. 1 GKG bzw. § 51 Abs. 1 FamGKG errechneten Wert übersteigen. Es werden jedoch nur Rückstände bis zum Zeitpunkt der Einreichung der Klage bzw. des Antrags (nicht bis zur Zustellung bzw. Rechtshängigkeit) berücksichtigt; der Eingangsstempel des Gerichts ist hierfür entscheidend. **Nach** Einreichung der Klage bzw. des Antrags aufgelaufene Rückstände bleiben unberücksichtigt. Rückständig ist also nur jeder Betrag, der **vor** dem Zeitpunkt der Einreichung der Klage oder des Antrags auf Prozesskostenhilfe bzw. Verfahrenskostenhilfe fällig gewesen ist (§ 42 Abs. 3 S. 2 GKG, § 51 Abs. 2 S. 2 FamGKG). Im Fall des Antrags auf Prozesskostenhilfe bzw. Verfahrenskostenhilfe gilt dies jedoch nur dann, wenn alsbald nach deren Bewilligung das Hauptverfahren eingeleitet wird.

Beispiel:

Am 16. Dezember wird beim Familiengericht ein verfahrenseinleitender Antrag auf monatliche Unterhaltszahlung von 500,00 € seit dem 1. September eingereicht, wobei die einzelnen Unterhaltsbeträge gemäß § 1612 Abs. 3 BGB jeweils zum 1. eines jeden Monats im Voraus zahlbar sein sollen, also fällig sind.

Der Wert des **Unterhaltsverfahrens** (Unterhaltspflicht) wird in Rdn 104 f. bestimmt. Hier soll es nur um die **Berechnung der Rückstände** gehen.

Dem Wert des Verfahrens hinzuzurechnen ist der Betrag des bis zur Antragseinreichung rückständigen Unterhalts, wobei auch ein „angebrochener" Monat oder ein begonnenes Vierteljahr (bei vierteljährlicher Zahlung) mitzählt, wenn nur die einzelne Leistung vor der Einreichung fällig war (§ 51 Abs. 2 S. 1 FamGKG).

Bis zum 16. Dezember (Eingang des Antrags beim Familiengericht) waren die monatlich im Voraus zu leistenden Unterhaltszahlungen für September, Oktober, November und Dezember bereits fällig gewesen, sodass die **Rückstände** sich auf 4 x 500,00 € = 2.000,00 € belaufen.

99 Für den **Streitwert** zur Berechnung der Anwalts- und Gerichtsgebühren werden die Wertvorschriften des § 9 ZPO durch die Bestimmung des § 51 FamGKG bzw. des § 42 GKG für bestimmte Ansprüche abgeändert, was im Wesentlichen **gesetzliche Unterhaltsansprüche** und bestimmte **Verfahren vor den Arbeitsgerichten** betrifft.

1. Wiederkehrende Leistungen (§ 9 ZPO)

100 Für alle **nicht** unter § 42 GKG oder § 51 FamGKG fallenden **wiederkehrenden Leistungen** ist der **Streit- und Verfahrenswert** gemäß § 48 Abs. 1 GKG nach den Vorschriften für den Zuständigkeitswert nach § 9 ZPO zu ermitteln. Es handelt sich dabei z. B. um Schadenersatzrenten aus unerlaubten Handlungen, vertragliche Geldrenten, Rentenversicherungen, Leibrenten, Nutzungen (§ 100 BGB), Reallasten, Erbbauzinsen. Die Wertberechnung gemäß § 9 ZPO ist vorstehend in Rdn 95 ff. beschrieben.

2. Rentenansprüche aus unerlaubten Handlungen und vertragliche Renten (§ 9 ZPO)

Hinweis: 101

Bis Juli 2013 waren Rentenansprüche aus unerlaubten Handlungen (Tötung oder Verletzung eines Menschen) in § 42 Abs. 1 S. 1 GKG geregelt. Diese Vorschrift wurde aufgehoben, sodass jetzt für diese Ansprüche § 9 ZPO heranzuziehen ist.

Der **Streitwert für die Gerichtsgebühr** für als Schadenersatz geforderter **Geldrenten wegen Tötung oder Verletzung** eines Menschen ist nach § 9 ZPO geregelt, sodass der Streitwert für die Gerichtsgebühr dem Wert des Streitgegenstands entspricht (§ 23 Abs. 1 RVG i. V. m. § 48 Abs. 1 GKG). Maßgebend ist der **dreieinhalbfache Jahresbetrag** der verlangten Geldrente, wenn nicht der beanspruchte Gesamtbetrag niedriger ist. Betroffen sind alle **gesetzlichen** zivilrechtlichen Rentenansprüche aus **unerlaubter Handlung** nach den §§ 843, 844 Abs. 2 und 845 BGB. 102

Bei einer **vertraglich vereinbarten Rente** wird der Zuständigkeitswert und der Gebührenwert ebenfalls nach § 9 ZPO ermittelt. Dies betrifft z. B. bestimmte Lebensversicherungsverträge (Rentenversicherung).

Sind die geforderten Jahresbeträge unterschiedlich hoch, dann ist nach herrschender Meinung bei der Berechnung des dreieinhalbfachen Jahresbetrages von den höchsten verlangten Jahresrentenbeträgen auszugehen, nicht etwa von einem errechneten Durchschnitt. **Rückstände** aus der Zeit **vor** der Klageeinreichung werden hinzugerechnet (§ 42 Abs. 3 GKG). 103

Hinweis:

Rückständige Rentenansprüche aus unerlaubten Handlungen werden dem dreieinhalbfachen Jahresbetrag nach § 42 Abs. 3 GKG hinzugerechnet. Beachten Sie, dass anders als bei rückständigem Unterhalt eine solche Geldrente für **drei Monate im Voraus** zu zahlen ist (§§ 844 Abs. 2, 843 Abs. 2, 760 Abs. 2 BGB)! Wenn also die Rente ab Mai zu zahlen wäre und die Klage im Juni eingereicht wird, dann wird der bereits fällig gewesene Rückstand für Mai, Juni und Juli, also für drei Monate berechnet!

Beispiel:

Hurtig hat durch zu schnelles Fahren mit dem Fahrrad auf der falschen Straßenseite bei einem Unfall den Kaputtig schwer verletzt. Kaputtig, vertreten durch RA Taler, fordert eine Geldrente bis er in 12 Jahren in Rente geht. Für die Dauer der 12 Jahre verlangt er

- für die ersten 5 Jahre 800,00 € monatlich,
- dann für vier Jahre 900,00 € monatlich und
- für die letzten drei Jahre 1.000,00 € monatlich.

Wie hoch ist der Gebührenwert?

Gemäß § 9 ZPO ist der Vervielfältiger (höchstens) der dreieinhalbfache Jahresbetrag der Rente. Da unterschiedlich hohe Jahresbeträge gefordert werden, muss man die höchsten vorkommenden Jahresbeträge für den Zeitraum von drei Jahren und einem halben Jahr einbeziehen.

Der Streitwert für die Gerichtsgebühr berechnet sich also wie folgt:

3 x 12 x	1.000,00 € =	36.000,00 €	(höchster Jahresbetrag)
0,5 x 12 x	900,00 € =	5.400,00 €	(zweithöchster Jahresbetrag)
für insgesamt 3,5 Jahre =		**41.400,00 €**	

Für die Berechnung des Wert des Streitgegenstands nach § 9 ZPO vergleichen Sie das ähnliche Beispiel in Rdn 17 ff.

Merke:

Der Streitwert für die Gerichtsgebühr einer kraft Gesetzes als Schadenersatz wegen Tötung oder Verletzung eines Menschen geforderten Geldrente oder einer vertraglichen Rente ist höchstens der dreieinhalbfache Jahresbetrag der verlangten Rente.

Eine solche Geldrente ist jeweils für drei Monate vorauszuzahlen.

3. Gesetzliche Unterhaltsansprüche (§ 51 Abs. 1 FamGKG)

104 Bei Ansprüchen auf Erfüllung einer **gesetzlichen** Unterhaltspflicht ist grundsätzlich der **Jahresbetrag des Unterhalts** für den Verfahrenswert für die Gerichtsgebühr maßgebend. Von § 51 FamGKG erfasst werden gesetzliche Unterhaltsansprüche jeder Art (z. B. des Ehegatten, der Kinder), sowie freiwillige Unterhaltszahlungen, die z. B. zwischen Ehegatten oder mit Kindern vertraglich vereinbart wurden (dies ergibt sich aus § 112 Nr. 3 i. V. m. § 266 Abs. 1 FamFG).

Der Verfahrenswert für die Gerichtsgebühr kann nur dann geringer sein als der Jahresbetrag des Unterhalts, wenn schon bei Einreichung des verfahrenseinleitenden Antrags endgültig absehbar ist, dass der gesetzliche Unterhalt für weniger als ein Jahr verlangt wird.

Bei unterschiedlich hohen Monatsbeträgen des gesetzlichen Unterhalts werden die Monatsbeträge der **ersten** 12 Monate nach Einreichung des Antrags zusammengerechnet; Unterhaltserhöhungen in späteren Jahren werden im Gegensatz zur Rechtsprechung betreffend § 9 ZPO nicht berücksichtigt.

Unterhaltsbeträge, die **vor** der Einreichung des Antrages fällig waren, sind dem nach § 51 Abs. 1 FamGKG berechneten Wert hinzuzurechnen (§ 51 Abs. 2 FamGKG). Unterhaltsbeträge, die erst **während** des laufenden Verfahrens entstehen, dürfen nach § 51 Abs. 2 FamGKG dagegen nicht berücksichtigt werden. Beachten Sie, dass Unterhalt monatlich im Voraus zu zahlen ist (§ 1612 Abs. 3 BGB). Wird also der Antrag z. B. am 15. Juni bei Gericht eingereicht, dann ist der Unterhalt für Juni bereits rückständig.

Beispiel:

Am 16. Dezember wird von Herrn Kunze, vertreten durch RAin Müller-Lüdenscheidt, eine Antragsschrift auf monatliche Unterhaltszahlung von 500,00 € seit dem 1. September gegen Frau Kunze eingereicht, wobei die einzelnen Unterhaltsbeträge jeweils zum 1. eines jeden Monats im Voraus zahlbar sein sollen.

a) Der **Wert des Streitgegenstands** (§ 9 ZPO) braucht nicht bestimmt zu werden, da das Verfahren sowieso in die Zuständigkeit der Amtsgerichte (Familiengerichte, § 23a Abs. 1 Ziff. 1 GVG i. V. m. § 111 Ziff. 8 FamFG) fällt.
b) Zur Feststellung des **Verfahrenswerts für die Gerichtsgebühr** ist zunächst der Wert des Antrags auf Erfüllung der Unterhaltspflicht zu ermitteln:
Der ergibt sich vorerst aus dem Jahresbetrag des geforderten Unterhalts: 12 x 500,00 € = 6.000,00 €.
Diesem Wert hinzuzurechnen ist der Betrag des bis zur Einreichung des Antrags rückständigen Unterhalts. Bis zum 16. Dezember (Tag der Einreichung) waren die Unterhaltszahlungen für September, Oktober, November und Dezember bereits fällig gewesen (vgl. Beispiel in Rdn 98), sodass die Rückstände sich auf 4 x 500,00 € = 2.000,00 € belaufen.

Der Verfahrenswert für die Gerichtsgebühr beträgt also insgesamt:

Jahresbetrag:	6.000,00 €
+ Rückstand:	2.000,00 €
	8.000,00 €

Wenn ein **minderjähriges Kind** Unterhalt von einem Elternteil verlangt, mit dem es nicht in einem Haushalt lebt, so kann es den Unterhalt als Prozentsatz des jeweiligen **Mindestunterhalts** verlangen (§§ 1612a bis 1612c BGB). Der Mindestunterhalt richtet sich nach dem im Einkommensteuergesetz festgesetzten sächlichen Existenzminimum eines Kindes. Die jeweils geltenden Unterhaltsbeträge können Sie der **„Düsseldorfer Tabelle"** entnehmen, wobei der Mindestunterhalt sich aus den Richtsätzen der 1. Einkommensgruppe ergibt (siehe § 11 Rdn 41 ff.). Wenn Unterhalt in dieser Form eingefordert wird, so wird der Unterhaltsberechnung der Unterhaltsbetrag zugrunde gelegt, der entsprechend dem Alter des Kindes zum Zeitpunkt der Einreichung des verfahrenseinleitenden Antrages maßgeblich ist (§ 51 Abs. 1 S. 2 FamGKG). Außer im Falle des Verfahrens in Unterhaltssachen (§§ 231 ff. FamFG) gilt dies auch im vereinfachten Verfahren zur Festsetzung des Unterhalts nach den §§ 249 ff. FamFG ab Stellung des Antrags. Siehe hierzu auch § 11 Rdn 101 ff. 105

Merke:

Bei Ansprüchen auf Erfüllung einer **gesetzlichen** Unterhaltspflicht ist grundsätzlich der Jahresbetrag des Unterhalts für den **Verfahrenswert für die Gerichtsgebühr** maßgebend. Nur Unterhaltsrückstände, die bereits **vor** der Einreichung des Antrags fällig waren, sind hinzuzurechnen.

Unterhalt ist monatlich vorauszuzahlen.

Der **Verfahrenswert für die Gerichtsgebühr** für Streitigkeiten wegen **vertraglicher Unterhaltsansprüche,** die z. B. zwischen Ehegatten oder mit Kindern vereinbart wurden, wird ebenfalls nach § 51 FamGKG ermittelt. Der Wert **sonstiger Geldrenten** wird nach § 9 ZPO bestimmt.

4. Ansprüche auf wiederkehrende Leistungen aus öffentlich-rechtlichen Dienstverhältnissen und von Arbeitnehmern (§ 42 Abs. 1 GKG)

Für Ansprüche dieser Art ist der **dreifache Jahresbetrag** maßgebend, wenn nicht der geltend gemachte Gesamtbetrag geringer ist. 106

Beachten Sie, dass die Wertermittlung für eine Klage, die das Bestehen, das Nichtbestehen oder die Kündigung eines Arbeitsverhältnisses einschließlich von Eingruppierungsstreitigkeiten betrifft, in § 42 Abs. 2 GKG besondere Wertbestimmungen mit niedrigeren Werten getroffen wurden (siehe Rdn 107).

XIII. Verfahren vor den Arbeitsgerichten (§ 42 Abs. 2 GKG)

In Verfahren vor den **Arbeitsgerichten** wegen Bestehens oder Nichtbestehens eines Arbeitsverhältnisses oder wegen Feststellung der Unwirksamkeit einer Kündigung ist der Streitwert nicht nach § 42 Abs. 1 GKG, sondern nach § 42 Abs. 2 GKG zu ermitteln, was zu ermäßigten Werten führt. Streitwert ist höchstens der Bruttoarbeitsverdienst für 3 Monate; Abfindungen werden nicht hinzugerechnet. 107

Bei Rechtsstreitigkeiten über eine Eingruppierung ist der Wert des dreijährigen Unterschiedsbetrages zwischen der gewährten und der begehrten Vergütung maßgebend, sofern nicht der Gesamtbetrag der geforderten Leistung geringer ist. Bis zur Klageerhebung entstandene Rückstände werden nicht hinzugerechnet.

Hinweis:
Eine Streitwertkommission hat einen einheitlichen **Streitwertkatalog** für die Arbeitsgerichtsbarkeit erstellt. Diesen finden Sie im Internet: „Streitwertkatalog für die Arbeitsgerichtsbarkeit, überarbeitete Fassung 1. Februar 2024“.

XIV. Der Gegenstandswert im Verfahren über die Prozess- und Verfahrenskostenhilfe (§ 23a RVG)

108 Im Verfahren über die **Bewilligung der Prozess- oder Verfahrenskostenhilfe** oder die Aufhebung der Bewilligung nach § 124 Abs. 1 Nr. ZPO bestimmt sich der Gegenstandswert für die Anwaltsgebühren nach dem für den Hauptprozess maßgebenden Wert, im Übrigen (z. B. Verfahren nach § 120a ZPO) ist er nach dem Kosteninteresse nach billigem Ermessen zu bestimmen (§ 23a Abs. 1 RVG). Die Regelung in § 23a RVG ist erforderlich, weil das Verfahren über die Prozesskostenhilfe gerichtsgebührenfrei ist. Es ist also der Wert des geplanten Prozesses zu ermitteln und dieser Wert für die Berechnung der Gebühren für das PKH-Bewilligungsverfahren anzuwenden. Der Wert des Bewilligungsverfahrens und der Wert des Hauptprozesses werden im Übrigen gemäß § 23a Abs. 2 RVG nicht zusammengerechnet. Siehe § 9 Rdn 9 ff. zur Prozesskostenhilfe.

XV. Der Gegenstandswert in der Zwangsvollstreckung (§ 25 Abs. 1 RVG)

109 In § 4 Abs. 1 Hs. 2 ZPO wird ein **Additionsverbot für** einige Arten von **Nebenforderungen** wie Zinsen und Kosten angeordnet, soweit diese als Nebenforderungen geltend gemacht werden. Von diesem Additionsverbot gibt es eine wichtige **Ausnahme in Zwangsvollstreckungsangelegenheiten** für die Berechnung der Anwaltsgebühren: Bei Aufträgen zur Zwangsvollstreckung setzt sich der Gegenstandswert für die Anwaltsgebühren zusammen aus der Hauptforderung, den Verfahrenskosten, den Zinsen und den bisher angefallenen Kosten der Zwangsvollstreckung (§ 25 Abs. 1 Ziff. 1 Hs. 1 RVG). Siehe § 8 Rdn 18 ff.

XVI. Der Gegenstandswert bei Zahlungsvereinbarungen (§ 31b RVG)

110 Bei einer **Einigung über Zahlungsmodalitäten** anstelle der sofortigen gerichtlichen Durchsetzung oder der sofortigen Zwangsvollstreckung entsteht eine 0,7 Einigungsgebühr (Nr. 1000 Ziff. 2 VV RVG). Wenn eine solche Einigung **die Zahlungen** des Schuldners **in Raten** oder eine Stundung regelt (**Ratenvereinbarung**), soll der Gegenstandswert niedriger sein, als bei einem Vergleich über einen streitigen Anspruch. Deshalb beträgt der Gegenstandswert nach § 31b RVG nur 50 % des Anspruchs. Siehe hierzu auch § 2 Rdn 166–177 und § 2 Rdn 182 f. Es ist übrigens unschädlich, wenn in der Zahlungsvereinbarung noch Nebenabreden getroffen werden (z. B. Sicherungsabreden oder teilweiser Forderungsverzicht des Gläubigers).

Es ist jedoch zu beachten, ob die Ratenvereinbarung vor einem Prozess oder erst nach Erlass eines Urteils vor der Zwangsvollstreckung abgeschlossen wird, da dies Auswirkungen auf die Berechnung des Gegenstandswertes hat:

111
- Die 0,7 Einigungsgebühr entsteht bei Abschluss eines Vertrags, in dem es um die Regelung der Zahlungsweise durch den Schuldner geht, der z. B. die Schuldsumme **in voller Höhe**, aber in Raten abzahlen will. Druckmittel des Gläubigers ist sein **Verzicht auf die gerichtliche Geltendmachung** seines Anspruchs, solange der Schuldner die vereinbarten Zahlungen leistet. Da es hier um die Art der Zahlung der ansonsten unbestrittenen Forderung geht, wird die Einigungsgebühr bei einer solchen **Zahlungsvereinbarung (Ratenzahlungsvereinbarung)** nach einem niedrigeren **Gegenstandswert** berechnet, der nach § 31b RVG nur 50 Prozent des An-

spruchs **ohne Nebenforderungen** beträgt. Es handelt sich hier also um eine **unstreitige Forderung**.

- Die 0,7 Einigungsgebühr entsteht auch bei Abschluss eines Vertrages über eine **Zahlungsvereinbarung** wenn der Gläubiger bereits einen **Vollstreckungstitel gegen den Schuldner** besitzt und gemäß der Einigung der Schuldner die titulierte Schuldsumme zwar in voller Höhe, aber nur in Raten bezahlt. In dem Vertrag erklärt der Gläubiger den **Verzicht auf Vollstreckungsmaßnahmen**, solange der Schuldner zahlt. Der **Gegenstandswert** wird hier nach § 31b RVG mit 50 Prozent des Anspruchs **mit den Nebenforderungen** berechnet, da es sich um eine Maßnahme der Vollstreckung einer titulierten Forderung handelt (siehe § 25 Abs. 1 Ziff. 1 RVG). Auch falls bereits der Gerichtsvollzieher beauftragt wurde, ist eine 0,7 Einigungsgebühr nach Nr. 1000 Ziff. 2 VV RVG zu berechnen, nicht nach Nr. 1003 VV RVG (siehe hierzu auch § 8 Rdn 41 ff.).

XVII. Arrest und einstweilige Verfügung (§ 53 Abs. 1 GKG)

Bei Verfahren über einen Antrag auf Anordnung, Abänderung oder Aufhebung eines Arrestes oder einer einstweiligen Verfügung bestimmt sich der Wert nach dem gemäß § 3 ZPO frei zu schätzenden Interesse des Antragstellers an der Sicherstellung seines Anspruches (§ 53 Abs. 1 Ziff. 1 GKG). Da es sich bei diesen Verfahren nur um eine vorläufige Maßnahme handelt, wird in der Regel ein Wert angenommen, der erheblich unter dem der Hauptsache liegt; im Allgemeinen wird ein Drittel bis zur Hälfte des Wertes der Hauptsache festgesetzt. 112

> *Beispiel:*
>
> Kandel aus Saarbrücken hat gegen den Berger aus Kaiserslautern eine Kaufpreisforderung von 60.000,00 €, die Berger seit Monaten nicht bezahlt hat. Nachdem Kandel erfahren hat, dass Berger auswandern will und dabei ist, sein Vermögen zu versilbern, beantragt er die Anordnung eines Arrestes zur Eintragung einer Arresthypothek auf dem Grundstück des Berger.
>
> Der Streitwert für die Gerichtsgebühr für das Arrestverfahren wird z. B. auf ein Drittel der Hauptforderung, also auf 20.000,00 € festgesetzt (§ 53 Abs. 1 Ziff. 1 GKG).

XVIII. Berufungs- und Revisionsverfahren (§ 47 GKG)

Im Berufungs- und im Revisionsverfahren bestimmt sich gemäß § 47 Abs. 1 S. 1 GKG grundsätzlich der **Streitwert nach den Anträgen des Rechtsmittelklägers**, also nicht unbedingt nach den Anträgen der ersten Instanz. Der Rechtsmittelkläger kann übrigens auch der Beklagte aus der früheren Instanz sein. 113

> *Beispiel:*
>
> Braun wird von Kohl auf Zahlung von 5.000,00 € verklagt. Das Gericht gibt der Klage wegen 4.000,00 € statt und weist sie wegen 1.000,00 € ab. Braun legt wegen der Verurteilung Berufung ein und zwar beschränkt auf einen Teilbetrag von 3.000,00 €.
>
> Der Streitwert für die Gerichtsgebühr richtet sich gemäß § 47 Abs. 1 S. 1 GKG nach dem Antrag des Rechtsmittelklägers und beläuft sich folglich auf 3.000,00 €.

Für den wertbestimmenden Antrag hat der Rechtsmittelkläger Zeit bis zum Ende der Rechtsmittelbegründungsfrist (§§ 520 Abs. 3 Ziff. 1, 551 Abs. 3 Ziff. 1 ZPO), sodass der Streitwert durchaus bis zum Ablauf der Begründungsfrist ungeklärt bleiben kann. Wenn nun nach Einlegung des Rechtsmittels das Verfahren endet,

- ohne dass überhaupt ein Antrag gestellt wurde, oder
- ohne dass Anträge noch innerhalb der Begründungsfrist gestellt wurden,

so wäre nach § 47 Abs. 1 S. 1 GKG ohne Antrag auch kein Streitwert feststellbar. Deshalb ordnet § 47 Abs. 1 S. 2 GKG an, dass es in einem solchen Fall nicht auf den Antrag, sondern auf die Beschwer des Rechtsmittelklägers ankommt. Die Beschwer ergibt sich aus dem Unterschied zwischen den Anträgen aus der Vorinstanz und dem angefochtenen Urteil.

Beispiel:

Braun wird von Kohl auf Zahlung von 5.000,00 € verklagt. Das Gericht gibt der Klage wegen 4.000,00 € statt und weist sie wegen 1.000,00 € ab. Braun legt wegen der Verurteilung Berufung ein, stellt jedoch während der Berufungsbegründungsfrist keinen Sachantrag.

Der Streitwert für die Gerichtsgebühr richtet sich gemäß § 47 Abs. 1 S. 2 GKG nach der Beschwer des Beklagten und Rechtsmittelklägers und beläuft sich folglich auf 4.000,00 €.

Sofern der Streitgegenstand nicht erweitert wird, kann der Streitwert einer Rechtsmittelinstanz nicht höher als der Streitwert der ersten Instanz sein (§ 47 Abs. 2 GKG).

Merke:

Im Berufungs- und im Revisionsverfahren bestimmt sich der Streitwert nach den Anträgen des Rechtsmittelklägers oder, wenn er keinen Sachantrag stellt, nach seiner Beschwer.

XIX. Nichtvermögensrechtliche Streitigkeiten (§ 48 Abs. 2 GKG, § 43 FamGKG)

114 Nichtvermögensrechtliche Ansprüche haben eigentlich keinen messbaren Wert. Eine Bewertung dieser Streitigkeiten muss auch nur zum Zweck der Gebührenberechnung und nur teilweise zur Klärung der Zuständigkeitsfrage vorgenommen werden.

Nichtvermögensrechtliche Ansprüche sind solche Ansprüche, die sich nicht in Geld ausdrücken oder in einen Geldwert umsetzen lassen, weil sie eben auf einem nichtvermögensrechtlichen Verhältnis beruhen. Angelegenheiten nichtvermögensrechtlicher Art sind insbesondere Ehesachen, Kindschaftssachen (Sorgerecht usw.), Abstammungssachen, Familien- und Personenstandssachen, aber auch z. B. Streitigkeiten über das Recht zum Gebrauch eines Namens, wegen Unterlassung ehrenrühriger Behauptungen, wegen Herausgabe eines Tagebuches, wegen Einsicht in eine Personalakte.

Die **Bewertung nichtvermögensrechtlicher Ansprüche** ist grundsätzlich nach § 48 Abs. 2 GKG vorzunehmen. Nur in **Ehesachen** findet die Ermittlung des **Verfahrenswertes** nach § 43 Abs. 1 FamGKG statt. Der Streitwert bzw. Verfahrenswert ist unter **Berücksichtigung aller Umstände des Einzelfalles** nach Ermessen zu bestimmen, wobei man sein Augenmerk insbesondere auf den **Umfang der Sache** für das Gericht, die **Bedeutung der Sache** für die Parteien und die **Vermögens- und Einkommensverhältnisse** der Parteien richten muss. Der Wert ist im Allgemeinen gemäß vorstehender Anleitung nach Ermessen zu bestimmen. Der Wert darf nicht über 1 Million Euro angenommen werden. Wie man bei der Bewertung nichtvermögensrechtlicher Ansprüche vorzugehen hat, ist detailliert in § 11 Rdn 19 ff. am Beispiel der Wertberechnung in Ehesachen dargestellt.

115 In der Praxis hat man mit nichtvermögensrechtlichen Streitigkeiten am häufigsten in Ehe-, Familien- und Abstammungssachen zu tun. Die Bewertung dieser Angelegenheiten ist in § 11 Rdn 19 ff., 23 ff., 92, 92 und 92 ff. ausführlich beschrieben. Nachfolgend sollen daher nur einige allgemeine Hinweise gegeben werden:

- In **Ehesachen** (Ehescheidung) ist für die Einkommensverhältnisse das in drei Monaten erzielte Nettoeinkommen beider Eheleute gemäß § 43 Abs. 2 FamGKG als Ausgangswert einzusetzen, wobei dann nach Lage des Falles noch die anderen wertbestimmenden Faktoren des § 43 Abs. 1 FamGKG zu berücksichtigen sind. Das heißt, dass von diesem Ausgangswert Zu- und Abschläge vorgenommen werden, z. B. für Kindesunterhalt, Vermögen oder Schulden. Der **Mindestwert** beträgt hier 3.000 Euro (§ 43 Abs. 1 S. 2 FamGKG). Siehe § 11 Rdn 19 ff.
- Sind bestimmte **Kindschaftssachen Scheidungsfolgesachen** im Verbund (Regelung der elterlichen Sorge, des Umgangsrechts, der Herausgabe eines Kindes) wird der Verfahrenswert derartiger nichtvermögensrechtlicher Sachen nach § 44 Abs. 2 S. 1 FamGKG auf folgende Weise berechnet: Für jede Kindschaftssache werden 20 % des nach § 43 FamGKG für die Ehescheidung ermittelten Verfahrenswertes angesetzt, jedoch höchstens 5.000 Euro. Diese Berechnung ändert sich auch nicht, wenn mehrere Kinder betroffen sind. Sollten mehrere Kindschaftssachen im Verfahren im Verbund anhängig sein (z. B. Sorgerecht und Umgangsrecht), wird für jede Sache der Verfahrenswert einzeln ermittelt und dann werden die einzelnen Werte zusammengerechnet. Siehe § 11 Rdn 26 ff.
- In bestimmten **Kindschaftssachen** (Regelung der elterlichen Sorge, des Umgangsrechts, der Kindesherausgabe), wenn sie als **selbstständige Verfahren** betrieben werden, ist der Verfahrenswert für jede einzelne Sache nach § 45 FamGKG stets ein Festwert von 5.000 Euro. Dies gilt auch, wenn jeweils mehrere Kinder betroffen sind. Siehe § 11 Rdn 24.
- In bestimmten **Abstammungssachen** (Feststellung oder Anfechtung der Vaterschaft) beträgt der Wert nach § 47 Abs. 1 FamGKG 3.000 Euro (Festwert). Siehe § 11 Rdn 92 ff. In den übrigen Abstammungssachen nach § 169 Nrn. 2 und 3 FamFG beträgt der Festwert dagegen nur 1.000 Euro.
- Der Gebührenwert darf in nichtvermögensrechtlichen Streitigkeiten nicht über 1 Million Euro, in Ehesachen jedoch nicht unter 3.000 Euro angenommen werden (§ 48 Abs. 2 S. 2 GKG, § 43 Abs. 1 S. 2 FamGKG).

Beispiel:

Susanne hat ihr Tagebuch ihrer Freundin Sonja vor einigen Monaten zum Lesen gegeben. Da Sonja die Rückgabe verweigert, wird sie von Susanne auf Herausgabe verklagt. Beide Parteien studieren und haben weder Vermögen noch Einkommen.

Unter Berücksichtigung aller Umstände gemäß § 48 Abs. 2 GKG dürfte hier ein Wert von 300,00 € als Streitwert für die Gerichtsgebühr angemessen sein.

Beispiel:

Ein bekannter Politiker hat sein Tagebuch einem Journalisten leihweise zur Verfügung gestellt, weil dieser ihm bei der Abfassung seiner Biografie helfen sollte. Die Lebensbeschreibung wird nicht erstellt, dennoch gibt der Journalist das Tagebuch nicht zurück. Der Politiker befürchtet, dass das Tagebuch in die Hände seiner politischen Gegner gelangt und klagt auf Herausgabe.

Da das Tagebuch für den Politiker eine überdurchschnittliche Bedeutung hat und wegen der überdurchschnittlichen Einkommens- und Vermögensverhältnisse wird ein Streitwert für die Gerichtsgebühr von z. B. 30.000,00 € angemessen sein.

> **Merke:**
>
> Die Bewertung nichtvermögensrechtlicher Ansprüche ist unter Berücksichtigung aller Umstände des Einzelfalles nach Ermessen vorzunehmen, wobei es auf den Umfang und die Bedeutung der Sache und die Vermögens- und Einkommensverhältnisse der Parteien ankommt.
>
> Der Wert darf in nichtvermögensrechtlichen Streitigkeiten nicht über 1 Million Euro, in Ehesachen jedoch nicht unter 3.000 Euro angenommen werden.

116 Bei **Verbindung von vermögensrechtlichen und nichtvermögensrechtlichen Ansprüchen** wird aus dem über § 48 Abs. 1 S. 1 GKG grundsätzlich auch für den Streitwert für die Gerichtsgebühr geltenden Additionsgebot des § 5 Hs. 1 ZPO durch die Sondervorschrift des § 48 Abs. 3 GKG ein Additionsverbot, wenn die Verbindung einen nichtvermögensrechtlichen Anspruch und einen **aus diesem hergeleiteten** vermögensrechtlichen Anspruch betrifft. In diesem Fall ist der Wert beider Ansprüche getrennt festzustellen und sodann der höhere Wert von beiden als Streitwert anzunehmen. Nach § 33 Abs. 1 S. 2 FamGKG gilt dieser Grundsatz auch in Familiensachen. Häufig vorkommendes Beispiel hierfür ist die Verbindung der Abstammungssache auf Feststellung der Vaterschaft (§ 169 Nr. 1 FamFG) mit dem Antrag auf Zahlung von Kindesunterhalt (§§ 237, 179 Abs. 1 S. 2 FamFG). (Siehe § 11 Rdn 106 ff.). Im Scheidungsverbund gilt dieser Grundsatz jedoch nicht: hier sollen die Werte der nichtvermögensrechtlichen und der vermögensrechtlichen Verfahrensgegenstände (Scheidung und z. B. Unterhalt) vielmehr gemäß § 44 Abs. 2 S. 3 FamGKG zusammengerechnet werden.

D. Gegenstandswert für anwaltliche Tätigkeiten ohne Zusammenhang mit einem gerichtlichen Verfahren (§ 23 Abs. 3 RVG)

117 Die Ermittlung des Gegenstandswertes für anwaltliche Tätigkeiten erfolgt nach § 23 RVG, der seinerseits auf die anderen Kostengesetze verweist. Dies wurde bereits oben in Rdn 17 ff. und 26 f. dargestellt. Während § 23 RVG

- in Absatz 1 Wertvorschriften für gerichtliche und diesen vorausgehende oder sie vermeidende außergerichtliche Anwaltstätigkeiten enthält,
- beinhaltet Absatz 3 Wertvorschriften für Angelegenheiten, die nicht die Mitwirkung des RA an einem gerichtlichen Verfahren betreffen bzw. nicht seiner Vorbereitung oder Vermeidung dienen,
- wobei Absatz 3 auch auf die Fälle anwendbar ist, in denen für die Gerichtsgebühren keine Wertvorschriften vorgesehen sind, weil z. B. das gerichtliche Verfahren gebührenfrei ist, sofern das RVG nicht an anderer Stelle entsprechende Wertvorschriften normiert, so in den §§ 23a bis 31b RVG.

Es sei in diesem Zusammenhang auf das in Rdn 29 dargestellte Prüfungsschema zur Ermittlung des Gegenstandswertes zu § 23 RVG hingewiesen.

Für die in § 23 Abs. 1 RVG aufgeführten Anwaltstätigkeiten ist typisch, dass sie entweder der **Geltendmachung oder der Abwehr von Rechten** dienen, auch ohne dass sich unbedingt ein Gericht damit beschäftigen muss. Im Gegensatz dazu befasst sich § 23 Abs. 3 RVG im Wesentlichen mit der **Begründung von Rechten**, worunter insbesondere die Anfertigung von Vertrags- oder Urkundenentwürfen fällt, aber auch z. B. die Mitwirkung des RA an Verkaufsverhandlungen oder bei der zweckdienlichen Auseinandersetzung von Gemeinschaften und Gesellschaften, wenn dabei kein Rechtsstreit zu erwarten ist.

Merke:

Nach § 23 Abs. 1 RVG darf nur bewertet werden, wenn es um irgendein gerichtliches Verfahren geht, oder um diesem üblicherweise vorausgehende oder es vermeidende Anwaltstätigkeiten.

Nach § 23 Abs. 3 RVG darf nur bewertet werden, wenn kein Rechtsstreit zu erwarten ist (oder wenn ausnahmsweise für einen Rechtsstreit Wertvorschriften fehlen).

In § 23 Abs. 3 S. 1 RVG werden bestimmte **Wertvorschriften des GNotKG** für anwendbar erklärt, 118
was gleichzeitig die nicht genannten Vorschriften des GNotKG ausschließt. Es handelt sich dabei um §§ 37, 38, 42 bis 45, 46 – 54 sowie 99 bis 102 GNotKG, die nachfolgend, soweit für die Anwaltstätigkeit von Bedeutung, kurz dargestellt werden:

§ 37 GNotKG	Maßgebend ist nur der Hauptgegenstand des Geschäfts; keine Berücksichtigung von Zinsen, Kosten, usw. Ausnahmsweise sind Nebengegenstände zu bewerten, wenn es nur um sie geht.
§ 38 GNotKG	Schuldenabzugsverbot: Verbindlichkeiten, die auf einem Gegenstand lasten, werden grundsätzlich nicht bei der Bewertung abgezogen.
§ 42 GNotKG	Bei Bestellung von Wohnungseigentum oder Teileigentum ist als Geschäftswert der Wert des Grundstücks einschließlich der Bebauung anzunehmen.
§ 43 GNotKG	Bei Bestellung von Erbbaurechten beträgt der Wert grundsätzlich 80 % vom Grundstückswert (§ 49 Abs. 2 GNotKG), wobei ein Vergleich mit dem vereinbarten Erbbauzins (§ 52 GNotKG) anzustellen ist, der höhere Wert gilt;
§ 46 GNotKG	Die Bewertung von beweglichen Sachen und Grundstücken erfolgt grundsätzlich mit dem gewöhnlichen Verkaufspreis bzw. dem Verkehrswert.
§ 47 GNotKG	Beim Kauf von Sachen ist der Kaufpreis zuzüglich zusätzlicher Leistungen des Käufers maßgebend, oder der Verkehrswert der Sache, falls er höher ist;
§ 51 Abs. 1 GNotKG	Vorkaufs- und Wiederkaufsrechte werden grundsätzlich mit dem halben Wert der Sache bewertet.
§ 52 GNotKG	Bei wiederkehrenden Nutzungen und Leistungen wird der Wert des einjährigen Bezugs mit unterschiedlichen Vervielfältigungsfaktoren multipliziert, die teilweise vom Lebensalter der Personen abhängen.
§ 52 Abs. 1 GNotKG	Zur Bewertung einer Dienstbarkeit (Grunddienstbarkeit) ist das Interesse des Grundstückseigentümers daran festzustellen, d. h., um welchen Betrag sich der Wert des herrschenden Grundstücks durch sie erhöht. Bei einer Reallast ist zu bewerten, welchen Wert sie für den Berechtigten hat.
§ 53 Abs. 1 GNotKG	Der Wert einer Hypothek oder Grundschuld ist der Nennbetrag der Schuld.
§ 53 Abs. 2 GNotKG	Bei vertraglichen Pfandrechten und sonstigen Sicherheiten (z. B. Bürgschaft) ist der Nennbetrag der gesicherten Forderung oder der geringere Wert des Sicherungsgegenstands maßgebend, also der niedrigere Wert von beiden zu nehmen.
§ 54 GNotKG	Bewertung von GmbH-Geschäftsanteilen und KG-Kommanditanteilen.

§ 99 Abs. 1 GNotKG	Bei Miet- und Pachtrechten nimmt man bei bestimmter Vertragsdauer das gesamte Entgelt während der ganzen Vertragsdauer, höchstens jedoch für 20 Jahre und bei unbestimmter Vertragsdauer grundsätzlich für die ersten fünf Jahre.
§ 99 Abs. 2 GNotKG	Bei Dienstverträgen geht man höchstens vom fünffachen Jahresbetrag der gesamten Bezüge aus.
§ 100 GNotKG	Bei Eheverträgen bestimmt sich der Geschäftswert nach dem zusammengerechneten gegenwärtigen Vermögen beider Ehegatten. Bei Ermittlung des Vermögens werden die Schulden des jeweiligen Ehegatten abgezogen, jedoch nur bis zur Hälfte seines Vermögens!
§ 102 GNotKG	Bei Testamenten und Erbverträgen bestimmt sich der Wert nach dem gegenwärtig vorhandenen Vermögen des Testierenden, wenn über den ganzen Nachlass oder einen Bruchteil davon verfügt wird. Verbindlichkeiten des Erblassers werden abgezogen, jedoch nur bis zur Hälfte seines Vermögens.

Beachten Sie, dass im Falle der Anwendung der §§ 100 und 102 GNotKG entgegen dem nach § 38 GNotKG geltenden **Schuldenabzugsverbot** die Verbindlichkeiten bis zur Hälfte des Aktivvermögens abgezogen werden (sog. modifiziertes Reinvermögen). Bei den anderen für den RA gültigen Wertvorschriften des GNotKG dürfen Schulden nicht abgezogen werden.

119 Soweit sich der Gegenstandswert von nicht auf gerichtliche Verfahren zielenden Anwaltstätigkeiten aus den vorstehend beschriebenen Wertvorschriften des GNotKG nicht ergibt und auch sonst nicht feststeht, ist er nach „billigem Ermessen" zu bestimmen (§ 23 Abs. 3 S. 2 RVG). „Billig" bedeutet hier „gerecht" oder „sachgerecht" (nicht „preiswert"). In Ermangelung genügender tatsächlicher Anhaltspunkte für eine Schätzung, sowie bei **nichtvermögensrechtlichen Gegenständen**, ist grundsätzlich von einem Gegenstandswert von 5.000 Euro auszugehen, dem so genannten **„Auffangwert"**. Je nach Lage des Falles ist der Gegenstandswert niedriger oder höher anzusetzen, jedoch nicht über 500.000 Euro. Dieser Auffangwert wird nur dann anzuwenden sein, wenn eine Schätzung nicht möglich ist weil es keine Anhaltspunkte für eine Schätzung gibt. Beispiele hierfür sind die Abwehr von Beleidigungen oder die Herausgabe eines Tagebuches.

> *Beispiel:*
>
> Der Nothdurft möchte seinen Familiennamen in Nötig ändern lassen. RAin Bauer stellt den entsprechenden Antrag bei der zuständigen Behörde.
>
> Gegenstandswert: in Ermangelung konkreter Anhaltspunkte 5.000,00 €.
>
> *Weitere Beispiele:*
>
> Sehen Sie in Rdn 28 ff. nach; das 3. und das 4. Beispiel beschäftigen sich mit der Bewertung nach § 23 Abs. 3 RVG.

Merke:

In § 23 Abs. 3 S. 1 RVG werden für Anwaltstätigkeiten außerhalb eines zu erwartenden Rechtsstreits bestimmte Wertvorschriften des GNotKG für anwendbar erklärt.

Ist der Wert auch nach den Vorschriften des GNotKG nicht feststellbar, so ist er auf einen Betrag von bis zu 500.000 Euro zu schätzen, wobei man in der Regel von 5.000 Euro ausgehen kann.

E. Festsetzung des Gegenstandswertes (§§ 32, 33 RVG)

Bei jeder Beantragung einer gerichtlichen Handlung, mit der ein selbstständiges Verfahren eingeleitet wird (z. B. Klage, Berufung, Arrest, usw.), müssen sich die RAe der Parteien über den Wert des Streitgegenstandes Gedanken machen, denn die Parteien sollen bei jedem Antrag, sofern dieser nicht in einer bestimmten Geldsumme besteht, den Wert des Streitgegenstands angeben (z. B. §§ 253 Abs. 3, 520 Abs. 4 Ziff. 1, 920 Abs. 1 ZPO). Außerdem verlangt § 61 GKG grundsätzlich bei jedem Antrag, der ein gebührenpflichtiges Verfahren einleitet, die **Angabe des Wertes**. 120

An diese Wertangabe sind weder die Parteien noch das Gericht gebunden. Der Kläger kann seine Wertangabe jederzeit berichtigen (§ 61 S. 2 GKG), da es sich zunächst zu Beginn eines Verfahrens häufig nur um eine erste Schätzung des Wertes handeln wird. Andererseits bleibt die Wertangabe des Klägers, wenn sie nicht widerlegt wird, maßgebender Anhaltspunkt für das Festsetzungsverfahren.

I. Wertfestsetzung für die Gerichtsgebühren (§ 32 RVG)

In bürgerlichen Rechtsstreitigkeiten kann der Streitwert aus drei Gründen festgesetzt werden, weil man ihn benötigt als 121

- Wert für die Zuständigkeit des Prozessgerichts,
- Wert für die Zulässigkeit eines Rechtsmittel oder
- als Streitwert für die Gerichtsgebühr.

Wenn durch das Gericht eine **Festsetzung des Werts für die Zuständigkeit** oder die Zulässigkeit eines Rechtsmittels erfolgt ist, dann ist diese Festsetzung auch für den **Streitwert für die Gerichtsgebühren** maßgebend, und zwar für die Gerichtsgebühren (§ 62 S. 1 GKG), sowie für die Anwaltsgebühren (§ 32 Abs. 1 RVG). In § 62 S. 1 GKG wird dies jedoch eingeschränkt durch den Hinweis: „... soweit die Wertvorschriften dieses Gesetzes nicht von den Wertvorschriften des Verfahrensrechtes abweichen". Darin steckt die Logik, dass der **Zuständigkeits- oder Zulässigkeitswert für ein Rechtsmittel** nach den Wertvorschriften der §§ 3 bis 9 ZPO ermittelt wird, wobei dann naturgemäß die besonderen gebührenrechtlichen Bestimmungen der §§ 39 bis 60 GKG unberücksichtigt bleiben. Deshalb ordnet § 63 Abs. 2 S. 1 GKG folgerichtig an: „Soweit eine Entscheidung nach § 62 Satz 1 nicht ergeht oder **nicht bindet**, setzt das Prozessgericht den Wert für die zu erhebenden Gebühren durch Beschluss fest ...", womit für diese Fälle durch § 63 Abs. 2 GKG ein **spezieller Festsetzungsbeschluss für den Streitwert** für die Gerichtsgebühren vorgeschrieben wird. Das Gericht muss den Wert durch Beschluss festsetzen, sobald eine Entscheidung über den gesamten Streitgegenstand ergeht oder sich das Verfahren anderweitig erledigt.

In Familiensachen finden sich im FamGKG in §§ 53 ff. FamGKG vergleichbare Regelungen (im GNotKG §§ 77 ff. GNotKG).

> *Beispiel:*
>
> Heike Hundeshagen hat für ihre Massagepraxis Räume des Vermieters Walter Hanebutt gemietet. Herr Hanebutt möchte diese Räume nun für seinen eigenen Bedarf verwenden und erklärt deswegen die fristlose Kündigung, da seiner Meinung nach der Mietvertrag ungültig sei. Frau Hundeshagen wendet dagegen ein, der Mietvertrag sei für 10 Jahre abgeschlossen und sie betreibe ihre Praxis erst seit einem Jahr. Sie werde daher die Räume erst in 9 Jahren verlassen und bis dahin die monatliche Miete von 900,00 € (Kaltmiete) pünktlich entrichten.
>
> Nun klagt Herr Hanebutt auf Räumung und wird dabei von RA Taler vertreten, der die Räumungsklage beim Landgericht einreicht (Zuständigkeitswert, da es nicht um Wohnraum geht, gemäß § 8 ZPO: 9 x 12 x 900,00 € = 97.200,00 €).

Das Landgericht weist die Räumungsklage zurück, da ein wirksam abgeschlossener Mietvertrag für 10 Jahre besteht, der nicht vor seinem Ablauf gekündigt werden kann.

Der vom Gericht für die Zuständigkeit festgesetzte **Wert** des Streitgegenstands von 97.200,00 € ist für die Gerichtsgebühren nicht verbindlich, da § 41 Abs. 2 GKG für die Gebühren eine vorrangige Sonderregel enthält – und damit auch zugleich nicht bindend gemäß § 32 Abs. 1 RVG für die Anwaltsgebühren ist.

Nach § 63 Abs. 2 S. 1 GKG setzt das Landgericht bei Erlass des Urteils den **Streitwert** für die Gerichtsgebühr gemäß § 41 Abs. 2 GKG fest auf: 12 x 900,00 € = **10.800,00 €**. Dieser Wert ist nach § 32 Abs. 1 RVG auch für die Anwaltsgebühren maßgebend.

122 Die **Festsetzung des Streitwert für die Gerichtsgebühr** ist vom Prozessgericht nach § 63 GKG von Amts wegen durch Beschluss vorzunehmen

- bei Eingang einer Klage oder eines Antrags, wenn streitwertabhängige Gebühren fällig werden und wenn der Gegenstand des Verfahrens **nicht eine bestimmte Geldsumme** in Euro ist oder gesetzlich kein fester Wert bestimmt ist (§ 63 Abs. 1 S. 1 GKG). Diese Festsetzung ist dann nur vorläufig, damit der Kostenbeamte die fällige Gebühr anfordern kann; sie wird aber in den meisten Fällen der endgültigen Wertfestsetzung entsprechen;
- bei Erlass einer **Entscheidung über den gesamten Streitgegenstand** (z. B. Endurteil), wenn ein Festsetzungsbeschluss über den für die Zuständigkeit maßgebenden Wert des Streitgegenstands gemäß § 62 S. 1 GKG nicht ergangen ist oder nach § 62 S. 1 Hs. 2 GKG für den **Streitwert für die Gerichtsgebühr** keine bindende Wirkung hat (§ 63 Abs. 2 S. 1 GKG). Dies gilt auch, wenn das gesamte Verfahren sich anders als durch Entscheidung des Gerichts erledigt, also z. B. durch Zurücknahme der Klage.

123 **Zuständig für das Wertfestsetzungsverfahren** ist das Prozessgericht der jeweiligen Instanz, sodass für jede Instanz der Streitwert eigenständig festgesetzt werden kann.

Das Gericht entscheidet über den **Streitwert für die Gerichtsgebühr** durch einen **Festsetzungsbeschluss**, der grundsätzlich begründet sein sollte, was in der Praxis aber oft nicht geschieht. Es handelt sich auch dann um einen Streitwertfestsetzungsbeschluss, wenn die Streitwertfestsetzung mit in das Urteil aufgenommen wird. Der Beschluss ist gebührenfrei. Der Streitwertbeschluss ist Grundlage für den Kostenansatz, das Kostenfestsetzungsverfahren gemäß den §§ 103 ff. ZPO aber auch für die Berechnung der Gebühren der in dem Verfahren tätigen Anwälte gegenüber ihren Mandanten.

Wenn die Festsetzung des Wertes für die Gerichtsgebühren erfolgt ist, so ist der Streitwertbeschluss gemäß § 32 Abs. 1 RVG auch für die Gebühren des RA maßgebend und damit bindend. Deshalb ist der RA auch aus eigenem Recht – also nicht im Namen seines Auftraggebers – dazu berechtigt, die Festsetzung des Wertes zu beantragen und Rechtsmittel gegen die Festsetzung einzulegen (§ 32 Abs. 2 RVG). Es kann nun aber auch vorkommen, dass der Wert der Handlungen des Gerichts nicht mit dem Wert der Tätigkeit des RA übereinstimmt, was z. B. dann der Fall sein kann, wenn der dem RA erteilte Auftrag sich vor der Klageeinreichung teilweise erledigt.

Beispiel:

Einem RA wird Klageauftrag über 8.000,00 € erteilt. Bevor der RA die Klageschrift beim zuständigen Gericht einreicht, zahlt der Gegner 3.000,00 €. Die Klage wird nun nur noch wegen 5.000,00 € erhoben.

Das Gericht wird später den Streitwert auf 5.000,00 € festsetzen, da die nicht eingeklagten 3.000,00 € bei dem Streitwertbeschluss nicht berücksichtigt werden können. Der Streitwert in Höhe von 5.000,00 € ist für die Anwaltsgebühren maßgebend.

Aus vorstehendem Beispiel wird deutlich, dass die zum Zweck der Berechnung der Gerichtsgebühren erfolgende Streitwertfestsetzung nicht in jedem Falle auch zur Ermittlung der Anwaltsgebühren geeignet ist. Die Gebühren, die hinsichtlich der 3.000,00 € entstanden sind, können nicht im Kostenfestsetzungsverfahren (§§ 103 ff. ZPO) gerichtlich festgesetzt werden. Der RA wird sie auf andere Weise einfordern müssen: entweder werden sie gegen den Gegner mit eingeklagt oder der RA wird notfalls seinen Mandanten verklagen müssen.

In einigen Fällen gibt es noch eine spezielle Wertfestsetzung für die Rechtsanwaltsgebühren gemäß § 33 RVG, die weiter unten erläutert werden soll (siehe Rdn 125 ff.).

Es gibt grundsätzlich drei verschiedene **Möglichkeiten der Feststellung des Gegenstandswertes** 124
als Grundlage der Berechnung der Anwaltsgebühren, was von der jeweiligen Tätigkeit des RA abhängig ist:

1. Der Gegenstand der Handlungen des Gerichts stimmt wertmäßig mit dem der Tätigkeit des RA überein, sodass der Streitwert für die Gerichtsgebühren und der Gegenstandswert für die Anwaltsgebühren der gleiche ist; dann ist der gerichtliche Streitwertbeschluss gemäß **§ 32 RVG** auch Grundlage für die Berechnung der Anwaltsgebühren.
2. Der Gegenstand der Handlungen des Gerichts stimmt wertmäßig mit dem der Tätigkeit des RA nicht überein, weil beispielsweise der Wert der anwaltlichen Tätigkeit geringer ist (z. B. RA vertritt in einem Prozess nur einen von zwei Beklagten), oder weil sich in dem gerichtlichen Verfahren die Gebühren nicht nach dem Wert richten (z. B. das Gericht erhebt Festgebühren oder Betragsrahmengebühren) bzw. wenn das Verfahren gerichtsgebührenfrei ist; dann ist der Gegenstandswert der anwaltlichen Tätigkeit auf Antrag nach **§ 33 RVG** festzusetzen.
3. Der RA wird nur außergerichtlich tätig. In diesem Fall findet die Tätigkeit des RA überhaupt nicht in einem anhängigen gerichtlichen Verfahren statt, sodass ein gerichtlicher Streitwertbeschluss nicht ergehen kann. Falls sich RA und Auftraggeber in diesem Falle nicht über den Gegenstandswert einigen, wird eine gerichtliche Entscheidung über den Wert nur im Rahmen einer **Gebührenklage** möglich sein. Ein gerichtliches Verfahren liegt auch dann nicht vor, wenn der Klageauftrag des RA endet, bevor es zur Klageeinreichung kommt, z. B. weil der Schuldner gezahlt hat.

II. Wertfestsetzung für die Rechtsanwaltsgebühren (§ 33 RVG)

Wie schon vorstehend dargelegt, kann es vorkommen, dass eine gerichtliche Streitwertfestsetzung 125
nicht gemäß § 32 Abs. 1 RVG für den Gegenstandswert der Anwaltstätigkeit maßgebend sein kann. Einige Gründe hierfür seien nachfolgend beispielshalber zusammengefasst:

a) Das gerichtliche Verfahren ist gerichtsgebührenfrei. Das Gericht hat also keinen Anlass, einen Streitwert für die Gerichtsgebühr festzusetzen. So werden beispielsweise für das Bewilligungsverfahren über die Prozesskostenhilfe keine Gerichtsgebühren erhoben, jedoch erhält der RA, der den Antrag gestellt hat, eine (Wert-)Gebühr nach Nr. 3335 VV RVG. Der Gegenstandswert für diese Gebühr kann deshalb nach § 33 RVG auf Antrag festgesetzt werden.
b) Als Gerichtskosten fallen Festgebühren an, die Anwaltsgebühren werden dagegen nach dem Gegenstandswert berechnet. Dies kann beispielsweise in Angelegenheiten der Zwangsvollstreckung der Fall sein, wenn für Vollstreckungshandlungen des Vollstreckungsgerichts Festgebühren z. B. nach Nr. 2111 KV GKG (24,00 €), nach Nr. 2113 KV GKG (24,00 €) oder nach Nr. 2118 KV GKG (72,00 €) erhoben werden, der RA aber eine wertabhängige Gebühr nach Nr. 3309 VV RVG berechnet. Der Gegenstandswert für diese Gebühr kann deshalb nach § 33 RVG auf Antrag festgesetzt werden.
c) Wenn z. B. vor dem Amtsgericht die Partei selbst Klage einreicht und erst nachdem sich der Anspruch teilweise erledigt hat, einen RA mit der Fortführung des Prozesses beauftragt, dann

ist für die Gerichtsgebühren der gesamte Streitwert maßgebend, für die Anwaltsgebühren dagegen nur der übriggebliebene Teil. Der Gegenstandswert für diese Gebühr kann deshalb nach § 33 RVG auf Antrag festgesetzt werden.

d) Es kann sein, dass ein RA nur einen von mehreren Streitgenossen vertritt, wobei das Gericht nach § 5 ZPO die Klageforderungen aller Streitgenossen zusammengerechnet hat. Der RA kann seine Gebühren aber nur nach dem Wert berechnen, mit dem der von ihm vertretene Streitgenosse an dem Verfahren beteiligt ist. Der Gegenstandswert für diese Gebühr kann deshalb nach § 33 RVG auf Antrag festgesetzt werden.

e) Falls in einem Prozess auch über nicht rechtshängige Gegenstände mit verhandelt wurde ohne dass es zu einer Einigung darüber gekommen ist, dann ist auch für diese Gegenstände eine Terminsgebühr entstanden. Das Gericht setzt den Streitwert aber nur für die rechtshängigen Gegenstände fest. Auf Antrag muss das Gericht auch für die nicht rechtshängigen Gegenstände den Gegenstandswert nach § 33 RVG festsetzen.

Beispiel:

Der durch einen Verkehrsunfall verletzte Putt verklagt den Halter und den am Unfall schuldigen Fahrer des Pkw als Gesamtschuldner auf Zahlung von 5.000,00 € Schadenersatz und zusätzlich den Fahrer auf Zahlung von 2.000,00 € Schmerzensgeld.

Das Gericht wird den Streitwert für die Gerichtsgebühr gemäß § 63 Abs. 2 GKG auf 7.000,00 € festsetzen. Dieser Wert ist gemäß § 32 Abs. 1 RVG auch für die Anwaltsgebühren maßgebend. Die RAe des Putt und des Fahrers berechnen ihre Gebühren nach dem vom Gericht festgesetzten Gesamtwert des Verfahrens in Höhe von 7.000,00 €. Dieser Wert ist auch der zutreffende Gegenstandswert im Sinne des RVG.

Der RA des Halters kann ebenfalls nach dem Wert in Höhe von 7.000,00 € abrechnen, weil diese Festsetzung auch für ihn gemäß § 32 Abs. 1 RVG maßgebend ist. Wer damit nicht einverstanden ist, kann gemäß § 33 RVG beantragen, den Gegenstandswert insoweit auf 5.000,00 € festzusetzen.

Der RA des Halters kann aber auch von sich aus sofort nur nach einem Wert von 5.000,00 € abrechnen. Ein Verstoß gegen § 49b Abs. 1 S. 1 BRAO liegt nicht vor (es ist unzulässig, geringere Gebühren und Auslagen zu vereinbaren oder zu fordern, als das RVG vorsieht, soweit dieses nichts anderes bestimmt). Das RVG sieht ja gerade einen Gegenstandswert in Höhe von 5.000,00 € statt 7.000,00 € vor.

126 In den vorstehenden und ähnlichen Fällen ist die Wertfestsetzung nach den §§ 62 und 63 GKG i. V. m. § 32 RVG nicht möglich. Eine **Wertfestsetzung für die Rechtsanwaltsgebühren** ermöglicht in diesen Fällen § 33. Diese Vorschrift schafft ein eigenständiges Festsetzungsverfahren nur zum Zwecke der Festsetzung des Gegenstandswertes für die Anwaltsgebühren. Das Wertfestsetzungsverfahren des § 33 RVG hat einige Besonderheiten, die es von dem Verfahren des § 32 RVG unterscheidet:

- Eine Wertfestsetzung erfolgt in ihm nur auf Antrag, nicht von Amts wegen.
- Die Wertfestsetzung betrifft nur die Gebühren des RA (oder dessen Auftraggeber), der den Antrag gestellt hat bzw. der von der Antragstellung durch einen anderen Beteiligten betroffen ist, nicht die Gebühren anderer am Verfahren beteiligter RAe (z. B. eines Verkehrsanwalts oder eines Terminsvertreters), es sei denn, dass sie gleichfalls an dem Wertfestsetzungsverfahren teilnehmen.

Die Wertfestsetzung gemäß § 33 RVG ist nur unter folgenden **Voraussetzungen** zulässig:

1. Der RA muss in einem **gerichtlichen Verfahren** tätig geworden sein.
2. a) Die Gebühren des RA berechnen sich nicht nach dem für die Gerichtsgebühren maßgebenden Wert oder

   b) es **fehlt ein Wert** für die Gerichtsgebühren, da das gerichtliche Verfahren gebührenfrei ist oder wertunabhängige Gebühren dafür berechnet werden.
3. Das Wertfestsetzungsverfahren gemäß § 33 RVG wird **nur auf Antrag** eingeleitet (nie von Amts wegen).
4. Der Antrag auf Einleitung des Wertfestsetzungsverfahrens ist erst zulässig, wenn für den RA die **Vergütung fällig ist** (§ 8 RVG).
5. **Antragsberechtigt** sind der RA, der Auftraggeber, ein erstattungspflichtiger Gegner und bei Gewährung von Prozess- und Verfahrenskostenhilfe auch die Staatskasse (§ 33 Abs. 2 RVG).

Hinweis: 127

Ist der RA überhaupt nicht in einem gerichtlichen Verfahren tätig gewesen, dann ist eine Wertfestsetzung nicht zulässig. Der RA muss dann den Gegenstandswert im Rahmen einer **Gebührenklage** vom Prozessgericht ermitteln lassen. Auch ein Antrag auf Vergütungsfestsetzung gemäß § 11 RVG ist in diesem Fall nicht möglich, da auch hierfür ein gerichtliches Verfahren die Voraussetzung ist (siehe § 11 Abs. 1 RVG und in § 2 Rdn 82 ff.).

III. Zusammenfassung

Vorstehende Erläuterungen zur Streitwertfestsetzung für den für die **Zuständigkeit maßgebenden Wert des Streitgegenstands** und den **Streitwert für die Gerichtsgebühren** sollen nachfolgend in einer Übersicht zusammengefasst werden. 128

Übersicht: Wertfestsetzung

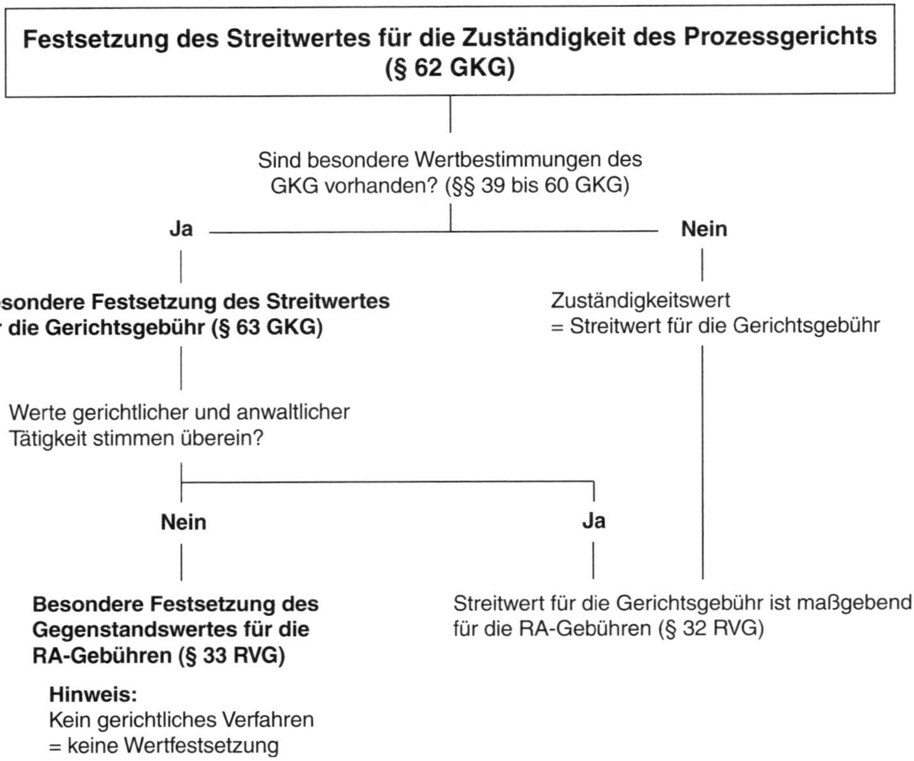

Merke:

Eine Festsetzung des **Streitwerts für die Zuständigkeit des Prozessgerichts** oder die Zulässigkeit des Rechtsmittels ist grundsätzlich auch für die Berechnung der Gerichtsgebühren maßgebend (§ 62 S. 1 GKG).

Ergeht keine Entscheidung gemäß § 62 S. 1 GKG oder berücksichtigt sie die besonderen gebührenrechtlichen Bestimmungen des GKG nicht, dann muss der Streitwert für **die Gerichtsgebühren** von Amts wegen in einem speziellen Beschluss festgesetzt werden (§ 63 Abs. 2 GKG).

Stimmt der Gegenstand der gerichtlichen Tätigkeit mit dem der anwaltlichen überein, dann ist der gerichtliche Streitwertbeschluss gemäß **§ 32 RVG** auch Grundlage für die Berechnung der Anwaltsgebühren.

Berechnen sich die Gebühren in einem gerichtlichen Verfahren nicht nach dem für die Gerichtsgebühren maßgebenden Wert oder fehlt es an einem solchen Wert,, so ist der Gegenstandswert der anwaltlichen Tätigkeiten in einem speziellen Festsetzungsverfahren auf Antrag nach **§ 33 RVG** zu bestimmen.

Richtet sich die Tätigkeit des RA überhaupt nicht auf ein anhängiges gerichtliches Verfahren, so ist ein Wertfestsetzungsverfahren nicht zulässig.

129 Was geschieht eigentlich, wenn das Gericht nicht von Amts wegen gemäß § 63 Abs. 2 GKG den Streitwertbeschluss erlässt? Wenn ein Streitwertbeschluss durch das Gericht nicht erlassen wird, beteiligt der Kostenbeamte für die Berechnung der Gerichtsgebühren ggf. den Bezirksrevisor als Vertreter der Staatskasse. Dieser kann auf den Erlass der Streitwertfestsetzung hinwirken. Grundsätzlich soll das Gericht diesen Beamten die Prüfung der Gerichtsakten ersparen und den Wert nach § 63 GKG von Amts wegen festsetzen, da das Gericht den Verlauf des Prozesses kennt und somit ohne Prüfung der Akten den Wert festsetzen kann.

Im Übrigen kann der RA nicht nur aus eigenem Recht gemäß § 32 Abs. 2 RVG die Wertfestsetzung beantragen, sondern auch Rechtsmittel gegen die Festsetzung einlegen. Als Rechtsmittel gegen den Festsetzungsbeschluss ist die Beschwerde zulässig, falls sich durch sie eine Änderung der Anwaltsgebühren um mehr als 300 Euro ergeben könnte (§§ 32 Abs. 2, § 68 GKG).

F. Zusammenstellung häufig gebrauchter Wertvorschriften

130

Gegenstand	Gegenstandswert
Abmahnungen, urheberrechtliche	§ 97a Abs. 3 Urheberrechtsgesetz: 1.000 Euro bei erster Abmahnung gegenüber Privatpersonen.
Abstammungssachen (z. B. Feststellung der Vaterschaft)	§ 47 FamGKG: Festwert 3.000 Euro; jedoch nur in den Abstammungssachen gem. § 169 Ziff. 2 und 3 FamFG 1.000 Euro.
Anwaltliche Tätigkeiten ohne Zusammenhang mit einem gerichtlichen Verfahren	In § 23 Abs. 3 S. 1 RVG genannte Wertvorschriften des GNotKG anwenden, hilfsweise schätzen auf bis zu 500.000 Euro, Regelwert 5.000 Euro.
Arbeitseinkommen, Pfändung von künftig fällig werdendem (§ 850d Abs. 3 ZPO) (sogenannte Vorratspfändung)	§ 25 Abs. 1 Ziff. 1 Hs. 3 RVG: Bewertung der noch nicht fälligen Ansprüche nach § 51 Abs. 1 S. 1 FamGKG bzw. § 9 ZPO. Siehe dort.
Berufungs- und Revisionsverfahren	§ 47 Abs. 1 und 2 GKG: Antrag des Rechtsmittelklägers oder, wenn er keinen Sachantrag stellt, nach seiner Beschwer.
Dienst- und Arbeitsverhältnisse, Bestehen oder Nichtbestehen, Kündigung	§ 42 Abs. 2 GKG: höchstens der Bruttoarbeitsverdienst für drei Monate; Abfindungen werden nicht hinzugerechnet.
Einstweilige Anordnungen nach § 49 ff. FamFG über bestimmte Kindschaftssachen (Sorgerecht, Umgangsrecht, Herausgabe des Kindes)	Auszugehen ist von der Hälfte des für die Hauptsache bestimmten Wertes. a) Anhängigkeit der Kindschaftssache als Folgesache im Verbund: Der Wert der e. A. beträgt 20 % des Wertes der Ehesache und davon die Hälfte gem. § 41 i. V. m. § 44 Abs. 2 FamGKG. b) Anhängigkeit der Kindschaftssache als selbstständiges Verfahren: Der Wert der e. A. beträgt 2.500 Euro gem. § 41 i. V. m. § 45 FamGKG.
Einstweilige Anordnungen nach § 49 ff. FamFG in: a) Ehewohnungssachen nach § 200 Abs. 1 Nr. 1 FamFG (Benutzung, § 1361b BGB) b) Ehewohnungssachen nach § 200 Abs. 1 Nr. 2 FamFG (Überlassung, § 1568a BGB) c) Haushaltssachen nach § 200 Abs. 2 Nr. 1 FamFG (Benutzung, § 1361a BGB)	Auszugehen ist von der Hälfte des für die Hauptsache bestimmten Wertes gem. § 41 i. V. m. § 48 FamGKG: a) 2.000 Euro (= Hälfte des Wertes nach § 48 Abs. 1, Alternative 1 FamGKG) b) 2.500 Euro (= Hälfte des Wertes nach § 48 Abs. 1, Alternative 2 FamGKG) c) 1.000 Euro (= Hälfte des Wertes nach § 48 Abs. 2, Alternative 1 FamGKG)

Gegenstand	Gegenstandswert
d) Haushaltssachen nach § 200 Abs. 2 Nr. 1 FamFG (Überlassung, § 1568b BGB)	d) 1.500 Euro (= Hälfte des Wertes nach § 48 Abs. 2, Alternative 2 FamGKG)
Einstweilige Anordnungen nach § 49 ff. FamFG über Unterhalt a) für Ehegatten und Kinder b) nach § 248 FamFG bei Verfahren zur Feststellung der Vaterschaft	§ 41 i. V. m. § 51 FamGKG: 6-facher Monatsunterhalt.
Ehesachen	§ 43 FamGKG: **Ausgangswert** = Nettoeinkommen beider Eheleute in drei Monaten, jedoch nicht unter 3.000 Euro; Höchstwert 1 Mio. Euro. Vom Ausgangswert werden Zu- und Abschläge vorgenommen, z. B. für Kindesunterhalt, Vermögen oder Schulden (siehe § 11 Rdn 19 ff.).
Ehewohnungssachen und Haushaltssachen: a) Ehewohnungssachen nach § 200 Abs. 1 Nr. 1 FamFG (Benutzung, § 1361b BGB) b) Ehewohnungssachen nach § 200 Abs. 1 Nr. 2 FamFG (Überlassung, § 1568a BGB) c) Haushaltssachen nach § 200 Abs. 2 Nr. 1 FamFG (Benutzung, § 1361a BGB) d) Haushaltssachen nach § 200 Abs. 2 Nr. 1 FamFG (Überlassung, § 1568b BGB)	 a) 4.000 Euro (§ 48 Abs. 1, Alternative 1 FamGKG) b) 5.000 Euro (§ 48 Abs. 1, Alternative 2 FamGKG) c) 2.000 Euro (§ 48 Abs. 2, Alternative 1 FamGKG) d) 3.000 Euro (§ 48 Abs. 2, Alternative 2 FamGKG)
Haupt- und Nebenforderungen	§ 4 ZPO, § 43 Abs. 1 GKG: Früchte, Kosten, Nutzungen, Zinsen dürfen nicht hinzugerechnet werden, aber andere Nebenforderungen.
Herausgabeansprüche	§ 6 ZPO: Verkehrswert der jeweiligen Sache.
Hilfsanspruch	§ 45 Abs. 1 S. 2 und 3 GKG: Werte des Hilfsanspruchs und des Hauptanspruchs werden nur dann zusammengerechnet, wenn das Gericht über den Hilfsanspruch entscheidet. Betreffen beide Ansprüche denselben Gegenstand, so ist nur der Anspruch mit dem höheren Wert maßgebend.
Hilfsaufrechnung	§ 45 Abs. 3 GKG: Bei der Hilfsaufrechnung ist eine Zusammenrechnung der Werte von Klageforderung und Aufrechnungsforderung vorzunehmen, wenn der Kläger die Gegenforderung bestreitet und eine rechtskraftfähige Entscheidung über sie ergeht.
Hilfswiderklage	Werte von Klage und Widerklage addieren, wenn der Eventualfall eintritt (h. M.).
Kindschaftssachen als selbstständige Familiensachen (z. B. Sorgerecht, Umgangsrecht)	Der Verfahrenswert ist nach § 45 FamGKG ein Festwert und beträgt 5.000 Euro. (§ 44 Abs. 2 FamGKG gilt nur bei Kindschaftssachen im Scheidungsverbund).

Gegenstand	Gegenstandswert
Kindschaftssachen als Folgesachen im Verbund (z. B. Regelung des Sorgerechts, des Umgangsrechts, der Herausgabe)	Nach § 44 Abs. 2 FamGKG beträgt der Verfahrenswert einer jeden Kindschaftssache 20 % des Wertes der Ehesache, höchstens jedoch 5.000 Euro. (§ 45 FamGKG gilt nicht im Scheidungsverbund).
Klageerweiterung = zusätzlicher Streitgegenstand	Ab dem Zeitpunkt der Änderung entstehende Gebühren werden nach dem erhöhten Streitgegenstand berechnet. In gerichtlichen Verfahren ist zumindest für die Verfahrensgebühr immer der höhere Wert maßgeblich.
Lebenspartnerschaftssachen	Werden verfahrensrechtlich (§§ 269, 270 FamFG) wie die entsprechenden Familiensachen behandelt; Werte siehe dort.
Mehrere Ansprüche in einer Klage	§ 39 Abs. 1 GKG: Additionsgebot für mehrere wirtschaftlich selbstständige Ansprüche. Siehe auch § 22 Abs. 1 RVG, § 5 ZPO.
Miet- oder Pachtverträge a) Bestehen, Dauer b) Räumung c) Zahlungsklage	§ 41 GKG, § 8 ZPO: Unterschied zwischen Gebührenwert und Zuständigkeitswert beachten! Mietrückstand hinzurechnen, Nettomiete heranziehen. a) (höchstens) einjähriges Entgelt (§ 41 Abs. 1 GKG). b) (höchstens) einjähriges Entgelt (§ 41 Abs. 2 GKG). c) eingeklagter Betrag einschließlich Nebenkosten.
Nichtvermögensrechtliche Ansprüche	§ 48 Abs. 2 GKG; § 43 FamGKG: Bewertung nichtvermögensrechtlicher Ansprüche unter Berücksichtigung aller Umstände des Einzelfalles nach Ermessen vornehmen, wobei es auf den Umfang und die Bedeutung der Sache und die Vermögens- und Einkommensverhältnisse der Parteien ankommt. Wert nicht über 1 Mio. Euro, in Ehesachen nicht unter 3.000 Euro.
Pfändungen	§ 25 RVG: Der Gegenstandswert für die Anwaltsgebühren setzt sich zusammen aus der Hauptforderung, den Verfahrenskosten, den Zinsen und den bisher angefallenen Kosten der Zwangsvollstreckung. Bei Pfändung eines bestimmten Gegenstands ist dessen Wert maßgebend, wenn sein Wert niedriger ist als die titulierte Forderung.
Sorgerechtsregelung im Scheidungsverbund	§ 44 Abs. 2 S. 1 FamGKG: Der Wert der Ehesache erhöht sich für jede Kindschaftssache um 20 %, höchstens um 5.000 Euro. Mehrere Kinder gelten als eine Kindschaftssache.
Stufenklage	§ 44 GKG: Der Gebührenwert ergibt sich in der Regel aus dem Wert des in der letzten Stufe geltend gemachten Leistungsanspruches.
Teile des Streitgegenstandes	§ 36 Abs. 1 GKG: Gebühren nur nach dem Wert des Teiles berechnen. Beachten Sie § 36 Abs. 2, 3 GKG und für die Anwaltsgebühren speziell § 15 Abs. 3 RVG.

Gegenstand	Gegenstandswert
Unterhalt	Siehe wiederkehrende Leistungen, Unterhalt (§ 51 FamGKG)
Vereinfachtes Verfahren zur Festsetzung von Unterhalt Minderjähriger (§§ 249 ff. FamFG)	Siehe wiederkehrende Leistungen, Unterhalt (§ 51 Abs. 1 und Abs. 2 S. 3 FamGKG)
Verbindung von nichtvermögensrechtlichen und aus diesen hergeleiteten vermögensrechtlichen Ansprüchen	§ 48 Abs. 3 GKG, § 33 Abs. 1 S. 2 FamGKG: Es ist der Wert beider Ansprüche getrennt festzustellen und sodann der höhere Wert von beiden als Verfahrenswert anzunehmen. z. B. Unterhaltssache in Verbindung mit Abstammungssache (§§ 179 Abs. 1 S. 2, 237 FamFG). (Gilt nicht für Scheidungssachen und Kindschaftssachen als Folgesachen im Scheidungsverbund gem. § 44 Abs. 2 S. 3 FamGKG.)
Verminderung des Wertes des Streitgegenstandes, nachträgliche	Es sind nur Gebühren betroffen, die erst nach dem Zeitpunkt der Herabsetzung zur Entstehung gelangen.
Versorgungsausgleich	a) Im Scheidungsverbund beträgt der Verfahrenswert für jedes Anrecht auf Versorgungsausgleich 10 % des in drei Monaten erzielten Nettoeinkommens der Eheleute. Bei mehreren Anrechten wird jedes Anrecht für sich bewertet. Der Mindestwert für alle Anrechte zusammen beträgt 1.000 Euro (§ 50 Abs. 1 FamGKG). b) Nur in Sonderfällen kann der Versorgungsausgleich erst nach der Scheidung stattfinden; dann beträgt der Wert für jedes Anrecht 20 % des in drei Monaten erzielten Nettoeinkommens der Eheleute. c) Im Verfahren über einen Auskunftsanspruch wegen des Versorgungsausgleichs beträgt der Festwert 500 Euro (§ 50 Abs. 2 FamGKG).
Vermögensauskunft, Antrag auf Erteilung nach § 802c ZPO	§ 25 Abs. 1 Ziff. 4 RVG: Wert höchstens 2.000 Euro einschließlich der noch geschuldeten Nebenforderungen.
Verteilungsverfahren	§ 25 Abs. 1 Ziff. 1 Hs. 4 RVG: Wert der Forderung, jedoch höchstens der zu verteilende Geldbetrag.
Wechselseitige Rechtsmittel	§ 45 Abs. 2 GKG: (Verhandlung in einem Prozess). Derselbe Gegenstand von wechselseitig eingelegten Rechtsmitteln = Additionsverbot. Verschiedene Gegenstände von wechselseitig eingelegten Rechtsmitteln = Additionsgebot.
Wertänderung	§ 40 GKG: Für die Wertberechnung ist der Zeitpunkt der betreffenden Antragstellung entscheidend.
Widerklage und Klage	§ 45 Abs. 1 GKG: (Verhandlung in einem Prozess). Derselbe Gegenstand von Klage und Widerklage = Additionsverbot. Verschiedene Gegenstände von Klage und Widerklage = Additionsgebot.

Gegenstand	Gegenstandswert
Wiederkehrende Leistungen	§ 9 ZPO, § 42 GKG, § 51 FamGKG: Unterschied zwischen Gebührenwert und Zuständigkeitswert beachten!
a) Gesetzliche Unterhaltsansprüche (gilt auch für vertragliche Unterhaltsansprüche zwischen Ehegatten und mit Kindern)	a) Grundsätzlich der Jahresbetrag des Unterhalts (§ 51 Abs. 1 FamGKG). Die bei Einreichung des Antrags rückständigen, fälligen Unterhaltsbeträge werden hinzugerechnet (§ 51 Abs. 2 FamGKG). Sie sind monatlich im Voraus zu zahlen (§ 1612 Abs. 3 BGB).
b) Vertragliche Rentenansprüche	b) Höchstens der dreieinhalbfache Jahresbetrag der verlangten Rente (§ 9 ZPO).
c) Gesetzliche Rentenansprüche als Schadenersatz aus unerlaubten Handlungen	c) Höchstens der dreieinhalbfache Jahresbetrag der verlangten Rente (§ 48 Abs. 1 GKG, § 9 ZPO). Gilt auch bei Tötung oder Verletzung eines Menschen. Die bei Einreichung der Klage rückständigen, fälligen Beträge werden hinzugerechnet (§ 42 Abs. 3 GKG). Sie sind für drei Monate im Voraus zu zahlen (§§ 844 Abs. 2, 843 Abs. 2, 760 Abs. 2 BGB)!
d) Rückstände	d) **Vor** Klageeinreichung fällige Rückstände sind hinzuzurechnen (§ 42 Abs. 3 GKG, § 51 Abs. 2 FamGKG); **nach** Anhängigkeit auflaufende Rückstände erhöhen den Wert dagegen nicht!
Wiederkehrende Leistungen, sonstige	Wertberechnung gem. § 9 ZPO für nicht unter § 42 GKG oder § 51 FamGKG fallende wiederkehrende Leistungen.
Wohnungseigentumssachen	Der Streitwert ist gem. § 49a GKG auf 50 % des Interesses der Beteiligten an der Entscheidung festzusetzen. Er darf den Wert des Interesses des Klägers nicht unterschreiten und das Fünffache dieses Wertes nicht überschreiten. Der Wert darf in keinen Fall den Verkehrswert des Wohnungseigentums des Klägers übersteigen. Wird ein einzelner Wohnungseigentümer verklagt, darf der Wert das Fünffache seines Interesses und den Verkehrswert seines Wohnungseigentums nicht übersteigen.
Zwangsvollstreckung	Siehe Pfändungen

§ 4 Außergerichtliche Tätigkeiten

A. Vorbemerkungen

Nach statistischen Erhebungen dürften mehr als 70 % aller Aufträge von den Rechtsanwälten außergerichtlich erledigt werden. Es handelt sich dabei zum einen um **außergerichtlich beigelegte Streitfälle** und zum anderen um Tätigkeiten der **vorsorgenden Rechtspflege**, beispielsweise der Gestaltung von Verträgen. Da die außergerichtlichen Tätigkeiten also heute den Schwerpunkt der anwaltlichen Beschäftigungen ausmachen, sind die entsprechenden Gebührenvorschriften an den Anfang des Vergütungsverzeichnisses des RVG in Teil 2 gestellt worden. 1

Gebührenregelungen für außergerichtliche Anwaltstätigkeiten enthält das RVG in seinem Paragrafenteil in den §§ 34 bis 36 und im Vergütungsverzeichnis in den Nummern 2100 bis 2508.

Im Paragrafenteil werden auch die anwaltliche Tätigkeit als Mediator (§ 34 RVG) und die Gebühren für die Hilfeleistung in Steuersachen (§ 35 RVG) geregelt.

Teil 2 des Vergütungsverzeichnisses enthält insbesondere die Gebühren für folgende außergerichtliche Anwaltstätigkeiten: Beratung und Gutachten, Prüfung der Erfolgsaussicht eines Rechtsmittels, außergerichtliche Vertretung und die Gebühren für Tätigkeiten im Rahmen der Beratungshilfe.

Die oft gebrauchte und wichtigste Gebühr für die außergerichtliche Geschäftsbesorgung und Vertretung ist die **Geschäftsgebühr (Nr. 2300 VV RVG)**. Die Geschäftsgebühr kann dann berechnet werden, wenn kein Prozessauftrag erteilt worden ist, vgl. Vorbem. 3 Abs. 1 VV RVG. Die Geschäftsgebühr wird nachfolgend in Rdn 2 ff. behandelt.

B. Außergerichtliche Vertretung und Geschäftsbesorgung

→ Dazu Aufgaben Gruppe 3 2

Für die auftragsgemäße **außergerichtliche Vertretung** und Geschäftsbesorgung ist die **Geschäftsgebühr** vorgesehen. Diese Gebühr entsteht für die **außergerichtliche** Erledigung von zivilrechtlichen und öffentlich-rechtlichen Streitigkeiten einschließlich solcher **außergerichtlicher Angelegenheiten,** für die ein gerichtliches Verfahren nach dem FamFG abläuft. Bei den gerichtlichen Verfahren, die im FamFG geregelt sind, handelt es sich im Wesentlichen um Familiensachen (§ 111 FamFG); die Geschäftsgebühr erwächst dem RA in diesen Sachen aber ausschließlich für die außergerichtliche Vertretung. Außerdem werden auch Tätigkeiten in der **vorsorgenden Rechtspflege**, beispielsweise die Gestaltung von Verträgen, mit einer Geschäftsgebühr entgolten (Vorbemerkung 2.3 Abs. 3 VV RVG). In Straf- und Bußgeldsachen kann keine Geschäftsgebühr entstehen, diese werden ausschließlich nach den Teilen 4 und 5 VV RVG abgerechnet (Vorbem. 2.3 Abs. 2 VV RVG).

Die Geschäftsgebühr für die außergerichtliche Rechtsbesorgung wird im Vergütungsverzeichnis vor den Gebühren geregelt, die für Tätigkeiten in gerichtlichen Verfahren vorgesehen sind. Dies ist auch eine sinnvolle Reihenfolge: Häufig wird der RA versuchen, eine Rechtsstreitigkeit zunächst außergerichtlich beizulegen und erst wenn dies nicht erfolgreich verläuft, wird er die Sache vor Gericht bringen. Deshalb wird erst einmal eine Geschäftsgebühr entstehen und sodann später eine Verfahrensgebühr für die Tätigkeit im Verfahren vor Gericht. Da es sich bei der erst außergerichtlichen und späteren gerichtlichen Tätigkeit gebührenrechtlich um verschiedene Angelegenheiten handelt (§ 15 Abs. 1, 2 RVG), gibt es Vorschriften über die **Anrechnung der Geschäftsgebühr** auf die später entstehende Verfahrensgebühr (Vorbem. 3 Abs. 4 VV RVG) – der RA würde sonst in einer Sache doppelt bezahlt werden. Die Anrechnung von Gebühren wird weiter unten beschrieben.

I. Die Geschäftsgebühr für außergerichtliche Tätigkeiten

3 Besondere Bedeutung für die Berechnung der außergerichtlichen Anwaltstätigkeiten hat die Geschäftsgebühr nach Nr. 2300 VV RVG. Der **Anwendungsbereich der Geschäftsgebühr** lässt sich im Wesentlichen in vier Gruppen unterteilen:

- **Tätigkeiten außerhalb gerichtlicher und behördlicher Verfahren.**

  Hierzu zählen z. B. die außergerichtliche Regelung von Schadenersatzansprüchen, anwaltliche Aufforderungsschreiben, außergerichtliche Vergleichs- bzw. Einigungsverhandlungen.

  > *Beispiel:*
  >
  > Außergerichtliche Regulierung eines Verkehrsunfalls mit der gegnerischen Versicherung oder der eigenen Vollkaskoversicherung.

- **Tätigkeiten im Sinne einer vorsorgenden Rechtsbetreuung.**

  Hierzu zählen z. B. die Anfertigung von Vertragsentwürfen und die Mitwirkung bei Gesellschaftsgründungen. Voraussetzung ist, dass ein Anwaltsnotar als Rechtsanwalt und nicht als Notar tätig wird!

  > *Beispiele:*
  >
  > Mitwirkung des RA bei der Gestaltung eines Kaufvertrages über einen Handwerksbetrieb (vgl. Vorbemerkung 2.3 Abs. 3 VV RVG).
  >
  > Mitwirkung des RA bei der Gestaltung eines Ehevertrages im Sinne von § 1408 BGB.
  >
  > Mitwirkung des RA bei der Verhandlung über einen gewerblichen Mietvertrag.

- **Tätigkeiten in Verfahren der freiwilligen Gerichtsbarkeit.**

  Dazu gehören beispielsweise außergerichtliche Tätigkeiten in folgenden Angelegenheiten: Betreuungs- und Vormundschafts-, Nachlass- und Verschollenheitssachen, sowie dem FamFG unterliegende selbstständige Familiensachen. Voraussetzung ist, dass ein Anwaltsnotar als Rechtsanwalt und nicht als Notar tätig wird!

  > *Beispiel:*
  >
  > Vertretung bei der außergerichtlichen Geltendmachung einer Unterhaltsforderung.

- **Verfahren vor Verwaltungsbehörden.**

  Hier lassen sich z. B. nennen: Vertretung in Verfahren zur Änderung des Familiennamens, in baupolizeilichen und in Sozialhilfeangelegenheiten oder Vertretung in Enteignungsverfahren vor der Verwaltungsbehörde.

  > *Beispiel:*
  >
  > RA vertritt Antragsteller bei Antrag auf Änderung des Familiennamens.

4 *Hinweis:*

Der **Entwurf** eines **Testaments** stellt anwaltliche **Beratungstätigkeit** (§ 34 RVG) und **keine Geschäftstätigkeit** (Nr. 2300 VV RVG) dar, da keine Vertretung nach außen hin erfolgt. Die Überschrift zu Teil 2 Abschnitt 3 des VV RVG lautet „Vertretung". Eine Ausnahme wird für die Geschäftsgebühr nur für die Mitwirkung bei der Gestaltung eines **Vertrages** gemacht (Vorbemerkung 2.3 Abs. 3 VV RVG; BGH, Urteil vom 22.02.2018 – IX ZR 115/17). Dies gilt laut BGH auch, wenn zwei aufeinander abgestimmte Testamente von Eheleuten entworfen werden.

Der Entwurf eines **gemeinschaftlichen Testaments** von Eheleuten wurde früher von einigen OLGs ähnlich wie ein Vertrag gesehen. Diese Gerichte verkannten jedoch, dass das BGB zwischen Erbvertrag und Testament unterscheidet. Nur der Erbvertrag ist ein Vertrag und ein Testament besteht aus einseitigen Willenserklärungen, selbst wenn es nicht nur eine sondern zwei einseitige Willenserklärungen enthält. Der BGH (Urteil vom 15.04.2021 – IX ZR 143/20) sieht deshalb auch ein gemeinschaftliches Testament nicht als Vertrag – sodass auch für den anwaltlichen Entwurf eines gemeinschaftlichen Testaments eine Gebühr für eine Beratung (§ 34 RVG) und keine Geschäftsgebühr entsteht. Für den anwaltlichen Entwurf eines Erbvertrages könnte dagegen eine Geschäftsgebühr erhoben werden.

Auch sonstige Erklärungen oder Schreiben, die von dem RA entworfen, aber von seinem Auftraggeber selbst unterzeichnet werden, sind keine Vertretung gegenüber Dritten. Es handelt sich lediglich um einen Rat des RA, wie der Mandant das Schreiben verfassen sollte.

Dem RA ist zu empfehlen, zumindest bei höheren Werten eine Gebührenvereinbarung für Beratungen gemäß § 34 RVG abzuschließen.

Merke:

Bei der Beratung soll der Rechtsanwalt auftragsgemäß nur im Innenverhältnis zum Mandanten beratend tätig werden.

Bei der Vertretung soll der Rechtsanwalt auftragsgemäß auch nach außen wirken = vertreten.

Maßgebend dafür, ob eine Beratungsgebühr (§ 34 RVG) oder eine Geschäftsgebühr abgerechnet werden muss, ist der dem RA erteilte Auftrag.

In den nachfolgenden Kapiteln wird die Geschäftsgebühr als die generelle Gebühr für das anwaltliche Betreiben eines Geschäfts in außergerichtlichen Angelegenheiten beschrieben. Jedoch gibt es 5
für einige spezielle Tätigkeiten besondere Vorschriften, die an anderer Stelle dieses Buches behandelt werden – dies zeigt die nachstehende Übersicht.

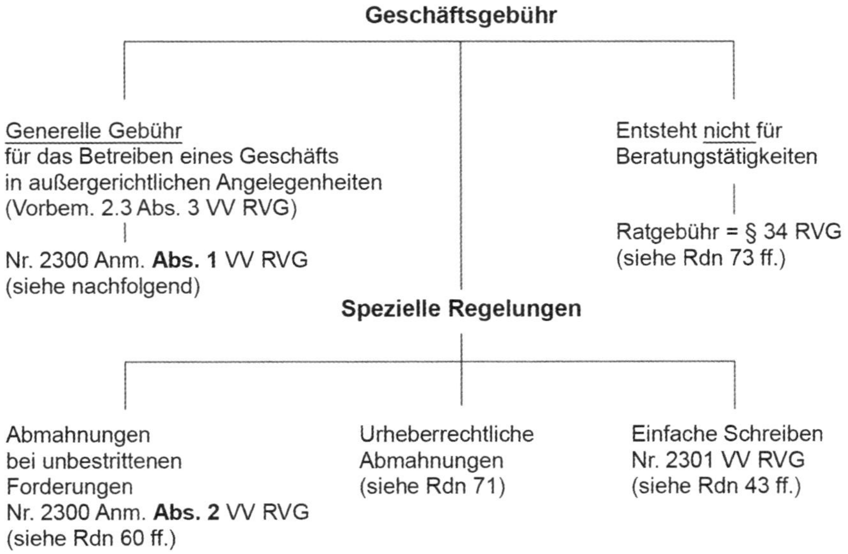

Hinweis:

Das Thema Abmahnungen wird noch in einem besonderen Kapitel „Anwaltliche Aufforderungsschreiben“ (Arten, Inhalt und Gebühren) dargestellt. Siehe § 5 Rdn 1 ff.

1. Die Geschäftsgebühr nach Nr. 2300 VV RVG, insbesondere Anmerkung Absatz 1

6 Bei der Geschäftsgebühr nach Nr. 2300 VV RVG handelt es sich um eine **Satzrahmengebühr**. Die Höhe des Gebührensatzes ist für jeden Einzelfall vom RA nach seinem – nachvollziehbaren – Ermessen innerhalb des von 0,5 bis 2,5 gesetzten Rahmens gemäß § 14 RVG festzulegen (vgl. § 2 Rdn 108 ff.). Bei durchschnittlichen Angelegenheiten ergäbe sich rein rechnerisch als **Mittelsatz** ein Gebührensatz von 1,5. Jedoch enthält das RVG eine **Kappungsgrenze** in der Anmerkung Absatz 1 zu Nr. 2300 VV RVG, wonach bei nicht umfangreicher oder nicht schwieriger Anwaltstätigkeit ein Gebührensatz von nicht mehr als 1,3 gefordert werden darf. Die 1,3 Gebühr wird auch **Regelgebühr** genannt. Das heißt, dass der RA einen Gebührensatz von mehr als 1,3 (bis zu maximal 2,5) nur dann verlangen kann, wenn entweder Umfang oder Schwierigkeit der Sache über dem Durchschnitt liegen. Ist dies nicht der Fall, darf der Gebührensatz der Geschäftsgebühr nur zwischen 0,5 und 1,3 angesetzt werden, wobei es für Inkassotätigkeiten in Anmerkung Absatz 2 zu Nr. 2300 VV RVG noch weitere Einschränkungen gibt. Die anderen in § 14 RVG genannten Umstände – also außer Umfang und Schwierigkeit – sind für das Überschreiten der Kappungsgrenze nicht von Bedeutung.

7 Es muss jedoch beachtet werden, dass der Gebührenrahmen von 0,5 bis 2,5 nicht für **Inkassotätigkeiten** gilt, die vom Schuldner **unbestrittene Forderungen** betreffen. Während in Anmerkung **Absatz 1** der Nr. 2300 VV RVG der Gebührensatz für die meisten außergerichtlichen Anwaltstätigkeiten grundsätzlich auf 1,3 begrenzt wird, werden in Nr. 2300 Anmerkung **Absatz 2** VV RVG weitere Grenzen gesetzt für Inkassotätigkeiten betreffend unbestrittene Forderungen. In einfachen Fällen darf der Gebührensatz von 0,5 nicht überschritten werden, ansonsten unter Berücksichtigung des § 14 RVG 0,5 bis 0,9 und in besonders umfangreichen oder schwierigen Fällen maximal 1,3. Siehe hierzu ein besonderes Kapitel in Rdn 60 ff.

Anmerkung:

Es ist sicherlich praktisch nicht einfach, die konkrete Höhe des Gebührensatzes der Geschäftsgebühr in dem sehr weiten Rahmen von 0,5 bis 2,5 zu bestimmen. Der Rahmen ist bewusst so weit gehalten worden, um in allen Fällen eine angemessene Gebühr finden zu können. Es wird eben sehr einfache Angelegenheiten geben, in denen ein Gebührensatz von 0,5 eine völlig ausreichende Bezahlung sichert und andere, sehr komplizierte und umfangreiche Tätigkeiten, für die ein Gebührensatz von 2,5 vielleicht gerade ausreichend ist.

Auch wenn der RA einen gewissen Ermessensspielraum hat, den die Gerichte bisher mit bis zu 20 % angesetzt haben, so muss der von ihm begehrte konkrete Gebührensatz doch im Vergleich zu ähnlichen Sachverhalten, die sich aus der Rechtsprechung ergeben, angemessen sein. Jedenfalls darf der Toleranzbereich von 20 % nicht dazu ausgenutzt werden, den Gebührensatz der Geschäftsgebühr über 1,3 anzusetzen, ohne dass Umfang und Schwierigkeit überdurchschnittlich sind (BGH, Urteil vom 11.07.2012 – VIII ZR 323/11; siehe auch Rdn 15 ff.).

Wie wird denn nun der Gebührensatz bemessen? Bei der Ermittlung des konkreten Gebührensatzes der Geschäftsgebühr im Einzelfall ist zu empfehlen, zunächst einen durchschnittlichen Fall zu unterstellen (Mittelgebühr 1,5, gekappt auf 1,3) und dann im Sinne des § 14 RVG zu überlegen, ob eine Erhöhung oder eine Verminderung dieser Mittelgebühr angebracht ist. Hierzu sind alle Umstände, die in § 14 RVG aufgeführt sind, heranzuziehen. Ein Vergleich mit ähnlichen Sachverhalten ist zweckmäßig. Von allen in § 14 RVG genannten Umständen berechtigen jedoch nur Umfang oder Schwierigkeit der Tätigkeit – wenn überdurchschnittlich – zu einer Überschreitung der Kappungsgrenze von 1,3. Die Bestimmung des Gebührensatzes kann vom Gericht überprüft werden.

Die Findung des angemessenen Gebührensatzes wird noch weiter unten am Beispiel des Aufforderungsschreibens ohne Klageauftrag dargestellt (siehe § 5 Rdn 7 ff.).

In der alltäglichen anwaltlichen Praxis wurde häufig – ohne Berücksichtigung des § 14 RVG – aus „Vereinfachungsgründen" für die Geschäftsgebühr ein Gebührensatz von 1,3 angesetzt. Dies ist zumindest bei Inkassoaufträgen wegen unbestrittener Forderungen wegen Anmerkung Absatz 2 zu Nr. 2300 VV RVG nicht ohne Weiteres möglich, weil die 1,3 Gebühr hier bereits die Höchstgebühr bildet.

Der **Gegenstandswert** der Geschäftsgebühr bestimmt sich gemäß § 23 Abs. 1 S. 3 RVG nach den 8
allgemeinen Wertvorschriften für die Gerichtsgebühren, wenn der Gegenstand der Tätigkeit auch Gegenstand eines gerichtlichen Verfahrens sein könnte. In **Zivilsachen** sind deshalb die Wertvorschriften des GKG und der ZPO auch für den RA heranzuziehen (siehe § 3). In **Familiensachen** wird der Gegenstandswert gleichfalls für den RA nach dem für die Gerichtsgebühren in diesen Sachen geltenden FamGKG ermittelt, wenn der Gegenstand der Tätigkeit auch Gegenstand eines gerichtlichen Familienverfahrens sein könnte (vgl. § 11 Rdn 16 ff.). Der RA muss also prüfen, ob er den Gegenstand seiner außergerichtlichen Vertretung auch in einem gerichtlichen Verfahren zulässigerweise verfolgen könnte. Ist das der Fall, bestimmt sich der Gegenstandswert für die Geschäftsgebühr nach dem GKG/FamGKG.

In allen **„anderen außergerichtlichen Angelegenheiten"** als in den in § 23 Abs. 1 S. 3 RVG genannten, erfolgt die Wertfeststellung nach § 23 Abs. 3 S. 1 RVG, also nach den dort genannten Vorschriften des GNotKG. In der Praxis kommt das z. B. beim Entwurf von Verträgen, bei der Auseinandersetzung von Gemeinschaften oder beim Mitwirken an Verkaufsverhandlungen vor. In allen anderen Fällen wird der Wert nach § 23 Abs. 3 S. 2 RVG hilfsweise mit 5.000 Euro angenommen (siehe § 3 Rdn 117 ff.).

Eine **Anrechnung** auf eine später noch entstehende Verfahrensgebühr in einem nachfolgenden ge- 9
richtlichen Verfahren erfolgt für die Geschäftsgebühr gemäß Vorbemerkung 3 Abs. 4 VV RVG. Danach wird die Geschäftsgebühr zur Hälfte, jedoch höchstens mit einem Gebührensatz von 0,75 auf die Verfahrensgebühr angerechnet (siehe dazu weiter unten in Rdn 28 ff.).

Da es sich um eine **Pauschalgebühr** handelt, kann die Geschäftsgebühr in der gleichen Angele- 10
genheit nur einmal erwachsen.

Neben der Geschäftsgebühr kann der RA z. B. noch die Einigungsgebühr (Nr. 1000 VV RVG) und die Hebegebühr erhalten (Nr. 1009 VV RVG).

2. Die Entstehung der Geschäftsgebühr

Die Geschäftsgebühr nach Nr. 2300 VV RVG entsteht „für das Betreiben des Geschäfts", also der 11
außergerichtlichen Besorgung einer Rechtsangelegenheit als Vertreter gegenüber Dritten. Da sie das **Betreiben eines Geschäfts** durch den RA vergütet, ist sie eine so genannte allgemeine **Betriebsgebühr** wie die Verfahrensgebühr, die in den gerichtlichen Verfahren erwächst. Durch sie werden alle Tätigkeiten des RA in der Angelegenheit abgegolten, soweit nicht zusätzlich spezielle Gebühren wie insbesondere die Einigungsgebühr entstehen. Die Geschäftsgebühr entgilt also die gesamte Arbeit des RA von der Einholung der Information über die Beratung des Mandanten bis zur Durchführung der vom Mandanten gewünschten Tätigkeit. Da sie eine Pauschgebühr ist, ent-

gilt sie auch alle für das Betreiben des Geschäfts notwendigen Nebentätigkeiten, wie z. B. Einsicht in gerichtliche Akten oder öffentliche Register.

12 Als Beispiel für den **Umfang der anwaltlichen Tätigkeit,** der durch die Geschäftsgebühr abgegolten wird, kann folgende Aufzählung dienen:

- die erste Unterredung mit dem Auftraggeber (= Entgegennahme der Information),
- die Beratung des Auftraggebers,
- das Anfertigen einer Gesprächsnotiz darüber und die anschließende Anlegung einer Handakte,
- die Fertigung des Entwurfs eines Schreibens an Dritte und die Übersendung des Entwurfs an den Auftraggeber zur Prüfung,
- Telefongespräch mit dem Auftraggeber und Änderung des Entwurfs,
- Feststellung der genauen Anschrift des Schuldners bzw. Gegners des Auftraggebers,
- Reinschrift des Entwurfs des Schreibens und Absendung an den Schuldner bzw. an die Gegenseite,
- mündliche oder telefonische Besprechungen mit dem Gegner oder einem Dritten,
- das Entwerfen und das Aushandeln eines schriftlichen Vergleichsvorschlages oder die Prüfung eines Einigungsvorschlages der Gegenseite,
- die Verwertung von speziellen Fachkenntnissen oder Sprachkenntnissen.

13 Beschränkt sich die Tätigkeit des RA auftragsgemäß auf eine **Beratung**, in der er den Mandanten dahingehend berät, dass sich eine anwaltliche Tätigkeit in der Sache nicht lohnt, so ist eine Beratungsgebühr gemäß § 34 RVG zu berechnen, da es zur Definition der Beratungsgebühr gehört, dass die Beratung „... nicht mit einer anderen gebührenpflichtigen Tätigkeit zusammenhängt". Zur Beratungsgebühr siehe Rdn 73 ff.

14 Da sie eine Pauschgebühr ist, entsteht die Geschäftsgebühr bereits mit der Entgegennahme der Information durch den Auftraggeber. Eine Ermäßigung der Geschäftsgebühr, wie sie z. B. in Nr. 3101 Ziff. 1 VV RVG bei vorzeitiger Beendigung des Auftrages für die Verfahrensgebühr vorgesehen ist, findet nicht statt. Ein geringer Umfang der anwaltlichen Tätigkeit ist jedoch bei der Findung der Gebühr innerhalb des Rahmens von 0,5 bis 2,5 zu berücksichtigen, sodass in einem solchen Fall die Gebühr unterhalb des Mittelsatzes, z. B. mit 0,8, anzusetzen ist.

3. Die Ermittlung des Gebührensatzes der Geschäftsgebühr

15 Das anwaltliche **Aufforderungsschreiben ohne Klageauftrag** ist ein in der Praxis häufig vorkommender Anwendungsfall für die Geschäftsgebühr nach Nr. 2300 VV RVG. Zu unterscheiden sind das Aufforderungsschreiben ohne Klageauftrag, das nach Nr. 2300 VV RVG abgerechnet wird, und das Aufforderungsschreiben mit Klageauftrag, das nach Nr. 3101 Ziff. 1 VV RVG abgerechnet wird (siehe dort bei § 7 Rdn 26 f.). Für die Berechnung der Gebühr kommt es dabei nach Vorbem. 3 Abs. 1 VV RVG auf den erteilten Auftrag an; durch den Auftrag wird festgelegt, nach welcher Nummer des VV die Gebühr für das Aufforderungsschreiben zu berechnen ist. Da der Arbeitsaufwand für den RA in beiden Fällen derselbe sein dürfte, wird dies wohl auch bei der Ermittlung des Gebührensatzes der Geschäftsgebühr zu berücksichtigen sein. Das heißt, bei gleichem Tätigkeitsumfang und gleicher Schwierigkeit wird schwerlich zu begründen sein, warum ein Aufforderungsschreiben mit Klageauftrag eine 0,8 Gebühr (Nr. 3101 Ziff. 1 VV RVG) kosten soll und praktisch dasselbe Schreiben, nur ohne Klageauftrag, eine 1,3 Gebühr (Nr. 2300 VV RVG).

16 Aufträge zur außergerichtlichen Rechtsbesorgung durch den Anwalt beinhalten neben anderen Tätigkeiten (siehe oben) häufig auch das Fertigen eines oder mehrerer Schriftsätze(z. B. eines Aufforderungsschreibens). Deshalb sollte bei der Bemessung der Geschäftsgebühr innerhalb des Rahmens nicht nur auf die Schriftsätze, sondern auch auf die anderen zur Auftragsbesorgung gehörenden Tätigkeiten geachtet werden. Der RA wird häufig mehr tun, als nur ein Schreiben zu erstellen.

Deshalb kann der Schriftsatz allein noch nicht für die Gebührenhöhe der Geschäftsgebühr ausschlaggebend sein. So macht es einen enormen Unterschied, ob ein Mandant, der nur die unstrittige Kaufpreisforderung aus einem Kaufvertrag gegen den Kaufpreisschuldner durchsetzen will, den RA beauftragt, oder ob ein völlig hilfloser Unfallgeschädigter kurz nach dem Unfallereignis von dem RA erst Rat und Hilfe erwartet und dann gegen den Unfallschuldigen bzw. seinen Haftpflichtversicherer vertreten werden möchte. In der Kaufpreissache wird kein längeres Beratungsgespräch erforderlich sein, wenn sich die Kaufpreisforderung unzweifelhaft aus dem Kaufvertrag ergibt und keine rechtlichen Probleme aufweist. Dagegen kann die Beratung und Vertretung des Unfallopfers eher langwieriger Natur sein. Dies ist jeweils bei der Bestimmung des Gebührensatzes der Geschäftsgebühr durch den RA im konkreten Einzelfall im Sinne des § 14 RVG zu berücksichtigen.

Entscheidend ist nach Nr. 2300 Anm. **Abs. 1** VV RVG für die Bestimmung des Gebührensatzes der Geschäftsgebühr insbesondere, ob die Anwaltstätigkeit umfangreich oder schwierig war. Umfang und Schwierigkeit sind nicht das Gleiche. Unter **Umfang** wird der zeitliche Arbeitsaufwand des RA verstanden und unter **Schwierigkeit** versteht man die Intensität seiner Arbeit. Lesen Sie hierzu § 2 Rdn 108 ff. über die Rahmengebühren, in dem die grundsätzlichen Regelungen des § 14 RVG ausführlich dargestellt sind. 17

Bei der Bestimmung der **Höhe des Gebührensatzes** der Geschäftsgebühr geht der RA von einem durchschnittlichen Fall aus. Bei dem Gebührenrahmen der Nr. 2300 VV RVG von 0,5 bis 2,5 wäre bei einer durchschnittlich aufwändigen Fallbearbeitung eigentlich die so genannte **„Mittelgebühr"** angemessen, die in diesem Rahmen rechnerisch 1,5 ausmacht. Hingegen bestimmt die Anmerkung Absatz 1 zu Nr. 2300 VV RVG, „dass der RA eine Gebühr von mehr als 1,3 nur fordern kann, wenn die Tätigkeit umfangreich oder schwierig war. Damit ist gemeint, dass Umfang und Schwierigkeit über dem Durchschnitt liegen." Das bedeutet, dass die sich rechnerisch ergebende „Mittelgebühr" von 1,5 hinsichtlich der beiden wichtigsten Kriterien (Umfang und Schwierigkeit) quasi um 0,2 nach unten verschoben ist, sodass die „**Mittelgebühr**" im Regelfall für die Geschäftsgebühr gesetzlich auf einen Gebührensatz von 1,3 festgelegt ist.

Das heißt nun aber keinesfalls, dass der Gebührensatz der Geschäftsgebühr immer 1,3 betragen muss. Dann hätte der Gesetzgeber keinen Gebührenrahmen von 0,5 bis 2,5 festlegen müssen. Der Gebührensatz ist vielmehr im konkreten Einzelfall unter Berücksichtigung von § 14 RVG zu ermitteln. Es sind alle in § 14 RVG genannten Umstände in Betracht zu ziehen und auf dieser Grundlage ist der gesetzliche Mittelgebührensatz von 1,3 im Einzelfall entsprechend zu erhöhen oder abzusenken, wobei eine Erhöhung über 1,3 hinaus eben nur vorgenommen werden darf, wenn Umfang oder Schwierigkeit überdurchschnittlich waren. So berechtigen z. B. überdurchschnittliche Vermögensverhältnisse des Mandanten allein nicht zu einer Erhöhung über 1,3 hinaus, wenn Umfang und Schwierigkeit nur durchschnittlich waren.

Die Ermittlung des Gebührensatzes für ein außergerichtliches anwaltliches Aufforderungsschreiben gemäß § 14 RVG hängt also neben dem Umfang und dem Inhalt des Schreibens auch davon ab, welchen Umfang und welche Schwierigkeit die übrigen Tätigkeiten des RA hatten, die zur Besorgung der betreffenden Rechtsangelegenheit erforderlich waren.

Wenn es allerdings bei der Anwaltstätigkeit um eine **Inkassodienstleistung** geht, gibt es in Nr. 2300 Anm. **Abs. 2** VV RVG eine spezielle Regelung mit niedrigeren Gebührensätzen (siehe ausführlich in Rdn 60 ff.).

Hinweis: 18

Die Rechtsprechung des IX. und des VI. Zivilsenats des BGH aus den Jahren 2011 und 2012 ist teilweise so ausgelegt worden, dass ein RA unter Ausnutzung eines Toleranzbereichs von 20 % statt einer 1,3 Geschäftsgebühr auch immer einen Gebührensatz von 1,5 ansetzen dürfe. Mit Urteil vom 11.07.2012 (VIII ZR 323/11) hat der VIII. Senat des BGH klargestellt, dass die **gesetzliche Kappungsgrenze von 1,3** nur überschritten werden darf, wenn **Umfang und Schwierigkeit** der Anwaltstätigkeit **überdurchschnittlich** sind. Dies hat der RA nachzuweisen und dies kann vom Gericht überprüft werden. Der **Toleranzbereich** von 20 % gilt demnach nur im Rahmen unterhalb bzw. oberhalb der Kappungsgrenze von 1,3. Auch der VI. Zivilsenats des BGH hat unter Aufgabe seiner Rechtsprechung aus dem Jahr 2012 entschieden, dass die Gerichte zu überprüfen haben, ob die Überschreitung der Kappungsgrenze von 1,3 aufgrund überdurchschnittlichen Umfangs und Schwierigkeit gerechtfertigt ist. Der RA kann also nicht ohne Weiteres entgegen der gesetzlichen Regelung eine 1,5 Geschäftsgebühr verlangen.

19 Nun wird es unterschiedliche Gründe geben, warum Mandanten einen Anwalt aufsuchen, und sie werden auch unterschiedliche Tätigkeiten von ihm erwarten.

Vorweg sei darauf hingewiesen, dass der RA zu einer gründlichen Belehrung seines Auftraggebers verpflichtet ist. Nach seiner rechtlichen Prüfung des Falles muss er den sichersten Weg der Rechtsverfolgung vorschlagen und die Erfolgsaussichten seiner Vorschläge aufzeigen. Dazu gehört auch, dass er die Schadensminderungspflicht gemäß § 254 Abs. 2 BGB beachtet und deshalb einen kostengünstigen Weg der Rechtsverfolgung empfiehlt. Insofern macht es keinen Sinn, den gerichtlichen Weg einzuschlagen, wenn damit zu rechnen ist, dass der Schuldner die geforderte Leistung erbringen wird oder dass er in einem Verfahren den Anspruch sofort anerkennt – mit der Folge des § 93 ZPO. Auch wenn der RA nicht ungefragt über die Höhe seiner Vergütung belehren muss, gehört zur pflichtgemäßen Beratung des Auftraggebers, ihn vor unnötigen Kosten zu bewahren.

Nachfolgend wird aufgezeigt, welche Wege der Rechtsverfolgung der RA vorschlagen kann, wenn er einen Mandanten vertreten soll, der einen Anspruch gegen seinen Schuldner durchsetzen möchte (siehe auch § 5 Rdn 7 ff.).

(1) Wenn der RA den Inkassoauftrag erhält, eine **unstrittige Forderung** außergerichtlich einzutreiben, wird er zunächst ein **Aufforderungsschreiben ohne Klageauftrag** an den Schuldner senden. Der Beratungsbedarf des Auftraggebers wird in diesem Fall gering sein und die Anwaltstätigkeit wird weder einen großen Umfang noch eine große Schwierigkeit haben. Dies ist bei der Höhe des Gebührensatzes der Geschäftsgebühr zu berücksichtigen; der Gebührensatz wird je nach den Umständen des Einzelfalles nach Nr. 2300 Anm. **Abs. 2** VV RVG zwischen 0,5 und 1,3 liegen müssen – bei einer **ersten Mahnung** darf jedoch nur eine 0,5 Geschäftsgebühr angesetzt werden (siehe für Inkassoaufträge Rdn 60 ff.).

(2) Ähnlich wird es bei einer strittigen, rechtlich unsicheren oder gar **zweifelhaften Forderung** sein. Hier wird zur Vermeidung eines Prozesses eher versucht, die Forderung außergerichtlich einzuziehen, und der Gläubiger wird auch damit einverstanden sein, mit dem Schuldner gegebenenfalls einen außergerichtlichen Vergleich abzuschließen. Der RA wird zu diesem Zweck zunächst ein **Aufforderungsschreiben ohne Klageauftrag** an den Schuldner senden. Je nach den Umständen des Einzelfalles kann hier nach Nr. 2300 Anm. **Abs. 1** VV RVG die gekappte Mittelgebühr von 1,3 oder auch ein höherer Gebührensatz in Betracht kommen. Die Geschäftsgebühr nach Nr. 2300 Anm. **Abs. 1** VV RVG ist auch bei allen anderen in Rdn 3 genannten außergerichtlichen Aufträgen anzuwenden.

    Beispiele zur Bemessung von Umfang und Schwierigkeit finden Sie in § 2 Rdn 116 ff.

(3) Wenn ein Schuldner auch nach mehreren Mahnungen des Gläubigers nicht leistet, die Leistung verweigert oder sich für nicht zahlungsfähig erklärt, wird der Gläubiger einen Anwalt damit beauftragen, seinen Anspruch gerichtlich durchzusetzen. In diesem Fall geht es hauptsächlich darum, einen Vollstreckungstitel zu erhalten. Der RA fordert den Schuldner zunächst vorgerichtlich zur Zahlung auf (**Aufforderungsschreiben mit Klageauftrag**, siehe § 5 Rdn 20 ff.).

Hier wäre anstelle einer Klage natürlich auch ein Auftrag zur Einleitung des gerichtlichen Mahnverfahrens sinnvoll, wenn es nur darum geht, einen Vollstreckungstitel zu erhalten.

(4) Insbesondere ein juristisch unerfahrener Gläubiger wird häufig nicht in der Lage sein, seine Ansprüche gegen den Schuldner überhaupt zu bezeichnen und zu berechnen. In diesem Fall muss der RA zunächst erst einmal feststellen, welche Ansprüche der Gläubiger gegen den Schuldner hat. Dies wird z. B. regelmäßig bei einem **Verkehrsunfall** so sein. Der RA wird sich außergerichtlich mit dem Haftpflichtversicherer des Unfallverursachers auseinander setzen und in den weitaus meisten Fällen auch eine außergerichtliche Regulierung des Schadens erzielen. Naturgemäß werden der Umfang und die Schwierigkeit der anwaltlichen Tätigkeiten in einem solchen Fall größer sein, als wenn nur eine in der Höhe feststehende und rechtlich unangreifbare Forderung eingetrieben werden soll. Für die **außergerichtliche Regulierung von Verkehrsunfällen** gibt es zahlreiche Rechtsprechung, die für den sogenannten „üblichen Verkehrsunfall" in der Regel eine 1,3 Geschäftsgebühr vorsieht. Die außergerichtliche Abwicklung von Unfallfolgen soll später in Rdn 50 ff. besonders dargestellt werden. 20

Weiterhin besteht noch die Möglichkeit, einen **unbedingten Auftrag** zur außergerichtlichen Vertretung zu erteilen und zusätzlich einen **bedingten Auftrag**, die Sache einzuklagen. Der bedingte Auftrag kommt erst dann zum Zuge, wenn die außergerichtliche Vertretung erfolglos verlaufen ist. 21

4. Prüfungsschema: Gebührensatz der Geschäftsgebühr (Nr. 2300 Anm. Abs. 1 VV RVG)

22

Prüfungsschema
Gebührensatz der Geschäftsgebühr
(Nr. 2300 Anmerkung Absatz 1 VV RVG)

1. Bei **unbestrittenen Forderungen** und einer Inkassotätigkeit ist Nr. 2300 Anm. Abs. 1 VV RVG **nicht** anwendbar.
2. Der Gebührenrahmen beträgt 0,5 bis 2,5.
3. Bestimmen Sie in jedem konkreten Fall die nach § 14 RVG angemessene Gebühr.
4. Beträgt diese weniger als 1,3, so bleibt es bei der ermittelten Gebühr.
5. Beträgt diese mehr als 1,3, so prüfen Sie Schritt 6.
6. Nur wenn die Tätigkeit umfangreich **oder** schwierig ist, darf die in Schritt 3 ermittelte Gebühr zwischen 1,3 und 2,5 liegen, sonst bleibt es bei 1,3 (Kappungsgrenze).
7. In durchschnittlichen Fällen wird eine 1,3 Gebühr akzeptabel sein, in unterdurchschnittlichen Fällen sollte wohl eine 0,8 Gebühr zutreffend sein.

5. Beispiele zur Berechnung der Geschäftsgebühr

Beispiel: 23

RAin Rita Richtig erhält von Rudi Ratlos den Auftrag, außergerichtlich die Rückzahlung eines Privatdarlehens von 11.000,00 € einzufordern. Herr Ratlos gibt an, dass der Schuldner zwar ein guter Freund sei, nun aber erkläre, unter Freunden müsse man doch nicht so kleinlich sein. Nach Erhalt des Aufforderungsschreibens ruft der Schuldner Onsorg bei Frau Richtig an und behauptet, das angebliche Darlehen sei ein Geschenk gewesen. Nach einem weiteren Beratungsgespräch mit ihrem Mandaten übergibt dieser ihr den damals vorsorglich geschlossenen Darlehensvertrag. Mit einer weiteren Mahnung übersendet Frau Richtig eine Vertragskopie an Onsorg. Daraufhin überweist Onsorg die geforderte Summe einschließlich der Anwaltsvergütung an Frau Richtig, die die 11.000,00 € an ihren Mandanten weiterleitet.

Insgesamt hat Frau Richtig zwei Stunden mit diesem Fall einer offensichtlich **strittigen Forderung** zu tun gehabt. Sie führte zwei Gespräche mit ihrem Mandanten, ein längeres Telefongespräch mit dem Schuldner, erstellte zwei Schreiben und leitete den Geldbetrag weiter. Es liegt ein durchschnittlicher Fall vor, sodass eine 1,3 Geschäftsgebühr (Nr. 2300 Anm. Abs. 1 VV RVG) angemessen erscheint. Die Vergütungsrechnung sieht dann so aus:

Gegenstandswert: 11.000,00 €

1,3	Geschäftsgebühr gem. §§ 2, 13, 14* RVG, Nr. 2300 Anm. **Abs. 1** VV RVG	919,10 €
	Hebegebühr gem. § 2 Abs. 2 S. 1 RVG, Nr. 1009 VV RVG (Gegenstandswert: 11.000,00 €)	65,00 €
20 %	Pauschale für Post- und Telekommunikationsentgelte gem. § 2 Abs. 2 S. 1 RVG, Nr. 7002 VV RVG	20,00 €
		1.004,10 €
19 %	USt. gem. § 2 Abs. 2 S. 1 RVG, Nr. 7008 VV RVG	190,78 €
		1.194,88 €

* Da es sich um eine Rahmengebühr handelt, ist auch § 14 RVG zu zitieren.

24 *Beispiel:*

Assel hat gegen Schlumpf eine offene Forderung von 5.000,00 € aus einem Kaufvertrag. Auf eine Mahnung von Assel hat Schlumpf **nicht reagiert**. Deshalb rät RA Rost seinem Auftraggeber Assel, gegen den Schuldner Schlumpf vorläufig nur außergerichtlich vorzugehen. Nach Erhalt des anwaltlichen Aufforderungsschreibens zahlt der Schuldner den geforderten Betrag direkt an den Gläubiger.

Für die Entgegennahme der Information, die Beratung des Assel und das Anfertigen des Aufforderungsschreibens erhält RA Rost eine Geschäftsgebühr gemäß Nr. 2300 VV RVG. Da die Forderung sich rechtlich unzweifelhaft aus dem Kaufvertrag ergibt, hat der Fall für den RA keinerlei Schwierigkeit. Der zeitliche Umfang (30 Minuten) ergibt sich daraus, dass das Schreiben einfach zu erstellen und das Informationsgespräch mit dem Auftraggeber nur sehr kurz war. Umfang und Schwierigkeit liegen in diesem Fall deutlich unterhalb des Durchschnitts, also liegt auch der Gebührensatz unterhalb von 1,3 (siehe hierzu auch § 2 Rdn 116 ff.). Die anderen Umstände des § 14 RVG sind unauffällig. Allerdings ist noch nicht entschieden, welcher Absatz der Anmerkungen zu Nr. 2300 VV RVG anzuwenden ist.

So spielen vorstehende Überlegungen in diesem Fall keine Rolle da es sich um den Einzug einer **nicht bestrittenen Forderung** handelt (der Schuldner hat nicht reagiert, also auch nicht bestritten!). Die Geschäftsgebühr darf also nur nach Nr. 2300 Anm. Abs. 2 Satz 2 VV RVG angesetzt werden (siehe Rdn 60 ff.). Die Vergütungsrechnung des RA Rost sieht dann so aus:

Gegenstandswert: 5.000,00 €

0,5	Geschäftsgebühr gem. §§ 2, 13 RVG, Nr. 2300 Anm. **Abs. 2 S. 2** VV RVG	177,25 €
20 %	Pauschale für Post- und Telekommunikationsentgelte gem. § 2 Abs. 2 S. 1 RVG, Nr. 7002 VV RVG	20,00 €
		197,25 €
19 %	USt. gem. § 2 Abs. 2 S. 1 RVG, Nr. 7008 VV RVG	37,48 €
		234,73 €

Merke: 25

Die Geschäftsgebühr ist eine Betriebsgebühr für das außergerichtliche Betreiben einer Angelegenheit durch den RA. Der Gebührenrahmen liegt zwischen 0,5 und 2,5, wobei die gesetzliche Schwellengebühr von 1,3 (Kappungsgrenze gemäß Nr. 2300 Anm. Abs. 1 VV RVG) nur überschritten werden darf, wenn Umfang oder Schwierigkeit der Anwaltstätigkeit überdurchschnittlich waren.

Bei Inkassodienstleistungen wegen unbestrittener Forderungen gelten abgesenkte Gebührensätze gemäß Nr. 2300 Anm. Abs. 2 VV RVG (siehe Rdn 60 ff.).

Die Geschäftsgebühr ist auf die in einem nachfolgenden gerichtlichen Verfahren entstehende Verfahrensgebühr grundsätzlich zur Hälfte (maximal zu 0,75) anzurechnen.

Wichtiger Hinweis: 26

Um deutlich zu machen, ob eine Geschäftsgebühr für Inkassotätigkeiten bei unbestrittenen Forderungen oder für andere außergerichtliche Aufträge berechnet wird, wird in diesem Buch in den Beispielen angegeben, ob die Gebühr nach **Absatz 2** oder nach **Absatz 1** der Anmerkungen zu Nr. 2300 VV RVG berechnet wird.

Hinweis zu den Übungsaufgaben:

Bei den Übungsaufgaben wird außer bei Inkasso unbestrittener Forderungen die Geschäftsgebühr meistens in diesen Stufen ermittelt: 0,8 – 1,3 – 1,8, ausgenommen sind deutliche Ausnahmefälle. So können Sie die Lösungen nachvollziehen. Praktisch könnten natürlich auch Gebührensätze dazwischen angemessen sein.

6. Berechnung der Geschäftsgebühr bei mehreren Auftraggebern

Bei **mehreren Auftraggebern** erhöht sich die Geschäftsgebühr gemäß § 7 RVG und Nr. 1008 VV RVG für jeden weiteren Auftraggeber um 0,3 (siehe § 2 Rdn 32 ff.). Nach Anmerkung Abs. 4 zu Nr. 1008 VV RVG erhöhen sich die **Kappungsgrenze** von 1,3 (Nr. 2300 Anm. Abs. 1 VV RVG) sowie die Kappungsgrenze von 0,9 bzw. die Grenze von 1,3 (Nr. 2300 Anm. Abs. 2 VV RVG) im Fall der mehreren Auftraggeber ebenfalls entsprechend (siehe das Beispiel in § 2 Rdn 64 f.). 27

7. Die Anrechnung der Geschäftsgebühr

Die **Anrechnung der Geschäftsgebühr** erfolgt, wenn ein RA **zwei Aufträge nacheinander** erhalten hat, nämlich Aufträge zur außergerichtlichen und gerichtlichen Vertretung. Dies gilt insbesondere auch, wenn der RA beide Aufträge gleichzeitig erhalten hat – den unbedingten Auftrag zur außergerichtlichen Geschäftsbesorgung und den bedingten Auftrag zur gerichtlichen Vertretung, falls der erste Auftrag nicht zum Erfolg führen sollte. Dies soll am Beispiel einer Forderungssache deutlich gemacht werden. 28

- Wegen einer Forderung hat der RA zunächst den **ersten Auftrag** erhalten, die Forderung außergerichtlich beizutreiben. Das RVG nennt dies **eine Angelegenheit**. Für das Betreiben dieses Geschäfts entsteht die Geschäftsgebühr gemäß Vorbemerkung 2.3 Abs. 3 und Nr. 2300 VV RVG. 29
- Nachdem die außergerichtlichen Bemühungen erfolglos bleiben, erhält der RA den **zweiten Auftrag**, nunmehr die Forderung bei Gericht einzuklagen. Dieser zweite Auftrag ist eine **zweite Angelegenheit**. Für das Betreiben dieses zweiten Geschäfts entsteht die Verfahrensgebühr gemäß Vorbemerkung 3 Abs. 2 und Nr. 3100 VV RVG.

Der Umfang der anwaltlichen Tätigkeit kann in der zweiten Angelegenheit natürlich dadurch geringer sein, dass einige erforderliche Arbeiten bereits in der ersten Angelegenheit vorgerichtlich erledigt worden sind, so z. B. die Entgegennahme der Information vom Auftraggeber, die Beratung des Auftraggebers und die Fertigung eines Aufforderungsschreibens. Diese Handlungen muss der RA in der zweiten Angelegenheit unter Umständen nicht erneut durchführen. Deshalb wäre es ungerecht, dem RA in einem solchen Fall für praktisch nur einmal ausgeübte Tätigkeiten zwei volle Betriebsgebühren zukommen zu lassen.

Aus diesem Grund sieht das Gesetz in der Vorbemerkung 3 Abs. 4 VV RVG vor, dass eine wegen desselben Gegenstands entstandene Geschäftsgebühr (= erste Angelegenheit) auf die Verfahrensgebühr eines nachfolgenden gerichtlichen Verfahrens (= zweite Angelegenheit) anzurechnen ist. **Die Geschäftsgebühr wird allerdings nur zur Hälfte, jedoch höchstens mit einem Gebührensatz von 0,75, auf die Verfahrensgebühr angerechnet.**

Hinweis:

Auch bei **mehreren Auftraggebern** gilt, dass eine Geschäftsgebühr gemäß Vorbemerkung 3 Abs. 4 VV RVG mit einem **Höchstsatz von 0,75** auf nachfolgende Gebühren anzurechnen ist; **dieser Höchstsatz erhöht sich keinesfalls.** Siehe das Beispiel in § 6 Rdn 36 ff.

Beispiel:

Abwandlung des vorstehenden Falles. Nach Erhalt des Aufforderungsschreibens bestreitet Schuldner Schlumpf telefonisch eine Zahlungspflicht, da er schon gezahlt habe. Nun beauftragt Assel RA Rost mit der Erhebung der Klage. Nach Zustellung der Klageschrift zahlt Schlumpf, der die behauptete Zahlung nicht beweisen kann. Die Geschäftsgebühr wird auf die jetzt entstehende Verfahrensgebühr angerechnet. RA Rost erstellt folgende Vergütungsrechnung:

I. Vergütung für die außergerichtliche Tätigkeit

Gegenstandswert: 5.000,00 €

0,5	Geschäftsgebühr gem. §§ 2, 13 RVG, Nr. 2300 Anm. Abs. 2 S. 2 VV RVG	177,25 €
20 %	Pauschale für Post- und Telekommunikationsentgelte gem. § 2 Abs. 2 S. 1 RVG, Nr. 7002 VV RVG	20,00 €
		197,25 €
19 %	USt. gem. § 2 Abs. 2 S. 1 RVG, Nr. 7008 VV RVG	37,48 €
		234,73 €

II. Vergütung für die gerichtliche Tätigkeit

Gegenstandswert: 5.000,00 €

1,3	Verfahrensgebühr gem. §§ 2, 13 RVG, Nr. 3100 VV RVG	460,85 €
	darauf ist gemäß der Vorbemerkung 3 Abs. 4 VV RVG anzurechnen:	
0,25	Geschäftsgebühr gem. §§ 2, 13 RVG, Nr. 2300 Anm. Abs. 2 S. 2 VV RVG *	– 88,63 €
20 %	Pauschale für Post- und Telekommunikationsentgelte für den Prozess ** gem. § 2 Abs. 2 S. 1 RVG, Nr. 7002 VV RVG	20,00 €
		392,22 €
19 %	USt. gem. § 2 Abs. 2 S. 1 RVG, Nr. 7008 VV RVG	74,52 €
		466,74 €

* Vorbemerkung 3 Abs. 4 VV RVG enthält die Anrechnungsvorschrift. Auch wenn die Hälfte der Geschäftsgebühr auf die Verfahrensgebühr anzurechnen ist, bleibt rechnerisch die Vergütung aus der ersten Rechnung mit der Geschäftsgebühr erhalten. Gemäß § 15a Abs. 1 RVG darf der RA aber im Innenverhältnis zum Mandanten wählen, wie er die Anrechnung vornimmt. Deshalb könnte er gemäß § 15a Abs. 1 RVG im Verhältnis zum Mandanten auch den Anrechnungsbetrag der Geschäftsgebühr von der Geschäftsgebühr abziehen.

** Die Auslagenpauschale entsteht nach Nr. 7002 VV RVG in jeder Angelegenheit und wird nicht angerechnet, da es hierfür keine Anrechnungsvorschrift gibt.

Es spielt keine Rolle, welcher Art das nachfolgende gerichtliche Verfahren ist, da in allen Verfah- **30**
ren eine Verfahrensgebühr entsteht. Häufigster Anwendungsfall für die Anrechnung ist der, dass der RA zunächst den Auftrag nur zu außergerichtlichen Tätigkeiten erhält und erst nach dem Scheitern dieser Bemühungen den Auftrag bekommt, ein gerichtliches Verfahren einzuleiten, z. B. ein Mahnverfahren oder einen Zivilprozess. Über die **Anrechnung von Gebühren** finden Sie bei Bedarf in § 6 Rdn 29 ff. eine ausführliche Darstellung (siehe auch § 2 Rdn 127 ff.).

Durch die Anrechnungsvorschrift in Vorbemerkung 3 Abs. 4 VV RVG wird sozusagen die außergerichtliche Tätigkeit des RA zu einer vorgerichtlichen Tätigkeit im Sinne der „Vorbereitung der Klage“ (vgl. § 19 Ziff. 1 RVG), also der Vorbereitung des Rechtszuges erklärt, obwohl es sich eigentlich um zwei verschiedene Aufträge und damit zwei Angelegenheiten im Sinne des RVG handelt. Der Zweck dieser Bestimmung ist, eine Doppelvergütung des RA für dieselbe Tätigkeit zu vermeiden. Die Anrechnung erfolgt jedoch nur, wenn zwischen den beiden Aufträgen ein definierter **zeitlicher Zusammenhang** besteht, sodass der RA sich nicht für den zweiten Auftrag völlig neu einarbeiten muss. Ist der frühere Auftrag seit **mehr als zwei Kalenderjahren** erledigt, gilt ein neuer Auftrag in derselben Angelegenheit als neue Angelegenheit und die **Anrechnung der Geschäftsgebühr entfällt** gemäß § 15 Abs. 5 S. 2 RVG (siehe auch § 2 Rdn 140 f.).

Da es sich um zwei Angelegenheiten handelt, sollten auch zwei Vergütungsrechnungen erstellt **31**
werden, also jeweils eine für die außergerichtliche und eine für die gerichtliche Tätigkeit. Die Anrechnungsvorschrift betrifft nur die Geschäftsgebühr, keine Auslagen. Deshalb entsteht die **Auslagenpauschale** für Post- und Telekommunikationsentgelte nach Nr. 7002 VV RVG in jeder Angelegenheit und wird nicht angerechnet. Die Auslagenpauschale in der zweiten Rechnung wird mit 20 % von der 1,3 Verfahrensgebühr **vor** der Anrechnung der Geschäftsgebühr berechnet – was hier ohne Auswirkungen bleibt, da auf jeden Fall die höchstzulässigen 20,00 € erreicht werden.

Beachten Sie hierzu auch die nachfolgenden Kapitel. Zur „Rückwärts-Anrechnung“ der Geschäftsgebühr siehe Rdn 40 f.

8. Die Anrechnung in besonderen Fällen

Der Gegenstand und damit der Gegenstandswert der gerichtlichen Tätigkeit kann gleich, höher **32**
oder niedriger sein als der Wert der außergerichtlichen Tätigkeit.

- Ist der Gegenstandswert **gleich**, dann wird die Geschäftsgebühr nach dem vollen Wert der außergerichtlichen Tätigkeit auf die Verfahrensgebühr des nachfolgenden Verfahrens angerechnet.
- Ist der Gegenstandswert der gerichtlichen Tätigkeit **höher**, dann wird die Geschäftsgebühr ebenfalls nach dem vollen Wert der außergerichtlichen Tätigkeit angerechnet.
- Ist der Gegenstandswert der gerichtlichen Tätigkeit **niedriger** als der Wert der außergerichtlichen Tätigkeit, dann ist die **Degression der Gebührentabelle** zu berücksichtigen. In diesem Fall erfolgt die **Anrechnung** nach dem Wert des Gegenstands, der auch Gegenstand des gerichtlichen Verfahrens ist (Vorbemerkung 3 Abs. 4 S. 5 VV RVG). Es ist zu empfehlen, in solchen Fällen die Vergütung wie in nachfolgendem Beispiel zu berechnen. Achten Sie auf die übersichtliche Darstellung mit zwei Betragsspalten.

Beispiel:

Wie vorstehend. RA Rost fordert für Assel außergerichtlich 5.000,00 € von Schlumpf, der auf eine Mahnung des Gläubigers **nicht reagiert** hat. Nachdem Schlumpf nach Erhalt der anwaltlichen Abmahnung 3.000,00 € gezahlt hat, erteilt Assel RA Rost Klageauftrag über die restlichen 2.000,00 €. Nach Zustellung der Klageschrift zahlt Schlumpf auch den Restbetrag. Die Vergütung von RA Rost wird dann so berechnet:

I. Vergütungsrechnung für die außergerichtliche Tätigkeit

Gegenstandswert: 5.000,00 €

0,5	Geschäftsgebühr gem. §§ 2, 13 RVG, Nr. 2300 Anm. Abs. 2 S. 2 VV RVG	177,25 €
20 %	Pauschale für Post- und Telekommunikationsentgelte gem. § 2 Abs. 2 S. 1 RVG, Nr. 7002 VV RVG	20,00 €
		197,25 €
19 %	USt. gem. § 2 Abs. 2 S. 1 RVG, Nr. 7008 VV RVG	37,48 €
		234,73€

II. Vergütungsrechnung für die Tätigkeit im Zivilprozess

Gegenstandswert: 2.000,00 €

1,3	Verfahrensgebühr gem. §§ 2, 13 RVG, Nr. 3100 VV RVG (Wert: 2.000,00 €)	228,80 €	
	darauf ist gemäß der Vorbemerkung 3 Abs. 4 VV RVG anzurechnen:		
0,25	Geschäftsgebühr gem. §§ 2, 13 RVG, Nr. 2300 Anm. Abs. 2 S. 2 VV RVG (Wert: 2.000,00 €) *	– 44,00 €	184,80 €
20 %	Pauschale für Post- und Telekommunikationsentgelte (für den Zivilprozess) gem. § 2 Abs. 2 S. 1 RVG, Nr. 7002 VV RVG **		20,00 €
			204,80 €
19 %	USt. gem. § 2 Abs. 2 S. 1 RVG, Nr. 7008 VV RVG		38,91 €
			243,71 €

* Die Geschäftsgebühr entstand nach einem Wert von 5.000,00 € und kann nicht nachträglich entfallen, jedoch muss sie angerechnet werden, allerdings nur nach dem Wert, der in das gerichtliche Verfahren übergegangen ist. Achten Sie auf die Werte!

** Die Auslagenpauschale entsteht nach Nr. 7002 VV RVG in jeder Angelegenheit und wird nicht angerechnet, da es hierfür keine Anrechnungsvorschrift gibt. Die Auslagenpauschale in der zweiten Rechnung wird mit 20 % von der 1,3 Verfahrensgebühr **vor** der Anrechnung der Geschäftsgebühr berechnet – was hier ohne Auswirkungen bleibt, da auf jeden Fall die höchstzulässigen 20,00 € erreicht werden.

33 In vorstehender Berechnung muss die Geschäftsgebühr nur nach dem Wert von 2.000,00 €, der gerichtlich geltend gemacht wurde, angerechnet werden (Vorbemerkung 3 Abs. 4 S. 5 VV RVG). Dagegen bleibt die bereits verdiente Geschäftsgebühr, die sich aus der nur außergerichtlichen Tätigkeit ergibt, zusätzlich zu der durch die Anrechnung verminderten Verfahrensgebühr erhalten. In der alltäglichen Praxis wird dies häufig umgekehrt durchgeführt. Es ist nun aber nicht so, dass die Geschäftsgebühr durch die Anrechnung gekürzt würde und die Verfahrensgebühr in Höhe von 228,80 € für die Prozesstätigkeit erhalten bliebe, sondern die (hälftige) Geschäftsgebühr muss auf

die Verfahrensgebühr angerechnet werden, wodurch diese vermindert wird – wie oben im Beispiel dargestellt. Gemäß § 15a Abs. 1 RVG darf der RA aber im Innenverhältnis zum Mandanten wählen, wie er die Anrechnung vornimmt. Deshalb könnte er gemäß § 15a Abs. 1 RVG im Verhältnis zum Mandanten auch den Anrechnungsbetrag der Geschäftsgebühr von der Geschäftsgebühr abziehen. Dann bliebe die Verfahrensgebühr in voller Höhe erhalten. Dies gilt jedoch gemäß § 15a Abs. 3 RVG nicht gegenüber einem kostenerstattungspflichtigen Gegner. Beachten Sie hierzu auch das nachfolgende Kapitel. Zum Verständnis der Berechnungsweise achten Sie bitte auf die angegebenen Gegenstandswerte.

9. Zur Erstattung der Geschäftsgebühr durch den Gegner

Nach § 91 ZPO ist eine im Prozess unterlegene Partei zur **Kostenerstattung** verpflichtet, d. h., sie muss die dem obsiegenden Gegner entstandenen Verfahrenskosten erstatten. Zu den Verfahrenskosten gehören natürlich nur im gerichtlichen Verfahren entstandene Kosten, keine außergerichtlichen Kosten. Die für eine vorgerichtliche Anwaltstätigkeit entstandene Geschäftsgebühr gehört also nicht zu den Kosten des Prozesses, da es sich hierbei um eine eigene – eben außergerichtliche – Angelegenheit handelt. Dies ist bei der **Kostenfestsetzung** gemäß §§ 103 ff. ZPO gegen den unterlegenen Gegner zu beachten. 34

Wenn nun auftragsgemäß eine Geschäftsgebühr nach Nr. 2300 VV RVG entstanden ist, wird nach Vorbemerkung 3 Abs. 4 S. 1 VV RVG die Hälfte (höchstens jedoch 0,75) dieser Geschäftsgebühr auf die im Prozess gemäß Nr. 3100 VV RVG anfallende Verfahrensgebühr angerechnet; die anzurechnende Hälfte geht also in den Kosten des Prozesses auf, indem sie diese vermindert. Es verbleibt die andere Hälfte, die der Rechtsanwalt zusätzlich zu den im Prozess entstehenden Gebühren liquidieren darf. 35

§ 15a Abs. 3 RVG regelt, unter welchen Voraussetzungen sich der unterlegene Gegner im Kostenfestsetzungsverfahren auf die Anrechnung berufen kann. Dieser kann sich auf die Anrechnung nur berufen, 36

- soweit er den Anspruch auf eine der beiden Gebühren erfüllt hat,
- wegen eines dieser Ansprüche gegen ihn ein Vollstreckungstitel besteht oder
- beide Gebühren in demselben Verfahren gegen ihn geltend gemacht werden.

Im Kostenfestsetzungsantrag kann also die **unverminderte Verfahrensgebühr** nach Nr. 3100 VV RVG geltend gemacht werden, wenn die Geschäftsgebühr noch nicht vom Gegner gezahlt worden ist, wenn sie gegen ihn noch nicht tituliert ist (z. B. im Urteil) oder wenn sie nicht zusammen mit der Verfahrensgebühr im demselben Verfahren von ihm verlangt wird. Siehe hierzu auch § 2 Rdn 144 ff.

Hinweis:

Bei den Übungsaufgaben nehmen Sie die Anrechnung so vor, wie es im Gesetz vorgeschrieben ist, denn der RA muss die Geschäftsgebühr anrechnen. Eine davon unabhängige Frage ist, welche der Gebühren der erstattungspflichtige Gegner ersetzen muss – dies betrifft aber erst den Kostenfestsetzungsantrag.

Beispiel:

Wie vorstehend. Assel hat gegen Schlumpf eine ausstehende Forderung von 5.000,00 € aus einem Kaufvertrag. Da Schlumpf auf eine Mahnung des Gläubigers **nicht reagiert**, erteilt Assel RA Rost einen ersten Auftrag, den Schuldner außergerichtlich zu mahnen. Nachdem der Schuldner Schlumpf nach Erhalt des Aufforderungsschreibens eine Zahlung verweigert, beauftragt Assel RA Rost nunmehr mit der Erhebung der Klage. Nach einem Verhandlungstermin ergeht Urteil über die Hauptforderung in Höhe von 5.000,00 €. Die Geschäftsgebühr ist nicht eingeklagt worden, sodass sie im Urteil nicht tituliert wird. Die Geschäftsgebühr wird auf die jetzt entstehende Verfahrensgebühr angerechnet. RA Rost erstellt folgende Vergütungsrechnung:

I. Vergütungsrechnung für die außergerichtliche Tätigkeit

Gegenstandswert: 5.000,00 €

0,5	Geschäftsgebühr gem. §§ 2, 13 RVG, Nr. 2300 Anm. Abs. 2 S. 2 VV RVG	177,25 €
20 %	Pauschale für Post- und Telekommunikationsentgelte gem. § 2 Abs. 2 S. 1 RVG, Nr. 7002 VV RVG	20,00 €
		197,25 €
19 %	USt. gem. § 2 Abs. 2 S. 1 RVG, Nr. 7008 VV RVG	38,91 €
		243,71 €

II. Vergütungsrechnung für die Tätigkeit im Zivilprozess

Gegenstandswert: 5.000,00 €

1,3	Verfahrensgebühr gem. §§ 2, 13 RVG, Nr. 3100 VV RVG	460,85 €	
	darauf ist gemäß der Vorbemerkung 3 Abs. 4 VV RVG anzurechnen:		
0,25	Geschäftsgebühr gem. §§ 2, 13 RVG, Nr. 2300 VV RVG *	– 88,63 €	372,22 €
1,2	Terminsgebühr gem. §§ 2, 13 RVG, Nr. 3104 VV RVG		425,40 €
20 %	Pauschale für Post- und Telekommunikationsentgelte gem. § 2 Abs. 2 S. 1 RVG, Nr. 7002 VV RVG		20,00 €
			817,62 €
19 %	USt. gem. § 2 Abs. 2 S. 1 RVG, Nr. 7008 VV RVG		155,35 €
			972,97 €

* Die angerechnete Hälfte der Geschäftsgebühr beträgt 88,63 €. Diese Anrechnung verringert die Verfahrensgebühr.

In der Rechnung II. verringert sich durch die Anrechnung der Geschäftsgebühr die Verfahrensgebühr. Gemäß § 15a Abs. 1 RVG darf der RA aber im Innenverhältnis zum Mandanten wählen, wie er die Anrechnung vornimmt. Deshalb könnte er gemäß § 15a Abs. 1 RVG im Verhältnis zum Mandanten auch den Anrechnungsbetrag der Geschäftsgebühr von der Geschäftsgebühr abziehen. Dann bliebe die Verfahrensgebühr in voller Höhe erhalten.

Gegenüber dem unterlegenen Beklagten geht man nach § 15a Abs. 3 RVG (siehe § 2 Rdn 144 ff.) in der Kostenfestsetzung anders vor:

Zu den **Verfahrenskosten**, die vom im Prozess **unterlegenen Beklagten** zu tragen sind, gehören aus der Vergütungsrechnung II. die unverminderte Verfahrensgebühr (460,85 €) und die Terminsgebühr (425,40 €), also Gebühren von zusammen 886,25 € zuzüglich Auslagenpauschale (20,00 €) und 19 % USt. (172,19 €), also insgesamt 1.078,44 €. Dieser Betrag wird bei der **Kostenfestsetzung** geltend gemacht. Der Beklagten kann die Anrechnung der Geschäftsgebühr nicht verlangen, weil die in § 15a Abs. 3 RVG enthaltenen Voraussetzungen hierfür nicht vorliegen: Die Geschäftsgebühr ist insbesondere nicht gegen ihn im Urteil tituliert worden.

Der nicht angerechnete Teil der Geschäftsgebühr (0,25) aus I. für die außergerichtliche Tätigkeit von 88,62 € zuzüglich Auslagenpauschale und USt. gehört nicht zu den Verfahrenskosten und muss gesondert eingefordert werden, da eine Kostenfestsetzung nicht möglich ist.

Das Problem besteht nun darin, dass die nicht angerechnete 0,25 Geschäftsgebühr aus der Rechnung I. einschließlich Auslagenpauschale und USt. (126,56 €) nicht zu den notwendigen Kosten des gerichtlichen Verfahrens zählt und deshalb nicht in einen **Kostenfestsetzungsbeschluss** mit aufgenommen werden kann. Als Ausweg bietet sich an, die Geschäftsgebühr nebst Auslagenpauschale und USt. bereits im Prozess aufgrund eines materiell-rechtlichen Erstattungsanspruchs (z. B. als Verzugsschadenforderung neben der Hauptforderung) mit einzuklagen. Der BGH hat entschieden, dass dann die **Geschäftsgebühr als Nebenforderung** im Sinne von § 4 ZPO bzw. § 43 Abs. 1 GKG i. V. m. § 23 Abs. 1 RVG **den Streitwert nicht erhöht** (BGH, Beschluss vom 30.01.2007 – X ZB 7/06; BGH, Beschluss vom 09.02.2012 – I ZR 142/11). Nur wenn die Hauptsache nicht (mehr) anhängig ist, wird die Geschäftsgebühr zur Hauptsache (BGH, Beschluss vom 07.07.2020 – VI ZB 66/19). (Siehe auch § 1 Rdn 53). 37

Wenn also die außergerichtlich entstandene Geschäftsgebühr nicht gegen den Gegner gemäß §§ 103 ff. ZPO festgesetzt werden kann, wird der RA die Vergütung für die vorgerichtliche Tätigkeit von seinem Auftraggeber verlangen müssen. Da aber der im Prozess unterlegene Schuldner bei Bestehen eines materiell-rechtlichen Erstattungsanspruchs auch diese Kosten tragen muss, ist es sinnvoll, diese Geschäftsgebühr schon in der Klage mit geltend zu machen, indem sie als zusätzliche Forderung nach dem BGB, z. B. als Verzugsschaden, Schaden wegen einer Vertragsverletzung oder als Schadenersatz wegen eines Delikts neben der eingeklagten Hauptforderung in den Klageantrag mit aufgenommen wird.

Merke:

Da die Geschäftsgebühr nicht bei der Kostenfestsetzung berücksichtigt werden darf, muss diese Geschäftsgebühr nebst Auslagen und Umsatzsteuer z. B. als Verzugsschaden neben der Hauptforderung mit eingeklagt werden.

Hinweis: 38

Der Gläubiger sollte den Schuldner zunächst selbst durch eine Mahnung in Verzug setzen und dies nicht durch einen RA besorgen lassen (BGH, Versäumnisurteil vom 17.09.2015 – IX ZR 280/14, Rn 9). Würde in einem normalen Fall schon die erste – in Verzug setzende – Mahnung durch einen RA gefertigt, wäre diese vorprozessuale anwaltliche Interessenvertretung keine zweckentsprechende Maßnahme der Rechtsverfolgung, also nicht erforderlich. Zusätzliche Kosten, die in diesem Fall durch die vorprozessuale Geschäftsgebühr entstehen, sind **nicht notwendige Kosten** und vermeidbar. Der Gläubiger verstößt somit gegen die Schadensminderungspflicht (§ 254 Abs. 2 BGB), wenn für eine **erste** Mahnung ein RA hinzugezogen wird.

Ist dagegen der Schuldner bereits in Verzug, darf der Gläubiger seinem Anspruch durch Einschaltung eines RA Nachdruck verleihen. Ein in Verzug befindlicher Schuldner ist zur Zahlung entweder nicht Willens oder nicht in der Lage. In diesen Fällen und insbesondere, wenn der Schuldner auf eine Mahnung nicht reagiert, darf der Gläubiger rechtliche Beratung in Anspruch nehmen. Dabei ist von dem RA zu prüfen, ob eine außergerichtliche Erledigung erfolgversprechend sein könnte. Dies wird dann der Fall sein, wenn der Schuldner keine Reaktion auf die Mahnung gezeigt hat oder wenn er Bereitschaft zu Verhandlungen zu erkennen gibt (siehe z. B. BGH, Urteil vom 07.05.2015 – III ZR 304/14, Rn 33).

Da die Tätigkeit des RA dann über ein **einfaches Schreiben** (Nr. 2301 VV RVG) hinausgeht, entsteht in solchen Fällen regelmäßig eine **Geschäftsgebühr** nach Nr. 2300 VV RVG, bei Inkasso einer unbestrittenen Forderung allerdings nach Nr. 2300 Anm. Abs. 2 VV RVG.

Der Gläubiger kann allerdings nur die zur Wahrnehmung seiner Rechte notwendigen und zweckmäßigen Kosten ersetzt verlangen. Wenn der Schuldner **offenkundig zahlungsunwillig** ist und deshalb der Versuch einer **außergerichtlichen** Forderungseintreibung nicht erfolgversprechend erscheint, sind die hierdurch entstandenen Kosten nicht notwendig. Auch die Erteilung eines unbedingten Klageauftrags hindert nämlich den RA nicht daran, vor Einreichung der Klage eine Einigung mit dem Gegner zu versuchen. Jedenfalls wenn von vornherein absehbar ist, dass eine außergerichtliche Einigung nicht erreichbar sein wird, ist meistens der sofortige, unbedingte Klageauftrag der kostengünstigste Weg der Rechtsverfolgung. Dies ist der Fall, wenn der Schuldner zu erkennen gibt, dass er jede außergerichtliche Einigung verweigern wird, sodass wohl ein sofortiger Klageauftrag geboten ist. Denn der RA ist gegenüber seinem Mandanten verpflichtet, keine unnötigen Kosten entstehen zu lassen. So hat der BGH entschieden (Urteil vom 26.02.2013 – XI ZR 345/10).

Dieser Sachverhalt wurde durch den BGH noch einmal klargestellt in seinem Versäumnisurteil vom 17.09.2015 – IX ZR 280/14, Rn 11 ff. Darin führt der BGH auch aus, dass der Gläubiger im Verzugsfall immer einen Anspruch auf rechtliche Beratung hat. Er sagt weiterhin, dass ein eventuell zunächst vom Gläubiger dem RA erteilter Auftrag vom Mandanten bis zum Abschluss der Beratung noch geändert werden kann. War also die Beratung erst einmal unter dem Gesichtspunkt der außergerichtlichen Vertretung vorgenommen worden und stellt sich dann heraus, dass dies nun doch nicht zweckmäßig ist und nur eine gerichtliche Rechtsverfolgung empfehlenswert sein wird, kann der Gläubiger den zuvor erteilten Auftrag noch ändern. Der RA darf dann neben den Gebühren für das gerichtliche Verfahren nicht auch noch Gebühren für die außergerichtliche Vertretung verlangen – und der Schuldner muss solche Gebühren deshalb dann auch nicht erstatten.

Sollte der Gläubiger ein Großunternehmen sein, ist allerdings die Beratung durch einen RA im Regelfall nicht erforderlich.

10. Zur Erstattung der Geschäftsgebühr des Gegners

39 Es ist erstaunlich, dass sich Literatur und Gerichte fast nur mit der Frage der Erstattung der klägerischen Geschäftsgebühr durch den Beklagten, der einen Prozess verloren hat, beschäftigen. Ob ein **Beklagter**, der einen Prozess **gewonnen** hat, die Erstattung der Geschäftsgebühr durch den unterlegenen Kläger verlangen kann, wird dagegen kaum behandelt. Falls der obsiegende Beklagte bereits vor dem Prozess außergerichtlich in Anspruch genommen wurde und durch seinen RA versucht hat, diese Ansprüche außergerichtlich abwehren zu lassen, musste er seinem RA für diese Tätigkeit eine Geschäftsgebühr bezahlen.

Nachdem er den Prozess gewonnen hat, kann der Beklagte – wie im vorigen Kapitel dargestellt – nur die Verfahrenskosten des gerichtlichen Verfahrens im Kostenfestsetzungsbeschluss festsetzen lassen. Die außergerichtlich entstandene Geschäftsgebühr kann nicht festgesetzt werden. Dem Beklagten bleibt nur die Möglichkeit, diese Geschäftsgebühr im Wege der Widerklage gegen den Kläger geltend zu machen.

Dies ist für den Beklagten eine gefährliche Verfahrensweise, da er für diese Widerklage keine materiell-rechtliche Begründung haben wird. Zur Begründung der Widerklage wäre eine Anspruchsgrundlage nach dem BGB erforderlich, wie z. B. Schadenersatz als Verzugsfolge oder aus einer unerlaubten Handlung. Nun kann aber der Kläger als abgewiesener Gläubiger natürlich nicht wie ein Schuldner in Verzug gekommen sein, sodass der Beklagte eine solche Anspruchsgrundlage nicht finden wird. Das BGB kennt in der Tat grundsätzlich keinen Kostenerstattungsanspruch gegen einen Gläubiger, der mit seinem angeblichen Anspruch außergerichtlich nicht durchkommt. Diese Widerklage des Beklagten auf Erstattung der Geschäftsgebühr würde also höchstwahrscheinlich abgewiesen werden.

Im Ergebnis wird der Beklagte also die durch die außergerichtliche Anspruchsabwehr entstandene Geschäftsgebühr seines RA trotz des gewonnenen Prozesses in vielen Fällen selber tragen müssen. Nach einem Urteil des BGH vom 12.12.2006 (VI ZR 224/05) gehört es zum allgemeinen Lebensrisiko, mit unberechtigten Ansprüchen konfrontiert zu werden.

11. Die „Rückwärts-Anrechnung" der Geschäftsgebühr

In Vorbemerkung 3 Abs. 4 VV RVG heißt es: „Soweit wegen desselben Gegenstands eine Geschäftsgebühr nach Teil 2 **entsteht**, wird diese Gebühr zur Hälfte, bei Wertgebühren jedoch höchstens mit einem Gebührensatz von 0,75, auf die Verfahrensgebühr des gerichtlichen Verfahrens angerechnet." Damit bringt der Gesetzgeber zum Ausdruck, dass die **Anrechnung** der Geschäftsgebühr auf die Verfahrensgebühr auch dann erfolgen soll, wenn die Geschäftsgebühr erst **nach** einem gerichtlichen Verfahren entsteht. 40

Das bedeutet, dass auch eine erst später – also nach einem gerichtlichen Verfahren – entstehende Geschäftsgebühr auf die bereits zuvor entstandene Verfahrensgebühr des gerichtlichen Verfahrens angerechnet werden muss; deshalb heißt es in solchen Fällen, dass „**rückwärts**" angerechnet werden muss. Man nennt dies **Rückwärtsanrechnung**. Sehen Sie hierzu nachstehendes Beispiel.

Beispiel:

RA Fleißig hat für seinen Auftraggeber eine Kaufpreisforderung von 2.500,00 € im Mahnverfahren geltend gemacht. RA Fleißig beantragt nach Ablauf der Widerspruchsfrist den Erlass des Vollstreckungsbescheids bei Gericht. Der Schuldner hat weder Widerspruch noch Einspruch eingelegt. RA Fleißig hat Anspruch auf die folgende Vergütung:

Gegenstandswert: 2.500,00 €

1,0	Verfahrensgebühr im Mahnverfahren gem. §§ 2, 13 RVG, Nr. 3305 VV RVG	235,50 €
0,5	Vollstreckungsbescheidsgebühr gem. §§ 2, 13 RVG, Nr. 3308 VV RVG	117,75 €
20 %	Pauschale für Post- und Telekommunikationsentgelte (für Mahnverfahren) gem. § 2 Abs. 2 S. 1 RVG, Nr. 7002 VV RVG	20,00 €
		373,25 €
19 %	USt. gem. § 2 Abs. 2 S. 1 RVG, Nr. 7008 VV RVG	70,92 €
		444,17 €

Nach Zustellung des Vollstreckungsbescheids wendet sich der Schuldner unaufgefordert an RA Fleißig und bittet um Vereinbarung von Ratenzahlungen. Der Gläubiger beauftragt nun RA Fleißig, die Ratenzahlungsvereinbarung mit dem Schuldner abzuschließen. RA Fleißig hat noch **keinen Auftrag zur Zwangsvollstreckung** – deshalb entsteht eine Geschäftsgebühr nach dem Mahnverfahren. Es handelt sich hierbei um Inkassotätigkeit für eine titulierte Forderung, die der Schuldner nicht durch einen Einspruch gegen den Vollstreckungsbescheid bestritten hat. Die Vereinbarung wird in einer längeren Besprechung mit dem Schuldner aufgesetzt.

Wenn die Vergütung für das Mahnverfahren noch nicht mit dem Auftraggeber abgerechnet wurde, dann sieht die Gebührenberechnung jetzt so aus:

I. Vergütungsrechnung für Tätigkeit im Mahnverfahren

Gegenstandswert: 2.500,00 €

1,0	Verfahrensgebühr im Mahnverfahren gem. §§ 2, 13 RVG, Nr. 3305 VV RVG	235,50 €	
	darauf ist gemäß der Vorbemerkung 3 Abs. 4 VV RVG **anzurechnen**:		
0,45	Geschäftsgebühr gem. §§ 2, 13 RVG, 14, Nr. 2300 Anm. Abs. 2 S. 1 VV RVG (Wert: 2.500,00 €) *	– 105,98 €	129,52 €
0,5	Vollstreckungsbescheidsgebühr gem. §§ 2, 13 RVG, Nr. 3308 VV RVG		117,75 €
20 %	Pauschale für Post- und Telekommunikationsentgelte (für Mahnverfahren) gem. § 2 Abs. 2 S. 1 RVG, Nr. 7002 VV RVG		20,00 €
			267,27 €
19 %	USt. gem. § 2 Abs. 2 S. 1 RVG, Nr. 7008 VV RVG		50,78 €
			318,05 €

* Die Geschäftsgebühr ist erst später entstanden, daher wird „rückwärts" angerechnet.

II. Vergütungsrechnung für außergerichtliche Ratenvereinbarung

Gegenstandswert: 2.500,00 € / 1.250,00 € gem. § 31b RVG **

0,9	Geschäftsgebühr gem. §§ 2, 13, 14 RVG, Nr. 2300 Anm. Abs. 2 S. 1 VV RVG* (Wert: 2.500,00 €)	211,95 €
0,7	Einigungsgebühr gem. §§ 2, 13 RVG, Nr. 1000 Ziff. 2 VV RVG (Wert: 1.250,00 €) **	94,15 €
20 %	Pauschale für Post- und Telekommunikationsentgelte (für außergerichtlichen Auftrag) gem. § 2 Abs. 2 S. 1 RVG, Nr. 7002 VV RVG	20,00 €
		326,10 €
19 %	USt. gem. § 2 Abs. 2 S. 1 RVG, Nr. 7008 VV RVG	61,96 €
		388,06 €

* 0,9 Geschäftsgebühr wegen der längeren Besprechung mit dem Schuldner, wobei keine überdurchschnittlichen Umstände vorliegen (siehe Rdn 60 ff.).

** Zur Wertberechnung nach § 31b RVG siehe § 2 Rdn 166 ff., 182 f. und § 3 Rdn 110 f.

41 *Hinweis:*

Die „**Rückwärts-Anrechnung**" der Geschäftsgebühr kann ferner z. B. in folgenden Fällen vorkommen: nach selbstständigem Beweisverfahren wird außergerichtlich verhandelt, nach Entstehen einer 0,8 Verfahrensgebühr (Nr. 3101 Ziff. 1 VV RVG) wird außergerichtlich verhandelt, nach Anerkenntnisurteil wird über eine Ratenzahlungsvereinbarung verhandelt.

12. Die Tätigkeit des Anwaltsnotars

In den Bundesländern bzw. Teilen von Bundesländern (z. B. in NRW im Bereich der Rheinischen Notarkammer), in denen der **RA gleichzeitig Notar (Anwaltsnotar)** ist, muss insbesondere beim Entwerfen von Urkunden geprüft werden, ob er die Urkunde als RA oder als Notar entworfen hat. Ganz allgemein lässt sich sagen, dass der Entwurf einer Urkunde zum Bereich der vorsorgenden Rechtspflege gehört und damit in den Zuständigkeitsbereich des Notars fällt (was nicht bedeutet, dass ein Nur-RA einen solchen Entwurf nicht fertigen dürfte!). In den meisten Fällen wird also der Anwaltsnotar als Notar die Urkunde entworfen haben. Das bedeutet, dass keine Geschäftsgebühr nach RVG, sondern eine bei einem isolierten Entwurfsauftrag eine Entwurfsgebühr nach den Nrn. 24100, 24101 oder 24102 KV GNotKG abzurechnen ist. Diese Überlegung ist deshalb wichtig, weil die Gebühren nach dem GNotKG häufig erheblich niedriger ausfallen als nach dem RVG. Ein Mandant, der sich im Kostenrecht auskennt, wird auf jeden Fall bei der Bestellung des Urkundenentwurfes gegenüber dem Anwaltsnotar angeben, dass die spätere Beurkundung des Entwurfs beabsichtigt sei! Ist Ihnen klar, warum? 42

> *Beispiel:*
>
> Der Wert eines Vertragsentwurfes beträgt 100.000,00 €. Eine 1,3 Geschäftsgebühr (Nr. 2300 Anm. Abs. 1 VV RVG) ergibt dann für den **Rechtsanwalt** 2.281,50 €. Als **Notar** erhält er gemäß den §§ 3, 34, 92 Abs. 2, Nrn. 21100, 24100 KV GNotKG eine 2,0 Entwurfsgebühr in Höhe von 546,00 €. Also wird der Anwaltsnotar als Notar nur 546,00 € berechnen können.

II. Einfache Schreiben (Nr. 2301 VV RVG)

Bei der **Geschäftsgebühr für ein einfaches Schreiben** nach Nr. 2301 VV RVG handelt es sich um eine Modifikation der Geschäftsgebühr in Nr. 2300 VV RVG. Hierdurch soll die Vergütung des RA für Tätigkeiten, die erfahrungsgemäß nur wenig Arbeit verursachen, herabgesetzt werden. 43

Ob ein einfaches Schreiben durch den RA zu erstellen ist, ergibt sich aus dem **Auftrag des Mandanten**. Wenn der RA nur den Auftrag erhalten hat, ein Schreiben im Sinne von Nr. 2301 VV RVG zu fertigen, dann erhält er auch nur die Gebühr nach dieser Vorschrift. Hat er einen darüber hinausgehenden Auftrag, dann wird er eine Geschäftsgebühr nach Nr. 2300 VV RVG erhalten, selbst wenn seine Tätigkeit dann doch nicht so umfangreich wird. Das ist dann aber bei der Bemessung der Gebühr innerhalb des Rahmens von 0,5 bis 2,5 zu berücksichtigen.

Schreiben einfacher Art sind beispielsweise kurze Mahnungen oder Kündigungen. Entscheidend ist, ob diese Schreiben auftragsgemäß schwierige rechtliche Ausführungen oder größere sachliche Auseinandersetzungen enthalten. Der Gebührensatz der Geschäftsgebühr für diese einfachen Schreiben beträgt 0,3. Allerdings erhält der RA diese Gebühr nur, wenn sich sein Auftrag auf dieses Schreiben beschränkt und der Auftraggeber z. B. auf eine Beratung verzichtet. Um dies noch einmal deutlich zu machen: **Es kommt allein auf den erteilten Auftrag an**, nicht auf den tatsächlichen Inhalt des Schreibens. Hat der RA den Auftrag für ein einfaches Schreiben angenommen und wird das Schreiben dann doch etwas länger, hat dies keinen Einfluss auf die Gebühr. 44

> *Beispiel:*
>
> **Beispiele für Schreiben einfacher Art:** Ermittlung der neuen Anschrift des Schuldners z. B. durch Anfrage beim Einwohnermeldeamt, einfaches Mahnschreiben, Kündigung eines Mietvertrages über Wohnraum, Schreiben an das Grundbuchamt, mit dem nur eine Anträge und Bewilligung enthaltende Ausfertigung eines Vergleichs vorgelegt wird.
>
> Weiterhin gehören zu den einfachen Schreiben auch solche, die auftragsgemäß nur das äußere Betreiben eines Verfahrens bezwecken, wie z. B. Benachrichtigungen, Beschleunigungsgesu-

che, Gesuche um Erteilung von Kopien, also kurze Schreiben, die nur dem äußeren Ablauf des Verfahrens dienen. Diese Schreiben haben keinen Einfluss auf das Ergebnis des Verfahrens, also z. B. auf das später ergehende Urteil. Der RA darf jedoch keinen darüber hinausgehenden Auftrag haben.

Das Gesetz hat nicht präzise definiert, wann ein Schreiben „einfach" ist. Wahrscheinlich ist eine solche Definition auch gar nicht möglich. Es wird hier auch vom äußeren Eindruck des Schreibens auszugehen sein. Ein kurzes Schreiben wird sicherlich meist auch einfach sein. Gemäß der Anmerkung zu Nr. 2301 VV RVG handelt es sich dann um ein Schreiben einfacher Art, wenn dieses weder schwierige rechtliche Ausführungen noch größere sachliche Auseinandersetzungen enthält. „Leichtere" rechtliche Ausführungen und „kleinere" sachliche Auseinandersetzungen sind also durchaus noch einfach. Behalten Sie im Auge, dass es darauf ankommt, ob der erteilte Auftrag auf die Erstellung eines einfachen Schreibens zielte, oder ob er darüber hinausging. Der spätere tatsächliche Inhalt des Schreibens ist für die Gebühr unerheblich.

45 Es war lange umstritten, ob der RA für mehrere Schreiben in derselben Angelegenheit die Gebühr nur einmal erhält. Nach inzwischen überwiegender Meinung ist die Geschäftsgebühr nach Nr. 2301 VV RVG nur anzuwenden, wenn nur ein **einziges einfaches Schreiben** erstellt wird. Bei mehreren einfachen Schreiben in einer Angelegenheit ist die Geschäftsgebühr nach Nr. 2300 VV RVG anzuwenden.

46 *Hinweis:*

Auch die Geschäftsgebühr für ein einfaches Schreiben nach Nr. 2301 VV RVG entsteht gemäß Vorbemerkung 2.3 Abs. 3 VV RVG für das Betreiben des Geschäfts einschließlich der Information. Der BGH verlangt, dass der RA prüft, ob aufgrund der erhaltenen Information ein einfaches Schreiben rechtlich in Betracht kommt. Mehr muss der RA nicht tun, insbesondere nicht den Mandanten darüber beraten, ob das einfache Schreiben zweckmäßig und ausreichend ist um seine Ansprüche einzufordern. Die Gebühr für das einfache Schreiben kann nicht für eine Vertretung entstehen – dann ist die Geschäftsgebühr nach Nr. 2300 VV RVG anzuwenden. Weiterhin sagt der BGH, dass selbst ein rechtskundiger Gläubiger nicht gezwungen ist, seinem RA nur einen Auftrag für ein einfaches Schreiben zu erteilen, sondern berechtigt ist sich anwaltlich vertreten zu lassen – wofür die Geschäftsgebühr nach Nr. 2300 VV RVG entsteht (BGH, Versäumnisurteil vom 17.09.2015 – IX ZR 280/14). Der Schuldner kann also nicht einwenden, dass unnötig hohe Kosten entstanden seien (siehe hierzu auch Rdn 38).

47 In Rdn 11 ff. wurde die Geschäftsgebühr für ein anwaltliches **Aufforderungsschreiben** ohne Klageauftrag nach Nr. 2300 VV RVG berechnet, weil dies in der Praxis meist so gehandhabt wird und weil der RA oft noch einen über die Erstellung des Schreibens hinausgehenden Auftrag hat; hier sei nur die Beratung des Mandanten erwähnt. Es sei aber darauf hingewiesen, dass viele RAe für ein solches Aufforderungsschreiben bei entsprechendem Auftrag und Inhalt nur die 0,3 Geschäftsgebühr für ein einfaches Schreiben nach Nr. 2301 VV RVG berechnen – wenn z. B. der Mandant keinerlei Beratung benötigt.

Beispiel:

RA Richtig erhält von einem Arbeitgeber den Auftrag, an dessen Arbeitnehmer ein Kündigungsschreiben folgenden Inhalts zu senden: „Hiermit kündige ich namens und im Auftrage Ihres Arbeitsgebers (...) Ihr Arbeitsverhältnis (...) zum (...)". Der monatliche Arbeitslohn beträgt 2.400,00 €. RA Richtig sendet seinem Auftraggeber folgende Vergütungsrechnung:

Gegenstandswert: 7.200,00 €*

0,3	Geschäftsgebühr gem. §§ 2, 13 RVG, Nr. 2301 VV RVG	159,90 €
20 %	Pauschale für Post- und Telekommunikationsentgelte gem. § 2 Abs. 2 S. 1 RVG, Nr. 7002 VV RVG	20,00 €
		179,90 €
19 %	USt. gem. § 2 Abs. 2 S. RVG 1, Nr. 7008 VV RVG	34,18 €
		214,08 €

* 3 x 2.400 € = 7.200,00 € (§ 42 Abs. 2 S. 1 GKG)

Hinweis: 48

In einer Strafsache gegen zwei Rechtsanwälte wegen Betruges hat der BGH (Urteil vom 14.03.2019 – 4 StR 426/18, Rn 36) festgestellt, dass diese Rechtsanwälte, obwohl sie keinen Auftrag zur Beratung des Mandanten und zur Überprüfung von dessen Ansprüchen hatten, eine 1,3 Geschäftsgebühr nach Nr. 2300 VV RVG gegenüber zahlreichen Schuldnern gefordert hatten. Sie besaßen nur den Auftrag zur Erstellung von einfachen Schreiben im Massenbetrieb, für die eine 0,3 Geschäftsgebühr angemessen gewesen wäre.

Der BGH bestätigt in seinem Urteil, dass allein der erteilte Auftrag für die Gebührenberechnung maßgeblich ist.

Die **Anrechnungspflicht** nach Vorbemerkung 3 Abs. 4 VV RVG gilt auch für die modifizierte Geschäftsgebühr nach Nr. 2301 VV RVG, da sie in der Vorbemerkung ausdrücklich genannt ist. Wenn also der RA nach einem einfachen Kündigungs- oder Mahnschreiben in dieser Sache Prozessauftrag erhält, muss die Geschäftsgebühr für das einfache Schreiben auf die spätere Verfahrensgebühr angerechnet werden. 49

Merke:

Der Satz der Geschäftsgebühr für ein Schreiben einfacher Art beträgt 0,3. Solche Schreiben enthalten keine schwierigen rechtlichen Ausführungen oder größere sachliche Auseinandersetzungen. Der Auftrag muss ausschließlich auf die Fertigung eines solchen Schreibens gerichtet sein, nicht auf andere Tätigkeiten, wie Beratung usw.

III. Die außergerichtliche Regulierung von Verkehrsunfällen

1. Die Geschäftsgebühr in Verkehrsunfallsachen

Nach einem **Verkehrsunfall** sucht der Geschädigte in der Regel Rat und Hilfe bei einem Anwalt. 50 Der RA versucht dann, die finanziellen Unfallfolgen außergerichtlich mit der Haftpflichtversicherung des höchstwahrscheinlichen Unfallschuldigen zu regulieren. Bei jeder Unfallabwicklung muss der RA – auch schon bevor er den Schaden überhaupt beziffern kann – vielfältige Tätigkeiten erbringen. Zu diesen Tätigkeiten werden bei jedem Verkehrsunfall gehören:

- Erste Besprechung mit dem Mandanten zur Entgegennahme der Information und Beratung
- Ermittlung der Haftpflichtversicherung des vermutlich Unfallschuldigen
- Prüfung des Unfallhergangs und der Rechtslage
- Durchsicht von Schriftstücken
- Beratung hinsichtlich möglicher Schadenersatzansprüche, die dem juristischen Laien normalerweise nicht bekannt sind
- Belehrung des Mandanten über die Schadensminderungspflicht nach dem BGB

- Beauftragung eines Sachverständigen
- Prüfung des Sachverständigengutachtens und Erörterung mit dem Auftraggeber
- Eventuell Rückfragen bei dem Sachverständigen zur Erhellung des Gutachtens
- Zusammenstellung der Schadenspositionen und Bezifferung der Schadenshöhe
- Austauschen von Schriftsätzen mit der Haftpflichtversicherung
- Eventuell (telefonische) Verhandlungen mit der Haftpflichtversicherung über die Möglichkeit der außergerichtlichen Regulierung

Diese anwaltlichen Tätigkeiten gehen deutlich über die Handlungen hinaus, die z. B. bei einem Aufforderungsschreiben zur Eintreibung einer rechtlich unzweifelhaften Kaufpreisforderung oder einen solchen Mietforderung von dem RA zu erbringen sind. Der Gebührensatz der Geschäftsgebühr nach Nr. 2300 VV RVG wird daher in der Regel bei der außergerichtlichen Abwicklung von Unfallfolgen höher anzusetzen sein, als bei der Eintreibung von völlig unstrittigen Forderungen (vgl. Rdn 15 ff.).

51 Andererseits setzt aber der Gesetzgeber die **Kappungsgrenze für die Geschäftsgebühr** laut Anmerkung zu Nr. 2300 Anm. Abs. 1 VV RVG für alle durchschnittlichen Fälle auf 1,3 fest. Deshalb sprechen viele Gerichte in ihren Urteilen davon, dass beim „**üblichen Verkehrsunfall**“ eine Geschäftsgebühr von 1,3 angemessen sei. Gemeint ist natürlich nicht der „übliche Verkehrsunfall“, sondern die nach einem Unfall **übliche Abwicklung** der Unfallfolgen durch einen Anwalt. Es kommt nicht darauf an, wie der Unfall abgelaufen ist, sondern welche Arbeiten der RA danach zu verrichten hat. Zahlreiche Gerichte gehen also davon aus, dass es sich bei der Abwicklung des „üblichen Verkehrsunfalls“ grundsätzlich um eine **durchschnittliche Angelegenheit** handelt und somit eine über den Gebührensatz von 1,3 hinausgehende Geschäftsgebühr nur gefordert werden kann, wenn Umfang oder Schwierigkeit der Anwaltstätigkeit über dem Durchschnitt liegen.

Mittlerweile gibt es wohl mehr als 150 Urteile zur Berechnung der Geschäftsgebühr in Unfallsachen. Die von den Gerichten zugesprochenen Gebührensätze der Geschäftsgebühr liegen in einer Spanne von 0,8 bis 1,8. Die meisten Urteile sprechen in **durchschnittlichen Fällen** eine Geschäftsgebühr von 1,3 zu, wobei vom „üblichen Verkehrsunfall“ ausgegangen wird. Es macht nun in der Praxis wenig Sinn, sich darauf zu berufen, die Mehrzahl der Gerichte habe den Gebührensatz von 1,3 zum Normalfall in Unfallsachen erklärt, da der RA in jedem Einzelfall unter Berücksichtigung aller in § 14 RVG genannten Umstände den zutreffenden Gebührensatz ermitteln muss.

Hinweis:

Auch bei der Unfallschadenregulierung kann sich die Geschäftsgebühr nach Anmerkung Absatz 2 zu Nr. 2300 VV RVG richten. Handelt es sich nämlich bei der Schadensregulierung um eine Inkassodienstleistung für eine unbestrittene Forderung, beträgt der Gebührenrahmen nur 0,5 bis 1,3 und die Regelgebühr beträgt nicht 1,3, sondern nur 0,9.

52 Auch wenn die Abwicklung von Unfallfolgen meist als Durchschnittsfälle anzusehen sein werden, wird es doch Fälle geben, in denen die Tätigkeit des RA deutlich unterdurchschnittlicher Art war. Dies wird z. B. der Fall sein, wenn bei einem einfach gelagerten Auffahrunfall die alleinige Haftung des Unfallverursachers und die Höhe des Schadens klar ersichtlich ist. In einem solchen Fall wird der RA im Wesentlichen nur die Schadenspositionen zusammenzustellen haben. In **unterdurchschnittlichen Fällen** sprechen die Gerichte meist eine Geschäftsgebühr zwischen 0,8 und 1,0 zu.

53 Mehr Arbeit wird der RA in dem Fall haben, in dem z. B. ein selbstständiger Unternehmer bei einem Unfall schwer verletzt wurde und somit hohe Verdienstausfallansprüche zu ermitteln und geltend zu machen sind. In **überdurchschnittlichen Fällen** werden Geschäftsgebühren zwischen

1,6 und 2,0 zugesprochen, wobei es jedoch nur relativ wenige Urteile gibt, die über den Gebührensatz von 1,3 hinausgehen.

Aufgrund der bisher bekannt gewordenen Urteile lassen sich **drei Fallgruppen bei der Abwicklung von Verkehrsunfallsachen** unterscheiden: 54

- **Einfacher Fall:** Die Schuldfrage und die Höhe des Schadens sind eindeutig, über die Höhe des Schadenersatzes gibt es keine Auseinandersetzung mit der Versicherung und der RA kann die Regulierung mit wenigen Schriftsätzen oder einer kurzen Besprechung erreichen. Umfang und Schwierigkeit der Anwaltstätigkeit und andere Umstände des § 14 RVG sind unterdurchschnittlich.
  Gebührensatz im unterdurchschnittlichen Fall 0,8 bis 1,0.
- **Durchschnittlicher Fall:** Insbesondere Umfang und Schwierigkeit der Anwaltstätigkeit sind durchschnittlich, also der oben beschriebene „übliche Verkehrsunfall".
  Gebührensatz im durchschnittlichen Fall 1,3.
- **Komplizierter Fall:** Es besteht z. B. Streit über die Schuldfrage und über beträchtliche Schadenspositionen, größerer Personenschaden mit schwerwiegenden Folgen. Hierzu existiert kaum Rechtsprechung. Umfang und/oder Schwierigkeit der Anwaltstätigkeit sind überdurchschnittlich.
  Gebührensatz im überdurchschnittlichen Fall etwa 1,8.

Es sind in komplizierten Fällen auch Gebührensätze bis zur Höchstgrenze von 2,5 denkbar, jedoch sind bisher nur sehr wenige solche Urteile bekannt geworden. Die vorgenannten Fallgruppen können nur hilfreiche Anhaltspunkte für die Bestimmung der Höhe des Gebührensatzes der Geschäftsgebühr sein. Im konkreten Einzelfall ist der Gebührensatz nach § 14 RVG zu bestimmen. Wenn der RA dies entsprechend begründen kann, wird er auch eine Gebühr von mehr als 1,8 zugesprochen bekommen. Wie die Gebühr innerhalb des Gebührenrahmens zu bestimmen ist, ist in § 2 Rdn 116 ff. ausführlich beschrieben.

Hinweis:

Auch bei der Unfallschadenregulierung kann sich die Geschäftsgebühr nach Anmerkung Absatz 2 zu Nr. 2300 VV RVG richten. Handelt es sich nämlich bei der Schadensregulierung um eine Inkassodienstleistung für eine unbestrittene Forderung, beträgt der Gebührenrahmen nur 0,5 bis 1,3 und die Regelgebühr beträgt nicht 1,3, sondern nur 0,9.

Hinweis: 55

In seinem Urteil vom 31.10.2006 (VI ZR 261/05) hat der BGH entschieden, dass in durchschnittlichen Fällen der Abwicklung eines Verkehrsunfalls eine 1,3 Geschäftsgebühr die **„Regelgebühr"** ist. Ferner ergibt sich aus demselben Urteil, dass in unterdurchschnittlichen Fällen der Gebührensatz niedriger sein muss. Im konkreten Fall beanstandet er eine 1,0 Geschäftsgebühr nicht für ein einseitiges Anspruchsschreiben nach Gutachten eines Sachverständigen und mit schneller Regulierung durch die Versicherung.

Beispiel 1:

Bei einem Auffahrunfall steht unstreitig fest, dass der Auffahrende der Unfallverursacher ist und damit alleine haftet. Aufgrund des Sachverständigengutachtens ist die Schadenshöhe unstreitig. Nach einer Besprechung und zwei Telefonaten mit dem Mandanten und einem kurzen Schreiben an die Haftpflichtversicherung reguliert diese den Schaden innerhalb von einigen Tagen. Umfang und Schwierigkeit der Anwaltstätigkeit und andere Umstände des § 14 RVG sind unterdurchschnittlich.

Gebührensatz bei einem solchen **einfachen Fall** laut Rechtsprechung 0,8 bis 1,0, nach Anmerkung Absatz 2 zu Nr. 2300 VV RVG aber wohl eher 0,5 (einfacher Fall).

Beispiel 2:

Bei einem Unfall entstand größerer Schaden. Der Unfall und seine Folgen wurden im Beratungsgespräch ausführlich mit der Mandantin besprochen. Ein Gespräch mit der Werkstatt wurde erforderlich. In einem Schriftsatz wurden die Schadenersatzansprüche der Mandantin mit genauer Beschreibung des Unfallgeschehens und Aufstellung der Schadenspositionen sowie Hinweisen zur Schadensquote dargelegt. Die am Unfall mitschuldige Mandantin wurde auf die Möglichkeit der Inanspruchnahme ihrer eigenen Vollkaskoversicherung hingewiesen. Mehrere Schreiben der gegnerischen Haftpflichtversicherung wurden beantwortet. Die Haftpflichtversicherung wurde mehrfach zur Zahlung aufgefordert.

Insbesondere Umfang und Schwierigkeit der Anwaltstätigkeit sind hier durchschnittlich, also der oben beschriebene „übliche Verkehrsunfall". Gebührensatz bei einem solchen **durchschnittlichen Fall** laut Rechtsprechung 1,3.

Beispiel 3:

Ein selbstständiger Architekt wurde durch einen Verkehrsunfall schwer am Kopf verletzt. Infolgedessen konnte er für längere Zeit seinen Beruf nicht ausüben. Die überdurchschnittliche Schwierigkeit für den RA bestand in der Bezifferung der Verdienstausfallansprüche des Architekten. Es bestand ein hoher Anspruch auf Schmerzensgeld. Über den Verdienstausfall und das Schmerzensgeld bestand Streit mit der Versicherung. Außerdem hatte der Unfall wegen der beruflichen Folgen auch eine große Bedeutung für den Verletzten. Wegen des hohen Zeitaufwandes für den RA und der größeren Schwierigkeit der Schadensermittlung handelt es sich nicht mehr um einen üblichen Fall.

Umfang und/oder Schwierigkeit der Anwaltstätigkeit waren hier überdurchschnittlich. Gebührensatz bei einem solchen **komplizierten Fall** laut Rechtsprechung etwa 1,8.

56 *Hinweis:*

Es sei noch einmal darauf hingewiesen, dass die vorstehenden sich aus der Rechtsprechung ergebenden Grundsätze nur für die Abwicklung von Verkehrsunfällen Gültigkeit haben. Für andere außergerichtliche Tätigkeiten des RA als Unfallregulierungen liegen offenbar nur wenige gerichtliche Entscheidungen vor. Deshalb lassen sich die vorgenannten Grundsätze nur sinngemäß auf andere außergerichtliche Tätigkeitsgebiete übertragen – wie z. B. anwaltliche Aufforderungsschreiben in Fällen des Zahlungsverzugs. Zur Bestimmung des Satzes der Geschäftsgebühr in anderen Angelegenheiten unter Beachtung des § 14 RVG lesen Sie bitte Rdn 15 ff. und § 2 Rdn 116 ff.

Merke:

Bei der außergerichtlichen Abwicklung von **Verkehrsunfallsachen** lassen sich nach der Rechtsprechung drei Fallgruppen unterscheiden:

Im **einfachen Fall**, wenn Schuldfrage und Schadenshöhe eindeutig sind und die Versicherung nach kurzen Schriftsätzen oder Besprechungen den Schaden reguliert, ist ein Gebührensatz von 0,8 bis 1,0 angemessen, da Umfang und Schwierigkeit der Anwaltstätigkeit (und auch andere Umstände des § 14 RVG) unterdurchschnittlich sind.

Im **durchschnittlichen Fall**, also bei durchschnittlichem Umfang und Schwierigkeit der Anwaltstätigkeit („üblicher Verkehrsunfall") wird ein Gebührensatz von 1,3 berechnet.

Im **komplizierten Fall**, z. B. bei Streit über die Schuldfrage und hohe Schadenersatzansprüche und bei Personenschaden mit schwerwiegenden Folgen kann der Gebührensatz etwa 1,8 betragen, da Umfang und/oder Schwierigkeit der Anwaltstätigkeit überdurchschnittlich sind.

Auch bei der Unfallschadenregulierung kann sich die Geschäftsgebühr nach Anmerkung Absatz 2 zu Nr. 2300 VV RVG richten. Handelt es sich nämlich bei der Schadensregulierung um eine Inkassodienstleistung für eine unbestrittene Forderung, beträgt der Gebührenrahmen nur 0,5 bis 1,3 und die Regelgebühr beträgt nicht 1,3, sondern nur 0,9.

2. Gebührenabkommen mit Versicherungen in Verkehrsunfallsachen

Haftpflichtversicherer pflegen in aller Regel – insbesondere bei Verkehrsunfallschäden, die nicht eindeutig liegen –, vorgerichtlich einen Aktenauszug einzuholen, um sich über den Umfang ihrer Einstandspflicht, insbesondere eine Mitverursachung oder ein Mitverschulden des Geschädigten, zu informieren. Diese Aktenauszüge können die Versicherer – soweit sie nicht als Körperschaft des öffentlichen Rechts, sondern als private Versicherung organisiert sind – nicht selbst einholen. Aus § 475 StPO und Nr. 187 RiStBV ergibt sich, dass die privatrechtlich organisierten Versicherer nicht berechtigt sind, Akteneinsicht zu nehmen. Sie müssen sich hierzu eines Anwalts bedienen, dessen Tätigkeit sie zu vergüten haben. Zwischen dem DAV und dem HUK-Verband galt seit etwa 1970 jedenfalls bis zum 30.06.2004 eine Vereinbarung, die das **„Honorar für Akteneinsicht und Aktenauszüge aus Unfallstrafsachen für Versicherungsgesellschaften"** regelte. Kurz gesagt, erhält der RA danach für die Einsichtnahme in Unfallstrafakten und die Fertigung von Auszügen daraus für ein Versicherungsunternehmen ein Pauschalhonorar von 26,00 € für jede Sache und außerdem für Fotokopien die Dokumentenpauschale nach Nr. 7000 Ziff. 1 Lit. a VV RVG. Auslagen für Porto und Telefon (Pauschale gemäß Nr. 7002 VV RVG) – außer für Ferngespräche – dürfen nicht besonders in Rechnung gestellt werden; jedoch zahlt die Versicherung auch die Aktenversendungspauschale nach Nr. 9003 KV GKG in Höhe von 12,00 € und die vom RA zu berechnende USt. Für eine spätere Ergänzung des Aktenauszuges erhält der RA pauschal 13,00 € zuzüglich der Dokumentenpauschale und USt. Nach Auskunft des Versicherungsgewerbes wird dort davon ausgegangen, dass die bis zum 30.06.2004 geltende Vereinbarung stillschweigend fortgeführt wird. Wenn also eine Versicherung die „**übliche Vereinbarung**" für die Einsichtnahme in Unfallakten vorschlägt, dann ist dieses Übereinkommen damit gemeint. 57

Auch die **außergerichtliche Regulierung von Verkehrsunfällen** wird grundsätzlich mit einer **Geschäftsgebühr** vergütet, sodass die vorstehenden Ausführungen in Rdn 3 ff. auch hierfür gelten. Jedoch haben einige Kfz-Versicherungen besondere Grundsätze für die Berechnung der RA-Vergütung bei außergerichtlicher Schadenregulierung aufgestellt, die sie dem RA vorschlagen werden, der sie jedoch nicht annehmen muss. 58

Hinweis:

Die folgenden Erläuterungen für die außergerichtliche Regulierung von Verkehrsunfällen haben geringe praktische Bedeutung, da nur noch wenige Kfz-Versicherungen dieses Abrechnungsmodell anwenden. So rechnet die VHV-Versicherung seit 01.08.2010 und die Allianz Versicherungs-AG seit 01.04.2012 nicht mehr nach den unten dargestellten Abrechnungsgrundsätzen ab. Welche Versicherungen noch nach welchen Grundsätzen abrechnen, sollten Sie jeweils im Einzelfall zu klären. Früher haben die DEVK, die VGH und die Öffentliche Landesbrandkasse entsprechende Abrechnungen angeboten.

59 Es sind nur noch wenige Versicherungsgesellschaften, die **Arbeitsanweisungen für die außergerichtliche Schadenregulierung** bei Verkehrsunfällen verwenden. Die Abrechnungsgrundsätze sehen auf dem Gebiet der Kraftfahrzeughaftpflicht vor, dass bei nur einem Geschädigten ein Sach- und Personenschaden unter einem Gesamterledigungswert von 10.000 Euro mit einer Pauschalgebühr von 1,8 und über 10.000 Euro mit einer Pauschalgebühr von 2,1 abgerechnet wird. Dieser Gebührensatz entgilt pauschal die Geschäftsgebühr einschließlich Besprechungen und die Einigungsgebühr. Bei mehreren Geschädigten erhöht sich der Gebührensatz bei einem Schaden unter 10.000 Euro auf 2,4 und bei einer Schadenhöhe von 10.000 Euro oder mehr auf 2,7. Als Gegenstandswert maßgebend ist jeweils der **Gesamterledigungswert**, also der Betrag, den die Versicherung letztlich zahlt. Die so abrechnenden Versicherungen werden dem RA einen entsprechend Vorschlag machen, der jedoch berechtigt bleibt, seine Vergütung nach den Vorschriften des RVG zu berechnen.

IV. Verbraucherschutz im Inkassorecht – Abmahnungen

60 *→ Dazu Aufgaben Nr. 1 – 4 in Gruppe 14 und in Gruppen 2 und 3*

Nach Feststellungen des Bundesjustizministeriums sind zu häufig für Abmahnungen in Inkassofällen gegenüber dem Aufwand des Abmahnenden sehr deutlich zu hoch angesetzte Inkassokosten geltend gemacht worden. Sehr oft seien auch mangelnde Rechtskenntnisse des Schuldners ausgenutzt worden. Weiterhin seien verdoppelte Inkassokosten geltend gemacht worden, indem zunächst Inkassodienstleister für die Mahnung und anschließend Rechtsanwälte für das gerichtliche Mahnverfahren beauftragt worden seien.

Diese Missstände sollen mit dem „Gesetz zur Verbesserung des Verbraucherschutzes im Inkassorecht“ vom 22.12.2020 abgestellt werden, das am 01.10.2021 in Kraft getreten ist.

61 Die folgende Übersicht zeigt, welche Regelungen in dem Gesetz deshalb getroffen worden sind:

1. Verhinderung von doppelt entstehenden Inkassokosten durch § 13c Rechtsdienstleistungsgesetz (RDG);
2. Festlegung eines ermäßigten Gebührenrahmens der Geschäftsgebühr (Nr. 2300 VV RVG) bei einer Inkassodienstleistung für eine unbestrittene Forderung auf 0,5 bis 0,9;
3. Absenkung der Mindestgebühr in der Tabelle des § 13 RVG bei niedrigen Forderungen bis zu einem Gegenstandswert in Höhe von 50 Euro;
4. Herabsetzung der Einigungsgebühr nach Nr. 1000 Ziff. 2 VV RVG auf 0,7 bei Zahlungsvereinbarungen mit Verzicht auf gerichtliche Geltendmachung oder auf Zwangsvollstreckung;
5. Bei diesen Zahlungsvereinbarungen nach Nr. 1000 Ziff. 2 VV RVG beträgt der Gegenstandswert nur 50% der Forderung gemäß § 31b RVG

Diese Regelungen werden nun in den folgenden Kapiteln näher beschrieben.

1. Beauftragung von Rechtsanwälten und Inkassodienstleistern

62 Da in einer erheblichen Anzahl von Fällen auffällig wurde, dass zu Lasten der Schuldner Inkassokosten in doppelter Höhe gefordert wurden, weil erst einmal Inkassodienstleister und dann zusätzlich Rechtsanwälte vom Gläubiger beauftragt wurden, hat der Gesetzgeber folgende Regelung in § 13c RDG getroffen:

> *„Beauftragt der Gläubiger einer Forderung mit deren Einziehung sowohl einen Inkassodienstleister als auch einen Rechtsanwalt, so kann er die ihm dadurch entstehenden Kosten nur bis zu der Höhe als Schaden ersetzt verlangen, wie sie entstanden wären, wenn er nur einen Rechtsanwalt beauftragt hätte. Dies gilt für alle außergerichtlichen und gerichtlichen Aufträge“.*

Allerdings gilt dies nur, wenn der Schuldner die Forderung nicht bestreitet oder er sie bestritten hat, bevor der Gläubiger einen Inkassodienstleister beauftragt hat. Sollte der Schuldner die Forderung erst nach der Beauftragung eines Inkassodienstleisters bestritten haben, dann wird er auch die Kosten eines danach für ein gerichtliches Verfahren bevollmächtigten RA zu tragen haben.

Der Schuldner sollte also, wenn er die Forderung bestreiten will, dies bereits nach der Mahnung durch den Gläubiger tun. Da dann der Gläubiger damit rechnen muss, dass er die Forderung nur in einem streitigen gerichtlichen Verfahren durchsetzen kann, sollte er auch gleich einen RA beauftragen, um unnötige Kosten eines Inkassodienstleisters zu vermeiden.

Hinweis:

Was ist eine Inkassodienstleistung?

Wann ist eigentlich eine Forderung unbestritten?

Ein Bestreiten kann nur durch aktives Handeln des Schuldners entstehen. Selbst wenn der Schuldner mehrfach gemahnt wurde und darauf keine Reaktion zeigt, liegt kein Bestreiten der Forderung vor!

2. Die Geschäftsgebühr (Nr. 2300 Anm. Abs. 2 VV RVG) bei unbestrittenen Forderungen

Bei unbestrittenen Forderungen darf gemäß Nr. 2300 Anm. Abs. 2 Satz 2 VV RVG in einfachen Fällen der Inkassotätigkeit nur eine Geschäftsgebühr in Höhe von 0,5 gefordert werden. Ein einfacher Fall liegt in der Regel vor, wenn die Forderung innerhalb von zwei Wochen nach der ersten Zahlungsaufforderung beglichen wird. Dann ist die Forderung also auch nicht bestritten worden. Auch wenn der Schuldner auf eine Mahnung des Gläubigers nicht reagiert, ist das kein aktives Bestreiten. Das bedeutet, dass ein RA in einem ersten Aufforderungsschreiben nur eine 0,5 Geschäftsgebühr geltend machen darf, da er dann zunächst davon ausgehen muss, dass der Schuldner zahlen wird. Dies betrifft übrigens etwa 20% der Fälle. 63

Ansonsten ist die Geschäftsgebühr in durchschnittlichen Fällen als Rahmengebühr nach § 14 RVG nach den dort genannten Kriterien in angemessener Höhe anzusetzen: Bei einer unbestrittenen Forderung darf eine 0,9 Gebühr nur überschritten werden, wenn die Inkassodienstleistung besonders umfangreich oder besonders schwierig war. Eine 0,9 Gebühr fällt z. B. dann an, wenn der Schuldner erst auf weitere Mahnungen hin zahlt. Zu den durchschnittlichen Inkassofällen gehören auch eine Adressermittlung oder die Überwachung von einigen Raten, die der Schuldner vereinbarungsgemäß leistet (so der Gesetzgeber in Bundestagsdrucksache 19/20348, S. 62–64). Dies betrifft etwa 60% der Fälle.

Sollte die Inkassotätigkeit bei einer unbestrittenen Forderung besonders umfangreich oder besonders schwierig sein, dann beträgt der Gebührensatz der Geschäftsgebühr höchstens 1,3, wobei auch hier die Gebühr nach § 14 RVG zu bestimmen ist. Dies könnte z. B. zutreffen, wenn die Ermittlung der Anschrift des Schuldners schwierig ist (zieht oft um) oder wenn eine zweistellige Zahl von Raten zu überwachen sind. In etwa 10% der Inkassotätigkeiten wird dies der Fall sein.

Wann Gegenstand der anwaltlichen Tätigkeit eine Inkassodienstleistung ist, ist unter Berücksichtigung der Definition in § 2 Abs. 2 RDG zu bestimmen. **Inkassodienstleistung** ist danach die Einziehung fremder oder zum Zweck der Einziehung auf fremde Rechnung abgetretener Forderungen, wenn die Forderungseinziehung als eigenständiges Geschäft betrieben wird, einschließlich der auf die Einziehung bezogenen rechtlichen Prüfung und Beratung. Daraus folgt, dass viele anwaltliche Tätigkeiten als Inkassodienstleitung angesehen werden müssen. Nur dann, wenn es hauptsächlich nicht um eine Forderungseinziehung geht, liegt keine Inkassotätigkeit vor. Deshalb ist z. B. der

Ausspruch der Kündigung eines Mietvertrages keine Inkassodienstleistung, weil hier nur ein Rechtsverhältnis durch Beendigung gestaltet werden soll.

Dagegen gilt bei einer streitigen Forderung der Gebührenrahmen der Geschäftsgebühr von 0,5 bis 2,5 und die Kappungsgrenze richtet sich nach Nr. 2300 Anm. Abs. 1 VV RVG. Auch hier wird die Rahmengebühr nach § 14 RVG bestimmt, wobei in der Regel die Kappungsgrenze von 1,3 zu beachten ist (siehe Rdn 3 ff.). Die Häufigkeit dieser Fälle wird auf etwa 10% der Inkassotätigkeiten geschätzt.

Außerdem ist noch eventuell die Gebührenherabsetzung nach § 13 Abs. 2 RVG zu beachten (siehe nachfolgend).

Schließlich gilt die Anrechnungsvorschrift in Vorbemerkung 3 Abs. 4 VV RVG natürlich auch für die Geschäftsgebühr nach Nr. 2300 Anm. Abs. 2 VV RVG.

Merke:

Die Geschäftsgebühr wird für alle außergerichtlichen Tätigkeiten des RA erhoben, nicht nur für Inkassotätigkeiten (siehe Rdn 3).

Bei allen unbestrittenen Forderungen muss die Geschäftsgebühr, wenn Gegenstand der Tätigkeit eine Inkassodienstleitung ist, nach Absatz 2 der Anmerkung zu Nr. 2300 VV RVG berechnet werden.

Inkassodienstleistung ist die Einziehung fremder oder zum Zweck der Einziehung auf fremde Rechnung abgetretener Forderungen, wenn die Forderungseinziehung als eigenständiges Geschäft betrieben wird, einschließlich der auf die Einziehung bezogenen rechtlichen Prüfung und Beratung.

In einfachen Fällen darf bei unbestrittenen Forderungen gemäß Nr. 2300 Anm. Abs. 2 Satz 2 VV RVG nur eine Geschäftsgebühr in Höhe von 0,5 gefordert werden.

Ein einfacher Fall liegt in der Regel vor, wenn die Forderung innerhalb von zwei Wochen nach der ersten Zahlungsaufforderung beglichen wird.

Bei streitigen Forderungen sowie bei allen anderen außergerichtlichen Tätigkeiten des RA wird eine 0,5 bis 2,5 Geschäftsgebühr erhoben und die Kappungsgrenze richtet sich nach Absatz 1 der Anmerkung zu Nr. 2300 VV RVG berechnet (siehe Rdn 15 ff.).

3. Gebührensenkung bei unbestrittenen Forderungen bis zu einem Wert von 50,00 Euro (§ 13 Abs. 2 RVG)

64 Bei sehr niedrigen Forderungen bis zu einem Gegenstandswert von 50,00 Euro ist ein Missverhältnis zwischen dem Betrag der Forderung und den Inkassokosten besonders auffällig. Damit die Inkassokosten nicht wesentlich höher werden als die einzutreibende Forderung, hat der Gesetzgeber in § 13 Abs. 2 RVG eine zusätzliche Wertstufe eingeführt.

Wenn die außergerichtliche Inkassodienstleistung des RA eine unbestrittene Forderung betrifft, beträgt bei einem Gegenstandswert bis 50 Euro die Gebühr nach § 13 Abs. 2 RVG nur 31,50 Euro (und nicht 51,50 Euro). Dies gilt allerdings nur für die Geschäftsgebühr, nicht aber für eine eventuell entstehende Einigungsgebühr für eine Zahlungsvereinbarung.

Merke:

Nur bei unbestrittenen Forderungen von bis zu 50 Euro beträgt die 1,0 Geschäftsgebühr (Nr. 2300 Anm. Abs. 2 VV RVG) 31,50 Euro statt 51,50 Euro. Die Gebührentabelle zu § 13 RVG enthält deshalb insoweit bei einem Wert bis zu 50,00 Euro eine abweichende Mindestgebühr.

4. Die Einigungsgebühr bei Zahlungsvereinbarungen (Nr. 1000 Ziff. 2 VV RVG)

Mit einem zahlungswilligen, aber nicht leistungsfähigen Schuldner werden oft Zahlungsvereinbarungen getroffen, die dem Schuldner Ratenzahlungen oder eine Stundung ermöglichen. Für den RA entsteht dann zusätzlich zur Geschäftsgebühr eine Einigungsgebühr. Siehe auch § 2 Rdn 166 ff. 65

Würde diese Einigungsgebühr nach Nr. 1000 Ziff. 1 VV RVG mit dem Gebührensatz von 1,5 berechnet, dann würde allein diese Gebühr bei niedrigen Forderungen den Betrag der Forderung übersteigen.

Deshalb wird bei Zahlungsvereinbarungen im Sinne von Nr. 1000 Ziff. 2 VV RVG die Einigungsgebühr stets mit dem Gebührensatz 0,7 berechnet.

Wenn der Hauptanspruch vom Schuldner anerkannt wird, kann nach Nr. 1000 Anm. Abs. 1 S. 1 VV RVG die 0,7 Einigungsgebühr nach Nr. 1000 Ziff. 2 VV RVG entstehen. Dies gilt auch, wenn der Gläubiger teilweise auf seine Forderung verzichtet, oder wenn Nebenabreden über Zinsen und Kosten oder z. B. Sicherungsabreden getroffen werden.

Im Gegensatz zur Geschäftsgebühr wird die Einigungsgebühr auch bei niedrigen Forderungen nach der normalen Gebührentabelle zu § 13 RVG berechnet. Es gibt also für die Einigungsgebühr keine abweichende Mindestgebühr bei einem Wert bis 50,00 Euro wie bei der Geschäftsgebühr.

Allerdings ist zusätzlich zu beachten, dass es in § 31b RVG eine spezielle Wertvorschrift für Zahlungsvereinbarungen gibt (siehe nachfolgend).

5. Wertvorschrift für Zahlungsvereinbarungen (§ 31b RVG)

Da bei Zahlungsvereinbarungen über unstreitige Forderungen (insbesondere bei niedrigen Forderungen) keine gemessen an dem Aufwand des RA überhöhten Kosten entstehen sollen, wurde in § 31b RVG eine spezielle Wertvorschrift geschaffen. 66

Wenn mit dem Schuldner eine Zahlungsvereinbarung geschlossen wird, wonach der Schuldner z. B. in Raten zahlt und der Gläubiger auf eine gerichtliche Geltendmachung (vorläufig) verzichtet oder eine Stundung gewährt wird, dann beträgt nach § 31b RVG der Gegenstandswert nur 50% des Anspruchs. Siehe auch § 3 Rdn 110 f.

Merke:

Bei Zahlungsvereinbarungen, wonach der Schuldner in Raten zahlt und der Gläubiger auf eine gerichtliche Geltendmachung verzichtet oder eine Stundung gewährt wird, entsteht zusätzlich zur Geschäftsgebühr eine 0,7 Einigungsgebühr.

Der Gegenstandswert der Einigungsgebühr für diese Zahlungsvereinbarung beträgt dann nur 50% des Anspruchs.

Der RA, der Inkassodienstleistungen erbringt, muss gegenüber Privatpersonen bestimmte Informationen nach § 43d BRAO klar und verständlich übermitteln. Siehe hierzu auch § 5 Rdn 2.

6. Übersicht: Inkassodienstleistungen bei unbestrittenen Forderungen

67

Inkassodienstleistungen
bei unbestrittenen Forderungen
Nr. 2300 Anm. Abs. 2 VV RVG

0,5 Geschäftsgebühr
Einfacher Fall,
Schuldner zahlt in der
Frist nach Mahnung
oder schließt eine
Zahlungsvereinbarung

0,5–0,9 Geschäftsgebühr
Schuldner zahlt nicht
unverzüglich
(§ 14 RVG beachten)

0,9–1,3 Geschäftsgebühr
Fall ist besonders
umfangreich oder
besonders schwierig
(§ 14 RVG beachten)

§ 13 Abs. 2 RVG
bei Forderungen
bis 50 Euro

0,7 Einigungsgebühr
bei Zahlungsvereinbarung mit
Verzicht auf gerichtliche Schritte
Nr. 1000 Ziff. 2 VV RVG

7. Prüfungsschema: Gebührensatz der Geschäftsgebühr (unbestrittene Forderungen)

68

Prüfungsschema
Geschäftsgebühr für Inkassodienstleistungen
(Nr. 2300 Anmerkung Absatz 2 VV RVG)

1. Nur bei **unbestrittenen Forderungen** und wenn Gegenstand der Tätigkeit eine **Inkassodienstleistung,** ist Nr. 2300 Anm. Abs. 2 VV RVG anwendbar.
2. Der Gebührenrahmen beträgt 0,5 bis 1,3.
3. Bestimmen Sie in jedem konkreten Fall die nach § 14 RVG angemessene Gebühr.
4. Beträgt diese weniger als 0,9, so bleibt es bei der ermittelten Gebühr.
5. Beträgt diese mehr als 0,9, so prüfen Sie Schritt 6.
6. Ist die Tätigkeit besonders umfangreich **oder** besonders schwierig, so darf die in Schritt 3 ermittelte Gebühr zwischen 0,9 und 1,3 liegen, sonst bleibt es bei 0,9 (Kappungsgrenze).
7. Für ein erstes Inkassoschreiben beträgt bei unbestrittenen Forderungen die Geschäftsgebühr 0,5, da man zunächst von einem einfachen Fall ausgehen muss und nur diese Gebühr berechnen darf.

Merke:

Bei einer unbestrittenen Geldforderung und wenn Gegenstand der Tätigkeit eine **Inkassodienstleistung,** kann in der ersten Zahlungsaufforderung nur eine 0,5 Geschäftsgebühr angesetzt werden, da der RA vorher nicht wissen kann, ob der Schuldner danach innerhalb von 2 Wochen seine Schuld begleicht.

Erst ab einer weiteren Zahlungsaufforderung darf unter Beachtung des § 14 RVG eine höhere Geschäftsgebühr nach Nr. 2300 Anm. Abs. 2 RVG verlangt werden.

8. Beispiel zur Gebührenberechnung bei Inkassotätigkeit

Beispiel: 69

RAin Irmgard Kruse hat von ihrem Auftraggeber einen Inkassoauftrag für eine Kaufpreisforderung von 48,00 € gegenüber dem Rentner Alfred Edler. Frau Kruse sendet Herrn Edler ein diesbezügliches Mahnschreiben. Daraufhin ruft Herr Edler sie an und schlägt vor, die Forderung und die Kosten in zwei Raten zu begleichen, da er nur eine geringe Rente erhalte. Eine entsprechende Vereinbarung wird abgeschlossen und die Raten werden direkt an den Gläubiger gezahlt, wie vereinbart. RAin Kruse hat Anspruch auf die folgende Vergütung:

Gegenstandswert: 48,00 € / 24,00 € gem. § 31b RVG *

0,5	Geschäftsgebühr gem. §§ 2, **13 Abs. 2** RVG, Nr. 2300 Anm. **Abs. 2 S. 2** VV RVG (Wert: 48,00 €)	15,75 €
0,7	Einigungsgebühr gem. §§ 2, **13 Abs. 1** RVG, Nr. 1000 **Ziff. 2** VV RVG (Wert: 24,00 €)	36,05 €
20 %	Pauschale für Post- und Telekommunikationsentgelte gem. § 2 Abs. 2 S. 1 RVG, Nr. 7002 VV RVG	10,36 €
		62,16 €
19 %	USt. gem. § 2 Abs. 2 S. 1 RVG, Nr. 7008 VV RVG	11,81 €
		73,97 €

* Zur Wertberechnung nach § 31b RVG siehe § 2 Rdn 166 ff., 182 f. und § 3 Rdn 110 f.

Hier liegt eine einfache Inkassotätigkeit für eine unbestrittene Forderung vor, da der Rentner die Zahlung sofort in Raten zusagt.

Dieses Beispiel soll zeigen, dass bei Werten unter 50,00 Euro die Gebührentabelle zu § 13 RVG nur mit einer abweichenden Mindestgebühr (1,0 Gebühr in Höhe von 31,50 Euro) gilt und dass für die Ratenvereinbarung eine besondere Wertvorschrift (§ 31b RVG) anzuwenden ist.

Auch wenn der Gesetzgeber die Gebühren für Inkassotätigkeiten eingeschränkt hat, zeigt dieses Beispiel auch, dass es nicht unerhebliche Anwaltsgebühren nach sich ziehen kann, wenn auch niedrige Rechnungen nicht bezahlt werden.

Eine weitere Beispielrechnung finden Sie in Rdn 24.

Hinweis zu den Übungsaufgaben: 70

Bei den Übungsaufgaben wird in den Inkassofällen bei unbestrittenen Forderungen die Geschäftsgebühr in drei Stufen ermittelt: 0,5 – 0,9 – 1,3, damit Sie die Lösungen nachvollziehen können. Praktisch könnten natürlich auch Gebührensätze dazwischen angemessen sein.

V. Urheberrechtliche Abmahnungen

Allseits bekannt ist, dass z. B. das illegale Herunterladen von Musik oder Filmen im Internet eine 71
Abmahnung durch einen RA nach sich ziehen kann. Gebührenpflichtige Abmahnschreiben eines RA sind ein im Urheber- und Wettbewerbsrecht übliches und auch legitimes Mittel zur Bekämpfung von Rechtsverletzungen. Durch eine Abmahnung können meistens kostspielige Prozesse vermieden werden.

Andererseits ist dem Gesetzgeber aufgefallen, dass von bestimmten RAen zur Gewinnoptimierung massenhaft Abmahnungen von Internetnutzern wegen Urheberrechtsverletzungen betrieben werden, die nur den Zweck haben, möglichst hohe Anwaltsgebühren entstehen zu lassen, die von dem Rechtsverletzer verlangt werden.

72 Gegen den **Missbrauch von Abmahnungen im Urheberrecht** wurden daher folgende gesetzliche Regelungen erlassen:

- In § 97a Abs. 1 und 2 Urheberrechtsgesetz wird dem RA der Inhalt eines Abmahnschreibens genau vorgeschrieben; bei Nichteinhaltung ist die Abmahnung unwirksam.
- In § 97a Abs. 3 S. 2 Urheberrechtsgesetz beschränkt sich der Gegenstandswert der Anwaltsgebühren für eine **erste Abmahnung auf einen Gegenstandswert von 1.000 Euro**. Diese Beschränkung gilt aber nur für Anmahnungen gegenüber Privatpersonen.
- Durch § 97a Abs. 4 Urheberrechtsgesetz erhält der Abgemahnte einen Anspruch auf Ersatz seiner Aufwendungen, wenn er z. B. für seine Rechtsverteidigung die Dienste eines RA in Anspruch genommen hat und wenn die Abmahnung **unberechtigt** ist.
- Nach § 104a Urheberrechtsgesetz ist für Klagen wegen Urheberrechtsstreitsachen gegen Privatpersonen ausschließlich das Gericht an seinem Wohnort zuständig.

Beispiel:

Lena Laumann hat aus dem Internet einen Kinofilm vor dem eigentlichen Start in den Kinos illegal heruntergeladen. Der Rechteinhaber an diesem Film hat durch RA Oldkötter ihre Anschrift ermitteln lassen und ihn mit der rechtlichen Prüfung sowie mit einer Abmahnung beauftragt. Der RA berechnet für die Abmahnung folgende Vergütung:

Gegenstandswert: 1.000,00 € (gem. § 97a Abs. 3 Urheberrechtsgesetz)

1,3	Geschäftsgebühr gem. §§ 2, 13, 14 RVG, Nr. 2300 Anm. Abs. 1 VV RVG*	120,90 €
20 %	Pauschale für Post- und Telekommunikationsentgelte gem. § 2 Abs. 2 S. 1 RVG, Nr. 7002 VV RVG	20,00 €
		140,90 €
19 %	USt. gem. § 2 Abs. 2 S. 1 RVG, Nr. 7008 VV RVG	26,77 €
		167,67 €

* Bei Anlieferung aller notwendigen Daten durch den Auftraggeber und bei Verwendung von vorgefertigten Textbausteinen sollte auch eine 0,8 Geschäftsgebühr angemessen sein.

Hinweis:

Der vorgenannte Gegenstandswert nach § 97a Abs. 3 Urheberrechtsgesetz von 1.000 Euro gilt nur für eine **erste Abmahnung**. Später wird es teurer: Vor Gericht wurden deutlich höhere Werte festgesetzt, z. B. pro Musiktitel 10.000 Euro, für 10 Musiktitel 15.000 Euro, für 60 Musiktitel 250.000 Euro und für 430 Titel 400.000 Euro (*Bohlen*, NJW 2017, 779).

C. Die Beratungsgebühr

→ *Dazu Aufgaben Gruppe 13* 73

Die **Beratungsgebühr** entsteht für das auftragsgemäße Erteilen eines Rates oder einer Auskunft durch den RA. Wichtig ist, dass der Auftraggeber von dem RA nicht mehr verlangt, als einen **Rat** oder eine **Auskunft**. Jede vom Mandanten erwünschte bzw. beauftragte und darüber hinausgehende Tätigkeit des RA führt dazu, dass eine andere Gebühr als die Beratungsgebühr, z. B. eine Geschäftsgebühr oder eine Verfahrensgebühr entsteht. Dies ist beispielsweise der Fall, wenn der RA damit beauftragt wird, ein außergerichtliches Schreiben an den Gegner zu fertigen oder ein gerichtliches Mahnverfahren oder einen Prozess einzuleiten.

Wenn der Auftraggeber z. B. einen Prozessauftrag erteilt, gehört zum Umfang der anwaltlichen Tätigkeit zweifellos auch dazu, dass der Mandant rechtlich beraten wird (siehe § 7 Rdn 6 ff.). In diesem Fall entsteht keine Beratungsgebühr, sondern eine Verfahrensgebühr (Nr. 3100 VV RVG), die, falls der RA nach der Beratung von der Einreichung der Klage abrät, nach Nr. 3101 Ziff. 1 VV RVG berechnet wird (siehe § 7 Rdn 26 f.). Da der RA dann zweifelsfrei Prozessauftrag hatte und nicht nur um das Abraten von einem Prozess ersucht wurde, kann hier keine Beratungsgebühr entstehen, sondern nur eine Verfahrensgebühr.

Ein Rat wird im Innenverhältnis gegenüber dem Mandanten erteilt. Soll der RA dagegen im Auftrag des Mandanten **nach außen** hin tätig werden, entsteht eine Geschäftsgebühr (Nr. 2300 VV RVG). Diese fällt nach auch dann an, wenn der Entwurf eines Vertrages durch den RA beauftragt ist (Vorbemerkung 2.3 Abs. 3 VV RVG). Dagegen liegt Beratungstätigkeit vor, wenn der RA ein Mahnschreiben entwirft, das der Mandant dann **im eigenen Namen** absendet (OLG Nürnberg, Urteil vom 19.07.2010 – 14 U 220/10). 74

Auch der vom RA erstellte Entwurf eines Testaments oder zweier aufeinander abgestimmter Testamente von Eheleuten ist Beratungstätigkeit (BGH, Urteil vom 22.02.2018 – IX ZR 115/17; siehe auch Rdn 4).

Der RA kann einen Rat oder eine Auskunft schriftlich oder mündlich erteilen. Somit entsteht auch für eine telefonische Beratung eine Beratungsgebühr. Ein Rat ist auch das Abraten von der Ergreifung rechtlicher Schritte, z. B. von der Einlegung der Berufung. 75

Erläuterung:

Ein Rat unterscheidet sich von einer Auskunft dadurch, dass ein **Rat** eine Empfehlung darstellt, wie sich der Ratsuchende in einer ganz bestimmten Rechtslage verhalten soll. Dagegen erhält der Mandant bei einer **Auskunft** nicht gezielte Ratschläge zur Handlungsweise in einem bestimmten Rechtsstreit, sondern allgemeine Hinweise zu Rechtsfragen. Eine Auskunft könnte z. B. aufzeigen, welche Rechtsvorschriften in einem bestimmten Rechtsgebiet bestehen, ohne dass dabei auf eine konkrete rechtliche Streitsache des Auftraggebers eingegangen wird. Zur Unterscheidung eines Rates von einem schriftlichen Gutachten siehe Rdn 96 ff.

Nicht in diesem Kapitel behandelt wird die Beratung im Wege der Beratungshilfe, da für die im Rahmen der Beratungshilfe entstehenden Gebühren besondere Regelungen in § 44 und den Nrn. 2500 bis 2508 VV RVG vorgesehen sind (siehe hierzu § 9 Rdn 39 ff.). Auch die Prüfung der Erfolgsaussichten eines Rechtsmittels ist keine reine Raterteilung, sodass hierfür besondere Gebühren in Nrn. 2100 ff. VV RVG vorgesehen sind (siehe Rdn 100 f.). 76

Nimmt ein RA von einem Mandanten Informationen entgegen, um zunächst zu prüfen, ob er den Auftrag überhaupt annehmen will, so entsteht keine Gebühr. So könnte der RA z. B. nach Erhalt der Informationen feststellen, dass er den Auftrag nicht annehmen darf, weil er bereits die Gegenseite vertritt. 77

78 Zur **Berechnung der Beratungsgebühr** legt § 34 RVG dem RA nahe, eine **Gebührenvereinbarung** mit dem ratsuchenden Auftraggeber zu treffen. Falls der RA mit dem Mandanten keine Gebührenvereinbarung trifft, gilt nach der Auffangregelung des § 34 Abs. 1 S. 2 RVG gemäß § 612 Abs. 2 BGB entweder die „taxmäßige“ oder „übliche“ Vergütung als vereinbart, wobei **gegenüber Verbrauchern Höchstgebühren** zu beachten sind.

Für die Berechnung der **Beratungsgebühr** gibt es daher nach § 34 RVG **mehrere Möglichkeiten,** die in den folgenden Kapiteln aufgezeigt werden:

- Vereinbarung der Gebühren
  - Vereinbarung eines Pauschalhonorars (siehe Rdn 84 f.)
  - Vereinbarung eines Zeithonorars (siehe Rdn 86 f.)
  - Vereinbarung einer Kombination von Pauschalhonorar und Zeithonorar
- Berechnung der „üblichen Vergütung“ nach dem BGB (siehe Rdn 89 ff.)
- Besondere Berechnung gegenüber Verbrauchern (siehe Rdn 92 ff.)

79 Hängt der Rat mit einer anderen gebührenpflichtigen Tätigkeit des RA zusammen, dann entsteht überhaupt **keine Beratungsgebühr** (§ 34 Abs. 1 S. 1 RVG), sondern eine Geschäftsgebühr oder eine Verfahrensgebühr. Ist die Beratungsgebühr entstanden und wird der RA in dieser Sache später mit der Vertretung der Partei beauftragt, so wird die Beratungsgebühr auf dann entstehende Gebühren **angerechnet** (§ 34 Abs. 2 RVG).

80 Wenn nichts anderes vereinbart ist, muss der RA die **Beratungsgebühr** auf die Gebühr für eine weitere Tätigkeit **anrechnen**, die mit dem Gegenstand der Beratung zusammenhängt (§ 34 Abs. 2 RVG). Für diese Anrechnung ist **§ 15a RVG** zu beachten. § 34 Abs. 2 RVG ordnet die Anrechnung auf „eine Gebühr für eine sonstige Tätigkeit, die mit der Beratung zusammenhängt“ an. Deshalb erfolgt die **Anrechnung nicht auf alle Gebühren** für eine nachfolgende Angelegenheit, sondern nur auf die jeweilige Betriebsgebühr, also eine Geschäfts- oder Verfahrensgebühr. Auf eine Terminsgebühr wird also nicht angerechnet. Siehe zum Thema Anrechnung von Gebühren auch § 6 Rdn 29 ff.

> *Beispiel:*
>
> RA Arm hat eine Beratungsgebühr von 400,00 € für eine außergerichtliche Beratung mit seinem Mandanten vereinbart. Es kommt anschließend zum Prozess. Die Beratungsgebühr ist nach § 34 Abs. 2 RVG auf die im Prozess entstehende Gebühr anzurechnen, die mit der Beratung zusammenhängt.
>
> Für den Prozess ist eine Verfahrensgebühr von 300,00 € entstanden, sodass die von der Beratungsgebühr noch verbleibenden 100,00 € anrechnungsfrei bleiben. Insoweit erfolgt insbesondere keine Anrechnung auf die Terminsgebühr.

Merke:

Bei einem Rat geht der RA auf ein spezielles Rechtsproblem eines Mandanten ein, wogegen eine Auskunft sich mit rechtlichen Fragen allgemeiner Art beschäftigt, die nichts mit einem bestimmten rechtlichen Sachverhalt des Mandanten zu tun haben.

81 *Hinweis:*

Neben der Beratungsgebühr nach § 34 RVG können nach Vorbemerkung 1 VV RVG auch z. B. die Einigungsgebühr (Nr. 1000 VV RVG) oder die Hebegebühr (Nr. 1009 VV RVG) entstehen, nicht aber der Mehrvertretungszuschlag nach Nr. 1008 VV RVG, da dieser nur bei Geschäfts- oder Verfahrensgebühren anwendbar ist.

I. Die Vereinbarung der Beratungsgebühr

Gemäß § 34 Abs. 1 S. 1 RVG kann der RA seine Gebühr für eine Beratung ohne jede gesetzliche Vorgabe mit dem Mandanten frei zu vereinbaren. Für die Vereinbarung spielt es keine Rolle, ob der Mandant Verbraucher oder Unternehmer ist. Allerdings „soll" der RA mit dem Mandanten (sinnvollerweise schon vor der Beratung) über die Höhe der entstehenden Beratungsgebühr sprechen. 82

Hinweis:

Der Gesetzgeber hat für Beratung, Gutachten und Mediation in § 34 RVG keine Gebühren vorgeschrieben. Deshalb wird folgerichtig auch nicht davon gesprochen, dass der RA seine „Vergütung" vereinbaren soll. Er soll seine „Gebühr" für diese Tätigkeit – deshalb **„Gebührenvereinbarung"** in § 34 RVG und nicht „Vergütungsvereinbarung" vereinbaren.

Die Vergütung des RA setzt sich bekanntlich zusammen aus Gebühren und Auslagen, § 1 RVG. Da der Rechtsanwalt gemäß § 34 Abs. 1 RVG auf eine **„Gebührenvereinbarung"** hinwirken soll und nicht auf eine „Vergütungsvereinbarung" (so wie in § 3a S. 2 RVG), sollte bei Beratungstätigkeit auf die Verwendung des korrekten Begriffs Wert gelegt werden. Die Vereinbarung der Beratungsgebühr muss jedoch nicht in der durch § 3a S. 1 RVG vorgeschriebenen Textform (siehe auch § 2 Rdn 10 ff.) vorgenommen werden, weil gemäß § 3a Abs. 1 S. 4 RVG die Vorschrift über die Textform nicht für die Beratungsgebühr gilt. Da das RVG keine schriftliche Form vorschreibt, reicht theoretisch auch eine mündliche Vereinbarung aus. Wenn der Anwalt nach der Beratung die getroffene Vereinbarung schriftlich bestätigt, wird dies auch ausreichen, wenn der Mandant nicht widerspricht. Aus Beweisgründen sicherer ist jedoch eine **schriftliche Gebührenvereinbarung**, die von beiden Seiten unterschrieben ist. Sollte der Mandant nach der Beratung den geforderten Betrag in bar bezahlen, ist natürlich eine schriftliche Vereinbarung entbehrlich. 83

1. Die Vereinbarung eines Pauschalhonorars

Eine Gebührenvereinbarung für Beratungstätigkeit lässt sich so gestalten, dass der RA ein festes **Pauschalhonorar** für die Beratung erhalten soll. Mit der Bezahlung dieses Pauschalbetrages wird dann die gesamte Beratungsleistung des RA abgegolten. 84

Der **Vorteil für den Mandanten** liegt bei dieser Art der Berechnung darin, dass von Anfang an feststeht, welchen Betrag er dem RA als Gebühr bezahlen muss. Der Mandant muss auch nicht mit einer Erhöhung der Gebühr rechnen, wenn der RA letztlich für die Beratung einen höheren Arbeits- und Zeitaufwand einsetzen muss als zum Zeitpunkt der Auftragsannahme für den RA absehbar war. Der Mandant wird sogar in derselben Angelegenheit den RA mehrfach befragen können, ohne dass er eine Erhöhung der vereinbarten Gebühr befürchten muss.

Was für den Mandanten vorteilhaft ist, stellt sich umgekehrt als **Nachteil für den RA** heraus. Der beim Abschluss der Vereinbarung nicht vorhergesehene Aufwand wird dann nicht angemessen entlohnt. In einem solchen Fall ist der RA natürlich an die einmal getroffene Gebührenvereinbarung gebunden und ist nicht befugt, höhere Gebühren zu verlangen.

Andererseits werden viele Rechtsuchende, insbesondere solche, die einen RA nur selten in Anspruch nehmen, sich vorzugsweise von einem RA beraten lassen, der für seine Tätigkeit einen Festpreis nennt. Insofern wird ein RA, der Wert auf die Gewinnung von Mandanten legt, für die Beratung eine feste Pauschalgebühr verlangen. Das mag mit dem Hintergedanken geschehen, dass sich aus einer Beratungstätigkeit in der Folge häufig weitergehende Aufträge (z. B. Prozessaufträge) ergeben, für die dann die nach dem RVG vorgeschriebenen Gebühren entstehen. 85

Hinweis:

Die nachfolgend dargestellte Rechtsprechung beendet einen heftigen Streit darüber, ob ein RA zu sehr niedrigen Gebühren beraten darf. Nach § 34 Abs. 1 S. 1 RVG darf der RA die **Beratungsgebühr frei vereinbaren**. Eine gesetzliche Gebühr, die nach § 49b Abs. 1 BRAO nicht unterboten werden dürfte, gibt es für die Beratungstätigkeit nicht. Auch liegt keine unzulässige Werbung (§ 43b BRAO) vor, wenn der RA für eine Beratung niedrige Gebühren fordert. So hat das OLG Stuttgart (Urteil vom 28.12.2006 – 2 U 134/06) entschieden, dass eine Beratungsgebühr von 20,00 € einschließlich USt. für eine **Erstberatung** zulässig ist. Das OLG macht zur Voraussetzung, dass der RA für diesen Betrag eine vollständige und ordnungsgemäße Beratung durchführt und dass er nicht nach einer letztlich doch längeren Beratung ein höheres Honorar verlangt als er zuvor angekündigt hat.

Der Anwaltsgerichtshof Berlin (Urteil vom 22.11.2006 – II AGH 4/06) hält sogar eine kostenlose Beratung für Bezieher von Bürgergeld bzw. Grundsicherung zulässig ist: „Wenn jedoch das RVG ... für die außergerichtliche Beratung keine bestimmten gesetzlichen Gebühren mehr vorsieht, so kann in diesem Bereich eine Gebührenvereinbarung, die auch den Verzicht auf Gebühren umfasst, nicht gegen § 49b Abs. 1 BRAO verstoßen, weil es keine gesetzlichen Gebühren gibt, die durch die Vereinbarung unterschritten werden könnten." Diese Begründung dürfte nicht nur auf Bezieher von Bürgergeld bzw. Grundsicherung anwendbar sein.

Der BGH hat in seinem Beschluss vom 03.05.2007 (I ZR 137/05) entschieden, dass eine Beratung zu Gebühren von 10,00 € bis 50,00 € zulässig ist, wenn es sich um eine **Erstberatung** handelt. Eine Erstberatung ist eine überschlägige Einstiegsberatung, wozu der RA sich weder erst sachkundig machen noch eine schriftliche Zusammenfassung des Beratungsgesprächs erstellen muss.

Das LG Essen erlaubt dem RA sogar Werbung mit **kostenloser Erstberatung**, weil es keine bestimmte gesetzliche Gebühr für die außergerichtliche Beratung gibt. Das LG sieht in der Erstberatung zum Nulltarif den Einstieg in ein weitergehendes, aber Kosten auslösendes Mandatsverhältnis (LG Essen, Urteil vom 10.10.2013 – 4 O 226/13). Im Ergebnis zur gleichen Meinung kommt der Anwaltsgerichtshof Nordrhein-Westfalen (AnwGH NRW, Urteil vom 09.05.2014 – 1 AGH 3/2014); jedoch müsse die Werbung nach § 43b BRAO in Form und Inhalt sachlich und nicht auf die Erteilung eines Auftrags im Einzelfall gerichtet sein.

Zuletzt hat der BGH entschieden, dass die Werbung mit einer kostenlosen Erstberatung nach einem Verkehrsunfall zulässig ist, da das RVG keine Mindestgebühr für eine Erstberatung vorschreibt (BGH, Urteil vom 03.07.2017 – AnwZ(Brfg) 42/16).

Muster: Vereinbarung einer Pauschalgebühr

Gebührenvereinbarung für eine Beratung

Zwischen Herrn/Frau (im Folgenden Auftraggeber genannt) ......

und

Frau Rechtsanwältin/Herrn Rechtsanwalt (im Folgenden Rechtsanwalt genannt) ......

wird folgende Gebührenvereinbarung geschlossen:

Gegenstand der Gebührenvereinbarung ist die anwaltliche Beratung durch den Rechtsanwalt in der Angelegenheit ......

Die Beratung durch den Rechtsanwalt erfolgt mündlich.

Für die Beratung ist an den Rechtsanwalt ein **Pauschalbetrag**

von ...... € (in Worten ...... Euro) zu zahlen, der wie folgt fällig ist: ......

Die Umsatzsteuer (USt.) von zurzeit 19 % ist daneben gesondert zu zahlen.

Der Ausgang und der Umfang der anwaltlichen Bemühungen sind ohne Einfluss auf die Höhe des Honorars.

Der Auftraggeber wird darauf hingewiesen, dass die oben vereinbarte Gebühr

- möglicherweise von seiner Rechtschutzversicherung nicht oder nicht in voller Höhe übernommen wird.
- unter Umständen die in § 34 Abs. 1 S. 3 RVG genannten Obergrenzen übersteigt.

......, den ......

......	......
(Unterschrift des Auftraggebers)	(Unterschrift des Rechtsanwalts)

Hinweis:

Vorstehendes Muster ist natürlich nur ein Beispiel. Sie müssen es den jeweiligen Umständen des Einzelfalles anpassen. Beachten Sie auch die gesetzlichen Bestimmungen über die Verwendung Allgemeiner Geschäftsbedingungen in den §§ 305 ff. BGB. Nach § 305 Abs. 1 S. 3 BGB liegen keine Allgemeinen Geschäftsbedingungen vor, wenn die Vertragsbedingungen zwischen den Vertragsparteien im Einzelnen ausgehandelt, also nicht vorformuliert, sind.

2. Die Vereinbarung eines Zeithonorars

Bei der Vereinbarung von **Zeithonoraren** sind hauptsächlich **Stundensatzvereinbarungen** üblich. 86
Der **Vorteil** für den Auftraggeber und gleichermaßen auch den RA liegt darin, dass der Arbeitsaufwand des RA für die Höhe der Gebühr maßgebend ist. Ist die Beratung zeitaufwendig, erhält der RA eine hohe Gebühr. Ist die Dauer der Beratung kürzer, so ist auch die Gebühr niedriger. Der Mandant hat somit auch selbst die Möglichkeit, die Länge der Beratung und damit die Höhe der Gebühr zu beeinflussen.

Der **Nachteil** für den Mandanten besteht darin, dass er vor der Beratung nicht wissen kann, in welcher Höhe er dem RA später die Gebühr zahlen muss. Sollte die Beratung dann länger dauern und deshalb die Gebühr höher ausfallen als der Auftraggeber sich das vorher vorgestellt hatte, wird der RA einen unzufriedenen Mandanten haben, den er möglicherweise nie wieder sehen wird.

Der **Nachteil** für den RA liegt darin, dass er genau den zeitlichen Beginn und das Ende seiner Tätigkeiten erfassen muss, um eine Grundlage für die Berechnung der Gebühr zu haben und um dies im Streitfall beweisen zu können. So verlangt das OLG Düsseldorf die Vorlage eines Leistungsverzeichnisses, das den jeweils abgerechneten Zeitaufwand einer bestimmten Tätigkeit zuordnet (OLG Düsseldorf, Beschluss vom 06.10.2011 – 24 U 47/11). Insbesondere ist auch zu befürchten, dass potenzielle neue Mandanten zurückschrecken könnten, wenn ihnen ein hoher Stundensatz genannt wird.

87 *Hinweis:*

Da wohl niemand sich bei der Abrechnung um einzelne Minuten streiten will, ist zu empfehlen, einen **Zeittakt** von 5, 6 oder 10 Minuten als Grundlage der Berechnung zu vereinbaren und dann z. B. für 5 Minuten ein Zwölftel des vereinbarten Stundensatzes zu berechnen. Zeittaktklauseln von 15 Minuten sind allerdings schon von einigen Gerichten als unzulässig verworfen worden. Der BGH hat entschieden, dass eine formularmäßig vereinbarte Fünfzehn-Minuten-Zeittaktklausel jedenfalls im Rechtsverkehr mit Verbrauchern unwirksam ist. Weiterhin verlangt der BGH, dass im Falle eines vereinbarten Zeithonorars nicht nur pauschale Angaben gemacht werden, sondern dass die während des abgerechneten Zeitraums getroffenen Maßnahmen konkret und in nachprüfbarer Weise dargelegt werden – also welche Akten oder Schriftstücke durchgesehen wurden, welcher Schriftsatz verfasst wurde oder zu welchem Thema und mit wem ein Telefongespräch geführt wurde. Nicht genügend sind für den BGH allgemeine Hinweise auf Aktenbearbeitung, Literaturrecherche und Telefongespräche (BGH, Urteil vom 13.02.2020 – IX ZR 140/19 und BGH, Urteil vom 13.02.2020 – IX ZR 141/19). Nach Auffassung des OLG Düsseldorf (Urteil vom 24.02.2026 – 24 U 65/22) ist auch im Rechtsverkehr mit Unternehmern eine Zeittaktklausel unwirksam.

88 Schwierig wird es, die konkrete **Höhe des Stundensatzes** zu bestimmen. Der RA wird einen für ihn auskömmlichen Stundensatz nach betriebswirtschaftlichen Gesichtspunkten kalkulieren müssen und dabei neben den Kosten seiner Kanzlei und dem erwünschten Gewinn notwendigerweise auch die Stundensätze der mit ihm konkurrierenden Anwaltsbüros im Auge behalten müssen. Die Bundesrechtsanwaltskammer (BRAK) ermittelt die Höhe der Zeithonorare in regelmäßigen Umfragen. Man kann hier von einem **Stundensatz von etwa 200 bis 300 Euro** ausgehen.

Hinweis:

Die BRAK hat in ihrem STAR-Bericht 2025 (https://www.brak.de/presse/zahlen-und-statistiken/star2025) für das Jahr 2024 ermittelt, dass bei getroffenen Vergütungsvereinbarungen durchschnittlich 66 % der Berufstätigkeit als Anwalt darüber abgerechnet werden. Davon entfielen im Durchschnitt 33 % auf Zeithonorarvereinbarungen, 16 % auf Vereinbarungen des Gegenstandswertes, 12 % auf Pauschalhonorarvereinbarungen, 0,4 % auf Erfolgshonorarvereinbarungen und 4 % auf sonstige Vergütungsvereinbarungen. Im Jahr 2024 vereinbarten in Deutschland 24 % der selbstständigen Rechtsanwälte bei keinen Mandaten Zeithonorare. Insgesamt 49 % der Berufsträger rechneten zwischen einem und maximal 50 % ihrer Mandate über Zeithonorare ab, und 27 % der hier befragten Anwälte rechneten mehr als die Hälfte ihrer Mandate über Zeitvergütung ab. Dabei wird die Höhe der Stundensätze beeinflusst durch Geschlecht, Alter, Spezialisierung (Fachanwaltschaft) sowie Kanzleistandort und Kanzleiform. Im Jahr 2024 lagen die niedrigsten abgerechneten Stundensätze in Deutschland im Mittel bei 195,00 Euro, wobei Männer durchschnittlich 200,00 Euro berechneten, während sich bei Rechtsanwältinnen der niedrigste Stundensatz bei der Zeithonorarabrechnung auf 182,00 Euro belief. Die Regelstundensätze lagen im Jahr 2024 bundesweit bei durchschnittlich 244,00 Euro. Männer rechneten in diesem Bereich im Mittel 251,00 Euro pro Stunde ab und Frauen 228,00 Euro. Die höchsten Stundensätze betrugen in Gesamtdeutschland im Schnitt 292,00 Euro.

Das OLG Hamm (Urteil vom 07.07.2015 – 28 U 189/13) hält in einem konkreten Fall der Beratungstätigkeit einen **Stundensatz** von 275,00 Euro netto für angemessen und üblich. Das OLG Düsseldorf (Beschluss vom 08.01.2019 – I-24 U 84/18) hat einen anwaltlichen Stundensatz in Höhe von 250,00 Euro nicht beanstandet.

Muster: Vereinbarung einer Zeitgebühr

Gebührenvereinbarung für eine Beratung

Zwischen Herrn/Frau (im Folgenden Auftraggeber genannt) ......

und

Frau Rechtsanwältin/Herrn Rechtsanwalt (im Folgenden Rechtsanwalt genannt) ......

wird folgende Gebührenvereinbarung geschlossen:

Gegenstand der Gebührenvereinbarung ist die anwaltliche Beratung durch den Rechtsanwalt in der Angelegenheit ......

Die Beratung durch den Rechtsanwalt erfolgt mündlich.

Für die Beratung ist an den Rechtsanwalt eine **Zeitgebühr** von ...... € (in Worten ...... Euro) **pro Stunde** zu zahlen.

Abgerechnet wird für jede **angefangene Zeiteinheit** von ...... Minuten.

Die Umsatzsteuer (USt.) von zurzeit 19 % ist daneben gesondert zu zahlen.

Der Ausgang und der Umfang der anwaltlichen Bemühungen sind ohne Einfluss auf die Höhe des Honorars.

Der Auftraggeber wird darauf hingewiesen, dass die oben vereinbarte Gebühr

- möglicherweise von seiner Rechtschutzversicherung nicht oder nicht in voller Höhe übernommen wird.
- unter Umständen die in § 34 Abs. 1 S. 3 RVG genannten Obergrenzen übersteigt.

Die Vergütung ist wie folgt fällig: ......

......, den ......

......	......
(Unterschrift des Auftraggebers)	(Unterschrift des Rechtsanwalts)

Hinweis:

Vorstehendes Muster ist natürlich nur ein Beispiel. Sie müssen es den jeweiligen Umständen des Einzelfalles anpassen. Beachten Sie auch die gesetzlichen Bestimmungen über die Verwendung Allgemeiner Geschäftsbedingungen in den §§ 305 ff. BGB. Nach § 305 Abs. 1 S. 3 BGB liegen keine Allgemeinen Geschäftsbedingungen vor, wenn die Vertragsbedingungen zwischen den Vertragsparteien im Einzelnen ausgehandelt, also nicht vorformuliert, sind.

II. Die Berechnung der Beratungsgebühr ohne Gebührenvereinbarung

1. Die Berechnung der „üblichen Vergütung" nach dem BGB

89 *Hinweis:*

Nach § 34 Abs. 1 S. 2 RVG erhält der RA Gebühren nach den Vorschriften des bürgerlichen Rechts, wenn **keine Vereinbarung** über die Beratung getroffen worden ist. Bei diesen Vorschriften des bürgerlichen Rechts handelt es sich um die §§ 315, 316, 612 Abs. 2 und 632 Abs. 2 BGB.

Nach § 612 Abs. 2 BGB ist für anwaltliche Beratungstätigkeiten (Dienstvertrag) für den Fall, dass die Höhe der Gebühr nicht vereinbart wurde, „bei dem Bestehen einer Taxe die taxmäßige Vergütung, in Ermangelung einer Taxe die **übliche Vergütung** als vereinbart anzusehen." Für anwaltliche Gutachten (Werkvertrag) ergibt sich aus § 632 Abs. 2 BGB das Gleiche.

Nach den §§ 315, 316 BGB bestimmt der RA die Höhe der Gebühr „nach billigem Ermessen" (§ 315 Abs. 1 BGB). Für den Mandanten ist nach § 315 Abs. 3 S. 1 BGB die von dem RA getroffene Bestimmung jedoch „nur verbindlich, wenn sie der Billigkeit entspricht", also gerecht ist.

Obwohl die Neufassung des § 34 RVG bereits seit 2006 in Kraft ist, ist keine „übliche Vergütung" für die anwaltliche Beratungstätigkeit erkennbar. Dies zeigt auch der Streit über angeblich standeswidrige, weil zu niedrige Beratungsgebühren (siehe Rdn 84 f.). In Ermangelung einer „üblichen Vergütung" bleibt der RA also auf sich allein gestellt.

90 Falls für eine anwaltliche Beratung **keine Gebührenvereinbarung** getroffen wurde und somit nach § 34 Abs. 1 S. 2 RVG die „übliche Vergütung" nach BGB vorgeschrieben ist, kann mittlerweile nur festgestellt werden, dass für außergerichtliche Anwaltstätigkeiten einschließlich der anwaltlichen Beratung häufig **Zeithonorare** vereinbart werden. Allerdings lässt sich nicht sagen, in welcher Höhe ein Stundenhonorar „üblich" ist. Ob der RA 60 Euro oder 600 Euro pro Stunde ansetzt, ist wohl auch stark von der „Marktlage" abhängig. Ein mittlerer Wert dürfte ein Stundensatz von etwa 200 bis 250 Euro sein (siehe Rdn 86 f.).

91 Sollte später der Richter die vom RA verlangte „übliche Vergütung" gemäß § 315 Abs. 3 S. 2 BGB überprüfen müssen, so wird er im Einzelfall die Angemessenheit vermutlich auch anhand der Kriterien des § 14 RVG ermitteln. Zwar regelt § 14 RVG eigentlich die Bestimmung von Rahmengebühren (siehe § 2 Rdn 111 f.), jedoch liegt hier ein vergleichbarer Sachverhalt vor – nur ohne Gebührenrahmen. Gemäß § 14 RVG bestimmt der RA im Einzelfall die Gebühr nach folgenden Kriterien:

- Berücksichtigung aller Umstände
- Umfang und Schwierigkeit der anwaltlichen Tätigkeit
- Bedeutung der Angelegenheit (hierzu kann auch der Gegenstandwert gezählt werden)
- Einkommens- und Vermögensverhältnisse des Auftraggebers
- Haftungsrisiko des RA (ist auch wertabhängig)

Zumindest für Mandanten, die **Verbraucher** sind, ist die Anwendung des § 14 RVG durch § 34 Abs. 1 S. 3 Hs. 2 RVG vorgeschrieben. Eine konkrete Handlungsanweisung kann Ihnen als Leserinnen und Leser an dieser Stelle allerdings nicht gegeben werden.

Hinweis:

Der Gegenstandswert allein kann für die Bestimmung der Höhe der Beratungsgebühr nicht ausschlaggebend sein, denn er kann nur im Rahmen der Bedeutung für den Auftraggeber mit berücksichtigt werden. Dies dürfte nur bei höheren Werten in Betracht kommen.

Wenn keine Gebührenvereinbarung vorliegt, ist deshalb zu empfehlen, von der aufgewendeten Arbeitszeit des RA auszugehen. Sie können dabei von einem Stundensatz von z. B. 200 – 250 Euro ausgehen (siehe Rdn 86 f.).

Merke:

Falls für eine anwaltliche Beratung **keine Gebührenvereinbarung** getroffen wurde, wird von dem RA unter Beachtung des § 14 RVG nach billigem Ermessen die Höhe der Beratungsgebühr bestimmt (§ 315 BGB). Bei Beratung von **Verbrauchern** sind nach § 34 RVG Höchstgebühren zu beachten (siehe nachfolgend).

Hinweis:

Beispiele zur Berechnung der Beratungsgebühr finden Sie im nachfolgenden Kapitel.

2. Die Berechnung der Beratungsgebühr gegenüber Verbrauchern

Nach § 34 Abs. 1 S. 1 RVG kann der RA auch mit einem **Verbraucher** (Definition in § 13 BGB) 92 eine Gebührenvereinbarung abschließen. Verbraucher ist gemäß § 13 BGB jede natürliche Person, die ein Rechtsgeschäft zu Zwecken abschließt, die überwiegend weder ihrer gewerblichen noch ihrer selbständigen beruflichen Tätigkeit zugerechnet werden können. Nur wenn dies nicht geschieht, gelten die nachstehenden Erläuterungen. Der RA berechnet dann die „übliche Vergütung" nach dem BGB (siehe Rdn 89 ff.). Dabei hat der RA gegenüber dem Verbraucher die **Höchstgebühren** nach § 34 Abs. 1 S. 3 RVG zu beachten.

Wenn der RA einen **Verbraucher ohne** Abschluss einer **Gebührenvereinbarung** berät, wird die Beratungsgebühr nach § 34 Abs. 1 S. 3 Hs. 1 RVG auf **höchstens 250 Euro** nach oben hin begrenzt. Diese **Obergrenze** betrifft eine jede Beratung von Verbrauchern, also sowohl eine schriftliche Beratung als auch ein zweites oder drittes Beratungsgespräch. Damit sollen unerfahrene Verbraucher davor geschützt werden, für eine anwaltliche Beratung unkalkulierbar hohe Gebühren zahlen zu müssen, was die Verbraucher ansonsten von der Inanspruchnahme anwaltlicher Hilfe abschrecken könnte. So kann der Verbraucher davon ausgehen, dass die Beratung durch einen RA auf keinen Fall mehr als 250 Euro kosten wird, selbst wenn in der Angelegenheit mehr als ein Beratungsgespräch erforderlich wird.

Sollte es jedoch bei einem **einzigen Beratungsgespräch** verbleiben, so gilt gegenüber Verbrau- 93 chern eine **zweite Obergrenze von 190 Euro** (§ 34 Abs. 1 S. 3 Hs. 3 RVG). In diesem Fall wird die Beratungsgebühr als **Erstberatungsgebühr** bezeichnet. Sinn dieser Vorschrift ist, dass ein privater Auftraggeber, der sich wegen einer ersten Beratung an einen RA wendet, schon im Voraus absehen können soll, wie viel ihn diese erste Beratung maximal kosten wird. Einen solchen Verbraucherschutz hat ein **Unternehmer** (Definition in § 14 BGB) nicht nötig, sodass es für Nicht-Verbraucher keine Erstberatungsgebühr gibt.

Achtung:

Die **Erstberatungsgebühr** ist keine besondere Gebühr, sondern nur eine **Höchstgrenze** für die Gebühren nach § 34 Abs. 1 S. 3 Hs. 3 RVG. Deshalb ist zunächst die „übliche Gebühr" nach § 34 Abs. 1 S. 2 RVG für die Beratung zu ermitteln (siehe Rdn 89 ff.) und danach erst zu prüfen, ob die 190 Euro überschritten werden. Es ist also falsch, wenn in der Praxis ohne Prüfung der Angemessenheit einfach 190 Euro für jede Erstberatung liquidiert werden. Die Gebühr könnte nach billigem Ermessen auch niedriger sein.

Die **Erstberatungsgebühr** gilt nur für die **erste mündliche Beratung** des Verbrauchers, nicht für eine schriftliche Beratung. Sollte nach dem ersten Beratungsgespräch bzw. einer mündlichen Auskunft der RA weitere Tätigkeiten dieser Art ausüben, die mit der Erstberatung in einem engen Zusammenhang stehen oder eine Fortsetzung der ersten Beratung darstellen oder einen schriftlichen Rat erteilen, so wird die Beratungsgebühr nicht mehr auf 190 Euro beschränkt. Dies ergibt sich daraus, dass § 34 Abs. 1 S. 3 Hs. 3 RVG ausdrücklich von einem „ersten Beratungsgespräch" spricht. Dann allerdings gilt gegenüber Verbrauchern die Höchstgrenze von 250 Euro.

94 Aus den Überlegungen der vorstehenden Kapitel ergibt sich für die **Gebühr für die Beratung** folgendes

Prüfungsschema:

- Betrifft der Auftrag an den RA **nur eine Beratung**, nicht auch weitere Tätigkeiten?
  Nein → Eine Geschäfts- oder Verfahrensgebühr ist zu berechnen, keine Beratungsgebühr
  Ja → weiter
- Soll auftragsgemäß nur eine **Beratung** (oder ein Gutachten) erfolgen?
  Ja → Gebührenvereinbarung auch bei Verbrauchern ist zulässig
  Auftrag zur Prüfung der **Erfolgsaussicht eines Rechtsmittels** → siehe Rdn 100 f.
  Keine Gebührenvereinbarung → Bestimmung der angemessenen Gebühr, weiter
- Keine Gebührenvereinbarung und Mandant ist **Verbraucher**
  Erstberatung, nur ein Gespräch → Erstberatungsgebühr **höchstens 190 Euro**
  Beratung, mehr als ein Gespräch oder schriftlich → Gebühr **höchstens 250 Euro**
- Keine Gebührenvereinbarung und Mandant ist **Unternehmer**
  → Bestimmung der angemessenen Gebühr nach billigem Ermessen (ohne Höchstgrenzen), was nach § 315 Abs. 3 BGB vom Richter überprüft werden kann

Merke:

Wurde mit einem **Verbraucher** keine Vereinbarung über die Beratungsgebühr getroffen,

- wird für eine erste und einmalige **mündliche** Beratung eine **Erstberatungsgebühr** von **maximal 190 Euro** erhoben, wenn nicht die nach dem Zeitaufwand oder sonstigen Umständen berechnete Gebühr niedriger ist und
- wird für schriftliche oder wiederholte Beratungen in derselben Angelegenheit eine **Höchstgebühr von 250 Euro** erhoben, wenn nicht die nach dem Zeitaufwand oder sonstigen Umständen gemäß § 14 Abs. 1 RVG berechnete Gebühr niedriger ist.

95 **Achtung:**

Bei Erteilung eines mündlichen Rates werden in der Regel keine Post- und Telekommunikationsdienstleistungsentgelte entstehen, also auch keine Auslagenpauschale! Allerdings ist das natürlich auch nicht ausgeschlossen. Wenn der Rechtsanwalt beispielsweise im Rahmen der Beratung eine Recherche in einer juristischen Datenbank vornimmt, entstehen hierfür Telekommunikationskosten, die die Erhebung der Postentgeltpauschale rechtfertigen.

Hinweis:

In den nachfolgenden Beispielen zur Berechnung der Gebühren in Beratungsfällen wird jeweils unterstellt, dass **keine Vereinbarungen** über die Gebühren zwischen RA und Mandant getroffen worden sind.

Im Falle der Gebührenvereinbarung ergibt sich die Vergütungsrechnung aus der schriftlichen Vereinbarung (siehe die Muster in vorstehenden Kapiteln), sodass sich diesbezügliche Beispielsrechnungen erübrigen.

Beispiel 1:

Schneider ist beim Joggen von einem Hund umgerannt worden. Er will von dem Hundehalter Schmerzensgeld verlangen und fragt in dieser Sache RAin Schmidt-Möller mündlich um Rat. Die RAin teilt ihm nach kurzer Durchsicht einer Urteilssammlung mit, dass sein Schmerzensgeldanspruch 2.000,00 € betragen könnte. Weiter wird sie in dieser Angelegenheit nicht tätig, da sich Schneider mit dem Hundehalter ohne anwaltliche Hilfe einigt. Das Beratungsgespräch hat eine halbe Stunde gedauert. Die RAin hält bei durchschnittlichen Umständen die folgende Vergütung für angemessen:

Beratungsgebühr gem. §§ 2, 13, 14, 34 Abs. 1 S. 2 RVG i. V. m. §§ 315, 612 Abs. 2 BGB	75,00 €
19 % USt. gem. § 2 Abs. 2 S. 1 RVG, Nr. 7008 VV RVG	14,25 €
	89,25 €

Die RAin hat einen Stundensatz von 150,00 € für angemessen gehalten und für die Gebühr für die Beratung eine halbe Stunde berechnet. Die Höchstgebühr für die Erstberatung entsteht hier nicht, da die Beratungsgebühr weniger als 190,00 € beträgt.

Die Auslagenpauschale nach Nr. 7002 VV RVG entsteht hier nicht, da keinerlei Auslagen für Porto und Telefon entstanden sind.

Beispiel 2:

Der Rentner Moser bittet RA Grummelt um ein erstes Beratungsgespräch wegen einer Schadenersatzforderung von 70.000,00 €. RA Grummelt berät seinen Auftraggeber einmalig mündlich. Eine weitergehende Auftragserteilung erfolgt nicht. Das Beratungsgespräch hat 1 Stunde und 25 Minuten in Anspruch genommen. RA Grummelt berechnet das folgende Honorar, das von Moser bezahlt wird:

Erstberatungsgebühr gem. §§ 14, 34 Abs. 1 S. 2 S. **3 Hs. 3** RVG	190,00 €
19 % USt. gem. § 2 Abs. 2 S. 1 RVG, Nr. 7008 VV RVG	36,10 €
	226,10 €

Angesichts der Dauer der Beratung und des hohen Gegenstandswertes wäre eigentlich eine höhere Gebühr für die Beratung angemessen. Jedoch ist hier die Erstberatungsgebühr von 190,00 € anzusetzen.

Beispiel 3:

Im vorstehenden Beispiel bittet der Moser RA Grummelt nach einem halben Jahr um eine weitere Beratung in der Schadenersatzangelegenheit. RA Grummelt berät den Moser mündlich und bestätigt den Rat anschließend schriftlich. Die Frist von zwei Jahren nach § 15 Abs. 5 S. 2 RVG ist noch nicht abgelaufen. Eine weitere Tätigkeit wird nicht in Auftrag gegeben. Nun erhält RA Grummelt die folgende Vergütung:

	Beratungsgebühr gem. §§ 14, 34 Abs. 1 S. 2 RVG jedoch höchstens für Verbraucher nach § 34 Abs. 1 S. **3 Hs. 1** RVG	250,00 €
abzügl.	Erstberatungsgebühr gem. §§ 14, 34 Abs. 1 S. 3 Hs. 3 RVG (aus Beispiel 2, bereits gezahlt)	– 190,00 €
20 %	Pauschale für Post- und Telekommunikationsentgelte gem. § 2 Abs. 2 S. 1 RVG, Nr. 7002 VV RVG	20,00 €
		80,00 €
19 %	USt. gem. § 2 Abs. 2 S. 1 RVG, Nr. 7008 VV RVG	15,20 €
		95,20 €

Die Auslagenpauschale nach Nr. 7002 VV RVG entsteht hier, da Porto-Auslagen für den schriftlichen Rat entstanden sind.

Beispiel 4:

Frau Hinz hat Frau Kunz eine „alte Schlampe“ genannt, ihr ein Auge blau geschlagen und den Lack ihres Autos zerkratzt. Frau Hinz erkundigt sich mündlich bei RAin Mussmann, welche **Strafe** sie für diese Taten zu erwarten habe. Eine weitergehende Auftragserteilung erfolgt nicht, da sich Frau Hinz bei Frau Kunz entschuldigt und auch den Schaden begleicht. In dieser durchschnittlichen Angelegenheit erhebt RAin Mussmann das folgende vereinbarte Honorar für die Beratung (Dauer 45 Minuten, Stundensatz 200,00 €):

Beratungsgebühr gem. §§ 14, 34 Abs. 1 S. 2 RVG i. V. m. §§ 315, 612 Abs. 2 BGB	150,00 €
19 % USt. gem. § 2 Abs. 2 S. 1 RVG, Nr. 7008 VV RVG	28,50 €
	178,50 €

Beispiel 5:

Haensgen lässt sich von RA Plumhoff in einer Kaufvertragssache (Kauf eines gebrauchten Pkw für 40.000,00 € von Privat) einen mündlichen Rat erteilen. Die Sache ist kompliziert, da neben diversen Mängeln in dem gekauften Oberklasse-Pkw von BMW ein Motor von VW steckt. Das Beratungsgespräch dauert etwas mehr als eineinhalb Stunden. RA Plumhoff muss in einer juristischen Datenbank recherchieren, weil sich ein rechtliches Problem ergeben hat und er ermitteln möchte, wie die aktuelle Rechtsprechung dazu steht.

Nach zwei Wochen erteilt Haensgen in dieser Sache Prozessauftrag. RA Plumhoff mahnt den Schuldner zunächst schriftlich. Kurz vor Einreichung der Klageschrift zahlt der Verkäufer den Kaufpreis gegen Rücknahme des Pkw zurück, womit sich die Sache erledigt hat. Es ergeben sich folgende Vergütungsrechnungen für die beiden Angelegenheiten:

I) Beratungsauftrag

Erstberatungsgebühr gem. §§ 14, 34 Abs. 1 S. 2 S. **3 Hs. 3** RVG		190,00 €
20 %	Pauschale für Post- und Telekommunikationsentgelte gem. § 2 Abs. 2 S. 1 RVG, Nr. 7002 VV RVG**	20,00 €
19 % USt. gem. § 2 Abs. 2 S. 1, Nr. 7008 VV RVG		36,10 €
		39,90 €
		249,90 €

Auch angesichts des hohen Gegenstandswertes wäre eigentlich eine höhere Beratungsgebühr angemessen. Jedoch ist hier die Erstberatungsgebühr von 190,00 € anzusetzen.

I) Prozessauftrag

Gegenstandswert: 40.000,00 €

0,8	Verfahrensgebühr bei vorzeitiger Beendigung gem. §§ 2, 13 RVG, Nrn. 3100, 3101 Ziff. 1 VV RVG	948,00 €
abzügl.	Erstberatungsgebühr gem. §§ 14, 34 Abs. 1 S. 3 Hs. 3, **Abs. 2** RVG*	– 190,00 €
20 %	Pauschale für Post- und Telekommunikationsentgelte gem. § 2 Abs. 2 S. 1 RVG, Nr. 7002 VV RVG**	20,00 €
		778,00 €
19 %	USt. gem. § 2 Abs. 2 S. 1 RVG, Nr. 7008 VV RVG	147,82 €
		925,82 €

* Die Erstberatungsgebühr wird auf die Verfahrensgebühr angerechnet gemäß § 34 Abs. 2 RVG.

** Die Pauschale für Post- und Telekommunikationsentgelte ist sowohl für die Beratung als auch den Prozessauftrag entstanden. Eine Anrechnung findet insoweit nicht statt.

Merke:

Die Beratungsgebühr darf nur berechnet werden, wenn der Rat oder die Auskunft nicht mit einer anderen gebührenpflichtigen Tätigkeit zusammenhängt.

Beratungsgebühren sollen nach dem Willen des Gesetzgebers vereinbart werden.

Ohne Vereinbarung erhält der RA für die erste mündliche Beratung eines Verbrauchers in einer Angelegenheit bzw. eine erste mündliche Auskunftserteilung eine **Erstberatungsgebühr** von **höchstens** 190 Euro, für wiederholte oder schriftliche Beratung von Verbrauchern erhält er **höchstens** 250 Euro – wenn nicht die nach dem Zeitaufwand oder sonstigen Umständen gemäß § 14 Abs. 1 RVG berechnete Gebühr niedriger ist.

Die Beratungsgebühr ist auf später entstehende Gebühren in derselben Sache anzurechnen, wenn dies nicht anders vereinbart wurde.

D. Die Gebühr für ein Gutachten

→ Dazu Aufgaben Gruppe 13 96

Im Gegensatz zu einem Rat, der normalerweise mündlich erteilt wird, ist ein **Gutachten** eine ausführliche, objektive, **schriftliche** und immer **juristisch begründete** Ausarbeitung des RA über die Sach- und Rechtslage eines bestimmten Sachverhalts. Ein Rat wird nicht oder nur kurz begründet, ein Gutachten beinhaltet alle rechtlichen Gesichtspunkte. Die Ausführung eines Gutachtens ist in der Regel kein Dienst-, sondern ein **Werkvertrag**. Beachten Sie, dass für ein schriftliches Gutachten zu den Erfolgsaussichten eines Rechtsmittels besondere Gebühren in Nrn. 2100 ff. VV RVG vorgesehen sind (siehe Rdn 100 f.).

Merke:

Ein Gutachten unterscheidet sich vom Rat dadurch, dass es immer ausführlich schriftlich begründet wird.

97 Gemäß § 34 Abs. 1 S. 1 RVG sollen die Gebühren für anwaltliche Gutachten vereinbart werden. Zur Gebührenvereinbarung hinsichtlich eines Gutachtens kann sinngemäß auf die Ausführungen zur **Gebührenvereinbarung** für anwaltliche Beratungstätigkeiten verwiesen werden (Rdn 82 ff.). Es wird sich hier die schriftliche Vereinbarung entweder eines Pauschalhonorars oder eines Zeithonorars anbieten. Dabei wird vorzugsweise eine Zeitgebühr in Betracht kommen, wenn der RA vorab den Umfang der für das Gutachten erforderlichen Arbeiten noch nicht abzusehen vermag.

Falls **keine Gebührenvereinbarung** getroffen wurde, gelten sinngemäß die vorstehenden Erläuterungen zur Berechnung der „üblichen Vergütung" nach den Vorschriften des BGB. Dies ist in Rdn 89 ff. hinsichtlich der Beratungsgebühr ausführlich dargestellt worden.

Also wird im Falle des Fehlens einer Gebührenvereinbarung bei der dann nach § 34 Abs. 1 S. 2 RVG notwendigen Ermittlung der „üblichen Vergütung" nach § 632 Abs. 2 BGB für die Ausarbeitung eines schriftlichen Gutachtens eine **angemessene Gebühr** im Sinne des § 14 Abs. 1 RVG (siehe Rdn 89 ff.) zu finden sein. Die **Gutachtengebühr** ist in der Regel höher als die Gebühr für einen erteilten Rat, da ein Gutachten arbeitsintensiver sein wird als eine Beratung. Entscheidend für die Höhe der Gutachtengebühr wird insbesondere der Arbeitsaufwand und die Schwierigkeit des Rechtsproblems sein. Bei Streit über die Angemessenheit oder Höhe der Gebühr im Wege der Klage muss das Gericht durch Urteil entscheiden (§ 34 Abs. 1 S. 2 i. V. m. § 315 Abs. 3 S. 2 BGB).

98 Die Gutachtengebühr ist **nicht** auf eine im eventuell anschließenden Verfahren entstehende Verfahrensgebühr **anzurechnen**, da eine diesbezügliche Anrechnungsvorschrift in § 34 Abs. 2 RVG fehlt.

99 Ohne Gebührenvereinbarung beträgt die **Höchstgebühr** für ein Gutachten für einen **Verbraucher** gemäß § 34 Abs. 1 S. 3 Hs. 1 RVG 250 Euro.

> **Merke:**
>
> Die Gutachtengebühr sollte vereinbart werden.
>
> Ohne Vereinbarung soll die Gutachtengebühr angemessen im Sinne des § 14 RVG sein.
>
> Ohne Vereinbarung beträgt die **Höchstgebühr** für einen Verbraucher 250 Euro.
>
> Die Gutachtengebühr wird **nicht** auf später in derselben Angelegenheit noch entstehende Gebühren angerechnet.

E. Prüfung der Erfolgsaussicht eines Rechtsmittels

100 Nach Abschluss einer Instanz gehört es noch zu den Aufgaben des Prozessbevollmächtigten, seinen Mandanten über den Inhalt des Urteils aufzuklären und ihn über die gegen das Urteil möglichen Rechtsmittel zu belehren. Die Tätigkeit in einer Instanz umfasst aber nicht mehr die sachliche Prüfung der Erfolgsaussicht eines Rechtsmittels in der nächsten Instanz und die Beratung darüber.

Wird ein RA mit der Prüfung der Erfolgsaussicht einer Berufung, Revision oder Beschwerde **in einer Zivilsache** beauftragt, so erhält er gemäß Nr. 2100 VV RVG eine **Gebühr für die Prüfung der Erfolgsaussicht eines Rechtsmittels**. Es handelt sich um eine Rahmengebühr mit einem Rahmen von 0,5 bis 1,0 ist; der Satz der Mittelgebühr beträgt 0,75. § 14 RVG ist anzuwenden. Die Anwaltstätigkeit kann mündlich oder schriftlich vorgenommen werden. Falls später ein Rechtsmittel eingelegt wird, ist diese Gebühr auf die Verfahrensgebühr für das Rechtsmittelverfahren **anzurechnen**.

Ist die Prüfungstätigkeit mit der Erstellung eines **schriftlichen Gutachtens** verbunden, so erhält der RA anstelle der Gebühr nach Nr. 2100 VV RVG eine Gebühr nach Nr. 2101 VV RVG; der Gebührensatz beträgt 1,3.

Beispiel:

Delougne hat in erster Instanz einen Prozess vor dem Amtsgericht selbst geführt und ist zur Zahlung von 5.000,00 € verurteilt worden. RAin Kuss wird mit der Prüfung der Erfolgsaussicht einer Berufung in dieser Sache beauftragt, mit der sie bisher noch nicht befasst war. Da sie keine Chance sieht, den Berufungsprozess zu gewinnen, rät sie mündlich von der Einlegung der Berufung ab. Delougne erteilt ihr daraufhin keinen weiteren Auftrag. RAin Kuss erstellt in dieser durchschnittlichen Sache folgende Vergütungsrechnung:

Gegenstandswert: 5.000,00 €

0,75	Gebühr für die Prüfung der Erfolgsaussicht eines Rechtsmittels gem. §§ 2, 13, 14 RVG, Nr. 2100 VV RVG	265,88 €
19 %	USt. gem. § 2 Abs. 2 S. 1 RVG, Nr. 7008 VV RVG	50,52 €
		316,39 €

In Straf- und Bußgeldsachen und bestimmten sozialrechtlichen Angelegenheiten bewegt sich die **Gebühr für die Prüfung der Erfolgsaussicht eines Rechtsmittels** nach Nr. 2102 VV RVG in einem Rahmen von 39,00 € bis 419,00 €, da in diesen Sachen Betragsrahmengebühren anfallen. Für ein schriftliches **Gutachten** in einer solchen Angelegenheit beträgt die Gebühr nach Nr. 2103 VV RVG zwischen 65,00 € und 719,00 €. Es ist § 14 RVG anzuwenden. 101

Merke:

Die Gebühr für die Prüfung der Erfolgsaussicht eines Rechtsmittels ist

- in einer Zivilsache eine Rahmengebühr von 0,5 bis 1,0 und
- in einer Strafsache eine Rahmengebühr von 39,00 € bis 419,00 €.

Die Gebühr für ein schriftliches Gutachten über die Erfolgsaussicht eines Rechtsmittels ist

- in einer Zivilsache eine 1,3 Gutachtengebühr und
- in einer Strafsache eine Rahmengebühr von 65,00 € und 719,00 €.

F. Tätigkeit als Mediator

Hinweis: 102

Ein **Mediator** ist ein unparteiischer Vermittler ohne Entscheidungsbefugnis im Auftrage beider (bzw. aller) Parteien. Der Mediator soll im Rahmen eines außergerichtlichen Beratungsverfahrens die Parteien darin unterstützen, eine für sie passende rechtsverbindliche Vereinbarung über einen Rechtsstreit einvernehmlich selbst auszuarbeiten. Es handelt sich also um eine Vermittlung zwischen über rechtliche Probleme streitenden Parteien, z. B. insbesondere in Scheidungsangelegenheiten.

Gemäß § 34 Abs. 1 S. 1 RVG sollen die Gebühren für anwaltliche Tätigkeiten als Mediator zwischen dem RA und beiden Parteien vereinbart werden. Zur Gebührenvereinbarung hinsichtlich einer Tätigkeit als Mediator kann sinngemäß auf die Ausführungen zur **Gebührenvereinbarung** für anwaltliche Beratungstätigkeiten verwiesen werden (siehe Rdn 82 ff.). Es wird sich hier die schriftliche Vereinbarung entweder eines Pauschalhonorars oder eines Zeithonorars anbieten. Dabei wird vorzugsweise eine Zeitgebühr in Betracht kommen, da der RA vorab den Umfang des für die **Mediation** erforderlichen Zeitaufwandes noch nicht abzusehen vermag. Bezüglich der Höhe der Stundensätze wird auf Rdn 86 f. verwiesen. 103

Falls **keine Gebührenvereinbarung** getroffen wurde, ist die „übliche Vergütung“ gemäß § 612 Abs. 2 BGB vom RA zu ermitteln. Er bestimmt dann die Höhe der Gebühr „nach billigem Ermessen“ (§ 315 Abs. 1 BGB). Für die Mandanten ist nach § 315 Abs. 3 S. 1 BGB die von dem RA getroffene Bestimmung jedoch „nur verbindlich, wenn sie der Billigkeit entspricht“, also gerecht ist. Insbesondere gegenüber Verbrauchern wird eine der Billigkeit entsprechende Gebühr gemäß § 34 Abs. 1 S. 3 Hs. 2 RVG eine **angemessene Gebühr** im Sinne des § 14 RVG sein, wobei alle Umstände des Einzelfalles, insbesondere der zeitliche Aufwand des RA berücksichtigt werden sollten (siehe Rdn 89 ff.).

Die Gebühr für Mediationstätigkeit ist in der Regel höher als die Gebühr für einen erteilten Rat, da eine Mediation zeitintensiver sein wird als eine Beratung. Entscheidend für die Höhe der Gebühr für die Mediationstätigkeit wird also insbesondere der zeitliche Aufwand des RA sein. Bei Streit über die Angemessenheit oder Höhe der Gebühr muss im Prozesswege das Gericht entscheiden (§ 34 Abs. 1 S. 2 i. V. m. § 315 Abs. 3 S. 2 BGB).

104 *Hinweis:*

Bei Verbrauchern (siehe § 13 RVG) gibt es für die Mediation keine Höchstgebühren, da die Mediation in § 34 Abs. 1 S. 3 nicht genannt wird. Rechtsprechung hierzu ist nicht bekannt.

105 Die Gebühr für die Mediationstätigkeit ist **nicht** auf eine in einem eventuell anschließenden Verfahren entstehende Verfahrensgebühr **anzurechnen**, da in § 34 RVG eine Anrechnungsvorschrift fehlt.

Merke:

Die Gebühr für Mediationstätigkeiten sollte vereinbart werden.

Ohne Vereinbarung soll die Gebühr angemessen im Sinne des § 14 Abs. 1 RVG sein.

Die Gebühr für Mediationstätigkeiten wird **nicht** auf später in derselben Angelegenheit noch entstehende Gebühren angerechnet.

§ 5 Anwaltliche Aufforderungsschreiben

A. Vorbemerkungen

→ *Dazu Aufgaben Gruppe 2* 1

Die Anwaltstätigkeiten, die in diesem Kapitel betrachtet werden sollen, sind insbesondere solche, mit denen ein RA beauftragt wird, um Geldforderungen gegenüber einem Schuldner anzumahnen. Diese Tätigkeit wird entweder auftragsgemäß

- unabhängig von einem gerichtlichen Verfahren nur **außergerichtlich** vorgenommen oder aber
- einem schon in Auftrag gegebenen **gerichtlichen Verfahren vorgeschaltet**.

Im Allgemeinen geht der Auftrag des Gläubigers dahin, den Schuldner schriftlich zur Zahlung aufzufordern durch ein so genanntes anwaltliches Aufforderungsschreiben.

Was die Gebühren für andere Anwaltstätigkeiten in außergerichtlichen Angelegenheiten betrifft, so wurden diese bereits in § 4 dargestellt. Gegenstand des vorliegenden Kapitels ist im Wesentlichen nur das Aufforderungsschreiben. Außerdem sollen hier die verschiedenen auf außer- und vorgerichtliche Besorgungen anwendbaren Gebührenvorschriften gegeneinander abgegrenzt werden.

Der **zwingende Inhalt** eines Aufforderungsschreibens **bei Inkassodienstleistungen**, wenn Forderungen **gegenüber Privatpersonen** geltend gemacht werden, wird dem RA durch § 43d Abs. 1 BRAO vorgeschrieben. Zudem muss das Aufforderungsschreiben für die Privatperson klar und verständlich sein. 2

Merke:

Das Aufforderungsschreiben muss nach § 43d Abs. 1 BRAO u. a. enthalten:

1. den Namen oder die Firma und Anschrift des Auftraggebers,
2. den Forderungsgrund mit genauer Bezeichnung,
3. eine genaue Aufstellung der Zinsberechnung,
4. eine Begründung, wenn ein höherer als der gesetzliche Zinssatz geltend gemacht wird,
5. eine ordnungsgemäße Berechnung der Anwaltsvergütung,
6. eine Erklärung, dass der Auftraggeber nicht vorsteuerabzugsberechtigt ist, wenn Umsatzsteuer geltend gemacht wird,
7. einen Hinweis darauf, falls bei einer Privatperson deren Anschrift nicht vom Gläubiger mitgeteilt wurde, sondern anderweitig ermittelt wurde – und wie eventuell aufgetretene Fehler geltend gemacht werden können,
8. Bezeichnung, Anschrift und elektronische Erreichbarkeit der für den RA zuständigen Rechtsanwaltskammer.

Hinweis:

Bei Inkassoaufträgen sollten Sie § 43d BRAO vollständig zur Kenntnis nehmen – die Absätze 2 bis 5 sind ebenfalls wichtig:

- Absatz 2 verlangt, dass auf Anfrage ergänzende Informationen erteilt werden.
- Absatz 3 verlangt, dass der RA vor Abschluss einer Zahlungsvereinbarung einen Hinweis auf die entstehenden Kosten gibt.
- Absatz 4 verlangt einen Hinweis auf die Folgen, wenn der Schuldner ein Schuldanerkenntnis abgeben soll.

Punkt 7 in Absatz 1 soll übrigens bei den im Internet häufiger vorkommenden Identitätsdiebstählen die Probleme für das Opfer abmildern.

B. Die Arten von Aufforderungsschreiben

3 Ein von einem RA verfasstes Mahnschreiben oder eine Zahlungsaufforderung nennt man **anwaltliches Aufforderungsschreiben**.

Meistens hat der RA den Auftrag, einen Schuldner schriftlich zu mahnen und zur Zahlung seiner Schulden anwaltlich aufzufordern. Für ein solches anwaltliches Aufforderungsschreiben sprechen in der Regel **zwei Gründe**, die sich aus der Berücksichtigung gesetzlicher Bestimmungen ergeben und dazu noch ein praktischer Gesichtspunkt:

- Das Aufforderungsschreiben hat oft den Zweck, den Schuldner durch Mahnung wirksam **in Verzug** zu setzen (§ 286 Abs. 1 BGB), falls dies nicht schon durch den Gläubiger selbst wirksam erfolgt ist.
- Weiterhin dient das Aufforderungsschreiben meist dazu, dem Schuldner klarzumachen, dass er ernsthaft mit gerichtlichen Schritten des Gläubigers rechnen muss, falls er nicht zahlt. Wenn er es dann trotzdem zu einem Verfahren kommen lässt, wird ihm damit die Möglichkeit genommen, die eingeklagte Forderung sofort anzuerkennen, was sonst nach § 93 ZPO (**„sofortiges Anerkenntnis“**) zur Folge hätte, dass der Gläubiger die Verfahrenskosten selbst tragen müsste.
- Letztlich lassen viele Gläubiger ihrem Schuldner ein Aufforderungsschreiben durch einen RA übersenden, weil sie sich davon versprechen, dass ein von einem RA abgeschicktes Schreiben den Schuldner so sehr beeindrucken und ihm **Angst einjagen** werde, dass er daraufhin zur Zahlung bereit sei.

4 Es gibt **zwei grundsätzliche Arten von anwaltlichen Aufforderungsschreiben**, die sich durch ihren Inhalt und durch die für sie anfallenden Gebühren unterscheiden:

(1) Bei dem anwaltlichen **Aufforderungsschreiben ohne Klageandrohung** hat der RA (noch) keinen Klageauftrag bzw. keinen Auftrag gerichtliche Schritte einzuleiten.

(2) Bei dem anwaltlichen **Aufforderungsschreiben mit Klageandrohung** hat der RA bereits Klageauftrag. Anstelle einer Klage könnte auch das **gerichtliche Mahnverfahren** angedroht werden. Es könnten auch nur gerichtliche Schritte angedroht werden.

Bereits an dieser Stelle soll auf den **inhaltlichen Unterschied** zwischen den beiden Arten von Aufforderungsschreiben hingewiesen werden. Im Prinzip unterscheiden sich die Aufforderungsschreiben nur in einem einzigen Satz:

(1) Im **Aufforderungsschreiben ohne Klageandrohung** findet sich dem Sinne nach diese Aussage: „Sollten Sie nicht ... zahlen, werde ich meinem Mandanten **empfehlen**, gegen Sie Klage einzureichen.“

(2) Im **Aufforderungsschreiben mit Klageandrohung** ist sinngemäß folgender Satz enthalten: „Sollten Sie nicht ... zahlen, werde ich gegen Sie die **Klage einreichen**, zu der ich bereits beauftragt wurde“, oder noch stärker „... die Klage einreichen, die bereits gegen Sie vorbereitet ist.“ Anstelle einer Klage könnte auch das **gerichtliche Mahnverfahren** oder nur einfach gerichtliche Schritte angedroht werden.

5 Aus dem inhaltlichen Unterschied ergibt sich als gebührenrechtliche Folge eine **unterschiedliche Gebührenberechnung**.

> *Beispiel:*
>
> RAin Seefeldt wird von Frau Soffel gebeten, von dem säumigen Schuldner Faulstich die fällige Forderung einzutreiben, was durch Absendung eines Aufforderungsschreibens geschieht. Der Faulstich zahlt daraufhin. Wie soll nun diese Tätigkeit gebührenrechtlich eingeordnet werden?
>
> Das Aufforderungsschreiben der RAin könnte sowohl Gebühren nach Nr. 2300 VV RVG oder auch nach Nr. 3101 Ziff. 1 VV RVG (bzw. nach Nr. 3306 VV RVG) verursacht haben. Jede die-

ser vier Möglichkeiten kann zu Gebühren in unterschiedlicher Höhe führen. Deshalb kann es nicht egal sein, zu welcher Lösung man sich entscheidet.

Grundsätzlich kommt es bei der Berechnung der Anwaltsgebühren darauf an, welchen **Auftrag** der Mandant seinem RA erteilt hat. Der RA darf nur Tätigkeiten ausüben, zu denen er beauftragt wurde. Wurde der RAin im Beispielsfall bereits **Prozessauftrag** erteilt, so kann sie keine Gebühren aus dem Teil 2 des Vergütungsverzeichnisses des RVG erheben, also nicht die Gebühr nach Nr. 2300 VV RVG oder nach Nr. 2301 VV RVG, da diese Vorschriften grundsätzlich nur in außergerichtlichen Angelegenheiten Anwendung finden. Hat die RAin dagegen **keinen Prozessauftrag** erhalten, so kann sie in vorstehendem Beispiel keine Gebühren aus dem Teil 3 des Vergütungsverzeichnisses des RVG berechnen, also nicht die Gebühr nach Nr. 3101 Ziff. 1 VV RVG (bzw. nach Nr. 3306 VV RVG bei Auftrag zum Mahnverfahren), da diese Vorschrift nur für bürgerliche Rechtsstreitigkeiten (gemeint ist hier der Zivilprozess) anwendbar ist. In obigem Beispiel hat die RAin also versäumt, sich einen eindeutigen Auftrag erteilen zu lassen!

Merke:

Im Wesentlichen hängt es vom Inhalt des erteilten Auftrages ab, auf welche Weise der RA zur Erledigung der Angelegenheit vorgehen soll und welche Gebühren dann für diese Tätigkeit entstehen.

In Forderungsangelegenheiten wird es nun unterschiedliche Gründe geben, warum Klienten einen Anwalt aufsuchen und sie werden auch unterschiedliche Tätigkeiten von ihm erwarten: 6

(1) Wenn der RA den Auftrag erhält, eine **unstrittige Forderung** außergerichtlich einzutreiben, wird er zunächst ein Aufforderungsschreiben ohne Klageauftrag an den Schuldner senden. Der Beratungsbedarf des Auftraggebers wird in diesem Fall gering sein und die Anwaltstätigkeit wird weder einen großen Umfang noch eine große Schwierigkeit haben.
Auch bei einer rechtlich unsicheren oder gar zweifelhaften Forderung wird man zunächst **außergerichtlich** vorgehen. Hier wird zur Vermeidung eines Prozesses eher versucht werden, die Forderung außergerichtlich einzuziehen und der Gläubiger wird auch damit einverstanden sein, mit dem Schuldner gegebenenfalls einen außergerichtlichen Vergleich abzuschließen.
Auch wird insbesondere ein juristisch unerfahrener Gläubiger häufig nicht in der Lage sein, seine Ansprüche gegen den Schuldner überhaupt richtig zu bezeichnen und zu berechnen. Ein solcher Gläubiger wird den Schuldner auch kaum selbst rechtswirksam mahnen können. In diesem Fall muss der RA zunächst erst einmal feststellen, welche Ansprüche der Gläubiger tatsächlich gegen den Schuldner hat.
Der RA wird in solchen Angelegenheiten beauftragt, zunächst ein **Aufforderungsschreiben ohne Klageauftrag** (siehe Rdn 7 ff.) an den Schuldner zu senden. Auf diese Weise kann in vielen Fällen ein Prozess vermieden werden.

(2) Wenn ein Schuldner nicht zahlt, obwohl ihn der Gläubiger bereits gemahnt hat, die Leistung verweigert oder sich für zahlungsunfähig erklärt, wird der Gläubiger einen Anwalt damit beauftragen, seine Forderung **gerichtlich** durchzusetzen. Der Gläubiger erhofft sich auf diese Weise einen Vollstreckungstitel gegen den Schuldner zu erhalten. Der RA fordert den Schuldner auch dann zunächst vorgerichtlich zur Zahlung auf, um ihm eine letzte Chance zur Zahlung zu geben, bzw. um ein sofortiges Anerkenntnis (§ 93 ZPO) im Prozess zu vermeiden (**Aufforderungsschreiben mit Klageauftrag**, siehe Rdn 20 ff.). Hier wäre anstelle einer Klage natürlich auch ein Auftrag zur Einleitung des gerichtlichen Mahnverfahrens sinnvoll (siehe Rdn 23 ff.).

Der RA muss zwar den Auftraggeber nicht ungefragt über die Höhe seiner Vergütung belehren, dennoch gehört es zur pflichtgemäßen Beratung, unnötige Kosten zu vermeiden. Der RA soll also einen kostengünstigen Weg der Auftragsausführung empfehlen. Siehe hierzu auch § 4 Rdn 19 ff.

I. Aufforderungsschreiben ohne Klageauftrag

7 In einem Aufforderungsschreiben **ohne Klageandrohung** ist sinngemäß folgender Satz enthalten: „Sollten Sie nicht ... zahlen, werde ich meinem Mandanten **empfehlen**, gegen Sie Klage einzureichen." Damit bringt der RA zum Ausdruck, dass ihm ein Auftrag, gegen den Schuldner gerichtliche Schritte einzuleiten, noch nicht vorliegt und dass sein Auftraggeber erst einmal die Reaktion des Schuldners abwarten möchte, bevor er sich zu weiteren – dann auch gerichtlichen – Schritten entschließen wird. Dies ist der für die Gebührenberechnung wesentliche Teil des Aufforderungsschreibens.

Grundsätzlich kommt es bei der Berechnung der Anwaltsgebühren darauf an, welchen Auftrag der Mandant seinem RA erteilt hat. Der RA darf nur Tätigkeiten ausüben, zu denen er beauftragt wurde. In diesem Fall wurde ihm noch **kein Prozessauftrag** erteilt, sondern nur ein **Auftrag zur außergerichtlichen Erledigung** der Angelegenheit. Damit scheidet eine Berechnung der Gebühr für diesen Auftrag nach dem Teil 3 des Vergütungsverzeichnisses zum RVG aus, da dieser Teil nur für bürgerliche Rechtsstreitigkeiten (= Zivilprozess) anwendbar ist. Vielmehr ist in diesem Fall die Gebühr nach dem **Teil 2 des VV zum RVG** zu erheben, da dieser Teil insbesondere in außergerichtlichen Angelegenheiten Anwendung findet.

8 Wenn der RA nur mit der **außergerichtlichen Erledigung** der Angelegenheit beauftragt ist, so ist seine Vergütung in der Regel nach Nr. 2300 VV RVG zu berechnen. Das Gleiche gilt, wenn er einen unbedingten Auftrag zu vorerst nur außergerichtlichen Bemühungen hat und nur für den Fall des Fehlschlagens dieser Anstrengungen bereits einen **bedingten Prozessauftrag** besitzt, die Forderung einzuklagen.

9 Das Honorar für ein Aufforderungsschreiben wird überwiegend nicht nach Nr. 2301 VV RVG (einfaches Schreiben) berechnet, da der RA in der Regel mit mehr beauftragt ist, als nur eine Mahnung in Form eines einfachen Schreibens zu fertigen. Über das reine Schreiben des Aufforderungsschreibens hinaus wird der RA seinen Mandanten beraten, den Beginn des Verzuges und die Höhe des Zinssatzes der Verzugszinsen feststellen, den Fortgang der Sache weiter im Auge behalten, je nach Sachlage und Notwendigkeit ein weiteres Mahnschreiben an den Schuldner senden und Zahlungen des Schuldners auf ihre Richtigkeit hin überprüfen.

10 Für das Aufforderungsschreiben und die damit verbundene Tätigkeit erhält der RA in der Regel die **Geschäftsgebühr** nach Nr. 2300 VV RVG. Die Geschäftsgebühr entsteht nach der Auftragserteilung bereits mit der ersten Tätigkeit des RA, welche regelmäßig die Entgegennahme der von dem Mandanten abgegebenen Information und dessen Beratung sein wird; sie entgilt die Anfertigung des Aufforderungsschreibens und schließt als Pauschgebühr die weitere Bearbeitung dieser Sache mit ein. Die Geschäftsgebühr honoriert als allgemeine **Betriebsgebühr** für außergerichtliche Angelegenheiten also alle mit dem Auftrag zusammenhängenden Arbeiten des RA.

11 Der Gebührensatz der Geschäftsgebühr muss nach § 14 RVG den Umständen des Falles nach innerhalb des Rahmens der Nr. 2300 Anm. **Abs. 1** VV RVG angemessen gewählt werden. In § 4 Rdn 3 ff. und insbesondere in § 4 Rdn 15 ff. wurde begründet, warum für ein Aufforderungsschreiben ohne Klageauftrag ein Gebührensatz der Geschäftsgebühr von 0,8 angemessen sein wird – unter der Voraussetzung, dass es nach kurzer Beratung des Mandanten bei der Fertigung des Aufforderungsschreibens verbleibt und dass der Schuldner nach Erhalt des Aufforderungsschreibens ohne weiteres zahlt, wenn also **Umfang und Schwierigkeit unterdurchschnittlich** sind. Dies gilt grundsätzlich für alle Fälle von Aufträgen zur außergerichtlichen Geschäftsbesorgung (siehe § 4 Rdn 3 ff.) – nur für Inkassoaufträge gelten besondere Vorschriften.

12 Nur für **Inkassoaufträge wegen unbestrittener Forderungen** werden in Nr. 2300 Anm. **Abs. 2** VV RVG Gebührensätze von 0,5 bis 1,3 vorgeschrieben, wobei in den Fällen, die nicht besonders umfangreich oder schwierig sind ein Gebührensatz von 0,9 nicht überschritten werden darf. Für

eine erste Mahnung, auf die hin der Schuldner innerhalb von zwei Wochen zahlt, darf sogar nur ein Gebührensatz der Geschäftsgebühr von 0,5 erhoben werden. Siehe § 4 Rdn 7 und § 4 Rdn 60 ff.

Wenn der RA bei anderen Forderungen persönliche oder telefonische Gespräche mit dem Schuldner führt, kann der Gebührensatz der Geschäftsgebühr entsprechend dem zusätzlichen Arbeitsaufwand für diese Besprechungen erhöht werden bei **durchschnittlichen Umständen** auf bis zu maximal 1,3 (Anmerkung **Absatz 1** zu Nr. 2300 RVG). Solche Besprechungen werden sich insbesondere bei Vergleichsverhandlungen mit der Gegenseite ergeben. In der Praxis wurde früher vielfach für alle Aufforderungsschreiben ohne Rücksicht auf die Umstände des Falles (§ 14 RVG) eine 1,3 Geschäftsgebühr berechnet. Nach der bisher zur Geschäftsgebühr vorliegenden Rechtsprechung und nach der Neufassung von Nr. 2300 VV RVG ist diese Verfahrensweise nach Recht und Gesetz wohl nicht korrekt (siehe auch § 4 Rdn 50 ff. und § 2 Rdn 116 ff.). 13

Bei einer **unstrittigen Forderung** wird der Beratungsbedarf des Auftraggebers gering sein und die Anwaltstätigkeit wird weder einen großen Umfang noch eine große Schwierigkeit haben. Dies ist bei der Höhe des Gebührensatzes der Geschäftsgebühr zu berücksichtigen; der Gebührensatz wird je nach den Umständen des Einzelfalles unterhalb der gesetzlich gekappten Mittelgebühr von 1,3 liegen müssen. Deshalb wurde in Nr. 2300 Anm. **Abs. 2** VV RVG für Inkassodienstleistungen bei unbestrittenen Forderungen ein Gebührensatz von 0,5 vorgeschrieben, für den Fall, dass der Schuldner nach der Mahnung sofort innerhalb der gesetzten Frist von zwei Wochen leistet. Da der RA dies vorher nicht wissen kann, darf bei einer ersten solchen Mahnung nur eine 0,5 Geschäftsgebühr berechnet werden (siehe § 4 Rdn 5 ff. und insbesondere § 4 Rdn 60 ff.). 14

Anders wird es bei einer bestrittenen, rechtlich unsicheren oder gar **zweifelhaften Forderung** sein. Hier wird zur Vermeidung eines Prozesses eher versucht, die Forderung vorerst nur außergerichtlich einzuziehen und der Gläubiger wird auch damit einverstanden sein, dass der RA mit dem Schuldner gegebenenfalls nach Verhandlungen einen außergerichtlichen Vergleich abschließt. Solange sich keine besonderen Schwierigkeiten ergeben und bei einem zeitlichen Umfang von circa zweieinhalb Zeitstunden für die Mandatsbearbeitung kann von durchschnittlichen Umständen ausgegangen werden (siehe auch § 2 Rdn 116 ff.). Je nach den Umständen des Einzelfalles wird bei durchschnittlichen Umständen die (gekappte) Mittelgebühr von 1,3 oder bei überdurchschnittlichen Umständen nach Nr. 2300 Anm. **Abs. 1** VV RVG auch ein höherer Gebührensatz in Betracht kommen. 15

Insbesondere ein juristisch unerfahrener Gläubiger wird häufig nicht in der Lage sein, seine Ansprüche gegen den Schuldner überhaupt zu bezeichnen und zu berechnen. In diesem Fall muss der RA zunächst erst einmal feststellen, welche Ansprüche der Gläubiger gegen den Schuldner hat. Dies wird z. B. regelmäßig bei einem **Verkehrsunfall** so sein. Der RA wird sich außergerichtlich mit dem Haftpflichtversicherer des Unfallverursachers auseinander setzen und in den weitaus meisten Fällen auch eine außergerichtliche Regulierung des Schadens erzielen. Naturgemäß werden der Umfang und die Schwierigkeit der anwaltlichen Tätigkeiten in einem solchen Fall größer sein, als wenn nur eine in der Höhe feststehende und rechtlich unangreifbare Forderung eingetrieben werden soll. Die außergerichtliche Abwicklung von Unfallfolgen ist in § 4 Rdn 50 ff. besonders dargestellt worden. 16

> *Beispiel 1:*
>
> RA Steiner wird von dem Koppelmann beauftragt, gegen den Schuldner Faulstroh eine vertragliche Forderung von 60.000,00 € außergerichtlich geltend zu machen. Der RA sendet dem Faulstroh ein Aufforderungsschreiben ohne Klageandrohung. Faulstroh zahlt daraufhin sofort den geforderten Betrag an Koppelmann. Umfang und Schwierigkeit der Anwaltstätigkeit sind unterdurchschnittlich. – es ist ein einfacher Fall des Inkassos einer unbestrittenen Forderung.

RA Steiner hat dem Faulstroh in dem Aufforderungsschreiben für seine Anwaltstätigkeit die folgende Vergütung berechnet:

Gegenstandswert: 60.000,00 €

0,5	Geschäftsgebühr gem. §§ 2, 13, 14 RVG, Nr. 2300 Anm. **Abs. 2 S. 2** VV RVG	728,25 €
20 %	Pauschale für Post- und Telekommunikationsentgelte gem. § 2 Abs. 2 S. 1 RVG, Nr. 7002 VV RVG	20,00 €
		748,25 €
19 %	USt. gem. § 2 Abs. 2 S. 1 RVG, Nr. 7008 VV RVG	142,17 €
		890,42 €

Beispiel 2:

RAin Ostermann erhält von Frau Gaul den Auftrag, gegen den Schuldner Faulhaber wegen einer Forderung von 20.000,00 € außergerichtlich vorzugehen. Frau Gaul gibt zu erkennen, dass sie auch bereit sei, mit dem Faulhaber einen Vergleich abzuschließen.

Nach Erhalt des von der RAin abgesandten Aufforderungsschreibens ohne Klageandrohung ruft der Faulhaber in der Kanzlei an und schlägt vor, er wolle den Betrag in Raten zahlen, wenn er dann nur die Hälfte zahlen müsse; mehr würde er sowieso nicht schulden.

RAin Ostermann führt daraufhin eine Besprechung mit dem Faulhaber in ihrem Büro durch und handelt einen Vergleich aus, wonach der Schuldner in monatlichen Raten einen Betrag von insgesamt 16.500,00 € an Frau Gaul und die Anwaltsvergütung zahlt. Mit diesem Vergleich erklärt sich Frau Gaul einverstanden.

Der Zeitaufwand der RAin war mit circa zweieinhalb Stunden durchschnittlich, ebenso die Schwierigkeit. Die sich letztlich ergebende Vergütung für RAin Ostermann berechnet sich wie folgt:

Gegenstandswert: 20.000,00 € / 10.000,00 € gem. § 31b RVG

1,3*	Geschäftsgebühr gem. §§ 2, 13, 14 RVG, Nr. 2300 Anm. **Abs. 1** VV RVG (Wert: 20.000,00 €)	1.133,60 €
0,7	Einigungsgebühr gem. §§ 2, 13 RVG, Nr. 1000 Ziff. 2, Anm. Abs. 1 S. 1 VV RVG (Wert: 10.000,00 €)	456,40 €
20 %	Pauschale für Post- und Telekommunikationsentgelte gem. § 2 Abs. 2 S. 1 RVG, Nr. 7002 VV RVG	20,00 €
19 %	USt. gem. § 2 Abs. 2 S. 1 RVG, Nr. 7008 VV RVG	1.610,00 €
		305,90 €
		1.915,90 €

* Hier hat der Schuldner die Forderung bestritten. Wegen der durchgeführten Besprechung wird bei ansonsten durchschnittlichen Umständen der Gebührensatz auf 1,3 festgelegt, das nach der Anmerkung Absatz 1 zu Nr. 2300 VV RVG zulässige Maximum in durchschnittlichen Fällen.

Hinweis:

- Da es sich bei der Geschäftsgebühr um eine Rahmengebühr handelt, sollte § 14 RVG mit zitiert werden, außer im einfachen Fall nach Nr. 2300 Anm. Abs. 2 S. 2 VV RVG.
- Der Gebührensatz der **Einigungsgebühr** beträgt hier 0,7 da es sich um eine Zahlungsvereinbarung handelt.
- Gegenstandswert der **Einigungsgebühr** ist immer der Wert, **worüber** man sich einigt, nicht worauf man sich einigt.
- In diesem Fall handelt es sich bei der Einigung zwar um einen Vergleich im Sinne des § 779 BGB, nicht nur um eine reine Ratenzahlungsvereinbarung, da der Gläubiger dem Schuldner entgegenkommt und nicht mehr auf Zahlung der 20.000,00 € besteht. Trotzdem wird der Gegenstandswert der Einigungsgebühr nach § 31b RVG ermittelt, da diese Vorschrift immer bei allen Zahlungsvereinbarungen anzuwenden ist.

Merke: 17

Die Art des Aufforderungsschreibens hängt vom erteilten Auftrag ab.

Bei **Inkassoaufträgen** wegen unbestrittener Forderungen ist die Geschäftsgebühr nach Nr. 2300 Anm. **Abs. 2** VV RVG zu berechnen.

Da der RA bei Inkassoaufträgen wegen unbestrittener Forderungen zunächst von einem einfachen Fall ausgehen muss, darf bei einer **ersten Mahnung** nur eine 0,5 Geschäftsgebühr gemäß Nr. 2300 Anm. Abs. 2 S. 2 VV RVG angesetzt werden.

Für ein Aufforderungsschreiben ohne Klageandrohung erhält der RA bezüglich einer **bestrittenen Forderung** bei unterdurchschnittlich umfangreicher und schwieriger Tätigkeit beispielsweise eine 0,8 Geschäftsgebühr nach Nr. 2300 Anm. **Abs. 1** VV RVG (Empfehlung).

Insbesondere bei Besprechungen mit dem Schuldner kann die Geschäftsgebühr bei durchschnittlichen Umständen 1,3 betragen.

In außergerichtlichen Angelegenheiten kann **keine Terminsgebühr** (Nr. 3104 VV RVG) entstehen, 18
da diese Gebühr einen Auftrag zur Einleitung eines gerichtlichen Verfahrens voraussetzt.

Wenn es nach Fehlschlagen der außergerichtlichen Bemühungen des RA zu dem neuen Auftrag 19
kommt, nunmehr die Forderung im Mahnverfahren oder im Zivilprozess gerichtlich geltend zu machen, so hat nach der Vorbemerkung 3 Abs. 4 VV RVG eine **Anrechnung der Geschäftsgebühr** auf die Verfahrensgebühr zu erfolgen, die in dem nachfolgenden gerichtlichen Verfahren entsteht. Die Geschäftsgebühr ist zur Hälfte, höchstens mit einem Gebührensatz von 0,75 auf die Verfahrensgebühr anzurechnen.

Zum Aufforderungsschreiben ohne Klageauftrag, zur Geschäftsgebühr gemäß Nr. 2300 VV RVG und zur Anrechnung der Geschäftsgebühr auf die Verfahrensgebühr eines nachfolgenden gerichtlichen Verfahrens siehe auch § 4 Rdn 3–33.

II. Aufforderungsschreiben mit Klageauftrag

In einem **Aufforderungsschreiben mit Klageandrohung** ist dem Sinn entsprechend folgender 20
Satz enthalten: „Sollten Sie nicht ... zahlen, werde ich gegen Sie die **Klage einreichen**, zu der ich bereits Prozessauftrag habe." Mit dieser Aussage wird dem Schuldner gegenüber zum Ausdruck gebracht, dass er ohne Weiteres damit rechnen muss, dass gerichtliche Schritte gegen ihn eingelei-

tet werden, wenn er auf das Mahnschreiben hin nicht zahlt. Aus dem Umstand, dass er seinem RA bereits Prozessauftrag erteilt hat, lässt sich erkennen, dass der Gläubiger zu einer gerichtlichen Geltendmachung seiner Forderung fest entschlossen ist. Dies ist übrigens auch der für die Gebührenberechnung wesentliche Teil des Aufforderungsschreibens.

Eine Mahnung mit Klageandrohung wird der RA seinem Mandanten dann empfehlen, wenn ein Schuldner nicht zahlt, obwohl ihn der Gläubiger bereits (mehrmals) erfolglos gemahnt hat, falls er die Leistung verweigert oder wenn er sich für zahlungsunfähig erklärt. Durch einen Prozess kann der Gläubiger einen Vollstreckungstitel gegen den Schuldner erhalten, wenn dieser auch nach der anwaltlichen Mahnung noch nicht leistet.

Der RA wird in diesem Sinne eine triftige Erklärung dafür abgeben müssen, aus welchem Grunde er nicht eine kostengünstigere erste **außergerichtliche** anwaltliche Mahnung vorgeschlagen hat.

Grundsätzlich kommt es bei der Berechnung der Anwaltsgebühren darauf an, welchen Auftrag der Mandant seinem RA erteilt hat. Der RA darf nur Tätigkeiten ausüben, zu denen er beauftragt wurde. In diesem Fall wurde ihm ein **Prozessauftrag** erteilt, also der Auftrag, den Anspruch des Gläubigers gegen den Schuldner gerichtlich einzuklagen. Als Honorar für die Erledigung dieses Auftrages kommen nur Gebühren aus dem Teil 3 des Vergütungsverzeichnisses des RVG in Betracht, da nur dieser Teil sich in Abschnitt 1 mit den Gebühren in bürgerlichen Rechtsstreitigkeiten – also dem Zivilprozess – befasst.

Weiterhin kommt, da dem RA ein **Prozessauftrag** erteilt wurde, für seine dementsprechende Tätigkeit grundsätzlich nur die **Verfahrensgebühr** nach Nr. 3100 VV RVG in Frage. Für diese Gebühr muss ein RA jedoch normalerweise schon etwas mehr tun, als nur eine Mahnung zu schreiben. Immerhin gehört zur Führung eines Prozesses unter anderem auch das Erstellen der Klageschrift und anderer Schriftsätze. In diesem Fall ist die Tätigkeit des RA jedoch zunächst einmal nur vorgerichtlich, wobei es in dem Fall verbleibt, wenn der Schuldner nach Erhalt des Aufforderungsschreibens zahlt. Das Aufforderungsschreiben gehört mit zur Vorbereitung des Prozesses, um den Schuldner – falls erforderlich – in Verzug zu setzen und um ihm die Möglichkeit zu nehmen, den eingeklagten Anspruch mit der Folge des § 93 ZPO sofort anzuerkennen.

21 Weil der RA, dessen Prozesstätigkeit bereits mit dem Aufforderungsschreiben endet, mit einer gleich hohen Verfahrensgebühr, wie sie ein Anwalt erhält, der einen Prozess bis zum Ende führt, überbezahlt wäre, hat der Gesetzgeber in Nr. 3101 Ziff. 1 VV RVG für solche Fälle die **Verfahrensgebühr reduziert**. Wenn der Schuldner nach Zugang des Aufforderungsschreibens zahlt, kommt es natürlich nicht zur Einreichung der Klageschrift beim Gericht, was genau die Voraussetzung für die Anwendung von Nr. 3101 Ziff. 1 VV RVG ist. Demnach erhält der RA, dessen Prozessauftrag schon nach Fertigung des Aufforderungsschreibens erledigt ist, nur eine **0,8 Verfahrensgebühr für die vorzeitige Beendigung** des Auftrags nach Nr. 3101 Ziff. 1 VV RVG i. V. m. Nr. 3100 VV RVG.

Da die Verfahrensgebühr eine allgemeine **Betriebsgebühr** für das Betreiben eines Prozesses ist, sind mit der verminderten Verfahrensgebühr nach Nr. 3101 Ziff. 1 VV RVG alle Tätigkeiten abgegolten, die normalerweise bei der Einleitung eines Prozesses anfallen. Die (verminderte) Verfahrensgebühr entsteht nach der Auftragserteilung bereits mit der ersten Tätigkeit des RA, was regelmäßig die Entgegennahme der von dem Mandanten abgegebenen Information und dessen Beratung sein wird, und schließt als Pauschgebühr die weitere Bearbeitung dieser Sache, insbesondere auch Schriftverkehr mit der Gegenseite, ein. Weitere Gebühren werden also für ein Aufforderungsschreiben mit Klageauftrag – wenn der Schuldner nach Erhalt des Schreibens sofort zahlt – nicht entstehen. Je nachdem wie die Sache weiter abläuft, können indessen auch noch zwei **zusätzliche Gebühren** neben der reduzierten Verfahrensgebühr entstehen:

- eine 1,2 **Terminsgebühr** nach Nr. 3104 VV RVG für auf die Vermeidung eines gerichtlichen Verfahrens gerichtete Besprechungen außerhalb des Gerichts (Vorbemerkung 3 Abs. 3 S. 3 Ziff. 2 VV RVG) und 22
- eine 1,5 **Einigungsgebühr** nach Nr. 1000 Ziff. 1 VV RVG für den Abschluss eines Vertrages über eine Einigung mit der der Streit beseitigt wird, **oder**
- eine 0,7 **Einigungsgebühr** nach Nr. 1000 Ziff. 2 VV RVG für den Abschluss einer Zahlungsvereinbarung, wonach der Schuldner z. B. seine Schuld in Raten tilgt.

Beispiel 1:

RA Stumm erhält von dem Gutbrod den unbedingten Auftrag, gegen den Schuldner Faulstroh eine Forderung von 60.000,00 € einzuklagen, da Faulstroh mehrfach eine Zahlung verweigert hat. Zuvor wird der RA jedoch noch eine Mahnung an Faulstroh schicken, um diesem eine letzte Gelegenheit zur Zahlung zu geben. Der RA sendet dem Faulstroh ein Aufforderungsschreiben mit Klageandrohung. Faulstroh zahlt daraufhin den geforderten Betrag an Gutbrod.

RA Stumm hat dem Faulstroh in dem Aufforderungsschreiben für seine Anwaltstätigkeit die folgende Vergütung berechnet:

Gegenstandswert: 60.000,00 €

0,8	Verfahrensgebühr bei vorzeitiger Beendigung gem. §§ 2, 13 RVG, Nrn. 3100, 3101 Ziff. 1 VV RVG	1.165,20 €
20 %	Pauschale für Post- und Telekommunikationsentgelte gem. § 2 Abs. 2 S. 1 RVG, Nr. 7002 VV RVG	20,00 €
		1.185,20 €
19 %	USt. gem. § 2 Abs. 2 S. 1 RVG, Nr. 7008 VV RVG	225,19 €
		1.410,39 €

Beispiel 2:

RAin Oppel erhält von Frau Gutschmidt den unbedingten Auftrag, gegen den Schuldner Faulhaber eine Forderung von 20.000,00 € einzuklagen. Eine Klage ist in diesem Fall geboten, da der Schuldner bereits mehrmals jede Zahlung verweigert hat. Die RAin wird vor der Klage noch eine letzte Mahnung absenden.

Nach Erhalt des von der RAin abgesandten Aufforderungsschreibens mit Klageandrohung ruft der Faulhaber in der Kanzlei an und schlägt vor, er wolle den Betrag in Raten zahlen, wenn er dann nur die Hälfte zahlen müsse; mehr würde er sowieso nicht schulden.

RAin Oppel führt daraufhin eine Besprechung mit dem Faulhaber in ihrem Büro durch und handelt in einem weiteren Gespräch mit dem Schuldner einen Vergleich aus, wonach der Schuldner in monatlichen Raten einen Betrag von insgesamt 16.500,00 € an Frau Gutschmidt und die Anwaltsvergütung zahlt. Mit diesem Vergleich erklärt sich Frau Gutschmidt einverstanden.

Die Vergütung für RAin Oppel berechnet sich wie folgt:

Gegenstandswert: 20.000,00 € / 10.000,00 € gem. § 31b RVG

0,8	Verfahrensgebühr bei vorzeitiger Beendigung gem. §§ 2, 13 RVG, Nrn. 3100, 3101 Ziff. 1 VV RVG (Wert: 20.000,00 €)	697,60 €
1,2	Terminsgebühr gem. §§ 2, 13 RVG, Nr. 3104 i. V. m. Vorbem. 3 Abs. 3 S. 3 Ziff. 2 VV RVG (Wert: 20.000,00 €)	1.046,40 €

0,7	Einigungsgebühr gem. §§ 2, 13 RVG, Nr. 1000 Ziff. 2 VV RVG (Wert: 10.000,00 €)	456,40 €
20 %	Pauschale für Post- und Telekommunikationsentgelte gem. § 2 Abs. 2 S. 1 RVG, Nr. 7002 VV RVG	20,00 €
		2.220,40 €
19 %	USt. gem. § 2 Abs. 2 S. 1 RVG, Nr. 7008 VV RVG	421,88 €
		2.642,28 €

Es handelt sich bei dieser Einigung zwar um einen Vergleich im Sinne des § 779 BGB, nicht nur um eine Ratenzahlungsvereinbarung, da der Gläubiger dem Schuldner entgegenkommt und nicht mehr auf Zahlung der vollen 20.000,00 € besteht. Trotzdem wird der Gegenstandswert der Einigungsgebühr nach § 31b RVG ermittelt, da diese Vorschrift immer bei allen Zahlungsvereinbarungen anzuwenden ist.

Hinweis:

Bei der verminderten **Verfahrensgebühr** sollte Nr. 3100 VV RVG neben Nr. 3101 Ziff. 1 VV RVG zitiert werden, da nur beide Vorschriften gemeinsam das Wesen und die Höhe dieser Gebühr bestimmen.

- Die **Terminsgebühr** gilt auch Besprechungen mit dem Gegner ab, die der Vermeidung eines Prozesses dienen.
- Der Gebührensatz der **Einigungsgebühr** beträgt hier 0,7, da es sich um eine Zahlungsvereinbarung handelt.
- **Gegenstandswert für die Einigungsgebühr** ist immer der Wert, **worüber** man sich einigt, nicht worauf man sich einigt.

Merke:

Für ein oder mehrere Aufforderungsschreiben mit Klageandrohung erhält der RA in einer Angelegenheit eine 0,8 Verfahrensgebühr nach Nrn. 3100, 3101 Ziff. 1 VV RVG.

Die Art des Aufforderungsschreibens und die Vergütung hängt vom erteilten Auftrag ab.

Zum Aufforderungsschreiben mit Klageauftrag und zur verminderten Verfahrensgebühr bei vorzeitiger Beendigung des Klageauftrags siehe auch § 7 Rdn 26 f.

III. Aufforderungsschreiben mit Auftrag zum Mahnverfahren

23 Anstelle einer Klageandrohung kann ein Aufforderungsschreiben auch die **Androhung eines gerichtlichen Mahnverfahrens** enthalten, was z. B. in folgendem Satz zum Ausdruck gebracht werden kann: „Sollten Sie nicht … zahlen, werde ich gegen Sie das **gerichtliche Mahnverfahren** beantragen, zu dem ich bereits beauftragt bin.“ Mit dieser Aussage wird dem Schuldner gegenüber zum Ausdruck gebracht, dass er ohne Weiteres damit rechnen muss, dass gerichtliche Schritte gegen ihn eingeleitet werden, wenn er auf das Mahnschreiben hin nicht zahlt. Aus dem Umstand, dass er seinem RA bereits Auftrag zum Mahnverfahren erteilt hat, lässt sich erkennen, dass der Gläubiger zu einer gerichtlichen Geltendmachung seiner Forderung fest entschlossen ist. Dies ist übrigens auch der für die Gebührenberechnung wesentliche Teil des Aufforderungsschreibens.

Eine Mahnung mit Androhung des Mahnverfahrens wird der RA seinem Mandanten insbesondere dann empfehlen, wenn ein Schuldner sich für zahlungsunfähig erklärt. Durch ein Mahnverfahren kann der Gläubiger schneller und kostengünstiger als durch eine Klage einen Vollstreckungstitel gegen den Schuldner erhalten, wenn dieser auch nach der anwaltlichen Mahnung noch nicht leistet.

Der RA wird in diesem Sinne eine triftige Erklärung dafür abgeben müssen, aus welchem Grunde er nicht eine eventuell kostengünstigere erste **außergerichtliche** anwaltliche Mahnung vorgeschlagen hat.

Grundsätzlich kommt es bei der Berechnung der Anwaltsgebühren darauf an, welchen Auftrag der Mandant seinem RA erteilt hat. Der RA darf nur Tätigkeiten ausüben, zu denen er beauftragt wurde. In diesem Fall wurde ihm ein **Auftrag** zur Durchführung des gerichtlichen Mahnverfahrens erteilt, also der Auftrag, den Anspruch des Gläubigers gegen den Schuldner gerichtlich geltend zu machen. Als Honorar für die Erledigung dieses Auftrages kommen nur Gebühren aus dem Teil 3 des Vergütungsverzeichnisses des RVG in Betracht, da nur in diesem Teil sich Abschnitt 3, Unterabschnitt 2 mit den Gebühren in bürgerlichen Rechtsstreitigkeiten – also dem Zivilprozess oder besonderen Verfahren wie dem Mahnverfahren – befasst.

Da dem RA ein **Auftrag zum Mahnverfahren** erteilt wurde, kommt für seine dementsprechende Tätigkeit grundsätzlich nur die **Verfahrensgebühr** nach Nr. 3305 VV RVG in Frage. Für diese Gebühr muss ein RA jedoch normalerweise schon etwas mehr tun, als nur eine Mahnung zu schreiben. Zumindest müsste er die amtlichen Vordrucke für das gerichtliche Mahnverfahren am Computer ausfüllen und den Antrag bei dem zuständigen Mahngericht stellen. In diesem Fall ist die Tätigkeit des RA jedoch zunächst einmal nur vorgerichtlich, wobei es in dem Fall verbleibt, wenn der Schuldner nach Erhalt des Aufforderungsschreibens zahlt. Das Aufforderungsschreiben gehört mit zur Vorbereitung des gerichtlichen Mahnverfahrens.

Weil der RA, dessen Tätigkeit im Mahnverfahren bereits mit dem Aufforderungsschreiben endet, 24
mit einer gleich hohen Verfahrensgebühr, wie sie ein Anwalt erhält, der ein Mahnverfahren bis zum Ende führt, überbezahlt wäre, hat der Gesetzgeber in Nr. 3306 VV RVG für solche Fälle die **Verfahrensgebühr reduziert**. Wenn der Schuldner nach Zugang des Aufforderungsschreibens zahlt, kommt es natürlich nicht zur Einreichung des Antrags beim Gericht, was genau die Voraussetzung für die Anwendung von Nr. 3306 VV RVG ist. Demnach erhält der RA, dessen Auftrag schon nach Fertigung des Aufforderungsschreibens erledigt ist, nur eine **0,5 Verfahrensgebühr für die vorzeitige Beendigung** des Auftrags nach Nr. 3306 VV RVG i. V. m. Nr. 3305 VV RVG.

Da die Verfahrensgebühr eine allgemeine **Betriebsgebühr** für das Betreiben des Mahnverfahrens ist, sind mit der verminderten Verfahrensgebühr nach Nr. 3306 VV RVG alle Tätigkeiten abgegolten, die normalerweise bei der Einleitung eines Mahnverfahrens anfallen. Die (verminderte) Verfahrensgebühr entsteht nach der Auftragserteilung bereits mit der ersten Tätigkeit des RA, was regelmäßig die Entgegennahme der von dem Mandanten abgegebenen Information und dessen Beratung sein wird, und schließt als Pauschgebühr die weitere Bearbeitung dieser Sache, insbesondere auch die Entgegennahme einer Stellungnahme der Gegenseite ein. Weitere Gebühren werden also für ein Aufforderungsschreiben mit Auftrag zur Durchführung des Mahnverfahrens – wenn der Schuldner nach Erhalt des Schreibens sofort zahlt – nicht entstehen.

Je nachdem wie die Sache weiter abläuft, können indessen auch noch **zusätzliche Gebühren** neben der reduzierten Verfahrensgebühr entstehen:

- Es kann eine **Terminsgebühr** nach Nr. 3104 VV RVG für auf die Vermeidung eines gerichtlichen Verfahrens gerichtete **Besprechungen außerhalb des Gerichts** (Vorbemerkung 3 Abs. 3 S. 3 Ziff. 2 VV RVG) entstehen, da eine solche Gebühr in Teil 3, Abschnitt 3, Unterabschnitt 2 („Mahnverfahren") des VV zum RVG in der Vorbemerkung 3.3.2 ausdrücklich vorgesehen ist. Eine Besprechung mit dem Schuldner über die Möglichkeit einer Einigung würde die Terminsgebühr entstehen lassen. Gerichtliche Termine gibt es in einem Mahnverfahren jedoch nicht. 25

- Zusätzlich kann eine 1,5 **Einigungsgebühr** nach Nr. 1000 Ziff. 1 VV RVG für den Abschluss eines Vertrages über eine Einigung, mit der der Streit beseitigt wird entstehen, **oder**
- eine 0,7 **Einigungsgebühr** nach Nr. 1000 Ziff. 2 VV RVG für den Abschluss einer Zahlungsvereinbarung, wonach der Schuldner z. B. seine Schuld in Raten tilgt.

Beispiel:

RAin Hermerding erhält von Frau Kaiser den unbedingten Auftrag, gegen den Schuldner König eine Forderung von 20.000,00 € im gerichtlichen Mahnverfahren einzutreiben. Nachdem ihn Frau Kaiser zur Zahlung aufgefordert hat, hat Herr König mitgeteilt, dass ihm derzeit das Geld fehlt, diese Schuld zu bezahlen. Vor der Beantragung des Mahnbescheids wird die RAin dem Schuldner zunächst noch ein anwaltliches Aufforderungsschreiben zusenden.

Nach Erhalt des von der RAin abgesandten Aufforderungsschreibens mit Androhung des Mahnverfahrens ruft der König in der Kanzlei an und schlägt vor, er wolle den Betrag in Raten zahlen, wenn er dann nur die Hälfte zahlen müsse; mehr würde er sowieso nicht schulden.

RAin Hermerding führt daraufhin eine Besprechung mit dem König in ihrem Büro durch und handelt in einem weiteren Gespräch mit dem Schuldner einen Vergleich aus, wonach der Schuldner in monatlichen Raten einen Betrag von insgesamt 16.500,00 € an Frau Kaiser und die Anwaltsvergütung zahlt. Mit diesem Vergleich erklärt sich Frau Kaiser einverstanden.

Die Vergütung für RAin Hermerding berechnet sich wie folgt:

Gegenstandswert: 20.000,00 € / 10.000,00 € gem. § 31b RVG

0,5	Verfahrensgebühr im Mahnverfahren bei vorzeitiger Beendigung gem. §§ 2, 13 RVG, Nrn. 3305, 3306 VV RVG (Wert: 20.000,00 €)	436,00 €
1,2	Terminsgebühr gem. §§ 2, 13 RVG, Nr. 3104 i. V. m. Vorbemerkung 3 Abs. 3 S. 3 Ziff. 2 und **Vorbemerkung 3.3.2** VV RVG (Wert: 20.000,00 €)	1.046,40 €
0,7	Einigungsgebühr gem. §§ 2, 13 RVG, Nr. 1000 Ziff. 2 VV RVG (Wert: 10.000,00 €)	456,40 €
20 %	Pauschale für Post- und Telekommunikationsentgelte gem. § 2 Abs. 2 S. 1 RVG, Nr. 7002 VV RVG	20,00 €
		1.958,80 €
19 %	USt. gem. § 2 Abs. 2 S. 1 RVG, Nr. 7008 VV RVG	372,17 €
		2.330,97 €

Es handelt sich bei dieser Einigung zwar um einen Vergleich im Sinne des § 779 BGB, nicht nur um eine Ratenzahlungsvereinbarung, da der Gläubiger dem Schuldner entgegenkommt und nicht mehr auf Zahlung der vollen 20.000,00 € besteht. Trotzdem wird der Gegenstandswert der Einigungsgebühr nach § 31b RVG ermittelt, da diese Vorschrift für alle Zahlungsvereinbarungen anzuwenden ist.

Vergleichen Sie das ähnliche Beispiel 2 oben unter Rdn 22 und die Hinweise dazu.

Merke:

Für ein Aufforderungsschreiben mit Androhung des gerichtlichen Mahnverfahrens erhält der RA eine 0,5 Verfahrensgebühr nach Nrn. 3305, 3306 VV RVG.

Die Art des Aufforderungsschreibens und die Vergütung hängen vom erteilten Auftrag ab.

C. Einfache Schreiben

Eine Ergänzung zu Nr. 2300 VV RVG ist in Nr. 2301 VV RVG normiert. Diese Vorschrift soll die Vergütung des RA für Schreiben, die erfahrungsgemäß nur wenig Arbeit verursachen, herabsetzen. Solche Schreiben werden im RVG als **Schreiben einfacher Art** bezeichnet, aber meistens nur **einfache Schreiben** genannt. 26

Ob ein einfaches Schreiben durch den RA zu erstellen ist, ergibt sich aus dem **Auftrag** des Mandanten. Wenn der RA nur den Auftrag erhalten hat, ein einfaches Schreiben im Sinne von Nr. 2301 VV RVG zu fertigen, dann erhält er auch nur die entsprechende Gebühr, selbst wenn das Schreiben länger ausfällt. Hat er einen über den Rahmen von Nr. 2301 VV RVG hinausgehenden Auftrag, dann wird er nach Nr. 2300 VV RVG vergütet, selbst wenn seine Tätigkeit dann doch nicht so umfangreich wird, was jedoch gemäß § 14 RVG durch die Festlegung der Gebühr innerhalb des Gebührenrahmens der Geschäftsgebühr zu berücksichtigen ist.

Einige Beispiele für **Schreiben einfacher Art** sind die folgenden Schreiben: einfaches Mahnschreiben, einfache Kündigungen, Ermittlung der neuen Anschrift des Schuldners z. B. durch Anfrage beim Einwohnermeldeamt.

Wann ein Schreiben „einfach" ist, wird wohl auch vom äußeren Eindruck des Schreibens abhängen. Ein kurzes Schreiben wird sicherlich meist auch einfach sein. Gemäß der Anmerkung zu Nr. 2301 VV RVG handelt es sich dann um ein Schreiben einfacher Art, wenn dieses weder schwierige rechtliche Ausführungen noch größere sachliche Auseinandersetzungen enthält. „Leichtere" rechtliche Ausführungen und „kleinere" sachliche Auseinandersetzungen sind also durchaus noch einfach. Behalten Sie im Auge, dass es darauf ankommt, ob der erteilte Auftrag auf die Erstellung eines einfachen Schreibens zielte, oder ob er darüber hinausging. Der spätere tatsächliche Inhalt des Schreibens ist für die Gebühr unerheblich. Insbesondere liegt selbstverständlich dann **kein einfaches Schreiben** vor, wenn der RA über die Anfertigung des Schreibens hinaus den Auftraggeber beraten hat und vor Abfassung des Schreibens zunächst rechtliche Fragen hat klären müssen. 27

Wenn sich der Auftrag und die Tätigkeit des RA auf ein einfaches Schreiben beschränkt, erhält er hierfür eine **0,3 Geschäftsgebühr** gemäß Nr. 2301 VV RVG. Hat der RA die Gebühr verdient und bekommt er in dieser Angelegenheit den neuen Auftrag, nunmehr gerichtlich vorzugehen, ist diese **Geschäftsgebühr zur Hälfte anzurechnen** (Vorbemerkung 3 Abs. 4 VV RVG). 28

Für **mehrere einfache Schreiben** in derselben Angelegenheit war lange umstritten, ob der RA dafür in derselben Angelegenheit die Gebühr nur einmal erhält. Nach inzwischen überwiegender Meinung ist die Geschäftsgebühr nach Nr. 2301 VV RVG nur anzuwenden, wenn nur ein **einziges einfaches Schreiben** erstellt wird. Bei mehreren einfachen Schreiben in einer Angelegenheit ist die Geschäftsgebühr nach Nr. 2300 VV RVG anzuwenden. 29

Für ein Aufforderungsschreiben ohne Klageauftrag wird die 0,3 Geschäftsgebühr (Nr. 2301 VV RVG) meistens nicht berechnet, weil der RA oft noch einen über die Erstellung des Schreibens hinausgehenden Auftrag hat. Ein Schreiben ist dann einfach, wenn es weder schwierige rechtliche Ausführungen noch größere sachliche Auseinandersetzungen enthält. Dies könnte bei den häufig verwendeten Vordrucken bzw. Textbausteinen für Aufforderungsschreiben durchaus der Fall sein. Jedoch wird der RA über das reine Schreiben des Aufforderungsschreibens hinaus seinen Mandanten beraten, den Beginn des Verzuges und die Höhe des Zinssatzes der Verzugszinsen feststellen, den Fortgang der Sache weiter im Auge behalten, je nach Sachlage und Notwendigkeit ein weiteres Mahnschreiben an den Schuldner senden und Zahlungen des Schuldners auf ihre Richtigkeit hin überprüfen. Eine Tätigkeit mit diesen Merkmalen fällt jedoch unter Nr. 2300 VV RVG, denn in diesen Fällen wird ein **„Geschäft betrieben"**. 30

Aus diesen Gründen wird für ein Aufforderungsschreiben ohne Klageauftrag in den meisten Fällen eine Geschäftsgebühr nach Nr. 2300 VV RVG und nicht nach Nr. 2301 VV RVG berechnet.

31 Wann wird denn nun ein Aufforderungsschreiben ohne Klageauftrag nach Nr. 2301 VV RVG vergütet? Zusammenfassend lässt sich feststellen, dass eine **0,3 Geschäftsgebühr** nach Nr. 2301 VV RVG nur dann für ein solches Schreiben entsteht, wenn

- der Auftrag des RA nur dahin geht, ein **einfaches Schreiben** ohne schwierige rechtliche Ausführungen oder größere sachliche Auseinandersetzungen zu fertigen, und
- der RA **nicht** damit beauftragt wird, für den Mandanten **ein Geschäft zu betreiben**, also ihn zu beraten und über das Erstellen des Schreibens hinaus ihn zu betreuen und sich um den weiteren Fortgang der Angelegenheit zu kümmern. Dass der RA, um das Schreiben anfertigen zu können, die notwendige Information vom Auftraggeber entgegennehmen muss, ist selbstverständlich und stellt noch kein Betreiben eines Geschäfts dar.

Merke:

Bei einem Auftrag für ein Aufforderungsschreiben ohne Klageauftrag wird in den meisten Fällen der RA ein **Geschäft** für den Auftraggeber **betreiben** und nicht nur ein (einfaches) Schreiben erstellen, weshalb eine Gebühr für ein einfaches Schreiben (Nr. 2301 VV RVG) oft nicht in Betracht kommt.

Zum Thema einfache Schreiben siehe auch § 4 Rdn 43 ff.

D. Abgrenzung des § 34 RVG und der Nrn. 2300, 2301, 3101, 3403, 3404 VV RVG

32 Nicht nur dem Anfänger, sondern häufig auch dem Fortgeschrittenen macht es Schwierigkeiten, bestimmte Vorschriften des RVG zu unterscheiden. Es handelt sich dabei um die folgenden Gebührenvorschriften:

- § 34 RVG: Rat, Auskunft, Erstberatung (speziell bei Beratungshilfe: Beratungsgebühr nach Nr. 2501 VV RVG)
- Nr. 2300 VV RVG: Geschäftsgebühr (speziell bei Beratungshilfe: Geschäftsgebühr nach Nr. 2503 VV RVG)
- Nr. 2301 VV RVG: Geschäftsgebühr für einfache Schreiben
- Nr. 3101 Ziff. 1 VV RVG: Vorzeitige Beendigung des Auftrags
- Nrn. 3403, 3404 VV RVG: Verfahrensgebühr für sonstige Einzeltätigkeiten, einfache Schreiben

33 Diese sehr unterschiedlichen Gebührenvorschriften sollen an dieser Stelle gegeneinander abgegrenzt werden. Wichtiges Abgrenzungskriterium ist dabei die **Stellung dieser Bestimmungen im RVG**. Die genannten Vorschriften stehen einmal im Teil 2 und andererseits im Teil 3, Abschnitte 1 und 4 des Vergütungsverzeichnisses des RVG. Jene in diesem Zusammenhang wesentlichen Abschnitte müssen wir uns einmal in folgender **Übersicht** kurz ansehen.

Fundstelle im RVG	Überschrift/Inhalt
Abschnitt 5 des Gesetzesteils	**Außergerichtliche Beratung und Vertretung** Daraus, dass die **Beratungsgebühr** (§ 34 RVG) unter der Überschrift „Außergerichtlich" steht, folgt, dass diese Gebühr für jeden Rat und jede Auskunft über sämtliche Rechtsgebiete Anwendung findet, aber nicht anwendbar ist, wenn der Auftrag für ein gerichtliches Verfahren besteht.
Teil 2 des Vergütungsverzeichnisses	**Außergerichtliche Tätigkeiten ...** In diesem Teil ist die **Geschäftsgebühr** nach Nr. 2300 VV RVG oder auch nach Nr. 2301 VV RVG enthalten, woraus folgt, dass diese Gebühr meistens nur dann erhoben wird, wenn der Auftrag auf außergerichtliche Erledigung der Angelegenheit lautet.
Teil 3 des Vergütungsverzeichnisses	**Gebühren in bürgerlichen Rechtsstreitigkeiten und in ähnlichen Verfahren** Dieser Teil bestimmt u. a. die Gebühren im Zivilprozess, im Mahnverfahren und in der Zwangsvollstreckung, also auch die Gebühren von in der ZPO geregelten Verfahren. Die Vorschriften aus diesem Teil dürfen nur für die dort angegebenen Verfahren herangezogen werden. In diesem Teil ist die **Verfahrensgebühr** in Nr. 3100 und Nr. 3101 Ziff. 1 VV RVG normiert, die immer dann als allgemeine Betriebsgebühr entsteht, wenn der RA Auftrag zur Führung eines Zivilprozesses hat. Auch die **Verfahrensgebühr für das Betreiben des Mahnverfahrens** findet sich in diesem Teil in Nr. 3305 bzw. Nr. 3306 VV RVG. Weiterhin enthält dieser Teil die Gebühren für die Zwangsvollstreckung (Nrn. 3309 und 3310 VV RVG) und die **Verfahrensgebühr für sonstige Einzeltätigkeiten** in Nr. 3403 und Nr. 3404 VV RVG.

Mit der Stellung der betreffenden Gebührenvorschrift im RVG ist eigentlich bereits der Zweck ihrer Anwendung erkennbar. Insofern lässt sich bereits durch Kenntnis des Gesetzesteils, in dem die betreffende Vorschrift enthalten ist, die Frage teilweise beantworten: **„Wie wende ich den § 34 RVG und die Nummern 2300, 2301, 3101, 3403, 3404 des Vergütungsverzeichnisses des RVG richtig an?"** 34

Das Problem soll mit der folgenden **Übersicht zur Abgrenzung der einzelnen Gebührenbestimmungen** gelöst werden:

Gebührenvorschrift	Erläuterung
Beratungsgebühr	Die Beratungsgebühr (§ 34 RVG) entsteht nur für **außergerichtliche Beratung** für jeden Rat und jede Auskunft über sämtliche Rechtsgebiete, also z. B. für einen zivil-, verwaltungs- oder strafrechtlichen Rat. Jedoch darf der Rat nicht mit einer anderen gebührenpflichtigen Tätigkeit zusammenhängen, was bedeutet, dass es bei der Raterteilung verbleiben muss und der RA **keinen Auftrag zur Geschäftsbesorgung** haben darf. Sobald nach einer Raterteilung der RA den Auftrag erhält, in der Sache über die Beratung hinaus tätig zu werden, muss für diese Tätigkeit eine Betriebsgebühr erhoben werden, auf die dann die Beratungsgebühr anzurechnen ist (§ 34 Abs. 2 RVG). Zielt der Auftrag von vornherein auf eine Geschäftsbesorgung, so kann eine Beratungsgebühr gar nicht erst erwachsen. **Fazit:** Die Beratungsgebühr wird nur dann erhoben, wenn es bei der Raterteilung verbleibt. Bei **Beratungshilfe** gibt es eine spezielle Beratungsgebühr in Nr. 2501 VV RVG.

Gebührenvorschrift	Erläuterung
Geschäftsgebühr	Die Geschäftsgebühr nach Nr. 2300 VV RVG ist die Betriebsgebühr für das Betreiben eines **außergerichtlichen Geschäfts**. Der Auftrag geht über eine bloße Rat- oder Auskunftserteilung hinaus, zielt aber in der Regel nicht auf die Führung eines gerichtlichen Verfahrens. Die **verminderte Geschäftsgebühr** nach Nr. 2301 VV RVG entsteht unter den gleichen Voraussetzungen, wenn jedoch **kein Geschäft** zu betreiben, sondern lediglich auftragsgemäß ein einfaches Schreiben zu fertigen ist. **Fazit:** Eine Geschäftsgebühr nach Nr. 2300 VV RVG entsteht in der Regel für das nur **außergerichtliche Betreiben eines Geschäfts**, wenn das Geschäft über das bloße Fertigen eines Schreibens hinausgeht. Ist auftragsgemäß nur ein **einfaches Schreiben** zu fertigen, ist die Geschäftsgebühr nach Nr. 2301 VV RVG einschlägig. Bei **Beratungshilfe** gilt eine spezielle Geschäftsgebühr nach Nr. 2503 VV RVG.
Verfahrensgebühr	Die Verfahrensgebühr nach Nr. 3100 VV RVG ist die Betriebsgebühr für das Betreiben eines Zivilprozesses. Dies gilt natürlich auch für die **verminderte Verfahrensgebühr**, die nach Nr. 3101 Ziff. 1 VV RVG **bei vorzeitiger Beendigung** des Auftrags entsteht, wenn der Auftrag auf die Führung eines Zivilprozesses gerichtet war. Die Nrn. 3305, 3306 VV RVG regeln die Verfahrensgebühren für das Betreiben eines gerichtlichen Mahnverfahrens. **Fazit:** Eine Verfahrensgebühr wird nur dann erhoben, wenn der Auftrag auf die Führung eines Zivilprozesses (oder eines gerichtlichen Mahnverfahrens) zielt.
„Schriftsatzgebühr“	Im Teil 3, Abschnitt 4 VV RVG werden Gebühren für Einzeltätigkeiten dafür normiert, dass bestimmte einzelne Anwaltstätigkeiten im Rahmen eines Rechtsstreites vorgenommen werden, **ohne** dass dem RA eine **Prozessvollmacht** für das ganze Verfahren erteilt wird. Wie bei allen Vorschriften aus dem Teil 3 ist auch hier Voraussetzung, dass ein Zivilprozess oder ein ähnliches Verfahren stattfindet und dass der RA in diesem Verfahren einzelne Schriftsätze fertigt oder einzelne Termine wahrnimmt. **Fazit:** Die so genannte **Schriftsatzgebühr** nach Nr. 3403 VV RVG setzt voraus, dass der RA bestimmte einzelne Handlungen innerhalb eines Prozesses vornimmt, ohne dass er Auftrag und Vollmacht zum Betreiben des Prozesses im Ganzen hat (siehe auch § 7 Rdn 97 ff.). Dies gilt auch für einfache Schreiben nach Nr. 3404 VV RVG.

35 Zusammenfassend lässt sich feststellen, dass

- die **Beratungsgebühr** (§ 34 RVG) nur für die **bloße Raterteilung** entsteht,
- die **Geschäftsgebühr** nach Nr. 2300 VV RVG in der Regel das **außergerichtliche** Betreiben einer Angelegenheit voraussetzt, wogegen
- die **verminderte Geschäftsgebühr** nach Nr. 2301 VV RVG für das **bloße auftragsgemäße Fertigen eines einfachen Schreibens** erwächst,
- die **Verfahrensgebühr** nach Nr. 3100 bzw. Nr. 3101 Ziff. 1 VV RVG nur bei Vorliegen eines **Prozessauftrages** anfällt, wogegen
- die **Verfahrensgebühr im Mahnverfahren** nach Nr. 3305 bzw. Nr. 3306 VV RVG nur bei Auftrag für das **Betreiben des Mahnverfahrens** entsteht, und

- die so genannte **Schriftsatzgebühr** nach Nr. 3403 bzw. Nr. 3404 VV RVG voraussetzt, dass ein RA **innerhalb eines Prozesses** nur bestimmte einzelne Handlungen vornimmt, ohne dass Auftrag für den Prozess insgesamt vorliegt.
- **Bei Beratungshilfe** gibt es eine besondere Beratungsgebühr (Nr. 2501 VV RVG) und eine besondere Geschäftsgebühr (Nr. 2503 VV RVG). Siehe § 9 Rdn 39 ff.

Merke:
- **Beratungsgebühr** = nur Raterteilung, kein Betreiben eines Geschäfts
- **Geschäftsgebühr**
  Nr. 2300 VV RVG = außergerichtliches Betreiben eines Geschäfts
  Nr. 2301 VV RVG = ausschließlich einfaches Schreiben, kein Betreiben eines Geschäfts
- **Verfahrensgebühr** = nur bei Prozessauftrag
- **Verfahrensgebühr im Mahnverfahren** = nur für das Betreiben des Mahnverfahrens
- So genannte **Schriftsatzgebühr** = lediglich einzelne Handlungen in einem Prozess

Für ein vorgerichtliches Aufforderungsschreiben können also nur eine Geschäftsgebühr oder eine (verminderte) Verfahrensgebühr entstehen.

§ 6 Die Gebühren im Mahnverfahren

A. Vorbemerkung

→ *Dazu Aufgaben Gruppe 5* 1

Das **Mahnverfahren** verfolgt den **Zweck**, dem Gläubiger auf relativ schnelle Weise entweder Geld von dem Schuldner zu verschaffen oder ihm einen Vollstreckungstitel, den Vollstreckungsbescheid, gegen den Schuldner in die Hand zu geben. Die Hoffnung des Gläubigers, durch Vermeidung eines Prozesses schnell zu einem Titel zu kommen, wird in der Praxis jedoch oft enttäuscht, da viele Schuldner Widerspruch gegen den Mahnbescheid einlegen. Im Mahnverfahren bezeichnet man den Gläubiger als Antragsteller und den Schuldner als Antragsgegner.

Häufig wird der RA des Antragstellers erst dann im Mahnverfahren tätig, nachdem sein erster Auftrag, die Eintreibung einer Forderung auf außergerichtliche Weise zu versuchen, gescheitert ist. Da der RA sich schon in die Sache eingearbeitet hat, wird dann die Gebühr für seine vorangegangene Tätigkeit auf die ihm nun erwachsende Mahnverfahrensgebühr angerechnet, wie dies schon in § 4 Rdn 28 ff. am Beispiel der Anrechnung der Geschäftsgebühr auf die im Prozess entstehende Verfahrensgebühr dargestellt wurde. Schließt sich dann wiederum nach Widerspruch des Antragsgegners gegen den Mahnbescheid ein Prozess an das Mahnverfahren an, findet mit der gleichen Begründung abermals eine **Anrechnung** der bisher entstandenen Gebühren auf die nun im Prozess entstehende Verfahrensgebühr statt.

B. Die Gebühren des Rechtsanwalts des Antragstellers

Im Mahnverfahren erhält der Rechtsanwalt des Antragstellers eine Verfahrensgebühr für die Vertretung des Antragstellers im Mahnverfahren („**Mahnverfahrensgebühr**") und gegebenenfalls eine Verfahrensgebühr für die Beantragung des Vollstreckungsbescheids („**Vollstreckungsbescheidsgebühr**"). 2

I. Die Mahnverfahrensgebühr

1. Die Entstehung der Mahnverfahrensgebühr

Für die Tätigkeit im Mahnverfahren erhält der RA des Antragstellers eine 1,0 Verfahrensgebühr (Nr. 3305 VV RVG). Diese **1,0 Mahnverfahrensgebühr** ist eine Verfahrenspauschgebühr, die von der Auftragsannahme bis einschließlich der Mitteilung des Widerspruchs an den Auftraggeber alle Einzeltätigkeiten abgilt und damit Ähnlichkeit mit der Verfahrensgebühr im Zivilprozess hat (Nr. 3100 VV RVG, vgl. § 7 Rdn 6). Die Gebühr ist schon damit entstanden, dass der RA den Antrag auf Erlass des Mahnbescheids bei Gericht **einreicht**; ob der Mahnbescheid dann auch erlassen wird, ist für das Entstehen der Gebühr unbedeutend. 3

Beispiel:

RA Fleißner hat den Auftrag, einen Kaufpreis von 900,00 € im Mahnverfahren einzufordern. RA Fleißner reicht den Antrag beim Mahngericht ein. Nach Erhalt der Kostenrechnung vom Mahngericht zahlt er die angeforderten Gerichtskosten ein. Seinem Auftraggeber sendet RA Fleißner daraufhin folgende Vergütungsrechnung:

Gegenstandswert: 900,00 €

1,0	Verfahrensgebühr im Mahnverfahren gem. §§ 2, 13 RVG, Nr. 3305 VV RVG	93,00 €
20 %	Pauschale für Post- und Telekommunikationsentgelte gem. § 2 Abs. 2 S. 1 RVG, Nr. 7002 VV RVG	18,60 €
		111,60 €
19 %	USt. gem. § 2 Abs. 2 S. 1 RVG, Nr. 7008 VV RVG	21,20 €
		132,80 €

Vorgelegte Gerichtskosten vom ...

0,5	Verfahrensgebühr über den Antrag auf Erlass eines Mahnbescheids gem. §§ 3, 34 GKG, Nr. 1100 KV GKG (Mindestgebühr)	38,00 €
		170,80 €

4 Erledigt sich jedoch der Auftrag nach Entgegennahme der Information, aber **vor** Einreichung des Antrags auf Erlass des Mahnbescheids bei Gericht, erhält der RA nach Nrn. 3305, 3306 VV RVG nur eine **0,5 Mahnverfahrensgebühr wegen vorzeitiger Beendigung**. Der entscheidende Zeitpunkt ist der Eingang des Antrags bei dem zuständigen Mahngericht. Diese Gebühr entsteht auch, wenn der RA nur einen Schriftsatz (z. B. die Rücknahme des vom Mandanten selbst gestellten Antrages) einreichen soll, dies dann aber nicht geschieht.

Beispiel:

RA Tutnix bespricht eine Forderungsangelegenheit mit seinem Mandanten und erhält den Auftrag, das Mahnverfahren einzuleiten. Als RA Tutnix gerade dabei ist, seine Auszubildende Nicole mit der Bearbeitung des Mahnantrags zu beauftragen, ruft der Mandant an und teilt mit, die Sache habe sich erledigt, da der Schuldner die geforderten 1.500,00 € soeben gezahlt habe. RA Tutnix lässt Nicole daraufhin folgende Vergütungsrechnung erstellen:

Gegenstandswert: 1.500,00 €

0,5	Verfahrensgebühr im Mahnverfahren bei vorzeitiger Beendigung gem. §§ 2, 13 RVG, Nrn. 3305, 3306 VV RVG	67,25 €
20 %	Pauschale für Post- und Telekommunikationsentgelte gem. § 2 Abs. 2 S. 1 RVG, Nr. 7002 VV RVG	13,45 €
		80,70 €
19 %	USt. gem. § 2 Abs. 2 S. 1 RVG, Nr. 7008 VV RVG	15,33 €
		96,03 €

5 Sollte der RA nach Stellung des Antrags auf Erlass des Mahnbescheids einen Vertrag über eine Einigung mit dem Schuldner abschließen, erhält er zusätzlich zu der Verfahrensgebühr für die Antragstellung noch eine **1,0 Einigungsgebühr**, wenn der Einigungsgegenstand gerichtlich anhängig ist (Nr. 1003 VV RVG, siehe § 2 Rdn 166 ff.).

6 Für auf die Vermeidung oder Erledigung eines gerichtlichen Verfahrens gerichtete **Besprechungen** mit der Gegenseite (Vorbemerkung 3 Abs. 3 S. 3 Ziff. 2 VV RVG) kann nach der Vorbemerkung 3.3.2 eine 1,2 **Terminsgebühr** gemäß Nr. 3104 VV RVG entstehen. In dem maschinell gestalteten gerichtlichen Mahnverfahren finden keine gerichtlichen Termine statt. Es ist aber möglich, dass z. B. während eines Mahnverfahrens Gespräche der Parteien über den Abschluss eines Vergleichs stattfinden.

7 Bei **mehreren Auftraggebern** ist die Mahnverfahrensgebühr gemäß § 7 RVG, Nr. 1008 VV RVG für jeden weiteren Auftraggeber um 0,3 zu erhöhen (siehe § 2 Rdn 32 ff.).

Merke:

Die Mahnverfahrensgebühr erwächst dem RA bereits mit der ersten Tätigkeit, meist durch die Entgegennahme der Information.

Bei vorzeitiger Beendigung des Auftrags wird sie halbiert auf 0,5.

2. Anrechnung der Mahnverfahrensgebühr bei weiterer Tätigkeit

Falls der Gegner Widerspruch gegen den erlassenen Mahnbescheid bzw. Einspruch gegen den erlassenen Vollstreckungsbescheid einlegt und es daraufhin zum Zivilprozess kommt, wird gemäß der Anmerkung zu Nr. 3305 VV RVG die entstandene **Mahnverfahrensgebühr auf die Verfahrensgebühr angerechnet**, die im nachfolgenden Prozess entsteht. Diese Anrechnungsregelung berücksichtigt, dass das Mahnverfahren und das nachfolgende Prozessverfahren gemäß § 17 Nr. 2 RVG verschiedene Angelegenheiten sind, in denen deshalb gemäß § 15 Abs. 2 RVG die Verfahrensgebühren jeweils gesondert entstehen können. Dies gilt natürlich nur, wenn der mit dem Mahnverfahren beauftragte RA auch den (bedingten) Prozessauftrag erhält, nicht aber bei Anwaltswechsel. Ein anderer RA erhält selbstständige Gebühren. Da im Regelfall bei Beantragung des Mahnbescheids das Häkchen gesetzt wird, dass im Falle des Widerspruchs die Durchführung des streitigen Verfahrens beantragt wird, entsteht die Verfahrensgebühr für den Prozess für den Vertreter des Antragstellers in diesem Fall, wenn nach der Einlegung des Widerspruchs das Mahngericht den **Rechtsstreit** an das im Mahnbescheidsantrag bezeichnete Gericht **abgibt** und eine erste Tätigkeit entfaltet wird. Auch mit der Einlegung des **Einspruchs gegen den Vollstreckungsbescheid** endet das Mahnverfahren (§ 700 Abs. 3 ZPO) und beginnt der Prozess. 8

Der Gesetzgeber gibt folgende Begründung für die Anrechnung: Das Mahnverfahren soll in vielen Fällen einen Prozess ersparen, daher wünscht der Gesetzgeber nicht, dass durch die Vorschaltung des Mahnverfahrens vor den Zivilprozess höhere Gebühren entstehen, als wenn gleich eine Klage eingereicht worden wäre. Auch bedeutet das Ausfüllen des Antrages für das Mahnverfahren keine erhebliche Mehrarbeit für den RA. Deshalb soll der RA für das Betreiben des Geschäfts in diesem Fall insgesamt nur eine Verfahrensgebühr erhalten.

Beispiel 1 a):

RA Fleißner hat den Auftrag, einen Kaufpreis von 900,00 € im Mahnverfahren einzufordern. Der Antragsgegner legt gegen den ihm zugestellten Mahnbescheid Widerspruch ein. Nachdem das Gericht, an das der Rechtsstreit abgegeben wurde, einen Verhandlungstermin anberaumt hat, zahlt der Schuldner. Die Mahnverfahrensgebühr wird auf die jetzt entstehende Verfahrensgebühr des Prozesses angerechnet. RA Fleißner erhält für seine Tätigkeit nun insgesamt folgende Vergütung, wobei unterstellt wird, dass die Vergütung für das Mahnverfahren noch nicht berechnet wurde.

Nachstehende Berechnung ist ein Beispiel, wie *NICHT* abgerechnet werden sollte:

Gegenstandswert: 900,00 €

1,3	Verfahrensgebühr für Prozess und Mahnverfahren gem. §§ 2, 13 RVG, Nr. 3100 und Anmerkung zu Nr. 3305 VV RVG*	120,90 €
20 %	Pauschale für Post- und Telekommunikationsentgelte (für Mahnverfahren)** gem. § 2 Abs. 2 S. 1 RVG, Nr. 7002 VV RVG	18,60 €
20 %	Pauschale für Post- und Telekommunikationsentgelte (für Prozess)** gem. § 2 Abs. 2 S. 1 RVG, Nr. 7002 VV RVG	20,00 €
		159,50 €
19 %	USt. gem. § 2 Abs. 2 S. 1 RVG, Nr. 7008 VV RVG	30,31 €
		189,81 €

* Die Mahnverfahrensgebühr wird auf die Verfahrensgebühr für den Prozess angerechnet.

** Die Auslagenpauschale entsteht in jeder Angelegenheit. Mahnverfahren und Prozess sind zwei Angelegenheiten (§ 17 Ziff. 2 RVG). Im Mahnverfahren beträgt die – angerechnete – Verfahrensgebühr 93,00 €, davon 20 % für die Postauslagenpauschale sind 18,60 €. Die Auslagenpauschale für den Prozess ergibt sich aus der Verfahrensgebühr **vor** Anrechnung (höchstens 20,00 €). Bei dieser Art der Berechnung wird nicht beachtet, dass es sich um zwei Angelegenheiten handelt, die jeweils getrennt abgerechnet werden sollten. Beachten Sie auch den Hinweis zur Auslagenpauschale in Rdn 31 ff.

9 Die Vergütungsrechnung in Beispiel 1 a) wurde insbesondere deshalb so dargestellt, weil so etwas praktisch schon mal vorkommt. Nach dem RVG ist für den Ausgangsfall **dringend zu empfehlen, die Vergütung nur gemäß nachstehendem Beispiel 1 b) abzurechnen**.

Beispiel 1 b):

Wie vorstehender Fall in Beispiel 1 a). Jedoch mit einer etwas umständlicher aussehenden Berechnung der Vergütung, die allerdings berücksichtigt, dass Mahnverfahren und anschließender Zivilprozess **zwei verschiedene Angelegenheiten** sind. Jede Angelegenheit muss für sich abgerechnet werden. Deshalb ist diese Lösung dem Beispiel 1 a) vorzuziehen.

I. Mahnverfahren

Gegenstandswert: 900,00 €

1,0	Verfahrensgebühr im Mahnverfahren gem. §§ 2, 13 RVG, Nr. 3305 VV RVG*	93,00 €
20 %	Pauschale für Post- und Telekommunikationsentgelte (für Mahnverfahren)** gem. § 2 Abs. 2 S. 1 RVG, Nr. 7002 VV RVG	18,60 €
		111,60 €
19 %	USt. gem. § 2 Abs. 2 S. 1 RVG, Nr. 7008 VV RVG	21,20 €
		132,80 €

II. Zivilprozess

Gegenstandswert: 900,00 €

1,3	Verfahrensgebühr im Prozess gem. §§ 2, 13 RVG, Nr. 3100 VV RVG	120,90 €	
	hierauf ist nach der Anmerkung zu Nr. 3305 VV RVG anzurechnen:*		
1,0	Verfahrensgebühr im Mahnverfahren gem. §§ 2, 13 RVG, Nr. 3305 VV RVG	– 93,00 €	27,90 €
20 %	Pauschale für Post- und Telekommunikationsentgelte (für Prozess)** gem. § 2 Abs. 2 S. 1 RVG, Nr. 7002 VV RVG		20,00 €
			47,90 €
19 %	USt. gem. § 2 Abs. 2 S. 1 RVG, Nr. 7008 VV RVG		9,10 €
			57,00 €

* Die Mahnverfahrensgebühr wird auf die Verfahrensgebühr für den Prozess angerechnet. Sie muss also von dieser abgezogen werden, zumal sie ja bereits auch für das Mahnverfahren in der ersten Rechnung erhoben worden ist.

** Die Auslagenpauschale entsteht in jeder Angelegenheit. Mahnverfahren und Prozess sind zwei Angelegenheiten (§ 17 Ziff. 2 RVG). Die Auslagenpauschale für den Prozess wird von der Verfahrensgebühr **vor** Anrechnung berechnet (also 20 % von 120,90 €, höchstens aber 20,00 €).

Siehe auch Rdn 29 ff. zur Erläuterung der Anrechnung von Gebühren mit Hinweis zur Berechnung der Auslagenpauschale.

Beispiel 2:

Wie vorstehend. RA Fleißner hat die ihm für das Mahnverfahren zustehende Vergütung bereits abgerechnet und erhalten. Nach dem Widerspruch hat das Gericht, an das der Rechtsstreit abgegeben wurde, vom Antragsteller die Klagebegründung angefordert und dem Beklagten zugestellt. Daraufhin beantragt der Schuldner Klageabweisung und erhebt Widerklage auf Darlehensrückzahlung von 1.000,00 €. Nach einem Verhandlungstermin ergeht Urteil.

Die bereits abgerechnete Mahnverfahrensgebühr wird auf die jetzt entstehende Verfahrensgebühr des Prozesses angerechnet. RA Fleißner erhält für seine Tätigkeit nun folgende Vergütung:

I. Vergütungsrechnung für das Mahnverfahren

Gegenstandswert: 900,00 €

1,0	Verfahrensgebühr im Mahnverfahren gem. §§ 2, 13 RVG, Nr. 3305 VV RVG**	93,00 €
20 %	Pauschale für Post- und Telekommunikationsentgelte (für Mahnverfahren)*** gem. § 2 Abs. 2 S. 1 RVG, Nr. 7002 VV RVG	18,60 €
		111,60 €
19 %	USt. gem. § 2 Abs. 2 S. 1 RVG, Nr. 7008 VV RVG	21,20 €
		132,80 €

II. Vergütungsrechnung für die Tätigkeit im Zivilprozess

Gegenstandswert: 1.900,00 € *

1,3	Verfahrensgebühr für den Prozess gem. §§ 2, 13 RVG, Nr. 3100 VV RVG (**Wert:** 1.900,00 €)	228,80 €	
	hierauf ist nach der Anmerkung zu Nr. 3305 VV RVG anzurechnen: **		
1,0	Verfahrensgebühr für das Mahnverfahren gem. §§ 2, 13 RVG, Nr. 3305 VV RVG (**Wert: 900,00 €**)	– 93,00 €	135,80 €
1,2	Terminsgebühr gem. §§ 2, 13 RVG, Nr. 3104 VV RVG (**Wert:** 1.900,00 €)		211,20 €
20 %	Pauschale für Post- und Telekommunikationsentgelte (für den Prozess)*** gem. § 2 Abs. 2 S. 1 RVG, Nr. 7002 VV RVG		20,00 €
			367,00 €
19 %	USt. gem. § 2 Abs. 2 S. 1 RVG, Nr. 7008 VV RVG		69,73 €
			436,73 €

* Addition der Werte von Klage und Widerklage, da verschiedene Streitgegenstände gemäß § 23 Abs. 1 S. 1 RVG i. V. m. § 45 Abs. 1 S. 1 GKG. Achten Sie auf die unterschiedlichen Werte in den Rechnungen I. und II.

** Die Mahnverfahrensgebühr (Wert nur 900,00 €!) wird auf die Verfahrensgebühr angerechnet. Sie muss also von dieser abgezogen werden, zumal sie auch bereits abgerechnet worden ist.

*** Die Auslagenpauschale für das Mahnverfahren wurde bereits abgerechnet. Sie braucht im Gegensatz zu der Gebühr nicht angerechnet zu werden, da sie in jeder Angelegenheit entsteht. Mahnverfahren und Prozess sind zwei Angelegenheiten.

10 In Nr. 3104 Anm. Abs. 4 VV RVG wird die **Anrechnung der Terminsgebühr** geregelt: Falls im Mahnverfahren wegen außergerichtlicher Besprechungen mit dem Schuldner, z. B. über einen Vergleichsabschluss, eine Terminsgebühr entstanden ist, so ist auch diese Terminsgebühr anzurechnen auf die in einem nachfolgenden Prozess noch entstehende Terminsgebühr.

Merke:

Die Mahnverfahrensgebühr ist auf eine dem RA anschließend im Prozess erwachsende Verfahrensgebühr anzurechnen.

Die Mahnverfahrensgebühr muss also von der Verfahrensgebühr des Prozesses abgezogen werden, allerdings erfolgt die Anrechnung der Mahnverfahrensgebühr nur nach dem Wert des Mahnverfahrens, wenn dieser gleich oder niedriger ist der Wert des Prozesses.

Falls im Mahnverfahren eine Terminsgebühr entstanden ist, ist auch diese auf die Terminsgebühr des Prozesses anzurechnen.

3. Anrechnung der Mahnverfahrensgebühr in besonderen Fällen

Der Gegenstandswert des Mahnverfahrens kann gleich, höher oder niedriger sein als der Wert, über den anschließend prozessiert wird. Dies kann z. B. durch Klageerweiterung oder Teilzahlung des Schuldners eintreten. 11

- Ist der Gegenstandswert des Mahnverfahrens **gleich** oder ist er **niedriger**, dann wird die Mahnverfahrensgebühr vollständig auf die Verfahrensgebühr des nachfolgenden Rechtsstreits angerechnet, wie in vorstehendem Beispiel gezeigt wurde.
- Ist der Gegenstandswert des Mahnverfahrens **höher** als der Wert des nachfolgenden Rechtsstreits, dann darf die Mahnverfahrensgebühr nur nach dem niedrigeren Wert des nachfolgenden Prozesses angerechnet werden, da die **Degression der Gebührentabelle** zu berücksichtigen ist:

Beispiel:

RA Tüchtig hat einen Mahnbescheid über 5.000,00 € erwirkt. Der Schuldner zahlt daraufhin 3.000,00 € und legt wegen der restlichen 2.000,00 € Teilwiderspruch ein. Nach einem Verhandlungstermin vor dem zuständigen Gericht ergeht Urteil.

Der Wert des Mahnverfahrens ist hier also **höher** als der Wert des Zivilprozesses. Die Vergütung von RA Tüchtig für beide Verfahren wird dann so berechnet:

I. Vergütungsrechnung für das Mahnverfahren

Gegenstandswert: 5.000,00 €

1,0	Verfahrensgebühr im Mahnverfahren gem. §§ 2, 13 RVG, Nr. 3305 VV RVG**	354,50 €
20 %	Pauschale für Post- und Telekommunikationsentgelte (für Mahnverfahren)*** gem. § 2 Abs. 2 S. 1 RVG, Nr. 7002 VV RVG	20,00 €
		374,50 €
19 %	USt. gem. § 2 Abs. 2 S. 1 RVG, Nr. 7008 VV RVG	71,16 €
		445,66 €

II. Vergütungsrechnung für die Tätigkeit im Zivilprozess

Gegenstandswert: 2.000,00 € *

1,3	Verfahrensgebühr für den Prozess gem. §§ 2, 13 RVG, Nr. 3100 VV RVG (**Wert:** 2.000,00 €)	228,80 €	
	hierauf ist nach der Anmerkung zu Nr. 3305 VV RVG anzurechnen:**		
1,0	Verfahrensgebühr für das Mahnverfahren gem. §§ 2, 13 RVG, Nr. 3305 VV RVG (**Wert: 2.000,00 €**)**	– 176,00 €	52,80 €
1,2	Terminsgebühr gem. §§ 2, 13 RVG, Nr. 3104 VV RVG (**Wert:** 2.000,00 €)		211,20 €

20 %	Pauschale für Post- und Telekommunikationsentgelte (für den Prozess)*** gem. § 2 Abs. 2 S. 1 RVG, Nr. 7002 VV RVG	20,00 €
		284,00 €
19 %	USt. gem. § 2 Abs. 2 S. 1 RVG, Nr. 7008 VV RVG	53,96 €
		337,96 €

* Im Prozess wird nur der Betrag rechtshängig, über den Teilwiderspruch eingelegt und der Rechtsstreit an das Prozessgericht abgegeben wurde.

** Die Mahnverfahrensgebühr wird nur zu dem Teilbetrag (2.000,00 €) angerechnet, der in den Prozess übergegangen ist. Die Gebühr für den im Mahnverfahren bereits erledigten Teilbetrag (3.000,00 €) bleibt erhalten. Siehe dazu nachstehende Anmerkung.

*** Die Auslagenpauschale für das Mahnverfahren wird gesondert berechnet. Sie braucht im Gegensatz zu der Gebühr nicht angerechnet zu werden, da sie in jeder Angelegenheit entsteht. Mahnverfahren und Prozess sind zwei Angelegenheiten.

Anmerkung (können Sie überspringen und die nachstehende Kurzfassung lesen): In den vorstehenden beiden Berechnungen wurde dem RA zusätzlich zur entstandenen Verfahrensgebühr für den Prozess letztlich nur jener Teilbetrag der Mahnverfahrensgebühr in Höhe von 178,50 € (= 354,50 € – 176,00 €) belassen, der sich unter Beachtung der Degression der Gebührentabelle aus dem Unterschied der Gebühren zwischen dem Mahnverfahren (Wert 5.000,00 €; Gebühr 354,50 €) und aus dem gerichtlich geltend gemachten Restbetrag (Wert 2.000,00 €; Gebühr 176,00 €) ergibt. Dazu musste nur ein Teil der Mahnverfahrensgebühr, der nach dem niedrigeren Wert des Prozesses berechnet wurde, angerechnet werden. Die Mahnverfahrensgebühr nach dem im Mahnverfahren erledigten Teilbetrag von 3.000,00 € (5.000,00 € – 2.000,00 €) ist bereits verdient und bleibt dem RA erhalten. Wegen der Degression der Gebührentabelle darf aber nicht einfach eine Teil-Mahnverfahrensgebühr nach dem Wert von 3.000,00 € berechnet werden, sondern es muss dem RA die Differenz der Gebühren erhalten bleiben. Zum Verständnis der Berechnungsweise achten Sie bitte auf die angegebenen Gegenstandswerte. (Vgl. Rdn 24 und § 4 Rdn 32 f.).

Kurzfassung (noch einmal ganz kurz und deutlich): Es wäre **falsch**, für das Mahnverfahren eine Verfahrensgebühr (nach in diesem Fall) einem Wert von 3.000,00 € zu berechnen und für den Prozess eine Verfahrensgebühr nach dem Wert von 2.000,00 €. **Korrekt** ist nur die Berechnungsweise, wie sie oben im Beispiel dargestellt ist.

Merke:

Ist der Gegenstandswert des Rechtsstreits niedriger als der des Mahnverfahrens, dann darf die Mahnverfahrensgebühr nur nach dem niedrigeren Wert des Prozesses angerechnet werden.

II. Die Vollstreckungsbescheidsgebühr

12 Neben der Mahnverfahrensgebühr erhält der **RA des Antragstellers** für den Antrag auf Erlass des Vollstreckungsbescheids eine 0,5 „Verfahrensgebühr für die Vertretung des Antragstellers im Verfahren über den Antrag auf Erlass eines Vollstreckungsbescheids" (**„Vollstreckungsbescheidsgebühr"**), aber nur dann, wenn innerhalb der Widerspruchsfrist von zwei Wochen kein Widerspruch erhoben wurde oder der Widerspruch gemäß § 703a Abs. 2 Nr. 4 ZPO beschränkt worden ist (Nr. 3308 Anm. S. 1 VV RVG). Die Vollstreckungsbescheidsgebühr entsteht bereits mit der ersten

Tätigkeit nach Erteilung des Auftrags zur Erwirkung des Vollstreckungsbescheids durch den Mandanten. Für den RA des Gegners ist im RVG keine Vollstreckungsbescheidsgebühr vorgesehen.

Die Vollstreckungsbescheidsgebühr wird im Gegensatz zur Mahnverfahrensgebühr auf die im nachfolgenden Rechtsstreit entstehenden Gebühren **nicht angerechnet**; der RA erhält sie also zusätzlich zur Verfahrensgebühr für den Prozess, wenn der Antragsgegner gegen den erlassenen **Vollstreckungsbescheid** Einspruch eingelegt hat. 13

Der Gegner muss die Vollstreckungsbescheidsgebühr im Unterliegensfall erstatten, wenn er innerhalb der Widerspruchsfrist keinen Widerspruch eingelegt hat. Es ist daher zu empfehlen, nicht sofort nach Ablauf der Widerspruchsfrist den Antrag auf Erlass des Vollstreckungsbescheids zu stellen, da der Widerspruch noch „unterwegs" sein könnte. 14

Bei mehreren Auftraggebern ist die Vollstreckungsbescheidsgebühr **nicht** gemäß §7 RVG, Nr. 1008 VV RVG zu **erhöhen** – es sei denn, die Mahnverfahrensgebühr (Nr. 3305 VV RVG) wurde nicht wegen mehrerer Auftraggeber erhöht (Nr. 3308 Anm. S. 2 VV RVG). 15

Das Mahn- und das Vollstreckungsbescheidsverfahren gelten als **eine Angelegenheit**, sodass die Auslagenpauschale nach Nr. 7002 VV RVG von höchstens 20,00 € nur einmal für beide Verfahren erhoben werden darf. Lag die Auslagenpauschale für das Mahnverfahren unter diesem Höchstbetrag, so kann für den Antrag auf Erlass des Vollstreckungsbescheids die Differenz bis zum Höchstbetrag noch nachgefordert werden. 16

Beispiel:

(Vgl. erstes Beispiel in Rdn 3 ff.). RA Fleißner hat für seinen Auftraggeber eine Kaufpreisforderung von 900,00 € im Mahnverfahren geltend gemacht und die Gerichtskosten vorgelegt. RA Fleißner beantragt nach Ablauf der Widerspruchsfrist den Erlass des Vollstreckungsbescheids bei Gericht. Seinem Auftraggeber sendet RA Fleißner daraufhin folgende Vergütungsrechnung, wobei wir unterstellen, dass die Vergütung für das Mahnverfahren noch nicht abgerechnet ist:

Gegenstandswert: 900,00 €

1,0	Verfahrensgebühr im Mahnverfahren gem. §§ 2, 13 RVG, Nr. 3305 VV RVG	93,00 €
0,5	Vollstreckungsbescheidsgebühr gem. §§ 2, 13 RVG, Nr. 3308 VV RVG	46,50 €
20 %	Pauschale für Post- und Telekommunikationsentgelte für Mahnverfahren gem. § 2 Abs. 2 S. 1 RVG, Nr. 7002 VV RVG	20,00 €
		159,50 €
19 %	USt. gem. § 2 Abs. 2 S. 1 RVG, Nr. 7008 VV RVG	30,31 €
		189,81 €

Vorgelegte Gerichtskosten vom ...

0,5	Verfahrensgebühr über den Antrag auf Erlass eines Mahnbescheids gem. §§ 3, 34 GKG, Nr. 1100 KV GKG (Mindestgebühr)	38,00 €
		227,81 €

War in vorstehendem Beispiel die Vergütung für das Mahnverfahren bereits mit dem Auftraggeber abgerechnet, dann sieht die weitere Gebührenberechnung nur für den Antrag auf Erlass des Vollstreckungsbescheids so aus:

Gegenstandswert: 900,00 €

0,5	Vollstreckungsbescheidsgebühr gem. §§ 2, 13 RVG, Nr. 3308 VV RVG	46,50 €
20 %	Pauschale für Post- und Telekommunikationsentgelte für Vollstreckungsbescheid* gem. § 2 Abs. 2 S. 1 RVG, Nr. 7002 VV RVG	1,40 €
		47,90 €
19 %	USt. gem. § 2 Abs. 2 S. 1 RVG, Nr. 7008 VV RVG	9,10 €
		57,00 €

* Die Auslagenpauschale auf die Mahnverfahrensgebühr beträgt 18,60 € (= 20 % von 93,00 €), sodass nur noch 1,40 € bis zum Höchstbetrag zulässig sind. Dies wird oft falsch gemacht.

Merke:

Für die Beantragung des Vollstreckungsbescheids erhält der RA des Antragstellers eine 0,5 Vollstreckungsbescheidsgebühr, wenn innerhalb der Frist kein Widerspruch erhoben wurde oder der Widerspruch gemäß § 703a Abs. 2 Nr. 4 ZPO beschränkt worden ist. Diese Gebühr wird nicht angerechnet und kann neben der Verfahrensgebühr eines nachfolgenden Prozesses erwachsen.

C. Die Gebühren des Rechtsanwalts des Antragsgegners

I. Die Entstehung der Widerspruchsgebühr

17 Für die Vertretung des Antragsgegners bei der Erhebung des Widerspruchs erhält der **RA des Schuldners** eine Verfahrensgebühr, die **0,5 „Widerspruchsgebühr“** (Nr. 3307 VV RVG). Die Gebühr entgilt insbesondere die Entgegennahme der Information, die Beratung des Gegners und die Prüfung der Erfolgsaussicht des Widerspruchs. Auch wenn er den **Widerspruch** unnötigerweise begründet, erhält der RA nur diese Widerspruchsgebühr und keine zusätzliche Verfahrensgebühr für einen Prozessauftrag. Bei vorzeitiger Beendigung des Auftrags tritt keine Verminderung der Widerspruchsgebühr ein.

18 Der **Gegenstandswert** der Widerspruchsgebühr richtet sich nach dem Betrag, dessentwegen Widerspruch eingelegt wird, also normalerweise nach dem Gesamtstreitwert des Mahnbescheids. Will jedoch der Schuldner nur einen Teil der Forderung bestreiten, oder hat er bereits einen Teilbetrag an den Gläubiger bezahlt, dann verbleibt nur der Restbetrag als Streitwert.

Beispiel:

Zu dem im ersten Beispiel in Rdn 3 ff. erlassenen Mahnbescheid wegen einer Kaufpreisforderung von 900,00 € legt RA Rührig für den Schuldner fristgerecht Widerspruch ein. Dafür berechnet er die nachstehende Vergütung.

Gegenstandswert: 900,00 €

0,5	Widerspruchsgebühr gem. §§ 2, 13 RVG, Nr. 3307 VV RVG	46,50 €
20 %	Pauschale für Post- und Telekommunikationsentgelte gem. § 2 Abs. 2 S. 1 RVG, Nr. 7002 VV RVG	9,30 €
		55,80 €
19 %	USt. gem. § 2 Abs. 2 S. 1 RVG, Nr. 7008 VV RVG	10,60 €
		66,40 €

Sollte sich der Auftrag zur Einreichung des Widerspruchs **vorzeitig erledigen**, so gibt es keine Herabsetzung der Widerspruchsgebühr da eine entsprechende Vorschrift (wie in Nr. 3306 VV RVG) für den Widerspruch fehlt. 19

Da die Widerspruchsgebühr mit einem Satz von 0,5 relativ niedrig ist, gibt es Überlegungen, wie dem RA des Schuldners eine volle Gebühr zukommen könnte. Die Lösung dieser Frage ist **umstritten**. In vielen Fällen wird der Gläubiger bereits bei der Stellung des Antrags auf Erlass eines Mahnbescheids die Durchführung des streitigen Verfahrens gemäß § 696 Abs. 1 ZPO durch Setzen des entsprechenden Häkchens beantragen. Es ist also überflüssig, dass der Schuldner mit seinem Widerspruch ebenfalls einen solchen Streitantrag stellt. Nur wenn also der Gläubiger den Streitantrag noch nicht gestellt hat, kann ihn der Schuldner mit dem Widerspruch stellen. Der RA des Schuldners würde für diese Tätigkeit keine Widerspruchsgebühr, sondern für die **Beantragung des Streitverfahrens** eine 1,3 Verfahrensgebühr gemäß Nr. 3100 VV RVG erhalten. Der Schuldner wird jedoch in der Praxis einen solchen Auftrag nur selten erteilen, sodass sein RA sich im Regelfall mit der 0,5 Widerspruchsgebühr begnügen muss. 20

Der **RA des Antragstellers** erhält die Widerspruchsgebühr selbstverständlich nicht, auch nicht dafür, dass er seinen Auftraggeber von der Einlegung des Widerspruchs informiert. 21

Bei **mehreren Auftraggebern** ist die Widerspruchsgebühr gemäß § 7 RVG, Nr. 1008 VV RVG (siehe § 2 Rdn 32 ff.) für jeden weiteren Auftraggeber um 0,3 zu erhöhen, da es sich um eine Verfahrensgebühr handelt. 22

Merke:

Nur der RA des Schuldners erhält für die Einlegung des Widerspruchs eine 0,5 Widerspruchsgebühr.

Die Gebühr wird nach dem Betrag berechnet, dessentwegen Widerspruch eingelegt wird.

II. Anrechnung der Widerspruchsgebühr bei weiterer Tätigkeit

Die Widerspruchsgebühr wird auf die Verfahrensgebühr des nachfolgenden Rechtsstreits **angerechnet** (Anmerkung zu Nr. 3307 VV RVG), wenn der RA den Schuldner auch im Prozess vertritt. Bei Anwaltswechsel erfolgt keine Anrechnung, da ein anderer RA selbstständige Gebühren erhält. 23

Beispiel:

Nachdem RA Rührig im Beispiel aus Rdn 17 ff. Widerspruch eingelegt hat, wird aufgrund des Antrages des Gläubigers das Streitverfahren vor dem Amtsgericht eröffnet. RA Rührig erhält Prozessauftrag und erwidert schriftlich auf die Anspruchsbegründung des Gläubigers. Danach gewinnt der Schuldner im Lotto und zahlt seine Schulden. RA Rührig sendet ihm folgende Vergütungsberechnung.

I. Einlegung des Widerspruchs

Gegenstandswert: 900,00 €

0,5	Widerspruchsgebühr gem. §§ 2, 13 RVG, Nr. 3307 VV RVG	46,50 €
20 %	Pauschale für Post- und Telekommunikationsentgelte gem. § 2 Abs. 2 S. 1 RVG, Nr. 7002 VV RVG	9,30 €
		55,80 €
19 %	USt. gem. § 2 Abs. 2 S. 1 RVG, Nr. 7008 VV RVG	10,60 €
		66,40 €

II. Vertretung im Zivilprozess

Gegenstandswert: 900,00 €

1,3	Verfahrensgebühr im Prozess gem. §§ 2, 13 RVG, Nr. 3100 VV RVG	120,90 €	
	hierauf ist nach der Anmerkung zu Nr. 3307 VV RVG anzurechnen:		
0,5	Widerspruchsgebühr gem. §§ 2, 13 RVG, Nr. 3307 VV RVG	– 46,50 €	74,40 €
20 %	Pauschale für Post- und Telekommunikationsentgelte* gem. § 2 Abs. 2 S. 1 RVG, Nr. 7002 VV RVG		20,00 €
			94,40 €
19 %	USt. gem. § 2 Abs. 2 S. 1 RVG, Nr. 7008 VV RVG		17,94 €
			112,34 €

* Die Auslagenpauschale entsteht in jeder Angelegenheit. Mahnverfahren und Prozess sind zwei Angelegenheiten. Die Auslagenpauschale für den Prozess wird von der Verfahrensgebühr **vor** Anrechnung berechnet (also 20 % von 120,90 €, höchstens aber 20,00 €).

III. Anrechnung der Widerspruchsgebühr in besonderen Fällen

24 Der Gegenstandswert, nach dem sich die Widerspruchsgebühr berechnet, kann gleich, höher oder niedriger sein als der Wert, über den anschließend prozessiert wird. Dies kann z. B. durch Klageerweiterung, Teilzahlung des Schuldners oder Teilwiderspruch eintreten.

- Ist der Gegenstandswert des Mahnverfahrens **gleich** oder ist er **niedriger**, dann wird die Widerspruchsgebühr vollständig auf die Verfahrensgebühr des nachfolgenden Rechtsstreits angerechnet, wie in vorstehendem Kapitel gezeigt wurde.
- Ist der Gegenstandswert, nach dem sich die Widerspruchsgebühr berechnet, **höher** als der Wert des nachfolgenden Rechtsstreits, dann ist die **Degression der Gebührentabelle** zu berücksichtigen.

  Deshalb dürfen, wenn der Gegenstandswert des Rechtsstreits niedriger als der Wert des vorausgegangenen Mahnverfahrens ist, die im Mahnverfahren entstandenen Gebühren nur insoweit angerechnet werden, wie sie entstanden wären, wenn sich auch das Mahnverfahren auf **den geringeren Streitwert beschränkt** hätte.

Beispiel:

RA Hartmann hat gegen einen Mahnbescheid über 5.000,00 € auftragsgemäß Teilwiderspruch wegen 2.000,00 € eingelegt, nachdem er seinen Auftraggeber dahingehend beraten hat, die restlichen 3.000,00 € an den Gläubiger zu zahlen, was geschah. Wegen der 2.000,00 € wird aufgrund des Antrages des Gläubigers das Streitverfahren vor dem zuständigen Amtsgericht eröffnet.

RA Hartmann erhält Prozessauftrag und erwidert schriftlich auf die Anspruchsbegründung des Gläubigers. In einem vom Gericht anberaumten Verhandlungstermin ergeht nach streitiger Verhandlung ein Urteil in der Sache.

Der Wert des Mahnverfahrens ist hier also **höher** als der Wert des Zivilprozesses. Die Vergütung von RA Hartmann für beide Verfahren wird dann so berechnet:

I. Vergütungsrechnung für die Tätigkeit im Mahnverfahren

Gegenstandswert: 5.000,00 €

0,5	Widerspruchsgebühr gem. §§ 2, 13 RVG, Nr. 3307 VV RVG**		177,25 €
20 %	Pauschale für Post- und Telekommunikationsentgelte für Mahnverfahren*** gem. § 2 Abs. 2 S. 1 RVG, Nr. 7002 VV RVG		20,00 €
			197,25 €
19 %	USt. gem. § 2 Abs. 2 S. 1 RVG, Nr. 7008 VV RVG		37,48 €
			234,73 €

II. Vergütungsrechnung für die Tätigkeit im Zivilprozess

Gegenstandswert: 2.000,00 € *

1,3	Verfahrensgebühr für den Prozess gem. §§ 2, 13 RVG, Nr. 3100 VV RVG (**Wert:** 2.000,00 €)	228,80 €	
	hierauf ist nach der Anmerkung zu Nr. 3307 VV RVG anzurechnen:**		
0,5	Widerspruchsgebühr aus dem Mahnverfahren gem. §§ 2, 13 RVG, Nr. 3307 VV RVG (**Wert: 2.000,00 €**)**	– 88,00 €	140,80 €
1,2	Terminsgebühr gem. §§ 2, 13 RVG, Nr. 3104 VV RVG (**Wert:** 2.000,00 €)		211,20 €
20 %	Pauschale für Post- und Telekommunikationsentgelte für den Prozess*** gem. § 2 Abs. 2 S. 1 RVG, Nr. 7002 VV RVG		20,00 €
			372,00 €
19 %	USt. gem. § 2 Abs. 2 S. 1 RVG, Nr. 7008 VV RVG		70,68 €
			442,68 €

* Im Prozess wird nur der Betrag rechtshängig, über den Teilwiderspruch eingelegt wurde.

** Die Widerspruchsgebühr wird nur zu dem Teilbetrag (2.000,00 €) angerechnet, der in den Prozess übergegangen ist. Die Gebühr für den im Mahnverfahren bereits erledigten Teilbetrag (3.000,00 €) bleibt erhalten. Siehe dazu auch nachstehende Anmerkung.

*** Die Auslagenpauschale für das Mahnverfahren wird gesondert berechnet. Sie braucht im Gegensatz zu der Gebühr nicht angerechnet zu werden, da sie in jeder Angelegenheit entsteht. Mahnverfahren und Prozess sind zwei Angelegenheiten.

Anmerkung (können Sie überspringen und die nachstehende Kurzfassung lesen): In den vorstehenden beiden Berechnungen wurde dem RA zusätzlich zur entstandenen Verfahrensgebühr für den Prozess letztlich nur jener Teilbetrag der Widerspruchsgebühr in Höhe von 89,25 € (= 177,25 € – 88,00 €) belassen, der sich unter **Beachtung der Degression der Gebührentabelle** aus dem Unterschied der Gebühren zwischen dem Mahnverfahren (Wert 5.000,00 €; Gebühr 177,25 €) und aus dem gerichtlich geltend gemachten Restbetrag (Wert 2.000,00 €; Gebühr 88,00 €) ergibt. Dazu musste nur ein Teil der Widerspruchsgebühr, der nach dem niedrigeren Wert des Prozesses berechnet wurde, angerechnet werden. Die Widerspruchsgebühr von 89,25 € nach dem im Mahnverfahren erledigten Teilbetrag von 3.000,00 € (5.000,00 € – 2.000,00 €) ist bereits verdient und bleibt dem RA erhalten. Wegen der Degression der Gebührentabelle darf aber nicht einfach eine Teil-Widerspruchsgebühr nach dem Wert von 3.000,00 € berechnet werden, sondern es muss dem RA die Differenz der beiden Gebühren erhalten bleiben. Zum Verständnis der Berechnungsweise achten Sie bitte auf die angegebenen Gegenstandswerte. (Vgl. Rdn 11 und § 4 Rdn 32).

Man kann die vorstehenden Überlegungen auch noch anders ausdrücken: RA Hartmann erhält eine Verfahrensgebühr im Prozess von 228,80 € nach dem Wert von 2.000,00 €. Zusätzlich hat RA Hartmann eine Widerspruchsgebühr von 177,25 € nach dem Wert von 5.000,00 € verdient, von der eine Teil-Widerspruchsgebühr von 88,00 € nach dem Wert von 2.000,00 € abzuziehen ist, da sie anzurechnen ist. Diese Überlegungen dienen nur zur Erläuterung; **korrekt** ist nur die Berechnungsweise, wie sie oben im Beispiel dargestellt ist.

Kurzfassung (Noch einmal ganz kurz und deutlich): Es wäre **falsch**, für das Mahnverfahren eine Widerspruchsgebühr (nach in diesem Fall) einem Wert von 3.000,00 € zu berechnen und für den Prozess eine Verfahrensgebühr nach dem Wert von 2.000,00 €.

Merke:

Die Widerspruchsgebühr wird auf die Verfahrensgebühr des nachfolgenden Rechtsstreits angerechnet.

Ist der Gegenstandswert des Rechtsstreits niedriger als der Wert des vorausgegangenen Mahnverfahrens, dann sind die im Mahnverfahren entstandenen Gebühren nur insoweit anzurechnen, wie sie entstanden wären, wenn sich auch das Mahnverfahren auf den geringeren Streitwert beschränkt hätte.

IV. Die Gebühr für die Einlegung des Einspruchs gegen einen Vollstreckungsbescheid

25 Mit dem Erlass des Vollstreckungsbescheids ist das Mahnverfahren beendet, denn der Vollstreckungsbescheid steht einem für vorläufig vollstreckbar erklärtem Versäumnisurteil gleich (§ 700 Abs. 1 ZPO). Wenn Einspruch eingelegt wird, gibt das Mahngericht, das den Vollstreckungsbescheid erlassen hat, den Rechtsstreit an das zuständige Prozessgericht ab (§ 700 Abs. 3 ZPO).

Der Einspruch gegen den Vollstreckungsbescheid findet also nicht mehr innerhalb des Mahnverfahrens statt, sondern bereits im streitigen Verfahren vor dem Prozessgericht. Folglich kann für die Einlegung des Einspruchs durch den RA **des Gegners** keine der Gebühren aus dem Mahnverfahren nach den Nrn. 3305 bis 3308 VV RVG entstehen.

Deshalb entsteht für den RA, der Einspruch gegen einen Vollstreckungsbescheid einlegt, eine 1,3 Verfahrensgebühr der Nr. 3100 VV RVG. Der Einspruch gilt als Antrag für das streitige Verfahren, sodass eine Reduzierung der Verfahrensgebühr nach Nr. 3101 Ziff. 1 VV RVG nicht gegeben ist.

Merke:

Für die Einlegung des Einspruchs gegen einen Vollstreckungsbescheid erhält der RA eine 1,3 Verfahrensgebühr (Nr. 3100 VV RVG).

Hinweis:

Der RA des Antragstellers im Mahnverfahren erhält nach der Mitteilung über den Einspruch eine 1,3 Verfahrensgebühr (Nr. 3100 VV RVG) erst dann, wenn er auftragsgemäß einen Antrag oder eine Anspruchsbegründung bei dem Prozessgericht einreicht.

D. Erstattungsfähigkeit der Gebühren bei Anwaltswechsel

Wird der Gegner im späteren Prozess zur Zahlung des im Mahnverfahren geltend gemachten Anspruches verurteilt, so hat er auch die dem Antragsteller entstandenen Kosten zu ersetzen. Hierzu gehören in einem gewissen Umfang auch die Reisekosten des Prozessbevollmächtigten zu dem auswärtigen Gericht, an das die Sache nach dem Widerspruch abgegeben wurde. Dies gilt aber auch dann, wenn zusätzliche Gebühren dadurch entstanden sind, dass nach dem Widerspruch ein **Anwaltswechsel notwendig** wurde. 26

Die Beauftragung eines zweiten RA kann z. B. erforderlich werden, weil die Sache nach Widerspruch an ein auswärtiges Gericht verwiesen werden muss, bei dem der bisher beauftragte RA wegen großer Entfernung und damit hoher Reisekosten nicht auftreten will. In diesem Fall wird der bislang tätige RA im Auftrag des Mandanten entweder als Verkehrsanwalt weiterhin tätig bleiben oder er bleibt Hauptbevollmächtigter tätig und es wird vom Mandanten ein Unterbevollmächtigter bzw. **Terminsvertreter** beauftragt. 27

Wird der im Mahnverfahren am Wohnsitz des Antragstellers tätige RA im Prozess entweder zum Verkehrsanwalt oder zum Hauptbevollmächtigten bestellt, so muss er sich auf die neu entstehenden Gebühren die Mahnverfahrensgebühr anrechnen lassen. Ein zweiter RA erhält seine eigenen Gebühren.

Nach der Rechtsprechung sind die Kosten eines zweiten RA jedoch in der Regel nicht vollständig zu erstatten. Der erstattungspflichtige Gegner muss in der Regel nicht die vollen Kosten für zwei RAe, sondern nur die Kosten für einen RA zuzüglich fiktiver (also ersparter) Reisekosten erstatten. Im Kostenfestsetzungsverfahren wird also meistens eine Vergleichsrechnung angestellt, in der geprüft wird, ob es billiger gewesen wäre, zu reisen oder einen zweiten RA zu bevollmächtigen. 28

Bei einem auswärtigen Schuldner darf also der Antragsteller grundsätzlich einen RA an seinem Wohnort mit dem Antrag auf Erlass des Mahnbescheids beauftragen. Die Rechtsprechung macht hiervon Ausnahmen für rechtskundige Parteien, also Nicht-Verbraucher wie z. B. Kaufleute, die von vornherein einen RA am Sitz des auswärtigen Gerichts, bei dem der Schuldner seinen Gerichtsstand hat, mit der Durchführung des Mahnverfahrens beauftragen müssen.

Insgesamt ist die Frage der Kostenerstattung bei einem Anwaltswechsel nach einem vorausgegangenen Mahnverfahren eine sehr **umstrittene Sache**. Je nach Gericht müssen Sie mit einer unterschiedlichen Handhabung rechnen, obwohl viele der damit verbundenen Fragen bereits durch den BGH entschieden sind. Eine **rechtskundige Partei**, die dieses Problem vermeiden will, rechnet im Mahnverfahren mit Widerspruch des Gegners und beauftragt von vornherein auch schon mit dem Mahnverfahren einen RA am Ort des auswärtigen Gerichts, bei dem später der Prozess stattfinden wird. So kann ein Anwaltswechsel vermieden werden.

E. Exkurs zur Anrechnung von Gebühren

I. Frage: Was heißt es eigentlich, eine Gebühr ist anzurechnen?

Zweck der Anrechnungsvorschrift ist es, zu verhindern, dass in einer Sache eine vergleichbare Tätigkeit mehrfach honoriert wird, wenn der RA z. B. zunächst einen Anspruch außergerichtlich verfolgt hat und später in dieser Sache gerichtlich tätig wird. Wäre es in der Sache gleich zum Prozess gekommen, hätte der RA auch keine anderen Tätigkeiten ausgeübt, sodass die vorprozessuale Tätigkeit letztlich nur der Vorbereitung der Klage gedient hat. 29

Nehmen Sie zum Beispiel die Mahnverfahrensgebühr (Nr. 3305 VV RVG): Sie wird auf die gerichtliche Verfahrensgebühr (Nr. 3100 VV RVG) angerechnet, d. h. aber nicht, dass sie wieder weggenommen wird. Anders ausgedrückt, wird die Mahnverfahrensgebühr infolge der **Anrechnung** nicht durch die Verfahrensgebühr des nachfolgenden Prozesses nachträglich aufgehoben. Dies bedeutet, dass die Mahnverfahrensgebühr z. B. dann (teilweise) bestehen bleibt, wenn die Verfahrensgebühr im späteren Prozess geringer ist (z. B. durch niedrigeren Wert im Prozess). Beide Verfahrensgebühren hat sich der RA verdient, da es sich um zwei Angelegenheiten handelt. Eine einmal verdiente Gebühr kann nicht wieder genommen werden (§ 15 Abs. 4 RVG).

30 Die Anmerkung zu Nr. 3305 VV RVG besagt, dass die Mahnverfahrensgebühr auf die Verfahrensgebühr für einen nachfolgenden Rechtsstreit angerechnet wird. Grundsätzlich wird also die **erste verdiente Gebühr auf die spätere verdiente Gebühr angerechnet**, nicht umgekehrt. Es verringert sich die Gebühr, auf die angerechnet wird (Verfahrensgebühr Nr. 3100 VV RVG), nicht die Gebühr, mit der angerechnet wird (Verfahrensgebühr Nr. 3305 VV RVG). Ausnahmen sind denkbar, weil in extremen Fällen gar nicht anders gerechnet werden kann, so z. B. bei der „Rückwärts-Anrechnung“ (siehe § 4 Rdn 40 f.). Die Anrechnungsbestimmungen des § 15a RVG ist auch für die Mahnverfahrensgebühr von Bedeutung, auch wenn sie hauptsächlich für den Fall gedacht wurde, dass eine zuvor für außergerichtliche Tätigkeit entstandene **Geschäftsgebühr** anzurechnen ist (siehe § 2 Rdn 144 f.).

Durch die Anrechnung verringert also die erste Gebühr die zweite Gebühr – zumindest wenn die Werte in beiden Angelegenheiten (und die Gebührensätze) gleich sind. Da die erste Gebühr in einer Vergütungsrechnung für die betreffende Angelegenheit berechnet wird, ist sie eben in der Berechnung für die spätere Angelegenheit von der späteren Gebühr abzuziehen, sodass der RA insgesamt doch nur einmal eine Verfahrensgebühr erhält**. § 15a Abs. 1 RVG** erlaubt dem RA aber, im Innenverhältnis bei der Abrechnung mit dem Mandanten die Anrechnung zu wählen, wie die Anrechnung erfolgt. Dort ist nämlich geregelt, dann bei im RVG vorgesehenen Anrechnungen von Gebühren der RA beide Gebühren fordern kann, jedoch nicht mehr als den um den Anrechnungsbetrag verminderten Gesamtbetrag der beiden Gebühren. § 15a Abs. 1 RVG räumt dem RA also das **Wahlrecht** ein, bei welcher der anzurechnenden Gebühren er die Anrechnung vornimmt.

31 Ein praktisches Problem bei der Gestaltung der Abrechnung kann allerdings daraus entstehen, dass nach Nr. 7002 VV RVG die Auslagenpauschale für Post- und Telekommunikationsdienstleistungsentgelte in jeder Angelegenheit entsteht. Obwohl die Mahnverfahrensgebühr also angerechnet werden muss, wird eine Auslagenpauschale für die erste Angelegenheit (Mahnverfahren) und eine zweite Auslagenpauschale für die zweite Angelegenheit (Prozess) entstehen.

Beispiel a):

Nach dem Mahnverfahren wegen 500,00 € folgt nach Widerspruch der Prozess. Der RA hat den Antragsteller in beiden Verfahren vertreten. Es handelt sich wegen § 17 Nr. 2 RVG um zwei Angelegenheiten, die getrennt abgerechnet werden. Das folgende Beispiel dient dem Verständnis; jedoch sollten Sie so **NICHT** abrechnen!

I. Mahnverfahren

1,0 Mahnverfahrensgebühr	51,50 €	
20 % Postentgeltpauschale	10,30 €	
	61,80 €	(zzgl. 19 % Umsatzsteuer)

II. Prozess

1,3 Verfahrensgebühr	66,95 €	
20 % Postentgeltpauschale	13,39 €	(Pauschale auf die im Prozess verdiente Gebühr)
	80,34 €	(zzgl. 19 % Umsatzsteuer)

Der RA kann jetzt gemäß § 15a Abs. 1 RVG gegenüber seinem Mandanten wählen, wie er die Anrechnung vornimmt:

Er kann die Mahnverfahrensgebühr Nr. 3305 VV RVG von der Verfahrensgebühr Nr. 3100 VV RVG abziehen, er kann aber auch die Mahnverfahrensgebühr Nr. 3305 VV RVG von dieser abziehen mit der Folge, dass diese 0 € beträgt. Insgesamt darf er als Verfahrensgebühren nur einen Betrag in Höhe von 66,95 € berechnen, der also einer 1,3 Verfahrensgebühr entspricht. Die Verfahrensgebühr in Höhe von 66,95 € enthält also sozusagen die Mahnverfahrensgebühr. Die Auslagenpauschale wird aber immer von den Gebühren berechnet, die **vor** der Anrechnung verdient wurden. Sie berechnen also zwei Auslagenpauschalen. Siehe hierzu den nachfolgenden **Hinweis**.

Die Berechnungsweise in vorstehendem Beispiel a) verletzt zwar den **Grundsatz**, dass eine früher verdiente Gebühr auf eine später verdiente Gebühr anzurechnen ist. Deshalb wird in solchen Fällen in der Regel anders gerechnet. Siehe das Beispiel b). 32

Beispiel b):

Nach dem Mahnverfahren wegen 500,00 € folgt nach Widerspruch der Prozess. Der RA hat den Antragsteller in beiden Verfahren vertreten. Es handelt sich um zwei Angelegenheiten, die getrennt abgerechnet werden. Dabei wird berücksichtigt, dass eine einmal verdiente Gebühr erhalten bleibt und nicht wieder weggenommen werden kann. Dieser Lösungsweg sollte einsichtig sein und wird deshalb bevorzugt.

I. Mahnverfahren

1,0 Mahnverfahrensgebühr	51,50 €
20 % Postentgeltpauschale	10,30 €
	61,80 €

Die bereits verdiente Mahnverfahrensgebühr wird von der Verfahrensgebühr des Prozesses abgezogen, sodass im Prozess nur der Mehrbetrag der Gebühr verbleibt, da die Verfahrensgebühr um 0,3 höher ist als die Mahnverfahrensgebühr.

II. Prozess

1,3	Verfahrensgebühr	66,95 €	
– 1,0	Mahnverfahrensgebühr	– 51,50 €	**(weil sie anzurechnen ist)**
(= 0,3)		15,45 €	(= sozusagen 0,3 von 51,50 €)
20 %	Postentgeltpauschale	13,39 €	(20 % der im Prozess verdienten Verfahrensgebühr i. H. v. 66,95 € **vor** der Anrechnung)
		28,84 €	

Jetzt verbleibt im Prozess nur der Mehrbetrag der 1,3 Verfahrensgebühr des Prozesses nach Anrechnung der 1,0 Mahnverfahrensgebühr. Der Mehrbetrag entspricht übrigens 0,3 von 51,50 € (Gebühr laut Tabelle bei einem Wert von 500,00 €).

Die Auslagenpauschale im Prozess wird von der 1,3 Verfahrensgebühr berechnet, die im Prozess **vor** der Anrechnung verdient wurde. Sie berechnen also zwei Auslagenpauschalen. Siehe hierzu den unten stehenden **Hinweis**.

Das hier in Beispiel b) gezeigte Prinzip der Berechnung ist nicht zwingend, weil § 15a Abs. 1 RVG dem RA das Wahlrecht einräumt, wie er die Anrechnung vornimmt. § 15a Abs. 3 RVG regelt im Gegensatz dazu, wie bei der Kostenfestsetzung gegen einen erstattungspflichtigen Gegner nach gewonnenem Prozess mit Gebührenanrechnungen umzugehen ist (siehe § 1 Rdn 52, 2. Punkt).

33 Die Postentgeltpauschale wird in Höhe von 20 % der verdienten Gebühren berechnet. Auch wenn eine Gebühr angerechnet werden muss, ist diese Gebühr gleichwohl erst einmal verdient worden. In jeder Angelegenheit wird auf die entstandenen Gebühren die Auslagenpauschale wieder neu berechnet (Nr. 7002 Anm. VV RVG). In zwei Angelegenheiten entstehen also auch zwei Postentgeltpauschalen. Nun besagen die Anrechnungsvorschriften, dass **Gebühren anzurechnen** sind – dagegen die **Postentgeltpauschalen nicht**! Dies führt zu dem Ergebnis, dass aus einer Angelegenheit die errechnete Auslagenpauschale erhalten bleibt! In vorstehenden Beispielen a) und b) wurde versucht, dies schematisch darzustellen, damit Sie die Zusammenhänge verstehen können. Infolgedessen ist es also durchaus möglich, dass die Gebühren aus einer Angelegenheit in den Gebühren einer zweiten Angelegenheit mit enthalten sind – aber nicht die Postentgeltpauschale.

Hinweis:

Es bestand ein Streit darüber, ob die Auslagenpauschale von 20 % in der zweiten Rechnung (also für den Prozess) 1.) **nach** Anrechnung der Gebühren oder 2.) **vor** Anrechnung der Gebühren zu berechnen ist. Die Meinung zu 1.) bezieht sich darauf, dass in Nr. 7002 VV RVG von „20 % der Gebühren" ausgegangen wird und dass die Gebühren in einer Angelegenheit sich eben erst nach der gesetzlichen Anrechnung ergeben. Die Meinung zu 2.) beruft sich darauf, dass im RVG eine Anrechnung der Auslagen nicht vorgeschrieben ist, sondern nur der Gebühren.

In der Literatur überwiegt inzwischen die zweite Meinung, die die Auslagenpauschale **vor** der Anrechnung von Gebühren berechnet. Nach meiner Ansicht spricht für diese Meinung, dass die nach Anrechnung der Gebühren verbleibende Zwischensumme auch z. B. 0,00 € betragen könnte, wodurch der RA in der zweiten Angelegenheit überhaupt keinen Auslagenersatz bekäme, obwohl er in dieser Angelegenheit mit Sicherheit Auslagen für Porto und Telefon hatte. Die im RVG vorgeschriebenen Anrechnungen betreffen im Wesentlichen die Betriebsgebühren, die auch die Einarbeitung des RA in den Fall entgelten sollen. Durch die Anrechnungsvorschriften soll verhindert werden, dass der RA, der den Fall schon kennt, für die Einarbeitung doppelt bezahlt wird. Dies spricht jedenfalls nicht dagegen, die Auslagen, die in der zweiten Angelegenheit unzweifelhaft anfallen werden, gesondert als Pauschale nach Nr. 7002 VV RVG in Rechnung zu stellen, denn auch eine Einzelberechnung nach Nr. 7001 VV RVG wäre selbstverständlich jederzeit möglich.

Letztlich werden auch bei Fortsetzungen des Mandats die bereits zuvor entstandenen Auslagen nicht nachträglich niedriger.

34 Wenn man zwei Postentgeltpauschalen berechnen möchte, ist es angebracht, auch beide Angelegenheiten getrennt abzurechnen. Die Alternative, zwei Postentgeltpauschalen in nur einer Vergütungsrechnung zu erheben, sieht sicherlich seltsam aus, wird zu Rückfragen von Seiten der Auftraggeber führen und **ist falsch**. Siehe hierzu auch Beispiele in Rdn 8 ff., sowie auch in den Rdn 11 und § 2 Rdn 204 ff. Denkbar ist auch, dass ein RA auf die zweite Pauschale verzichtet, um Auseinandersetzungen mit seinen Auftraggebern zu vermeiden. Allerdings ist beim Verzicht auf Gebühren und Auslagen nach dem RVG immer daran zu denken, dass das jedenfalls in einem gerichtlichen Verfahren nach § 49b Abs. 1 BRAO verboten ist.

35 Selbstverständlich ist eine Anrechnung von Gebühren bei Wertgebühren nur dann vorzunehmen, wenn die Gebühren von demselben RA verdient (Personenidentität), die anwaltlichen Tätigkeiten in beiden Angelegenheiten denselben Gegenstand betreffen und wenn noch ein **gewisser zeitlicher Zusammenhang** im Sinne von § 15 Abs. 5 S. 2 RVG zwischen beiden Angelegenheiten besteht.

Weitere Hinweise zur Anrechnung der Widerspruchsgebühr finden Sie in den Ausführungen zu Rdn 23 und Rdn 24 sowie zur Anrechnung der Geschäftsgebühr in den § 4 Rdn 28 ff. und § 4 Rdn 32 f.

Merke:

Aufgrund einer Anrechnungsvorschrift werden nur bestimmte Gebühren angerechnet.

Anrechnen bedeutet, dass die in der ersten Angelegenheit erworbene Gebühr die entsprechende Gebühr der zweiten Angelegenheit vermindert.

Gezeigt wird dies dadurch, dass für beide Angelegenheiten die Vergütung getrennt berechnet wird und die anzurechnende Gebühr aus der ersten Angelegenheit von der Gebühr aus der zweiten Angelegenheit abgezogen wird.

§ 15a Abs. 1 RVG räumt dem RA aber gegenüber dem Mandanten ein, die Anrechnung nach seiner Wahl vorzunehmen.

Die Auslagenpauschale nach Nr. 7002 VV RVG entsteht in jeder Angelegenheit, auch wenn die Gebühren anzurechnen sind. Sie wird von den **vor** Anrechnung sich ergebenden Gebühren berechnet.

II. Besondere Probleme bei der Anrechnung von Gebühren

1. Anrechnung bei mehreren Auftraggebern

Wenn ein RA **mehrere Auftraggeber** zuerst außergerichtlich und danach im gerichtlichen Verfahren vertritt, wird die Gebührenerhöhung nach Nr. 1008 VV RVG sowohl für die Geschäftsgebühr (Nr. 2300 VV RVG) als auch für die Verfahrensgebühr des gerichtlichen Verfahrens (Nrn. 3100 bzw. 3305 VV RVG) vorgenommen. 36

Hinweis:

Der Gebührensatz der Geschäftsgebühr darf bei durchschnittlichen Umständen nicht höher als 1,3 (Kappungsgrenze nach Anmerkung Abs. 1 zu Nr. 2300 VV RVG) oder 0,9 (Kappungsgrenze nach Anmerkung Abs. 2 zu Nr. 2300 VV RVG bei Inkassodienstleistung für eine unbestrittene Forderung) sein. Die Anmerkung Abs. 4 zu Nr. 1008 VV RVG besagt, dass sich die **Kappungsgrenzen** von 1,3 bzw. 09 bei mehreren Auftraggebern entsprechend erhöht.

Die Geschäftsgebühr ist auf die Verfahrensgebühr des nachfolgenden gerichtlichen Verfahrens anzurechnen, wobei auch im Fall der mehreren Auftraggeber der **Höchstsatz von 0,75 für die Anrechnung** der Geschäftsgebühr gemäß Vorbemerkung 3 Abs. 4 VV RVG einzuhalten ist; **dieser Höchstsatz von 0,75 erhöht sich keinesfalls**. Siehe nachfolgendes Beispiel. 37

Beispiel:

Insgesamt sechs Kläger haben auf Zahlung von rückständiger Miete und wegen anderer Ansprüche geklagt, nachdem ihr Prozessbevollmächtigter zuvor die Forderung in einem außergerichtlichen Aufforderungsschreiben geltend gemacht hatte.

Für das Aufforderungsschreiben wurde eine 1,3 Geschäftsgebühr erhoben, die für die fünf weiteren Auftraggeber um 1,5 auf insgesamt eine 2,8 Geschäftsgebühr erhöht wurde. Im anschließenden Prozess entstand eine auf 2,8 erhöhte Verfahrensgebühr, auf die die Geschäftsgebühr anzurechnen war. Die Anrechnung ist auf einen Gebührensatz von 0,75 begrenzt, da sich die Gebühr nach Nr. 1008 VV RVG für jede weitere Person erhöht und damit eine einheitliche Gebühr vorhanden ist. Also gilt auch bei einer erhöhten Geschäftsgebühr der Anrechnungshöchstsatz von 0,75 gemäß Vorbemerkung 3 Abs. 4 VV RVG.

Die Anrechnung der Geschäftsgebühr stellt sich in einem solchen Fall wie folgt dar:

I. Vergütung für die außergerichtliche Tätigkeit

Gegenstandswert: 20.000,00 €

2,8	erhöhte Geschäftsgebühr gem. §§ 2, 7, 13, 14 RVG, Nrn. 1008, 2300 Anm. Abs. 1 VV RVG (einschl. Erhöhung für 5 weitere Auftraggeber)	2.441,60 €
20 %	Pauschale für Post- und Telekommunikationsentgelte gem. § 2 Abs. 2 S. 1 RVG, Nr. 7002 RVG VV	20,00 €
		2.461,60 €
19 %	USt. gem. § 2 Abs. 2 S. 1 RVG, Nr. 7008 VV RVG	467,70 €
		2.929,30 €

II. Vergütung für die gerichtliche Tätigkeit

Gegenstandswert: 20.000,00 €

2,8	erhöhte Verfahrensgebühr gem. §§ 2, 7, 13 RVG, Nrn. 1008, 3100 VV RVG (einschl. Erhöhung für 5 weitere Auftraggeber)	2.441,60 €	
0,75	Geschäftsgebühr gem. §§ 2, 13, 14 RVG, Nr. 2300 Anm. Abs. 1 VV RVG* (ist gemäß der Vorbemerkung 3 Abs. 4 VV RVG anzurechnen)	– 654,00 €	
		1.787,60 €	1.787,60 €
1,2	Terminsgebühr gem. §§ 2, 13 RVG, Nr. 3104 VV RVG		1.046,40 €
20 %	Pauschale für Post- und Telekommunikationsentgelte für den Prozess** gem. § 2 Abs. 2 S. 1 RVG, Nr. 7002 VV RVG		20,00 €
			2.854,00 €
19 %	USt. gem. § 2 Abs. 2 S. 1 RVG, Nr. 7008 VV RVG		542,26 €
			3.396,26 €

* Vorbemerkung 3 Abs. 4 VV RVG enthält die Anrechnungsvorschrift. Auch wenn die Hälfte, **höchstens 0,75**, der Geschäftsgebühr anzurechnen ist, bleibt die Vergütung aus der ersten Rechnung zugunsten des RA erhalten. Durch die Anrechnung wird allerdings die Verfahrensgebühr für den späteren Prozess vermindert. Auch hier hat der RA aber wegen § 15a Abs. 1 RVG das Wahlrecht, wie er die Anrechnung im Innenverhältnis zum Mandanten vornimmt.

** Die Auslagenpauschale entsteht nach Nr. 7002 VV RVG in jeder Angelegenheit und wird nicht angerechnet, da es hierfür keine Anrechnungsvorschrift gibt.

38 *Hinweis:*

Nr. 1008 VV RVG enthält **keine „Erhöhungsgebühr“**, sondern nur erhöhte Gebühren. Daher darf zu einer Geschäfts- oder Verfahrensgebühr nicht eine selbstständige „Erhöhungsgebühr“ hinzugesetzt werden. Für mehrere Auftraggeber ist nach Nr. 1008 VV RVG nur eine einzige nach dem erhöhten Gebührensatz berechnete Gebühr zu erheben.

Merke:

Auch bei mehreren Auftraggebern wird die (entsprechend erhöhte) Geschäftsgebühr höchstens mit einem Gebührensatz von 0,75 auf nachfolgende Gebühren angerechnet.

2. Vorgehensweise bei mehrfacher Anrechnung (Kettenanrechnung)

Es kann vorkommen, dass ein RA in derselben Sache **mehrere Aufträge nacheinander** erhält. 39
Der erste Auftrag könnte z. B. die außergerichtliche Erledigung der Angelegenheit sein, danach könnte die Sache in das gerichtliche Mahnverfahren übergehen und nach Widerspruch in den Zivilprozess. In nachfolgendem Beispiel sollen die **nacheinander vorzunehmenden Anrechnungen** aufgezeigt werden. Man spricht hier auch von Mehrfachanrechnung oder Kettenanrechnung. Diese ist zu unterscheiden von der in § 15a Abs. 2 RVG geregelten Anrechnung mehrerer Gebühren aus verschiedenen Angelegenheiten auf die Gebühr aus einer Angelegenheit § 2 Rdn 146 ff.

Beispiel:

Assel hat gegen Schlumpf eine ausstehende Forderung von 5.000,00 € aus einem Kaufvertrag und setzt ihn durch eine Mahnung in Verzug. Schlumpf teilt daraufhin mit, er wolle über die Zahlung mal nachdenken, das eile ja wohl nicht. Assel erteilt RA Rost einen ersten Auftrag, den Schuldner außergerichtlich zu mahnen. Umfang und Schwierigkeit dieser Tätigkeit sind unterdurchschnittlich. Nachdem der Schuldner Schlumpf auch nach Erhalt des Aufforderungsschreibens nicht zahlt, beauftragt Assel RA Rost nunmehr mit der Einleitung des gerichtlichen Mahnverfahrens. Nach Widerspruch des Antragsgegners geht die Sache in den Zivilprozess über. Nach einem Verhandlungstermin ergeht Urteil. Die Geschäftsgebühr wird auf die jetzt entstehende Mahnverfahrensgebühr angerechnet und diese wiederum auf die Verfahrensgebühr des Prozesses.

RA Rost erstellt folgende Vergütungsrechnungen:

I. Vergütungsrechnung für die außergerichtliche Tätigkeit

Gegenstandswert: 5.000,00 €

0,8	Geschäftsgebühr gem. §§ 2, 13, 14 RVG, Nr. 2300 Anm. Abs. 1 VV RVG	283,60 €
20 %	Pauschale für Post- und Telekommunikationsentgelte gem. § 2 Abs. 2 S. 1 RVG, Nr. 7002 VV RVG	20,00 €
		303,60 €
19 %	USt. gem. § 2 Abs. 2 S. 1 RVG, Nr. 7008 VV RVG	57,68 €
		361,28 €

II. Mahnverfahren

Gegenstandswert: 5.000,00 €

1,0	Verfahrensgebühr im Mahnverfahren gem. §§ 2, 13 RVG, Nr. 3305 VV RVG *	354,50 €	
	darauf ist gemäß der Vorbemerkung 3 Abs. 4 VV RVG anzurechnen:		
0,4	Geschäftsgebühr gem. §§ 2, 13, 14 RVG, Nr. 2300 Anm. Abs. 1 VV RVG*	– 141,80 €	212,70 €

20 %	Pauschale für Post- und Telekommunikationsentgelte (für Mahnverfahren)*** gem. § 2 Abs. 2 S. 1 RVG, Nr. 7002 VV RVG		20,00 €
			232,70 €
19 %	USt. gem. § 2 Abs. 2 S. 1 RVG, Nr. 7008 VV RVG		44,21 €
			276,91 €

III. Vergütungsrechnung für die Tätigkeit im Zivilprozess

Gegenstandswert: 5.000,00 €

1,3	Verfahrensgebühr gem. §§ 2, 13 RVG, Nr. 3100 VV RVG	460,85 €	
	darauf ist gemäß der Anmerkung zu Nr. 3305 VV RVG anzurechnen:		
1,0	Verfahrensgebühr im Mahnverfahren gem. §§ 2, 13 RVG, Nr. 3305 VV RVG**	– 354,50 €	106,35 €
1,2	Terminsgebühr gem. §§ 2, 13 RVG, Nr. 3104 VV RVG		425,40 €
20 %	Pauschale für Post- und Telekommunikationsentgelte (für den Prozess)*** gem. § 2 Abs. 2 S. 1 RVG, Nr. 7002 VV RVG		20,00 €
			551,75 €
19 %	USt. gem. § 2 Abs. 2 S. 1 RVG, Nr. 7008 VV RVG		104,83 €
			656,58 €

Durch die Anwendung der Anrechnungsvorschriften hat der RA insgesamt 1,7 Betriebsgebühren erhalten. Das ist die 0,8 Geschäftsgebühr (I.), die nach Anrechnung für das Mahnverfahren verbleibende Verfahrensgebühr (II.) von 1,0 abzüglich 0,4 = 0,6 und die Verfahrensgebühr aus dem Prozess (III.) von 1,3 abzüglich 1,0 = 0,3. Zusammen ist das 0,8 + 0,6 + 0,3 = 1,7.

* Die angerechnete Hälfte der Geschäftsgebühr (0,4) beträgt 141,80 €. Sie vermindert durch die Anrechnung die Verfahrensgebühr des Mahnverfahrens.

** Die Mahnverfahrensgebühr wird auf die Verfahrensgebühr des Zivilprozesses angerechnet. In diesem Fall muss sie auch schon deshalb abgezogen werden, da sie bereits für das Mahnverfahren in der Rechnung II. erhoben worden ist.

*** Die Auslagenpauschale entsteht in jeder Angelegenheit. Außergerichtlicher Auftrag, Mahnverfahren und Prozess sind drei Angelegenheiten. Die Auslagenpauschale für das Mahnverfahren und für den Prozess wird von der Verfahrensgebühr **vor** der Anrechnung berechnet.

40 Die mehrfache Anrechnung von Gebühren nacheinander ist also gar nicht so schwierig. Nach der Rechtsprechung wird im Fall der Anwaltstätigkeit **in derselben Sache** nach

1. außergerichtlicher Geschäftsbesorgung und
2. im gerichtlichen Mahnverfahren und danach
3. im Zivilprozess

gemäß Vorbemerkung 3 Abs. 4 VV RVG so vorgegangen:

- Die (hälftige) Geschäftsgebühr (Nr. 2300 VV RVG) wird auf die Verfahrensgebühr des Mahnverfahrens (Nr. 3305 VV RVG) angerechnet.
- Die Mahnverfahrensgebühr wird dann im **vollen Umfang** (ohne Berücksichtigung der Anrechnung) auf die Verfahrensgebühr im Prozess (Nr. 3100 VV RVG) angerechnet.

Also wird immer eine Gebühr in der gesetzlich vorgeschriebenen Höhe **(voll)** auf die nachfolgende Gebühr angerechnet – und nicht eine nach Anrechnung zuvor verringerte Gebühr (vgl. BGH, Beschluss vom 28.10.2010 – VII ZB 116/09). Auch eine viermalige Anrechnung wäre denkbar, wenn in vorstehendem Fall z. B. noch vorweg eine anzurechnende Beratungsgebühr entstanden wäre.

Merke:

Nach der Rechtsprechung wird immer eine Gebühr in der gesetzlich vorgeschriebenen Höhe **(voll)** auf die nachfolgende Gebühr angerechnet und nicht eine nach vorheriger Anrechnung bereits verringerte Gebühr.

Hinweis: 41

In Vorbemerkung 3 Abs. 4 VV RVG wird der Satz 3 wohl häufig missverstanden. Satz 3 lautet: „Sind mehrere Gebühren entstanden, ist für die Anrechnung die zuletzt entstandene Gebühr maßgebend". Mit „Gebühren" bzw. „Gebühr" in diesem Satz ist die „Geschäftsgebühr nach den Nummern 2300 oder 2301" gemeint. Es kann vorkommen, dass in einer Sache neben einer Geschäftsgebühr nach Nr. 2300 (oder 2301) VV RVG noch eine weitere Geschäftsgebühr nach Nr. 2300 (oder 2301) VV RVG entsteht. Dies kann z. B. der Fall sein, wenn der RA folgende Aufträge bearbeitet hat:

(1) Der RA stellt einen Antrag bei einer Verwaltungsbehörde auf Erlass eines Verwaltungsaktes – hierfür erhält er eine **erste** Geschäftsgebühr gem. Nr. 2300 VV RVG.

(2) Die Verwaltungsbehörde lehnt den Erlass des Verwaltungsaktes ab; der RA legt auftragsgemäß Widerspruch ein; es beginnt das „der Nachprüfung des Verwaltungsaktes dienende Verwaltungsverfahren" (Widerspruchsverfahren) – hierfür erwächst dem RA eine **zweite** Geschäftsgebühr nach Nr. 2300 VV RVG, auf welche die erste Geschäftsgebühr zur Hälfte anzurechnen ist (Vorbemerkung 2.3 Abs. 4 VV RVG).

(3) Auch der Widerspruch wird zurückgewiesen; der RA reicht Klage beim Verwaltungsgericht ein – und erhält hierfür eine Verfahrensgebühr nach Nr. 3100 VV RVG.

Die beiden Geschäftsgebühren (Nr. 2300 VV RVG) entstehen nach § 17 Ziff. 1 a RVG jeweils in einer verschiedenen Angelegenheit. Auf die Verfahrensgebühr für den Prozess nach Nr. 3100 VV RVG ist jetzt nur „die zuletzt entstandene Gebühr" anzurechnen, also die **zweite** Geschäftsgebühr nach Nr. 2300 VV RVG. Da die Behörde sich nach § 15a Abs. 3 RVG nicht auf die Anrechnung berufen kann, ist die volle zweite Geschäftsgebühr auf die Verfahrensgebühr anzurechnen – also ohne Berücksichtigung der vom RA gegenüber dem Mandanten vorzunehmenden Anrechnung. So ist Vorbemerkung 3 Abs. 4 S. 3 VV RVG zu verstehen.

3. Anrechnung in Anwendungsfällen des § 15 Abs. 3 RVG

In der Rechtsprechung umstritten ist die Frage, ob die **Anrechnung** einer Gebühr vor oder nach 42
Anwendung der Kürzungsvorschrift des § 15 Abs. 3 RVG vorzunehmen ist. Da Vorbemerkung 3 Abs. 4 S. 1 VV RVG ebenso wie die Anmerkung zu Nr. 3305 VV RVG besagt, dass die Gebühr „auf die **Verfahrensgebühr des gerichtlichen Verfahrens** angerechnet" werden muss, ist die Anrechnung zweifelsohne **vor der Kürzung** nach § 15 Abs. 3 RVG vorzunehmen. Dies betrifft z. B. die Fälle, in denen zusätzlich zur Verfahrensgebühr nach Nr. 3100 VV RGV eine **Differenz-Verfahrensgebühr** nach Nr. 3101 Ziff. 2 VV RVG entsteht (vergleiche § 7 Rdn 28 ff.).

Ganz deutlich wird dies hinsichtlich der anzurechnenden Geschäftsgebühr in Vorbemerkung 3 Abs. 4 S. 1 VV RVG geregelt, denn demnach wird nur die Geschäftsgebühr auf die Verfahrensgebühr des gerichtlichen Verfahrens angerechnet, die **„wegen desselben Gegenstands“** entstanden ist, der in das gerichtliche Verfahren übergegangen ist. Falls in dem der außergerichtlichen Tätigkeit nachfolgenden Prozess zwei Verfahrensgebühren (Nrn. 3100 und 3101 VV RVG) entstehen, darf folglich die Geschäftsgebühr nur auf diejenige dieser Verfahrensgebühren angerechnet werden, die bezüglich desselben Gegenstands wie bei der vorgerichtlichen Tätigkeit entstanden ist. So wurde dies entschieden vom OLG Karlsruhe (Beschluss vom 03.02.2011 – 5 WF 220/10), vom OLG München (Beschluss vom 07.03.2012 – 11 WF 360/12) und vom LAG Schleswig-Holstein (Beschluss vom 23.12.2019 – 2 Ta 100/19).

Wenn also in einem Prozess ein Vergleich zu Protokoll gegeben wird, in dem eine Einigung über rechtshängige und über nicht rechtshängige Ansprüche erzielt wurde, dann entsteht demnach für die rechtshängigen Ansprüche eine Verfahrensgebühr und für die nicht rechtshängigen Ansprüche entsteht eine Differenz-Verfahrensgebühr (siehe § 7 Rdn 28 ff.). Die vorgerichtlich wegen des eingeklagten Gegenstands entstandene Geschäftsgebühr wird nun auf die **Verfahrensgebühr wegen desselben Gegenstands** angerechnet, das sind die **rechtshängigen Ansprüche**.

Die **nicht rechtshängigen Ansprüche** betreffen eben einen anderen Streitgegenstand als den, für den die vorgerichtliche Geschäftsgebühr berechnet wurde. Sollte auch für die nicht rechtshängigen Ansprüche zuvor eine außergerichtliche Geschäftsgebühr erwachsen sein, dann wäre diese folglich – vor der Kürzung – nur hinsichtlich dieser nicht rechtshängigen Ansprüche anzurechnen, also auf die Differenz-Verfahrensgebühr.

Merke:

Nach den Anrechnungsvorschriften wird immer die Geschäftsgebühr **wegen desselben Gegenstands** auf die entsprechende Verfahrensgebühr angerechnet.

Falls die Anrechnung der Geschäftsgebühr und auch eine Prüfung nach § 15 Abs. 3 RVG zusammentreffen, muss die Anrechnung **vor** der Prüfung vorgenommen werden.

„Erst anrechnen, dann kürzen!“

Beispiel:

Langspecht hat gegen Fischvoigt eine ausstehende Forderung von 94.000,00 € aus einem Kaufvertrag. Wegen dieser Forderung erteilt Langspecht unbedingten **Klageauftrag** an RA Sparkuhl, da Fischvoigt jede Zahlung verweigert hat. RA Sparkuhl erhebt die Klage beim zuständigen Landgericht.

Langspecht macht gegen Fischvoigt weitere 6.000,00 € wegen einer Schadenersatzforderung geltend. Da die Erfolgsaussichten hinsichtlich dieser strittigen 6.000,00 € ungewiss sind, wird RA Sparkuhl von Langspecht beauftragt, diese Forderung zunächst nur **außergerichtlich** gegenüber Fischvoigt einzufordern. RA Sparkuhl übersendet nach Prüfung der Rechtslage deswegen ein Aufforderungsschreiben mit rechtlicher Begründung an den Schuldner.

Das Landgericht ordnet das schriftliche Vorverfahren an und bestimmt nach dem Schriftsatzwechsel Termin zur mündlichen Verhandlung. Im Termin wird auch ein Vergleich erörtert. Vor dem zweiten Termin erhält RA Sparkuhl von seinem Mandanten den Auftrag, nun auch die 6.000,00 € in einen gerichtlich zu protokollierenden Vergleich mit einzubeziehen. RA Sparkuhl führt mit der Gegenseite eine Besprechung mit dem Ziel, eine Einigung über die 94.000,00 € unter Einbeziehung des noch nicht rechtshängigen Anspruchs über die 6.000,00 € zu erreichen. Nach einigen außergerichtlichen Besprechungen kommt es zu einem Vergleich, der im zweiten Termin zu gerichtlichem Protokoll gegeben wird, wonach der Beklagte zur Abgeltung der geltend gemachten Forderungen von insgesamt 100.000,00 € an den Kläger einen Betrag von 75.000,00 € zahlt.

RA Sparkuhl erstellt folgende Vergütungsrechnungen, wobei die Geschäftsgebühr auf die **wegen desselben Gegenstands** entstehende Verfahrensgebühr angerechnet wird:

I. Vergütungsrechnung für die außergerichtliche Tätigkeit

Gegenstandswert: 6.000,00 €

1,3	Geschäftsgebühr gem. §§ 2, 13, 14 RVG, Nr. 2300 Anm. Abs. 1 VV RVG	538,20 €
20 %	Pauschale für Post- und Telekommunikationsentgelte gem. § 2 Abs. 2 S. 1 RVG, Nr. 7002 VV RVG	20,00 €
		558,20 €
19 %	USt. gem. § 2 Abs. 2 S. 1 RVG, Nr. 7008 VV RVG	106,06 €
		664,26 €

II. Vergütungsrechnung für die Tätigkeit im Zivilprozess

Gegenstandswert: 94.000,00 € / 6.000,00 €

1,3	Verfahrensgebühr gem. §§ 2, 13 RVG, Nr. 3100 VV RVG (GW: 94.000,00 €)	2.152,15 €	
0,8	**Differenz-Verfahrensgebühr** gem. §§ 2, 13 RVG, Nrn. 3100, 3101 Ziff. 2 VV RVG (GW: 6.000,00 €)	331,20 €	
	darauf ist gemäß der Vorbemerkung 3 Abs. 4 VV RVG anzurechnen:		
0,65	Geschäftsgebühr gem. §§ 2, 13, 14 RVG, Nr. 2300 Anm. Abs. 1 VV RVG (GW: 6.000,00 €)	– 269,10 €	2.214,25 €
	Gemäß § 15 Abs. 3 RVG sind die Verfahrensgebühren hier **nicht** zu kürzen auf eine 1,3 Verfahrensgebühr nach dem Gesamtwert von 100.000,00 €, das wären 2.281,50 €		
1,2	Terminsgebühr gem. §§ 2, 13 RVG, Nr. 3104 VV RVG (GW: 100.000,00 €)		2.106,00 €
1,0	Einigungsgebühr gem. §§ 2, 13 RVG, Nrn. 1000 Ziff. 1, 1003 VV RVG (GW: 94.000,00 €)	1.655,50 €	
1,5	Einigungsgebühr gem. §§ 2, 13, Nr. 1000 VV RVG (GW: 6.000,00 €)	621,00 €	2.276,50 €
	Gemäß § 15 Abs. 3 RVG sind die Einigungsgebühren hier **nicht** zu kürzen auf eine 1,5 Einigungsgebühr nach dem Gesamtwert von 100.000,00 €, das wären 2.632,50 €		
20 %	Pauschale für Post- und Telekommunikationsentgelte gem. § 2 Abs. 2 S. 1 RVG, Nr. 7002 VV RVG		20,00 €
			6.616,75 €
19 %	USt. gem. § 2 Abs. 2 S. 1 RVG, Nr. 7008 VV RVG		1.257,18 €
			7.873,93 €

43 Hätte in einem einfach gelagerten Fall RA Sparkuhl nur eine 0,8 Geschäftsgebühr für die außergerichtliche Tätigkeit berechnet, hätte nach Anrechnung der halben (0,4) Geschäftsgebühr eine Kürzung nach § 15 Abs. 3 RVG gegriffen. Dies wird nachstehend gezeigt, wobei nur die Berechnung der Verfahrensgebühr dargestellt wird, da der Rest der Vergütungsrechnung unverändert bleibt (mit Ausnahme von Umsatzsteuer und Endsumme). Anhand dieser Beispiele sehen Sie, dass Sie in solchen Fällen immer die Prüfung nach § 15 Abs. 3 RVG vornehmen müssen, denn niemand kann vorher wissen, ob eine Kürzung eintritt oder nicht.

Beispiel:

Gegenstandswert: 94.000,00 € / 6.000,00 €

1,3	Verfahrensgebühr gem. §§ 2, 13 RVG, Nr. 3100 VV RVG (GW: 94.000,00 €)	2.152,15 €	
0,8	**Differenz-Verfahrensgebühr** gem. §§ 2, 13 RVG, Nrn. 3100, 3101 Ziff. 2 VV RVG (GW: 6.000,00 €)	331,20 €	
	darauf ist gemäß der Vorbemerkung 3 Abs. 4 VV RVG anzurechnen:		
0,4	Geschäftsgebühr gem. §§ 2, 13, 14 RVG, Nr. 2300 Anm. Abs. 1 VV RVG (GW: 6.000,00 €)	– 165,60 €	
		2.317,75 €	
	Gemäß § 15 Abs. 3 RVG sind die Verfahrensgebühren hier **zu kürzen** auf eine 1,3 Verfahrensgebühr nach dem Gesamtwert von 100.000,00 €, das sind 2.281,50 €		2.281,50 €

(*Terminsgebühr und Einigungsgebühren wie in der oben stehenden Rechnung*)

Merke:

„Erst anrechnen, dann kürzen!"

44 *Hinweis:*

Vorsicht ist angeraten bei der Anwendung der Wahlmöglichkeit nach § 15a Abs. 1 RVG:

Würde der RA in vorstehendem Beispiel in **Rechnung I.** (1,3 Geschäftsgebühr für die außergerichtliche Tätigkeit) gemäß § 15a Abs. 1 RVG wegen der Anrechnung der halben Geschäftsgebühr nur eine 0,65 Geschäftsgebühr (269,10 €) berechnen und deshalb in **Rechnung II.** (Prozess) die 0,8 Verfahrensgebühr in voller Höhe ohne Anrechnung der Geschäftsgebühr ansetzen, so würde die Kürzung der Verfahrensgebühren nach § 15 Abs. 3 RVG greifen und die Summe der beiden Verfahrensgebühren (2.152,15 € + 331,20 € = 2.483,35 €) wäre auf 2.281,50 € zu kürzen, im Ergebnis also um 201,85 €. Dies käme dem Mandanten zugute. In Rechnung I. darf dann nämlich wegen § 15a Abs. 1 RVG nur eine 0,65 Geschäftsgebühr (269,10 €) angesetzt werden, da infolge der Anrechnungsvorschrift letztlich nur eine halbe Geschäftsgebühr berechnet werden darf.

§ 7 Bürgerliche Rechtsstreitigkeiten

A. Vorbemerkungen

In Teil 3 des Vergütungsverzeichnisses des RVG werden die Gebühren für alle Tätigkeiten des RA in gerichtlichen Verfahren geregelt, außer in den Verfahren in Strafsachen und Bußgeldsachen und in bestimmten sonstigen Verfahren (diese Gebühren sind in den Teilen 4 bis 6 VV RVG festgelegt). Teil 3 gilt also insbesondere für alle **Zivilsachen**, zu denen gemäß § 13 GVG bürgerliche Rechtsstreitigkeiten, die Familiensachen und die Angelegenheiten der freiwilligen Gerichtsbarkeit gehören, sowie für gerichtliche Verfahren vor den Gerichten für Arbeitssachen und für Verfahren vor den Gerichten der Finanz-, Sozial- und Verwaltungsgerichtsbarkeit. Weiterhin werden in Teil 3 auch Gebühren in besonderen Verfahren bestimmt, wie Verfahren der Zwangsvollstreckung, der Zwangsversteigerung und Zwangsverwaltung, Insolvenzverfahren und die Vollziehung von Arresten, einstweiligen Verfügungen und einstweiligen Anordnungen. 1

In gerichtlichen Verfahren des Teil 3 VV RVG gibt es nur **zwei Arten von Gebühren**: Verfahrensgebühren und Terminsgebühren. 2

- Eine **Verfahrensgebühr** entsteht für das Betreiben des Geschäfts, also des Verfahrens (Vorbemerkung 3 Abs. 2 VV RVG).
- Eine **Terminsgebühr** entsteht innerhalb eines Verfahrens insbesondere für die Vertretung in einem (irgendeinem!) gerichtlichen Termin außer einem Verkündungstermin, aber auch für die Wahrnehmung von außergerichtlichen Terminen (von einem gerichtlich bestellten Sachverständigen anberaumter Termin) und für die Mitwirkung an Besprechungen, die auf die Vermeidung oder Erledigung des Verfahrens gerichtet sind (Vorbemerkung 3 Abs. 3 VV RVG). Nur für Besprechungen mit dem Auftraggeber gibt es natürlich keine Terminsgebühr.
- Ferner kann die Terminsgebühr unter den in der Anmerkung Abs. 1 zu Nr. 3104 VV RVG aufgeführten Voraussetzungen auch entstehen, wenn es nur eine schriftliche Entscheidung oder einen schriftlichen Vergleich ohne Termin gibt. Man spricht hier auch von einer **fiktiven Terminsgebühr**.

Weiterhin können im Zivilprozess **allgemeine Gebühren** aus Teil 1 VV RVG entstehen: 3

- Eine **Einigungsgebühr** entsteht für die Mitwirkung beim Abschluss eines Vergleichs im Prozess (Nrn. 1003, 1004 VV RVG).
- Nach Nr. 1008 VV RVG tritt eine **Gebührenerhöhung** der Verfahrensgebühr ein, wenn Auftraggeber in derselben Angelegenheit mehrere Personen sind.
- Eine **Zusatzgebühr** kann für besonders umfangreiche Beweisaufnahmen anfallen, die an mindestens drei Terminen stattfinden (Nr. 1010 VV RVG).
- Die **Hebegebühr** für die Weiterleitung von Geld (Nr. 1009 VV RVG).

B. Die Gebühren des Prozessbevollmächtigten

I. Die Gebühren im ersten Rechtszug

4 *→ Dazu Aufgaben Gruppe 9*

Der zum Prozessbevollmächtigten bestellte RA erhält für seine Tätigkeit in der ersten Instanz die in Teil 3 Abschnitt 1 VV RVG bestimmten Gebühren. Dagegen gilt Abschnitt 1 nicht für Verfahren, für die das RVG eigene Gebührenvorschriften in den Abschnitten 2 ff. des Teils 3 vorsieht, wie z. B. das Berufungs- und Revisionsverfahren, das Mahnverfahren oder das Zwangsvollstreckungsverfahren.

In gerichtlichen Verfahren können für den bevollmächtigten RA in der Regel zwei Gebühren entstehen: eine Verfahrensgebühr und eine Terminsgebühr.

Merke:

Stets zu beachtende Voraussetzung für die Anwendung der in Teil 3 VV RVG geregelten Gebühren ist gemäß Vorbemerkung 3 Abs. 1 VV RVG, dass dem Rechtsanwalt ein **unbedingter Auftrag** als Prozess- oder Verfahrensbevollmächtigter oder für eine sonstige Tätigkeit in einem gerichtlichen Verfahren erteilt worden ist.

5 Das Vergütungsverzeichnis enthält nicht nur eine Verfahrensgebühr und nur eine Terminsgebühr, sondern je nach Tätigkeitsmerkmalen verschiedene dieser Gebühren in unterschiedlicher Höhe. Mit den Begriffen Verfahrensgebühr und Terminsgebühr werden also **gewisse Typen von Gebühren** bezeichnet, die für ganz bestimmte Tätigkeitsbereiche vorgesehen sind. Es ist also auf die Beschreibung einer jeden Gebühr in der entsprechenden Nummer des VV des RVG und auf die Definitionen in den Vorbemerkungen und Anmerkungen zu achten. Dabei regelt der Gesetzgeber zunächst immer einen Grundtatbestand der Verfahrens- und Terminsgebühr. Damit ist Folgendes gemeint:

- **Grundtatbestand:** Die Verfahrensgebühr erster Instanz beträgt nach Nr. 3100 VV RVG grundsätzlich 1,3.
- **Modifikation des Grundtatbestands:** Nach Nr. 3101 VV RVG beträgt die Verfahrensgebühr abweichend davon in den dort geregelten Fällen statt 1,3 nur 0,8, siehe den Wortlaut von Nr. 3101 VV RVG: *„beträgt die Gebühr 3100 .... 0,8.“*
- **Grundtatbestand:** Die Terminsgebühr erster Instanz beträgt nach Nr. 3104 VV RVG grundsätzlich 1,2.
- **Modifikation des Grundtatbestands:** Nach Nr. 3105 VV RVG beträgt die Terminsgebühr abweichend davon in den dort geregelten Fällen statt 1,2 nur 0,5, siehe den Wortlaut von Nr. 3105 VV RVG: *„Die Gebühr 3104 beträgt .... 0,5.“*

Wenn die Gebühren in Teil 3 VV RVG **Wertgebühren** sind, wird der Betrag in Euro aus der Gebührentabelle abgelesen, die als Anlage 2 zu § 13 Abs. 1 dem RVG beigefügt ist. Die Gebühren in der Tabelle gelten für den Gebührensatz 1,0. Der Gebührenbetrag aus der Tabelle ist also mit dem jeweiligen Gebührensatz zu multiplizieren.

Die Verfahrensgebühr und die Terminsgebühr erwachsen sowohl dem Prozessbevollmächtigten des Klägers als auch dem Prozessbevollmächtigten des Beklagten, wenn sie die entsprechenden Tätigkeiten durchgeführt haben.

Neben Wertgebühren enthält Teil 3 VV RVG auch **Betragsrahmengebühren** (z. B. Nrn. 3103, 3106 VV RVG). Diese sind vorgesehen in Verfahren vor den Sozialgerichten, in denen Betragsrahmengebühren entstehen. Gemäß § 3 RVG entstehen in den Verfahren vor den Gerichten der Sozialgerichtsbarkeit, in denen das Gerichtskostengesetz (GKG) nicht anzuwenden ist, Betragsrahmengebühren. Hiermit sind die Verfahren gemeint, die nicht von § 197a SGG erfasst werden.

1. Die Verfahrensgebühr

Die Verfahrensgebühr entsteht „für das Betreiben des Geschäfts“ und ist somit eine typische so genannte allgemeine **Betriebsgebühr**. Da sie eine **Pauschgebühr** ist, werden durch sie alle Tätigkeiten des RA in der Angelegenheit vergütet, die in § 19 RVG als zum Rechtszug gehörend bezeichnet werden. 6

Die Verfahrensgebühr gilt die **gesamte Tätigkeit** des RA in einem Rechtszug ab, außer wenn das RVG besondere Gebühren für eine bestimmte Tätigkeit vorsieht (z. B. Terminsgebühr, Einigungsgebühr, Zusatzgebühr für besonders umfangreiche Beweisaufnahmen, Hebegebühr). Mit der Verfahrensgebühr werden im Einzelnen beispielsweise folgende Tätigkeiten des RA vergütet:

- dass der RA sich über den Streitstoff **informiert**,
- dass er den Mandanten während des gesamten Verfahrens **berät**,
- dass er **Schriftsätze anfertigt** und absendet,
- beim **Einwohnermeldeamt anfragt** wegen der Anschrift des Gegners,
- **Anträge stellt**,
- **Beweismittel angibt**,
- den **Prozess führt** oder auch
- die **Klage zurücknimmt**.

Die Verfahrensgebühr entsteht, sobald der RA irgendeine Tätigkeit als Prozessbevollmächtigter entfaltet hat. Im Normalfall hat er sie also bereits mit der Entgegennahme der ersten Information von seinem Auftraggeber verdient. Damit sie in voller Höhe von 1,3 entsteht, muss der RA des Klägers allerdings die Klageschrift bei Gericht eingereicht haben bzw. der RA des Beklagten einen Schriftsatz mit Anträgen; ansonsten erhält er wegen **vorzeitiger Beendigung** des Auftrages nur eine verminderte 0,8 Verfahrensgebühr gemäß Nr. 3101 Ziff. 1 VV RVG (siehe Rdn 26 f.).

Im Zivilprozess gelten **in der ersten Instanz** für die Verfahrensgebühr die folgenden Gebührensätze: 7

- In der Regel erhält der RA eine **1,3 Verfahrensgebühr** gemäß Nr. 3100 VV RVG.
- Bei vorzeitiger Beendigung des Auftrages wird der Gebührensatz vermindert auf eine **0,8 Verfahrensgebühr** gemäß Nr. 3101 **Ziff. 1** VV RVG (siehe Rdn 26 f.).
  Eine 0,8 Verfahrensgebühr entsteht auch bei Einbeziehung nicht rechtshängiger Ansprüche in einen gerichtlichen Vergleich nach Nr. 3101 **Ziff. 2** VV RVG (siehe Rdn 28 ff.).

Es ist unmöglich, dass in einem gerichtlichen Verfahren eine Terminsgebühr, eine Zusatzgebühr für besonders umfangreiche Beweisaufnahmen oder die Einigungsgebühr nach Nr. 1003 VV RVG anfällt, ohne dass gleichzeitig eine Verfahrensgebühr entsteht. Die Verfahrensgebühr muss als allgemeine Betriebsgebühr auf jeden Fall erwachsen, bevor eine der anderen Gebühren zur Entstehung gelangen kann. Ebenso kann der Gegenstandswert der Verfahrensgebühr – mit Ausnahme des Falles der Einbeziehung nicht rechtshängiger Ansprüche in einen gerichtlichen Vergleich – nicht unter dem Wert der Terminsgebühr, der Zusatzgebühr für besonders umfangreiche Beweisaufnahmen oder der Einigungsgebühr liegen.

Der **Gegenstandswert** der Verfahrensgebühr ergibt sich aus der Summe der Ansprüche, die gleichzeitig oder nacheinander in dem Prozess geltend gemacht werden. Man muss also die Werte der einzelnen Ansprüche zusammenzählen (§ 22 Abs. 1 RVG).

Wird im Laufe des Verfahrens der Gegenstandswert erhöht, was z. B. durch **Klageerweiterung** der Fall sein kann, dann wird die Verfahrensgebühr nach dem höheren Gegenstandswert berechnet. Dagegen wirkt es sich auf eine bereits entstandene Verfahrensgebühr nicht aus, wenn der Gegenstandswert später z. B. durch Teilzahlung des Beklagten vermindert wird. Halten wir also fest: **Gegenstandswert für die Verfahrensgebühr** ist der Wert, wegen dessen der RA insgesamt Prozessauftrag erhält und die Klage einreicht bzw. tätig wird (vgl. § 3 Rdn 63 ff.). 8

Beispiel:

Klage wegen Forderung von 5.000,00 € wird auftragsgemäß eingereicht. Vor dem ersten Verhandlungstermin zahlt der Schuldner 1.000,00 €. Wegen der verbleibenden 4.000,00 € wird streitig verhandelt. Im zweiten Verhandlungstermin wird die Klage um 2.000,00 € erhöht. Obwohl der Rechtsstreit jetzt nur noch wegen 6.000,00 € geführt wird, berechnet sich die Verfahrensgebühr nach 7.000,00 € (5.000,00 € + 2.000,00 €). Wenn das Gericht den Streitwert für die Gerichtsgebühr gemäß § 63 Abs. 2 GKG auf 7.000,00 € festsetzt, ist das gemäß § 32 Abs. 1 RVG auch für die Verfahrensgebühr des Rechtsanwalts **maßgebend**. Das bedeutet, dass die gerichtliche Streitwertfestsetzung letztlich darüber entscheidet, nach welchem Wert der Rechtsanwalt in dem gerichtlichen seine Gebühren abrechnen muss.

9 Von der Klageänderung bzw. Klageerweiterung zu unterscheiden ist der Fall der **Wertänderung** des Streitgegenstandes, der ansonsten unverändert bleibt. Wenn der Streitgegenstand derselbe bleibt und nur sein Wert sich verändert, dann ist nach § 40 GKG für die Wertberechnung der **Zeitpunkt der Einreichung der Klage** maßgeblich.

Beispiel:

Klage auf Herausgabe von Aktien. Bei Klageeinreichung stand der Börsenkurs für die Aktie bei 100,00 €. Bei Urteilsverkündung war der Kurs 120,00 €. Zur Feststellung des Gebührenstreitwertes nimmt man den Kurs von 100,00 €.

Die Wertänderung muss also von der Klageerweiterung oder Klageermäßigung unterschieden werden, da in diesen Fällen sich nicht der Wert, sondern der Klagegegenstand ändert.

Zur weiteren Verfahrensgebühr („Differenz-Verfahrensgebühr") gemäß Nr. 3101 Ziff. 2 VV RVG und der Terminsgebühr („Differenz-Terminsgebühr") bei Einbeziehung nicht rechtshängiger Ansprüche in einen gerichtlichen Vergleich siehe Rdn 28 ff. und § 2 Rdn 175.

Merke:

In jedem Prozess bzw. bei jedem unbedingten Auftrag für einen Prozess (Vorbemerkung 3 Abs. 1 VV RVG) muss dem Prozessbevollmächtigten zumindest die Verfahrensgebühr als allgemeine Betriebsgebühr erwachsen.

Bei vorzeitiger Beendigung des Auftrages gibt es nur eine verminderte Verfahrensgebühr.

Für die Verfahrensgebühr ist stets der Streitwert während der Tätigkeit des Prozessbevollmächtigten maßgeblich, wegen dessen der RA insgesamt Prozessauftrag hat und tätig wird.

Beachten Sie, dass auf die im Zivilprozess entstehende Verfahrensgebühr eine zuvor wegen desselben Gegenstands bereits berechnete **Geschäftsgebühr** (Nrn. 2300 oder 2301 VV RVG) zur Hälfte, jedoch höchstens mit einem Gebührensatz von 0,75, **anzurechnen ist**. Beispiele zur Anrechnung der Geschäftsgebühr finden Sie in § 4 Rdn 28 ff. und § 4 Rdn 32 f.

2. Die Terminsgebühr

10 Die **Terminsgebühr** erhält der RA für die **Wahrnehmung von Terminen und Besprechungen**. Es spielt fast keine Rolle, um welche Art von Termin es sich handelt. Allerdings wird der RA in der Regel seinen Mandanten in einem gerichtlichen Termin vertreten. Das Gesetz zählt in der Vorbemerkung 3 Abs. 3 VV RVG ausdrücklich die folgenden **Arten von Terminen** auf und rechnet auch bestimmte Besprechungen hinzu:

- **gerichtliche Termine** als Verhandlungstermine, aber auch Erörterungs-, Anhörungs- oder Protokollierungstermine,

- **außergerichtliche Termine** – das sind von einem gerichtlich bestellten Sachverständigen anberaumte Termine und
- **Besprechungen**, die auf die Vermeidung oder Erledigung des Verfahrens gerichtet sind,
- Besprechungen mit dem Auftraggeber gehören **nicht** zu diesen Terminen und
- gerichtliche Verkündungstermine gehören **nicht** zu diesen Terminen (z. B. Urteilsverkündung).

Auch die Teilnahme an einer **Güteverhandlung** (§ 278 ZPO) lässt die Terminsgebühr entstehen. 11
Weiterhin spielt es auch fast keine Rolle, was der RA in dem Termin tut. Es kommt nicht darauf an, ob in dem Termin von dem Rechtsanwalt Anträge gestellt werden oder die Sache erörtert wird. Für den Anfall der Terminsgebühr in einem gerichtlichen Termin ist es ausreichend, wenn der RA nach Beginn des Termin **für seinen Auftraggeber auftritt**, also dem Gericht seine Anwesenheit bekannt gibt. Es ist also keineswegs erforderlich, dass der RA danach noch etwas tut, also z. B. Anträge stellt oder die Sach- und Rechtslage mit dem Gericht oder der Gegenseite erörtert. Ein RA, der in dem Termin auftritt und dann still sitzt und nur aufmerksam zuhört, ohne etwas zu sagen, hat die Terminsgebühr nach der Regelung im RVG bereits verdient.

Die **Besprechungen zur Vermeidung oder Erledigung des Verfahrens** (Vorbemerkung 3 Abs. 3 12
S. 3 Ziff. 2 VV RVG) sollen zu einer möglichst frühen Beendigung des gerichtlichen Verfahrens durch eine gütliche Einigung beitragen. Der Gesetzgeber sieht es als eine Verpflichtung des RA, „... nach seiner Bestellung zum Verfahrens- oder Prozessbevollmächtigten in jeder Phase des Verfahrens zu einer möglichst frühen, der Sach- und Rechtslage entsprechenden Beendigung des Verfahrens beizutragen". Das Gesetz sagt nicht, mit wem der RA die Besprechung geführt haben muss; es wird hier hauptsächlich der Gegner oder dessen RA in Betracht kommen. Aber auch eine Haftpflichtversicherung des Gegners könnte ein möglicher Gesprächspartner sein. Ausgeschlossen sind laut Gesetz nur Besprechungen mit dem Auftraggeber, wobei die bloße Anwesenheit von letzterem bei solchen Besprechungen unschädlich ist. Wichtig ist nur, dass die Besprechung auf die **Vermeidung oder Erledigung des Verfahrens** gerichtet ist und es sich nicht nur um ein allgemeines Informationsgespräch handelt. Das Gesetz verlangt nicht, dass die Besprechung in einem Termin – der Begriff Termin wurde in Vorbemerkung 3 Abs. 3 Ziff. 2 VV RVG vermieden – stattfindet, sodass auch telefonische Besprechungen eine Terminsgebühr auslösen können. Für solche **außergerichtlichen Besprechungen** kann selbst dann eine Terminsgebühr entstehen, wenn für das gerichtliche Verfahren eine mündliche Verhandlung nicht vorgeschrieben ist und das Gericht ohne mündliche Verhandlung durch Beschluss entscheidet. Auch wird von dem RA nicht viel an Tätigkeit verlangt, bloßes Zuhören dürfte bereits ausreichend sein. Es ist insbesondere auch nicht von Bedeutung, ob diese Besprechungen erfolgreich verlaufen sind; es muss nur ein ernsthafter Versuch stattgefunden haben, den Streit beizulegen, also das Verfahren zu erledigen oder zu vermeiden.

Hinweis: 13

Die Begriffe **Erledigung** und **Vermeidung** eines Verfahrens meinen unterschiedliches: Bei einem bereits anhängigen gerichtlichen Verfahren kann Zielsetzung der Besprechung nur dessen Erledigung sein. Gibt es noch gar kein gerichtliches Verfahren, dient die Besprechung der Vermeidung eines Verfahrens.

Für den bloßen Austausch von E-Mails kann zwar keine Terminsgebühr nach Vorbemerkung 3 Abs. 3 S. 3 Ziff. 2 VV RVG entstehen (Beschluss des BGH vom 21.10.2009 - IV ZB 27/09). Wenn aber der Austausch der E-Mails dazu führt, dass eine Einigung im Sinne von Nr. 1000 VV RVG zustande kommt, erhält der Rechtsanwalt eine Terminsgebühr, allerdings nach der Anmerkung Abs. 1 Nr. 1 zu Nr. 3104 VV RVG.

Der RA erhält keine Terminsgebühr, wenn ihm (telefonisch) mitgeteilt wird, dass die Parteien sich ohne anwaltliche Hilfe untereinander geeinigt haben (BGH, Beschluss vom 09.05.2017 – VIII ZB 55/16).

Bloße telefonische Nachfragen oder Informationen lösen keine Terminsgebühr aus. Es müsste schon bei der Gegenseite eine Gesprächsbereitschaft zu Überlegungen über eine Einigung bestehen (LSG Bayern, Beschluss vom 27.11.2017; LG Stuttgart, Beschluss vom 17.07.2018 – 19 T 48/18).

14 *Hinweis:*

Selbst wenn im Gerichtstermin für eine Partei niemand erscheint und der RA der erschienenen Partei die Sach- und Rechtslage **mit dem Richter erörtert** und dann ein Versäumnisurteil ergeht, entsteht die 1,2 Terminsgebühr (BGH, Beschluss vom 24.01.2007 – IV ZB 21/06). Ein Versäumnisurteil in einem zweiten Termin kann nichts mehr am Entstehen der 1,2 Terminsgebühr ändern (OLG Naumburg, Beschluss vom 18.11.2013 – 2 W 23/13; OLG Jena, Beschluss vom 19.01.2015 – 1 W 18/15; OLG Frankfurt, Beschluss vom 24.07.2017 – 6 W 47/17).

Keine Terminsgebühr entsteht, wenn der RA erst nach Schluss der mündlichen Verhandlung zur Urteilsverkündung erscheint (OLG München, Beschluss vom 17.06.2008 – 11 WF 1065/08).

Beispiele:

Fall 1: Nach Aufruf der Sache meldet sich der zum Prozessbevollmächtigten bestellte RA in der mündlichen Verhandlung als Vertreter des Klägers.

Damit hat er bereits die Terminsgebühr verdient. Weitere Tätigkeiten können sich nicht mehr auf die Gebühr auswirken, da es sich um eine Pauschgebühr handelt.

Fall 2: Ein gerichtlich bestellter Sachverständiger hat einen Ortstermin anberaumt. Der RA erscheint als Vertreter seines Mandanten und sieht sich z. B. den Unfallort an.

Bereits dadurch wurde in dem Verfahren die Terminsgebühr ausgelöst. Weitere Termine z. B. bei Gericht führen nicht mehr zu einer Erhöhung der Terminsgebühr.

Fall 3: Nachdem der RA den Prozessauftrag erhalten hat, ruft er die gegnerische Versicherung an und fordert sie zur umgehenden Zahlung auf. Die Versicherung erläutert ausführlich ihre Argumente, warum sie nicht zu zahlen beabsichtigt. Der RA nimmt dies zur Kenntnis und bereitet die Klage vor.

Dies war zwar kein Termin, aber eine (telefonische) Besprechung zur Vermeidung des Prozesses. Damit hat der RA bereits die Terminsgebühr verdient.

Fall 4: Der RA hat Prozessauftrag erhalten, aber die Klage noch nicht eingereicht. Er übersendet dem Schuldner ein Aufforderungsschreiben, woraufhin dieser telefonisch über eine Ratenzahlungsvereinbarung verhandelt.

Obwohl der Rechtsstreit noch nicht gerichtlich anhängig geworden ist, hat der RA bereits die Terminsgebühr durch die Besprechung mit dem Ziel der Vermeidung des Verfahrens verdient (Vorbemerkung 3 Abs. 3 S. 3 Ziff. 2 VV RVG; BGH, Urteil vom 08.02.2007 – IX ZR 215/05).

Fall 5: Nachdem der RA den Prozessauftrag erhalten hat, ruft er den Gegner an und schlägt eine einvernehmliche Erledigung des Rechtsstreits vor. Der Gegner verweigert jedes sachbezogenes Gespräch über den Rechtsstreit.

Hier ist noch keine sachbezogene Besprechung zustande gekommen. Der RA kann die Terminsgebühr erst später z. B. durch die Wahrnehmung eines gerichtlichen Termins entstehen.

Ganz unwesentlich ist es denn aber doch nicht, was der RA in einem Termin macht, zumindest wenn einer der Ausnahmefälle vorliegt, in denen die Terminsgebühr nur in reduzierter Höhe anfällt. Im **Normalfall** spielt es keine Rolle, ob in dem Termin verhandelt wird, und falls ja, ob die Verhandlung streitig oder nichtstreitig verläuft. Auch z. B. bei Beantragung eines Anerkenntnisurteils entsteht die Terminsgebühr in voller Höhe, obwohl nur eine nichtstreitige Verhandlung vorliegt. Zu den **Ausnahmefällen** gehören insbesondere Termine, in denen Versäumnisurteile ergehen, da für deren Beantragung in bestimmten Fällen nur eine **verminderte Terminsgebühr** entsteht. 15

In der ersten Instanz gibt es zwei Möglichkeiten, in welcher Höhe die Terminsgebühr entstehen kann. Es sind zwei verschiedene **Gebührensätze der Terminsgebühr** anwendbar:

- Im Regelfall entsteht eine **1,2 Terminsgebühr** nach Nr. 3104 VV RVG.
- Eine verminderte **0,5 Terminsgebühr** entsteht in den Fällen, die in Nr. 3105 VV RVG aufgeführt werden. Diese verminderte Terminsgebühr bei besonderem Verlauf des Verfahrens wird in den Rdn 36 ff. und Rdn 44 ff. dargestellt.

Die **1,2 Terminsgebühr** nach Nr. 3104 VV RVG erwächst für die Wahrnehmung der oben aufgeführten Termine und Besprechungen natürlich in jedem Rechtszug nur einmal (§§ 15 Abs. 2, 17 Nr. 1 RVG). Die Gebühr ist verdient, wenn der RA an dem Termin oder der Besprechung nur teilgenommen hat.

Sie werden das bisher so verstanden haben, dass zumindest ein Termin oder eine Besprechung im wortwörtlichen Sinn stattgefunden haben muss. Aber selbst auf dieses Erfordernis wird nach Nr. 3104 Anm. Abs. 1 Ziff. 1 VV RVG verzichtet, wenn in dem Verfahren anstelle einer **eigentlich vorgeschriebenen** mündlichen Verhandlung im Einverständnis mit den Parteien oder gemäß § 307 oder § 495a ZPO **ohne mündliche Verhandlung entschieden wird** oder in einem solchen Verfahren mit oder ohne Mitwirkung des Gerichts ein Vertrag im Sinne der Nummer 1000 geschlossen wird. In einem solchen Fall kann folglich eine 1,2 Terminsgebühr entstehen, selbst wenn kein gerichtlicher Termin stattgefunden hat. 16

Sinn dieser Regelung ist, dem Rechtsanwalt auch dann die Terminsgebühr zu sichern, wenn das Gericht keinen Termin abhält und schriftlich entscheidet. Es soll verhindert werden, dass ein gerichtlicher Verhandlungstermin nur beantragt wird, um eine Terminsgebühr zu verdienen. Der Rechtsanwalt erhält auch dann die Terminsgebühr, wenn er dazu beiträgt, dass die Justiz durch ein schriftliches Verfahren von dem mit einem Termin verbundenen Aufwand entlastet wird. Im Übrigen entsteht eine 1,2 Terminsgebühr nach Vorbemerkung 3 Abs. 3 Ziff. 2 VV RVG auch für Besprechungen (mit der anderen Partei), die auf die Erledigung des Verfahrens gerichtet sind.

Anmerkung: 17

Nach § 128 Abs. 1 ZPO ist in bürgerlichen Rechtsstreitigkeiten **grundsätzlich mündlich zu verhandeln**. Von diesem Grundsatz kann in den folgenden Fällen abgewichen werden.

- Gemäß § 128 Abs. 2 ZPO darf das Gericht **mit Zustimmung der Parteien** den Rechtsstreit ohne mündliche Verhandlung entscheiden.
- Nach § 307 ZPO wird **im schriftlichen Vorverfahren** bei Anerkenntniserklärung des Beklagten von Amts wegen über ein **Anerkenntnisurteil** ohne mündliche Verhandlung entschieden. Es ist also ohne Bedeutung, ob ein Antrag auf Anerkenntnisurteil gestellt war.
- Gemäß § 495a ZPO darf das Amtsgericht bei einem **Streitwert bis zu 1.000 Euro** das Verfahren nach billigem Ermessen durchführen und darf somit auch ohne mündliche Verhandlung entscheiden.

- In einem Verfahren, für das eigentlich eine mündliche Verhandlung vorgeschrieben ist, kann auch nach **§ 278 Abs. 6 ZPO** auf Vorschlag des Gerichts ein **schriftlicher Vergleich** geschlossen werden, ohne dass darüber mündlich verhandelt wird. Ebenso können die Parteien dem Gericht einen schriftlichen Vergleichsvorschlag unterbreiten. Ein solcher gerichtlicher Vergleich kommt dann zustande, wenn das Gericht dies ohne mündliche Verhandlung durch Beschluss festgestellt hat (Beschluss des BGH vom 27.10.2005 – III ZB 42/05).
- Selbst wenn die Parteien während des Rechtsstreits (für den eigentlich eine mündliche Verhandlung vorgeschrieben ist) eine Einigung **außergerichtlich** vereinbaren, fällt die 1,2 Terminsgebühr an. Es reicht also aus, dass hier keine Besprechungen durchgeführt werden, sondern der Vergleich nur durch außergerichtliche Korrespondenz (z. B. durch E-Mails) herbeigeführt wird.
- Vorstehendes gilt auch in Familien**streit**sachen (z. B. in Unterhaltsverfahren).

18 Verstehen Sie das bitte nicht falsch: Die **1,2 Terminsgebühr ohne mündliche Verhandlung** entsteht nicht immer dann, wenn ohne mündliche Verhandlung entschieden wurde, sondern nur dann, wenn für das Verfahren eine **mündliche Verhandlung vorgeschrieben** war und aufgrund der vorgenannten besonderen Vorschriften ohne eine solche entschieden wurde. In Verfahren, in denen das Gericht sowieso nach Belieben ohne mündliche Verhandlung entscheiden darf und auch entscheidet, oder in denen eine solche gar nicht vorgeschrieben ist, entsteht natürlich keine Terminsgebühr für einen gerichtlichen Termin, der nicht stattgefunden hat.

Beispiel:

In dem Verfahren über die Bewilligung von PKH schließen die Parteien auf Vorschlag des Gerichts einen Vergleich. Zur Klageeinreichung kommt es nicht.

Neben der 1,0 Verfahrensgebühr Nr. 3335 i. V. m. Nr. 3100 VV RVG entsteht keine Terminsgebühr nach Vorbemerkung 3.3.6 i. V. m. Nr. 3104 VV RVG, weil für das PKH-Bewilligungsverfahren keine mündliche Verhandlung voreschrieben ist, vgl. § 118 Abs. 1 S. 3 ZPO: *„Das Gericht kann die Parteien zur mündlichen Erörterung laden, wenn eine Einigung zu erwarten ist.“* Eine Besprechung vor dem Vergleichsabschluss im Sinne von Vorbemerkung 3 Abs. 3 VV RVG hätte hingegen die Terminsgebühr ausgelöst.

19 Eine Besonderheit wird durch Nr. 3104 Anm. Abs. 2 VV RVG geregelt. Demnach kann der RA auch eine 1,2 Terminsgebühr für die Verhandlung über in dem Verfahren nicht rechtshängige Ansprüche (das sind auch in einem anderen Prozess anhängige Ansprüche) erhalten. Diese spezielle Gebühr kann auch als **„Differenz-Terminsgebühr“** bezeichnet werden. Diese Gebühr entsteht, wenn über in diesem Verfahren (= das ist das Verfahren, was gerade abgerechnet wird) nicht rechtshängige Ansprüche verhandelt wird mit dem Ziel, über diese Ansprüche zusammen mit den im Verfahren rechtshängigen Ansprüchen eine Einigung zu erzielen. Andererseits muss diese Differenz-Terminsgebühr auf eine Terminsgebühr angerechnet werden, die in einem anderen Verfahren entsteht, falls die Ansprüche in einem anderen gerichtlichen Verfahren rechtshängig sind. Damit soll verhindert werden, dass der RA die Terminsgebühr doppelt verdienen kann. Die Differenz-Terminsgebühr wird zusammen mit der Differenz-Verfahrensgebühr entstehen, siehe auch dort. Im Gegensatz zur Differenz-Verfahrensgebühr ist der Umgang mit der Differenz-Terminsgebühr aber dadurch einfacher, dass Letztere nur mit einem Gebührensatz von 1,2 entstehen kann, sodass eine Anwendung des § 15 Abs. 3 RVG im Unterschied zur Verfahrensgebühr unterbleiben kann. In diesem Fall wird einfach eine 1,2 Terminsgebühr aus dem addierten Wert der rechtshängigen und der nicht rechtshängigen Ansprüche berechnet.

Anmerkung:

Die Anmerkung Abs. 2 zu Nr. 3104 VV RVG regelt zwar nicht wirklich die Differenz-Terminsgebühr, aber sie regelt ihre Anrechnung. Da nur eine Gebühr angerechnet werden kann, die zuvor entstanden ist, ist es logisch, dass die nach dieser Anmerkung anzurechnende Terminsgebühr vorher auch entstanden sein muss.

Die Höhe der Terminsgebühr richtet sich nach dem **Wert des Gegenstands**, der Gegenstand des Termins gewesen ist, über den insbesondere also dort verhandelt worden ist. 20

- Wird nur über einen **Teil des Klagegegenstands** verhandelt, da sich z. B. ein Teil **vor** dem Verhandlungstermin erledigt hat, so ist nur der noch strittige Teil maßgeblich.

  Beispiel:

  Klage wegen Forderung von 5.000,00 €. **Vor** dem ersten Verhandlungstermin zahlt der Schuldner 1.000,00 €. Wegen der verbleibenden 4.000,00 € wird streitig verhandelt. In diesem Fall wird die Verfahrensgebühr nach 5.000,00 €, die Terminsgebühr aber nur nach 4.000,00 € berechnet.

  Wenn das Gericht den Streitwert für die Gerichtsgebühr gemäß § 63 Abs. 2 GKG auf 5.000,00 € festsetzt, ist das gemäß § 32 Abs. 1 RVG sowohl für die Verfahrensgebühr als auch die Terminsgebühr des Rechtsanwalts **maßgebend**. Das bedeutet, dass die gerichtliche Streitwertfestsetzung letztlich darüber entscheidet, nach welchem Wert der Rechtsanwalt in dem gerichtlichen Verfahren seine Gebühren abrechnen muss. Der Gegenstandswert für die Terminsgebühr in Höhe von 4.000,00 € wird nur dann maßgebend, wenn dieser auf Antrag gemäß § 33 RVG festgesetzt wird (siehe hierzu die Erläuterung in § 3 Rdn 120 ff.).

- Eine einmal entstandene Terminsgebühr ermäßigt sich durch eine **nach** der Verhandlung eingetretene teilweise Erledigung des Rechtsstreits nicht. Nachdem die Gebühren erst einmal entstanden sind, kommt es nicht darauf an, ob der Prozess durch Urteil endet, oder ob die eingeklagten Forderungen anderweitig erledigt werden (z. B. durch Anerkenntnis, Verzicht oder Vergleich; § 15 Abs. 4 RVG).

  Beispiel:

  Klage wegen Forderung von 5.000,00 €. **Nach** dem ersten Verhandlungstermin mit streitiger Verhandlung zahlt der Schuldner 1.000,00 €. In diesem Fall wird die Verfahrensgebühr und auch die Terminsgebühr nach 5.000,00 € berechnet. Das Gericht wird nämlich den Streitwert für die Gerichtsgebühr gemäß § 63 Abs. 2 GKG auf 5.000,00 € festsetzen; dieser Wert ist gemäß § 32 Abs. 1 RVG sowohl für die Verfahrensgebühr als auch die Terminsgebühr des Rechtsanwalts **maßgebend**.

- **Mehrere Ansprüche**, über die getrennt verhandelt wird, werden zusammengerechnet.

  Beispiel:

  Klage wegen Kaufpreisforderung von 3.000,00 € und Schadenersatz von 2.000,00 €. Im ersten Verhandlungstermin wird wegen des Kaufpreises, im zweiten Termin wegen des Schadenersatzes streitig verhandelt. In diesem Fall wird die Terminsgebühr nach 5.000,00 € berechnet.

- Bei **Klageerweiterungen** nach der ersten mündlichen Verhandlung berechnet sich die Terminsgebühr für eine erneute Verhandlung nach dem höheren, nicht nach dem ursprünglichen Wert. Rechnen Sie aber bitte hierzu keine zusätzliche Terminsgebühr nach dem Unterschiedsbetrag aus, sondern ermitteln Sie einfach die Terminsgebühr nach dem jetzt höheren Wert. Denn es 21 liegt wegen §§ 15 Abs. 2, 17 Nr. 1 RVG dieselbe gebührenrechtliche Angelegenheit vor, in der die Terminsgebühr nur einmal erhoben werden kann.

Beispiel:

Klage wegen Forderung von 5.000,00 €. Im ersten Verhandlungstermin wird streitig verhandelt. Danach wird die Klage um 1.000,00 € erhöht. Im zweiten Verhandlungstermin wird wieder streitig verhandelt. Im dritten Verhandlungstermin wird die Klage um 2.000,00 € erhöht und anschließend streitig verhandelt. Ab dem dritten Verhandlungstermin wird der Rechtsstreit wegen 8.000,00 € geführt (5.000,00 € + 1.000,00 € + 2.000,00 €), wonach sich die Verfahrensgebühr berechnet. Terminsgebühren sind nicht dreimal nach 5.000,00 €, nach 6.000,00 € und nach 8.000,00 € entstanden. Der RA bekommt nur eine Terminsgebühr nach dem höchsten Wert von 8.000,00 €.

- Wenn sich nach einer Verhandlung der Rechtsstreit **teilweise erledigt** und dann anschließend die Klageforderung **wieder erhöht** wird, so wirkt sich die teilweise Erledigung auf die bereits verdienten Verfahrens- und Terminsgebühren nicht aus, jedoch werden nach dem Betrag der Erhöhung weitere Gebühren berechnet. Die Gebühren entstehen in solchen Fällen jedoch nicht getrennt nach den Wertteilen, sondern nach dem Wert, der **insgesamt** in den Prozess eingebracht wurde (Verfahrensgebühr) und über den auch verhandelt wurde (Terminsgebühr).

Beispiel:

Klage wegen Forderung von 10.000,00 €. Im ersten Verhandlungstermin wird streitig verhandelt. Danach wird der Rechtsstreit bezüglich 9.000,00 € für erledigt erklärt. Im zweiten Verhandlungstermin wird wieder streitig verhandelt. Im dritten Verhandlungstermin wird die Klage um 2.000,00 € erhöht und anschließend streitig verhandelt und eine Beweisaufnahme durchgeführt.

Ab dem dritten Verhandlungstermin wird der Rechtsstreit nur noch wegen 3.000,00 € geführt (10.000,00 € – 9.000,00 € + 2.000,00 €). Die Verfahrensgebühr wird nach einem Gegenstandswert von 12.000,00 € (10.000,00 € + 2.000,00 €) berechnet, da der RA wegen dieser Beträge Prozessauftrag hat und er die Klage eingereicht hat. Terminsgebühren sind nicht dreimal nach 10.000,00 €, nach 1.000,00 € und nach 3.000,00 € entstanden. Der RA bekommt nur eine Terminsgebühr nach dem Wert, über den insgesamt verhandelt wurde (10.000,00 € + 2.000,00 € = 12.000,00 €), da der RA nämlich wegen dieser Beträge Anträge in der mündlichen Verhandlung gestellt hat.

Wenn das Gericht den Streitwert für die Gerichtsgebühr gemäß § 63 Abs. 2 GKG auf 12.000,00 € festsetzt, ist das gemäß § 32 Abs. 1 RVG sowohl für die Verfahrensgebühr als auch die Terminsgebühr des Rechtsanwalts **maßgebend**. Das bedeutet, dass die gerichtliche Streitwertfestsetzung letztlich darüber entscheidet, nach welchem Wert der Rechtsanwalt in dem gerichtlichen Verfahren seine Gebühren abrechnen muss (siehe § 3 Rdn 120 ff.).

22 Anmerkung Abs. 4 zu Nr. 3104 VV RVG enthält eine **Anrechnungsvorschrift für die Terminsgebühr**. Demnach ist eine eventuell ausnahmsweise im Mahnverfahren durch außergerichtliche Besprechungen entstandene Terminsgebühr auf die Terminsgebühr des nachfolgenden Prozesses anzurechnen.

Merke:

Die 1,2 Terminsgebühr erhält der RA grundsätzlich für die Wahrnehmung eines gerichtlichen Termins, eines von einem gerichtlich bestellten Sachverständigen anberaumten Termins und für Besprechungen außerhalb des Gerichts, die auf die Vermeidung oder Beilegung des Verfahrens zielen.

Für Besprechungen mit dem Auftraggeber entsteht keine Terminsgebühr.

Wenn in einem Verfahren anstelle einer eigentlich vorgeschriebenen mündlichen Verhandlung ohne mündliche Verhandlung entschieden wird oder eine Einigung im Sinne von Nr. 1000 VV RVG geschlossen wird, entsteht ebenfalls eine 1,2 Terminsgebühr.

Eine einmal erwachsene Terminsgebühr bleibt erhalten.

Der Gegenstandswert der Terminsgebühr richtet sich nach dem Wert des Gegenstands, der Gegenstand des Termins was, über den also insbesondere verhandelt wird; dies ist insbesondere bei Verhandlungen über nur einen Teil des Klagegegenstands wichtig. Wenn aber das Gericht den Streitwert für die Gerichtsgebühr gemäß § 63 Abs. 2 GKG festsetzt, ist das gemäß § 32 Abs. 1 RVG für die Verfahrensgebühr, aber auch die Terminsgebühr des Rechtsanwalts **maßgebend**. Das bedeutet, dass die gerichtliche Streitwertfestsetzung letztlich darüber entscheidet, nach welchem Wert der Rechtsanwalt in dem gerichtlichen Verfahren seine Gebühren abrechnen muss (siehe § 3 Rdn 120 ff.). Wenn der Gegenstandswert für die Terminsgebühr geringer ist als der Streitwert, wird der geringere Wert nur dann maßgebend, wenn er auf Antrag gemäß § 33 RVG festgesetzt wird (siehe § 3 Rdn 120 ff.).

Bei mehreren Terminen wird die Terminsgebühr nach dem Wert berechnet, der insgesamt Gegenstand der Termine war, über den also insbesondere insgesamt verhandelt worden ist.

Falls im Mahnverfahren eine Terminsgebühr entstanden ist, wird sie auf die Terminsgebühr des nachfolgenden Prozesses angerechnet.

3. Die Zusatzgebühr für besonders umfangreiche Beweisaufnahmen (Nr. 1010 VV RVG)

Für **besonders umfangreiche** Beweisaufnahmen in einem Verfahren gibt es eine Zusatzgebühr neben der Verfahrens- und der Terminsgebühr. Die Beweisaufnahmen gelten dann als umfangreich 23

- wenn **mindestens drei gerichtliche** Termine stattfinden und
- wenn darin Sachverständige oder Zeugen vernommen werden.

Die **0,3 Zusatzgebühr** nach Nr. 1010 VV RVG soll den durch besonders umfangreiche Beweisaufnahmen anfallenden Mehraufwand abgelten. Richtig ist wohl, diese Vorschrift so zu verstehen, dass Beweisaufnahmen immer dann als umfangreich gelten, wenn sie an mindestens drei Terminen stattgefunden haben. Da der Begriff „umfangreich“ nicht definiert ist, sollte die Zusatzgebühr immer ab dem dritten Beweistermin entstehen, gleichgütig wie lange er dauert.

Es gelten nur Beweistermine, in denen Zeugen oder Sachverständige vernommen werden; die anderen drei Beweismittel (Urkunden, Augenschein, Parteivernehmung) lassen die Zusatzgebühr nicht entstehen. Es müssen gerichtliche Termine sein, keine Besichtigungstermine durch Sachverständige oder ähnliches. Die Zusatzgebühr kann in einem Verfahren nur einmal anfallen, auch wenn erheblich mehr als drei Beweistermine stattfinden (§ 15 Abs. 2 RVG). Eine Erhöhung für mehrere Auftraggeber darf nicht vorgenommen werden, da es sich nicht um eine Verfahrensgebühr handelt.

Sollten die Beweisaufnahmen nur einen Teil der Verfahrensgegenstände betreffen, so ist die Zusatzgebühr nur nach diesem Teil zu berechnen, also z. B. wenn Zeugen nur über einen Teil der Klagegegenstände (umfangreich) aussagen. Zum Beispiel könnten bei zwei in einem Verfahren geltend gemachten Kaufpreisforderungen Zeugen und Sachverständige nur hinsichtlich eines der Kaufverträge in drei Terminen aussagen. Wenn aber das Gericht den Streitwert für die Gerichtsgebühr gemäß § 63 Abs. 2 GKG festsetzt, ist das gemäß § 32 Abs. 1 RVG auch für die Zusatzgebühr **maßgebend**. Das bedeutet, dass die gerichtliche Streitwertfestsetzung letztlich darüber entscheidet, nach welchem Wert der Rechtsanwalt in dem gerichtlichen Verfahren seine Gebühren abrechnen muss (siehe § 3 Rdn 120 ff.). Wenn der Gegenstandswert für die Zusatzgebühr geringer ist als der Streitwert, wird der geringere Wert nur dann maßgebend, wenn er auf Antrag gemäß § 33 RVG festgesetzt wird (siehe § 3 Rdn 120 ff.).

Diese Zusatzgebühr entsteht **nicht in Straf- und Bußgeldverfahren** oder in außergerichtlichen Angelegenheiten, die nach Teil 2 VV RVG abgerechnet werden.

Merke:

Eine 0,3 Zusatzgebühr entsteht für **mindestens drei gerichtliche** Beweistermine, in denen Sachverständige oder Zeugen (umfangreich) vernommen werden.

4. Beispiel einer Vergütungsrechnung für einen Zivilprozess

24 *Beispiel:*

RA Knüll reicht auftragsgemäß eine Klage wegen mehrerer Ansprüche von insgesamt 8.900,00 € ein. Nach Zustellung der Klageschrift zahlt der Beklagte 900,00 €. Im ersten Verhandlungstermin erörtern die Parteien die Sache mit dem Gericht und stellen einen Vertagungsantrag, da sie außergerichtliche Vergleichsverhandlungen aufnehmen wollen. Nachdem diese nicht zustande gekommen sind, beraumt das Gericht einen zweiten Verhandlungstermin an. In diesem wird die Sache noch einmal erörtert, woraufhin der Beklagte sofort weitere 1.000,00 € zahlt.

Danach wird streitig verhandelt und ein vom Kläger mitgebrachter Zeuge umfangreich wegen eines Teils der Klageforderung von 2.000,00 € vernommen und wegen eines anderen Teils von 1.200,00 € eine Urkunde als Beweis vorgelegt. In einem weiteren Termin wird erneut streitig verhandelt und ein weiterer Zeuge umfangreich wegen eines anderen Teils der Klageforderung von 1.800,00 € vernommen. Anschließend wird die Sache noch einmal erörtert, wobei das Gericht darauf hinweist, dass es die Klage in Höhe von 2.000,00 € nicht für schlüssig hält. Der Kläger nimmt die Klage wegen der 2.000,00 € zurück.

Nun erweitert der Kläger seine Klage um eine Schadenersatzforderung in Höhe von 1.100,00 € wegen eines inzwischen eingetretenen weiteren Schadens. Wegen dieses Schadens wird ein ausführliches Sachverständigengutachten erstellt und in einem dritten Beweistermin umfangreich von dem Sachverständigen erläutert (§ 411 Abs. 3 ZPO). Über den jetzt noch streitigen Betrag von 6.100,00 € ergeht nach einem erneuten Verhandlungstermin Urteil.

Wir skizzieren den Sachverhalt:

Klageschrift eingereicht (8.900,00 €), Erörterung im ersten Termin (8.000,00 €), Vertagungsantrag (8.000,00 €), weitere Erörterung (8.000,00 €), streitige Verhandlung (7.000,00 €), umfangreiche **Beweisaufnahme mit Zeugen** (2.000,00 €), Urkundenbeweis (1.200,00 €, hierfür keine Zusatzgebühr für besonders umfangreiche Beweisaufnahmen), weitere streitige Verhandlung (7.000,00 €), weitere umfangreiche **Beweisaufnahme mit Zeugen** (1.800,00 €, nunmehr insgesamt 3.800,00 €), weitere Erörterung (7.000,00 €), Klagerücknahme (2.000,00 €), **Klageerhöhung (1.100,00 €)**, dann **erneute Verhandlung (1.100,00 €)**. Dritter umfangreicher **Beweistermin mit Sachverständigen** (1.100,00 €, nunmehr Beweisaufnahmen ohne den Urkundenbeweis wegen insgesamt 4.900,00 €). Jetzt noch streitig 6.100,00 € (= 8.900,00 € – 900,00 € – 1.000,00 € – 2.000,00 € + 1.100,00 €).

Aus dieser Aufzählung suchen wir nun die für die Abrechnung wichtigen Gesichtspunkte heraus. Es wurden alle Handlungen genannt, die geeignet sind, eine Gebühr auszulösen. Da aber jede Gebühr nur einmal entstehen kann, sind natürlich auch einige Punkte in dieser Aufstellung ohne Bedeutung, da die Gebühr bereits mit der ersten diesbezüglichen Handlung verdient worden ist. Um für Sie die Sache einfacher zu machen, sind die Handlungen, die für das Entstehen der Gebühren wesentlich sind, in **Fettdruck** dargestellt.

Für das Entstehen der **Verfahrensgebühr** bedeutsam sind die Einreichung der Klage und die Klageerweiterung (zusammen 10.000,00 €). Die **Terminsgebühr** ergibt sich aus dem Betrag, der im ersten Termin noch streitig war, und aus der Verhandlung über die Klageerhöhung (zusammen 9.100,00 €). Die zwischenzeitlichen Ermäßigungen durch aus dem Verfahren ausgeschiedene Wertteile sind ohne Bedeutung, da nachträgliche Verminderungen des Wertes die bereits verdienten Gebühren nicht wieder rückgängig machen können. Deshalb spielt auch der vor dem Urteil noch streitige Betrag keine Rolle.

Es gab drei Beweistermine mit Zeugen und Sachverständigen, die Teile des Verfahrensgegenstands von insgesamt 4.900,00 € betrafen. Für diese umfangreichen Beweisaufnahmen entsteht die **Zusatzgebühr** nach Nr. 1010 VV RVG. Der Urkundenbeweis hat keine Bedeutung für die Zusatzgebühr.

Das Gericht hat **keine Streitwertfestsetzung für die Gerichtsgebühr** vorgenommen, die für die Anwaltsgebühren gemäß § 32 Abs. 1 RVG maßgebend wäre.

Jetzt kann die Vergütungsrechnung für RA Knüll erstellt werden, die im Gegensatz zu den Vorüberlegungen eigentlich ganz einfach ist:

Gegenstandswert: 10.000,00 € / 9.100,00 € / 4.900,00 €

1,3	Verfahrensgebühr gem. §§ 2, 13 RVG, Nr. 3100 VV RVG (Wert: 10.000,00 €)	847,60 €
1,2	Terminsgebühr gem. §§ 2, 13 RVG, Nr. 3104 VV RVG (Wert: 9.100,00 €)	782,40 €
0,3	Zusatzgebühr gem. §§ 2, 13 RVG, Nr. 1010 VV RVG (Wert: 4.900,00 €)	106,35 €
	(drei umfangreiche Beweistermine am (...),(...),(...))	
20 %	Pauschale für Post- und Telekommunikationsentgelte gem. § 2 Abs. 2 S. 1 RVG, Nr. 7002 VV RVG	20,00 €
		1.756,35 €
19 %	USt. gem. § 2 Abs. 2 S. 1 RVG, Nr. 7008 VV RVG	333,71 €
		2.090,06 €

Zur **Sachverhaltsskizzierung** siehe § 1 Rdn 107 f.

Beispiel:

Abwandlung des vorstehenden Falles. Das Gericht setzt den **Streitwert für die Gerichtsgebühr** gemäß § 63 Abs. 2 GKG auf 10.000,00 € fest. Diese Festsetzung ist auch für die Anwaltsgebühren gemäß § 32 Abs. 1 RVG maßgebend.

Gegenstandswert = Streitwert: 10.000,00 €

1,3	Verfahrensgebühr gem. §§ 2, 13 RVG, Nr. 3100 VV RVG (Wert: 10.000,00 €)	847,60 €
1,2	Terminsgebühr gem. §§ 2, 13 RVG, Nr. 3104 VV RVG (Wert: **10.000,00 €**)	782,40 €
0,3	Zusatzgebühr gem. §§ 2, 13 RVG, Nr. 1010 VV RVG (Wert: **10.000,00 €**)	195,60 €
	(drei umfangreiche Beweistermine am (...),(...),(...))	

20 %	Pauschale für Post- und Telekommunikationsentgelte gem. § 2 Abs. 2 S. 1 RVG, Nr. 7002 VV RVG	20,00 €
		1.845,60 €
19 %	USt. gem. § 2 Abs. 2 S. 1 RVG, Nr. 7008 VV RVG	350,66 €
		2.196,26 €

Wenn der Mandant oder der erstattungspflichtige Gegner nicht damit einverstanden ist, dass die Zusatzgebühr wegen § 32 Abs. 1 RVG aus dem Streitwert in Höhe von 10.000,00 € abgerechnet wird, muss gemäß § 33 RVG beantragt werden, den Gegenstandswert für die Zusatzgebühr auf 4.900,00 € festzusetzen. Erst wenn diese Festsetzung erfolgt, muss der Rechtsanwalt die Zusatzgebühr aus 4.900,00 € abrechnen.

II. Die Gebühren bei besonderem Verfahrensverlauf

1. Die verminderte Verfahrensgebühr (Nr. 3101 VV RVG)

25 Die in Nr. 3100 VV RVG normierte Verfahrensgebühr wird durch **Nr. 3101 VV RVG** im Hinblick auf ihre Höhe modifiziert, indem der Gebührensatz in den genannten Fällen auf eine **0,8 Verfahrensgebühr** vermindert wird.

- In Ziffer 1 der Nr. 3101 VV RVG wird bestimmt, dass die Verfahrensgebühr auf 0,8 vermindert wird, wenn der Auftrag des RA endigt, bevor er eine genau bestimmte Handlung vorgenommen hat. Dieser Gebührentatbestand wird auch als **„vorzeitige Beendigung“** bezeichnet.
- In Ziffer 2 der Nr. 3101 VV RVG wird die Verfahrensgebühr auf 0,8 herabgesetzt, wenn der RA den Auftrag hat, über in diesem Prozess **nicht rechtshängige Ansprüche** hinsichtlich einer Einigung mit zu verhandeln und/oder bei Gericht zu beantragen, eine Einigung zu gerichtlichem Protokoll zu nehmen. Diese Ansprüche können entweder (noch) nicht eingeklagt, oder in einem wegen anderer Sache laufenden Prozess anhängig sein. Die dafür entstehende Gebühr wird auch **„Differenzverfahrensgebühr“** genannt.
- In Ziffer 3 der Nr. 3101 VV RVG wird die Verfahrensgebühr auf 0,8 reduziert, wenn in einer nicht streitigen **Familiensache** nur die Erteilung einer Genehmigung oder die Zustimmung des Familiengerichts beantragt wird oder in einem Verfahren der **freiwilligen Gerichtsbarkeit** lediglich ein Antrag gestellt und eine Einigung entgegengenommen wird. Siehe auch das Kapitel über die Gebühren in Familiensachen (§ 11 Rdn 67 ff.).

Auf diese Gebührentatbestände wird in den nachfolgenden Kapiteln eingegangen. In Vergütungsrechnungen sollte übrigens neben der Nr. 3101 VV RVG auch die Nr. 3100 VV RVG mit zitiert werden, da in den bestimmten Fällen die Verfahrensgebühr nur vermindert wird und da in Nr. 3101 VV RVG ausdrücklich Bezug auf Nr. 3100 VV RVG genommen wird. Eine Verpflichtung hierfür besteht aber nicht.

a) Verfahrensgebühr bei vorzeitiger Beendigung

26 *→ Dazu Aufgaben Gruppe 10*

Endigt der Auftrag vorzeitig, weil z. B. der Mandant den Auftrag zur Klageerhebung zurücknimmt, so erhält der RA gemäß Nr. 3101 Ziff. 1 VV RVG nur eine reduzierte **0,8 Verfahrensgebühr** (bzw. in den Rechtsmittelinstanzen 1,1 nach Nr. 3201 oder Nr. 3207 VV RVG bzw. 1,8 nach Nr. 3209 VV RVG).

Damit wird für diesen Fall die allgemeine Vorschrift des § 15 Abs. 4 RVG außer Kraft gesetzt, wonach es auf entstandene Gebühren ohne Einfluss bleibt, wenn sich der Auftrag vorzeitig erledigt. Der Grund für diese Ausnahmeregelung ist darin zu sehen, dass es unangemessen wäre, wenn der

Auftrag so frühzeitig endet, dass der RA erfahrungsgemäß noch nicht so viel Arbeit mit der Sache hatte. Da es sich um eine pauschale Regelung handelt, tritt die Gebührenverminderung allerdings auch dann ein, wenn der RA vor einem der in Nr. 3101 Ziff. 1 VV RVG genannten Zeitpunkte eine sehr umfangreiche Tätigkeit entfaltet hat, was aber eher unwahrscheinlich ist.

Entscheidend ist der Zeitpunkt, zu dem der Auftrag endigt. Die Verfahrensgebühr wird nur dann verringert, wenn sich der Auftrag erledigt, bevor der RA eine der folgenden Handlungen vorgenommen hat, also bevor er

- die Klage eingereicht hat, oder
- den ein Verfahren einleitenden Antrag eingereicht hat, oder
- einen Schriftsatz, der Sachanträge, die Zurücknahme der Klage oder die Zurücknahme des Antrags enthält, eingereicht hat, oder
- für seine Partei einen gerichtlichen Termin wahrgenommen hat. Die Wahrnehmung eines außergerichtlichen Termins verhindert die Ermäßigung der Verfahrensgebühr nicht.

Beachten Sie, dass die Verringerung der Verfahrensgebühr auch dann vorzunehmen ist, wenn der RA die Klage oder den Schriftsatz bereits fertiggestellt und unterschrieben, aber zu dem Zeitpunkt, zu dem der Auftrag endet, noch nicht bei Gericht eingereicht hat.

Endigt der Auftrag zu einem späteren als in Nr. 3101 Ziff. 1 VV RVG genannten Zeitpunkt, so bleibt die Verfahrensgebühr nach § 15 Abs. 4 RVG in voller Höhe bestehen.

Hinweis:

Nach eindeutiger Rechtsprechung ist die Anzeige der Verteidigungsbereitschaft (§ 276 Abs. 1 S. 1 ZPO) durch den RA des Beklagten noch kein Sachantrag, sodass hierfür nur die verminderte 0,8 Verfahrensgebühr nach Nr. 3101 Ziff. 1 VV RVG entsteht – wenn es bei diesem Schriftsatz verbleibt. Stellt der Beklagte den Antrag, die Klage abzuweisen, entsteht die 1,3 Verfahrensgebühr.

Als Beispiel für die Anwendung von Nr. 3101 Ziff. 1 VV RVG sei das **anwaltliche Aufforderungsschreiben mit Klageauftrag** genannt. Sie erinnern sich sicherlich, dass zwei Arten von Aufforderungsschreiben zu unterscheiden sind: das Aufforderungsschreiben **ohne** Klageauftrag, für das eine Geschäftsgebühr erhoben wird (siehe § 4 Rdn 15 ff.), und das Aufforderungsschreiben **mit** Klageauftrag, das nach Nr. 3101 Ziff. 1 VV RVG abzurechnen ist. 27

Beispiel:

Der Auftraggeber Amsel bittet RA Rotschwanz, gegen den Schuldner Specht wegen einer Forderung von 10.000,00 € Klage zu erheben, wenn Specht nach Erhalt eines Aufforderungsschreibens nicht zahlt. Hier liegt also ein Klageauftrag vor, der sich jedoch vor Erhebung der Klage erledigt, falls Specht nach Empfang des Aufforderungsschreibens zahlt. Es entsteht für RA Rotschwanz eine 0,8 Verfahrensgebühr gemäß Nr. 3101 Ziff. 1 und Nr. 3100 VV RVG.

Gegenstandswert: 10.000,00 €

0,8	Verfahrensgebühr bei vorzeitiger Beendigung gem. §§ 2, 13 RVG, Nrn. 3100, 3101 Ziff. 1 VV RVG	521,60 €
20 %	Pauschale für Post- und Telekommunikationsentgelte gem. § 2 Abs. 2 S. 1 RVG, Nr. 7002 VV RVG	20,00 €
		541,60 €
19 %	USt. gem. § 2 Abs. 2 S. 1 RVG, Nr. 7008 VV RVG	102,90 €
		644,50 €

Beispiel:

Der Auftraggeber Amsel bittet RA Rotschwanz, gegen den Schuldner Specht wegen einer Forderung von 10.000,00 € Klage zu erheben, wenn Specht nach Erhalt eines Aufforderungsschreibens nicht zahlt. Auch hier liegt ein Klageauftrag vor, der sich jedoch vor Erhebung der Klage erledigt, falls Specht nach Empfang des Aufforderungsschreibens zahlt.

Nach Erhalt des Aufforderungsschreibens zahlt Specht 1.500,00 €. Wegen der restlichen 8.500,00 € wird die Klage eingereicht. Nach Zustellung der Klage zahlt Specht auch den Rest.

Es entsteht für RA Rotschwanz eine 0,8 Verfahrensgebühr nach dem Wert von 1.500,00 € und eine 1,3 Verfahrensgebühr gemäß Nr. 3100 VV RVG nach dem Wert von 8.500,00 €. Bei der Berechnung ist § 15 Abs. 3 RVG zu beachten! Dieser soll sicherstellen, dass die gebührenrechtliche Angelegenheit durch die Teilzahlung des Specht nicht verteuert wird.

Gegenstandswert: 1.500,00 € / 8.500,00 €

0,8	Verfahrensgebühr bei vorzeitiger Beendigung gem. §§ 2, 13 RVG, Nrn. 3100, 3101 Ziff. 1 VV RVG (Wert: 1.500,00 €)	107,60 €	
1,3	Verfahrensgebühr für den Prozess gem. §§ 2, 13 RVG, Nr. 3100 VV RVG (Wert: 8.500,00 €)	770,25 €	
		877,85 €	
	Gemäß § **15** Abs. **3 RVG** darf höchstens eine 1,3 Verfahrensgebühr nach der Wertesumme von 10.000,00 € berechnet werden, das wären 847,60 €. Da diese Gebühr hier überschritten wird, sind als Verfahrensgebühren nur zu berechnen:		847,60 €
20 %	Pauschale für Post- und Telekommunikationsentgelte gem. § 2 Abs. 2 S. 1 RVG, Nr. 7002 VV RVG		20,00 €
			867,60 €
19 %	USt. gem. § 2 Abs. 2 S. 1 RVG, Nr. 7008 VV RVG		164,84 €
			1.032,44 €

Merke:

Endet der Prozessauftrag, bevor der RA die Klage oder einen anderen der in Nr. 3101 Ziff. 1 VV RVG genannten Schriftsätze bei Gericht eingereicht hat, dann erhält er nur eine 0,8 Verfahrensgebühr (bzw. in der Rechtsmittelinstanz eine 1,1 oder 1,8 Verfahrensgebühr).

Nach dieser Vorschrift (Nr. 3101 Ziff. 1 VV RVG) wird insbesondere auch das anwaltliche Aufforderungsschreiben mit Klageauftrag abgerechnet.

b) Protokollierung einer Einigung der Parteien (Differenzverfahrensgebühr)

28 In Ziffer 2 der Nr. 3101 VV RVG wird die so genannte **Differenzverfahrensgebühr** geregelt. Hierbei handelt es sich um eine **0,8 Verfahrensgebühr**, die der RA erhält, wenn er den zusätzlichen Auftrag hat, über in diesem Prozess **nicht rechtshängige Ansprüche** eine Einigung herbeizuführen. Diese Ansprüche können auch in einem wegen anderer Sache laufenden Prozess rechtshängig sein. Sein Mitwirken bei der Einigung kann darin bestehen

- Verhandlungen über die Einigung zu führen, und/oder

- eine Einigung zu gerichtlichem Protokoll zu nehmen, oder
- einen schriftlichen Vergleich (Einigung) nach § 278 Abs. 6 ZPO herbeizuführen.

Die **0,8 Differenzverfahrensgebühr** erhält der RA **zusätzlich** zu der normalen 1,3 Verfahrensgebühr in dem rechtshängigen Verfahren. **Voraussetzung** ist, dass der RA auch wegen der nicht eingeklagten Ansprüche einen Auftrag hatte, diese im **Prozess mit zu erledigen**. Entscheidend für das Entstehen der Differenzverfahrensgebühr ist, dass auch über die nicht rechtshängigen Ansprüche hinsichtlich einer Einigung vor Gericht verhandelt wird. Es ist aber sogar ausreichend, wenn nur ein Antrag gestellt wird, die Einigung zu Protokoll zu nehmen – was auch nach vorherigen außergerichtlichen Verhandlungen möglich ist. Ein Einigungs**versuch** genügt; die Differenzverfahrensgebühr ist also auch dann entstanden, wenn die Einigung später doch nicht zustande kommt.

Bei den nicht rechtshängigen Ansprüchen, handelt es sich zumindest um nicht in **diesem** Rechtsstreit rechtshängige Ansprüche, die bei einem Prozessvergleich in dem Rechtsstreit sozusagen mit erledigt werden. Diese Ansprüche sind also nicht in der Klage geltend gemacht worden, sie können aber auch bereits in einem anderen Prozess rechtshängig sein. Recht häufig kommt es vor, dass von einer Klageforderung **zunächst** nur ein Teilbetrag eingeklagt wird, um Kosten zu sparen. In diesem Fall erhält der RA neben der normalen 1,3 Verfahrensgebühr für den Rechtsstreit eine zusätzliche 0,8 Verfahrensgebühr (Differenzverfahrensgebühr) nach dem Wert der mit in den Vergleich einbezogenen nicht rechtshängigen Ansprüche, also des mit verglichenen Restbetrages der Klageforderung. In der ersten Instanz beträgt die Differenzverfahrensgebühr 0,8 und in den Rechtsmittelinstanzen 1,1 bzw. 1,8 (Nrn. 3201, 3209 VV RVG).

Hinweis: 29

Wenn der RA einen unbedingten Prozessauftrag hat, kann nur eine 1,3 Verfahrensgebühr für die rechtshängigen und eine 0,8 Verfahrensgebühr für die nicht rechtshängigen Ansprüche entstehen. Hatte der RA allerdings für die nicht rechtshängigen Ansprüche den Auftrag zur außergerichtlichen Geschäftsbesorgung, so entsteht hierfür eine Geschäftsgebühr, die später auf die 0,8 Differenzverfahrensgebühr anzurechnen ist, wenn diese Ansprüche in den Prozessvergleich mit einbezogen werden (siehe § 6 Rdn 42 ff.).

Für gerichtliche oder außergerichtliche Besprechungen wegen einer Einigung über die nicht rechtshängigen Ansprüche entsteht eine **Differenzterminsgebühr** nach der Vorbemerkung 3 Abs. 3 S. 3 Ziff. 2 VV RVG. Es ist häufig lebensfremd anzunehmen, dass ein Vergleich zu gerichtlichem Protokoll gegeben wird, ohne dass zuvor darüber verhandelt wurde. Beachten Sie hierzu auch die Erläuterungen zum nachstehenden Beispiel. 30

Daneben steht dem RA auch noch die **Einigungsgebühr** nach Nr. 1000 Ziff. 1 und Nr. 1003 VV RVG zu. Beachten Sie, dass die Einigung in diesem **Prozessvergleich** teilweise gerichtlich anhängige und teilweise nicht gerichtlich anhängige Ansprüche betrifft (vgl. auch § 2 Rdn 166 ff.). 31

Werden in einen gerichtlich protokollierten Vergleich **nicht gerichtlich anhängige Ansprüche** mit einbezogen, so wird für die vergleichsweise Erledigung der nicht gerichtlich anhängigen Gegenstände nach Nr. 1000 Ziff. 1 VV RVG eine **Einigungsgebühr** mit einem Gebührensatz von 1,5 berechnet, wogegen der Gebührensatz für die Einigung über die **eingeklagten Gegenstände** 1,0 nach Nr. 1003 VV RVG beträgt. Die Einigungsgebühr ist eine Erfolgsgebühr; ein nicht erfolgreicher Einigungs**versuch** lässt sie nicht entstehen.

Achtung:

Da also in solchen Fällen sowohl zwei Verfahrensgebühren als auch zwei Einigungsgebühren zu berechnen sind, ist bezüglich der beiden Verfahrensgebühren als auch der beiden Einigungsgebühren immer eine Überprüfung nach § 15 Abs. 3 RVG vorzunehmen, wenn die Gebühren nach unterschiedlichen Gebührensätzen entstehen (siehe § 2 Rdn 135 f.).

Hinweis:

Der Gegenstandswert für die 1,5 Einigungsgebühr und für die 0,8 Differenzverfahrensgebühr ist derselbe, nämlich der Wert der nicht rechtshängigen bzw. nicht gerichtlich anhängigen Gegenstände.

Auch in den Rechtsmittelinstanzen beträgt bezüglich der nicht rechtshängigen Ansprüche der Gebührensatz der Einigungsgebühr 1,5; jedoch beträgt der Gebührensatz der Einigungsgebühr für die rechtshängigen Ansprüche 1,3 nach Nr. 1004 VV RVG.

Beispiel:

Klage auf Schadenersatz von 30.000,00 €. Im Verhandlungstermin fragt das Gericht im Rahmen eines Vergleichsgesprächs, ob es noch weitere streitige Ansprüche gibt, die zu regeln wären. Auf diese Frage werden in die Einigungsgespräche weitere 4.000,00 € Schadenersatz eingebracht, die bislang nicht eingeklagt worden sind. Die Parteien erzielen eine Einigung über die Gesamtforderung von 34.000,00 €: Der Beklagte soll 29.100,00 € zahlen, wobei jede Partei die Hälfte der Kosten übernimmt. Es wird beantragt, den Vergleich zu gerichtlichem Protokoll zu nehmen.

Der Gegenstandswert der Einigungsgebühr beträgt insgesamt 34.000,00 €. Der Wert der 1,3 Verfahrensgebühr und der 1,2 Terminsgebühr ist 30.000,00 €, jedoch entsteht für die Besprechungen über die nicht rechtshängigen 4.000,00 € eine zusätzliche 1,2 **Differenzterminsgebühr** nach der Vorbemerkung 3 Abs. 3 S. 3 Ziff. 2 VV RVG und für die Beantragung der gerichtlichen Vergleichsprotokollierung eine zusätzliche 0,8 Differenzverfahrensgebühr. Da bei der Terminsgebühr nur ein Gebührensatz von 1,2 anwendbar ist, wird insgesamt nur eine einzige Terminsgebühr nach dem Wert von 34.000,00 € berechnet.

Bei der Einigungsgebühr zu ist beachten, dass sich deren Gebührensatz danach richtet, ob der Vergleichsgegenstand gerichtlich anhängig (eingeklagt) ist oder nicht. Deshalb ist für die eingeklagte Forderung (30.000,00 €) eine 1,0 Einigungsgebühr zu erheben und für die nicht gerichtlich anhängigen (nicht eingeklagten Ansprüche) (4.000,00 €) eine 1,5 Einigungsgebühr.

Wichtig:

- Bei der Berechnung der Verfahrensgebühr und der Differenzverfahrensgebühr ist § 15 Abs. 3 RVG unbedingt zu beachten! Das bedeutet, dass der Gesamtbetrag beider Verfahrensgebühren nicht höher sein darf als eine 1,3 Verfahrensgebühr nach dem Gesamtwert des Verfahrens. Ist der Gesamtbetrag der Gebühren jedoch niedriger, also günstiger für den Mandanten, so ist der niedrigere Wert zu berechnen. Siehe auch § 2 Rdn 135 f.
- Voraussetzung für die Berechnung der Differenzverfahrensgebühr ist, dass der RA auch bezüglich der nicht rechtshängigen Ansprüche einen Auftrag hat, diese in dem gerichtlichen Verfahren mit zu erledigen. Hatte er dagegen den Auftrag, wegen dieser Ansprüche einen außergerichtlichen Vergleich herbeizuführen, so ist hierfür eine Geschäftsgebühr zu berechnen. Wenn der RA später den Auftrag erhält, diese Ansprüche in den Prozessvergleich mit einzubeziehen, dann ist die Geschäftsgebühr auf die Differenzverfahrensgebühr anzurechnen.
- Um Prozesskosten zu sparen, wird bei einer höheren Klageforderung häufig zunächst nur ein Teilbetrag eingeklagt, also rechtshängig gemacht. Dies ist ein typischer Fall für das Entstehen der Differenzverfahrensgebühr bei einem späteren Vergleichsabschluss, wenn die nicht rechtshängigen Ansprüche mit in den Vergleich einbezogen werden.

- Weiterhin ist auch hinsichtlich der beiden zu erhebenden Einigungsgebühren § 15 Abs. 3 RVG zu beachten, da auch hier unterschiedliche Gebührensätze auf Wertteile des insgesamt durch den Vergleich erledigten Gegenstands berechnet werden.
- Die Einigungsgebühr wird hier nach Nr. 1000 Ziff. 1 VV RVG berechnet, da es sich nicht um eine Zahlungsvereinbarung handelt.

Das Gericht hat den Streitwert für das Verfahren auf 30.000,00 € und für den Mehrvergleich auf 4.000,00 € festgesetzt, die gemäß § 32 Abs. 1 RVG für die Anwaltsgebühren maßgebend ist.

Zu vorstehendem Sachverhalt nachfolgend das Beispiel einer Vergütungsrechnung:

Gegenstandswert: 30.000,00 € / 4.000,00 €

1,3	Verfahrensgebühr für den Prozess gem. §§ 2, 13 RVG, Nr. 3100 VV RVG (Wert: 30.000,00 €)	1.316,90 €	
0,8	Differenzverfahrensgebühr gem. §§ 2, 13 RVG, Nrn. 3100, 3101 Ziff. 2 VV RVG (Wert: 4.000,00 €)	236,00 €	
		1.552,90 €	
	Gemäß § 15 Abs. 3 RVG darf höchstens eine 1,3 Verfahrensgebühr nach der Wertesumme von 34.000,00 € berechnet werden, das sind 1.428,70 €. Da diese Gebühr hier überschritten wird, sind als Verfahrensgebühren nur zu berechnen:		1.428,70 €
1,2	Terminsgebühr gem. §§ 2, 13 RVG, Nr. 3104 VV RVG (Wert: 34.000,00 €)		1.318,80 €
1,0	Einigungsgebühr gem. §§ 2, 13 RVG, Nrn. 1000 Ziff. 1, 1003 VV RVG (Wert: 30.000,00 €)	1.013,00 €	
1,5	Einigungsgebühr gem. §§ 2, 13 RVG, Nr. 1000 Ziff. 1 VV RVG (Wert: 4.000,00 €)	442,50 €	
		1.455,50 €	
	Gemäß § 15 Abs. 3 RVG darf höchstens eine 1,5 Einigungsgebühr nach der Wertesumme von 34.000,00 € berechnet werden, das wären 1.648,50 €. Da diese Gebühr hier **nicht** überschritten wird, sind als Einigungsgebühren zu berechnen:		1.455,50 €
20 %	Pauschale für Post- und Telekommunikationsentgelte gem. § 2 Abs. 2 S. 1 RVG, Nr. 7002 VV RVG		20,00 €
			4.223,00 €
19 %	USt. gem. § 2 Abs. 2 S. 1 RVG, Nr. 7008 VV RVG		802,37 €
			5.025,37 €

Merke:

Werden nicht rechtshängige Ansprüche in einem Prozessvergleich mit verglichen, dann erhält der RA zusätzlich zur Verfahrensgebühr nach dem Wert der rechtshängigen Ansprüche eine Differenzverfahrensgebühr nach dem Wert der nicht rechtshängigen Ansprüche. Sie beträgt in der ersten Instanz 0,8 und in der Rechtsmittelinstanz 1,1 bzw. 1,8.

Für Besprechungen wegen einer Einigung über die nicht rechtshängigen Ansprüche entsteht eine Differenzterminsgebühr.

Für die nicht gerichtlich anhängigen Gegenstände entsteht, da durch die Einigung der Rechtsstreit beendet wird, eine 1,5 Einigungsgebühr, und für die gerichtlich anhängigen Gegenstände beträgt der Gebührensatz der Einigungsgebühr 1,0, bzw. in den Rechtsmittelinstanzen 1,3.

Der Gegenstandswert für die 1,5 Einigungsgebühr und für die Differenzverfahrensgebühr ist derselbe, nämlich der Wert der nicht rechtshängigen bzw. nicht gerichtlich anhängigen Gegenstände.

Sowohl auf die Verfahrensgebühren als auch auf die Einigungsgebühren ist § 15 Abs. 3 RVG anzuwenden.

32 Der Einfachheit halber wurde oben von „nicht rechtshängigen Ansprüchen" gesprochen, die in einen gerichtlichen Vergleich mit einbezogen werden. Natürlich können solche mit **einbezogenen Ansprüche** auch **rechtshängig** sein – zwar nicht in diesem, aber **in einem anderen Verfahren**. Für die Berechnung der Differenzverfahrensgebühr macht das keinen Unterschied. Allerdings ist zu beachten, dass nach Nr. 3101 Anm. Abs. 1 VV RVG die in diesem Verfahren entstehende **Verfahrensgebühr** auf die Verfahrensgebühr des anderen Verfahrens **anzurechnen** ist. Anzurechnen ist aber nur der Teil der insgesamt berechneten Verfahrensgebühr (= Ergebnis der Kappung nach § 15 Abs. 3 RVG), der eine 1,3 Verfahrensgebühr (Nr. 3100 VV RVG) übersteigt.

Beispiel:

In vorstehendem Beispiel (= Rechtsstreit A) wurde nach Berücksichtigung des § 15 Abs. 3 RVG insgesamt eine Verfahrensgebühr von 1.428,70 € erhoben. Angenommen, die mit verglichenen 4.000,00 € sind bereits in einem anderen Rechtsstreit (= Rechtsstreit B) anhängig. Dann muss nach Nr. 3101 Anm. Abs. 1 VV RVG die in diesem Verfahren (A) entstehende Verfahrensgebühr auf die Verfahrensgebühr des anderen Verfahrens (B) teilweise angerechnet werden.

	Verfahrensgebühr aus Rechtsstreit A insgesamt (nach Berücksichtigung von § 15 Abs. 3 RVG)	1.428,70 €
→	Verfahrensgebühr nur nach dem Wert von 30.000,00 €	– 1.316,90 €
=	auf die Verfahrensgebühr von Rechtsstreit B anzurechnen	**111,80 €**

Die Anrechnung bedeutet, dass von der in Rechtsstreit B eigentlich zu berechnenden Verfahrensgebühr die 111,80 € abzuziehen sind, da der RA nach den allgemeinen Grundsätzen die Gebühren nicht doppelt verdienen soll.

Für die Terminsgebühr gilt nach Nr. 3104 Anm. Abs. 2 VV RVG eine ähnliche Anrechnungsvorschrift. Die Anrechnung würde, auch bezogen auf das vorstehende Beispiel, so aussehen.

	1,2 Terminsgebühr aus Rechtsstreit A insgesamt	1.318,80 €
→	1,2 Terminsgebühr nur nach dem Wert von 30.000,00 €	– 1.215,60 €
=	auf die Terminsgebühr von Rechtsstreit B anzurechnen:	**103,20 €**

Auch hier soll die Terminsgebühr nicht doppelt verdient werden.

Sollte es allerdings in dem anhängigen Rechtsstreit B aufgrund des Vergleichs nicht mehr zu einem Termin kommen, entsteht eine Terminsgebühr daher nur in dem Rechtsstreit A (BAG, Beschluss vom 17.02.2014 – 10 AZB 81/13).

Eine Differenzverfahrensgebühr (Nr. 3101 Ziff. 2 VV RVG) entsteht auch dann, wenn das Gericht das Zustandekommen eines **Vergleichs nach § 278 Abs. 6 ZPO** feststellt, sofern in diesen Vergleich nicht rechtshängige Ansprüche mit einbezogen werden. Es handelt sich dabei um solche Fälle, in denen ein Vergleich auf Vorschlag des Gerichts oder der Parteien ohne mündliche Verhandlung schriftlich geschlossen wird. Die Berechnung erfolgt wie in den vorstehenden Beispielen. Beachten Sie, dass in solchen Fällen neben der Differenzverfahrensgebühr die 1,2 Terminsgebühr nach der Sondervorschrift in Nr. 3104 Anm. Abs. 1 Ziff. 1 VV RVG auch für die mit verglichenen, nicht rechtshängigen Ansprüche, erhoben wird, obwohl über diese Ansprüche gar nicht in einem Termin mündlich verhandelt wurde. 33

Ein gerichtlich protokollierter Vergleich wird üblicherweise unter einem Widerrufsvorbehalt abgeschlossen. Entsteht nun eine Differenzverfahrensgebühr auch dann, wenn bei dem **Vergleich mit Widerrufsvorbehalt** der Vergleich vom Auftraggeber des RA widerrufen wird? Die Antwort ist **ja**, da Nr. 3101 Ziff. 2 VV RVG als Voraussetzung für das Entstehen der Gebühr verlangt, dass über die Einigung verhandelt wird und/oder „beantragt ist", eine Einigung zu Protokoll zu nehmen. Auch wenn erfolglos verhandelt wurde, fallen die Differenzverfahrensgebühr und die Differenzterminsgebühr auch dann nicht wieder weg, wenn die Einigung letztlich nicht zustande kommt. Nur eine Einigungsgebühr kann bei widerrufenem Vergleich nicht entstehen, da die Einigungsgebühr eine Erfolgsgebühr ist. 34

Wie vorzugehen ist, wenn eine vorgerichtliche Geschäftsgebühr entweder auf die normale Verfahrensgebühr oder auf die Differenzverfahrensgebühr anzurechnen ist, erfahren Sie in § 6 Rdn 42 ff.

c) Nur Antrag in Familiensachen oder in Verfahren der freiwilligen Gerichtsbarkeit

Durch Nr. 3101 Ziff. 3 VV RVG wird der Gebührensatz der Verfahrensgebühr auf 0,8 reduziert, wenn es in einer **Familiensache** nur um die Erteilung einer Genehmigung oder die Zustimmung des Familiengerichts geht, oder sich in nicht streitigen **Verfahren der freiwilligen Gerichtsbarkeit** die Tätigkeit des RA darauf beschränkt, bei Gericht einen Antrag zu stellen und dann die Entscheidung des Gerichts entgegenzunehmen. Durch die Anmerkung Abs. 2 zu Nr. 3101 VV RVG wird klargestellt, dass dagegen in streitigen Verfahren der freiwilligen Gerichtsbarkeit keine Reduzierung der Gebühr eintritt, was im Umkehrschluss bedeutet, dass dann die 1,3 Verfahrensgebühr anzuwenden ist. 35

Beispiel:

Für ein minderjähriges Kind haben seine Eltern einen nach § 1643 BGB genehmigungspflichtigen Vertrag geschlossen. RA Roller reicht eine Vertragskopie beim Familiengericht ein und beantragt dessen Genehmigung. Anschließend nimmt er die familiengerichtliche Genehmigung entgegen. Das Gericht hat in dieser Sache weder einen Termin angesetzt noch eine zusätzliche Erläuterung des Sachverhalts gefordert. In diesem Fall erwächst für RA Roller nur eine 0,8 Verfahrensgebühr nach Nr. 3101 Ziff. 3 VV RVG.

2. Die verminderte Terminsgebühr (Nr. 3105 VV RVG)

36 *→ Dazu Aufgaben Gruppen 10 und 12*

Die in Nr. 3104 VV RVG normierte 1,2 Terminsgebühr wird durch **Nr. 3105 VV RVG** im Hinblick auf ihre Höhe modifiziert, indem in der ersten Instanz der Gebührensatz in den genannten Fällen auf eine **0,5 Terminsgebühr** vermindert wird. Die Terminsgebühr kann sich insbesondere unter der **Voraussetzung** reduzieren, dass zu einem Verhandlungstermin eine der Parteien nicht erschienen oder nicht ordnungsgemäß vertreten ist.

Bei **Nichterscheinen einer Partei** oder nicht ordnungsgemäßer Vertretung (z. B. vor dem Landgericht) entsteht die ermäßigte Terminsgebühr,

- **wenn nur ein Termin wahrgenommen** wird und
- lediglich ein Antrag auf **Versäumnisurteil** oder
- lediglich ein **Antrag zur Prozess- oder Sachleitung** gestellt wird.

37 Auch bei Erlass eines **Versäumnisurteils im schriftlichen Vorverfahren,** wenn der Beklagte seine Verteidigungsabsicht nicht innerhalb der Notfrist von zwei Wochen anzeigt, erwächst eine verminderte Terminsgebühr (Nr. 3105 Anm. Abs. 1 Ziff. 2 VV RVG).

Der BGH hat entschieden, dass die 0,5 Terminsgebühr unabhängig davon entsteht, ob das Versäumnisurteil nach § 331 Abs. 3 ZPO auf einem entsprechenden Antrag des Klägers beruht, da nach dem Wortlaut in Nr. 3105 Anm. Abs. 1 Ziff. 2 VV RVG für das Entstehen der Gebühr maßgeblich ist, dass das Versäumnisurteil „ergeht" (BGH, Beschluss vom 24.01.2017 – VI ZB 21/16).

Dennoch ist es wohl sinnvoll, den Antrag auf Erlass des Versäumnisurteils nach § 331 Abs. 3 ZPO schon in der Klageschrift zu stellen, damit der Kläger sicher sein kann, dass das Gericht ein Versäumnisurteil erlässt.

38 *Hinweis:*

Auch wenn im vereinfachten Verfahren nach § 495a ZPO (siehe § 3 Rdn 14) das Amtsgericht ein Versäumnisurteil nach § 331 Abs. 3 ZPO erlässt, reduziert sich die Terminsgebühr nach Nr. 3105 Anm. Abs. 1 Ziff. 2 VV RVG auf den Gebührensatz von 0,5 (AG Pforzheim, Beschluss vom 07.12.2018 – 8 C 121/18).

39 *Hinweis:*

Zur Sprachregelung: In **Familiensachen** beantragt ein **Beteiligter** eine **Versäumnisentscheidung**, da es in diesen Verfahren nach dem FamFG keine Parteien und keine Urteile gibt (vgl. Nr. 3105 VV RVG).

Beispiel:

Zum Termin zur mündlichen Verhandlung erscheint nur der RA des Klägers, der einen Antrag auf Erlass eines Versäumnisurteils stellt.

Es entsteht eine 0,5 Terminsgebühr nach Nr. 3105 VV RVG – selbstverständlich nur für den RA des Klägers.

Gegenbeispiel:

Zum Termin zur mündlichen Verhandlung erscheinen die RAe beider Parteien. Die Sach- und Rechtslage wird mit dem Gericht erörtert.

Danach erklärt der RA des Beklagten, er wolle nicht verhandeln – das heißt, er stellt keinen Antrag. Daraufhin ergeht ein Versäumnisurteil auf Antrag des Klägervertreters.

Es entsteht eine 1,2 Terminsgebühr nach Nr. 3104 Anm. Abs. 1 Ziff. 1 VV RVG – für beide RAe.

Begründung: Die Voraussetzungen nach Nr. 3105 VV RVG sind nicht erfüllt, da erstens beide Parteien erschienen waren und zweitens außer dem Antrag auf Erlass des Versäumnisurteils auch noch eine Erörterung stattfand. Dies ist ausdrücklich in Nr. 3105 Anm. Abs. 2 VV RVG so geregelt.

Hinweis: 40

Aus prozesstaktischen Gründen kann es geschehen, dass eine Partei im Verhandlungstermin zwar erscheint, sich aber weigert, zu verhandeln. Jetzt muss man wissen, dass „verhandeln" im Sinne der ZPO heißt, Anträge zu stellen. Eine Partei, die nicht verhandelt, stellt also keine Anträge. In diesem Fall gilt sie nach § 333 ZPO **verfahrensrechtlich** als nicht erschienen und es wird ein auf Antrag Versäumnisurteil gegen sie ergehen. **Gebührenrechtlich** ist aber diese Vorschrift der ZPO ausgeschlossen worden (Nr. 3105 Anm. Abs. 2 VV RVG), sodass in diesem Fall für beide anwesenden RAe eine 1,2 Terminsgebühr entsteht. Es kommt also im Gebührenrecht tatsächlich nur darauf an, ob ein RA im Termin anwesend ist, nicht auf das, was er dort leistet.

Beispiel:

Im schriftlichen Vorverfahren hat der Beklagte erst nach 3 Wochen angezeigt, dass er sich gegen die Klage verteidigen wolle. Auf den bereits in der Klageschrift gestellten Antrag des Klägers ergeht ein Versäumnisurteil ohne mündliche Verhandlung.

Es entsteht eine 0,5 Terminsgebühr nach Nr. 3105 VV RVG. Es entsteht jedoch eine **gerichtliche** 3,0 Verfahrensgebühr nach Nr. 1210 KV GKG.

Gegenbeispiel:

Im schriftlichen Vorverfahren erkennt der Beklagte durch seinen RA die eingeklagte Forderung an. Daraufhin ergeht von Amts wegen ein Anerkenntnisurteil ohne mündliche Verhandlung gegen den Beklagten (§ 307 ZPO).

Es entsteht eine 1,2 Terminsgebühr nach Nr. 3104 Anm. Abs. 1 Ziff. 1 VV RVG – für beide RAe.

Wenn der Beklagte dagegen ein Versäumnisurteil gegen sich in Kauf nimmt, entsteht also nur eine 0,5 Terminsgebühr. Andererseits führt das Anerkenntnisurteil auch nach Nr. 1211 Ziff. 2 KV GKG zu einer Reduzierung der **gerichtlichen** Verfahrensgebühr auf 1,0.

Beachten Sie, dass eine Terminsgebühr – wie grundsätzlich jede Gebühr – nur einmal entstehen kann. Es kann also nicht sein, dass eine 1,2 Terminsgebühr neben einer 0,5 Terminsgebühr nach dem **gesamten Gegenstandswert** erwächst. Wenn es jedoch nur um **Wertteile** geht, ist dies allerdings möglich, was weiter unten dargestellt wird (siehe Rdn 55 ff.).

Beispiel:

Im ersten Verhandlungstermin vor dem Amtsgericht war der Beklage erschienen und hat Klageabweisung beantragt. Im zweiten Termin ist er säumig, sodass auf Antrag des Klägervertreters ein Versäumnisurteil ergeht.

Für sein Auftreten im ersten Termin erhält der RA des Klägers eine 1,2 Terminsgebühr, der zweite Termin würde für sich betrachtet der 0,5 Terminsgebühr unterfallen. Da aber die Gebühr nur einmal anfallen kann, verbleibt es bei der 1,2 Terminsgebühr.

Für **Anträge zur Prozess- oder Sachleitung** erhält ein RA nur dann eine reduzierte Terminsgebühr, wenn keine normale Terminsgebühr entsteht. Die andere Partei muss also nicht erschienen oder ordnungsgemäß vertreten sein und der RA muss lediglich einen Antrag zur Prozess- oder 41

Sachleitung stellen. Solche Anträge betreffen nur den Ablauf des Verfahrens, aber nicht das Streitverhältnis selbst. Beispiele hierfür sind Anträge auf Vertagung, auf Unterbrechung oder Aussetzung des Verfahrens, auf Bestimmung oder Änderung von Terminen oder Fristen usw. Die in diesen Fällen anfallende verminderte Terminsgebühr wird auch als **„Vertagungsgebühr"** bezeichnet, da sie häufig bei Anträgen auf Vertagung entsteht.

Beispiel:

RA Wupper stellt im ersten beim Amtsgericht anberaumten Verhandlungstermin Antrag auf Vertagung, da sich die Parteien zurzeit in Vergleichsverhandlungen befinden. Der nicht anwaltlich vertretene Beklagte ist zum Termin nicht erschienen. Nach der Vertagung wird vor dem neuen Termin die Klage zurückgenommen, weil eine Einigung zustande gekommen ist.

RA Wupper erhält neben der Verfahrensgebühr eine 0,5 Terminsgebühr („Vertagungsgebühr") nach Nr. 3105 VV RVG.

42 *Hinweis:*

Die mündliche Verhandlung ist der eigentliche Kern des Prozessverfahrens. In ihr bestimmen die Parteien durch ihre Anträge den Umfang und Verlauf des Verfahrens. Die Anträge lassen sich in Prozessanträge und Sachanträge unterscheiden:

- Ein **Sachantrag** ist ein Antrag, mit dem eine bestimmte Sachentscheidung des Gerichtes gewünscht wird. Die Parteien erklären in einem Sachantrag, welchen Inhalt die Formel des von ihnen angestrebten Urteils haben soll. Sachanträge sind z. B. der Antrag aus der Klage, Antrag auf Erlass eines Versäumnisurteils oder Anerkenntnisurteils, auf Klageerweiterung, Klageermäßigung, Klageänderung, Zurückweisung der Klage usw.
- **Prozessanträge** sind alle Anträge zur Prozess- und Sachleitung, die nur auf den äußeren Gang des Verfahrens zielen, aber auf das Streitverhältnis selbst keine Auswirkung haben, die somit also reine Verfahrensanträge sind. Prozessanträge sind z. B. der Antrag auf Terminbestimmung, der Vertagungsantrag, der Beweisantrag usw.

43 In den **Rechtsmittelinstanzen** beträgt die verminderte Terminsgebühr 0,5 (Berufung, Nr. 3203 VV RVG) bzw. 0,8 (Revision, Nr. 3211 VV RVG), wobei dann die Verminderung nur unter der Voraussetzung eintritt, dass jeweils der **Kläger** in dem Rechtsmittelverfahren nicht erschienen ist. Ist der Beklagte nicht erschienen, wird der Rechtsmittelkläger Antrag auf Erlass eines Versäumnisurteils stellen und dafür eine ungekürzte Terminsgebühr erhalten.

Merke:

Die verminderte Terminsgebühr kann bei Nichterscheinen einer Partei entstehen, wenn lediglich ein Termin wahrgenommen wird und lediglich ein Versäumnisurteil beantragt oder ein Antrag nur zur Prozess- oder Sachleitung gestellt wird.

Bei Erlass eines Versäumnisurteils im schriftlichen Vorverfahren kann die verminderte Terminsgebühr sogar ohne mündliche Verhandlung entstehen.

Neben der 1,2 Terminsgebühr kann für denselben Gegenstand keine 0,5 Terminsgebühr zusätzlich entstehen.

In den Rechtsmittelinstanzen beträgt die verminderte Terminsgebühr 0,5 (Berufung) bzw. 0,8 (Revision), wobei die Verminderung nur dann eintritt, wenn der **RA des Beklagten** einen Antrag auf Versäumnisurteil usw. stellt.

Beispiele von Vergütungsrechnungen hierzu finden Sie auch im folgenden Kapitel über die Gebührenberechnung in Verfahren, in denen ein Versäumnisurteil ergeht.

a) Gebühren bei Versäumnisurteilen

→ *Dazu Aufgaben Gruppe 12* 44

Im Prinzip sind alle für die Berechnung der Gebühren bei Beantragung eines Versäumnisurteils notwendigen Erläuterungen bereits in den vorausgehenden Kapiteln, insbesondere in Rdn 36 ff. enthalten.

Für das Betreiben des Prozesses im ersten Rechtszug erhält der RA zunächst die 1,3 Verfahrensgebühr nach Nr. 3100 VV RVG.

Wenn dann im mündlichen Verhandlungstermin die Gegenseite nicht erscheint oder z. B. vor dem Landgericht nicht ordnungsgemäß vertreten ist, dann erhält der RA bei Wahrnehmung nur eines Termins eine **0,5 Terminsgebühr** nach Nr. 3105 VV RVG, wenn lediglich Antrag auf Erlass eines Versäumnisurteils gestellt worden ist.

Beispiel:

RA Quitzow erhebt auftragsgemäß Klage wegen einer Kaufpreisforderung von 3.000,00 € beim Amtsgericht. Im Verhandlungstermin erscheint für den Beklagten niemand. RA Quitzow beantragt den Erlass eines Versäumnisurteils, welches vom Gericht erlassen und rechtskräftig wird. RA Quitzow berechnet die folgende Vergütung:

Gegenstandswert: 3.000,00 €

1,3	Verfahrensgebühr gem. §§ 2, 13 RVG, Nr. 3100 VV RVG	306,15 €
0,5	Terminsgebühr gem. §§ 2, 13 RVG, Nrn. 3104, 3105 VV RVG	117,75 €
20 %	Pauschale für Post- und Telekommunikationsentgelte gem. § 2 Abs. 2 S. 1 RVG, Nr. 7002 VV RVG	20,00 €
		443,90 €
9 %	USt. gem. § 2 Abs. 2 S. 1 RVG, Nr. 7008 VV RVG	84,34 €
		528,24 €

Da nur gemäß § 15 Abs. 2 RVG eine einzige Terminsgebühr in einer Angelegenheit anfallen darf, 45
ist Voraussetzung für die Entstehung der 0,5 Terminsgebühr, dass es bei dem einen Termin verbleibt, in dem das Versäumnisurteil ergangen ist. Hat der RA in diesem Verfahren noch andere Termine wahrgenommen, so erwächst ihm eine 1,2 Terminsgebühr für alle Termine insgesamt.

Beispiel:

RA Quitzow erhebt auftragsgemäß Klage wegen einer Kaufpreisforderung von 3.000,00 € beim Amtsgericht. Im Verhandlungstermin erscheint für den Beklagten niemand. RA Quitzow beantragt den Erlass eines Versäumnisurteils, welches vom Gericht erlassen wird. Gegen das Versäumnisurteil legt der Beklagte fristgerecht Einspruch ein. Zu dem nächsten Verhandlungstermin erscheint der Beklagte und verhandelt streitig. Danach ergeht das Urteil.

RA Quitzow berechnet die folgende Vergütung:

Gegenstandswert: 3.000,00 €

1,3	Verfahrensgebühr gem. §§ 2, 13 RVG, Nr. 3100 VV RVG	306,15 €
1,2	Terminsgebühr gem. §§ 2, 13 RVG, Nr. 3104 VV RVG	282,60 €
20 %	Pauschale für Post- und Telekommunikationsentgelte gem. § 2 Abs. 2 S. 1 RVG, Nr. 7002 VV RVG	20,00 €
		608,75 €
19 %	USt. gem. § 2 Abs. 2 S. 1 RVG, Nr. 7008 VV RVG	115,66 €
		724,41 €

46 Natürlich können auch mehrere Termine vorkommen, in denen eigentlich jeweils nur eine 0,5 Terminsgebühr gemäß Nr. 3105 VV RVG anfallen würde. In solchen Fällen darf Nr. 3105 VV RVG jedoch nicht angewendet werden, da nach dem Wortlaut dieser Vorschrift die verminderte Terminsgebühr nur bei „Wahrnehmung nur **eines** Termins" entstehen kann. Das Wort „ein" vor „Termin" ist ein Zahlwort, nicht ein unbestimmter Artikel. Wenn der RA an **mehreren Terminen** teilgenommen hat, ist die Ausnahmeregelung der Nr. 3105 VV RVG nicht mehr anwendbar. So hat der BGH in seinem Beschluss vom 18.07.2006 (XI ZB 41/05) entschieden. Dass Nr. 3105 VV RVG eine Ausnahme bzw. richtigerweise Modifikation vom Grundsatz der Nr. 3104 VV RVG darstellt, ergibt sich schon aus der Formulierung „Die Gebühr 3104 beträgt …".

47 Diese Überlegungen sind z. B. von Bedeutung, wenn ein RA sowohl ein erstes als auch nach Einspruch dagegen ein **„zweites" Versäumnisurteil** (§ 345 ZPO) erwirkt hat und demnach eine 1,2 Terminsgebühr (Nr. 3104 VV RVG) erhält und nicht nur eine 0,5 Terminsgebühr (Nr. 3105 VV RVG), da das „zweite" Versäumnisurteil natürlich in einem **weiteren** Termin beantragt worden sein muss.

48 *Hinweis:*

Nach den §§ 338 ff. ZPO ist gegen ein Versäumnisurteil nur der **Einspruch** zulässig, aber kein Rechtsmittel wie Berufung oder Revision. Das Gericht entscheidet über den Einspruch und setzt einen Einspruchstermin an (§ 341a ZPO). Wird der Einspruch nicht als unzulässig verworfen, wird der Prozess fortgesetzt. Erscheint die Partei, die den Einspruch eingelegt hat jedoch in dem Einspruchstermin wieder nicht, ergeht ein „Zweites Versäumnisurteil" (§ 345 ZPO).

Wenn jedoch der Prozess fortgesetzt wird, handelt es sich bei dem Verfahren vor und nach dem Einspruch gemäß § 15 Abs. 2 RVG um dieselbe gebührenrechtliche Angelegenheit (OLG Celle, Beschluss vom 30.05.2016 – 2 W 104/16). Gemäß § 17 Ziff. 1 RVG sind nämlich nur das Verfahren über ein Rechtsmittel und der vorausgegangene Rechtszug verschiedene Angelegenheiten. Der Einspruch ist nach der ZPO kein Rechtsmittel (er wird in §§ 511 bis 577 ZPO nicht genannt), sondern lediglich ein Rechtsbehelf. Weder die Verfahrensgebühr noch die Terminsgebühr können also in diesem Rechtszug zweimal entstehen.

Beispiel:

RA Quitzow erhebt auftragsgemäß Klage wegen einer Kaufpreisforderung von 3.000,00 € beim Amtsgericht. Im Verhandlungstermin erscheint für den Beklagten niemand. RA Quitzow beantragt den Erlass eines Versäumnisurteils, welches vom Gericht erlassen wird. Gegen das Versäumnisurteil legt der Beklagte fristgerecht Einspruch ein. Zu dem Einspruchstermin erscheint der Beklagte wieder nicht, sodass sein Einspruch durch ein so genanntes zweites Versäumnisurteil verworfen wird.

RA Quitzow hat also zweimal einen Antrag auf Erlass eines Versäumnisurteils gestellt, weil der Beklagte im ersten und im zweiten Termin nicht erschienen ist – also in mehr als einem Termin im Sinne der Nr. 3105 VV RVG. Er berechnet hierfür die folgende Vergütung:

Gegenstandswert: 3.000,00 €

1,3	Verfahrensgebühr gem. §§ 2, 13 RVG, Nr. 3100 VV RVG	306,15 €
1,2	Terminsgebühr gem. §§ 2, 13 RVG, Nr. 3104 VV RVG	282,60€
20 %	Pauschale für Post- und Telekommunikationsentgelte gem. § 2 Abs. 2 S. 1 RVG, Nr. 7002 VV RVG	20,00 €
		608,75 €
19 %	USt. gem. § 2 Abs. 2 S. 1 RVG, Nr. 7008 VV RVG	115,66 €
		724,41 €

In der ersten Instanz ist auch im **schriftlichen Vorverfahren** bereits der Erlass eines Versäumnisurteils möglich, wenn der Beklagte seine Verteidigungsabsicht nicht innerhalb der Notfrist von zwei Wochen anzeigt. Dann erwächst für den RA des Klägers eine verminderte Terminsgebühr, falls er den Erlass des Versäumnisurteils bereits in der Klageschrift beantragt hatte (Nr. 3105 Anm. Abs. 1 Ziff. 2 VV RVG – siehe Rdn 37). Nur der RA des Klägers erhält diese 0,5 Terminsgebühr, obwohl überhaupt kein Termin stattgefunden hat. 49

Hinweis: 50

Laut Beschluss des BGH vom 07.06.2006 (VIII ZB 108/05) ist ein Versäumnisurteil nach § 331 Abs. 3 ZPO (also im schriftlichen Vorverfahren) nicht anders zu behandeln als ein nach § 331 Abs. 1 ZPO erlassenes Versäumnisurteil (also im Termin). Da also das im schriftlichen Vorverfahren ergangene Versäumnisurteil dem in einem Termin ergangenen gleichgesetzt wird, hat dies folgende Auswirkung: Wenn das erste Versäumnis im schriftlichen Vorverfahren erlassen wird und der RA ein **„zweites" Versäumnisurteil** in einem Termin beantragt, dann erhält er hierfür nicht die 0,5 Terminsgebühr nach Nr. 3105 VV RVG, sondern die 1,2 Terminsgebühr nach Nr. 3104 VV RVG. Obwohl dieser Termin eigentlich die erste mündliche Verhandlung ist, darf also Nr. 3105 VV RVG nicht angewendet werden, siehe dort Anmerkung Abs. 1 Ziff. 2. **Merken** sie sich das so: Nr. 3105 VV RVG wird bereits im schriftlichen Vorverfahren verbraucht.

Beispiel:

RA Kieback erhebt auftragsgemäß Klage beim Amtsgericht gegen Pechmann wegen einer Kaufpreisforderung von 3.700,00 €. In der Klageschrift ist auch folgender Antrag enthalten: „Für den Fall der Anordnung des schriftlichen Vorverfahrens beantrage ich im Falle der Fristversäumnis den Erlass eines Versäumnisurteils ohne mündliche Verhandlung".

Im vom Gericht angeordneten schriftlichen Vorverfahren lässt der Beklagte Pechmann die Notfrist von zwei Wochen nach § 276 Abs. 1 ZPO verstreichen ohne seine Verteidigungsabsicht anzuzeigen. Es ergeht antragsgemäß Versäumnisurteil gegen Pechmann.

Pechmann legt gegen das Versäumnisurteil erst nach Ablauf der Notfrist von zwei Wochen (§ 339 ZPO) Einspruch ein. Das Gericht verwirft den Einspruch gemäß § 341 ZPO durch Beschluss ohne mündliche Verhandlung.

RA Kieback berechnet hierfür die folgende Vergütung:

Gegenstandswert: 3.700,00 €

1,3	Verfahrensgebühr gem. §§ 2, 13 RVG, Nr. 3100 VV RVG	383,50 €
0,5	Terminsgebühr gem. §§ 2, 13 RVG, Nrn. 3104, 3105 VV RVG	147,50 €
20 %	Pauschale für Post- und Telekommunikationsentgelte gem. § 2 Abs. 2 S. 1 RVG, Nr. 7002 VV RVG	20,00 €
		551,00 €
19 %	USt. gem. § 2 Abs. 2 S. 1 RVG, Nr. 7008 VV RVG	104,69 €
		655,69 €

Wäre der Einspruch fristgerecht eingelegt worden, hätte es einen Einspruchstermin nach § 341a ZPO gegeben. Wäre der Beklagte in diesem Termin nicht erschienen, hätte es ein „zweites" Versäumnisurteil gegeben. Obwohl der Einspruchstermin hier der erste Verhandlungstermin gewesen wäre, hätte RA Kieback nach der Rechtsprechung des BGH anstelle der verminderten 0,5 Terminsgebühr dann eine 1,2 Terminsgebühr gemäß §§ 2, 13 RVG, Nr. 3104 VV RVG in Höhe von 354,00 € berechnen können.

51 *Hinweis:*

Wenn gegen einen **Vollstreckungsbescheid Einspruch** eingelegt wird (§ 700 ZPO), entscheidet das Gericht über den Einspruch in der Regel ohne mündliche Verhandlung. Wird der Einspruch ohne mündliche Verhandlung gemäß § 341 ZPO verworfen, entsteht keine Terminsgebühr gemäß Nr. 3104 VV RVG, da Anmerkung Abs. 1 Ziff. 1 zu Nr. 3104 VV RVG voraussetzt, dass eine mündliche Verhandlung vorgeschrieben ist. In § 341 Abs. 2 ZPO ist aber die mündliche Verhandlung dem Gericht freigestellt.

Gleiches gilt, wenn der Einspruch gegen ein **Versäumnisurteil** im schriftlichen Verfahren – also ohne mündliche Verhandlung – vom Gericht gemäß § 341 Abs. 2 ZPO verworfen wird (OLG Köln, Beschluss vom 12.12.2018 – 17 W 208/18).

Wenn das Prozessgericht den Einspruch nicht verwirft, setzt es einen Termin zur mündlichen Verhandlung über den Einspruch und die Hauptsache an (§ 341a ZPO). Erscheint der Beklagte in diesem Termin nicht, ergeht auf Antrag des Klägers ein **„zweites" Versäumnisurteil**, durch das der Einspruch verworfen wird (§ 345 ZPO). Ein weiterer Einspruch ist dann nicht zulässig.

Im Gegensatz zu dem vorstehenden Hinweis (zum schriftlichen Vorverfahren) entsteht bei **Einspruch gegen einen Vollstreckungsbescheid** eine Terminsgebühr aber erstmals in dem Einspruchstermin. Da dies der „eine" Termin im Sinne von Nr. 3105 VV RVG ist, entsteht in diesem Fall also nur eine 0,5 Terminsgebühr (Brandenburgisches OLG, Beschluss vom 04.03.2009 – 6 W 192/08).

52 Vorsicht ist angebracht, wenn in den **Rechtsmittelinstanzen Versäumnisurteile** erlassen werden, da die Verminderung der Terminsgebühr nach den Nrn. 3203 und 3211 VV RVG nur vorgenommen wird, wenn jeweils die **Kläger** (in Familiensachen: Beschwerdeführer) nicht erschienen oder vertreten sind und somit der RA des **Beklagten** (Beschwerdegegners) das Versäumnisurteil beantragt. Achten Sie also in den Rechtsmittelinstanzen darauf, von welcher Partei der bevollmächtigte RA den Antrag auf Erlass eines Versäumnisurteils stellt! Dies wird in den folgenden Beispielen für die Berufungsinstanz aufgezeigt. In der Revisionsinstanz gelten die gleichen Regeln.

Beispiel:

RA Hundertmark hat auftragsgemäß eine Berufungsklage gegen ein klageabweisendes Urteil der ersten Instanz über 2.700,00 € eingereicht.

In dem Berufungstermin erscheint **für den Berufungsbeklagten** niemand. RA Hundertmark beantragt ein Versäumnisurteil, welches ergeht und rechtskräftig wird. RA Hundertmark berechnet die folgende Vergütung:

Gegenstandswert: 2.700,00 €

1,6	Verfahrensgebühr gem. §§ 2, 13 RVG, Nr. 3200 VV RVG	376,80 €
1,2	Terminsgebühr gem. §§ 2, 13 RVG, Nr. 3202 VV RVG	282,60 €
20 %	Pauschale für Post- und Telekommunikationsentgelte gem. § 2 Abs. 2 S. 1 RVG, Nr. 7002 VV RVG	20,00 €
		679,40 €
19 %	USt. gem. § 2 Abs. 2 S. 1 RVG, Nr. 7008 VV RVG	129,09 €
		808,49 €

Beispiel:

RA Hundertmark hat auftragsgemäß eine Berufungsklage gegen ein klageabweisendes Urteil der ersten Instanz über 2.700,00 € eingereicht. Vor dem Berufungstermin hat sich RA Hundertmark mit seinem Auftraggeber zerstritten und das Mandat niedergelegt.

In dem Berufungstermin erscheint **für den Berufungskläger** niemand. RA Winner, der den Berufungsbeklagten vertritt, beantragt ein Versäumnisurteil, welches ergeht und rechtskräftig wird. RA Winner berechnet die folgende Vergütung:

Gegenstandswert: 2.700,00 €

1,6	Verfahrensgebühr gem. §§ 2, 13 RVG, Nr. 3200 VV RVG	376,80 €
0,5	Terminsgebühr gem. §§ 2, 13 RVG, Nrn. 3202, 3203 VV RVG	117,75 €
20 %	Pauschale für Post- und Telekommunikationsentgelte gem. § 2 Abs. 2 S. 1 RVG, Nr. 7002 VV RVG	20,00 €
		514,55 €
19 %	USt. gem. § 2 Abs. 2 S. 1 RVG, Nr. 7008 VV RVG	97,76 €
		612,31 €

Da nur eine Terminsgebühr in einer Angelegenheit anfallen darf, ist Voraussetzung für die Entstehung der 0,5 Terminsgebühr, dass es bei dem Termin verbleibt, in dem das Versäumnisurteil ergangen ist. Hat der RA noch andere Termine wahrgenommen, so erwächst ihm eine 1,2 Terminsgebühr für alle Termine insgesamt. Da die Vorbemerkung 3 Abs. 3 VV RVG auch für die Rechtsmittelinstanzen gilt, fällt auch für außergerichtliche Besprechungen, die zu einer Einigung führen sollen, die Terminsgebühr an. **53**

Beispiel:

RA Hundertmark hat auftragsgemäß eine Berufungsklage gegen ein klageabweisendes Urteil der ersten Instanz über 2.700,00 € eingereicht. Vor dem Berufungstermin hat RA Hundertmark die Möglichkeit einer Einigung mit dem RA des Gegners besprochen. In dem Berufungstermin erscheint für den Berufungsbeklagten niemand. RA Hundertmark beantragt ein Versäumnisurteil, welches ergeht und rechtskräftig wird. RA Hundertmark berechnet die folgende Vergütung:

Gegenstandswert: 2.700,00 €

1,6	Verfahrensgebühr gem. §§ 2, 13 RVG, Nr. 3200 VV RVG	376,80 €
1,2	Terminsgebühr gem. §§ 2, 13 RVG, Nr. 3202, Vorbem. 3 Abs. 3 VV RVG	282,60 €
20 %	Pauschale für Post- und Telekommunikationsentgelte gem. § 2 Abs. 2 S. 1 RVG, Nr. 7002 VV RVG	20,00 €
		679,40€
19 %	USt. gem. § 2 Abs. 2 S. 1 RVG, Nr. 7008 VV RVG	129,09€
		808,49€

54 *Hinweis:*

In **Familiensachen** beantragt ein **Beteiligter** eine Versäumnis**entscheidung**, da es in diesen Verfahren nach dem FamFG sprachlich keine Parteien und keine Urteile gibt (vergl. Nr. 3105 VV RVG).

Merke:

Für den Antrag auf Erlass eines Versäumnisurteils im ersten Rechtszug erhält der RA eine verminderte 0,5 Terminsgebühr nach Nr. 3105 VV RVG.

Falls es in dem Verfahren mehrere Termine gibt, entsteht jedoch die 1,2 Terminsgebühr nach Nr. 3104 VV RVG, also auch bei einem „zweiten" Versäumnisurteil.

Die verminderte 0,5 Terminsgebühr kann nach Nr. 3105 Anm. Abs. 1 Ziff. 2 VV RVG auch im schriftlichen Vorverfahren (ohne Termin) entstehen, wenn der Beklagte nicht innerhalb der Notfrist seine Verteidigungsabsicht anzeigt.

In den Rechtsmittelinstanzen entsteht eine **verminderte Terminsgebühr** nach den Nrn. 3203 und 3211 VV RVG nur, wenn jeweils der **Kläger** nicht erschienen oder vertreten ist und somit der RA des **Beklagten** das Versäumnisurteil beantragt. Die 1,2 Terminsgebühr entsteht, wenn der RA des Klägers das Versäumnisurteil beantragt.

b) Die Berechnung der Terminsgebühr in besonderen Fällen

55 *→ Dazu Aufgaben Gruppen 10 und 12*

Grundsätzlich kann nach § 15 Abs. 2 RVG jede Gebühr in einer Angelegenheit nur einmal entstehen. Dies gilt natürlich auch für die Terminsgebühr. Trotzdem gibt es Fälle, in denen es unvermeidlich ist, zwei gleiche Gebühren zu berechnen, wenn diese Gebühren nach **Wertteilen** mit **unterschiedlichen Gebührensätzen** anfallen, wie dies in § 15 Abs. 3 RVG geregelt ist (vergleiche u. a. § 2 Rdn 135 f.).

Falls nun in einem Prozess in erster Instanz eine 1,2 Terminsgebühr nach einem Teil des Gegenstandswertes und eine 0,5 Terminsgebühr nach dem anderen Teil des Wertes zu berechnen sind, so ist eine **Überprüfung nach § 15 Abs. 3 RVG** unumgänglich. Dies wird im Prinzip genauso vorgenommen, wie es z. B. für die Verfahrensgebühr bereits in Rdn 27 f. aufgezeigt wurde.

56 Das Entstehen einer 1,2 Terminsgebühr (Nr. 3104 VV RVG) und einer 0,5 Terminsgebühr (Nr. 3105 VV RVG) ist beispielsweise möglich, wenn in einer Klage zwei **verschiedene Ansprüche** eingeklagt worden sind und

- vor Erlass eines Versäumnisurteils nur über den einen Anspruch eine (außergerichtliche) Besprechung mit dem Ziel einer Einigung stattfindet und sodann über den anderen Anspruch ein Versäumnisurteil ergeht oder
- wenn nach Erlass eines Versäumnisurteils **Einspruch** hinsichtlich nur eines der Ansprüche eingelegt wird.

Beispiel:

RA Steinmetz reicht Klage wegen Schadenersatz in Höhe von 12.000,00 € und Schmerzensgeld in Höhe von 4.000,00 € ein. Nur wegen der Schadenersatzforderung findet eine außergerichtliche Besprechung mit der Gegenseite mit dem Ziel einer Einigung statt; zur Einigung kommt es nicht. Im ersten Termin vor dem Landgericht erscheint der Beklagte ohne RA, woraufhin auf Antrag von RA Steinmetz ein Versäumnisurteil ergeht. Da der Beklagte keinen Einspruch einlegt, wird das Versäumnisurteil rechtskräftig.

Zu vorstehendem Sachverhalt wird die folgende Vergütungsrechnung erstellt:

Gegenstandswert: 16.000,00 € / 12.000,00 € / 4.000,00 €

1,3	Verfahrensgebühr für den Prozess gem. §§ 2, 13 RVG, Nr. 3100 VV RVG (Wert: 16.000,00 €)		990,60 €
1,2	Terminsgebühr gem. §§ 2, 13 RVG, Nr. 3104 VV RVG (Wert: 12.000,00 €)*	848,40 €	
0,5	Terminsgebühr gem. §§ 2, 13 RVG, Nrn. 3104, 3105 VV RVG (Wert: 4.000,00 €)**	147,50 €	
		995,90 €	
	Gemäß § 15 Abs. 3 RVG darf höchstens eine 1,2 Terminsgebühr nach der Wertesumme von 16.000,00 € berechnet werden, das sind 914,40 €. Da diese Gebühr hier überschritten wird, sind als Terminsgebühren nur zulässig:		914,40 €
20 %	Pauschale für Post- und Telekommunikationsentgelte gem. § 2 Abs. 2 S. 1 RVG, Nr. 7002 VV RVG		20,00 €
			1.925,00 €
19 %	USt. gem. § 2 Abs. 2 S. 1 RVG, Nr. 7008 VV RVG		365,75 €
			2.290,75 €

* 1,2 Terminsgebühr für außergerichtliche Besprechung nach Vorbemerkung 3 Abs. 2 VV RVG.

** 0,5 Terminsgebühr für den Termin, in dem das Versäumnisurteil erging.

Weitere Fälle für das Entstehen einer 1,2 Terminsgebühr (Nr. 3104 VV RVG) und einer 0,5 Terminsgebühr (Nr. 3105 VV RVG) mit Prüfung nach § 15 Abs. 3 RVG könnten sein: 57

- Nach einem Termin wegen einer Klage über 8.000,00 € wird nach Klageerweiterung (2.000,00 €) im neuen Termin ein Versäumnisurteil erlassen; dann entsteht wegen der 8.000,00 € eine 1,2 Terminsgebühr (2 Termine) und wegen der 2.000,00 € lediglich eine 0,5 Terminsgebühr (nur ein Termin).
- Im Termin wegen einer Klage über zwei Ansprüche (7.000,00 € und 3.000,00 €) hält das Gericht den Antrag hinsichtlich der 3.000,00 € zunächst nicht für schlüssig, lässt sich aber in einer Erörterung nur wegen der 3.000,00 € von der Schlüssigkeit überzeugen. Gegen den nicht er-

schienen Beklagten ergeht auf Antrag des RA des Klägers Versäumnisurteil über 10.000,00 €. Bezüglich der 7.000,00 € entsteht eine 0,5 Terminsgebühr und bezüglich der 3.000,00 € entsteht eine 1,2 Terminsgebühr, da hierfür nicht lediglich ein Antrag auf Versäumnisurteil gestellt wird, sondern erst eine Erörterung mit dem Gericht stattfand.

III. Die Gebühren in den Rechtsmittelinstanzen

58 Die **Gebühren in den Rechtsmittelinstanzen** der Berufung und Revision sind grundsätzlich die gleichen wie in der ersten Instanz, nur sind meist die Gebührensätze höher. Insofern wird zur Beschreibung der Gebühren auf die vorausgehenden Kapitel (Rdn 4 ff. und Rdn 25 ff.) verwiesen. Für die Aufstellung der Vergütungsrechnungen ergeben sich keine Besonderheiten gegenüber der ersten Instanz, sodass alle Erläuterungen prinzipiell auch für die Rechtsmittelinstanzen anwendbar sind, was z. B. die Anwendung des § 15 Abs. 3 RVG oder die Erhebung von Einigungsgebühren betrifft.

Die **Beschwerde** (sofortige Beschwerde und Rechtsbeschwerde) ist in der ZPO ebenfalls ein Rechtsmittel, vgl. §§ 567 ff. ZPO. Teilweise entstehen für Beschwerden und Rechtsbeschwerden die gleichen Gebühren wie bei der Berufung und Revision, vgl. Vorbemerkung 3.2.1 Nr. 2 und Vorbemerkung 3.2.2 Nr. 1a VV RVG. Alle übrigen Beschwerden und Rechtsbeschwerden (vgl. Vorbemerkung 3.5 VV RVG) unterfallen Nrn. 3500 ff. VV RVG.

59 In der **Berufungsinstanz** (bzw. bei Familiensachen im Beschwerdeverfahren) beträgt der Gebührensatz der **Verfahrensgebühr** 1,6 nach Nr. 3200 VV RVG; der Satz der modifizierten Verfahrensgebühr bei vorzeitiger Beendigung beläuft sich auf 1,1 nach Nr. 3202 VV RVG.

Im Normalfall entsteht eine 1,2 **Terminsgebühr** (Nr. 3202 VV RVG) und bei Nichterscheinen einer Partei (bzw. eines Beteiligten) eine verminderte 0,5 Terminsgebühr unter den Voraussetzungen der Nr. 3203 VV RVG. Achten Sie darauf, dass die 0,5 Terminsgebühr nur dann entsteht, wenn der RA des **Berufungsbeklagten** (bzw. bei Familiensachen des Beschwerdegegners) ein Versäumnisurteil usw. beantragt; bei Antragstellung durch den RA des Berufungsklägers (bzw. bei Familiensachen des Beschwerdeführers) fällt eine normale 1,2 Terminsgebühr an. Beispiele hierzu finden Sie im vorausgehenden Kapitel über die Gebührenberechnung in Verfahren, in denen ein Versäumnisurteil ergeht.

60 In der **Revisionsinstanz** im Zivilprozess (bzw. bei Familiensachen im Rechtsbeschwerdeverfahren) beträgt der Gebührensatz der **Verfahrensgebühr** 2,3 nach Nr. 3208 VV RVG; der Satz der verminderten Verfahrensgebühr bei vorzeitiger Beendigung beläuft sich auf 1,8 gemäß Nr. 3209 VV RVG.

Übrigens entsteht die Verfahrensgebühr in der Revision im Zivilverfahren nach Nr. 3208 VV RVG nicht nach Nr. 3206 VV RVG, da nach § 78 Abs. 1 S. 3 ZPO bzw. nach § 114 Abs. 2 FamFG sich die Parteien bzw. Beteiligten vor dem BGH durch einen dort zugelassenen RA vertreten lassen müssen.

Im Normalfall entsteht eine 1,5 **Terminsgebühr** (Nr. 3210 VV RVG) und bei Nichterscheinen einer Partei eine 0,8 Terminsgebühr unter den Voraussetzungen der Nr. 3211 VV RVG. Achten Sie darauf, dass die 0,8 Terminsgebühr nur dann entsteht, wenn der RA des **Revisionsbeklagten** (bzw. bei Familiensachen des Rechtsbeschwerdegegners) ein Versäumnisurteil usw. beantragt; bei Antragstellung durch den RA des Revisionsklägers (bzw. bei Familiensachen des Rechtsbeschwerdegegners) fällt eine normale 1,5 Terminsgebühr an.

Hinweis: 61

In **Familiensachen** gibt es nach dem FamFG keine Kläger und keine Urteile, sowie keine Berufung und keine Revision. Daher gelten die vorstehend genannten Vorschriften der Nrn. 3203 und 3211 VV RVG auch für den Fall, dass der **Beschwerdegegner** in einer Familiensache eine **Versäumnisentscheidung** beantragt, weil der Beschwerdeführer säumig ist.

Merke:

In der Berufungs- und Revisionsinstanz entstehen grundsätzlich die gleichen Gebühren wie im ersten Rechtszug, nur sind meist die Gebührensätze höher.

Hinsichtlich der **verminderten Terminsgebühr** bei Nichterscheinen einer Partei ist darauf zu achten, dass diese nur dann anfällt, wenn der **Rechtsmittelkläger** nicht erschienen ist und der RA des Rechtsmittelbeklagten ein Versäumnisurteil usw. beantragt!

C. Die Gebühren für besondere Verfahren

In Teil 3 des Vergütungsverzeichnisses des RVG werden die Gebühren für alle Tätigkeiten des RA 62 **in gerichtlichen Verfahren**, insbesondere für alle bürgerlichen Rechtsstreitigkeiten, geregelt. Dies betrifft also in erster Linie den Zivilprozess im ersten Rechtszug (Abschnitt 1) und in den Rechtsmittelinstanzen (Abschnitt 2). Weiterhin werden in **Teil 3 Abschnitt 3** des Vergütungsverzeichnisses auch Gebühren **in besonderen Verfahren** bestimmt, wie im Mahnverfahren, in Verfahren der Zwangsvollstreckung, der Zwangsversteigerung und Zwangsverwaltung, Insolvenzverfahren und für die Vollziehung von Arresten, einstweiligen Verfügungen und einstweiligen Anordnungen. Abschnitt 3 enthält eigene Gebührenvorschriften für diese besonderen Verfahren, wobei auch hier für den beauftragten RA in der Regel zwei Gebühren entstehen können, eine Verfahrensgebühr und eine Terminsgebühr.

Die Gebühren für zwei wesentliche und häufige Verfahren, nämlich das **Mahnverfahren** (§ 6) und die Verfahren der **Zwangsvollstreckung** (§ 8), sollen in eigenen Hauptkapiteln vorgestellt werden. Siehe dort.

D. Die Gebühren in besonderen Arten von Verfahren

In diesem Kapitel werden im Gegensatz zu dem vorstehenden Kapitel (Rdn 62) keine speziellen 63 Gebührenvorschriften aus Teil 3 Abschnitt 3 des Vergütungsverzeichnisses des RVG dargestellt, sondern es wird die Anwendung der bereits aus Rdn 4 ff. bekannten Gebühren aus Teil 3 Abschnitte 1 und 2 des Vergütungsverzeichnisses in **besonderen Verfahrensarten der ZPO** aufgezeigt. Solche besonderen Verfahrensarten sind z. B. das selbstständige Beweisverfahren oder der Urkunden- und Wechselprozess.

I. Die Gebühren im selbstständigen Beweisverfahren

→ *Dazu Aufgaben Gruppe 16* 64

Das **selbstständige Beweisverfahren** nach den §§ 485 ff. ZPO kann sowohl während als auch außerhalb eines anhängigen Rechtsstreites durchgeführt werden. Dieses Verfahren dient einer vorsorglichen Beweisaufnahme durch Augenschein, Zeugen oder Sachverständigengutachten, insbesondere wenn die Gefahr besteht, dass ein Beweismittel verloren gehen könnte.

Schon vor der Anhängigkeit eines Rechtsstreits kann ein schriftliches Sachverständigengutachten bei Gericht beantragt werden, wenn dies der Vermeidung des Rechtsstreits dienen kann (§ 485 Abs. 2 ZPO).

Eine mündliche Verhandlung muss in diesem Verfahren nicht stattfinden, jedoch kann das Gericht die Parteien zur mündlichen Erörterung laden, wenn dabei eine Einigung der Parteien zu erwarten ist (§ 492 Abs. 3 ZPO).

65 Das **selbstständige Beweisverfahren** ist gebührenrechtlich immer eine **eigenständige Angelegenheit**. Das ergibt sich aus der in Vorbemerkung 3 Abs., 5 VV RVG vorgeschriebenen Anrechnung der Verfahrensgebühr des selbstständigen Beweisverfahrens auf die Verfahrensgebühr des Rechtszugs, soweit der Gegenstand eines selbstständigen Beweisverfahrens auch Gegenstand eines Rechtsstreits ist oder wird. Diese Anrechnung setzt logisch voraus, dass es zwei Verfahrensgebühren gibt. Zwei Verfahrensgebühren sind im RVG gemäß § 15 Abs. 2 aber nur in verschiedenen Angelegenheiten möglich.

In dem selbstständigen Beweisverfahren können die normale **Verfahrensgebühr** und die normale **Terminsgebühr** entstehen. Der Antrag auf ein selbstständiges Beweisverfahren setzt ähnliche Vorbereitungen voraus wie für eine Klage. Das rechtfertigt das Entstehen der Verfahrensgebühr gemäß Nr. 3100 VV RVG. Die Terminsgebühr (Nr. 3104 VV RVG) entsteht für die Teilnahme des RA an einem gerichtlichen Termin, aber nach Vorbemerkung 3 Abs. 3 VV RVG auch für außergerichtliche Besprechungen, die der Vermeidung oder Erledigung des Verfahrens dienen sollen.

66 Für **sehr umfangreiche** Beweisaufnahmen in einem Verfahren gibt es eine Zusatzgebühr neben der Verfahrens- und der Terminsgebühr. Die **0,3 Zusatzgebühr** nach Nr. 1010 VV RVG darf jedoch nur berechnet werden, wenn **mindestens drei gerichtliche** Beweistermine stattfinden, in denen Sachverständige oder Zeugen umfangreich vernommen werden. Siehe hierzu Rdn 23.

67 Der RA erhält für die Einreichung des Antrags auf Durchführung des selbstständigen Beweisverfahrens eine 1,3 Verfahrensgebühr gemäß Nr. 3100 VV RVG. Andererseits soll der RA aber auch für beinahe dieselbe Tätigkeit die Verfahrensgebühr nicht doppelt erhalten. Deswegen enthält Vorbemerkung 3 Abs. 5 VV RVG eine **Anrechnungsvorschrift für die Verfahrensgebühr**: Die Verfahrensgebühr aus dem selbstständigen Beweisverfahren muss auf die Verfahrensgebühr des Hauptprozesses angerechnet werden.

Die Anrechnungsvorschrift gilt dagegen nicht für die Terminsgebühr oder die Zusatzgebühr. Für den Fall, dass in einer Sache ein selbstständiges Beweisverfahren und ein Hauptprozess stattgefunden haben, sind zwei Vergütungsrechnungen aufzustellen, da es sich um zwei Angelegenheiten handelt.

Merke:

Im selbstständigen Beweisverfahren entstehen Verfahrens- und Terminsgebühren nach Nrn. 3100 ff. VV RVG.

Wenn der RA auch im Hauptprozess tätig ist, sind zwei Vergütungsrechnungen aufzustellen.

Nur die Verfahrensgebühr aus dem selbstständigen Beweisverfahren ist auf die Verfahrensgebühr des Hauptprozesses anzurechnen.

1. Die Gebühren bei nicht anhängigem Hauptprozess

68 Im **selbstständigen Beweisverfahren** können dem RA bei Vorliegen der jeweiligen Voraussetzungen eine Verfahrensgebühr und eine Terminsgebühr nach Nrn. 3100 ff. VV RVG (bzw. in der Rechtsmittelinstanz nach Nrn. 3200 ff. VV RVG) erwachsen:

- Die **1,3 Verfahrensgebühr** entsteht mit der Einreichung des Antrages auf Durchführung des selbstständigen Beweisverfahrens. Bei vorzeitiger Erledigung des Auftrages vor Einreichung des Antrages bei Gericht erhält der RA gemäß Nr. 3101 Ziff. 1 VV RVG nur eine Gebühr in Höhe von 0,8 (bzw. 1,1 in der Berufungsinstanz nach Nr. 3201 VV RVG). Sollte es später noch zu einem Hauptverfahren kommen, ist nach der **Anrechnungsvorschrift** in Vorbemerkung 3 Abs. 5 VV RVG die Verfahrensgebühr aus dem selbstständigen Beweisverfahren auf die Verfahrensgebühr des Hauptprozesses anzurechnen.
- Die **1,2 Terminsgebühr** gemäß Nr. 3104 VV RVG (Berufung Nr. 3202 VV RVG) erhält der RA nur, wenn er im selbständigen Beweisverfahren einen Termin oder eine Besprechung im Sinne von Vorbemerkung 3 Abs. 3 VV RVG wahrgenommen hat. Das Gericht kann über den Antrag auf Durchführung des selbstständigen Beweisverfahrens ohne mündliche Verhandlung durch Beschluss entscheiden (§ 490 Abs. 1 ZPO). Wenn ein Verhandlungstermin stattfindet und der Rechtsanwalt daran teilnimmt, entsteht die Terminsgebühr. Das Gericht könnte auch die Parteien zur mündlichen Erörterung laden, wenn dabei eine Einigung der Parteien zu erwarten ist (§ 492 Abs. 3 ZPO). Das Entstehen einer Terminsgebühr im selbstständigen Beweisverfahren ist auch dadurch möglich, dass eine außergerichtliche Besprechung stattfindet, die der Vermeidung oder Erledigung des Verfahrens dient. Schließlich kann auch die die Wahrnehmung eines von einem gerichtlich bestellten Sachverständigen anberaumten Termins die Terminsgebühr auslösen.
- Für **sehr umfangreiche** Beweisaufnahmen in einem Verfahren gibt es eine Zusatzgebühr neben der Verfahrens- und der Terminsgebühr. Die **0,3 Zusatzgebühr** nach Nr. 1010 VV RVG darf jedoch nur berechnet werden, wenn **mindestens drei** gerichtliche Beweistermine stattfinden, in denen Sachverständige oder Zeugen umfangreich vernommen werden. Alles Weitere hierzu in Rdn 23.
- Eine **1,5 Einigungsgebühr** kann nach Nr. 1000 Ziff. 1 VV RVG zusätzlich anfallen. Der Gebührensatz der Einigungsgebühr beträgt hier 1,5, denn in Nr. 1003 VV RVG ist das selbstständige Beweisverfahren ausdrücklich von der Gebührenreduzierung ausgeschlossen! Der Gebührensatz in der Berufungsinstanz beträgt auch 1,5. (Zur Einigungsgebühr siehe auch § 2 Rdn 166 ff.)

  Die Möglichkeit des Abschlusses eines Vergleichs im selbstständigen Beweisverfahren ist in § 492 Abs. 3 ZPO ausdrücklich vorgesehen; Zweck des selbstständigen Beweisverfahrens kann auch die Vermeidung eines Rechtsstreits sein (§ 485 Abs. 2 S. 2 ZPO). Zur mündlichen Erörterung sollen die Parteien geladen werden, wenn das Gericht eine Einigung der Parteien erwarten kann. Ein in diesem Erörterungstermin geschlossener Vergleich über die Hauptsache ist dann zu gerichtlichem Protokoll zu nehmen.

Hinweis:

Falls in den Vergleich noch nicht gerichtlich geltend gemachte Ansprüche einbezogen werden, entsteht für diese nicht gerichtlich anhängigen Ansprüche eine verminderte **Differenzverfahrensgebühr** gemäß Nr. 3101 Ziff. 2 VV RVG (Berufung: Nr. 3201 Anm. Ziff. 2 VV RVG) sowie eine 1,5 (auch in der Berufungsinstanz!) Einigungsgebühr gemäß Nr. 1000 Ziff. 1 VV RVG (siehe Rdn 28 ff.). Da hier eine normale und eine verminderte Verfahrensgebühr entstehen, ist die Kappung nach § 15 Abs. 3 RVG zu beachten.

Der **Gegenstandswert** des selbstständigen Beweisverfahrens richtet sich nach dem Wert der (späteren) Hauptsache, eventuell kann er auch niedriger liegen, wenn nur über einen Teil der Hauptsache Beweis im selbstständigen Beweisverfahren erhoben werden soll. 69

Im selbstständigen Beweisverfahren kann die Pauschale für Post- und Telekommunikationsdienstleistungsentgelte (Nr. 7002 VV RVG) berechnet werden, da es sich um eine eigene Angelegenheit handelt.

Im selbständigen Beweisverfahren ist vom Gericht gemäß § 63 Abs. 2 GKG der Streitwert für die Gerichtsgebühr Nr. 1610 KV GKG festzusetzen, der dann gemäß § 32 Abs. 1 RVG auch für die Gebühren des Rechtsanwalts maßgebend ist.

Beispiel:

Zur vorsorglichen Beweissicherung für eine Schmerzensgeldforderung von 3.000,00 € wegen eines ärztlichen Kunstfehlers soll sofort ein selbstständiges Beweisverfahren durchgeführt werden. RA Gemeiner reicht den Antrag beim zuständigen Gericht ein. Das Gericht gibt dem Antrag durch Beschluss ohne mündliche Verhandlung statt. Das Gericht lässt den todkranken Antragsteller Pechner von einem Sachverständigen untersuchen. Eine mündliche Erörterung des Gutachtens findet nicht statt. Der Streitwert wird auf 3.000,00 € festgesetzt. Sofort nach Abschluss des selbstständigen Beweisverfahrens übersendet RA Gemeiner seinem todkranken Auftraggeber die Vergütungsrechnung, die bezahlt wird.

Gegenstandswert: 3.000,00 €

1,3	Verfahrensgebühr gem. §§ 2, 13 RVG, Nr. 3100 VV RVG	306,15 €
20 %	Pauschale für Post- und Telekommunikationsentgelte gem. § 2 Abs. 2 S. 1 RVG, Nr. 7002 VV RVG	20,00 €
		326,15 €
19 %	USt. gem. § 2 Abs. 2 S. 1 RVG, Nr. 7008 VV RVG	61,97 €
		388,12 €

Beispiel:

Zur vorsorglichen Beweissicherung wegen eines undichten Daches soll im selbstständigen Beweisverfahren ein Sachverständigengutachten erstellt werden. Nachdem RA Gallig einen dementsprechenden Antrag gestellt hat, lädt das Gericht die Parteien gemäß § 492 Abs. 3 ZPO zu einer mündlichen Erörterung. Im Termin gelingt es dem Gericht und den beteiligten RAen die Parteien zu einem Vergleichsabschluss zu bewegen.

Wir berechnen die Vergütung von RA Gallig. Der Streitwert wird auf 27.000,00 € festgesetzt.

Gegenstandswert: 27.000,00 €

1,3	Verfahrensgebühr gem. §§ 2, 13 RVG, Nr. 3100 VV RVG	1.316,90 €
1,2	Terminsgebühr gem. §§ 2, 13 RVG, Nr. 3104 VV RVG	1.215,60 €
1,5	Einigungsgebühr gem. §§ 2, 13 RVG, Nr. 1000 Ziff. 1 VV RVG*	1.519,50 €
20 %	Pauschale für Post- und Telekommunikationsentgelte gem. § 2 Abs. 2 S. 1 RVG, Nr. 7002 VV RVG	20,00 €
		4.072,00 €
19 %	USt. gem. § 2 Abs. 2 S. 1 RVG, Nr. 7008 VV RVG	773,68 €
		4.845,68 €

* Die Einigungsgebühr wird nicht nach Nr. 1003 VV RVG auf 1,0 verringert, weil das selbständige Beweisverfahren nicht als gebührensatzschädliches gerichtliches Verfahren eingestuft ist.

> **Merke:**
>
> Für das selbstständige Beweisverfahren kann der RA eine Verfahrens- und eine Terminsgebühr erhalten. Eine Zusatzgebühr entsteht nur bei umfangreichen Beweisaufnahmen.
>
> Die Verfahrensgebühr kann bei vorzeitiger Beendigung vermindert werden.
>
> Der Gegenstandswert richtet sich in der Regel nach dem Wert der (späteren) Hauptsache.
>
> Im selbständigen Beweisverfahren ist vom Gericht gemäß § 63 Abs. 2 GKG der Streitwert für die Gerichtsgebühr Nr. 1610 KV GKG festzusetzen, der dann gemäß § 32 Abs. 1 RVG auch für die Gebühren des Rechtsanwalts maßgebend ist.
>
> Die Verfahrensgebühr aus dem selbstständigen Beweisverfahren ist auf die Verfahrensgebühr eines späteren Hauptprozesses anzurechnen.
>
> Bei einem Vergleichsabschluss entsteht eine 1,5 Einigungsgebühr, obwohl es sich um ein gerichtliches Verfahren handelt.

2. Gebühren bei Anhängigkeit des Hauptprozesses

Das **selbstständige Beweisverfahren** kann vor Anhängigwerden der Hauptsache oder auch während eines bereits anhängigen Streitverfahrens durchgeführt werden. Gebührenrechtlich spielt dies keine Rolle. Das selbstständige Beweisverfahren ist immer eine vom Hauptprozess verschiedene Angelegenheit, in der die Gebühren unabhängig vom Hauptprozess entstehen. Allerdings ist nach der **Anrechnungsvorschrift** aus Vorbemerkung 3 Abs. 5 VV RVG die Verfahrensgebühr aus dem selbstständigen Beweisverfahren auf die Verfahrensgebühr des Hauptprozesses anzurechnen. Für die Anrechnung ist **§ 15a RVG** zu beachten. **70**

> **Merke:**
>
> Das selbstständige Beweisverfahren ist gebührenrechtlich immer eine eigene Angelegenheit, in der alle Gebühren und eine Auslagenpauschale entstehen können.
>
> Jedoch muss die nur Verfahrensgebühr aus dem selbstständigen Beweisverfahren auf die Verfahrensgebühr des Hauptprozesses angerechnet werden.

Beispiel:

Wegen einer defekten Heizungsanlage hat Warmbold RA Brommel beauftragt, gegen den Heizungsbauer Kaltwasser Gewährleistungsansprüche einzuklagen, was geschieht. Da die Klage im Januar eingereicht wird und die Heizungsanlage sofort repariert werden muss, wird von RA Brommel beantragt, im selbstständigen Beweisverfahren ein Sachverständigengutachten über den derzeitigen Zustand der Anlage erstellen zu lassen.

Das Gericht entscheidet über den Antrag ohne mündliche Verhandlung durch Beschluss und lässt von dem Sachverständigen Brause ein Gutachten erstellen.

Im Hauptprozess wird streitig verhandelt und das Gutachten aus dem selbstständigen Beweisverfahren herangezogen. In einem weiteren Verhandlungstermin einigen sich die Parteien und geben einen Vergleich zu gerichtlichem Protokoll, wonach der Kaltwasser dem Warmbold 7.000,00 € zahlt. Den Streitwert setzt das Gericht auf 10.250,00 € fest.

Wir berechnen die Vergütung von RA Brommel für seine Tätigkeit im selbstständigen Beweisverfahren und im Hauptprozess.

I. Selbstständiges Beweisverfahren

Gegenstandswert: 10.250,00 €

1,3	Verfahrensgebühr gem. §§ 2, 13 RVG, Nr. 3100 VV RVG	919,10 €
20 %	Pauschale für Post- und Telekommunikationsentgelte gem. § 2 Abs. 2 S. 1 RVG, Nr. 7002 VV RVG	20,00 €
		939,10 €
19 %	USt. gem. § 2 Abs. 2 S. 1 RVG, Nr. 7008 VV RVG	178,43 €
		1.117,53 €

Eine Terminsgebühr entsteht nicht, da das Gericht ohne mündliche Verhandlung entschieden hat.

II. Hauptprozess

Gegenstandswert: 10.250,00 €

1,3	Verfahrensgebühr gem. §§ 2, 13 RVG, Nr. 3100 VV RVG	919,10 €
– 1,3	Verfahrensgebühr gem. §§ 2, 13 RVG, Nr. 3100, Vorbem. 3 Abs. 5 VV RVG *	– 919,10 €
1,2	Terminsgebühr gem. §§ 2, 13 RVG, Nr. 3104 VV RVG	848,40 €
1,0	Einigungsgebühr gem. §§ 2, 13 RVG, Nrn. 1000 Ziff. 1, 1003 VV RVG**	707,00 €
20 %	Pauschale für Post- und Telekommunikationsentgelte gem. § 2 Abs. 2 S. 1 RVG, Nr. 7002 VV RVG	20,00 €
		1.575,40 €
19 %	USt. gem. § 2 Abs. 2 S. 1 RVG, Nr. 7008 VV RVG	299,33 €
		1.874,73 €

* Die Verfahrensgebühr aus dem selbstständigen Beweisverfahren ist anzurechnen.

** Die Einigungsgebühr wird nach Nr. 1003 VV RVG vermindert, da ein anderes Verfahren als ein selbstständiges Beweisverfahren anhängig ist.

3. Die Erstattung der Kosten des selbstständigen Beweisverfahrens

71 Wenn während eines anhängigen Streitverfahrens ein selbstständiges Beweisverfahren durchgeführt wird, dann umfasst die Kostenentscheidung im Urteil des Hauptprozesses auch die Kosten des selbstständigen Beweisverfahrens. Der Verlierer des Hauptprozesses hat also auch die Kosten des selbstständigen Beweisverfahrens zu tragen.

Wenn ein Streitverfahren nicht anhängig ist, so hat das Gericht nach Beendigung der selbstständigen Beweiserhebung gemäß § 494a ZPO auf Antrag anzuordnen, dass der Antragsteller binnen einer zu bestimmenden Frist Klage zu erheben hat. Kommt der Antragsteller dieser Anordnung nicht nach, so hat das Gericht auf Antrag durch Beschluss anzuordnen, dass der Antragsteller die dem Gegner entstandenen Kosten zu tragen hat.

Werden für das selbstständige Beweisverfahren und für den Hauptprozess verschiedene RAe bevollmächtigt, so muss der Unterlegene die hierdurch entstehenden Mehrkosten nur dann erstatten, wenn der Anwaltswechsel im Sinne von § 91 Abs. 2 S. 3 ZPO notwendig war.

II. Gebühren nach einem Vorbehaltsurteil im Urkunden- oder Wechselprozess

→ Dazu Aufgaben Gruppe 25 72

Weil im Urkunden-, Wechsel- oder Scheckprozess als Beweismittel nur der Urkundenbeweis oder Parteivernehmung zulässig ist (§ 592 ff. ZPO), schließt dieser Prozess mit einem **Vorbehaltsurteil** ab, wonach der Beklagte seine Rechte im **Nachverfahren** geltend machen kann. In dem Nachverfahren sind dann – da es sich bei diesem um ein ordentliches Verfahren handelt – alle Beweismittel zugelassen. **Verfahrensrechtlich** bildet der Urkunden-, Wechsel- oder Scheckprozess zusammen mit dem Nachverfahren eine Einheit (§ 600 Abs. 1 ZPO).

Gebührenrechtlich gelten dagegen der **Urkunden-, Wechsel- oder Scheckprozess** und das Nach- 73
verfahren gemäß § 17 Ziff. 5 RVG jeweils als **besondere Angelegenheiten**. Auch wenn der RA schon eine Verfahrens- und eine Terminsgebühr im Urkunden-, Wechsel- oder Scheckprozess verdient hat, kann er sie im Nachverfahren noch einmal berechnen. Jedoch ist die **Verfahrensgebühr** für den Urkunden- und Wechselprozess auf die Verfahrensgebühr des nachfolgenden ordentlichen Verfahrens (Nachverfahren) **anzurechnen**, sodass bei gleichem Wert im Nachverfahren nur die Terminsgebühr übrig bleibt (Vorbemerkung 3 Abs. 6 VV RVG). Allerdings ist bei dieser Anrechnung § 15a RVBG zu beachten.

Da es sich um eine verfahrensrechtliche Einheit handelt, ergibt sich der **Streitwert des Nachver-** 74
fahrens aus dem Gegenstand, über den das Vorbehaltsurteil ergangen ist, also wegen dessen der Beklagte sich die Ausführung seiner Rechte vorbehalten hat. Wenn dies wegen des ganzen Gegenstands geschehen ist, so ist folglich der Streitwert des Nachverfahrens genauso hoch wie der der Urkunden-, Wechsel- oder Scheckklage. **Maßgeblicher Zeitpunkt** für die Höhe des Streitwerts im Nachverfahren ist also der der Erhebung der Urkundenklage und nicht der Beginn des Nachverfahrens (§ 40 GKG i. V. m. § 4 Abs. 1 ZPO). Eine spätere **Minderung des Wertes** z. B. durch Geldwertänderung wirkt sich nicht aus.

Wenn sich jedoch die Anträge im Nachverfahren nur auf einen Teil der Klage beschränken, dann können die Gebühren im Nachverfahren nur nach diesem Teil berechnet werden. Sollte z. B. durch Klageerweiterung im Nachverfahren der **Gegenstandswert höher** als im früheren Verfahren sein, so werden auch die Gebühren für das Nachverfahren nach dem höheren Wert berechnet.

Der **Gegenstandswert** des gesamten Verfahrens ergibt sich aus dem Betrag, der aus der Urkunde, dem Wechsel oder dem Scheck geltend gemacht wird. Beachten Sie § 4 Abs. 2 ZPO, wonach Nebenforderungen wie Zinsen, Protestkosten oder Provisionen (Art. 48 Wechselgesetz), unberücksichtigt bleiben.

> *Beispiel:*
>
> Im Urkundenprozess wird Klage auf Zahlung von 2.000,00 € erhoben. Der Beklagte beantragt im Termin, ihm die Ausführung seiner Rechte im Nachverfahren vorzubehalten. Zum Beweis der Forderung wird die Urkunde vorgelegt. Ein dem Klageantrag entsprechendes Vorbehaltsurteil ergeht.
>
> Im anschließenden Nachverfahren kommt es zur streitigen Verhandlung und zur Vernehmung der Großmutter des Beklagten als Zeugin, woraufhin der Beklagte zur Zahlung verurteilt wird.

Die Vergütung des Klägervertreters berechnet sich so:

I. Wechselprozess

Gegenstandswert: 2.000,00 €

1,3	Verfahrensgebühr gem. §§ 2, 13 RVG, Nr. 3100 VV RVG		228,80€
1,2	Terminsgebühr gem. §§ 2, 13 RVG, Nr. 3104 VV RVG		211,20 €
20 %	Pauschale für Post- und Telekommunikationsentgelte gem. § 2 Abs. 2 S. 1 RVG, Nr. 7002 VV RVG		20,00 €
			460,00 €
19 %	USt. gem. § 2 Abs. 2 S. 1 RVG, Nr. 7008 VV RVG		87,40 €
			547,40 €

II. Nachverfahren (§ 17 Ziff. 5 RVG)

Gegenstandswert: 2.000,00 €

1,3	Verfahrensgebühr gem. §§ 2, 13 RVG, Nr. 3100 VV RVG	228,80 €	
– 1,3	Verfahrensgebühr gem. §§ 2, 13 RVG, Nr. 3100 VV RVG anzurechnen gem. Vorbem. 3 Abs. 6 VV RVG*	– 228,80 €	
		0,00 €	
1,2	Terminsgebühr gem. §§ 2, 13 RVG, Nr. 3104 VV RVG		211,20 €
20 %	Pauschale für Post- und Telekommunikationsentgelte gem. § 2 Abs. 2 S. 1 RVG, Nr. 7002 VV RVG		20,00 €
			231,20 €
19 %	USt. gem. § 2 Abs. 2 S. 1 RVG, Nr. 7008 VV RVG		43,93 €
			275,13 €

* Anrechnung der Verfahrensgebühr aus dem Urkundenprozess.

75 Für den Urkunden-, Wechsel- und Scheckprozess und das Nachverfahren wird jeweils eine gesonderte Vergütungsrechnung erstellt, wobei dann jeweils auch eine gesonderte Pauschale für Post- und Telekommunikationsdienstleistungen (Nr. 7002 VV RVG) berechnet werden kann.

76 Bei einer **Berufung** gegen das Vorbehaltsurteil entstehen selbstverständlich auch alle Gebühren im neuen Rechtszug neu, da es sich dann nicht um ein Nachverfahren handelt.

Merke:

Gebührenrechtlich gelten der Urkunden-, Wechsel- oder Scheckprozess und das anschließende Nachverfahren als besondere Angelegenheiten, in denen jeweils neue Gebühren und Auslagen entstehen.

Die Verfahrensgebühr des Urkunden- und Wechselprozesses ist auf die Verfahrensgebühr des Nachverfahrens anzurechnen.

Der Streitwert beider Verfahren ist häufig gleich hoch. Bei seiner Berechnung müssen Nebenforderungen unberücksichtigt bleiben.

E. Gebühren für Einzeltätigkeiten

→ Dazu Aufgaben Gruppe 19 77

In Abschnitt 4 des Teils 3 des Vergütungsverzeichnisses des RVG werden die Gebühren für bestimmte **Einzeltätigkeiten** eines RA innerhalb eines Prozesses geregelt, wenn der RA in dem Prozess tätig wird, ohne dass ihm eine Vollmacht für die Führung des gesamten Prozesses erteilt ist.

Die Tätigkeit dieser RAe beschränkt sich entweder auf die Vermittlung des Schriftverkehrs zwischen dem Auftraggeber und dem Prozessbevollmächtigten oder auf Teilaufgaben der Prozessführung, wie die Vertretung in der mündlichen Verhandlung oder die Vertretung in einem Beweistermin oder auch in einem anderen Termin. Auch das Fertigen von nur einzelnen Schriftsätzen innerhalb eines Prozesses lässt eine Gebühr aus diesem Abschnitt entstehen.

Demnach lassen sich folgende Einzeltätigkeiten und Gebührenvorschriften unterscheiden:

Tätigkeit	**Bezeichnung**	**Nr. ... VV RVG**
Führung des Schriftverkehrs zwischen dem Auftraggeber und dem Prozessbevollmächtigten	Verkehrsanwalt (Korrespondenzanwalt)	Nrn. 3400, 3405 VV RVG
Vertretung in der mündlichen Verhandlung	Terminsvertreter (Unterbevollmächtigter)	Nrn. 3401, 3402, 3405 VV RVG
Vertretung in einem Beweistermin	Beweisanwalt	Nrn. 3401, 3402, 3405 VV RVG
Vertretung in einem anderen Termin	–	Nrn. 3403 VV RVG
Anfertigung oder Einreichung von Schriftsätzen, auch einfache Schreiben	„Schriftsatzgebühr“	Nrn. 3403, 3404 VV RVG

I. Die Gebühren des Verkehrsanwalts

Wenn für einen Prozess ein auswärtiges Gericht örtlich zuständig ist, dann hat der Kläger drei Alternativen, sich anwaltlich vertreten zu lassen: 78

- Der Kläger beauftragt direkt einen RA am Sitz des auswärtigen Gerichts, oder
- er lässt sich von einem an seinem Wohnort ansässigen RA (**„Verkehrsanwalt“**) erst einmal beraten und diesen dann auch den Schriftverkehr mit dem auswärtigen Prozessbevollmächtigten führen. Die zweite Möglichkeit erspart der Partei Mühe und Kosten, verursacht aber zusätzliche Anwaltsgebühren.
- Da vor den Amtsgerichten, Landgerichten und Oberlandesgerichten jeder bei einer Rechtsanwaltskammer zugelassene RA auftreten kann (§ 78 Abs. 1 ZPO), hat die Partei vor diesen Gerichten eine dritte Möglichkeit: Sie lässt sich von dem an ihrem Wohnort ansässigen RA vor dem auswärtigen Gericht vertreten. Da dies jedoch insbesondere bei mehreren Terminen hohe Reisekosten verursacht, wird normalerweise in diesen Fällen zur Wahrnehmung der Termine ein Unterbevollmächtigter als **Terminsvertreter** beauftragt (siehe Rdn 88 ff.).

Die dritte Alternative (Terminsvertreter) kommt inzwischen in der Praxis wohl am häufigsten vor. Der Verkehrsanwalt wurde früher häufiger eingesetzt, als die Zulassung der RAe bei den Gerichten noch anders geregelt war.

79 Vom **Verkehrsanwalt** (auch **Korrespondenzanwalt** genannt) ist also der unterbevollmächtigte **Terminsvertreter** zu unterscheiden:

Verkehrsanwalt	**Terminsvertreter**
Ist nicht Prozessbevollmächtigter	Ist nicht Prozessbevollmächtigter
Prozessbevollmächtigter ist der RA am Ort des auswärtigen Gerichts	Prozessbevollmächtigter ist der RA am Wohnort der Partei
Kommt in Verfahren vor, in denen nicht rechtskundige Parteien in Unkenntnis der Vorschriften über die örtliche Zuständigkeit sich zunächst von einem RA an ihrem Wohnort beraten lassen. Rechtskundige Parteien, wie z. B. Kaufleute bekommen meistens die zusätzlichen Kosten eines zweiten RA nicht erstattet.	Kommt häufiger vor, weil der Prozessbevollmächtigte am Ort des Auftraggebers zwar grundsätzlich vor jedem AG, LG oder OLG auftreten könnte, aber die Reisespesen zum auswärtigen Gericht im Vergleich zum Honorar des unterbevollmächtigten Terminsvertreters hoch wären. Hierdurch werden Probleme bei der Kostenfestsetzung vermieden.

80 Die **Tätigkeit des am Wohnort der Partei ansässigen Verkehrsanwalts** liegt lediglich darin, den Verkehr des Auftraggebers mit dem auswärtigen Prozessbevollmächtigten zu vermitteln. Hierzu gehören z. B. die Vermittlung des Schriftwechsels zwischen dem Mandanten und dem Prozessbevollmächtigten, die Anfertigung von Schriftsätzen wie der Entwurf einer Klageschrift, Telefongespräche mit dem Prozessbevollmächtigten, aber auch die Beratung des Mandanten.

Wenn der Auftraggeber nach Abschluss der ersten Instanz Berufung einlegen will, gehört die **Übersendung der Handakten** an den RA der höheren Instanz noch zur Tätigkeit des RA der ersten Instanz, der hierdurch gemäß § 19 Abs. 1 S. 2 Ziff. 17 RVG keine besondere Gebühr nach Nr. 3400 VV RVG verdient. Anders wäre es gemäß der Anmerkung zu Nr. 3400 VV RVG, wenn er damit auf Wunsch des Mandanten gutachterliche Äußerungen verbindet.

81 Der Verkehrsanwalt erhält nach Nr. 3400 VV RVG für seine Tätigkeit eine Verfahrensgebühr, die auch als **„Verkehrsgebühr"** bezeichnet wird, in Höhe der dem Prozessbevollmächtigten zustehenden Verfahrensgebühr, jedoch **höchstens mit einem Gebührensatz von 1,0**. Das bedeutet, dass in den meisten Fällen die Verkehrsgebühr mit 1,0 berechnet wird, gerade auch wenn der Verkehrsanwalt in den Rechtsmittelinstanzen tätig ist. Im Zwangsvollstreckungsverfahren beträgt die Verkehrsgebühr allerdings nur 0,3.

Ermäßigt sich die Verfahrensgebühr des Prozessbevollmächtigten z. B. gemäß Nr. 3101 VV RVG auf 0,8, so beträgt die Verkehrsgebühr ebenfalls nur 0,8, andererseits kann sie auch in dem Umfang höher sein, in dem Prozessbevollmächtigten eine weitere Verfahrensgebühr (Differenzverfahrensgebühr) bei Abschluss eines Prozessvergleichs über rechtshängige und nicht rechtshängige Ansprüche zusteht (vgl. Rdn 28 ff. und § 2 Rdn 175 ff.).

82 Ist dem Korrespondenzanwalt bereits die Verfahrensgebühr (Nr. 3100 VV RVG) oder die Gebühr für den Antrag auf Erlass des Mahnbescheids oder die Gebühr für den Widerspruch (Nrn. 3305, 3307 VV RVG) oder die Geschäftsgebühr für eine außergerichtliche Tätigkeit (Nr. 2300 VV RVG) erwachsen, so müssen die vorgenannten Gebühren auf die Verkehrsgebühr (Nr. 3400 VV RVG) **angerechnet** werden.

83 Auch für die Verkehrsgebühr gilt § 7 RVG i. V. m. Nr. 1008 VV RVG, sodass sie sich bei **mehreren Auftraggebern** für jeden weiteren Auftraggeber um 0,3 erhöht.

84 Der **Gegenstandswert** der Verkehrsgebühr richtet sich nach dem Gegenstandswert der Verfahrensgebühr des Prozessbevollmächtigten.

Beispiel:

Der Winzer Fischer in Bad Kreuznach sucht RA Anders auf und beauftragt ihn, den Kaufpreis für die Lieferung von 2.000 Flaschen Wein in Höhe von 19.000,00 € gegen den Käufer Suffig einzuklagen. Anders stellt fest, dass für den in Langenhagen wohnenden Suffig das Landgericht Hannover örtlich zuständig ist. Nachdem er dies dem Fischer mitgeteilt hat, bittet ihn dieser, einen RA in Hannover mit der Prozessführung zu beauftragen und den Schriftverkehr mit diesem zu vermitteln. Anders entwirft eine Klageschrift und sendet diese an RA Weinstein in Hannover mit dem Auftrag, den Prozess dort zu führen.

Vor dem Landgericht Hannover wird streitig verhandelt und in einem Beweistermin eine Flasche des Weins vom Richter gekostet, da der Käufer geltend macht, der Wein sei ihm nicht süß genug. Suffig wird zur Kaufpreiszahlung verurteilt.

Die Vergütungsrechnungen beider RAe sehen so aus:

I. Verkehrsanwalt (RA Anders)

Gegenstandswert: 19.000,00 €

1,0	Verfahrensgebühr (Verkehrsgebühr) gem. §§ 2, 13 RVG, Nrn. 3400, 3100 VV RVG	817,00 €
20 %	Pauschale für Post- und Telekommunikationsentgelte gem. § 2 Abs. 2 S. 1 RVG, Nr. 7002 VV RVG	20,00 €
		837,00 €
19 %	USt. gem. § 2 Abs. 2 S. 1 RVG, Nr. 7008 VV RVG	159,03 €
		996,03 €

II. Prozessbevollmächtigter (RA Weinstein)

Gegenstandswert: 19.000,00 €

1,3	Verfahrensgebühr gem. §§ 2, 13 RVG, Nr. 3100 VV RVG	1.062,10 €
1,2	Terminsgebühr gem. §§ 2, 13 RVG, Nr. 3104 VV RVG	980,40 €
20 %	Pauschale für Post- und Telekommunikationsentgelte gem. § 2 Abs. 2 S. 1 RVG, Nr. 7002 VV RVG	20,00 €
		2.062,50 €
19 %	USt. gem. § 2 Abs. 2 S. 1 RVG, Nr. 7008 VV RVG	391,88 €
		2.454,38 €

Beispiel:

Gegen das Urteil aus dem vorstehenden Beispiel wird Berufung vor dem OLG Celle eingelegt. RA Anders ist wieder als Verkehrsanwalt tätig. Vor dem OLG wird der Fall verhandelt. Suffig wird wieder zur Kaufpreiszahlung verurteilt.

Die Vergütungsrechnungen beider RAe sehen so aus:

I. Verkehrsanwalt (RA Anders)

Gegenstandswert: 19.000,00 €

1,0	Verfahrensgebühr (Verkehrsgebühr) gem. §§ 2, 13 RVG, Nrn. 3400, 3200 VV RVG*	817,00 €
20 %	Pauschale für Post- und Telekommunikationsentgelte gem. § 2 Abs. 2 S. 1 RVG, Nr. 7002 VV RVG	20,00 €
		837,00 €

19 %	USt. gem. § 2 Abs. 2 S. 1 RVG, Nr. 7008 VV RVG	159,03 €
		996,03 €

* Die Verfahrensgebühr (Verkehrsgebühr) ist auch in der Berufung auf 1,0 begrenzt!

II. Prozessbevollmächtigter (RA Weinstein)

Gegenstandswert: 19.000,00 €

1,6	Verfahrensgebühr gem. §§ 2, 13 RVG, Nr. 3200 VV RVG	1.307,20 €
1,2	Terminsgebühr gem. §§ 2, 13 RVG, Nr. 3202 VV RVG	980,40 €
20 %	Pauschale für Post- und Telekommunikationsentgelte gem. § 2 Abs. 2 S. 1 RVG, Nr. 7002 VV RVG	20,00 €
		2.307,60 €
19 %	USt. gem. § 2 Abs. 2 S. 1 RVG, Nr. 7008 VV RVG	438,44 €
		2.746,04 €

85 Im Falle einer **vorzeitigen Beendigung** beträgt der Satz der Verkehrsgebühr nach Nr. 3405 Ziff. 1 VV RVG höchstens 0,5. Eine vorzeitige Beendigung liegt hier vor, wenn zwar der Verkehrsanwalt bereits beauftragt wurde, es dann jedoch nicht mehr zur Beauftragung des Prozessbevollmächtigten kommt oder der Verkehrsanwalt nicht mehr gegenüber dem Prozessbevollmächtigten tätig wird, weil z. B. der Mandant das Mandat kündigt.

Nach der Vormerkung 3.4 VV RVG erhält der Verkehrsanwalt eine Terminsgebühr nur, wenn dies ausdrücklich bestimmt ist. Dies sind nur Fälle, in denen der Verkehrsanwalt einen außergerichtlichen Termin im Sinne der Vorbemerkung 3 Abs. 3 S. 3 VV RVG wahrnimmt; denkbar wäre eine Besprechung mit der Gegenseite zur Vermeidung oder Erledigung des Verfahrens. In erster Instanz würde diese **Terminsgebühr** mit einem Gebührensatz von 1,2 berechnet. Falls der Verkehrsanwalt diesbezügliche Tätigkeiten entfaltet hat, kann er auch eine **Einigungsgebühr** erhalten.

86 In der Praxis ist es oft so, dass der Korrespondenzanwalt, der vom Auftraggeber informiert wurde und ihn beraten hat, auch die Klageschrift und andere für das Gericht bestimmte Schriftsätze fertigt, die er dann dem eigentlichen Prozessbevollmächtigten übersendet, der sie unter seinem Namen einreicht und die Klage erhebt. In diesem Fall ist es üblich, dass die beiden RAe die insgesamt an sie zu zahlenden Gebühren unter sich je zur Hälfte aufteilen. Diese **Gebührenteilung** ist nach § 49b Abs. 3 S. 5 BRAO zulässig.

87 Der unterlegene Gegner ist zur **Erstattung der Verkehrsgebühr** nur dann verpflichtet, wenn die Tätigkeit des Verkehrsanwalts zur zweckentsprechenden Rechtsverfolgung notwendig war (§ 91 ZPO). Dies ist gegeben, wenn die Partei den Prozessbevollmächtigten nicht selbst schriftlich, telefonisch oder mündlich (zu hohe Reisekosten!) informieren konnte, z. B. wegen Krankheit oder weil es aus sonstigen persönlichen Gründen unzumutbar ist. Da die Partei auch beraten werden muss, wird die Verkehrsgebühr in den Fällen zu erstatten sein, in denen die Partei selbst nicht rechtskundig ist – was z. B. bei kaufmännischen Unternehmen mit eigener Rechtsabteilung wohl kaum der Fall sein wird. Eine gewisse Rechtskenntnis der Partei ist schon deshalb notwendig, damit sie weiß, welche prozesserheblichen Tatsachen sie in Schreiben an den auswärtigen RA darstellen muss.

In der Praxis wird ein Verkehrsanwalt häufig nur bei Verfahren vor dem BGH vorkommen, da vor dem BGH nur ein dort zugelassener RA auftreten darf.

Sollte einer Partei die Notwendigkeit der Hinzuziehung eines Verkehrsanwaltes verneint werden, dann hat die Partei zwar keinen Anspruch auf die Erstattung der Verkehrsgebühr, kann aber zumindest deren teilweise Erstattung in Höhe der **ersparten Reisekosten** zum auswärtigen Prozessbevollmächtigten verlangen, die durch die Tätigkeit des Verkehrsanwaltes eingespart worden sind. Mindestens eine solche Reise zur Information ihres Prozessbevollmächtigten am Sitz des auswärtigen Gerichts wird man aber fast jeder Partei zubilligen müssen.

Merke:

Der Verkehrsanwalt (Korrespondenzanwalt) ist nicht Prozessbevollmächtigter, aber er vermittelt den Verkehr der Partei mit dem Prozessbevollmächtigten beim auswärtigen Gericht.

Er erhält eine Verkehrsgebühr in Höhe der dem Prozessbevollmächtigten zustehenden Verfahrensgebühr, höchstens aber einen Gebührensatz von 1,0.

Gegenstandswert ist der Streitwert in dem Prozess.

Der unterlegene Gegner muss die Verkehrsgebühr nur erstatten, wenn die Einschaltung des Verkehrsanwaltes notwendig war.

II. Die Gebühren des Terminsvertreters

In Nrn. 3401 und 3402 VV RVG werden insbesondere die Gebühren für den Fall geregelt, dass ein 88
RA, der Prozessbevollmächtigter ist, einen anderen RA als Vertreter für die mündliche Verhandlung beauftragt, der dann als **Terminsvertreter** bezeichnet wird. Ein Terminsvertreter wird meist dann beauftragt, wenn der Prozessbeauftragte nicht am Ort des auswärtigen Gerichts, bei dem der Prozess geführt wird, ansässig ist (vgl. auch Rdn 78 ff.). Der Terminsvertreter wird häufig auch als **Unterbevollmächtigter** bezeichnet, was aber nicht ganz korrekt ist (siehe dazu weiter unten).

Es kann aber auch sein, dass eine Partei den Prozess vor dem Amtsgericht zulässigerweise zwar selbst führt, aber ausschließlich zur Vertretung in der mündlichen Verhandlung einen RA beauftragt. Auch dieser verdient sich als Terminsvertreter die Gebühren nach Nrn. 3401 und 3402 VV RVG.

Der nur als **Terminsvertreter** zur Vertretung in der mündlichen Verhandlung unterbevollmächtigte 89
RA **erhält folgende Gebühren**: Neben der **Terminsgebühr** (Nr. 3402 VV RVG) immer **die Hälfte der** dem Prozessbevollmächtigten zustehenden **Verfahrensgebühr** (Nr. 3401 VV RVG). Diese Verfahrensgebühr erhält er auch dann, wenn der Auftrag bereits vor der mündlichen Verhandlung erledigt ist, für die Einarbeitung in den Prozessstoff, aber nur als höchstens eine **0,5 Verfahrensgebühr bei vorzeitiger Beendigung** (Nr. 3405 Ziff. 2 VV RVG). Eine vorzeitige Beendigung kann sich für den Terminsvertreter z. B. durch Rücknahme der Klage wegen vollständiger Zahlung des Beklagten oder Kündigung des Mandats ergeben. Natürlich bekommt der Terminsvertreter dann keine Terminsgebühr wenn der Verhandlungstermin vorher abgesagt wird. Dem Unterbevollmächtigten kann daneben aber auch die **Einigungsgebühr** (Nr. 1003 VV RVG) erwachsen.

Auch für den Terminsvertreter gilt nach § 7 RVG i. V. m. Nr. 1008 VV RVG, das sich die Verfah- 90
rensgebühr bei **mehreren Auftraggebern** für jeden weiteren Auftraggeber um 0,3 erhöht.

91 **Vergleich der Gebühren** des Hauptbevollmächtigten mit denen des Terminsvertreters bzw. Unterbevollmächtigten:

Bei entsprechender Tätigkeit zu berechnende Gebühren des Hauptbevollmächtigten, also des eigentlich Prozessbevollmächtigten	**Bei entsprechender Tätigkeit zu berechnende Gebühren des Terminsvertreters** (Unterbevollmächtigten)
1,3 Verfahrensgebühr (Nr. 3100 VV RVG)	0,65 Verfahrensgebühr (Nr. 3401 VV RVG)
Bei vorzeitiger Beendigung: 0,8 Verfahrensgebühr (Nr. 3101 Ziff. 1 VV RVG)	(Höchstens) 0,5 Verfahrensgebühr (Nr. 3405 Ziff. 2 VV RVG)
Keine Terminsgebühr (siehe aber Rdn 94)	1,2 Terminsgebühr (Nr. 3104 VV RVG) oder 0,5 Terminsgebühr (V Nr. 3105 VRVG) jeweils i. V. m. Nr. 3402 VV RVG
1,0 Einigungsgebühr (Nr. 1003 VV RVG)	1,0 Einigungsgebühr (Nr. 1003 VV RVG)

Hinweis:

Eine **Einigungsgebühr** kann für den Hauptbevollmächtigten und für den Terminsvertreter jeweils nur bei entsprechender Tätigkeit entstehen.

Beispiel:

Klage wegen 2.000,00 €. Der Kläger bestellt RA Arm in Aachen zum Prozessbevollmächtigten. Dieser bestellt wiederum RA Bein in Bremen zum Terminsvertreter für die mündliche Verhandlung vor dem Amtsgericht Bremen. In der mündlichen Verhandlung ergeht auf Antrag von RA Bein ein Versäumnisurteil gegen den nicht erschienenen Beklagten, welches rechtskräftig wird.

Der Prozessbevollmächtigte (RA Arm) und der Terminsvertreter (RA Bein) erstellen die folgenden Vergütungsrechnungen:

I. Prozessbevollmächtigter (RA Arm)

Gegenstandswert: 2.000,00 €

1,3	Verfahrensgebühr gem. §§ 2, 13 RVG, Nr. 3100 VV RVG	228,80 €
20 %	Pauschale für Post- und Telekommunikationsentgelte gem. § 2 Abs. 2 S. 1 RVG, Nr. 7002 VV RVG	20,00 €
		248,80 €
19 %	USt. gem. § 2 Abs. 2 S. 1 RVG, Nr. 7008 VV RVG	47,27 €
		296,07 €

II. Terminsvertreter (RA Bein)

Gegenstandswert: 2.000,00 €

0,65	Verfahrensgebühr gem. §§ 2, 13 RVG, Nrn. 3100, **3401** VV RVG	114,40 €
0,5	Terminsgebühr gem. §§ 2, 13, RVG Nrn. 3104, 3105, **3402** VV RVG	88,00 €
20 %	Pauschale für Post- und Telekommunikationsentgelte gem. § 2 Abs. 2 S. 1 RVG, Nr. 7002 VV RVG	20,00 €
		222,40 €
19 %	USt. gem. § 2 Abs. 2 S. 1 RVG, Nr. 7008 VV RVG	42,26 €
		264,66 €

Voraussetzung für die Anwendung von Nrn. 3401 und 3402 VV RVG ist, dass die Erteilung der Untervollmacht mit dem Einverständnis und im Namen des Auftraggebers erfolgt ist. Hat der Prozessbevollmächtigte dagegen von sich aus ohne Rückfrage beim Auftraggeber und in seinem eigenen Namen die Untervollmacht erteilt, sind diese Vorschriften nicht anwendbar, und der prozessbevollmächtigte RA selbst ist verpflichtet, dem von ihm unterbevollmächtigten RA eine Vergütung zu zahlen. Grund dafür könnte eine plötzliche Verhinderung des Prozessbevollmächtigten sein. Der prozessbevollmächtigte RA ist zur Erteilung einer Untervollmacht übrigens berechtigt, da dies zum gesetzlichen Umfang der Prozessvollmacht gemäß § 81 ZPO gehört (vgl. auch § 5 RVG). 92

Hinweis:

Gegen einen unterlegenen Gegner können die zusätzlichen Kosten eines Terminsvertreters nur dann festgesetzt werden, wenn nicht der Prozessbevollmächtigte, sondern der Mandant selbst in seinem Namen den Terminsvertreter beauftragt hat.

Diesen Auftrag kann auch der Prozessbevollmächtigte im Rahmen seiner Vollmacht im Namen des Mandanten erteilen; er sollte es aber nicht in seinem eigenen Namen tun. Seine Vergütungsrechnung muss deshalb der Terminsvertreter dem Auftraggeber gemäß § 10 RVG erteilen, auch wenn er sie dann dem Prozessbevollmächtigten zusenden wird (BGH, Beschluss vom 22.05.2023 – VIa ZB 22/22; BGH, Beschluss vom 09.05.2023 – VIII ZB 53/21; BGH, Beschluss vom 13.07.2011 – IV ZB 8/11).

Ob der unterlegene Gegner die Vergütung des Unterbevollmächtigten erstatten muss, richtet sich nach § 91 Abs. 2 ZPO: Nur **notwendige Kosten sind zu erstatten**. Notwendig ist in der Regel ein Beratungsgespräch der Partei mit ihrem RA. Bei einem RA am auswärtigen Gerichtsort würden der Partei hierfür notwendige Reisekosten entstehen. 93

Einer **nicht rechtskundigen Partei** wird von der Rechtsprechung zugebilligt, dass Sie einen an ihrem Wohn- oder Geschäftsort ansässigen RA beauftragt. Diese Partei kann nicht wissen, ob es kostengünstig wäre, einen RA am auswärtigen Gerichtsort zu beauftragen. Das gilt natürlich nicht für große Unternehmen mit eigener Rechtsabteilung. Der bevollmächtigte RA muss dann prüfen, was kostengünstiger sein wird: Entweder reist er zu den auswärtigen Gerichtsterminen oder er beauftragt einen Terminsvertreter.

Der BGH hat hierzu entschieden, dass dann notwendige Kosten durch eine Terminsvertretung entstehen, die der unterlegene Gegner erstatten muss, wenn durch die Tätigkeit des Terminsvertreters **erstattungsfähige Reisekosten erspart** werden, die sonst bei dem Hauptbevollmächtigten angefallen wären. Hierbei ist nach der Rechtsprechung des BGH maßgeblich, ob eine verständige und wirtschaftlich vernünftige Partei die durch die Terminsvertretung entstehenden zusätzlichen Kosten **vorausschauend** als sachdienlich ansehen durfte (BGH, Beschluss vom 10.07.2012 – VII ZB 106/11). Es ist also eine vorausschauende **Vergleichsberechnung** vorzunehmen, was kostengünstiger sein wird: Reisen des Hauptbevollmächtigten oder eine Terminsvertretung. Da die (fiktiven) Reisekosten nicht exakt vorauszuberechnen sind, hat der BGH ergänzend entschieden, dass im Regelfall die Kosten des Terminsvertreters bis zur Höhe von 110 % der ersparten Reisekosten zu erstatten sind (BGH, Beschluss vom 06.11.2014 – I ZB 38/14) – falls die Kosten des Terminsvertreters höher sind.

Merke:

Der Prozessbevollmächtigte erhält eine Verfahrensgebühr nach Nr. 3100 VV RVG.

Der Terminsvertreter erhält seine Gebühren gemäß Nrn. 3401 und 3402 VV RVG.

> Der Terminsvertreter (Unterbevollmächtigte) erhält immer die Hälfte der dem Hauptbevollmächtigten zustehenden Verfahrensgebühr.
>
> Bei vorzeitiger Beendigung beträgt die Verfahrensgebühr des Terminsvertreters (Unterbevollmächtigten) höchstens 0,5.
>
> Der Terminsvertreter erhält eine Terminsgebühr in der Höhe, wie sie dem Hauptbevollmächtigten zustehen würde.
>
> Die Untervollmacht muss mit Einverständnis des Auftraggebers erteilt sein.
>
> Der unterlegene Gegner muss die Kosten des Terminsvertreters im Regelfall bis Höhe von 110 % der ersparten Reisekosten des Hauptbevollmächtigten erstatten

94 Sollte der Hauptbevollmächtigte selbst einen Termin im Sinne der Vorbemerkung 3 Abs. 3 S. 3 VV RVG wahrgenommen haben, z. B. eine Besprechung mit dem Gegner mit dem Ziel der Vermeidung oder Erledigung des Verfahrens, so erwächst ihm dafür eine 1,2 Terminsgebühr nach Nr. 3104 VV RVG.

Weiterhin könnte für den Hauptbevollmächtigten dann eine 1,2 Terminsgebühr nach Nr. 3104 Anm. Abs. 1 Ziff. 1 VV RVG entstehen, wenn in einem Verfahren, für das eine mündliche Verhandlung vorgeschrieben ist, von dem Terminsvertreter ein **schriftlicher Vergleich** wirksam geschlossen wird und wenn der Hauptbevollmächtigte daran mitgewirkt hat (OLG Celle, Beschluss vom 04.07.2018 – 21 WF 163/17).

1. Der Unterbevollmächtigte

95 Die Bezeichnung des Terminsvertreters als **Unterbevollmächtigter** ist zwar üblich, aber nicht ganz korrekt, da ein Unterbevollmächtigter nicht nur zum Vertreter in der mündlichen Verhandlung bestellt wird, sondern ganz allgemein zum Vertreter. In der Praxis kann der bei dem auswärtigen Amtsgericht tätige RA nicht nur zum Terminsvertreter bestellt, sondern bevollmächtigt werden, Schriftsätze bei Gericht einzureichen sowie Ladungen und Entscheidungen entgegenzunehmen und sie an den Prozessbevollmächtigten – oft mit eigener Stellungnahme – weiterzuleiten. Dies ist dann eine typische Untervollmacht.

Die Gebühren des Unterbevollmächtigten bestimmen sich wie die **Gebühren des Terminsvertreters** (siehe dort), sodass es hier keinen Unterschied gibt.

2. Der Beweisanwalt

96 **Beweisanwalt** nennt man den RA, der – ohne Prozessbevollmächtigter zu sein – von der Partei oder dem Prozessbevollmächtigten mit der Vertretung in einem Beweistermin beauftragt ist, und dessen Tätigkeit sich hierauf beschränkt. In der Praxis ist dies nur von Bedeutung bei einer Beweisaufnahme vor dem beauftragten oder ersuchten Richter (§§ 361, 362 ZPO), da normalerweise der Termin der Beweisaufnahme vor dem Prozessgericht zugleich zur Fortsetzung der mündlichen Verhandlung bestimmt ist (§ 370 Abs. 1 ZPO). Weiterhin könnte es vorkommen, dass der Beweisanwalt einen von einem gerichtlich bestellten Sachverständigen anberaumten Termin wahrnehmen soll.

Der Beweisanwalt erhält dieselben **Gebühren wie der Terminsvertreter** bzw. der Unterbevollmächtigte. Siehe dort.

III. Sonstige Einzeltätigkeiten (Nrn. 3403, 3404 VV RVG)

Wenn in einem Prozess ein RA weder als Prozessbevollmächtigter oder als Verkehrsanwalt (Nr. 3400 VV RVG) noch als Terminsvertreter (Nrn. 3401, 3402 VV RVG) eingesetzt wird, dann verbleibt noch als weitere Möglichkeit, dass der RA in dem Prozess nur mit ganz bestimmten **Einzeltätigkeiten** (Nrn. 3403, 3404 VV RVG) beauftragt wird. Diese beiden Nummern des VV erfüllen also eine Funktion als „Lückenfüller“. 97

Voraussetzung ist, dass ein **gerichtliches Verfahren** anhängig ist oder anhängig gemacht werden soll und dass der RA in diesem Verfahren nur eine **Einzeltätigkeit** entfalten soll und deshalb **keine Prozessvollmacht** erhält. Da es um ein gerichtliches Verfahren geht, ist für solche Tätigkeiten auch keine Geschäftsgebühr zu berechnen. 98

So könnte z. B. ein RA damit beauftragt werden, in einem Prozess – den die Partei z. B. vor dem Amtsgericht selbst führt – nur die Kostenfestsetzung zu beantragen, den Rechtsmittelverzicht zu erklären oder ganz allgemein einen **Schriftsatz** anzufertigen, zu prüfen und zu unterzeichnen oder einzureichen. Der Auftrag kann sich jedoch nicht auf eine Terminswahrnehmung im Sinne der Vorbemerkung 3 Abs. 3 VV RVG erstrecken, da der RA dann Terminsvertreter wäre und eine Gebühr nach Nr. 3401 VV RVG erhielte.

Die Gebühr für sonstige Einzeltätigkeiten kann also nur unter den folgenden **Voraussetzungen** entstehen: 99

- Der RA darf **nicht Prozessbevollmächtigter** sein und auch nicht zum Verkehrsanwalt oder zum Terminsvertreter bestellt sein. Wenn der Prozessbevollmächtigte selbst einen Schriftsatz bei Gericht einreicht, dann ist dieser mit der pauschalen Betriebsgebühr für das Verfahren bereits abgegolten, also z. B. mit der Verfahrensgebühr nach Nr. 3100 VV RVG, sodass für die Anwendung der Nr. 3403 VV RVG kein Raum bleibt.
- Da Nr. 3403 VV RVG in Teil 3 des Vergütungsverzeichnisses steht, kann diese Vorschrift nur im Rahmen dieses Teils Anwendung finden. Es muss sich also um ein **gerichtliches Verfahren** im Sinne des Teils 3 handeln, in dem der nicht prozessbevollmächtigte RA auftragsgemäß eine bestimmte Einzeltätigkeit der in Nr. 3403 VV RVG genannten Art erledigt.
- Überwiegend entsteht nach Nr. 3403 VV RVG die so genannte 0,8 **Schriftsatzgebühr** für die Einreichung, Anfertigung oder Unterzeichnung von **Schriftsätzen**. Es reicht völlig aus, wenn der RA den Schriftsatz entweder selbst anfertigt oder einen fremden Schriftsatz mit eigenem Begleitschreiben (also nicht nur als Bote!) bei Gericht einreicht oder wenn der RA einen fremden Schriftsatz nur unterzeichnet. In den beiden letztgenannten Fällen sieht es zwar so aus, als wenn der RA kaum Arbeit mit dem Schriftsatz hätte, jedoch trägt er sowohl beim Einreichen als auch beim Unterschreiben fremder Schriftsätze eine gewisse Verantwortung für das Schreiben – und dies wird durch Nr. 3403 VV RVG vergütet.
- Die Gebühr nach Nr. 3403 VV RVG kann auch für die Wahrnehmung von gerichtlich angeordneten **Terminen**, die jedoch weder zu einer mündlichen Verhandlung noch zu einer Beweisaufnahme bestimmt sein dürfen, anfallen. So könnte z. B. ein RA nur als Beobachter an einem Termin teilnehmen, aber die Partei nicht in dem Verfahren vertreten.

Für solcherart Tätigkeiten erhält der RA eine **0,8 Verfahrensgebühr** nach Nr. 3403 VV RVG; diese Gebühr wird auch als „**Schriftsatzgebühr**“ bezeichnet. Andere Gebühren werden daneben nicht entstehen können. Übt jedoch der RA z. B. in einem Verfahren der Zwangsvollstreckung nur eine Einzeltätigkeit aus, so kann er dafür gemäß § 15 Abs. 6 RVG auch nur eine 0,3 Verfahrensgebühr erhalten; das gleiche gilt für andere Verfahren, in denen niedrigere Gebührensätze als 0,8 entstehen. 100

Handelt es sich bei dem Schriftsatz auftragsgemäß um ein **einfaches Schreiben**, so erhält der RA hierfür eine **0,3 Verfahrensgebühr** nach Nr. 3404 VV RVG. Solche einfachen Schreiben enthalten 101 weder schwierige rechtliche Ausführungen noch größere sachliche Auseinandersetzungen. Sie können beispielsweise folgende Anträge beinhalten: Antrag auf erstmalige Erteilung der Vollstreckungsklausel, des Rechtskraft- oder Notfristzeugnisses oder auf Bestimmung der Zuständigkeit des Gerichts. Weitere Beispiele für solche Schreiben sind Benachrichtigungen, Beschleunigungsgesuche, Anträge auf Terminsverlegung und Anträge auf Erteilung von Ausfertigungen oder Kopien. Die Gebühr nach Nr. 3404 VV RVG entsteht für **ein einziges** einfaches Schreiben, mehrere solche Schreiben sollten unter Nr. 3403 RVG VV fallen.

102 Diese Gebühren sind Pauschgebühren, die auch Vorbesprechungen und den Schriftwechsel mit dem Auftraggeber abgelten. Auch wenn der RA von vornherein damit beauftragt war, **mehrere Schriftsätze** zu fertigen, erwächst ihm die Verfahrensgebühr nach Nr. 3403 VV RVG in jedem Rechtszug nur einmal. Dies lässt sich schon daran erkennen, dass er nach dem Wortlaut der Anmerkung zur Vorschrift Nr. 3403 VV RVG die Gebühr für „sonstige Tätigkeiten in einem gerichtlichen Verfahren" erhält. So hat es auch der BGH entschieden, dass diese Gebühr nicht nur eine einzige bestimmte Einzeltätigkeit entgelten soll (Beschluss vom 04.05.2006 – III ZB 120/05, Ziff. 10).

103 **Endet der Auftrag**, bevor der RA den Schriftsatz ausgehändigt oder eingereicht hat, so erhält der RA nur (höchstens) eine 0,5 Verfahrensgebühr gemäß der Anmerkung zu Nr. 3405 VV RVG. Bei **mehreren Auftraggebern** erhöht sich die Verfahrensgebühr gemäß § 7 RVG i. V. m. Nr. 1008 VV RVG für jeden weiteren Auftraggeber um jeweils 0,3.

104 Der **Gegenstandswert** ergibt sich aus dem Gegenstand des Schriftsatzes oder aus dem Wert der Sache, um die es in dem Verfahren geht. Betrifft die Tätigkeit des RA nur einen Teil des Prozessgegenstands, so ist auch nur dieser Teil als Gegenstandswert maßgebend. Geht es z. B. in einem Schriftsatz nur um die Kosten des Verfahrens, dann ergibt sich der Wert nur aus dem Betrag dieser Kosten, nicht aus dem der eingeklagten Hauptforderung.

Zu diesem Thema siehe auch § 5 Rdn 34 f. zur „Schriftsatzgebühr".

Beispiel:

RA Marfilius ist von dem Hägar, der einen Prozess vor dem Amtsgericht Alzey wegen einer Forderung von 4.500,00 € selbst geführt hat, damit beauftragt worden, nur den Antrag auf Festsetzung der Verfahrenskosten nach den §§ 103 ff. ZPO bei dem Gericht einzureichen.

Der Kostenfestsetzungsantrag gehört laut § 19 Abs. 1 S. 2 Ziff. 14 RVG noch zum Rechtszug, weshalb für die diesbezügliche Anwaltstätigkeit nur eine Gebühr nach dem Teil 3 VV RVG in Frage kommen kann. Da der RA mit dem Verfahren insgesamt nicht beauftragt war, kann sich seine Vergütung nicht nach Nr. 3100 VV RVG, sondern nur nach Nr. 3403 VV RVG berechnen.

Der Gegenstandswert für die nach Nr. 3403 VV RVG entstehende Schriftsatzgebühr berechnet sich nicht nach dem Streitwert des Prozesses, sondern nach dem Betrag der Kosten, um die es bei der Anwaltstätigkeit geht. RA Marfilius stellt fest, dass die Verfahrenskosten 483,00 € betragen und reicht den Kostenfestsetzungsantrag ein. Seine Vergütung, die in diesem Fall vom unterlegenen Gegner erstattet werden muss, berechnet er wie folgt:

Gegenstandswert: 483,00 €

0,8	Verfahrensgebühr gem. §§ 2, 13 RVG, Nr. 3403 VV RVG	41,20 €
20 %	Pauschale für Post- und Telekommunikationsentgelte gem. § 2 Abs. 2 S. 1 RVG, Nr. 7002 VV RVG	8,24 €
		49,44 €
19 %	USt. gem. § 2 Abs. 2 S. 1 RVG, Nr. 7008 VV RVG	9,40 €
		58,83 €

Der unterlegene Gegner ist nach § 91 ZPO zur Erstattung der Gebühr der Nr. 3403 VV RVG nur dann verpflichtet, wenn ihre Entstehung notwendig war. Dies kann z. B. dann der Fall sein, wenn der RA von einer Partei, die sich vor dem Amtsgericht selbst vertritt, mit einer Einzeltätigkeit beauftragt wird. Ist die Partei dagegen bereits durch einen Prozessbevollmächtigten vertreten, so ist in der Regel die einem anderen RA nach Nr. 3403 VV RVG gezahlte Gebühr nicht erstattungsfähig.

Hinweis:

Sollte der mit einer bestimmten Einzeltätigkeit betraute RA später in diesem Verfahren aus zwingenden Gründen zum Prozessbevollmächtigten bestellt werden, so ist die bereits verdiente Gebühr nach Nr. 3403 VV RVG nicht anzurechnen, da eine Anrechnungsvorschrift hier fehlt.

Merke:

Für bestimmte Einzeltätigkeiten im Rahmen von bürgerlichen Rechtsstreitigkeiten erhält ein RA, der nicht zum Prozessbevollmächtigten bestellt ist, gemäß Nr. 3403 VV RVG eine 0,8 Verfahrensgebühr.

Für **ein** einfaches Schreiben entsteht nur eine 0,3 Verfahrensgebühr.

F. Die Gebühren bei Beschwerde und Erinnerung

→ Dazu Aufgaben Gruppe 21 105

Das Beschwerdeverfahren und die nicht in § 19 Abs. 1 S. 2 Ziff. 5 RVG genannten Erinnerungsverfahren gehören nicht zum Rechtszug. Das Verfahren über die Beschwerde und über die meisten Erinnerungen zählt also **gebührenrechtlich als besondere Angelegenheit** (§ 18 Abs. 1 Ziff. 3 RVG). Daher erhält der in diesen Verfahren tätige RA hierfür gesonderte Gebühren. Zur Abgrenzung der **Beschwerde** von der **Erinnerung** siehe § 1 Rdn 70 ff.

Hinweis: 106

Die Gebühren für die Beschwerde und die Erinnerung nach den Nrn. 3500 ff. VV RVG gelten gemäß Vorbemerkung 3.5 VV RVG nicht für **Beschwerden gegen die Endentscheidung wegen des Hauptgegenstands in Familiensachen**. In Familiensachen werden die Gebühren für diese Beschwerden und Rechtsbeschwerden nach den Nrn. 3200 ff. bzw. 3206 ff. VV RVG berechnet.

Die Gebühren für die meisten Beschwerden und Erinnerungen und für die Nichtzulassungsbeschwerde sind in Teil 3 Abschnitt 5 VV RVG geregelt. Für Tätigkeiten im Beschwerde- oder Erinnerungsverfahren erhält der RA eine **0,5 Verfahrensgebühr** nach Nr. 3500 VV RVG. Falls der RA in einem solchen Verfahren eine Tätigkeit in einem Termin im Sinne der Vorbemerkung 3 Abs. 3 VV RVG entfaltet, erwächst ihm zusätzlich eine **0,5 Terminsgebühr** nach Nr. 3513 VV RVG. Die Vorschriften der Nrn. 3500, 3513 VV RVG gelten sowohl für den RA, der das Verfahren betreibt, als auch für den RA, der den Gegner vertritt. 107

Achtung:

Auch in der zweiten Instanz beträgt der Gebührensatz nur 0,5. Falls der RA im Beschwerde- oder Erinnerungsverfahren entsprechend tätig geworden ist, erhält er auch eine Terminsgebühr. Im Normalfall wird aber nur die Verfahrensgebühr entstehen, da über Beschwerden in den meisten Fällen ohne mündliche Verhandlung und ohne Beweiserhebung entschieden wird.

Für die Erinnerung oder die Beschwerde gegen die Festsetzung der aus der Staatskasse zu gewährenden Vergütung bei **Prozesskostenhilfe** erhält der RA jedoch keine Gebühren (§ 56 Abs. 2 RVG).

108 Als **Gegenstandswert** ist im Allgemeinen der Betrag anzunehmen, dessen Ab- oder Festsetzung der RA in dem Beschwerdeverfahren fordert.

109 Werden in demselben Rechtsstreit **mehrere** Beschwerden oder Erinnerungen gegen verschiedene gerichtliche Entscheidungen eingelegt, so grundsätzlich jede Beschwerde oder Erinnerungen gebührenrechtlich als besondere Angelegenheit, sodass die Gebühren jeweils neu entstehen (§ 18 Abs. 1 Ziff. 3 RVG).

110 Vermutlich werden Sie besonders häufig mit Erinnerungen oder Beschwerden gegen einen **Kostenfestsetzungsbeschluss** beschäftigt sein. Während das Kostenfestsetzungsverfahren selbst weder Gerichtsgebühren verursacht noch für den prozessbevollmächtigten RA gemäß § 19 Abs. 1 S. 2 Ziff. 14 RVG Anwaltsgebühren entstehen lässt, können dagegen im Erinnerungs- oder Beschwerdeverfahren gegen den Kostenfestsetzungsbeschluss Gebühren entstehen.

Beachten Sie folgende **Ausnahme**: Nur im **Kostenfestsetzungsverfahren** gelten **mehrere Verfahren** über die Beschwerde oder die Erinnerung gegen den Kostenfestsetzungsbeschluss gemäß § 16 Ziff. 10 RVG als dieselbe Angelegenheit, sodass die Gebühren nur einmal entstehen. Bei **verschiedenen Gegenständen** sind in diesem Fall deren Werte nach § 22 Abs. 1 RVG zu addieren. Wenn sich **mehrere** Beschwerden oder Erinnerungen gegen denselben Kostenfestsetzungsbeschluss richten, spielt es keine Rolle, ob die Rechtsbehelfe gleichzeitig oder nacheinander eingelegt werden. Es ist also auch dann nur eine Angelegenheit, wenn zuerst die Erinnerung oder Beschwerde der einen Partei eingelegt wird und dann, wenn über diesen Rechtsbehelf entschieden ist, die andere Partei gegen diese Entscheidung Beschwerde oder Erinnerung einlegt, da es immer noch um denselben Kostenfestsetzungsbeschluss geht. Das gleiche gilt für mehrere Beschwerden oder Erinnerungen im **Kostenansatzverfahren**.

Merke:

Für seine Tätigkeit im Erinnerungs- oder Beschwerdeverfahren können dem RA eine 0,5 Verfahrensgebühr und gegebenenfalls eine 0,5 Terminsgebühr entstehen. Nur 0,5 gibt es auch in der zweiten Instanz.

Nur im Kostenfestsetzungsverfahren gelten mehrere Verfahren über die Beschwerde oder die Erinnerung gegen den Kostenfestsetzungsbeschluss als dieselbe Angelegenheit.

Gegenstandswert ist der Betrag, dessen Ab- oder Festsetzung gefordert wird, also der Änderungsbetrag, der mit der Beschwerde oder Erinnerung erreicht werden soll.

111 Eine Erhöhung der Verfahrensgebühr um jeweils 0,3 für **mehrere Auftraggeber** ist möglich.

112 Eine Ermäßigung der Verfahrensgebühr nach Nr. 3500 VV RVG wegen vorzeitiger Beendigung des Auftrages ist nicht vorgesehen, sodass die Gebühr auch dann 0,5 beträgt, wenn nach Auftragserteilung sich die Sache vorzeitig erledigt.

Beispiel:

RA Blau reicht wegen der vom Gegner zu ersetzenden Prozesskosten einen Kostenfestsetzungsantrag über 2.540,00 € ein. Im Kostenfestsetzungsbeschluss setzt der Rechtspfleger aufgrund der Stellungnahme des Gegners jedoch nur 2.010,00 € fest. RA Blau legt gegen den Beschluss sofortige Beschwerde ein. Danach führt er ein längeres Telefongespräch mit dem gegnerischen Prozessbevollmächtigten und unterbreitet einen Vorschlag für eine Einigung. In einem weiteren Telefongespräch lehnt der RA des Gegners eine Einigung ab.

Der Rechtspfleger hilft der Beschwerde ab. RA Blau erstellt folgende Vergütungsrechnung.

Gegenstandswert: 530,00 €

0,5	Verfahrensgebühr für ein Beschwerdeverfahren gem. §§ 2, 13 RVG, Nr. 3500 VV RVG	46,50 €
0,5	Terminsgebühr für ein Beschwerdeverfahren gem. §§ 2, 13 RVG, Nr. 3513 VV RVG, Vorbem. 3 Abs. 3 Ziff. 2 VV RVG	46,50 €
20 %	Pauschale für Post- und Telekommunikationsentgelte gem. § 2 Abs. 2 S. 1 RVG, Nr. 7002 VV RVG	18,60 €
		111,60 €
19 %	USt. gem. § 2 Abs. 2 S. 1 RVG, Nr. 7008 VV RVG	21,20 €
		132,80 €

Eine besondere Regelung existiert noch für die Erinnerungen in Vollstreckungssachen. In § 15 Abs. 6 RVG werden zur Klarstellung neben den einzelnen Handlungen auch Tätigkeiten, die nach § 19 RVG zum Rechtszug oder zum Verfahren gehören, genannt. Dies hat z. B. insbesondere Bedeutung für einen RA, der in einer Zwangsvollstreckungssache lediglich mit der **Erinnerung gegen die Art und Weise der Zwangsvollstreckung** (§ 766 ZPO) beauftragt wird. Gemäß § 19 Abs. 2 Ziff. 2 RVG gehört diese Erinnerung zum Verfahren der Zwangsvollstreckung und kann somit im Rahmen eines Vollstreckungsauftrages keine zusätzliche Gebühr auslösen. 113

Wenn nun der RA, ohne einen Vollstreckungsauftrag zu haben, nur mit der **Erinnerung nach § 766 ZPO** beauftragt wird, würde eigentlich eine 0,5 Verfahrensgebühr für die Erinnerung gemäß Nr. 3500 VV RVG entstehen. Da der RA nach § 15 Abs. 6 RVG jedoch für eine einzelne Tätigkeit nicht mehr Gebühren erhalten kann als für einen Vollstreckungsauftrag insgesamt, kann er für diese Erinnerung gemäß § 15 Abs. 6 RVG i. V. m. § 19 Abs. 2 Ziff. 2 RVG nur eine 0,3 Verfahrensgebühr nach Nr. 3309 VV RVG berechnen. Dies betrifft z. B. den RA des Schuldners, der für den Schuldner nur die Erinnerung gegen eine Vollstreckungshandlung einlegen soll.

Beispiel:

RA Lottermoser legt für den Schuldner Heinz Porsche Erinnerung nach § 766 ZPO dagegen ein, dass der Gerichtsvollzieher Kuckuck den Pkw Marke Lada des Schuldners gepfändet hat. Die Gebühr für diese Erinnerung nach Nr. 3500 VV RVG wird infolge der §§ 15 Abs. 6 und 19 Abs. 2 Ziff. 2 RVG für den RA des Schuldners nur mit einem Gebührensatz von 0,3 entstehen (siehe auch Beschluss des BGH vom 28.01.2010 – VII ZB 74/09).

Für das Verfahren über eine **Rechtsbeschwerde** außerhalb der in Vorbemerkungen 3.2.1 und 3.2.2 genannten Beschwerdeverfahren entsteht eine 1,0 Verfahrensgebühr nach Nr. 3502 VV RVG, die sich bei vorzeitiger Beendigung auf 0,5 reduziert gemäß Nr. 3503 VV RVG. Dies gilt grundsätzlich für Rechtsbeschwerdeverfahren z. B. nach § 574 ZPO und insbesondere für Rechtsbeschwerden nach dem FamFG, die sich nicht gegen Endentscheidungen richten (für Rechtsbeschwerden gegen Endentscheidungen gelten die Gebühren für die Revision nach Nr. 3208 VV RVG). Zum Thema Beschwerde und Rechtsbeschwerde siehe § 1 Rdn 77 ff. 114

In Verfahren über die Beschwerde gegen **die Nichtzulassung der Berufung** entsteht eine 1,6 Verfahrensgebühr nach Nr. 3504 VV RVG, die sich bei vorzeitiger Beendigung nach Nr. 3505 VV RVG auf eine 1,0 Verfahrensgebühr ermäßigt. 115

Im Verfahren über die Beschwerde gegen die **Nichtzulassung der Revision** entsteht eine 2,3 Verfahrensgebühr nach Nr. 3508 VV RVG, bzw. bei vorzeitiger Beendigung eine 1,8 Verfahrensgebühr nach Nr. 3509 VV RVG. 116

Achtung: Die Verfahrensgebühr entsteht hier nicht nach den Nrn. 3506, 3507 VV RVG, da in Zivilsachen die Parteien durch einen beim BGH zugelassenen RA vertreten werden müssen.

117 *Hinweis:*

Eine Beschwerde gegen die Nichtzulassung der Revision ist nur zulässig, wenn die Beschwer 25.000 Euro übersteigt (§ 544 Abs. 2 Ziff. 1 ZPO).

§8 Zwangsvollstreckung und ähnliche Tätigkeiten

A. Vorbemerkung

In diesem Kapitel geht es insbesondere um die Gebühren, die ein RA für Tätigkeiten in der Zwangsvollstreckung erhält. Die Gebühren für diese Tätigkeiten sind sämtlich in Teil 3, Abschnitt 3 des Vergütungsverzeichnisses des RVG geregelt. 1

B. Die Gebühren in der Zwangsvollstreckung

I. Allgemeines

→ Dazu Aufgaben Gruppe 20 2

Für seine Tätigkeit in der Zwangsvollstreckung erhält der RA besondere **Gebühren gemäß Nrn. 3309 und 3310 VV RVG**. Der Zivilprozess bzw. das Mahnverfahren und die sich daran anschließende Zwangsvollstreckung sind prozessrechtlich voneinander unabhängige Verfahren. Auch gebührenrechtlich ist die **Zwangsvollstreckung** eine selbstständige Angelegenheit, die wiederum aus mehreren besonderen Angelegenheiten im gebührenrechtlichen Sinne bestehen kann.

Die Nrn. 3309 und 3310 VV RVG regeln die **Verfahrensgebühr** und die **Terminsgebühr** des RA im Zwangsvollstreckungsverfahren (§ 18 Abs. 1 Ziff. 1 RVG), für die Vollziehung eines Arrestbefehls oder einer einstweiligen Verfügung (§ 18 Abs. 1 Ziff. 2 RVG) oder für die Vertretung im Verteilungsverfahren (§ 18 Abs. 1 Ziff. 10 RVG), hier insbesondere für die Vertretung im Verteilungsverfahren gemäß den §§ 872 ff. ZPO, wenn der hinterlegte Geldbetrag zur Befriedigung der beteiligten Gläubiger nicht ausreicht. Die Gebühr für die Vertretung im Verteilungsverfahren erwächst dem RA neben einer für die Vertretung in der Zwangsvollstreckung bereits verdienten Gebühr.

Merke:

Die **Gebühren** in Angelegenheiten der Zwangsvollstreckung werden hauptsächlich durch die Nrn. 3309 und 3310 VV RVG bestimmt (siehe Rdn 35).

Der **Gegenstandswert** wird in § 25 RVG geregelt (siehe Rdn 18 ff. und Rdn 35 ff.).

Der Begriff der einzelnen **Zwangsvollstreckungsangelegenheit** wird in § 18 Abs. 1 Ziff. 1 bis 21 RVG i. V. m. § 19 Abs. 1 Ziff. 11, 12, 13, 16 und Abs. 2 RVG beschrieben (siehe hierzu Rdn 6 ff.).

In folgenden Fällen gelten die Nrn. 3309 und 3310 VV RVG nicht: Die Vergütung des RA für Tätigkeiten im Zwangsversteigerungs- und Zwangsverwaltungsverfahren ist in Teil 3, Abschnitt 3, Unterabschnitt 4 VV RVG besonders geregelt (Nrn. 3311, 3312 VV RVG). Für Tätigkeiten im Insolvenzverfahren erhält der RA Gebühren gemäß Teil 3, Abschnitt 3, Unterabschnitt 5 VV RVG (Nrn. 3313 ff. VV RVG). 3

Für die Vertretung im Verwaltungszwangsverfahren, bei Vollziehung eines Arrestes oder einer einstweiligen Verfügung und bei der Vollstreckung nach dem FamFG erwachsen dem RA die Gebühren gemäß Vorbemerkung 3.3.3 VV RVG ebenfalls nach den Nrn. 3309 und 3310 VV RVG. Laut § 120 Abs. 1 FamFG erfolgt die Vollstreckung in Ehesachen und Familienstreitsachen nach den Vorschriften des 8. Buches der ZPO.

Ferner werden die Vollstreckungsvorschriften der §§ 88 ff. FamFG für Angelegenheiten der freiwilligen Gerichtsbarkeit durch den Verweis in § 95 FamFG auf die Vorschriften des 8. Buches der ZPO über die Zwangsvollstreckung ergänzt.

Nach der Vorbemerkung 3.3.3 VV RVG handelt es sich ebenfalls um eine Zwangsvollstreckungstätigkeit nach den Nrn. 3309 und 3310 VV RVG, wenn z. B. die Eintragung einer Zwangshypothek (§§ 867, 870a ZPO) oder die Eintragung der Pfändung einer Hypothek (§ 830 ZPO) beantragt wird.

4 Bei Abschluss einer **Ratenzahlungsvereinbarung** mit dem Schuldner kann auch während der Zwangsvollstreckung unter den Voraussetzungen der Nr. 1000 Ziff. 2 VV RVG (siehe § 2 Rdn 166 ff.) neben der Gebühr der Nr. 3309 VV RVG eine **Einigungsgebühr** in Höhe von 0,7 (Nr. 1000 Ziff. 2 VV RVG) entstehen, wenn ein Vollstreckungstitel vorliegt und eine Vollstreckungsmaßnahme durch das Vollstreckungsgericht oder durch den Gerichtsvollzieher (GVZ) betrieben werden soll. Der **Gegenstandswert** für die Einigungsgebühr wird nach § 31b RVG mit 50 Prozent des titulierten Anspruchs berechnet. Siehe hierzu Rdn 41 ff. Da der Aufwand bei solchen Zahlungsvereinbarungen für den RA relativ gering ist, hat der Gesetzgeber hierfür einen verminderten Gebührensatz der Einigungsgebühr und eine Reduzierung des Gegenstandswertes vorgeschrieben.

5 Auf die einzelnen Gebühren wird in Rdn 35 ff. eingegangen. Erheblich wichtiger ist jedoch die Feststellung, wie viele verschiedene Angelegenheiten in einer Vollstreckungssache zu erledigen sind, woraus sich die Feststellung ergibt, wie oft die einzelnen Gebühren berechnet werden können. Es ist tatsächlich so, dass bis zur Befriedigung des Gläubigers aus einem einzigen Titel für seinen RA mehrfach Vollstreckungsgebühren anfallen können.

II. Angelegenheiten der Zwangsvollstreckung

6 Der **Grundsatz** ist in § 18 Abs. 1 Ziff. 1 RVG bestimmt:

> **Merke:**
>
> In der Zwangsvollstreckung gilt **jede Vollstreckungsmaßnahme** zusammen mit den durch sie vorbereiteten weiteren Vollstreckungshandlungen bis zur Befriedigung des Gläubigers als eine **besondere Angelegenheit** im Sinne des § 15 RVG.

Da diese Unterscheidung in **„Maßnahmen“** und **„Angelegenheiten“** nicht selten Schwierigkeiten bereitet, soll sie anhand einiger Beispiele weiter unten (siehe Rdn 8 ff.) erläutert werden.

1. Abgrenzung zum Prozess- bzw. zum Mahnverfahren

7 Zunächst ist eine Abgrenzung zwischen dem Prozess- bzw. Mahnverfahren **(Erkenntnisverfahren)** einerseits und dem **Zwangsvollstreckungsverfahren** andererseits vorzunehmen. Die Verfahrensgebühr nach Nr. 3309 VV RVG entsteht unter bestimmten Voraussetzungen für gewisse Tätigkeiten des RA, die er zur Vorbereitung des Zwangsvollstreckungsverfahrens ausübt, nicht. Dies ist dann der Fall, wenn er bereits im Erkenntnisverfahren Prozessbevollmächtigter war, denn dann gehören gemäß § 19 Abs. 1 S. 2 Ziff. 9, 13, 16 RVG folgende die Zwangsvollstreckung vorbereitende Tätigkeiten noch zum Rechtszug des Erkenntnisverfahrens:

- Einholung des Notfristzeugnisses oder des Rechtskraftzeugnisses,
- Antrag auf erstmalige Erteilung der Vollstreckungsklausel und
- die Zustellung des Titels, der Vollstreckungsklausel und der sonstigen in § 750 ZPO genannten Urkunden.

Nach § 15 Abs. 1, 2 RVG sind in diesem Fall diese Tätigkeiten bereits mit der Verfahrensgebühr des Prozesses (Nr. 3100 VV RVG) abgegolten und können daher nicht mehr gesondert berechnet werden. War dagegen der mit der Zwangsvollstreckung beauftragte RA nicht im Erkenntnisverfahren Prozessbevollmächtigter und hat deshalb keine Verfahrensgebühr Nr. 3100 VV RVG, können diese Tätigkeiten unter bestimmten Voraussetzungen die Verfahrensgebühr nach Nr. 3309 VV RVG auslösen (siehe Rdn 13).

2. Besondere Angelegenheit oder nicht?

In § 18 Abs. 1 Ziff. 1 RVG ist in Abweichung von § 15 Abs. 2 RVG bestimmt, dass die Tätigkeit des RA in der Zwangsvollstreckung bis zur Befriedigung des Gläubigers für **jede einzelne Vollstreckungsmaßnahme zusammen mit den durch sie vorbereiteten weiteren Vollstreckungshandlungen** grundsätzlich **eine Angelegenheit** darstellt, sodass ihm hierfür Gebühren insgesamt nur einmal erwachsen. Die Absicht des Gesetzgebers ist dabei, dass dem RA unter Umständen während eines Zwangsvollstreckungsverfahrens Gebühren für **verschiedene** Vollstreckungsmaßnahmen mehrfach erwachsen können, da seine Tätigkeit je nach Lage des Falles sehr umfangreich werden kann, und dies auch normalerweise im Voraus nicht absehbar ist. 8

Andererseits gilt auch in der Zwangsvollstreckung keineswegs jede einzelne Handlung des RA als besondere Angelegenheit. Dies soll im Folgenden erläutert werden.

Zum besseren Verständnis müssen zuvor die Begriffe „Vollstreckungsmaßnahme" und „Vollstreckungshandlung" des § 18 Abs. 1 Ziff. 1 RVG unterschieden werden:

- Vollstreckungs**maßnahme** ist von den verschiedenen Möglichkeiten der Zwangsvollstreckung eine ganz bestimmte Möglichkeit, die der Gläubiger im konkreten Fall ergreift.

  Beispiele:

  Antrag auf Forderungspfändung an das Vollstreckungsgericht oder Auftrag zur Sachpfändung an den GVZ.

- Vollstreckungs**handlungen** sind notwendig, um die gewählte Vollstreckungsmaßnahme in einzelnen aufeinander folgenden Schritten durchzuführen, d. h. es sind Einzeltätigkeiten (Einzelmaßnahmen), die zusammen eine Vollstreckungsmaßnahme und damit eine besondere Angelegenheit bilden.

  Beispiel:

  Vollstreckungsauftrag an den Gerichtsvollzieher, Antrag auf Erlass der richterlichen Durchsuchungsanordnung und anschließend Fortsetzung des Vollstreckungsauftrages und dann Versteigerung der gepfändeten Sachen.

Merke:

Vollstreckungs**handlungen** sind Einzeltätigkeiten, die in einem inneren Zusammenhang stehen und **zusammen** eine Vollstreckungs**maßnahme** bilden.

Jede zur Verwirklichung des Gläubigeranspruchs ergriffene Vollstreckungs**maßnahme** bildet einschließlich aller notwendigen Handlungen gebührenrechtlich **eine** besondere Angelegenheit.

a) Grundsatz (§ 18 Abs. 1 Ziff. 1 RVG)

Um **dieselbe Angelegenheit** handelt es sich grundsätzlich bei den gesamten zu einer ganz bestimmten Vollstreckungsmaßnahme gehörenden Einzelhandlungen von der Vorbereitung der Vollstreckung bis entweder zur Befriedigung des Gläubigers durch diese Maßnahme oder bis zum **sonstigen Abschluss** der Zwangsvollstreckung. Die Einzelhandlungen gehören dann zu einer be- 9 stimmten Vollstreckungsmaßnahme, wenn sie diese **bestimmte** Maßnahme vorbereiten oder fortsetzen.

Tun sie dies nicht, dann liegen **verschiedene Angelegenheiten** vor. Der BGH entscheidet hierzu in ständiger Rechtsprechung (z. B. Beschluss vom 18.07.2019 – I ZB 104/18, grundlegend Beschluss vom 12.12.2003 – IXa 234/03), dass grundsätzlich die gesamten zu einer bestimmten Vollstreckungsmaßnahme gehörenden, miteinander in einem inneren Zusammenhang stehenden Einzelmaßnahmen von der Vorbereitung der Vollstreckung bis zur Befriedigung des Gläubigers oder bis zum sonstigen Abschluss der Vollstreckung dieselbe gebührenrechtliche Angelegenheit bilden. Dabei stehen diejenigen Einzelmaßnahmen in einem inneren Zusammenhang, welche die einmal eingeleitete Maßnahme mit demselben Ziel der Befriedigung fortsetzen.

aa) Dieselbe Angelegenheit der Zwangsvollstreckung

10 In § 18 Abs. 1 Ziff. 1 Hs. 1 RVG ist übrigens mit „... bis zur Befriedigung des Gläubigers ...“ nicht gemeint, dass die Zwangsvollstreckung **eine einzige Angelegenheit** bis zur **vollständigen** Befriedigung des Gläubigers darstellt. Die Zwangsvollstreckungsangelegenheit endet auch dann, wenn eine Vollstreckungsmaßnahme ganz oder teilweise fehlschlägt, der Gläubiger also nicht das gewünschte Ergebnis erzielt. Dies wäre der oben genannte „sonstige Abschluss der Zwangsvollstreckung“. Sonst wären auch die weiter unten folgenden Erläuterungen überflüssig.

Beispiele für dieselbe Angelegenheit:
1. Androhung der Zwangsvollstreckung, Vollstreckungsauftrag an GVZ, Anfrage beim Einwohnermeldeamt wegen Wohnungswechsels des Schuldners, Fortsetzung des Vollstreckungsauftrages, Einholung der richterlichen Durchsuchungsanordnung (§ 758a ZPO), Fortsetzung des Vollstreckungsauftrages, Versuch der gütlichen Einigung durch den GVZ, Empfangnahme des Pfändungsprotokolls, Benachrichtigung des Gläubigers, Empfangnahme des Versteigerungserlöses und seine Weiterleitung an den Gläubiger.
2. Vorpfändung (§ 845 ZPO), Aufforderung an Drittschuldner zur Erklärung gemäß § 840 ZPO und Antrag auf Erlass des Pfändungs- und Überweisungsbeschlusses (§§ 829, 835 ZPO) gegen denselben Schuldner aus demselben Vollstreckungstitel.

Merke:

Dieselbe Angelegenheit liegt dann vor, solange ein innerer Zusammenhang von einzelnen Vollstreckungshandlungen insofern besteht, dass eine einmal eingeleitete Maßnahme **weiterverfolgt** wird, bis sie mit der Befriedigung, teilweisen Befriedigung oder eben auch keiner(!) Befriedigung des Gläubigers **endet**. Wechselt der Gläubiger das Befriedigungsziel in der Zwangsvollstreckung (z. B. von der Abnahme der Vermögensauskunft zur Forderungspfändung), entsteht eine neue gebührenrechtliche Angelegenheit.

Sollten Sie dies nun schon verstanden haben, überspringen Sie die folgenden Sätze. Das Ganze lässt sich auch einfacher ausdrücken: Der RA erhält immer dann seine Vergütung, wenn ein bestimmter Auftrag zur Zwangsvollstreckung mit einem bestimmten Befriedigungsziel beendet ist – gleichgültig, ob seine Tätigkeit für den Auftraggeber erfolgreich war oder nicht. Wie Sie sich erinnern werden, ist dies bei dem Auftrag zur Prozessführung auch nicht anders. Durch § 18 Abs. 1 Ziff. 1 Hs. 1 RVG wird verhindert, dass ein Mandant einen Auftrag so formulieren kann, dass der RA erst dann Gebühren verdient, wenn er irgendwann auf irgendeine Weise im Wege der Zwangsvollstreckung von dem Schuldner Geld bekommen hat – dies wäre nämlich ein standesrechtlich unzulässiges Erfolgshonorar.

bb) Verschiedene Angelegenheiten der Zwangsvollstreckung

Jede zur Verwirklichung des Gläubigeranspruchs ergriffene Vollstreckungs**maßnahme** bildet einschließlich aller notwendigen Handlungen gebührenrechtlich **eine besondere Angelegenheit**. Mehrere verschiedene Vollstreckungsmaßnahmen sind mehrere besondere Angelegenheiten. 11

Beispiele für verschiedene Angelegenheiten:
1. Vollstreckungsauftrag an GVZ, Empfangnahme der Unpfändbarkeitsbescheinigung und Mitteilung an Auftraggeber; nach Verbesserung der Vermögenslage des Schuldners später erneuter Vollstreckungsauftrag an GVZ (= 2 Angelegenheiten).
2. Vollstreckungsauftrag an GVZ; da Gläubiger nur teilweise befriedigt wurde, Antrag auf Erlass eines Pfändungs- und Überweisungsbeschlusses (= 2 Angelegenheiten).

Merke:

Führt ein Vollstreckungsversuch zu keiner oder nur zur teilweisen Befriedigung des Gläubigers, dann ist ein späterer erneuter Versuch keine Fortsetzung des früheren, sodass es sich bei dem erneuten Versuch um eine **neue Angelegenheit** im Sinne des Gebührenrechts handelt. Allerdings bedeutet das nicht, dass die Vergütungen, die durch sich ständig wiederholende ergebnislos verlaufende Vollstreckungen entstehen, auch vom Schuldner zu erstatten sind. Dieser wird dadurch geschützt, dass ihm die Kosten der Zwangsvollstreckung nur zur Last fallen, soweit sie notwendig waren (§§ 788, 91 ZPO).

cc) Begriff der Angelegenheit in der Zwangsvollstreckung

In § 18 RVG i. V. m. § 19 Abs. 1 und 2 RVG wird der **Begriff der Angelegenheit** in der Zwangsvollstreckung bestimmt. Nachdem in 12

- § 18 Abs. 1 Ziffer 1 RVG die oben beschriebene **grundsätzliche Regelung** getroffen wurde, nennt
- § 19 Absätze 1 und 2 RVG in einer **beispielhaften Aufzählung** Tätigkeiten, die nicht als besondere Angelegenheiten gelten, wogegen
- § 18 Abs. 1 Ziffer 2 ff. RVG eine **Aufzählung** von verschiedenen Fällen, die besondere Angelegenheiten sind, beinhaltet.

Hinweis:

Der BGH hat entschieden, dass in § 18 Abs. 1 Ziff. 2–21 RVG konkrete **Beispiele** besonderer Angelegenheiten der Zwangsvollstreckung aufgeführt sind (BGH, Beschluss vom 20.09.2018 – I ZB 120/17).

Dies schließt nicht aus, dass nach der allgemeinen Definition des Grundsatzes in § 18 Abs. 1 RVG es weitere besondere Vollstreckungsmaßnahmen geben kann, die in § 18 RVG nicht speziell aufgezählt sind. So nennt der BGH als weitere besondere Angelegenheit die Einholung von Drittauskünften (siehe Rdn 68 ff.)

Tipp:

Eventuell hilft bei den §§ 18 und 19 RVG das Markieren der wichtigsten Ziffern im Gesetzestext, besser den Überblick zu gewinnen.

b) Keine besonderen Angelegenheiten der Zwangsvollstreckung (§ 19 Abs. 1 und 2 RVG)

13 Lesen Sie die Aufzählung im Gesetz nach. Es sei noch einmal darauf hingewiesen, dass diese **Aufzählung nur beispielhaft** ist, was bedeutet, dass auch ähnliche Tätigkeiten unter die Absätze 1 und 2 des § 19 RVG fallen. Das ergibt sich aus dem Wort „insbesondere“ im Gesetzestext. In Absatz 1 werden wohl hauptsächlich die Ziffern 1, 2, 7, 9, 11, 13 und 16 für Zwangsvollstreckungssachen von Bedeutung sein, der Absatz 2 beschäftigt sich ausschließlich damit.

Die in § 19 Abs. 1 und 2 RVG genannten Handlungen sind **keine besonderen Angelegenheiten**, d. h., für sie erwachsen im Normalfall keine besonderen Gebühren. Entweder gehören sie noch mit zur Tätigkeit des Prozessbevollmächtigten im Prozess, oder sie sind vorbereitende Tätigkeiten der Zwangsvollstreckung; in beiden Fällen sind sie bereits mit den anderweitig verdienten Gebühren nach Nr. 3100 ff. VV RVG (§ 19 Abs. 1 RVG) oder Nr. 3309 f. VV RVG (§ 19 Abs. 2 RVG) abgegolten.

Keine besonderen Angelegenheiten sind zum Beispiel:

- Anträge auf Erteilung des Notfristzeugnisses und des Rechtskraftzeugnisses (§ 19 Abs. 1 S. 2 Ziff. 9 RVG).
- Anträge auf erstmalige Erteilung der Vollstreckungsklausel (§ 19 Abs. 1 S. 2 Ziff. 13 RVG).
- Die Zustellung des Urteils zur Vorbereitung der Zwangsvollstreckung (§ 19 Abs. 1 S. 2 Ziff. 16 RVG).
- Der Antrag auf Zulassung der Zwangsvollstreckung zur Nachtzeit, an Sonn- und Feiertagen (§ 19 Abs. 2 Ziff. 1 RVG).
- Der Antrag auf Erlass der richterlichen Anordnung der Wohnungsdurchsuchung (§ 19 Abs. 2 Ziff. 1 RVG).
- Die Erinnerung gegen die Art und Weise der Zwangsvollstreckung nach § 766 ZPO (§ 19 Abs. 2 Ziff. 2 RVG).
- Die einer Verurteilung vorausgehende Androhung von Ordnungsgeld (§ 800 ZPO).
- Die Aufhebung einer Vollstreckungsmaßnahme (§ 19 Abs. 2 Ziff. 6 RVG).

Nur im Sonderfall können für diese Handlungen Gebühren entstehen, und zwar dann, wenn der RA nur mit einer solchen Handlung beauftragt wurde und keine anderen Tätigkeiten ausführt.

> **Merke:**
>
> Für die in § 19 RVG genannten oder ähnliche Handlungen erwachsen im Normalfall keine besonderen Gebühren.

c) Besondere Angelegenheiten der Zwangsvollstreckung (§ 18 Abs. 1 Ziff. 1 bis 21 RVG)

14 Lesen Sie die Aufzählung im Gesetz nach. Es sei noch einmal darauf hingewiesen, dass diese **Aufzählung unvollständig** ist, es also auch ähnliche Tätigkeiten geben kann (siehe Rdn 12). Für jede der genannten **Vollstreckungsmaßnahmen** entstehen als **besondere Angelegenheit** besondere Gebühren, also können in einer Vollstreckungssache auch mehrere Gebühren nebeneinander entstehen. Einzelheiten hierzu finden Sie auch in Rdn 49 ff.

Jeweils besondere Angelegenheiten (**Vollstreckungsmaßnahmen**) sind zum Beispiel:

- Vollstreckungsauftrag an den GVZ (§ 18 Abs. 1 Ziff. 1 RVG)
- Antrag auf Erlass eines Pfändungs- und Überweisungsbeschlusses (§ 18 Abs. 1 Ziff. 1 RVG)
- Antrag auf Zulassung der Austauschpfändung (§ 18 Abs. 1 Ziff. 7 RVG)

- Anträge auf Anordnung einer anderen Verwertungsart nach § 825 ZPO (§ 18 Abs. 1 Ziff. 8 RVG)
- Antrag auf Eintragung einer Zwangssicherungshypothek (§ 18 Abs. 1 Ziff. 11 RVG)
- Antrag auf Abnahme der **Vermögensauskunft** (§ 18 Abs. 1 Ziff. 16 RVG)
- Verfahren zur Einholung von Auskünften Dritter (BGH, Beschluss vom 20.09.2018 – I ZB 120/17)

Dazu gehören jeweils alle Einzel**handlungen**, die zur vollständigen Durchführung der betreffenden Vollstreckungs**maßnahme** notwendig sind.

Auch die **Androhung der Zwangsvollstreckung** kann eine besondere Angelegenheit sein, wenn die Vollstreckungsvoraussetzungen vorliegen, der RA mit der Zwangsvollstreckung beauftragt war und wenn der RA nach der Vollstreckungsandrohung anschließend keine weiteren Tätigkeiten ausübt, z. B. weil der Schuldner auf die Zahlungsaufforderung hin gezahlt hat. Die Kosten einer Vollstreckungsandrohung sind notwendige Kosten der Zwangsvollstreckung, wenn der Gläubiger im Besitz einer vollstreckbaren Urteilsausfertigung ist, die Fälligkeit der titulierten Forderung eingetreten ist und der Schuldner angemessene Zeit zur Zahlung hatte (LG Saarbrücken, Beschluss vom 05.03.2018 – 5 T 88/18). Dies gilt allerdings nur, wenn der RA lediglich den Auftrag hatte, die Vollstreckung anzudrohen und dann weiter **nicht** tätig wird. Zahlt der Schuldner auf die Androhung der Zwangsvollstreckung nicht und beantragt der RA beispielsweise einen Pfändungs- und Überweisungsbeschluss oder beauftragt er den Gerichtsvollzieher mit der Zwangsvollstreckung, entsteht insgesamt für die Vollstreckungsandrohung und die nachfolgende Vollstreckungsmaßnahme nur eine Verfahrensgebühr Nr. 3309 VV RVG. 15

In jeder besonderen Angelegenheit der Zwangsvollstreckung kann die **Auslagenpauschale** nach Nr. 7002 VV RVG gesondert berechnet werden. 16

d) Prüfungsschema für praktische Fälle

Wie Sie aus vorstehenden Ausführungen ersehen können, ist die gebührenrechtliche Lösung von Fällen aus der Zwangsvollstreckung entscheidend davon abhängig, dass Sie erkennen, ob es sich darin um eine oder um mehrere verschiedene Angelegenheiten der Zwangsvollstreckung handelt. Dazu müssen Sie prüfen, ob die im Einzelfall ausgeübten Tätigkeiten zu einer Angelegenheit oder zu mehreren gehören. Diese Überlegungen lassen sich mit einem **Prüfungsschema** etwas leichter machen. Die Berechnung der Verfahrensgebühr ist nämlich in Zwangsvollstreckungssachen kein Kunststück, dagegen aber häufig die Berechnung des Gegenstandswertes und die Feststellung, wie viele gebührenrechtliche Angelegenheiten vorliegen. 17

Prüfungsschema:

Um festzustellen, ob gebührenrechtlich eine oder mehrere Angelegenheiten (**Maßnahmen**) der Zwangsvollstreckung vorliegen, sollte man jede einzelne Tätigkeit (**Handlung**) aus dem jeweiligen Fall in folgender Reihenfolge durchprüfen:

(1) Fällt die Tätigkeit unter die Aufzählung des § 18 Abs. 1 Ziff. 2 bis 21 RVG?
→ ***Ja***: **besondere Angelegenheit**, weiter (4) → ***Nein***: weiter

(2) Fällt die Tätigkeit unter die Aufzählung des § 19 Abs. 1 und 2 RVG?
→ ***Ja***: keine besondere Angelegenheit (Ende) → ***Nein***: weiter

(3) Liegt eine **ähnliche** Tätigkeit wie unter (2) vor?
→ ***Ja***: keine besondere Angelegenheit (Ende) → ***Nein***: weiter

(4) Liegt vielleicht eine „**weitere** Vollstreckungshandlung" im Sinne des § 18 Abs. 1 Ziff. 1 Hs. 1 RVG vor? (siehe Rdn 8 ff.)
→ ***Nein***: ist eine **besondere Angelegenheit**
→ ***Ja***: ist keine besondere Angelegenheit

Merke:

Wurden in einer Zwangsvollstreckungssache unterschiedliche Einzeltätigkeiten ausgeübt, so ist zu prüfen, ob diese eine oder mehrere Angelegenheiten (**Maßnahmen**) bilden.

Für jede besondere Angelegenheit wird jeweils eine Vergütungsrechnung einschließlich Auslagen und USt. erstellt.

III. Der Gegenstandswert in der Zwangsvollstreckung

18 Zur Ermittlung des Gegenstandswertes in der Zwangsvollstreckung ist es nicht möglich, nach § 23 Abs. 1 S. 1 RVG die für die Gerichtskosten geltenden Wertvorschriften heranzuziehen, da es solche Wertvorschriften hierfür nicht gibt. In gerichtlichen Verfahren der Zwangsvollstreckung sieht das GKG nämlich in den Nummern 2110 – 2115 und 2118, 2119 des Kostenverzeichnisses Festgebühren vor, sodass hierfür Wertvorschriften überflüssig sind.

Hinweis:

Auch im **Gerichtsvollzieherkostengesetz** sind nur Festgebühren vorgesehen, z. B. in Nr. 260 KV GvKostG für die Abnahme der Vermögensauskunft 39,50 €.

Wegen des Fehlens gerichtlicher Wertvorschriften ist eine Regelung der **Bestimmung des Gegenstandswertes** im RVG selbst notwendig. Dabei sind einige **wichtige Besonderheiten** zu berücksichtigen, da gemäß § 25 RVG z. B. § 4 Abs. 1 ZPO und § 43 Abs. 1 GKG (Nichtberücksichtigung von Nebenforderungen) keine Geltung haben. Im Wesentlichen ist zu beachten:

19
- Bei der Zwangsvollstreckung wegen **Geldforderungen** bestimmt sich der Gegenstandswert nach dem Betrag der zu vollstreckenden Geldforderung **einschließlich der Nebenforderungen** (§ 25 Abs. 1 Ziff. 1 Hs. 1 RVG). In den Gegenstandswert sind folglich einzurechnen: die Hauptforderung, die Kosten des Erkenntnisverfahrens, Zinsen, Kosten früher durchgeführter Vollstreckungsmaßnahmen usw. Es handelt sich bei diesen Vollstreckungsmaßnahmen hauptsächlich um Pfändungen, also um Aufträge zur Sachpfändung an den Gerichtsvollzieher oder um Anträge auf Erlass eines Pfändungs- und Überweisungsbeschlusses z. B. zwecks Lohnpfändung.
  Die Wertberechnung ist zu dem **Zeitpunkt** vorzunehmen, zu dem der RA die gebührenpflichtige Tätigkeit vornimmt. Die Kosten der gerade begonnenen Vollstreckungsmaßnahme sind bei der Wertermittlung jedoch außer Acht zu lassen! Die Zinsen werden im Anwaltsbüro bis zu dem Tag berechnet, an dem der RA dem Gerichtsvollzieher den Auftrag zur Pfändung erteilt bzw. einen Antrag an das Gericht stellt.
- Soll nach dem Willen des Gläubigers nur ein **bestimmter Gegenstand gepfändet** werden und hat dieser einen geringeren Wert als der Betrag der beizutreibenden Forderung, so ist nur der geringere Wert dieses Gegenstands der für die Vollstreckungsmaßnahme maßgebliche Gegenstandswert (§ 25 Abs. 1 Ziff. 1 Hs. 2 RVG). Ein bestimmter Gegenstand in diesem Sinne ist der Pfändungsgegenstand, den der Gläubiger hinsichtlich der vorzunehmenden Vollstreckungsmaßnahme als solchen **bezeichnet** hat. Für die Wertbemessung ist die (realistische!) Einschätzung des Gläubigers zum Zeitpunkt der Einleitung der Vollstreckungsmaßnahme entscheidend. Sollte sich anlässlich der Pfändung erst später herausstellen, dass der Gläubiger den Wert etwas zu hoch geschätzt hat, so wirkt sich dies (in der Praxis) nicht aus. Ist schon bei Einleitung der Vollstreckungsmaßnahme für den Gläubiger ersichtlich, dass der zu pfändende Gegenstand wegen seines gegenüber der titulierten Forderung niedrigeren Wertes nicht zu einer vollständigen Befriedigung des Gläubigers führen wird, so ist zwingend der niedrigere Wert dieses bestimmten Gegenstands als Gegenstandswert anzusetzen.

Beispiele:

(1) Ein Vollstreckungstitel über 8.000,00 € plus Nebenforderungen liegt vor. Der Gläubiger beauftragt einen RA, nur das Reitpferd des Schuldners im Wert von 5.000,00 € pfänden zu lassen. Der Gegenstandswert beläuft sich auf die 5.000,00 €.

(2) Ein Vollstreckungstitel über 6.000,00 € einschließlich Nebenforderungen liegt vor. Der Gläubiger beauftragt einen RA, das Motorrad des Schuldners im Wert von 7.500,00 € pfänden zu lassen. Der Gegenstandswert beläuft sich auf 6.000,00 €.

(3) Ein Vollstreckungstitel über 7.000,00 € plus Nebenforderungen liegt vor. Da frühere Vollstreckungsversuche fruchtlos verliefen und da der Schuldner von Beruf Kellner ist, soll der GVZ eine Taschenpfändung durchführen. Bei einer Taschenpfändung soll ebenfalls nur ein bestimmter Gegenstand gepfändet werden, und zwar das Bargeld, welches der Schuldner bei sich trägt. Er wird sicherlich keine 7.000,00 € Trinkgelder herumtragen, sondern vielleicht 100,00 €. Nach diesen erwarteten 100,00 € richtet sich der Wert und nicht nach der Gläubigerforderung.

- Ein bestimmter zu pfändender Gegenstand kann auch eine Forderung sein. Für den Fall der **Forderungspfändung** war **umstritten**, ob § 25 Abs. 1 Ziff. 1 Hs. 2 RVG anwendbar ist. Grundsätzlich gelten auch bei der Forderungspfändung die vorstehenden Ausführungen. Wenn sich demnach erst später herausstellt, dass der Betrag der gepfändeten Forderung geringer ist, wird nach neuerer Rechtsprechung dieser Betrag als Gegenstandswert angenommen – also ist letztlich das Ergebnis der Pfändung der Gegenstandswert. Wenn der Gläubiger von vornherein weiß, dass die beim Drittschuldner zu pfändende Forderung nicht zu seiner vollständigen Befriedigung führen wird, ist deren gegenüber der Gläubigerforderung geringerer Betrag als Gegenstandswert heranzuziehen. Ist die Pfändung erfolglos, war die gepfändete Forderung wertlos; der RA erhält dann nur nach der „Wertstufe bis 500,00 €" in der Tabelle die Mindestgebühr nach § 13 Abs. 2 RVG von 15,00 €. Der RA wird danach seine (vorläufig) erstellte Vergütungsrechnung korrigieren müssen (siehe nachstehendes Beispiel 3). 20

Hinweis:

Das **Ergebnis der Pfändung** eines bestimmten Gegenstands ist als Gegenstandswert anzusetzen (OLG Brandenburg, Beschluss vom 29.07.2016 – 7 W 45/16; LG Stuttgart, Beschluss vom 10.06.2013 – 2 T 196/13). Maßgebend ist damit der objektive Verkehrswert, und zwar im Zeitpunkt der die Anwaltsgebühr auslösenden Tätigkeit.

Der Sinn der Vorschrift des § 25 Abs. 1 Ziff. 1 Hs. 2 RVG liegt übrigens darin, zu verhindern, dass der Gläubiger durch wiederholte Pfändung von Kleinbeträgen nach und nach hohe Kosten entstehen lassen könnte, wenn die gesamte zu vollstreckende Forderung jeweils Gegenstandswert für jeden einzelnen Vollstreckungsauftrag wäre.

Beispiele:

(1) Ein Vollstreckungstitel über 8.000,00 € einschließlich Nebenforderungen liegt vor. Der Gläubiger beauftragt einen RA, das Arbeitseinkommen des Schuldners pfänden zu lassen. Der Gläubiger verspricht sich davon – wenn auch nicht auf einmal – seine vollständige Befriedigung. Der Gegenstandswert beläuft sich auf die 8.000,00 €.

(2) Ein Vollstreckungstitel über 7.000,00 € einschließlich Nebenforderungen liegt vor. Der Gläubiger beauftragt einen RA, beim Drittschuldner eine Forderung des Schuldners auf Rückzahlung eines Darlehens in Höhe von 3.000,00 € pfänden zu lassen. Der Gegenstandswert beläuft sich auf die 3.000,00 €.

(3) Ein Vollstreckungstitel über 6.000,00 € einschließlich Nebenforderungen liegt vor. Der Gläubiger beauftragt einen RA, das Arbeitseinkommen des Schuldners pfänden zu lassen. Der Gläubiger verspricht sich davon seine vollständige Befriedigung. Der Pfändungs- und Überweisungsbeschluss wird erwirkt, dann stellt sich heraus, dass kein Arbeitsverhältnis mehr besteht. Der Wert der zu pfändenden Forderung ist nachträglich betrachtet also 0,00 €, gebührenrechtlich allerdings bis 500,00 €, weil das in der Tabelle zu § 13 RVG die kleinste Wertstufe ist. Der Gegenstandswert beläuft sich im Nachhinein gesehen folglich gemäß § 25 Abs. 1 Ziff. 1 Hs. 2 RVG auf bis 500,00 € und der RA muss den in dem Antrag auf Erlass eines Pfändungs- und Überweisungsbeschlusses angegebenen (vorläufigen) Wert in der nun gegenüber seinem Auftraggeber erstellten Vergütungsrechnung entsprechend korrigieren („Wertstufe bis 500,00 €" in der Tabelle).

Hinweis:

Zur Beantragung der Pfändung von Forderungen gegen **mehrere Drittschuldner** in einem Pfändungs- und Überweisungsbeschluss hat der BGH entschieden, dass bei der Pfändung und Überweisung von **einer** Forderung des Schuldners gegen drei Drittschuldner aufgrund **eines** Vollstreckungsauftrages **nur eine gebührenrechtliche Angelegenheit** vorliegt (BGH, Beschluss vom 10.03.2011 – VII ZB 3/10). Der Gegenstandswert ergibt sich nach § 22 Abs. 1 RVG aus den zusammengerechneten mehreren Forderungen, wobei der Wert der zu vollstreckenden titulierten Forderungen nicht überschritten werden darf. Siehe auch Rdn 73 ff.

Zur Zwangsvollstreckung gegen **mehrere Schuldner** siehe jedoch Rdn 78 ff.

21 ■ Wird bei Pfändungs- und Überweisungsbeschlüssen gemäß § 850d Abs. 3 ZPO **wegen gesetzlicher Unterhaltsansprüche** oder wegen einer Geldrente aus Anlass einer Verletzung des Körpers oder der Gesundheit auch das erst zukünftig fällig werdende Arbeitseinkommen gepfändet (so genannte **Vorratspfändung**), so ist § 25 Abs. 1 Ziff. 1 Hs. 3 RVG zu beachten: In den Gegenstandswert wird der bis zum Zeitpunkt der Antragstellung rückständige fällige Unterhalt und zusätzlich der Jahresbetrag des Unterhalts eingerechnet (§ 51 Abs. 1 FamGKG); bei **Rentenforderungen aus Anlass einer Körperverletzung** gilt dagegen § 9 ZPO, also wird in diesem Fall der dreieinhalbfache Jahresbetrag berechnet.

22 ■ Wird die Vollstreckung nur wegen eines Teilbetrages der titulierten Forderung betrieben, so ist nur dieser **Teilbetrag**, nicht der Betrag der gesamten Forderung, der maßgebende Wert.

Beispiel:

Ein Vollstreckungstitel über 8.000,00 € liegt vor. Der Gläubiger vermutet, dass beim Schuldner nicht mehr als 2.000,00 € zu holen seien. Um Kosten zu sparen, beauftragt er einen RA, nur wegen eines Teilbetrages von 2.000,00 € pfänden zu lassen. Der Gegenstandswert beläuft sich auf die 2.000,00 €.

23 ■ Im **Verteilungsverfahren** (§ 858 Abs. 5, §§ 872 bis 877 und 882 ZPO) ist höchstens der zu verteilende Geldbetrag maßgebend, nicht der Betrag der titulierten Forderungen, wenn dieser höher ist (§ 25 Abs. 1 Ziff. 1 Hs. 4 RVG).

24 ■ Wenn die Zwangsvollstreckung wegen anderer Ansprüche als Geldforderungen betrieben wird, kann es logischerweise keinen Betrag der zu vollstreckenden Geldforderung geben. Deshalb bestimmt sich der Gegenstandswert bei Vollstreckung wegen eines Anspruches auf **Herausgabe von Sachen** nach dem Verkehrswert der herauszugebenden oder zu leistenden Sachen (§ 25 Abs. 1 Ziff. 2 RVG). Jedoch darf bei der Herausgabe oder **Räumung von Mietraum** der nach § 41 Abs. 2 GKG zu berechnende Jahresbetrag des Mietzinses nicht überschritten werden.

25 ■ In den Verfahren zur Ausführung der Zwangsvollstreckung auf Vornahme einer **Handlung** oder zur Verurteilung zu einem Ordnungsgeld bei einem Titel auf **Unterlassung** oder **Duldung**

wird der Gegenstandswert nach dem zu schätzenden Wert bestimmt, den der Anspruch für den Gläubiger hat (§ 25 Abs. 1 Ziff. 3 RVG).

- Bei Verfahren über die Erteilung der **Vermögensauskunft** (§ 802c ZPO) oder in Verfahren über die Einholung von Auskünften Dritter über das Vermögen des Schuldners (§ 802l ZPO) ist als Ausnahme bei der Wertermittlung zu beachten, dass der **Gegenstandswert höchstens 2.000 Euro** betragen darf (§ 25 Abs. 1 Ziff. 4 RVG)! Dies ist übrigens eine beliebte Prüfungsfrage. 26

  Der **Gegenstandswert** richtet sich auch hier nach dem Betrag der Hauptforderung, der aus dem Vollstreckungstitel noch geschuldet wird, wobei die Nebenforderungen – wie allgemein bei der Zwangsvollstreckung wegen Geldforderungen – mit eingerechnet werden. Im Verfahren zur Erteilung der Vermögensauskunft werden also zur noch offenen Hauptforderung die noch offenen Zinsen und Kosten hinzugerechnet, wobei die Obergrenze für den Gegenstandswert von 2.000 Euro zu beachten ist. Mit „noch offen" ist übrigens gemeint, dass der Schuldner diese Beträge noch nicht gezahlt hat.

  Hinweis:

  Siehe auch Rdn 61 ff. und Rdn 68 ff.

- In Verfahren über **Anträge des Schuldners** (Vollstreckungsschutzanträge) ist der Gegenstandswert nach dem Interesse des Antragstellers nach billigem Ermessen zu bestimmten (§ 25 Abs. 2 RVG). Der Grund für diese Regelung liegt darin, dass in diesen Fällen der Gegenstandswert vom gestellten Antrag abhängig ist und deshalb nicht immer genauso hoch sein muss wie der zu vollstreckende Anspruch. 27
- Der **Gegenstandswert** ist zu dem **Zeitpunkt** festzustellen, in dem der RA tätig wird, also z. B. an dem Tag der Antragstellung – das ist der Tag, an dem der Antrag abgesandt wird. Die **bis zum Tag der Antragstellung** in der Zwangsvollstreckungssache angefallenen noch offenen Zinsen und Kosten werden also zur einzutreibenden Hauptforderung hinzugerechnet. Die Kosten der gerade eingeleiteten Vollstreckungsmaßnahme gehören jedoch noch nicht dazu. 28

  Anmerkung:

  Dies ist jedoch umstritten. Aus praktischen Gründen ist es gängige Praxis, den Zeitpunkt des Tätigwerdens des RA als maßgeblich anzusehen. Die bis zur Vollstreckung dann noch weiter laufenden Zinsen und Kosten werden übrigens vom GVZ bei der Pfändung ausgerechnet.

- **Weitere Hinweise** zum Gegenstandswert einzelner Vollstreckungsmaßnahmen siehe Rdn 50 ff.

Merke:

Bei Pfändungen setzt sich der Gegenstandswert zusammen aus: Hauptforderung zuzüglich bis zum Tag der Antragstellung entstandener Kosten und Zinsen. Die Kosten der gerade eingeleiteten Vollstreckungshandlung gehören jedoch nicht dazu!

Bei Pfändung eines bestimmten Gegenstandes ist dessen Wert maßgeblich, wenn er geringer ist als der Betrag der Forderung.

Bei Pfändung wegen einer Teilforderung ist deren Wert maßgeblich.

Bei Verfahren zur Erteilung der Vermögensauskunft und bei Verfahren zur Einholung von Drittauskünften darf der Gegenstandswert höchstens 2.000 Euro betragen (einschließlich der Nebenforderungen).

Ein Beispiel für eine Vergütungsrechnung finden Sie unter Rdn 81.

1. Die Berechnung von Zinsen in der Zwangsvollstreckung

29 Die Gebühren des RA für Vollstreckungsmaßnahmen können nur auf der Grundlage eines richtig berechneten Gegenstandswertes in der richtigen Höhe ermittelt werden. Dazu ist die Berechnung der bisher in der Vollstreckungssache aufgelaufenen **Zinsen** notwendig. Da diese Zinsen den Gegenstandswert erhöhen, kann es sein, dass durch die Einberechnung der Zinsen in den Streitwert die nächsthöhere Wertstufe in der Gebührentabelle erreicht wird. Wenn Sie die Zinsrechnung nicht beherrschen, kann Folgendes eintreten: Werden die Zinsen nicht oder zu niedrig berechnet, verschenkt der RA ihm zustehende Gebühren; werden die Zinsen zu hoch berechnet, werden überhöhte Gebühren verlangt!

> **Merke:**
>
> Bei Zwangsvollstreckungsaufträgen sind zur Ermittlung der Anwaltsgebühren die richtig berechneten Zinsen bis zum Tag der Antragstellung in den Gegenstandswert einzurechnen.

Der Euro-Betrag der bis zum Tag der Antragstellung berechneten Zinsen wird genau genommen nur für die Ermittlung der RA-Vergütung benötigt und wird deshalb zusammen mit den bisher aufgelaufenen Kosten zur Begründung des Gegenstandswertes in den Vollstreckungsauftrag aufgenommen. Bei der Pfändung müssen die Zinsen dann sowieso vom GVZ errechnet werden, da sie bis zum Pfändungstag weiterlaufen. Wenn man sie nun aber schon einmal wegen des Gegenstandswertes berechnet hat, kann man sie selbstverständlich auch deshalb in den Antrag mit aufnehmen, damit der GVZ dann nur die weiteren Zinsen bis zum Tag der Pfändung zu berechnen braucht.

Bei der Berechnung von Zinsen im Zusammenhang mit der Zwangsvollstreckung sind **einige Besonderheiten** zu beachten:

2. Die Berechnung der Zinstage in der Zwangsvollstreckung

30 In der Zwangsvollstreckung ist eine **Besonderheit bei der Berechnung der Zinstage** zu beachten: Im Gegensatz zu der bei der kaufmännischen Zinsrechnung üblicherweise gültigen Regel, dass der erste Tag – an dem z. B. das Kapital eingezahlt wird – nicht mitgerechnet wird, der letzte Tag aber mitgerechnet wird, gilt für die Zinsrechnung im Rahmen der Zwangsvollstreckung folgende **Regel**:

> **Merke:**
>
> Bei dem zu verzinsenden Zeitraum werden sowohl der erste als auch der letzte Tag des **angegebenen Zeitraums** mitgerechnet. Diese Tage sind gesetzlich festgelegt.

31 Dies gilt z. B. auch in den Fällen des Schuldnerverzuges. Lassen Sie uns dies gemeinsam überlegen: Wenn der Schuldner nicht rechtzeitig zahlt, kommt er in **Zahlungsverzug** entweder

(1) mit dem Zugang einer Mahnung (§ 286 Abs. 1 S. 1 BGB) oder

(2) mit Ablauf eines kalendermäßig festgelegten Zahlungstermins, der Leistung ein Ereignis vorauszugehen hat und eine angemessene Zeit für die Leistung in der Weise bestimmt ist, dass sie sich von dem Ereignis an nach dem Kalender berechnen lässt, der Schuldner die Leistung ernsthaft und endgültig verweigert, aus besonderen Gründen unter Abwägung der beiderseitigen Interessen der sofortige Eintritt des Verzugs gerechtfertigt ist (§ 286 Abs. 2 BGB) oder

(3) nach Ablauf von 30 Tagen nach Zugang einer Rechnung oder einer gleichwertigen Forderungsaufstellung (§ 286 Abs. 3 BGB).

Der Verzug beginnt in den drei Fällen am jeweils darauffolgenden Tag (um 0.00 Uhr), der somit der erste Tag ist, an dem der Schuldner Verzugszinsen zahlen muss (§ 187 Abs. 1 BGB). Dieser **erste Verzugstag** wird folglich voll mitgerechnet.

Der Beginn der Verzinsung der Hauptforderung ergibt sich bei Urteilen aus dem **im Urteil genannten Tag** (z. B.: „... nebst Zinsen in Höhe von 5 Prozentpunkten über dem jeweiligen Basiszinssatz seit dem ...“), ebenso bei Vollstreckungsbescheiden.

Die **Verzinsung von festgesetzten Prozesskosten** beginnt gemäß § 104 Abs. 1 S. 2 ZPO seit dem Tag, an dem der Kostenfestsetzungsantrag bei dem Gericht einging. Im Kostenfestsetzungsbeschluss wird vom Gericht als Beginn der Verzinsung der Tag des Eingangs des Antrags eingesetzt. Dieser Tag ist bei der Verzinsung bereits zu berücksichtigen. Angenommen, der Schuldner zahlt am nächsten Tag, so muss er folglich für zwei Tage Zinsen zahlen.

Beim **vereinfachten Kostenfestsetzungsverfahren** ohne förmlichen Antrag nach § 105 Abs. 2 ZPO beginnt die Verzinsung mit dem Tag der Verkündung des Urteils (§ 104 Abs. 1 S. 2 ZPO). Das Gleiche gilt auch für die im Vollstreckungsbescheid festgesetzten Verfahrenskosten ab dem Tag des Erlasses des Vollstreckungsbescheids (§ 699 Abs. 3 ZPO).

Beispiel: 32

In einer Klage könnte die Verzinsung nicht ab dem Tag des Verzuges, sondern ab Rechtshängigkeit beantragt werden. (**Rechtshängigkeit** = Zustellung der Klage an den Beklagten, § 261 ZPO). Der BGH hat dazu entschieden, dass dann die Pflicht zur Verzinsung erst am Tag nach der Zustellung beginnt (BGH, Urteil vom 10.10.2017 – XI ZR 555/16). In diesem Fall also Klagezustellung am 18. Juni, laut Urteil Verzinsung ab dem 19. Juni, erster Zinstag ist der 19. Juni.

Merke zum Beginn der Verzinsung: 33

Schuldnerverzug =	Tag nach Zugang der Mahnung, Tag nach festem Termin, Tag nach Ablauf des 30. Tages nach Rechnungszugang.
Urteil =	im Urteil genannter Tag.
Kostenfestsetzungsbeschluss =	Kosten: Tag des Eingangs des Antrags bei Gericht.
Vereinfachte Kostenfestsetzung =	Kosten: Tag der Verkündung des Urteils.
Vollstreckungsbescheid =	Kosten: Tag des Erlasses des Vollstreckungsbescheids.

Der **letzte Tag**, an dem die Zahlung erfolgt, wird mitgerechnet, da die Verzinsungspflicht bereits mit dem Anfang eines Tages beginnt. Man berechnet Zinsen eben immer nach vollen Tagen.

Merke:

Werden Verzugszinsen oder Zinsen auf festgesetzte Kosten berechnet, so muss folglich, wenn die Zinstage nach der üblichen Subtraktionsmethode ermittelt werden, dem Ergebnis noch 1 Tag zugezählt werden.

Beispiel 1:

Eine Mahnung geht am 27.08. zu. Verzugszinsen sind vom 28.08. bis 31.12. zu berechnen.

Lösung:	30 Tage	(!)	12 Monate			
	– 28 Tage		8 Monate			
	2 Tage		4 Monate	= 2 + 120 Tage	=	122 Tage
					+	**1 Tag!**
						123 Tage

Beispiel 2:

Eine Mahnung geht am 27.08. zu. Verzugszinsen sind vom 28.08. bis zum 15.10. zu berechnen.

Lösung:	15 Tage	10 Monate			
	– 28 Tage	8 Monate			
	– 13 Tage	2 Monate	= 60 Tage – 13 Tage	=	47 Tage
				+	**1 Tag!**
					48 Tage

Beispiel 3:

Eine Mahnung geht am 27.08.2024 zu. Verzugszinsen sind vom 28.08.2025 bis zum 20.07.2026 zu berechnen.

Lösung:	20 Tage	7 Monate	2026 Jahre			
	– 28 Tage	8 Monate	2024 Jahre			
	– 8 Tage	– 1 Monat	2 Jahre	= 720 Tage – 30 Tage – 8 Tage	=	682 Tage
					+	**1 Tag!**
						683 Tage

Anstatt „negative Tage" zu berechnen, lässt sich auch eine Subtraktion mit „Borgen" von Monaten und Jahren durchführen.

3. Kaufmännisches und bürgerliches Zinsrechnen

34 Zu beachten ist noch, dass Zinsen in Deutschland nur unter Kaufleuten nach der Methode berechnet werden, dass das Jahr 360 Tage und ein Monat 30 Tage hat. Unter Privatleuten (**bürgerliche Zinsrechnung**) gilt, dass das Jahr 365 (Schaltjahr: 366) Tage hat und der Monat so lang ist, wie es im Kalender steht. Z. B. hat der Februar dann also auch zinsmäßig nur 28 Tage (29 Tage). Da dies in der Praxis meist nicht beachtet wird, wird es wohl nicht schaden, wenn Sie die Zinsen auch für Privatleute nach der kaufmännischen Methode berechnen.

*[In den **Lösungen zu den Übungsaufgaben** werden aus diesem Grund die Zinstage nach der kaufmännischen Methode berechnet.]*

Merke:

Unter Privatleuten müssen Zinsen nach der bürgerlichen Zinsrechnung berechnet werden, also sind die Zinstage nach dem Kalender zu ermitteln.

Dies wird in der Praxis aber meist nicht beachtet.

Sollte sich aber ein privater Schuldner gegen die kaufmännische Art der Zinsberechnung zur Wehr setzen, müssen Sie die bürgerliche Zinsrechnung anwenden.

IV. Die Gebühren für Tätigkeiten in der Zwangsvollstreckung

1. Grundsätzliches

35 Die Gebühren für Zwangsvollstreckungstätigkeiten sind **Verfahrenspauschgebühren**, d. h., sie entgelten nach § 18 Abs. 1 Ziff. 1 RVG nicht Einzeltätigkeiten, sondern jeweils die Gesamtheit aller zu einer Vollstreckungs**maßnahme** (= Angelegenheit; siehe Rdn 6 ff.) gehörenden Vollstreckungs**handlungen**.

Diese Gebühren erhält sowohl der RA des Gläubigers als auch ein eventuell für den Schuldner tätiger RA.

Die Gebühren für die Zwangsvollstreckung werden immer mit einem Gebührensatz von 0,3 berechnet und auch bei vorzeitiger Beendigung des Auftrags nie in geringerer Höhe, da es im RVG keinen niedrigeren Gebührensatz als 0,3 gibt.

Wird auftragsgemäß nur wegen eines **Teilbetrags der Forderung** vollstreckt, so ist der Teilbetrag 36
Gegenstandswert. Wird mit dem Schuldner eine Ratenzahlungsvereinbarung getroffen, so entsteht eine Einigungsgebühr (siehe Rdn 41 ff.).

Bei **mehreren Auftraggebern** findet eine Erhöhung der 0,3 Vollstreckungsgebühr gemäß Nr. 1008 37
VV RVG statt (siehe Rdn 77). Bei **mehreren Schuldnern** (Gesamtschuldner) liegen mehrere Vollstreckungsangelegenheiten vor (siehe Rdn 78).

Die **Kosten der Zwangsvollstreckung**, soweit sie notwendig sind, werden von dem Vollstre- 38
ckungsorgan nach § 788 Abs. 1 ZPO zugleich mit dem zur Zwangsvollstreckung stehenden Anspruch beigetrieben (siehe Rdn 79 f.).

Ein Beispiel für eine Vergütungsrechnung in Vollstreckungssachen finden Sie unter Rdn 81.

a) Verfahrensgebühr und Terminsgebühr

Für seine Tätigkeit im Zwangsvollstreckungsverfahren erhält der RA eine **0,3 Verfahrensgebühr** 39
nach Nr. 3309 VV RVG. Eine **„Vollstreckungsgebühr"** anstelle der Verfahrensgebühr gibt es übrigens begrifflich im RVG nicht, jedoch wird diese Bezeichnung in der Praxis häufig verwendet. Welche Tätigkeiten im Einzelnen zum Umfang der Verfahrensgebühr gehören, ergibt sich aus Rdn 6–17.

Eine **0,3 Terminsgebühr** gemäß Nr. 3310 VV RVG kann dem RA z. B. bei Wahrnehmung eines 40
Termins zur Erteilung der **Vermögensauskunft** mit eidesstattlicher Versicherung des Schuldners (§ 802c ZPO) erwachsen. Die Terminsgebühr entsteht nach der Anmerkung zu Nr. 3310 VV RVG nur für die Teilnahme an einem **gerichtlichen Termin** oder einem Termin zur Erteilung der **Vermögensauskunft**; sie entsteht folglich nicht für Besprechungen außerhalb des Gerichts, die auf eine Erledigung des Verfahrens zielen! (Die Vorbemerkung 3 Abs. 3 zum VV RVG gilt hier insoweit nicht, da die Anmerkung zu Nr. 3310 VV RVG eine spezielle Regelung enthält). Gerichtliche Termine mit Ausnahme des Termins zur Erteilung der **Vermögensauskunft** sind in Zwangsvollstreckungssachen eher selten. Die Terminsgebühr entsteht auch nicht für Besprechungen mit dem Gerichtsvollzieher außerhalb bzw. vor einem Termin zur Erteilung der Vermögensauskunft oder für die Wahrnehmung eines Räumungstermins.

Merke:

Im Regelfall erwächst dem RA in jeder Zwangsvollstreckungsangelegenheit eine 0,3 Verfahrensgebühr (Vollstreckungsgebühr) gemäß Nr. 3309 VV RVG.

Eine 0,3 Terminsgebühr kann nur für die Wahrnehmung gerichtlicher Termine entstehen.

b) Einigungsgebühr bei Vollstreckungsauftrag

Selbst wenn der Gläubiger über einen titulierten Anspruch verfügt, weiß er genau genommen nicht, 41
ob er diesen Anspruch gegen den Schuldner letztlich durchsetzen kann. Es besteht also Ungewissheit über die Erfolgsaussichten der Zwangsvollstreckung. Durch eine **Ratenzahlungsvereinbarung** mit dem Schuldner könnte für den Gläubiger diese Ungewissheit zumindest gemildert werden. Auf jeden Fall wird dadurch eine geplante oder bereits laufende Vollstreckungsmaßnahme vorläufig abgewendet.

42 Deshalb kann bei Abschluss einer Ratenzahlungsvereinbarung mit dem Schuldner während der Zwangsvollstreckung unter den Voraussetzungen der Nr. 1000 Ziff. 1 VV RVG (siehe § 2 Rdn 166 ff.) neben der Gebühr der Nr. 3309 VV RVG eine **0,7 Einigungsgebühr** (Nr. 1000 Ziff. 2 VV RVG) entstehen, wenn gleichzeitig eine Vollstreckungsmaßnahme durch das Vollstreckungsgericht oder durch den Gerichtsvollzieher betrieben wird. Übrigens ist die Nr. 1003 VV RVG nicht anwendbar, wenn eine Einigungsgebühr nach Nr. 1000 Ziff. 2 RVG entsteht. Der Gebührensatz der Einigungsgebühr für Zahlungsvereinbarungen nach Nr. 1000 Ziff. 2 VV RVG beträgt stets 0,7.

Allerdings gilt dies nicht, wenn der **Gerichtsvollzieher** kraft des ihm verliehenen öffentlichen Amtes in Ausübung der staatlichen Vollstreckungsgewalt dem Schuldner **Ratenzahlungen gewährt**. Die Entscheidung darüber liegt nämlich beim Gerichtsvollzieher. Deshalb liegt kein Vertrag zwischen Gläubiger und Schuldner vor. Nach § 802b Abs. 2 ZPO kann der Gerichtsvollzieher die Vollstreckung für bis zu 12 Monate aufschieben und vom Schuldner Ratenzahlungen einziehen. Der Verzicht des Gläubigers auf den Widerspruch gegen den vom Gerichtsvollzieher festgesetzten Zahlungsplan (§ 802 Abs. 3 S. 2 ZPO) stellt keine Mitwirkung des RA des Gläubigers an der Ratenvereinbarung dar, wie es Nr. 1000 Anm. Abs. 2 VV RVG fordert. Deshalb löst die Entscheidung des Gerichtsvollziehers über die Gestattung von Ratenzahlungen **keine Einigungsgebühr** für den RA aus, weil er an dieser hoheitlichen Maßnahme nicht mitwirken kann.

43 Wenn der Gerichtsvollzieher dem Schuldner Ratenzahlungen gestattet hat, stellt dies auch keine besondere Angelegenheit nach § 18 Abs. 1 Ziff. 1 RVG dar. Der RA kann hierfür folglich keine Verfahrensgebühr erhalten, wenn es ein **kombinierter Auftrag** an den Gerichtsvollzieher war, der nach dem Versuch der gütlichen Einigung durch den Gerichtsvollzieher weitere Vollstreckungsmaßnahmen vornehmen sollte (BGH, Beschluss vom 18.07.2019 – I ZB 104/18). Wenn jedoch der RA den Gerichtsvollzieher nur mit der gütlichen Einigung beauftragen sollte, könnte er die Verfahrensgebühr erhalten – dies ist jedoch ziemlich unwahrscheinlich.

44 Falls der RA **keinen** Auftrag zu einer Vollstreckungsmaßnahme hat, sondern einen Auftrag zur außergerichtlichen Einigung mit dem (verurteilten) Schuldner und auftragsgemäß eine Vereinbarung über Ratenzahlungen mit dem Schuldner abschließt, entsteht auch eine 0,7 Einigungsgebühr nach Nr. 1000 Ziff. 2 VV RVG. Dies wäre dann eine außergerichtliche Anwaltstätigkeit, die außer der Einigungsgebühr auch noch eine Geschäftsgebühr nach Nr. 2300 VV RVG zur Entstehung kommen ließe – da eine titulierte Forderung unbestritten ist, muss dann Nr. 2300 Anm. Abs. 2 VV RVG angewendet werden. Der Gläubiger wäre jedoch schlecht beraten, wenn er einen solchen Auftrag erteilen würde und anschließend eventuell die Kosten selber tragen müsste; deshalb ist dieser Fall wohl sehr unwahrscheinlich.

45 Es ist bei Abschluss der Ratenzahlungsvereinbarung mit dem Schuldner darauf zu achten, dass der Schuldner auch die Kosten dieser Vereinbarung mit übernimmt, da er dann neben der 0,3 Vollstreckungsgebühr auch die 0,7 Einigungsgebühr als notwendige Kosten der Zwangsvollstreckung gemäß § 788 ZPO erstatten muss. Andernfalls würden diese Kosten nach § 98 S. 1 ZPO als „gegeneinander aufgehoben" gelten (siehe § 1 Rdn 41 ff.).

46 Der **Gegenstandswert** für eine Ratenzahlungsvereinbarung beträgt nach § 31b RVG nur 50 Prozent des Anspruchs. Wenn der RA Vollstreckungsauftrag hat – wovon auszugehen ist – muss nach § 25 Abs. 1 Ziff. 1 Hs. 1 RVG der titulierte Anspruch **einschließlich der Nebenforderungen** der Berechnung zugrunde gelegt werden. Siehe hierzu § 3 Rdn 110 f., § 2 Rdn 166 ff., § 2 Rdn 182 f. und § 8 Rdn 19.

Beispiel:

RAin Rosenstiel hat Vollstreckungsauftrag hinsichtlich eines Urteils über 5.000,00 € und festgesetzter Kosten von 1.354,23 €. Sie beauftragt den Gerichtsvollzieher Scharf mit der Zwangsvollstreckung; die Zinsen betragen bis dahin 645,77 €. Nachdem sich der Gerichtsvollzieher bei dem Schuldner Willig telefonisch zur Vollstreckung angemeldet hat, erscheint Willig im Büro der RAin Rosenstiel und bietet an, monatlich 100,00 € Raten zu zahlen, wenn die Vollstreckung eingestellt wird. RAin Rosenstiel gelingt es mit Einverständnis des Gläubigers eine Ratenvereinbarung mit dem Schuldner abzuschließen, worin der Schuldner zusagt, monatlich 250,00 € und die Kosten dieses Vergleichs zu zahlen. Die Vollstreckung wird vorerst ausgesetzt.

Es ist hier also durch die Mitwirkung der RAin **während einer laufenden Vollstreckung** des Gerichtsvollziehers zu einer Zahlungsvereinbarung gekommen.

Der Gegenstandswert der Vollstreckungsgebühr beträgt nach § 25 Abs. 1 Ziff. 1 Hs. 1 RVG einschließlich der Nebenforderungen 5.000,00 € + 1.354,23 € + 645,77 € = 7.000,00 €. Der Gegenstandswert der Einigungsgebühr ist nach § 31b RVG so zu berechnen: 50 % von 7.000,00 € sind 3.500,00 €.

RAin Rosenstiel hat folgenden Vergütungsanspruch:

Gegenstandswert: 7.000,00 € / 3.500,00 € (gem. §§ 25 Abs. 1 Ziff. 1 Hs. 1, 31b RVG)

0,3	Vollstreckungsgebühr gem. §§ 2, 13 RVG, Nr. 3309 VV RVG (**Wert**: 7.000,00 €)	142,05 €
0,7	Einigungsgebühr gem. §§ 2, 13 RVG, Nr. 1000 Ziff. 2 VV RVG (**Wert**: 3.500,00 €)	206,50 €
20 %	Pauschale für Post- und Telekommunikationsentgelte gem. § 2 Abs. 2 RVG, Nr. 7002 VV RVG	20,00 €
		368,55 €
19 %	USt. gem. § 2 Abs. 2 RVG, Nr. 7008 VV RVG	70,02 €
		438,57 €

c) Gebühren für die Erinnerung nach § 766 ZPO

Wenn in Zwangsvollstreckungssachen der Gläubiger oder der Schuldner z. B. die Tätigkeit des Gerichtsvollziehers beanstanden wollen, besteht die Möglichkeit, die **Erinnerung gegen die Art und Weise der Zwangsvollstreckung** (§ 766 ZPO) einzulegen. 47

Diese Erinnerung ist gegen **Zwangsmaßnahmen** zulässig, die auf Antrag oder von Amts wegen ohne eine Anhörung der anderen Beteiligten ergangen sind. Nicht statthaft ist diese Erinnerung gegen **Entscheidungen**, die nach Anhörung aller Beteiligten durch einen begründeten Beschluss ergehen; in diesen Fällen wird die sofortige Beschwerde nach § 793 ZPO angebracht sein. Die Erinnerung nach § 766 ZPO wird hauptsächlich bei Maßnahmen des Gerichtsvollziehers in Betracht kommen, aber auch bei Maßnahmen des Rechtspflegers, wie z. B. bei Erlass eines Pfändungs- und Überweisungsbeschlusses ohne Anhörung des Schuldners. (Dieser „Beschluss" ist nämlich eine Vollstreckungsmaßnahme, keine Entscheidung nach Anhörung).

Gemäß § 19 Abs. 2 Ziff. 2 RVG gehört diese Erinnerung zum Verfahren der Zwangsvollstreckung und löst somit in einer Vollstreckungssache **keine zusätzliche Gebühr** aus. Wenn der mit einer Vollstreckungssache beauftragte RA also in dieser Sache die Erinnerung gegen die Art und Weise der Zwangsvollstreckung einlegt, dann gehört dies mit zu der Vollstreckungsangelegenheit und ist mit der 0,3 Vollstreckungsgebühr nach Nr. 3309 VV RVG bereits abgegolten. Eine 0,5 Verfahrensgebühr nach Nr. 3500 VV RVG darf in diesem Fall für die Erinnerung nicht berechnet werden; siehe hierzu auch § 7 Rdn 105 ff.

Hinweis:

In § 15 Abs. 6 RVG werden zur Klarstellung neben den einzelnen Handlungen auch Tätigkeiten, die nach § 19 RVG zum Rechtszug oder zum Verfahren gehören, genannt. Dies hat z. B. insbesondere Bedeutung für einen RA, der in einer Zwangsvollstreckungssache lediglich mit der **Erinnerung gegen die Art und Weise der Zwangsvollstreckung** (§ 766 ZPO) beauftragt wird, aber nicht mit der Vollstreckung selbst. Gemäß § 19 Abs. 2 Ziff. 2 RVG gehört diese Erinnerung zum Verfahren der Zwangsvollstreckung und würde somit in einer Vollstreckungssache keine zusätzliche Gebühr auslösen. Wenn nun der RA, ohne einen Vollstreckungsauftrag zu haben, nur mit der Erinnerung nach § 766 ZPO beauftragt wird, würde eigentlich eine 0,5 Verfahrensgebühr für die Erinnerung gemäß Nr. 3500 VV RVG entstehen. Da der RA nach § 15 Abs. 6 RVG jedoch für eine einzelne Tätigkeit nicht mehr Gebühren erhalten kann als für einen Vollstreckungsauftrag insgesamt, kann er für diese Erinnerung gemäß § 15 Abs. 6 RVG i. V. m. § 19 Abs. 2 Ziff. 2 RVG nur eine 0,3 Verfahrensgebühr nach Nr. 3309 VV RVG berechnen. Dies betrifft insbesondere den **RA des Schuldners**, der für diesen Erinnerung gegen eine Vollstreckungshandlung einlegen soll.

d) Hebegebühr bei Vollstreckungsauftrag

48 Auch in Zwangsvollstreckungssachen kann der RA **Hebegebühren** für die Weiterleitung der vom Schuldner oder vom Gerichtsvollzieher eingegangenen Zahlungen berechnen, sofern ein entsprechender Auftrag des Gläubigers vorliegt (Nr. 1009 VV RVG; siehe auch § 2 Rdn 185 ff.). Der Schuldner wird die Hebegebühr in der Regel nicht erstatten müssen.

2. Einzelne bestimmte Angelegenheiten in der Zwangsvollstreckung

49 *Hinweis:*

Lesen Sie auf jeden Fall vor den nachfolgenden Kapiteln die allgemeinen Ausführungen unter Rdn 6–17 über die Angelegenheiten der Zwangsvollstreckung.

a) Vollstreckungsschutzanträge (§ 18 Abs. 1 Ziff. 6 RVG)

50 Da **Vollstreckungsschutzverfahren** nach § 18 Abs. 1 Ziff. 6 RVG selbstständige Angelegenheiten bilden, erwachsen dem RA die Gebühren nach Nrn. 3309, 3310 VV RVG. Es handelt sich um das Verfahren über Anträge nach den §§ 765a, 851a oder 851b ZPO. Hierzu gehören nur **gerichtliche** Verfahren, nicht jedoch z. B. ein Aufschub, den der GVZ nach § 765a Abs. 2 ZPO gewährt.

Gegenstandswert ist in der Regel der Wert des Gegenstandes der Vollstreckung (§ 25 Abs. 2 RVG).

b) Zulassung der Austauschpfändung (§ 18 Abs. 1 Ziff. 7 RVG)

51 Im **Verfahren auf Zulassung der Austauschpfändung** nach § 811a ZPO kann der RA die Gebühren nach Nrn. 3309, 3310 VV RVG gemäß § 18 Abs. 1 Ziff. 7 RVG gesondert erhalten.

Der **Gegenstandswert** ergibt sich entweder aus der Gläubigerforderung oder aus dem Wert des zu schätzenden Überschusses des Versteigerungserlöses für den ausgetauschten Gegenstand. Der Gegenstandswert ist davon der niedrigere Wert (§ 25 Abs. 1 Ziff. 1 Hs. 2 RVG).

Die **vorläufige Austauschpfändung** durch den GVZ (§ 811b ZPO) gehört nicht hierzu, da sie in § 18 Abs. 1 Ziff. 7 RVG nicht genannt ist. Hierfür entstehen also keine besonderen Gebühren. 52

c) Anderweitige Verwertung (§ 18 Abs. 1 Ziff. 8 RVG)

Da es sich nach § 18 Abs. 1 Ziff. 8 RVG bei den Verfahren über **Anträge auf anderweitige Verwertung** gemäß § 825 ZPO um eine besondere Angelegenheit handelt, erhält der RA gesonderte Gebühren nach den Nrn. 3309, 3310 VV RVG. Eine anderweitige Verwertung ist z. B. anstelle der Versteigerung vor Ort die Versteigerung über eine Versteigerungsplattform im Internet, die in einigen Bundesländern zulässig ist (§ 814 Abs. 2 Ziff. 2 ZPO). 53

Als **Gegenstandswert** ist der Betrag der Forderung des Gläubigers anzunehmen, wenn nicht der Wert des Pfandgegenstandes geringer ist (§ 25 Abs. 1 Ziff. 1 Hs. 2 RVG).

d) Eintragung einer Zwangssicherungshypothek (§ 18 Abs. 1 Ziff. 11 RVG)

Nach § 867 ZPO wird auf Antrag des Gläubigers eine **Zwangssicherungshypothek** in das Grundbuch eingetragen. Da es sich bei diesem Verfahren gemäß § 18 Abs. 1 Ziff. 11 RVG um eine besondere Angelegenheit handelt, erhält der RA gesonderte Gebühren nach den Nrn. 3309, 3310 VV RVG. 54

Hinweis:

Eine Sicherungshypothek darf nur für einen Betrag von mehr als 750,00 € (also mindestens 750,01 €) im Grundbuch eingetragen werden (§ 866 Abs. 3 ZPO). Zur Hauptforderung dürfen Kosten hinzugerechnet werden, allerdings noch nicht die Kosten der Eintragung der Zwangssicherungshypothek. Zinsen dürfen jedoch nur hinzugerechnet werden, wenn sie als Hauptforderung geltend gemacht werden und als solche tituliert sind.

Als **Gegenstandswert** zur Berechnung der Gebühren des RA ist die durch die Eintragung abzusichernde Gläubigerforderung nebst Zinsen und Kosten anzunehmen.

e) Vertretbare Handlung (§ 18 Abs. 1 Ziff. 12 RVG)

Wenn der Schuldner verurteilt worden ist, eine Handlung vorzunehmen, deren **Vornahme auch durch einen Dritten** erfolgen kann, so ist der Gläubiger von dem Prozessgericht des ersten Rechtszuges auf Antrag zu ermächtigen, selbst die Handlung **auf Kosten des Schuldners** vorzunehmen, wenn der Schuldner die Handlung nicht vorgenommen hat (§ 887 ZPO). Eine solche Handlung wird als **vertretbare Handlung** bezeichnet, im Gegensatz zur unvertretbaren Handlung, die nur vom Schuldner selbst vorgenommen werden kann. 55

Beispiel:

Vertretbare Handlungen sind z. B. die Anfertigung oder die Reparatur von Sachen.

Das Verfahren gemäß § 887 **Abs. 1** ZPO über den Antrag des Gläubigers auf **Ermächtigung, auf Kosten des Schuldners** eine vertretbare Handlung durch andere Personen (z. B. Handwerker) vornehmen zu lassen, ist eine **Angelegenheit im Sinne von § 18 Abs. 1 Ziff. 1 RVG**, für die Gebühren nach den Nrn. 3309, 3310 VV RVG erwachsen. Diese Tätigkeit des RA ist also **nicht in § 18 Abs. 1 Ziff. 12 RVG geregelt**, da sie unter die allgemeine Vorschrift des § 18 Abs. 1 Ziff. 1 RVG fällt. **Gegenstandswert** ist in der Regel der Wert der vorzunehmenden Handlung (§ 25 Abs. 1 Ziff. 3 RVG). 56

Der Gläubiger kann auch zugleich mit dem Antrag gemäß § 887 Abs. 1 ZPO beantragen, den Schuldner zur Vorauszahlung dieser Kosten zu „verurteilen". Dieser Antrag gemäß § 887 Abs. 2

ZPO, den Schuldner zur **Vorauszahlung der Kosten** der Ersatzvornahme zu „verurteilen", gehört auf jeden Fall gebührenrechtlich zu dem Antrag gemäß § 887 Abs. 1 ZPO, sodass hierfür keine besonderen Gebühren zusätzlich entstehen. Es handelt sich dabei übrigens nicht um ein „Urteil", sondern um einen Beschluss, der allerdings ein Vollstreckungstitel ist.

57 Erst wenn dann aus dem **Beschluss gemäß** § 887 **Abs. 2** ZPO die **Zwangsvollstreckung wegen Vorauszahlung dieser Kosten** betrieben wird, stellt dies nach **§ 18 Abs. 1 Ziff. 12 RVG** eine besondere Angelegenheit dar, für die die Gebühren nach den Nrn. 3309, 3310 VV RVG gesondert anfallen. **Gegenstandswert** ist in diesem Falle der beizutreibende Kostenbetrag.

> *Beispiel:*
>
> Ein Schuldner ist verurteilt worden, eine Sache zu reparieren. RA Meier stellt auftragsgemäß für den Gläubiger erstens den Antrag auf Ermächtigung, die Reparatur auf Kosten des Schuldners vornehmen zu lassen und beantragt zugleich, zweitens den Schuldner zur Vorauszahlung der hierdurch entstehenden Kosten zu verurteilen. Beide Anträge bilden zusammen nur eine Angelegenheit der Zwangsvollstreckung, sodass RA Meier hierfür nur einmal Gebühren nach den Nrn. 3309, 3310 VV RVG erhält.
>
> Wenn nun RA Meier aus dem Beschluss, womit der Schuldner zur Vorauszahlung der Kosten „verurteilt" wird, ebenfalls die Zwangsvollstreckung betreibt, z. B. durch Pfändungsauftrag an den GVZ, dann erst handelt es sich gemäß § 18 Abs. 1 Ziff. 12 RVG um eine besondere Angelegenheit, in der die Gebühren nach § 18 Abs. 1 Ziff. 12, Nrn. 3309, 3310 VV RVG zusätzlich entstehen.

f) Unvertretbare Handlung (§ 18 Abs. 1 Ziff. 13 RVG)

58 Die **unvertretbare Handlung** unterscheidet sich von der vertretbaren Handlung dadurch, dass nur der Schuldner, nicht aber ersatzweise ein Dritter diese Handlung vornehmen kann.

> *Beispiele:*
>
> Erteilung einer Auskunft, Erklärung des Widerrufs einer Behauptung, Ausstellung eines Arbeitszeugnisses.

Wenn der Schuldner die unvertretbare Handlung, zu der er verurteilt wurde, nicht vornimmt, kann der Gläubiger gemäß § 888 ZPO einen Antrag beim Prozessgericht stellen, das durch Beschluss ein **Zwangsgeld oder Zwangshaft** für den Fall festsetzt, dass die Handlung nicht bis zu einem bestimmten Termin vorgenommen wird. Der Beschluss ist Vollstreckungstitel (§ 794 Abs. 1 Ziff. 3 ZPO), der dem Schuldner zuzustellen ist (§ 329 Abs. 3 ZPO). Nach fruchtlosem Fristablauf kann der Gläubiger den GVZ mit der Vollstreckung des Beschlusses beauftragen. Obwohl das Zwangsgeld an die Staatskasse zu zahlen ist, erfolgt die Vollstreckung nicht von Amts wegen, sondern auf Betreiben des Gläubigers durch den GVZ.

Das gesamte Verfahren gemäß § 888 ZPO bildet nach § 18 Abs. 1 Ziff. 13 RVG eine einzige Angelegenheit, von der Antragstellung bis zur Zwangsvollstreckung. Dies gilt auch, wenn mehrmals Anträge auf Festsetzung eines Zwangsgeldes gestellt werden. Die Gebühren nach § 18 Abs. 1 Ziff. 13 RVG, Nrn. 3309, 3310 VV RVG erhält der RA also nur einmal. Der **Gegenstandswert** richtet sich nicht nach der Höhe des Zwangsgeldes, sondern nach dem Wert der zu erzwingenden Handlung (§ 25 Abs. 1 Ziff. 3 RVG).

g) Unterlassung und Duldung (§ 18 Abs. 1 Ziff. 14 RVG)

59 In einem Urteil oder in einem Prozessvergleich kann ausgesprochen sein, dass der Schuldner bestimmte **Unterlassungs- oder Duldungspflichten** hat.

Beispiele:

Unterlassung unlauteren Wettbewerbs, Unterlassung der Verletzung eines Urheberrechts, Duldung der Benutzung eines Wegerechtes durch den Berechtigten.

Ein solcher Titel wird in der Weise vollstreckt, dass auf Antrag des Gläubigers das Prozessgericht des ersten Rechtszuges für den Fall der Zuwiderhandlung ein Ordnungsgeld und für den Fall, dass dieses nicht beigetrieben werden kann, Ordnungshaft oder gleich von vornherein Ordnungshaft bis zu 6 Monaten durch Beschluss festsetzt (§ 890 Abs. 1 ZPO). Dieser Festsetzung muss nach § 890 Abs. 2 ZPO eine entsprechende **Androhung** vorausgehen, die aber im Regelfall bereits im Urteil enthalten ist. Der Ausdruck „verurteilen" in § 890 Abs. 1 ZPO ist übrigens nicht wörtlich zu nehmen, da die Entscheidung durch Beschluss ergeht, was ohne mündliche Verhandlung geschehen kann (§§ 891 S. 1, 128 Abs. 4 ZPO).

Falls die Androhung im Urteil noch nicht enthalten ist, muss sie nachgeholt werden. Sie dient dann der Vorbereitung der Zwangsvollstreckung. Wird erst bei der Zwangsvollstreckung wegen Unterlassung oder Duldung der Antrag auf **Androhung eines Ordnungsgeldes oder der Ordnungshaft** gestellt (§ 890 Abs. 2 ZPO), so ist dies nach § 19 Abs. 2 Ziff. 5 RVG **keine besondere Angelegenheit**, sodass der RA hierfür keine gesonderten Gebühren erhält. Die Androhung ist dann bereits der Beginn der Handlungen der Vollstreckungsmaßnahme nach § 18 Abs. 1 Ziff. 14 RVG. Bei Vollstreckung aus einem Vergleich muss der Antrag auf Androhung immer zu Beginn der Zwangsvollstreckung gestellt werden.

Hinweis:

Falls der Antrag auf Androhung bereits im Prozess gestellt wurde, dann gehört der Antrag noch zum Rechtszug des Prozesses und ist mit der Verfahrensgebühr nach Nr. 3100 VV RVG für den Prozessbevollmächtigen abgegolten.

Dagegen ist gemäß § 18 Abs. 1 Ziff. 14 RVG jeder einzelne Antrag auf **Verurteilung zu einem Ordnungsgeld oder zur Ordnungshaft** eine **besondere Angelegenheit**, sodass hierfür jeweils besondere Gebühren nach den Nrn. 3309, 3310 VV RVG entstehen. Dies ist die eigentliche Zwangsvollstreckung. In diesen Verfahren wird meist mündlich verhandelt, sodass dann auch eine Terminsgebühr entsteht. 60

Der **Gegenstandswert** richtet sich nicht nach der Höhe des Ordnungsgeldes, sondern nach dem Interesse des Gläubigers an der zu erzwingenden Unterlassung oder Duldung (§ 25 Abs. 1 Ziff. 3 RVG). Meistens wird man hier den Wert des Klageanspruchs nehmen können.

Die Ordnungsmittel werden in diesem Falle von Amts wegen vollstreckt, also ohne Mitwirkung eines RA, dem folglich für deren Vollstreckung auch keine Gebühren erwachsen können. Beigetriebenes Ordnungsgeld fließt der Staatskasse zu.

Beispiele:

Fall 1: Da die Androhung noch nicht im Urteil enthalten ist, stellt RA Arm Antrag auf Androhung eines Ordnungsgeldes, woraufhin der Schuldner den Wettbewerbsverstoß unterlässt. RA Arm hat nach der allgemeinen Vorschrift des § 18 Abs. 1 Ziff. 1 RVG Anspruch auf Gebühren der Nrn. 3309, 3310 VV RVG.

Fall 2: RA Bein stellt Antrag auf Androhung eines Ordnungsgeldes und, nachdem der Schuldner den Wettbewerbsverstoß weiterhin nicht unterlässt, Antrag auf „Verurteilung" zu einem Ordnungsgeld. Gemäß § 19 Abs. 2 Ziff. 5 RVG hat RA Bein für beide Anträge zusammen Anspruch auf Gebühren nach § 18 Abs. 1 Ziff. 14 RVG, Nrn. 3309, 3310 VV RVG.

Achtung: § 18 Abs. 1 Ziff. 14 RVG betrifft nur die „Verurteilung“, nicht die Androhung! § 19 Abs. 2 Ziff. 5 RVG besagt, dass die Androhung zur „Verurteilung“ gehört.

Nach Zahlung des Ordnungsgeldes handelt der Schuldner erneut der Verpflichtung zur Unterlassung zuwider. RA Bein stellt erneut einen Antrag auf „Verurteilung“ zu einem Ordnungsgeld. RA Bein hat erneut Anspruch auf Gebühren nach § 18 Abs. 1 Ziff. 14 RVG, Nrn. 3309, 3310 VV RVG, denn „jede Verurteilung“ ist eine besondere Angelegenheit.

h) Erteilung der Vermögensauskunft (§ 18 Abs. 1 Ziff. 16 RVG)

61 *Hinweis:*

Die „Vermögensauskunft“ wurde nur bis 2013 als „eidesstattliche Versicherung“ bezeichnet. Eine frühere, teilweise noch anzutreffende Bezeichnung ist „Offenbarungseid.“

62 Das Verfahren zur Einholung der **Vermögensauskunft** mit eidesstattlicher Versicherung nach den §§ 802c ff. und 807 ZPO ist gemäß § 18 Abs. 1 Ziff. 16 RVG gebührenrechtlich eine **besondere Angelegenheit**.

Anmerkung:

Da § 18 Abs. 1 Ziff. 16 RVG nur „das Verfahren zur Abnahme der Vermögensauskunft“ nach den §§ 802c ff. ZPO nennt, ist die eidesstattliche Versicherung nach § 883 Abs. 2 ZPO über den Verbleib einer herauszugebenden Sache offensichtlich keine besondere Angelegenheit. Für die eidesstattliche Versicherung nach § 883 Abs. 2 ZPO gilt auch nicht die Wertvorschrift des § 25 Abs. 1 Ziff. 4 RVG, sondern die des § 25 Abs. 1 Ziff. 2 RVG (also Wert der herauszugebenden Sache).

Das Verfahren beginnt nach § 802a Abs. 2 Ziff. 2 ZPO mit einem Antrag des Gläubigers an den GVZ beim zuständigen Amtsgericht (§ 802e ZPO). Antragsgemäß lässt der GVZ den Schuldner eine Vermögensauskunft mit eidesstattlicher Versicherung erteilen, ohne dass es zuvor einen fruchtlosen Vollstreckungsversuch oder eine Durchsuchungsverweigerung des Schuldners gegeben haben muss. Nach dem Willen des Gesetzgebers reicht es für die Pflicht zur Vermögensauskunft schon zu Beginn des Vollstreckungsverfahrens aus, dass der Schuldner trotz Vorliegens der Vollstreckungsvoraussetzungen nicht geleistet hat.

63 *Hinweis:*

Üblich ist ein **kombinierter Vollstreckungsauftrag**, in welchem der GVZ beauftragt wird, einige oder alle Vollstreckungsmaßnahmen durchzuführen, die in § 802a ZPO aufgeführt sind.

Wenn der Gläubiger einen (kombinierten) Auftrag zur Pfändung und Abnahme der Vermögensauskunft erteilt hat, **kann** der GVZ gemäß § 807 ZPO dem Schuldner die Vermögensauskunft ohne Fristsetzung auch sofort vor Ort abnehmen, sofern

1. der Schuldner die Durchsuchung (§ 758 ZPO) verweigert hat, oder
2. die Pfändung nicht zur vollständigen Befriedigung des Gläubigers geführt hat.

Wenn der Schuldner aufgrund der fehlenden Vorbereitungszeit (er soll nach § 802f Abs. 1 S. 3 ZPO notwendige Unterlagen beschaffen und vorlegen) der sofortigen Abnahme der Vermögensauskunft widerspricht, verfährt der GVZ nach § 802f ZPO und bestimmt einen Termin zur Erteilung der Vermögensauskunft (§ 807 Abs. 2 ZPO).

Da der Schuldner erst **nach zwei Jahren** eine erneute Vermögensauskunft abzugeben hat (§ 802d ZPO), muss der GVZ vor jeder Abnahme prüfen, ob der Schuldner bereits im **Schuldnerverzeichnis** oder im **Vermögensverzeichnisregister** eingetragen ist. 64

Hinweis:

Die vom Schuldner abgegebenen Vermögensverzeichnisse hinterlegt der Gerichtsvollzieher nach § 802f Abs. 6 bei dem zentralen **Vermögensverzeichnisregister** (§ 802k ZPO). In das zentrale **Schuldnerverzeichnis** (§ 882b ZPO) lässt der Gerichtsvollzieher die Schuldner eintragen, die die Vermögensauskunft nicht abgeben oder bei denen eine Vollstreckung nicht zur vollständigen Befriedigung des Gläubigers führt (§ 882c ZPO).

Die **0,3 Verfahrensgebühr** gemäß § 18 Abs. 1 Ziff. 16 RVG, Nr. 3309 VV RVG wird vom RA des Gläubigers bereits mit der Stellung des Antrags verdient. Er erhält sie auch dann, wenn der GVZ auf seinen Antrag deswegen nur einen Ausdruck des letzten abgegebenen Vermögensverzeichnisses übersendet (§ 802d Abs. 1 S. 2 ZPO), weil der Schuldner die Vermögensauskunft bereits innerhalb der letzten zwei Jahre abgegeben hat (§ 802d Abs. 1 S. 1 ZPO). Für das gesamte Verfahren kann die Gebühr nur einmal entstehen. 65

Falls der RA an dem Termin zur Abgabe des Vermögensverzeichnisses teilnimmt, erhält er hierfür eine **0,3 Terminsgebühr** nach Nr. 3310 VV RVG.

Hinweis:

Es entstehen folgende **Kosten des GVZ**: Der GVZ erhält für die Abnahme der Vermögensauskunft 39,50 € nach Nr. 260 KV GvKostG. Für die nach § 802f Abs. 4 ZPO vom GVZ vorzunehmende Zustellung der Ladung des Schuldners zum Termin entstehen zusätzliche Kosten von 12,00 € nach Nr. 100 KV GvKostG. Für die Erteilung eines Ausdrucks des Vermögensverzeichnisses an einen Drittgläubiger (§ 802d Abs. 1 S. 2 ZPO) sind 39,50 € nach Nr. 261 KV GvKostG an den GVZ zu zahlen – dies gilt auch bei elektronischer Übermittlung. Für das Einholen von Auskünften nach § 802l ZPO – z. B. bei der Rentenversicherung des Schuldners – erhält der GVZ 15,60 € nach Nr. 440 KV GvKostG.

Wenn der Schuldner nicht zum Termin zur Abgabe der Vermögensauskunft erscheint, kann der Gläubiger Antrag auf **Verhaftung** des Schuldners zur **Erzwingung der Abgabe** stellen (§ 802g ZPO). Eine besondere, zusätzliche Gebühr des RA entsteht für den Antrag auf Verhaftung des Schuldners nicht. 66

Für den Antrag auf Abnahme einer **erneuten Vermögensauskunft**, der nach § 802d ZPO zulässig ist, wenn sich innerhalb von **zwei** Jahren nach der ersten Auskunft die Vermögensverhältnisse des Schuldners verändert haben, entstehen die Gebühren für den RA erneut. Diese Frist ist nach § 222 ZPO zu berechnen.

Der **Gegenstandswert** für den Auftrag auf Einholung der Vermögensauskunft richtet sich nach dem Wert der Hauptforderung einschließlich der Nebenforderungen und beträgt **höchstens 2.000 Euro** (§ 25 Abs. 1 Ziff. 4 RVG, siehe auch Rdn 20). 67

Merke:

Höchstgrenze für den Gegenstandswert im Verfahren zur Abnahme der Vermögensauskunft mit eidesstattlicher Versicherung ist 2.000 Euro einschließlich der Nebenforderungen.

Der Antrag auf Verhaftung des Schuldners gehört mit zum Verfahren.

i) Einholung Auskünfte Dritter (§ 802l ZPO)

68 Es kann vorkommen, dass in dem Verfahren auf Einholung einer Vermögensauskunft nach § 802c ZPO der Schuldner entweder die Auskunft verweigert oder die in der Auskunft angegebenen Vermögensgegenstände des Schuldners eine vollständige Befriedigung des Gläubigers nicht erwarten lassen. Danach kann gemäß § 802a Abs. 2 Ziff. 3 ZPO beantragt werden, **Auskünfte Dritter** über das Vermögen des Schuldners einzuholen. Der zuständige GVZ darf dann Auskünfte einholen bei

- den Trägern der gesetzlichen Rentenversicherung und bei einer berufsständischen Versorgungseinrichtung (über Arbeitgeber des Schuldners),
- dem Bundeszentralamt für Steuern (über Daten von Kreditinstituten),
- dem Kraftfahrt-Bundesamt (ob der Schuldner Halter eines Fahrzeuges ist).

Das Verfahren zur Einholung Auskünfte Dritter ist in § 802l ZPO geregelt. Diese Drittauskünfte dürfen eingeholt werden, ohne dass zuvor vom Gläubiger nachgewiesen werden muss, dass der Schuldner unvollständige oder unzutreffende Angaben in seiner Vermögensauskunft gemacht hat (BGH, Beschluss vom 22.01.2015 – I ZB 77/14). Allerdings ist die vorher durchgeführte Einholung der Vermögensauskunft Voraussetzung.

69 Hinsichtlich der **Gebühren** hat der BGH entschieden, dass dem RA nach § 18 Abs. 1 Ziff. 1 RVG für den Auftrag an den GVZ zur Einholung von Drittauskünften eine 0,3 Verfahrensgebühr nach der Nr. 3309 VV RVG erwächst, da dies eine besondere Angelegenheit der Zwangsvollstreckung ist, die nicht eine Fortsetzung der Einholung der Vermögensauskunft darstellt (BGH, Beschluss vom 20.09.2018 – I ZB 120/17; BGH, Beschluss vom 18.07.2019 – I ZB 104/18). Dies war bisher sehr umstritten.

70 Der **Gegenstandswert** für das Verfahren zur Einholung Auskünfte Dritter ist in § 25 Abs. 1 Ziff. 4 RVG geregelt. Das bedeutet, dass für den Gegenstandswert **eine Höchstgrenze von 2.000 Euro** vorgeschrieben ist – genauso wie bei dem Verfahren auf Einholung der Vermögensauskunft.

Merke:

Drittauskünfte (also von bestimmten Behörden) dürfen eingeholt werden, ohne dass zuvor vom Gläubiger nachgewiesen werden muss, dass der Schuldner unvollständige oder unzutreffende Angaben in seiner Vermögensauskunft gemacht hat.

Für diesen Antrag erhält der RA eine 0,3 Verfahrensgebühr nach Nr. 3309 VV RVG.

Für den Gegenstandswert gibt es hier die Höchstgrenze von 2.000 Euro.

71 *Hinweis:*

Die Beauftragung des RA mit der Einholung von Drittauskünften muss **notwendig** sein, damit die Verfahrensgebühr entsteht. Wenn die Vermögensauskunft vom Schuldner abgegeben wurde und eine Befriedigung des Gläubigers erwartet werden kann, fehlt die Voraussetzung für die Einholung von Drittauskünften.

In der Praxis wird oft ein so genannter **Kombiauftrag** an den GVZ erteilt mit dem unbedingten Auftrag zur Abgabe der Vermögensauskunft in Verbindung mit dem bedingten Auftrag, falls erforderlich, danach zur Ergänzung die Drittauskünfte einzuholen.

Wird nun die Vermögensauskunft zufriedenstellend erteilt, ist der bedingte – vorsorglich gegebene – Auftrag zur Einholung der Drittauskünfte nicht mehr zulässig und damit nicht notwendig. Deshalb kann der RA in diesem Fall keine Gebühr für diese bedingte Auftragserteilung erhalten.

Der BGH (Beschluss vom 05.03.2020 – I ZB 50/19) sagt, dass der Antrag bezüglich der Drittauskünfte erst nach Erhalt des Vermögensverzeichnisses gestellt werden sollte und dass beim Kombiauftrag sonst unnötige Kosten entstehen könnten, die nicht erstattungsfähig sind.

j) Löschung im Schuldnerverzeichnis (§ 18 Abs. 1 Ziff. 17 RVG)

Stellt der RA des **Schuldners** gemäß § 882e Abs. 3 ZPO den **Antrag auf Löschung der Eintragung im Schuldnerverzeichnis**, so erhält er hierfür eine besondere Verfahrensgebühr nach § 18 Abs. 1 Ziff. 17 RVG, Nr. 3309 VV RVG. Der RA des Gläubigers ist in der Regel an diesem Verfahren nicht beteiligt. 72

Als **Gegenstandswert** ist das Interesse des Schuldners an der Löschung gemäß § 25 Abs. 2 RVG zu schätzen.

k) Pfändungs- und Überweisungsbeschlüsse

Die **Vorpfändung** (§ 845 ZPO) und der entsprechende **Pfändungs- und Überweisungsbeschluss** sind **eine Angelegenheit** im Sinne des § 18 Abs. 1 Ziff. 1 RVG, sodass hierfür die Vollstreckungsgebühr (Nr. 3309 VV RVG) insgesamt nur einmal entsteht. 73

Gegenstandswert ist der Wert der zu vollstreckenden Geldforderungen einschließlich der Nebenforderungen, es sei denn der Wert der zu pfändenden Forderung ist geringer (§ 25 Abs. 1 Ziff. 1 Hs. 1 und 2 RVG). Wenn sich erst später herausstellt, dass der Betrag der gepfändeten Forderung kleiner ist, nehmen einige Gerichte diesen Betrag als Gegenstandswert – sie nehmen also letztlich das Ergebnis der Pfändung als Gegenstandswert an. Falls die Forderung überhaupt nicht existiert, ist deren Wert gebührenrechtlich nach der Tabelle zu § 13 RVG „bis 500,00 €" und der RA kann gegenüber seinem Auftraggeber nur eine 0,3 Vollstreckungsgebühr nach der „Wertstufe bis 500,00 €" in der Tabelle berechnen. **Weitere Erläuterungen** mit Beispielen finden Sie in Rdn 20. 74

Falls mehrere Forderungen des Schuldners gegen **mehrere Drittschuldner** existieren, wird die Pfändung dieser Forderungen regelmäßig durch einen **einheitlichen Pfändungs- und Überweisungsbeschluss** vorgenommen (§ 829 Abs. 1 S. 3 ZPO). In diesem Fall handelt es sich um nur eine Angelegenheit, in der jedoch mehrere Gegenstände vorliegen; die Gegenstände sind die einzelnen Forderungen des Schuldners gegen die Drittschuldner. Vereinfacht gesagt, ergibt sich der Gegenstandswert der Anwaltstätigkeit nach § 22 Abs. 1 RVG aus den zusammengerechneten mehreren zu pfändenden Forderungen, wobei nach § 25 Abs. 1 Hs. 1 RVG der Wert der zu vollstreckenden titulierten Forderungen einschließlich der Nebenforderungen nicht überschritten werden darf (LG Karlsruhe, Beschluss vom 08.12.2010 – 6 T 18/10; BGH, Beschluss vom 10.03.2011 – VII ZB 3/10; LG Wuppertal, Beschluss vom 19.09.2016 – 16 T 256/16). 75

Da es sich im Fall des einheitlichen Pfändungs- und Überweisungsbeschlusses um nur eine Angelegenheit handelt, kann hierfür auch nur eine einzige 0,3 Verfahrensgebühr gemäß Nr. 3309 VV RVG anfallen. Sollten nicht notwendigerweise mehrere Pfändungs- und Überweisungsbeschlüsse beantragt worden sein, muss der Schuldner nur die Gebühren für einen Antrag erstatten und der Gläubiger hat Ersatzansprüche gegen seinen RA, der ihn nicht auf die kostengünstigste Möglichkeit hingewiesen hat. 76

Beispiel:

Für den Adam soll eine titulierte Gläubigerforderung von 1.000,00 € gegen den Schuldner Bertram durch einen Pfändungs- und Überweisungsbeschluss eingetrieben werden. Bertram ist Vermieter von drei Wohnungen, die er an Cäsar, Dobrindt und Ernst vermietet hat. Jeder Mieter schuldet eine Monatsmiete von 500,00 €. In diesem Fall wird die 0,3 Verfahrensgebühr nach dem Gegenstandswert von 1.000,00 € berechnet, da die zusammengerechneten Mietbeträge 1.500,00 € ergeben, der Gläubiger aber nicht mehr als den titulierten Betrag erhalten kann.

Würden jedoch gegen drei Drittschuldner des Schuldners Darlehensrückforderungen von jeweils 300,00 € bestehen, könnte der Gegenstandswert nicht höher als 900,00 € sein.

Hinweis:

Für den Pfändungs- und Überweisungsbeschluss wurden zwingend Formulare eingeführt mit der „Zwangsvollstreckungsformular-Verordnung" (ZVFV). Es gibt verschiedene Formulare

- wegen Unterhaltsforderungen und
- wegen gewöhnlicher Geldforderungen.

Die Wiedergabe dieser Formulare würde den Rahmen dieses Buches über Anwaltsgebühren sprengen. Wer in der Praxis mit einer Anwaltssoftware arbeitet, wird diese Formulare dort vorfinden, ansonsten im Internet.

V. Erhöhung für mehrere Auftraggeber

77 Wird der RA in einer Zwangsvollstreckungsangelegenheit für **mehrere Auftraggeber** tätig, so ist gemäß § 7 RVG i. V. m. Nr. 1008 VV RVG für jeden weiteren Auftraggeber die 0,3 Verfahrensgebühr (Nr. 3309 VV RVG) um 0,3 zu erhöhen (siehe auch § 2 Rdn 32 ff.). Die maximale Erhöhung beträgt immer 2,0, sodass die Vollstreckungsgebühr höchstens 2,3 betragen kann. Denken Sie daran, dass nur die Verfahrensgebühr, nicht aber die Terminsgebühr zu erhöhen ist.

Beispiel:

RAin Stephanie Lux beantragt den Erlass eines Pfändungs- und Überweisungsbeschlusses für zwei von ihr vertretene Gläubiger wegen eines gemeinschaftlichen titulierten Anspruches von 900,00 €. RAin Lux berechnet folgende Vergütung:

Gegenstandswert: 900,00 € (gem. § 25 Abs. 1 Ziff. 1 Hs. 1 RVG)

0,6	Vollstreckungsgebühr gem. §§ 2, 13 RVG, Nr. 3309 VV RVG (Anm.: einschließlich Erhöhung für 1 weiteren Auftraggeber: 1 x 0,3 = 0,3)	55,80 €
20 %	Pauschale für Post- und Telekommunikationsentgelte gem. § 2 Abs. 2 RVG, Nr. 7002 VV RVG	**11,16 €**
		66,96 €
19 %	USt. gem. § 2 Abs. 2 RVG, Nr. 7008 VV RVG	12,72 €
		79,68 €

Beispiel:

RA Florian Kehrmann hat den Auftrag, für seine Mandantin titulierten rückständigen Unterhalt für sie (4.000,00 €) und für ihr Kind (3.500,00 €) gegen den Unterhaltsschuldner zu vollstrecken. Sie beauftragt den GVZ mit der Vollstreckung.

Hier sind zwei Gläubiger Auftraggeber (Mutter und Kind, dieses vertreten durch die Mutter). Sie sind nicht mehrere Auftraggeber im Sinne der Nr. 1008 VV RVG, denn der Gegenstand der anwaltlichen Tätigkeit ist nicht derselbe und sie sind nicht an einem gemeinsamen Gegenstand beteiligt. Da es sich um eine Vollstreckungsangelegenheit handelt, werden die Werte gemäß § 22 Abs. 1 RVG addiert.

Gegenstandswert: 7.500,00 € (gem. §§ 22 Abs. 1, 25 Abs. 1 Ziff. 1 Hs. 1 RVG)

0,3	Vollstreckungsgebühr gem. §§ 2, 13 RVG, Nr. 3309 VV RVG	159,90 €
20 %	Pauschale für Post- und Telekommunikationsentgelte gem. § 2 Abs. 2 RVG, Nr. 7002 VV RVG	20,00 €
		179,90 €
19 %	USt. gem. § 2 Abs. 2 RVG, Nr. 7008 VV RVG	34,18 €
		214,08 €

C. Zwangsvollstreckung gegen Gesamtschuldner

Die Zwangsvollstreckung gegen **mehrere Schuldner**, auch z. B. gegen Eheleute, falls sie gesamtschuldnerisch haften, stellt grundsätzlich **mehrere Angelegenheiten** dar. Die Vollstreckung richtet sich nämlich in diesem Fall nicht gegen alle Schuldner zusammen, sondern gegen jeden Schuldner einzeln (BGH, Beschluss vom 10.08.2006 – I ZB 99/05). 78

Erteilt der RA des Gläubigers Zwangsvollstreckungsaufträge gegen mehrere Gesamtschuldner, so erhält er in der Regel für jeden einzelnen Auftrag die Gebühren nach Nrn. 3309, 3310 VV RVG zuzüglich Auslagenpauschale und Umsatzsteuer, selbst wenn sie aufgrund desselben Vollstreckungstitels und in einem einzigen Schriftsatz (Formular) erfolgen. Es entstehen also so viele Vollstreckungsgebühren wie Gesamtschuldner betroffen sind. Die Schuldner haben es in der Hand, durch rechtzeitige Zahlung die mehrfachen Vollstreckungskosten zu vermeiden. Für den Gläubiger wird es zweckmäßig sein, gleichzeitig gegen alle Gesamtschuldner vorzugehen, um schnell und sicher zu seinem Geld zu kommen.

Hinweis:

Wenn allerdings **mit Sicherheit** feststeht, dass die Zwangsvollstreckung gegen einen bestimmten der Gesamtschuldner zur vollständigen Befriedigung des Gläubigers führen wird, so wird man in der Regel davon ausgehen müssen, dass der RA vom Gläubiger beauftragt ist, die Zwangsvollstreckung bei dem zweiten Schuldner nur dann und nur insoweit fortzusetzen, als bei dem ersten Schuldner keine Befriedigung zu erlangen war, sodass nur so oft besondere Gebühren entstehen, wie Vollstreckungsaufträge tatsächlich **notwendig** waren.

Beispiel:

Vollstreckungsauftrag gegen die Eheleute Blaschke, die als Gesamtschuldner zur Zahlung von 22.000,00 € verurteilt wurden. Es ist bekannt, dass nur die Ehefrau Vermögen besitzt, da Herr Blaschke erst vor vier Monaten in einer anderen Sache die Vermögensauskunft abgeben musste. Die Pfändung bei der Ehefrau führt zur vollen Befriedigung des Gläubigers. Dem RA erwächst nur eine 0,3 Verfahrensgebühr für den Vollstreckungsauftrag gegen die Ehefrau, da ein Vollstreckungsauftrag gegen den Ehemann nicht mehr notwendig ist – und auch vorher absehbar nicht notwendig sein konnte.

Merke:

Bei Vollstreckung gegen mehrere Schuldner entstehen dem RA so oft Gebühren, wie gegen einzelne Schuldner Vollstreckungshandlungen der Vollstreckungsorgane notwendig werden. In der Regel sind Vollstreckungsmaßnahmen gegen alle Gesamtschuldner sinnvoll und notwendig.

D. Erstattung der Vollstreckungskosten durch den Schuldner

79 Die Kosten der Zwangsvollstreckung fallen dem Schuldner gemäß §§ 788 Abs. 1 S. 1, 91 ZPO nur zur Last, soweit sie **notwendig (!)** waren. Sie werden von dem Vollstreckungsorgan zugleich mit dem zur Zwangsvollstreckung stehenden Anspruch beigetrieben (§ 788 Abs. 1 S. 1 ZPO), ohne dass es eines besonderen Kostenfestsetzungsbeschlusses bedarf. Dazu müssen dem Vollstreckungsorgan die **entstandenen Kosten nachgewiesen** werden, d. h., der RA des Gläubigers wird z. B. einem Vollstreckungsauftrag die Kostenbelege früherer Vollstreckungsversuche und die Belege für sonstige Kosten, wie beispielsweise für Anschriftenermittlungen, als so genannte Vollstreckungsunterlagen beifügen müssen.

Hinweis:

Nach § 104 Abs. 2 ZPO genügt es, wenn angesetzte Kosten vom RA glaubhaft gemacht werden. Die Glaubhaftmachung hat sich auf das Entstehen, die Höhe und die Notwendigkeit der Zwangsvollstreckungskosten zu erstrecken. Dazu sollte dem Vollstreckungsorgan eine nachprüfbare Kostenaufstellung vorgelegt werden. Eine Glaubhaftmachung der Kosten sollte genügen, also eine Versicherung an Eides statt oder, wenn diese vom Gericht für ausreichend angesehen wird, eine anwaltliche Versicherung (LG Verden, Beschluss vom 29.09.2016 – 6 T 102/16). Wenn Sie lieber Schwierigkeiten aus dem Weg gehen wollen, legen Sie Ihrer Kostenaufstellung die entsprechenden Belege bei.

In der Praxis kann es hier zu Problemen kommen, da ungeeignete oder vermeidbare Kosten der Zwangsvollstreckung als nicht notwendig aberkannt werden können.

Dafür folgende **Beispiele**:

- Es wird kurzfristig nach einer fruchtlosen Pfändung ein erneuter Pfändungsauftrag erteilt, ohne dass bekannt ist, dass der Schuldner inzwischen Vermögen erworben hat. Ein erneuter Vollstreckungsauftrag ist aber erst mehrere Monate nach einem erfolglosen früheren Versuch zulässig, sonst muss der Gläubiger die Kosten möglicherweise selbst tragen.
- Mehrere getrennte Pfändungsanträge, wenn einer ausreicht.
- Kosten einer Vorpfändung, wenn nicht innerhalb eines Monats der Pfändungsbeschluss erfolgt (§ 845 Abs. 2 ZPO).
- Die Hebegebühr muss der Schuldner nur erstatten, wenn die Weiterleitung des Geldes durch den RA notwendig war, was im Regelfall nicht gegeben sein wird.

Merke:

Der Schuldner muss dem Gläubiger die notwendigen Kosten der Zwangsvollstreckung erstatten, aber nicht die Kosten überflüssiger Vollstreckungsmaßnahmen.

80 *Hinweis:*

Die Vorschrift des § 788 Abs. 2 ZPO lässt eine **Festsetzung der Vollstreckungskosten** gemäß den §§ 103 ff. ZPO zu. Will man bei umfangreichen Vollstreckungsangelegenheiten nicht bei jedem neuen Vollstreckungsversuch sämtliche Belege früherer Vollstreckungsmaßnahmen beilegen, so kann man diese früheren Kosten gegen den Schuldner festsetzen lassen. Für diesen Antrag des Gläubigers ist grundsätzlich das Vollstreckungsgericht (Rechtspfleger) zuständig. In den Fällen der §§ 887, 888 und 890 ZPO (Handlungen, Duldungen) entscheidet das Prozessgericht der ersten Instanz.

Falls die Vollstreckung gegen den Schuldner fruchtlos verläuft, kann der RA seine Vergütung für den Vollstreckungsauftrag **gegen seinen Auftraggeber** gemäß § 11 RVG festsetzen lassen. Siehe hierzu § 2 Rdn 83 ff.

E. Beispiele für Vergütungsrechnungen in der Zwangsvollstreckung

In Sachen Lieb gegen Frech obsiegte Lieb. Ihm wurden im Urteil 1.300,00 € nebst 10 % Zinsen seit dem 5. Januar zugesprochen. Am 25. April war die Kostenfestsetzung beantragt worden, was gemäß § 19 Abs. 1 S. 2 Ziff. 14 RVG gebührenrechtlich noch zum Prozess gehört. 81

RA Hartnack wurde nun von Lieb damit beauftragt, wegen der titulierten Forderung die Zwangsvollstreckung zu betreiben. Er erteilte dem GVZ am 15. Mai auf dem vorgeschriebenen Formular einen Vollstreckungsauftrag, dessen wesentlicher Inhalt nachstehend aufgezeigt ist. Zur Vereinfachung werden auch die Zinsen auf die festgesetzten Kosten mit 10 % gerechnet.

Hinweis:

Für Aufträge an den Gerichtsvollzieher sind Formulare verbindlich eingeführt durch die Gerichtsvollzieherformular-Verordnung (GVFV). Das Formular für den „Vollstreckungsauftrag an Gerichtsvollzieher zur Vollstreckung von Geldforderungen" ist in diverse Module unterteilt, deren Widergabe den Rahmen dieses Buches über Anwaltsgebühren sprengen würde. Wer in der Praxis mit einer Anwaltssoftware arbeitet, wird diese Formulare dort vorfinden – ansonsten im Internet.

Wesentlicher Inhalt eines Vollstreckungsauftrages

Beizufügende Unterlagen,
Aufstellung der Forderung,
Berechnung der Anwaltsvergütung

1) Urteil des AG Hannover vom 10. März ......, Geschäfts-Nr. 61 C 100/......, zugestellt am 20. März ......,
2) Kostenfestsetzungsbeschluss vom 30. April ......, zugestellt am 5. Mai ....

1.	Hauptforderung	1.300,00 €
2.	10 % Zinsen hieraus vom 05.01. bis 15.05. (121 Tage)	40,33 €
3.	festgesetzte Prozesskosten	572,93 €
4.	10 % Zinsen hieraus vom 25.04. bis 15.05. (21 Tage)	2,82 €
		1.916,08 €
5.	RA-Vergütung für diesen Auftrag*	
	Gegenstandswert: 1.916,08 €	
	0,3 Verfahrensgebühr gem. §§ 2, 13, 18 Abs. 1 Ziff. 1 RVG, Nr. 3309 VV RVG	52,80 €
	20 % Pauschale für Post- und Telekommunikationsentgelte gem. § 2 Abs. 2 S. 1 RVG, Nr. 7002 VV RVG	10,56 €
		63,36 €
	19 % USt. gem. § 2 Abs. 2 S. 1 RVG, Nr. 7008 VV RVG	12,04 €
		75,40 €
	also insgesamt	**1.991,48 €**

* Zur Vereinfachung in der Praxis ablesbar aus der Gesamtkostentabelle des Deutschen Anwaltsverlags.

Die bis zum Tage der Pfändung noch entstehenden Zinsen soll der GVZ hinzusetzen.

Ein Pfändungsversuch des GVZ beim Schuldner verlief fruchtlos, was wir aus der per Nachnahme bei uns eingegangenen Unpfändbarkeitsbescheinigung erfahren. Für die Nachnahme müssen wir 20,00 € bezahlen. Damit ist der erste Vollstreckungsversuch beendet.

Da der Gläubiger erfahren hat, dass der Schuldner geerbt hat, erteilt er RA Hartnack nach einem Vierteljahr erneut einen Vollstreckungsauftrag. RA Hartnack beauftragt den GVZ am 27. August erneut mit der Zwangsvollstreckung. Nachstehend ist nur der Teil dieses Auftrags aufgezeigt, der die Berechnung der Schuld und der Gebühren enthält.

Berechnungen in einem zweiten Vollstreckungsauftrag

1.	Hauptforderung	1.300,00 €
2.	10 % Zinsen hieraus vom 05.01. bis 27.08. (233 Tage)	77,67 €
3.	festgesetzte Prozesskosten	572,93 €
4.	10 % Zinsen hieraus vom 25.04. bis 27.08. (123 Tage)	16,54 €
5.	RA-Vergütung für ersten Vollstreckungsauftrag	71,11 €
6.	GVZ-Nachnahme für ersten Vollstreckungsauftrag	20,00 €
		2.058,25 €
7.	RA-Vergütung für diesen Auftrag*	
	Gegenstandswert: 2.058,25 €	
	0,3 Verfahrensgebühr gem. §§ 2, 13, 18 Abs. 1 Ziff. 1 RVG, Nr. 3309 VV RVG	70,65 €
	20 % Pauschale für Post- und Telekommunikationsentgelte gem. § 2 Abs. 2 S. 1 RVG, Nr. 7002 VV RVG	14,13 €
		84,78 €
	19 % USt. gem. § 2 Abs. 2 S. 1 RVG, Nr. 7008 VV RVG	16,11 €
		100,89 €
	also insgesamt	**2.159,14 €**

* Zur Vereinfachung in der Praxis ablesbar aus der Gesamtkostentabelle des Deutschen Anwaltsverlags.

Die bis zum Tage der Pfändung noch entstehenden Zinsen soll der GVZ hinzusetzen.

Wir stellen fest, dass der Gegenstandswert für die RA-Vergütung des zweiten Vollstreckungsauftrages sich um die Kosten des ersten Auftrages erhöht hat (siehe im zweiten Muster Nr. 5 und 6). Außerdem sind jetzt höhere Zinsen zu berechnen (siehe Nr. 2 und 4), sodass der Wert auch deswegen gestiegen ist. Wegen des gestiegenen Gegenstandswertes ist es möglich, dass der RA für den zweiten Auftrag eine höhere Vergütung erhält, was von der Abstufung der Gebührentabelle abhängig ist.

Sollte die Pfändung auch jetzt wieder fruchtlos verlaufen und RA Hartnack vom Gläubiger den Auftrag zur Durchführung des Verfahrens zur Abnahme der Vermögensauskunft erhalten, dann würde sich der Gegenstandswert für die RA-Vergütung wieder erhöhen, und zwar um die Kosten (RA und GVZ) des zweiten Vollstreckungsversuchs und um die weiter steigenden Zinsen. Achten Sie in diesem Falle aber darauf, dass der Gegenstandswert im Verfahren zur Abnahme der Vermögensauskunft höchstens 2.000 Euro einschließlich der Nebenforderungen betragen darf.

F. Die Forderungsabrechnung mit dem Mandanten

Nachdem der RA eine Forderung im Wege der Zwangsvollstreckung auftragsgemäß eingetrieben hat, muss er das vom Schuldner erhaltene Geld gegenüber seinem Auftraggeber abrechnen. Hierbei sind gesetzliche Bestimmungen zu beachten. Zum einen ist zu berücksichtigen, dass sich die Hauptforderung inzwischen um Kosten und Zinsen erhöht hat. Zum anderen wird häufig die Gesamtforderung vom Schuldner nicht auf einmal, sondern in Raten beglichen. 82

Bei **Ratenzahlung des Schuldners** wird die einzelne Rate oft nicht ausreichen, um Hauptforderung und/oder Kosten und/oder Zinsen abzudecken. Hier muss also eine Entscheidung getroffen werden, ob man die Rate auf die Hauptforderung oder auf die Kosten oder auf die Zinsen anrechnet. Diese Entscheidung über die **Anrechnung auf Kosten und Zinsen** dürfen Sie aber nicht selbst treffen, da Ihnen das **BGB in § 367 Abs. 1** dies abnimmt: „Hat der Schuldner außer der Hauptleistung Zinsen und Kosten zu entrichten, so wird eine zur Tilgung der ganzen Schuld nicht ausreichende Leistung zunächst auf die Kosten, dann auf die Zinsen und zuletzt auf die Hauptleistung angerechnet." Die Hauptforderung wird also erst dann getilgt, wenn Kosten und Zinsen vollständig beglichen sind. Sie sehen den Vorteil für den Gläubiger, dass er somit weiterhin Zinsen auf die ungeschmälerte Hauptforderung erhält? 83

Merke:

Teilzahlungen des Schuldners werden gemäß § 367 Abs. 1 BGB
1. erst auf die bisher entstandenen **Kosten**,
2. dann auf die **Zinsen**
3. und zuletzt auf die **Hauptforderung**

angerechnet.

Nach § 497 Abs. 3 BGB werden bei einem **Verbraucherdarlehensvertrag** im Sinne des § 491 Abs. 1 BGB abweichend von § 367 Abs. 1 BGB Zahlungen eines Verbrauchers, die zur Tilgung der gesamten fälligen Schuld nicht ausreichen, zunächst auf die Kosten der Rechtsverfolgung, dann auf den übrigen geschuldeten Betrag und zuletzt auf die Zinsen angerechnet. 84

Merke (Ausnahme):

Teilzahlungen des Schuldners zur Tilgung eines **Verbraucherkredites** werden
1. zunächst auf die **Kosten**,
2. dann auf die **Hauptforderung**
3. und zuletzt auf die **Zinsen**

angerechnet.

G. Keine Angelegenheiten der Zwangsvollstreckung

Keine Angelegenheiten der Zwangsvollstreckung sind Anwaltstätigkeiten in den folgenden Verfahren: **Vollstreckbarerklärung** eines Anwaltsvergleichs, **Drittwiderspruchsklage**, **Vollstreckungsgegenklage**, **Klage auf vorzugsweise Befriedigung**. Für diese Tätigkeiten entstehen Gebühren nach den Nrn. 3100 ff. VV RVG und nicht nach den Nrn. 3309, 3310 VV RVG. 85

§ 9 Gebühren bei Prozesskostenhilfe und Beratungshilfe (§§ 44 bis 59 RVG)

A. Allgemeine Hinweise

Bürger, die nur über geringe finanzielle Mittel verfügen, sollen bei der Durchsetzung ihrer Rechte nicht benachteiligt werden. Der „Reiche" soll sich nicht einen Prozess finanziell leisten können, wogegen der „Arme" aus Kostengründen vor der gerichtlichen Verfolgung seiner Ansprüche zurückschrecken muss. Im Endergebnis hätte sonst der „Reiche" immer recht. Um die Chancengleichheit für die Wahrnehmung der Rechte zu verbessern und um die Kostenbarriere zu beseitigen, übernimmt der Staat für solche „armen" Bürger unter bestimmten Voraussetzungen die Kosten der Rechtsverfolgung. Dies wird **Prozesskostenhilfe** genannt. Für außergerichtliche Angelegenheiten gibt es die **Beratungshilfe**. In Angelegenheiten, in denen keine gerichtlichen Prozesse, sondern Verfahren geführt werden (z. B. Familiensachen), spricht man von **Verfahrenskostenhilfe**. Verfahrenskostenhilfe ist verfahrens- und vergütungsrechtlich der Prozesskostenhilfe gleich gestellt (vgl. § 12 RVG). 1

I. Die Prozesskostenhilfe (PKH)

Die **Prozesskostenhilfe** (PKH) ist in den §§ 114 bis 127 ZPO geregelt: Wenn eine Partei nach ihren persönlichen und wirtschaftlichen Verhältnissen nicht in der Lage ist, die **Kosten eines Prozesses** ganz oder zum Teil zu übernehmen, und wenn die beabsichtigte Rechtsverfolgung hinreichende Aussicht auf Erfolg bietet und nicht mutwillig ist, kann ihr auf Antrag Prozesskostenhilfe gewährt werden (§ 114 ZPO). 2

Hinweis: 3

Für Verfahren in **Angelegenheiten der freiwilligen Gerichtsbarkeit** wird anstelle von Prozesskostenhilfe **Verfahrenskostenhilfe** gewährt. Auf das Bewilligungsverfahren für die Verfahrenskostenhilfe finden die Vorschriften über die Prozesskostenhilfe nach den §§ 114 ff. ZPO entsprechende Anwendung (§§ 76 bis 78 FamFG).

In **Ehesachen und Familienstreitsachen** wird gemäß § 113 Abs. 1 S. 2 FamFG Prozesskostenhilfe nach den §§ 114 ff. ZPO gewährt, jedoch heißt es auch in diesen Sachen gemäß § 113 Abs. 5 Ziff. 1 FamFG **Verfahrenskostenhilfe**. Vergleichen Sie auch die Formulierung z. B. in § 149 FamFG. Siehe auch § 11 Rdn 115 f.

Für den **Antrag auf Bewilligung der Prozesskostenhilfe** ist das Prozessgericht zuständig (§ 117 ZPO). Damit das Prozessgericht (1) die persönlichen und wirtschaftlichen Verhältnisse des Antragstellers und (2) die Erfolgsaussicht des angestrebten Prozesses prüfen kann, **müssen dem Antrag beigefügt werden**: 4

(1) Eine Erklärung über die persönlichen und wirtschaftlichen Verhältnisse und entsprechende Belege (§ 117 Abs. 2 ZPO). Hierzu ist ein amtlicher Vordruck auszufüllen. Als Belege können z. B. eine Verdienstbescheinigung des Arbeitgebers oder der Bescheid über die Höhe des Arbeitslosengeldes dienen.

(2) Eine Darstellung des Streitverhältnisses unter Angabe der Beweismittel (§ 117 Abs. 1 S. 2 ZPO). In der Praxis geschieht dies oft dadurch, dass der RA gleichzeitig mit dem Antrag auf Bewilligung der Prozesskostenhilfe eine Klage- oder Antragsschrift bei dem Prozessgericht einreicht. Da die Klage aber nur dann erhoben werden soll, wenn die Prozesskostenhilfe bewilligt wird, bringt der RA dies z. B. durch folgende Einschränkung zum Ausdruck: „Die Klage wird nur unter der Bedingung erhoben, dass dem Kläger Prozesskostenhilfe bewilligt wird."

Der RA sollte aber nicht nur die Bewilligung der PKH beantragen, sondern auch gleichzeitig seine **Beiordnung** (§ 121 ZPO).

5 Das Gericht prüft das Vorliegen der Voraussetzungen in einem förmlichen **Prüfungsverfahren** gemäß § 118 ZPO, welches auch als **Bewilligungsverfahren** oder als **Prozesskostenhilfeverfahren** (Verfahrenskostenhilfeverfahren) bezeichnet wird. In diesem Verfahren ist dem Gegner Gelegenheit zur Stellungnahme zu geben. Das Gericht kann die Parteien zur mündlichen Erörterung laden, aber nur, wenn eine Einigung zu erwarten ist. Das Gericht kann auch Beweiserhebungen vornehmen; Zeugen und Sachverständige sind aber nur ausnahmsweise zu vernehmen.

Wenn einer Partei vom Prozessgericht PKH bewilligt wurde, ist sie von der Zahlung von Gerichtskosten, der Vergütung für ihren Anwalt und Auslagenvorschüssen für Zeugen und Sachverständige befreit, da diese Kosten von der Staatskasse übernommen werden. Die Partei hat also (zunächst!) keinerlei Kosten zu tragen, auch ihr RA kann seinen Anspruch auf Vergütung ihr gegenüber nicht geltend machen. Ein RA, der trotz Bewilligung von PKH Zahlungen seines Auftraggebers verlangt, verstößt gegen § 122 Abs. 1 Ziff. 3 ZPO und gegen das anwaltliche Standesrecht.

Wenn der RA einer Partei im Wege der PKH beigeordnet wurde, berechnet er seine Vergütung gegenüber der Staatskasse (siehe Rdn 19 ff.) oder geht gemäß § 126 ZPO gegen den erstattungspflichtigen Gegner seiner Partei vor.

6 Die Bewilligung von PKH bedeutet für die „arme" Partei aber nicht, dass sie den Prozess völlig kostenlos führen kann:

- Wenn das nach § 115 ZPO berechnete Nettoeinkommen der Partei einen bestimmten Höchstbetrag überschreitet, muss die Partei die Prozesskosten in monatlichen Raten an die Staatskasse zurückzahlen. Die Raten sind abhängig vom Nettoeinkommen und von der Familiengröße. Die monatlichen Raten sind so lange zu zahlen, bis die Gerichtskosten und die Anwaltsvergütung abgedeckt sind, es sind aber **höchstens 48 Monatsraten** zu zahlen. Bei der Anwaltsvergütung gibt es als Besonderheit die so genannte „weitere Vergütung" (siehe dazu Rdn 29).
- Verliert die „arme" Partei den Prozess, so trägt die Staatskasse zwar die Gerichtskosten und die Vergütung des der Partei beigeordneten RA, aber **nicht** die Vergütung des RA des Gegners! Der Gegner kann die ihm entstandenen Verfahrenskosten gegen die Partei festsetzen lassen, insbesondere die volle Vergütung seines RA (§ 123 ZPO).

Für die Tätigkeit im Prüfungsverfahren und später als beigeordnetem RA erwachsen dem RA Gebühren nach unterschiedlichen Vorschriften des RVG. Die Gebühren für das **Prüfungsverfahren** sind in Rdn 9 ff. dargestellt und die Gebühren des **beigeordneten RA** unter den Rdn 19 ff.

Merke:

In einem Bewilligungsverfahren prüft das Prozessgericht auf Antrag, ob der Partei Prozesskostenhilfe zusteht.

Auch bei Bewilligung von Prozesskostenhilfe trägt die Partei ein Kostenrisiko, da sie je nach Einkommensverhältnissen zur Zahlung von Monatsraten an die Staatskasse verpflichtet werden kann und im Unterliegensfall die dem Gegner entstandenen Kosten ersetzen muss.

II. Die Beratungshilfe

7 Das „Gesetz über Beratung und Vertretung für Bürger mit geringem Einkommen" (Beratungshilfegesetz = BerHG) wurde geschaffen, um den genannten Bürgern die Möglichkeit zur rechtlichen Beratung auch **außerhalb eines gerichtlichen Verfahrens** zu gewähren. Die **Beratungshilfe** ist also eine Ergänzung zur Prozesskostenhilfe.

Voraussetzung für die Gewährung von Beratungshilfe ist, dass der Rechtsuchende die entstehenden Gebühren nach seinen persönlichen und wirtschaftlichen Verhältnissen nicht bezahlen kann, dass ihm keine andere Hilfe zur Verfügung steht und dass er nicht mutwillig um Hilfe bittet (§ 1 BerHG). Ein entsprechender Antrag ist beim Amtsgericht zu stellen (§ 4 BerHG). Der Rechtspfleger erteilt dann nach Prüfung einen **Berechtigungsschein** (§ 6 Abs. 1 BerHG). Der Berechtigte kann sich danach eine Beratungsperson (z. B. RA oder Steuerberater) aussuchen. 8

Es ist aber auch möglich, dass der Rechtsuchende sich unmittelbar an einen RA seines Vertrauens wendet, der dann nach Prüfung der Verhältnisse nachträglich innerhalb von vier Wochen einen Antrag beim Amtsgericht stellt (§ 4 Abs. 6 und § 6 Abs. 2 BerHG). Sollte dieser Antrag abgewiesen werden, unterbleibt eine Vergütung aus der Staatskasse und der Rechtsuchende muss den RA selbst bezahlen, wenn er zu Beginn darauf hingewiesen wurde (§ 8a Abs. 4 BerHG). Der RA trägt dann das Kostenrisiko – der Rechtsuchende könnte ja zahlungsunfähig sein. Die Vergütung des RA bei Beratungshilfe wird in Rdn 39 ff. beschrieben.

Merke:

Beratungshilfe wird auf Antrag eines Bürgers mit geringem Einkommen für die Wahrnehmung von Rechten außerhalb eines gerichtlichen Verfahrens gewährt.

B. Gebühren im Verfahren über die Prozesskostenhilfe (Nrn. 3335, 3337 VV RVG)

→ Dazu Aufgaben Gruppe 17 9

Vor der Bewilligung von Prozesskostenhilfe führt das Gericht ein **Prüfungsverfahren**, das auch **Bewilligungsverfahren** genannt wird, durch. In diesem Verfahren prüft das Gericht, ob überhaupt die gesetzlichen Voraussetzungen für die Bewilligung von Prozesskostenhilfe vorliegen (siehe Rdn 2 ff.).

Hinweis: 10

Für **Verfahren in Familiensachen** sowie in Angelegenheiten der freiwilligen Gerichtsbarkeit wird anstelle von Prozesskostenhilfe **Verfahrenskostenhilfe** gewährt. Auf das Bewilligungsverfahren für die Verfahrenskostenhilfe finden die Vorschriften über die Prozesskostenhilfe nach den §§ 114 ff. ZPO entsprechende Anwendung (§ 113 Abs. 1 und §§ 76 bis 78 FamFG).

Es ist wichtig zu wissen, dass der „armen“ Partei **keine Prozesskostenhilfe für das Prüfungsverfahren** selbst mit Beiordnung eines Anwalts bewilligt werden kann. Sollte das Prozessgericht die Bewilligung von PKH ablehnen, so hat dies also zur Folge, dass die „arme“ Partei die ihrem RA für das Prüfungsverfahren erwachsenen Gebühren selbst zu tragen hat. Dieses Risiko wird für die Partei noch dadurch höher, dass es für das Prüfungsverfahren keine Gebühren nach der ermäßigten Tabelle zu § 49 RVG gibt. Die Anwaltsgebühren für das Bewilligungsverfahren ergeben sich nämlich ganz normal nach der Tabelle zu § 13 RVG, wogegen sich die Gebühren des im Wege der PKH beigeordneten RA nach der Tabelle zu § 49 RVG mit ermäßigten Sätzen ab einem Gegenstandswert in Höhe von 4.000 € richten (siehe Rdn 25). 11

Man wird jedoch der „armen“ Partei zubilligen müssen, sich von einem RA über die Erfolgsaussichten eines PKH-Antrages beraten zu lassen. Für diese Beratung kann der Partei Beratungshilfe gewährt werden, wofür dem RA dann eine Beratungsgebühr nach Nr. 2501 VV RVG zusteht (vgl. Rdn 40).

12 Im Verfahren über die Prozesskostenhilfe (Prüfungsverfahren) erwächst dem beauftragten RA (höchstens) eine **1,0 Verfahrensgebühr nach Nr. 3335 VV RVG**. Bevor wir uns mit dieser Gebühr beschäftigen, ist aber folgendes klarzustellen: Wenn ein RA von Anfang an zum Prozessbevollmächtigten bestellt worden ist, erhält er Gebühren nur nach den Nrn. 3100 ff. VV RVG, da seine Tätigkeit im **Prüfungsverfahren** gemäß § 16 Ziff. 2 RVG mit **zum Rechtszug des Prozesses gehört**. Es liegt dieselbe Angelegenheit vor mit der Folge, dass die Gebühren wegen § 15 Abs. 2 RVG insgesamt nur einmal verlangt werden können. Grundsätzlich ist also Nr. 3335 VV RVG nur dann anwendbar, wenn der RA im Prüfungsverfahren tätig wird, ohne zu diesem Zeitpunkt schon einen Prozessauftrag zu haben.

In der Regel muss man aber davon ausgehen, dass der Auftraggeber zunächst abwarten will, ob das Gericht ihm PKH bewilligt, bevor er einen Auftrag zur Klageeinreichung erteilt. Dies gilt auch dann, wenn der RA sich schon vorsorglich eine Prozessvollmacht hat unterzeichnen lassen. Da der PKH-Antrag zu begründen ist, wird der RA zusammen mit dem Antrag eine Klageschrift einreichen. Er muss hierbei unmissverständlich erklären, dass die Klage nur für den Fall der Bewilligung der Prozesskostenhilfe als erhoben gelten soll (z. B. wird er die Klageschrift als Entwurf bezeichnen oder nicht unterschreiben). Häufig wird der Klageentwurf auch mit der Erklärung eingereicht, dass die Klage nur in dem Umfang erhoben wird, wie Prozesskostenhilfe bewilligt wird. Wird die Prozesskostenhilfe dann abgelehnt und die Klage nicht weiter verfolgt, erhält der RA (höchstens) eine 1,0 **„Verfahrensgebühr für das Verfahren über die Prozesskostenhilfe“** gemäß den §§ 2, 13 RVG, Nr. 3335 VV RVG.

13 Ein RA, der **zunächst noch keinen Prozessauftrag** hat und nur Prozesskostenhilfe beantragen soll, erhält gemäß Nr. 3335 VV RVG (höchstens) eine 1,0 Verfahrensgebühr; dieser Gebührensatz gilt auch in der Rechtsmittelinstanz, da hierfür keine andere Regelung getroffen worden ist.

- Im Regelfall wird der RA für die Antragstellung nur die 1,0 „**Verfahrensgebühr** für das Verfahren über die Prozesskostenhilfe“ gemäß den §§ 2, 13 RVG, Nr. 3335 VV RVG erhalten.
- Eine **Ermäßigung der Verfahrensgebühr** auf die Hälfte (0,5) aufgrund vorzeitiger Beendigung wird durch Nr. 3337 VV RVG vorgenommen.
- Wird PKH für ein Verfahren beantragt, in dem nur Gebühren mit einem **niedrigeren Gebührensatz** als 1,0 entstehen, wie z. B. für die Zwangsvollstreckung, dann kann für das Bewilligungsverfahren ebenfalls nur eine 0,3 Verfahrensgebühr anfallen, da laut Nr. 3335 VV RVG zwar die Gebühr **in Höhe der Verfahrensgebühr**, jedoch **höchstens** zu 1,0 entsteht. Dies gilt auch für die Gebühr Nr. 3337 VV RVG, die **höchstens** 0,5 beträgt.
- Im PKH-Prüfungsverfahren kann nach § 118 ZPO eine mündliche Erörterung stattfinden wenn zu erwarten ist, dass ein Vergleich abgeschlossen und zu gerichtlichem Protokoll genommen werden könnte. Falls dies geschieht, erwächst dem RA auch eine **Terminsgebühr**, da die Vorbemerkung 3.3.6 VV RVG anordnet, dass sich die Terminsgebühr nach Abschnitt 1 von Teil 3 VV RVG bestimmt. Im Prüfungsverfahren richtet sich die Höhe der Terminsgebühr nach dem Verfahren, für das PKH beantragt wird. So entsteht demnach z. B. für ein beabsichtigtes Verfahren im ersten Rechtszug eine 1,2 Terminsgebühr gemäß Nr. 3104 VV RVG und für die Zwangsvollstreckung eine 0,3 Terminsgebühr nach Nr. 3310 VV RVG. Diese Terminsgebühr wird nach Vorbemerkung 3 Abs. 3 VV RVG auch für außergerichtliche Besprechungen mit der Gegenseite zwecks Vermeidung oder Erledigung des Verfahrens entstehen.

14 Wird der RA dann nach Gewährung der Prozesskostenhilfe zum Prozessbevollmächtigten bestellt, dann muss er **alle** im Prüfungsverfahren verdienten Gebühren auf die Gebühren des Hauptprozesses nach § 16 Ziff. 2 RVG **verrechnen**, da es sich um **dieselbe Angelegenheit** handelt. Nach § 15 Abs. 2 RVG kann der RA die Verfahrens- und die Terminsgebühr in derselben Angelegenheit nur einmal fordern.

15 Eine Erhöhung der Verfahrensgebühr bei **mehreren Auftraggebern** findet auch im PKH-Prüfungsverfahren statt (siehe § 2 Rdn 32 ff.).

16 **Gegenstandswert** des Bewilligungsverfahrens ist in der Regel der **Wert der Hauptsache** (§ 23a Abs. 1 RVG). Das Bewilligungsverfahren und das Hauptsacheverfahren sind nach der ZPO eigenständige Verfahren; deshalb bestimmt § 16 Ziff. 2 RVG, dass es sich gebührenrechtlich um dieselbe Angelegenheit handelt und § 23a Abs. 2 RVG schreibt vor, dass die Werte der beiden Verfahren nicht zusammengerechnet werden dürfen.

Merke:

Im PKH-Bewilligungsverfahren erhält der RA (höchstens) eine 1,0 Verfahrensgebühr für das Verfahren über die Prozesskostenhilfe, die sich bei vorzeitiger Beendigung des Auftrags auf (höchstens) 0,5 ermäßigt.

Bei entsprechender Tätigkeit kann auch eine Terminsgebühr entstehen, deren Höhe sich nach dem Hauptsacheverfahren richtet.

Der RA erhält die Gebühren für das Bewilligungsverfahren aber nur dann, wenn er keinen Prozessauftrag hat, sondern ausschließlich im Bewilligungsverfahren tätig wird.

Wird der im Bewilligungsverfahren tätige RA erst später zum Prozessbevollmächtigten bestellt, dann muss er die im Bewilligungsverfahren verdienten Gebühren mit den Gebühren des Hauptverfahrens verrechnen.

Gegenstandswert des Bewilligungsverfahrens ist in der Regel der Wert der Hauptsache.

Beispiel:

In einer Unfallsache soll RA Richtig für seinen Auftraggeber 4.000,00 € Schadenersatz einklagen. Richtig erkennt, dass sein Mandant ein so geringes Einkommen bezieht, dass er PKH beantragen kann. Richtig erhält zunächst nur den Auftrag, die Bewilligung der PKH zu beantragen. Richtig stellt beim Amtsgericht Antrag auf Bewilligung der PKH für seinen Auftraggeber, beantragt zugleich seine Beiordnung und reicht zur Begründung des Antrags die von ihm erstellte Klageschrift mit ein, wobei er darauf hinweist, dass die Klage nur dann als erhoben gelten soll, wenn PKH bewilligt wird. Das Gericht stellt bei der Prüfung der Vermögensverhältnisse des Antragstellers fest, dass dieser eine Villa besitzt und somit (auch gegenüber seinem RA) verwertbares Vermögen verschwiegen hat und versagt deswegen die PKH. Daraufhin verzichtet der Auftraggeber auf die Erhebung der Klage.

RA Richtig erstellt die folgende Vergütungsrechnung, die der Auftraggeber bezahlt:

Gegenstandswert: 4.000,00 € gem. § 23a RVG

1,0	Verfahrensgebühr für das Verfahren über die Prozesskostenhilfe gem. §§ 2, 13 RVG, Nr. 3335 VV RVG	295,00 €
20 %	Pauschale für Post- und Telekommunikationsentgelte gem. § 2 Abs. 2 S. 1 RVG, Nr. 7002 VV RVG	20,00 €
		315,00 €
19 %	USt. gem. § 2 Abs. 2 S. 1 RVG, Nr. 7008 VV RVG	59,85 €
		374,85 €

17 Die Verfahrensgebühr Nr. 3335 VV RVG kann nicht nur dem RA des Antragstellers, sondern auch dem RA des Antragsgegners für eine entsprechende Tätigkeit erwachsen, soweit die Tätigkeit des gegnerischen RA nur im Prüfungsverfahren und nicht im Prozessverfahren ausgeübt worden ist.

Jedoch werden dem Gegner nur im Prüfungsverfahren entstandene Kosten nicht erstattet (§ 118 Abs. 1 S. 4 ZPO).

18 Gegen einen die Prozesskostenhilfe ablehnenden oder aufhebenden Beschluss kann vom Antragsteller **sofortige Beschwerde** eingelegt werden, wenn der Streitwert der Hauptsache 1.000 Euro übersteigt oder wenn die Versagung der PKH mit den persönlichen und wirtschaftlichen Verhältnissen des Antragstellers begründet wurde. Für diese sofortige Beschwerde beträgt die **Notfrist einen Monat** (§ 127 Abs. 2 S. 2 und 3 ZPO). Das Verfahren über die Beschwerde gilt gebührenrechtlich als besondere Angelegenheit (§ 18 Abs. 1 Ziff. 3 RVG). In dem Beschwerdeverfahren können dem RA bei entsprechender Tätigkeit Gebühren gemäß Nrn. 3500 und 3513 VV RVG erwachsen, und zwar unabhängig davon, ob ihm im Hauptverfahren Gebühren zustehen oder nicht. Gegenstandswert wird hier meistens der Wert der Hauptsache sein (§ 23 Abs. 2 RVG). An Gerichtsgebühren fällt eine Festgebühr von 72,00 € an, aber nur, wenn die Beschwerde verworfen oder zurückgewiesen wird (Nr. 1812 KV GKG).

Für die Erinnerung oder die Beschwerde gegen die Festsetzung seiner aus der Staatskasse zu gewährenden Vergütung bei **bewilligter** Prozesskostenhilfe erhält der RA jedoch keine Gebühren (§ 56 Abs. 2 RVG).

C. Die Vergütung des beigeordneten RA (§§ 45 bis 59a RVG)

19 *→ Dazu Aufgaben Gruppe 17*

Im Abschnitt 8 des Gesetzesteils des RVG sind alle Vorschriften zusammengefasst worden, die die aus der Staatskasse an beigeordnete oder gerichtlich bestellte RAe zu zahlende Vergütung regeln. Dies betrifft z. B. die Gebühren der im Zivilprozess im Rahmen der PKH beigeordneten RAe, die Gebühren der Pflichtverteidiger in Strafsachen (§§ 51 bis 53 RVG) und die Vergütung im Falle der Beratungshilfe (§ 44 RVG). In diesem Buch werden die Vorschriften jeweils in ihrem thematischen Zusammenhang behandelt; an dieser Stelle werden also nachfolgend die Gebühren vorgestellt, die den im Rahmen der PKH beigeordneten RA betreffen.

Die Vorschriften des Abschnitts 8 des RVG gelten grundsätzlich in allen Fällen, in denen durch ein Gesetz die Beiordnung eines RA im Wege der PKH vorgesehen ist, also auch z. B. im arbeitsgerichtlichen Verfahren, im Insolvenzverfahren, im Finanzgerichtsverfahren usw.

Im **Abschnitt 8 des Gesetzesteils des RVG** sind folgende wesentliche Vorschriften über die Vergütung des im Rahmen der PKH beigeordneten RA enthalten:

§ 45 RVG	begründet einen Vergütungsanspruch des beigeordneten oder bestellten RA gegen die Staatskasse.
§ 46 RVG	regelt die Erstattung des Anspruchs auf Auslagenersatz, insbesondere von Reisekosten.
§ 47 RVG	gibt dem RA einen Anspruch auf Vorschuss gegen die Staatskasse.
§ 48 RVG	regelt den Umfang der Beiordnung.
§ 49 RVG	legt die Höhe der Gebühren des beigeordneten RA in einer besonderen Tabelle fest, soweit sie niedriger als die Gebühren des Wahlanwalts sind.
§ 50 RVG	regelt die so genannte weitere Vergütung, die unter bestimmten Voraussetzungen aus der Staatskasse gezahlt wird.
§ 54 RVG	regelt die Folgen eines vom beigeordneten RA verschuldeten Anwaltswechsels.
§ 55 RVG	regelt das Verfahren zur Festsetzung der Vergütung.
§ 56 RVG	regelt die Erinnerung und die Beschwerde gegen die Festsetzung der Vergütung.

§ 58 RVG regelt die Anrechnung von Zahlungen, die der beigeordnete RA vom Auftraggeber oder von Dritten erhalten hat (Abs. 1, 2).

§ 59 RVG regelt den Übergang von Ansprüchen des beigeordneten RA auf die Staatskasse.

§ 59a RVG Einem Zeugen kann unter bestimmten Umständen ein RA als Beistand beigeordnet werden.

Diese Paragrafen sollen nun im Einzelnen betrachtet werden.

Zu § 45 RVG: Der im Prozesskostenhilfeverfahren beigeordnete RA (§ 121 ZPO) erhält Gebühren nach Maßgabe der §§ 45 ff. RVG vor Gerichten des Landes aus der Landeskasse und vor Gerichten des Bundes aus der Bundeskasse. Der Vergütungsanspruch richtet sich unmittelbar gegen die Staatskasse, die alleinige Schuldnerin der Vergütung ist. Gegen den Auftraggeber darf der beigeordnete RA einen Anspruch auf Vergütung nicht geltend machen (§ 122 Abs. 1 Ziff. 3 ZPO). Zwar erhält der beigeordnete RA aus der Staatskasse eine verminderte Vergütung, dafür ist diese aber auch eine sehr sichere Schuldnerin. 20

§ 45 RVG sollte bei der Erstellung der Vergütungsrechnung bei den berechneten Gebühren mit angegeben werden.

Zu § 46 RVG: Auslagen gemäß Nrn. 7000 ff. VV RVG, insbesondere Reisekosten, werden nur erstattet, wenn sie tatsächlich notwendig waren. Das Gericht kann vor Antritt der Reise befragt werden, ob es diese für erforderlich hält (§ 46 Abs. 2 RVG). Die Auslagenpauschale nach Nr. 7002 VV RVG kann ohne Problem angesetzt werden. 21

Zu § 47 RVG: Der RA kann einen Vorschuss für entstandene Gebühren und entstandenen und voraussichtlich entstehenden Auslagen verlangen, im Falle der Beiordnung richtet sich der Anspruch jedoch gegen die Staatskasse. Vergleiche zum Vorschuss gegen den Auftraggeber/Mandanten § 9 RVG. 22

Zu § 48 RVG: Diese Vorschrift regelt Umfang und Beschränkung der Beiordnung in Hinsicht auf den Vergütungsanspruch des RA gegenüber der Staatskasse. Der zeitliche und sachliche Umfang der Beiordnung ergibt sich grundsätzlich aus dem Beiordnungsbeschluss. Aus ihm geht hervor, welche Tätigkeiten des RA durch die Beiordnung abgedeckt sind und für welche Tätigkeiten ein besonderer Beiordnungsbeschluss notwendig ist. 23

Zur Klarstellung sei darauf hingewiesen, dass die Bewilligung der PKH und die Beiordnung **für jeden Rechtszug besonders** erfolgen müssen (§ 119 ZPO). Der für einen Prozess vor dem Amtsgericht beigeordnete RA ist also nicht ohne erneute Beiordnung dazu befugt, beim Landgericht Berufung einzulegen. Ebenso wenig kann er im Rahmen der Beiordnung für die erste Instanz beim Landgericht einen Antrag auf Bewilligung von PKH für die zweite Instanz stellen.

Wenn Angelegenheiten mit dem Hauptprozess nur zusammenhängen wie z. B. die **Zwangsvollstreckung** nach einem gewonnenen Prozess oder das **selbstständige Beweisverfahren**, dann erhält der RA hierfür nur aufgrund ausdrücklicher Beiordnung eine Vergütung aus der Staatskasse (siehe § 48 Abs. 5 RVG).

Für eine **Klageerweiterung** oder die Verteidigung gegen eine solche muss die PKH besonders beantragt und bewilligt und auch die Beiordnung besonders beantragt und angeordnet werden, wenn durch die Erhöhung des eingeklagten Betrages höhere Gerichts- und/oder Anwaltsgebühren entstehen.

Tätigkeiten des RA vor der Beiordnung lassen eine Erstattung der Gebühren durch die Staatskasse nur zu, wenn die Beiordnung mit rückwirkender Kraft erfolgt ist. Eine Rückwirkung auf einen Zeitpunkt vor der Antragstellung ist jedoch nicht möglich (Ausnahme: Straf- und Bußgeldsache, § 48 Abs. 6 RVG).

In einer **Ehesache** erstreckt sich die Beiordnung eines RA auch auf den **Abschluss eines Vergleichs** in bestimmten Angelegenheiten (siehe § 48 Abs. 3 RVG). In einer **Scheidungssache** er- 24 streckt sich die Bewilligung der **Verfahrenskostenhilfe** in der Regel nach § 48 Abs. 3 RVG auch auf die dort genannten Folgesachen, insbesondere auf den ohne Antrag im Zwangsverbund durchzuführenden Versorgungsausgleich (§ 149 FamFG).

Merke:

Der zeitliche und sachliche Umfang der Beiordnung ergibt sich aus dem Beiordnungsbeschluss.

Die PKH-Bewilligung und die Beiordnung müssen für jeden Rechtszug besonders erfolgen.

Für z. B. die Zwangsvollstreckung oder das selbstständige Beweisverfahren ist eine besondere Beiordnung notwendig.

25 **Zu § 49 RVG:** Ab einem **Gegenstandswert von mehr als 4.000 Euro** erhält der PKH-Anwalt gegenüber den normalen Gebühren (Tabelle zu § 13 RVG) gemäß § 49 RVG **verminderte Gebühren,** wobei die höchstmögliche Gebühr bei einem Gegenstandswert von mehr als 80.000 Euro stets 786 Euro beträgt, also sozusagen ab dann eine Festgebühr ist.

Bis zu einem Gegenstandswert von 4.000 Euro erhält der beigeordnete RA also die gleichen Gebühren wie der Wahlanwalt. Bei Werten von mehr als 4.000 Euro muss die **Tabelle zu § 49 RVG** verwendet werden. Bei Erstellung einer Vergütungsrechnung muss also bei Werten **oberhalb von 4.000 Euro** der § 49 RVG (anstelle des § 13 RVG) mit angegeben werden.

Zum besseren Verständnis sei deutlich gemacht, dass durch § 49 RVG nur eine andere Tabelle vorgegeben wird. Die einzelnen Gebühren berechnet der RA entsprechend seiner Tätigkeit nach denselben Nummern aus dem Vergütungsverzeichnis des RVG, die er auch ohne Beiordnung angewandt hätte. Im Zivilprozess im ersten Rechtszug wird z. B. eine 1,3 Verfahrensgebühr nach Nr. 3100 VV RVG und eine 1,2 Terminsgebühr nach Nr. 3104 VV RVG berechnet, wobei eben nur die Tabelle mit den verminderten Gebühren zur Anwendung gelangt. Falls er für die Zwangsvollstreckung beigeordnet ist, berechnet er eine 0,3 Verfahrensgebühr nach Nr. 3309 VV RVG. In der Berufungsinstanz werden die Gebühren nach Nrn. 3200 ff. VV RVG erhoben.

26 Prozesskostenhilfe kann grundsätzlich auch für das **Mahnverfahren** gewährt werden (BGH, Beschluss vom 21.08.2019 – VII ZB 48/16). Falls es nach Widerspruch zum Prozess kommt, entstehen wegen der Anrechnung der Gebühren kaum höhere Kosten.

27 Bei **mehreren Auftraggebern** erfolgt eine Erhöhung der Gebühren um 0,3 für jeden weiteren Auftraggeber, wenn allen Auftraggebern PKH bewilligt wurde (vgl. § 2 Rdn 32 ff.). Dies gilt auch für die Höchstgebühr aus der Tabelle von 786, die ja nur die Höchstgebühr bei einem Gebührensatz von 1,0 ist. So beträgt z. B. bei einem Gegenstandswert von 90.000,00 € bei zwei Auftraggebern eine 1,6 Verfahrensgebühr 1.257,60 €

28 Vergütungsvereinbarungen im PKH-Verfahren sind unwirksam (§ 3a Abs. 4 RVG).

Merke:

Bei einem Gegenstandswert von mehr als 4.000 Euro erhält der PKH-Anwalt verminderte Gebühren nach der Tabelle zu § 49 RVG.

Bei einem Gegenstandswert von mehr als 80.000 Euro steigt die Gebühr (1,0) für den PKH-Anwalt nach der Tabelle nicht über 786 Euro.

Die Gebühren der Tabelle zu § 49 RVG sind mit dem Gebührensatz der jeweiligen Gebühr aus dem Vergütungsverzeichnis zu multiplizieren.

Bei mehreren Auftraggebern wird die Verfahrensgebühr erhöht.

Zu § 50 RVG: Diese Vorschrift gewährt dem beigeordneten RA unter bestimmten Voraussetzungen einen weiteren Anspruch gegen die Staatskasse auf **Ausgleich der Gebührendifferenz** zwischen den Gebühren eines Wahlanwalts (Tabelle zu § 13 RVG) und eines beigeordneten RA (Tabelle zu § 49 RVG). Dies wird als **„weitere Vergütung"** bezeichnet. 29

Der beigeordnete RA hat einen gesetzlichen Anspruch gegen die Staatskasse auf die Erstattung der **„weiteren Vergütung"** bis zur Höhe der Wahlanwalts-Vergütung (§ 13 RVG), soweit Zahlungen der Partei und des erstattungspflichtigen Gegners (§§ 114, 115, 120, 125 ZPO) den Betrag übersteigen, den die Staatskasse für Gerichts- und Gerichtsvollzieherkosten sowie für beigeordnete RAe (§ 122 Abs. 1 Ziff. 1 ZPO) aufzubringen hat. Wie zu § 49 RVG erläutert, zahlt die Staatskasse dem beigeordneten RA ab einem Gegenstandswert von mehr als 4.000 Euro nur eine verminderte Vergütung. Wenn die „arme" Partei den Prozess verliert, muss sie gemäß § 114 ZPO Monatsraten an die Staatskasse zahlen. Falls die erbrachten Raten die von der Staatskasse an den RA zu leistende verminderte Vergütung übersteigen, hat der beigeordnete RA Anspruch auf den übersteigenden Betrag bis zur Höhe der Wahlanwalts-Vergütung gemäß § 13 RVG.

Die Staatskasse ist verpflichtet, bei Bewilligung von PKH nach § 114 ZPO höchstens 48 Monatsraten von der „armen" Partei einzuziehen, und zwar so lange, bis auch die „weitere Vergütung" des beigeordneten RA abgedeckt ist. Reichen die eingegangenen Ratenzahlungen jedoch nicht aus, geht der RA leer aus.

In § 50 Abs. 1 S. 2 RVG regelt den **Zeitpunkt der Festsetzung** der „weiteren Vergütung". Nach Beendigung einer jeden Instanz sollte der beigeordnete RA unverzüglich

- zusammen mit dem Antrag auf Festsetzung und Erstattung der PKH-Gebühren nach der Tabelle des § 49 RVG
- die Berechnung der Wahlanwalts-Vergütung (§ 13 RVG), abzüglich etwa geleisteter Zahlungen (§ 58 RVG), zu den Prozessakten mitteilen (§ 50 Abs. 2 RVG),

damit das Gericht die „weitere Vergütung" festsetzen kann. Der Antrag auf Festsetzung und Erstattung der PKH-Gebühren soll auf dem dafür vorgesehenen Formular gestellt werden, die „weitere Vergütung" kann auch formlos beantragt werden. Die „weitere Vergütung" wird allerdings nach § 50 Abs. 1 S. 2 RVG erst später festgesetzt, wenn das Verfahren durch rechtskräftige Entscheidung beendet ist und wenn keine Zahlungen von der Partei mehr zu erwarten sind.

Wenn der Gegner im Falle des Unterliegens die volle Vergütung gemäß Tabelle zu § 13 RVG zu erstatten hat, kann der beigeordnete RA zunächst die niedrigeren PKH-Gebühren von der Staatskasse verlangen und dann den Differenzbetrag – in Höhe der vorstehend beschriebenen „weiteren Vergütung" – im Wege des Kostenfestsetzungsverfahrens gegen den Gegner festsetzen lassen. Gemäß § 126 ZPO ist er dazu ausnahmsweise im eigenen Namen berechtigt.

Das Beispiel einer Vergütungsrechnung mit „weiterer Vergütung" finden Sie am Ende dieses Kapitels.

Merke:

Der beigeordnete RA hat einen Anspruch gegen die Staatskasse auf Erstattung der so genannten **„weiteren Vergütung"** in Höhe der Differenz zwischen den Wahlanwalts-Gebühren und den niedrigeren PKH-Gebühren.

Dieser Anspruch kann nur insoweit geltend gemacht werden, wie die Staatskasse Zahlungen über die ansonsten angefallenen Verfahrenskosten hinaus von der „armen" Partei (z. B. Raten) erhalten hat.

Zu § 54 RVG: Zum Verschulden des RA zählen z. B. gröbliche Pflichtverletzungen oder Ausschluss aus der Anwaltschaft wegen strafbarer Handlungen. 30

31 **Zu § 55 RVG:** Für dieses Vergütungsfestsetzungsverfahren ist **vor der Beendigung des Hauptverfahrens** der Urkundsbeamte der Geschäftsstelle des Gerichts des jeweiligen Rechtszuges zuständig (§ 55 Abs. 2 RVG). Dagegen ist beim normalen Kostenfestsetzungsverfahren gemäß §§ 103 ff. ZPO sowie beim Vergütungsfestsetzungsverfahren gemäß § 11 RVG (siehe § 2 Rdn 83 ff.) das Gericht des ersten Rechtszuges und dort der Rechtspfleger zuständig.

Nach der Beendigung des Hauptverfahrens ist der Urkundsbeamte der Geschäftsstelle des Gerichts des **ersten Rechtszuges** zuständig (§ 55 Abs. 1 RVG), auch nach einer Rechtsmittelinstanz. Dies gilt auch für die Festsetzung der „weiteren Vergütung".

Bei Beantragung der Vergütungsfestsetzung muss der RA anzeigen, ob und welche Zahlungen des Mandanten er bis zum Tag der Antragstellung (§ 55 Abs. 5 S. 2 RVG) und ob und welche Zahlungen er auf eine anzurechnende Gebühr (§ 55 Abs. 5 S. 3 RVG) erhalten hat. Nach Antragstellung erhaltene Zahlungen hat er gemäß § 55 Abs. 5 S. 4 RVG unverzüglich anzuzeigen. Falls solche Zahlungen geleistet wurden, hat der RA alle zu einer eventuellen Gebührenanrechnung notwendigen Angaben zu machen. Sinn dieser Vorschrift ist, dass etwaig anzurechnende Gebühren gegenüber der Staatskasse berücksichtigt werden können (§ 58 Abs. 2 RVG, siehe dort). Es könnte z. B. der RA für den Mandanten zunächst als Wahlanwalt außergerichtlich tätig geworden sein, wofür eine Geschäftsgebühr nach Nr. 2300 VV RVG entstanden und bezahlt sein könnte, die – nach Bewilligung der Prozesskostenhilfe erst für den nachfolgenden Prozess – auf die von der Staatskasse zu zahlende Vergütung unter den in § 58 Abs. 2 S. 2 RVG genannten Voraussetzungen anzurechnen wäre.

Besonders zu beachten ist § 55 Abs. 6 RVG, damit der Anspruch auf die PKH-Vergütung und die „weitere Vergütung" nicht erlischt. Der RA muss also innerhalb der ihm vom Urkundsbeamten gesetzten Monatsfrist seinen Festsetzungsantrag bei dem Gericht einreichen.

32 **Zu § 56 RVG:** Legt der RA gegen die Entscheidung über die Festsetzung der Vergütung Erinnerung oder Beschwerde ein, so erhält er dafür keine Gebühren (§ 56 Abs. 2 RVG).

33 **Zu § 58 RVG:** Sämtliche **Vorschüsse** oder Zahlungen, die der beigeordnete RA von seinem Auftraggeber oder einem Dritten erhält, sind gemäß § 58 Abs. 2 S. 1 RVG **zuerst** auf die ihm nach § 50 RVG zustehende „weitere Vergütung" anzurechnen, was für den RA zum Vorteil ist (OLG Koblenz, Beschluss vom 30.07.2012 – 14 W 360/12). Besteht bei einem Gegenstandswert von 4.000 Euro oder weniger kein Anspruch auf eine „weitere Vergütung", da die PKH-Vergütung nach der Tabelle des § 13 RVG berechnet wird, so sind sämtliche gezahlten Vorschüsse auf die von der Staatskasse zu zahlenden Beträge anzurechnen. Siehe hierzu auch das weiter unten stehende Beispiel.

Es kann z. B. sein, dass vor Bewilligung der PKH der später beigeordnete RA für die „arme" Partei einen **Antrag auf Bewilligung** von PKH gestellt hat und dafür von der Partei einen Vorschuss in Höhe einer Gebühr nach Nr. 3335 VV RVG erhalten hat. Nach erfolgter Beiordnung reicht der RA die Klage ein, nach deren Zustellung der Schuldner sofort zahlt. Hierzu ein Beispiel:

> *Beispiel:*
>
> Gegenstandswert 10.000,00 €. Die 1,0 Verfahrensgebühr gemäß §§ 2, 13 RVG, Nr. 3335 VV RVG beträgt 652,00 €. Darauf lässt sich der RA von seinem Auftraggeber 500,00 € als Vorschuss zahlen. Die 1,3 Verfahrensgebühr für den Hauptprozess macht nach Bewilligung der Prozesskostenhilfe gemäß §§ 2, 13, 45 Abs. 1, **49** RVG, Nr. 3100 VV RVG nur 486,20 € aus. Für einen Wahlanwalt hätte diese 1,3 Verfahrensgebühr gemäß den §§ 2, 13 RVG, Nr. 3100 VV RVG jedoch 847,60 € betragen. Wegen § 16 Ziff. 2 RVG (Dieselbe Angelegenheit) kann der RA nun insgesamt nicht mehr als die 1,3 Verfahrensgebühr nach der Tabelle des § 49 RVG verlangen, die Gebühr nach Nr. 3335 VV RVG geht in dieser auf.

Die „weitere Vergütung", also die Differenz zwischen der Wahlanwaltsgebühr und der PKH-Gebühr beträgt hier 847,60 € – 486,20 €, also 361,40 €. Diese 361,40 € muss der RA sich von dem Vorschuss nicht anrechnen lassen, sodass nur 500,00 € – 361,40 € = 138,60 € auf die von der Staatskasse gemäß den §§ 45 ff. RVG zu zahlende Vergütung anzurechnen sind. Aus der Staatskasse kann er folglich noch 486,20 € – 138,60 € = 347,60 € verlangen. Der Vorschuss und die von der Staatskasse erhaltene Zahlung führen dazu, dass der RA in diesem Beispiel die volle Wahlanwaltsgebühr von 847,60 € (500,00 € + 347,60 €) erhält. Zu allen Gebühren kommen selbstverständlich noch die Auslagenpauschale und die Umsatzsteuer hinzu.

Hinweis:

In vorstehendem Beispiel wurde die Vorschusszahlung des Mandanten für die im Bewilligungsverfahren entstandene Verfahrensgebühr geleistet. Es kann jedoch auch sein, dass vor der PKH-Bewilligung eine außergerichtliche **Geschäftsgebühr** angefallen war, auf die der Mandant bereits eine Zahlung erbracht hat. Durch § 58 Abs. 2 S. 2 RVG wird nun angeordnet, dass die Zahlung auf die Geschäftsgebühr zunächst nicht auf die 1,3 Verfahrensgebühr (PKH) anzurechnen ist, sondern erst einmal auf die „weitere Vergütung". Nur wenn die erhaltene Zahlung höher ist als die „weitere Vergütung", erfolgt eine Anrechnung auf die von der Staatskasse zu zahlende 1,3 Verfahrensgebühr (PKH).

Mit § 58 Abs. 2 S. 2 RVG wird nur verhindert, dass durch die eigentlich vorgeschriebene Anrechnung der Geschäftsgebühr die dem RA aus der Staatskasse zu zahlende Vergütung gemindert wird. Die Berechnung ist demnach die gleiche wie in vorstehendem Beispiel.

Damit die Staatskasse dies berechnen kann, ist der RA nach § 55 Abs. 5 RVG verpflichtet, alle erhaltenen Zahlungen anzuzeigen.

Zu § 59 RVG: Diese Vorschrift regelt den Übergang der Ansprüche von dem RA auf die Staatskasse, nachdem diese ihm die Gebühren und Auslagen erstattet hat, damit die Staatskasse diese Gebühren und Auslagen im Wesentlichen beim Gegner eintreiben kann, falls dieser erstattungspflichtig ist. Zweck der Vorschrift ist, dass die Staatskasse ihre Aufwendungen von einer ersatzpflichtigen Partei zurückholen kann. 34

Zu § 59a RVG: In einem **Strafverfahren** können sich Zeugen nach § 68b StPO einen RA als Beistand nehmen. Wenn einem „armen" Zeugen der Beistand vom Gericht beigeordnet wurde, erhält der RA nach § 45 Abs. 3 RVG seine Vergütung aus der Staatskasse. Das Gleiche gilt, wenn die Staatsanwaltschaft nach den §§ 161a Abs. 1 S. 2, 163 Abs. 3 S. 2 StPO einem Zeugen für die Vernehmung einen RA als Beistand beiordnet. Auch Beistandsbestellungen durch das Bundesamt für Justiz werden gemäß § 59a Abs. 3 RVG wie gerichtliche Bestellungen behandelt. 35

Zu § 126 ZPO: Wenn der Gegner den Prozess verloren hat, muss er der „armen" Partei die Gerichtskosten und die Gebühren ihres RA erstatten. Der RA macht **normalerweise im Namen seiner Partei** diese Verfahrenskosten im Kostenfestsetzungsverfahren gemäß den §§ 103 ff. ZPO gegen den Gegner geltend. 36

Im Falle der Beiordnung kann der RA jedoch die vom Gegner an seine Partei zu erstattenden Gebühren und Auslagen **im eigenen Namen** festsetzen lassen. Er ist im Gegensatz zur normalen Kostenfestsetzung (§§ 103 ff. ZPO) dann selbst Partei in diesem Festsetzungsverfahren. Der Wille dazu muss aus dem Kostenfestsetzungsantrag klar hervorgehen. Beantragt wird die volle gesetzliche Vergütung gemäß der Tabelle zu § 13 RVG, da der Gegner keinen Anspruch darauf hat, nur die niedrigeren PKH-Gebühren aus der Tabelle zu § 49 RVG zu zahlen.

Hinweis:

Da die Staatskasse eine mit Sicherheit zahlungsfähige Schuldnerin ist, lassen viele RAe – wenn der Gegner ihres „armen" Auftraggebers den Prozess verloren hat – sich die ermäßigten PKH-Gebühren und die Auslagen von der Staatskasse zahlen und beantragen im Kostenfestsetzungsverfahren gemäß § 126 ZPO nur die Festsetzung der Differenz bis zur normalen Vergütung gegen den Gegner. In diesem Fall ist also im Kostenfestsetzungsantrag die von der Staatskasse erhaltene Vergütung anzugeben und in Abzug zu bringen. Die Staatskasse holt sich dann später die gezahlte PKH-Vergütung vom unterlegenen Gegner zurück.

37 Nachstehend soll die Berechnung der Vergütung des im Rahmen der Prozesskostenhilfe beigeordneten RA anhand eines Beispiels erläutert werden. Die Abrechnung ist unterschiedlich vorzunehmen, je nachdem, ob der „arme" Mandant oder der Gegner den Prozess verloren hat.

Beispiel:

Beispiel zur Berechnung der Vergütung des beigeordneten RA:

In einem Prozess wegen einer Forderung von 10.000,00 € beträgt die Vergütung des **beigeordneten RA aus der Staatskasse (§ 49 RVG):**

Gegenstandswert: 10.000,00 €

1,3	Verfahrensgebühr gem. §§ 2, 45 Abs. 1, 49 RVG, Nr. 3100 VV RVG	486,20 €
1,2	Terminsgebühr gem. §§ 2, 45 Abs. 1, 49 RVG, Nr. 3104 VV RVG	448,80 €
20 %	Pauschale für Post- und Telekommunikationsentgelte gem. §§ 45 Abs. 1, 2 Abs. 2 S. 1 RVG, Nr. 7002 VV RVG	20,00 €
		955,00 €
19 %	USt. gem. §§ 45 Abs. 1, 2 Abs. 2 S. 1 RVG, Nr. 7008 VV RVG	181,45 €
		1.136,45 €

Die Vergütung eines **Wahlanwaltes** (Tabelle zu § 13 RVG) würde in diesem Fall betragen:

Gegenstandswert: 10.000,00 €

1,3	Verfahrensgebühr gem. §§ 2, 13 RVG, Nr. 3100 VV RVG	847,60 €
1,2	Terminsgebühr gem. §§ 2, 13 RVG, Nr. 3104 VV RVG	782,40 €
20 %	Pauschale für Post- und Telekommunikationsentgelte gem. § 2 Abs. 2 S. 1 RVG, Nr. 7002 VV RVG	20,00 €
		1.650,00 €
19 %	USt. gem. § 2 Abs. 2 S. 1 RVG, Nr. 7008 VV RVG	313,50 €
		1.963,50 €

Wenn nun der „arme" **Auftraggeber** den Prozess verloren hat, so kann sein RA gemäß § 50 RVG die „weitere Vergütung" erhalten, sofern die Voraussetzungen des § 50 Abs. 1 RVG vorliegen. Die dem beigeordneten RA zustehende „**weitere Vergütung**" wird dann als Differenz zwischen der Vergütung des Wahlanwalts und des PKH-Anwalts berechnet: 1.963,50 € – 1.136,45 € = **827,05 €**.

Die nachstehende Darstellung der Verrechnung von Vorschüssen nach § 58 Abs. 2 S. 1 RVG wird den im Gebührenrecht fortgeschrittenen Leserinnen und Lesern zur Nachberechnung empfohlen (vgl. auch Rdn 33):

1. Version: Der RA hat von seinem Auftraggeber einen **Vorschuss** von 1.000,00 € erhalten. Dieser Vorschuss übersteigt die „weitere Vergütung" um 172,95 € (= 1.000,00 € – 827,05 €), sodass der RA sich die 172,95 € gemäß § 58 Abs. 2 RVG auf die von der Staatskasse zu zahlende Vergütung anrechnen lassen muss, also 1.136,45 € – 172,95 € = 963,50 €. Von der PKH-Vergütung kann der RA noch diese 963,50 € von der Staatskasse verlangen. Im Ergebnis erhält der RA also zusammen mit dem Vorschuss die volle Vergütung wie ein Wahlanwalt.

Hätte dagegen der **Gegner** den Prozess verloren, könnte der RA **a)** gemäß § 126 ZPO die volle Vergütung von 1.963,50 € gegen ihn festsetzen lassen oder **b)** sich in diesem Fall die 963,50 € von der Staatskasse auszahlen lassen und die Differenz zur Vergütung gemäß § 13 RVG in Höhe von 1.000,00 € gemäß § 126 ZPO gegen den Gegner festsetzen lassen. Eine Rückzahlung des vom Mandanten erhaltenen Vorschusses in Höhe von 1.000,00 € an den Mandanten darf nicht erfolgen, weil durch diese Zahlung bereits Erfüllungswirkung eingetreten ist und eine Rückzahlung die Staatskasse benachteiligen würde. Diese muss aufgrund der gemäß § 58 Abs. 2 S. 1 RVG vorzunehmenden Anrechnung ja statt 1.136,45 € nur 963,50 € erstatten.

2. Version: Hätte nun der **Vorschuss** nur 600,00 € betragen, wäre kein Überschuss über die „weitere Vergütung" von 827,05 € entstanden. Die Differenz zwischen der PKH-Vergütung (1.136,45 €) und der Vergütung gemäß § 13 RVG (1.963,50 €) ist mit 827,05 € höher als die Vorschusszahlung in Höhe von 600,00 €, sodass der Vorschuss vollständig in diesem Differenzbetrag aufgeht und nichts mehr für eine Anrechnung verbleibt. Auf die von der Staatskasse zu zahlende PKH-Vergütung wäre demnach nichts anzurechnen. Nach dem verlorenen Prozess würde die Staatskasse dem RA die PKH-Vergütung dann in voller Höhe von 1.136,45 € auszahlen.

Hätte der **Gegner** den Prozess verloren, könnte der RA **a)** gemäß § 126 ZPO die volle Vergütung von 1.963,50 € gegen ihn festsetzen lassen oder **b)** sich in diesem Fall die vollen 1.136,45 € von der Staatskasse auszahlen lassen und die Differenz zur Vergütung gemäß § 13 RVG in Höhe von 827,05 € gemäß § 126 ZPO gegen den Gegner festsetzen lassen.

Hinweis: 38

In Prozesskostenhilfesachen wird die **Auslagenpauschale für Post- und Telekommunikationsdienstleistungen** gemäß Nr. 7002 Anmerkung Abs. 2 VV RVG nach den Prozesskostenhilfegebühren (Tabelle zu § 49 RVG) berechnet. Dies kann sich insbesondere bei niedrigen Gebührensätzen, z. B. bei Vollstreckungsaufträgen, auswirken.

Merke:

Nach § 58 Abs. 2 S. 1 RVG darf der beigeordnete RA Zahlungen und Vorschüsse zunächst mit der „weiteren Vergütung" (§ 50 RVG) verrechnen. Die danach verbleibenden Beträge muss er sich auf die von der Staatskasse zu zahlende PKH-Vergütung (Tabelle in § 49 RVG) anrechnen lassen.

Bei Gegenstandswerten bis 4.000,00 € muss er sich alle Zahlungen und Vorschüsse auf die PKH-Vergütung anrechnen lassen.

Hat der RA eine Zahlung auf eine anzurechnende Gebühr erhalten (z. B. auf die Geschäftsgebühr nach Nr. 2300 VV RVG, die nach Vorbem. 3 Abs. 4 VV RVG hälftig, höchstens mit 0,75, auf die Verfahrensgebühr anzurechnen ist, muss er diese Zahlung gemäß § 55 Abs. 5 S. 3 RVG anzeigen. Die Anrechnung richtet sich dann nach § 58 Abs. 2 S. 2 RVG.

D. Die Vergütung für die Beratungshilfe (§ 44 RVG, Nrn. 2500 ff. VV RVG)

39 → *Dazu Aufgaben Gruppe 18*

Dem RA steht gegenüber dem Rechtsuchenden, den er berät, gemäß Nr. 2500 VV RVG eine **Beratungshilfegebühr** von 15,00 € zu, die er nach dessen wirtschaftlichen Verhältnissen ermäßigen oder erlassen kann. Diese Schutzgebühr von 15,00 € erhält der RA ohne zusätzliche Auslagen und Umsatzsteuer, da dies in der Anmerkung zu Nr. 2500 VV RVG ausdrücklich so angeordnet ist. Bei mehreren Auftraggebern ist **keine Erhöhung** der Beratungshilfegebühr nach Nr. 1008 VV RVG zulässig; bei mehreren ratsuchenden Personen in einer Angelegenheit entsteht sie gemäß § 15 Abs. 2 RVG nur einmal.

> *Hinweis:*
>
> In der Beratungshilfegebühr von 15,00 € sind die 19 % USt. enthalten. Der RA muss diese Umsatzsteuer in Höhe von 2,39 € heraus rechnen (19 x 15 : 119) und an das Finanzamt abführen. Es verbleibt ihm also von der Gebühr ein Betrag von 12,61 €.

Die Bewilligung von Beratungshilfe bewirkt, dass der RA gegen den Rechtsuchenden keinen Anspruch auf Vergütung mit Ausnahme der Beratungshilfegebühr geltend machen darf (§ 8 Abs. 2 BerHG, § 44 S. 2 RVG).

Sollte die Beratungshilfe bei nachträglicher Antragstellung nicht bewilligt oder später aufgehoben werden, so hat der Rechtsuchende den RA selbst zu bezahlen, wenn er bei Mandatsübernahme auf diese mögliche Folge hingewiesen wurde (§ 8a Abs. 2 BerHG). Der RA kann dann gegenüber dem Rechtsuchenden die Vergütung nach dem RVG berechnen. Nur für den Fall der Ablehnung oder Aufhebung der Beratungshilfe darf der RA mit dem Rechtsuchenden auch eine Vergütungsvereinbarung (§ 3a Abs. 4 RVG) abschließen, da dann die Staatskasse dem RA keine Vergütung schuldet. Andererseits darf der RA gegenüber dem Rechtsuchenden sogar ganz auf eine Vergütung verzichten, wenn die persönlichen und wirtschaftlichen Verhältnisse des Auftraggebers so sind, dass Beratungshilfe beantragt werden kann (§ 4 Abs. 1 S. 3 RVG); dieser Verzicht gilt jedoch nicht gegenüber einem eventuell erstattungspflichtigen Gegner (§ 9 BerHG).

Der RA erhält zusätzlich zur Beratungshilfegebühr, die ihm nur sein Auftraggeber schuldet, folgende **Vergütung aus der Landeskasse** (§ 44 RVG) in Form von Festgebühren:

40 ■ **Beratungsgebühr**

Gemäß Nr. 2501 VV RVG erhält der RA für einen Rat oder eine Auskunft (anstelle der normalen Beratungsgebühr) eine **Beratungsgebühr** als Festgebühr von 42,00 € zuzüglich Auslagen und USt. aus der Landeskasse. Die Gebühr ist auf eine Gebühr für eine sonstige Tätigkeit **anzurechnen**, die mit der Beratung zusammenhängt. Bei mehreren Auftraggebern ist **keine Erhöhung** der Beratungsgebühr zulässig, da sie Nr. 1008 VV RVG nicht aufzählt (OLG Frankfurt, Beschluss vom 15.02.2018 – 20 W 166/17). Siehe auch § 2 Rdn 49 f.

> *Achtung:*
>
> Die **Postentgeltpauschale** wird nach der Anmerkung Abs. 2 zu Nr. 7002 VV RVG nach den Gebühren für die Beratungshilfe berechnet, jedoch nicht von der Beratungshilfegebühr.
>
> Bei Erteilung eines **mündlichen Rates** werden jedoch in der Regel keine Post- und Telefonentgelte entstehen, also auch keine Auslagenpauschale gemäß Nr. 7002 VV RVG! Fallen hier aber tatsächlich Post- und Telefonentgelte an, kann natürlich auch die Pauschale erhoben werden (42,00 €, davon 20 %: 8,40 €). Bei einer strafrechtlichen Beratung könnte aber für die eventuell erforderliche Akteneinsicht die Aktenversendungspauschale entstanden sein.

■ **Geschäftsgebühr** 41

Gemäß Nr. 2503 VV RVG erhält der RA für außergerichtliche Tätigkeiten (Vertretung nach außen) eine **Geschäftsgebühr** als Festgebühr von 102,00 € zuzüglich Auslagen und USt. Diese Pauschgebühr entsteht anstelle der normalen Geschäftsgebühr nach Nr. 2300 VV RVG.

Eine **Erhöhung für mehrere Auftraggeber** mit Berechtigungsschein ist gemäß Nr. 1008 VV RVG möglich; für jeden weiteren Auftraggeber erhöht sich die Festgebühr um 30 % – bis maximal auf 306,00 € (102,00 € + 204,00 € wegen der Anmerkung Abs. 3 zu Nr. 1008 VV RVG). Dies wird zwar von einigen Gerichten wegen der Vorbemerkung 2.5 VV RVG bestritten – danach entstehen im Rahmen der Beratungshilfe Gebühren ausschließlich nach Nrn. 2500 – 2508 VV RVG –, ist aber wegen Vorbemerkung 1 VV RVG unzutreffend. Dort wird ausdrücklich klargestellt, dass die Gebühren aus Teil 1 VV RVG neben den in anderen Teilen bestimmten Gebühren entstehen.

Die Geschäftsgebühr ist bei einem anschließenden gerichtlichen oder behördlichen Verfahren **zur Hälfte anzurechnen.** Für ein späteres Verfahren auf Vollstreckbarerklärung eines Anwaltsvergleichs (siehe § 2 Rdn 166 ff.) ist diese Festgebühr zu einem Viertel anzurechnen.

■ **Einigungsgebühr** 42

Gemäß Nr. 2508 VV RVG erhält der RA, soweit seine außergerichtliche Tätigkeit zu einer Einigung (Nr. 1000 VV RVG) führt, zusätzlich eine weitere Festgebühr (**Einigungsgebühr**) von 180,00 € zuzüglich Auslagen und Umsatzsteuer; soweit die Tätigkeit zur Erledigung einer verwaltungsrechtlichen Sache führt, heißt die Gebühr **Erledigungsgebühr** (Nr. 1002 VV RVG). Die Einigungs- oder Erledigungsgebühr kann neben der Geschäftsgebühr nach Nr. 2503 VV RVG entstehen. Da die Anmerkungen zu Nr. 1000 VV RVG gelten, kann die Einigungsgebühr als Festgebühr auch für eine Zahlungsvereinbarung entstehen.

Der Vergütungsanspruch auf die Gebühren ist mit Hilfe des dafür vorgesehenen amtlichen Formulars beim Amtsgericht, welches den Berechtigungsschein erteilt oder über den Antrag auf Beratungshilfe noch zu entscheiden hat, geltend zu machen. Der RA wird dabei in der Regel kurz darlegen müssen, welche außergerichtlichen Tätigkeiten er im Rahmen der Beratungshilfe ausgeübt hat, bzw., ob seine Tätigkeit ursächlich für den Abschluss eines Vertrages über eine Einigung war. Denn gemäß § 55 Abs. 5 S. 1 RVG i. V. m. § 104 Abs. 2 S. 1 und 2 ZPO sind die Ansätze darzulegen und ggf. glaubhaft zu machen. 43

Ist der Gegner verpflichtet, dem Rechtsuchenden die Kosten der Wahrnehmung seiner Rechte zu ersetzen, hat er nach § 9 BerHG die volle gesetzliche Vergütung für die Tätigkeit des RA (Gebühren laut Tabelle aus der Anlage zu § 13 RVG) zu zahlen. Der Anspruch geht auf den RA über. Zahlungen, die der RA vom Gegner erhält, werden auf die Vergütung aus der Landeskasse angerechnet. 44

Beispiel:

RA Gottschalk berät auftragsgemäß die Witwe Anna Nass mündlich in einer Erbschaftssache. Beratungshilfe wurde bewilligt. Wegen einer kurzen Nachfrage führt RA Gottschalk ein Telefongespräch mit einem Rechtspfleger des Nachlassgerichts.

Vergütung bei Beratungshilfe:

	Beratungsgebühr gem. §§ 2, 44 S. 1 RVG, Nr. 2501 VV RVG	42,00 €
20 %	Pauschale für Post- und Telekommunikationsentgelte* gem. §§ 2 Abs. 2 S. 1, 44 S. 1 RVG, Nr. 7002 VV RVG	8,40 €
		50,40 €
19 %	USt. gem. §§ 2 Abs. 2 S. 1, 44 S. 1 RVG, Nr. 7008 VV RVG	9,58 €
		59,98 €

	Beratungshilfegebühr gem. §§ 2, 44 S. 2 RVG, Nr. 2500 VV RVG**	12,61 €
19 %	USt. gem. §§ 2 Abs. 2 S. 1, 44 S. 1 RVG, Nr. 7008 VV RVG	2,39 €
		74,98 €

* Es sind Auslagen für ein Telefongespräch entstanden. Die Pauschale wird mit 20 % von der Beratungsgebühr nach Nr. 2501 VV RVG berechnet. Siehe oben unter „Achtung".

** Rechnen Sie die Beratungshilfegebühr (15,00 €) wegen der Auslagen nicht mit den anderen Gebühren zusammen.

45 **Merke:**

Bei Beratungshilfe kann der RA folgende Vergütung erhalten:

- eine **Beratungshilfegebühr** von 15,00 € einschließlich Auslagen und USt. vom Rechtsuchenden (Verzicht möglich)
  und von der Staatskasse (zuzüglich Auslagen und USt.)
- eine **Beratungsgebühr** von 42,00 € (anzurechnen)
- eine **Geschäftsgebühr** von 102,00 € (hälftig anzurechnen)
- eine **Einigungsgebühr** von 180,00 € (zusätzlich zur Geschäftsgebühr)

46 *Hinweis:*

In **Familiensachen** geht es im Falle Beratungshilfe häufig um Ehescheidungen und die Folgesachen. Es ist umstritten, ob es sich hierbei um nur eine oder mehrere Angelegenheiten im Sinne des § 15 Abs. 2 RVG handelt. Mehrere Oberlandesgerichte haben deshalb für die Beratungshilfe in Familiensachen den Begriff der Angelegenheit so definiert, dass es grundsätzlich höchstens vier verschiedene Angelegenheiten geben kann:

1. Die Scheidung als solche.
2. Das persönliche Verhältnis zu den Kindern (Sorgerecht, Umgangsrecht).
3. Ehewohnung und Hausrat.
4. Finanzielle Folgen (Unterhalt, Güterrecht, Vermögensauseinandersetzung).

Die Beratungstätigkeit des RA ist diesen vier Bereichen zuzuordnen, sodass er bestenfalls Gebühren in vier Angelegenheiten verdienen kann. Siehe z. B. OLG München (Beschluss vom 26.02.2015 – 11 WF 1738/14), OLG Frankfurt/Main (Beschluss vom 12.05.2014 – 20 W 237/13) sowie OLG Düsseldorf (Beschluss vom 01.02.2018 – I-10 W 24/18).

§ 10 Die Gebühren in Strafsachen und in Bußgeldverfahren (Teile 4 und 5 VV RVG)

A. Allgemeines

→ *Dazu Aufgaben Gruppe 22* 1

Hinweis:
In den folgenden Kapiteln werden zunächst die Gemeinsamkeiten bei den Gebührenvorschriften in Straf- und Bußgeldsachen dargestellt, danach die Gebühren in Strafsachen und ab Rdn 99 die wesentlichen Gebühren in Bußgeldsachen.

Die Berechnung der Gebühren in Strafsachen und in Bußgeldverfahren (Teile 4 und 5 VV RVG) 2
unterscheidet sich von der Berechnung der Gebühren insbesondere in bürgerlichen Rechtsstreitigkeiten (Teil 3 VV RVG) ganz erheblich. Die Gebühren in diesen beiden Bereichen unterscheiden sich deshalb so voneinander, weil auch die Tätigkeiten des RA jeweils ganz unterschiedlicher Natur sind. In Strafsachen liegt das Hauptgewicht der Tätigkeit des Strafverteidigers in seinem Auftreten in der oft lange dauernden Hauptverhandlung. Dagegen wird in Zivilsachen die Arbeitszeit des RA überwiegend durch die Beschaffung der notwendigen Informationen in Gesprächen mit dem Auftraggeber, den Schriftwechsel mit dem Auftraggeber sowie Dritten und die Anfertigung von Schriftsätzen – insgesamt also einer mehr schriftlichen Tätigkeit – in Anspruch genommen, während die mündlichen Verhandlungen im Zivilprozess häufig nur von kurzer Dauer sind bzw. ganz entfallen, wie z. B. im Mahnverfahren oder beim anwaltlichen Aufforderungsschreiben.

Dies wird im RVG auch dadurch berücksichtigt, dass der Prozessbevollmächtigte in bürgerlichen 3
Rechtsstreitigkeiten in der Regel **Wertgebühren** erhält, die nach dem Gegenstandswert und nach vorgeschriebenen Gebührensätzen aus der in einer Tabelle vorgegebenen Gebühr ermittelt werden. In Strafsachen sieht das Gesetz dagegen für den Wahlverteidiger in der Regel für jeden einzelnen Verhandlungstag **Rahmengebühren** (Betragsrahmengebühren) vor, bei denen die Gebühr innerhalb des Gebührenrahmens nach billigem Ermessen unter Berücksichtigung aller Umstände zu bestimmen ist (§ 14 RVG).

Auch für die Gebühren in Straf- und Bußgeldsachen gelten grundsätzlich die allgemeinen Bestimmungen der Abschnitte 1 bis 3 des Gesetzesteils des RVG und die Teile 1 und 2 des Vergütungsverzeichnisses, insbesondere:

§ 2 Abs. 2	Hinweis auf das Vergütungsverzeichnis (Anlage 1)
§§ 3a, 4a	Vereinbarung der Vergütung
§ 6	Mehrere Rechtsanwälte
§ 7	Mehrere Auftraggeber (nur in ganz bestimmten Fällen anwendbar)
§§ 8 bis 10	Fälligkeit, Vorschuss, Berechnung der Gebühren
§ 14	Rahmengebühren
§ 15	Abgeltungsbereich der Gebühren
§ 17	Verschiedene Angelegenheiten (Ziff. 10 bis 13)
§ 19	Rechtszug (Ziff. 10 und 10 a)
§§ 20, 21	Verweisung, Zurückverweisung
§ 34	Beratungsgebühr
Nrn. 7000 ff. VV	Die Vorschriften über Auslagen gelten auch in Straf- und Bußgeldsachen

4 Die Gebühren in Straf- und Bußgeldsachen sind grundsätzlich **Pauschgebühren**, die alle Tätigkeiten des RA innerhalb einer Instanz abgelten, und zwar von der Entgegennahme des Auftrags bis zur Entgegennahme des Urteils und seiner Weiterleitung an den Auftraggeber sowie der Beratung des Auftraggebers über die Zulässigkeit und Zweckmäßigkeit der Einlegung von Rechtsmitteln und das Kostenfestsetzungsverfahren (§ 15 Abs. 1 und 2 RVG). Dazu gehört auch noch die **Einlegung von Rechtsmitteln** (Berufung, Revision) bei dem Gericht desselben Rechtszuges (§ 19 Ziff. 10 RVG) und natürlich auch die Beratung über Zulässigkeit und Zweckmäßigkeit der Rechtsmitteleinlegung. Dadurch soll vermieden werden, dass ein Verurteilter aus Kostengründen davor zurückschreckt, sich über die Rechtsmittelaussichten beraten zu lassen und deswegen darauf verzichtet, innerhalb der kurzen Frist von einer Woche Berufung oder Revision einzulegen (§§ 314 Abs. 1, 341 Abs. 1 StPO).

Dagegen gehört die **Begründung** der Berufung oder der Revision bereits zur nächsten Instanz, ebenso wie die Rücknahme einer zur Fristwahrung eingelegten Berufung oder Revision! Das Beschwerdeverfahren bildet – anders als im Zivilprozess (Nr. 3500 VV RVG) – nach § 19 Nr. 10a RVG keine besondere Angelegenheit (Ausnahme: Beschwerde im Kostenfestsetzungsverfahren, siehe unten in Rdn 86).

5 Nur die **Terminsgebühren** sind in Straf- und Bußgeldsachen keine gleichartigen Pauschgebühren wie in Zivilverfahren, denn sie entstehen grundsätzlich für jeden einzelnen Verhandlungstag und nicht nur einmal pro Angelegenheit.

6 Die Rechtsanwaltsgebühren sind in Strafsachen in ihrer Höhe auch davon abhängig, ob der RA als Verteidiger frei gewählt worden ist (**Wahlverteidiger**) oder ob er bei notwendiger Verteidigung nach §§ 140 ff. StPO vom Gericht als **Pflichtverteidiger** bestellt worden ist. Der Wahlverteidiger verdient **Betragsrahmengebühren**, der Pflichtverteidiger erhält aus der Staatskasse **Festgebühren**.

Zu den Strafverfahren (Teil 4 VV RVG) gehören z. B. auch Jugendstrafverfahren. Nicht dazu gehören die Bußgeldverfahren (Teil 5 VV RVG). Trotzdem sind die Gebührenregelungen in den Teilen 4 und 5 VV RVG zumindest ähnlich. In den nachfolgenden Ausführungen werden daher meist nur Strafsachen erwähnt; die Erläuterungen gelten aber für die Bußgeldsachen meistens in gleicher Weise.

7 Da die Gebühren der Teile 4 und 5 des Vergütungsverzeichnisses des RVG für den Wahlverteidiger **Betragsrahmengebühren** sind, ist noch zu beachten, dass eine Festsetzung der Vergütung gegen den eigenen Mandanten gemäß § 11 Abs. 8 RVG nur zulässig ist, wenn der RA nur die Mindestgebühren aus dem jeweiligen Rahmen geltend macht oder der Auftraggeber der Höhe der Gebühren ausdrücklich zugestimmt hat. Der RA muss andernfalls folglich seine Gebühren und Auslagen auf dem normalen Klageweg gegen seinen Auftraggeber geltend machen. Das Gericht muss dann nach § 14 Abs. 3 RVG ein kostenloses Gutachten des Vorstandes der Rechtsanwaltskammer einholen, es sei denn, der RA fordert nur die Mindestgebühr oder der Streit geht nicht um die Höhe der Rahmengebühr.

In der Praxis werden von den frei gewählten Verteidigern häufig Vergütungsvereinbarungen (§ 3a RVG, siehe § 2 Rdn 10 ff.) mit den Beschuldigten getroffen. Die vereinbarten Honorare werden allerdings bei Freispruch des Beschuldigten (§ 467 StPO: „notwendige Auslagen“) nicht von der Staatskasse erstattet, wenn sie die gesetzlichen Höchstgebühren übersteigen!

Merke:

In Strafsachen entstehen für den Wahlverteidiger Betragsrahmengebühren und für den Pflichtverteidiger Festgebühren.

Die allgemeinen Bestimmungen der Abschnitte 1 bis 3 des Gesetzesteils des RVG gelten auch in Strafsachen.

Der Rechtszug in Strafsachen erstreckt sich bis zur Einlegung der Rechtsmittel der Berufung und Revision, aber nicht mehr bis zu deren Begründung.

Wahlverteidiger erhalten höhere Gebühren als Pflichtverteidiger.

B. Besonderheiten bei der Berechnung der Rahmengebühren

Die oben (siehe § 2 Rdn 108 ff.) dargestellten Grundlagen der Berechnung von **Rahmengebühren** 8 gelten selbstverständlich auch für die Gebühren in Strafsachen. Nach § 14 RVG bestimmt der RA die Gebühr im Einzelfall unter Berücksichtigung aller Umstände, insbesondere der Bedeutung der Angelegenheit, des Umfangs und der Schwierigkeit der anwaltlichen Tätigkeit sowie der Vermögens- und Einkommensverhältnisse des Auftraggebers nach billigem Ermessen. Auch in Strafsachen gilt, dass von der **Mittelgebühr** auszugehen ist, wenn keine besonderen Umstände erkennbar sind, die eine Erhöhung oder eine Ermäßigung rechtfertigen.

In Strafsachen sind jedoch naturgemäß einige **besondere Überlegungen** anzustellen:

- **Bedeutung der Angelegenheit:** Für einen nicht vorbestraften Beschuldigten kann die Bedeutung schwerer wiegen. Wenn es um Entzug eines Führerscheins geht, ist die Bedeutung für einen beruflich auf das Autofahren angewiesenen Beschuldigten (z. B. Taxifahrer) höher als z. B. für einen Rentner. Bei einer zu erwartenden nicht zur Bewährung ausgesetzten Freiheitsstrafe ist die Bedeutung für den Beschuldigten erheblich höher als bei einer zu erwartenden Geldstrafe. In den genannten Fällen kann daher ggf. auch eine von der Mittelgebühr nach oben hin abweichende Gebühr in Ansatz gebracht werden.
- **Umfang und Schwierigkeit** der anwaltlichen Tätigkeit: Gebührenerhöhend könnte sich auswirken, wenn ein Ortstermin an der (entfernten) Unfallstelle wahrzunehmen ist, wenn die Hauptverhandlung von ungewöhnlich langer Dauer ist, wenn sehr umfangreiche Akten durchzuarbeiten sind oder wenn der RA sprachliche Verständigungsschwierigkeiten mit dem Beschuldigten hat.
- **Vermögens- und Einkommensverhältnisse** des Auftraggebers: Bei ähnlicher Angelegenheit wird ein „armer“ Beschuldigter, der mit seinem geringen Einkommen Unterhalt für einige Kinder aufbringen muss, weniger als die Mittelgebühr, ein „reicher“ Beschuldigter dagegen mehr als die Mittelgebühr bezahlen müssen.

Es sei noch einmal darauf hingewiesen, dass „billiges Ermessen“ nicht bedeutet, dass der RA die Gebühren nach seinem Belieben festlegen kann; er ist vielmehr **zur Berücksichtigung aller dieser Umstände gesetzlich verpflichtet**.

Beispiel:

Ein reicher Ausländer, mit dem der RA sich nur auf Arabisch verständigen kann, wird wegen eines Wirtschaftsverbrechens beschuldigt. Der RA verfügt neben Kenntnis der arabischen Sprache über die notwendigen wirtschaftlichen Spezialkenntnisse. Die Hauptverhandlung, für die die Gebühr zu berechnen ist, dauert von 8 bis 19 Uhr. Hier wäre eine deutliche Anhebung der Terminsgebühr, ggf. bis zur Höchstgebühr gerechtfertigt.

Beispiel:

Ein armer Mandant ist vor dem Schwurgericht angeklagt. Es handelt sich um eine einfache Sache von geringem Schwierigkeitsgrad für den Verteidiger. Die Bedeutung für den Angeklagten ist dagegen normal, so wie es eben ist, wenn man vor dem Schwurgericht angeklagt wird. Insgesamt wäre in diesem Fall eine unterhalb der Mittelgebühr liegende Gebühr angemessen.

Zunächst ist der Gebührenrahmen der Verfahrensgebühr festzustellen. Er ergibt sich beim Schwurgericht aus Nr. 4118 VV RVG. Die Mittelgebühr wäre dann:

Mittelgebühr: (120,00 € + 827,00 €) : 2 = 473,50 €

Eine Gebühr von etwa 380,00 € (zuzüglich Auslagen und USt.) könnte hier angemessen sein.

Eine mathematische Lösung gibt es für solche Fälle übrigens nicht!

In diesem Buch wird, wenn nicht anders angegeben, bei der Berechnung der Vergütung in Straf- und Bußgeldsachen davon ausgegangen, dass es sich um durchschnittliche Fälle im Sinne des § 14 RVG handelt, sodass bei den Gebühren grundsätzlich die Mittelgebühr des jeweiligen Rahmens berechnet wird. [*Dies gilt auch für die Übungsaufgaben.*]

Merke:

Die Rahmengebühren in Strafsachen werden nach § 14 RVG unter Berücksichtigung aller maßgeblichen Umstände bestimmt.

Bei der Bemessung wird im konkreten Einzelfall von der Mittelgebühr ausgegangen.

C. Die Gebühren des Wahlverteidigers und des Pflichtverteidigers

9 Der **Wahlverteidiger** und der **Pflichtverteidiger** erhalten im Grunde dieselben Gebühren, nur dass die jeweilige Gebühr für den Pflichtverteidiger niedriger ausfällt als für den Wahlverteidiger. Mathematisch ausgerechnet erhält der Pflichtverteidiger genau 80 % der Mittelgebühr eines Wahlverteidigers aus der Staatskasse. Außerdem sind die Gebühren für den Wahlverteidiger **Betragsrahmengebühren**, wogegen der Pflichtverteidiger nur **Festgebühren** erhält. Der Umgang mit diesen beiden Arten von Gebühren ist praktisch ganz einfach: Im Vergütungsverzeichnis finden Sie ab der Nr. 4100 VV RVG eine linke und eine rechte Gebührenspalte. In der linken Spalte stehen die Gebührenrahmen für den Wahlverteidiger und in der rechten Spalte die Festgebühren für den Pflichtverteidiger.

Deshalb werden nachfolgend zunächst die einzelnen Gebühren vorgestellt, ohne dass weiter auf den Unterschied zwischen Wahlverteidiger und Pflichtverteidiger eingegangen werden muss. Besonderheiten zur Gebührenberechnung des Pflichtverteidigers finden Sie später in Rdn 58 ff.

Es ist zu unterscheiden zwischen der Vollverteidigung, bei der der RA mit der Verteidigung im Ganzen betraut worden ist, und der partiellen (= teilweisen) Verteidigung, bei der der RA nur mit einzelnen Tätigkeiten innerhalb des Strafverfahrens beauftragt worden ist. Die Gebühren des mit der **Verteidigung im Ganzen** betrauten RA sind geregelt in Teil 4, Abschnitt 1 Unterabschnitt 3 VV RVG, und zwar für die erste Instanz in den Nrn. 4106 bis 4123, für das Berufungsverfahren in den Nrn. 4124 bis 4129 und für das Revisionsverfahren in den Nrn. 4130 bis 4135. Die dem RA nach diesen Vorschriften zustehenden Gebühren gelten als Pauschgebühren seine gesamte Tätigkeit als Verteidiger ab (§ 15 Abs. 1 und 2 RVG). Für nur **einzelne Tätigkeiten** des RA im Strafverfahren gelten die Nrn. 4300 bis 4304 VV RVG, die in Teil 4 Abschnitt 4 VV RVG enthalten sind.

Da die Gebühren des Verteidigers nach Vorbemerkung 4.1 Abs. 2 VV RVG (wie § 15 Abs. 1 RVG) als **Pauschgebühren** vorgesehen sind, erhält der RA nicht für seine innerhalb eines Rechtszuges ausgeübten Einzeltätigkeiten jeweils eine Einzelgebühr, sondern nur eine Gesamtvergütung zuzüglich Auslagen (Nrn. 7000 ff. VV RVG). Der Verteidiger erhält gemäß Vorbemerkung 4 Abs. 2 VV RVG für das Betreiben des Geschäfts, also z. B. die Vorbereitung der Hauptverhandlung, eine **Verfahrensgebühr**. Mit dieser Gebühr werden alle Tätigkeiten des RA abgegolten, sofern nicht für bestimmte Tätigkeiten **besondere Gebühren** vorgesehen sind. Insgesamt kann der Verteidiger, je nach Ablauf des Verfahrens, folgende Gebühren erhalten:

- Für seine Tätigkeit im strafrechtlichen Vorverfahren oder Ermittlungsverfahren erhält der RA 10
für das Betreiben des Geschäfts die **Verfahrensgebühr im Vorverfahren** nach den Nrn. 4104 bzw. 4105 VV RVG. Diese **Verfahrensgebühr im Vorverfahren** erhält er zusätzlich zu den Gebühren für das gerichtliche Verfahren in der ersten Instanz (Nrn. 4106 bis 4123 VV RVG), da das Vorverfahren nach § 17 Nr. 10 Lit. a) RVG eine eigene Angelegenheit ist. Es ist also wichtig, das Vorverfahren von dem anschließenden Hauptverfahren richtig abzugrenzen.
- Für die erstmalige Einarbeitung in den Rechtsfall und **nur einmal** erhält der RA neben einer Verfahrensgebühr eine **Grundgebühr** (Nrn. 4100, 5100 VV RVG), und zwar unabhängig davon, in welchem Verfahrensabschnitt die Einarbeitung erfolgt und vor welchem Gericht das Verfahren stattfindet.
- Für die Teilnahme an bestimmten Vernehmungen oder Verhandlungen außerhalb der Hauptverhandlung erhält der RA eine **besondere sogenannte allgemeine Terminsgebühr** nach Nrn. 4102 bzw. 4103 VV RVG.
- Im Hauptverfahren erwächst dem Verteidiger in jedem Rechtszug eine einmalige **Verfahrensgebühr** für das Betreiben des Geschäfts (Vorbemerkung 4 Abs. 2 VV RVG).
- Für die Teilnahme an der Hauptverhandlung erwächst dem Verteidiger eine Terminsgebühr. Wenn sich die Hauptverhandlung über einen Kalendertag hinaus erstreckt (24 Uhr), erhält der Strafverteidiger für jeden weiteren Verhandlungstag wieder eine erneute Terminsgebühr, da die **Terminsgebühr „je Hauptverhandlungstag"** erhoben wird (siehe z. B. Nr. 4108 VV RVG und Rdn 34 f.).
- Unter den Voraussetzungen der Nrn. 4142, 4143 bzw. 4144 VV RVG können dem Verteidiger für Tätigkeiten, die sich z. B. auf die Einziehung von Tatwerkzeugen (z. B. §§ 74 bis 76 a StGB) oder auf vermögensrechtliche Ansprüche (§ 405 StPO) beziehen, **weitere Gebühren** als zusätzliche Verfahrensgebühren erwachsen.
- Im **Privatklageverfahren** kann neben den Pauschgebühren der Nrn. 4100 ff. VV RVG noch eine besondere Einigungsgebühr gemäß Nr. 4147 VV RVG entstehen.
- Für die Erinnerung oder Beschwerde gegen einen **Kostenfestsetzungsbeschluss** gemäß § 464b StPO oder die Zwangsvollstreckung daraus erhält der Verteidiger gemäß Vorbemerkung 4 Abs. 5 VV RVG entsprechende zusätzliche Gebühren nach dem Teil 3 VV RVG (siehe Rdn 86).

Der Verteidiger kann dagegen neben den Gebühren der Nrn. 4100 ff. VV RVG niemals noch zu- 11
sätzlich die Gebühren der Nrn. 4300 ff. VV RVG für Einzeltätigkeiten erhalten. Auch eine Beratungsgebühr erhält er nicht zusätzlich; sie erwächst ihm auch dann nicht besonders, wenn er erst nach Erteilung eines Rates die Verteidigung übernommen hat, da dann die Beratungsgebühr auf die Pauschgebühren der Nrn. 4100 ff. VV RVG angerechnet wird.

Eine Ermäßigung der Pauschgebühren wegen vorzeitiger Beendigung wie im Zivilprozess ist nicht speziell vorgeschrieben, muss jedoch bei der Festlegung der Gebühr innerhalb des Rahmens berücksichtigt werden.

Eine Erhöhung der Pauschgebühren ist nach Vorbemerkung 4 Abs. 4 VV RVG vorgesehen, um 12
dem RA eine angemessene Vergütung zu gewähren, wenn er als Verteidiger eines in Untersuchungshaft sitzenden Mandanten einen erhöhten Arbeitsaufwand hat. Die Tätigkeit des RA wird in der Regel mühevoller, wenn sich der Auftraggeber nicht auf freiem Fuß befindet, wegen der durch die Haftbedingungen erschwerten Betreuung des Mandanten sowie durch einzulegende

Haftbeschwerden oder Haftprüfungsanträge. In diesen Fällen entstehen die **Gebühren mit Zuschlag**. Allerdings kommt es nicht darauf an, ob tatsächliche Erschwernisse bei der Verteidigung eines inhaftierten Mandanten vorhanden sind. Sie werden bei den meisten Gebühren einmal die Gebühr ohne Zuschlag und danach unter einer eigenen Nummer diese Gebühr mit Zuschlag finden.

Bei den Gebühren mit **Zuschlag wegen Haft** des Mandanten beträgt der Zuschlag zur Rahmenhöchstgebühr übrigens 25 %. Bei ansonsten gleichen Umständen ergibt sich durch den Zuschlag eine höhere Mittelgebühr (Beispiel Grundgebühr Nr. 4101 VV RVG: 48,00 € bis 540,00 € statt 48,00 € bis 432,00 €). Deshalb berechtigt der Umstand der Haft die Grundgebühr innerhalb des erhöhten Rahmens in Höhe von 48,00 € bis 540,00 € zu berechnen. Wenn ansonsten nur durchschnittliche Umstände vorliegen, besteht aber kein Grund für die Überschreitung der erhöhten Mittelgebühr nach Nr. 4101 VV RVG in Höhe von 294,00 € (statt 240,00 € nach Nr. 4100 VV RVG). Der durch die Haft und durch damit verbundene häufige Besuche des Mandanten in der Haftanstalt bedingte erhöhte Arbeitsanfall des RA kann dazu berechtigen, eine höhere Gebühr als die Mittelgebühr, je nach Lage des Falles bis zum Rahmenhöchstbetrag in Höhe von 540,00 € zu berechnen.

13 Weiterhin ist laut Nr. 4141 VV RVG vorgesehen, dass ein Verteidiger, der durch seine Bemühungen dazu beiträgt, dass das Strafverfahren **endgültig eingestellt** und damit die Hauptverhandlung entbehrlich wird, zur Belohnung eine **zusätzliche Gebühr („Erledigungsgebühr", „Befriedungsgebühr")** verdient. Das Gleiche gilt, wenn sich das Verfahren durch Zurücknahme des Einspruchs gegen einen Strafbefehl, der Berufung oder der Revision früher als zwei Wochen vor Beginn des Tages, der für die Hauptverhandlung vorgesehen war, erledigt. Die zusätzliche Gebühr entsteht in Höhe der Mittelgebühr der Verfahrensgebühr für den Rechtszug, in dem die Hauptverhandlung vermieden wurde. Siehe hierzu Rdn 49 f. Ein Zuschlag, falls der Mandant in Untersuchungshaft sitzt, ist in diesen Fällen nicht vorgesehen.

14 Ferner können sich die Pauschgebühren nach Nr. 1008 VV RVG erhöhen, wenn der RA **mehrere Auftraggeber** als Privat- oder Nebenkläger vertritt, aber auch nur dann! Die Verteidigung mehrerer Angeklagter ist gemäß § 146 StPO unzulässig, sodass für den Verteidiger keine Erhöhung nach Nr. 1008 VV RVG möglich ist.

15 Wie schon oben erwähnt, erwächst dem Verteidiger die **Terminsgebühr** für jeden neuen wahrgenommenen Verhandlungstag neu (siehe Rdn 34 f.).

16 Der Rahmen, innerhalb dessen die den Umständen nach angemessene Gebühr zu bestimmen ist, richtet sich nach der Ordnung des zuständigen Gerichts, womit die Art des Gerichts gemeint ist. Es ist für den Verteidiger schon ein Unterschied, ob die Verhandlung vor dem Einzelrichter oder vor einer Schwurgerichtskammer stattfindet. Die Aufzählung der drei Ordnungsgruppen der Gerichte findet sich in den Nrn. 4106, 4112 und 4118 VV RVG. In der ersten Instanz kann ein Strafprozess vor dem Amtsgericht, dem Landgericht oder dem Oberlandesgericht beginnen. Je höher das Gericht umso höher sind die vorgesehenen Gebühren.

17 Die **Entstehung der Gebühren** des Verteidigers erfolgt mit der ersten Tätigkeit, die der RA in den einzelnen Verfahrensabschnitten ausübt, also wenn er nach der Auftragserteilung irgendetwas getan hat. Im Vorverfahren entsteht also die Verfahrensgebühr im Vorverfahren (Nr. 4104 VV RVG) z. B. durch Besprechung mit dem Beschuldigten oder durch Ersuchen um Akteneinsicht. Der Antrag auf Akteneinsicht kann auch erfolglos sein, denn auf den Umfang der Tätigkeit kommt es nicht an; jedoch ist er bei der Festlegung der Gebühr innerhalb des Rahmens zu berücksichtigen.

Merke:

Die Gebühren des Wahlverteidigers sind grundsätzlich Pauschgebühren. Es gibt jedoch Sondervorschriften.

Der jeweils zutreffende Gebührenrahmen richtet sich danach, welches Gericht für die Verhandlung zuständig ist.

Der Wahlverteidiger erhält Betragsrahmengebühren (linke Spalte im VV).

Der Pflichtverteidiger erhält Festgebühren (rechte Spalte im VV).

Merke:

In Straf- und Bußgeldsachen werden in der Regel mehrere Gebühren entstehen.

- Eine **einmalige Grundgebühr** (Nrn. 4100, 5100 VV RVG) für die erstmalige Einarbeitung in den Rechtsfall.
- Eine **Verfahrensgebühr im Vorverfahren** nach Nr. 4104 VV RVG.
- Eine **besondere allgemeine Terminsgebühr** nach Nr. 4102 VV RVG nur für Termine außerhalb der Hauptverhandlung.
- In jedem Rechtszug eine einmalige **Verfahrensgebühr** für das Betreiben des Geschäfts.
- Eine **Terminsgebühr** für jeden wahrgenommenen Hauptverhandlungstag.
- Bei Inhaftierung des Mandanten entstehen die **Gebühren mit Zuschlag**.

Hinweis:

Wegen der hohen Zahl von einzelnen Gebührenvorschriften gerade in Strafsachen (etwa 70 Nummern im VV) wird bei den einzelnen Gebühren in diesem Buch darauf verzichtet, jeweils bei den Einzelgebühren den Gebührenrahmen aufzuführen. Der Gesetzestext sollte also – wie immer – griffbereit liegen.

D. Allgemeine Gebühren

Die so genannten **allgemeinen Gebühren** kann der Verteidiger in jedem Verfahrensabschnitt er- 18
halten. Sie stehen in Unterabschnitt 1 des Abschnitts 1 des Teils 4 VV RVG. Diese Art von Gebühren entsteht also unabhängig davon, in welcher Instanz der Verteidiger tätig ist. Es handelt sich hierbei um die **Grundgebühr** und die allgemeine **Terminsgebühr für die Teilnahme an bestimmten Terminen** außerhalb der Hauptverhandlung. Beide Gebühren entstehen bei Inhaftierung des Mandanten **mit Zuschlag**.

Neben den allgemeinen Gebühren können **zusätzliche Gebühren in besonderen Fällen** entstehen. Diese werden in Rdn 48 ff. aufgezeigt.

I. Die Grundgebühr

Die **einmalige Grundgebühr** (Nr. 4100 VV RVG) entsteht in einer Strafsache für die **erstmalige** 19
Einarbeitung in den Rechtsfall neben der Verfahrensgebühr, unabhängig davon, in welchem Verfahrensabschnitt die Einarbeitung erfolgt. Die Grundgebühr kann jedem Verteidiger nur ein einziges Mal erwachsen.

Mit der Grundgebühr soll der Arbeitsaufwand entgolten werden, der zu Beginn eines Mandats entsteht, also

- das erstmalige Gespräch mit dem Auftraggeber,
- die Beschaffung der erforderlichen Informationen und
- die erste Akteneinsicht nach § 147 StPO.

Dieser Einarbeitungsaufwand kann natürlich auch erst in einer Rechtsmittelinstanz erforderlich werden, wenn der Verteidiger darin erstmalig tätig wird.

> *Beispiel:*
>
> Wenn der Verteidiger bereits im strafrechtlichen Ermittlungsverfahren tätig wird, dann seinen Mandanten in dem ersten Rechtszug vertritt und anschließend noch in der Berufungsinstanz, kann er die Grundgebühr nur einmal erhalten. Für den Verteidiger, der für den Auftraggeber erstmalig in der Revisionsinstanz tätig wird, fällt natürlich auch eine Grundgebühr an, da er sich in die Sache neu einarbeiten muss.

20 Die Grundgebühr entsteht nach Anmerkung Abs. 1 zu Nr. 4100 VV RVG **immer** neben einer Verfahrensgebühr. Sie ist sozusagen eine einmalige **Zusatzgebühr zur Verfahrensgebühr**. Die Grundgebühr und die jeweilige Verfahrensgebühr entstehen somit gleichzeitig in dem Moment, in dem der RA zu erstem Mal tätig wird.

21 Falls wegen einer Tat oder Handlung zunächst im Bußgeldverfahren ermittelt wurde, dann aber die Ermittlungen als Strafsache weiter betrieben werden, so hat der von Beginn an beauftragte Verteidiger bereits eine **Grundgebühr im Bußgeldverfahren** nach Nr. 5100 VV RVG erhalten. Diese Grundgebühr – die übrigens niedriger ist – ist dann auf die nun anfallende Grundgebühr des Strafverfahrens nach Nr. 4100 Anm. Abs. 2 VV RVG **anzurechnen**. Es bleibt also bei dem Grundsatz, dass für den Verteidiger eine Grundgebühr in dem Rechtsfall nur einmal entstehen darf. Dabei ist er nach § 14 Abs. 2 RVG nicht gezwungen, bei der Bestimmung der Höhe der Gebühr Nr. 4100 VV RVG im Rahmen zu berücksichtigen, dass er mit der Sache schon befasst war. So kann er für beide Gebühren z. B. die Mittelgebühr ansetzen.

> **Merke:**
>
> Die Grundgebühr entsteht in einer Sache **immer** zusätzlich zur Verfahrensgebühr, jedoch nur ein einziges Mal für die erstmalige Einarbeitung, gleichgültig in welchem Verfahrensabschnitt die Einarbeitung erfolgt.

22 *Hinweis:*

Für die Bestimmung der Grundgebühr ist der Umfang der Gerichtsakte bei der erstmaligen Einarbeitung wesentlich. Aktenumfänge von 12, 25 oder 33 Seiten sind von Gerichten als unterdurchschnittlich bezeichnet worden (siehe z. B. LG Düsseldorf, Beschluss vom 12.05.2017 – 61 Qs 5/17).

II. Die Terminsgebühr für Termine außerhalb der Hauptverhandlung

23 Insbesondere im strafrechtlichen Ermittlungsverfahren kommt es in der Regel zu einer Reihe von Terminen, an denen der Verteidiger sinnvollerweise teilnimmt. Es kann sich dabei z. B. um Vernehmungen des Beschuldigten oder von Zeugen handeln. Die Teilnahme des RA an solchen Terminen ist durchaus zweckmäßig und auch im Interesse seines Mandanten, da sich hierdurch die Chance erhöht, dass das Verfahren abgekürzt oder eingestellt werden kann. Für diese Art von Terminswahr-

nehmung erwächst dem Verteidiger die **allgemeine Terminsgebühr** für **Termine außerhalb der Hauptverhandlung** gemäß Nr. 4102 VV RVG.

Diese Gebühr kann – da sie in „Unterabschnitt 1. Allgemeine Gebühren" steht – auch in den anderen Verfahrensabschnitten bis hin zu den Rechtsmittelinstanzen entstehen, wenn der RA an bestimmten Terminen außerhalb der Hauptverhandlung teilnimmt, wie z. B. an kommissarischen Vernehmungen oder Haftprüfungsterminen. Diese Terminsgebühr wird allerdings im Gegensatz zu den Terminsgebühren für die Teilnahme an den Hauptverhandlungen nicht höher entlohnt, wenn das Verfahren vor höheren Gerichten stattfindet.

Nach Nr. 4102 VV RVG erhält der Verteidiger diese Terminsgebühr für die Teilnahme an 24

(1) richterlichen Vernehmungen und Augenscheinseinnahmen,
(2) Vernehmungen durch die Staatsanwaltschaft oder andere Strafverfolgungsbehörden,
(3) Terminen außerhalb der Hauptverhandlung, in denen über die Anordnung oder Fortdauer der Untersuchungshaft oder der einstweiligen Unterbringung verhandelt wird,
(4) Verhandlungen im Rahmen des Täter-Opfer-Ausgleichs,
(5) Sühneterminen nach § 380 StPO.

Zu (1) und (2): Hier geht es um die **Teilnahme** an Vernehmungen. Das bedeutet, dass der RA bei der Vernehmung nur anwesend sein muss, um die Gebühr zu verdienen.

Zu (3): Die bloße Teilnahme des RA an Haftprüfungsterminen und ähnlichen Terminen ist hier nicht ausreichend, da der Gesetzestext verlangt, dass **„verhandelt"** wird. Es muss in einem solchen Termin also schon über die Anordnung oder Dauer der Haft verhandelt werden. Die Teilnahme an einem kurzen Haftbefehls**verkündungs**termin lässt folglich die Gebühr nicht entstehen (OLG Jena, Beschluss vom 15.10.2013 – 1 Ws 344/13), es sei denn, nach der Verkündung des Haftbefehls schließt sich eine Verhandlung über die Fortdauer der Haft an.

Zu (4): Laut Begründung des Gesetzgebers zum Entwurf des Gesetzestextes wird im Rahmen des Täter-Opfer-Ausgleichs die Teilnahme an einem **Termin** vorausgesetzt. Der RA muss sich also an den Verhandlungen in einem Termin beteiligen. Telefongespräche mit z. B. dem Opfer oder eine Schlichtung im schriftlichen Verfahren lassen die Gebühr nicht entstehen, da dies kein Termin ist.

Zu (5): Der Sühnetermin nach § 380 StPO ist ein **Termin** vor einer so genannten Vergleichsbehörde. Telefongespräche oder andere Gespräche außerhalb eines Termins werden die Gebühr nicht entstehen lassen.

Tatsächlich erhält der RA aber diese Terminsgebühr nicht immer bereits für die Teilnahme an jedem Termin. In der Anmerkung zu Nr. 4102 VV RVG ist eine etwas komplizierte Regelung getroffen worden, wonach 25

- **mehrere Termine an einem Tag** als ein Termin gelten und
- im vorbereitenden Verfahren (Ermittlungsverfahren) und in jedem Rechtszug diese Terminsgebühr an jeweils **bis zu drei Terminen** nur einmal entstehen kann.

Hierbei ist aber zu berücksichtigen, dass dieselbe gebührenrechtliche Angelegenheit gemeint ist.

> *Beispiel:*
>
> Ein Verteidiger hat im **Ermittlungsverfahren** 70 Js 1234/26 an vier Terminen im Sinne der Nr. 4102 VV RVG teilgenommen, wovon zwei Termine an einem Tag stattfanden.
>
> Im **Strafprozess** 10 Kls 70 Js 1234/26 1/26 kommt es in der ersten Instanz zu sechs solcher Termine, wovon wieder zwei Termine an einem Tag stattfanden.

Eine Terminsgebühr erhält der RA im Ermittlungsverfahren 70 Js 1234/26 nur einmal, da nur drei der Termine zählen. Im Strafprozess 10 Kls 70 Js 1234/26 1/26 bekommt er die Terminsgebühr zweimal, da von den sechs Terminen zwei als einer zählen, was insgesamt fünf Termine ausmacht; für die ersten drei Termine entsteht die Gebühr und für die nächsten zwei Termine entsteht noch eine.

Merke:

Die Terminsgebühr für Termine außerhalb der Hauptverhandlung entgilt im Vorverfahren und in jedem Rechtszug bis zu drei Terminswahrnehmungen, wobei mehrere Termine an einem Tag in derselben Angelegenheit als ein Termin zählen.

Also ergibt sich jeweils nach dem vierten Tag eine neue Terminsgebühr.

E. Die Gebühren im vorbereitenden Verfahren

26 Für das vorbereitende Verfahren werden die Gebühren in Teil 4, Abschnitt 1, Unterabschnitt 2 VV RVG geregelt. Unter dem vorbereitenden Verfahren, meist nur **Vorverfahren** genannt, versteht man das **Ermittlungsverfahren**, welches dem gerichtlichen Verfahren vorausgeht. Hierzu gehören insbesondere das polizeiliche Ermittlungsverfahren und das Verfahren vor der Staatsanwaltschaft.

Der **Beginn der Tätigkeit** im Vorverfahren liegt regelmäßig im ersten Informationsgespräch mit dem Mandanten. Weitere typische Tätigkeiten im Vorverfahren können die nachstehend genannten sein, wobei für das Entstehen der Gebühr bereits eine dieser Tätigkeiten ausreicht, da es sich um eine Pauschgebühr handelt. Es genügt, dass der RA z. B. die Staatsanwaltschaft um Akteneinsicht ersucht hat, selbst wenn dieses Ersuchen erfolglos ist. Folgende Tätigkeiten können im Vorverfahren vorkommen:

- das erstmalige Gespräch mit dem Auftraggeber zur Entgegennahme der Information
- Beistandstätigkeit im polizeilichen Ermittlungsverfahren
- Beistandstätigkeit im Verfahren vor der Staatsanwaltschaft
- Briefwechsel mit dem Mandanten
- Schriftlicher oder mündlicher Verkehr mit Polizei und Staatsanwaltschaft
- Einsicht in die Ermittlungsakte
- Besprechungen mit dem Mandanten, auch in der Untersuchungshaftanstalt
- Besichtigung des Tatorts usw.

27 Das **Ende des Vorverfahrens** liegt in der Einreichung der Anklageschrift bzw. des Antrags auf Erlass des Strafbefehls bei dem zuständigen Gericht (Anmerkung zu Nr. 4104 VV RVG). Im beschleunigten Verfahren (§§ 417 ff. StPO) endet das Vorverfahren mit dem Vortrag der Anklage, wenn diese nur mündlich erhoben wird. Dies bedeutet, dass der RA, der z. B. erst nach der Zustellung des Strafbefehls beauftragt wurde, gegen diesen **Einspruch** einzulegen, keine Gebühr für das Vorverfahren erhalten kann.

28 Für seine Tätigkeit im strafrechtlichen Vorverfahren erhält der RA eine Verfahrensgebühr **(Verfahrensgebühr im Vorverfahren)** gemäß Nr. 4104 VV RVG. Bei Haft des Mandanten entsteht diese Gebühr auch mit Zuschlag (Nr. 4105 VV RVG).

Merke:

Im Vorverfahren erhält der RA eine Verfahrensgebühr im Vorverfahren neben der Grundgebühr und je nachdem eine Terminsgebühr für die Wahrnehmung besonderer Termine.

Der RA muss vor dem Ende des Vorverfahrens tätig geworden sein, um die Verfahrensgebühr im Vorverfahren beanspruchen zu können.

Das Vorverfahren endet, und das Hauptverfahren beginnt mit der Einreichung der Anklageschrift bzw. des Antrags auf Erlass eines Strafbefehls bei dem zuständigen Gericht bzw. im beschleunigten Verfahren mit dem Vortrag der Anklage, wenn diese nur mündlich erhoben wird.

Nach § 17 Nr. 10 Lit. a) RVG sind das strafrechtliche Ermittlungsverfahren und ein nachfolgendes gerichtliches Verfahren **verschiedene Angelegenheiten**. Das heißt, dass für die Tätigkeit des RA im Vorverfahren eine gesonderte Vergütungsrechnung anzufertigen ist. Die Verfahrensgebühr im Vorverfahren wird nicht auf eine Verfahrensgebühr im gerichtlichen Verfahren angerechnet. Die **Auslagenpauschale** für Post- und Telekommunikationsentgelte (Nr. 7002 VV RVG) entsteht demnach im Vorverfahren und noch einmal im gerichtlichen Verfahren. Auch die **Dokumentenpauschale** (Nr. 7000 VV RVG) wird im Hauptverfahren neu berechnet wenn erneut Kopien gefertigt werden. 29

Beispiel:

RA Justus wird mit der Vertretung des Klaus Hahn beauftragt, der 12 Hühner gestohlen haben soll. RA Justus wird im polizeilichen Ermittlungsverfahren tätig, in dem er den Hahn wegen der zu machenden Aussage berät. Es handelt sich um eine durchschnittliche Angelegenheit. Das Verfahren gegen Hahn wird eingestellt, da die Polizei den wirklichen Täter ermittelt.

Berechnung der Vergütung:

	Grundgebühr gem. §§ 2 Abs. 2, 14 RVG, Nr. 4100 VV RVG	240,00 €
	Verfahrensgebühr im Vorverfahren gem. §§ 2 Abs. 2, 14 RVG, Nr. 4104 VV RVG	198,00 €
20 %	Pauschale für Post- und Telekommunikationsentgelte gem. § 2 Abs. 2 S. 1 RVG, Nr. 7002 VV RVG	20,00 €
		458,00 €
19 %	USt. gem. § 2 Abs. 2 S. 1 RVG, Nr. 7008 VV RVG	87,02 €
		545,02 €

Beispiel:

RAin Justin wird mit der Vertretung der Frau Henne beauftragt, der eine schwere Körperverletzung vorgeworfen wird. Frau Henne soll den Rentner Hackmann die Treppe hinunter geworfen haben. RAin Justin wird im polizeilichen Ermittlungsverfahren tätig, in dem sie Frau Henne wegen der zu machenden Aussage berät. Nach polizeilicher Ladung begleitet sie Frau Henne zum Vernehmungstermin. Es handelt sich um eine durchschnittliche Angelegenheit.

Berechnung der Vergütung:

	Grundgebühr gem. §§ 2 Abs. 2, 14 RVG, Nr. 4100 VV RVG	240,00 €
	Verfahrensgebühr im Vorverfahren gem. §§ 2 Abs. 2, 14 RVG, Nr. 4104 VV RVG	198,00 €
	Terminsgebühr für einen Termin außerhalb der Hauptverhandlung gem. §§ 2 Abs. 2, 14 RVG, Nr. 4102 Ziff. 2 VV RVG	204,00 €
20 %	Pauschale für Post- und Telekommunikationsentgelte gem. § 2 Abs. 2 S. 1 RVG, Nr. 7002 VV RVG	20,00 €
		662,00 €
19 %	USt. gem. § 2 Abs. 2 S. 1 RVG, Nr. 7008 VV RVG	125,78 €
		787,78 €

Merke:

Das Vorverfahren ist eine eigene Angelegenheit. Für die Tätigkeit des RA im Vorverfahren ist eine gesonderte Vergütungsrechnung anzufertigen.

Die Auslagenpauschale für Post- und Telekommunikationsentgelte und die Dokumentenpauschale können im Vorverfahren und nochmals im Hauptverfahren berechnet werden.

F. Das Hauptverfahren im ersten Rechtszug

30 In der ersten Instanz erhält der RA als Verteidiger die Gebühren aus Teil 4, Abschnitt 1, Unterabschnitt 3 VV RVG. Der RA kann hier eine **Verfahrensgebühr** und **Terminsgebühren** verdienen. Diese Gebühren richten sich in ihrer Höhe nach der **Ordnung des Gerichts** (Amtsgericht, Landgericht, Oberlandesgericht, bzw. der verschiedenen **Spruchkörper** in diesen Gerichten), vor dem das Verfahren stattfindet. Außerdem entstehen diese Gebühren mit Zuschlag, wenn der Angeklagte sich in Haft befindet.

Der Strafprozess kann im ersten Rechtszug beim Amtsgericht, beim Landgericht oder beim Oberlandesgericht beginnen. Dies ist im Gerichtsverfassungsgesetz (GVG) geregelt. Beim Amtsgericht kann das Verfahren vor dem Einzelrichter oder vor dem Schöffengericht stattfinden, was gebührenrechtlich keinen Unterschied macht. Beim Landgericht kann das Verfahren vor der großen Strafkammer (§ 74 Abs. 1 GVG), vor dem Schwurgericht (§ 74 Abs. 2 GVG) oder vor der Strafkammer nach § 74a GVG (Staatsschutzkammer) oder § 74c GVG (Wirtschaftsstrafkammer) stattfinden. Diese verschiedenen Strafkammern werden gebührenrechtlich unterschiedlich behandelt. Dies soll in nachstehender **Übersicht** aufgezeigt werden.

Übersicht: Abhängigkeit der Gebühren von der Ordnung des Gerichts

Ordnung des Gerichts (Erster Rechtszug)	Nummern des VV
Amtsgericht (Einzelrichter, Schöffengericht, Jugendrichter, Jugendschöffengericht)	Nrn. 4106 bis 4111 VV RVG (Bei Haft mit Zuschlag)
Landgericht (**Große Strafkammer**; **Jugendkammer**, soweit nicht für einen Erwachsenen das Schwurgericht zuständig wäre)	Nrn. 4112 bis 4117 VV RVG (Bei Haft mit Zuschlag)
Landgericht (**Schwurgericht**, **Staatsschutzkammer**, **Wirtschaftsstrafkammer**; **Jugendkammer**, wenn für einen Erwachsenen das Schwurgericht zuständig wäre), **Oberlandesgericht**	Nrn. 4118 bis 4123 VV RVG (Bei Haft mit Zuschlag)

Nach § 17 Nr. 10 RVG sind das strafrechtliche Ermittlungsverfahren und ein nachfolgendes gerichtliches erstinstanzliches Verfahren **verschiedene Angelegenheiten**. Das heißt, dass für die Tätigkeit des RA im Vorverfahren und im nachfolgenden erstinstanzlichen Hauptverfahren jeweils eine gesonderte Vergütungsrechnung anzufertigen ist. Die **Auslagenpauschale** für Post- und Telekommunikationsentgelte und die **Dokumentenpauschale** entstehen demnach im Vorverfahren und noch einmal im erstinstanzlichen gerichtlichen Verfahren. 31

Merke:

Das Hauptverfahren beginnt mit der Einreichung der Anklageschrift bzw. des Antrags auf Erlass eines Strafbefehls bei dem zuständigen Gericht bzw. im beschleunigten Verfahren mit dem Vortrag der Anklage, wenn diese nur mündlich erhoben wird.

Das Hauptverfahren ist eine eigene Angelegenheit, für die eine gesonderte Vergütungsrechnung anzufertigen ist.

Die Auslagenpauschale für Post- und Telekommunikationsentgelte (Nr. 7002 VV RVG) kann im Vorverfahren und nochmals im Hauptverfahren berechnet werden.

Die Kopien zur Berechnung der Dokumentenpauschale (Nr. 7000 VV RVG) werden im Hauptverfahren neu ab einer Kopie gezählt, wenn neue Kopien gefertigt werden.

I. Die Verfahrensgebühr im ersten Rechtszug

Die Verfahrensgebühr im ersten Rechtszug (**Hauptverfahrensgebühr**) entsteht, wie jede Verfahrensgebühr im RVG, für das Betreiben des Geschäfts einschließlich der Beschaffung der Informationen (Vorbemerkung 4, Abs. 2 VV RVG). Sie entgilt insbesondere die Vorbereitung der Hauptverhandlung, Gespräche mit dem Auftraggeber, Schriftverkehr, usw. Sie regelt also die Vergütung für alle Tätigkeiten, die **außerhalb der Hauptverhandlung** vorgenommen werden und für die es keine besonderen Gebühren gibt. 32

Während des ganzen Verfahrens in der Instanz wird jede Tätigkeit des Verteidigers im Hauptverfahren außerhalb der Hauptverhandlung durch die Hauptverfahrensgebühr abgegolten, gleichgültig, wie viele Besuche im Gefängnis, Schreiben an die Staatsanwaltschaft, Besichtigungen der Unfallstelle, Akteneinsichten usw. notwendig waren. Auch die Einlegung von Rechtsmitteln gehört gemäß § 19 Abs. 1 S. 2 Ziff. 10 RVG noch zur Instanz, nur die Begründung der Berufung gehört bereits zum nächsten Rechtszug.

Die Verfahrensgebühr im Hauptverfahren richtet sich in ihrer Höhe nach der Ordnung des Gerichts und entsteht als Gebühr mit Zuschlag, wenn der Mandant sich in Haft befindet.

Übersicht: Abhängigkeit der Verfahrensgebühr von der Ordnung des Gerichts

Ordnung des Gerichts (Erster Rechtszug)	Verfahrensgebühr
Amtsgericht (Einzelrichter, Schöffengericht, Jugendrichter, Jugendschöffengericht)	Nr. 4106 VV RVG Nr. 4107 VV RVG mit Zuschlag
Landgericht (**Große Strafkammer**; **Jugendkammer**, soweit nicht für einen Erwachsenen das Schwurgericht zuständig wäre)	Nr. 4112 VV RVG Nr. 4113 VV RVG mit Zuschlag
Landgericht (**Schwurgericht**, **Staatsschutzkammer**, **Wirtschaftsstrafkammer**; **Jugendkammer**, wenn für einen Erwachsenen das Schwurgericht zuständig wäre), **Oberlandesgericht**	Nr. 4118 VV RVG Nr. 4119 VV RVG mit Zuschlag

33 Da das Hauptverfahren nach § 17 Nr. 10 RVG eine vom Vorverfahren **verschiedene Angelegenheit** ist, entsteht jeweils eine Verfahrensgebühr im Vorverfahren und im Hauptverfahren, wenn der RA im Vorverfahren und im Hauptverfahren tätig geworden ist. Die beiden Verfahrensgebühren werden nicht aufeinander angerechnet.

Merke:

Die Verfahrensgebühr vergütet alle Tätigkeiten außerhalb der Hauptverhandlung.

Die Einlegung von Rechtsmitteln gehört noch zur Instanz.

Im Vorverfahren und im Hauptverfahren entsteht jeweils eine Verfahrensgebühr.

II. Die Terminsgebühr im ersten Rechtszug

34 Die **Terminsgebühr** entsteht für die Teilnahme an gerichtlichen Terminen (Vorbemerkung 4, Abs. 3 VV RVG). Die Terminsgebühr entsteht sogar dann, wenn der RA zu dem anberaumten Termin zwar erscheint, dieser aber ohne ein Verschulden des RA nicht stattfindet (sog. geplatzter Termin). Dies gilt jedoch nicht, wenn der RA rechtzeitig von der Aufhebung oder Verlegung des Termins Kenntnis hatte. Solche Terminsverlegungen können z. B. vorkommen, wenn die Richterbank nicht vollständig besetzt ist oder der Angeklagte nicht zur Verhandlung erschienen ist. Der RA kann dafür nichts, er hat aber den Termin vorbereitet und er hat sich auf den Weg zum Gericht gemacht und somit Zeit aufgewendet. Natürlich muss der RA diesen Umstand bei der Bemessung der Terminsgebühr innerhalb des Gebührenrahmens berücksichtigen.

Die Hauptverhandlung beginnt gemäß § 243 Abs. 1 StPO mit dem **Aufruf der Sache**. Die Hauptverhandlung hat folglich auch dann schon begonnen, wenn der Vorsitzende nach Aufruf der Sache feststellt, dass der Angeklagte nicht erschienen ist, oder dass Zeugen versehentlich nicht geladen wurden und sodann die Vertagung beschlossen wird.

Die Terminsgebühr erwächst dem Verteidiger schon dann, wenn er bei Beginn der Hauptverhandlung, also bei Aufruf der Sache, anwesend war. Gemäß Vorbemerkung 4 Abs. 3 VV RVG wird nur die Teilnahme des RA an dem Termin vorausgesetzt. Überspitzt ausgedrückt, erhält der Verteidiger die Gebühr für die bloße Anwesenheit in der Hauptverhandlung; hat er dabei keine Tätigkeiten entwickelt, so muss dies allerdings bei der Höhe der Gebühr innerhalb des Rahmens entsprechend berücksichtigt werden.

Die Hauptverhandlung endet gemäß § 260 StPO mit der **Verkündung des Urteils**. Bis dahin entgilt die Terminsgebühr jede Tätigkeit des Verteidigers in der Hauptverhandlung.

35 Allerdings entsteht die **Terminsgebühr „je Hauptverhandlungstag"**, sodass sie bei mehreren Verhandlungstagen mehrfach anfällt. Sollten die Verhandlungen an den einzelnen Tagen unterschiedlich lang sein oder sonstige unterschiedliche Umstände im Sinne des § 14 RVG vorliegen, so ist die Terminsgebühr für jeden einzelnen Termin in unterschiedlicher Höhe zu erheben. Sollte nur das Urteil an einem anderen Tag verkündet werden, fällt auch hierfür eine neue (niedrigere) Terminsgebühr an.

Sollte an einem Tag die Hauptverhandlung unterbrochen werden („Mittagspause") und später am selben Tag fortgesetzt werden, so entsteht nur eine Terminsgebühr. Bei der Bestimmung der Terminsgebühr für einen Hauptverhandlungstag ist grundsätzlich von der **Mittelgebühr** auszugehen; bei längerer oder kürzerer Dauer ist die Gebühr entsprechend anzupassen. Beim AG kann als durchschnittliche Dauer der Hauptverhandlung von ein bis drei Stunden ausgegangen werden (z. B. LG Braunschweig, Beschluss vom 06.05.2011 – 7 Qs 83/11). Eine Verhandlungsdauer von über 5

Stunden kann eine Erhöhung der Mittelgebühr bei einem durchschnittlichen Fall rechtfertigen (z. B. OLG Stuttgart, Beschluss vom 19.09.2013 – 2 Ws 263/13).

Die Terminsgebühr im Hauptverfahren richtet sich in ihrer Höhe nach der Ordnung des Gerichts und entsteht als Gebühr mit Zuschlag, wenn der Mandant sich in Haft befindet. Nur der Pflichtverteidiger erhält zusätzliche Gebühren, wenn die Verhandlung einmal länger dauert (siehe z. B. Nrn. 4110, 4111 VV RVG), da der Wahlverteidiger dies bei der Bemessung der Rahmengebühr berücksichtigen kann.

Übersicht: Abhängigkeit der Terminsgebühr von der Ordnung des Gerichts

Ordnung des Gerichts (Erster Rechtszug)	Terminsgebühr
Amtsgericht (Einzelrichter, Schöffengericht, Jugendrichter, Jugendschöffengericht)	Nr. 4108 VV RVG Nr. 4109 VV RVG mit Zuschlag Nrn. 4110, 4111 VV RVG (nur Pflichtverteidiger)
Landgericht (**Große Strafkammer**; **Jugendkammer**, soweit nicht für einen Erwachsenen das Schwurgericht zuständig wäre)	Nr. 4114 VV RVG Nr. 4115 VV RVG mit Zuschlag Nrn. 4116, 4117 VV RVG (nur Pflichtverteidiger)
Landgericht (**Schwurgericht**, **Staatsschutzkammer**, **Wirtschaftsstrafkammer**; **Jugendkammer**, wenn für einen Erwachsenen das Schwurgericht zuständig wäre), **Oberlandesgericht**	Nr. 4120 VV RVG Nr. 4121 VV RVG mit Zuschlag Nrn. 4122, 4123 VV RVG (nur Pflichtverteidiger)

Merke:

Die Terminsgebühr entsteht für die Teilnahme an gerichtlichen Terminen selbst dann, wenn der Termin nicht stattfindet und der RA erscheint, weil er davon nichts wusste.

Die Terminsgebühr entsteht für jeden Hauptverhandlungstag neu, sodass sie bei mehreren Verhandlungstagen mehrfach anfällt – eventuell in unterschiedlicher Höhe.

Praxistipp: 36

Für die Bestimmung der Terminsgebühr gemäß § 14 RVG innerhalb des Gebührenrahmens hat das OLG Düsseldorf (siehe z. B. Beschluss vom 19.05.2017 – 1 Ws 2/17) einen interessanten Kriterienkatalog erstellt:

Dauer der Hauptverhandlung	**Gebühr**
bis zu 1 Stunde	1,5fache Mindestgebühr
bis zu 2 Stunden	3fache Mindestgebühr
bis zu 4 Stunden	Mittelgebühr
bis zu 5 Stunden	5fache Mindestgebühr

Ob für Pflichtverteidiger Wartezeiten vor dem Termin oder Unterbrechungen für Mittagspausen in Abzug zu bringen sind, ist in Vorbemerkung 4.1 Abs. 3 VV RVG geregelt: Pausen zählen grundsätzlich bei der Dauer der Hauptverhandlung mit, außer wenn eine Pause (z. B. **Mittagspause**) angeordnet wurde, die länger als eine Stunde dauert. Siehe hierzu auch Rdn 60. Diese Vorbemerkung wird auch für den Wahlverteidiger bei der Bestimmung der Terminsgebühr innerhalb des Rahmens nach § 14 RVG von Interesse sein.

III. Vergütungsrechnungen im ersten Rechtszug

37 Die Berechnung der Vergütung im Strafverfahren im ersten Rechtszug soll an einigen Beispielen aufgezeigt werden. Neben den hier behandelten allgemeinen Gebühren können **zusätzliche Gebühren in besonderen Fällen** entstehen. Diese werden in Rdn 48 ff. vorgestellt.

Beispiel 1:

RA Klotz wird während des staatsanwaltlichen Ermittlungsverfahrens für den Beschuldigten Düster tätig, nachdem er Einsicht in die über sein Gerichtsfach erhaltenen Ermittlungsakten genommen und 151 Kopien gefertigt hat. Der Staatsanwalt reicht anschließend die Anklageschrift wegen Mordes bei Gericht (Schwurgericht) ein. RA Klotz nimmt die Anklageschrift entgegen und berät den Düster. Daraufhin, also noch vor der Hauptverhandlung, begeht der Angeklagte Selbstmord. Es handelt sich um einen durchschnittlichen Fall im Sinne des § 14 RVG.

Berechnung der Vergütung (*Vorverfahren*):

	Grundgebühr gem. §§ 2 Abs. 2, 14 RVG, Nr. 4100 VV RVG	240,00 €
	Verfahrensgebühr im Vorverfahren gem. §§ 2 Abs. 2, 14 RVG, Nr. 4104 VV RVG	198,00 €
	Dokumentenpauschale gem. § 2 Abs. 2 S. 1 RVG, Nr. 7000 Ziff. 1 Lit. a) VV RVG (151 Kopien)	40,15 €
20 %	Pauschale für Post- und Telekommunikationsentgelte gem. § 2 Abs. 2 S. 1 RVG, Nr. 7002 VV RVG	20,00 €
		498,15 €
19 %	USt. gem. § 2 Abs. 2 S. 1 RVG, Nr. 7008 VV RVG	94,65 €
		592,80 €

Berechnung der Vergütung (*Hauptverfahren*):

	Hauptverfahrensgebühr gem. §§ 2 Abs. 2, 14 RVG, Nr. 4118 VV RVG	473,50 €
20 %	Pauschale für Post- und Telekommunikationsentgelte gem. § 2 Abs. 2 S. 1 RVG, Nr. 7002 VV RVG	20,00 €
		493,50 €
19 %	USt. gem. § 2 Abs. 2 S. 1 RVG, Nr. 7008 VV RVG	93,77 €
		587,27 €

38 Nach Nr. 9003 KV GKG entsteht bei der **Versendung** von Akten durch das Gericht eine **Aktenversendungspauschale** in Höhe von 12,00 €. Der Strafverteidiger wird zur Vorbereitung der Verteidigung die Ermittlungsakten einsehen und sich auch Kopien daraus fertigen. Die Aktenversendungspauschale entsteht nur bei Versendung der Akten durch die Post oder einem privaten Transportunternehmen. Das Gericht darf jedoch keine Aktenversendungspauschale erheben, wenn die Akten in das Gerichtsfach des RA bei dem Gericht eingelegt werden. Siehe hierzu Rdn 91 f.

Beispiel 2:

Der Buchhalter Pinglich erscheint bei RA Knifflich und zeigt ihm eine Vorladung zu einer Vernehmung bei der Polizei in einem gegen ihn eingeleiteten Ermittlungsverfahren wegen Unterschlagung. Pinglich bestellt Knifflich zu seinem Verteidiger. RA Knifflich zeigt unter Vollmachtsvorlage seine Bestellung zum Verteidiger an und kündigt an, dass er für den Pinglich schriftlich zu dem Vorwurf Stellung nehmen werde. Knifflich erhält die Akten von der Staatsanwaltschaft in sein Gerichtsfach eingelegt, fertigt 56 Fotokopien und erstellt nach Rücksprache mit Pinglich einen Schriftsatz. Es handelt sich um eine Angelegenheit von durchschnittlicher Bedeutung.

Die Staatsanwaltschaft erhebt Anklage gegen Pinglich vor dem Schöffengericht. Der RA erhält nochmals die Ermittlungsakten in sein Gerichtsfach eingelegt und fertigt weitere 36 Kopien. Es findet eine Hauptverhandlung vor dem Schöffengericht in Anwesenheit von RA Knifflich statt, in der auch das Urteil verkündet wird. RA Knifflich legt im Namen von Pinglich Berufung ein, die er aber noch nicht begründet.

Berechnung der Vergütung (*Vorverfahren*):

	Grundgebühr gem. §§ 2 Abs. 2, 14 RVG, Nr. 4100 VV RVG	240,00 €
	Verfahrensgebühr im Vorverfahren gem. §§ 2 Abs. 2, 14 RVG, Nr. 4104 VV RVG	198,00 €
20 %	Pauschale für Post- und Telekommunikationsentgelte gem. § 2 Abs. 2 S. 1 RVG, Nr. 7002 VV RVG	20,00 €
	Dokumentenpauschale gem. § 2 Abs. 2 S. 1 RVG, Nr. 7000 Ziff. 1 Lit. a) VV RVG (56 Kopien)	25,90 €
		483,90 €
19 %	USt. gem. § 2 Abs. 2 S. 1 RVG, Nr. 7008 VV RVG	91,94 €
		575,84 €

Berechnung der Vergütung (*Hauptverfahren*):

	Hauptverfahrensgebühr gem. §§ 2 Abs. 2, 14 RVG, Nr. 4106 VV RVG	198,00 €
	Terminsgebühr gem. §§ 2 Abs. 2, 14 RVG, Nr. 4108 VV RVG	330,00 €
20 %	Pauschale für Post- und Telekommunikationsentgelte gem. § 2 Abs. 2 S. 1 RVG, Nr. 7002 VV RVG	20,00 €
	Dokumentenpauschale gem. § 2 Abs. 2 S. 1 RVG, Nr. 7000 Ziff. 1 Lit. a) VV RVG (36 Kopien)	18,00 €
		566,00 €
19 %	USt. gem. § 2 Abs. 2 S. 1 RVG, Nr. 7008 VV RVG	107,54 €
		673,54 €

Beispiel 3:

Abwandlung nur des Hauptverfahrens in Beispiel 2. Das Schöffengericht setzt wegen vieler zu vernehmender Zeugen und der Erstattung des Gutachtens eines Wirtschaftsprüfers zwei Hauptverhandlungstage an. An einem dritten Tag wird das Urteil verkündet. RA Knifflich nimmt an allen drei Verhandlungen teil. Außerdem wurden die Akten für die zweite Akteneinsicht mit der Post versandt. Die Berechnung der Vergütung für das Vorverfahren bleibt unverändert gegenüber Beispiel 2.

Berechnung der Vergütung (*Hauptverfahren*):

	Hauptverfahrensgebühr gem. §§ 2 Abs. 2, 14 RVG, Nr. 4106 VV RVG	198,00 €
	Terminsgebühr gem. §§ 2 Abs. 2, 14 RVG, Nr. 4108 VV RVG (1. Termin)	330,00 €
	Terminsgebühr gem. §§ 2 Abs. 2, 14 RVG, Nr. 4108 VV RVG (2. Termin)	330,00 €
	Terminsgebühr gem. §§ 2 Abs. 2, 14 RVG, Nr. 4108 VV RVG (3. Termin)	330,00 €

20 %	Pauschale für Post- und Telekommunikationsentgelte gem. § 2 Abs. 2 S. 1 RVG, Nr. 7002 VV RVG	20,00 €
	Dokumentenpauschale gem. § 2 Abs. 2 S. 1 RVG, Nr. 7000 Ziff. 1 Lit. a) VV RVG (36 Kopien)	18,00 €
	Auslagen für die Aktenversendungspauschale (Nr. 9003 KV GKG)	12,00 €
		1.238,00 €
19 %	USt. gem. § 2 Abs. 2 S. 1 RVG, Nr. 7008 VV RVG	235,22 €
		1.473,22 €

Anmerkung: Die Terminsgebühren könnten nach § 14 RVG in unterschiedlicher Höhe entstehen. In diesen Beispielen wird jedoch immer die Mittelgebühr berechnet, wenn nicht anders angegeben.

Beispiel 4:

Abwandlung des Beispiels 2. RA Knifflich hat den Pinglich erst zu einem Vernehmungstermin bei der Polizei begleitet. Später begleitet er ihn noch zu zwei Vernehmungsterminen bei der Staatsanwaltschaft. Der RA erhält die Akte nun mit der Post übersandt.

Danach wird die Anklage bei der Strafkammer des Landgerichts erhoben. Die Verhandlung dauert zwei Tage. Dazwischen nimmt das Gericht eine Augenscheinseinnahme der Kassenräume des Arbeitgebers des Angeklagten vor, an der sein Verteidiger teilnimmt. Der RA erhält die Akte über sein Gerichtsfach.

Berechnung der Vergütung (*Vorverfahren*):

	Grundgebühr gem. §§ 2 Abs. 2, 14 RVG, Nr. 4100 VV RVG	240,00 €
	Verfahrensgebühr im Vorverfahren gem. §§ 2 Abs. 2, 14 RVG, Nr. 4104 RVG	198,00 €
	Terminsgebühr für Termine außerhalb der Hauptverhandlung gem. §§ 2 Abs. 2, 14 RVG, Nr. 4102 Ziff. 2 VV RVG (Drei Termine)	204,00 €
20 %	Pauschale für Post- und Telekommunikationsentgelte gem. § 2 Abs. 2 S. 1 RVG, Nr. 7002 VV RVG	20,00 €
	Dokumentenpauschale gem. § 2 Abs. 2 S. 1 RVG, Nr. 7000 Ziff. 1 Lit. a) VV RVG (56 Kopien)	25,90 €
	Auslagen für die Aktenversendungspauschale (Nr. 9003 KV GKG)	12,00 €
		699,90 €
19 %	USt. gem. § 2 Abs. 2 S. 1 RVG, Nr. 7008 VV RVG	132,98 €
		832,88 €

Berechnung der Vergütung (*Hauptverfahren*):

	Hauptverfahrensgebühr gem. §§ 2 Abs. 2, 14 RVG, Nr. **4112** VV RVG	220,00 €
	Terminsgebühr gem. §§ 2 Abs. 2, 14 RVG, Nr. **4114** VV RVG (1. Termin)	383,50 €
	Terminsgebühr gem. §§ 2 Abs. 2, 14 RVG, Nr. **4114** VV RVG (2. Termin)	383,50 €
	Terminsgebühr für einen Termin außerhalb der Hauptverhandlung gem. §§ 2 Abs. 2, 14 RVG, Nr. 4102 Ziff. 2 VV RVG (Ein Termin)	204,00 €
20 %	Pauschale für Post- und Telekommunikationsentgelte gem. § 2 Abs. 2 S. 1 RVG, Nr. 7002 VV RVG	20,00 €

	Dokumentenpauschale gem. § 2 Abs. 2 S. 1 RVG, Nr. 7000 Ziff. 1 Lit. a) VV RVG (36 Kopien)	18,00 €
		1.229,00 €
19 %	USt. gem. § 2 Abs. 2 S. 1 RVG, Nr. 7008 VV RVG	233,51 €
		1.462,51 €

Merke:

Die Terminsgebühr für einen Termin außerhalb der Hauptverhandlung und die Terminsgebühr für die Teilnahme an der Hauptverhandlung können nebeneinander entstehen.

In Strafverfahren entsteht meistens eine Dokumentenpauschale für Fotokopien (Nr. 7000 Ziff. 1 Lit. a) VV RVG), da die wesentlichen Teile aus den Ermittlungsakten kopiert werden. Die Kopien werden im Vorverfahren und im Hauptverfahren getrennt gezählt.

Eine Aktenversendungspauschale erhebt das Gericht nur, wenn Ermittlungsakten dem RA zur Einsicht mit der Post übersandt werden.

G. Die Gebühren im Berufungsverfahren und im Revisionsverfahren

Im Berufungsverfahren und im Revisionsverfahren ergeben sich die Gebühren des Wahlverteidigers und des Pflichtverteidigers aus Teil 4, Abschnitt 1, Unterabschnitt 3 VV RVG. Im Berufungsverfahren und im Revisionsverfahren sind die Gebühren nicht von der Ordnung des Gerichts abhängig. Es können in beiden Verfahren jeweils eine Verfahrensgebühr und (eventuell mehrere) Terminsgebühren entstehen. Bei Inhaftierung des Auftraggebers fallen diese Gebühren jedes Mal mit Zuschlag an. 39

Im Prinzip gilt für die Gebühren in der Berufungsinstanz sowie in der Revisionsinstanz das bereits zu den Gebühren im ersten Rechtszug Gesagte gleichermaßen.

Beachten Sie, dass die **Grundgebühr** (Nr. 4100 VV RVG) neben der Verfahrensgebühr **nur einmal** für die Einarbeitung in den Rechtsfall entsteht. Wenn der RA schon als Verteidiger in einem vorausgegangenen Rechtszug tätig war, hat er die Grundgebühr bereits verdient, sodass diese in der Berufungsinstanz bzw. Revisionsinstanz nicht noch einmal anfallen kann. 40

Im Berufungsverfahren bzw. im Revisionsverfahren kann der Verteidiger die folgenden Gebühren verdienen: 41

- Für die erstmalige Einarbeitung in den Rechtsfall und **nur einmal** erhält der RA neben der Verfahrensgebühr eine **Grundgebühr** (Nrn. 4100, 4101 VV RVG), aber nur dann, wenn er diese Gebühr in der Sache nicht schon in einem vorausgegangenen Rechtszug bekommen hat.
- Für die Teilnahme an bestimmten Vernehmungen oder Verhandlungen außerhalb der Hauptverhandlung erhält der RA eine **besondere allgemeine Terminsgebühr** nach Nrn. 4102 bzw. 4103 VV RVG.
- In jedem Rechtszug erwächst dem Verteidiger eine einmalige **Verfahrensgebühr** für das Betreiben des Geschäfts (Vorbemerkung 4, Abs. 2 VV RVG):
  - Verfahrensgebühr für das Berufungsverfahren (Nrn. 4124, 4125 VV RVG)
  - Verfahrensgebühr für das Revisionsverfahren (Nrn. 4130, 4131 VV RVG)
- Für die Teilnahme an der Hauptverhandlung erwächst dem Verteidiger eine **Terminsgebühr je Hauptverhandlungstag**:
  - Terminsgebühr für das Berufungsverfahren (Nrn. 4126, 4127 VV RVG)
  - Terminsgebühr für das Revisionsverfahren (Nrn. 4132, 4133 VV RVG)

Für den Pflichtverteidiger sind zusätzliche Gebühren bei langer Verhandlungsdauer vorgesehen (Nrn. 4128, 4129, 4134, 4135 VV RVG).

> *Hinweis:*
>
> Das LG Hannover geht davon aus, dass eine durchschnittliche Berufungsverhandlung, die den Ansatz der Mittelgebühr bei der Terminsgebühr rechtfertigt, etwa 2 bis 2 ½ Stunden dauert und dass 3 bis 4 Zeugen vernommen werden (Beschluss vom 07.02.2011 – 96 Qs 19/11).

- Dem Verteidiger können für Tätigkeiten, die sich z. B. auf die Einziehung von Tatwerkzeugen (z. B. §§ 74 bis 76 a StGB) oder auf (die Abwehr) vermögensrechtliche Ansprüche (§ 405 StPO) beziehen, unter den Voraussetzungen der Nrn. 4142 und 4144 VV RVG **weitere Gebühren** erwachsen.
- Wenn ein Verteidiger durch seine Bemühungen dazu beiträgt, dass das Strafverfahren endgültig eingestellt und damit die Hauptverhandlung entbehrlich wird, verdient er zur Belohnung eine **zusätzliche Gebühr („Erledigungsgebühr", „Befriedungsgebühr")**. Das Gleiche gilt, wenn sich das Verfahren durch **Zurücknahme der Berufung oder der Revision** früher als zwei Wochen vor Beginn des Tages, der für die Hauptverhandlung vorgesehen war, erledigt. Die zusätzliche Gebühr entsteht laut Nr. 4141 Anm. Abs. 3 VV RVG in Höhe der Mittelgebühr der Verfahrensgebühr für den Rechtszug, in dem die Hauptverhandlung vermieden wurde. Siehe hierzu Rdn 48 ff. Ein Zuschlag, falls der Mandant in Untersuchungshaft sitzt, ist in diesen Fällen nicht vorgesehen.

42 Für die Höhe der **Gebühren im Revisionsverfahren** kommt es nicht darauf an, ob die Revision vor dem Oberlandesgericht oder vor dem Bundesgerichtshof stattfindet. Der Schwierigkeitsgrad des Verfahrens für den Verteidiger wird vor beiden Gerichten als gleich angesehen. Die Terminsgebühr ist im Revisionsverfahren gegenüber der Terminsgebühr im Berufungsverfahren nur unwesentlich erhöht, da Hauptverhandlungen in der Revisionsinstanz häufig nur von kurzer Dauer sind. Dagegen ist im Revisionsverfahren die schriftliche Begründung der Revision der Schwerpunkt der anwaltlichen Tätigkeit; deshalb ist die Verfahrensgebühr in der Revisionsinstanz gegenüber der Verfahrensgebühr in der Berufungsinstanz deutlich höher angesetzt worden.

> **Merke:**
>
> Bei Berufung und Revision entstehen regelmäßig jeweils eine Verfahrensgebühr und eine Terminsgebühr für jeden Verhandlungstag. Eine Grundgebühr kann nur anfallen, wenn der Verteidiger sie nicht schon in der vorausgegangenen Instanz verdient hat.

43 Falls die Sache von einem Rechtsmittelgericht an ein untergeordnetes Gericht zurückverwiesen wird, ist das weitere Verfahren vor dem untergeordneten Gericht ein neuer Rechtszug (§ 21 Abs. 1 RVG). Der RA behält also bei dieser **Zurückverweisung** die bereits in der Rechtsmittelinstanz verdienten Gebühren und bekommt für das weitere Verfahren vor dem untergeordneten Gericht neue Gebühren. Eine Anrechnung der Verfahrensgebühr findet im Gegensatz zum Zivilprozess in Strafverfahren nicht statt, da in Vorbemerkung 4 VV RVG ein entsprechender Absatz fehlt, wie er in Vorbemerkung 3 Abs. 6 VV RVG enthalten ist. Siehe auch § 2 Rdn 159.

44 Die **Einlegung der Revision** und die entsprechende Beratung des Mandanten durch den Verteidiger im Berufungsverfahren gehört gebührenrechtlich noch zur Berufungsinstanz, nicht jedoch ihre Begründung (§ 19 Abs. 1 S. 2 Ziff. 10 RVG).

45 Nachfolgend wird die Berechnung der Vergütung in den Rechtsmittelinstanzen noch an einigen Beispielen aufgezeigt.

Beispiel 1:

Weiterentwicklung des Beispiels 2 aus Rdn 35 f. (Pinglich mit RA Knifflich). Die erste Instanz ist abgerechnet. Pinglich ist verurteilt worden und beauftragt RA Knifflich mit der Einlegung der **Berufung**. Vor dem Landgericht (kleine Strafkammer) findet die Hauptverhandlung an zwei aufeinander folgenden Tagen statt und endet mit der Urteilsverkündung. RA Knifflich war an beiden Tagen anwesend.

Berechnung der Vergütung (RA Knifflich):

	Verfahrensgebühr für das Berufungsverfahren gem. §§ 2 Abs. 2, 14 RVG, Nr. 4124 VV RVG	383,50 €
	Terminsgebühr im Berufungsverfahren gem. §§ 2 Abs. 2, 14 RVG, Nr. 4126 VV RVG (1. Tag)	383,50 €
	Terminsgebühr im Berufungsverfahren gem. §§ 2 Abs. 2, 14 RVG, Nr. 4126 VV RVG (2. Tag)	383,50 €
20 %	Pauschale für Post- und Telekommunikationsentgelte gem. § 2 Abs. 2 S. 1 RVG, Nr. 7002 VV RVG	20,00 €
		1.170,50 €
19 %	USt. gem. § 2 Abs. 2 S. 1 RVG, Nr. 7008 VV RVG	222,40 €
		1.392,90 €

Eine Grundgebühr wurde bereits in der ersten Instanz verdient.

Hinweis:

Natürlich erhält der im Berufungsverfahren tätige RA keine Verfahrensgebühr im Vorverfahren, da diese nur vor der ersten Instanz entstehen kann.

Beispiel 2:

Weitere Abwandlung vorstehenden Beispiels. Die erste Instanz ist abgerechnet. Pinglich ist verurteilt worden und ist mit dem Urteil und den Leistungen von RA Knifflich nicht zufrieden. Pinglich beauftragt zwar RA Knifflich mit der Einlegung der **Berufung**, erteilt dann aber RA Kräftich das Mandat zur Verteidigung in der Berufungsinstanz, obwohl dieser ihm von der Berufung abrät. RA Kräftich reicht die Berufungsbegründungsschrift fristgerecht beim Landgericht (kleine Strafkammer) ein. **Eine Woche** vor der Hauptverhandlung nimmt er auf Bitte von Pinglich die Berufung zurück. RA Kräftich hat 73 Fotokopien angefertigt; die Aktenversendung erfolgte durch die Post.

Berechnung der Vergütung (RA Kräftich):

	Grundgebühr gem. §§ 2 Abs. 2, 14 RVG, Nr. 4100 VV RVG	240,00 €
	Verfahrensgebühr für das Berufungsverfahren gem. §§ 2 Abs. 2, 14 RVG, Nr. 4124 VV RVG	383,50 €
20 %	Pauschale für Post- und Telekommunikationsentgelte gem. § 2 Abs. 2 S. 1 RVG, Nr. 7002 VV RVG	20,00 €
	Dokumentenpauschale gem. § 2 Abs. 2 S. 1 RVG, Nr. 7000 Ziff. 1 Lit. a) VV RVG (73 Kopien)	28,45 €
	Auslagen für die Aktenversendungspauschale (Nr. 9003 KV GKG)	12,00 €
		683,95 €
19 %	USt. gem. § 2 Abs. 2 S. 1 RVG, Nr. 7008 VV RVG	129,95 €
		813,90 €

RA Kräftich erhält die Grundgebühr, da er sich in die Sache neu einarbeiten musste.

Die Einlegung der Berufung gehört für RA Knifflich noch zur ersten Instanz, die bereits abgerechnet ist.

Siehe auch die Anmerkung bezüglich einer Gebühr nach Nr. 4141 VV RVG in Beispiel 4.

Beispiel 3:

Weiterentwicklung des vorstehenden Beispiels 1 (Pinglich mit RA Knifflich). Die erste und die zweite Instanz sind abgerechnet. Pinglich ist auch in der Berufungsinstanz verurteilt worden und beauftragt RA Knifflich mit der Einlegung der **Revision**. Vor dem OLG findet die Hauptverhandlung an einem Tag statt und endet mit der Urteilsverkündung. RA Knifflich hat an der Revisionsverhandlung teilgenommen.

Berechnung der Vergütung (RA Knifflich):

	Verfahrensgebühr für das Revisionsverfahren gem. §§ 2 Abs. 2, 14 RVG, Nr. 4130 VV RVG	737,50 €
	Terminsgebühr im Revisionsverfahren gem. §§ 2 Abs. 2, 14 RVG, Nr. 4132 VV RVG	407,50 €
20 %	Pauschale für Post- und Telekommunikationsentgelte gem. § 2 Abs. 2 S. 1 RVG, Nr. 7002 VV RVG	20,00 €
		1.165,00 €
19 %	USt. gem. § 2 Abs. 2 S. 1 RVG, Nr. 7008 VV RVG	221,35 €
		1.386,35 €

Eine Grundgebühr wurde von RA Knifflich bereits in der ersten Instanz verdient.

Beispiel 4:

Abwandlung vorstehenden Beispiels 3. In den ersten beiden Instanzen war RA Knifflich bevollmächtigt; diese sind abgerechnet. Pinglich ist auch vom Berufungsgericht verurteilt worden und ist mit dem Urteil und den Leistungen von RA Knifflich nicht zufrieden. Pinglich beauftragt zwar RA Knifflich mit der Einlegung der **Revision**, erteilt dann aber RA Kräftich das Mandat zur Verteidigung in der Revisionsinstanz, obwohl dieser ihm von der Revision abrät. RA Kräftich reicht die Revisionsbegründungsschrift fristgerecht beim OLG ein. **Eine Woche** vor der Hauptverhandlung bittet ihn Pinglich, die Revision zurückzunehmen, was geschieht.

Berechnung der Vergütung (RA Kräftich):

	Grundgebühr gem. §§ 2 Abs. 2, 14 RVG, Nr. 4100 VV RVG	240,00 €
	Verfahrensgebühr für das Revisionsverfahren gem. §§ 2 Abs. 2, 14 RVG, Nr. 4130 VV RVG	737,50 €
20 %	Pauschale für Post- und Telekommunikationsentgelte gem. § 2 Abs. 2 S. 1 RVG, Nr. 7002 VV RVG	20,00 €
		997,50 €
19 %	USt. gem. § 2 Abs. 2 S. 1 RVG, Nr. 7008 VV RVG	189,53 €
		1.187,03 €

RA Kräftich erhält die Grundgebühr, da er sich in die Sache neu einarbeiten musste.

Die Einlegung der Revision gehört für RA Knifflich noch zur Berufungsinstanz.

Eine Gebühr nach Nr. 4141 VV RVG kann nicht entstehen, da die Revision nicht früher als zwei Wochen vor der Hauptverhandlung zurückgenommen wurde (siehe Rdn 49 f.).

H. Gebühren mit Zuschlag wegen Haft

In Vorbemerkung 4, Abs. 4 VV RVG ist geregelt, dass die Gebühren mit Zuschlag entstehen, wenn der Beschuldigte sich in **Haft oder Unterbringung** befindet. Bei den Gebühren mit Zuschlag ist die Höchstgebühr des Gebührenrahmens um 25 % gegenüber der Gebühr ohne Zuschlag angehoben worden, sodass sich eine höhere Mittelgebühr ergibt. Bei inhaftierten Mandanten hat der RA einen erhöhten Zeitaufwand, allein schon durch die Besuche in der Justizvollzugsanstalt. Auch im Hinblick auf eine psychologische Betreuung wird er stärker gefordert. Allerdings kommt es nicht darauf an, ob tatsächlich Erschwernisse bei der Verteidigung durch die Inhaftierung entstehen. Die Art von Haft spielt keine Rolle, es kann sich um Untersuchungshaft, Strafhaft, Polizeigewahrsam, Sicherungsverwahrung, Abschiebehaft oder Ordnungshaft handeln. Die Haft muss auch nicht mit dem gerade aktuellen Verfahren in Zusammenhang stehen, sondern kann in anderer Sache bestehen. 46

Die Haft muss – zumindest teilweise – **in den Zeitraum bzw. Abgeltungsbereich des Mandats** fallen, in dem die Gebühren mit Zuschlag anfallen. Nur eine kurze Inhaftierung ist hierfür schon ausreichend. Der **Haftzuschlag** ist für jeden Verfahrensabschnitt zu prüfen, also für das Vorverfahren und für das Hauptverfahren jeweils für sich. Die Bedingung der Haft muss auch für jede einzelne Gebühr, also z. B. auch für jede einzelne Terminsgebühr bestehen (OLG Karlsruhe, Beschluss vom 07.08.2017 – 2 Ws 176/17). 47

So entsteht z. B. die Grundgebühr (Nr. 4100 VV RVG) für die erstmalige Einarbeitung in den Rechtsfall und ist damit verdient. Wenn der Mandant nach erstmaliger Einarbeitung erst später im Laufe des Verfahrens in Haft genommen wird, kann diese Gebühr nicht mit Zuschlag entstehen (OLG Nürnberg, Beschluss vom 30.05.2017 – 2 Ws 98/17).

Die Haft als solche ist kein gebührenerhöhender Umstand im Sinne des § 14 RVG, da dies bereits bei dem höheren Gebührenrahmen der Gebühren mit Zuschlag berücksichtigt ist. Also wird in der Regel auch bei Haft die Mittelgebühr der Gebühren mit Zuschlag berechnet.

Beispiel:

Weitere Abwandlung des vorstehenden Beispiels 1 aus Rdn 45. In der ersten Instanz ist Pinglich verurteilt worden. Er wechselt deshalb den Verteidiger. Pinglich erteilt RA Kräftich das Mandat zur Verteidigung in der **Berufungsinstanz**, obwohl dieser ihm von der Berufung abrät. RA Kräftich reicht die Berufungsbegründungsschrift fristgerecht beim Landgericht (kleine Strafkammer) ein. An der zweitägigen Hauptverhandlung nimmt RA Kräftich teil. RA Kräftich hat 73 Fotokopien angefertigt; die Akte wurde ihm über sein Gerichtsfach zugestellt.

Und nun das Besondere an diesem Fall: Pinglich befindet sich seit Beginn der Ermittlungen wegen Verdunkelungs- und Fluchtgefahr in Untersuchungshaft. Allerdings wird im ersten Verhandlungstermin der Haftbefehl aufgehoben und Pinglich aus der Haft entlassen. Daher entstehen während der Haft Gebühren mit Zuschlag.

Berechnung der Vergütung (RA Kräftich):

Grundgebühr **mit Zuschlag** gem. §§ 2 Abs. 2, 14 RVG, Nrn. 4100, **4101** VV RVG	294,00 €
Verfahrensgebühr für das Berufungsverfahren **mit Zuschlag** gem. §§ 2 Abs. 2, 14 RVG, Nrn. 4124, **4125** VV RVG	467,50 €
Terminsgebühr im Berufungsverfahren **mit Zuschlag** (1. Termin) gem. §§ 2 Abs. 2, 14 RVG, Nrn. 4126, **4127** VV RVG	467,50 €
Terminsgebühr im Berufungsverfahren (2. Termin) gem. §§ 2 Abs. 2, 14 RVG, Nr. **4126** VV RVG	383,50 €

20 %	Pauschale für Post- und Telekommunikationsentgelte gem. § 2 Abs. 2 S. 1 RVG, Nr. 7002 VV RVG	20,00 €
	Dokumentenpauschale gem. § 2 Abs. 2 S. 1 RVG, Nr. 7000 Ziff. 1 Lit. a) VV RVG (73 Kopien)	28,45 €
		1.660,95 €
19 %	USt. gem. § 2 Abs. 2 S. 1 RVG, Nr. 7008 VV RVG	315,58 €
		1.976,53 €

RA Kräftich erhält die Grundgebühr, da er sich in die Sache neu einarbeiten musste.

Zum zweiten Termin bestand keine Haft mehr, daher Terminsgebühr ohne Zuschlag.

Beispiel:

RAin Klören verteidigt den Kilian Schlich, der seit seiner Verhaftung zu Beginn des Vorverfahrens wegen Fluchtgefahr in Untersuchungshaft einsitzt, im Vorverfahren und im Hauptverfahren vor der großen Strafkammer. Bereits im Ermittlungsverfahren hat sie aus der Ermittlungsakte 345 Kopien gefertigt; die Akte wurde über ihr Gerichtsfach zugestellt. Bei zwei Haftprüfungsterminen hat die RAin ihren Mandanten im Vorverfahren vertreten. Schlich ist angeklagt, Rindfleisch aus England im Wert von etwa 10 Millionen Euro mit einem falschen Ursprungszeugnis als argentinisches Rindfleisch nach Deutschland eingeführt zu haben. Die Hauptverhandlung dauert einen Tag.

Schlich ist sehr reich, und je länger die Untersuchungshaft dauert, umso größer werden seine geschäftlichen Verluste. Wegen ausländischer Zeugen und Urkunden muss die RAin ihre spanischen und englischen Sprachkenntnisse einsetzen. Diese Umstände sprechen im Sinne des § 14 RVG schon dafür, die Höchstgebühr der jeweiligen Gebührenrahmen zum Ansatz zu bringen. Die durch die Untersuchungshaft bedingten zusätzlichen Erschwernisse für die RAin berechtigen zur Erhebung der Gebühren mit Zuschlag für Haft.

Berechnung der Vergütung (Vorverfahren):

	Grundgebühr mit Zuschlag gem. §§ 2 Abs. 2, 14 RVG, Nrn. 4100, **4101** VV RVG	540,00 €
	Verfahrensgebühr im Vorverfahren mit Zuschlag gem. §§ 2 Abs. 2, 14 RVG, Nrn. 4104, **4105** VV RVG	435,00 €
	Terminsgebühr für Termine außerhalb der Hauptverhandlung mit Zuschlag* gem. §§ 2 Abs. 2, 14 RVG, Nrn. 4102 Ziff. 2, **4103** VV RVG	450,00 €
20 %	Pauschale für Post- und Telekommunikationsentgelte gem. § 2 Abs. 2 S. 1 RVG, Nr. 7002 VV RVG	20,00 €
	Dokumentenpauschale gem. § 2 Abs. 2 S. 1 RVG, Nr. 7000 Ziff. 1 Lit. a) VV RVG (345 Kopien)	69,25 €
		1.514,25 €
19 %	USt. gem. § 2 Abs. 2 S. 1 RVG, Nr. 7008 VV RVG	287,71 €
		1.801,96 €

* Bis zu drei Termine gelten als einer.

Berechnung der Vergütung (Hauptverfahren):

	Hauptverfahrensgebühr mit Zuschlag gem. §§ 2 Abs. 2, 14 RVG, Nrn. 4112, **4113** VV RVG	480,00 €
	Terminsgebühr mit Zuschlag gem. §§ 2 Abs. 2, 14 RVG, Nrn. 4114, **4115** VV RVG	839,00 €
20 %	Pauschale für Post- und Telekommunikationsentgelte gem. § 2 Abs. 2 S. 1 RVG, Nr. 7002 VV RVG	20,00 €
		1.339,00 €
19 %	USt. gem. § 2 Abs. 2 S. 1 RVG, Nr. 7008 VV RVG	254,41 €
		1.593,41 €

Merke:

Bei Haft des Beschuldigten entstehen die Gebühren mit Zuschlag, in deren Abgeltungsbereich die Haft bestand.

Die Haft muss zumindest teilweise in den Verfahrensabschnitt der jeweiligen Gebühr mit Zuschlag fallen; Vorverfahren und Hauptverfahren sind getrennt zu betrachten.

I. Zusätzliche Gebühren in besonderen Fällen

Im Vergütungsverzeichnis des RVG sind in Teil 4, Abschnitt 1, Unterabschnitt 5 zusätzliche Gebühren in besonderen Fällen vorgesehen. 48

- Laut Nr. 4141 VV RVG ist vorgesehen, dass ein Verteidiger, durch dessen Mitwirkung die **Hauptverhandlung entbehrlich wird**, zur Belohnung eine zusätzliche Gebühr (**„Erledigungsgebühr", „Befriedungsgebühr"**) verdient. Das Gleiche gilt, wenn sich das Verfahren durch **rechtzeitige Zurücknahme** des Einspruchs gegen einen Strafbefehl, der Berufung oder der Revision erledigt.
- Unter den Voraussetzungen der Nr. 4142 VV RVG können dem Verteidiger für Tätigkeiten, die sich z. B. auf die **Einziehung von Tatwerkzeugen** (z. B. §§ 74 bis 76a StGB) beziehen, zusätzliche Gebühren erwachsen.
- Unter den Voraussetzungen der Nrn. 4143 bzw. 4144 VV RVG können dem Verteidiger oder dem Vertreter eines Neben- oder Privatklägers für Tätigkeiten, die sich auf die **Abwehr oder Geltendmachung vermögensrechtlicher Ansprüche** (§ 405 StPO) beziehen, zusätzliche Gebühren erwachsen.
- Im **Privatklageverfahren** kann neben den Pauschgebühren der Nrn. 4100 ff. VV RVG noch eine besondere Einigungsgebühr gemäß Nr. 4147 VV RVG entstehen.

I. Einstellung des Verfahrens (Erledigungsgebühr)

Nach Nr. 4141 VV RVG ist vorgesehen, dass ein Verteidiger, der durch seine Bemühungen dazu beiträgt, dass das Strafverfahren **endgültig eingestellt** und damit die Hauptverhandlung entbehrlich wird, zur Belohnung eine zusätzliche Gebühr verdient. Das Gleiche gilt, wenn sich das Verfahren durch **Zurücknahme des Einspruchs** gegen einen Strafbefehl, der Berufung oder der Revision früher als zwei Wochen vor Beginn des Tages, der für die Hauptverhandlung vorgesehen war, erledigt. Die zusätzliche Gebühr (**„Erledigungsgebühr"**, **„Befriedungsgebühr"**) entsteht für den Wahlanwalt immer **in Höhe der Mittelgebühr** der Verfahrensgebühr für den Rechtszug, in dem 49 die Hauptverhandlung vermieden wurde (Anmerkung Abs. 3 zu Nr. 4141 VV RVG). Ein Zuschlag, falls der Mandant in Untersuchungshaft sitzt, ist für diese Gebühr nicht vorgesehen.

Der Grund für die vorstehend beschriebene gesetzliche Regelung liegt übrigens darin, dass die Gerichte möglichst dadurch entlastet werden sollen, dass sich Hauptverhandlungen in Strafverfahren erübrigen. Der Verteidiger verliert dadurch seine Terminsgebühr(en), was durch die zusätzliche Verfahrensgebühr teilweise kompensiert werden kann.

Strafverfahren werden bei Vorliegen der entsprechenden Voraussetzungen nicht selten bereits im Stadium des Vorverfahrens von der Staatsanwaltschaft eingestellt, sodass es in diesem Fall nicht zur Anklageerhebung und damit auch nicht zur Eröffnung des Hauptverfahrens kommt. In solchen Fällen würde der RA für seine Bemühungen als Verteidiger lediglich die Verfahrensgebühr im Vorverfahren nach Nr. 4104 VV RVG erhalten. Deswegen ist in Nr. 4141 VV RVG vorgesehen, dass der RA in derartigen Fällen, in denen durch seine Mitwirkung eine Hauptverhandlung entbehrlich wird und er die Terminsgebühr verliert, eine zusätzliche Gebühr (**„Erledigungsgebühr“**) berechnen kann.

Es sind allerdings folgende **Voraussetzungen** zu beachten:

50

- Die Einstellung des Verfahrens muss **endgültig**, nicht nur vorläufig sein (Anmerkung Abs. 1 Ziff. 1 zu Nr. 4141 VV RVG). Zur endgültigen Einstellung des Strafverfahrens durch die Staatsanwaltschaft kann die Anwendung folgender Vorschriften der Strafprozessordnung führen: §§ 153 Abs. 1, 153a Abs. 1, 153b Abs. 1, 153c Abs. 1 und 2, 153d Abs. 1, 153e Abs. 1, 154 Abs. 1, 154b Abs. 1 bis 3, 154c, 154d S. 3 und 170 Abs. 2 StPO.
  In gleicher Weise muss sich eine **endgültige Einstellung** des Verfahrens durch das Gericht nach Eingang der Anklageschrift auswirken, z. B. nach den §§ 153 Abs. 2 oder 153b Abs. 2 StPO.
  Falls die Einstellung eine nur vorläufige ist, entsteht die Erledigungsgebühr erst wenn die Einstellung endgültig wird. Eine **vorläufige Einstellung** kann z. B. im Fall des § 153a StPO vorliegen, wenn die Einstellung von der Erfüllung von Auflagen und Weisungen abhängig gemacht wird und diese vom Beschuldigten nicht erfüllt werden, oder falls nach § 154d S. 1 StPO die Staatsanwaltschaft dem Anzeigenden eine Frist bestimmt hat, bis diese fruchtlos abgelaufen ist. Eine vorläufige Einstellung kann auch nach § 205 StPO vorkommen, weil der Hauptverhandlung für eine längere Zeit die Abwesenheit des Angeklagten oder ein anderes in seiner Person liegendes Hindernis entgegensteht.
- Das Gericht beschließt nach § 204 StPO, das Hauptverfahren nicht zu eröffnen (Anmerkung Abs. 1 Ziff. 2 zu Nr. 4141 VV RVG).
- Der bereits eingelegte **Einspruch** gegen einen Strafbefehl soll möglichst frühzeitig zurückgenommen werden. Es kommt grundsätzlich nicht darauf an, wann der Einspruch zurückgenommen wird. Nur falls das Gericht schon einen Termin zur Hauptverhandlung bestimmt hat, gilt, dass der Einspruch mindestens zwei Wochen vor diesem Termin zurückgenommen werden muss. Das Gleiche gilt im Falle der Berufung oder der Revision, da ebenfalls die **Zurücknahme zwei Wochen vor dem Termin** erfolgen muss.
- Der RA muss einen **ersichtlichen Beitrag zur** Förderung der **Einstellung** des Strafverfahrens erbracht haben. Das RVG verdeutlich in Anmerkung Abs. 2 zu Nr. 4141 VV RVG, dass die Gebühr nur dann nicht entsteht, wenn eine Mitwirkung des RA nicht ersichtlich ist. Hat die Staatsanwaltschaft also ganz von sich aus das Verfahren eingestellt, ohne dass der RA erkennbar darauf hingewirkt hat, so erhält er die Erledigungsgebühr nicht. Andererseits wird unterstellt, dass der RA mitgewirkt hat, wozu schon eine Beratung seines Mandanten mit dem Ziel, z. B. die Berufung zurückzunehmen, ausreichend wäre. Eine fehlende Mitwirkung ist daher nach der Rechtsprechung von dem Mandanten, oder falls die Staatskasse nach Freispruch die Kosten zu erstatten hat (§§ 464 ff. StPO), von dieser nachzuweisen.

Merke:

Wenn der Verteidiger im Strafverfahren erkennbar dazu beiträgt, dass das Verfahren endgültig eingestellt bzw. die Hauptverhandlung entbehrlich wird, dann erhält er eine zusätzliche Erledigungsgebühr (Befriedungsgebühr).

Die Erledigungsgebühr erhält er auch, wenn sich das Verfahren durch Zurücknahme des Einspruchs gegen einen Strafbefehl, der Berufung oder der Revision früher als zwei Wochen vor Beginn des Tages, der für die Hauptverhandlung vorgesehen war, erledigt.

Beispiel:

RA Beutnagel wird für den Beschuldigten Westfal auftragsgemäß im Ermittlungsverfahren tätig. Er beantragt unter Vollmachtsvorlage Akteneinsicht bei der Staatsanwaltschaft. Bereits vor Erhalt der Akte ergeht ein Strafbefehl gegen Westfal. Vorsorglich wird innerhalb der Frist (§ 410 StPO) Einspruch gegen den Strafbefehl eingelegt. RA Beutnagel bespricht mit Westfal den Inhalt der inzwischen über sein Gerichtsfach eingetroffenen Akte (44 Kopien angefertigt) und berät ihn dahingehend, den Strafbefehl anzunehmen und den Einspruch gegen den Strafbefehl zurückzunehmen. Dies geschieht, und zwar drei Wochen vor dem bereits anberaumten Termin zur Hauptverhandlung.

Berechnung der Vergütung (Vorverfahren):

	Grundgebühr gem. §§ 2 Abs. 2, 14 RVG, Nr. 4100 VV RVG	240,00 €
	Verfahrensgebühr im Vorverfahren gem. §§ 2 Abs. 2, 14 RVG, Nr. 4104 VV RVG	198,00 €
20 %	Pauschale für Post- und Telekommunikationsentgelte gem. § 2 Abs. 2 S. 1 RVG, Nr. 7002 VV RVG	20,00 €
		458,00 €
19 %	USt. gem. § 2 Abs. 2 S. 1 RVG, Nr. 7008 VV RVG	87,02 €
		545,02 €

Berechnung der Vergütung (Hauptverfahren):

	Hauptverfahrensgebühr gem. §§ 2 Abs. 2, 14 RVG, Nr. 4106 VV RVG	198,00 €
	Zusatz-Verfahrensgebühr (Erledigungsgebühr) gem. §§ 2 Abs. 2 RVG, Nr. 4141 Anm. Abs. 1 Ziff. 3 i. V. m. Nr. 4106 VV RVG	198,00 €
20 %	Pauschale für Post- und Telekommunikationsentgelte gem. § 2 Abs. 2 S. 1 RVG, Nr. 7002 VV RVG	20,00 €
	Dokumentenpauschale gem. § 2 Abs. 2 S. 1 RVG, Nr. 7000 Ziff. 1 Lit. a) VV RVG (44 Kopien)	22,00 €
		438,00 €
19 %	USt. gem. § 2 Abs. 2 S. 1 RVG, Nr. 7008 VV RVG	83,22 €
		521,22 €

Beispiel:

RAin Junge wird von Frau Adamski, die sich in Untersuchungshaft befindet, mit deren Verteidigung beauftragt. Frau Adamski wird von der Staatsanwaltschaft beschuldigt, einen Banküberfall begangen und dabei den Kassierer erschossen zu haben. RAin Junge sieht die durch die

Post zugestellten Ermittlungsakten ein und kopiert daraus 54 Seiten. Sodann beauftragt sie einen Detektiv mit Nachforschungen, der drei der Staatsanwaltschaft unbekannte Zeugen findet, die Frau Adamski zur Tatzeit beim Joggen im Wald gesehen haben. Die Staatsanwaltschaft stellt das Ermittlungsverfahren gemäß § 170 Abs. 2 S. 1 StPO ein.

RAin Junge berechnet ihre Vergütung unter Berücksichtigung der Untersuchungshaft sowie ihrer Bemühungen zur Einstellung des Ermittlungsverfahrens. Für die Hauptverhandlung wäre das Schwurgericht zuständig gewesen.

Berechnung der Vergütung (Vorverfahren):

	Grundgebühr mit Zuschlag gem. §§ 2 Abs. 2, 14 RVG, Nrn. 4100, 4101 VV RVG	294,00 €
	Verfahrensgebühr im Vorverfahren mit Zuschlag gem. §§ 2 Abs. 2, 14 RVG, Nrn. 4104, 4105 VV RVG	241,50 €
	Zusatz-Verfahrensgebühr (Erledigungsgebühr)* gem. §§ 2 Abs. 2 RVG, Nr. 4141 Anm. Abs. 1 Ziff. 1 i. V. m. Nr. 4118 VV RVG	473,50 €
20 %	Pauschale für Post- und Telekommunikationsentgelte gem. § 2 Abs. 2 S. 1 RVG, Nr. 7002 VV RVG	20,00 €
	Dokumentenpauschale gem. § 2 Abs. 2 S. 1 RVG, Nr. 7000 Ziff. 1 Lit. a) VV RVG (54 Kopien)	25,60 €
	Auslagen für die Aktenversendungspauschale (Nr. 9003 KV GKG)	12,00 €
		1.066,60 €
19 %	USt. gem. § 2 Abs. 2 S. 1 RVG, Nr. 7008 VV RVG	202,65 €
		1.269,25 €

* Ohne Zuschlag. Siehe auch nachstehenden Hinweis.

Hinweis:

In Anmerkung Abs. 3 zu Nr. 4141 VV RVG wird vorgeschrieben, dass sich die Zusatz-Verfahrensgebühr nach dem Rechtszug richtet, in dem die Hauptverhandlung vermieden wurde. In vorstehendem Beispiel wurde eine Hauptverhandlung vor dem Schwurgericht vermieden. Deshalb wurde die Zusatz-Verfahrensgebühr nach der Verfahrensgebühr Nr. 4118 VV RVG berechnet.

II. Einziehung und verwandte Maßnahmen

51 Die in Absatz 1 der Anmerkung zu Nr. 4142 VV RVG beschriebene Tätigkeit des RA, die sich auf die **Einziehung** (§§ 73 bis 76a StGB), dieser gleichstehende Rechtsfolgen (§ 439 StPO), die **Abführung des Mehrerlöses** oder auf eine diesen Zwecken dienende Beschlagnahme bezieht, wird durch eine zusätzliche Gebühr abgegolten. Da der Verteidiger durch solche Tätigkeiten mit zusätzlicher Arbeit und Verantwortung belastet wird, ist dies gerechtfertigt. Beispiel: Einziehung eines zum Drogenanbau genutzten Hausgrundstücks.

Diese zusätzliche Gebühr ist eine **Wertgebühr**, die sich nach dem Gegenstandswert der betroffenen Sache richtet. Der Gebührensatz der **„Verfahrensgebühr bei Einziehung und verwandten Maßnahmen“** beträgt 1,0. Für den **Wahlverteidiger** wird die Tabelle zu § 13 RVG angewendet. Für den **Pflichtverteidiger** beträgt der Gebührensatz ebenfalls 1,0, jedoch wird für ihn die Gebühr aus der Tabelle zu § 49 RVG abgelesen. Diese Gebühr kann in jedem Rechtszug entstehen.

Nach Absatz 2 der Anmerkung zu Nr. 4142 VV RVG entfällt diese Gebühr, wenn der Gegenstandswert niedriger als 30,00 € ist. Wenn es also nur um ein Messer, eine Brechstange oder ähnliche Bagatellen geht, deren Wert bis 30,00 € beträgt, entsteht die Gebühr nicht.

Merke:

Für Tätigkeiten hinsichtlich der Einziehung von Tatwerkzeugen oder ähnlichen Maßnahmen erhält der Verteidiger eine zusätzliche 1,0 Verfahrensgebühr nach dem Gegenstandswert der betroffenen Sache, wenn deren Wert nicht unter 30,00 € liegt.

Beispiel:

RA Klumpich verteidigt einen Mandanten vor der großen Strafkammer. Im Vorverfahren war er nicht tätig. Neben der zu erwartenden Strafe soll der Pkw des Angeklagten im Wert von 10.000,00 € eingezogen werden. Die Hauptverhandlung dauert einen Tag. Es handelt sich um eine durchschnittliche Angelegenheit.

Berechnung der Vergütung (Hauptverfahren):

	Grundgebühr gem. §§ 2 Abs. 2, 14 RVG, Nr. 4100 VV RVG	240,00 €
	Verfahrensgebühr für den ersten Rechtszug vor der Strafkammer gem. §§ 2 Abs. 2, 14 RVG, Nr. 4112 VV RVG	222,00 €
	Terminsgebühr für den ersten Rechtszug vor der Strafkammer gem. §§ 2 Abs. 2, 14 RVG, Nr. 4114 VV RVG	383,50 €
1,0	Verfahrensgebühr bei Einziehung gem. §§ 2, 13 RVG, Nr. 4142 VV RVG (Gegenstandswert: 10.000,00 €)	652,00 €
20 %	Pauschale für Post- und Telekommunikationsentgelte gem. § 2 Abs. 2 S. 1 RVG, Nr. 7002 VV RVG	20,00 €
		1.517,50 €
19 %	USt. gem. § 2 Abs. 2 S. 1 RVG, Nr. 7008 VV RVG	288,33 €
		1.805,83 €

III. Vermögensrechtliche Ansprüche im Strafverfahren

Der durch eine Straftat Verletzte oder sein Erbe kann seine gegenüber dem Angeklagten entstandenen vermögensrechtlichen Ansprüche auf Schadenersatz und Schmerzensgeld im Strafverfahren gerichtlich geltend machen, obwohl dies eigentlich privatrechtliche Ansprüche sind. Dieses so genannte **Adhäsionsverfahren** (Anhangverfahren), das in den §§ 403 bis 406c StPO geregelt ist, ist jedoch nur für einfache und leicht feststellbare Ansprüche geeignet. Kompliziertere Ansprüche müssen werden im Regelfall im Zivilverfahren geltend gemacht werden (vgl. § 406 Abs. 1 S. 3 – 5 StPO). So könnte z. B. der bei einem Raubüberfall Verletzte seinen Schadenersatzanspruch wegen der zerrissenen Kleidung und seinen Schmerzensgeldanspruch im Adhäsionsverfahren feststellen lassen. 52

Das Strafgericht kann nach § 406 Abs. 1 S. 3 – 6 ZPO von einer Entscheidung absehen – dann kann es noch zu einem Zivilprozess kommen (§ 406 Abs. 3 S. 3 ZPO).

Der im ersten Rechtszug im Adhäsionsverfahren tätige Strafverteidiger erhält zusätzlich zu den Gebühren der Nrn. 4100 bis 4123 VV RVG eine **Adhäsions-Verfahrensgebühr** (Nr. 4143 VV RVG) mit einem Gebührensatz von 2,0 nach dem **Gegenstandswert** der geltend gemachten Ansprüche für die **Abwehr** dieser Ansprüche. Auch in der **Berufungsinstanz** beträgt der Gebühren- 53 satz 2,0 für diese Gebühr, wenn der zivilrechtliche Anspruch im Berufungsverfahren **erstmalig** geltend gemacht wird (Nr. 4143 Anm. Abs. 1 VV RVG). Die Adhäsions-Verfahrensgebühr tritt an die Stelle der in einem Zivilprozess dem RA erwachsenden Gebühren der Nrn. 3100 und 3104 VV RVG, die in der Regel in der ersten Instanz mit einem Gebührensatz von insgesamt 2,5 anfallen (1,3 Verfahrensgebühr, 1,2 Terminsgebühr). Die Ermäßigung im Strafverfahren auf 2,0 wird damit begründet, dass die Tätigkeit des RA weniger umfangreich ist, da er in die Strafsache schon eingearbeitet ist und z. B. dafür bereits eine Grundgebühr erhält. Für den **Pflichtverteidiger** wird die Gebühr aus der Tabelle zu § 49 RVG abgelesen.

Gleichfalls kann der Vertreter des Privat- oder Nebenklägers für die **Geltendmachung** solcher Ansprüche die Adhäsions-Verfahrensgebühr erhalten.

Die Adhäsions-Verfahrensgebühr erwächst dem RA nach der diesbezüglichen Auftragsannahme – wie auch sonst – bereits mit der Entgegennahme der Information vom Auftraggeber. Jedenfalls ist keine Verminderung dieser Gebühr wegen vorzeitiger Beendigung vorgesehen. Auf den Umfang der Tätigkeit des RA kommt es nicht an, da es sich um eine Pauschgebühr handelt. Diese Gebühr ist auch entstanden, wenn der Antrag zurück genommen wird oder wenn das Gericht von einer Entscheidung absieht.

Beispiel:

Räuber hat Opfer überfallen und verletzt. Räuber wird vor dem Schöffengericht angeklagt. Opfer macht im Adhäsionsverfahren seine zivilrechtlichen Ansprüche in Höhe von 1.100,00 € geltend (Schadensersatz und Schmerzensgeld). Räuber wird von RA Sittich nur im Hauptverfahren vertreten. Es ist ein durchschnittlicher Fall, und es gibt nur eine Hauptverhandlung. RA Sittich fertigt aus der Ermittlungsakte 23 Fotokopien; die Ermittlungsakte wurde in das Gerichtsfach von RA Sittich gegen Empfangsbescheinigung eingelegt.

Berechnung der Vergütung (Hauptverfahren):

	Grundgebühr gem. §§ 2 Abs. 2 RVG, 14, Nr. 4100 VV RVG	240,00 €
	Verfahrensgebühr für den ersten Rechtszug vor dem Amtsgericht gem. §§ 2 Abs. 2, 14 RVG, Nr. 4106 VV RVG	198,00 €
	Terminsgebühr für den ersten Rechtszug vor dem Amtsgericht gem. §§ 2 Abs. 2, 14 RVG, Nr. 4108 VV RVG	330,00 €
2,0	Adhäsions-Verfahrensgebühr gem. §§ 2, 13 RVG, Nr. 4143 VV RVG (Gegenstandswert: 1.100,00 €)	269,00 €
20 %	Pauschale für Post- und Telekommunikationsentgelte gem. § 2 Abs. 2 S. 1 RVG, Nr. 7002 VV RVG	20,00 €
	Dokumentenpauschale gem. § 2 Abs. 2 S. 1 RVG, Nr. 7000 Ziff. 1 Lit. a) VV RVG (23 Kopien)	11,50 €
		1.068,50 €
19 %	USt. gem. § 2 Abs. 2 S. 1 RVG, Nr. 7008 VV RVG	203,02 €
		1.271,52 €

54 Wird im Strafverfahren nicht über die zivilrechtlichen Ansprüche entschieden, weil z. B. die Sachlage zu kompliziert ist oder das Gericht den Anspruch für unbegründet hält oder der Angeklagte strafrechtlich nicht verurteilt werden kann, so können die vermögensrechtlichen Ansprüche noch in einem Zivilprozess geltend gemacht werden (§ 406 Abs. 3 S. 3 StPO). Vertritt derselbe RA, der im Strafverfahren tätig war, den Anspruchsteller wegen desselben Anspruchs in diesem Zivilverfahren, so wird **ein Drittel der Adhäsions-Verfahrensgebühr** auf die in dem bürgerlichen Rechts-

streit entstehenden Gebühren **angerechnet** (Anmerkung Abs. 2 zu Nr. 4143 VV RVG). Für diese Anrechnung gelten die in § 15a Abs. 1, 3 RVG aufgestellten Regeln.

Beispiel:

Wie vorstehendes Beispiel. Über die vermögensrechtlichen Ansprüche in Höhe von 1.100,00 € wird nach § 406 Abs. 1 S. 3 – 6, Abs. 3 S. 3 ZPO nicht, wie beantragt, schon im Strafverfahren, sondern erst im nachfolgenden Zivilprozess entschieden, da das Strafgericht von einer Entscheidung absieht. Es werden nur die Gebühren für die Vertretung wegen der vermögensrechtlichen Ansprüche betrachtet. Die Gebühren für die Vertretung wegen der strafrechtlichen Vorwürfe werden hier zwecks besserer Anschaulichkeit weggelassen.

1. Strafverfahren

2,0	Adhäsionsverfahrensgebühr gem. §§ 2, 13 RVG, Nr. 4143 VV RVG (Gegenstandswert: 1.100,00 €)	**269,00 €**

2. Zivilverfahren

1,3	Verfahrensgebühr gem. §§ 2, 13 RVG, Nr. 3100 VV RVG (Wert: 1.100,00 €)	174,85 €
	darauf anzurechnen: 1/3 der Adhäsionsverfahrensgebühr gem. Nr. 4143 Anm. Abs. 2 VV RVG (269,00 € : 3 = 89,67 €)	– 89,67 €
	verbleiben im Zivilprozess als Verfahrensgebühr:	85,18 €
1,2	Terminsgebühr gem. §§ 2, 13 RVG, Nr. 3104 VV RVG (Wert: 1.100,00 €)	161,40 €
		246,58 €

Im **Berufungs- und im Revisionsverfahren** beträgt der Gebührensatz der Adhäsionsverfahrensgebühr 2,5 nach Nr. 4144 VV RVG. Wird allerdings der vermögensrechtliche Anspruch **im Berufungsverfahren** zum **ersten Mal** geltend gemacht, so erhöht sich die Gebühr für das Berufungsverfahren nicht, es verbleibt bei der 2,0 Gebühr (Anmerkung Abs. 1 zu Nr. 4143 VV RVG). Für das Revisionsverfahren gilt dies nicht. 55

Der RA, der einen gemäß § 403 StPO Anspruchsberechtigten **nur** wegen dessen vermögensrechtlicher, also zivilrechtlicher, Ansprüche vertritt, erhält anstelle der Gebühren nach Nrn. 3100 ff. VV RVG die in Nrn. 4143 oder 4144 VV RVG bestimmte Adhäsionsverfahrensgebühr. Er erhält **nur die Adhäsionsverfahrensgebühr**, wenn er **ausschließlich** mit der Geltendmachung der aus der Straftat dem Verletzen erwachsenen vermögensrechtlichen Ansprüche auf Schadenersatz beauftragt wurde („isoliertes Adhäsionsverfahren"), den Verletzten also ansonsten als Nebenkläger in dem Strafverfahren nicht vertreten soll. Daneben erhält er keine weiteren Gebühren nach Nrn. 4100 ff. VV RVG. Dies wird in Vorbemerkung 4.3 Abs. 2 VV RVG ausdrücklich klargestellt. 56

Anders ist dies jedoch im Fall einer **Privat- oder Nebenklage**: Wenn der RA zugleich als Privat- oder Nebenkläger im Strafverfahren und im Adhäsionsverfahren auftritt, stehen ihm die Gebühren nach den Nrn. 4100 ff. VV RVG neben der in den Nrn. 4143 oder 4144 VV RVG bestimmten Adhäsionsverfahrensgebühr zu (siehe Vorbemerkung 4 Abs. 1 VV RVG). Er ist dann auftragsgemäß Beistand oder Vertreter des Verletzten als Privat- oder Nebenkläger und vertritt ihn auch bei der Geltendmachung seiner zivilrechtlichen Ansprüche.

Auch in diesem Fall muss die **Anrechnung der Adhäsionsverfahrensgebühr** auf die Gebühren eines eventuell nachfolgenden Zivilprozesses erfolgen, wenn der RA den durch die Straftat Geschädigten zuvor im schon Strafverfahren vertreten hat.

57 Vertritt der RA **mehrere Auftraggeber** wegen desselben Gegenstands als Privat- oder Nebenkläger (z. B. mehrere Erben), wird die Adhäsionsverfahrensgebühr gemäß Nr. 1008 VV RVG um jeweils 0,3 erhöht. Wird über die vermögensrechtlichen Ansprüche eine **Einigung** erzielt, erhält der RA wegen der in der ersten Instanz gerichtlich anhängigen Ansprüche zusätzlich eine 1,0 Einigungsgebühr gemäß Nrn. 1000, 1003 VV RVG. Der Gebührensatz beträgt nur 1,0, da ein gerichtliches Verfahren erster Instanz anhängig ist. Bei Anhängigkeit des Gegenstands des Adhäsionsverfahren im Rechtsmittelverfahren (Berufung oder Revision) beträgt der Gebührensatz 1,3 (Nr. 1004 VV RVG).

Machen dagegen mehrere Verletzte keinen gemeinsamen, sondern jeweils einen eigenen Anspruch (z. B. auf Schmerzensgeld) geltend, werden die einzelnen Werte zusammengerechnet–: Eine Erhöhung nach Nr. 1008 VV RVG gibt es hier nicht.

Hinweis:

Wenn der Angeklagte zur Zahlung der zivilrechtlichen Ansprüche verurteilt wird, hat er dem Verletzten die durch das Adhäsionsverfahren entstandenen Kosten und Auslagen zu ersetzen, wenn ihm diese vom Gericht auferlegt werden (§ 472a StPO). Wird der Angeklagte freigesprochen, muss ihm der Geschädigte die durch das Adhäsionsverfahren entstandenen Kosten und Auslagen zu ersetzen, wenn ihm diese durch das Gericht auferlegt werden.

J. Der Pflichtverteidiger

58 Jeder Beschuldigte, dem eine Straftat zur Last gelegt wird, hat das Recht auf einen Verteidiger, den er sich selbst auswählen darf. Grundsätzlich darf er sich auch selbst verteidigen.

In schwerwiegenden Fällen muss er einen Verteidiger haben. In § 140 StPO sind die Fälle aufgeführt, in denen die Mitwirkung eines Verteidigers notwendig, d. h. gesetzlich vorgeschrieben ist. Die so genannte **notwendige Verteidigung** ist z. B. dann gegeben, wenn:

- die Hauptverhandlung im ersten Rechtszug vor einem höheren Gericht als dem Amtsgericht stattfindet,
- dem Beschuldigten ein Verbrechen zur Last gelegt wird,
- das Verfahren zu einem Berufsverbot oder zu einer Unterbringung in einer Heil- und Pflegeanstalt führen kann,
- der Beschuldigte sich zum Zeitpunkt der Hauptverhandlung seit mindestens drei Monaten in Untersuchungshaft befindet.

59 Auch in diesen Fällen darf sich der Beschuldigte seinen Verteidiger frei wählen. Hat er sich jedoch keinen Verteidiger gewählt, so **muss** ihm das Gericht einen **Pflichtverteidiger** bestellen. Im Jugendgerichtsgesetz (§ 68 JGG) sind noch weitere Fälle der notwendigen Verteidigung aufgeführt.

In anderen Fällen wird dem Beschuldigten auf seinen Antrag oder von Amts wegen, wenn es wegen der Schwere der Tat oder wegen der Schwierigkeit der Sach- und Rechtslage notwendig ist, oder wenn ersichtlich ist, dass der Beschuldigte sich nicht selbst verteidigen kann, ein Pflichtverteidiger bestellt (§ 141 StPO).

Wird ein RA zum Pflichtverteidiger bestellt, ohne dass die Bestellung eingeschränkt wird, gilt die Bestellung nicht nur für die betreffende Instanz, sondern gemäß § 143 StPO bis zur Rechtskraft, also auch für das Berufungs- und Revisionsverfahren.

Wird der Rechtsanwalt im ersten Rechtszug zum Pflichtverteidiger bestellt, erhält er die Vergütung aus der Staatskasse auch für seine Tätigkeit vor dem Zeitpunkt seiner Bestellung einschließlich seiner Tätigkeit im Vorverfahren vor Einreichung der Anklageschrift (§ 48 Abs. 6 RVG).

I. Die Gebühren des Pflichtverteidigers

Gebühren erhält der Pflichtverteidiger grundsätzlich für dieselben Tätigkeiten wie der Wahlverteidiger, jedoch ist seine Vergütung niedriger; sie beträgt 80 % der jeweiligen Mittelgebühr für den Wahlanwalt. Die Gebühren sind Festgebühren und werden im Vergütungsverzeichnis zu jeder Gebühr in der rechten Randspalte ausgewiesen. Es gelten also alle vorstehenden Erläuterungen zu den einzelnen Gebühren auch für die Gebühren des Pflichtverteidigers, nur dass die Gebühren geringer sind. 60

Für die **Terminsgebühr** des Pflichtverteidigers gibt es allerdings die Besonderheit, dass er im gerichtlichen Verfahren für die Teilnahme an einer Hauptverhandlung von mehr als 5 Stunden oder mehr als 8 Stunden Zusatzgebühren erhält, so z. B. in den Nrn. 4110, 4111, 4116, 4117 VV RVG und anderen. Die Zusatzgebühr, der sog. **Längenzuschlag**, kommt zu der „normalen" Terminsgebühr hinzu. Da er Festgebühren erhält und keine Rahmengebühren, gibt es sonst keine andere Möglichkeit, eine längere Verhandlungsdauer zu berücksichtigen.

Hinweis:

Vorbemerkung 4.1 Abs. 3 VV RVG bestimmt u. a., dass Pausen bei der Berechnung der Teilnahmedauer an der Hauptverhandlung mitgezählt werden, außer wenn für eine einzelne Pause (z. B. **Mittagspause**) vom Gericht ausdrücklich angeordnet wurde, dass diese länger als eine Stunde dauern soll. Es kommt hierbei auf die gerichtliche Anordnung an und nicht darauf, wie lange die Pause dann tatsächlich dauert. Ferner darf der RA die Pause nicht zu vertreten haben; ob dies z. B. dann der Fall wäre, wenn er eine Unterbrechung beantragt, um sich mit seinem Mandanten zu beraten, erscheint zweifelhaft: Denn auch hier macht der Rechtsanwalt das, wofür er bestellt worden ist, nämlich verteidigen.

Da der Verteidiger vom Gericht bestellt worden ist, erhält er seine Vergütung gemäß § 45 Abs. 3 RVG aus der Staatskasse. Auf entsprechenden Antrag erhält er auch die notwendigen Auslagen (Nrn. 7000 ff. VV RVG) gemäß § 46 RVG aus der Staatskasse erstattet. Er hat unter den Voraussetzungen des § 47 RVG Anspruch auf Vorschuss aus der Staatskasse. Vorschussrecht bedeutet, dass die Vergütung vor Eintritt der Fälligkeit gemäß § 8 Abs. 1 RVG gefordert werden darf. 61

Bei Reisekosten des Pflichtverteidigers kann das Gericht zur Absicherung des RA auf Antrag deren Notwendigkeit vor Antritt der Reise feststellen (§ 46 RVG). Die Reise ist dann im Festsetzungsverfahren als notwendig zwingend anzuerkennen.

II. Wahlverteidigergebühren für den Pflichtverteidiger

Wenn die Verteidigung des Angeklagten im Sinne des § 140 StPO oder des § 68 JGG eine notwendige ist, dann wird ihm ggf. ein Pflichtverteidiger bestellt. Dies geschieht ohne eine Prüfung, ob der Angeklagte zahlungsfähig ist oder nicht, da der Zweck der Beiordnung im Strafprozess ein anderer ist als im Zivilprozess. Im Zivilprozess wird der „armen" Partei ein RA zur Geltendmachung ihrer Ansprüche oder zur Verteidigung gegen Ansprüche im Wege der Prozesskostenhilfe beigeordnet. Im Strafprozess erfolgt die Bestellung eines Verteidigers im Interesse des geordneten Ablaufs des Verfahrens, der Wahrheitsfindung und der Herbeiführung eines gerechten Urteils. Deshalb ist es sogar möglich, dass dem Angeklagten gegen seinen Willen ein Pflichtverteidiger bestellt wird. 62

Beauftragt der Beschuldigte einen Verteidiger, geht er also ein **Auftrags- und Mandatsverhältnis** ein (Geschäftsbesorgungsvertrag), kann der so gewählte Verteidiger die gesetzlichen RVG-Gebühren oder bei Abschluss einer Vergütungsvereinbarung auch die vereinbarte Vergütung von seinem 63

Auftraggeber verlangen. Das gilt auch dann, wenn der Wahlverteidiger (später) zum Pflichtverteidiger bestellt wird.

Davon zu unterscheiden ist die Bestellung zum Pflichtverteidiger, ohne dass ein Auftrags- und Mandatsverhältnis zwischen dem Beschuldigten und dem Verteidiger begründet worden ist.

Zwischen dem Pflichtverteidiger und dem Beschuldigten gibt es, wenn kein Auftrags- bzw. Mandatsverhältnis begründet worden ist, keinen bürgerlich-rechtlichen Vertrag, aus dem der Verteidiger einen (vertraglichen) Vergütungsanspruch ableiten könnte. Andererseits wäre es unbillig, wenn der Pflichtverteidiger in diesem Fall für seine Tätigkeit nur die niedrigeren Pflichtverteidigergebühren (rechte Randspalte des VV) bekäme, obwohl der Beschuldigte durchaus finanziell in der Lage sein könnte, die meist höheren Gebühren eines Wahlverteidigers zu bezahlen, da die Prüfung seiner Zahlungsfähigkeit für die Beiordnung eben keine Rolle spielte.

Aus dem vorgenannten Grunde schafft § 52 RVG eine gesetzliche Verpflichtung für den Beschuldigten, seinem Pflichtverteidiger, zu dem kein Auftrags- bzw. Mandatsverhältnis besteht, eine **Vergütung bis zur Höhe der Vergütung eines Wahlverteidigers** bezahlen zu müssen. Dieser gesetzliche Anspruch auf Wahlverteidigergebühren besteht aber nur dann, wenn **1.** dem Beschuldigten ein Erstattungsanspruch gegen die Staatskasse zusteht (z. B. bei Freispruch, § 464a Abs. 2 StPO) oder **2.** das Gericht des ersten Rechtszugs (Rechtspfleger) auf Antrag des Verteidigers feststellt, dass der Beschuldigte zur Zahlung der Wahlverteidigergebühren wirtschaftlich in der Lage ist. Als **Höchstgrenze** gilt: Der Pflichtverteidiger kann also von dem zahlungsfähigen Beschuldigten eine Vergütung verlangen, wie er sie auch als Wahlverteidiger hätte bekommen können, d. h., innerhalb der Gebührenrahmen der linken Randspalte des Vergütungsverzeichnisses unter Beachtung der Grundsätze des § 14 RVG, häufig also die so genannte Mittelgebühr. Selbstverständlich muss die von der Staatskasse bereits gezahlte Vergütung hierbei in Abzug gebracht werden (§ 52 Abs. 1 S. 2 RVG).

Die Auslagen werden im Normalfall von der Staatskasse erstattet. In Höhe der Differenz zwischen den Wahl- und den Pflichtverteidigergebühren kann der RA auch die darauf entfallende Umsatzsteuer (USt.) von dem Mandanten fordern.

64 Allerdings darf der Pflichtverteidiger keinen Vorschuss vom Beschuldigten verlangen (§ 52 Abs. 1 S. 1 Hs. 2 RVG). Insbesondere darf er seine Tätigkeit nicht von irgendwelchen Zahlungen abhängig machen, da er vom Gericht bestellt wurde. Freiwillige Zahlungen des Beschuldigten darf er dagegen annehmen, wobei er aus standesrechtlichen Gründen den Beschuldigten nicht z. B. durch irgendwelche Versprechungen oder, indem er ihn kurz vor der Hauptverhandlung unter Druck setzt, zu Vorschusszahlungen „überreden" darf.

65 Das Verfahren zur gerichtlichen Feststellung, ob der Beschuldigte Gebühren in Höhe der Wahlverteidigergebühren zahlen muss, verläuft wie folgt: Der Pflichtverteidiger muss einen **Antrag auf Feststellung der Zahlungsfähigkeit** bei dem Gericht des ersten Rechtszuges stellen. Der **Antrag** richtet sich darauf,

> *„... festzustellen, dass der Beschuldigte in der Lage ist, die Gebühren in Höhe der einem Wahlverteidiger zustehenden Gebühren zu zahlen."*

Da es zunächst nur um die Klärung geht, ob und in welcher Höhe der Beschuldigte überhaupt zahlen kann, braucht der Antrag nicht den Betrag zu enthalten, den der Pflichtverteidiger vom Beschuldigten fordern will. Dagegen sollte der RA die wirtschaftlichen Verhältnisse des Beschuldigten darlegen als **Begründung**, wegen welcher Tatsachen er den Beschuldigten für zahlungsfähig hält. Das Gericht (Rechtspfleger) muss dann feststellen, ob der Beschuldigte ohne Beeinträchtigung des für ihn und seine Familie notwendigen Unterhalts zur Zahlung in der Lage ist (§ 52 Abs. 2 RVG).

Der Beschuldigte ist vom Gericht zu dem Antrag zu hören und kann seine Mittellosigkeit darstellen. Dazu setzt ihm das Gericht eine **Frist** nach § 52 Abs. 3 RVG. Lässt der Beschuldigte die Frist ohne eine Erklärung verstreichen, so vermutet das Gericht, dass er leistungsfähig ist. Das Gericht entscheidet durch **Feststellungsbeschluss** über die Zahlungsfähigkeit des Beschuldigten, indem es feststellt, ob und bis zu welcher Höhe der Beschuldigte leistungsfähig ist; es kann auch Ratenzahlungen festlegen. Der Beschluss ist keine Verurteilung zur Zahlung einer Vergütung in bestimmter Höhe, sodass der RA damit **keinen vollstreckbaren Titel** erhält. Wenn der Beschuldigte die vom RA verlangten Gebühren nicht freiwillig zahlt, muss der RA mangels der Festsetzbarkeit von Rahmengebühren über die Mindestgebühren hinaus (§ 11 Abs. 8 RVG) notfalls auf Zahlung klagen. Gegen den Feststellungsbeschluss ist die sofortige Beschwerde zulässig.

Beispiel:

Nach Erhebung der Anklage wurde RA Bienstich zum Pflichtverteidiger in der ersten Instanz bestellt. Ein Auftrags- und Mandatsverhältnis besteht nicht. Für die eintägige Hauptverhandlung vor der großen Strafkammer hat er folgende Vergütung aus der Staatskasse erhalten. Es wurden 23 Fotokopien aus der Ermittlungsakte gefertigt; die Akte erhielt RA Bienstich über sein Gerichtsfach gegen Empfangsbescheinigung.

Berechnung der Vergütung (als Pflichtverteidiger):

	Grundgebühr gem. § 2 Abs. 2 RVG, Nr. 4100 VV RVG	192,00 €
	Verfahrensgebühr für den ersten Rechtszug vor der Strafkammer gem. § 2 Abs. 2 RVG, Nr. 4112 VV RVG	178,00 €
	Terminsgebühr für den ersten Rechtszug vor der Strafkammer gem. § 2 Abs. 2 RVG, Nr. 4114 VV RVG	307,00 €
		677,00 €
20 %	Pauschale für Post- und Telekommunikationsentgelte gem. § 2 Abs. 2 S. 1 RVG, Nr. 7002 VV RVG	20,00 €
	Dokumentenpauschale gem. § 2 Abs. 2 S. 1 RVG, Nr. 7000 Ziff. 1 Lit. a) VV RVG (23 Kopien)	11,50 €
		708,50 €
19 %	USt. gem. § 2 Abs. 2 S. 1 RVG, Nr. 7008 VV RVG	134,62 €
		843,12 €

Der Angeklagte wurde unter Auferlegung seiner notwendigen Auslagen auf die Staatskasse freigesprochen und die Staatskasse hat dem Pflichtverteidiger die ihm zustehende Vergütung ausgezahlt. RA Bienstich macht daraufhin folgende Wahlverteidigergebühren geltend, wobei er die Angelegenheit als durchschnittlich einschätzt.

Berechnung der Vergütung (als Wahlverteidiger):

Grundgebühr gem. §§ 2 Abs. 2, 14 RVG, Nr. 4100 VV RVG	240,00 €
Verfahrensgebühr für den ersten Rechtszug vor der Strafkammer gem. §§ 2 Abs. 2, 14 RVG, Nr. 4112 VV RVG	222,00 €
Terminsgebühr für den ersten Rechtszug vor der Strafkammer gem. §§ 2 Abs. 2, 14 RVG, Nr. 4114 VV RVG	383,50 €
	845,50 €

20 %	Pauschale für Post- und Telekommunikationsentgelte gem. § 2 Abs. 2 S. 1 RVG, Nr. 7002 VV RVG	20,00 €
	Dokumentenpauschale gem. § 2 Abs. 2 S. 1 RVG, Nr. 7000 Ziff. 1 Lit. a) VV RVG (23 Kopien)	11,50 €
		877,00 €
19 %	USt. gem. § 2 Abs. 2 S. 1 RVG, Nr. 7008 VV RVG	166,63 €
		1.043,63 €

RA Bienstich kann nun vom Beschuldigten gemäß § 52 Abs. 1 S. 1, 2 RVG die Differenz zwischen den Wahl- und den Pflichtverteidigergebühren verlangen:

845,50 € – 677,00 € = 168,50 € zuzüglich 19 % USt. von 32,02 € = 200,52 €

Der Anspruch erstreckt sich gemäß § 52 Abs. 1 S. 1 RVG nur auf die Gebühren, nicht aber die Auslagen. Diese werden im Rahmen der Pflichtverteidigerabrechnung aus der Staatskasse ersetzt.

Der freigesprochene Angeklagte kann von der Staatskasse im Kostenfestsetzungsverfahren nach §§ 464a Abs. 2 Nr. 2, 464b StPO den Ersatz seiner notwendigen Auslagen verlangen. Diese notwendigen Auslagen belaufen sich auf 200,52 €. Der Freigesprochenen muss diesen Betrag gemäß § 52 Abs. 1 S. 1 RVG seinem Pflichtverteidiger bezahlen, wenn dieser ihn von ihm verlangt. Denn es besteht keine Rechtfertigung dafür, dass der Freigesprochenen diesen Betrag erhält, denn er hat ja mangels Auftrags- und Mandatsverhältnis dem Rechtsanwalt nichts für die Verteidigung zahlen müssen.

66 Beachten Sie hierbei, dass der Pflichtverteidiger sich Zahlungen des Beschuldigten oder auch von Dritten grundsätzlich nach § 58 Abs. 3 RVG auf die Zahlung der Pflichtverteidigervergütung aus der Staatskasse anrechnen lassen muss. Auch Zahlungen nach § 52 Abs. 1 RVG sind grundsätzlich anzurechnen. Siehe hierzu Rdn 69 ff.

67 Wird der Angeklagte wegen der Straftat verurteilt, holt sich übrigens die Staatskasse die dem Pflichtverteidiger gezahlte Vergütung als Verfahrenskosten gemäß § 464a Abs. 1 StPO von dem Verurteilten zurück. Das geschieht dadurch, dass der Verurteilte von der Staatsanwaltschaft eine Kostenrechnung erhält, in der die Pflichtverteidigervergütung nach Nr. 9007 KV GKG als Auslage enthalten ist. Im Falle des Freispruchs hat der Freigesprochene seinerseits einen Anspruch auf Erstattung seiner notwendigen Auslagen durch die Staatskasse (§§ 464a Abs. 2 Nr. 2, 467 Abs. 1 StPO).

Merke:

Wenn der Beschuldigte zahlungsfähig ist oder freigesprochen wird, kann der Pflichtverteidiger von ihm die Zahlung einer Vergütung in Höhe der einem Wahlverteidiger zustehenden Gebühren verlangen. Die notwendigen Auslagen oder die Zahlungsfähigkeit wird vom Gericht der ersten Instanz (Rechtspfleger) auf Antrag des RA festgestellt.

Ein freigesprochener Angeklagter kann von der Staatskasse den Ersatz seiner notwendigen Auslagen verlangen.

68 *Praxistipp:*

Im Gegensatz zur Prozess- und Verfahrenskostenhilfe darf ein Pflichtverteidiger mit seinem Mandanten eine Vergütungsvereinbarung abschließen. Jedoch muss er vorher eindeutig darauf hinweisen, dass er auch ohne Vergütungsvereinbarung als gerichtlich bestellter Pflichtverteidiger zur weiteren ordnungsgemäßen Verteidigung verpflichtet ist (BGH, Urteil vom 13.12.2018 – IX ZR 216/17).

III. Anrechnung von Vorschüssen und Zahlungen (§ 58 Abs. 3 RVG)

Der Pflichtverteidiger muss sich grundsätzlich alle Zahlungen des Beschuldigten oder eines Dritten (z. B. des Ehegatten) an ihn auf die ihm aus der Staatskasse zustehende Vergütung anrechnen lassen. Dabei ist es gleichgültig, ob die Zahlungen vor oder nach der Bestellung erfolgt sind. Sind die Zahlungen erst erfolgt, nachdem der RA Gebühren aus der Staatskasse erhalten hat, so ist er zur Rückzahlung an die Staatskasse verpflichtet (§ 58 Abs. 3 S. 1 und 2 RVG). 69

Der Pflichtverteidiger ist übrigens schlechter gestellt als der im Wege der PKH beigeordnete RA, der Zahlungen des Mandanten nach § 58 Abs. 2 RVG zunächst auf die „weitere Vergütung" anzurechnen hat (§ 50 RVG, siehe Rdn 29, 36). Dagegen muss der Pflichtverteidiger grundsätzlich Zahlungen des Beschuldigten oder von Dritten nach § 58 Abs. 3 RVG auf **alle** Zahlungen der Staatskasse anrechnen. 70

Diese gesetzliche Verpflichtung des RA wird in § 58 Abs. 3 S. 3 RVG insofern etwas eingeschränkt, als die Anrechnung oder Rückzahlung nur dann erfolgt, soweit der RA durch diese Zahlungen **insgesamt** mehr als den doppelten Betrag der ihm als Pflichtverteidiger zustehenden Gebühren erhalten würde. Es ist also erst dann anzurechnen, wenn die Vorschüsse und Zahlungen zusammen mit den Pflichtverteidigergebühren das Doppelte der Pflichtverteidigergebühren übersteigen. Dieses Doppelte ist **Kontrollbetrag 1**. Allerdings darf der Pflichtverteidiger insgesamt nicht mehr verdienen als die im VV RVG vorgesehenen Höchstgebühren des jeweiligen Gebührenrahmens, die er als Wahlanwalt bekommen hätte (**Kontrollbetrag 2**; § 58 Abs. 3 S. 4 RVG); ein eventuell nach der Anrechnung noch übersteigender Betrag ist dann ebenfalls anzurechnen. Bei den Höchstgebühren handelt es sich um die im Vergütungsverzeichnis vorgesehenen Höchstgebühren bei den einzelnen Betragsrahmengebühren. Diese nicht ganz unkomplizierte gesetzliche Regelung wird nun im Folgenden erläutert. 71

Beispiel:

RA Weinlich wurde dem Angeklagten Schulze nach Erhebung der Anklage zur Verteidigung vor der großen Strafkammer beigeordnet. RA Weinlich hat von der Ehefrau des Angeklagten eine freiwillige Vorschusszahlung in Höhe von 677,00 € netto (ohne Umsatzsteuer) erhalten. Danach hat er die im Folgenden berechnete Vergütung aus der Staatskasse erhalten. Die Hauptverhandlung dauert vier Stunden. Es wurden 50 Fotokopien aus der Ermittlungsakte gefertigt, die RA Weinlich über sein Gerichtsfach erhalten hat. Schulze wird verurteilt.

Berechnung der Vergütung (als Pflichtverteidiger):

	Grundgebühr gem. § 2 Abs. 2 RVG, Nr. 4100 VV RVG	192,00 €
	Verfahrensgebühr für den ersten Rechtszug vor der Strafkammer gem. § 2 Abs. 2 RVG, Nr. 4112 VV RVG	178,00 €
	Terminsgebühr für den ersten Rechtszug vor der Strafkammer gem. § 2 Abs. 2 RVG, Nr. 4114 VV RVG	307,00 €
	= **Gebühren des Pflichtverteidigers** insgesamt	**677,00 €**
20 %	Pauschale für Post- und Telekommunikationsentgelte gem. § 2 Abs. 2 S. 1 RVG, Nr. 7002 VV RVG	20,00 €
	Dokumentenpauschale gem. § 2 Abs. 2 S. 1 RVG, Nr. 7000 Ziff. 1 Lit. a) VV RVG (50 Kopien)	25,00 €
		722,00 €
19 %	USt. gem. § 2 Abs. 2 S. 1 RVG, Nr. 7008 VV RVG	137,18 €
		859,18 €

Es stellt sich nun gemäß § 58 Abs. 3 S. 2 RVG die Frage, ob RA Weinlich einen Teil der freiwilligen Zahlung an die Staatskasse zurückzahlen muss oder ob diese Rückzahlung unterbleiben kann.

Gemäß § 58 Abs. 3 S. 3 RVG unterbleibt die Rückzahlung, wenn er durch sie insgesamt weniger als den doppelten Betrag der Pflichtverteidigergebühr erhalten würde. Deren doppelter Betrag wäre hier 2 x 677,00 € = 1.354,00 € (Kontrollbetrag 1). Diesen Betrag darf er höchstens behalten; die Zahlung und die Pflichtverteidigergebühren zusammen betragen ebenfalls 1.354,00 €. Würde er von dem Vorschuss von 677,00 € auch nur 1 Cent (0,01 €) an die Staatskasse zurückzahlen, so würden ihm von dem Vorschuss nur 677,00 € – 0,01 € = 676,99 € verbleiben, also weniger als ihm zusteht. Eine Rückzahlung an die Staatskasse kann also unterbleiben.

Hätte allerdings die Zahlung der Ehefrau z. B. 800,00 € betragen, dann hätte der RA 123,00 € an die Staatskasse zurückzahlen müssen. Die Pflichtverteidigergebühren wären dann von 677,00 € um 123,00 € auf 554,00 € zu verringern.

Die Staatskasse wird übrigens die an den RA gezahlte Pflichtverteidigervergütung von dem verurteilten Schulze zurück fordern. Der RA wird den erhaltenen Vorschuss eventuell teilweise erstatten müssen, wenn er einen Antrag nach § 52 Abs. 1 RVG gestellt hat – dann hat er Anspruch auf Wahlverteidigergebühren unter Beachtung des § 14 RVG.

72 Nach folgendem **Prüfungsschema** lässt sich überprüfen ob Zahlungen an den Pflichtverteidiger gegenüber der Staatskasse anzurechnen sind:

Prüfungsschema (Anrechnung von Zahlungen)

1. Berechnung der Gebühren des Pflichtverteidigers
2. Berechnung des doppelten Betrages der Pflichtverteidigergebühren = **Kontrollbetrag 1**
3. Zusammenrechnung der Pflichtverteidigergebühren und der erhaltenen Zahlungen
4. Prüfung, ob die unter 3. berechnete Summe das Doppelte der Pflichtverteidigergebühren aus 2. übersteigt (§ 58 Abs. 3 S. 3 RVG) – dies ergibt den Anrechnungsbetrag
5. Berechnung der Gebühren, die ein Wahlanwalt erhalten hätte (Höchstgebühren aus dem VV RVG im jeweiligen Gebührenrahmen – nicht die Mittelgebühren!) = **Kontrollbetrag 2**
6. Prüfung, ob nicht die Höchstgebühren, die einem Wahlanwalt zustehen, überschritten sind (§ 58 Abs. 3 S. 4 RVG)

Es geht hier nur um die Gebühren – ohne Auslagen und Umsatzsteuer.

Dies soll im Folgenden durch eine schematische Darstellung veranschaulicht werden.

73

Anrechnung von Zahlungen – Teil 1 (nach § 58 Abs. 3 S. 3 RVG)

Zahlungen des Beschuldigten oder Dritten	Pflichtverteidigergebühren (einfach)
+ Pflichtverteidigergebühren (einfach)	– Anrechnungsbetrag *(0,00 € wenn negativ)*
– Pflichtverteidigergebühren (doppelt) *)	= Anspruch an die Staatskasse (nach **Satz 3**) *(0,00 € wenn negativ)*
= Anrechnungs-/Rückforderungsbetrag →	

*) Der Betrag der doppelten Pflichtverteidigergebühren ist **Kontrollbetrag 1** (§ 58 Abs. 3 S. 3 RVG).

74 Danach wäre noch zu prüfen, ob mit dem verbleibenden Anspruch an die Staatskasse insgesamt nicht die Höchstgebühren im Gebührenrahmen eines Wahlverteidigers überschritten werden (§ 58

Abs. 3 S. 4 RVG), denn die Gebühren des Pflichtverteidigers sollen nicht die Gebühren übersteigen, die er als Wahlverteidiger höchstens erhalten hätte (**Kontrollbetrag 2**). Die Wahlverteidigergebühren sind der Kontrollbetrag 2 und begrenzen den Anspruch gegen die Staatskasse.

Anrechnung von Zahlungen Teil 2 (nach § 58 Abs. 3 S. 4 RVG)	
Zahlungen des Beschuldigten oder Dritten auch Vorschusszahlungen + Anspruch an Staatskasse aus Teil 1 = Gesamtgebühren des Pflichtverteidigers – Fiktive Wahlverteidigergebühren *) = Anrechnung/Rückforderung (nach **Satz 4**) →	Anspruch an die Staatskasse (nach **Satz 3**) (in Teil 1 berechnet) – Anrechnungsbetrag *(0,00 € wenn negativ)* = Anspruch an die Staatskasse (nach **Satz 4**) *(0,00 € wenn negativ)*

*) Die fiktiven Wahlverteidigergebühren nach dem jeweiligen Rahmenhöchstbetrag sind der **Kontrollbetrag 2**. Sie müssen diese Berechnung allerdings dann vornehmen, wenn Sie erkennen, dass die Gesamtgebühren des Pflichtverteidigers, also die aus der Staatskasse gezahlten gebühren und die erhaltenen Zahlungen vom Beschuldigten oder von Dritten, die Gebühren eines Wahlverteidigers übersteigen, wie in Beispiel 3 (Rdn 78).

Je nachdem, ob der Angeklagte verurteilt oder freigesprochen wird, wird die Staatskasse die dem Pflichtverteidiger gezahlte Vergütung gegenüber dem Verurteilten festsetzen oder der Freigesprochene hat einen Anspruch gegen die Staatskasse. Ein an den RA gezahlter Vorschuss ist nach der Endabrechnung natürlich abzurechnen und muss je nach Fall (teilweise) zurück erstattet werden. 75

Beispiel 1: 76

RA Garstich wurde nach Erhebung der Anklage als Pflichtverteidiger in erster Instanz bestellt. Für die Hauptverhandlung vor dem Amtsgericht hat er folgende Vergütung **aus der Staatskasse** erhalten. Es wurden 20 Fotokopien aus der über das Gerichtsfach erhaltenen Ermittlungsakte gefertigt.

Berechnung der Vergütung (als Pflichtverteidiger):

	Grundgebühr gem. § 2 Abs. 2 RVG, Nr. 4100 VV RVG	192,00 €
	Verfahrensgebühr für den ersten Rechtszug vor dem Amtsgericht gem. § 2 Abs. 2 RVG, Nr. 4106 VV RVG	158,00 €
	Terminsgebühr für den ersten Rechtszug vor dem Amtsgericht gem. § 2 Abs. 2 RVG, Nr. 4108 VV RVG	264,00 €
	= Gebühren des Pflichtverteidigers insgesamt	**614,00 €**
20 %	Pauschale für Post- und Telekommunikationsentgelte gem. § 2 Abs. 2 S. 1 RVG, Nr. 7002 VV RVG	20,00 €
	Dokumentenpauschale gem. § 2 Abs. 2 S. 1 RVG, Nr. 7000 Ziff. 1 Lit. a) VV RVG (20 Kopien)	10,00 €
		644,00 €
19 %	USt. gem. § 2 Abs. 2 S. 1 RVG, Nr. 7008 VV RVG	122,36 €
		766,36 €

Nachdem diese Vergütung von der Staatskasse ausbezahlt wurde, stellt das Amtsgericht auf Antrag (§ 52 Abs. 2, 2. Alt. RVG) von RA Garstich fest, dass der Angeklagte in der Lage ist, eine Vergütung in Höhe der einem Wahlverteidiger zustehenden Gebühren zu zahlen. (Siehe Rdn 62 ff.). RA Garstich erstellt daraufhin folgende Vergütungsrechnung, wobei er die Angelegenheit unter Berücksichtigung aller Umstände des § 14 RVG als so überdurchschnittlich umfangreich und schwierig einschätzt, dass er die **Höchstgebühren** in Ansatz bringt.

Berechnung der Vergütung (als Wahlverteidiger):

	Grundgebühr gem. §§ 2 Abs. 2, 14 RVG, Nr. 4100 VV RVG	432,00 €
	Verfahrensgebühr für den ersten Rechtszug vor dem Amtsgericht gem. §§ 2 Abs. 2, 14 RVG, Nr. 4106 VV RVG	348,00 €
	Terminsgebühr für den ersten Rechtszug vor dem Amtsgericht gem. §§ 2 Abs. 2, 14 RVG, Nr. 4108 VV RVG	576,00 €
	= Gebühren des Wahlverteidigers insgesamt	**1.356,00 €**
20 %	Pauschale für Post- und Telekommunikationsentgelte gem. § 2 Abs. 2 S. 1 RVG, Nr. 7002 VV RVG	20,00 €
	Dokumentenpauschale gem. § 2 Abs. 2 S. 1 RVG, Nr. 7000 Ziff. 1 Lit. a) VV RVG (20 Kopien)	10,00 €
		1.386,00 €
19 %	USt. gem. § 2 Abs. 2 S. 1 RVG, Nr. 7008 VV RVG	263,34 €
		1.649,34 €

RA Garstich kann nun vom Angeklagten die Differenz zwischen den Wahl- und den Pflichtverteidigergebühren verlangen (§ 52 Abs. 1 S. 2 RVG):

1.356,00 € – 614,00 € = **742,00 €** + 19 % USt. das sind 140,98 € = 882,98 €.

Der Angeklagte zahlt daraufhin diesen Differenzbetrag, da die Staatskasse bereits die Pflichtverteidigervergütung gezahlt hat.

In diesem Fall wird RA Garstich eine **Rückzahlung** an die Staatskasse leisten müssen. Der doppelte Betrag der Pflichtverteidigergebühr ist 2 x 614,00 € = 1.228,00 €. Da dieser Kontrollbetrag 1 von 1.228,00 € nicht überschritten werden darf und der Anspruch gegen den Angeklagten mit 742,00 € zusammen mit den Pflichtverteidigergebühren von 614,00 € (jeweils ohne USt.) 1.356,00 € ergeben, muss RA Garstich 128,00 € an die Staatskasse zurückzahlen, sodass er letztlich von der Staatskasse nur 486,00 € erhält. (Rechnen Sie dies bitte mit dem Berechnungsschema in Rdn 72 f. nach).

Der Kontrollbetrag 2 (1.356,00 €) wird hier mit 1.228,00 € nicht überschritten, sodass keine weitere Anrechnung nach § 58 Abs. 3 S. 4 RVG erfolgen muss.

77 Auch das folgende zweite Beispiel zeigt, wann eine **Rückzahlung** an die Staatskasse erfolgen muss:

Beispiel 2:

Der Fall ist wie vorstehend Beispiel 1, jedoch hatte RA Garstich vor der Bestellung zum Pflichtverteidiger bereits um einen Vorschuss auf seine Gebühren von 1.000,00 € zuzüglich USt. gebeten, den der Angeklagte auch freiwillig zahlt.

Der Vorschuss und die von der Staatskasse zu zahlenden Gebühren als Pflichtverteidiger betragen zusammen 1.614,00 € (1.000,00 € + 614,00 €). Davon muss der RA 1.614,00 € – 1.228,00 € = 386,00 € gemäß § 58 Abs. 3 RVG an die Staatskasse zurückzahlen (zuzüglich der darauf anfallenden Umsatzsteuer von 73,34 €). Von der Staatskasse erhält er in diesem Fall letztlich nur 614,00 € – 386,00 € = 228,00 €. (Vergleichen Sie dies bitte mit dem Berechnungsschema in Rdn 72 f.).

Die Höchstgebühren des Wahlverteidigers (Kontrollbetrag 2) in Höhe von 1.356,00 € werden auch in diesem Fall mit insgesamt 1.228,00 € nicht überschritten, sodass § 58 Abs. 3 S. 4 RVG nicht greift.

Beispiel 3: 78

Beispiel 3 bezieht sich auf das Beispiel 1 (Rdn 76) mit folgenden Änderungen:

Der Mandant hat an RA Garstich freiwillig einen **Vorschuss** von 1.000,00 € gezahlt. Außerdem dauerte die Hauptverhandlung mehr als 8 Stunden, sodass die **Terminsgebühr** des Pflichtverteidigers in Höhe von 264,00 € mit Längenzuschlag in Höhe von 264,00 € nach den Nrn. 4108, 4111 VV RVG nun insgesamt 528,00 € beträgt. Die Gebühren des Pflichtverteidigers ergeben demnach jetzt insgesamt 908,00 € (644,00 € + 264,00 €) vor Auslagen und USt.

Die Berechnung nach **Schema Teil 1** sieht so aus:

1.000,00 € + 908,00 € = 1.908,00 € – 1.816,00 € = 92,00 €
908,00 € – 92,00 € = 816,00 €

Nun scheint es so, dass der Anspruch gegen die Staatskasse 816,00 € beträgt. Wir erkennen aber, dass das zusammen mit dem Vorschuss die Wahlverteidigergebühren übersteigt.

Die Berechnung nach **Schema Teil 2** sieht jetzt so aus:

1.000,00 € + 816,00 € = 1.816,00 € – 1.356,00 € = 460,00 €
816,00 € – 460,00 € = 356,00 €

Damit hat sich der Anspruch an die Staatskasse auf 356,00 € reduziert.

Die **Probe** ergibt: 1.000,00 € + 356,00 € = 1.356,00 €. Dies entspricht in diesem Fall den im VV RVG vorgesehenen höchstmöglichen Gebühren des Wahlverteidigers.

Merke: 79

Von Zahlungen des Auftraggebers oder eines Dritten zuzüglich der ihm zustehenden Pflichtverteidigergebühr muss der RA sich einen Betrag, der das Doppelte der ihm zustehenden Pflichtverteidigergebühren (Kontrollbetrag 1) übersteigt, auf die von der Staatskasse zu zahlenden Gebühren anrechnen lassen.

Zusammen mit Zahlungen des Mandanten soll der Pflichtverteidiger nicht höhere Gebühren erhalten, als einem Wahlverteidiger an Höchstgebühren im jeweiligen Gebührenrahmen zustehen (Kontrollbetrag 2), was in Sonderfällen eine weitere Anrechnung erfordern könnte.

Im Endergebnis erhält ein Pflichtverteidiger die von der Staatskasse nach Anrechnungen zu zahlenden Pflichtverteidigergebühren zusammen mit den Zahlungen des Mandanten oder eines Dritten, jedoch insgesamt begrenzt durch die Höchstgebühren als Wahlverteidiger.

Hinweis: 80

In den Fällen, in denen das OLG dem RA eine **Pauschvergütung** nach § 51 RVG aus der Staatskasse bewilligt, muss der Verteidiger sich Zahlungen des Beschuldigten oder eines Dritten nur insoweit anrechnen lassen, wie sie über den doppelten Betrag der normalen Pflichtverteidigergebühren hinausgehen. Die Pauschvergütung wird bei Berechnung des doppelten Betrages der Pflichtverteidigergebühren (Kontrollbetrag 1) nicht berücksichtigt (§ 58 Abs. 3 S. 3 RVG).

IV. Festsetzung der Gebühren des Pflichtverteidigers

Durch § 55 RVG wird u. a. das Verfahren der Geltendmachung der **Vergütung des Pflichtverteidigers gegenüber der Staatskasse** geregelt. Ein Festsetzungsantrag nach § 55 RVG ist nur für die 81

Rechtsanwälte zulässig, die gemäß § 45 RVG aufgrund Beiordnung oder Bestellung einen Vergütungsanspruch gegen die Staatskasse haben.

82 Die Vorschrift **gilt nicht für den Wahlverteidiger**, der seine Vergütung gegenüber seinem Auftraggeber nicht festsetzen lassen, sondern in der Regel nur im Klageweg geltend machen kann (vergleiche § 11 Abs. 8 RVG). Auch der Pflichtverteidiger, der wegen Zahlungsfähigkeit des Beschuldigten von ihm die Zahlung einer Vergütung in Höhe der einem Wahlverteidiger zustehenden Gebühren verlangt, muss nach der Feststellungsentscheidung im Falle der Nichtzahlung auf Zahlung klagen. Letztlich gilt § 55 RVG nicht für die Festsetzung der notwendigen Auslagen, die von einem am Verfahren Beteiligten einem anderen zu erstatten sind (vgl. §§ 464 ff. StPO). Dieses Kostenfestsetzungsverfahren richtet sich nach § 464b StPO.

83 Das **Festsetzungsverfahren** beginnt mit dem Antrag des bestellten oder beigeordneten RA an das Gericht der ersten Instanz. In dem Antrag ist eine Vergütungsrechnung mit Angabe

- der Beträge der einzelnen Gebühren
- sowie der angewandten Gebührenvorschriften,
- der Beträge der Auslagen, wobei hinsichtlich der Auslagen für Post- und Telekommunikationsdienstleistungen die Versicherung des RA genügt, dass diese Auslagen entstanden sind, andere Auslagen aber glaubhaft zu machen sind (§ 104 Abs. 2 ZPO),
- und der Beträge etwa erhaltener Vorschüsse

aufzustellen. Für den Antrag gibt es ein besonderes Formular, das aber nicht zwingend verwendet werden muss.

Die Festsetzung der Vergütung erfolgt nach § 55 Abs. 1 RVG durch Beschluss des Urkundsbeamten der Geschäftsstelle des Gerichts der ersten Instanz (nicht des Rechtspflegers!). Der Urkundsbeamte des Gerichts der ersten Instanz ist auch für die Festsetzung der in den Rechtsmittelinstanzen entstandenen Vergütung zuständig. Gegen seinen Beschluss ist die unbefristete Erinnerung zulässig (§ 56 RVG). Gegen den Beschluss des Gerichts des ersten Rechtszuges über die Erinnerung ist die einfache Beschwerde zulässig, wobei dann die Beschwer 300 Euro übersteigen muss (§ 304 Abs. 3 StPO).

Der RA erhält weder für seine Tätigkeit im Festsetzungsverfahren noch im Erinnerungs- oder Beschwerdeverfahren eine Vergütung, auch Auslagen werden nicht erstattet (§ 56 Abs. 2 RVG). Die Verfahren sind auch gerichtsgebührenfrei (§§ 56, 33 Abs. 9 S. 1 RVG).

K. Gebühren im Strafvollstreckungsverfahren

84 Strafvollstreckungssachen erfordern in der Regel einen erheblichen Zeitaufwand des RA. Häufig müssen Sachverständigengutachten ausgewertet werden und Anhörungstermine mit Sachverständigen wahrgenommen werden. Deshalb sind im Vergütungsverzeichnis des RVG eigene Gebühren in den Nummern 4200 ff. geregelt.

Beispiel: Der Verteidiger wird beauftragt, den Verurteilten im Verfahren über die Aussetzung des Restes einer lebenslangen Freiheitsstrafe zu vertreten.

L. Die Pauschgebühr (§§ 42, 51 RVG)

85 Dem gerichtlich bestellten oder beigeordneten Rechtsanwalt, insbesondere als dem Pflichtverteidiger, kann gemäß § 51 RVG auf Antrag durch das Oberlandesgericht für das ganze Verfahren oder für einzelne Verfahrensabschnitte eine Pauschgebühr bewilligt werden, die über die Gebühren nach dem Vergütungsverzeichnis hinausgeht. Voraussetzung ist, dass die dem Pflichtverteidiger aus der Staatskasse gezahlten Festgebühren wegen des besonderen Umfangs oder der besonderen

Schwierigkeit der Sache nicht zumutbar sind. Wird die Pauschgebühr bewilligt, erfolgt die Festsetzung und Auszahlung im Verfahren gemäß § 55 RVG, das bedeutet, der Pflichtverteidiger muss neben dem Antrag auf Bewilligung der Pauschgebühr nach deren Bewilligung durch das OLG noch einen Festsetzungsantrag beim erstinstanzlichen Gericht stellen.

Darüber hinaus besteht nach § 42 RVG auch für den **Wahlverteidiger** auf Antrag die Möglichkeit der Feststellung einer **Pauschgebühr**. Die gerichtliche Feststellung der Pauschgebühr ist jedoch kein Vollstreckungstitel. Wenn das Gericht die Pauschgebühr festgestellt hat, ist diese Feststellung aber verbindlich in einem Vergütungsfestsetzungsverfahren oder einer Gebührenklage (§ 42 Abs. 4 RVG). Die Pauschgebühr darf das Doppelte der für die Gebühren des Wahlanwalts geltenden Höchstbeträge der jeweiligen Gebührenrahmen nicht übersteigen (§ 42 Abs. 1 S. 4 RVG). Die Pauschgebühr kann dann gewährt werden, wenn wegen des besonderen Umfangs oder der besonderen Schwierigkeit der Sache die normalen Gebühren für den RA nicht zumutbar sind (§ 42 Abs. 1 RVG).

M. Kostenrechtliche Beschwerde- und Erinnerungsverfahren

Gemäß Vorbemerkung 4 Absatz 5 VV RVG entstehen in Verfahren z. B. über die Beschwerde ge- 86
gen einen **Kostenfestsetzungsbeschluss** (§ 464b StPO) Gebühren nach dem Teil 3 des Vergütungsverzeichnisses des RVG, also Gebühren nach den Nrn. 3500 und 3513 VV RVG. Dies ist eine andere Bestimmung im Sinne von § 19 Abs. 1 S. 2 Nr. 10a RVG, sodass diese Beschwerdeverfahren nicht zum Rechtszug des Strafverfahrens gehören.

N. Die Dokumentenpauschale

Da in Straf- und Bußgeldsachen zur sachgerechten Verteidigung meistens **Kopien** der Ermittlungs- 87
und Strafakten hergestellt werden, entsteht die **Dokumentenpauschale** nach Nr. 7000 Ziff. 1 Lit. a) VV RVG. Beachten Sie, dass in diesen Fällen die Dokumentenpauschale nach Buchstabe a) berechnet wird, sodass es dann **keine Beschränkung** derart gibt, dass nur die über 100 Kopien hinausgehenden Exemplare berechnet werden dürfen.

Hinweis: 88

Für das bloße **Einscannen** von Dokumenten entsteht keine Dokumentenpauschale (z. B.: KG, Beschluss vom 28.08.2015 – 1 Ws 59/15). Dies gilt auch für den der **Ausdruck** eingescannter oder vom Gericht auf einem Datenträger überlassener Seiten durch den RA (OLG Celle, Beschluss vom 28.09.2015 – 1 Ws 518/15; OLG Braunschweig, Beschluss vom 25.08.2015 – 1 Ws 233/15).

Nach § 17 Nr. 10 RVG sind das strafrechtliche Ermittlungsverfahren und ein nachfolgendes erst- 89
instanzliches gerichtliches Verfahren **verschiedene Angelegenheiten**. Die Dokumentenpauschale entsteht im Vorverfahren und noch einmal im gerichtlichen Verfahren. Die **Dokumentenpauschale** (Nr. 7000 VV RVG) wird im Hauptverfahren neu ab der ersten Kopie berechnet, falls erneut Kopien gefertigt werden.

Merke:

In Straf- und Bußgeldsachen wird die Dokumentenpauschale bereits ab der ersten Kopie berechnet. Sie entsteht im Vorverfahren und neu ab der ersten Kopie im Hauptverfahren.

O. Die Postentgeltpauschale in Strafverfahren

90 Nach § 17 Nr. 10 Lit. a) RVG sind das strafrechtliche Ermittlungsverfahren und ein nachfolgendes erstinstanzliches gerichtliches Verfahren **verschiedene Angelegenheiten**. Das heißt, dass für die Tätigkeit des RA im Vorverfahren und im nachfolgenden Hauptverfahren jeweils eine gesonderte Vergütungsrechnung anzufertigen ist. Die **Auslagenpauschale für Post- und Telekommunikationsentgelte** (Nr. 7002 VV RVG) entsteht demnach im Vorverfahren und noch einmal im gerichtlichen Verfahren.

P. Die Aktenversendungspauschale und die Umsatzsteuer

91 Der RA hat Anspruch auf Ersatz der auf seine Vergütung (Gebühren und Auslagen) entfallenden **Umsatzsteuer** (Nr. 7008 VV RVG). Dies betrifft neben den Gebühren insbesondere auch die Auslagen nach den Nrn. 7000 bis 7007 VV RVG. Auf **andere Auslagen** wie z. B. die Aktenversendungspauschale ist ebenfalls Umsatzsteuer zu berechnen. Auf **durchlaufende Posten** wie z. B. vorgelegte Gerichtskosten und vorgelegte Gebühren des Gerichtsvollziehers wird dagegen **keine Umsatzsteuer** berechnet. Siehe hierzu § 2 Rdn 215 ff.

92 Der RA hat als Strafverteidiger das Recht, die Ermittlungsakten der Staatsanwaltschaft einzusehen. Auf Antrag werden ihm diese Akten zur Einsicht in seiner Kanzlei überlassen. Dafür entsteht eine **Aktenversendungspauschale** nach Nr. 9003 KV GKG in Höhe von 12,00 €. Da nur der RA als Organ der Rechtspflege, aber nicht der Mandant selbst diese Einsicht nehmen darf, ist für die Kosten der Aktenversendungspauschale der RA selbst der Kostenschuldner (§ 28 Abs. 2 GKG). Deshalb handelt es sich hierbei nicht um einen durchlaufenden Posten, sondern es müssen die Auslagen für die Aktenversendungspauschale als umsatzsteuerpflichtige Auslagen in Rechnung gestellt werden (BGH, Urteil vom 06.04.2011 – IV ZR 232/08).

Die Aktenversendungspauschale (12,00 €, Nr. 9003 KV GKG) entsteht bei Versendung der Akten durch die Post oder ein anderes Unternehmen. Das Gericht darf jedoch keine Aktenversendungspauschale erheben, wenn die Akten von Gerichtspersonal in das Gerichtsfach des RA bei dem Gericht eingelegt werden (OVG Rheinland-Pfalz, Beschluss vom 22.05.2013 – 2 E 10509/13.OVG; OLG Koblenz, Beschluss vom 20.03.2014 – 2 W 134/14). Werden Strafakten elektronisch geführt, können diese nicht mehr versandt werden, sodass die Aktenversendungspauschale hier nicht mehr entstehen kann. Bei elektronischer Aktenführung erfolgt Akteneinsicht durch Bereitstellung in einem Akteneinsichtsportal oder durch Bereitstellung eines Datenträgers, die Akte wird nicht mehr versandt, sondern ist bei Gericht oder Staatsanwaltschaft weiter vorhanden. In diesen Fällen kann nur die Gewährung der Akteneinsicht mit einer Dokumentenpauschale abgerechnet werden, allerdings auch nur dann, wenn auf besonderen Antrag ein Ausdruck einer elektronischen Akte oder ein Datenträger mit dem Inhalt einer elektronischen Akte übermittelt wird. Der Verteidiger müsste also konkret beantragen, ihm den Ausdruck einer elektronischen Akte oder einen Datenträger mit dem Inhalt einer elektronischen Akte zu übermitteln. Beantragt er nur Akteneinsicht und wird ihm daraufhin der Ausdruck der elektronischen Akte oder ein Datenträger mit dem Inhalt einer elektronischen Akte übermittelt, entsteht die Dokumentenpauschale nicht (Nr. 9000 Anm. Abs. 4 KV GKG).

Hinweis:

Die Pauschale soll bare Auslagen der Justiz anlässlich der Versendung ersetzen. „Anfallende“ **bare Auslagen** „an Transport- und Verpackungskosten“ entstehen aber nicht, wenn Gerichtspersonal eine Akte in das Gerichtsfach des RA bei Gericht einlegt, sondern nur bei Versendung durch die Post oder andere Unternehmen.

Auch bei Transport durch Justizbedienstete mit dem Dienstwagen zu einem anderen Gericht darf keine Aktenversendungspauschale erhoben werden (vgl. z. B. OLG Köln, Beschluss vom 16.10.2014 – 2 Ws 601/14; OLG Celle, Beschluss vom 16.02.2016 – 2 W 32/16).

Von den Ermittlungsakten werden in der Regel im Büro des Verteidigers Kopien angefertigt, für die dann eine Dokumentenpauschale entsteht, die ebenfalls umsatzsteuerpflichtig ist.

Merke:

Die Auslagen für die Aktenversendungspauschale sind umsatzsteuerpflichtig.

Q. Die Gebühren in Bußgeldverfahren

I. Das Bußgeldverfahren gemäß dem Gesetz über Ordnungswidrigkeiten

Strafbare Handlungen können nach dem StGB mit Freiheitsstrafe oder mit Geld**strafe** bestraft werden. Zahlreiche Gesetzesverstöße werden nach anderen mit Geldbußen geahndet. Mit Geld**bußen** bedrohte Handlungen werden **Ordnungswidrigkeiten** genannt. Auch das „Gesetz über Ordnungswidrigkeiten" (OWiG) nennt in den §§ 111 ff. einzelne Ordnungswidrigkeiten, z. B. die Verursachung unzulässigen Lärms. 93

Viele Vorschriften des OWiG sind im Wesentlichen wie im StGB geregelt. Ist eine Handlung zugleich Straftat und Ordnungswidrigkeit, wird nur das StGB angewendet (§ 21 OWiG).

Ordnungswidrigkeiten werden im **Bußgeldverfahren** geahndet (§§ 35 ff. OWiG). Das Bußgeldverfahren beginnt mit dem Verwaltungsverfahren, das von Verwaltungsbehörden oder der Polizei von Amts wegen oder aufgrund einer Anzeige durchgeführt wird (§§ 53 – 54 OWiG). Das Bußgeldverfahren verläuft ähnlich wie das Verfahren bei Straftaten (§ 46 OWiG). 94

Bei geringfügigen Ordnungswidrigkeiten kann die zuständige Verwaltungsbehörde oder die Polizei den Betroffenen im Verwaltungsverfahren – dann **Verwarnungsverfahren** genannt – verwarnen und ein **Verwarnungsgeld** erheben (§§ 56 – 58 OWiG). 95

Eine Ordnungswidrigkeit wird in der Regel nach Abschluss des Vorverfahrens durch einen **Bußgeldbescheid** geahndet (§§ 65, 66 OWiG). 96

Gegen den Bußgeldbescheid kann der Betroffene innerhalb von zwei Wochen nach Zustellung bei der Verwaltungsbehörde, die ihn erlassen hat, **Einspruch** einlegen (§ 67 OWiG). Über den ordnungsgemäß eingelegten Einspruch entscheidet nach Durchführung des so genannten Zwischenverfahrens das zuständige **Amtsgericht** (§ 68 OWiG). 97

Ist der Einspruch nicht rechtzeitig, nicht in der richtigen Form oder sonst nicht wirksam eingelegt, so verwirft die Verwaltungsbehörde den **Einspruch als unzulässig**. Gegen diesen verwerfenden Bescheid ist innerhalb von zwei Wochen seit Zustellung ein Antrag auf gerichtliche Entscheidung möglich (§ 69 Abs. 1 OWiG).

Ist jedoch der **Einspruch zulässig**, so prüft die Verwaltungsbehörde im **Zwischenverfahren**, ob sie den Bußgeldbescheid aufrechterhält oder zurücknimmt. Nimmt sie ihn nicht zurück, so muss die Verwaltungsbehörde, evtl. nach weiteren Ermittlungen, die Akten der Staatsanwaltschaft übersenden, welche sie dem Richter am Amtsgericht vorlegen muss, wenn sie nicht das Verfahren einstellt (§ 69 Abs. 2 – 5 OWiG).

Das **Hauptverfahren** des Bußgeldverfahrens findet dann vor dem Amtsgericht (Einzelrichter) statt und richtet sich im Wesentlichen nach den entsprechenden Vorschriften der StPO (§§ 71 ff. OWiG). 98

Das Hauptverfahren endet mit einem Urteil oder, wenn keine Hauptverhandlung stattfindet, durch Beschluss (§ 72 OWiG). Gegen beide ist als Rechtsmittel die so genannte **Rechtsbeschwerde** zulässig, über die das OLG entscheidet (wie Revision; § 79 Abs. 3 OWiG). Dabei ist insbesondere zu beachten, dass die Rechtsbeschwerde von dem Betroffenen nur zulässig ist, wenn die Geldbuße auf mehr als 250 Euro festgesetzt wurde (§ 79 Abs. 1 Ziff. 1 OWiG).

Übersicht über den Ablauf des Bußgeldverfahrens

Ordnungswidrigkeit

↓

Bußgeldverfahren

↓

Vorverfahren (= Ermittlungsverfahren, Verwaltungsverfahren)
(zuständig: Verwaltungsbehörden oder Polizei)

↓ ↓

Bußgeldbescheid | **Verwarnungsverfahren** (Verwarnungsgeld)

↓

Einspruch (des Betroffenen)

↓

Zwischenverfahren
(Wenn Einspruch zulässig, prüft Verwaltungsbehörde, ob sie den Bußgeldbescheid aufrechterhält oder zurücknimmt.)

↓

Nimmt sie ihn nicht zurück, Vorlage über Staatsanwaltschaft an Richter am Amtsgericht

↓

Hauptverfahren des Bußgeldverfahrens (Amtsgericht, Einzelrichter)

↓

Urteil oder **Beschluss** (ohne Hauptverhandlung im schriftlichen Verfahren, § 72 OWiG)

↓

Rechtsbeschwerde (des Betroffenen)
(OLG entscheidet, wenn Geldbuße über 250 Euro; § 79 OWiG)

II. Die Gebühren des RA im Bußgeldverfahren

Wie vorstehend dargestellt, unterteilt sich das Bußgeldverfahren im Wesentlichen in zwei Verfahrensabschnitte: das Verwaltungsverfahren (Vorverfahren) und das gerichtliche Verfahren (Hauptverfahren). Für jeden dieser Verfahrensabschnitte erhält der RA Gebühren nach Teil 5 des Vergütungsverzeichnisses des RVG. Weitere Gebühren können für das Rechtsbeschwerdeverfahren entstehen. 99

Die Gebührenstruktur für die anwaltliche Vertretung in Bußgeldsachen entspricht den vorstehend vorgestellten Gebühren in Strafsachen. Genauso wie in Strafsachen besteht eine **Dreiteilung der Gebühren**: Der RA erhält eine **Grundgebühr**, **Verfahrensgebühren** und **Terminsgebühren**. So wie die Vorbemerkung 5 VV RVG im Wesentlichen der Vorbemerkung 4 entspricht so kann für die Erläuterung der Gebühren auf die vorstehenden Ausführungen verwiesen werden. 100

Der Aufbau des Vergütungsverzeichnisses ist in Teil 5 genauso vorgenommen worden wie in Strafsachen: in der linken Randspalte finden sich die Betragsrahmengebühren für den **Wahlverteidiger** und in der rechten Randspalte stehen die Festgebühren für den **Pflichtverteidiger**. Wegen der Gebühren des Pflichtverteidigers wird auf die vorstehenden Kapitel über die Gebühren in Strafsachen verwiesen, insbesondere auf Rdn 58 ff. Die Gebühren des Wahlverteidigers werden nach § 14 RVG bestimmt, in der Regel wird von der Mittelgebühr ausgegangen. 101

1. Die Grundgebühr im Bußgeldverfahren

Genauso wie im Strafverfahren entsteht die **Grundgebühr** gemäß Nr. 5100 VV RVG neben der Verfahrensgebühr für die **erstmalige Einarbeitung** in den Rechtsfall. Die Grundgebühr entsteht zusätzlich zu einer Verfahrensgebühr. Der RA kann die Grundgebühr nur einmal erhalten, gleichgültig, in welchem Verfahrensabschnitt er das Mandat übernimmt. 102

Die Grundgebühr Nr. 5100 VV RVG entsteht gemäß Anmerkung Abs. 2 nicht, wenn ein Strafverfahren vorausgegangen ist, das in ein Bußgeldverfahren übergegangen ist, da dann bereits eine (höhere) Grundgebühr nach Nr. 4100 VV RVG verdient worden ist. Die anderen eventuell im Strafverfahren verdienten Gebühren werden nach § 17 Ziff. 10 Lit. b) RVG nicht angerechnet.

> *Beispiel:*
>
> Die Staatsanwaltschaft ermittelt nach einem Verkehrsunfall gegen den Fahrer wegen fahrlässiger Körperverletzung. Da weder öffentliches Interesse vorliegt noch ein Strafantrag vom Verletzten gestellt wird, stellt der Staatsanwalt die strafrechtlichen Ermittlungen ein und gibt die Sache an die Verwaltungsbehörde ab, da der Fahrer ein Verkehrsschild („Vorfahrt gewähren!") übersehen hatte. Die Verwaltungsbehörde verfolgt nun diese Ordnungswidrigkeit. Der Fahrer wurde von Anfang an anwaltlich vertreten. Nach § 17 Ziff. 10 Lit. b) RVG handelt es sich gebührenrechtlich um **zwei verschiedene Angelegenheiten**. Der RA verdient die Gebühren also in zwei Angelegenheiten, soll aber die Grundgebühr für eine nur einmalige Einarbeitung nicht doppelt erhalten. Verfahrens- und Terminsgebühren aus der Strafsache sind jedoch nicht auf die entsprechenden Gebühren in der Bußgeldsache anzurechnen, da eine diesbezügliche Anrechnungsvorschrift fehlt.

2. Die Gebühren im Verwaltungsverfahren

Für Tätigkeiten im **Verfahren vor der Verwaltungsbehörde** erhält der Verteidiger eine **Verfahrensgebühr** nach Nrn. 5101, 5103 oder 5105 VV RVG. Außerdem können **Terminsgebühren** für jeden Tag gemäß Nrn. 5102, 5104 oder 5106 VV RVG anfallen. Das Besondere an diesen Gebühren im Verwaltungsverfahren ist, dass sie **von der Höhe der Geldbuße abhängig** sind. 103

Hinweis:

Dadurch, dass die Gebühren von der Höhe des Bußgelds abhängig sind, richten sich die Gebühren in ihrer Höhe indirekt nach der Bedeutung der Bußgeldsache für den Beschuldigten. Bei Bußgeldern bis zu einem Betrag von 80,00 € liegt die Grenze für Eintragungen in das Verkehrszentralregister, sodass die Sachen unterhalb nur geringe Bedeutung für den Betroffenen haben.

104 Vorbemerkung 5.1 VV RVG bestimmt in Absatz 2, dass die zum Zeitpunkt des Entstehens der Gebühr **zuletzt festgesetzte Geldbuße** maßgebend ist. Ist eine Geldbuße (noch) nicht festgesetzt, so wird im Verwaltungsverfahren von der durch die entsprechende Bußgeldvorschrift **angedrohten Geldbuße** ausgegangen. Falls in der Bußgeldvorschrift ein Mindest- und ein Höchstbetrag der Geldbuße vorgeschrieben ist, soll der mittlere Betrag davon zugrunde gelegt werden. Der mittlere Betrag errechnet sich durch die Addition des Mindest- und des Höchstbetrages geteilt durch zwei. Dies kann z. B. dann eine Rolle spielen, wenn die Sache bereits im Vorverfahren niedergeschlagen wird ohne dass letztlich ein Bußgeldbescheid ergeht.

105 Die **Verfahrensgebühr im Verwaltungsverfahren** entsteht gemäß Vorbemerkung 5 Abs. 2 VV RVG für das Betreiben des Geschäfts einschließlich der Entgegennahme der notwendigen Informationen. Sie entsteht also bereits in dem ersten Gespräch mit dem Mandanten.

106 Die **Terminsgebühr im Verwaltungsverfahren** entsteht für jeden Tag, an dem ein Termin stattfindet und erwächst gemäß Vorbemerkung 5.1.2 Abs. 2 VV RVG auch für die Teilnahme an Vernehmungen vor der Polizei oder der Verwaltungsbehörde.

Hinweis:

Eine besondere Terminsgebühr für außergerichtliche Termine – z. B. für Haftprüfungstermine wie in Strafsachen (Nr. 4102 VV RVG) – gibt es im Bußgeldverfahren nicht. Nur für die Teilnahme an Vernehmungen vor der Polizei oder der Verwaltungsbehörde entsteht gemäß Vorbemerkung 5.1.2 Abs. 2 VV RVG die Terminsgebühr im Vorverfahren (Nrn. 5102, 5104, 5106 VV RVG).

107 Das **Verwaltungsverfahren beginnt** mit dem Eingang einer Anzeige oder der Aufnahme von Ermittlungen. Es **endet** mit der Einstellung des Verfahrens durch die Verwaltungsbehörde oder der Zustellung eines Bußgeldbescheids. Aber auch das Einspruchsverfahren, insbesondere also auch das Zwischenverfahren, gehört noch zum Verwaltungsverfahren, sodass es folglich erst mit dem Eingang der Akten bei Gericht endet (Vorbemerkung 5.1.2 Abs. 1 VV RVG). Da die Verfahrensgebühr eine Pauschgebühr ist, ist es gleichgültig, zu welchem Zeitpunkt der RA seine Tätigkeit beginnt. Er erhält die Gebühr also, wenn er z. B. mit dem Ausfüllen des Fragebogens bei einer Verkehrsordnungswidrigkeit beginnt oder wenn er erst nach Zustellung des Bußgeldbescheids den Auftraggeber darüber berät, ob und in welchem Umfang er **Einspruch** einlegen soll und den Einspruch dann namens des Auftraggebers einlegt. Der Umfang der Anwaltstätigkeit ist jedoch gemäß § 14 RVG bei der Bestimmung der Gebühr innerhalb des Rahmens zu beachten.

Beispiel:

RA Gütrich hat während des Verwaltungsverfahrens vor der Bußgeldbehörde den seinem Auftraggeber übersandten Fragebogen ausgefüllt, 4 Fotokopien aus der Ermittlungsakte angefertigt und zwei Schriftsätze erstellt. Die noch in **Papierform** geführte Ermittlungsakte wurde RA Gütrich mit der Post zugesandt. Gegen den daraufhin ergangenen Bußgeldbescheid (Bußgeld 30,00 €) wurde, nachdem RA Gütrich seinen Auftraggeber entsprechend beraten hat, kein Einspruch eingelegt. Es lagen Umstände mittlerer Art vor.

Berechnung der Vergütung (Bußgeldsache, Verwaltungsverfahren):

	Grundgebühr gem. §§ 2 Abs. 2, 14 RVG, Nr. 5100 VV RVG	120,00 €
	Verfahrensgebühr im Verwaltungsverfahren bei einer Geldbuße von weniger als 80,00 € gem. §§ 2 Abs. 2, 14 RVG, Nr. 5101 VV RVG	77,00 €
20 %	Pauschale für Post- und Telekommunikationsentgelte gem. § 2 Abs. 2 S. 1 RVG, Nr. 7002 VV RVG	20,00 €
	Dokumentenpauschale gem. § 2 Abs. 2 S. 1 RVG, Nr. 7000 Ziff. 1 Lit. a) VV RVG (4 Kopien)	2,00 €
	Auslagen für die Aktenversendungspauschale (§ 107 Abs. 5 S. 1 OWiG)	12,00 €
		231,00 €
19 %	USt. gem. § 2 Abs. 2 S. 1 RVG, Nr. 7008 VV RVG	43,89 €
		274,89 €

Im Verwaltungsverfahren ist noch keine Geldbuße festgesetzt, die für die Höhe der Verfahrensgebühr maßgebend sein könnte (Vorbem. 5.1 Abs. 2 S. 1 VV RVG). Nach Vorbem. 5.1 Abs. 2 S. 2, 3 VV RVG richtet sich die Höhe der Gebühr im Verfahren vor der Verwaltungsbehörde deshalb nach dem mittleren Betrag der in der Bußgeldvorschrift angedrohten Geldbuße. Sind in einer Rechtsvorschrift Regelsätze bestimmt, sind diese maßgebend. Für die Lösung des Beispiels ist davon ausgegangen worden, dass der mittlere Betrag der in der Bußgeldvorschrift angedrohten Geldbuße hier 80,00 € nicht übersteigt. 108

Da nach § 17 Nr. 11 RVG das Bußgeldverfahren vor der Verwaltungsbehörde eine vom Hauptverfahren **verschiedene Angelegenheit** ist, entsteht jeweils eine Verfahrensgebühr im Verwaltungsverfahren und im Hauptverfahren, wenn der RA im Verwaltungsverfahren und im Hauptverfahren tätig geworden ist. Es müssen für beide Verfahren getrennte Vergütungsrechnungen erstellt werden. Die beiden Verfahrensgebühren werden nicht aufeinander angerechnet.

Wird die Bußgeldakte **elektronisch** geführt und erfolgt ihre Übermittlung elektronisch, wird eine Aktenversendungspauschale gemäß § 107 Abs. 5 S. 2 OWiG nicht erhoben.

Merke zum Bußgeldverfahren:

Das Verwaltungsverfahren endet mit der Einstellung des Verfahrens oder der Zustellung eines Bußgeldbescheids. Das Zwischenverfahren nach Einspruch gehört noch zum Verwaltungsverfahren.

Der RA erhält neben einer Grundgebühr, eine Verfahrensgebühr und Terminsgebühren. Verfahrensgebühren und Terminsgebühren sind von der Höhe des Bußgelds abhängig.

Das Verwaltungsverfahren und das Hauptverfahren sind verschiedene Angelegenheiten, für die getrennte Vergütungsrechnungen erstellt werden.

3. Das Bußgeldverfahren vor dem Amtsgericht

Nach § 17 Ziff. 11 RVG sind das Bußgeldverfahren vor der Verwaltungsbehörde und ein nachfolgendes gerichtliches Verfahren **verschiedene Angelegenheiten**. Das heißt, dass für die Tätigkeit des RA im Verwaltungsverfahren und im nachfolgenden Hauptverfahren jeweils eine gesonderte Vergütungsrechnung anzufertigen ist. Die Verfahrensgebühr für das Verfahren vor der Verwaltungsbehörde wird nicht auf eine Verfahrensgebühr im gerichtlichen Verfahren angerechnet. Die **Auslagenpauschale** für Post- und Telekommunikationsentgelte (Nr. 7002 VV RVG) entsteht dem- 109 nach im Verwaltungsverfahren und noch einmal im gerichtlichen Verfahren. Auch die **Dokumentenpauschale** (Nr. 7000 VV RVG) wird im Hauptverfahren neu ab der ersten Kopie berechnet, falls nochmals Kopien gefertigt werden. Siehe auch Rdn 117.

Für Tätigkeiten im **Verfahren vor dem Amtsgericht** erhält der Verteidiger eine **Verfahrensgebühr** nach den Nrn. 5107, 5109 oder 5111 VV RVG. Außerdem können **Terminsgebühren** für jeden Tag der Hauptverhandlung gemäß den Nrn. 5108, 5110 oder 5112 VV RVG anfallen. Diese Gebühren sind **von der Höhe der Geldbuße abhängig**, genauso wie im Verwaltungsverfahren (siehe vorstehendes Kapitel).

110 Die **Verfahrensgebühr im Hauptverfahren** entsteht gemäß Vorbemerkung 5 Abs. 2 VV RVG für das Betreiben des Geschäfts einschließlich der Entgegennahme der notwendigen Informationen. Sie entsteht also bereits in dem ersten Gespräch mit dem Mandanten.

111 Die **Terminsgebühr im Hauptverfahren** entsteht für jeden Tag, an dem eine Hauptverhandlung stattfindet und erwächst gemäß Vorbemerkung 5.1.3 Abs. 1 VV RVG auch für die Teilnahme an gerichtlichen Terminen außerhalb der Hauptverhandlung, z. B. Augenscheinseinnahmen.

112 Das Hauptverfahren **beginnt** mit dem Eingang der Akten bei Gericht. Es **endet** nach einer Hauptverhandlung durch Urteil, ohne Hauptverhandlung durch Beschluss oder mit der Einstellung des Verfahrens durch das Gericht (§ 47 Abs. 2 OWiG). Die eventuelle Einlegung einer Rechtsbeschwerde gehört noch dazu, aber nicht mehr ihre Begründung (§ 19 Abs. 1 S. 2 Ziff. 10 RVG).

113 Falls das Amtsgericht nach § 72 Abs. 1 S. 1 OWiG **ohne Hauptverhandlung** – also nur im schriftlichen Verfahren – durch Beschluss entscheidet, entsteht nach Nr. 5115 Anm. Abs. 1 Ziff. 5 VV RVG noch eine **Zusatzgebühr** in Höhe der jeweiligen Verfahrensgebühr (Zusatz-Verfahrensgebühr). Voraussetzung für eine Entscheidung ohne Hauptverhandlung ist, dass weder die Staatsanwaltschaft noch der Betroffene widersprechen. Wenn der RA daran mitwirkt, dass sein Mandant nicht widerspricht, trägt er dazu bei, dass eine Hauptverhandlung entbehrlich wird. Dies soll durch die Zusatzgebühr belohnt werden. Die Höhe der Zusatzgebühr richtet sich für den Wahlanwalt nach der Rahmenmitte der entsprechenden Verfahrensgebühr (Anm. Abs. 3).

Beispiel:

Gegen den Reiner Raser wurde wegen einer Geschwindigkeitsüberschreitung ein Bußgeldbescheid erlassen, in dem Herrn Raser ein Bußgeld von 160,00 € und ein Fahrverbot von einem Monat auferlegt wurde. Mit dem Bußgeldbescheid erscheint er bei RA Schleunig, der zunächst fristgerecht Einspruch einlegt und dann nach Akteneinsicht umfassend Stellung nimmt. Nach dem Vortrag von RA Schleunig ist Raser erst 200 m hinter der Ortsgrenze zu schnell gefahren. Aus der mit der Post versandten in Papierform geführten Ermittlungsakte hat RA Schleunig 5 Kopien gefertigt.

Die Verwaltungsbehörde nimmt den Bußgeldbescheid nicht zurück und legt die Akte über die Staatsanwaltschaft dem Amtsgericht vor. Das Amtsgericht entscheidet nach § 72 Abs. 1 OWiG ohne Hauptverhandlung durch Beschluss, in dem es das Bußgeld auf 95,00 € senkt und das Fahrverbot aufhebt. RA Schleunig hatte dem Verfahren des Amtsgerichts nach Beratung seines Mandanten nicht widersprochen.

Berechnung der Vergütung (Bußgeldsache vor Verwaltungsbehörde):

	Grundgebühr gem. §§ 2 Abs. 2, 14 RVG, Nr. 5100 VV RVG	120,00 €
	Verfahrensgebühr im Verwaltungsverfahren bei einer Geldbuße von 80,00 € bis 5.000,00 € gem. §§ 2 Abs. 2, 14 RVG, Nr. 5103 VV RVG	192,00 €
20 %	Pauschale für Post- und Telekommunikationsentgelte gem. § 2 Abs. 2 S. 1 RVG, Nr. 7002 VV RVG	20,00 €
	Dokumentenpauschale gem. § 2 Abs. 2 S. 1 RVG, Nr. 7000 Ziff. 1 Lit. a) VV RVG (5 Kopien)	2,50 €
	Auslagen für die Aktenversendungspauschale (§ 107 Abs. 5 S. 1 OWiG)	12,00 €
		346,50 €
19 %	USt. gem. § 2 Abs. 2 S. 1 RVG, Nr. 7008 VV RVG	65,84 €
		412,34 €

Berechnung der Vergütung (Bußgeldsache vor dem Amtsgericht):

	Verfahrensgebühr bei einer Geldbuße von 80,00 € bis 5.000,00 € gem. §§ 2 Abs. 2, 14 RVG, Nr. 5109 VV RVG	192,00 €
	Zusatz-Verfahrensgebühr gem. §§ 2 Abs. 2 RVG, Nr. 5115 Anm. Abs. 1 **Ziff. 5**, Abs. 3 S. 2 i. V. m. Nr. 5109 VV RVG	192,00 €
20 %	Pauschale für Post- und Telekommunikationsentgelte gem. § 2 Abs. 2 S. 1 RVG, Nr. 7002 VV RVG	20,00 €
		404,00 €
19 %	USt. gem. § 2 Abs. 2 S. 1 RVG, Nr. 7008 VV RVG	76,76 €
		480,76 €

Merke zum Bußgeldverfahren:

Das Hauptverfahren beginnt mit dem Eingang der Akten bei Gericht.

Der RA erhält nur einmalig eine Grundgebühr.

Der RA erhält je eine Verfahrensgebühr im Verwaltungsverfahren vor der Bußgeldbehörde und im Hauptverfahren und darüber hinaus Terminsgebühren, die alle von der Höhe des Bußgelds abhängig sind.

Da Verwaltungsverfahren und Hauptverfahren verschiedene Angelegenheiten sind, entsteht die Pauschale für Post- und Telekommunikationsdienstleistungen und die Dokumentenpauschale jeweils für Verwaltungsverfahren und Hauptverfahren.

Bei Entscheidung durch Beschluss ohne Hauptverhandlung entsteht noch eine Zusatz-Verfahrensgebühr in Höhe der Mittelgebühr der jeweiligen Verfahrensgebühr.

4. Verfahren über die Rechtsbeschwerde

Für Tätigkeiten im **Rechtsbeschwerdeverfahren** vor dem Oberlandesgericht entsteht eine **Verfahrensgebühr** nach Nr. 5113 VV RVG und eine **Terminsgebühr** je Hauptverhandlungstag nach Nr. 5114 VV RVG. 114

5. Zusätzliche Gebühren

115 Genauso wie in Strafsachen ist auch in Bußgeldsachen vorgesehen, dass ein RA durch die Mitwirkung in den Fällen, in denen sich das Verfahren schon vor der Verwaltungsbehörde erledigt oder die Hauptverhandlung entbehrlich wird, eine **Zusatzgebühr** (Zusatz-Verfahrensgebühr, **Erledigungsgebühr**, Befriedungsgebühr) erhält. Die Zusatzgebühr nach Nr. 5115 VV RVG entsteht nach Absatz 1, wenn

1. das Verfahren **nicht nur vorläufig eingestellt** wird oder
2. der **Einspruch** gegen den Bußgeldbescheid **zurückgenommen** wird oder
3. der Bußgeldbescheid nach Einspruch **von der Verwaltungsbehörde** zurückgenommen wird und gegen einen neuen Bußgeldbescheid kein Einspruch eingelegt wird oder
4. sich das **gerichtliche Verfahren** durch Rücknahme des Einspruchs oder der Rechtsbeschwerde früher als zwei Wochen vor dem Termin der Hauptverhandlung erledigt oder
5. das Gericht nach § 72 Abs. 1 S. 1 OWiG ohne Hauptverhandlung **durch Beschluss** entscheidet (hierzu siehe oben Rdn 113).

In allen fünf Fällen muss der RA etwas dazu beigetragen haben, dass die Hauptverhandlung vermieden werden kann, um die Zusatzgebühr zu verdienen (Nr. 5115 Anm. Abs. 2 VV RVG). Die Höhe der Zusatzgebühr richtet sich nach der Rahmenmitte der Verfahrensgebühr des Rechtszuges, in dem die Hauptverhandlung vermieden wurde (Anm. Abs. 3). Im Übrigen wird auf die ähnliche Gebührenvorschrift in Strafsachen verwiesen, siehe Nr. 4141 VV RVG und oben Rdn 49 ff.

Beispiel:

Gegen den Reiner Raser wurde wegen einer Geschwindigkeitsüberschreitung ein Bußgeldbescheid erlassen, in dem Herrn Raser ein Bußgeld von 160,00 € und ein Fahrverbot von einem Monat auferlegt wurde. Mit dem Bußgeldbescheid erscheint er bei RA Schleunig, der zunächst fristgerecht Einspruch einlegt und dann nach Akteneinsicht umfassend Stellung nimmt. Nach dem Vortrag von RA Schleunig ist Raser erst 200 m hinter der Ortsgrenze zu schnell gefahren. Aus der mit der Post versandten in Papierform geführten Ermittlungsakte hat RA Schleunig 5 Kopien gefertigt.

Die Verwaltungsbehörde nimmt den Bußgeldbescheid zurück und erlässt einen neuen Bußgeldbescheid, in dem ein Bußgeld von nur 95,00 € festgesetzt wird. RA Schleunig berät Herrn Raser dahingehend, dass er mit den 95,00 € und ohne Fahrverbot gut weggekommen ist und daher auf einen weiteren Einspruch verzichten sollte. Herr Raser zahlt die 95,00 €.

Berechnung der Vergütung (Bußgeldsache vor der Verwaltungsbehörde):

	Grundgebühr gem. §§ 2 Abs. 2, 14 RVG, Nr. 5100 VV RVG	120,00 €
	Verfahrensgebühr im Verwaltungsverfahren bei einer Geldbuße von 80,00 € bis 5.000,00 € gem. §§ 2 Abs. 2, 14 RVG, Nr. 5103 VV RVG	192,00 €
	Zusatz-Verfahrensgebühr (Erledigungsgebühr) gem. §§ 2 Abs. 2 RVG, Nr. 5115 Anm. Abs. 1 **Ziff. 3**, Abs. 3 S. 2 i. V. m. Nr. 5109 VV RVG*	192,00 €
20 %	Pauschale für Post- und Telekommunikationsentgelte gem. § 2 Abs. 2 S. 1 RVG, Nr. 7002 VV RVG	20,00 €
	Dokumentenpauschale gem. § 2 Abs. 2 S. 1 RVG, Nr. 7000 Ziff. 1 Lit. a) VV RVG (5 Kopien)	2,50 €
	Auslagen für die Aktenversendungspauschale (§ 107 Abs. 5 S. 1 OWiG)	12,00 €
		538,50 €

19 % USt. gem. § 2 Abs. 2 S. 1 RVG, Nr. 7008 VV RVG	102,32 €
	640,82 €

* Erspart wurde die Gebühr für Hauptverhandlung nach Nr. 5109 VV RVG (siehe auch Rdn 49 ff.).

Merke zum Bußgeldverfahren:

Wenn der RA erkennbar dazu beiträgt, dass das Verfahren endgültig eingestellt bzw. die Hauptverhandlung entbehrlich wird, dann erhält er eine zusätzliche Erledigungsgebühr.

6. Einziehung und ähnliche Maßnahmen

Für eine Tätigkeit des RA, die sich auf die **Einziehung** oder dieser gleichstehende Rechtsfolgen oder auf eine diesen Zwecken dienende Beschlagnahme bezieht, erhält der RA eine **1,0 Verfahrensgebühr** nach Nr. 5116 VV RVG. Diese Gebühr entsteht nur einmal für das Verfahren vor der Verwaltungsbehörde und dem Amtsgericht. Im Rechtsbeschwerdeverfahren entsteht die Gebühr besonders. Im Übrigen sei auf die ähnliche Gebühr in Strafsachen (Nr. 4142 VV RVG) verwiesen, siehe Rdn 51. 116

III. Die Postentgeltpauschale und die Dokumentenpauschale in Bußgeldverfahren

Nach § 17 Nr. 11 RVG sind das Bußgeldverfahren vor der Verwaltungsbehörde und ein nachfolgendes erstinstanzliches gerichtliches Verfahren **verschiedene Angelegenheiten**. Das heißt, dass für die Tätigkeit des RA im Vorverfahren und im nachfolgenden Hauptverfahren jeweils eine gesonderte Vergütungsrechnung anzufertigen ist. 117

Die **Auslagenpauschale** für Post- Telekommunikationsentgelte (Nr. 7002 VV RVG) entsteht demnach im Vorverfahren und noch einmal im gerichtlichen Verfahren.

Auch die **Dokumentenpauschale** (Nr. 7000 VV RVG) entsteht im Vorverfahren und wird im Hauptverfahren neu ab der ersten Kopie berechnet, falls nochmals Kopien gefertigt werden.

Merke:

Das Bußgeldverfahren vor der Verwaltungsbehörde und ein nachfolgendes gerichtliches Verfahren sind verschiedene Angelegenheiten, in denen jeweils eine Postentgelt- und eine Dokumentenpauschale berechnet werden können.

IV. Sonstige Hinweise zum Bußgeldverfahren

Die Verwaltungsbehörde kann auch, wenn sie die Mitwirkung eines RA für geboten hält, dem Beschuldigten einen Verteidiger bestellen (§ 60 OWiG). Der RA erhält dann die Gebühren in der für den **Pflichtverteidiger** vorgesehenen Höhe (rechte Randspalte des VV) aus der Staatskasse. 118

Für Vorschusszahlungen des Mandanten an den gerichtlich bestellten Verteidiger ist die Anrechnung auf die von der Staatskasse zu zahlenden Gebühren in § 58 RVG geregelt (siehe Rdn 69 ff.)

Legt der RA des Beschuldigten gegen einen Bußgeldbescheid **Einspruch** ein und wird daraufhin der Bußgeldbescheid von der Verwaltungsbehörde zurückgenommen und das Verfahren eingestellt, so hat der Beschuldigte in der Regel **Anspruch auf Erstattung seiner notwendigen Auslagen** (Anwaltsvergütung) gegen die Staatskasse. 119

Stellt jedoch die Verwaltungsbehörde bereits das Vorverfahren ein, ohne einen Bußgeldbescheid zu erlassen, so hat der Beschuldigte **keinen Anspruch auf Erstattung** der seinem RA gezahlten Vergütung (§ 105 Abs. 1 OWiG i. V. m. § 467a Abs. 1 StPO). Gleiches gilt auch bei Einstellung eines Strafverfahrens vor Erhebung der öffentlichen Klage durch die Staatsanwaltschaft.

§ 11 Die Gebühren in Ehesachen und anderen Familiensachen

A. Vorbemerkungen

→ Dazu Aufgaben Gruppe 23 1

Die Verfahren in Familiensachen – das sind in diesem Kapitel im Wesentlichen Ehe-, Kindschafts-, Abstammungs- und Unterhaltssachen – sind im „Gesetz zur Reform des Verfahrens in Familiensachen und in den Angelegenheiten der freiwilligen Gerichtsbarkeit“ geregelt.

Die Berechnung der **Gerichtskosten** richtet sich nach dem „Gesetz über Gerichtskosten in Familiensachen“ („FamGKG“).

Der Kerngedanke des familiengerichtlichen Verfahrens liegt in der vorsorgenden Rechtspflege, also der Fürsorge des Gerichts für die Beteiligten – insbesondere für die Kinder – und in der erheblichen staatlichen Verantwortung zum einen für die rechtliche Korrektheit der gerichtlichen Entscheidung und zum anderen dafür, dass die gerichtlichen Entscheidungen dem jeweils zu beurteilenden Sachverhalt angemessen sind. Das Verfahren nach der ZPO würde diesen Zwecken nicht genügend entsprechen, da es zu sehr auf den Verhandlungsgrundsatz abstellt.

Trotzdem gibt es wegen der sehr unterschiedlichen von den Familiengerichten zu entscheidenden 2
Sachverhalte auch im FamFG gewisse Elemente des Prozessrechts der ZPO. Neben dem schwerpunktmäßig in den Familiensachen anzuwendenden **Untersuchungsgrundsatz** (Grundsatz der Amtsermittlung) existiert in bestimmten Verfahren auch der in der ZPO vorherrschende **Verhandlungsgrundsatz** (Beibringungsgrundsatz). So ist es in **Familienstreitsachen** (siehe die Definition in § 112 FamFG), in denen es vornehmlich nur um Geld geht, wie z. B. im Verfahren über Unterhalt, auch möglich, dass bei Vorliegen der Voraussetzungen eine Versäumnisentscheidung ergeht. Gemäß § 113 Abs. 1 FamFG sind in Familienstreitsachen viele ZPO-Vorschriften anzuwenden. Bei einer Entscheidung z. B. über das Sorgerecht – die nur dem Wohle des Kindes dient – wäre es selbstverständlich undenkbar, dass die Entscheidung getroffen wird, nur weil ein Beteiligter einen Termin versäumt hat.

Exkurs: 3

An dieser Stelle sollen die beiden miteinander konkurrierenden Verfahrensgrundsätze vorgestellt werden. Der Verhandlungsgrundsatz beherrscht in der ZPO die Verfahrensabläufe, wogegen die Verfahren der freiwilligen Gerichtsbarkeit im Wesentlichen dem Untersuchungsgrundsatz unterliegen.

- **Verhandlungsgrundsatz:** 4
  Im Zivilprozess müssen die Prozessparteien nach den Regeln der ZPO den Streitstoff selbst in den Prozess einbringen. Es wird deshalb auch als Beibringungsgrundsatz bezeichnet. Das Gericht darf bei seinem Urteil nur die von den Parteien vorgebrachten Anträge und Tatsachen berücksichtigen. Es prüft also nur die von den Prozessparteien vorgelegten Sachverhalte und Beweise, aber es forscht nicht von Amts wegen nach Beweismitteln. Die Begründung hierfür liegt darin, dass im Regelfall kein öffentliches Interesse daran besteht, in privatrechtlichen Beziehungen Tatsachen zu ermitteln.
- **Untersuchungsgrundsatz:** 5
  Er wird wegen der Pflicht des Gerichts zur Amtsermittlung auch als Ermittlungsgrundsatz bezeichnet. Hier ist das Gericht berechtigt und verpflichtet, Tatsachen von Amts wegen zu ermitteln, ohne Rücksicht darauf, ob die Beteiligten entsprechende Anträge oder Vorträge vor-

gebracht haben. Wegen des hohen öffentlichen Interesses gilt der Untersuchungsgrundsatz in allen Angelegenheiten der freiwilligen Gerichtsbarkeit, insbesondere auch in den meisten Familiensachen, also z. B. in Ehe-, Kindschafts- und Abstammungsverfahren. Begründet wird dies mit der besonderen Verantwortung des Gerichts für diese Art von Verfahren.

6 Dagegen verlaufen die Verfahren in so genannten ZPO-Familiensachen, die im Gesetz als **Familienstreitsachen** bezeichnet werden, grundsätzlich nach den Verfahrensvorschriften der ZPO; es handelt sich hierbei hauptsächlich um Unterhaltssachen und Güterrechtssachen nach §§ 231 Abs. 1 und 261 Abs. 1 FamFG (§§ 112, 113 FamFG) und die sonstigen Familiensachen nach § 266 Abs. 1 FamFG, zu denen z. B. Schadenersatzansprüche von ehemals miteinander verlobten Personen gehören.

7 Nach § 113 Abs. 1 FamFG werden in den Familiensachen neben bestimmten Verfahrensvorschriften des FamFG auch die Verfahrensvorschriften der ZPO über den Zivilprozess entsprechend angewandt. Verfahren in **Familiensachen** sind nach § 111 FamFG:

8
- **Ehesachen** (§ 121 FamFG). Das sind Scheidungssachen, Verfahren auf Aufhebung der Ehe und Verfahren auf Feststellung des Bestehens oder Nichtbestehens einer Ehe. In diesem Kapitel wird insbesondere auf die Verfahren zur **Ehescheidung** eingegangen.
- **Kindschaftssachen** (§ 151 FamFG). Hierzu gehören z. B. die Verfahren über die Regelung der elterlichen Sorge, über das Umgangsrecht mit einem Kind und über die Herausgabe eines Kindes an den Sorgeberechtigten.
- **Abstammungssachen** (§ 169 FamFG) sind Verfahren, die z. B. die Feststellung oder die Anfechtung der Vaterschaft zum Ziel haben.
- **Adoptionssachen** (§ 186 FamFG) sind Verfahren, die unter anderem die Annahme als Kind regeln.
- **Ehewohnungssachen** (§ 200 Abs. 1 FamFG) sind Verfahren, deren Zweck die Regelung der Benutzung der Ehewohnung bei Getrenntleben gemäß § 1361b BGB oder die Überlassung der Ehewohnung anlässlich der Scheidung gemäß § 1568a BGB ist.
- **Haushaltssachen** (§ 200 Abs. 2 FamFG) sind Verfahren zur Regelung der Benutzung der Haushaltsgegenstände bei Getrenntleben gemäß § 1361a BGB oder zur Entscheidung über die Überlassung und Übereignung der Haushaltsgegenstände anlässlich der Scheidung gemäß § 1568b BGB.
- **Gewaltschutzsachen** (§§ 210 ff. FamFG). Maßnahmen zum Schutz vor Gewalttaten und Nachstellungen durch das Familiengericht, z. B. das Verbot, die Wohnung der verletzten Person zu betreten.
- **Versorgungsausgleichssachen** (§ 217 FamFG) sind Verfahren, die den Versorgungsausgleich, also die Regelung des Ausgleichs der Ansprüche auf Altersversorgung zwischen den Eheleuten, betreffen.
- **Unterhaltssachen** (§ 231 FamFG) sind Verfahren, die gesetzliche Unterhaltsansprüche zwischen Verwandten in gerader Linie oder zwischen Eheleuten betreffen. Der Unterhalt kann auch durch das Gericht im Wege einer einstweiligen Anordnung geregelt werden (§ 246 FamFG). Unter bestimmten Voraussetzungen kann der Unterhalt für ein minderjähriges Kind auch im „vereinfachten Verfahren über den Unterhalt Minderjähriger“ vom Familiengericht festgesetzt werden (§ 249 FamFG).
- **Güterrechtssachen** (§ 261 FamFG) sind Verfahren zum Zwecke der Regelung der Ansprüche aus dem ehelichen Güterrecht; sie dienen also insbesondere dem Zugewinnausgleich.
- **Sonstige Familiensachen** (§ 266 FamFG) gehören zu den **Familienstreitsachen** (siehe etwas weiter unten; vgl. § 112 Nr. 3 FamFG), für die grundsätzlich das Verfahren der ZPO Anwendung findet (§§ 113 ff. FamFG). Es kann sich hierbei um vermögensrechtliche oder auch um nichtvermögensrechtliche Streitigkeiten handeln. Beispiele für sonstige Familiensachen könn-

ten sein: Schadenersatzansprüche zwischen Ex-Verlobten (vermögensrechtlich), Streitigkeiten wegen Beleidigungen zwischen Ehegatten oder Ansprüche auf Herausgabe von Fotografien oder eines Tagebuchs (nicht vermögensrechtlich).

- **Lebenspartnerschaftssachen** sind in § 269 FamFG definiert. Auf sie finden gemäß § 270 FamFG die Vorschriften über die Scheidung und andere Familiensachen entsprechende Anwendung. Dies gilt auch für die Gebühren. Die Lebenspartnerschaftssachen werden deshalb im Folgenden nicht mehr ausdrücklich genannt.

Zu den Verfahren in **Familienstreitsachen** gehören nach § 112 FamFG die folgenden Verfahren. 9
Auf sie wird nach den §§ 113 ff. FamFG grundsätzlich das Verfahren nach der ZPO angewandt, es steht also der Verhandlungsgrundsatz im Vordergrund. Familienstreitsachen sind:

- Verfahren in **Unterhaltssachen** (§ 231 Abs. 1 FamFG) sollen die gesetzlichen Unterhaltsansprüche zwischen Verwandten in gerader Linie oder zwischen Eheleuten regeln. Im Prinzip geht es bei derartigen Sachen um Geld, sodass diese Verfahren nach den Regeln der ZPO verlaufen.
- Bei den **Güterrechtssachen** (§ 261 Abs. 1 FamFG) werden die Ansprüche aus dem ehelichen Güterrecht; also insbesondere der Zugewinnausgleich gerichtlich geregelt. Auch hierbei handelt es sich um vermögensrechtliche Streitigkeiten, für die grundsätzlich die Vorschriften der ZPO anzuwenden sind.
- Die **sonstigen Familiensachen** (§ 266 Abs. 1 FamFG) gehören laut § 112 Nr. 3 FamFG zu den **Familienstreitsachen**, für die grundsätzlich das Verfahren nach der ZPO Anwendung findet (§§ 113 ff. FamFG). Es kann sich bei den sonstigen Familiensachen um vermögensrechtliche oder auch um nichtvermögensrechtliche Streitigkeiten handeln (siehe oben).

Für alle vorstehend genannten Familiensachen sind bei den Amtsgerichten besondere Abteilungen 10
für Familiensachen, die **Familiengerichte**, für Verfahren in erster Instanz sachlich zuständig (§ 23b Abs. 1 GVG).

Die **Gerichtskosten** für Verfahren in Familiensachen werden nach dem FamGKG berechnet, das 11
auch die entsprechenden Wertvorschriften enthält.

Wegen der **Anwaltsgebühren** für Tätigkeiten in Familiensachen sind keine Besonderheiten zu be- 12
achten; es werden Gebühren nach den Teilen 2 und 3 VV RVG, wie für jede andere außergerichtliche oder gerichtliche Tätigkeit auch, erhoben. Eine Ausnahme bildet nur die Einigungsgebühr; siehe Rdn 58 ff.

In einem gerichtlichen Verfahren wird gemäß § 23 Abs. 1 S. 1 RVG der **Gegenstandswert** für die Anwaltsgebühren nach genau denselben Vorschriften des FamGKG ermittelt wie der Wert für die Gerichtsgebühren. Auch wenn für das gerichtliche Verfahren keine Gerichtsgebühr oder nur eine Festgebühr bestimmt ist, wird der Gegenstandswert nach dem **FamGKG** berechnet (§ 23 Abs. 1 S. 2 RVG). Selbst wenn der RA nur außergerichtlich tätig wird, richten sich nach § 23 Abs. 1 S. 3 RVG die Gegenstandswerte nach dem FamGKG, wenn der Gegenstand der Anwaltstätigkeit auch Gegenstand eines gerichtlichen Verfahrens sein könnte.

Wegen der **unterschiedlichen Wertbestimmungen** ist es wichtig, die Familiensachen nach fol- 13
genden Gesichtspunkten zu unterteilen in

- **selbstständige Verfahren**, auch isolierte Familiensachen genannt (z. B. Regelung des Unterhalts erfolgt erst später nach der Scheidung, siehe Rdn 64 ff.),
- so genannte **Folgesachen im Scheidungsverbund** (§ 137 FamFG), wobei Scheidung und Versorgungsausgleich im Regelfall einen **Zwangsverbund** bilden (siehe Rdn 67 ff.) und
- **einstweilige Anordnungen** gemäß §§ 49 ff. FamFG, die z. B. vorläufig die Benutzung der Ehewohnung und die Benutzung der Haushaltsgegenstände regeln sollen (siehe Rdn 87 ff.).

14 Zum Ehescheidungsverfahren (Hauptsache) können bzw. müssen (§ 137 Abs. 2 S. 2 FamFG!) bestimmte andere Familiensachen nach § 137 Abs. 1 FamFG in den so genannten **Scheidungsverbund** mit einbezogen werden. Als **Folgesachen** kommen gemäß § 137 Abs. 2 S. 1 FamFG in Betracht: Versorgungsausgleich, Unterhalt, Ehewohnungssachen, Haushaltssachen und Güterrechtssachen. Diese Sachen werden Folgesachen, wenn sie rechtzeitig beantragt werden. Auch Kindschaftssachen können unter den in § 137 Abs. 3 FamFG genannten Voraussetzungen Folgesachen sein. Über die Folgesachen im Verbund ist im Fall der Scheidung durch einheitlichen Beschluss vom Familiengericht zu entscheiden (§ 142 FamFG). Für Einzelheiten siehe die Rdn 64 ff. und 67 ff.

Merke:

Bei Verfahren in Familiensachen ist zwischen dem Verfahren zur Ehescheidung und den anderen Familiensachen zu unterscheiden.

Ehesache ist nur das Scheidungsverfahren als solches.

Andere Familiensachen sind z. B. die Regelung des Versorgungsausgleichs oder der Unterhaltspflicht.

Bei den anderen Familiensachen ist zu unterscheiden zwischen Sachen, für die ein selbstständiges Verfahren durchgeführt wird, und so genannten Folgesachen im Scheidungsverbund.

Das Verfahren in Familiensachen richtet sich nach bestimmten Verfahrensvorschriften des FamFG und der ZPO.

Nur für Familienstreitsachen gelten besondere Verfahrensvorschriften der ZPO.

15 *Hinweis:*

Nach § 113 Abs. 5 FamFG werden in Familiensachen Begriffe der ZPO durch andere Begriffe ersetzt. So wird z. B. anstelle des Begriffes „**Prozess**“ das Wort „**Verfahren**“ verwendet. Demnach wird für Verfahren in Familiensachen sowie in Angelegenheiten der freiwilligen Gerichtsbarkeit anstelle von Prozesskostenhilfe **Verfahrenskostenhilfe** gewährt. Auf das Bewilligungsverfahren für die Verfahrenskostenhilfe finden die Vorschriften über die Prozesskostenhilfe nach den §§ 114 ff. ZPO entsprechende Anwendung (§ 113 Abs. 1 S. 2 FamFG).

B. Die Bestimmung des Gegenstandswertes in Familiensachen

16 Die Ermittlung der Gegenstandswerte zur Berechnung der **Anwaltsgebühren** für Tätigkeiten des RA in Familiensachen erfolgt nach dem FamGKG. In einem gerichtlichen Verfahren wird gemäß § 23 Abs. 1 S. 1 RVG der **Gegenstandswert** für die Anwaltsgebühren nach genau denselben Vorschriften des FamGKG ermittelt, wie der Wert für die Berechnung der Gerichtsgebühren. Auch wenn entweder keine Gerichtsgebühr oder nur eine Festgebühr für das gerichtliche Verfahren bestimmt ist, wird der Gegenstandswert nach dem FamGKG berechnet (§ 23 Abs. 1 S. 2 RVG). Selbst wenn der RA nur außergerichtlich tätig wird, richten sich nach § 23 Abs. 1 S. 3 RVG die Gegenstandswerte nach dem FamGKG, wenn der Gegenstand der Anwaltstätigkeit auch Gegenstand eines gerichtlichen Verfahrens sein könnte.

Merke:

Die Gegenstandswerte zur Berechnung der Anwaltsgebühren werden nach dem FamGKG bestimmt und entsprechen gemäß § 32 Abs. 1 RVG den vom Familiengericht festgesetzten Werten.

I. Allgemeine Wertvorschriften des FamGKG

Das **FamGKG** enthält in den §§ 33 bis 42 allgemeine Wertvorschriften. Diese entsprechen weitgehend den allgemeinen Wertvorschriften der §§ 39, 40, 43, 44, 45 und 47 GKG. Deshalb wird hierzu auch auf die Ausführungen in § 3 Rdn 31 ff. dieses Buches verwiesen. 17

Wichtige Wertvorschriften des FamGKG stellen sich zu einer kurzen Übersicht zusammengefasst wie folgt dar:

- **Mehrere Verfahrensgegenstände** werden im selben Verfahren und in derselben Instanz grundsätzlich zusammengerechnet (§ 33 FamGKG).
- Für den **Zeitpunkt der Wertberechnung** ist der Tag der Antragstellung für das Verfahren beim Familiengericht entscheidend (§ 34 FamGKG).
- Bei einer **Geldforderung** ist deren Höhe für den Wert ausschlaggebend (§ 35 FamGKG), außer in besonderen Fällen, wie z. B. bei Unterhalt.
- Der Wert einer **Genehmigungserklärung** bemisst sich nach dem Wert des Gegenstands, um den es geht, jedoch beträgt der Höchstwert einer Genehmigung 1 Million Euro (§ 36 FamGKG). Es sind § 38 GNotKG und andere Bewertungsvorschriften des GNotKG anzuwenden, d. h., Verbindlichkeiten, die auf einem Gegenstand lasten, werden grundsätzlich nicht bei der Bewertung abgezogen.
- **Nebenforderungen** wie Zinsen und Kosten dürfen bei der Wertermittlung nicht berücksichtigt werden, es sei denn, es geht nur um solche Nebenforderungen als Hauptsache (§ 37 FamGKG).
- Wenn antragsgemäß ein **Verfahren in Stufen** verlaufen soll, ist nur der höchste Wert aus einer der Stufen maßgebend (§ 38 FamGKG); dies entspricht der Stufenklage in der ZPO (§ 44 GKG; siehe hierzu § 3 Rdn 60 ff.).
- Bei einem **Antrag und Widerantrag** werden deren Werte addiert, aber nur wenn es um verschiedene Gegenstände geht (§ 39 FamGKG); dies entspricht der Widerklage in der ZPO (§ 45 GKG, siehe hierzu § 3 Rdn 70 ff.).
- Im **Rechtsmittelverfahren** kommt es für den Wert grundsätzlich auf den Antrag des Rechtsmittelführers an (§ 40 FamGKG).
- Bei **einstweiligen Anordnungen** wird in der Regel die Hälfte des Wertes genommen, der für das Hauptverfahren zu nehmen wäre (§ 41 FamGKG).
- Sollte ein Wert nach den vorstehenden Vorschriften nicht zu ermitteln sein, ist er nach billigem Ermessen zu bestimmen, also muss er entsprechend der Sachlage angemessen sein. In **nichtvermögensrechtlichen Angelegenheiten** ist er unter Berücksichtigung aller Umstände des Einzelfalles zu bestimmen, jedoch darf er in diesem Fall nicht höher als 500.000 Euro sein. Sollte es überhaupt nicht möglich sein, den Wert zu schätzen, ist als **Auffangwert** ein Wert von 5.000 Euro vorgesehen (§ 42 FamGKG).

II. Besondere Wertvorschriften des FamGKG

Die besonderen Wertvorschriften für die Verfahren in Familiensachen sind in den §§ 43 bis 52 FamGKG enthalten. Sie regeln die Ermittlung des Verfahrenswertes bei Sachverhalten, deren Wert sich nicht ohne Weiteres ergibt und deshalb aufgrund einer Wertvorschrift berechnet werden muss. 18

1. Die Bestimmung des Gegenstandswertes in Ehesachen

Ehesachen selbst sind nichtvermögensrechtliche Streitigkeiten. Der **Wert des Eheverfahrens** bestimmt sich über § 23 Abs. 1 S. 1 RVG nach den §§ 43 und 44 FamGKG. 19

Die Wertberechnung in nichtvermögensrechtlichen Streitigkeiten wird unter **Berücksichtigung aller Umstände des Einzelfalles**, insbesondere des Umfangs und der Bedeutung der Sache und der Vermögens- und Einkommensverhältnisse der Parteien, nach Ermessen des Gerichts bestimmt (§ 43 Abs. 1 FamGKG). Falls Ihnen diese Formulierung bekannt vorkommt, so liegt das daran, dass Sie eine ähnliche Vorschrift schon bei den Rahmengebühren des § 14 RVG kennen gelernt haben. Wegen der durchzuführenden Überlegungen sei also auch auf § 2 Rdn 111 ff. verwiesen. Jedoch sind diese Überlegungen nicht vollständig übertragbar, sodass im Folgenden insbesondere die Unterschiede dargestellt werden sollen.

20 Der **Gegenstandswert in nichtvermögensrechtlichen Streitigkeiten** muss ganz allgemein nach folgendem **Schema** bestimmt werden, wobei in jedem Einzelfall **alle Umstände** zu berücksichtigen sind:

Schema zur Ermittlung des Verfahrenswertes in Ehesachen

(1) Feststellung eines **Ausgangswertes**. In Ehesachen ergibt sich dieser im Einzelfall aus dem in den drei Monaten erzielten zusammengerechneten Nettoeinkommen der Eheleute (§ 43 FamGKG). Entscheidend ist das in den letzten drei Monaten vor der Antragstellung von beiden Eheleuten erlangte Nettoeinkommen (§ 34 FamGKG).
(2) Vornahme entsprechender **Zu- und Abschläge vom Ausgangswert** zur Berücksichtigung aller Umstände des Einzelfalles (§ 43 Abs. 1 FamGKG). Siehe hierzu nachstehende Erläuterungen.
(3) Überprüfung, ob der **Höchstwert** von 1 Million Euro nicht überschritten wird (§ 43 Abs. 2 FamGKG). Nur in den hier zu betrachtenden Ehesachen beträgt der **Mindestwert 3.000 Euro** (§ 43 Abs. 2 FamGKG).

Beachten Sie dazu auch die folgenden **Erläuterungen**:

Zu (1): Das Nettoeinkommen der Eheleute wird aus den letzten drei Monaten vor Eingang des Scheidungsantrages berechnet (§ 34 FamGKG). Es werden Einkünfte aus allen Verdienstquellen eingerechnet, also neben Arbeitslohn z. B. auch Mieteinnahmen.

Bei Arbeitslohn ist unter Nettolohn der Betrag zu verstehen, der vom Arbeitgeber nach Abzug der Steuern und der Sozialversicherungsbeiträge vom Bruttolohn ausbezahlt wird. Um das für den Verfahrenswert maßgebliche Nettoeinkommen zu erhalten, sind noch einmal **Zu- und Abschläge von dem Nettolohn** um bestimmte Beträge vorzunehmen:

- So werden nach ganz überwiegender Rechtsprechung wegen der Belastung der Eheleute durch den **Kindesunterhalt** für jedes Kind Abzüge vorgenommen, wobei viele Gerichte **pro Kind monatlich** etwa 250 Euro abziehen (so z. B. das OLG Celle, Beschluss vom 17.12.2013 – 12 WF 92/13; OLG Bamberg, Beschluss vom 13.04.2017 – 2 WF 51/17). Andere Gerichte nehmen solche Abzüge in unterschiedlicher Höhe oder überhaupt nicht vor. Von einigen Gerichten wird der Abschlag wegen der Unterhaltspflicht in Höhe des Tabellenunterhaltsbetrages (Düsseldorfer Tabelle) berechnet.

Hinweis:

Das den Eltern ausgezahlte Kindergeld wird dem Nettoeinkommen **nicht** hinzugerechnet (OLG Celle, Beschluss vom 17.12.2013 – 12 WF 92/13).

Andere Gerichte behandeln das Kindergeld als Teil des Nettoeinkommens, das heißt, es wird zum Einkommen hinzugerechnet. Allerdings wird es dann als ein Teil der Belastungen durch Kindesunterhalt wieder abgezogen. Siehe z. B. OLG Brandenburg, Beschluss vom 16.10.2015 – 15 WF 176/15. Dies kann sich jedoch auf den Wert des Versorgungsausgleichs auswirken (siehe dort).

Das OLG Köln (Beschluss vom 16.11.2016 – 4 WF 106/15) wiederum berechnet das Kindergeld nicht als Teil des Nettoeinkommens. Obwohl das OLG zugibt, dass in der obergerichtlichen Rechtsprechung die verbreitete Auffassung auftritt, vom Nettoeinkommen einen Abschlag für Unterhaltsbelastungen vorzunehmen, folgt es dieser Auffassung nicht. Das OLG Köln nimmt solche Abschläge nicht vor, mit der Begründung, dass im „Normalfall“ aus einer Ehe unterhaltsberechtigte Kinder hervorgehen.

In der Praxis werden Sie sich also an der Rechtsprechung „Ihres“ Oberlandesgerichts orientieren müssen.

- Von **Urlaubs- und Weihnachtsgeldern** ist ein auf die drei Monate entfallender **Teilbetrag** hinzuzurechnen. Auch z. B. bei Steuerrückzahlungen oder Zinseinnahmen wird so verfahren. Auch dies wird von den Gerichten unterschiedlich gehandhabt.

Zu (2): Hinsichtlich weiterer **Zu- und Abschläge vom Ausgangswert** gilt Folgendes:

- Beim **Vermögen** können übliche Haushaltsgegenstände, kleine Sparguthaben, Mittelklassewagen usw. unberücksichtigt bleiben. Vom verbleibenden – also größeren – Vermögen ziehen viele Gerichte Freibeträge in Höhe von etwa 30.000 Euro für jeden Ehegatten und von etwa 15.000 Euro pro Kind ab und nehmen von dem übersteigenden verbleibenden Vermögen einen Betrag von etwa 5 % bis 10 %, den sie dem Nettoeinkommen als Ausgangswert zuschlagen.

  Bei sehr hohen **Schulden** kann bei einigen Gerichten z. B. vom Nettoeinkommen die monatliche Kreditrate abgezogen werden.

  Beispiele aus der Rechtsprechung:

  Zunächst sei als Beispiel aus der Rechtsprechung für die Ermittlung des Vermögens das OLG Brandenburg zitiert: Das OLG berechnet zunächst das gemeinsame Nettoeinkommen der Eheleute für drei Monate. Hinzu rechnet es 5 % vom Wert des Vermögens, in diesem Fall vom Verkehrswert des Grundstücks der Eheleute, **ohne Abzug von Freibeträgen**. Andererseits werden Schulden, z. B. Grundpfandrechte, in ihrer tatsächlichen Höhe abgezogen. Haushaltsgegenstände und Mittelklasse-Pkw bleiben unberücksichtigt. (OLG Brandenburg, Beschluss vom 11.02.2016 – 10 WF 71/15).

  Das OLG Bamberg zieht vom gemeinsamen Vermögen der Eheleute **grundsätzlich einen Freibetrag von 60.000 Euro** für jeden Ehegatten ab. Vom verbleibenden Vermögenswert rechnet es 5 % zu dem gemeinsamen Nettoeinkommen für drei Monate hinzu. Es beruft sich hierbei auf die ganz herrschende Meinung. (OLG Bamberg, Beschluss vom 13.04.2017 – 2 WF 51/17).

  Das OLG Frankfurt a.M. nimmt bei Vorhandensein eines Hausgrundstücks einen **Freibetrag von 20.000 Euro** für jeden Ehegatten an. Diese Freibeträge bringt es vom Vermögen in Abzug und berücksichtigt vom verbleibenden Vermögen 5 % bei der Wertfestsetzung. (OLG Frankfurt a.M., Beschluss vom 24.05.2017 – 2 WF 93/17).

  Die Gerichte verfahren hier also in sehr unterschiedlicher Weise. Häufig wird das Vermögen der Eheleute nicht so hoch sein, dass es zu berücksichtigen wäre.

  Hinweis:

  Das BVerfG hat mit Beschluss vom 12.10.2009 (1 BvR 735/09) entschieden, dass es unzulässig ist, den Verfahrenswert einer Ehesache ohne Berücksichtigung der Einkommens- und Vermögensverhältnisse festzusetzen. Das OLG Stuttgart (Beschluss vom 22.12.2016 – 18 WF 186/16) hat entschieden, dass das Vermögen der Eheleute einen selbstständigen Erhöhungsfaktor darstellt, der auch bei einer einverständlichen Scheidung in die Gesamtbewertung aller Umstände einzubeziehen ist.

- Beim **Umfang der Sache** kommt es auf den Umfang des **gerichtlichen** Verfahrens und nicht auf den Umfang der anwaltlichen Tätigkeit an! Das Gericht wird den Umfang der Sache allerdings erst am Ende eines Rechtszuges feststellen können. Der für die Gerichtsgebühren festgesetzte Wert ist auch der Gegenstandswert für die Anwaltsgebühren (§ 23 Abs. 1 S. 1 RVG). Bei einer einverständlichen Scheidung geht man seit einigen

Jahren nicht mehr von einem verminderten Umfang aus, sodass sich dies nicht auf den Wert auswirkt. Einverständliche Scheidungen sind mittlerweile der Regelfall.

- Bei der **Bedeutung der Sache** könnte es sich auf den Streitwert auswirken, wenn die Ehegatten im öffentlichen Leben eine Rolle spielen. So könnte z. B. eine Scheidung für einen führenden Politiker einen Verlust an Wählerstimmen nach sich ziehen. Auch die Scheidung einer Ehe von langer Dauer könnte eine erhöhte Bedeutung haben.

21 Zu (3): Auch bei Gewährung von **Verfahrenskostenhilfe** für die Eheleute ist bei der Wertberechnung von dem Nettoeinkommen der letzten drei Monate auszugehen und es darf in diesen Fall nicht automatisch der Mindestwert von 3.000 Euro angesetzt werden.

Obiges **Schema** ist grundsätzlich auch in den anderen nichtvermögensrechtlichen Streitigkeiten anzuwenden, wobei die Gerichte sehr unterschiedlich verfahren.

→ Stellen Sie also unbedingt die Rechtsprechung Ihres zuständigen OLG hierzu fest.

Beispiel:

Die Eheleute Jung wollen sich scheiden lassen. Herr Jung ist Student, seine Frau verdient netto 950,00 € im Monat. Kinder haben die beiden nicht.

Obwohl das Dreimonatseinkommen der Eheleute 2.850,00 € beträgt, ist der Gegenstandswert der Ehesache bei ansonsten durchschnittlichen Umständen mit dem Mindestwert von 3.000,00 € anzusetzen.

Beispiel:

Die Eheleute Alt wollen sich scheiden lassen. Herr Alt hat ein monatliches Nettoeinkommen von 3.700,00 €, Frau Alt verdient 2.300,00 € netto im Monat. Herr Alt erhält von seinem Arbeitgeber ein Weihnachtsgeld in Höhe von netto 2.000,00 €. Das Ehepaar hat ein volljähriges und vier minderjährige Kinder. Nennenswertes Vermögen ist nicht vorhanden, alle anderen Umstände sind durchschnittlicher Art.

Der Gegenstandswert der Ehesache beträgt 15.500,00 € und berechnet sich wie folgt:

Das Dreimonatseinkommen der Eheleute ist so zu berechnen:

3.700,00 € + 2.300,00 € = 6.000,00 € x 3 = 18.000,00 €.

Hinzuzurechnen ist der auf die drei Monate entfallende Anteil am Weihnachtsgeld in Höhe von 500,00 € (2.000,00 € : 4 = 500,00 €), sodass das Dreimonatseinkommen mit 18.500,00 € anzusetzen ist.

Für die vier minderjährigen Kinder nehmen wir einen Abschlag von monatlich 250,00 € vor, also 250,00 € x 4 x 3 = 3.000,00 €, sodass sich das endgültige Dreimonatseinkommen mit **15.500,00 €** errechnet, wobei keine weiteren Zu- oder Abschläge vorgenommen werden, da die sonstigen Umstände durchschnittlich sind.

Merke:

Der Gegenstandswert des Eheverfahrens bestimmt sich grundsätzlich über § 23 Abs. 1 RVG nach § 43 FamGKG unter Berücksichtigung aller Umstände des Einzelfalles. Man geht dabei von einem Ausgangswert aus, der sich aus dem in drei Monaten erzielten Nettoeinkommen der Eheleute ergibt und nimmt darauf Zu- und Abschläge vor (**siehe Schema**).

Der Mindestwert in Ehesachen beträgt 3.000 Euro, der Höchstwert 1 Million Euro.

Hinweis:
Der nach vorstehender Anleitung bestimmte Wert der Ehesache ist von besonderer Bedeutung, da er nach § 44 Abs. 2 FamGKG auch die Grundlage zur Berechnung des Wertes von Kindschaftssachen im Scheidungs**verbund** darstellt.

2. Die Bestimmung der Gegenstandswerte in den anderen Familiensachen

Die anderen Familiensachen außerhalb der Ehesachen (§ 121 FamFG) sind in den §§ 111 Nrn. 2 bis 11, 112 und 266 FamFG aufgezählt. Diese Familiensachen werden im Scheidungsverbund als Folgesachen bezeichnet (§ 137 FamFG). Für einige wichtige dieser Familiensachen werden in den folgenden Kapiteln die Vorschriften über die Wertermittlung vorgestellt. 22

a) Die Bewertung von Kindschaftssachen

Als **Kindschaftssachen** werden vornehmlich Verfahren bezeichnet, welche die Regelung der elterlichen Sorge, des Umgangsrechts mit einem Kind und die Kindesherausgabe zum Gegenstand haben (§ 151 FamFG). Bei der Bewertung von Kindschaftssachen ist zu unterscheiden, ob die Kindschaftssache als 23

- selbstständiges (isoliertes) Verfahren,
- als Folgesache im Scheidungsverbund oder
- als einstweilige Anordnung

betrieben wird. Je nachdem ist der Verfahrenswert auf unterschiedliche Weise zu bestimmen. Dies wird in den drei folgenden Kapiteln beschrieben.

aa) Die Bewertung von Kindschaftssachen im selbstständigen Verfahren

In einer **Kindschaftssache im selbstständigen Verfahren**, die das elterliche Sorgerecht, das Umgangsrecht oder die Herausgabe eines Kindes betrifft, beträgt der Verfahrenswert gemäß § 45 FamGKG 5.000 Euro. Dieser **Festwert von 5.000 Euro** wird für jede einzelne der genannten Kindschaftssachen genommen, solange die Sache nicht in den Scheidungsverbund einbezogen wird. Auch wenn das Familiengericht über **mehrere Kinder** entscheiden muss, bleibt es bei dem Festwert von 5.000 Euro; er wird nicht erhöht. 24

Nach § 45 Abs. 3 FamGKG kann das Gericht ausnahmsweise einen höheren oder einen niedrigeren Wert als 5.000 Euro festsetzen, wenn dies nach den besonderen Umständen des Einzelfalles gerechtfertigt ist. Dies könnte insbesondere dann der Fall sein, wenn das Verfahren besonders umfangreich und schwierig ist oder wenn die Eltern nur ein sehr geringes Einkommen beziehen und das Verfahren einfach ist.

Hinweis:
Als werterhöhend könnte sich auswirken, wenn umfangreiche Sachverständigengutachten einzuholen sind, mehrere Anhörungstermine stattfinden müssen oder mehrere Kinder auf mehrere Pflegestellen verteilt sind. Aus der Rechtsprechung ergibt sich, dass der Festwert von 5.000 Euro kaum verdoppelt werden wird. Heraufsetzungen des Regelwertes werden allenfalls um 1.000 bis 2.000 Euro vorgenommen. Siehe z. B. den Beschluss des Berliner Kammergerichts vom 03.06.2014 (13 WF 116/14).

Beispiel:

Die Eheleute Bitter leben seit einem halben Jahr getrennt. Frau Bitter, die nach Ablauf der gesetzlichen Trennungszeit die Scheidung anstrebt, beauftragt RA Klump, bereits jetzt bei Gericht die Regelung der elterlichen Sorge für ihre drei Kinder zu beantragen, was geschieht. Der Gegenstandswert für diese selbstständige Familiensache bestimmt sich nach § 45 FamGKG und beträgt 5.000,00 €.

Herr Bitter lässt nun durch seinen RA die Regelung des Umgangsrechtes beantragen. Der Gegenstandswert auch für diese selbstständige Familiensache beträgt ebenfalls 5.000,00 €.

Beispiel:

Nach einem Jahr Trennungszeit beantragt RA Dingeldey für Frau Sauer die Scheidung der Ehe. Nach Schluss der mündlichen Verhandlung in der Scheidungssache beantragt Herr Sauer, das Umgangsrecht mit seinen vier Kindern gerichtlich zu regeln. Gemäß § 137 Abs. 3 FamFG kann über diesen Antrag nicht mehr im Scheidungsverbund entschieden werden, sodass es sich um eine selbstständige Familiensache handelt:

Der Gegenstandswert für diese selbstständige Familiensache bestimmt sich nach § 45 FamGKG und beträgt 5.000,00 €.

25 Wenn in demselben selbstständigen Verfahren mehrere Kindschaftssachen anhängig sind (z. B. Sorgerecht und Umgangsrecht), dann werden deren Einzelwerte nach § 33 Abs. 1 S. 1 FamGKG addiert (OLG Bamberg, Beschluss vom 18.10.2018 – 2 UF 139–18).

Merke:

In den selbstständigen Kindschaftssachen (Sorgerecht, Umgangsrecht und Kindesherausgabe) beträgt der Festwert für jede Sache in der Regel 5.000 Euro. Bei mehreren Kindern wird dieser Festwert nicht erhöht.

bb) Die Bewertung von Kindschaftssachen als Folgesachen im Scheidungsverbund

26 Nach § 137 Abs. 3 FamFG können folgende Kindschaftssachen zusammen mit der Scheidung im **Scheidungsverbund als Folgesachen** anhängig sein: Regelung des **Sorgerechts** oder des **Umgangsrechts, Herausgabe** eines gemeinschaftlichen Kindes der Ehegatten und Regelung des Umgangsrechtes mit einem Kind des anderen Ehegatten. Voraussetzung für die Einbeziehung dieser Sachen in den Verbund ist, dass ein Ehegatte die Einbeziehung in den Verbund vor Schluss der mündlichen Verhandlung im ersten Rechtszug der Scheidungssache beantragt. Das Familiengericht kann jedoch die Einbeziehung ablehnen, wenn es die Ablehnung aus Gründen des Kindeswohls für sachgerecht hält.

Nach 44 Abs. 1 FamGKG gelten im Verbund die **Scheidungssache** zusammen mit den **Folgesachen** als ein Verfahren. Gemäß § 33 Abs. 1 S. 1 FamGKG werden die Werte mehrerer Verfahrensgegenstände in demselben Verfahren und in demselben Rechtszug zusammengerechnet. Damit **im Scheidungsverbund** der Verfahrenswert für die genannten Kindschaftssachen nicht im Missverhältnis zu der Scheidungssache steht, ist er kein Festwert nach § 45 FamGKG, sondern er ist nach § 44 Abs. 2 S. 1 FamGKG individuell zu berechnen.

Anmerkung:

Wäre der Wert der Kindschaftssache auch im Scheidungsverbund ein Festwert von 5.000 Euro, dann würde der Wert einer Kindschaftssache (Sorge- oder Umgangsrecht) den Mindestwert der

Scheidungssache von 3.000 Euro übersteigen. Dies wäre wegen der dann höheren Gebühren gegenüber nicht finanzstarken Eheleuten unsozial.

Wenn eine oder mehrere Kindschaftssachen im Scheidungsverbund anhängig sind, dann ist für **jede einzelne** dieser Kindschaftssachen der Verfahrenswert nach § 44 Abs. 2 S. 1 FamGKG zu ermitteln: Der **Verfahrenswert einer Kindschaftssache** im Verbund beträgt **20 % des Wertes der Ehesache** (Scheidungssache), der nach § 43 FamGKG ermittelt wurde (siehe Rdn 19 ff.). An dieser Berechnungsweise ändert sich nichts, wenn das Gericht über mehrere Kinder zu entscheiden hat; die Zahl der Kinder spielt keine Rolle. Da der Wert jedoch den Wert einer Kindschaftssache im selbstständigen Verfahren nicht übersteigen soll, gilt ein **Höchstwert von 5.000 Euro** für jede Kindschaftssache. Nach § 44 Abs. 3 FamGKG kann das Gericht ausnahmsweise einen höheren oder einen niedrigeren Wert als 5.000 Euro festsetzen, wenn dies nach den besonderen Umständen des Einzelfalles gerechtfertigt ist. Der nach § 43 FamGKG berechnete Verfahrenswert der Ehesache (siehe Rdn 19 ff.) wird schließlich um den nach § 44 FamGKG berechneten Wert der Kindschaftssache(n) erhöht, sodass nur ein **erhöhter Verfahrenswert** für die Ehesache zusammen mit den Kindschaftssachen besteht. 27

Anmerkung:

Wenn in der Scheidungssache der Mindestwert von 3.000,00 € angesetzt wird, beträgt der Wert der Kindschaftssache davon 20 %, also 600,00 €. Beträgt der Wert der Ehesache dagegen 30.000,00 €, dann sind 20 % davon 6.000,00 €, was jedoch den Höchstwert von 5.000,00 € übersteigt. Der Verfahrenswert einer Kindschaftssache im Scheidungsverbund kann also regelmäßig nur zwischen 600,00 € und 5.000,00 € liegen.

Werden noch weitere Folgesachen in den Scheidungsverbund einbezogen, wozu zumindest der Versorgungsausgleich gehört, dann werden nach § 44 Abs. 2 S. 2 FamGKG die Werte dieser Folgesachen mit dem zuvor um den Wert der Kindschaftssachen erhöhten Wert der Ehesache zusammengerechnet. 28

Beispiel:

Die Eheleute Jung wollen sich scheiden lassen. Herr Jung und seine Frau haben zwei Kinder. Antragsgemäß soll im Verbund mit der Ehesache der Versorgungsausgleich und das Sorgerecht für die beiden Kinder geregelt werden. Der Verfahrenswert der Scheidungssache wurde vom Familiengericht gemäß § 43 FamGKG unter Berücksichtigung des Kindesunterhaltes auf 4.800,00 € festgesetzt. Der Wert des Versorgungsausgleichs beträgt nach § 50 Abs. 1 FamGKG 1.260,00 €. Weitere Folgesachen liegen nicht an.

Der Wert der Kindschaftssache wird gemäß § 44 Abs. 2 S. 1 FamGKG berechnet. Er beträgt in diesem Fall 20 % von 4.800,00 €, also 960,00 €. Dieser Wert wird zum Wert der Ehesache addiert und dann wird noch gemäß § 44 Abs. 2 S. 2 FamGKG der Wert des Versorgungsausgleichs hinzugerechnet. Der zusammengerechnete Verfahrenswert des Scheidungsverbundes ergibt in diesem Beispiel also 4.800,00 € + 960,00 € + 1.260,00 € = **7.020,00 €**.

Beispiel:

Die Eheleute Alt wollen sich scheiden lassen. Das Ehepaar hat ein volljähriges und vier minderjährige Kinder. Antragsgemäß soll im Verbund mit der Ehesache der Versorgungsausgleich und das Sorgerecht für die minderjährigen Kinder geregelt werden. Nennenswertes Vermögen ist nicht vorhanden, alle anderen Umstände sind von durchschnittlicher Art. Der Verfahrenswert der Ehesache wird vom Familiengericht unter Berücksichtigung der Belastung durch den

Kindesunterhalt auf 48.000,00 € festgesetzt. Der Wert des Versorgungsausgleichs beträgt nach § 50 Abs. 1 FamGKG 10.200,00 €. Weitere Folgesachen sind nicht anhängig.

Nun wird der Wert der Kindschaftssache gemäß § 44 Abs. 2 S. 1 FamGKG berechnet. Er beträgt in diesem Fall 20 % von 48.000,00 €, also 9.600,00 €; jedoch darf der **Höchstwert von 5.000,00 €** in der Regel nicht überschritten werden. Die Anzahl der Kinder spielt bei der Berechnung keine Rolle. Der Wert der Kindschaftssache wird zum Wert der Ehesache addiert und dann wird noch gemäß § 44 Abs. 2 S. 2 FamGKG der Wert des Versorgungsausgleichs hinzugerechnet. Der zusammengerechnete Verfahrenswert des Scheidungsverbundes ergibt in diesem Beispiel also insgesamt 48.000,00 € + 5.000,00 € + 10.200,00 € = **63.200,00 €**.

Merke:

Der Verfahrenswert einer Kindschaftssache **im Verbund** beträgt 20 % des Wertes der Ehesache (Scheidungssache), der nach § 43 FamGKG ermittelt wurde. Der Wert der Ehesache wird um den Wert der Kindschaftssache(n) erhöht.

Der Höchstwert einer Kindschaftssache im Verbund beträgt 5.000 Euro. Dies ändert sich für die einzelne Kindschaftssache auch bei mehreren Kindern nicht.

cc) Die Bewertung von Kindschaftssachen im Verfahren der einstweiligen Anordnung

29 Die Kindschaftssachen aus § 151 FamFG können nach den §§ 49 ff. FamFG auch im Wege der **einstweiligen Anordnung** durch das Familiengericht vorläufig geregelt werden, wenn dafür ein dringendes Bedürfnis besteht. Zuständig ist das Gericht, dass für die Hauptsache im ersten Rechtszug zuständig wäre (§ 50 FamFG). Das Verfahren der einstweiligen Anordnung ist ein selbstständiges Verfahren, auch wenn eine Hauptsache anhängig ist (§ 51 Abs. 3 FamFG, § 17 Nr. 4 Lit. b RVG); es ist also nicht Voraussetzung für eine einstweilige Anordnung, dass ein Verfahren in der Hauptsache bereits anhängig ist.

Hinweis:

Nach § 49 FamFG ist es nicht erforderlich, dass vor Beantragung einer einstweiligen Anordnung ein Verfahren in der Hauptsache anhängig ist oder ein Antrag auf Bewilligung von Verfahrenskostenhilfe bereits gestellt ist. Dafür kann nach Erlass der einstweiligen Anordnung die Einleitung eines Verfahrens in der Hauptsache nach § 52 Abs. 2 FamFG binnen einer Frist dadurch erzwungen werden, dass nach Ablauf der Frist die einstweilige Anordnung aufgehoben wird, wenn die Hauptsache nicht anhängig wird.

30 Der **Verfahrenswert für eine einstweilige Anordnung** ist wegen deren geringeren Bedeutung niedriger als der Wert der Hauptsache. Gemäß § 41 S. 2 FamGKG ist für den Wert der einstweiligen Anordnung von der **Hälfte des Wertes der Hauptsache** auszugehen. Dies ist kein Problem, wenn die Hauptsache bereits anhängig ist, denn dann ist deren Wert bekannt. Auch wenn das Verfahren in der Hauptsache erst später beantragt wird, setzt das Gericht dann deren Wert fest. Sollte jedoch die einstweilige Anordnung zu einer endgültigen Regelung führen, weil die Beteiligten kein Verfahren in der Hauptsache mehr einleiten, dann ist für die Bestimmung des Wertes der einstweiligen Anordnung festzustellen, ob die Hauptsache als selbstständige Kindschaftssache oder als Folgesache im Scheidungsverbund betrieben worden wäre.

Da sich laut § 41 FamGKG der Verfahrenswert der einstweiligen Anordnung nach dem Wert der Hauptsache richtet, ist zunächst festzustellen, ob ein, und dann welches, Hauptsacheverfahren anhängig ist oder anhängig geworden wäre. Es ergibt einen Unterschied für den Wert der einstweiligen Anordnung, ob sie neben oder vor einem Hauptsacheverfahren

- als selbstständiges (isoliertes) Verfahren oder
- als Folgesache im Scheidungsverbund

betrieben wird. Im selbstständigen Verfahren geht es nur um die Kindschaftssache, die dann Hauptsache ist. Im Scheidungsverbund gelten Kindschaftssachen als Folgesachen zusammen mit der Scheidungssache als ein Verfahren (§ 44 Abs. 1 FamGKG). Je nachdem ist der Verfahrenswert auf unterschiedliche Weise zu bestimmen. Vergleiche hierzu die Rdn 24 und Rdn 26 ff.

In den **selbstständigen Kindschaftssachen** (Sorgerecht, Umgangsrecht und Kindesherausgabe) 31
beträgt der Festwert für jede Sache in der Regel 5.000 Euro (§ 45 FamGKG). Bei mehreren Kindern wird dieser Festwert nicht erhöht. Also beträgt nach § 41 FamGKG der Wert einer Kindschaftssache bei einer einstweiligen Anordnung davon die Hälfte, das sind **2.500 Euro**, wenn die Hauptsache (die Kindschaftssache) als isoliertes Verfahren betrieben wird.

Nach § 44 Abs. 2 S. 1 FamGKG beträgt der Verfahrenswert einer **Kindschaftssache im Scheidungsverbund** 20 % des Wertes der Ehesache (Scheidungssache), der nach § 43 FamGKG ermittelt wurde. Im Verbund beträgt der **Höchstwert** einer Kindschaftssache 5.000 Euro. Dies ändert sich auch bei mehreren Kindern nicht. Also beträgt nach § 41 FamGKG der Wert einer Kindschaftssache davon die Hälfte, das sind **höchstens 2.500 Euro**, wenn die Hauptsache als Folgesache im Verbund anhängig ist. Da der Mindestwert der Ehesache 3.000 Euro beträgt, wären 20 % davon 600 Euro und davon die Hälfte 300 Euro. Daraus ergibt sich, dass im Verbund der Wert einer Kindschaftssache bei einer einstweiligen Anordnung in der Regel nur zwischen 300 Euro und 2.500 Euro liegen kann. 32

Das Verfahren der einstweiligen Anordnung ist laut § 51 Abs. 3 FamFG ein selbstständiges Verfahren und damit im Sinne des RVG eine **eigene Angelegenheit.** Für das Verfahren der einstweiligen Anordnung werden der Verfahrenswert und die Vergütung gesondert berechnet. 33

Beispiel:

Die Eheleute Böse leben seit einem Vierteljahr getrennt. Frau Böse, die erst nach Ablauf der gesetzlichen Trennungszeit die Scheidung beantragen kann, beauftragt RA Klüngel, eine einstweilige Anordnung zur Regelung der elterlichen Sorge für ihre drei Kinder zu beantragen, was geschieht. Herr Böse beantragt nun auch eine einstweilige Anordnung zur Regelung des Umgangsrechts mit seinen Kindern. Kurz darauf wird ein selbstständiges Verfahren wegen des Sorgerechts und des Umgangsrechts zwecks einer endgültigen Regelung eingeleitet.

Der Gegenstandswert für jede dieser selbstständigen Familiensachen bestimmt sich nach § 45 FamGKG und beträgt jeweils 5.000,00 € in der Hauptsache. Nach § 41 FamGKG wird jede einstweilige Anordnung mit der Hälfte des Betrages nach § 45 Abs. 1 FamGKG bewertet, also mit 2.500,00 €.

In diesem Fall hat also jede einstweilige Anordnung einen Wert von 2.500,00 €. Die beiden Werte werden zusammengerechnet, sodass der Wert dieses Verfahrens 5.000,00 € beträgt.

Sind mehrere einstweilige Anordnungen in einem einzigen Verfahren anhängig, dann werden deren Einzelwerte nach § 33 Abs. 1 S. 1 FamGKG zu einem Gesamtwert addiert und es wird nur eine Vergütungsrechnung für dieses Verfahren erstellt (OLG Bamberg, Beschluss vom 18.10.2018 – 2 UF 139/18). 34

Beispiel:

Die Eheleute Jüngling wollen sich scheiden lassen. Herr Jüngling und seine Frau haben zwei Kinder. Antragsgemäß soll im Verbund mit der Ehesache der Versorgungsausgleich sowie das

Sorgerecht und das Umgangsrecht für die beiden Kinder geregelt werden. Der Verfahrenswert der Scheidungssache wurde vom Familiengericht gemäß § 43 FamGKG auf 4.500,00 € festgesetzt, wobei das Gericht die Belastungen durch den Kindesunterhalt berücksichtigt hat. Der Wert des Versorgungsausgleichs beträgt nach § 50 Abs. 1 FamGKG 1.200,00 €. Weitere Folgesachen liegen nicht an.

Der Wert für jede der Kindschaftssachen im Scheidungsverbund wird gemäß § 44 Abs. 2 S. 1 FamGKG berechnet. Er beträgt in diesem Fall 20 % von 4.500,00 €, also 900,00 €. Dieser Betrag wird für jede Kindschaftssache zum Wert der Ehesache addiert und dann wird noch gemäß § 44 Abs. 2 S. 2 FamGKG der Wert des Versorgungsausgleichs hinzugerechnet. Der zusammengerechnete Verfahrenswert des Scheidungsverbundes ergibt in diesem Beispiel also 4.500,00 € + 900,00 € + 900,00 € + 1.200,00 € = 7.500,00 €. Dies ist für den RA die erste Angelegenheit, für die er seine Vergütung berechnet.

Noch während das Verbundverfahren anhängig ist, werden zur Regelung des Sorgerechtes und des Umgangsrechtes einstweilige Anordnungen beantragt. Da dieses Verfahren eine selbstständige Angelegenheit ist, erstellt der RA eine weitere Vergütungsrechnung. Nach § 41 FamGKG wird jede einstweilige Anordnung mit der Hälfte des Wertes der Kindschaftssache im Verbund (hier die Hauptsache) bewertet, also mit 900,00 € : 2 = 450,00 €. Die Werte für jede der zwei Kindschaftssachen (Sorgerecht und Umgangsrecht) werden zu einem Gesamtwert von 900,00 € addiert.

Merke:

Der Verfahrenswert für eine einstweilige Anordnung beträgt die Hälfte des Wertes der Hauptsache.

Ist die Hauptsache eine selbstständige Kindschaftssache beträgt der Festwert für jede einstweilige Anordnung 2.500 Euro. Bei mehreren Kindern wird dieser Festwert nicht erhöht.

Ist die Hauptsache eine Kindschaftssache im Scheidungsverbund, werden für jede einstweilige Anordnung 20 % des Wertes der Ehesache und davon die Hälfte, höchstens 2.500 Euro genommen. Dies ändert sich auch bei mehreren Kindern nicht.

Das Verfahren der einstweiligen Anordnung ist ein selbstständiges Verfahren, also eine eigene Angelegenheit, sodass der Verfahrenswert und die Vergütung gesondert berechnet werden – auch wenn gleichzeitig die Vergütung für ein Hauptsacheverfahren anfällt.

b) Die Bewertung von Versorgungsausgleichssachen

35 Der Versorgungsausgleich dient der Ausgleichung von **Ansprüchen auf Altersversorgung** zwischen den Eheleuten. Unabhängig von Unterhaltsverpflichtungen geschiedener Ehegatten und ohne Rücksicht auf den Güterstand wird bei der Ehescheidung grundsätzlich ein Versorgungsausgleich durchgeführt. Dessen Ziel ist es, dem während der Ehe nicht oder nur weniger verdienenden Ehegatten, z. B. einer Hausfrau oder einem Hausmann, einen gerechten Anteil an der gemeinsam erworbenen Altersversorgung zukommen zu lassen (§§ 1587 ff. BGB). Gemäß § 137 Abs. 1 S. 2 FamFG wird der Versorgungsausgleich zusammen mit der Ehescheidung im so genannten Zwangsverbund durchgeführt.

Ähnlich wie beim Zugewinnausgleich werden die in der Ehezeit erworbenen Anwartschaften auf eine Versorgung wegen Alters-, Berufs- oder Erwerbsunfähigkeit (insbesondere also Renten aus der Sozialversicherung, Beamtenpensionen, betriebliche Rentenansprüche, Renten aus einer privaten Versicherung oder aus einer Zusatzversorgung des öffentlichen Dienstes) in der Weise ausgeglichen, dass dem Ehegatten mit den wertniedrigeren Anwartschaften als Ausgleich ein Anspruch auf die Hälfte des Wertunterschieds zusteht (§ 1587a BGB). Ausgleichspflichtig ist der Ehegatte mit den werthöheren Anwartschaften. Auch so genannte „Riester-Verträge" können einen Ausgleichsanspruch begründen.

Nach § 50 Abs. 1 FamGKG beträgt der **Verfahrenswert** für jedes Anrecht auf Altersversorgung, 36
das Gegenstand des Versorgungsausgleichsverfahrens im Scheidungsverbund ist, 10 % des in drei Monaten erzielten Nettoeinkommens beider Ehegatten. Für den Versorgungsausgleich beträgt der **Mindestwert 1.000 Euro** (§ 50 Abs. 1 S. 2 FamGKG).

> *Hinweis:*
>
> Der Mindestwert von 1.000 Euro gilt nicht für jedes einzelne vom Gericht zu prüfende Anrecht, sondern für alle Anrechte insgesamt (§ 50 Abs. 1 S. 2 FamGKG). Dies ergibt sich aus der Formulierung in Satz 2 („... insgesamt ...").

Als Wert für jeden einzelnen **Anspruch auf Versorgungsausgleich** wird **10 % des dreimonatigen** 37
Nettoeinkommens beider Eheleute berechnet. Dies deutet scheinbar auf die Ermittlung des Wertes des Eheverfahrens nach § 43 FamGKG hin; jedoch werden dort auf den Dreimonatsbetrag je nach Fall individuelle Zu- und Abschläge vorgenommen (siehe Rdn 19 ff.). Da der Gesetzestext des § 50 Abs. 1 FamGKG aber nicht ausdrücklich auf § 43 FamGKG verweist, sondern nur vom „in drei Monaten erzielten Nettoeinkommen der Ehegatten" spricht, muss hier das Nettoeinkommen von drei Monaten **ohne** Zu- und Abschläge zur Berechnung verwendet werden. So sehen es neben anderen Gerichten auch das OLG Koblenz, Beschluss vom 28.02.2011 – 9 WF 157/11, das OLG Nürnberg, Beschluss vom 13.03.2012 – 7 WF 290/12 und das OLG Celle, Beschluss vom 17.12.2013 – 12 WF 92/13.

Dies bedeutet, dass nicht einfach der nach § 43 FamGKG ermittelte Wert der Ehesache zur Berechnung des Wertes der Ansprüche auf Versorgungsausgleich herangezogen werden darf, da er in den meisten Fällen Zu- und Abschläge enthalten wird. Vielmehr werden zur Berechnung des Wertes eines Anspruches auf Versorgungsausgleich die 10 % nur vom reinen dreimonatigen Nettoeinkommen beider Ehegatten berechnet, **ohne Zu- und Abschläge**. Es ist denkbar, dass sich hierdurch in der Praxis eine Fehlerquelle ergeben kann.

Bei **mehreren Anrechten** wird der Wert für **jedes einzelne Anrecht** jeweils mit 10 % des dreimonatigen Nettoeinkommens berechnet. Wenn also Ehemann und Ehefrau jeweils ein Anrecht in der gesetzlichen Rentenversicherung erworben haben, so liegen zwei Anrechte vor, sodass für jedes Anrecht die 10 % vom Dreimonatseinkommen zu berechnen sind.

> *Beispiel:*
>
> Die Eheleute Alt wollen sich scheiden lassen. Herr Alt hat ein monatliches Nettoeinkommen von 3.700,00 €, Frau Alt verdient 2.300,00 € netto im Monat. Herr Alt erhält von seinem Arbeitgeber ein Weihnachtsgeld in Höhe von netto 2.000,00 €. Das Ehepaar hat ein volljähriges und vier minderjährige Kinder. Die Scheidung wird im Verbund mit dem Versorgungsausgleich durchgeführt. Beide Eheleute haben jeweils ein Anrecht auf Altersversorgung aus der gesetzlichen Rentenversicherung. Kindschaftssachen werden nicht anhängig.
>
> Der **Gegenstandswert der Ehesache** beträgt 15.500,00 € und berechnet sich gemäß § 43 FamGKG wie folgt:
>
> Das Dreimonatseinkommen der Eheleute ist so zu berechnen:
>
> 3.700,00 € + 2.300,00 € = 6.000,00 € x 3 = 18.000,00 €.

Hinzuzurechnen ist der auf die drei Monate entfallende Anteil am Weihnachtsgeld in Höhe von 500,00 € (2.000,00 € : 4 = 500,00 €), sodass das **Dreimonatseinkommen** mit 18.500 € anzusetzen ist.

Für die vier minderjährigen Kinder nehmen wir einen **Abschlag** von monatlich 250,00 € vor, also 250,00 € x 4 x 3 = 3.000,00 €, sodass sich das endgültige Dreimonatseinkommen mit 15.500,00 € errechnet, wobei keine weiteren Zu- oder Abschläge vorgenommen werden, da die sonstigen Umstände durchschnittlich sind. Siehe auch Rdn 19 ff.

Zur Berechnung des **Wertes der Anrechte auf Versorgungsausgleich** darf jetzt nicht der vorstehend errechnete Wert der Ehescheidung herangezogen werden, da er Zu- und Abschläge enthält. Es sind vielmehr 10 % des Dreimonatseinkommens von 18.500,00 € zu berechnen, sodass der Wert für jedes Anrecht 1.850,00 € beträgt, also bei zwei Anrechten 2 x 1.850,00 €.

Der **Scheidungsverbund gilt als ein Verfahren** (§ 44 Abs. 1 FamGKG), sodass zur Berechnung der Gebühren ein Gesamtwert von 15.500,00 € + 1.850,00 € + 1.850,00 € = **19.200,00 €** gebildet wird.

Beispiel:

Die Eheleute Jung wollen sich scheiden lassen. Herr Jung und seine Frau haben zwei Kinder. Antragsgemäß soll im Verbund mit der Ehesache der Versorgungsausgleich und das Sorgerecht für die beiden Kinder geregelt werden.

Das gemeinsame Nettoeinkommen der Eheleute beträgt 2.100,00 € pro Monat. Der **Verfahrenswert der Scheidungssache** wurde vom Familiengericht gemäß § 43 FamGKG nach Abschlägen für Kindesunterhalt (250,00 € pro Monat) auf 4.800,00 € festgesetzt.

Der **Wert der Kindschaftssache** wird gemäß § 44 Abs. 2 S. 1 FamGKG berechnet. Er beträgt in diesem Fall 20 % von 4.800,00 €, also 960,00 € für beide Kinder. Dieser Wert wird zum Wert der Ehesache addiert und dann wird noch gemäß § 44 Abs. 2 S. 2 FamGKG der Wert des Versorgungsausgleichs hinzugerechnet.

Beide Eheleute haben jeweils ein Anrecht auf Altersversorgung aus der gesetzlichen Rentenversicherung. Der **Wert des Versorgungsausgleichs** beträgt nach § 50 Abs. 1 FamGKG 10 % vom gemeinsamen Dreimonatseinkommen ohne Abschläge, also 10 % von 6.300,00 € = 630,00 €, das sind bei zwei Anrechten 1.260,00 €. Weitere Folgesachen liegen nicht an.

Der gemäß § 44 Abs. 1 FamGKG zusammengerechnete **Verfahrenswert des Scheidungsverbundes** ergibt in diesem Beispiel also 4.800,00 € + 960,00 € + 1.260,00 € = **7.020,00 €**.

38 In Verfahren über einen Auskunftsanspruch oder die Abtretung von Versorgungsansprüchen ist der Verfahrenswert ein Festwert von 500 Euro (§ 50 Abs. 2 FamGKG).

39 Da der Versorgungsausgleich grundsätzlich im Scheidungsverbund durchgeführt wird (§ 137 Abs. 1 S. 2 FamFG) wird es nur in seltenen Fällen zu einem Verfahren über den Versorgungsausgleich erst nach der Scheidung kommen. In solchen Fällen berechnet sich der Verfahrenswert mit 20 % vom Dreimonatseinkommen (§ 50 Abs. 1 FamGKG).

40 Unter besonderen Umständen des Falles darf das Gericht höhere oder niedrigere Werte als vorstehend beschrieben festsetzen (§ 50 Abs. 3 FamGKG).

> **Merke:**
>
> Jedes Anrecht auf Versorgungsausgleich wird gesondert bewertet.
>
> Im Scheidungsverbund beträgt der Wert für jedes Anrecht 10 % des dreimonatigen Nettoeinkommens beider Ehegatten **ohne** Zu- und Abschläge.
>
> Der Mindestwert des Versorgungsausgleichs beträgt insgesamt 1.000 Euro.

c) Die Bewertung von Unterhaltssachen

Es handelt sich bei den Unterhaltssachen um **Familienstreitsachen** über 41

- die **gesetzliche Unterhaltspflicht** gegenüber einem Kind (§§ 1601, 1612 a BGB),
- die durch Ehe begründete **gesetzliche Unterhaltspflicht** zwischen den Eheleuten (§ 1360 BGB) oder auch
- um Familienstreitsachen über **vertragliche Unterhaltsansprüche** (§ 112 Nr. 3 i. V. m. § 266 Abs. 1 FamFG). Solche Familienstreitsachen werden eher selten vorkommen.

Der **Verfahrenswert** für die **gesetzlichen Unterhaltsansprüche** wird nach § 51 FamGKG ermittelt. Für die gesetzlichen Unterhaltsansprüche der Ehegatten und der Kinder wird gemäß § 51 Abs. 1 und 2 FamGKG der **Jahresbetrag** des geforderten Unterhalts **zuzüglich** der bei Antragstellung **rückständigen fälligen Beträge** als Gegenstandswert berechnet. **Unterhaltsrückstände**, die **vor** der Einreichung des Antrages fällig waren, sind dem nach § 51 Abs. 1 FamGKG berechneten Wert hinzuzurechnen (§ 51 Abs. 2 FamGKG). Unterhaltsrückstände, die erst **während** des laufenden Verfahrens entstehen, dürfen nach § 51 Abs. 2 FamGKG dagegen nicht berücksichtigt werden. Beachten Sie, dass Unterhalt monatlich im Voraus zu zahlen ist (§ 1612 Abs. 3 BGB). Wird also der Antrag z. B. am 15. Juni bei Gericht eingereicht, dann ist der Unterhalt für Juni bereits fällig gewesen und damit rückständig. Siehe auch Rdn 95 ff. und § 3 Rdn 104 f. 42

Der Gebührenstreitwert kann nur dann geringer sein als der Jahresbetrag des Unterhalts, wenn schon bei Einreichung des verfahrenseinleitenden Antrags endgültig absehbar ist, dass der gesetzliche Unterhalt für weniger als ein Jahr verlangt wird.

Bei unterschiedlich hohen Monatsbeträgen des gesetzlichen Unterhalts werden die Monatsbeträge der ersten 12 Monate nach Einreichung des Antrags zusammengerechnet. Bei Unterhaltsansprüchen von **minderjährigen Kindern** richtet sich der monatliche Unterhaltsbetrag nach dem Alter des Kindes zum Zeitpunkt der Antragstellung (§ 51 Abs. 1 S. 2 FamGKG, siehe unten).

> *Beispiel:*
>
> Herr Borstig hat die gemeinsam mit seiner Ehefrau bewohnte Wohnung verlassen und ist zu Frau Reitz, seiner Freundin, gezogen. Zurzeit kann sich Frau Borstig noch nicht scheiden lassen, da die Trennungszeit (§ 1566 BGB) noch nicht verstrichen ist. Während der Trennungszeit macht Frau Borstig Unterhaltsansprüche für sich (500,00 €) und ihre vier Kinder (je 400,00 €) geltend. Für einen Monat verlangt sie rückständigen Unterhalt. RA Klacks soll sie vertreten.
>
> Der **Gegenstandswert** von 27.300,00 € ermittelt sich wie folgt:
>
> Das **Unterhaltsverfahren** ist hier eine selbstständige Familiensache. Da RA Klacks alle Unterhaltsansprüche in einem Verfahren einfordern soll, werden die Werte gemäß § 33 Abs. 1 FamGKG und § 22 Abs. 1 RVG zusammengerechnet. Es werden folglich zuerst einmal die pro Monat geforderten Beträge addiert (4 x 400,00 € + 500,00 € = 2.100,00 €). Der Jahresbetrag dieser Beträge ergibt gemäß § 51 Abs. 1 FamGKG den Gegenstandswert, wozu noch der rückständige Unterhalt gemäß § 51 Abs. 2 FamGKG hinzuzurechnen ist. Der Gegenstandswert beträgt also 12 x 2.100,00 € = 25.200,00 € + 2.100,00 € = **27.300,00 €**.

43 Wenn ein **minderjähriges Kind** Unterhalt von einem Elternteil verlangt, mit dem es nicht in einem Haushalt lebt, so kann es den **Unterhalt als Prozentsatz des jeweiligen Mindestunterhalts** verlangen (§§ 1612a bis 1612c BGB). Der Mindestunterhalt richtet sich nach dem im Einkommensteuergesetz festgesetzten sächlichen Existenzminimum eines Kindes. Die jeweils geltenden Unterhaltsbeträge können Sie der aktuellen „**Düsseldorfer Tabelle**" entnehmen, wobei der Mindestunterhalt sich aus den Richtsätzen der 1. Einkommensgruppe ergibt. Wenn Unterhalt in dieser Form eingefordert wird, so wird der Unterhaltsberechnung der Unterhaltsbetrag zugrunde gelegt, der entsprechend dem Alter des Kindes zum Zeitpunkt der Einreichung des verfahrenseinleitenden Antrages maßgeblich ist (§ 51 Abs. 1 S. 2 FamGKG). Außer im Falle des Verfahrens in Unterhaltssachen (§§ 231 ff. FamFG) gilt dies auch im vereinfachten Verfahren zur Festsetzung des Unterhalts nach den §§ 249 ff. FamFG ab Stellung des Antrags. Siehe auch Rdn 95 ff. und § 3 Rdn 104 f.

44 *Hinweis:*

Die Bemessung des **Mindestunterhalts** für ein minderjähriges Kind erfolgt gemäß § 1612a BGB so: Die Bundesregierung erstellt alle zwei Jahre einen „Existenzminimumbericht" für Erwachsene und Kinder, in dem unter anderem das steuerfrei zu stellende sächliche Existenzminimum minderjähriger Kinder errechnet wird. Ein Zwölftel dieses sächlichen Existenzminimums für Kinder ergibt den monatlichen Mindestunterhalt in der zweiten Altersstufe (§ 1612a Abs. 1 S. 3 BGB).

Dieser Mindestunterhalt wurde vom Bundesminister der Justiz und Verbraucherschutz erstmals in der „Mindestunterhaltsverordnung" vom 03.12.2015 festgesetzt. Gemäß § 1612a Abs. 4 BGB wird der Mindestunterhalt alle zwei Jahre durch Rechtsverordnung neu festgesetzt.

Mit der „Siebten Verordnung zur Änderung der Mindestunterhaltsverordnung" vom 15.11.2024 (BGBl. I 2024 Nr. 359) wurde ab dem 01.01.2025 der Mindestunterhalt der ersten Altersstufe auf 482 Euro und ab dem 01.01.2026 auf 486 Euro, der zweiten Altersstufe auf 554 Euro und ab 01.01.2026 auf 558 Euro und der dritten Altersstufe auf 649 Euro und ab 01.01.2026 auf 653 Euro monatlich festgesetzt.

Die aktuellen Unterhaltsbeträge finden Sie auch in der **Düsseldorfer Tabelle**. Die nachstehende Übersicht zeigt nur die Mindestunterhaltsbeträge bis zu einem Einkommen des Barunterhaltspflichtigen von bis zu 2.100,00 €; für die höheren Einkommensstufen werden die Unterhaltsbeträge in der Düsseldorfer Tabelle angegeben. Beachten Sie, dass die Düsseldorfer Tabelle kein Gesetz, sondern eine Richtlinie der beteiligten Oberlandesgerichte ist.

Bei höherem Nettoeinkommen des Barunterhaltspflichtigen als 2.100,00 € werden die Mindestunterhaltsbeträge je nach Einkommensgruppe um bestimmte Prozentsätze erhöht (siehe Düsseldorfer Tabelle).

45

Mindestunterhalt eines minderjährigen Kindes ab:	*Januar 2025*	*Januar 2026*	
bis zur Vollendung des 6. Lebensjahres	482,00 €	486,00 €	(87 %)
vom 7. bis zur Vollendung des 12. Lebensjahres	554,00 €	558,00 €	(100 %)
vom 13. bis zur Vollendung des 18. Lebensjahres	649,00 €	653,00 €	(117 %)

Sie können diese Zahlen auch der jeweils aktuellen Düsseldorfer Tabelle entnehmen.

Hinweis: 46

Die in § 1612a Abs. 1 BGB genannten Beträge des Mindestunterhalts sind der Barbedarf eines Kindes. Nach § 1612b Abs. 1 Ziff. 1 BGB wird davon das auf das Kind entfallende **Kindergeld** zur Hälfte abgezogen, wenn das minderjährige Kind vom nicht barunterhaltspflichtigen Elternteil betreut wird. Der barzahlende Elternteil hat einen Anspruch auf seine Hälfte des Kindergeldes. Da der im BGB genannte Mindestunterhalt den Bedarf des Kindes abdeckt, muss der das Kind betreuende Elternteil das an ihn ausgezahlte volle Kindergeld für das Kind (nicht für sich selbst) verwenden. Ab 01.01.2026 beträgt das Kindergeld je Kind 259,00 €.

Beispiel:

Graf Alka von Seltzer soll seiner Tochter Corinna Klüppelberg, mit deren Mutter er nicht verheiratet ist, bis zur Vollendung des 18. Lebensjahres Unterhalt zu zahlen. Die Mutter lässt als gesetzliche Vertreterin ihrer Tochter durch RAin Olga von der Haar den verfahrenseinleitenden Antrag beim Familiengericht stellen. Da Corinna zu diesem Zeitpunkt 6 Monate alt ist, soll der Vater auch den seit ihrer Geburt rückständigen Unterhalt leisten. Aufgrund der Einkommensverhältnisse des Vaters soll ein Prozentsatz von 144 % des jeweiligen Mindestunterhalts nach § 1612a BGB mit Anrechnung des Kindergeldes nach gesetzlicher Regelung des § 1612b BGB gefordert werden. Der Prozentsatz ergibt sich aus der Düsseldorfer Tabelle.

Das **Unterhaltsverfahren** ist hier eine selbstständige Familiensache. Der **Gegenstandswert** wird nach § 51 FamGKG ermittelt. Nach § 1612a Abs. 1 BGB muss Graf Alka von Seltzer Unterhaltsbeträge an Corinna erbringen, die seinen Einkommensverhältnissen und dem Alter des Kindes entsprechen.

In der Altersstufe bis zur Vollendung des 6. Lebensjahres beträgt der Mindestunterhalt für Corinna 486,00 €. Die Berechnung des Unterhalts sieht in diesem Fall dann wie folgt aus:

Monatsbetrag x Prozentsatz : 100 =

$$\frac{486{,}00\,€ \times 144}{100} = 699{,}84\,€\text{, aufzurunden auf } 700{,}00\,€\ (\S\ 1612\text{a Abs. 2 S. 2 BGB})$$

davon wird gemäß § 1612b Abs. 1 Ziff. 1 BGB das Kindergeld zur Hälfte abgezogen

(259,00 € : 2 = 129,50 €),

also ist Unterhalt zu zahlen in Höhe von 700,00 € – 129,50 € = 570,50 €.

Jahresbetrag des Unterhalts = (§ 51 Abs. 1 FamGKG)	12 x 570,50 €	6.846,00 €
Bereits fälliger Unterhalt für 6 Monate =	6 x 570,50 €	+ 3.423,00 €
(§ 51 Abs. 2 FamGKG, § 1612 Abs. 3 BGB)		**10.269,00 €**

Der Jahresbetrag der Monatsbeträge ergibt gemäß § 51 Abs. 1 FamGKG den Gegenstandswert der Unterhaltssache, wozu noch der bereits fällige Unterhalt gemäß § 51 Abs. 2 FamGKG hinzuzurechnen ist.

Merke:

Bei Ansprüchen auf Erfüllung einer **gesetzlichen** Unterhaltspflicht ist grundsätzlich der Jahresbetrag des Unterhalts für den Gebührenwert maßgebend. Nur Unterhaltsrückstände, die bereits **vor** der Einreichung des Antrags fällig waren, sind hinzuzurechnen. Unterhalt ist zum Anfang eines jeden Monats fällig.

47 Der Gebührenwert für Streitigkeiten wegen **vertraglicher Unterhaltsansprüche,** die z. B. zwischen Ehegatten oder mit Kindern vereinbart wurden, wird ebenfalls nach § 51 FamGKG ermittelt. Der Wert **sonstiger Geldrenten** wird nach § 9 ZPO bestimmt, darunter fallen z. B. vertraglich vereinbarte Unterhaltsansprüche in einer nichtehelichen Lebensgemeinschaft.

d) Die Bewertung von Ehewohnungssachen und Haushaltssachen

48 Ehewohnungssachen und Haushaltssachen sind in § 200 FamFG geregelt. Es handelt sich hierbei um Verfahren entweder zur Benutzung der Wohnung bzw. der Haushaltsgegenstände bei Getrenntleben z. B. während der Trennungszeit oder um die endgültige Überlassung der Wohnung bzw. der Haushaltsgegenstände anlässlich der Scheidung.

Für **Ehewohnungssachen** und **Haushaltssachen** werden in § 48 FamGKG **Festwerte** vorgeschrieben. Dies soll der Arbeitserleichterung für die Gerichte dienen, da sie nicht verpflichtet sind, den Wert der Wohnung oder der Haushaltsgegenstände erst umständlich zu ermitteln. Falls die vorgeschriebenen Festwerte nach den besonderen Umständen des Einzelfalles extrem unangemessen sein sollten, kann das Gericht nach § 48 Abs. 3 FamGKG einen gegenüber den vorgeschriebenen Festwerten höheren oder niedrigeren Wert festsetzen.

Hinweis:

So hat z. B. das OLG Köln bei der vorläufigen Zuweisung einer großen Ehewohnung (Grundstücksgröße 976 m², Wohnfläche 250 m²) den Regelwert von 4.000 Euro um 50 % erhöht auf 6.000 Euro (Beschluss vom 28.11.2013 – WF 151/13).

Die vorgeschriebenen Festwerte berücksichtigen, ob es nur um die **vorläufige Benutzung** oder um eine **endgültige Regelung** für die Wohnung bzw. die Haushaltsgegenstände geht. Die Werte für die Regelung der Benutzung sind etwas niedriger als die Werte für die dauerhafte Regelung des Verbleibs der Wohnung oder der Haushaltsgegenstände.

49 In **Ehewohnungssachen** geht es um eine gerichtliche Regelung, welcher der Ehegatten während der Trennungszeit die eheliche Wohnung **vorläufig** benutzen darf oder wem sie nach der Scheidung **für die Zukunft** übertragen wird. In **Haushaltssachen** wird die **vorläufige** oder **endgültige** Benutzung von Haushaltsgegenständen geregelt. Die Festwerte für die Ehewohnungssachen und Haushaltssachen gemäß § 48 FamGKG sind in der nachstehenden **Übersicht** aufgeführt.

Übersicht: Festwerte für Ehewohnungssachen und Haushaltssachen

Sache (Vorläufige oder endgültige Regelung)	**Festwert nach § 48 FamGKG**
a) **Ehewohnungssachen** nach § 200 Abs. 1 Nr. 1 FamFG (**Vorläufige Benutzung**, § 1361b BGB)	a) 4.000 Euro (§ 48 Abs. 1, Alternative 1 FamGKG)
b) **Ehewohnungssachen** nach § 200 Abs. 1 Nr. 2 FamFG (**Endgültige Überlassung**, § 1568a BGB)	b) 5.000 Euro (§ 48 Abs. 1, Alternative 2 FamGKG)
c) **Haushaltssachen** nach § 200 Abs. 2 Nr. 1 FamFG (**Vorläufige Benutzung**, § 1361a BGB)	c) 2.000 Euro (§ 48 Abs. 2, Alternative 1 FamGKG)
d) **Haushaltssachen** nach § 200 Abs. 2 Nr. 1 FamFG (**Endgültige Überlassung**, § 1568b BGB)	d) 3.000 Euro (§ 48 Abs. 2, Alternative 2 FamGKG)

Beispiel:

Die Eheleute Bitter leben seit einem halben Jahr getrennt. Frau Bitter, die die spätere Scheidung anstrebt, beauftragt RA Klump, bei Gericht die vorläufige Regelung der Benutzung der Wohnung (§ 200 Abs. 1 Nr. 1 FamFG, § 1361b BGB) und von Teilen der Haushaltsgegenstände (§ 200 Abs. 1 Nr. 1 FamFG, § 1361b BGB) zu beantragen, was geschieht. Die Gegenstandswerte für diese selbstständigen Familiensachen bestimmen sich nach § 48 FamGKG:

Es handelt sich um zwei selbstständige Familiensachen nach § 200 FamFG. Für die vorläufige Benutzung der Wohnung besteht ein Festwert von 4.000,00 € (§ 48 Abs. 1, Alternative 1 FamGKG) und für die Regelung der vorläufigen Benutzung von Teilen der Haushaltsgegenstände beträgt der Festwert 2.000,00 € (§ 48 Abs. 2, Alternative 1 FamGKG).

Beispiel:

Nach einem Jahr Trennungszeit beantragt RA Klump für Frau Bitter die Scheidung der Ehe. Außerdem soll das Gericht über die Überlassung der Wohnung entscheiden (§ 200 Abs. 1 Nr. 2 FamFG, § 1568a BGB). Weiterhin soll die Überlassung und Übereignung von Teilen der Haushaltsgegenstände endgültig geregelt werden (§ 200 Abs. 2 Nr. 2 FamFG, § 1568b BGB).

Es handelt sich um zwei Folgesachen im Scheidungsverbund nach § 137 Abs. 2 Nr. 3 FamFG. Für die Überlassung der Wohnung besteht ein Festwert von 5.000,00 € (§ 48 Abs. 1, Alternative 2 FamGKG) und für die Regelung der Überlassung und Übereignung von Teilen der Haushaltsgegenstände beträgt der Festwert 3.000,00 € (§ 48 Abs. 2, Alternative 2 FamGKG). Diese beiden Werte werden im Scheidungsverbund gemäß § 44 Abs. 1 FamGKG zum Verfahrenswert der Scheidung und zu den Werten der übrigen Folgesachen hinzugerechnet.

Merke:

In Ehewohnungssachen und Haushaltssachen sind Festwerte vorgeschrieben, die bei vorläufiger Regelung niedriger sind als bei endgültiger Regelung.

e) Die Bewertung von Güterrechtssachen

Güterrechtssachen sind Verfahren, die Ansprüche aus dem ehelichen Güterrecht betreffen (§ 261 **50** FamFG). Bei den Güterrechtssachen geht es im Wesentlichen um den **Zugewinnausgleich**. Wenn die Eheleute im gesetzlichen Güterstand der Zugewinngemeinschaft (§ 1363 BGB) leben, muss bei Scheidung der von den Eheleuten während der Ehe erwirtschaftete Zugewinn an Vermögen gemäß § 1372 BGB ausgeglichen werden.

Neben der Entscheidung über den Zugewinnausgleich können weitere Anordnungen des Gerichts **51** beantragt werden, sodass das Gericht entweder über eine **Stundung der Ausgleichsforderung** entscheiden muss oder über die **Übertragung bestimmter Gegenstände** zur Anrechnung auf die Ausgleichsforderung (§§ 1382, 1383 BGB). Dies wird in den Fällen erforderlich, in denen der Schuldner eine hohe Ausgleichszahlung nicht ohne Weiteres erbringen kann. Das Gericht lässt dann entweder z. B. Ratenzahlung zu (Stundung, § 1382 BGB) oder es ordnet anstelle einer Ausgleichszahlung die Übertragung bestimmter Vermögensgegenstände vom Zahlungspflichtigen auf den Gläubiger an (Übertragung, § 1383 BGB).

Zur Sicherung des Ausgleichsanspruchs besteht auf Verlangen eine Pflicht zur gegenseitigen Aus- **52** kunftserteilung (§ 1379 BGB), bei Gefährdung des Ausgleichsanspruchs auch zur Sicherheitsleistung (§ 1389 BGB).

53 Bei den **Güterrechtssachen** handelt es sich in den wohl meisten Fällen um in der Höhe bezifferte Geldforderungen, sodass die Bestimmung des Verfahrenswertes dann unproblematisch ist. Der **Verfahrenswert** in Güterrechtssachen wird so ermittelt:

- Für den Anspruch auf **Zugewinnausgleich** ist der Verfahrenswert der geforderte Ausgleichsbetrag (§ 35 FamGKG).
- Für die **Stundung der Ausgleichsforderung** bei Zugewinnausgleich lässt sich der Verfahrenswert nicht beziffern. Wenn der Verfahrenswert nicht feststeht, ist er nach § 42 FamGKG zu schätzen. Maßgebend ist das Interesse des Antragstellers an der Stundung. Im Regelfall wird man hier 10 % der Ausgleichsforderung als Wert annehmen. Natürlich wird dies von verschiedenen Gerichten unterschiedlich gesehen. Im Einzelfall kann der geschätzte Wert bis zu 500.000 Euro betragen (§ 42 Abs. 2 FamGKG).
- Für die Anrechnung der **Übertragung von Vermögensgegenständen** bei Zugewinnausgleich lässt sich der Verfahrenswert ebenfalls nicht beziffern. Wenn der Verfahrenswert nicht feststeht, ist er nach § 42 FamGKG zu schätzen. Maßgebend ist das Interesse des Antragstellers an der Übertragung der Vermögensgegenstände. Im Regelfall wird man hier 10 % der Ausgleichsforderung als Wert annehmen. Natürlich wird dies von verschiedenen Gerichten unterschiedlich gesehen. Im Einzelfall kann der geschätzte Wert bis zu 500.000 Euro betragen (§ 42 Abs. 2 FamGKG).

Wenn das Familiengericht gleichzeitig über den Zugewinnausgleich und die Stundung der Ausgleichsforderung und eventuell noch über die Übertragung von Vermögensgegenständen zu entscheiden hat, so handelt es sich bei diesen drei Entscheidungen um ein Verfahren nach § 52 FamGKG. Die Werte werden dann zusammengerechnet.

Beispiel:

Bei Scheidung der Ehe der Eheleute Knispel soll auch der Zugewinnausgleich durchgeführt werden. Zu Beginn der Ehe besaß Frau Knispel 20.000,00 € und Herr Knispel hatte Schulden in Höhe von 40.000,00 € (§ 1374 BGB). Zum Zeitpunkt der Rechtshängigkeit des Scheidungsantrags (§ 1384 BGB) hatte Frau Knispel ein Endvermögen von 70.000,00 € und Herr Knispel hatte Schulden in Höhe von nur noch 10.000,00 € (§ 1375 BGB).

Zur Ermittlung der Ausgleichsforderung (§ 1378 BGB) wird zunächst für jeden Ehegatten der Zugewinn während der Ehe berechnet (§ 1373 BGB). Die Ausgleichsforderung beträgt davon in der Regel die Hälfte (§ 1378 BGB).

	Anfangsvermögen (§ 1374 BGB)	Endvermögen (§ 1375 BGB)	Zugewinn (§ 1373 BGB)	Ausgleichszahlung (§ 1378 BGB)
Ehefrau	+ 20.000,00 €	+ 70.000,00 €	+ 50.000,00 €	– 10.000,00 €
Ehemann	– 40.000,00 €	– 10.000,00 €	+ 30.000,00 €	+ 10.000,00 €
	Übersteigender Zugewinn der Ehefrau: + 20.000,00 € davon 1/2 = Ausgleichsforderung: 10.000,00 €			

Der Verfahrenswert für die Güterrechtssache des Zugewinnausgleichs beträgt also 10.000,00 €. Sollte z. B. noch die Stundung der Ausgleichsforderung hinzukommen, so wäre hierfür nach § 42 FamGKG ein zusätzlicher Wert von etwa 10 %, also 1.000,00 € zu schätzen. Gemäß § 52 FamGKG handelt es sich insgesamt um ein Verfahren, sodass als Wert der Güterrechtssache sich der zusammengerechnete Wert ergibt: 10.000,00 € + 1.000,00 € = 11.000,00 €. Es handelt sich um eine Folgesache im Scheidungsverbund nach § 137 Abs. 2 Nr. 3 FamFG. Diese Werte werden im Scheidungsverbund gemäß § 44 Abs. 1 FamGKG zum Verfahrenswert der Scheidung zusammen mit den Werten der übrigen Folgesachen hinzugerechnet.

Merke:

Zu den Güterrechtssachen gehört insbesondere der Zugewinnausgleich, dessen Wert sich aus dem Betrag der Ausgleichsforderung ergibt.

C. Die Anwaltsgebühren für Verfahren in Familiensachen

Für Verfahren in Familiensachen werden grundsätzlich dieselben Gebühren für die Tätigkeit des RA vor dem Familiengericht erhoben wie für eine Anwaltstätigkeit vor einem Zivilgericht im Zivilprozess nach der ZPO. Anwendbar ist deshalb Teil 3 VV RVG, weil Familiensachen gemäß § 13 GVG Zivilsachen sind, die in der Überschrift zu Teil 3 VV RVG genannt werden. Speziell bei der Einigungsgebühr gibt es allerdings Besonderheiten. Nachdem unter den vorstehenden Rdn 16 ff. die Ermittlung der Verfahrenswerte dargestellt wurde, wird nachstehend die Berechnung der Anwaltsgebühren aufgezeigt. 54

Zunächst sollen die im Wesentlichen in Familiensachen entstehenden Gebühren vorgestellt werden. In späteren Kapiteln wird dann erläutert, wie diese Gebühren in besonderen Fällen angewandt werden. Dies betrifft die selbstständigen Familiensachen, Verfahren im Scheidungsverbund, Scheidungsfolgenvergleiche, einstweilige Anordnungen und Abstammungssachen.

Vorweg sind jedoch noch einige Definitionen zu klären. In Verfahren in Familiensachen werden gemäß FamFG andere Begriffe gebraucht als in Zivilprozessen nach der ZPO üblich sind. Nachstehende Tabelle gibt Ihnen eine **Übersicht über die Begriffe des FamFG**. 55

Begriff nach ZPO	Begriff nach FamFG	Fundstelle im FamFG
Prozess	Verfahren	§ 1, § 113 Abs. 5
Partei	Beteiligter	§ 7, § 113 Abs. 5
Parteifähigkeit	Beteiligtenfähigkeit	§ 8, § 113 Abs. 5
Prozessfähigkeit	Verfahrensfähigkeit	§ 9, § 125
Prozessvollmacht	Verfahrensvollmacht	§ 11, § 114 Abs. 5
Klage	Verfahrenseinleitender Antrag, Antragsschrift	§ 23, § 113 Abs. 5, § 124
Kläger	Antragsteller	§ 113 Abs. 5
Beklagter	Antragsgegner	§ 113 Abs. 5
Prozessleitung	Verfahrensleitung	§ 28, § 113 Abs. 5
Urteil	Beschluss	§ 38, § 116 Abs. 1
Berufung	Beschwerde	§ 58
Revision	Rechtsbeschwerde	§ 70
Prozesskostenhilfe	Verfahrenskostenhilfe	§ 76, § 149
Streitwert	Verfahrenswert	§ 3 Abs. 1 FamGKG

Hinweis: 56

In **Ehesachen** und **Familienstreitsachen** gilt nach § 113 FamFG mit einigen Abänderungen durch das FamFG weitgehend das **Verfahrensrecht der ZPO**; für die Berechnung der Gebühren ist dies jedoch ohne Bedeutung. Allerdings dürfen nach § 113 Abs. 5 FamFG nur die Begriffe aus vorstehender Übersicht verwendet werden.

I. Die Anwaltsgebühren bei außergerichtlicher Tätigkeit

57 Wenn der RA in einer Familiensache tätig wird – gleichgültig ob außergerichtlich oder im gerichtlichen Verfahren vor dem Familiengericht – erhält er für seine Tätigkeit im Prinzip dieselben Gebühren wie für eine Tätigkeit in jeder anderen Zivilsache. Diese Gebühren kennen Sie also bereits. Im Nachfolgenden sollen dennoch diese Gebühren speziell in Bezug auf die Tätigkeit in Familiensachen veranschaulicht werden.

Bei **außergerichtlichen Angelegenheiten** in einer Familiensache erhält der RA für seine Tätigkeit eine **Geschäftsgebühr** nach Nr. 2300 VV RVG. Hier gibt es eigentlich keine Besonderheiten zu beachten. Deshalb können Sie sich bei Bedarf in § 4 Rdn 2 ff. über die Geschäftsgebühr informieren. Neben der Geschäftsgebühr könnte eine Aussöhnungsgebühr oder eine Einigungsgebühr entstehen (siehe unter Rdn 58 und Rdn 61). Die **Bewertung** der außergerichtlichen Familiensachen erfolgt grundsätzlich nach denselben Regeln wie bei einer gerichtlichen Tätigkeit; Sie finden die Wertvorschriften des hier anzuwendenden FamGKG unter den Rdn 22 ff.

II. Die Anwaltsgebühren im gerichtlichen Verfahren

58 Wenn der RA in einer Familiensache im gerichtlichen Verfahren vor dem Familiengericht tätig wird, erhält er für seine Tätigkeit im Prinzip dieselben Gebühren wie für eine Tätigkeit in jeder anderen Zivilsache (Teil 3 VV RVG, vgl. § 13 GVG). Nachfolgend sollen gleichwohl diese Gebühren in ihrem speziellen Bezug auf die Tätigkeit in Familiensachen erläutert werden.

Für den RA entstehen im Verfahren vor dem Familiengericht die Gebühren der Nrn. 3100 ff. VV RVG (siehe auch § 7 Rdn 4 ff.). Für Tätigkeiten in Familiensachen können also grundsätzlich sämtliche Gebühren anfallen, die auch in einem normalen Zivilprozess entstehen können, also neben den (Regel)gebühren der Nrn. 3100 ff. VV RVG auch z. B. die Gebühren gemäß den Nrn. 3400 ff. VV RVG. Allerdings wird in Ehesachen (Scheidung) die **Einigungsgebühr** der Nr. 1000 VV RVG durch die **Aussöhnungsgebühr** der Nr. 1001 VV RVG ersetzt (siehe Rdn 61). In der Regel können im Eheverfahren folgende Gebühren erwachsen:

59
- **Verfahrensgebühr** (Nr. 3100 VV RVG): Sie entsteht mit 1,3, sobald der RA beauftragt worden ist und eine entsprechende Tätigkeit ausgeführt hat, regelmäßig also bereits mit Entgegennahme der Information von dem Auftraggeber und der Einreichung des ein Verfahren einleitenden Antrags oder eines Schriftsatzes, der Sachanträge, Sachvortrag oder die Zurücknahme des Antrags enthält, eingereicht oder bevor er einen gerichtlichen Termin wahrgenommen hat.
  Die Nr. 3101 VV RVG ist anwendbar. Bei **vorzeitiger Erledigung** der Sache erhält der RA also nur eine verminderte 0,8 Verfahrensgebühr; bei gerichtlicher Protokollierung einer Einigung unter Einbeziehung einer vorher nicht rechtshängigen **Scheidungsfolgesache** in den Verbund erhält er zusätzlich eine **Differenzverfahrensgebühr** nach dem Wert der mit verglichenen nicht rechtshängigen Ansprüche, wobei § 15 Abs. 3 RVG zu beachten ist (siehe auch § 7 Rdn 25 und unten „Aussöhnungsgebühr").
- **Terminsgebühr** (Nr. 3104 VV RVG): Die 1,2 Terminsgebühr erhält der RA grundsätzlich nur für die Wahrnehmung eines gerichtlichen Termins, dies kann auch ein Anhörungstermin oder Protokollierungstermin sein. Für den Anfall der Terminsgebühr in einem gerichtlichen Termin ist es ausreichend, wenn der RA nach Beginn des Termins für seinen Auftraggeber auftritt, also dem Gericht seine Anwesenheit bekannt gibt. Die Terminsgebühr entsteht auch für Besprechungen mit der Gegenseite ohne Beteiligung des Gerichts, wenn die Besprechung auf die Vermeidung oder Erledigung des Verfahrens gerichtet ist (Vorbemerkung 3 Abs. 3 S. 3 Ziff. 2 VV RVG). Eine **verminderte 0,5 Terminsgebühr** entsteht in den Fällen, die in Nr. 3105 VV RVG aufgeführt werden. Diese verminderte Terminsgebühr bei besonderem Verlauf des Verfahrens wird in § 7 Rdn 36 ff. dargestellt. Beachten Sie dabei, dass eine Versäumnisentscheidung gegen

den nicht im Termin erschienenen Antragsgegner im Scheidungsverfahren unzulässig ist (§ 130 Abs. 2 FamFG).

Beispiel:

Die Eheleute Bissich wollen sich scheiden lassen. Frau Bissich erteilt RA Sauber Auftrag, den Scheidungsantrag einzureichen. Die Eheleute haben vor der Eheschließung vorsichtshalber in einem Ehevertrag den Versorgungsausgleich ausgeschlossen und sind kinderlos. RA Sauber erhält für das Verfahren, in welchem das Gericht die Eheleute anhört und der Antragsgegner dem Scheidungsantrag von RA Sauber zustimmt, folgende Gebühren, wobei der Wert der Ehesache 4.000,00 € betragen soll:

Gegenstandswert: 4.000,00 €

1,3	Verfahrensgebühr gem. §§ 2, 13 RVG, Nr. 3100 VV RVG	383,50 €
1,2	Terminsgebühr gem. §§ 2, 13 RVG, Nr. 3104 VV RVG	354,00 €
20 %	Pauschale für Post- und Telekommunikationsentgelte gem. § 2 Abs. 2 S. 1 RVG, Nr. 7002 VV RVG	20,00 €
		757,50 €
19 %	USt. gem. § 2 Abs. 2 S. 1 RVG, Nr. 7008 VV RVG	143,93 €
		901,43 €

Hinweis: 60

In bestimmten Kindschaftssachen nach § 155 Abs. 1 FamFG (Umgangsrecht, Herausgabe, Aufenthaltsort) ist nur eine Erörterung und keine Verhandlung vorgeschrieben (§ 155 Abs. 2 FamFG). Wenn in diesen Fällen das Gericht ohne Erörterung entscheidet, entsteht eine (fiktive) Terminsgebühr nach Nr. 3104 Anm. Abs. 1 Ziff. 1 VV RVG. Siehe auch Rdn 71 und § 7 Rdn 16 ff.

- **Aussöhnungsgebühr** (Nr. 1001 VV RVG): **In Ehesachen** (Ehescheidung oder Aufhebung der Ehe) kann gemäß Nr. 1000 Anm. Abs. 5 S. 1 VV RVG **keine Einigungsgebühr** nach Nr. 1000 VV RVG entstehen. Denn unsere Rechtsordnung verwehrt es den Eheleuten, sich über die Beendigung ihrer Ehe im Wege eines Vergleichs zu einigen. Eine Ehe kann nämlich nur durch richterliche Entscheidung geschieden werden (§ 1564 BGB). 61

  Da es für den RA oft viel Zeit und Mühe kostet, eine Aussöhnung der Eheleute zu erreichen, erhält er für eine außergerichtliche Aussöhnung eine **1,5 Aussöhnungsgebühr** (Nr. 1001 VV RVG). Das RVG nennt in der Anmerkung zu dieser Nummer als Voraussetzungen für den Anfall der Aussöhnungsgebühr, dass **(1)** der **ernstliche Wille** eines Ehegatten besteht, eine Scheidungssache anhängig zu machen und dass **(2)** eine **Mitwirkung des RA** an der Aussöhnung gegeben ist. Weiter verlangt das Gesetz, dass **(3)** die Eheleute **wieder eine Lebensgemeinschaft** führen; in diesem Sinne ist also die Aussöhnungsgebühr eine Erfolgsgebühr. Man wird in der Regel davon ausgehen können, dass sich die Eheleute ausgesöhnt haben, wenn sie das Getrenntleben aufgeben und die Aufträge zur Stellung von Scheidungsanträgen widerrufen.

  Falls es erst zu einer Aussöhnung kommt, nachdem der Scheidungsantrag bereits bei Gericht eingereicht wurde, entsteht die Aussöhnungsgebühr nur mit einem **reduzierten Gebührensatz von 1,0** nach Nr. 1003 VV RVG. Der RA soll nämlich dafür belohnt werden, dass er dem Gericht ein Verfahren erspart. Wenn er das nicht schafft, vermindert sich der Gebührensatz der Aussöhnungsgebühr.

  Die Aussöhnungsgebühr erhält der RA neben den (Regel)gebühren nach Nrn. 3100 ff. VV RVG, soweit diese ihm bereits erwachsen sind. Wenn er bereits einen Auftrag für das gerichtliche Verfahren hatte, erhält er sie neben zumindest der Verfahrensgebühr, unter den Voraussetzungen der Nr. 3101 Ziff. 1 VV RVG diese aber nur mit einem Gebührensatz von 0,8, wenn der Scheidungsantrag noch nicht eingereicht wurde.

Hatte der RA noch keinen Auftrag für das gerichtliche Verfahren, so kann er für seine außergerichtliche Tätigkeit neben der Aussöhnungsgebühr eine Geschäftsgebühr in Rechnung stellen.

Die Aussöhnungsgebühr berechnet sich **(nur)** nach dem **Gegenstandswert der Ehesache** und nicht auch nach dem Wert etwa im Verbund anhängiger Folgesachen.

Beispiel:

Wie vorstehendes Beispiel (Eheleute Bissich). Nach Einreichung des Scheidungsantrages gelingt es RA Sauber noch vor dem Verhandlungstermin, die Eheleute Bissich auszusöhnen. Hierzu führt RA Sauber im Auftrag seiner Mandantin mehrere Gespräche mit dem Antragsgegner und auch mit beiden Eheleuten. Seine Vergütung berechnet sich wie folgt:

Gegenstandswert: 4.000,00 €

1,3	Verfahrensgebühr gem. §§ 2, 13 RVG, Nr. 3100 VV RVG	383,50 €
1,2	Terminsgebühr gem. §§ 2, 13 RVG, Nr. 3104, Vorbemerkung 3 Abs. 3 VV RVG	354,00 €
1,0	Aussöhnungsgebühr gem. §§ 2, 13 RVG, Nrn. 1001, 1003 VV RVG	295,00 €
20 %	Pauschale für Post- und Telekommunikationsentgelte gem. § 2 Abs. 2 S. 1 RVG, Nr. 7002 VV RVG	20,00 €
		1.052,50 €
19 %	USt. gem. § 2 Abs. 2 S. 1 RVG, Nr. 7008 VV RVG	199,98 €
		1.252,48 €

Beispiel:

Wie vorstehendes Beispiel (Eheleute Bissich). Noch im Verhandlungstermin söhnen sich die Eheleute Bissich nach Stellung der Anträge und ihrer Anhörung durch das Gericht aufgrund der Vermittlung von RA Sauber aus. Sie verlassen den Gerichtssaal Hand in Hand.

Bereits auf der Treppe hört man sie jedoch wieder laut streiten. Die Vergütungsrechnung von RA Sauber sieht nun so aus:

Gegenstandswert: 4.000,00 €

1,3	Verfahrensgebühr gem. §§ 2, 13 RVG, Nr. 3100 VV RVG	383,50 €
1,2	Terminsgebühr gem. §§ 2, 13 RVG, Nr. 3104 VV RVG	354,00 €
20 %	Pauschale für Post- und Telekommunikationsentgelte gem. § 2 Abs. 2 S. 1 RVG, Nr. 7002 VV RVG	20,00 €
		757,50 €
19 %	USt. gem. § 2 Abs. 2 S. 1 RVG, Nr. 7008 VV RVG	143,93 €
		901,43 €

Anmerkung: Die Aussöhnung muss zwar nicht von Dauer sein, in diesem Beispiel ist sie aber offensichtlich gar nicht eingetreten und die Anwälte betreiben das Verfahren weiter.

Beispiel:

Wie vorstehendes Beispiel (Eheleute Bissich). Noch im Verhandlungstermin söhnen sich die Eheleute Bissich nach Stellung der Anträge und ihrer Anhörung durch das Gericht aufgrund der Vermittlung von RA Sauber aus. Sie leben nun wieder zusammen.

Nach einem Vierteljahr stellt Herr Bissich fest, dass seine Frau ihn mit dem Briefträger betrügt und zieht daraus die Konsequenzen. Die Vergütungsrechnung von RA Sauber sieht in diesem Fall wie folgt aus, da die Aussöhnung zunächst erfolgreich zu sein schien:

Gegenstandswert: 4.000,00 €

1,3	Verfahrensgebühr gem. §§ 2, 13 RVG, Nr. 3100 VV RVG	383,50 €
1,2	Terminsgebühr gem. §§ 2, 13 RVG, Nr. 3104 VV RVG	354,00 €
1,0	Aussöhnungsgebühr gem. §§ 2, 13 RVG, Nrn. 1001, 1003 VV RVG	295,00 €
20 %	Pauschale für Post- und Telekommunikationsentgelte gem. § 2 Abs. 2 S. 1 RVG, Nr. 7002 VV RVG	20,00 €
		1.052,50 €
19 %	USt. gem. § 2 Abs. 2 S. 1 RVG, Nr. 7008 VV RVG	199,98 €
		1.252,48 €

Beispiel:

Wie vorstehendes Beispiel (Eheleute Bissich). RA Sauber hat bereits Auftrag zur Einleitung des gerichtlichen Verfahrens. Noch vor der Einreichung des Scheidungsantrages gelingt es RA Sauber, nach mehreren Besprechungen mit beiden Scheidungswilligen, die Eheleute Bissich auszusöhnen. Seine Vergütungsrechnung ergibt sich wie folgt:

Gegenstandswert: 4.000,00 €

0,8	Verfahrensgebühr gem. §§ 2, 13 RVG, Nrn. 3100, 3101 Ziff. 1 VV RVG	236,00 €
1,2	Terminsgebühr gem. §§ 2, 13 RVG, Nr. 3104, Vorbemerkung 3 Abs. 3 VV RVG	354,00 €
1,5	Aussöhnungsgebühr gem. §§ 2, 13 RVG, Nr. 1001 VV RVG	442,50 €
20 %	Pauschale für Post- und Telekommunikationsentgelte gem. § 2 Abs. 2 S. 1 RVG, Nr. 7002 VV RVG	20,00 €
		1.052,50 €
19 %	USt. gem. § 2 Abs. 2 S. 1 RVG, Nr. 7008 VV RVG	199,98 €
		1.252,48 €

- **Einigungsgebühr** (Nr. 1000 VV RVG): Mit Ausnahme der Ehesachen (§ 121 FamFG) kann **in anderen Familiensachen** eine 1,5 oder 1,0 Einigungsgebühr nach Nrn. 1000, 1003 VV RVG entstehen (siehe auch Rdn 67 ff.). Selbst in **Kindschaftssachen** (§ 151 FamFG) ist die Entstehung einer 1,0 Einigungsgebühr gemäß Nr. 1000 Anm. Abs. 5 S. 3 und **Nr. 1003 Anm. Abs. 2** VV RVG möglich, wenn das Familiengericht gemäß § 156 Abs. 2 FamFG einen Vergleich über das Umgangsrecht oder die Herausgabe des Kindes billigt und dann als gerichtlich gebilligten Vergleich aufnimmt, oder an einer anderen Vereinbarung mitgewirkt wird, über deren Gegenstand nicht vertraglich verfügt werden kann, wenn hierdurch eine gerichtliche Entscheidung entbehrlich wird oder wenn die Entscheidung der getroffenen Vereinbarung folgt. Die Eltern können hier nicht alleine über das Kind entscheiden, da das Gericht prüfen muss, ob das Vergleichsergebnis dem Wohle des Kindes dient. 62

- **Verkehrsgebühr** (Nr. 3400 VV RVG): Ein auswärts wohnender Ehegatte kann an seinem Wohnort einen **Verkehrsanwalt** (Korrespondenzanwalt) mit der Vorbereitung des Rechtsstreits und dem Schriftverkehr mit dem Verfahrensbevollmächtigten am Ort des zuständigen Familiengerichts betrauen. Der Verkehrsanwalt erhält für seine Tätigkeit die Verkehrsgebühr nach Nr. 3400 VV RVG in Höhe der dem Verfahrensbevollmächtigten zustehenden Verfahrensgebühr, höchstens jedoch mit einem Gebührensatz von 1,0 (vgl. § 7 Rdn 78 ff.). Die Verkehrsgebühr wird hier als ein Beispiel dafür vorgeführt, dass im Verfahren vor dem Familiengericht sämtliche Gebühren eines normalen Zivilverfahrens anfallen können. Auch eine Terminsvertretung kann vorkommen.

Merke:

Im Verfahren vor dem Familiengericht können alle Gebühren entstehen wie im normalen Zivilprozess, also neben den (Regel)gebühren nach Nrn. 3100 ff. VV RVG auch Gebühren z. B. nach den Nrn. 3400 ff. VV RVG.

Eine Terminsgebühr erwächst auch bei gerichtlichen Anhörungsterminen oder bei außergerichtlichen Besprechungen, die der Vermeidung oder Erledigung des Verfahrens dienen.

In der Ehesache selbst kann anstelle einer Einigungsgebühr eine 1,5 Aussöhnungsgebühr anfallen, die sich jedoch nach Einreichung des Scheidungsantrags auf 1,0 reduziert.

In Folgesachen im Verbund kann eine Einigungsgebühr anfallen.

63 In Familiensachen gibt es keine Urteile, sondern Beschlüsse, keine Berufung, sondern die Beschwerde und keine Revision, sondern die Rechtsbeschwerde (§§ 38, 58, 70 i. V. m. § 113 Abs. 1 S. 1 FamFG). Dennoch sind die **Gebühren in den Rechtsmittelinstanzen** im Prinzip dieselben wie in allen Zivilprozessen.

Für Tätigkeiten anlässlich einer **Beschwerde** gegen eine Entscheidung des Familiengerichts sind die Gebührenvorschriften der Nrn. 3200 ff. VV RVG und bei einer **Rechtsbeschwerde** die Vorschriften der Nrn. 3208 ff. VV RVG anzuwenden (siehe § 7 Rdn 58 f.). Beachten Sie, dass bei einer Rechtsbeschwerde die Verfahrensgebühr nach den Nrn. 3208 oder 3209 VV RVG entsteht, da nach § 10 Abs. 4 FamFG sich die Beteiligten nur durch einen beim BGH zugelassenen RA dort vertreten lassen dürfen.

Merke:

In den Rechtsmittelinstanzen bei den Familiengerichten entstehen in Familiensachen im Prinzip dieselben Gebühren wie in allen Zivilprozessen.

Bei einer Beschwerde entstehen die Gebühren der Nrn. 3200 ff. VV RVG.

Bei einer Rechtsbeschwerde sind die Gebührenvorschriften der Nrn. 3208 ff. VV RVG anzuwenden (nicht Nr. 3206 VV RVG).

III. Die Berechnung der Anwaltsgebühren in selbstständigen Familiensachen

64 Selbstständige Familiensachen sind diejenigen, die nicht Folgesachen im Scheidungsverbund sind (§ 137 FamFG). Da über die Ehesache und die anhängigen Folgesachen im Verbund nach § 137 Abs. 1 FamFG zusammen verhandelt und entschieden wird, können selbstständige Familiensachen nur vor Anhängigkeit der Ehesache (Scheidung) oder nach Ausspruch der Scheidung durch das Familiengericht vorkommen.

Dass die Ehesache allein als selbstständige Familiensache existiert, ist unwahrscheinlich, da gemäß § 137 Abs. 2 S. 2 FamFG über den Versorgungsausgleich auch ohne Antrag entschieden wird. Dies wird auch **Zwangsverbund** genannt. Die Ehescheidung als Einzelverfahren kann z. B. dann vorkommen, wenn ein kinderloses Ehepaar den Versorgungsausgleich durch Ehevertrag ausgeschlossen hat.

Selbstständige Familiensachen, die oft schon während der Trennungszeit anhängig gemacht werden, können sein: Unterhaltssachen, Ehewohnungssachen, Haushaltssachen, Güterrechtssachen und Kindschaftssachen (Sorgerecht, Umgangsrecht, Herausgabe). 65

In den selbstständigen Familiensachen erwachsen dem beauftragten RA die Gebühren der Nrn. 3100 ff. VV RVG, also eine **Verfahrensgebühr** und eine **Terminsgebühr**. Daneben kann er bei Vorliegen der Voraussetzungen eine **Einigungsgebühr** (Nrn. 1000, 1003 VV RVG) erhalten. Eine Einigungsgebühr entsteht deshalb, da es sich nicht um die Ehesache selbst handelt, denn die Aussöhnungsgebühr darf nur in Ehesachen berechnet werden. Auch andere für den normalen Zivilprozess geltende Bestimmungen des RVG sind anwendbar, also insbesondere die Nr. 3400 VV RVG (Gebühr des Verkehrsanwalts) oder die Nrn. 3401 und 3402 VV RVG (Gebühren des Terminsvertreters). 66

Beispiel:

Frau Käsbier hat ihren Ehemann verlassen. Herr Käsbier, der arbeitslos ist, verlangt einen monatlichen Unterhalt in Höhe von 500,00 € (§ 1361 BGB) von seiner Frau, die Bürovorsteherin ist, und beauftragt RA Klecks, beim Familiengericht den Antrag auf Zahlung von Unterhalt bei Getrenntleben einzureichen. Bis zur Einreichung der Klage werden zwei Monate rückständiger Unterhalt beansprucht.

Im Termin wird verhandelt und sodann ein Vergleich abgeschlossen, demzufolge Frau Käsbier ihrem Mann, welcher seinerseits auf den rückständigen Unterhalt verzichtet, einen monatlichen Unterhalt von 460,00 € zahlt. RA Klecks berechnet die folgenden Gebühren:

Der Gegenstandswert berechnet sich nach § 51 Abs. 1, 2 FamGKG. Maßgeblich ist der Jahresbetrag des Unterhalts zuzüglich des rückständigen Betrags für die zwei Monate (12 x 500,00 € = 6.000,00 € + 1.000,00 € = 7.000,00 €). Siehe Rdn 41 ff.

Gegenstandswert: 7.000,00 €

1,3	Verfahrensgebühr gem. §§ 2, 13 RVG, Nr. 3100 VV RVG	615,55 €
1,2	Terminsgebühr gem. §§ 2, 13 RVG, Nr. 3104 VV RVG	568,20 €
1,0	Einigungsgebühr gem. §§ 2, 13 RVG, Nrn. 1000, 1003 VV RVG	473,50 €
20 %	Pauschale für Post- und Telekommunikationsentgelte gem. § 2 Abs. 2 S. 1 RVG, Nr. 7002 VV RVG	20,00 €
		1.677,25 €
19 %	USt. gem. § 2 Abs. 2 S. 1 RVG, Nr. 7008 VV RVG	318,68 €
		1.995,93 €

Bei der **Einigungsgebühr** sollten Sie bei der Feststellung des Gegenstandswertes immer an den **Grundsatz** denken: Vergleichswert ist in jedem Fall, **worüber**, nicht **worauf** man sich einigt! Bei Vergleichsabschluss innerhalb eines gerichtlichen Verfahrens über den Gegenstand dieses Verfahrens entsteht die Einigungsgebühr gemäß Nrn. 1000 und 1003 VV RVG nur mit einem Gebührensatz von 1,0.

Beispiel:

Fortsetzung des Beispiels aus Rdn 42 (Eheleute Borstig). Frau Borstig beauftragt nun RA Klacks, während der Trennungszeit ein selbstständiges Verfahren zur Übertragung der elterlichen Sorge über ihre vier Kinder auf sie einzuleiten. RA Klacks stellt einen entsprechenden Antrag beim Familiengericht. Das Verfahren wird unter dem Geschäftszeichen 10 F 1/26 geführt. Daraufhin beantragt Herr Borstig die Regelung des Umgangsrechtes.

Außerdem beantragt Herr Borstig nun auch die Aufteilung der Haushaltsgegenstände. Der Wert dieser unter dem Geschäftszeichen 10 F 2/26 geführten Haushaltssache wird vom Gericht gemäß § 48 Abs. 2 FamGKG auf 2.000,00 € festgesetzt.

Im Termin in 10 F 1/26 hört das Gericht die Eltern gemäß § 160 FamFG im Beisein ihrer RAe an. Danach nimmt das Gericht gemäß § 159 FamFG eine Anhörung der Kinder vor, um festzustellen, an welchen Elternteil sie sich besonders gebunden fühlen, sowie einer Vertreterin des Jugendamtes zu dieser Frage (§ 163 FamFG).

Der Gegenstandswert für das Sorgerecht und das Umgangsrecht ermittelt sich nach § 45 FamGKG für die Regelung der elterlichen Sorge mit 5.000,00 € und für die Regelung des Umgangsrechtes ebenfalls mit 5.000,00 €. Siehe Rdn 24. Der Wert gilt auch bei mehreren Kindern und ist ein Festwert, da es kein Verfahren im Scheidungsverbund ist. Das Gericht entscheidet in 10 F 1/26 über das Sorgerecht und das Umgangsrecht.

Die Haushaltssache 10 F 2/26 wird erörtert und es wird ein Vergleich abgeschlossen, der zu gerichtlichem Protokoll gegeben wird. Die Gebühren von RA Klacks in den beiden Verfahren 10 F 1/26 und 2/26 und damit in verschiedenen gebührenrechtlichen Angelegenheiten (die Verfahren können nicht als eine Familiensache geführt werden) berechnen sich nach Gegenstandswerten in Höhe von 10.000 € für 10 F 1/26 und 2.000 € für 10 F 2/26 wie folgt:

Gegenstandswert: 10.000,00 € für 10 F 1/26 (Sorge- und Umgangsrechtsverfahren)

1,3	Verfahrensgebühr gem. §§ 2, 13 RVG, Nr. 3100 VV RVG (Wert: 10.000,00 €)	847,60 €
1,2	Terminsgebühr gem. §§ 2, 13 RVG, Nr. 3104 VV RVG (Wert: 10.000,00 €)	782,40 €
20 %	Pauschale für Post- und Telekommunikationsentgelte gem. § 2 Abs. 2 S. 1 RVG, Nr. 7002 VV RVG	20,00 €
		1.650,00 €
19 %	USt. gem. § 2 Abs. 2 S. 1 RVG, Nr. 7008 VV RVG	313,50 €
		1.963,50 €

Gegenstandswert: 2.000,00 € für 10 F 2/26 (Haushaltsgegenstände)

1,3	Verfahrensgebühr gem. §§ 2, 13 RVG, Nr. 3100 VV RVG (Wert: 2.000,00 €)	228,80 €
1,2	Terminsgebühr gem. §§ 2, 13 RVG, Nr. 3104 VV RVG (Wert: 2.000,00 €)	211,20 €
1,0	Einigungsgebühr gem. §§ 2, 13 RVG, Nrn. 1000, 1003 VV RVG (Wert: 2.000,00 €)	176,00 €
20 %	Pauschale für Post- und Telekommunikationsentgelte gem. § 2 Abs. 2 S. 1 RVG, Nr. 7002 VV RVG	20,00 €
		636,00 €
19 %	USt. gem. § 2 Abs. 2 S. 1 RVG, Nr. 7008 VV RVG	120,84 €
		756,84 €

Hinweis:

Anders als die ZPO kennt das FamFG keinen Grundsatz der Mündlichkeit. Das Familiengericht kann und in den vorgeschriebenen Fällen soll es die Sache mit den Verfahrensbeteiligten erörtern (nicht verhandeln!). Siehe z. B. die §§ 32 – 34, 128, 155 Abs. 2, 159, 175, 207, 221 FamFG. Wenn das Familiengericht einen Beschluss ohne eine Erörterung erlässt, kann bei vorgeschriebener Erörterung nach der Nr. 3104 Anm. Abs. 1 Nr. 1 VV RVG eine Terminsgebühr entstehen.

Merke:

Bei den selbstständigen Familiensachen entstehen die (Regel)gebühren der Nrn. 3100 ff. VV RVG.

Daneben kann eine Einigungsgebühr (Nrn. 1000, 1003 VV RVG) erwachsen.

IV. Die Berechnung der Anwaltsgebühren im Scheidungsverbund

Zum Ehescheidungsverfahren (Hauptsache) können sonstige Familiensachen in den so genannten **Scheidungsverbund** mit einbezogen werden. Dies ergibt sich aus § 137 Abs. 1 S. 1 FamFG. Diese anderen Familiensachen werden damit zu **Folgesachen**, über die zusammen mit dem Scheidungsantrag durch einen einheitlichen Beschluss entschieden wird (§ 142 Abs. 1 FamFG). Es handelt sich dabei um Unterhaltssachen, Ehewohnungssachen, Haushaltssachen, Güterrechtssachen und Kindschaftssachen. Voraussetzung ist, dass diese Sachen spätestens zwei Wochen vor der mündlichen Verhandlung im ersten Rechtszug in der Scheidungssache von einem der Ehegatten anhängig gemacht werden. Bei Kindschaftssachen ist der Antrag sogar bis vor Schluss der mündlichen Verhandlung zulässig (§ 137 Abs. 3 FamFG). Für den Versorgungsausgleich ist kein Antrag notwendig, da er im **Zwangsverbund** zusammen mit der Ehesache verhandelt und entschieden wird (§ 137 Abs. 2 S. 2 FamFG). 67

Werden entsprechende Anträge erst **nach** der letzten mündlichen Verhandlung gestellt, so müssen die entsprechenden Ansprüche in selbstständigen Verfahren in Familiensachen geltend gemacht werden (§ 137 Abs. 1 S. 1 FamFG).

Merke:

Im Scheidungsverbund wird über die Ehescheidung und über die rechtzeitig beantragten Folgesachen gleichzeitig verhandelt und durch einheitlichen Beschluss entschieden.

Der Versorgungsausgleich wird im Zwangsverbund verhandelt und entschieden.

Die Scheidungssache und die mit ihr geltend gemachten Folgesachen gelten im Verbund zusammen als **eine Angelegenheit** (§ 44 Abs. 1 FamGKG). Dies gilt nach § 16 Ziff. 4 RVG auch für die Gebühren des RA. 68

Im Scheidungsverbund dürfen also die Anwaltsgebühren insgesamt nur einmal für die gesamte Scheidungsangelegenheit aus den zusammengerechneten Werten der einzelnen Verfahrenswerte berechnet werden (§§ 16 Ziff. 4, 22 Abs. 1 RVG, § 44 Abs. 2 S. 1 und 2 FamGKG).

Die Gebühren des Rechtsanwalts für das Verfahren richten sich nach den Nummern 3100 ff. VV RVG. Im Normalfall wird der RA für das Verfahren im Verbund eine **Verfahrensgebühr** und eine **Terminsgebühr** sowie gegebenenfalls zusätzlich eine **Aussöhnungsgebühr** in der Ehesache oder für einen Vergleich über Folgesachen eine **Einigungsgebühr** erhalten.

Die in der Regel entstehenden Gebühren des RA sind oben unter Rdn 58 ff. im Einzelnen beschrieben; sehen Sie bitte auch dort nach.

Sie müssen sich noch einmal in Erinnerung rufen, dass in der **Ehesache** selbst (Scheidung) ein Vergleich der Eheleute nicht möglich ist; hier kann dem RA aber eine

69 - **Aussöhnungsgebühr** (Nrn. 1001, 1003 VV RVG) bei anhängiger Scheidungssache in Höhe von 1,0 erwachsen (siehe dazu Rdn 58 ff.).
  Wird jedoch im Rahmen des Scheidungsverbundes ein Vergleich über Folgesachen geschlossen, dann kann eine
- **Einigungsgebühr** (Nrn. 1000, 1003 VV RVG) entstehen. Beachten Sie, dass die Einigungsgebühr immer zusätzlich zu einer anderen Gebühr (zumindest zur Verfahrensgebühr) erwächst. Denken Sie bei der Feststellung des Vergleichswertes auch immer an den Grundsatz: Vergleichswert ist, **worüber**, nicht **worauf** man sich vergleicht! Bei Vergleichsabschluss innerhalb eines gerichtlichen Verfahrens über den Gegenstand dieses Verfahrens entsteht die Einigungsgebühr gemäß Nr. 1000 i. V. m. Nr. 1003 VV RVG nur in Höhe von 1,0 (vgl. § 2 Rdn 166 ff.).
  Bei der Berechnung der Einigungsgebühr bleibt jedoch der Wert der Ehesache gemäß Nr. 1000 Anm. Abs. 5 S. 2 VV RVG außer Betracht. In den Vergleichswert darf also nur der **Wert der Folgesachen**, die Gegenstand der Einigung sind, einbezogen werden.
  Bei gerichtlicher Protokollierung eines Vergleichs über gerichtlich anhängige Folgesachen unter Miteinbeziehung einer vorher **nicht rechtshängigen Sache** erhält der RA zusätzlich zur 1,3 Verfahrensgebühr (Nr. 3100 VV RVG) eine 0,8 **Differenzverfahrensgebühr** (Nr. 3101 Ziff. 2 VV RVG) nach dem Wert der mit verglichenen nicht gerichtlich anhängigen Ansprüche, wobei § 15 Abs. 3 RVG zu beachten ist (siehe auch § 7 Rdn 28 ff.)
  Die **Einigungsgebühr** für den Vergleich über die nicht gerichtlich anhängigen Gegenstände wird nach Nr. 1000 VV RVG mit einem Gebührensatz von 1,5 berechnet. Wenn für gerichtlich anhängige Gegenstände eine Einigungsgebühr in Höhe von 1,0 entsteht und gleichzeitig für die nicht gerichtlich anhängigen Gegenstände eine solche in Höhe von 1,5, so ist auch wegen der beiden Einigungsgebühren eine Überprüfung nach § 15 Abs. 3 RVG vorzunehmen! Siehe § 2 Rdn 135 f.

Merke:

Für den Gebührensatz der Einigungsgebühr (1,0 / 1,5 /1,3) kommt es darauf an, ob der Gegenstand der Einigung

- nicht (dann 1,5 Einigungsgebühr Nr. 1000 VV RVG),
- in der ersten Instanz (dann 1,0 Einigungsgebühr Nr. 1003 VV RVG) oder
- im Beschwerde- oder Rechtsbeschwerdeverfahren (dann 1,3 Einigungsgebühr Nr. 1004 VV RVG)

anhängig ist.

Anhängigkeit ist dabei nicht mit Rechtshängigkeit zu verwechseln:

- Rechtshängigkeit bedeutet gemäß §§ 253 Abs. 1, 261 Abs. 1 ZPO i. V. m. § 113 Abs. 1 FamFG die Zustellung des Antrags an die Gegenseite.
- Die Anhängigkeit tritt bereits mit Antragseinreichung bei Gericht ein.

Die **Terminsgebühr** (Nr. 3104 VV RVG) entsteht in diesen Fällen meistens nach dem Gesamtwert der anhängigen und der nicht anhängigen Gegenstände. Hinsichtlich der anhängigen Gegenstände erwächst sie, weil sie Gegenstand des vom Rechtsanwalt wahrgenommenen gerichtlichen Termins sind. Bezüglich der nicht anhängigen Gegenstände fällt sie als **„Differenzterminsgebühr“** an, wenn und weil über diese Gegenstände – um sie in die Einigung mit einzubeziehen – außergerichtliche Besprechungen der Parteien geführt worden sind oder weil sie auch in dem gerichtlichen Termin erörtert worden sind (Vorbemerkung 3, Abs. 3 VV RVG). Falls es sich um in diesem Verfahren nicht anhängige Gegenstände handelt, die aber bereits in einem anderen Verfahren anhängig sind, so ist die Terminsgebühr gemäß Nr. 3104 Anm. Abs. 2 VV RVG anzurechnen. Siehe zur Differenzterminsgebühr auch § 7 Rdn 10 ff. Eine Überprüfung nach § 15 Abs. 3 RVG unterbleibt hier, da dann bei der Terminsgebühr keine verschiedenen Gebührensätze vorliegen!

Merke:

Im Scheidungsverbund werden die Anwaltsgebühren insgesamt nur einmal für die gesamte Scheidungsangelegenheit nach dem zusammengerechneten Wert der einzelnen Verfahrenswerte der Ehesache und der Folgesachen berechnet.

Die Gebühren des Rechtsanwalts richten sich im Verbund nach den Nrn. 3100 ff. VV RVG.

Im Normalfall wird der RA für das Verfahren im Verbund neben einer Verfahrensgebühr eine Terminsgebühr und gegebenenfalls zusätzlich eine Aussöhnungsgebühr oder eine Einigungsgebühr erhalten.

Die Pauschale für Post- und Telekommunikationsentgelte (20,00 €; Nr. 7002 VV RVG) entsteht für das gesamte Verfahren im Verbund nur einmal.

Die Berechnung der Anwaltsgebühren im Scheidungsverbund soll Ihnen nachstehend an einem umfangreichen **Beispiel** dargestellt werden. Da häufig neben der Ehescheidung auch zahlreiche Folgesachen vom Gericht zu entscheiden sind, ist insbesondere die Ermittlung der einzelnen Gegenstandswerte aufwendig. Dagegen ist dann die Berechnung der Vergütung des RA ein „Kinderspiel". Sehen Sie selbst:

Der Fall:

Herr Taub war als Geschäftsführer in der seiner Ehefrau gehörenden Diskothek „Rumpelkammer" angestellt. Da Frau Taub mit den Leistungen ihres Mannes nicht mehr zufrieden war, hat sie ihm den Arbeitsvertrag gekündigt. Herr Taub nahm ihr dies so übel, dass er RA Unwillig aufsuchte, um die Scheidung einzuleiten. RA Unwillig belehrte Herrn Taub, dass er erst die Trennungszeit des § 1566 BGB abwarten müsse, was geschah.

Nach einem Jahr Trennungszeit beantragt RA Unwillig für Herrn Taub die Scheidung der Ehe. Weiterhin wird für Herrn Taub beantragt:
- die Übertragung des Sorgerechtes für die minderjährigen ehelichen Kinder Klaus, Olga und Monika auf Herrn Taub,
- monatlicher Betreuungsunterhalt von 2.200,00 EUR für Herrn Taub bis zur Volljährigkeit der Kinder sowie von 900,00 € für jedes der Kinder,
- Durchführung des Versorgungsausgleiches (Frau Taub hat als selbstständige Kauffrau freiwillig die höchstmöglichen Beiträge zur Rentenversicherung erbracht),
- eine einmalige Zahlung von 322.800,00 € für Herrn Taub zur Abgeltung des Zugewinnausgleichs,
- Teilung der Haushaltsgegenstände.

Frau Taub stimmt dem Scheidungsantrag ihres Ehemannes zu, verlangt aber, ihre Kinder jeweils an Weihnachten und Ostern bei sich haben zu dürfen. Außerdem will sie für den Zugewinnausgleich nur eine Zahlung von 210.000,00 € erbringen.

Das Gericht hört beide Eheleute zur Frage des Scheiterns der Ehe und der Regelung der elterlichen Sorge an. Es werden die üblichen Auskünfte der Rentenversicherungsträger des Ehemannes und der Ehefrau und die übliche Stellungnahme des Jugendamtes zur Frage der Regelung der elterlichen Sorge eingeholt. Herr Taub ist mit der Regelung des Umgangsrechtes, wie von seiner Frau beantragt, einverstanden. Über den Zugewinnausgleich wird streitig erörtert.

Das Gericht verkündet den Beschluss, wonach die Ehe geschieden wird. Die elterliche Sorge und das Umgangsrecht sowie die Unterhaltsansprüche werden wie beantragt geregelt. Vom Rentenkonto der Frau Taub wird eine Rentenanwartschaft, die einer Monatsrente in Höhe von 200,00 € entspricht, auf das Rentenkonto von Herrn Taub übertragen. Zur Abgeltung des Zugewinnausgleichs wird eine einmalige Zahlung von 251.000,00 € für Herrn Taub ausgesprochen. Herr Taub erhält Teile der Haushaltsgegenstände.

Das gemeinsame Monatseinkommen der Eheleute Taub beträgt 22.000,00 € netto.

Die Bewertung:

Zu dem vorstehenden Fall (Diskothek „Rumpelkammer") hat das Familiengericht die Verfahrenswerte der einzelnen Familiensachen im Scheidungsverbund wie folgt festgesetzt. Gemäß § 44 Abs. 1 FamGKG gelten diese Sache im Verbund als eine Angelegenheit, sodass die einzelnen Verfahrenswerte zusammengerechnet werden müssen.

- **Ehescheidung:** Der Wert wird nach dem unter Rdn 19 ff. vorgestellten Schema ermittelt. Gemäß § 43 FamGKG wird für die Einkommensverhältnisse das in drei Monaten erzielte Nettoeinkommen beider Eheleute abzüglich 250,00 € pro Monat (also 3-mal) für jedes Kind als Ausgangswert berechnet. Der Ausgangswert beträgt also (3 x 22.000,00 €) – (3 x 3 x 250,00 €) = 63.750,00 €.
  Da die Eheleute ein hohes Vermögen von insgesamt 705.000,00 € besitzen, ist ein Zuschlag zu dem vorstehend berechneten Ausgangswert vorzunehmen. Zu diesem Zweck wird zuerst das Vermögen um die bei diesem Gericht üblichen Freibeträge für jeden der Eheleute und die Kinder gekürzt: 705.000,00 € – (2 x 30.000,00 € + 3 x 15.000 €) = 600.000,00 €. Von dem verbleibenden Betrag können 5 %, also 30.000,00 €, als Zuschlag angesetzt werden.
  Der Wert der Ehescheidungssache beträgt also 63.750,00 € + 30.000,00 € = **93.750,00 €**. Diese Berechnung ist nur als Beispiel zu sehen und wird je nach Gericht unterschiedlich ausfallen.
- **Sorgerecht:** Hier ist kein Festwert zu nehmen, da für Kindschaftssachen im Verbund eine besondere Wertvorschrift gilt (siehe Rdn 26 ff.). Gemäß § 44 Abs. 2 S. 1 FamGKG beträgt der Wert einer Kindschaftssache im Verbund 20 % des Wertes der Ehesache, wie er vorstehend ermittelt wurde, das sind 20 % von 93.750,00 €, also 18.750,00 €. Es dürfen allerdings höchstens **5.000,00 €** angesetzt werden. Für das zweite und dritte Kind wird dieser Wert nicht etwa erhöht.
- **Umgangsrecht:** Wie Sorgerecht, also **5.000,00 €**.
- **Unterhalt:** Bei Antragseinreichung bereits fälliger Unterhalt (Rückstand) wurde nicht geltend gemacht. Zunächst rechnet man zur Arbeitserleichterung den insgesamt für alle berechtigten Personen eingeforderten monatlichen Unterhalt aus, das sind 2.200,00 € + (3 x 900,00 €) = 4.900,00 €. Der Verfahrenswert ergibt sich gemäß § 51 FamGKG aus dem Jahresbetrag des gesamten eingeforderten Unterhalts und beträgt also 12 x 4.900,00 € = **58.800,00 €**. Siehe auch Rdn 41 ff.
- **Versorgungsausgleich:** Es handelt sich hier um zwei Anrechte auf Altersversorgung, über die das Gericht entscheiden muss. Das Anrecht des Mannes bei der gesetzlichen Rentenversicherung ist niedriger als das Anrecht der Frau, die deshalb zum Ausgleich verpflichtet ist. Die Höhe der zu übertragenden Rentenanwartschaft ist für die Berechnung des Wertes nicht von Bedeutung. Vielmehr beträgt der Verfahrenswert für jedes Anrecht 10 % des in drei Monaten erzielten **Nettoeinkommens** der Ehegatten (§ 50 Abs. 1 FamGKG, siehe auch Rdn 35 ff.). Da in § 50 Abs. 1 FamGKG das Nettoeinkommen, also ohne Zu- und Abschläge die Berechnungsgrundlage ist, müssen in diesem Fall 10 % von 3 x 22.000,00 € = 66.000,00 € für jedes Anrecht als Verfahrenswert angesetzt werden, also 6.600,00 €. Bei

zwei Anrechten sind das **13.200,00 €**. Achten Sie auf den Unterschied zum oben berechneten Wert der Ehesache!

- **Zugewinnausgleich:** Verfahrenswert ist der eingeforderte Betrag, also **322.800,00 €** (§35 FamGKG, siehe auch Rdn 50 ff.). Der vom Gericht zugesprochene Betrag ist ohne Bedeutung für den Wert des Verfahrens.
- **Teilung der Haushaltsgegenstände:** Die Haushaltssache hat einen Festwert von **3.000,00 €** gemäß §48 Abs. 2, Alternative 2 FamGKG (siehe auch Rdn 48 f.).

Insgesamt sind in diesem Scheidungsverbund also folgende Einzelwerte zu berücksichtigen:

Ehescheidung:	93.750,00 €	Versorgungsausgleich:	13.200,00 €
Sorgerecht:	5.000,00 €	Zugewinnausgleich:	322.800,00 €
Umgangsrecht:	5.000,00 €	Haushaltssache:	3.000,00 €
Unterhalt:	58.800,00 €	= insgesamt	**501.550,00 €**

Daraus ergibt sich durch Zusammenrechnung der gesamte Verfahrenswert des Verfahrens im Verbund.

Die Vergütung:

In vorstehenden Fall gelten die Ehescheidungssache und die zugehörigen Folgesachen gemäß §44 Abs. 1 FamGKG als eine Angelegenheit. Die Verfahrenswerte der einzelnen Familiensachen werden gemäß §44 Abs. 2 FamGKG zusammengerechnet, sodass der Wert des gesamten Verfahrens im Scheidungsverbund 501.550,00 € beträgt.

Gegenstandswert: 501.550,00 €

1,3	Verfahrensgebühr gem. §§ 2, 13 RVG, Nr. 3100 VV RVG	5.105,10 €
1,2	Terminsgebühr gem. §§ 2, 13 RVG, Nr. 3104 VV RVG	4.712,40 €
20 %	Pauschale für Post- und Telekommunikationsentgelte gem. § 2 Abs. 2 S. 1 RVG, Nr. 7002 VV RVG	20,00 €
		9.837,50 €
19 %	USt. gem. § 2 Abs. 2 S. 1 RVG, Nr. 7008 VV RVG	1.869,13 €
		11.706,63 €

Wie Sie sehen, sind die Vorüberlegungen bezüglich der Wertermittlung deutlich umfangreicher als die Berechnung der Gebühren.

In den folgenden Beispielen wird die Berechnung der **Einigungsgebühr** in Folgesachen aufgezeigt, wenn in den Folgesachen ein Vergleich zu gerichtlichem Protokoll gegeben wird. Beachten Sie, dass der Gebührensatz der Einigungsgebühr bei Abschluss eines Vergleichs über erstinstanzlich gerichtlich anhängige Gegenstände 1,0 beträgt (Nrn. 1000, 1003 VV RVG) und bei einer Einigung über nicht gerichtlich anhängige Sachen wird eine 1,5 Einigungsgebühr veranschlagt (Nr. 1000 VV RVG). Falls in einer Vergütungsrechnung für einige der Familiensachen eine 1,0 Einigungsgebühr berechnet wird, weil sie gerichtlich in der ersten Instanz anhängig sind, und der Vergleich sich auch über andere Familiensachen erstreckt, die nicht gerichtlich anhängig sind, dann ist unbedingt § 15 Abs. 3 RVG zu beachten (siehe § 7 Rdn 28 ff. und § 2 Rdn 166 ff.). Außerdem entsteht in diesen Fällen eine Differenzverfahrensgebühr (siehe § 7 Rdn 28 ff.) und zudem für die nicht gerichtlich anhängigen Sachen auch eine (Differenz-)Terminsgebühr (siehe § 7 Rdn 19). Vergleichen Sie auch Rdn 75 ff. 70

Beispiel:

Der Fall:

Die Studentin Amsel hat nach drei Jahren Trennungszeit die Scheidung beantragt. Sie wird von RA Hopf vertreten, der einen Zugewinnausgleich in Höhe von 2.000,00 € für sie einfordert. Herr Amsel, der ebenfalls noch studiert, widerspricht der Scheidung nicht, jedoch beansprucht er einen monatlichen Unterhalt von 100,00 € und die Übertragung von Teilen der Haushaltsgegenstände. Die Eheleute sind kinderlos. Ein Versorgungsausgleich ist nicht durchzuführen, da Rentenanwartschaften nicht erworben worden sind.

Frau Amsel erhält aus einer Unterhaltsrente monatlich 2.000,00 €.

Die Scheidung wird im Verbund durchgeführt. Das Gericht hört beide Eheleute an. Nach Erörterung über die Scheidungsfolgesachen wird ein Vergleich geschlossen: Die Ehefrau verzichtet auf den Zugewinnausgleich, wofür der Ehemann auf Unterhalt und die Teilung der Haushaltsgegenstände verzichtet. Die Ehe wird geschieden.

Die Bewertung:

Das Gericht setzt gemäß § 55 Abs. 2 FamGKG folgende Werte fest: Scheidung (6.000,00 €, § 43 FamGKG), Zugewinnausgleich (2.000,00 €, § 35 FamGKG), Unterhalt (1.200,00 €, § 51 FamGKG), Haushaltssache (400,00 €, § 48 FamGKG), insgesamt auf 9.600,00 €, für den Vergleich auf 3.600,00 €. In der Haushaltssache hat das Gericht nicht den Festwert von 3.000,00 € festgesetzt, sondern nach § 48 Abs. 3 FamGKG einen den Verhältnissen der Eheleute angemessenen niedrigeren Wert. Der Wert der Folgesachen, über die der Vergleich geschlossen wurde, beträgt demnach insgesamt 3.600,00 €.

Die Vergütung:

RA Hopf berechnet folgende Vergütung:

Gegenstandswert: 9.600,00 € / 3.600,00 €

1,3	Verfahrensgebühr gem. §§ 2, 13 RVG, Nr. 3100 VV RVG (Wert: 9.600,00 €)	847,60 €
1,2	Terminsgebühr gem. §§ 2, 13 RVG, Nr. 3104 VV RVG (Wert: 9.600,00 €)	782,40 €
1,0	Einigungsgebühr gem. §§ 2, 13 RVG, Nrn. 1000, 1003 VV RVG (Wert: 3.600,00 €)	295,00 €
20 %	Pauschale für Post- und Telekommunikationsentgelte gem. § 2 Abs. 2 S. 1 RVG, Nr. 7002 VV RVG	20,00 €
		1.945,00 €
19 %	USt. gem. § 2 Abs. 2 S. 1 RVG, Nr. 7008 VV RVG	369,55 €
		2.314,55 €

Beispiel:

Der Fall:

RA Troll stellt für Herrn Drossel Scheidungsantrag. An Folgesachen sollen die Regelung der elterlichen Sorge für das gemeinschaftliche Kind (§ 151 FamFG) und der zu erwartende Versorgungsausgleich (§ 217 FamFG) in den Verbund einbezogen werden. Frau Drossel, die Hausfrau ist und noch keine eigenen Rentenansprüche erworben hat, stimmt dem Scheidungsbegehren zu. Allerdings verlangt sie zum Ausgleich des Zugewinns eine Ausgleichszahlung in Höhe von

50.000,00 €; da sie dies rechtzeitig beantragt, ist auch diese Güterrechtssache eine Folgesache im Verbund (§ 137 Abs. 2 S. 1 FamFG). Unterhalt wird noch nicht geltend gemacht.

Im Scheidungstermin wird über diese Sachen verhandelt, nachdem die Eheleute Drossel zum Scheidungsbegehren angehört worden sind. Danach wird im Scheidungstermin nach einer Erörterung beantragt, einen Vergleich zu Protokoll zu nehmen, worin sich Herr Drossel zur Zahlung von monatlichem Unterhalt von 500,00 € für die Ehefrau und von 250,00 € für das Kind verpflichtet. Diese Unterhaltsbeträge werden jetzt von Frau Drossel gefordert und von Herrn Drossel akzeptiert.

Durch Beschluss des Familiengerichts wird die Scheidung der Ehe ausgesprochen, das Sorgerecht für das Kind Frau Drossel zugesprochen und eine Rentenanwartschaft von 300,00 € monatlich auf Frau Drossel übertragen. Frau Drossel wird als Zugewinnausgleich ein Betrag in Höhe von 30.000,00 € zugesprochen.

Die Bewertung:

Das gemeinsame Nettoeinkommen der Eheleute Drossel beträgt 3.750,00 €. Den Verfahrenswert des Verfahrens im Verbund hat das Gericht gemäß § 44 FamGKG wie folgt gemäß § 55 Abs. 2 FamGKG festgesetzt:

- Scheidungssache: 3 x 3.750,00 € – 3 x 250,00 € = 10.500,00 € (§ 43 FamGKG, die Belastung durch den Kindesunterhalt wurde berücksichtigt)
- Sorgerecht: 20 % von 10.500,00 € = 2.100,00 € (§ 44 Abs. 2 FamGKG)
- Versorgungsausgleich: 3 x 3.750,00 € = 11.250,00 €, davon 10 % = 1.125,00 € (§ 50 Abs. 1 FamGKG, 10 % vom Nettoeinkommen, ohne Abzüge für Kindesunterhalt)
- Zugewinnausgleich: 50.000,00 € (§ 35 FamGKG, geforderter Betrag)

Insgesamt beträgt der Verfahrenswert des gerichtlichen Verfahrens für die anhängigen Familiensachen also **63.725,00 €** (§ 44 FamGKG).

Außerdem hat das Gericht gemäß § 55 Abs. 2 FamGKG den Gegenstandswert des Vergleichs für die nicht gerichtlich anhängigen Gegenstände festgesetzt auf: Unterhalt für die Ehefrau (6.000,00 €) und Unterhalt für das Kind (3.000,00 €), insgesamt also auf 9.000,00 €, oder anders gerechnet 12 x (500,00 € + 250,00 €) = 9.000,00 € (§ 51 FamGKG).

Die Vergütung:

Für die Berechnung der Vergütung von RA Troll sind folgende Überlegungen anzustellen: Für den Vergleich über die nicht gerichtlich anhängigen Sachen entsteht für den RA eine 1,5 Einigungsgebühr und eine 0,8 Differenzverfahrensgebühr sowie übrigens für das Gericht eine zusätzliche Vergleichsgebühr von 0,25 nach Nr. 1500 KV FamGKG. Da die nicht anhängige Unterhaltssache im Termin mit erörtert wurde, entsteht eine Terminsgebühr nach dem zusammengerechneten Wert der anhängigen sowie der nicht anhängigen Sachen.

Gegenstandswert: 63.725,00 € / 9.000,00 €

1,3	Verfahrensgebühr gem. §§ 2, 13 RVG, Nr. 3100 VV RVG (Wert: 63.725,00 €)	1.893,45 €	
0,8	Differenzverfahrensgebühr gem. §§ 2, 13 RVG, Nrn. 3100, 3101 Ziff. 2 VV RVG (Wert: 9.000,00 €)	474,00 €	
		2.367,45 €	
	Gemäß **§ 15 Abs. 3 RVG** darf höchstens eine 1,3 Verfahrensgebühr nach der Wertesumme von 72.725,00 € berechnet werden, das sind 2.022,80 €. Da diese Gebühr hier überschritten wird, sind als Verfahrensgebühren höchstens zu berechnen:		2.022,80 €

1,2	Terminsgebühr (für Erörterung anhängiger und nicht anhängiger Sachen) gem. §§ 2, 13 RVG, Vorbem. 3 Abs. 3, Nr. 3104 VV RVG (Wert: 72.725,00 €)	1.867,20 €
1,5	Einigungsgebühr gem. §§ 2, 13 RVG, Nr. 1000 VV RVG (Wert: 9.000,00 €)	888,75 €
20 %	Pauschale für Post- und Telekommunikationsentgelte gem. § 2 Abs. 2 S. 1 RVG, Nr. 7002 VV RVG	20,00 €
		4.798,75 €
19 %	USt. gem. § 2 Abs. 2 S. 1 RVG, Nr. 7008 VV RVG	911,76 €
		5.710,51 €

Merke:

Das Familiengericht entscheidet über die Ehescheidung und den Versorgungsausgleich und auf Antrag eines Ehegatten auch über andere Folgesachen im Scheidungsverbund.

Nur in der Ehesache kann eine Aussöhnungsgebühr entstehen; eine Einigungsgebühr kann im Verbund nur in Folgesachen anfallen.

Für erstinstanzlich gerichtliche anhängige Folgesachen entsteht eine 1,0 Einigungsgebühr; für nicht gerichtlich anhängige Folgesachen eine 1,5 Einigungsgebühr.

Bei Einigung über nicht rechtshängige Folgesachen fällt eine zusätzliche Differenzverfahrensgebühr an.

Die Terminsgebühr entsteht bei Einbeziehung nicht rechtshängiger Sachen in den gerichtlich protokollierten Vergleich auch für Besprechungen über die nicht rechtshängigen Sachen.

Die Kürzung nach § 15 Abs. 3 RVG nicht vergessen!

71 *Hinweis:*

In bestimmten Kindschaftssachen nach § 155 Abs. 1 FamFG (Umgangsrecht, Herausgabe, Aufenthaltsort) ist nur eine Erörterung, keine Verhandlung vorgeschrieben (§ 155 Abs. 2 FamFG). Wenn in diesen Fällen das Gericht – mit Einverständnis der Beteiligten – ohne Durchführung eines Erörterungstermins entscheidet, entsteht **eine (fiktive) Terminsgebühr** nach Nr. 3104 Anm. Abs. 1 Ziff. 1 VV RVG. Danach entsteht die Terminsgebühr auch, wenn in einem Verfahren, für das ein Erörterungstermin vorgeschrieben ist (= § 155 Abs. 2 FamFG), im Einverständnis mit den Beteiligten ohne Erörterung entschieden wird.

Lesen Sie hierzu auch Rdn 60 und die Ausführungen unter § 7 Rdn 10 ff.

D. Scheidungsfolgenvereinbarungen (Scheidungsfolgenvergleich)

72 Die Ehescheidung als solche kann nicht Gegenstand eines Vergleiches oder einer Einigung sein, da den Eheleuten von unserer Rechtsordnung nicht freigestellt ist, über den Bestand ihrer Ehe Vereinbarungen zu treffen (vgl. Rdn 58 ff.). Dagegen dürfen und sollen die Eheleute sich über die Scheidungsfolgesachen einigen. Dies kann auch schon vor dem Scheidungsverfahren durch Vereinbarungen der Eheleute geschehen.

Sollen solche Scheidungsvereinbarungen als **Scheidungsfolgenvergleich** im Sinne des § 779 BGB gelten, dann muss die Voraussetzung erfüllt sein, dass die Eheleute einen Streit oder eine Ungewissheit über ein Rechtsverhältnis im Wege gegenseitigen Nachgebens beseitigt haben. Für das Entstehen der Einigungsgebühr ist jedoch ein gegenseitiges Nachgeben nicht unbedingt Voraussetzung, auch ein einseitiges Nachgeben ist ausreichend – solange es keinen vollständigen Verzicht oder Anerkenntnis darstellt (vgl. § 2 Rdn 166 ff.).

Merke:

In der Scheidungssache selbst ist kein Vergleich bzw. keine Einigung möglich, wohl aber über die Scheidungsfolgen. Dies nennt man Scheidungsfolgenvergleich oder Scheidungsfolgenvereinbarung.

In der Ehesache selbst gibt es also keinen Vergleich – schließlich kann man sich in der Frage der Scheidung nicht gegenseitig entgegenkommen und sich nur ein bisschen scheiden lassen – sondern nur die Möglichkeit der Aussöhnung. Der Unterschied zwischen der **Aussöhnungsgebühr** der Nr. 1001 VV RVG und der **Einigungsgebühr** der Nr. 1000 VV RVG lässt sich auch so erklären: 73

Merke:

Die **Aussöhnungsgebühr** erhält der RA für die Verhinderung der Scheidung, die **Einigungsgebühr** für die (möglichst) reibungslose Abwicklung ihrer Folgen.

I. Gebühren bei Scheidungsfolgenvereinbarungen

Ein Scheidungsfolgenvergleich wird in der Regel unter der Bedingung geschlossen, dass er erst bei Rechtskraft des gerichtlichen Scheidungsbeschlusses wirksam wird. Kommt es also aus irgendeinem Grund nicht zum rechtskräftigen Scheidungsbeschluss, dann ist auch der Vergleich nicht wirksam und eine Einigungsgebühr entsteht nicht (Nr. 1000 Anm. Abs. 3 VV RVG). Deswegen kann die Einigungsgebühr auch als Erfolgsgebühr bezeichnet werden. 74

Scheidungsfolgenvereinbarungen können auf zwei verschiedene Weisen getroffen werden:

- durch Verhandlungen über gerichtlich anhängige oder nicht gerichtlich anhängige Scheidungsfolgesachen innerhalb des gerichtlichen Scheidungsverfahrens oder
- durch selbstständige außergerichtliche Verhandlungen bzw. Besprechungen zwischen den Anwälten der Ehegatten über bestimmte Scheidungsfolgesachen.

1. Gebühren bei gerichtlichen Scheidungsfolgenvereinbarungen

Wird für erstinstanzlich gerichtlich **anhängige Folgesachen** ein Scheidungsfolgenvergleich oder eine Vereinbarung gerichtlich protokolliert, so ist die Berechnung der Anwaltsgebühren ganz einfach: Zusätzlich zu den entstandenen Gebühren für die Durchführung des Verfahrens (Verfahrensgebühr, Terminsgebühr) erhält der RA eine **1,0 Einigungsgebühr** (Nrn. 1000, 1003 VV RVG). 75

Beispiel:

Die Eheleute Dingskirchen haben die Scheidung beantragt. Vor der Eheschließung hatten sie den Versorgungsausgleich ausgeschlossen. Kinder sind nicht vorhanden. Frau Dingskirchen fordert einen monatlichen Unterhalt von 600,00 € und Herr Dingskirchen einen Teil der Haushaltsgegenstände im Wert von 10.000,00 €. Das gemeinsame monatliche Nettoeinkommen der Eheleute beträgt 5.000,00 €. RA Krokus vertritt den Ehemann.

Im Scheidungstermin hört das Gericht die Eheleute an. Nach längerer Erörterung wird im Termin ein Vergleich geschlossen und zu gerichtlichem Protokoll gegeben, wonach die Ehefrau auf den Unterhalt und der Ehemann auf die Teilung der Haushaltsgegenstände verzichten. Die Ehe wird geschieden.

Der Wert der Ehesache beträgt 3 x 5.000,00 € = 15.000,00 €. Die Unterhaltssache wird mit 12 x 600,00 € = 7.200,00 € bewertet und die Haushaltssache mit 3.000,00 € (§§ 51, 48 FamGKG).

Gegenstandswert: 25.200,00 € / 10.200,00 €

1,3	Verfahrensgebühr gem. §§ 2, 13 RVG, Nr. 3100 VV RVG (Wert: 25.200,00 €)	1.316,90 €
1,2	Terminsgebühr gem. §§ 2, 13 RVG, Nr. 3104 VV RVG (Wert: 25.200,00 €)	1.215,60 €
1,0	Einigungsgebühr gem. §§ 2, 13 RVG, Nrn. 1000, 1003 VV RVG (Wert: 10.200,00 €)*	707,00 €
20 %	Pauschale für Post- und Telekommunikationsentgelte gem. § 2 Abs. 2 S. 1 RVG, Nr. 7002 VV RVG	20,00 €
		3.259,50 €
19 %	USt. gem. § 2 Abs. 2 S. 1 RVG, Nr. 7008 VV RVG	619,31 €
		3.878,81 €

* Ohne Wert der Ehesache!

76 Wird in einem Eheverfahren ein Vergleich oder eine Einigung über **nicht gerichtlich anhängige Folgesachen** zu gerichtlichem Protokoll erklärt, so erwächst dem an dem Vergleich/der Einigung mitwirkenden RA hierfür eine 1,5 Einigungsgebühr (Nr. 1000 VV RVG) und daneben für die Verhandlungen vor Gericht zur Einigung der Beteiligten über in diesem Verfahren nicht rechtshängige Ansprüche und/oder den Antrag auf gerichtliche Protokollierung der Einigung noch eine weitere 0,8 Verfahrensgebühr (**Differenzverfahrensgebühr**, Nr. 3101 Ziff. 2 VV RVG). Dabei darf gemäß § 15 Abs. 3 RVG die Differenzverfahrensgebühr zusammen mit der 1,3 Verfahrensgebühr Nr. 3100 VV RVG für das gerichtliche Verfahren nicht mehr als eine 1,3 Verfahrensgebühr nach dem zusammengerechneten Wert der gerichtlich geltend gemachten und der nicht rechtshängigen Ansprüche ausmachen (vgl. § 2 Rdn 166 ff.).

77 Nach Vorbemerkung 3 Abs. 3 i. V. m. Nr. 3104 VV RVG entsteht eine Terminsgebühr auch für die Mitwirkung an außergerichtlichen Besprechungen, die auf die Vermeidung oder Erledigung eines Verfahrens gerichtet sind. Demnach kann der RA auch eine 1,2 Terminsgebühr für die Verhandlung über im Scheidungsverfahren nicht anhängige Ansprüche erhalten. Diese Terminsgebühr entsteht, wenn über in diesem Verfahren nicht rechtshängige Ansprüche mit der Gegenseite verhandelt wird mit dem Ziel, über diese Ansprüche zusammen mit den im Verfahren rechtshängigen Ansprüchen eine Einigung zu erzielen. In diesem Fall kann die Gebühr auch als **„Differenzterminsgebühr“** bezeichnet werden. Die Differenzterminsgebühr wird zusammen mit der Differenzverfahrensgebühr entstehen, siehe oben. Im Gegensatz zur Differenzverfahrensgebühr ist der Umgang mit der Differenzterminsgebühr aber dadurch einfacher, dass Letztere nur mit einem Gebührensatz von 1,2 entstehen kann, sodass eine Anwendung des § 15 Abs. 3 RVG im Unterschied zur Verfahrensgebühr unterbleiben kann. Siehe hierzu § 7 Rdn 19.

78 Weiterhin ist eine **Überprüfung der Einigungsgebühren** nach § 15 Abs. 3 RVG vorzunehmen, wenn neben der 1,5 Einigungsgebühr für die nicht gerichtlich anhängigen Gegenstände (Nr. 1000 VV RVG) eine weitere 1,0 Einigungsgebühr für den Abschluss des Vergleichs auch über die gerichtlich anhängigen Gegenstände (Nr. 1003 VV RVG) entsteht. In diesem Fall darf keine höhere Einigungsgebühr als 1,5 nach dem Wert der insgesamt verglichenen Folgesachen erhoben werden. Dies gilt für den ersten Rechtszug, im Rechtsmittelverfahren beträgt der Gebührensatz der Einigungsgebühr 1,3 für die die im Rechtsmittelverfahren gerichtlich anhängigen Gegenstände

(Nr. 1004 VV RVG). (Zu § 15 Abs. 3 RVG siehe § 2 Rdn 135 f.; zur Einigungsgebühr siehe § 2 Rdn 166 ff.).

Die **Pauschale für Post- und Telekommunikationsdienstleistungsentgelte** (20,00 €; Nr. 7002 VV RVG) entsteht für das gesamte Verfahren nur einmal. 79

Beispiel:

Abwandlung vorstehenden Beispiels (Eheleute Dingskirchen). Die Eheleute haben nur die Scheidung der Ehe beantragt. Die Folgesachen sind noch nicht anhängig gemacht worden, obwohl dem RA bereits vorsorglich dafür eine Verfahrensvollmacht erteilt wurde. RA Krokus als Vertreter des Ehemannes führt Besprechungen mit der Gegenseite über die gütliche Regelung der Folgesachen.

Im Termin werden die Eheleute vom Gericht angehört. Anschließend wird nach ausgiebiger Erörterung über den Gesamtkomplex beantragt, eine Einigung zu Protokoll zu nehmen, wonach die Ehefrau auf Unterhalt und der Ehemann auf die Teilung der Haushaltsgegenstände verzichten. Die Ehe wird geschieden.

Gegenstandswert: 15.000,00 € / 10.200,00 € / 25.200,00 €

1,3	Verfahrensgebühr gem. §§ 2, 13 RVG, Nr. 3100 VV RVG (Wert: 15.000,00 €)*	990,60 €	
0,8	Differenzverfahrensgebühr gem. §§ 2, 13 RVG, Nrn. 3100, 3101 Ziff. 2 VV RVG (Wert: 10.200,00 €)**	565,60 €	
		1.556,20 €	
	Gemäß **§ 15 Abs. 3 RVG** darf höchstens eine 1,3 Verfahrensgebühr nach der Wertesumme von 25.200,00 € berechnet werden, das sind 1.316,90 €. Da diese Gebühr durch die Einzelberechnung der Gebühren überschritten wird, sind als Verfahrensgebühren nur zu berechnen:		1.316,90 €
1,2	Terminsgebühr gem. §§ 2, 13 RVG, Vorbem. 3 Abs. 3, Nr. 3104 VV RVG (Wert: 25.200,00 €)***		1.215,60 €
1,5	Einigungsgebühr gem. §§ 2, 13 RVG, Nr. 1000 VV RVG (Wert: 10.200,00 €)**		1.060,50 €
20 %	Pauschale für Post- und Telekommunikationsentgelte gem. § 2 Abs. 2 S. 1 RVG, Nr. 7002 VV RVG		20,00 €
			3.613,00 €
19 %	USt. gem. § 2 Abs. 2 S. 1 RVG, Nr. 7008 VV RVG		686,47 €
			4.299,47 €

* Wert der Ehesache
** Wert der Folgesachen
*** Erörtert bzw. besprochen wurden die Ehesache und die Folgesachen.

Merke:

Bei Scheidungsfolgenvergleichen über erstinstanzlich gerichtlich anhängige Folgesachen entsteht eine 1,0 Einigungsgebühr.

Für nicht gerichtlich anhängige Folgesachen entsteht eine 1,5 Einigungsgebühr und eine 0,8 Differenzverfahrensgebühr. Bei beiden Gebühren ist § 15 Abs. 3 RVG zu beachten.

Die Terminsgebühr entsteht für gerichtliche und für außergerichtliche Besprechungen, also auch nach dem Wert der Folgesachen, wenn darüber mit der Gegenseite geredet wurde.

2. Gebühren bei außergerichtlichen Scheidungsfolgenvergleichen

80 Bei einem **ausdrücklichen Auftrag**, die mit einer Ehescheidung zusammenhängenden Folgen **ausschließlich außergerichtlich** mit der Gegenseite in einem **Scheidungsfolgenvergleich** zu regeln, kann der RA eine **Geschäftsgebühr** erhalten. Ein solcher ausdrücklicher Auftrag ist dann sinnvoll, wenn beide Seiten anwaltlich vertreten sind, sodass die Scheidungsfolgenvereinbarung in Form eines vollstreckbaren **Anwaltsvergleichs** geschlossen werden kann (siehe hierzu § 2 Rdn 178 ff.). Da häufig auch Grundbesitz in den Vergleich mit einbezogen werden muss, ist in diesen Fällen jedoch eine notarielle Beurkundung der Scheidungsfolgenvereinbarung erforderlich. Diese notarielle Beurkundung wird dann von den RAen der Eheleute ausgehandelt und vorbereitet.

Der mit den ausschließlich außergerichtlichen Vergleichsverhandlungen beauftragte RA erhält dafür eine **Geschäftsgebühr** (Nr. 2300 VV RVG). Da diese Verhandlungen meist auch Besprechungen mit dem anderen Ehegatten erforderlich machen werden, wird die Geschäftsgebühr (Rahmen von 0,5 bis 2,5) in durchschnittlichen Fällen mit einem Gebührensatz von 1,3 erhoben werden können. In umfangreichen und schwierigen Angelegenheiten kann der Gebührensatz von 1,3 auch überschritten werden. Kommt die Einigung dann zustande, so erwächst dem RA dafür zusätzlich eine 1,5 **Einigungsgebühr** gemäß Nr. 1000 VV RVG.

Der RA würde also folgende **Gebühren für die ausschließlich außergerichtliche Vertretung** erhalten:

1,3	Geschäftsgebühr gem. Nr. 2300 VV RVG
1,5	Einigungsgebühr gem. Nr. 1000 VV RVG
2,8	(ohne Berücksichtigung etwa anfallender **Notarkosten**: 2,0 Beurkundungs-Verfahrensgebühr nach Nr. 21100 KV GNotKG)

81 Ändert dann der Auftraggeber seinen bisherigen Auftrag auf ausschließlich außergerichtliche Verhandlungen **nachträglich** dahingehend, dass der ausgehandelte Vergleich nun doch gerichtlich protokolliert werden soll, dann entsteht in einem solchen Fall keine Terminsgebühr wegen Nr. 3104 Anm. Abs. 3 VV RVG. Der RA erhält bei dieser Auftragslage folgende Gebühren, wobei **nur die Folgesachen** betrachtet werden:

1,3	Geschäftsgebühr gem. Nr. 2300 VV RVG (von der 1,3 Geschäftsgebühr wird die Hälfte auf die 0,8 Differenzverfahrensgebühr gemäß Vorbemerkung 3 Abs. 4 VV RVG angerechnet, sodass von der Differenzverfahrensgebühr nur 0,15 verbleiben (0,8 – 0,65 = 0,15). Siehe zur Anrechnung auf die Differenzverfahrensgebühr auch § 6 Rdn 42 ff.)
0,15	Differenzverfahrensgebühr gem. Nrn. 3100, 3101 Ziff. 2 VV RVG (§ 15 Abs. 3 RVG ist hinsichtlich der 1,3 Verfahrensgebühr Nr. 3100 VV RVG für die Scheidungssache zu beachten!)

1,5 Einigungsgebühr gem. Nr. 1000 VV RVG

2,95 (ohne Berücksichtigung von § 15 Abs. 3 RVG und ohne Berücksichtigung der gerichtlichen 0,25 Vergleichsgebühr nach Nr. 1500 KV FamGKG)

Wenn dagegen der RA **von Anfang an** den Auftrag hatte, den **Scheidungsfolgenvergleich** im Rahmen seines **Auftrages zur gerichtlichen Abwicklung** der Scheidungssache auszuhandeln und dann gerichtlich protokollieren zu lassen, entsteht natürlich keine Geschäftsgebühr. Für die vergleichsweise erledigten **nicht gerichtlich anhängigen Folgesachen** erwachsen dem RA dann neben der 1,5 Einigungsgebühr (Nr. 1000 VV RVG) noch die 0,8 Differenzverfahrensgebühr nach Nr. 3101 Ziff. 2 VV RVG und eine 1,2 Differenzterminsgebühr (Vorbemerkung 3 Abs. 3 S. 3 Ziff. 2, Nr. 3104 VV RVG) zusätzlich zu den Gebühren für das Scheidungsverfahren als solches, wobei hinsichtlich der Differenzverfahrensgebühr § 15 Abs. 3 RVG zu beachten ist (siehe oben unter Rdn 75 ff.: Gebühren bei gerichtlichen Scheidungsfolgenvereinbarungen). **82**

Der RA erhält also in diesem Fall für den **Scheidungsfolgenvergleich** insgesamt 3,5 Gebühren zusätzlich zu der Vergütung für die anhängige Scheidungssache. **Notarkosten** fallen bei dieser Art der Gestaltung nicht an; nur das Gericht bekommt eine zusätzliche Vergleichsgebühr von 0,25 nach Nr. 1500 KV FamGKG. Es werden nachfolgend nur die Gebühren für die nicht anhängigen **Folgesachen** betrachtet. Die insgesamt 3,5 setzen sich zusammen aus: **83**

0,8 Differenzverfahrensgebühr gem. Nr. 3101 Ziff. 2 VV RVG (§ 15 Abs. 3 RVG ist hinsichtlich der 1,3 Verfahrensgebühr Nr. 3100 VV RVG für die Scheidungssache zu beachten!)

1,2 Differenzterminsgebühr (Vorbem. 3 Abs. 3 S. 3 Ziff. 2, Nr. 3104 VV RVG)

1,5 Einigungsgebühr gem. Nr. 1000 VV RVG

3,5 (ohne Berücksichtigung von § 15 Abs. 3 RVG)

Für die Scheidungssache selbst entsteht in den beiden vorstehenden Berechnungen noch eine 1,3 Verfahrensgebühr (Nr. 3100 VV RVG) und eine 1,2 Terminsgebühr (Nr. 3104 VV RVG) nach dem Wert der **Scheidungssache**, also insgesamt Gebühren von 2,5. Zu diesen Gebühren für die Scheidungssache kommen noch insgesamt 2,95 oder 3,5 Gebühren für den gerichtlich protokollierten Vergleich über die nicht anhängigen Folgesachen hinzu; natürlich nach dem Wert dieser **Folgesachen** (ohne Berücksichtigung von § 15 Abs. 3 RVG). **84**

Hinweis:

Laut BGH besteht die Vermutung, dass der RA den Auftrag hat, die Scheidungsvereinbarung innerhalb des Scheidungsverfahrens durchzuführen; also im Zweifel gilt als Auftrag des Mandanten die letzte Variante.

Beispiel:

Siehe Beispiel unter Rdn 75 ff. (Eheleute Dingskirchen, zweites Beispiel).

Die gerichtliche Protokollierung des Scheidungsfolgenvergleiches ist übrigens deshalb sinnvoll bzw. notwendig, weil ein gerichtlich protokollierter Vergleich gemäß § 120 Abs. 1 FamFG i. V. m. § 794 Abs. 1 Nr. 1 ZPO, genauso wie der vollstreckbare Anwaltsvergleich nach § 794 Abs. 1 Nr. 4b ZPO ein Vollstreckungstitel ist. Wenn es auch um Grundbesitz geht, ist jedoch nur ein gerichtlicher Vergleich möglich, kein Anwaltsvergleich.

In der Praxis wird oft ein anwaltlich ausgehandelter Scheidungsfolgenvergleich notariell beurkundet statt gerichtlich protokolliert. Dies führt dazu, dass die Auftraggeber zusätzlich zu den Gebühren für zwei Rechtsanwälte auch noch die Kosten des Notars (2,0 Beurkundungs-Verfahrensgebühr **85** nach Nr. 21100 KV GNotKG) tragen müssen, wogegen die Gerichtsgebühren für die Protokollierung des Vergleichs relativ gering sind (eine zusätzliche Vergleichsgebühr von 0,25 nach Nr. 1500 KV FamGKG). Der gerichtliche protokollierte Vergleich ersetzt die notarielle Beurkundung gemäß § 127a BGB. Eine solche Verteuerung des Verfahrens sollte vermieden werden, da die ratsuchenden Auftraggeber auch erwarten, im Hinblick auf die entstehenden Gebühren gut und richtig beraten zu werden.

Merke:

Welche Gebühren für einen außergerichtlich ausgehandelten Scheidungsfolgenvergleich entstehen, ist von dem erteilten Auftrag abhängig.

II. Gegenstandswert bei Scheidungsfolgenvereinbarung

86 Als **Gegenstandswert der Scheidungsfolgenvereinbarung** nimmt man die Summe von allen durch den Vergleich erledigten Gegenständen. Die Ehescheidungssache selbst bleibt dabei außer Betracht (Nr. 1000 Anm. Abs. 5 S. 2 VV RVG; vgl. Rdn 67 ff.). Denken Sie daran: Vergleichswert ist immer, **worüber**, nicht **worauf** man sich vergleicht.

Die Bestimmung des Gegenstandswertes für die einzelnen Folgesachen richtet sich nach dem FamGKG und ist so vorzunehmen, wie dies in dem Abschnitt über die Bestimmung des Gegenstandswertes für Folgesachen beschrieben wurde (siehe Rdn 22 ff.).

E. Anwaltsgebühren bei einstweiligen Anordnungen

87 Durch eine **einstweilige Anordnung** kann das Gericht eine **vorläufige Maßnahme** treffen, wenn ein dringendes Bedürfnis für ein sofortiges Tätigwerden besteht und die Maßnahme gerechtfertigt ist (§§ 49 ff., 119 Abs. 1 FamFG). Zuständig ist grundsätzlich das Gericht, das für die Hauptsache im ersten Rechtszug zuständig wäre (§ 50 FamFG). Es ist nicht Voraussetzung, dass ein Verfahren in der Hauptsache bereits anhängig ist.

Wenn ein entsprechendes Hauptsacheverfahren nur auf Antrag eingeleitet werden kann, wird auch eine einstweilige Anordnung nur auf Antrag erlassen (§ 51 Abs. 1 FamFG). Der Antrag ist zu begründen und die Voraussetzungen für den Antrag sollen glaubhaft gemacht werden.

88 Insbesondere in **Unterhaltssachen** sind die Sondervorschriften in den §§ 246 ff. FamFG über die einstweilige Anordnung zu beachten. Im Gegensatz zu § 49 FamFG ist es gemäß § 246 FamFG bei Unterhalt nicht erforderlich, ein dringendes Bedürfnis für das sofortige Tätigwerden des Gerichts glaubhaft zu machen. Außerdem ist in diesen Fällen die Wirkung der einstweiligen Anordnung nicht nur vorläufig. Daher kann das Gericht durch die einstweilige Anordnung den Unterhalt ohne zeitliche Begrenzung zusprechen. Das Gleiche gilt für den Anspruch auf Zahlung eines Kostenvorschusses für das gerichtliche Verfahren.

89 Im Verfahren über jede einstweilige Anordnungen erhält der RA die **Gebühren** gemäß Nrn. 3100 ff. VV RVG **gesondert**, also falls die Hauptsache bereits anhängig ist, zusätzlich neben den Gebühren des Hauptverfahrens. Dies ergibt sich aus § 17 Ziff. 4 Lit. b RVG i. V. m. § 15 Abs. 1 und 2 RVG, denn jede einstweilige Anordnung ist gebührenrechtlich eine **eigene Angelegenheit**. Verfahrensrechtlich ist jede einstweilige Anordnung ein selbstständiges Verfahren, auch wenn eine Hauptsache anhängig ist (§ 51 Abs. 3 S. 1 FamFG). Auch wenn **mehrere Anträge** auf einstweilige Anordnungen gestellt werden, gilt jede einzelne einstweilige Anordnung als selbständige Angelegenheit, jedenfalls dann, wenn die Anordnungen jeweils als eigenes gerichtliches Verfahren mit eigenen Geschäftszeichen geführt werden. Für jeden Antrag auf einstweilige Anordnung wird also eine gesonderte Vergütungsrechnung erstellt

und die Auslagenpauschale für Post- und Telekommunikationsdienstleistungen nach Nr. 7002 VV RVG wird für jede einstweilige Anordnung erneut berechnet.

Die **Gegenstandswerte** für Verfahren der einstweiligen Anordnung sind nach den Vorschriften des FamGKG zu ermitteln (siehe auch Rdn 22 ff.). Die Verfahrenswerte werden also genauso ermittelt wie bei der entsprechenden Hauptsache, nur dass für die einstweilige Anordnung in der Regel nur die Hälfte des für die Hauptsache bestimmten Wertes genommen wird (§ 41 FamGKG). 90

Beispiel:

Frau Schilp hat durch RA Gluck Scheidungsantrag stellen lassen. Während des Scheidungsverfahrens beantragt RA Gluck eine einstweilige Anordnung gegen den Ehemann auf Zahlung eines Kostenvorschusses für das gerichtliche Verfahren (§ 246 Abs. 1 FamFG) in Höhe von 990,90 €. Dieser Anspruch auf den Kostenvorschuss wird gemäß § 1360a Abs. 4 i. V. m. § 1361 Abs. 4 S. 4 BGB wie Unterhalt behandelt. Es ergeht ein entsprechender Beschluss ohne mündliche Verhandlung, da eine solche nicht stattfinden muss (§ 246 Abs. 2 FamFG).

Später beantragt RA Gluck eine weitere einstweilige Anordnung, wonach der Ehemann einen monatlichen Unterhalt von 400,00 € zahlen soll. Das Gericht erlässt eine entsprechende einstweilige Anordnung durch Beschluss nach mündlicher Verhandlung, da es auf eine gütliche Beilegung hinwirken will (§ 246 Abs. 2 FamFG).

Jede einstweilige Anordnung ist gebührenrechtlich eine **eigene Angelegenheit**, da verfahrensrechtlich jede einstweilige Anordnung ein selbstständiges Verfahren ist, auch wenn eine Hauptsache bereits anhängig ist (§ 51 Abs. 3 S. 1 FamFG). Das bedeutet, dass neben der hier nicht gezeigten Vergütungsrechnung für das Scheidungsverfahren RA Gluck für jede der beiden einstweiligen Anordnungen jeweils eine Vergütungsrechnung erstellt.

I. Einstweilige Anordnung über den Kostenvorschuss

Der Verfahrenswert eines Verfahrens in der Hauptsache wäre in diesem Fall nach § 35 FamGKG 990,90 €. Dieser Wert wird bei einer einstweiligen Anordnung nach § 41 FamGKG halbiert.

Gegenstandswert: 495,45 €

1,3	Verfahrensgebühr gem. §§ 2, 13 RVG, Nr. 3100 VV RVG	66,95 €
20 %	Pauschale für Post- und Telekommunikationsentgelte gem. § 2 Abs. 2 S. 1 RVG, Nr. 7002 VV RVG	13,39 €
		80,34 €
19 %	USt. gem. § 2 Abs. 2 S. 1 RVG, Nr. 7008 VV RVG	15,26 €
		95,60 €

II. Einstweilige Anordnung über den Unterhalt

Der Wert eines Verfahrens in der Hauptsache wäre in diesem Fall 12 x 400,00 € = 4.800,00 € nach § 51 FamGKG. Dieser Wert wird bei einer einstweiligen Anordnung nach § 41 FamGKG halbiert.

Gegenstandswert: 2.400,00 €

1,3	Verfahrensgebühr gem. §§ 2, 13 RVG, Nr. 3100 VV RVG	306,15 €
1,2	Terminsgebühr gem. §§ 2, 13 RVG, Nr. 3104 VV RVG	282,60 €
20 %	Pauschale für Post- und Telekommunikationsentgelte gem. § 2 Abs. 2 S. 1 RVG, Nr. 7002 VV RVG	20,00 €
		608,75 €
19 %	USt. gem. § 2 Abs. 2 S. 1 RVG, Nr. 7008 VV RVG	115,66 €
		724,41 €

Merke:

Durch eine einstweilige Anordnung trifft das Gericht eine vorläufige Entscheidung.

Gebührenrechtlich ist jede einstweilige Anordnung eine besondere Angelegenheit.

In der in der Regel entsteht eine Verfahrensgebühr – und falls eine mündliche Verhandlung stattfindet, eine Terminsgebühr – sowie die Auslagenpauschale.

Der Gegenstandswert für Verfahren der einstweiligen Anordnung beträgt in der Regel nur die Hälfte des für die Hauptsache bestimmten Wertes.

F. Anwaltsgebühren in Abstammungssachen und Unterhaltssachen von Kindern

91 → *Dazu Aufgaben Gruppe 24*

Im zweiten Buch des FamFG werden neben anderen Verfahren in Familiensachen (siehe dazu Rdn 1 ff.) auch das Verfahren in Abstammungssachen und das Verfahren über den Unterhalt geregelt, wobei die vereinfachten Verfahren über den Unterhalt Minderjähriger von besonderer praktischer Bedeutung sind.

I. Die Gebühren in Abstammungssachen

92 In § 169 FamFG ist definiert, welche Rechtsstreitigkeiten zu den Abstammungssachen gehören. **Als Abstammungssachen gelten** demnach folgende Verfahren:

- Feststellung des Bestehens oder Nichtbestehens eines Eltern-Kind-Verhältnisses, insbesondere auch die Feststellung der Wirksamkeit oder Unwirksamkeit einer Anerkennung der Vaterschaft (Ziff. 1)
- Ersetzung der Einwilligung in eine genetische Abstammungsuntersuchung und Anordnung der Duldung einer Probeentnahme (Ziff. 2)
- Einsicht in ein Abstammungsgutachten oder Aushändigung einer Abschrift (Ziff. 3)
- Anfechtung der Vaterschaft (Ziff. 4)

Praktisch bedeutsam ist insbesondere der an erster Stelle genannte Antrag eines Kindes, dessen Eltern nicht miteinander verheiratet sind, über die Feststellung der Vaterschaft.

Das Verfahren in Abstammungssachen verläuft nach den Verfahrensregeln des FamFG. Hervorzuheben ist, dass auch hier der Untersuchungsgrundsatz (§ 26 FamFG) gilt, wonach das Gericht von Amts wegen die erforderlichen Ermittlungen durchzuführen hat, wie z. B. Blutgruppenuntersuchungen, DNA-Analysen (§ 178 FamFG).

93 Abstammungssachen sind nichtvermögensrechtliche Angelegenheiten. Der **Verfahrenswert einer Abstammungssache** bestimmt sich nach § 47 FamGKG, das heißt, in Verfahren zur Feststellung oder Anfechtung der Vaterschaft (§ 169 Ziff. 1 FamFG) ist ein **Festwert von 3.000 Euro** vorgeschrieben. In den anderen Abstammungssachen gem. § 169 Ziff. 2 und 3 FamFG beträgt der Verfahrenswert dagegen nur 1.000 Euro.

Dem verfahrensbevollmächtigten RA stehen für seine Tätigkeit im Verfahren über Abstammungssachen die Gebühren nach Nrn. 3100 ff. VV RVG zu. Der RA wird in der Regel eine Verfahrensgebühr und eine Terminsgebühr erhalten.

Für die **einstweilige Anordnung** über den **Unterhalt** nach § 248 FamFG (wenn ein Verfahren auf Feststellung der Vaterschaft anhängig ist) werden Gebühren unter Anwendung der **Wertvorschrift** des § 41 FamGKG (Hälfte des Wertes der Hauptsache) berechnet (siehe Rdn 87 ff.). 94

Merke:

Der Verfahrenswert in einer Abstammungssache ist ein Festwert und beträgt in Verfahren zur Feststellung oder Anfechtung der Vaterschaft 3.000 Euro, sonst 1.000 Euro.

Rechtsanwaltsgebühren entstehen nach Nrn. 3100 ff. VV RVG.

II. Die Gebühren in Unterhaltssachen

1. Das Verfahren über den Unterhalt

Alle Verwandten in gerader Linie sind sich gegenseitig zum Unterhalt verpflichtet (§ 1601 BGB). 95
Jedes minderjährige unverheiratete Kind hat gegenüber seinen Eltern einen Anspruch auf Unterhalt, soweit es im Sinne von § 1602 Abs. 2 BGB unterhaltsbedürftig ist. Wenn das Kind mit seinen Eltern in einem Haushalt lebt, wird es freilich kaum jemals zu rechtlichen Problemen wegen des Unterhalts kommen.

Kinder, deren Eltern nach der Scheidung getrennt leben oder deren Eltern niemals miteinander verheiratet waren, haben dagegen häufig Schwierigkeiten, den Unterhalt von dem Elternteil zu erhalten, mit dem sie nicht zusammenleben. Um einheitliche Regeln zu schaffen, wonach minderjährige Kinder von dem Elternteil, mit dem sie nicht in einem Haushalt leben, Unterhalt beanspruchen können, hat der Gesetzgeber den **Mindestunterhalt für minderjährige Kinder** geschaffen. Nach § 1612a BGB kann ein Kind in solchen Fällen den Unterhalt als Prozentsatz des jeweiligen Mindestunterhalts verlangen. Das auf das Kind entfallende Kindergeld ist grundsätzlich zur Hälfte auf den sich ergebenden monatlichen Unterhaltsbetrag anzurechnen (§ 1612b BGB).

Hinweis:

Eine genaue **Anleitung zur Berechnung** des je nach Alter des Kindes und den Einkommensverhältnissen der Eltern angemessenen Unterhalts finden Sie unter den Rdn 41 ff.

Auch Ehegatten sind einander verpflichtet, durch ihre Arbeit und mit ihrem Vermögen sich gegenseitig und die Familie angemessen zu unterhalten (§ 1360 BGB). Unterhalt kann auch als **Ehegattenunterhalt** nach der Scheidung gerichtlich geltend gemacht werden (§§ 1569 ff. BGB). Dies wurde bereits in Rdn 41 ff. behandelt. 96

Unterhaltssachen sind gemäß § 231 Abs. 1 FamFG

- die durch Verwandtschaft begründete gesetzliche Unterhaltspflicht, dies betrifft insbesondere Kinder,
- die durch Ehe begründete Unterhaltspflicht und
- Unterhaltsansprüche der Mutter eines gemeinsamen Kindes, die nicht mit dessen Vater verheiratet ist.

Der **Gegenstandswert** eines solchen Verfahrens bestimmt sich nach § 51 Abs. 1 FamGKG. Für die 97
Feststellung der **Unterhaltspflicht** ist höchstens der **Jahresbetrag** des geforderten Unterhalts anzusetzen (§ 51 Abs. 1 S. 1 FamGKG). Es wird so sein, dass für ein Kind in der Zukunft unterschiedlich hohe Monatsbeträge des Unterhalts zu zahlen sind, was sich z. B. aus den Altersstufen des Mindestunterhalts nach § 1612a Abs. 1 S. 3 BGB ergibt. Deshalb ist für die Wertberechnung nur der **Unterhalt der ersten zwölf Monate nach Einreichung** des Antrags maßgeblich; spätere Er-

höhungen des Unterhalts werden also nicht berücksichtigt. Bei Einreichung des Antrags fälliger **rückständiger Unterhalt** ist dem nach Abs. 1 des § 51 FamGKG ermittelten Jahresbetrag hinzuzurechnen (§ 51 Abs. 2 FamGKG). Beachten Sie, dass Unterhalt monatlich im Voraus zu zahlen ist (§ 1612 Abs. 3 BGB). Wird also der Antrag z. B. am 15. Juni bei Gericht eingereicht, dann ist der Unterhalt für Juni bereits fällig gewesen und damit rückständig. Siehe auch Rdn 41 ff. und § 3 Rdn 104 f.

98 Für seine Tätigkeit im Verfahren über den Unterhalt erhält der RA Gebühren nach den Nrn. 3100 ff. VV RVG. Siehe auch Rdn 64 ff., dort finden Sie auch ein Beispiel.

Merke:

Der im Unterhaltsverfahren beauftragte RA erhält die Gebühren der Nrn. 3100 ff. VV RVG.

Gegenstandswert ist höchstens der Jahresbetrag des geforderten Unterhalts der ersten zwölf Monate nach Einreichung des Antrags, zuzüglich beanspruchter fälliger Rückstände.

Beispiel:

RA Meister vertritt die 11-jährige Heidi gegenüber ihrem unterhaltspflichtigen Vater. Er beantragt für Heidi beim Familiengericht die Festsetzung von Unterhalt. Gefordert wird Unterhalt in Höhe von 136 % des jeweiligen Mindestunterhalts nach § 1612a BGB. Das Kindergeld für Heidi beträgt 259,00 € (Stand 01.01.2026) und ist nach § 1612b BGB zur Hälfte auf den Barunterhalt anzurechnen. Unterhaltsrückstand wird für 3 Monate geltend gemacht (§ 1613 BGB). Das Familiengericht gibt dem Antrag aufgrund der eingereichten Unterlagen ohne mündliche Erörterung durch Beschluss statt.

Der **Gegenstandswert** ist nach § 51 Abs. 1 und Abs. 2 FamGKG wie folgt zu berechnen:

Der monatliche Mindestunterhalt für Heidi ergibt sich aus der zweiten Altersstufe gemäß § 1612a Abs. 1 S. 3 Nr. 2 BGB. Der Mindestunterhalt beträgt derzeit 558,00 € (Stand 01.01.2026). **Weitere Hinweise** hierzu finden Sie unter den Rdn 41 ff. Die Berechnung des Unterhalts sieht in diesem Fall dann folgendermaßen aus:

558,00 € x 136 : 100 = 758,88 €, aufgerundet 759,00 €.

Nach Abzug des hälftigen Kindergeldes verbleiben 759,00 € – 129,50 € = 629,50 €.

Jahresbetrag geforderter Unterhalt:	12 x 629,50 €	=	7.554,00 €	(§ 51 Abs. 1 FamGKG)
Rückständiger Unterhalt:	3 x 629,50 €	=	1.888,50 €	(§ 51 Abs. 2 FamGKG)
			9.442,50 €	

RA Meister erstellt folgende **Vergütungsrechnung**:

Gegenstandswert: 9.442,50 €

1,3	Verfahrensgebühr gem. §§ 2, 13 RVG, Nr. 3100 VV RVG	847,60 €
20 %	Pauschale für Post- und Telekommunikationsentgelte gem. § 2 Abs. 2 S. 1 RVG, Nr. 7002 VV RVG	20,00 €
		867,60€
19 %	USt. gem. § 2 Abs. 2 S. 1 RVG, Nr. 7008 VV RVG	164,83 €
		1.032,33 €

Für Verfahren über den **Ehegattenunterhalt** oder über den **Unterhaltsanspruch der Mutter** eines gemeinsamen Kindes, mit dessen Vater sie nicht verheiratet ist oder war, gelten nach § 1615l Abs. 1 BGB die Regeln über den Unterhalt von Kindern entsprechend. Der Gegenstandswert wird wie vorstehend erläutert als Jahresbetrag zuzüglich der Rückstände berechnet, nur dass es hierfür keine gesetzlichen Mindestbeträge gibt. Hinweise zur Bemessung der Höhe des Unterhalts für Ehegatten lassen sich auch den Anmerkungen in der „Düsseldorfer Tabelle" entnehmen. 99

2. Spezielle Verfahren über den Unterhalt

Da Verfahren über Unterhalt relativ häufig vorkommen, sieht das Gesetz spezielle Verfahren über den Unterhalt vor. Vier mögliche Verfahren werden hier vorgestellt: 100

- Das **vereinfachte Verfahren** zur erstmaligen Festsetzung des Unterhalts minderjähriger Kinder, das in den §§ 249 bis 260 FamFG geregelt ist.
- Das **selbstständige Verfahren** zur Festsetzung von Unterhalt bei einem bereits anhängigen Abstammungsverfahren auf Feststellung der Vaterschaft gemäß § 237 FamFG.
- Das Verfahren über den Erlass einer **einstweiligen Anordnung** bei einem bereits anhängigen Abstammungsverfahren auf Feststellung der Vaterschaft gemäß §§ 246, 248 FamFG.
- Die **Abänderung von Unterhaltstiteln** bei Änderung maßgeblicher Umstände (§§ 238, 240 FamFG).

a) Vereinfachtes Verfahren zur erstmaligen Festsetzung des Unterhalts (§§ 249 ff. FamFG)

Zur verfahrensrechtlichen Erleichterung gibt es das **vereinfachte Verfahren über den Unterhalt minderjähriger Kinder**, das in den §§ 249 bis 260 FamFG geregelt ist. In den Fällen, in denen dieses vereinfachte Verfahren zulässig ist, kann den Beteiligten ein streitiges gerichtliches Verfahren erspart bleiben. 101

Mit diesem vereinfachten Verfahren besteht für alle minderjährigen Kinder ein schnell und einfach ausgebildetes Verfahren vor dem Rechtspfleger (§ 25 Ziff. 2 Lit. c RPflG) zur Erlangung eines Vollstreckungstitels über den Unterhalt im Beschlussweg. Der Rechtspfleger kann den Beschluss ohne mündliche Erörterung erlassen.

Voraussetzung für dieses Verfahren ist, dass das Kind mit dem in Anspruch genommenen Elternteil nicht im Haushalt lebt und dass kein höherer Unterhalt als das **1,2fache des Mindestunterhalts** nach § 1612a Abs. 1 BGB eingefordert wird (§ 249 FamFG). Der geforderte Prozentsatz nach § 1612a BGB darf in diesem Verfahren also maximal 120 % betragen.

Aus § 249 Abs. 2 FamFG ergibt sich, dass dieses vereinfachte Verfahren **nur zur erstmaligen Festsetzung** des Unterhalts zulässig ist, aber nicht zur Abänderung eines bereits vorliegenden Vollstreckungstitels. Zur Neuregelung wäre ein Abänderungsantrag nach § 238 FamFG zu erheben (siehe Rdn 112 ff.).

Für seine Tätigkeiten in diesem vereinfachten Verfahren erhält der RA eine 1,3 **Verfahrensgebühr** nach Nr. 3100 VV RVG. Mit dieser Gebühr wird die gesamte Tätigkeit des RA abgegolten, also auch die Prüfung von Einwendungen des Antragsgegners nach § 252 FamFG. Eine **Terminsgebühr** nach Nr. 3104 VV RVG wird nicht entstehen, da in dem Verfahren in der Regel keine mündliche Erörterung stattfindet. Sie könnte allenfalls für außergerichtliche Besprechungen, die auf die Vermeidung oder Erledigung des Verfahrens gerichtet sind, entstehen (Vorbemerkung 3 Abs. 3 VV RVG). 102

Der Antragsgegner kann Einwendungen gegen die Durchführung des vereinfachten Verfahrens erheben. Nach § 252 Abs. 1 FamFG könnte er Einwendungen gegen die Zulässigkeit des Verfahrens 103 erheben, z. B. weil das Kind bei ihm in seinem Haushalt lebt – dann wird das Gericht den Antrag zurückweisen. Praktisch wichtiger sind Einwendungen nach § 252 Abs. 2 FamFG: Er könnte einwenden, dass er bereits Unterhalt geleistet hat oder dass er nicht leistungsfähig ist. Allerdings muss er in diesem Fall erklären, ob und in welcher Höhe er zur Unterhaltsleistung bereit ist; und er muss sich insoweit zur Leistung verpflichten. Nach § 252 Abs. 3 und 4 FamFG muss er diesbezüglich Auskünfte erteilen und Belege vorlegen.

Nur soweit der Unterhaltspflichtige sich zur Unterhaltsleistung verpflichtet hat, erlässt das Gericht einen Festsetzungsbeschluss (§ 253 Abs. 1 FamFG). Wenn er keine Einwendungen erhoben hat, ergeht der Festsetzungsbeschluss antragsgemäß über den geforderten Unterhalt. Soweit zulässige Einwendungen erhoben wurden, teilt das Gericht dies dem Antragsteller mit und weist darauf hin, dass auf Antrag eines Beteiligten das streitige Verfahren durchgeführt wird (§ 254 FamFG).

104 Auf Antrag wird dann das streitige Unterhaltsverfahren durchgeführt (§ 255 FamFG). Damit durch das vereinfachte Verfahren keine zusätzlichen Kosten entstehen, sieht Nr. 3100 Anm. Abs. 1 VV RVG die **Anrechnung der Verfahrensgebühr** für das vereinfachte Verfahren auf die Verfahrensgebühr des nachfolgenden Unterhaltsverfahrens vor, das als Fortsetzung des vereinfachten Verfahrens anzusehen ist. Die Anrechnungsbestimmung in Nr. 3100 Anm. Abs. 1 VV RVG ist erforderlich, weil in § 17 Ziff. 3 RVG das vereinfachte Verfahren und das Unterhaltsverfahren zu **verschiedenen Angelegenheiten** erklärt sind – es sind also auch **zwei Vergütungsrechnungen** zu fertigen. Man kann dies übrigens in etwa mit dem Übergang vom Mahnverfahren (§§ 699 ff. ZPO) in das streitige Verfahren (Zivilprozess) vergleichen. Die Anrechnung erfolgt, weil der RA sich in solchen Fällen nicht neu in den Sachverhalt einarbeiten muss.

Weitere Gebühren, die eventuell entstehen können, sind die Terminsgebühr und die Einigungsgebühr. Nur falls es in seltenen Fällen eine mündliche Erörterung gibt oder wenn außergerichtliche Vergleichsverhandlungen stattfinden, kann eine Terminsgebühr nach Vorbemerkung 3 Abs. 3, Nr. 3104 VV RVG entstehen. Eine Einigungsgebühr nach Nrn. 1000 und 1003 VV RVG kann bei Vergleichsabschluss entstehen. Falls eine Terminsgebühr entstanden ist, muss diese auf die Terminsgebühr des Unterhaltsverfahrens nach Nr. 3104 Anm. Abs. 4 VV RVG angerechnet werden.

105 **Gegenstandswert** des vereinfachten Verfahrens ist nach § 51 Abs. 1 FamGKG der Jahresbetrag des geforderten Unterhalts der ersten zwölf Monate nach Antragseinreichung. Unterhaltsrückstand wird hinzugerechnet (§ 51 Abs. 2 S. 3 FamGKG). Beachten Sie, dass Unterhalt monatlich im Voraus zu zahlen ist (§ 1612 Abs. 3 BGB). Wird also der Antrag z. B. am 15. Juni bei Gericht eingereicht, dann ist der Unterhalt für Juni bereits fällig gewesen und damit rückständig. Siehe auch Rdn 41 ff. und § 3 Rdn 104 f. Falls Unterhalt für mehrere Kinder geltend gemacht wird, werden die Einzelwerte des Unterhalts zusammengerechnet (§ 33 Abs. 1 FamGKG).

Merke:

Der RA erhält im vereinfachten Verfahren zur erstmaligen Festsetzung des Unterhalts in der Regel nur eine Verfahrensgebühr nach Nr. 3100 VV RVG.

Die Verfahrensgebühr (und die Terminsgebühr) für das vereinfachte Verfahren sind auf die Verfahrensgebühr (und die Terminsgebühr) des nachfolgenden streitigen Unterhaltsverfahrens anzurechnen.

Gegenstandswert ist höchstens der Jahresbetrag des geforderten Unterhalts, zuzüglich eingeforderter fälliger Rückstände.

b) Unterhalt bei Vaterschaftsfeststellungsverfahren (§ 237 FamFG)

Während ein **Abstammungsverfahren** auf Feststellung der Vaterschaft anhängig ist, kann das minderjährige Kind den Vater auf Zahlung von Unterhalt in einem **selbstständigen Unterhaltsverfahren** nach § 237 FamFG in Anspruch nehmen. Der Antrag ist aber nur zulässig, wenn gleichzeitig das Verfahren auf Feststellung der Vaterschaft anhängig ist. Dies hat den Zweck, nach dem Abstammungsverfahren einen weiteren Rechtsstreit über den Unterhalt zu vermeiden. Deshalb kann die Unterhaltssache nach § 237 FamFG gemäß § 179 Abs. 1 S. 2 FamFG mit dem Abstammungsverfahren auf Feststellung des Bestehens der Vaterschaft **verbunden** werden. 106

Das Unterhaltsverfahren ist in diesem Fall nach § 237 Abs. 3 FamFG nur zulässig, wenn höchstens Unterhalt in Höhe der **Mindestbeträge** gemäß den Altersstufen nach § 1612a Abs. 1 BGB verlangt wird, also jeweils nur 100 % der Mindestbeträge der betreffenden Altersstufe, oder weniger (siehe auch Rdn 41 ff. und Rdn 95 ff.).

In dem Unterhaltsverfahren erhält der RA die **Gebühren** nach den Nrn. 3100 ff. VV RVG. 107

Der **Gegenstandswert** bestimmt sich in diesem Fall nach § 51 FamGKG und entspricht dem Jahresbetrag des Unterhalts zuzüglich etwaiger Rückstände (siehe Rdn 41 ff.). 108

Bei **Verbindung von vermögensrechtlichen und nichtvermögensrechtlichen Ansprüchen** gilt die Sondervorschrift des § 33 Abs. 1 S. 2 FamGKG, wenn die Verbindung einen nichtvermögensrechtlichen Anspruch und einen **aus diesem hergeleiteten** vermögensrechtlichen Anspruch betrifft. In diesem Fall ist der Wert beider Ansprüche getrennt festzustellen und sodann der **höhere Wert** von beiden als Verfahrenswert anzunehmen. Häufig vorkommendes Beispiel hierfür ist die oben beschriebene Verbindung der Abstammungssache auf Feststellung der Vaterschaft (§ 169 Nr. 1 FamFG) mit dem Antrag auf Zahlung von Kindesunterhalt (§§ 237, 179 Abs. 1 S. 2 FamFG). Der Unterhaltsanspruch (vermögensrechtlich) hängt hier eben von der Feststellung der Vaterschaft (nichtvermögensrechtlich) ab – er wird aus ihm hergeleitet – und das Gericht kann folgerichtig erst nach Klärung der Vaterschaft Unterhalt wirksam zusprechen (siehe auch § 237 Abs. 4 FamFG). 109

Hinweis:

Bei den geltenden Unterhaltssätzen wird der Wert der Unterhaltssache meistens höher als der Wert der Abstammungssache (3.000 Euro nach § 47 Abs. 1 FamGKG) sein.

Der Grundsatz des § 33 Abs. 1 S. 2 FamGKG gilt in Familiensachen mit Ausnahme der Sachen im Scheidungsverbund: Hier sollen die Werte der nichtvermögensrechtlichen und der vermögensrechtlichen Verfahrensgegenstände (Scheidung und z. B. Unterhalt) vielmehr gemäß § 44 Abs. 2 S. 2 und 3 FamGKG zusammengerechnet werden.

Merke:

Bereits während eines Verfahrens auf Feststellung der Vaterschaft kann nach § 237 FamFG gleichzeitig der Unterhalt gerichtlich eingefordert werden.

Der Gegenstandswert des Unterhaltsverfahrens ergibt sich aus dem Jahresbetrag des Unterhalts zuzüglich etwaiger fälliger Rückstände.

Bei Verbindung dieser Unterhaltssache mit der Abstammungssache ist nach § 33 Abs. 1 S. 2 FamGKG nur der höhere Wert von beiden Sachen maßgebend.

Der RA berechnet seine Gebühren nach den Nrn. 3100 ff. VV RVG.

c) Unterhalt durch einstweilige Anordnung bei anhängigem Abstammungsverfahren (§§ 246, 248 FamFG)

110 Nach § 246 FamFG ist es nicht Voraussetzung, dass ein dringendes Bedürfnis für ein sofortiges Tätigwerden des Gerichts besteht, um eine **einstweilige Anordnung auf Zahlung von Unterhalt** gegen den Vater des Kindes zu beantragen. Wenn die Vaterschaft des Mannes jedoch noch nicht feststeht, kann bereits während des Verfahrens auf Feststellung der Vaterschaft der Erlass einer einstweiligen Anordnung beantragt werden. Voraussetzung ist jedoch, dass ein **Abstammungsverfahren** auf Feststellung der Vaterschaft bereits anhängig ist (§ 248 Abs. 1 FamFG).

Das Verfahren über die einstweilige Anordnung ist gemäß § 17 Ziff. 4 b) RVG ein selbstständiges Verfahren neben dem Abstammungsverfahren. Der Antrag kann gemäß § 247 FamFG sogar schon vor der Geburt des Kindes gestellt werden, allerdings nur wegen des Unterhalts für die ersten drei Lebensmonate des Kindes.

111 Hinsichtlich der Vergütung für den RA gibt es keine Besonderheiten. **Gebühren** erhält der RA nach den Nrn. 3100 ff. VV RVG (siehe Rdn 87 ff.). Der **Gegenstandswert** bestimmt sich auch in diesem Fall nach § 51 FamGKG und entspricht dem Jahresbetrag des Unterhalts zuzüglich etwaiger fälliger Rückstände.

d) Die Abänderung von Unterhaltstiteln bei Änderung maßgeblicher Umstände (§§ 238 ff. FamFG)

112 In Unterhaltstiteln (Festsetzungsbeschluss, vollstreckbare notarielle Urkunde, Vergleich) sind die nach den §§ 1612b und 1612 c BGB **anzurechnenden Leistungen** dem Betrage nach festzusetzen. Es handelt sich bei diesen Leistungen z. B. um das auf das Kind entfallende Kindergeld. Die Höhe der Kindergeldzahlung kann sich nun verändern.

In solchen Fällen kann ausnahmsweise eine **gerichtliche Entscheidung** später noch abgeändert werden, aber nur, wenn es sich um die Abänderung von wiederkehrenden Leistungen handelt. Das Abänderungsverfahren für die gerichtliche Entscheidung ist ein **selbstständiges Verfahren**; es ist in § 238 FamFG geregelt.

Die spätere Abänderung von Vergleichen und **vollstreckbaren Urkunden** verläuft nach § 239 FamFG. Geht es um die Abänderung eines Beschlusses über **Unterhalt bei Feststellung der Vaterschaft** (§ 237 FamFG) oder um einen Festsetzungsbeschluss über **Unterhalt im vereinfachten Verfahren** (§ 253 FamFG), so erfolgt die Abänderung nach § 240 FamFG.

> *Hinweis:*
> Weitere mögliche Gründe für eine Abänderung: z. B. Einkommenssteigerung oder Einkommensverringerung des Vaters oder Erreichen des Rentenalters, weiteres Kind wird geboren.

113 Der bevollmächtigte RA erhält für seine Tätigkeit in diesen Verfahren **Gebühren** nach den Nrn. 3100 ff. VV RVG. In der Regel wird nur eine Verfahrensgebühr entstehen, da es unwahrscheinlich ist, dass es in diesem Verfahren zu einer Erörterung oder einer Beweisaufnahme kommt.

114 Der **Gegenstandswert** des Verfahrens zur Abänderung von Unterhaltstiteln wird nach § 51 Abs. 1 FamGKG berechnet. Der Jahresbetrag ergibt sich aus dem **Unterschied** zwischen dem bestehenden Unterhaltsanspruch aus dem alten Titel und dem Jahresbetrag des Unterhalts, dessen Festsetzung mit dem Abänderungsantrag begehrt wird. Fällige Rückstände werden dem Jahresbetrag hinzugerechnet (§ 51 Abs. 2 FamGKG).

Merke:

Der RA erhält im Verfahren zur Abänderung von Unterhaltstiteln in der Regel eine Verfahrensgebühr nach Nr. 3100 VV RVG.

Gegenstandswert ist höchstens der Jahresbetrag der geforderten Unterhaltsveränderung, zuzüglich etwa aufgelaufener fälliger Rückstände.

G. Verfahrenskostenhilfe

In Familiensachen können die Beteiligten **Verfahrenskostenhilfe** erhalten. Gemäß § 113 Abs. 1 S. 2 FamFG handelt es sich hierbei um die Prozesskostenhilfe nach den §§ 114 ff. ZPO, nur dass nach § 113 Abs. 5 Ziff. 1 FamFG das Wort „Verfahren“ an die Stelle des Wortes „Prozess“ tritt. Zur Prozesskostenhilfe siehe § 9 des Buches; Sie können die Erläuterungen zur Prozesskostenhilfe entsprechend auf die Verfahrenskostenhilfe anwenden. 115

Wenn Verfahrenskostenhilfe für die Scheidungssache bewilligt wurde, erstreckt sich die Bewilligung automatisch auf die Folgesache Versorgungsausgleich, falls dies nicht im Bewilligungsbeschluss ausdrücklich ausgeschlossen wurde (§ 149 FamFG). Nach § 48 Abs. 3 RVG sind außerdem alle Gebühren, die für den Abschluss eines Vergleichs für die dort genannten Folgesachen entstehen, von der Staatskasse zu zahlen (also Einigungsgebühr, Differenzverfahrensgebühr und Differenzterminsgebühr). Dies betrifft eine Einigung über Unterhalt, Sorge- und Umgangsrecht, Ehewohnung und Haushaltsgegenstände und Ansprüche aus dem ehelichen Güterrecht. 116

H. Mahnverfahren in Familienstreitsachen

Zahlungsansprüche können auch in **Familienstreitsachen** nach den Vorschriften der ZPO im **Mahnverfahren** geltend gemacht werden. Dies ergibt sich aus § 113 Abs. 2 FamFG. Es gelten also die §§ 688 ff. ZPO für das Mahnverfahren auch in den Familienstreitsachen, die in § 112 FamFG definiert sind. 117

Es handelt sich hierbei um Unterhaltssachen (§ 231 Abs. 1 FamFG), Güterrechtssachen (§ 261 Abs. 1 FamFG) und sonstige Familiensachen (§ 266 Abs. 1 FamFG). In den Absätzen 1 der vorgenannten Paragrafen geht es jeweils um Zahlungsansprüche, was in den jeweiligen Absätzen 2 dieser Paragrafen nicht der Fall ist. Deshalb sind nur die jeweils in den Absätzen 1 genannten Sachen für das Mahnverfahren geeignet.

Bei Beantragung eines Mahnbescheides ist gemäß § 690 Abs. 1 Nr. 5 ZPO das für das streitige Verfahren zuständige Gericht anzugeben; dies ist in diesen Fällen immer das Amtsgericht – Familiengericht.

Für die **Anwaltsvergütung** gilt das in § 6 über die Gebühren Gesagte auch für das Mahnverfahren wegen Geldforderungen in einer Familienstreitsache. 118

Ferner sei noch darauf hingewiesen, dass auch die Vorschriften über den **Urkunden- und Wechselprozess** (§§ 592 ff. ZPO) in Familienstreitsachen gemäß § 113 Abs. 2 FamFG anwendbar sind. Für die **Anwaltsvergütung** gilt das in § 7 Rdn 72 ff. Gesagte auch für die Gebühren in Verfahren im Urkunden- und Wechselprozess in einer Familienstreitsache. 119

Merke:

Nur in Familienstreitsachen ist das Mahnverfahren und ein Urkunden- oder Wechselprozess zulässig.

I. Zwangsvollstreckung in Familienstreitsachen

120 In § 120 Abs. 1 FamFG wird bestimmt, dass in Ehesachen und Familienstreitsachen anstelle der Vorschriften über die Vollstreckung des ersten Buches des FamFG die Vorschriften über die **Zwangsvollstreckung nach dem achten Buch der ZPO** (§§ 704 ff. ZPO) gelten.

121 Nach § 120 Abs. 2 FamFG sind Endentscheidungen in **Ehesachen und Familienstreitsachen** mit ihrem **Wirksamwerden** kraft Gesetzes vollstreckbar, auch ohne eine Vollstreckbarerklärung durch das Gericht. Eine vom Gericht in der Entscheidung ausgesprochene vorläufige Vollstreckbarkeit, wie in den §§ 708 ff. ZPO, gibt es in diesen Sachen also nicht. Deshalb sind die §§ 708 bis 713 ZPO nicht und die §§ 714 bis 720a ZPO nur mit Einschränkung bei der Vollstreckung von Endentscheidungen in Ehesachen und Familienstreitsachen anwendbar. Nur indirekt ist eine Vollstreckung schon vor Eintritt der Rechtskraft der Entscheidung möglich, da die Zulässigkeit der Vollstreckung gemäß § 120 Abs. 2 S. 1 FamFG vom **Wirksamwerden** der Entscheidung abhängig ist.

Wirksam werden Beschlüsse, die Endentscheidungen sind, in Ehesachen und Familienstreitsachen in der Regel mit **Eintritt der Rechtskraft** (§ 116 Abs. 2 und 3 FamFG). Die Rechtskraft tritt mit **Ablauf der Rechtsmittelfrist** ein (§§ 63 und 71 FamFG), wenn kein Rechtsmittel eingelegt ist.

122 Nur in **Familienstreitsachen kann** das Gericht jedoch nach § 116 Abs. 3 S. 2 FamFG die **sofortige Wirksamkeit** anordnen. Das Gericht **soll** sogar die sofortige Wirksamkeit anordnen, wenn es sich um eine Endentscheidung über eine Verpflichtung zur Leistung von **Unterhalt** handelt (§ 116 Abs. 3 S. 3 FamFG). Damit soll der Unterhalt zur Deckung des Lebensbedarfs für den Unterhaltsberechtigten gesichert werden.

Mit der sofortigen Wirksamkeit ist die Endentscheidung in der Familienstreitsache gemäß § 120 Abs. 2 S. 1 FamFG dann auch sofort vollstreckbar, noch bevor die Entscheidung nach Ablauf der Rechtsmittelfrist Rechtskraft erlangt hat.

Ein Beschluss über die Verpflichtung zur Herstellung des ehelichen Lebens ist gemäß § 120 Abs. 3 FamFG nicht vollstreckbar.

123 Für die **Anwaltsvergütung** gilt das in § 8 über die Gebühren bei Vollstreckungstätigkeiten Gesagte auch für Vollstreckung von Endentscheidungen in einer Familiensache.

Merke:

Endentscheidungen in Ehesachen und Familienstreitsachen werden mit ihrem Wirksamwerden kraft Gesetzes vollstreckbar.

Wirksam werden diese Endentscheidungen mit Eintritt der Rechtskraft.

Nur in Familienstreitsachen kann das Gericht die sofortige Wirksamkeit anordnen, also die Vollstreckung schon vor Eintritt der Rechtskraft möglich machen.

§ 12 Die Grundlagen des GKG und des FamGKG

A. Vorbemerkung

Es wird die Leserinnen und Leser freuen, dass dieser Teil des Buches relativ kurz gehalten werden kann. Von den Auszubildenden bei Rechtsanwälten bzw. Rechtsanwälten/Notaren wird in den Prüfungen nur erwartet, dass sie die Höhe der Gerichtskostenvorauszahlung bestimmen und Gerichtskostenrechnungen prüfen können. 1

Daraus ergibt sich, dass Sie sich nicht so intensiv mit dem GKG zu beschäftigen haben, wie Sie es mit dem RVG tun müssen. Um jedoch eine Gerichtskostenrechnung prüfen zu können, sind dann aber doch einige Kenntnisse notwendig . . .

B. Der Geltungsbereich des GKG, des GNotKG und des FamGKG

Gerichtskosten sind die für die Tätigkeit der Gerichte anfallenden öffentlichen Abgaben. Die **Gerichtskosten** sind insbesondere im GKG, im FamGKG und im GNotKG gesetzlich geregelt. 2

- Das **GKG** regelt im Wesentlichen die Kosten bei den ordentlichen Gerichten im Bereich der streitigen Gerichtsbarkeit und der Strafgerichtsbarkeit, vor allem also des Zivilprozesses, wogegen 3
- das **FamGKG** die Gerichtskosten und die Wertvorschriften in Familiensachen und in bestimmten Angelegenheiten der freiwilligen Gerichtsbarkeit regelt und
- das **GNotKG** in Kapitel 2 die Gerichtskosten aus dem Bereich der freiwilligen Gerichtsbarkeit regelt (soweit sie nicht nach dem FamGKG erhoben werden) und in Kapitel 3 die Notarkosten.
- Das **GvKostG** regelt die Kosten der Gerichtsvollzieher.

Weiterhin gilt das GKG für die Kosten in allen anderen in § 1 GKG genannten Verfahren und den dort aufgeführten Gerichten, also z. B. für die Verfahren nach der Insolvenzordnung, dem Gesetz über Ordnungswidrigkeiten und vor den Verwaltungs- und Finanzgerichten, sowie für Verfahren vor den Arbeitsgerichten.

> **Merke:**
>
> Das GKG regelt im Wesentlichen die Kosten des Zivil- und des Strafprozesses, das FamGKG regelt die Gerichtskosten in Familiensachen, wogegen das GNotKG die Gerichtskosten aus den sonstigen Bereichen der freiwilligen Gerichtsbarkeit regelt.
>
> Ferner regelt das GKG die Kosten vor den Verwaltungsgerichten, Finanzgerichten, Sozialgerichten, Arbeitsgerichten, usw.

Das GKG gibt es übrigens bereits seit dem Jahre 1878. Es trat zusammen mit der ZPO und der StPO 1879 in Kraft. Es ist seitdem wiederholt geändert worden. Besonders durchgreifende Änderungen erfolgten 1975, 1994 und 2004.

Das **FamGKG** gilt seit dem 01.09.2009. In § 1 FamGKG wird der **Geltungsbereich** dieses Gesetzes für die Kosten in Familiensachen definiert; allerdings werden die Kosten für **Mahnverfahren** in Familienstreitsachen weiterhin nach dem GKG erhoben, da hierfür die zentralen Mahngerichte zuständig bleiben. Das **GNotKG** ist am 01.08.2013 in Kraft getreten und hat die bis dahin geltende Kostenordnung (KostO) ersetzt. 4

C. Der Kostenbegriff des GKG, des FamGKG und des GNotKG

5 Die von den Gerichten erhobenen **Kosten setzen sich aus Gebühren und Auslagen zusammen** (§ 1 S. 1 GKG, § 1 S. 1 FamGKG, § 1 Abs. 1 GNotKG).

Sie werden sich erinnern, dass die Kostengesetze jeweils unterschiedliche Begriffe für Gebühren und Auslagen prägen: Im GKG, im FamGKG und im GNotKG wird der Begriff Kosten verwendet, wogegen das RVG dies Vergütung nennt (vgl. § 1 Rdn 4 ff.).

D. Der Aufbau des GKG, des FamGKG und des GNotKG

6 Im Prinzip sind GKG, FamGKG und GNotKG genauso aufgebaut, wie Sie das schon in Bezug auf das RVG kennen gelernt haben. Die Gesetze bestehen jeweils aus:

- dem **Gesetzesteil**,
- dem **Kostenverzeichnis** (das mit dem Vergütungsverzeichnis des RVG vergleichbar ist) und
- den identischen **Gebührentabellen** des GKG und des FamGKG; der Gebührentabelle A des GNotKG, die den Gebührentabellen des GKG und des FamGKG entspricht, sowie der Gebührentabelle B des GNotKG, die für Notargebühren und bestimmte Gerichtsgebühren (z. B. Grundbuchsachen) gilt.

Dem Gesetzesteil und dem Kostenverzeichnis sind jeweils Gliederungen vorangestellt, sodass Sie relativ schnell eine gesuchte Vorschrift auffinden können.

Der Gesetzesteil enthält wichtige Vorschriften z. B. über die Vorauszahlung der Gerichtskosten (§ 12 GKG, § 14 FamGKG, § 12 f. GNotKG) und jeweils in Abschnitt 7 die Wertvorschriften, die bereits vorgestellt worden sind (siehe die Ausführungen unter § 3).

E. Wichtige Kostenvorschriften aus GKG, FamGKG, GNotKG und GvKostG

7 An dieser Stelle soll eine **Auswahl** der für Sie bedeutsamsten Gebührenvorschriften des **GKG**, des **FamGKG, des GNotKG** und des **GvKostG** aufgezeigt werden.

Kostenverzeichnis des GKG (Auswahl)		
Nr.	**Gebührentatbestand**	**Gebühr oder Satz der Gebühr nach § 34 GKG**
1100	Verfahren über Antrag auf Erlass eines Mahnbescheids (gilt auch für das Mahnverfahren in Familiensachen!) (gilt nicht im Mahnverfahren vor dem Arbeitsgericht)	0,5 (mindestens jedoch 38,00 €)
1210	Verfahren im Allgemeinen (Klage in erster Instanz) (Die Gebühr für das Mahnverfahren wird angerechnet)	3,0
1211	Beendigung des Verfahrens durch rechtzeitige Zurücknahme der Klage, Anerkenntnis- oder Verzichtsurteil, gerichtlichen Vergleich usw. (nicht: Versäumnisurteil)	1,0
1220	Verfahren im Allgemeinen (Berufungsinstanz)	4,0
1230	Verfahren im Allgemeinen (Revisionsinstanz)	5,0
1610	Selbstständiges Beweisverfahren	1,0
1900	Gerichtlicher Vergleich über nicht in einem (auch anderen) gerichtlichen Verfahren anhängige Gegenstände („Differenzverfahrensgebühr“)	0,25

Kostenverzeichnis des GKG (Auswahl)		
Nr.	**Gebührentatbestand**	**Gebühr oder Satz der Gebühr nach § 34 GKG**
2111	Pfändungs- und Überweisungsbeschluss	24,00 €
2114	Verfahren über Antrag auf Erlass eines Haftbefehls	24,00 €
2117	Verteilungsverfahren	0,5
2118	Gerichtliche Vollstreckbarerklärung eines Anwaltsvergleichs (§ 796a ZPO)	72,00 €
8100	Verfahren über den Antrag auf Erlass eines Vollstreckungsbescheids (**nur Arbeitsgericht**) (Für den Antrag auf Erlass des Mahnbescheids entstehen bei den Arbeitsgerichten noch keine Kosten; die Besonderheiten für das Mahnverfahren vor den Arbeitsgerichten finden sich in den §§ 46a ff. ArbGG)	0,4 (mindestens jedoch 31,00 €)
8210	Verfahren im Allgemeinen (**Arbeitsgericht**, erste Instanz) (Gebühr für Vollstreckungsbescheid wird angerechnet)	2,0
9000	Dokumentenpauschale je Seite für die ersten 50 Seiten für jede weitere Seite Farbkopien je Seite für die ersten 50 Seiten für jede weitere Seite	0,50 € 0,15 € 1,00 € 0,30 €
9002	Auslagen für die Zustellung Diese Auslagen werden bei Wertgebühren nur erhoben, wenn in der Instanz mehr als 10 Zustellungen anfallen!	3,50 €
9003	Aktenversendungspauschale (in Papierform)	12,00 €

Kostenverzeichnis des FamGKG (Auswahl)		
Nr.	**Gebührentatbestand**	**Gebühr oder Satz der Gebühr nach § 28 FamGKG**
1110	Verfahren im Allgemeinen (Ehescheidung)	2,0
1210	Vereinfachtes Verfahren für den Unterhalt Minderjähriger	0,5
1320	Verfahren in Abstammungssachen, Unterhaltssachen, Versorgungsausgleichssachen, Güterrechtssachen, Ehewohnungs- und Haushaltssachen	2,0
1410	Einstweilige Anordnungen in Kindschaftssachen	0,3
1420	Einstweilige Anordnungen in sonstigen Familiensachen	1,5
1500	Gerichtlicher Vergleich über nicht in einem (auch anderen) gerichtlichen Verfahren anhängige Gegenstände („Differenzverfahrensgebühr“)	0,25

Kostenverzeichnis des GNotKG (Auswahl)		
Nr.	**Gebührentatbestand**	**Gebühr oder Satz der Gebühr nach § 34 GNotKG Tabelle A oder B**
11101	Jahresgebühr in Betreuungssachen	11,50 € je angefangene 5 000,00 € des zu berücksichtigenden Vermögens – mindestens 230,00 €
12110	Annahme einer Verfügung von Todes wegen in besondere amtliche Verwahrung	82,00 €
12101	Eröffnung einer Verfügung von Todes wegen	109,00 €
12210	Verfahren über den Antrag auf Erteilung eines Erbscheins oder eines Zeugnisses oder auf Ausstellung eines Europäischen Nachlasszeugnisses	1,0
14110	Eintragung eines Eigentümers oder von Miteigentümern	1,0
14120	Eintragung einer Briefhypothek, Briefgrundschuld oder Briefrentenschuld	1,3
17005	Gerichtlicher Vergleich über nicht in einem (auch anderen) gerichtlichen Verfahren anhängige Gegenstände („Differenzverfahrensgebühr“)	0,25
Kostenverzeichnis des GvKostG (Auswahl)		
Nr.	**Gebührentatbestand**	**Gebührenbetrag**
100	Persönliche Zustellung durch den GVZ	12,00 €
205	Durchführung einer Pfändung (§ 808 ZPO)	31,20 €
260	Abnahme der Vermögensauskunft mit eidesstattlicher Versicherung (§§ 802c, 802 d Abs. 1, 807 ZPO)	39,50 €
261	Übermittlung einer Kopie des Vermögensverzeichnisses an einen Drittgläubiger (§ 802d ZPO)	39,50 €
270	Verhaftung des Schuldners	46,80 €
300	Versteigerung beweglicher Sachen	62,40 €
440	Einholung von Drittauskünften, z. B. bei der Rentenversicherung des Schuldners (§ 802l ZPO) – Gebühr entsteht für jede Auskunft (§ 10 Abs. 3 GvKostG)	15,60 €
700	Absatz 4: Die Dokumentenpauschale wird nicht erhoben neben der Gebühr 260 oder 261	

Merke:

Im gerichtlichen **Mahnverfahren** beträgt die **Mindestgebühr 38,00 €** (Nr. 1100 KV GKG).

F. Vorauszahlungspflicht

Teilweise müssen Sie die Gebühren für gerichtliche Verfahren vorausbezahlen. So ordnet § 12 Abs. 1 GKG an, dass bei einer **Klage** (gilt also nur in der ersten Instanz) dem Beklagten die Klageschrift erst nach **Vorauszahlung der Verfahrensgebühr** zugestellt werden soll. Vor den Arbeitsgerichten gilt dies nicht gemäß § 11 GKG. In Berufungs- und Revisionsverfahren sind die Kosten erst zu zahlen, wenn sie vom Gericht in Rechnung gestellt werden (OLG Köln, Beschluss vom 24.01.2014 – 17 W 197/13). 8

Nach § 12 Abs. 3 S. 2 GKG soll beim maschinellen **Mahnverfahren** der Vollstreckungsbescheid erst erlassen werden, wenn der Antragsteller die Verfahrensgebühr für das Mahnverfahren bezahlt hat.

In der **Zwangsvollstreckung** müssen für bestimmte Anträge (wichtiges Beispiel: Pfändungs- und Überweisungsbeschlüsse) ebenfalls die Gebühren und die Zustellungsauslagen vorausbezahlt werden (§ 12 Abs. 6 S. 1 GKG). Dies gilt unter bestimmten Voraussetzungen jedoch nicht für nach § 829a ZPO elektronisch beantragte Pfändungs- und Überweisungsbeschlüsse (§ 12 Abs. 6 S. 2 GKG).

Nach § 14 **FamGKG** gilt für Ehesachen und selbstständige Familiensachen (wie im GKG) der Grundsatz, dass das Gericht erst nach Zahlung der Verfahrensgebühr die Antragsschrift dem Antragsgegner zustellen soll.

G. Beispiel zur Berechnung von Gerichtskosten

Beispiel: 9

Die Witwe Bolte beantragt ohne anwaltliche Hilfe beim zuständigen Amtsgericht (Mahngericht) den Erlass eines Mahnbescheids wegen Darlehensrückforderung in Höhe von 1.000,00 € gegen den Krummnagel. Da die Witwe das Antragsformular unvollständig ausgefüllt hat, muss ihr das Mahngericht zweimal ein Monierungsschreiben übersenden, bevor es den Mahnbescheid erlassen kann. Der erste Versuch der Zustellung des erlassenen Mahnbescheids an den Krummnagel scheitert, da er nicht unter der angegebenen Anschrift wohnt. Die Witwe Bolte teilt nunmehr dem Mahngericht die richtige Anschrift in einem „Antrag auf Neuzustellung des Mahnbescheids" mit, woraufhin die Zustellung erfolgt. Bei der Berechnung der Gerichtskosten ist festzuhalten, dass es sich bei der gerichtlichen Mahnverfahrensgebühr um eine Pauschgebühr handelt; die Zustellungsauslagen werden mit der Verfahrensgebühr pauschal nur bis zu 10 Zustellungen in einem Rechtszug abgegolten (Anmerkung zu Nr. 9002 Kostenverzeichnis zum GKG).

Für das (maschinelle) Mahnverfahren sind vor Erlass des Vollstreckungsbescheids die folgenden **Gerichtskosten** gemäß § 12 Abs. 3 S. 1, 2 GKG vorauszuzahlen.

Streitwert: 1.000,00 €

0,5	Mahnverfahrensgebühr gem. §§ 3, 34 GKG, Nr. 1100 KV GKG (Mindestgebühr)	38,00 €

Krummnagel legt nun Widerspruch ein. Vor Abgabe an das für das streitige Verfahren zuständige Gericht wird die Witwe Bolte gemäß § 12 Abs. 3 S. 3 GKG zur Einzahlung von weiteren Gebühren aufgefordert:

Streitwert: 1.000,00 €

3,0	Verfahrensgebühr gem. §§ 3, 34 GKG, Nr. 1210 KV GKG	183,00 €
	Abzüglich anzurechnender	
0,5	Mahnverfahrensgebühr gem. §§ 3, 34 GKG, Nr. 1100 KV GKG (hier: Mindestgebühr)	– 38,00 €
		145,00 €

Wenn die Mahnverfahrensgebühr in Höhe von 38,00 € bereits gezahlt ist, wird diese natürlich von den 145,00 € aufgrund tatsächlicher Zahlung abgezogen. Es gibt also eine Gebührenanrechnung der Mahnverfahrensgebühr und eine tatsächliche Zahlungsanrechnung.

Zustellungsauslagen werden nicht erhoben, da weniger als 10 Zustellungen anfallen.

Denken Sie daran, dass bei Gericht nur unter den in Nr. 9019 KV GKG geregelten Voraussetzungen **Umsatzsteuer** anfällt. Umsatzsteuerpflichtig ist ab 01.01.2027 insbesondere die Vergleichsgebühr Nr. 1900 KV GKG.

Aufgabenteil

Zur Selbstkontrolle werden jeweils die Endergebnisse der Aufgaben einschließlich der Umsatzsteuer und die zur Lösung zu prüfenden Paragrafen und Nummern des betreffenden Kostengesetzes angegeben. Diese Paragrafen und Nummern sollen überdacht werden, müssen aber nicht immer auch in der fertigen Lösung erscheinen. Die Entscheidung, einen Paragrafen oder eine Nummer nicht zu verwenden, zeigt nämlich auch einen Lernfortschritt.

Hinweise zur Bearbeitung der Übungsaufgaben

§§	= Hinweis auf **zu prüfende** Paragrafen und Nummern aus dem RVG (VV), GKG (KV) bzw. FamGKG (diese müssen nicht immer auch in Ihrer Lösung erscheinen!)
[......€]	= Endergebnis der Lösung einschließlich Auslagen und USt. zur Selbstkontrolle
→ ...	= Verweis auf Randnummer des Kapitels im Erklärungsteil
...*	= Aufgabe für Fortgeschrittene (bezogen auf den jeweiligen Lernstand!)

Zinsen werden aus Vereinfachungsgründen mit 10 % p. a. berechnet.

1. Rahmengebühren (→ § 2 Rdn 108 ff.)

Aufgabenteil Gruppe 1

1. Berechnen Sie den Mittelsatz aus folgendem Rahmen: 0,1 bis 1,0.
2. Berechnen Sie den Mittelsatz aus folgendem Rahmen: 0,5 bis 1,0.
3. Berechnen Sie die Mittelgebühr aus dem Rahmen 48,00 € bis 348,00 €.
4. Berechnen Sie die Mittelgebühr aus folgendem Rahmen: 48,00 € bis 435,00 €.
5. Ermitteln Sie die 0,8-Gebühr nach einem Gegenstandswert von 87.770,00 €.
6. Berechnen Sie die Mittelgebühr nach einem Gegenstandswert von 2.400,00 € bei einem Gebührensatzrahmen von 0,1 bis 1,0.
7. Ein bedeutender Politiker wird wegen einer Straftat angeklagt. Es handelt sich dabei um eine sehr schwierige Angelegenheit mit Bezug zum Steuerrecht. Der ihn verteidigende RA muss einen sehr umfangreichen Aktenberg studieren, um den Fall bearbeiten zu können. Der Angeklagte verfügt über ein hohes Einkommen und ein großes ererbtes Vermögen.
   a) Stellen Sie die Grundsätze dar, nach denen Sie die Gebühr im Rahmen der VV Nr. 4112 RVG bestimmen.
   b) Wie hoch setzen Sie die Gebühr in Euro an?
8. Wie hoch wäre in vorstehender Aufgabe die Mittelgebühr?
9. Berechnen Sie den Mittelgebührensatz nach VV Nr. 2300 Anm. Abs. 1 RVG. Dürfen Sie diesen Mittelgebührensatz im Regelfall dem Auftraggeber in Rechnung stellen?

Lösungsteil Gruppe 1

5.	[1.324,40 €]
6.	[129,53 €]
7. b) § 14 RVG	[384,00 €]
8.	[222,00 €]
9.	[1,5?]

2. Gebühren für anwaltliche Aufforderungsschreiben (→ § 5 Rdn 1 ff.)

Hinweis:

Zur Höhe des Gebührensatzes der Geschäftsgebühr in den Lösungen siehe § 4 Rdn 26 und § 4 Rdn 70.

Aufgabenteil Gruppe 2

1. Mümmelmann hat seinen Pkw an Faulhuber verkauft. Faulhuber hat den Kaufpreis bis auf einen Restbetrag von 2.000,00 € bar bezahlt. Die Zahlung des Restbetrages wird von ihm verweigert, da der Wagen nicht schnell genug fahre.

   Mümmelmann bittet RA Volbers um Rat, was er nun tun könne. RA Volbers schlägt vor, den Faulhuber zunächst einmal nur anwaltlich zu mahnen, womit Mümmelmann einverstanden ist. Nach Erhalt des anwaltlichen Aufforderungsschreibens zahlt Faulhuber den geforderten Betrag an den Gläubiger.

   Umfang und Schwierigkeit der Sache sind von unterdurchschnittlicher Art. Die vom RA entfaltete Tätigkeit entspricht etwa den Handlungen, die auch zur Vorbereitung einer Klage erforderlich gewesen wären, jedoch hat der RA noch nicht den Entwurf der Klageschrift gefertigt. Die Arbeitszeit des RA beträgt etwa 35 Minuten.

   Berechnen Sie die Vergütung von RA Volbers.

2. Kania hat dem Klaas van Andern ein Darlehen von 1.900,00 € gewährt. Van Andern verweigert die Rückzahlung mit der Begründung, er habe dem Kania mehrfach beim Umzug geholfen und die 1.900,00 € seien sein Lohn hierfür. Kania erteilt RAin Jaspers unbedingten Auftrag, die Forderung einzuklagen. Die RAin empfiehlt, vor Einreichung der Klage zunächst einmal den van Andern anwaltlich zur Zahlung aufzufordern, was geschieht. Van Andern zahlt daraufhin.

   Erstellen Sie die Vergütungsrechnung von RAin Jaspers.

3. Tangermann hat seine Sammlung von Überraschungseiern über das Internet versteigert. Kickelhain hat den Zuschlag bei einem Preis von 999,00 € erhalten. Jetzt will Kickelhain nicht zahlen und behauptet, er habe nur aus Spaß an der Versteigerung teilgenommen.

   Tangermann erteilt RAin Lieb unbedingten Auftrag zur Durchführung des gerichtlichen Mahnverfahrens gegen Kickelhain, wobei zunächst aber versucht werden soll, den Kickelhain vorgerichtlich zu mahnen, was geschieht. Nach Erhalt des Mahnschreibens von RAin Lieb zahlt der Kickelhain den angemahnten Betrag.

   Ermitteln Sie die Vergütung von RAin Lieb.

4. Fanslau hat seine Freundin Petra auf seine Kosten auf eine Urlaubsreise nach Mallorca mitgenommen. Die Reise hat 2.500,00 € für beide Personen gekostet. Auf Mallorca hat Petra den Mann ihrer Träume kennen gelernt. Fanslau fliegt voller Wut allein zurück und will RA Wolters den Auftrag erteilen, den halben Reisepreis gegen Petra einzuklagen.

   RA Wolters hält es jedoch für ratsam, dass er Petra zunächst einmal außergerichtlich anschreibt, da Petra bisher noch keine Gelegenheit hatte, zu der Forderung Stellung zu nehmen. Fanslau erteilt einen entsprechenden Auftrag.

Der neue Freund von Petra überweist unverzüglich den geforderten Betrag, nachdem Petra das Aufforderungsschreiben von RA Wolters erhalten hat.
Welche Vergütung steht RA Wolters zu?

5. Martina hat dem Modefotografen Weber für einige Fotos Modell gestanden, wofür sie 500,00 € erhalten sollte. Da Weber die Zahlung verweigert mit der Begründung, 500,00 € seien zu viel, sucht Martina RAin Müller auf und bittet um Rat. Die RAin schlägt vor, den Weber durch ein anwaltliches Schreiben zur Zahlung aufzufordern und dann dessen Reaktion abzuwarten, bevor gerichtliche Schritte in Auftrag gegeben werden. Martina beauftragt die RAin vorerst nur mit dem Aufforderungsschreiben.
Nach Erhalt des Schreibens reagiert Weber nicht. RAin Müller mahnt noch einmal und droht damit, ihrer Mandantin die Klage zu empfehlen, die sie schon vorbereitet habe. Nun ruft Weber die RAin an und wendet ein, er wolle nicht zahlen, da Martina nicht hübsch genug sei und er deshalb die Fotos nicht verwenden könne. Die beleidigte Martina sucht RAin Müller auf, die sie tröstet. Martina sagt, sie wolle mit der Sache nichts mehr zu tun haben und sie verzichte auf eine Klage.
Umfang und Schwierigkeit der Sache sind von durchschnittlicher Art. Die Arbeitszeit der RAin beträgt insgesamt etwa eineinhalb Stunden.
Berechnen Sie die Vergütung von RAin Müller, die Martina bezahlen muss.

6. Ria Buwitt hat der Edith Übel ihre Nähmaschine geliehen, die einen Verkehrswert von 400,00 € hat. Frau Übel verweigert die Rückgabe mit der Begründung, die Maschine sei ihr geschenkt worden. Frau Buwitt sucht RAin Katz auf und erteilt ihr den unbedingten Auftrag, die Herausgabe der Nähmaschine einzuklagen. Die RAin sendet der Frau Übel zunächst ein anwaltliches Aufforderungsschreiben, in dem sie die Herausgabe der Nähmaschine verlangt. Da keine Reaktion der Frau Übel zu verzeichnen ist, setzt RAin Katz die Klageschrift auf und unterschreibt sie. Die Klageschrift soll am nächsten Morgen bei Gericht eingereicht werden.
Kurz vor Büroschluss ruft Frau Buwitt an und teilt mit, die Klage habe sich erledigt, da sie die Nähmaschine von Frau Übel zurückerhalten habe.
Welche Vergütung erhält RAin Katz?

7. Kaufmann Pfannebecker hat eine Kaufpreisforderung aus Verkauf eines Treckers gegen den Bauern Ziegenbein in Höhe von 87.600,00 €. Pfannebecker hat Ziegenbein bereits schriftlich gemahnt, aber dieser hat weder auf die Mahnung reagiert noch die Forderung bestritten. Da Ziegenbein wohl nur die Zahlung hinauszögern will, wird RA Ruff zunächst den Schuldner anwaltlich mahnen und ihm eine Wochenfrist zur Zahlung des bereits von Pfannebecker angemahnten Kaufpreises setzen. Dies geschieht. Ziegenbein zahlt den Kaufpreis fünf Tage nach Erhalt des anwaltlichen Schreibens an Pfannebecker.
Berechnen Sie das Honorar von RA Ruff.

8.* RA Graf soll für Bosch gegen den Becker wegen einer Forderung von 75.000,00 € zunächst außergerichtlich vorgehen, da Becker Einwendungen gegen die Forderung erhoben hat und die Rechtslage nicht so eindeutig ist. Deshalb wäre Bosch auch damit einverstanden, dass RA Graf mit Becker Verhandlungen über eine außergerichtliche Einigung führt.
RA Graf sendet dem Becker ein Aufforderungsschreiben, welches mit dem Hinweis schließt, dass er seinem Mandanten empfehlen werde, gegen Becker zu klagen, wenn dieser nicht zur Zahlung bereit sei.
Nach Erhalt des Schreibens ruft Becker bei RA Graf an und bietet – da er die Forderung von 75.000,00 € für überhöht hält – die Zahlung von 30.000,00 € an. Nach Rücksprache mit seinem Mandanten bittet RA Graf den Becker in sein Büro und schlägt ihm einen Vergleich vor, wonach Becker 55.000,00 € an Bosch zahlen soll. In der Verhandlung zwischen RA Graf und Becker wird dann ein Vergleich über 50.000,00 € abgeschlossen, der auch von Bosch genehmigt wird.

Berechnen Sie die Vergütung von RA Graf. Umfang und Schwierigkeit der Angelegenheit sind von durchschnittlicher Art.

9. Lea-Maria Brand hat den Preis für das Halbjahresabonnement der Zeitschrift „Meine Lieblingsband" in Höhe von 49,80 € nicht bezahlt, nachdem ihr der Zeitschriftenverlag eine Rechnung mit Hinweis auf den Verzugseintritt zugesandt hatte. Der Verlag beauftragt nun RAin Mümmler mit dem Inkasso. Nach Erhalt des anwaltlichen Schreibens zahlt Frau Brand an den Verlag.

   Berechnen Sie die Vergütung von RAin Mümmler.

Lösungsteil Gruppe 2

1.	§§ 2, 13, 14, 23, VV Nrn. 2300, 7002, 7008 RVG.	[191,35 €]
2.	§§ 2, 13, 23, VV Nrn. 3100, 3101, 7002, 7008 RVG.	[191,35 €]
3.	§§ 2, 13, 23, VV Nrn. 3305, 3306, 7002, 7008 RVG.	[66,40 €]
4.	§§ 2, 13, (14,) 23, VV Nrn. 2300, 7002, 7008 RVG.	[96,03 €]
5.	§§ 2, 13, 14, 23, VV Nrn. 2300, 7002, 7008 RVG.	[95,60 €]
6.	§§ 2, 13, 23, VV Nrn. 3100, 3101, 7002, 7008 RVG.	[58,83 €]
7.	§§ 2, 13, (14,) 23, VV Nrn. 2300, 7002, 7008 RVG.	[1.008,82 €]
8.	§§ 2, 13, 14, 23, VV Nrn. 1000, 2300, 7002, 7008 RVG.	[5.208,39 €]
9.	§§ 2, 13 Abs. 2, 23, VV Nrn. 2300, 7002, 7008 RVG.	[22,49 €]

3. Gebühren für außergerichtliche Vertretung (→ § 4 Rdn 2 ff., § 2 Rdn 185 ff.)

Hinweis:

Zur Höhe des Gebührensatzes der Geschäftsgebühr in den Lösungen siehe § 4 Rdn 26 und § 4 Rdn 70.

Aufgabenteil Gruppe 3

1. RA Neubauer hat den Auftrag, ein einfaches Mahnschreiben wegen einer Kaufpreisforderung über 75,00 € ohne schwierige rechtliche Ausführungen aufzusetzen. Das dreizeilige Schreiben geht am selben Tag per Post ab.
2. Errechnen Sie die Vergütung des RA Neubauer.
   a) Irma Hübscher erscheint bei RA Wurm und erteilt ihm den unbedingten Auftrag, den Tommy Faul wegen einer Schadenersatzforderung in Höhe von 8.000,00 € zu verklagen. Herr Faul hat sich strikt geweigert, den von ihm angerichteten Schaden zu bezahlen. Zuvor soll RA Wurm den Tommy Faul noch einmal anwaltlich zur Zahlung aufzufordern. RA Wurm sieht die Schriftstücke durch, die Frau Hübscher mitgebracht hat und bespricht die Angelegenheit mit ihr. Nachdem RA Wurm am folgenden Tag das Schreiben an Faul abgesandt hat, ruft ihn Frau Hübscher an und teilt ihm mit, sie habe sich in der Nacht mit Faul verlobt, weswegen sie den erteilten Auftrag zurückziehe.
   Berechnen Sie die Vergütung von RA Wurm.
   b) Wie hoch wäre seine Vergütung, wenn RA Wurm das Schreiben an Tommy Faul noch nicht erstellt und abgesandt hätte? Warum?
3. RA Müßigbrot wird vom Kaufmann Fuchs schriftlich beauftragt, den Ximitidis außergerichtlich zur Zahlung von 28.775,00 € aufzufordern. Der Kaufmann hat Ximitidis bereits durch Mahnung in Verzug gesetzt, aber Ximitidis hat nicht gezahlt und auch sonst keine Reaktion gezeigt.
   RA Müßigbrot lässt die Anschrift von Ximitidis überprüfen, da nicht sicher ist, ob diesem die Mahnung zugegangen ist. Dann sendet er ein anwaltliches Aufforderungsschreiben an die neue Anschrift von Ximitidis. Ximitidis zahlt daraufhin an Kaufmann Fuchs. Die Arbeitszeit des RA beträgt etwa eine halbe Stunde.
   Berechnen Sie die Vergütung des RA Müßigbrot.
4. RA Knorr wird von Mühlhauser aufgesucht und nach Beratung beauftragt, den Vetter zur Zahlung von 28.775,00 € aufzufordern, da Vetter Einwendungen gegen die Forderung erhoben hat. Der Mandant will die Reaktion von Vetter abwarten, um gegebenenfalls gerichtliche Schritte zu unternehmen. Knorr mahnt Vetter schriftlich mit Fristsetzung.
   Nach Erhalt des Aufforderungsschreibens ruft Schuldner Vetter den RA Knorr an und fragt, ob man sich nicht irgendwie einigen könne. Nach Rücksprache mit seinem Auftraggeber ruft RA Knorr den Vetter an und klärt ihn in einem längeren Telefongespräch ausführlich über seine geringe Erfolgsaussicht im Prozessfalle auf, woraufhin Vetter nunmehr seine Zahlungsbereitschaft erklärt.
   Umfang und Schwierigkeit der Mahnsache sind von durchschnittlicher Art. Die Arbeitszeit des RA beträgt etwa 2 Stunden.
   Berechnen Sie die Vergütung des RA Knorr.

5.* RA Leicht wird vom Kaufmann Hase schriftlich beauftragt, den Willi Wenig zur Zahlung von 28.775,00 € aufzufordern. Der Kaufmann hat Wenig bereits durch Mahnung in Verzug gesetzt, aber Wenig hat nicht gezahlt und auch keine Reaktion gezeigt. Der Mandant will die

Reaktion von Wenig abwarten, um gegebenenfalls gerichtliche Schritte zu unternehmen. RA Leicht mahnt Wenig schriftlich mit Fristsetzung von zwei Wochen.

Das anwaltliche Schreiben kommt zurück, da der Empfänger verzogen ist. Der RA ermittelt die neue Anschrift des Schuldners und sendet ihm erneut die anwaltliche Mahnung. Die Arbeitszeit des RA beträgt bis dahin etwa 40 Minuten.

Da Wenig nach Ablauf der im zweiten Mahnschreiben gesetzten Frist eine Zahlung verweigert, erhält RA Leicht anschließend Klageauftrag. Nach Zustellung der Klage zahlt Wenig an den Kaufmann Hase. RA Leicht nimmt die Klage zurück.

Berechnen Sie die Vergütung des RA Leicht für beide Aufträge.

6. RA Stichling wird von Vermieter Grün nach einem ausführlichen Beratungsgespräch beauftragt, den Schuldner Blau vorerst nur außergerichtlich zur Zahlung von 900,00 € wegen Mietforderung aufzufordern, was geschieht. Der Mieter Blau macht bauliche Mängel der Wohnung geltend und hat sich geweigert, den vollen Mietbetrag zu zahlen. Im Einverständnis mit Grün versucht RA Stichling, die Sache telefonisch mit Blau zu klären. Es stellt sich dabei heraus, dass die von Blau behaupteten Mängel gar keine sind.

   Umfang und Schwierigkeit der Mahnsache sind von durchschnittlicher Art. Die Arbeitszeit des RA beträgt insgesamt etwa 2 Stunden.

   Nach dem Telefongespräch überweist Blau an RA Stichling, der Geldeinzugsvollmacht besitzt, die 900,00 € nebst 15,00 € Zinsen und der Vergütung von RA Stichling.

   a) Berechnen Sie die Vergütung von RA Stichling für das Aufforderungsschreiben.

   b)* RA Stichling überweist an Auftraggeber Grün den ihm zustehenden Betrag.
   Berechnen Sie die RA Stichling hierfür entstehende Vergütung.

7. RA Dr. Seltsam erhält von Rot den unbedingten Auftrag zur Durchführung des gerichtlichen Mahnverfahrens gegen Gelb nachdem dieser erklärt hat, er könne nicht zahlen. Zuvor soll der RA noch einmal in einem anwaltlichen Aufforderungsschreiben versuchen, den Betrag von 1.995,00 € von Gelb vorgerichtlich einzutreiben. Nach Eingang des Aufforderungsschreibens überweist Gelb an RA Dr. Seltsam, der Geldeinzugsvollmacht besitzt, die 1.995,00 € nebst seit 4 Jahren aufgelaufener Zinsen (9 % p. a.) von 718,20 € und der Vergütung von RA Dr. Seltsam.

   a) Berechnen Sie die Vergütung von RA Dr. Seltsam für das Aufforderungsschreiben.

   b)* RA Dr. Seltsam überweist seinem Auftraggeber Rot den ihm zustehenden Betrag. Berechnen Sie die RA Dr. Seltsam hierfür entstehende Vergütung.

8.* RA Juhnke vertritt den Uhl, dessen von seinem Handwerksbetrieb genutztes Grundstück (Wert: 1,2 Mio. Euro) wegen des geplanten Baus einer Talsperre enteignet werden soll. In dieser Enteignungssache fertigt Juhnke einige sehr umfangreiche Schriftsätze, nimmt drei von der Behörde angeordnete Besprechungstermine wahr und nimmt an einer von der Behörde angeordneten ganztägigen Ortsbesichtigung teil. Es kommt zur Enteignung in dieser in jeder Hinsicht überdurchschnittlichen Sache.

   Fertigen Sie die Gebührennote des RA Juhnke.

9.* In einer Unfallangelegenheit soll RA Immler einen Kfz-Haftpflichtschaden in Höhe von (zunächst geschätzt) 21.000,00 € bei der gegnerischen Versicherung außergerichtlich geltend machen. Nach mehreren eingehenden telefonischen Besprechungen mit dem Sachbearbeiter der Allgemeinen Verunsicherungs AG und nach Erstellung eines Gutachtens durch einen Sachverständigen sagt die Versicherung zu, den entstandenen Sachschaden mit 19.000,00 € zu regulieren. Der Mandant von RA Immler ist damit einverstanden, da der Sachverständige die Höhe des Schadens mit 19.000,00 € ermittelt hat und nachdem RA Immler das Gutachten geprüft hat.

Welche Vergütung erhält RA Immler von der Versicherung? Umfang und Schwierigkeit der Anwaltstätigkeit entsprechen dem Durchschnitt. (Ein Gebührenabkommen mit der Versicherung besteht nicht).

10.* Lisa Mutzke beauftragt RAin Gitte Lämmerzahl mit dem Entwurf eines Mahnschreibens wegen einer Forderung von 1.975,00 €, welches sie selbst unterschreiben und dem Schuldner Rudi Kuckei übersenden möchte. RAin Lämmerzahl fertigt den gewünschten Entwurf nach einem gründlichen Beratungsgespräch und überlegt, ob sie dafür eine Verfahrensgebühr nach VV Nr. 3101 Ziff. 1 RVG eine Geschäftsgebühr (VV Nr. 2300 RVG) oder eine Beratungsgebühr (§ 34 RVG) berechnen soll.

Helfen Sie ihr und berechnen Sie die zutreffende Vergütung.

Lösungsteil Gruppe 3

1.	§§ 2, 13, 23, VV Nrn. 2300, 2301, 7002, 7008 RVG.	[22,06 €]
2.	a) §§ 2, 13, 23, VV Nrn. 3100, 3101, 7002, 7008 RVG.	[531,22 €]
	b) §§ 2, 13, 23, VV Nrn. 3100, 3101, 7008 RVG.	[507,42 €]
3.	§§ 2, 13, 14, 23, VV Nrn. 2300, 7002, 7008 RVG.	[1.108,72 €]
4.	§§ 2, 13, 14, 23, VV Nrn. 2300, 7002, 7008 RVG.	[1.590,91 €]
5.	§§ 2, 13, 14, 23, VV Nrn. 2300, 3100, 7002, 7008 RVG.	[I. 1.108,72 € II. 1.048,45 €]
6.	a) §§ 2, 13, 14, 23, VV Nrn. 2300, 7002, 7008 RVG.	[167,67 €]
	b) VV Nrn. 1009, 7002, 7008 RVG.	[10,89 €]
7.	a) §§ 2, 13, 23, VV Nrn. 3305, 3306, 7002, 7008 RVG.	[125,66 €]
	b) VV Nrn. 1009, 7002, 7008 RVG.	[37,22 €]
8.	§§ 2, 13, 14, 23, VV Nrn. 2300, 7002, 7008 RVG.	[18.474,75 €]
9.	§§ 2, 13, 14, VV Nrn. 1000 (?), 2300, 7002, 7008 RVG.	[1.287,70 €]
10.	VV Nrn. 2300, 3101 oder § 34 RVG?	[226,10 €]

4. Hebegebühr (→ § 2 Rdn 185 ff.)

Aufgabenteil Gruppe 4

1. Der unterlegene Gegner übergibt RA Dr. Ungern 26.000,00 € zur Ablieferung an den Auftraggeber. Von diesem Betrag verrechnet der RA vor Ablieferung 4.500,00 € auf seine Vergütung.

   Berechnen Sie nur die Hebegebühr ohne Auslagen und USt.

2. Der unterlegene Gegner schuldet aus Urteil 21.500,00 €. Es wird Zahlung in zwei gleichgroßen Raten vereinbart, die RA Quint auftragsgemäß jeweils weiterleitet.

   Berechnen Sie nur die Hebegebühr ohne Auslagen und USt.

3. Maus erteilt RA Habicht Klageauftrag wegen einer Forderung in Höhe von 1.000,00 €. Vor Einreichung der Klage fordert RA Habicht den Schuldner schriftlich zur Zahlung auf. Nach Erhalt des Aufforderungsschreibens überweist der Schuldner an RA Habicht, der Geldeinzugsvollmacht besitzt: die 1.000,00 € nebst 3,50 € Verzugszinsen und 100,53 € als Vergütung für RA Habicht, die sich aus 70,40 € Honorar, 14,08 € Auslagenpauschale sowie 16,05 € USt. zusammensetzt. RA Habicht leitet seinem Auftraggeber den ihm zustehenden Betrag weiter.

   Berechnen Sie die RA Habicht für die Weiterleitung entstehende Vergütung.

4.* Hase erteilt RA Igel Klageauftrag wegen einer Forderung in Höhe von 12.000,00 €. Vor Einreichung der Klage fordert RA Igel den Schuldner schriftlich zur Zahlung auf. Nach Erhalt des Aufforderungsschreibens überweist der Schuldner an RA Igel, der Geldeinzugsvollmacht besitzt: die 12.000,00 € nebst 33,50 € Verzugszinsen und 657,83 € als Vergütung für RA Igel, die sich aus 532,80 € Honorar, 20,00 € Auslagenpauschale sowie 105,03 € USt. zusammensetzt. RA Igel leitet seinem Auftraggeber den ihm zustehenden Betrag weiter.

   Berechnen Sie die RA Igel für die Weiterleitung entstehende Vergütung.

5.* Ganz erteilt RA Fuchs Klageauftrag wegen einer Forderung in Höhe von 900,00 €. Vor Einreichung der Klage fordert RA Fuchs den Schuldner schriftlich zur Zahlung auf. Nach Erhalt des Aufforderungsschreibens überweist der Schuldner an RA Fuchs, der Geldeinzugsvollmacht besitzt: die 1.500,00 € nebst 12,50 € Verzugszinsen und 100,53 € als Vergütung für RA Fuchs, die sich aus 70,40 € Honorar, 14,08 € Auslagenpauschale sowie 16,05 € USt. zusammensetzt. RA Fuchs leitet seinem Auftraggeber den ihm zustehenden Betrag weiter.

   Berechnen Sie die RA Fuchs für die Weiterleitung entstehende Vergütung.

6.* RA Oblix erhält Auftrag, gegen Sauer einen Mahnbescheid wegen einer Forderung von 203.000,00 € zu beantragen. Nach erfolgter Zustellung zahlt der Gegner an RA Oblix, der Geldeinzugsvollmacht hat, die Hauptforderung und die Kosten. Oblix leitet das seinem Auftraggeber zustehende Geld an diesen weiter.

   a) Berechnen Sie die Gerichtskosten.

   b) Berechnen Sie die Vergütung des RA Oblix einschließlich der Hebegebühr.

Lösungsteil Gruppe 4

1.	VV Nr. 1009 RVG.	[91,25 €]
2.	VV Nr. 1009 RVG.	[128,76 €]
3.	VV Nrn. 1009, 7002, 7008 RVG.	[14,34 €]
4.	VV Nrn. 1009, 7002, 7008 RVG.	[96,51 €]
5.	VV Nrn. 1009, 7002, 7008 RVG.	[21,61 €]
6.	a) § 3, KV Nr. 1100 GKG	[1.124,00 €]
	b) §§ 2, 13, VV Nrn. 3305, 7002, 7008 RVG.	[3.661,63 €]

5. Gebühren im Mahnverfahren (→ § 6 Rdn 1 ff.)

Aufgabenteil Gruppe 5

1. RA Onnen erhält Auftrag, gegen Sauer einen Mahnbescheid wegen einer Forderung von 233.000,00 € zu beantragen. Nach erfolgter Zustellung zahlt der Gegner.
   Berechnen Sie die Vergütung des RA Onnen.
2. Andres macht durch RA Paul im gerichtlichen Mahnverfahren eine Forderung von 8.888,00 € geltend. Der Antragsgegner Geiz legt durch seinen RA Quint Widerspruch gegen den erlassenen Mahnbescheid ein. Andres teilt RA Paul mit, er befinde sich zurzeit mit Geiz in privaten Vergleichsverhandlungen und bittet Paul, den Mahnbescheid zurückzunehmen.
   Erstellen Sie die Vergütungsrechnungen für die RAe Paul und Quint.
3. RA Wupper beantragt für Züls einen Mahnbescheid über 480,00 €. Gegner Oker zahlt nach Zustellung 300,00 € zuzüglich der anteiligen Zinsen und Kosten. Nach Ablauf der Widerspruchsfrist beantragt RA Wupper Vollstreckungsbescheid über die Restsumme. Daraufhin zahlt Oker auch den Restbetrag.
   Erstellen Sie die Gebührennote.

4.* Appel macht durch RA Teuer im gerichtlichen Mahnverfahren eine Forderung von 1.700,00 € geltend. Der Antragsgegner Geiß legt durch seinen RA Urban Widerspruch gegen den erlassenen Mahnbescheid ein. In einem Schreiben an RA Teuer legt er die Kopie einer Quittung bei, wonach er die geforderte Summe bereits beglichen hat. Daraufhin bittet Appel seinen RA Teuer, den Mahnbescheid zurückzunehmen.
Erstellen Sie die Vergütungsrechnungen für die RAe Teuer und Urban.

5.* Auer macht durch RA Richtig im gerichtlichen Mahnverfahren eine Forderung von 9.999,00 € nebst 177,83 € Zinsen geltend. Der Antragsgegner Gaul legt durch seinen RA Schnöder Widerspruch gegen den erlassenen Mahnbescheid ein. Nach Verweisung an das zuständige Gericht kommt es nach streitiger Verhandlung zum Urteil.
Erstellen Sie die Vergütungsrechnungen für die Anwälte Richtig und Schnöder.

6.* RA Sommer beantragt für Müller einen Mahnbescheid über 7.000,00 € wegen Wildschadens, anschließend beantragt er einen Vollstreckungsbescheid. Gegen den Vollstreckungsbescheid legt RA Winter für den Antragsgegner Einspruch ein. Vor dem zuständig gebliebenen Gericht ergeht nach streitiger mündlicher Verhandlung Urteil.
Fertigen Sie die Gebührennoten für RA Sommer und RA Winter.

7.* Rüssel beauftragt RA Gierich mit der Einleitung eines Mahnverfahrens wegen einer Forderung über 4.777,77 € nebst 258,74 € Verzugszinsen. Nachdem der Gegner über seinen RA Wunderwald Widerspruch eingelegt hat, setzt RA Gierich weisungsgemäß die Forderung wegen Aussichtslosigkeit auf 777,77 € herab. Vom Gericht wird Termin zur Güteverhandlung und mündlichen Verhandlung anberaumt. Nach streitiger Verhandlung ergeht Urteil.
Erstellen Sie die Gebührennoten für beide Anwälte. Die Gebühren für das Mahnverfahren sind noch nicht abgerechnet.

Lösungsteil Gruppe 5

1. §§ 2, 13, VV Nrn. 3305, 7002, 7008 RVG. [3.155,88 €]
2. §§ 2, 13, VV Nrn. 3305, 3307, 7002, 7008 RVG. [P: 728,88 €; Q: 376,34 €]
3. §§ 2, 13, VV Nrn. 3305, 3308, 7002, 7008 RVG. [110,31 €]
4. §§ 2, 13, VV Nrn. 3305, 3307, 7002, 7008 RVG. [T: 233,24 €; U: 125,66 €]
5. §§ 2, 13, VV Nrn. 3305, 3307, 3100, 3104, 7002, 7008 RVG.
   Vergütung für jeden RA insgesamt: [R: 1.987,30 €; S: 1.987,30 €]

6. RA S: §§ 2, 13, VV Nrn. 3305, 3308, 3100, 3104, 7002, 7008 RVG.

[insgesamt: 1.738,00 €]

RA W: §§ 2, 13, VV Nrn. 3100, 3104, 7002, 7008 RVG.

[1.432,46 €]

7. §§ 2, 13, VV Nrn. 3305, 3307, 3100, 3104, 7002, 7008 RVG.

a) Mahnverfahrensgebühr nur nach dem Prozessstreitwert anrechnen.

[RA Gierich insgesamt: 635,47 €]

b) Widerspruchsgebühr nur nach dem Prozessstreitwert anrechnen.

[RA Wunderwald insgesamt: 479,87 €]

6. Berechnung des Gegenstandswertes (→ § 3 Rdn 1 ff.)

Aufgabenteil Gruppe 6

1. In einer Verkehrsunfallsache macht RA Zander für seinen Mandanten Pech 5.000,00 € Sachschaden, 850,00 € Körperschaden, 300,00 € Schmerzensgeld und 770,00 € Verdienstausfall geltend.
   a) Wie hoch ist der Gegenstandswert?
   b) Wegen Erwerbsminderung wird eine Geldrente von monatlich 500,00 € zusätzlich gefordert. Wie hoch ist jetzt der Gegenstandswert?
2. Abel klagt auf Herausgabe eines Sportwagens Porsche 911 zum Verkehrswert von 49.000,00 €. Er macht geltend, dass ihm ein Angebot des Beyer vorliegt, der den Wagen zum Liebhaberwert von 63.000,00 € abnehmen würde. Gegenstandswert?
3. Otte hat von Senf Gartenland auf 10 Jahre gepachtet. Senf bestreitet dies nach einem Jahr und meint, dass der Pachtvertrag nur auf 5 Jahre abgeschlossen worden sei. Vierteljährliche Pachtzahlung 270,00 €. Gegenstandswert?
4. Mieter Macke hat der Studentin Ursel ein Zimmer zu 210,00 € pro Monat zuzüglich Heizkosten von 40,00 € untervermietet. Eigentümer Einstein klagt auf Feststellung, dass ein solches Untermietverhältnis nicht erlaubt gewesen sei und daher nicht bestehe.
5. Bauherr Keller baut ein Haus irrtümlich um 30 cm in das Nachbargrundstück hinein. Nachbar Schreber fordert auf dem Klageweg eine Überbaurente von jährlich 70,00 €.
6. Britta, die bei ihrer Großmutter wohnt, beantragt beim Familiengericht gegen ihren Vater die Festsetzung von Unterhalt in Höhe von 420,00 € im Monat, zahlbar jeweils am 1. eines jeden Monats im Voraus. Außerdem verlangt sie die Zahlung des rückständigen Unterhalts, da ihr Vater während der letzten 11 Monate vor Antragstellung keine Zahlungen mehr geleistet hat. Ermitteln Sie den Gegenstandswert.
7. Britta (wie Aufgabe 6) erhielt in den zurückliegenden eineinhalb Jahren vor der Antragstellung keine Unterhaltszahlung mehr.
8. Britta (wie Aufgabe 6) reicht den Antrag am 21. Oktober ein. Seit Mai hat sie statt 420,00 € nur 200,00 € pro Monat von ihrem Vater erhalten.
9. Claudia hat bisher 450,00 € im Monat an Unterhalt von ihrem Vater erhalten. Sie beantragt nunmehr beim Familiengericht die Abänderung des Unterhalts auf monatlich 650,00 €. Ermitteln Sie den Gegenstandswert.
10. Witwe Treibel klagt auf Zahlung einer Geldrente von 1.100,00 € pro Monat, da ihr Mann als Zuschauer eines Pferderennens ums Leben kam. Gegenstandswert?
11. Witwe Treibel (siehe Aufgabe 10) verlangt statt einer Rente nur eine einmalige Zahlung von 45.000,00 €. Gegenstandswert?
12. Werner Willig hatte seiner Schwester Klara vertraglich eine monatliche Unterhaltszahlung von 500,00 € bis an ihr Lebensende zugesagt. Nach der Heirat von Werner bleiben die Zahlungen aus. Klara klagt auf Einhaltung des Vertrages. Gegenstandswert?
13. Willi Schussel kauft in der Tierhandlung Pelz 75 Goldhamster. Da er den Kaufpreis von 750,00 € schuldig bleibt, erhebt Pelz Klage auf Zahlung des Kaufpreises. Der Betreuer des Schussel erhebt Widerklage auf Feststellung der Nichtigkeit des Kaufvertrages.
14. Zapf kauft von Förster Silberwald 2.000 Fichten zum Stückpreis von 5,00 € zum Verkauf als Weihnachtsbäume. Der Förster liefert die Bäume am 15. 12. Als Zapf die Bäume am 17. 12. zum Verkauf ausstellen will, nadeln sie bereits sehr stark. Zapf verweigert deswegen die Kaufpreiszahlung. Silberwald klagt auf Zahlung des Kaufpreises; Zapf erhebt Widerklage auf Rücktritt vom Kaufvertrag. Gegenstandswert?

15.* Knauser kauft von Ramsch ein Grundstück für 50.000,00 €. Der Kaufvertrag wird notariell beurkundet. Knauser verweigert die Kaufpreiszahlung vor Übertragung des Eigentums am Grundstück und klagt auf Übereignung (Auflassung). Ramsch hingegen erhebt Widerklage auf Zahlung des Kaufpreises. Gegenstandswert?

16. Preuß erhebt Klage über 7.000,00 €, die Klage wird in vollem Umfang abgewiesen. Preuß geht wegen eines Teilbetrages von 5.600,00 € in die Berufung. Bestimmen Sie den Wert für das Berufungsverfahren. Gegenstandswert?

17. RA Kurz erteilt dem Gerichtsvollzieher Schmal Pfändungsauftrag wegen Hauptforderung 1.900,00 €, 10 % Zinsen für 120 Tage 63,33 €, festgesetzte Kosten 705,04 € sowie 31,63 € Zinsen auf die festgesetzten Kosten. Gegenstandswert?

18. Ermitteln Sie jeweils den Gegenstandswert.
   a) Klage über 10.000,00 € nebst 9 % Zinsen für die vergangenen 10 Jahre.
   b) RA Klaus macht für Vermieter Vohrer 6 Monate Mietzahlungen (500,00 € pro Monat und Heizungskosten von 100,00 €) zuzüglich Verzugszinsen von 35,00 € geltend.
   c) RA Klaus vertritt Vohrer in einer Räumungsklage. Die monatliche Miete beträgt 450,00 €, die Heizungskosten 125,00 €.
   d) Wie c), zusätzlich werden für 4 Monate rückständige Mietzahlungen eingefordert.
   e) Die kinderlosen Eheleute Kurz haben Ehescheidung beantragt. Frau Kurz verdient monatlich netto 1.500,00 €, ihr Mann 2.100,00 €. Berechnen Sie nur den Wert der Scheidungssache.
   f) Anton strengt Kaufpreisklage über 10.000,00 € gegen Berta an, Berta stellt Antrag auf Klageabweisung und erhebt Widerklage auf Zahlung von 3.000,00 € Schadenersatz wegen einer unerlaubten Handlung (§ 823 BGB).
   g) Klage wird eingereicht wegen 1.100,00 €. Nach Antragstellung im ersten Termin erhöht der Kläger den Klageanspruch um 300,00 €.

19.* Herr Zank beantragt im Einvernehmen mit seiner Frau die Scheidung. Er verdient 2.800,00 € netto im Monat, seine Frau führte den Haushalt. Gleichzeitig soll die Regelung der elterlichen Sorge für den Sohn Fritz gerichtlich im Scheidungsverbund entschieden werden. Berechnen Sie nur den Wert der Scheidungssache und der Kindschaftssache.

20.* Wie Aufgabe 19 (Eheleute Zank). Zusätzlich beantragen die Beteiligten die Regelung des Umgangsrechtes. Wie hoch ist der Gegenstandswert für das gesamte Verfahren im Verbund? (Nur Scheidungssache und Kindschaftssachen).

21.* Wie Aufgabe 19 (Eheleute Zank). Der Versorgungsausgleich ist noch in den Verbund einzubeziehen. Frau Zank hat keine eigenen Ansprüche auf Altersversorgung, da sie nie gearbeitet hat. Das Gericht überträgt der Ehefrau aus der vierjährigen Ehezeit eine monatliche Rentenanwartschaft bei der gesetzlichen Rentenversicherung von 300,00 €. Wie hoch ist der Gegenstandswert nur für den Versorgungsausgleich?

22.* Wie Aufgabe 21 (Eheleute Zank). Wie hoch wäre der Wert nur für den Versorgungsausgleich, wenn Herr Zank ein monatliches Nettoeinkommen von 3.500,00 € hätte?

23.* Das kinderlose Ehepaar Klappnich stellt Antrag auf Ehescheidung. Herr Klappnich verdient 3.500,00 € netto im Monat, Frau Klappnich verdient 3.000,00 € netto im Monat. Frau Klappnich erhält einen Zugewinnausgleich von 11.500,00 €. Rentenanwartschaften bei der gesetzlichen Rentenversicherung in Höhe von 810,00 € werden vom Rentenkonto des Ehemannes auf das Rentenkonto der Ehefrau übertragen. Die Vermögenslage wird als durchschnittlich angesehen. Ermitteln Sie den Gegenstandswert.

24.* Ein Käufer klagt gegen den Verkäufer auf Zahlung von 8.000,00 € Schadenersatz wegen Nichterfüllung des Kaufvertrages (Kaufpreis 10.000,00 €). Hilfsweise klagt er auf Minderung des Kaufpreises in Höhe von 9.000,00 €. Das Gericht weist den Hauptantrag zurück und gibt dem Hilfsanspruch statt.
Wie hoch ist der Gebührenstreitwert? Warum?

Lösungsteil Gruppe 6

1.	a) §§ 22, 23 RVG, § 39 GKG.	[6.920,00 €]
	b) §§ 22, 23 RVG, § 9 ZPO.	[27.920,00 €]
2.	§§ 22, 23 RVG, § 48 Abs. 1 S. 1 GKG i. V. m. § 6 ZPO.	[49.000,00 €]
3.	§ 23 RVG, § 41 GKG.	[1.080,00 €]
4.	§ 23 RVG, § 41 GKG.	[2.520,00 €]
5.	§ 23 RVG, § 48 Abs. 1 S. 1 GKG i. V. m. § 9 ZPO.	[245,00 €]
6.	§ 23 RVG, § 51 FamGKG.	[9.660,00 €]
7.	§ 23 RVG, § 51 FamGKG.	[12.600,00 €]
8.	§ 23 RVG, § 51 FamGKG.	[6.360,00 €]
9.	§ 23 RVG, § 51 FamGKG.	[2.400,00 €]
10.	§ 23 RVG, § 9 ZPO.	[46.200,00 €]
11.	§ 23 RVG, § 9 ZPO**?**	[45.000,00 €]
12.	§ 23 RVG, § 48 GKG, § 9 ZPO.	[21.000,00 €]
13.	§ 23 RVG, § 45 GKG.	[750,00 €]
14.	§ 23 RVG, § 45 GKG.	[10.000,00 €]
15.	§ 23 RVG, § 45 GKG.	[100.000,00 €]
16.	§ 23 RVG, § 47 GKG.	[5.600,00 €]
17.	§ 25 RVG.	[2.700,00 €]
18.	a) § 23 RVG, § 43 GKG.	[10.000,00 €]
	b) § 22 RVG.	[3.600,00 €]
	c) § 23 RVG, § 41 GKG.	[5.400,00 €]
	d) §§ 22, 23 RVG, § 39 GKG.	[7.700,00 €]
	e) § 23 RVG, § 43 FamGKG.	[10.800,00 €]
	f) § 23 RVG, § 45 GKG.	[13.000,00 €]
	g) §§ 22, 23 RVG, § 39 GKG.	[1.400,00 €]
19.	§§ 22, 23 RVG, §§ 43, 44 FamGKG. (Lösung ohne sonstige wertbestimmende Faktoren wie Kindesunterhalt.)	[10.080,00 €]
20.	§§ 22, 23 RVG, §§ 43, 44 FamGKG.	[11.760,00 €]
21.	§ 23 RVG, § 50 FamGKG.	[1.000,00 €]
22.	§ 23 RVG, § 50 FamGKG.	[1.050,00 €]
23.	§§ 22, 23 RVG, §§ 33, 35, 43, 44 Abs. 1, 50 FamGKG.	[34.900,00 €]
24.	§ 23 RVG, § 45 GKG.	[9.000,00 €]

7. Mehrere Auftraggeber (→ § 2 Rdn 32 ff.)

Aufgabenteil Gruppe 7

1. Ein Ehemann klagt eine Darlehensforderung von 2.000,00 € und seine Frau eine Kaufpreisforderung von 500,00 € gegen denselben Gegner ein. Beide beauftragen RA Altmann, die Ansprüche in einer Klage geltend zu machen.
   a) Erläutern Sie, ob eine Gebührenerhöhung für mehrere Auftraggeber gemäß § 7 Abs. 1 RVG zulässig ist.
   b) Nach welchen Paragrafen des RVG berechnet sich der Gegenstandswert und wie hoch ist er?
   c) Wie hoch wäre nur die Verfahrensgebühr?
2. Ein Ehepaar ist bei einem Unfall verletzt worden. Jeder fordert ein Schmerzensgeld von 500,00 €. Beide beauftragen RA Emsig, dies gegen denselben Gegner in einer Klage geltend zu machen.
   Berechnen Sie nur die Verfahrensgebühr.
3. Drei Vorstandsmitglieder einer Aktiengesellschaft (AG) erscheinen bei RA Cäsar und beauftragen ihn mit der Vertretung der AG.
   Wie viele Auftraggeber hat RA Cäsar? Warum?
4. Eine 11-köpfige Fußballmannschaft verklagt ihren Trainer auf Herausgabe eines Pokals.
   Wie hoch ist der Satz der Verfahrensgebühr (VV Nr. 3100 RVG), den Sie berechnen dürfen?
5. Eine Erbengemeinschaft von fünf Personen klagt in der zweiten Instanz auf Rückzahlung eines Darlehns von 25.000,00 €.
   Ermitteln Sie die Verfahrensgebühr des RA im Berufungsverfahren.
6. Acht Auftraggeber beauftragen RA Jürgens mit einem Aufforderungsschreiben ohne Klageauftrag. Wegen der besonderen Schwierigkeit der umfangreichen Sache berechnet RA Jürgens einen Gebührensatz der Geschäftsgebühr von 1,5.
   Um wie viel erhöht sich die Geschäftsgebühr, und wie hoch ist sie einschließlich der Erhöhung?
7. Die Meier & Müller OHG, vertreten durch die beiden persönlich haftenden Gesellschafter Meier und Müller, erteilt Klageauftrag.
   Wie viele Auftraggeber hat der RA?
8. Die Meier & Müller OHG wird verklagt. Die Klage richtet sich gegen die OHG und gegen jeden der beiden persönlich haftenden Gesellschafter.
   a) Wie viele Auftraggeber hat der mit der Klageabweisung beauftragte RA?
   b) Wie hoch ist nur die Verfahrensgebühr bei einem Gegenstandswert von 7.500,00 €?
9. Vater und Mutter beauftragen gemeinsam RA Bolz mit der Vertretung ihrer vier Kinder wegen desselben Gegenstands in einem zivilgerichtlichen Verfahren in erster Instanz.
   a) Wie viele Auftraggeber hat RA Bolz?
   b) Wie hoch ist nur die Verfahrensgebühr bei einem Gegenstandswert von 6.500,00 €?
10. Die Eheleute Protz haben gemeinschaftlich Möbel gekauft. Da die gelieferten Möbel mangelhaft sind, beauftragen die Eheleute RA Wuchtig damit, eine Kaufpreisminderung in Höhe von 400,00 € einzuklagen.
    In welcher Höhe berechnet RA Wuchtig die Verfahrensgebühr und die Terminsgebühr?
11. Eine Erbengemeinschaft von neunzehn Personen klagt 1.000,00 € ein.
    a) Berechnen Sie die Erhöhung der Verfahrensgebühr.
    b) Wie hoch darf die Erhöhung höchstens sein?
    c) Wie hoch ist also der Satz der erhöhten Verfahrensgebühr?
    d) Wie hoch ist nur die Verfahrensgebühr in Euro?

12. Sechs Auftraggeber werden vor dem OLG in einer Berufungssache von RA Dr. Fleischer wegen desselben Gegenstands vertreten.
Wie hoch ist nur die Verfahrensgebühr bei einem Gegenstandswert von 50.000,00 €?
13. Eine Erbengemeinschaft von vier Personen klagt in einer Berufungssache vor dem OLG.
Wie hoch ist nur die Verfahrensgebühr bei einem Gegenstandswert von 69.000,00 €?
14. Fünf Auftraggeber werden vor dem BGH in einer Revisionssache von RA Prof. Dr. Klugmann wegen desselben Gegenstands vertreten.
Wie hoch ist nur die Verfahrensgebühr bei einem Gegenstandswert von 120.000,00 €?
15. Die Krank, Arm & Dürftig OHG will 500,00 € einklagen. Die drei persönlich haftenden Gesellschafter erscheinen bei RA Klein und erteilen Klageauftrag.
Berechnen Sie die Vergütung von RA Klein, wenn nach erfolgloser Güteverhandlung im Haupttermin streitig verhandelt und ein Zeuge vernommen wird.
16. Die Studenten Luftig, Locker, Leicht und Lumpig haben eine gemeinsame Wohnung gemietet. Dem Studenten Garstig haben sie einen Raum untervermietet. Da Garstig die Miete schuldig bleibt, soll ein RA eingeschaltet werden. Bei RA Bitter erscheint der Leicht und beauftragt ihn auch im Namen seiner Kollegen, die vier rückständigen Mietbeträge von 190,00 € pro Monat im gerichtlichen Mahnverfahren einzutreiben.
Erstellen Sie die Vergütungsrechnung von RA Bitter.
17. Wie der vorstehende Fall Nr. 16. RA Bitter erhält unbedingten Klageauftrag. Zunächst soll er dem Garstig ein anwaltliches Aufforderungsschreiben mit Klageauftrag schicken.
Erstellen Sie die Vergütungsrechnung von RA Bitter für das Aufforderungsschreiben.
18. Wie der vorstehende Fall Nr. 17. RA Bitter erhält statt des Klageauftrags den unbedingten Auftrag, ein gerichtliches Mahnverfahren einzuleiten. Vor der Einreichung des Antrages auf Erlass des Mahnbescheids übersendet RA Bitter zunächst ein anwaltliches Aufforderungsschreiben an den Garstig, der daraufhin zahlt.
Erstellen Sie die Vergütungsrechnung von RA Bitter für das Aufforderungsschreiben.
19.* RA Pilz erhält in derselben Angelegenheit von 2 Auftraggebern Klageauftrag. In Höhe von 4.000,00 € betrifft der Klageauftrag beide Auftraggeber, in Höhe von weiteren 3.000,00 € nur einen von beiden. Nach erfolgloser Güteverhandlung und anschließender streitiger Verhandlung ergeht Urteil.
Erstellen Sie die Vergütungsrechnung von RA Pilz.
20.* RA Pinsel erhält in derselben Angelegenheit von 2 Auftraggebern Klageauftrag. In Höhe von 6.000,00 € betrifft der Klageauftrag beide Auftraggeber, in Höhe von weiteren 2.000,00 € nur einen von beiden. Nach erfolgloser Güteverhandlung und anschließender streitiger Verhandlung ergeht Urteil.
Erstellen Sie die Vergütungsrechnung für RA Pinsel.
21.* RA Simon erhält von den Eheleuten Kurz Klageauftrag in einer Unfallsache. Herr Kurz klagt auf Zahlung von 6.000,00 €, seine Frau auf Zahlung von 3.000,00 €. Darin sind 2.000,00 € enthalten, die auch schon in den 6.000,00 € des Mannes enthalten sind. Im Termin wird nach erfolgloser Güteverhandlung streitig verhandelt und ein Zeuge vernommen.
  a) Nach welchem Betrag ist die Erhöhung für mehrere Auftraggeber zu berechnen?
  b) Erstellen Sie die Vergütungsrechnung für RA Simon.
22.* Die Brüder Ulf, Alf und Rolf klagen gemeinsam als Gesamtgläubiger auf Herausgabe eines Gegenstandes im Wert von 3.000,00 €. RA Fleißner wird mit der Klage beauftragt. Außerdem soll RA Fleißner in dieser Klage noch einen Anspruch des Rolf gegen denselben Gegner in Höhe von 1.000,00 € geltend machen. Nach erfolgloser Güteverhandlung und anschließender streitiger Verhandlung ergeht Urteil.
Erstellen Sie die Vergütungsrechnung von RA Fleißner.

23.* Die Eheleute Freudig haben zusammen mit ihren sechs Kindern geerbt und bilden eine Erbengemeinschaft mit ihnen. Das Ehepaar Freudig beauftragt RA Klecks damit, für die ganze Erbengemeinschaft eine Forderung in Höhe von 2.000,00 € einzuklagen. Außerdem beauftragen die Eltern Freudig den RA Klecks auch damit, in dieser Klage noch einen Anspruch von einem der Kinder gegen denselben Gegner in Höhe von 400,00 € geltend zu machen. Nach erfolgloser Güteverhandlung und anschließender streitiger Verhandlung und Beweisaufnahme ergeht Urteil.

Erstellen Sie die Vergütungsrechnung von RA Klecks.

24.* In einer Strafsache vertritt RA Flink sieben Privatkläger. Es findet eine Hauptverhandlung vor dem Strafrichter statt, in der RA Flink die Privatkläger vertritt. Es liegen mittlere Umstände im Sinne des § 14 RVG vor.

Erstellen Sie die Vergütungsrechnung von RA Flink.

Lösungsteil Gruppe 7

1.	c) §§ 2, 7, 13, 22, VV Nrn. 1008, 3100 RVG.	[306,15 €]
2.	§§ 2, 7, 13, 22, VV Nrn. 1008, 3100 RVG.	[120,90 €]
5.	§§ 2, 7, 13, VV Nrn. 1008, 3200 RVG.	[2.595,60 €]
6.	§§ 2, 7, 13, VV Nrn. 1008, 2300 RVG.	[3,5]
8.	a) § 124 HGB, § 7 RVG.	
	b) §§ 2, 7, 13, VV Nrn. 1008, 3100 RVG.	[1.012,70 €]
9.	§§ 2, 7, 13, VV Nrn. 1008, 3100 RVG.	[1.041,70 €]
10.	§§ 2, 7, 13, VV Nrn. 1008, 3100, 3104 RVG.	[144,20 €]
11.	d) §§ 2, 7, 13, VV Nrn. 1008, 3100 RVG.	[306,90 €]
12.	§§ 2, 7, 13, VV Nrn. 1008, 3200 RVG.	[4.206,70 €]
13.	§§ 2, 7, 13, VV Nrn. 1008, 3200 RVG.	[3.890,00 €]
14.	§§ 2, 7, 13, VV Nrn. 1008, 3206, 3208 RVG.	[6.490,74 €]
15.	§§ 2, 7, 13, VV Nrn. 1008, 3100, 3104, 7002, 7008 RVG.	[177,01 €]
16.	§§ 2, 7, 13, 22, VV Nrn. 1008, 3305, 7002, 7008 RVG.	[234,07 €]
17.	§§ 2, 7, 13, 22, VV Nrn. 1008, 3101, 7002, 7008 RVG.	[211,94 €]
18.	§§ 2, 7, 13, 22, VV Nrn. 1008, 3305, 3306, 7002, 7008 RVG.	[178,74 €]
19.	§§ 2, 7, 13, 15, VV Nrn. 1008, 3100, 3104, 7002, 7008 RVG.	[1.601,50 €]
20.	§§ 2, 7, 13, 15, VV Nrn. 1008, 3100, 3104, 7002, 7008 RVG.	[1.799,76 €]
21.	b) §§ 2, 7, 13, 15, 22, VV Nrn. 1008, 3100, 3104, 7002, 7008 RVG.	[1.583,47 €]
22.	§§ 2, 7, 13, 15, VV Nrn. 1008, 3100, 3104, 7002, 7008 RVG.	[1.112,06 €]
23.	§§ 2, 7, 13, 15, VV Nrn. 1008, 3100, 3104, 7002, 7008 RVG.	[1.130,92 €]
24.	§§ 2, 7, VV Nrn. 1008, 4100, 4106, 4108, 7002, 7008 RVG.	[1.361,84 €]

8. Auslagen (→ § 2 Rdn 192 ff.)

Aufgabenteil Gruppe 8

1. Wie hoch ist die Dokumentenpauschale, wenn in einer Strafsache 45 Schwarz-Weiß- Kopien anfallen?
2. Wie hoch ist die Dokumentenpauschale, wenn in einer Strafsache 75 Schwarz-Weiß-Kopien anfallen?
3. Werden auf die entstandene Dokumentenpauschale (VV Nr. 7000 RVG) noch
   a) 20 % Auslagenpauschale nach VV Nr. 7002 RVG und/oder
   b) die Umsatzsteuer gemäß VV Nr. 7008 RVG berechnet?
4. Dem Auftraggeber von RA Gründlich wurden bereits 95 Schwarz-Weiß-Kopien zur Unterrichtung über den Ablauf des Prozesses zugesandt. Nun übersendet ihm RA Gründlich 20 weitere Schwarz-Weiß-Kopien zur Information.
   Wie hoch ist die Dokumentenpauschale?
5. Die Gesamtreisekosten des RA V für drei auf einer Reise erledigte Geschäfte betragen 378,00 €. Die Einzelkosten hätten für Mandant A 90,00 €, für Mandant B 120,00 € und für Mandant C 210,00 € betragen.
   Teilen Sie diese Gesamtkosten verhältnismäßig auf die Mandanten auf.
6. RA Ebert aus Kassel hatte im Auftrage der Mandantin Ahrens 2 volle Tage in Bad Kreuznach zu tun. Er benutzte für die 250 km lange Strecke (einfache Entfernung) den eigenen Pkw. Die Kosten der Übernachtung in Bad Kreuznach betrugen 210,30 € zuzüglich Kosten für Frühstück. Während der darauffolgenden beiden Tage führte er im Auftrag der Mandantin Behrendt Besprechungen in Kaiserslautern durch (einfache Entfernung von Bad Kreuznach 75 km und von Kassel 325 km). Die Übernachtung in Kaiserslautern kostete 95,95 € zuzüglich Kosten für Frühstück. Am letzten Tag war er um 15 Uhr wieder in seiner Praxis in Kassel.
   Die Gesamtkosten der 3 $^{1}/_{2}$-tägigen Reise betrugen 931,25 €.
   Berechnen Sie die von den Mandantinnen Ahrens und Behrendt zu tragenden Reisekosten.
7. RA Clemens hat seine Kanzlei in Bad Kreuznach. Er hatte am selben Tag für Mandant Hessel und für Mandant Andres vor dem LG Mainz jeweils einen Gerichtstermin wahrzunehmen. Die Entfernung von der Kanzlei zum LG Mainz beträgt 40 km mit dem Pkw. Er war 9 Std. von seiner Kanzlei abwesend. Wäre er für jeden Mandanten einzeln nach Mainz gefahren, wäre er jeweils 5 Stunden von seinem Büro abwesend gewesen. Die Gesamtkosten der Reise betragen 118,30 €.
   a) Berechnen Sie die von den Mandanten Hessel und Andres zu zahlenden anteiligen Reisekosten.
   b) Berechnen Sie die anteiligen Reisekosten, wenn der RA für Hessel 3 $^{1}/_{2}$ Std. und für Andres 5 Std. bei einzelner Durchführung der Reise vom Büro abwesend gewesen wäre.
8. RAin Korn hat ihre Kanzlei in Bingen. Sie hatte am selben Tag für Mandantin Altenburg, für Mandant Bolzmann und für Mandantin Cizewitz Termine wahrzunehmen. Für Mandantin Altenburg hatte sie einen Termin beim LG Mainz. Die Entfernung von der Kanzlei zum LG Mainz beträgt 34 km mit dem Pkw. Für Mandant Bolzmann fuhr sie weiter nach Nackenheim zu einer außergerichtlichen Besprechung; die Fahrtstrecke von Mainz nach Nackenheim betrug 14 km. Von Nackenheim fuhr sie für Mandantin Altenburg weiter nach Bad Münster am Stein zu einem Vergleichsgespräch; das waren weitere 60 km. Von Bad Münster am Stein fuhr sie nach 10 Std. Abwesenheit zurück nach Bingen; das waren nochmals 26 km.
   Berechnen Sie zunächst (a) die abrechenbaren, tatsächlich entstandenen Gesamtkosten für diese Rundreise.

Berechnen Sie nun (b) die anteiligen Kosten, die jeder Mandant gemäß Vorbemerkung 7 Abs. 3 S. 1 VV RVG von den tatsächlich entstandenen Gesamtkosten zu tragen hat.

Die fiktiven Einzelkosten, die entstanden wären, wenn jeweils für jeden Mandanten die Reise separat durchgeführt worden wäre, ergeben sich wie folgt:

Mandantin Altenburg:

Die einfache Fahrtstrecke von Bingen nach Mainz beträgt 34 km mit dem Pkw, die Abwesenheit würde 3 1/2 Std. ausmachen.

Mandant Bolzmann:

Die einfache Fahrtstrecke von Bingen nach Nackenheim beträgt 46 km, die Abwesenheit würde 5 Std. betragen.

Mandantin Cizewitz:

Die einfache Fahrtstrecke von Bingen nach Bad Münster am Stein beträgt 26 km, die Abwesenheit würde 4 1/2 Std. ausmachen.

9. RAin Küsterbeck reicht für Hanebuth eine Klage gegen Essig wegen einer Forderung von 30.000,00 € beim Landgericht Göttingen ein. Nach Gütetermin und mündlicher Verhandlung zahlt Essig einen Teilbetrag von 6.000,00 €. Der Rechtsstreit wird insofern für erledigt erklärt und über die restliche Forderung weiterhin streitig verhandelt.

   Aufgrund eines Beweisbeschlusses findet eine Beweisaufnahme in Nürnberg statt. RAin Küsterbeck fährt am Vortag der Beweisaufnahme um 16:30 Uhr mit ihrem Pkw nach Nürnberg (351 km) und übernachtet dort im Hotel (Zimmerpreis 120,00 € einschließlich Frühstück 15,00 €). Das Abendessen kostet 29,00 €. Nach der Beweisaufnahme fährt die RAin zurück nach Göttingen und ist um 17:00 Uhr wieder in ihrem Büro. Nach weiterer mündlicher Verhandlung ergeht Urteil. Zur notwendigen Unterrichtung des Auftraggebers waren 156 Kopien anzufertigen.

   Fertigen Sie die vollständige Vergütungsrechnung für RAin Küsterbeck aus Göttingen.

Lösungsteil Gruppe 8

1.	VV Nr. 7000 RVG.	[22,50 €]
2.	VV Nr. 7000 RVG.	[28,75 €]
4.	VV Nr. 7000 RVG.	[7,50 €]
5.	VV Vorbemerkung 7, Abs. 3, Satz 1 zu Teil 7 RVG.	[A: 81,00 €; B: 108,00 €; C: 189,00 €]
6.	VV Vorbemerkung 7, Abs. 3, Satz 1 zu Teil 7 RVG; VV Nrn. 7003, 7005, 7006 RVG. Zwischenergebnisse auf mindestens 6 Stellen rechnen	[A: 487,18 €]
7.	VV Vorbemerkung 7, Abs. 3, Satz 1 zu Teil 7 RVG.	[b) Hessel: 51,11 €]
8.	VV Vorbemerkung 7, Abs. 3, Satz 1 zu Teil 7 RVG.	[A: 36,43 €]
9.	§§ 2, 13, VV Nrn. 3100, 3104, 7000, 7002, 7003, 7005, 7006, 7008 RVG.	[3.698,81 €]

9. Die (Regel)gebühren des Prozessbevollmächtigten (→ § 7 Rdn 4 ff.)

Hinweis:

Bitte bedenken Sie bei den Lösungen, dass die gerichtliche Festsetzung des Streitwerts für die Gerichtsgebühren (§ 63 Abs. 2 GKG) für die Gebühren des Anwalts gemäß § 32 Abs. 1 RVG maßgebend ist. Sollten Sie zu dem Ergebnis kommen, dass dieser Streitwert für eine Gebühr des Anwalts nicht den zutreffenden Gegenstandswert bildet, muss dieser Gegenstandswert durch einen Antrag gemäß § 33 auf Festsetzung des Gegenstandswerts für die Gebühr herbeigeführt werden (siehe hierzu § 3 Rdn 120 ff.).

Aufgabenteil Gruppe 9

1. Arendt fordert von Bucerius 4.260,00 €, die er durch RA Cäsar einklagen lässt. Nach einer erfolglosen Güteverhandlung stellt RA Cäsar in der mündlichen Verhandlung den Antrag aus der Klageschrift, während der RA des Bucerius Klageabweisung beantragt. Das Gericht beraumt Beweistermin an, in dem über die Klageforderung Beweis erhoben wird. Daraufhin ergeht Urteil, in dem der Beklagte zur Zahlung von 3.930,00 € verurteilt wird.
   Erstellen Sie die Vergütungsrechnung des RA Cäsar.
2. RA Justus klagt i.S. Holz / Blum wegen einer Kaufpreisforderung von 1.498,00 € nebst 8,48 € Verzugszinsen. Nach erfolgloser Güteverhandlung und anschließender streitiger Verhandlung und Beweisaufnahme wird der Beklagte antragsgemäß verurteilt.
   Erstellen Sie die Vergütungsrechnung des RA Justus.
3. RA Zapf macht für seine Mandantin einen gesetzlichen Unterhaltsanspruch von monatlich 600,00 € beim Familiengericht geltend; gleichzeitig wird in der Antragsschrift ein Unterhaltsrückstand für die letzten vier Monate eingefordert. Nach erfolgloser Güteverhandlung wird in anschließender mündlicher Verhandlung die Sach- und Rechtslage erörtert. Daraufhin wird die Angelegenheit vertagt. In einem zweiten Termin ergeht im Anschluss an die streitige Verhandlung ein für die Antragstellerin obsiegender Beschluss.
   Berechnen Sie die Vergütung von RA Zapf.
4. Beim AG Hannover wird eine Räumungsklage erhoben. Gleichzeitig wird ein Mietrückstand von drei Monatsmieten über je 810,00 € mit eingeklagt. Nach Klageerhebung überweist der Beklagte 2.430,00 € und die auf diese Summe entfallenden Verfahrenskosten und die entsprechenden Zinsen. Daraufhin erklären die Parteien schriftsätzlich die Klage wegen der 2.430,00 € übereinstimmend für erledigt.
   In der nun angesetzten Güteverhandlung wird die Sach- und Rechtslage mit dem Gericht erörtert. Da die Güteverhandlung erfolglos verläuft, ergeht im anschließenden Haupttermin nach streitiger Verhandlung Beweisbeschluss. Nachdem die Beweisaufnahme durchgeführt worden ist, ergeht Urteil im Sinne des Klageantrages. Der Streitwert wird auf 12.150,00 € festgesetzt.
   a) Fertigen Sie die Vergütungsrechnung des RA des Klägers.
   b) Wie hoch ist der Gegenstandswert der Terminsgebühr, der auf Antrag im Verfahren gemäß § 33 RVG festzusetzen ist?
5. Malermeister Pinsel hat RA Hanebutt beauftragt, mit einem Mahnbescheid einen Anspruch über 890,00 € geltend zu machen. Nach Zustellung des Mahnbescheids bittet der Schuldner den RA in einem Telefongespräch um den Abschluss eines Vergleichs. RA Hanebutt teilt seinem Auftraggeber Pinsel mit, was er mit dem Schuldner ausgehandelt hat. Pinsel will jedoch von einem Vergleich nichts wissen.

Nach ordnungsgemäß erfolgtem Widerspruch des Gegners geht der Rechtsstreit in das ordentliche Verfahren über. Nach erfolgloser Güteverhandlung und anschließender streitiger Verhandlung und Beweisaufnahme erhöht RA Hanebutt für Pinsel die Klage wegen einer weiteren Forderung auf 1.450,00 €. Nach erneuter streitiger Verhandlung ergeht Urteil, mit dem die Klage abgewiesen wird.

Berechnen Sie die Vergütung des RA des Klägers.

6. Beim LG Hannover wird Klage wegen Zahlung eines Betrages von 22.310,00 € eingereicht. Vor dem mündlichen Termin zahlt der Beklagte insgesamt 20.200,00 €. In der Güteverhandlung weist das Gericht den Kläger darauf hin, dass die Klage bezüglich des Restbetrages nicht schlüssig sei. Nach eingehender Erörterung der Angelegenheit nimmt der Kläger die Klage zurück. Der Streitwert wird vom Gericht auf 22.310,00 € festgesetzt.
   a) Fertigen Sie die Vergütungsrechnung des RA des Klägers.
   b) Wie hoch ist der Gegenstandswert der Terminsgebühr, der auf Antrag im Verfahren gemäß § 33 RVG festzusetzen ist?
7. Quast reicht Klage wegen eines Schadenersatzanspruches von 7.900,00 € ein. Vor dem Termin ergibt sich, dass der Schaden nur 6.500,00 € beträgt. Quast ermäßigt vor Eintritt in die Güteverhandlung, die im Übrigen erfolglos verläuft, den Klageantrag um 1.400,00 €. Nach streitiger Verhandlung und Beweisaufnahme im anschließenden Termin ergeht ein klageabweisendes Urteil. Der Streitwert wird vom Gericht auf 7.900,00 € festgesetzt.
   a) Fertigen Sie die Vergütungsrechnung des RA des Klägers.
   b) Wie hoch ist der Gegenstandswert der Terminsgebühr, der auf Antrag im Verfahren gemäß § 33 RVG festzusetzen ist?
8. RA Zack reicht auftragsgemäß Klage über 24.000,00 € ein. Nach erfolgloser Güteverhandlung wird im anschließenden Termin streitig verhandelt. Danach erhöht RA Zack weisungsgemäß den Klageantrag um 6.000,00 €. Es werden zunächst zwei Sachverständige mit Gutachten beauftragt. Im nächsten Termin erläutert der erste Sachverständige sein umfangreiches Gutachten. In einem weiteren Termin erläutert der zweite Sachverständige sein Gutachten ebenso umfangreich. Nach erneuter streitiger Verhandlung wird noch ein dritter Sachverständiger beauftragt, dessen Gutachten im folgenden Termin umfangreich erörtert wird. In diesem Termin klären auch noch die beiden anderen Sachverständigen Widersprüche in ihren Gutachten. Schließlich ergeht Urteil zugunsten des Mandanten von RA Zack. Der Streitwert wird vom Gericht auf 30.000,00 € festgesetzt.

   Fertigen Sie die Vergütungsrechnung des RA Zack.
9. RA Bux erhebt für Polter Klage gegen Rumpel auf Zahlung von 127.000,00 €. Nach erfolgloser Güteverhandlung wird im anschließenden Termin streitig verhandelt und eine Beweisaufnahme durchgeführt. Nach erneuter Verhandlung ergeht Urteil, in dem die Klage in Höhe von 73.000,00 € abgewiesen wird.

   RA Fux legt auftragsgemäß Berufung für den Kläger und nunmehr Berufungskläger ein. Nach zwei streitigen Verhandlungen mit Beweisaufnahme und Weiterverhandlung ergeht Urteil, in dem die Berufung vollen Erfolg hat.

   Hiergegen geht auf Seiten des Beklagten und nunmehr Revisionskläger Rumpel der beim BGH zugelassene RA Fax in die Revision. Nach streitiger mündlicher Verhandlung, an der auf Seiten von Polter RA Lux mitwirkt, ergeht Urteil.

   Erstellen Sie die Vergütungsrechnungen der einzelnen Instanzen für die RAe des Polter.
10. Beutel erhebt über RA Schneider Klage wegen 2.100,00 € nebst 47,11 € Verzugszinsen. Im ersten Termin wird nach erfolgloser Güteverhandlung streitig verhandelt und ein Zeuge vernommen. Nach Abschluss der Beweisaufnahme wird erneut streitig verhandelt mit dem Antrag des Klägers auf Erhöhung der Klage auf 3.300,00 € bzw. dem Antrag des Beklagten auf

Klageabweisung. Es ergeht Urteil, demgemäß der Beklagte 2.200,00 € zu zahlen hat. Der Streitwert wird vom Gericht auf 3.300,00 € festgesetzt.
Berechnen Sie die Vergütung von RA Schneider.

11.* Wahn erhebt durch RA Sinn Klage wegen 5.100,00 €. Im ersten Termin zur Güteverhandlung erscheint für den Beklagten niemand. Da sich RA Sinn seiner Sache nicht ganz sicher ist, wird von ihm ohne Erörterung mit dem Richter ein Antrag auf Vertagung gestellt.
Vor dem danach anberaumten Verhandlungstermin nimmt der Klägervertreter RA Sinn die Klage wegen 700,00 € zurück. Es wird von den Parteien streitig verhandelt und ein Zeuge vernommen. Danach ergeht Urteil, demgemäß der Beklagte 3.000,00 € zu zahlen hat. Der Streitwert wird vom Gericht auf 5.100,00 € festgesetzt.
Berechnen Sie die Vergütung von RA Sinn.

12. Plisch lässt von RA Muck Klage über 18.390,00 € erheben. Noch vor dem ersten Termin erhebt der Beklagte Plum über RA Mack Widerklage wegen eines Betrages von 5.700,00 €. Im ersten Termin wird nach erfolgloser Güteverhandlung wegen der Klage und Widerklage streitig verhandelt. Daraufhin nimmt der Beklagte mit Zustimmung von Plisch die Widerklage zurück. Hinsichtlich der Klageforderung des Plisch ergeht antragsgemäß Urteil. Der Streitwert wird vom Gericht auf 24.090,00 € festgesetzt.
Berechnen Sie die Vergütung von RA Muck.

13. Geiz lässt durch RA Milde Klage gegen Frech auf Rückzahlung eines Darlehens in Höhe von 5.000,00 € und eines zweiten Darlehens in Höhe von 4.000,00 € einreichen. Frech erhebt durch RA Paulsen Widerklage auf Herausgabe des Schuldscheins über das erste Darlehen von 5.000,00 €. Nach erfolgloser Güteverhandlung mit anschließender streitiger Verhandlung und Vernehmung des Zeugen Blind über die Anfertigung des Schuldscheins ergeht Urteil. Der Streitwert wird vom Gericht auf 9.000,00 € festgesetzt.
Erstellen Sie die Vergütungsrechnung von RA Milde.

14.* RA Plumps erhebt auftragsgemäß Klage beim Amtsgericht wegen Räumung einer Wohnung sowie ausstehender Mietzahlungen von Juni bis Oktober. Die Monatsmiete beträgt 850,00 € pro Monat zuzüglich 100,00 € Heizkostenvorauszahlung. Der Beklagte lässt sich durch RA Sack vertreten. Nach erfolgloser Güteverhandlung mit anschließender streitiger Verhandlung und Beweisaufnahme ergeht antragsgemäß Urteil. Der Streitwert wird vom Gericht auf 14.000,00 € festgesetzt.
Wegen der Verurteilung auf Räumung der Wohnung legt RA Sack für den Beklagten – und nunmehr Berufungskläger – Berufung beim Landgericht ein. Da für den Kläger und Berufungsbeklagten im Berufungstermin niemand erscheint, ergeht auf Antrag von RA Sack Versäumnisurteil, welches rechtskräftig wird. Der Streitwert wird vom Gericht auf 10.200,00 € festgesetzt.
a) Berechnen Sie die Vergütung beider Instanzen für RA Sack.
b) Ermitteln Sie die Gerichtskostenvorauszahlung für die 1. Instanz.

15.* Dohlenburg hat in der ersten Instanz wegen einer Kaufpreisforderung von 9.001,00 € obsiegt. Er wird als Berufungsbeklagter von RA Potter vertreten. In der Berufungsverhandlung erscheint der Vertreter des Berufungsklägers, RA Kleinschmidt, nicht. Auf Antrag von RA Potter ergeht Versäumnisurteil, gegen das der Berufungskläger verspätet Einspruch einlegt. Das Gericht verwirft den Einspruch ohne mündliche Verhandlung wegen Fristversäumnis als unzulässig.
Berechnen Sie die Vergütung von RA Potter für die zweite Instanz.

16. In Sachen Winter / Sommer wird RA Justus wegen einer Kaufpreisforderung in Höhe von 500.000,00 € beauftragt, den Betrag auf außergerichtliche Weise einzufordern. Umfang und Schwierigkeit der Sache sind von durchschnittlicher Art. Die vom RA bezüglich des dem Schuldner übersandten Mahnschreibens entfaltete Tätigkeit erfordert eine Sichtung der aktu-

ellen Rechtsprechung, da der Schuldner Einwendungen gegen die Forderung geltend macht. Die Arbeitszeit des RA bis dahin beträgt etwa 2½ Stunden.

Da der Schuldner nicht zahlt, wird nach neuer Weisung des Auftraggebers Klage eingereicht. Nach erfolgloser Güteverhandlung und anschließender streitiger Verhandlung ergeht Urteil. Der Mandant hat die Vergütung für das Aufforderungsschreiben bereits gezahlt.

Berechnen Sie die Vergütung des RA Justus für diese Sache.

17.* Ampel wurde im ersten Rechtszug gegen Mast zur Zahlung von 15.000,00 € verurteilt. Ampel beauftragt nun RA Rot, gegen dieses Urteil Berufung einzulegen. Nachdem Rot die Berufungsklage aufgesetzt hat, findet er in einer Fachzeitschrift ein neues Urteil des BGH in einem ähnlichen Fall. Deshalb rät Rot jetzt wegen Aussichtslosigkeit hinsichtlich eines Teilbetrages von 10.000,00 € von der Einlegung der Berufung ab. Über die restlichen 5.000,00 € legt er jedoch auftragsgemäß Berufung ein. Nach streitiger Verhandlung ergeht Urteil.

Fertigen Sie die Vergütungsrechnung.

18. Frau Fredeke beauftragt RA Cronjäger damit, rückständige Mietzahlungen in Höhe von monatlich 900,00 € für die Monate Januar, Februar, März und April einzuklagen. Nach erfolgloser Güteverhandlung und anschließender streitiger Verhandlung zahlt der beklagte Mieter die Miete für den Monat Januar. Der Rechtsstreit wird insoweit für erledigt erklärt. Es folgt eine weitere streitige Verhandlung. Da der Mieter weiterhin keine Miete zahlt, erhöht RA Cronjäger nun die Klageforderung um die rückständige Miete für die Monate Mai und Juni. Es wird noch einmal streitig verhandelt und der Mietvertrag zur Beweisaufnahme dem Gericht vorgelegt. Der Streitwert wird vom Gericht auf 5.400,00 € festgesetzt.

Berechnen Sie die Vergütung von RA Cronjäger.

19. Schinowski beauftragt RA Opitz damit, einen Schadenersatzanspruch von 2.500,00 € gegen Frau Heyda einzuklagen. Nach Einreichung der Klageschrift wird nach erfolgloser Güteverhandlung streitig zur Sache verhandelt. Einige Tage nach dieser Verhandlung überweist Frau Heyda dem Schinowski 600,00 € (und die entsprechenden Kosten). Insoweit wird der Rechtsstreit für erledigt erklärt. Wegen des Restbetrages folgt eine weitere streitige Verhandlung, in der auch der Zeuge Blind über den Tatverlauf vernommen wird. Unter dem Eindruck des Ergebnisses der Beweisaufnahme erhöht RA Opitz die Klageforderung um 1.700,00 €. Nach einer weiteren streitigen Verhandlung und der Vernehmung der Zeugin Taub ergeht Urteil zugunsten des Klägers. Der Streitwert wird vom Gericht auf 4.200,00 € festgesetzt.

Erstellen Sie die Vergütungsrechnung von RA Opitz.

20. Klopstock klagt gegen den Bauunternehmer Wussow, da im neu gebauten Haus des Klopstock minderwertiger Beton und eine nicht der DIN entsprechende Stahlarmierung verwendet wurde. RA Fröhlich reicht auftragsgemäß die Klage wegen 238.000,00 € gegen Wussow ein. Das Gericht lässt von drei Sachverständigen in drei Terminen jeweils die erstellten Gutachten umfangreich erläutern.

Wussow wird vom Landgericht nach weiterer Verhandlung verurteilt, die aufwendige Sanierung des Hauses zu bezahlen.

Erstellen Sie die Vergütungsrechnung von RA Fröhlich.

21.* Mundhenk will sich gegen eine seiner Ansicht nach unberechtigte Forderung wehren, die von Rosenbohm gegen ihn geltend gemacht wird. Deshalb beauftragt Mundhenk RAin Hornig zunächst mit der außergerichtlichen Abwehr (I.) der unbegründeten Forderung von 7.000 €, die Rosenbohm durch seinen RA Held außergerichtlich einfordert. RAin Hornig führt mehrere Besprechungen mit RA Held mit dem Ziel einer außergerichtlichen Einigung; diese Gespräche scheitern. RAin Hornig und RA Held haben jeweils etwa 2½ Stunden Arbeitszeit für diese außergerichtliche Tätigkeit aufgewendet. Umfang und Schwierigkeit der Sache sind durchschnittlich.

RA Held beantragt nunmehr für Rosenbohm ein gerichtliches Mahnverfahren (II.) gegen Mundhenk wegen dieser Forderung von 7.000,00 €. Aus diesem Grunde beauftragt Mundhenk jetzt RAin Hornig mit der Einlegung des Widerspruchs gegen den ihm zugestellten Mahnbescheid.
Durch den eingelegten Widerspruch geht das Mahnverfahren in das streitige Verfahren über. Deshalb beauftragt Mundhenk RAin Hornig mit seiner Vertretung in diesem Prozess (III.), was geschieht. Nachdem RA Held seine Klage begründet hat ergeht nach streitiger Verhandlung Urteil.
Fertigen Sie die Vergütungsrechnungen
a) für RA Held (Vertreter des Klägers) und
b) für RAin Hornig (Vertreterin des Beklagten).

22. In einer Verkehrsunfallsache hat RA Dudenhöfer für Rainer Saft bereits auftragsgemäß Klage gegen die Haftpflichtversicherung des Unfallschuldigen eingereicht. Nach Zustellung der Klage meldet sich der Sachbearbeiter der Versicherung telefonisch bei RA Dudenhöfer mit dem Wunsch, über die Erledigung des Rechtsstreits zu verhandeln. Am Ende des längeren Telefongesprächs sagt der Sachbearbeiter zu, dass die Versicherung den Schaden von 13.478,33 € in voller Höhe zahlen wird, was geschieht. Daraufhin wird die Klage übereinstimmend in der Hauptsache für erledigt erklärt; zu einem gerichtlichen Termin in der Hauptsache ist es nicht gekommen.
Erstellen Sie die Vergütungsrechnung von RA Dudenhöfer.

23. Willi Hauburg streitet sich mit seiner Verwandten Lisa Klöpper in einer Erbschaftsangelegenheit. Es geht um einen Betrag von 29.700,00 €. Frau Klöpper beauftragt RAin Pomplun mit der außergerichtlichen Beilegung des Streits, wogegen Herr Hauburg seinem RA Schläger unbedingten Klageauftrag in dieser Sache erteilt. Es handelt sich um einen Fall von durchschnittlichem Umfang und durchschnittlicher Schwierigkeit für RAin Pomplun.
RA Schläger sendet zunächst ein Aufforderungsschreiben an die Gegenseite, wonach RAin Pomplun um einen Gesprächstermin bittet. In der Besprechung in der Kanzlei von RA Schläger kommt es zu einer Einigung, wonach Frau Klöpper 7.700,00 € an ihren Verwandten zahlt. Die vorbereitete Klage wird von RA Schläger nun nicht mehr eingereicht.
Berechnen Sie die Vergütung für RAin Pomplun und für RA Schläger.

Lösungsteil Gruppe 9

1.	§§ 2, 13, VV Nrn. 3100, 3104, 7002, 7008 RVG.	[1.078,44 €]
2.	§§ 2, 13, VV Nrn. 3100, 3104, 7002, 7008 RVG.	[423,94 €]
3.	§§ 2, 13, VV Nrn. 3100, 3104, 7002, 7008 RVG, § 51 FamGKG.	[1.963,50 €]
4.	a) §§ 2, 13, 22, VV Nrn. 3100, 3104, 7002, 7008 RVG, § 41 GKG.	[2.127,13 €]
	b)	[9.720,00 €]
5.	§§ 2, 13, VV Nrn. 3305, 3100, 3104, 7002, 7008 RVG.	[insgesamt: 447,74 €]
6.	a) §§ 2, 13, VV Nrn. 3100, 3104, 7002, 7008 RVG.	[2.781,63 €]
	b)	[2.110,00 €]
7.	a) §§ 2, 13, VV Nrn. 3100, 3104, 7002, 7008 RVG.	[1.609,48 €]
	b)	[6.500,00 €]
8.	§§ 2, 13, VV Nrn. 1010, 3100, 3104, 7002, 7008 RVG.	[3.399,12 €]
9.	§§ 2, 13, VV Nrn. 3100, 3104, 3200, 3202, 3208, 3210, 7002, 7008 RVG. (§ 78 Abs. 1 S. 4 ZPO)	[Bux: 5.836,95 €] [Fux: 5.208,39 €] [Lux: 7.060,03 €]
10.	§§ 2, 13, VV Nrn. 3100, 3104, 7002, 7008 RVG.	[901,43 €]

11.	§§ 2, 13, 15, VV Nrn. 3100, 3104, 3105, 7002, 7008 RVG.	[1.255,45 €]
12.	§§ 2, 13, VV Nrn. 3100, 3104, 7002, 7008 RVG, § 45 GKG.	[2.781,63 €]
13.	§§ 2, 13, 22, VV Nrn. 3100, 3104, 7002, 7008 RVG, § 45 GKG.	[1.786,49 €]
14.	a) §§ 2, 13, 22, VV Nrn. 3100, 3104, 3200, 3202, 3203, 7002, 7008 RVG, § 41 GKG. Darauf achten, wer im Berufungstermin säumig ist.	[I) 2.290,75 €] [II) 2.379,52 €]
	b) §§ 3, 12, 34; Kostenverzeichnis Nr. 1210 GKG.	[1.032,00 €]
15.	§§ 2, 13, VV Nrn. 3200, 3203, 7002, 7008 RVG. Darauf achten, wer im Berufungstermin säumig ist.	[1.653,15 €]
16.	§§ 2, 13, 14, VV Vorbemerkung 3 Abs. 4, Nrn. 2300, 3100, 3104, 7002, 7008 RVG.	[insgesamt: 14.111,97 €]
17.	§§ 2, 13, 15, VV Nrn. 3200, 3201, 3202, 7002, 7008 RVG.	[1.980,87 €]
18.	§§ 2, 13, 22, VV Nrn. 3100, 3104, 7002, 7008 RVG.	[1.255,45]
19.	§§ 2, 13, 22, VV Nrn. 3100, 3104, 7002, 7008 RVG.	[1.078,44 €]
20.	§§ 2, 13, VV Nrn. 1010, 3100, 3104, 7002, 7008 RVG.	[8.793,62 €]
21.	a) §§ 2, 13, 14, VV Nrn. 2300, 3305, 3100, 3104, 7002, 7008 RVG.	[I. 756,30; II. 221,02; III. 869,00 €]
	b) §§ 2, 13, 14, VV Nrn. 2300, 3307, 3100, 3104, 7002, 7008 RVG.	[I. 756,30; II. 23,80; III. 1.066,20 €]
22.	§§ 2, 13, VV Vorbem. 3 Abs. 3 Ziff. 2, Nrn. 3100, 3104, 7002, 7008 RVG.	[2.290,75 €]
23.	§§ 2, 13, 14, VV Vorbem. 3 Abs. 3 Ziff. 2, Nrn. 1000, 2300, 3100, 3101, 7002, 7008 RVG.	[RAin Pomplun: 3.399,12 €], [RA Schläger: 4.242,95 €]

10. Gebühren bei vorzeitiger Beendigung, bei Sachanträgen und bei Nichterscheinen einer Partei (→ § 7 Rdn 26 ff.)

Hinweis:

Bitte bedenken Sie bei den Lösungen, dass die gerichtliche Festsetzung des Streitwerts für die Gerichtsgebühren (§ 63 Abs. 2 GKG) für die Gebühren des Anwalts gemäß § 32 Abs. 1 RVG maßgebend ist. Sollten Sie zu dem Ergebnis kommen, dass dieser Streitwert für eine Gebühr des Anwalts nicht den zutreffenden Gegenstandswert bildet, muss dieser Gegenstandswert durch einen Antrag gemäß § 33 auf Festsetzung des Gegenstandswerts für die Gebühr herbeigeführt werden (siehe hierzu § 3 Rdn 120 ff.).

Aufgabenteil Gruppe 10

1. Grün beauftragt RA Eigen mündlich mit der Erhebung der Klage gegen Blau. Der Streitwert beträgt 12.000,00 €. Nach Formulierung, aber vor Einreichung der Klage teilt Grün mit, dass sich die Angelegenheit erledigt habe. Außer der Übersendung der Vergütungsrechnung an Grün ist kein Schriftverkehr entstanden.

   Fertigen Sie die Vergütungsrechnung des RA Eigen.
2. Braun bevollmächtigt RA Kohl mit der Eintreibung einer Forderung gegen Kappes in Höhe von 2.711,00 € nebst 31,84 € Verzugszinsen. Braun erteilt unbedingten Auftrag zur Durchführung des gerichtlichen Mahnverfahrens. RA Kohl will vor Einleitung gerichtlicher Schritte versuchen, den Kappes durch ein anwaltliches Aufforderungsschreiben zur Zahlung zu bewegen. RA Kohl sendet das Aufforderungsschreiben an Kappes, der daraufhin zahlt.

   Berechnen Sie die Vergütung des RA Kohl.
3. RA Blau soll für Korn Berufung einlegen. Der Auftrag wurde mündlich erteilt. Vor Einreichung der von RA Blau bereits fertiggestellten Berufungsklage zieht Korn den Auftrag mündlich zurück. Außer der Übersendung der Gebührennote an Korn ist kein Schriftverkehr entstanden. Der Streitwert beträgt 4.900,00 €.

   Erstellen Sie die Gebührennote des RA Blau.
4. RA Patzig erhebt auftragsgemäß Klage über 6.300,00 €. Vor dem ersten Termin zur mündlichen Verhandlung wird diese zurückgenommen. RA Patzig hatte auch die Gerichtskosten verauslagt.
   a) Erstellen Sie die Vergütungsrechnung des RA Patzig.
   b) Wie hoch ist die Gerichtskostenvorauszahlung
   c) und die letztlich für Gerichtskosten anfallende Verfahrensgebühr?
5. Mit der Klageschrift macht RA Sauer im Auftrag seines Mandanten Selber eine Forderung in Höhe von 4.998,35 € gegen den Beklagten Dax geltend. Im ersten mündlichen Verhandlungstermin erscheint der Dax nicht. RA Sauer stellt Antrag auf Vertagung des Termins gemäß § 227 Abs. 1 S. 1 ZPO mit der Begründung, dass die Parteien untereinander auf privater Basis in außergerichtliche Vergleichsverhandlungen eingetreten seien. Der Richter vertagt daraufhin den Termin durch Beschluss.

   Einige Tage später kündigt Selber dem RA Sauer das Mandat, mit der Erklärung, dass er sich selber mit dem Dax geeinigt habe und keine anwaltliche Hilfe hierzu benötige.

   Erstellen Sie die Vergütungsrechnung des RA Sauer.
6. RA Luchs soll für Dall gegen den Schuldner Lahm eine Forderung in Höhe von 879,50 € einklagen. Die Klageschrift wird bei Gericht eingereicht.

Sofort nach Zustellung der Klageschrift erklärt der Beklagte Lahm gegenüber dem Gericht, dass er die Forderung anerkenne. Daraufhin erlässt das Gericht von Amts wegen ein Anerkenntnisurteil gemäß § 307 ZPO.

Erstellen Sie die Vergütungsrechnung von RA Luchs.

7. RA Assel reicht Klage über 3.870,00 € nebst 47,11 € Verzugszinsen ein. Im Gütetermin und der anschließenden mündlichen Verhandlung erscheint der Beklagte nicht. Es ergeht antragsgemäß ein Versäumnisurteil.

   Erstellen Sie die Vergütungsrechnung von RA Assel.

8.* RA Wendehals erhebt Berufungsklage über 14.777,00 €. Im Termin erscheint für den Berufungsbeklagten niemand. Das Berufungsgericht stellt fest, dass die Ladungsfrist für den Berufungsbeklagten nicht eingehalten worden ist. Daraufhin beschließt das Berufungsgericht die Vertagung des Termins. Anschließend nimmt der Berufungskläger die Berufungsklage zurück.

   Berechnen Sie die Vergütung von RA Wendehals.

9.* Hasenfratz beauftragt RA Simmel mit einer Klage wegen 6.000,00 €. Im ersten Termin stellt RA Simmel Antrag auf Vertagung (§ 227 ZPO), nachdem der Prozessbevollmächtigte des Beklagten sich wegen Erkrankung entschuldigt hat und deshalb nicht erschienen ist.

   Vor dem danach anberaumten neuen Verhandlungstermin nimmt RA Simmel nach Absprache mit Hasenfratz weisungsgemäß die Klage wegen 1.000,00 € zurück. Danach wird streitig verhandelt und ein Gutachten erstellt. Schließlich ergeht Urteil, demgemäß der Beklagte 3.000,00 € zu zahlen hat. Der Streitwert wird vom Gericht auf 6.000,00 € festgesetzt.

   Berechnen Sie die Vergütung von RA Simmel.

Lösungsteil Gruppe 10

1.	§§ 2, 13, VV Nrn. 3101, 7008 RVG.	[673,06 €]
2.	§§ 2, 13, VV Nrn. 3306, 7002, 7008 RVG.	[163,92 €]
3.	§§ 2, 13, VV Nrn. 3201, 7008 RVG.	[464,04 €]
4.	a) §§ 2, 13, VV Nrn. 3100, 7002, 7008 RVG.	[756,30 €]
	b) §§ 3, 12 Abs. 1, 34, KV Nr. 1210 GKG.	[646,50 €]
	c) KV Nr. 1211 GKG.	[215,50 €]
5.	§§ 2, 13, VV Nrn. 3100, 3105, 7002, 7008 RVG.	[783,14 €]
6.	§§ 2, 13, VV Nrn. 3100, 3104, 7002, 7008 RVG.	[300,48 €]
7.	§§ 2, 13, VV Nrn. 3100, 3105, 7002, 7008 RVG.	[655,69 €]
8.	§§ 2, 13, VV Nrn. 315, 3200, 3203, 7002, 7008 RVG.	[1.928,04 €]
9.	§§ 2, 13, 15, VV Nrn. 3100, 3104, 3105, 7002, 7008 RVG.	[1.255,45 €]

11. Die Grundsätze des § 15 RVG (→ § 2 Rdn 124 ff.)

Aufgabenteil Gruppe 11

1. RA Jung hat auftragsgemäß Klage erhoben. Während der dreijährigen Prozessdauer fanden neun Termine mit streitiger mündlicher Verhandlung oder Erörterung statt. Nun erging Urteil. Streitwert: 93.000,00 €.

   Erstellen Sie die Vergütungsrechnung des RA Jung. Welche Grundsätze des § 15 RVG sind hierbei besonders bedeutsam?

2. RA Putz vertritt Muckel vor dem Amtsgericht in einer pachtvertraglichen Angelegenheit. Nach einer streitigen Verhandlung und eingehender Zeugenvernehmung wird vertagt. Es erfolgt in einem weiteren Beweistermin außerhalb des Gerichts eine Ortsbesichtigung, an der RA Putz teilnimmt. Daraufhin wird erneut streitig verhandelt und das Gutachten eines Sachverständigen umfangreich erörtert; anschließend ergeht Urteil. Streitwert: 7.250,00 €.

   Fertigen Sie die Vergütungsrechnung des RA Putz. Welcher Grundsatz des § 15 RVG ist hierbei besonders bedeutsam?

3. RA Potz erhebt auftragsgemäß für Blitz Klage über 13.500,00 €. Da Blitz von RA Potz auf ein gewisses Prozessrisiko hingewiesen wurde, bittet er ihn kurz darauf, die Klage wieder zurückzunehmen. Potz handelt auftragsgemäß.

   Drei Jahre später findet Blitz ein wichtiges Beweismittel und beauftragt Potz erneut damit, Klage zu erheben. Nach streitiger Verhandlung und Beweisaufnahme ergeht Urteil im Sinne der Klage.

   Fertigen Sie die Vergütungsrechnungen des RA Potz. Welche Grundsätze des § 15 RVG sind hierbei besonders bedeutsam?

4.* RA Janus erhebt Klage wegen 3.900,00 €. Im ersten Termin wird streitig verhandelt. Im nächsten Termin ist der Beklagte säumig. Auf Antrag von RA Janus ergeht Versäumnisurteil. Der Vertreter des Beklagten legt dagegen Einspruch ein, welcher nach streitiger Verhandlung über den Einspruch vom Gericht verworfen wird.

   Berechnen Sie die Vergütung des RA Janus. Welche Grundsätze des § 15 RVG sind hierbei besonders bedeutsam?

5. RA Dombrowski erhält von Wendehals unbedingten Klageauftrag wegen einer Forderung von 9.000,00 €. RA Dombrowski bespricht die Sache ausführlich mit seinem Mandanten und beginnt mit der Abfassung der Klageschrift. Noch bevor der RA den säumigen Schuldner mahnen kann meldet sich Mandant Wendehals und teilt mit, der Schuldner habe soeben 1.500,00 € bezahlt.

   RA Dombrowski setzt nun in die Klageschrift die restliche Forderung von 7.500,00 € ein und reicht die Klage beim Landgericht ein. Hier ergeht nach streitiger Verhandlung Urteil.

   Erstellen Sie die Vergütungsrechnung von RA Dombrowski. Welcher Grundsatz des § 15 RVG ist hierbei besonders bedeutsam?

6. Boonekamp erteilt RA Paletti unbedingten Klageauftrag. Er soll beim AG Hannover Klage über 4.490,00 € gegen den Mieter Übel einreichen. Es geht um rückständige Miete von insgesamt 1.400,00 € und um eine nicht erfolgte Wohnungsrenovierung im Betrag von 3.090,00 €. Zunächst übersendet RA Paletti ein Aufforderungsschreiben an den Übel. Übel kündigt an, dass er die rückständige Miete zahlen werde, was geschieht. Wegen der nicht erfolgten Wohnungsrenovierung wird Klage eingereicht und nach erfolglosem Gütetermin streitig verhandelt. Nach durchgeführter Beweisaufnahme ergeht Urteil, wonach an den Kläger 1.200,00 € zu zahlen sind. Fertigen Sie die Vergütungsrechnung für RA Paletti. Welcher Grundsatz des § 15 RVG ist hierbei besonders bedeutsam?

7. RA Lang erhält den unbedingten Auftrag, wegen einer Forderung von 4.000,00 € Klage zu erheben. RA Lang sendet dem Schuldner zunächst ein Aufforderungsschreiben und fordert ihn auf, den Betrag zur Vermeidung eines Prozesses binnen einer Frist zu zahlen. Der Schuldner lehnt die Zahlung ab.
   a) Nachdem RA Lang die Klage gefertigt und eingereicht hat, erscheint anderntags der Mandant und nimmt den Klageauftrag zurück, da er sich mit dem Schuldner ohne anwaltliche Hilfe gütlich einigen will.
   Erstellen Sie die Vergütungsrechnung von RA Lang. Welcher Grundsatz des § 15 RVG ist hierbei besonders bedeutsam?
   b) Nachdem RA Lang die Klage gefertigt, aber noch nicht eingereicht hat, erscheint anderntags der Mandant und nimmt den Klageauftrag zurück, da er sich mit dem Schuldner gütlich einigen will.
   Erstellen Sie die Vergütungsrechnung von RA Lang. Erläutern Sie den Unterschied zur Lösung a).
8. RA Rambo erhält den unbedingten Auftrag von Zinn, eine Klage über 6.500,00 € gegen Blei anzustrengen. Der Schuldner Blei erkennt nach Erhalt eines Aufforderungsschreibens von RA Rambo einen Betrag von 1.200,00 € an und überweist den Betrag sofort an Zinn. Wegen der Restsumme wird Klage eingereicht und nach erfolglosem Gütetermin und anschließender streitiger Verhandlung und Beweisaufnahme Urteil nach Antrag verkündet.
   Gegen dieses Urteil legt der RA des Beklagten Berufung ein. RA Rambo nimmt für seinen Mandanten den von dem Berufungsgericht anberaumten Verhandlungstermin wahr. Die Berufungsklage wird abgewiesen.
   Fertigen Sie die Vergütungsrechnung für RA Rambo für beide Instanzen. Welche Grundsätze des § 15 RVG sind in dieser Aufgabe besonders bedeutsam?
9. Vogel hat Katz ein Fahrrad für 150,00 € mit schriftlichem Kaufvertrag verkauft. Katz ist den Kaufpreis schuldig geblieben, da er bemängelt, das Fahrrad habe rostige Stellen. Vogel beauftragt RA Wald mit der nur außergerichtlichen Eintreibung der Forderung. RA Wald setzt dem Katz in einem Aufforderungsschreiben eine Frist von 14 Tagen. Umfang und Schwierigkeit der Sache sind von unterdurchschnittlicher Art; der RA benötigte 30 Minuten für die Bearbeitung einschließlich des kurzen Informationsgesprächs mit Vogel.
   Nach fruchtlosem Fristablauf lässt Vogel den RA Wald jetzt den Erlass eines Mahnbescheides beantragen. Nach Zustellung des erlassenen Mahnbescheides zahlt Katz den Kaufpreis und die Vergütung des RA Wald.
   a) Welche Gebühr erhält RA Wald für das Aufforderungsschreiben?
   b) Welcher Grundsatz des § 15 RVG ist in diesem Fall besonders bedeutsam?
   c) Handelt es sich um eine oder um zwei Angelegenheiten im Sinne des RVG?
   d) Berechnen Sie die Vergütung des RA.
10.* a) RA Hanno hat für seinen Auftraggeber als Terminsvertreter einen Beweistermin beim Amtsgericht Hannover wahrgenommen. Wert der Streitsache: 1.000,00 €.
   Berechnen Sie die ihm dafür zustehende Vergütung, die bezahlt wird.
   b) Später wird er nach Verweisung des Rechtsstreits nach Hannover in dieser Angelegenheit zum Prozessbevollmächtigten bestellt und nimmt nach streitiger Verhandlung an einem weiteren Beweistermin teil.
   Berechnen Sie die Vergütung von RA Hanno. Welcher Grundsatz des § 15 RVG ist in diesem Fall besonders bedeutsam?

11.* a) RA Peter in Hamburg bittet mit Einverständnis seines Mandanten den RA Otto in Hannover um Wahrnehmung eines Termins als Terminsvertreter beim Amtsgericht Hannover. RA Otto verhandelt in dem Termin in Hannover streitig. Der Streitwert beträgt 1.300,00 €.
Erstellen Sie die Vergütungsrechnung, die RA Otto an RA Peter schickt.
b) Später soll RA Otto einen weiteren Termin in dieser Sache in Hannover wahrnehmen, was er tut.
Wie hoch ist seine Vergütung? Welche Grundsätze des § 15 RVG sind in diesem Fall besonders bedeutsam?

12. RAin Monika Rosenthal erhält von Tamino Lottermoser am 17.06.2025 den unbedingten Auftrag, gegen den Schuldner Erwin Rosstäuscher eine Forderung von 3.780,00 € einzuklagen. Zunächst übersendet RAin Rosenthal dem Rosstäuscher ein anwaltliches Aufforderungsschreiben, woraufhin Rosstäuscher in einem Schreiben der Forderung widerspricht. Mandant Lottermoser nimmt daraufhin noch vor Einreichung der Klage den Klageauftrag zurück und bezahlt RAin Rosenthal das ihr zustehende Honorar.
Am 11.01.2028 erteilt Lottermoser RAin Rosenthal erneut unbedingten Klageauftrag wegen der noch nicht verjährten Forderung von 3.780,00 €. RAin Rosenthal übersendet dem Schuldner Rosstäuscher ein anwaltliches Aufforderungsschreiben, dem sie einen Entwurf der beabsichtigten Klageschrift beifügt. Daraufhin zahlt der Schuldner.
a) Berechnen Sie die Vergütung von RAin Rosenthal. Welche Grundsätze des § 15 RVG sind in diesem Fall besonders bedeutsam?
b) Wie wäre Ihre Lösung, wenn der erneute Klageauftrag bereits am 01.12.2027 erteilt worden wäre?

Lösungsteil Gruppe 11

1.	§§ 2, 13, 15, VV Nrn. 3100, 3104, 7002, 7008 RVG.	[4.948,91 €]
2.	§§ 2, 13, 15, VV Nrn. 1010, 3100, 3104, 7002, 7008 RVG.	[1.799,76 €]
3.	§§ 2, 13, 15, VV Nrn. 3100, 3104, 7002, 7008 RVG.	[1.202,61 €; 2.290,75 €]
4.	§§ 2, 13, 15, VV Nrn. 3100, 3104, 3105, 7002, 7008 RVG.	[901,43 €]
5.	§§ 2, 13, 15, VV Nrn. 3100, 3101, 3104, 7002, 7008 RVG.	[1.701,52 €]
6.	§§ 2, 13, 15, VV Nrn. 3100, 3101, 3104, 7002, 7008 RVG.	[993,47 €]
7.	a) §§ 2, 13, 15, VV Nrn. 3100, 7002, 7008 RVG.	[480,17 €]
	b) §§ 2, 13, 15, VV Nrn. 3100, 3101, 7002, 7008 RVG.	[304,64 €]
8.	§§ 2, 13, 15, VV Nrn. 3100, 3101, 3104, 3200, 3202, 7002, 7008 RVG.	[1.347,50 €; 1.403,25 €]
9.	a) Nr. 2300 VV RVG.	
	b) § 15 Abs. 2 RVG.	
	c) § 17 Nr. 2 RVG.	
	d) §§ 2, 13, 14, 15, VV Nrn. 2300, 3305, 7002, 7008 RVG.	[insgesamt: 107,86 €]
10.	a) §§ 2, 13, 15, VV Vorbemerkung 3.4, Nrn. 3100, 3401, 3104, 7002, 7008 RVG.	[228,54 €]
	b) §§ 2, 13, 15, VV Vorbemerkung 3.4, Nrn. 3100, 3401, 3104, 7002, 7008 RVG.	[71,94 €]

11. a) §§ 2, 13, 15, VV Vorbemerkung 3.4, Nrn. 3100, 3401, 3104, 7002, 7008 RVG. [319,91 €]
    b) § 15 Abs. 2 RVG.
12. a) §§ 2, 13, 15, VV Nrn. 3100, 3101, 7002, 7008 RVG. [609,28 €]
    b) §§ 2, 13, 15, VV Nrn. 3100, 3101, 7002, 7008 RVG. [304,64 €]

12. Gebühren bei Versäumnisurteil (→ § 7 Rdn 44 ff.)

Hinweis:

Bitte bedenken Sie bei den Lösungen, dass die gerichtliche Festsetzung des Streitwerts für die Gerichtsgebühren (§ 63 Abs. 2 GKG) für die Gebühren des Anwalts gemäß § 32 Abs. 1 RVG maßgebend ist. Sollten Sie zu dem Ergebnis kommen, dass dieser Streitwert für eine Gebühr des Anwalts nicht den zutreffenden Gegenstandswert bildet, muss dieser Gegenstandswert durch einen Antrag gemäß § 33 auf Festsetzung des Gegenstandswerts für die Gebühr herbeigeführt werden (siehe hierzu § 3 Rdn 120 ff.).

Aufgabenteil Gruppe 12

1. RA Blümchen erhebt Klage wegen 4.400,00 €. Im ersten Termin wird nach erfolgloser Güteverhandlung streitig verhandelt. Im nächsten Termin ist der Beklagte säumig. Auf Antrag von RA Blümchen ergeht Versäumnisurteil. Der Vertreter des Beklagten legt dagegen Einspruch ein, welcher nach streitiger Verhandlung über den Einspruch vom Gericht verworfen wird.
   Berechnen Sie die Vergütung des RA Blümchen.
2. Wegen Kaufpreisforderung von 3.100,00 € erhebt RA Meister auftragsgemäß Klage. Im Termin zur mündlichen Verhandlung erscheint der Beklagte nicht. Auf Antrag von RA Meister ergeht Versäumnisurteil, welches rechtkräftig wird.
   Erstellen Sie die Vergütungsrechnung von RA Meister.
3. RA Pfahl erhebt für Doll Klage gegen Wahn auf Zahlung von 90,00 €. In der Klageschrift wird für den Fall der Anordnung des schriftlichen Vorverfahrens (§ 276 ZPO) beantragt, im Falle der Fristversäumnis ein Versäumnisurteil ohne mündliche Verhandlung zu erlassen (§ 331 Abs. 3 ZPO).
   Das Gericht ordnet das schriftliche Vorverfahren an. Der Beklagte Wahn versäumt sämtliche Fristen, sodass das Gericht ein Versäumnisurteil im schriftlichen Vorverfahren gegen ihn erlässt, welches rechtkräftig wird.
   Berechnen Sie die Vergütung des RA Pfahl.
4. RA Pfahl erhebt für Doll Klage gegen Wahn auf Zahlung von 90,00 €. Im ersten Termin wird nach erfolgloser Güteverhandlung streitig verhandelt. Nach Vertagung erscheint im zweiten Termin für Wahn niemand; RA Pfahl erwirkt ein Versäumnisurteil. Wahn legt Einspruch ein, der nach streitiger mündlicher Verhandlung über den Einspruch verworfen wird.
   Berechnen Sie die Vergütung des RA Pfahl.
5. RA Pfahl erhebt für Doll Klage gegen Wahn auf Zahlung von 90,00 €. Im Termin erscheint für Wahn niemand, RA Pfahl erwirkt ein Versäumnisurteil. Für Wahn legt RA Buff Einspruch ein, dem nach mündlicher Verhandlung über den Einspruch stattgegeben wird. Danach ergeht nach streitiger Verhandlung zur Hauptsache Urteil, in dem Wahn zur Zahlung von 75,00 € verurteilt wird.
   Berechnen Sie die Vergütung des RA Pfahl und des RA Buff.
6. RA Düster hat auftragsgemäß Klage gegen Reiner Dummer wegen Forderung von 9.250,00 € beim Landgericht eingereicht.
   Im zur Güteverhandlung und zum frühen ersten Termin anberaumten Verhandlungstermin erscheint der Reiner Dummer persönlich und behauptet, er sei Rechtsexperte und benötige keinen Rechtsanwalt.
   Auf Antrag von RA Düster ergeht Versäumnisurteil, welches rechtskräftig wird.
   Ermitteln Sie das Honorar von RA Düster.

7. RA Finster erhebt für Necker auftragsgemäß Klage gegen den Schuldner Ansorge wegen einer Forderung von 29.400,00 € nebst 601,00 € Verzugszinsen.

   In der Klageschrift wird für den Fall der Anordnung des schriftlichen Vorverfahrens (§ 276 ZPO) beantragt, im Falle der Fristversäumnis ein Versäumnisurteil ohne mündliche Verhandlung zu erlassen (§ 331 Abs. 3 ZPO).

   Das Landgericht ordnet das schriftliche Vorverfahren an. Der Beklagte Ansorge versäumt sämtliche Fristen, sodass das Gericht ein Versäumnisurteil im schriftlichen Vorverfahren gegen ihn erlässt.

   Nachdem dieses Versäumnisurteil dem Beklagten Ansorge zugestellt worden ist, beauftragt er RA Schneck mit seiner Vertretung. Dieser legt gegen das Versäumnisurteil fristgerecht Einspruch ein. Da der Einspruch zulässig ist, beraumt das Gericht einen Termin zur mündlichen Verhandlung über den Einspruch und die Hauptsache an (§ 341a ZPO). Im Termin erscheint der Beklagte persönlich. RA Schneck hat dem Gericht telefonisch mitgeteilt, dass er nicht zum Termin erscheinen werde, da der Beklagte ihm den erbetenen Honorarvorschuss nicht gezahlt habe. Im Termin ergeht gegen den anwesenden Beklagten ein zweites Versäumnisurteil, welches rechtskräftig wird.

   Berechnen Sie die Vergütung des RA Finster.

8. RA Rettig erhebt auftragsgemäß Klage wegen Forderung von 4.600,00 €. In erster Instanz wird die Klage abgewiesen. RA Rettig legt gegen das klagabweisende Urteil Berufung ein. Im Berufungstermin erscheint der RA des Berufungsbeklagten nicht. Auf Antrag von Rettig ergeht Versäumnisurteil, nachdem der RA des Berufungsbeklagten auch nach einem Anruf in seiner Kanzlei nicht erscheint.

   Berechnen Sie die Vergütung des RA Rettig nur für die zweite Instanz.

9. RA Radies soll für Pilz, der in erster Instanz zur Zahlung von 66.000,00 € verurteilt wurde, die Berufung einlegen, was er tut. Im Berufungstermin wird der Berufungsbeklagte von RA Ypsilanti vertreten. RA Radies ist nicht erschienen. Er hat kurz vor dem Termin das Gericht telefonisch davon verständigt, dass ihm sein Mandant wegen eines Streits über einen Honorarvorschuss am Vorabend das Mandat entzogen hat. RA Ypsilanti stellt Antrag auf Erlass eines Versäumnisurteils, welches ergeht und rechtskräftig wird.

   Fertigen Sie die Vergütungsrechnung des RA Ypsilanti.

10.* RA Redlich erwirkt gegen die Beklagte Georgiev ein Versäumnisurteil über einen Betrag von 20.000,00 € im schriftlichen Vorverfahren. Die Beklagte legt gegen dieses Versäumnisurteil Einspruch ein, soweit sie zu mehr als 2.000,00 € verurteilt worden ist. Anschließend wird über den Einspruch und über die noch streitige Forderung in einem Termin verhandelt. Der Streitwert wird vom Gericht auf 20.000,00 € festgesetzt.

   Fertigen Sie die Vergütungsrechnung des RA Redlich.

11.* RAin Runde klagt auftragsgemäß gegen Börner eine Forderung von 10.000,00 € zuzüglich einer weiteren Forderung von 300,00 € ein. Im Termin zur mündlichen Verhandlung weist das Gericht darauf hin, dass die Klage hinsichtlich der Forderung über die 300,00 € nicht schlüssig sei; dies wird mit dem Gericht erörtert. RAin Runde nimmt insoweit die Klage zurück und beantragt gegen die nicht erschienene Beklagte ein Versäumnisurteil wegen der Forderung von 10.000,00 €. Das Versäumnisurteil wird erlassen und rechtskräftig. Der Streitwert wird vom Gericht auf 10.300,00 € festgesetzt.

   Fertigen Sie die Vergütungsrechnung der RAin Runde.

Lösungsteil Gruppe 12

1.	§§ 2, 13, VV Nrn. 3100, 3104, 3105, 7002, 7008 RVG.	[1.078,44 €]
2.	§§ 2, 13, VV Nrn. 3100, 3104, 3105, 7002, 7008 RVG.	[655,69 €]
3.	§§ 2, 13, VV Nrn. 3100, 3104, 3105, 7002, 7008 RVG.	[132,38 €]
4.	§§ 2, 13, VV Nrn. 3100, 3104, 3105, 7002, 7008 RVG.	[177,01 €]
5.	§§ 2, 13, VV Nrn. 3100, 3104, 3105, 7002, 7008 RVG.	[Pfahl: 177,01 €; Buff: 177,01 €]
6.	§§ 2, 13, VV Nrn. 3100, 3104, 3105, 7002, 7008 RVG.	[1.420,38 €]
7.	§§ 2, 13, VV Nrn. 3100, 3104, 3105, 7002, 7008 RVG.	[3.037,48 €]
8.	§§ 2, 13, VV Nrn. 3200, 3202, 3203, 7002, 7008 RVG.	[1.204,99 €]
9.	§§ 2, 13, VV Nrn. 3200, 3202, 3203, 7002, 7008 RVG.	[3.912,24 €]
10.	§§ 2, 13, 15, VV Nrn. 3100, 3104, 3105, 7002, 7008 RVG.	[2.618,00 €]
11.	§§ 2, 13, 15, VV Nrn. 3100, 3104, 3105, 7002, 7008 RVG.	[1.579,01 €]

13. Gebühren für Beratung und Gutachten (→ § 4 Rdn 73 ff., § 4 Rdn 96 ff.)

Hinweis:

Bei den Aufgaben dieser Gruppe wird unterstellt, dass **keine Vereinbarungen** über die Gebühren getroffen worden sind, falls nicht ausdrücklich angegeben. Bei Zeitvergütungen wird grundsätzlich von einem Stundensatz von 200,00 € ausgegangen.

Aufgabenteil Gruppe 13

1. Der Rentner Aselmeyer hat eine Forderung gegen Blaschke in Höhe von 500,00 €, die möglicherweise verjährt ist. Aselmeyer bittet daher RA Maeckler mündlich um Rat, was geschieht. Die mündliche Beratung dauerte 20 Minuten in dieser durchschnittlichen Sache. Eine Gebührenvereinbarung wurde nicht getroffen.
   Erstellen Sie die Vergütungsrechnung des RA Maeckler.
2. Der Rentner Aselmeyer hat absichtlich den Apfelbaum seines Nachbarn Gurcke abgesägt. Gurcke will Strafanzeige wegen Sachbeschädigung stellen.
   Aselmeyer bittet RA Maeckler in dieser Strafsache mündlich um Rat. RA Maeckler erteilt mündlichen Rat und bespricht ausführlich die Möglichkeit einer Entschuldigung und der außergerichtlichen Einigung. Die Beratung dauert 50 Minuten. Eine Gebührenvereinbarung wurde nicht getroffen.
   Erstellen Sie die Vergütungsrechnung des RA Maeckler.
3. Holger Kleinhans sucht RAin Wurz zu einem Beratungsgespräch auf und bittet sie, zu prüfen, ob er eine Wettforderung über 16.900,00 € von Leichtfuß per Mahnbescheid eintreiben könne. RAin Wurz klärt Kleinhans über die rechtliche Situation (§ 762 BGB) auf, wobei sich Kleinhans sehr uneinsichtig zeigt. Aus diesem Grund dauert die Beratung eine Stunde und 20 Minuten. Widerstrebend nimmt Kleinhans aufgrund dieser juristischen Beratung von irgendwelchen rechtlichen Schritten Abstand.
   Berechnen Sie die Vergütung von RAin Wurz in dieser Angelegenheit. Eine Gebührenvereinbarung wurde nicht abgeschlossen.
4. Nach einer Woche sucht Kleinhans (Aufgabe Nr. 3) RAin Wurz noch einmal auf und gibt an, dass er in der Zeitung gelesen habe, man könne Wettforderungen doch einklagen. Er bittet noch einmal um gründliche Beratung. RAin Wurz prüft erneut die Rechtsprechung zu § 762 BGB und klärt den Kleinhans in dem halbstündigen Beratungsgespräch auf, dass der Zeitungsartikel die Rechtslage falsch darstellt.
   Berechnen Sie die Vergütung von RAin Wurz. Die Vergütungsrechnung zu Aufgabe Nr. 3 wurde noch nicht erteilt.
5. Lisa Hurkuck erteilt RA Gräulich unbedingten Prozessauftrag. Es geht um eine Mietrückforderung von 275,00 €. Nachdem RA Gräulich die mitgebrachten Unterlagen geprüft hat, rät er von der Klageerhebung ab. Deswegen verzichtet Frau Hurkuck auf den Prozess.
   Erstellen Sie die Vergütungsrechnung des RA Gräulich.
6. Der Klient Malade ist in der ersten Instanz in einer Zivilsache wegen 3.300,00 € unterlegen und daher mit seinem Prozessbevollmächtigten nicht zufrieden. Deswegen sucht er RA Dompfaff, der mit der Angelegenheit noch nicht befasst gewesen ist, zwecks Beratung über die Erfolgsaussichten einer Berufung auf. RA Dompfaff lässt sich von Malade über die Sache mündlich informieren und rät nach Studium der Akte aus der ersten Instanz in einem Brief an Malade schriftlich von der Einlegung der Berufung ab. RA Dompfaff war insgesamt eine Arbeitsstunde mit dieser Sache beschäftigt.

Berechnen Sie das Honorar von RA Dompfaff. Es handelt sich um eine durchschnittliche Angelegenheit.

7. RA Wohlleben war in einer Zivilsache erstinstanzlich tätig. Der Prozess ging verloren.
RA Wohlleben wird nun von seinem Mandanten beauftragt, die Berufung einzulegen. RA Wohlleben nimmt diesen Auftrag an. Nach genauerer Überprüfung der Berufungsaussichten rät er dem Mandanten aber dann doch von der Einlegung der Berufung schriftlich ab. Die Berufung wird nunmehr weisungsgemäß nicht eingelegt. Der Streitwert beträgt 2.500,00 €.
Fertigen Sie die Vergütungsrechnung des RA Wohlleben für seine Bemühungen um die Berufung.

8. Abwandlung der vorstehenden Aufgabe (Nr. 7): RA Wohlleben soll jedoch auftragsgemäß nur ein schriftliches Gutachten über die Berufungsaussichten erstellen.
Erstellen Sie seine Vergütungsrechnung.

9. RA Rubbel ist in einer Zivilsache erstinstanzlich tätig gewesen. Sein Mandant Timo Unnerstall ist zur Zahlung von 2.500,00 € verurteilt worden. Der Mandant beauftragt ihn nun, die Berufungsaussichten zu prüfen und ihn entsprechend zu beraten. Die Beratung findet mündlich statt. Der RA rät von einer Berufungseinlegung eindringlich ab.
Obwohl RA Rubbel von der Einlegung der Berufung abgeraten hat, wird er später, aber noch innerhalb der Berufungsfrist, beauftragt, diese einzulegen. Nachdem RA Rubbel die Berufung eingelegt hat, meldet sich sein Auftraggeber und teilt mit, nach reiflicher Überlegung wolle er die Berufung nun doch zurücknehmen. RA Rubbel nimmt die Berufung noch vor dem Termin zur mündlichen Verhandlung zurück.
Fertigen Sie in dieser durchschnittlichen Angelegenheit die beiden Vergütungsrechnungen des RA Rubbel.

10.* In einer Unfallsache bittet Auftraggeber Alfons Schrott, von Beruf Hausmann, RA Flink wegen eines Sachschadens in Höhe von 77.000,00 € mündlich um Rat. Schrott hat beim Autofahren telefoniert und dabei ein Stopp-Schild (§ 41 und Zeichen 206 StVO) übersehen, woraufhin es zum Unfall kam. RA Flink erläutert dem Schrott, dass er selbst die alleinige Schuld daran trägt, dass nun sein Porsche stark beschädigt ist und er daher keinerlei Schadenersatzansprüche habe. Der offenbar unbelehrbare Schrott verabschiedet sich mit der Bemerkung, dann werde er die Sache selbst in die Hand nehmen.
Fertigen Sie die Vergütungsrechnung von RA Flink. Die Beratung des schwierigen Klienten dauerte 40 Minuten. Eine Gebührenvereinbarung wurde nicht getroffen.

11.* Juline Schauer bittet RAin Rabenau um den Entwurf eines Darlehensvertrages. Frau Schauer, geb. Kurbel, möchte ihrem Bruder Nick Kurbel für die Gründung eines Handwerksbetriebes ein Darlehen über 25.000,00 € gewähren. RAin Rabenau berät Frau Schauer und fertigt den gewünschten Entwurf des Darlehensvertrages, der mit der Post zugesandt wird. Der Vertrag wird anschließend ohne anwaltliche Hilfe von Frau Schauer und ihrem Bruder unterschrieben.
Fertigen Sie die Vergütungsrechnung für RAin Rabenau. Umfang und Schwierigkeit der anwaltlichen Tätigkeit lagen im mittleren Bereich.

12.* Oxana Rauf will gegen Ronny Keusch, der drei Monate in ihrer Wohnung gelebt hat und nun bei seiner neuen Freundin wohnt, eine Mietforderung nachträglich geltend machen. Frau Rauf verlangt eine monatliche Miete von 300,00 € von Herrn Keusch. Sie lässt sich in dieser Sache von RA Finn Rusch mündlich beraten, nachdem Sie eine Gebühr von 200,00 € zzgl. USt. mit RA Rusch für die Beratung vereinbart hat, die sie auch bezahlt hat.
Eine Woche nach dieser Beratung erteilt Frau Rauf dem RA Rusch Prozessauftrag. Nach gescheiterter Güteverhandlung wird nach einem Verhandlungstermin die Klage durch Urteil abgewiesen.
Fertigen Sie die beiden Vergütungsrechnungen für RA Finn Rusch.

13. RA Zilinski soll die Erfolgssaussicht der Berufung in einer Strafsache prüfen, in der er erstinstanzlich nicht tätig war. Zilinski rät in einem einmaligen Beratungsgespräch seiner Auftraggeberin, der Angestellten Hallermund, von der Einlegung der Berufung ab.

    Berechnen Sie das Honorar von RA Zilinski. Es handelt sich um eine in jeder Hinsicht überdurchschnittliche Angelegenheit, sodass gemäß § 14 Abs. 1 RVG die höchstmögliche Gebühr angemessen ist.

14. Abwandlung der vorstehenden Aufgabe (Nr. 13): RA Zilinski soll die Berufungsaussicht gutachtlich prüfen.
    a) Was ist ein Gutachten? Wie unterscheidet es sich von einem Rat?
    b) Berechnen Sie das Honorar von RA Zilinski, wobei gemäß § 14 Abs. 1 RVG die höchstmögliche Gebühr angemessen ist. Das Gutachten wird per Post übersandt.
    c) Erläutern Sie, ob die Gebühr für das Gutachten auf die Gebühren eines nachfolgenden Berufungsverfahrens anzurechnen ist.

15.* Linda Fitz beauftragt RA Frauenknecht mit dem Entwurf ihres Testaments (Wert: 190.000,00 €), welches sie später als Privattestament selbst handschriftlich erstellen möchte. RA Frauenknecht fertigt den gewünschten Entwurf nach einem gründlichen Beratungsgespräch (insgesamt eineinhalb Stunden Arbeitszeit) und berechnet dafür eine Geschäftsgebühr. Zu Recht?

    Berechnen Sie die zutreffende Vergütung.

Lösungsteil Gruppe 13

Hinweis:

Bei den Aufgaben dieser Gruppe wird unterstellt, dass **keine Vereinbarungen** über die Gebühren getroffen worden sind, falls nicht ausdrücklich angegeben.

Bei Zeitvergütungen wird grundsätzlich von einem Stundensatz von 200,00 € ausgegangen.

Lösungen zu § 34 RVG sind hier nur als **Muster** zu verstehen und können auch anders ausfallen.

1.	§§ 2, 14, 34, VV Nr. 7008 RVG (i. V. m. §§ 315, 612 BGB).	[84,00 €]
2.	§§ 2, 14, 34, VV Nr. 7008 RVG (i. V. m. §§ 315, 612 BGB).	[204,00 €]
3.	§§ 2, 14, 34, VV Nr. 7008 RVG (i. V. m. §§ 315, 612 BGB).	[226,10 €]
4.	§§ 2, 14, 34, VV Nr. 7008 RVG (i. V. m. §§ 315, 612 BGB).	[297,50 €]
5.	§§ 2, 13, VV Nrn. 3100, 3101, 7008 RVG.	[49,03 €]
6.	§§ 2, 13, 14, VV Nrn. 2100, 7002, 7008 RVG.	[287,09 €]
7.	§§ 2, 13, VV Nrn. 3200, 3201, 7002, 7008 RVG. Warum nicht § 34 RVG?	[332,07 €]
8.	§§ 2, 13, VV Nrn. 2100, 2101, 7002, 7008 RVG.	[388,12 €]
9.	§§ 2, 13, 14, VV Nrn. 2100, 3200, 7002, 7008 RVG.	[I. 210,19 €, II. 262,01 €]
10.	§§ 2, (13,) 14, 34, VV Nr. 7008 RVG (i. V. m. §§ 315, 612 BGB).	[226,10 €]
11.	§§ 2, 13, 14, VV Nrn. 2300, 7002, 7008 RVG.	[1.457,87 €]
12.	§§ 2, 13, 14, 34, VV Nrn. 3100, 3104, 7002, 7008 RVG	[I. 238,00 €, II. 156,60 €]
13.	§§ 2, 14, VV Nr. 2102 RVG.	[498,61 €]
14.	b) §§ 2, 14, VV Nrn. 2102, 2103, 7002, 7008 RVG.	[879,41 €]
15.	VV Nr. 2300 oder § 34 RVG?	[226,10 €]

14. Einigungsgebühr (→ § 2 Rdn 166 ff.)

Hinweis:

Zur Höhe des Gebührensatzes der Geschäftsgebühr in den Lösungen siehe § 4 Rdn 26 und § 4 Rdn 70.

Bitte bedenken Sie bei den Lösungen, dass die gerichtliche Festsetzung des Streitwerts für die Gerichtsgebühren (§ 63 Abs. 2 GKG) für die Gebühren des Anwalts gemäß § 32 Abs. 1 RVG maßgebend ist. Sollten Sie zu dem Ergebnis kommen, dass dieser Streitwert für eine Gebühr des Anwalts nicht den zutreffenden Gegenstandswert bildet, muss dieser Gegenstandswert durch einen Antrag gemäß § 33 auf Festsetzung des Gegenstandswerts für die Gebühr herbeigeführt werden (siehe hierzu § 3 Rdn 120 ff.).

Aufgabenteil Gruppe 14

1. Irma Güldenzoph hat ihr E-Bike an den Rentner Walter Schussel für 550,00 € verkauft. Da Herr Schussel nur 200,00 € dabei hatte, wurde dieser Betrag als Anzahlung geleistet. Das Fahrzeug hat er mitgenommen und trotz einer schriftlichen Mahnung den Restbetrag weder bezahlt noch eine Reaktion gezeigt.

   Frau Güldenzoph beauftragt nun RAin Yasmin Schmied mit dem Inkasso. Sofort nach Erhalt des Anwaltsschreibens bittet Herr Schussel RAin Schmied, den Restbetrag in zwei Raten an Frau Güldenzoph zahlen zu dürfen. Da diese einverstanden ist, wird eine diesbezügliche Zahlungsvereinbarung geschlossen.

   Berechnen Sie die Vergütung für RAin Schmied.

2. RAin Erna Müller hat vom Autohaus Südstadt den Inkassoauftrag wegen des Restkaufpreises von 33.000,00 € für den von Wulf Neumann gekauften Pkw angenommen. Eine Mahnung des Autohauses war zurück gekommen mit dem Vermerk „Empfänger verzogen".

   RAin Müller ermittelt die neue Anschrift von Herrn Neumann und sendet ein Aufforderungsschreiben an ihn. Daraufhin meldet sich Herr Neumann umgehend bei Frau Müller und gibt an, er habe seinen Arbeitgeber wechseln müssen und verdiene nun erheblich weniger. Daher habe er eine günstigere Wohnung suchen müssen und deshalb könne er den geforderten Betrag nicht in einer Summe zahlen. Er schlägt vor, dass er die 33.000,00 € in fünf Raten an das Autohaus zahlen wolle. Eine entsprechende Zahlungsvereinbarung wird mit Einverständnis des Autohauses abgeschlossen.

   Ermitteln Sie die Vergütung, die RAin Müller erhält.

3. Edith Hempel hat in der Buchhandlung „Bücherwurm" den Bildband „Schöne Pferde" für 49,80 € gekauft. Da der Buchhändler sie kennt, hat er ihr das Buch mitgegeben, obwohl sie ihre Zahlungsmittel zu Hause vergessen hatte. Nachdem Frau Hempel sich nicht mehr in der Buchhandlung blicken ließ, wurde ihr eine Zahlungserinnerung zugesandt, auf die sie nicht reagierte.

   Der Buchhändler beauftragt nun RAin Alba Lopez mit dem Inkasso. Nach Erhalt der anwaltlichen Mahnung meldet sich Frau Hempel am nächsten Tag bei RAin Lopez und bietet an, den Betrag in zwei Raten zahlen zu wollen, da sie eine neue Waschmaschine kaufen musste. Eine Vereinbarung darüber wird geschlossen.

   Berechnen Sie die Vergütung für RAin Alba Lopez.

4. Werner Freese hat von Uwe Schmidtchen dessen zwei Jahre alten Porsche 911 für 92.980,00 € mit schriftlichem Vertrag gekauft. Herr Freese versprach, den Kaufpreis sofort zu überweisen und danach den Sportwagen abzuholen. Beides ist nicht geschehen. Herr

Schmidtchen versuchte, den Käufer telefonisch an seine vertraglichen Pflichten zu erinnern mit dem Ergebnis: „Kein Anschluss unter dieser Nummer“.
Nun beauftragt Herr Schmidtchen RAin Erika Siedentop mit dem Inkasso. Frau Siedentop stellt fest, dass Herr Freese im Kaufvertrag eine frühere Anschrift angegeben hat. Ausgehend von der früheren Anschrift ermittelt sie seine neue Adresse und sendet ein Aufforderungsschreiben dorthin. Das Schreiben kommt zurück: „Empfänger verzogen“. Dies wiederholt sich noch zwei Mal, da Herr Freese häufig umzieht. Nachdem das vierte Aufforderungsschreiben Herrn Freese erreicht hat, ruft er in der Kanzlei an und unterbreitet den Vorschlag, den Kaufpreis in sechs Raten zahlen zu wollen. Herr Schmidtchen ist unter der Bedingung einverstanden, dass er den Wagen bis zum Eingang der letzten Rate behält. Eine entsprechende Zahlungsvereinbarung wird in der Kanzlei von RAin Siedentop abgeschlossen.
Während der ganzen Zeit hat Herr Schmidtchen mehrfach bei RAin Siedentop angerufen und nach dem Stand der Bearbeitung gefragt. Berechnen Sie die Vergütung, die RAin Siedentop für diese aufwändige Inkassotätigkeit verlangen kann.

5. Alt, vertreten durch RA Unser, klagt gegen Jung in einer Unfallsache auf Zahlung von 3.500,00 €. In der Güteverhandlung erörtern die Parteien den Sach- und Streitstand und stellen im Anschluss daran in der mündlichen Verhandlung ihre schriftsätzlich vorbereiteten Anträge. In einem weiteren Termin einigen sich die Parteien dahin, dass Jung unter Abgeltung sämtlicher Ansprüche an Alt 2.000,00 € zu zahlen hat. Das Gericht setzt den Streitwert gemäß § 63 Abs. 2 GKG auf 3.500,00 € fest.
   Erstellen Sie die Honorarrechnung von RA Unser.
6. RA Schlumpf erhebt für Potter Klage wegen Zahlung eines Betrages von 5.000,00 € zuzüglich 10 % Zinsen seit dem 28.02. d. J. Nach erfolglosem Gütetermin erkennt der Beklagte im anschließenden Verhandlungstermin 3.000,00 € an, woraufhin auf Antrag von RA Schlumpf Anerkenntnisurteil ergeht. Wegen des Restbetrages wird streitig verhandelt. Nach erfolgter Beweisaufnahme vergleichen sich die Parteien dahingehend, dass der Beklagte noch 1.000,00 € zur Abgeltung aller Forderungen an den Kläger zahlt. Das Gericht setzt den Streitwert gemäß § 63 Abs. 2 GKG auf 5.000,00 € fest.
   a) Berechnen Sie die Vergütung des RA Schlumpf.
   b) Berechnen Sie die bei Einreichung der Klage vorgelegten Gerichtskosten.
7. RA Baff erhebt Klage im Auftrag von Hauseigentümer Vietz wegen Räumung von Wohnraum und Zahlung von rückständigen zwei Monatsmieten in Höhe von je 600,00 € zuzüglich Nebenkosten von je 100,00 €. Im ersten Termin ergeht auf Antrag von RA Baff ein Versäumnisurteil gegen den nicht anwesenden Beklagten. Nun legt der Mieter Mollig Einspruch gegen das Versäumnisurteil ein. Im Verhandlungstermin vergleichen sich die Parteien dahingehend, dass Mollig die Wohnung zum 01.12. d. J. räumt und Vietz auf die Zahlung der beiden rückständigen Monatsmieten verzichtet. Das Gericht setzt den Streitwert gemäß § 63 Abs. 2 GKG auf 8.600,00 € fest.
   Berechnen Sie die Vergütung des RA Baff.
8. RA Zoff erhebt Klage für Mandant Motz gegen Kracht wegen 3.700,00 € Schadenersatz und wegen einer Kaufpreisforderung über 2.300,00 €. Nach erfolgloser Güteverhandlung und nach anschließender streitiger Verhandlung vergleichen sich die Parteien wegen des Schadenersatzanspruches; wegen der Kaufpreisforderung von 2.300,00 € wird die Klage abgewiesen. Das Gericht setzt den Streitwert für die erste Instanz gemäß § 63 Abs. 2 GKG auf 6.000,00 € fest.
   Wegen dieses Betrages geht RA Zoff in die Berufung. In der mündlichen Berufungsverhandlung kommt es zu einem Vergleich, wonach der Gegner Kracht 1.500,00 € zahlt und Motz die Kosten der zweiten Instanz übernimmt. Das Gericht setzt den Streitwert für die zweite Instanz gemäß § 63 Abs. 2 GKG auf 2.300,00 € fest.
   Berechnen Sie die Vergütung des RA Zoff für beide Instanzen.

9.* RA Muster, Hannover, vertritt seinen Mandanten Altmann in einer außergerichtlichen Vergleichsangelegenheit. Er sendet dem Gegner einen schriftlichen Vergleichsvorschlag zu und nimmt in Celle einen Besprechungstermin mit dem Gegner wahr. In diesem Termin kommt es zum Abschluss eines Vergleichs, wonach der Altmann vom Gegner nur 8.000,00 € erhält. Die geltend gemachte Forderung betrug 10.000,00 €. Die Fahrtstrecke beträgt insgesamt 90 km, für die Hin- und Rückfahrt und die Wahrnehmung des Termins (2 $^1/_2$ Stunden) hatte der RA einen Zeitaufwand von 4 $^1/_2$ Std. Es handelt sich um einen Fall von über dem Durchschnitt liegender Schwierigkeit und von überdurchschnittlichem zeitlichem Umfang.
Berechnen Sie die angefallene Vergütung einschließlich der Reisekosten.

10.* Wumms lässt durch RA Boller eine Kaufpreisforderung von 7.400,00 € gegen den Schleicher einklagen. In der Güteverhandlung erörtern die Parteien den Sach- und Streitstand zunächst unter gegensätzlichen Gesichtspunkten. Schleicher gibt dann in der weiteren Erörterung seine Kompromissbereitschaft zu erkennen. Auch Wumms hatte RA Boller seine Bereitschaft erklärt, die Sache gütlich beizulegen, wenn Schleicher auch die noch von ihm geschuldeten, aber noch nicht eingeklagten 1.600,00 € aus einem anderen Kaufvertrag bezahlen sollte. Im Termin einigen sich die RAe beider Parteien nach Verhandlung über alle Ansprüche mit Einverständnis der anwesenden Parteien auf einen Vergleich, wonach Schleicher zur Abgeltung aller Ansprüche des Wumms insgesamt 6.000,00 € und die gesamten Prozesskosten zahlt. Das Gericht setzt den Streitwert für das Verfahren gemäß § 63 Abs. 2 GKG auf 7.400,00 € und für den Mehrvergleich auf 1.600,00 € fest.
Erstellen Sie die Vergütungsrechnung für RA Boller.

11.* Hopf hat in erster Instanz einen Prozess gegen den Malz wegen einer Schadenersatzforderung von 22.000,00 € gewonnen. Malz hat gegen das Urteil Berufung eingelegt, wobei er von RA Bierig vertreten wird. In der Berufungsverhandlung wird die Sach- und Rechtslage erörtert. Der Prozessvertreter des Hopf erwähnt dabei, dass eine weitere Klage gegen den Malz wegen eines Folgeschadens in Höhe von 3.300,00 € beabsichtigt sei. Auf Vorschlag von RA Bierig wird daraufhin in dem Termin ein Vergleich geschlossen, wonach Malz zur Abgeltung der insgesamt geforderten 25.300,00 € an Hopf 17.000,00 € zahlt und die Prozesskosten übernimmt. Das Gericht setzt den Streitwert gemäß § 63 Abs. 2 GKG auf 22.000,00 € und für den Mehrvergleich auf 3.300,00 € fest.
Ermitteln Sie die Vergütung des RA Bierig in der zweiten Instanz.

12.* Kunze erteilt RA Gallas wegen einer Forderung von 500.000,00 € Prozessauftrag, wobei zunächst nur 60.000,00 € eingeklagt werden sollen. Nach erfolgloser Güteverhandlung und nach Stellung der streitigen Anträge schließt RA Gallas nach Erörterung in dem Termin mit der Gegenseite zum Ausgleich der Klageforderung von 60.000,00 € und des nicht rechtshängigen Anspruchs von 440.000,00 € einen Vergleich mit Widerrufsvorbehalt, wonach sich der Beklagte zur Zahlung von 350.000,00 € verpflichtet. Da Auftraggeber Kunze einverstanden ist, wird der Vergleich wirksam. Das Gericht setzt den Streitwert gemäß § 63 Abs. 2 GKG auf 60.000,00 € und für den Mehrvergleich auf 440.000,00 € fest.
Erstellen Sie die Vergütungsrechnung des RA Gallas.

13. Becker ist mit Graf wegen einer Kaufpreisforderung von 12.000,00 € zerstritten. Graf macht seinerseits gegen Becker eine Schadenersatzforderung von 2.000,00 € geltend, deren Zahlung Becker verweigert.
Die RAe beider Parteien haben im Einverständnis mit ihren Auftraggebern mehrere Besprechungen durchgeführt und dabei folgenden Vergleich ausgehandelt: Becker erhält auf seine Kaufpreisforderung von Graf nur 8.500,00 € und Graf verzichtet im Gegenzug auf seine Forderung von 2.000,00 € gegen Becker.
In dem Vergleich unterwirft sich Graf der sofortigen Zwangsvollstreckung. Der Vergleich wird von beiden RAen im Namen und mit Vollmacht ihrer Auftraggeber unterschrieben.

Berechnen Sie die Vergütung, die jedem der beteiligten RAe erwächst. Es handelt sich um einen durchschnittlichen Fall.

14.* Der Anwaltsvergleich aus Aufgabe 9 soll durch das Gericht für vollstreckbar erklärt werden. Der für Becker tätige RA Wilander stellt den entsprechenden Antrag bei dem zuständigen Gericht. Das Gericht erlässt ohne mündliche Verhandlung folgenden Beschluss: „Der Vergleich (...) ist vollstreckbar" (§§ 796a, 796b ZPO). Das Gericht setzt den Streitwert gemäß § 63 Abs. 2 GKG auf 8.500,00 € fest.

Berechnen Sie die Vergütung des RA Wilander. Der Vergleichsabschluss nach Aufgabe 9 ist bereits abgerechnet.

15.* RA Türk schließt in einem gerichtlichen Verfahren wegen einer Forderung in Höhe von 30.000,00 € einen Vergleich, mit dem auch eine weitere, nicht anhängige Forderung von 4.000,00 € erledigt wird. Bezüglich der Forderung von 4.000,00 € war RA Türk bereits außergerichtlich beauftragt und tätig geworden und hatte hierfür eine 1,3 Geschäftsgebühr berechnet. Hinsichtlich der Forderung von 30.000,00 € war RA Türk ausschließlich gerichtlich tätig. Im Termin wird der in einer Sitzungspause zwischen den Anwälten und den Parteien ausgehandelte Vergleich zu gerichtlichem Protokoll gegeben. Das Gericht setzt den Streitwert gemäß § 63 Abs. 2 GKG auf 30.000,00 € und für den Mehrvergleich auf 4.000,00 € fest.

Berechnen Sie die Vergütung des RA Türk für das gerichtliche Verfahren. Die Vergütung für die außergerichtliche Tätigkeit wurde bereits abgerechnet und bezahlt.

Lösungsteil Gruppe 14

1.	§§ 2, 13, 31b, VV Nrn. 1000, 2300, 7002, 7008 RVG.	[88,25 €]
2.	§§ 2, 13, 31b, VV Nrn. 1000, 2300, 7002, 7008 RVG.	[1.619,83 €]
3.	§§ 2, 13, 31b, VV Nrn. 1000, 2300, 7002, 7008 RVG.	[73,97 €]
4.	§§ 2, 13, 31b, VV Nrn. 1000, 2300, 7002, 7008 RVG.	[2.927,22 €]
5.	§§ 2, 13, VV Nrn. 1000, 1003, 3100, 3104, 7002, 7008 RVG.	[1.252,48 €]
6.	a) §§ 2, 13, VV Nrn. 1000, 1003, 3100, 3104, 7002, 7008 RVG.	[1.500,29 €]
	b) §§ 3, 12 Abs. 1, 34, KV Nr. 1210 GKG.	[511,50 €]
7.	§§ 2, 13, VV Nrn. 1000, 1003, 3100, 3104, 7002, 7008 RVG.	[2.491,56 €]
8.	I) §§ 2, 13, VV Nrn. 1000, 1003, 3100, 3104, 7002, 7008 RVG.	[1.748,11 €]
	II) §§ 2, 13, VV Nrn. 1000, 1004, 3200, 3202, 7002, 7008 RVG.	[1.172,80 €]
9.	§§ 2, 13, 14, VV Nrn. 1000, 2300, 7002, 7003, 7005, 7008 RVG. Gebührensatz 1,8 angemessen. Warum?	[2.688,69 €]
10.	§§ 2, 13, 15, VV Nrn. 1000, 1003, 3100, 3101, 3104, 7002, 7008 RVG.	[2.734,92 €]
11.	§§ 2, 13, 15, VV Nrn. 1000, 1004, 3200, 3201, 3202, 7002, 7008 RVG.	[5.207,32 €]
12.	§§ 2, 13, 15, VV Nrn. 1000, 1003, 3100, 3101, 3104, 7002, 7008 RVG.	[17.637,53 €]
13.	§§ 2, 13, 14, VV Nrn. 1000, 2300, 7002, 7008 RVG. Gebührensatz 1,3 angemessen. Warum?	[2.562,78 €]
14.	§§ 2, 13, 14, VV Nrn. 2300, 3100, 7002, 7008 RVG.	[482,10 €]
15.	§§ 2, 13, 15, VV Nrn. 1000, 1003, 3100, 3101, 7002, 7008 RVG.	[4.944,99 €]

15. Vergütungsfestsetzung (→ § 2 Rdn 82 ff.)

Aufgabenteil Gruppe 15

1. RA Kurz erteilt dem Blau einen Rat. Blau zahlt das Honorar nicht.

   Kann RA Kurz seinen Honoraranspruch im Vergütungsfestsetzungsverfahren geltend machen oder muss er gegen Blau auf Zahlung klagen?

   Begründen Sie Ihre Entscheidung.

2. RA Lang lässt seine Vergütung gegen den Rot festsetzen.

   Welche Gebühren erhält RA Lang für das Vergütungsfestsetzungsverfahren?

3. RA Mittel fordert wegen seiner Mitwirkung beim Abschluss eines Vergleichs von Grün eine Einigungsgebühr. Grün behauptet in einem Schreiben an den RA, dem RA Mittel nie einen entsprechenden Auftrag erteilt zu haben.

   Warum darf RA Mittel in diesem Fall seine Gebühren sofort einklagen, ohne zuvor einen Vergütungsfestsetzungsantrag stellen zu müssen?

Lösungsteil Gruppe 15

1. § 11 RVG; (§ 34 RVG).
2. §§ 11, 19 RVG.
3. § 11 RVG, (VV Nr. 1000 RVG).

16. Selbstständiges Beweisverfahren (→ § 7 Rdn 64 ff.)

Aufgabenteil Gruppe 16

1. RA Esser beantragt für Mandant Haun die Durchführung eines selbstständigen Beweisverfahrens. Das Gericht erlässt ohne mündliche Verhandlung einen entsprechenden Beschluss. RA Esser nimmt am Ortstermin des gerichtlich bestellten Sachverständigen teil.
   Anschließend erhebt Esser Klage gegen den Gegner Mast. In diesem Hauptprozess wird im Termin streitig verhandelt, sodann wird die Zeugin Taub vernommen. Gegenstandswert: 4.450,00 €.
   Fertigen Sie die Vergütungsrechnung jeweils für das selbstständige Beweisverfahren und den Hauptprozess.
2. Nuss beauftragt RA Knacker, die Einleitung eines selbstständigen Beweisverfahrens wegen eines Teilbetrages einer Forderung von 3.270,00 € zu beantragen. Dem Antrag wird ohne mündliche Verhandlung stattgegeben.
   RA Knacker reicht daraufhin auftragsgemäß Klage über 5.880,00 € ein. Nach streitiger mündlicher Verhandlung und Verwertung des Beweisergebnisses des selbstständigen Beweisverfahrens wird der Klage stattgegeben.
   Fertigen Sie die Vergütungsrechnung jeweils für das selbstständige Beweisverfahren und den Hauptprozess.
3. Pfleiderer lässt ein Haus bauen. Es besteht die Befürchtung, dass von dem Bauunternehmen Schief & Krumm OHG für die Herstellung der Kelleraußenwände ein minderwertiger Beton verwendet worden ist. Da der Bau erst fortgeführt werden kann, wenn dies geklärt ist, beauftragt Pfleiderer RA Häberle damit, die Erstellung eines Sachverständigengutachtens im selbstständigen Beweisverfahren zu beantragen. Der Beschluss wird vom Gericht erlassen. RA Häberle nimmt am Ortstermin des gerichtlich bestellten Sachverständigen teil. Danach wird das Gutachten erstellt. Der Gutachter kommt zu dem Ergebnis: Der Beton entspricht gerade noch der DIN-Norm.
   RA Häberle sendet Pfleiderer seine Vergütungsrechnung, die bezahlt wird. Der Streitwert wurde auf 39.000,00 € festgesetzt.
   Kurz darauf bricht eine der Kelleraußenwände in sich zusammen. Nun lässt Pfleiderer RA Häberle die Schief & Krumm OHG verklagen. Im Prozess wird streitig verhandelt und das Gutachten aus dem selbstständigen Beweisverfahren als Beweismittel verwendet. Die Schief & Krumm OHG wird zur Zahlung von 39.000,00 € verurteilt.
   Berechnen Sie die Vergütung des RA Häberle jeweils für das selbstständige Beweisverfahren und den Hauptprozess.
4. Ein in einem Haus eingebautes Leitungsrohr ist undicht. Der Installateur streitet ab, dass die Undichtigkeit von ihm verschuldet ist. Bevor die Leitung repariert wird, soll festgestellt werden, wer für den entstandenen Wasserschaden verantwortlich ist. RA Methner beantragt im Auftrag des Hauseigentümers die Erstellung eines Sachverständigengutachtens im selbstständigen Beweisverfahren. Das Gericht lädt die Parteien zu einem mündlichen Erörterungstermin, in dem nach Erörterung der Sache ein Vergleich geschlossen wird.
   Berechnen Sie die Vergütung von RA Methner. Der Streitwert wird auf 2.300,00 € festgesetzt.
5. Ein in einem Haus eingebautes Leitungsrohr ist undicht. RA Mümmler reicht im Auftrag des Hauseigentümers Klage auf Beseitigung des Mangels und Ersatz des entstandenen Wasserschadens ein.
   Der Installateur streitet in seiner Klageerwiderung ab, dass die Undichtigkeit von ihm verschuldet ist. Bevor die Leitung repariert wird soll nun festgestellt werden, wer für den entstandenen Wasserschaden verantwortlich ist. RA Mümmler beantragt im Auftrag des Hauseigentümers

die Erstellung eines Sachverständigengutachtens im selbstständigen Beweisverfahren noch vor dem ersten Verhandlungstermin im Streitverfahren. Über diesen Antrag entscheidet das Gericht ohne mündliche Verhandlung durch Beschluss. Ein schriftliches Gutachten wird von einem Sachverständigen erstellt. Das Gericht übersendet den Parteien das schriftliche Gutachten.

Anschließend kommt es im Hauptprozess nach erfolgloser Güteverhandlung zum ersten Verhandlungstermin, in dem streitig verhandelt und das Gutachten aus dem selbstständigen Beweisverfahren herangezogen wird. In einem weiteren Termin schließen die Parteien einen Vergleich, der zu gerichtlichem Protokoll gegeben wird.

Berechnen Sie die Vergütung von RA Mümmler. Der Streitwert wird auf 2.300,00 € festgesetzt.

6. RA Sauer stellt für Mandant Braun den Antrag, im selbstständigen Beweisverfahren die Schadenshöhe in einer Verkehrsunfallsache durch Sachverständigengutachten feststellen zu lassen. Es ergeht ein Beweisbeschluss und das Sachverständigengutachten wird erstellt.

   Das Gericht lädt die Parteien zur mündlichen Erörtertung. Im Termin vergleichen sich die Parteien über den geforderten Schadensbetrag von 7.312,00 € und die Kosten.

   Erstellen Sie die Vergütungsrechnung für RA Sauer.

Lösungsteil Gruppe 16

1.	§§ 2, 13, VV Nrn. 3100, 3104, 7002, 7008 RVG.	[I. 1.078,44 €; II. 530,03 €]
2.	§§ 2, 13, VV Nrn. 3100, 3104, 7002, 7008 RVG.	[480,17 €; 799,09 €]
3.	§§ 2, 13, VV Nrn. 3100, 3104, 7002, 7008 RVG.	[3.549,18 €; 1.715,98 €]
4.	§§ 2, 13, VV Nrn. 1000, 3100, 3104, 7002, 7008 RVG.	[1.144,78 €]
5.	§§ 2, 13, VV Nrn. 1000, 1003, 3100, 3104, 7002, 7008 RVG.	[388,12 €; 640,34 €]
6.	§§ 2, 13, VV Nrn. 1000, 3100, 3104, 7002, 7008 RVG.	[2.560,88 €]

17. Vergütung des RA bei Prozesskostenhilfe (→ § 9 Rdn 9 ff.)

Aufgabenteil Gruppe 17

1. In einer Unfallangelegenheit beantragt RA Paul, seiner Mandantin wegen ihres Schadenersatzanspruches Prozesskostenhilfe zu gewähren. Das Gericht gibt dem Gegner Gelegenheit zur Stellungnahme. Der Gegner gibt eine schriftliche Stellungnahme ab. Daraufhin wird die Prozesskostenhilfe durch Beschluss abgelehnt. Der Unfallschaden beträgt 6.600,00 €.
   Erstellen Sie die Vergütungsrechnung des RA Paul.
2. In einer Forderungssache über 9.100,00 € wird der zum Prozessbevollmächtigten bestellte RA Gut beauftragt, um Prozesskostenhilfe nachzusuchen. Der RA verbindet das Gesuch mit der Klage, indem er in den Antrag hineinschreibt: „Die Klage soll nur als eingereicht gelten, wenn und in dem Umfang, wie die Prozesskostenhilfe bewilligt wird."
   Im Bewilligungsverfahren werden in einer mündlichen Erörterung über den Antrag in Anwesenheit von RA Gut zwei Zeugen vernommen, die das Gericht vorsorglich zwecks Feststellung der Erfolgsaussicht geladen hat. Die Prozesskostenhilfe wird durch Beschluss abgelehnt. Daraufhin verzichtet der Kläger auf Klageerhebung.
   Erstellen Sie die Vergütungsrechnung des RA Gut.
3. Im vorstehenden Fall 2 hat der RA der Gegenseite (Dr. Schlimm) dem Antrag auf Bewilligung der Prozesskostenhilfe auftragsgemäß in einer Stellungnahme schriftlich widersprochen und hat an der mündlichen Erörterung und der Vernehmung der Zeugen teilgenommen.
   a) Berechnen Sie die Vergütung von Dr. Schlimm.
   b) Wer zahlt die Vergütung von Dr. Schlimm?

4.* Im Fall 3 legt RA Gut sofortige Beschwerde gegen den die Prozesskostenhilfe ablehnenden Beschluss ein. Das Beschwerdegericht entscheidet durch Beschluss, dass der Beschwerde nicht abgeholfen wird.
   Berechnen Sie seine zusätzliche Vergütung.

5. Alt beauftragt RA Pöstel, einen Antrag auf Bewilligung von Prozesskostenhilfe wegen einer Kaufpreisklage über 900,00 € zu stellen. Bevor RA Pöstel den fertigen Antrag bei Gericht einreicht, zieht Alt den Auftrag zurück, sodass die Sache vorzeitig beendet ist.
   Erstellen Sie die Vergütungsrechnung des RA Pöstel für seine Tätigkeit im Bewilligungsverfahren.
6. RA Mild, der für die Mieterin Möller Prozesskostenhilfe beantragt hatte, wurde wegen einer Räumungsklage als RA beigeordnet. In dem darauf folgenden Verfahren wurde mündlich verhandelt und Beweis erhoben. Frau Möller verliert den Prozess. Die Monatsmiete beträgt 550,00 € (kalt). Der Streitwert wird vom Gericht auf 6.600,00 € festgesetzt.
   a) Berechnen Sie den Vergütungsanspruch von RA Mild gegen die Staatskasse.
   b) Erstellen Sie die Vergütungsrechnung des RA Mild für den Fall, dass Frau Möller den Prozess gewonnen hätte und er gemäß § 126 ZPO gegen den Gegner vorgehen könnte.
   c) Was ist die „weitere Vergütung" für RA Mild im Fall a) und wie hoch ist sie?
7. In einer Schadenersatzsache wegen 4.000,00 € Schadenersatz wurde RA Flink auf seinen Antrag dem Kläger im Wege der Prozesskostenhilfe beigeordnet. Nach der Beiordnung reicht RA Flink die Klage ein. In der Güteverhandlung gelingt es RA Flink, die Parteien zu einem Vergleich zu bewegen, der zu gerichtlichem Protokoll genommen wird. In dem Vergleich verpflichtet sich der Gegner zur Zahlung von 999,00 €. Der Streitwert wird vom Gericht gemäß § 63 Abs. 2 GKG auf 4.000,00 € festgesetzt.
   Berechnen Sie den Vergütungsanspruch des RA Flink gegen die Staatskasse.

8.* Eisenbeiß beauftragt RA Olle, einen Antrag auf Bewilligung der Prozesskostenhilfe wegen einer Forderung von 14.200,00 € aus Verkauf eines Gebrauchtwagens mit Anhänger gegen den Beißer zu stellen. RA Olle fordert von Eisenbeiß für das Bewilligungsverfahren einen Gebührenvorschuss in Höhe von 500,00 €. Das Gericht bewilligt Prozesskostenhilfe für Eisenbeiß. Im Prozess wird streitig verhandelt und ein Sachverständigengutachten über den Pkw (Wert: 10.000,00 €) erstellt. Eisenbeiß verliert den Prozess. Der Streitwert wird vom Gericht auf 14.200,00 € festgesetzt.
   a) Berechnen Sie die Vergütung, die RA Olle aus der Staatskasse erhält.
   b) Wie hoch ist die „weitere Vergütung", die RA Olle gegen die Staatskasse festsetzen lässt.

9. Knall verlangt von Kopp die Rückzahlung eines Darlehens in Höhe von 4.000,00 €. Knall beauftragt RA Ossel, in dieser Sache um Prozesskostenhilfe nachzusuchen. Nach Bewilligung der Prozesskostenhilfe wird im Prozess streitig verhandelt und Beweis erhoben.
   a) Wie hoch wäre die Vergütung, die RA Ossel gemäß § 126 ZPO gegen Kopp geltend machen kann, wenn dieser den Prozess verliert?
   b) Wie hoch wäre die „weitere Vergütung", die RA Ossel beanspruchen kann? Begründen Sie Ihr Ergebnis!

10. Lempel hat wegen Verarmung seinen Gebrauchtwagen einer Nobelmarke an Kienbaum für 60.500,00 € verkauft. Lempel fordert die Zahlung des Kaufpreises für den verkauften Gebrauchtwagen in Höhe von 60.500,00 € von Kienbaum und beauftragt RA Donner, die Gewährung von Prozesskostenhilfe zu beantragen.
    Nachdem die Prozesskostenhilfe bewilligt wurde, wird im Prozess Lempel / Kienbaum streitig verhandelt und die Zeugin Taub über den Inhalt des mündlich geschlossenen Kaufvertrages vernommen. Die Zeugin Taub gibt an, dass der Kaufpreis vereinbarungsgemäß nach einer Woche hätte gezahlt werden sollen. Das Gericht verurteilt Kienbaum zur Zahlung der 60.500,00 €. Der Streitwert wird vom Gericht auf 60.500,00 € festgesetzt.
    a) Berechnen Sie die Vergütung, die RA Donner von der Staatskasse fordern kann.
    b) Berechnen Sie die Vergütung, die RA Donner gegen den Kienbaum im Kostenfestsetzungsverfahren gemäß § 126 ZPO festsetzen lassen kann. Erläutern Sie Ihre Lösung.
    c) Beurteilen Sie, ob RA Donner beide Beträge zu a) und b) behalten darf.

11.* Herz hat gegen Leber eine Forderung von 10.000,00 €. Herz lässt durch RA Löwe Prozesskostenhilfe beantragen. Dem Antrag auf Bewilligung der Prozesskostenhilfe fügt RA Löwe einen Klageentwurf bei mit der Bemerkung, dass die Klage nur in dem Umfang erhoben werden solle, wie die Prozesskostenhilfe bewilligt wird. Das Gericht gewährt Prozesskostenhilfe durch Beschluss nur in Höhe von 8.900,00 € und ordnet RA Löwe dem Herz bei.
    Die Parteien werden im Prozess zum mündlichen Verhandlungstermin geladen. Nach erfolglosem Gütetermin wird die Sache verhandelt und Beweis durch Vorlegung einer Urkunde erhoben. Danach ergeht Urteil, in dem Leber antragsgemäß zur Zahlung verurteilt wird. Der Streitwert wird vom Gericht auf 8.900,00 € festgesetzt.
    a) Berechnen Sie die Vergütung, die RA Löwe insgesamt für seine Tätigkeit erhält.
    b) Wie hoch ist der Gegenstandswert für die Gebühren des RA, der auf Antrag im Verfahren gemäß § 33 RVG festzusetzen wäre?

Lösungsteil Gruppe 17

1. §§ 2, 13, VV Nrn. 3335, 7002, 7008 RVG. [587,27 €]
2. §§ 2, 13, VV Vorbemerkung 3.3.6, Nrn. 3104, 3335, 7002, 7008 RVG. [1.730,74 €]
3. a) §§ 2, 13, VV Vorbemerkung 3.3.6, Nrn. 3104, 3335, 7002, 7008 RVG. [1.730,74 €]
   b) § 118 ZPO.
4. §§ 2, 13, VV Nrn. 3335, 3500, 7002, 7008 RVG. [411,74 €]

5.	§§ 2, 13, VV Nrn. 3335, 3337, 7002, 7008 RVG.	[66,40 €]
6.	a) § 41 GKG; §§ 2, 13, 16, 45, 49, VV Nrn. 3100, 3104, 7002, 7008 RVG.	[1.038,28 €]
	b) § 41 GKG; §§ 2, 13, 16, 49(?), VV Nrn. 3100, 3104, 7002, 7008 RVG.	[1.432,46 €]
	c) § 50 RVG.	[394,18 €]
7.	§§ 2, 13, 16, 45, 49, VV Nrn. 1000, 1003, 3100, 3104, 7002, 7008 RVG.	[1.252,48 €]
8.	a) §§ 2, 13, 16, 45, 49, VV Nrn. 3100, 3104, 7002, 7008 RVG.	[1.225,70 €]
	b) §§ 2, 13, 16, 50, 58, VV Nrn. 3100, 3104, 7002, 7008 RVG.	[„weitere Vergütung" abzgl. Vorschuss: 565,05 €]
9.	a) §§ 2, 13, 16, 49(?), VV Nrn. 3100, 3104, 7002, 7008 RVG.	[901,43 €]
	b)	[0,00 €]
10.	a) §§ 2, 13, 16, 45, 49, VV Nrn. 3100, 3104, 7002, 7008 RVG.	[2.082,50 €]
	b) § 126 Abs. 1 ZPO.	[4.356,89 €]
	c) Insgesamt besteht höchstens Anspruch auf die Wahlanwaltsvergütung i. H. v. 4.356,89 €	Nein
11.	a) §§ 2, 13, 15, 16, VV Vorbemerkung 3.3.6, Nrn. 3100, 3104, 3335, 7002, 7008 RVG.	[1.878,53 €]
	b)	[1.100,00 €]

18. Vergütung des RA bei Beratungshilfe (→ § 9 Rdn 39 ff.)

Aufgabenteil Gruppe 18

1. RA Möller berät den Rentner Kluge im Wege der Beratungshilfe in einer Enteignungssache und sendet ein Schreiben an die zuständige Behörde.

   Welche Vergütung kann RA Möller insgesamt fordern?

2. Witwe Bolte ist von ihrem hoch verschuldeten Neffen Heino in dessen Testament als Erbin eingesetzt worden. Sie lässt sich im Wege der Beratungshilfe von RA Möller mündlich beraten, ob sie die Erbschaft ausschlagen kann.

   Welche Vergütung kann RA Möller insgesamt fordern?

3. Student Wick schaltet im Wege der Beratungshilfe RA Möller ein. RA Möller soll erreichen, dass die Firma Teleblick ein dem Wick verkauftes leicht defektes Fernsehgerät (Kaufpreis 650,00 €) gegen ein einwandfreies ersetzt. Nach einem Schreiben und einem Telefonat erreicht RA Möller, dass das Unternehmen im Vergleichswege dem Wick eine Kaufpreisminderung von 200,00 € anbietet. Wick nimmt die 200,00 € an und behält das Gerät.

   Welche Vergütung kann RA Möller insgesamt fordern?

4. Schinkel hat von Henkel 2.500,00 € aus einem Kaufvertrag zu bekommen und Henkel ist bereits in Verzug. Schinkel bittet RAin Molloch um Rat im Wege der Beratungshilfe. Den Berechtigungsschein für die Beratungshilfe hat er mitgebracht. Die RAin berät ihn und schlägt vor, dem Henkel zunächst ein Aufforderungsschreiben zu übersenden, was geschieht. Henkel bezahlt daraufhin sofort die Hauptforderung und die geltend gemachten Kosten.

   a) Wie hoch wäre der Vergütungsanspruch von RAin Molloch gegenüber der Staatskasse?

   b) Welchen Betrag (Hauptforderung und Anwaltsvergütung) hat Henkel überwiesen? Es handelt sich um einen einfachen Fall mit Tätigkeit von unterdurchschnittlichem Umfang und Schwierigkeit. Die Arbeitszeit der RAin beträgt insgesamt 45 Minuten.

Lösungsteil Gruppe 18

1.	§§ 2, 44, VV Nrn. 2500, 2503, 7002, 7008 RVG.	[160,18 €]
2.	§§ 2, 44, VV Nrn. 2500, 2501, 7002, 7008 RVG.	[64,98 €]
3.	§§ 2, 44, VV Nrn. 2500, 2503, 2508, 7002, 7008 RVG.	[374,38 €]
4.	a) §§ 2, 44, VV Nrn. 2500, 2503, 7002, 7008 RVG.	[160,18 €]
	b) §§ 2, 13, 14, VV Nrn. 2300, 7002, 7008 RVG.	[2.748,00 €]

19. Gebühren des nicht prozessbevollmächtigten RA (→ § 7 Rdn 77 ff.)

Aufgabenteil Gruppe 19

1. Mönch in Kiel beauftragt dort RA Andres, eine Darlehensforderung über 13.000,00 € einzuklagen. Andres stellt fest, dass das LG Ulm zuständig ist. Er beauftragt nach Absprache mit Mönch den RA Breit in Ulm mit der Klageeinreichung und führt die Korrespondenz zwischen RA Breit und Mönch. Nach streitiger mündlicher Verhandlung in Ulm ergeht ein Urteil.
   Fertigen Sie die Vergütungsrechnungen für RA Andres und RA Breit.
2. Der unterbevollmächtigte RA Preuß nimmt für RA Bayer aus Mainz einen Termin vor dem hiesigen Amtsgericht wegen einer Kaufpreisforderung in Höhe von 4.800,00 € wahr. Bereits in der Güteverhandlung wird der Anspruch vom Beklagten anerkannt.
   a) Fertigen Sie die Vergütungsrechnung von RA Preuß, die mit den Akten zurückgesandt wird!
   b) Berechnen Sie das Honorar von RA Bayer.
3. RA Holtzmann aus Aachen beauftragt in Absprache mit seinem Mandanten RA Schnappauf in Leipzig mit der Wahrnehmung eines Termins vor dem dortigen Landgericht in einer Berufungssache wegen 1.200,00 €. In dem Termin werden die Berufungsgründe erörtert und anschließend ergeht Berufungsurteil.
   a) Fertigen Sie die Vergütungsrechnung von RA Schnappauf, die mit den Akten zurückgesandt wird!
   b) Berechnen Sie das Honorar von RA Holtzmann.
4. Von RA Span aus Schweinfurt erhält RA Ferkel in Hannover den Auftrag, als Terminsvertreter einen Termin beim AG Hannover wahrzunehmen. Im ersten Termin erwirkt RA Ferkel ein Versäumnisurteil, welches rechtskräftig wird. Der Streitwert beträgt 1.390,00 €.
   a) Fertigen Sie die Vergütungsrechnung von RA Ferkel, die mit den Akten zurückgesandt wird!
   b) Berechnen Sie das Honorar von RA Span.
5. In einem beim OLG Stuttgart anhängigen Berufungsverfahren findet wegen Erkrankung eines Zeugen eine Beweisaufnahme vor dem Amtsgericht in Aurich statt. RA Bahlsen in Aurich wird von RA Daimler aus Stuttgart um Vertretung in der Beweisaufnahme ersucht. Der Streitwert beträgt 47.570,00 €.
   a) Berechnen Sie das Honorar von RA Bahlsen.
   b) Erstellen Sie die Vergütungsrechnung von RA Daimler, wenn in Stuttgart streitig verhandelt wurde.
6. RA Kohl in Koblenz führt einen Zivilprozess vor dem LG Koblenz (Wert 100.000,00 €). Nach erfolgloser Güteverhandlung und streitiger mündlicher Verhandlung ergeht Beweisbeschluss, nach dem der Zeuge Zilz im Wege der Amtshilfe vor dem AG Frankfurt/Oder vernommen werden soll. Im Auftrag von RA Kohl nimmt RA Frankensteiner aus Frankfurt/Oder den dortigen Beweistermin wahr.
   Fertigen Sie die Vergütungsrechnungen des Beweisanwalts RA Frankensteiner und des Prozessbevollmächtigten RA Kohl.
7. RA Hammel in Hamm wird von Klaus Elend, den er häufig vertritt, beauftragt, eine Kaufpreisforderung in Höhe von 3.989,00 € nebst 13,00 € Mahnkosten und 12 % Zinsen seit dem 04.01. d. J. gerichtlich geltend zu machen. RA Hammel erhebt die Klage. Da der Gerichtsstand des Beklagten in Tostedt liegt, erteilt er mit Einverständnis des Elend dem dort ansässigen RA Thon Untervollmacht und beauftragt ihn, seinen Mandanten vor dem AG Tostedt zu vertreten. Im Termin wird nach erfolgloser Güteverhandlung streitig verhandelt. Ferner ergeht antrags-

gemäß ein Beweisbeschluss. RA Hammel informiert nach Prüfung des Beweisbeschlusses seinen Mandanten Elend. Nach erfolgtem Beweistermin vor dem AG Tostedt ergeht Urteil.
Fertigen Sie die Vergütungsrechnungen der RAe Thon und Hammel.

8.* Breithaupt aus Flensburg hat einen Rechtsstreit in einer Zivilsache vor dem Landgericht München zu führen. Er trägt dem hiesigen RA Aschmann den Prozessstoff vor und beauftragt ihn, einem beim Landgericht München zugelassenen RA die Prozessführung zu übertragen und den Schriftverkehr mit diesem zu führen. In München wird RA Stahlhut als Prozessbevollmächtigter bestellt. Nach erfolgloser Güteverhandlung und anschließender streitiger Verhandlung ergeht Beweisbeschluss, demzufolge ein nicht reisefähiger neunundneunzigjähriger Zeuge in Flensburg zu vernehmen ist. Den Beweistermin vor dem Amtsgericht Flensburg nimmt RA Aschmann wahr. In einem weiteren Termin vor dem Landgericht München wird erneut streitig verhandelt, dann ergeht Urteil. Der Streitwert beträgt 18.800,00 €.
Erstellen Sie die Vergütungsrechnung
a) des Flensburger Anwalts RA Aschmann und
b) des Münchner Anwalts RA Stahlhut.

9.* RAin Ottilie Vorwald reicht eine Klage über 10.000,00 € bei einem auswärtigen Gericht ein. Das Gericht bestimmt einen Termin zur Güteverhandlung und zur anschließenden mündlichen Verhandlung. Wegen der voraussichtlich zu hohen Reisekosten wird RA Alfons Hinterwald zum Terminsvertreter bestellt. Danach, aber noch kurz vor dem Termin, wird RA Hinterwald darüber informiert, dass die Klage wegen eines Teilbetrages in Höhe von 3.000,00 € zurückgenommen wurde, da der Schuldner diesen Teilbetrag bezahlt hat. Dann nimmt RA Hinterwald hinsichtlich des Restbetrages von 7.000,00 € den Termin wahr. Der Streitwert wird vom Gericht gemäß § 63 Abs. 2 GKG auf 10.000,00 € festgesetzt.
a) Berechnen Sie die Vergütung nur für den Terminsvertreter RA Hinterwald.
b) Wie hoch ist der Gegenstandswert für die Gebühren des Rechtsanwalt Hinterwald, der auf Antrag im Verfahren gemäß § 33 RVG festzusetzen wäre?

Lösungsteil Gruppe 19

1.	RA Andres: §§ 2, 13, VV Nrn. 3400, 7002, 7008 RVG.	[865,13 €]
	RA Breit: §§ 2, 13, VV Nrn. 3100, 3104, 7002, 7008 RVG.	[2.127,13 €]
2.	a) RA Preuß: §§ 2, 13, VV Nrn. 3100, 3104, 3401, 3402, 7002, 7008 RVG.	[804,23 €]
	b) RA Bayer: §§ 2, 13, VV Nrn. 3100, 7002, 7008 RVG.	[572,21 €]
3.	a) RA Schnappauf: §§ 2, 13, VV Nrn. 3200, 3202, 3401, 3402, 7002, 7008 RVG.	[343,91 €]
	b) RA Holtzmann: §§ 2, 13, VV Nrn. 3200, 7002, 7008 RVG.	[279,89 €]
4.	a) RA Ferkel: §§ 2, 13, VV Nrn. 3100, 3104, 3105, 3401, 3402, 7002, 7008 RVG.	[207,86 €]
	b) RA Span: §§ 2, 13, VV Nrn. 3100, 7002, 7008 RVG.	[231,87 €]
5.	a) RA Bahlsen: §§ 2, 13, VV Nrn. 3200, 3202, 3401, 3402, 7002, 7008 RVG.	[3.253,46 €]
	b) RA Daimler: §§ 2, 13, VV Nrn. 3200, 3202, 7002, 7008 RVG.	[4.545,32 €]
6.	RA Frankensteiner: §§ 2, 13, VV Nrn. 3100, 3104, 3401, 3402, 7002, 7008 RVG.	[3.887,43 €]
	RA Kohl: §§ 2, 13, VV Nrn. 3100, 3104, 7002, 7008 RVG.	[5.244,93 €]
7.	RA Thon: §§ 2, 13, VV Nrn. 3100, 3104, 3401, 3402, 7002, 7008 RVG.	[673,24 €]
	RA Hammel: §§ 2, 13, VV Nrn. 3100, 7002, 7008 RVG.	[480,17 €]
8.	a) RA Aschmann: §§ 2, 13, VV Nrn. 3104, 3400, 7002, 7008 RVG.	[2.162,71 €]
	b) RA Stahlhut: §§ 2, 13, VV Nrn. 3100, 3104, 7002, 7008 RVG.	[2.454,38 €]
9.	a) §§ 2, 13, 15, VV Nrn. 3100, 3104, 3401, 3402, 3405, 7002, 7008 RVG	[1.459,18 €]
	b)	[10.000,00 € Verfahrensgebühr, 7.000,00 € Terminsgebühr]

20. Gebühren in der Zwangsvollstreckung (→ § 8 Rdn 2 ff.)

Aufgabenteil Gruppe 20

Hinweis:

Alle Aufträge zur Zwangsvollstreckung werden mit der Post versandt, falls in einzelnen Aufgaben nicht anders angegeben.

1. Ermitteln Sie die Zinstage zum Zwecke der Zwangsvollstreckung:
   a) vom 17.03. bis zum 23.09. eines Jahres.
   b) vom 02.01. bis zum 31.12. eines Jahres.
   c) vom 28.02. bis zum 01.03. eines Jahres.
   d) vom 24.05. eines Jahres bis zum 09.09. des Folgejahres.
   e) vom 01.04. eines Jahres bis zum 31.01. des Folgejahres.
   f) vom Zugang der Mahnung am 14.01. bis zum 30.05. eines Jahres.
   g) von der Einreichung des Kostenfestsetzungsantrags am 07.06. bei Gericht bis zur Erteilung des Vollstreckungsauftrages an den GVZ am 19.07. eines Jahres.
2. Berechnen Sie die Zinsen zu den in Aufgabe 1 ermittelten Tagen bei folgenden Beträgen und Zinssätzen:

a)	9.333,00 €,	9,47 %
b)	78.975,00 €,	8,73 %
c)	211.823,75 €,	6 %
d)	4.711,00 €,	9,8 %
e)	210,00 €,	7,3 %
f)	2.800,00 €,	10,13 %
g)	837,22 €,	9,28 %

3. RA Uff erteilt dem Gerichtsvollzieher (GVZ) einen Vollstreckungsauftrag über folgende Beträge: Hauptforderung 5.210,00 €, 10 % Zinsen darauf seit dem 05.01. d. J., festgesetzte Kosten von 1.607,44 € zuzüglich 10 % Zinsen auf diese Kosten seit dem 12.01. d. J., Kosten einer fruchtlosen Pfändung in Höhe von 135,27 €, GVZ-Nachnahme 21,00 €. Der Vollstreckungsauftrag wird dem GVZ am 18.12. d. J. erteilt.
   Wie hoch ist der Gegenstandswert des Vollstreckungsauftrages?
4. RA Uff stellt den Antrag auf Einholung der Vermögensauskunft mit eidesstattlicher Versicherung. Beträge wie in Aufgabe 3.
   Wie hoch ist der Gegenstandswert?
5. Handelt es sich in den folgenden Fällen um eine Angelegenheit, oder handelt es sich um mehrere besondere Angelegenheiten im Sinne der §§ 18 und 19 RVG, sodass mehrere Gebühren gemäß VV Nr. 3309 RVG nebeneinander entstehen können? Der Rechtsanwalt nimmt folgende Tätigkeiten vor:
   a) Vollstreckungsandrohung und Vollstreckungsauftrag an GVZ erteilen.
   b) Vollstreckungsauftrag an GVZ mit fruchtloser Pfändung; dann Antrag auf Abnahme der Vermögensauskunft mit eidesstattlicher Versicherung.
   c) Vollstreckungsauftrag an GVZ mit fruchtloser Pfändung; dann Antrag auf Zulassung der Austauschpfändung; Vollstreckungsauftrag an GVZ zur Durchführung der Austauschpfändung.

d) Vollstreckungsauftrag mit Anzeige des GVZ, dass er den Schuldner mehrmals zur Tageszeit nicht angetroffen hat, Antrag auf Zulassung der Zwangsvollstreckung zur Nachtzeit, dann erneute Vollstreckung durch den GVZ mit anschließender fruchtloser Pfändung.

e) Einholung des Rechtskraftzeugnisses, dann nur Androhung der Zwangsvollstreckung.

f) Vorläufiges Zahlungsverbot, Antrag auf Erlass eines Pfändungs- und Überweisungsbeschlusses und Aufforderung an den Drittschuldner zur Erklärung gemäß § 840 ZPO.

g) Anfrage beim GVZ, ob der Schuldner bereits im Schuldnerverzeichnis oder Vermögensverzeichnisregister eingetragen ist, anschließend Antrag auf Abnahme der Vermögensauskunft mit eidesstattlicher Versicherung.

h) Veranlassung der Zustellung des Urteils an den Schuldner, Vollstreckungsauftrag an GVZ, GVZ meldet, dass Schuldner Zutritt zur Wohnung verweigert, Antrag auf Erlass einer Durchsuchungsanordnung, Pfändung durch GVZ; Antrag auf anderweitige Verwertung (§ 825 Abs. 1 ZPO), Erinnerung gegen die ablehnende Entscheidung gemäß § 766 ZPO.

i) Veranlassung der Zustellung des Urteils an den Gegner, Vollstreckungsauftrag an GVZ mit anschließender fruchtloser Pfändung; nach 4 Monaten erneuter Vollstreckungsauftrag an GVZ, GVZ meldet, dass Schuldner Zutritt zur Wohnung verweigert, Antrag auf Erlass einer Durchsuchungsanordnung, Pfändung durch GVZ; Antrag auf anderweitige Verwertung (§ 825 Abs. 1 ZPO), Erinnerung gegen die ablehnende Entscheidung gemäß § 766 ZPO.

Hinweis:

Bei den folgenden Aufgaben sind zur Erleichterung Zinsen nur zu berechnen, wenn dies in der Aufgabe angegeben ist!

Zur Vereinfachung werden Zinsen mit 10 % p. a. gerechnet.

6. RA Luft hat Auftrag, die Zwangsvollstreckung gegen den Krötz zu betreiben. Er fertigt den Vollstreckungsauftrag für den GVZ über ausgeurteilte 3.615,00 € nebst 10 % Zinsen vom 05.02. bis 09.12. sowie festgesetzte Kosten von 1.290,80 € und 10 % Zinsen darauf vom 29.09. bis 09.12. Bevor er den Vollstreckungsauftrag absenden kann, erreicht ihn ein Anruf seines Mandanten Knuff, der ihm mitteilt, dass Krötz soeben seine Schulden bezahlt habe. In der Sache war kein Schriftverkehr und kein Telefongespräch von Seiten des RA geführt worden.

   Erstellen Sie die Vergütungsrechnung des RA Luft.

7. RA Saul wird in einer Zwangsvollstreckungssache für seinen Mandanten Kundig gegen die Eheleute Rabenhorst tätig, indem er dem GVZ Scharf einen Vollstreckungsauftrag erteilt. GVZ Scharf pfändet bei beiden Eheleuten und überweist nach der öffentlichen Versteigerung die Hauptforderung von 17.130,00 € nebst Zinsen und Kosten von zusammen 3.127,08 €.

   Fertigen Sie die Gebührennote des RA Saul.

8. RA Wurst vertritt eine Ärztegemeinschaft, bestehend aus den Medizinern Kluge, Schlau und Besser in einer Zwangsvollstreckungssache gegen Faul wegen 4.780,00 € zuzüglich Kosten und Zinsen in Höhe von 1.533,68 €. RA Wurst erteilt dem zuständigen GVZ Vollstreckungsauftrag, welcher erfolgreich durchgeführt wird.

   Berechnen Sie die Vergütung von RA Wurst.

9. Mandant Mau hat in einer Zwangsvollstreckungssache RA Wiesel beauftragt, wegen einer titulierten Gesamtforderung in Höhe von 3.300,00 € einschließlich Kosten und Zinsen zu vollstrecken. Die Vollstreckung der Gesamtforderung durch den GVZ soll in drei Raten von

je 1.100,00 € jeweils zur Monatsmitte stattfinden, da Mau weiß, dass der Schuldner dann regelmäßige freiwillige Barzuwendungen von seiner Oma erhält.
Fertigen Sie die Vergütungsrechnung von RA Wiesel.

10. Gläubiger Ast hat eine titulierte Forderung in Höhe von 13.077,12 € inklusive festgesetzter Kosten und Zinsen gegen die Eheleute Wuppdich. RA Brösel droht auftragsgemäß schriftlich mit der Zwangsvollstreckung. Nachdem keine Reaktion erfolgt, erteilt der RA im Namen von Ast drei Wochen später Pfändungsauftrag. GVZ Meisel kann nach Pfändung bei beiden Eheleuten den Auftrag erfolgreich zu Ende führen.
Erstellen Sie die Vergütungsrechnung des RA Brösel.

11. Gläubiger Topf hat eine titulierte Forderung über 2.600,00 € nebst festgesetzter Kosten von 936,78 € und bisher aufgelaufener Zinsen in Höhe von 93,70 € gegen den Spediteur Fahrig. RA Deckel erteilt dem GVZ Henkel einen kombinierten Auftrag zur Sachpfändung und gegebenenfalls zur Einholung der Vermögensauskunft.
Nach fruchtloser Pfändung bei Fahrig will GVZ Henkel dem Schuldner sofort die Vermögensauskunft nach § 807 Abs. 1 Ziff. 2 ZPO abnehmen. Da der Schuldner der sofortigen Abnahme gemäß § 807 Abs. 2 ZPO widerspricht, setzt Henkel einen Termin zur Abnahme der Vermögensauskunft mit eidesstattlicher Versicherung an. Im Termin, an dem RA Deckel teilnimmt, gibt dann der Schuldner die Vermögensauskunft ab.
Erstellen Sie die Vergütungsrechnungen für RA Deckel.

12. a) RA Schumpig hat für seinen Mandanten Flott einen Titel über 5.500,00 € nebst festgesetzter Kosten von 1.607,44 €, Kosten früherer Vollstreckungsmaßnahmen von 200,00 € und Zinsen von 145,42 € gegen Matt erwirkt. RA Schumpig beauftragt GVZ Hart mit der Zwangsvollstreckung und gegebenenfalls mit der sofortigen Einholung der Vermögensauskunft.
Nach einem erfolglosen Pfändungsversuch nimmt GVZ Hart dem Schuldner Matt sofort (§ 807 Abs. 1 Ziff. 2 ZPO) die Vermögensauskunft mit eidesstattlicher Versicherung ab, da der Schuldner nicht widerspricht. Daraufhin sieht Flott von weiteren Maßnahmen gegen Matt ab, da eine Pfändung keinen Erfolg verspricht.
Erstellen Sie die Vergütungsrechnungen des RA Schumpig.

b) Nach Widerspruch des Schuldners Matt gegen die sofortige Abnahme der Vermögensauskunft, legt der Schuldner im vom GVZ angesetzten Termin zur Abnahme der Vermögensauskunft Erinnerung gegen die Art und Weise der Zwangsvollstreckung ein (§ 766 Abs. 1 S. 1 ZPO); der Schuldner bestreitet, wegen Fehlens der allgemeinen Vollstreckungsvoraussetzungen zur Abgabe der Vermögensauskunft verpflichtet zu sein. Im darauffolgenden Termin vor dem Richter des Vollstreckungsgerichts (§ 20 Nr. 17 S. 2 RPflG) wird im Beisein von RA Schumpig und des RA des Schuldners streitig über die Erinnerung verhandelt. Die Erinnerung wird verworfen.
In einem weiteren Termin wird dann die Vermögensauskunft von GVZ Hart ohne Beisein von Rechtsanwälten eingeholt.
Erstellen Sie die Vergütungsrechnung des RA Schumpig nur für das Verfahren zur Einholung der Vermögensauskunft.

c) Wie sieht die Vergütungsrechnung zu Teilaufgabe b) aus, wenn RA Schumpig gegen das Ehepaar Matt Antrag auf Einholung der Vermögensauskunft stellt?

13. RA Rötig erteilt im Namen von Justine Glaub gegen Frau Wanda Untreu dem GVZ Binse Pfändungsauftrag aus titulierter Forderung über 1.453,46 € einschließlich festgesetzter Kosten und Zinsen. Aus der Unpfändbarkeitsbescheinigung des GVZ Binse (Kosten des GVZ 21,00 €) ist zu ersehen, dass der einzige nach § 811 Nr. 1 ZPO unpfändbare Mantel der Frau Untreu ein neuwertiger Nerzmantel ist (geschätzter gewöhnlicher Verkaufswert ca. 3.000,00 €).

RA Rötig stellt auftragsgemäß Antrag auf Zulassung einer Austauschpfändung beim Vollstreckungsgericht, wobei Frau Glaub einen ausreichend wärmenden Mantel im Wert von 220,00 € als Ersatz anbietet. RA Rötig schätzt den bei einer Versteigerung sich ergebenden Überschuss auf 2.200,00 €. Die Austauschpfändung wird durch Beschluss zugelassen.

Der GVZ Binse pfändet nun im Auftrag von RA Rötig den Nerzmantel. Dieser erbringt nach Abzug der Versteigerungskosten einen Versteigerungserlös von 2.250,00 €.

Erstellen Sie die Vergütungsrechnungen des RA Rötig.

14. Wegen einer Forderung von 22.317,80 € einschließlich festgesetzter Kosten und Zinsen beauftragt RA Schlack den zuständigen GVZ, bei dem Schuldig dessen 2 Jahre alten Pkw Marke Jaguar zu pfänden. Der Überschuss des Versteigerungserlöses über die Kosten der Zwangsvollstreckung wird auf 18.500,00 € geschätzt und bei der Versteigerung auch erzielt.

    Erstellen Sie die Vergütungsrechnung des RA Schlack.

15. Wohlgemuth hat einen vollstreckbaren Titel (festgesetzte Verfahrenskosten 1.200,00 €) gegen seinen Vater auf Zahlung eines monatlichen Unterhalts von 400,00 €. Der Vater ist mit 5 Unterhaltszahlungen im Rückstand. Da er bei der Firma Schiefbau GmbH beschäftigt ist, erlässt der von Wohlgemuth beauftragte RA Zack am 15.07. ein vorläufiges Zahlungsverbot gemäß § 845 ZPO mit Aufforderung zur Erklärung gemäß § 840 ZPO, welches am 20.07. der Firma Schiefbau GmbH zugestellt wird (Kosten des GVZ: 16,25 €). Mit Datum vom 15.07. stellt RA Zack ferner Antrag auf Erlass eines Pfändungs- und Überweisungsbeschlusses bezüglich des derzeitigen und künftig fällig werdenden Arbeitseinkommens.

    Erstellen Sie die Vergütungsrechnung des RA Zack.

16. Edith Lakaschus vollstreckt gegen Berta Berg aus dem Urteil des Landgerichtes Mainz vom 19. Oktober wegen der titulierten Forderung von 29.000,00 €, obwohl Frau Lakaschus am 31. Oktober vor Zeugen die Urteilsforderung mündlich bis zum 31. Dezember gestundet hat.

    Frau Berg beauftragt RAin Roll mit der Erhebung der Vollstreckungsgegenklage gegen Frau Lakaschus. Im Termin tritt für Frau Lakaschus niemand auf; auf Antrag von RAin Roll ergeht Versäumnisurteil, gegen das fristgemäß Einspruch eingelegt wird. Im folgenden Termin wird streitig zur Hauptsache verhandelt und zwei Zeugen vernommen. Dann ergeht ein Urteil gemäß Klagantrag.

    Berechnen Sie die Vergütung von RAin Roll.

17.* RAin Lehnhoff erhielt von Knittel den Auftrag, wegen einer titulierten Hauptforderung von 10.000,00 € nebst 10 % Zinsen seit dem 1. Februar des letzten Jahres die Zwangsvollstreckung gegen den Knoke durchzuführen.

    RAin Lehnhoff beauftragte die Gerichtsvollzieherin Gehrke am 1. März dieses Jahres mit der Sachpfändung bei Knoke wegen der Hauptforderung, den Zinsen darauf und den festgesetzten Kosten in Höhe von 2.302,48 € nebst 10 % Zinsen darauf seit dem 15. Januar dieses Jahres. Eine sofortige Einholung der Vermögensauskunft für den Fall der fruchtlosen Pfändung wurde ausdrücklich nicht gewünscht (§ 802a Abs. 2 S. 2 ZPO). Die Gerichtsvollzieherin übersandte eine Fruchtlosigkeitsbescheinigung per Nachnahme in Höhe von 21,00 €.

    RAin Lehnhoff beantragte daraufhin am 15. Juli dieses Jahres die Einholung der Vermögensauskunft mit eidesstattlicher Versicherung und zahlte die hierfür vorgeschriebene Gebühr ein (KV Nr. 260 GvKostG). Nach dem Termin erhielt die RAin eine Kopie des Vermögensverzeichnisses.

    Nachdem nun der Arbeitgeber des Schuldners bekannt ist, wird zwecks Lohnpfändung am 19. September dieses Jahres ein Pfändungs- und Überweisungsbeschluss beantragt und die hierfür vorgesehene Gerichtsgebühr eingezahlt.

    Berechnen Sie die Vergütung, die RAin Lehnhoff in dieser Angelegenheit insgesamt verdient hat.

18. Holger Hauschild hat eine titulierte Forderung von 89.321,33 € gegen Jasmin Böse, die zzt. in der JVA Aichach für drei Jahre wegen Unterschlagung und Computerbetrug einsitzt. Hauschild beauftragt RA Kleinsorge mit der Beantragung eines Pfändungs- und Überweisungsbeschlusses gegen die JVA als Drittschuldnerin. Er will den vermeintlichen Arbeitslohn pfänden, den Frau Böse von der JVA für ihre Arbeit in der Anstaltsküche erhält.

    Die Drittschuldnerauskunft ergibt, dass nur ein Arbeitslohn in unpfändbarer Höhe an Frau Böse ausgezahlt wird.

    Berechnen Sie die Vergütung von RA Kleinsorge für diesen Vollstreckungsauftrag.

19.* RA Katz stellt im Auftrag des Gläubigers Maus wegen einer titulierten Hauptforderung von 9.500,00 €, Zinsen von 550,00 € und Kosten von 1.950,00 € Antrag auf Zwangsversteigerung des Grundstücks des Schuldners Hugendubel. RA Katz nimmt für Maus an dem Termin teil, in dem das Grundstück erfolgreich versteigert wird.

    Berechnen Sie die Vergütung von RA Katz für diese Grundstücksversteigerungssache.

Lösungsteil Gruppe 20

2.		[a) 459,10 €; b) 6.875,37 €; c) 141,22 €; d) 597,62 €] [e) 12,78 €; f) 107,15 €; g) 9,28 €]
3.	§ 25 RVG, § 40 GKG.	[7.622,02 €]
4.	§ 25 Abs. 1 Ziff. 4 RVG.	[2.000,00 €]
5.	§§ 18, 19 RVG.	
6.	§§ 2, 13, 15, 25, VV Nrn. 3309, 7002, 7008 RVG. Wird die vorzeitige Erledigung berücksichtigt?	[147,82 €]
7.	§§ 2, 13, 18, 25, VV Nrn. 3309, 7002, 7008 RVG.	[670,20 €]
8.	§§ 2, 7, 13, 25, VV Nrn. 1008, 3309, 7002, 7008 RVG.	[530,92 €]
9.	§§ 2, 13, 15, 18, 25, VV Nrn. 3309, 7002, 7008 RVG.	[126,38 €]
10.	§§ 2, 13, 18, 25, VV Nrn. 3309, 7002, 7008 RVG.	[591,66 €]
11.	§§ 2, 13, 18, 25, VV Nrn. 3309, 3310, 7002, 7008 RVG.	[Summe: 275,84 €]
12.	a)	[Summe: 289,48 €]
	b) §§ 2, 13, 18, 19 Abs. 2, 25, VV Nrn. 3309, 3310, 7002, 7008 RVG.	[149,46 €]
	c)	[298,92 €]
13.	§§ 2, 13, 18, 25, VV Nrn. 3309, 7002, 7008 RVG.	[Summe: 208,42 €]
14.	§§ 2, 13, 25, VV Nrn. 3309, 7002, 7008 RVG.	[315,47 €]
15.	§§ 2, 13, 25, VV Nrn. 3309, 7002, 7008 RVG; § 51 FamGKG.	[214,08 €]
16.	§§ 2, 13, VV Nrn. 3100, 3104, 7002, 7008 RVG.	[3.037,48 €]
17.	§§ 2, 13, 18, 25, VV Nrn. 3309, 7002, 7008 RVG.	[667,06 €]
18.	§§ 2, 13, 25, VV Nrn. 3309, 7002, 7008 RVG.	[22,06 €]
19.	§§ 2, 13, 26, VV Nrn. 3311, 3312, 7002, 7008 RVG.	[696,86 €]

21. Gebühren bei Beschwerde, Erinnerung (→ § 7 Rdn 105 ff.)

Aufgabenteil Gruppe 21

1. RA Winkel stellt Kostenfestsetzungsantrag über 3.010,00 €. Die Kosten werden durch Kostenfestsetzungsbeschluss jedoch lediglich auf 2.970,00 € festgesetzt. Dagegen legt RA Winkel die befristete Erinnerung ein, welcher abgeholfen wird. Der Rechtspfleger hebt den angefochtenen Kostenfestsetzungsbeschluss auf und setzt die Kosten, wie mit der Erinnerung beantragt, in einem Kostenfestsetzungsbeschluss neu fest.

   Fertigen Sie die Vergütungsrechnung von RA Winkel.
2. RA Dr. Eisenbarth legt auftragsgemäß gegen einen Kostenfestsetzungsbeschluss über 3.333,00 € die befristete Erinnerung ein. Er begehrt die Festsetzung von 3.380,00 €. Der Rechtspfleger hilft nicht ab und legt die Akte dem Richter vor, der auch nicht abhilft.

   Ermitteln Sie die Vergütung von RA Dr. Eisenbarth.
3. RA Feldbusch legt auftragsgemäß gegen einen Kostenfestsetzungsbeschluss über 9.999,00 € sofortige Beschwerde ein. Er begehrt die Festsetzung von nur 8.888,00 €. Das Beschwerdegericht weist den Antrag nach einer mündlichen Verhandlung zurück.

   Berechnen Sie die Vergütung von RA Feldbusch.
4. RAin Lücke beantragt die Festsetzung von Verfahrenskosten in Höhe von 4.100,00 €. Im Kostenfestsetzungsbeschluss werden jedoch nur 4.070,00 € festgesetzt. Dagegen legt RAin Lücke die befristete Erinnerung ein. Der Prozessbevollmächtigte des Gegners, RA Hinterthür, legt gegen den Kostenfestsetzungsbeschluss ebenfalls die befristete Erinnerung ein; er begehrt die Festsetzung von nur 4.050,00 €. RAin Lücke fertigt für ihren Auftraggeber diesbezüglich eine Gegenerklärung.

   Der Rechtspfleger hilft der Erinnerung von RAin Lücke ab und legt die Akte dem Richter vor, der die Erinnerung von RA Hinterthür zurückweist.

   Fertigen Sie die Vergütungsrechnung von RAin Lücke.

Lösungsteil Gruppe 21

1. §§ 2, 13, VV Nrn. 3500, 7002, 7008 RVG. [36,77 €]
2. §§ 2, 13, VV Nrn. 3500, 7002, 7008 RVG. [36,77 €]
3. §§ 2, 13, VV Nrn. 3500, 3513, 7002, 7008 RVG. [183,86 €]
4. §§ 2, 13, 16, 22, VV Nrn. 3500, 7002, 7008 RVG. [36,77 €]

22. Gebühren in Strafsachen und Bußgeldsachen (→ § 10 Rdn 1 ff.)

Aufgabenteil Gruppe 22

1. RA Billig wird im strafrechtlichen Ermittlungsverfahren gegen Klemm tätig, dem ein Bankraub zur Last gelegt wird. RA Billig bespricht die Sache mit Klemm und begleitet ihn zu einer polizeilichen Vernehmung. Später nimmt RA Billig auch an einer staatsanwaltschaftlichen Vernehmung des Klemm teil. Das Verfahren wird von der Staatsanwaltschaft von sich aus eingestellt.
   Die Angelegenheit ist von durchschnittlicher Art. Für die Hauptverhandlung wäre die große Strafkammer zuständig gewesen.
   Fertigen Sie die Vergütungsrechnung von RA Billig.
2. Gustav Forsch sitzt zurzeit in Untersuchungshaft. Forsch bestellt RA Moser zu seinem Verteidiger. RA Moser fordert die Ermittlungsakten von der Staatsanwaltschaft an, fertigt daraus 22 Fotokopien und bespricht den Fall mit Forsch in der Haftanstalt.
   Nun reicht die Staatsanwaltschaft die Anklageschrift bei der zuständigen großen Strafkammer ein. Nach Zustellung der Anklageschrift sucht RA Moser den Forsch erneut in der Haftanstalt auf und berät ihn. Unzufrieden über die Beratung, entzieht Forsch dem Moser das Mandat. Es handelt sich um einen durchschnittlichen Fall.
   Fertigen Sie die Vergütungsrechnungen für RA Moser. Es werden Auslagen für die Aktenversendungspauschale nach KV Nr. 9003 Ziff. 1 GKG im Vorverfahren geltend gemacht.
3. Maurermeister Mörtel hat auf mehreren Baustellen „schwarz verdient"; die Steuerfahndung kommt ihm auf die Spur. Die Staatsanwaltschaft erhebt nach Abschluss der Ermittlungen Anklage zum zuständigen Schöffengericht. Nachdem Mörtel der Termin zur Hauptverhandlung mitgeteilt wurde, nimmt er sich RA Werner zum Verteidiger, da er glaubt, die Einstellung des Verfahrens wegen Geringfügigkeit erreichen zu können. Werner nimmt an der Hauptverhandlung teil, in der auch das Urteil verkündet wird. Es handelt sich um eine Angelegenheit von durchschnittlicher Bedeutung.
   a) Fertigen Sie die Vergütungsrechnung von RA Werner.
   b) Fertigen Sie die Vergütungsrechnung, wenn RA Werner nach Verkündung des Urteils nur noch Berufung einlegt, dann aber den Mörtel nicht weiter vertritt.
4. RA Möser wird von Flosdorff, der zurzeit wegen Fluchtgefahr in Untersuchungshaft sitzt, zum Verteidiger bestellt. RA Möser fordert die Ermittlungsakten von der Staatsanwaltschaft an, fertigt daraus 52 Fotokopien und bespricht sich mit Flosdorff in der Haftanstalt. Ferner nimmt RA Möser während der Dauer des gesamten Verfahrens an insgesamt vier Haftprüfungsterminen teil, in denen über die Verlängerung der Untersuchungshaft entschieden wird.
   Nun reicht die Staatsanwaltschaft die Anklageschrift bei dem zuständigen Schwurgericht ein. RA Möser vertritt den Angeklagten in der Hauptverhandlung, welche sich über zwei Tage erstreckt. Der Fall ist als durchschnittlich zu bewerten.
   Fertigen Sie die Vergütungsrechnungen von RA Möser. Es werden Auslagen für die Aktenversendungspauschale nach KV Nr. 9003 Ziff. 1 GKG im Vorverfahren geltend gemacht.
5. In einer Strafsache vor der großen Strafkammer musste die Hauptverhandlung nach einem Verhandlungstag für drei Tage unterbrochen werden. Danach wurde sie an zwei weiteren Tagen fortgesetzt. Das Urteil wird am letzten Verhandlungstag verkündet. An allen drei Verhandlungstagen nahm RA Fleißig mitwirkend teil. Sein Mandat erhielt er nach Einreichen der Anklageschrift durch die Staatsanwaltschaft.
   Fertigen Sie die Vergütungsrechnung von RA Fleißig. Legen Sie die Mittelgebühr zugrunde.

6. Wie vorstehende Aufgabe (Nr. 5). Jedoch befand sich der Angeklagte während der gesamten Verfahrensdauer in Untersuchungshaft.
   Fertigen Sie die Vergütungsrechnung von RA Fleißig.
7. Der in der ersten Instanz verurteilte Süßmuth beauftragt den vorher nicht für ihn tätig gewesenen RA Lehr mit der Einlegung der Berufung. RA Lehr vertritt Süßmuth in der eintägigen Berufungsverhandlung vor der kleinen Strafkammer.
   Fertigen Sie die Vergütungsrechnung von RA Lehr.
8. a) Süffich hat RA Prost während des Ermittlungsverfahrens wegen Trunkenheit im Straßenverkehr mit seiner Verteidigung beauftragt. RA Prost sieht die amtlichen Ermittlungsakten ein und erstellt einen Schriftsatz. Er hat dazu 25 Fotokopien aus der Ermittlungsakte gefertigt; die Akten wurden ihm durch die Post übersandt.
   Nach Erhebung der Anklage verteidigt er seinen Mandanten in der eintägigen Hauptverhandlung vor dem Strafrichter. Gegen das Urteil – Freiheitsstrafe von sieben Monaten zur Bewährung – legt RA Prost innerhalb der Wochenfrist auftragsgemäß Berufung ein, die er aber noch nicht begründet.
   Fertigen Sie die Vergütungsrechnung von RA Prost für seine Verteidigertätigkeit. Gehen Sie von der Mittelgebühr aus.
   b) In der eintägigen Berufungsverhandlung vor der kleinen Strafkammer des Landgerichts nimmt RA Prost schließlich das von ihm eingelegte Rechtsmittel zurück.
   Fertigen Sie die Vergütungsrechnung von RA Prost für das Berufungsverfahren.
9. Wie vorstehende Aufgabe (Nr. 8b). Zum anberaumten Berufungstermin erscheint RA Prost und erfährt vom vorsitzenden Richter, dass die Verhandlung auf den nächsten Freitag vertagt ist, da die beiden Schöffen in der Gerichtskantine gegessen und sich dadurch den Magen verdorben haben. Am Freitag erscheint RA Prost wieder und verteidigt Süffich in der Berufungsverhandlung.
   Fertigen Sie die Vergütungsrechnung von RA Prost nur für das Berufungsverfahren. Gehen Sie auch hier von der Mittelgebühr aus.

10.* Süffich (siehe Aufgabe Nr. 8) ist auch in der Berufungsverhandlung verurteilt worden. Daraufhin entzieht er RA Prost das Mandat und beauftragt RA Schluck mit der Einlegung der Revision. RA Schluck legt fristgerecht Revision ein und reicht die Revisionsbegründungsschrift ein. Drei Wochen vor der Hauptverhandlung beim zuständigen OLG erhält er von Süffich, nachdem er ihn entsprechend beraten hat, die Anweisung, die Revision zurückzunehmen. Dies geschieht und RA Schluck rechnet mit Süffich ab, nachdem er 82 Fotokopien aus der Handakte von RA Prost gefertigt hatte.
   Fertigen Sie die Vergütungsrechnung für RA Schluck.

11. Wie vorstehende Aufgabe (Nr. 10). Jedoch kommt es zur Hauptverhandlung vor dem Revisionsgericht, welche am ersten Verhandlungstag unterbrochen werden muss und erst am folgenden Tag beendet werden kann.
   Fertigen Sie die Vergütungsrechnung für RA Schluck.

12.* RA Flott hat die Verteidigung von Bluff vor der großen Strafkammer übernommen. Im Ermittlungsverfahren war er nicht tätig. Neben der zu erwartenden Strafe soll der Ferrari des vermögenden Angeklagten im Wert von 112.000,00 € eingezogen werden. Die Angelegenheit hat für Bluff große Bedeutung, gehen Sie daher von den Höchstgebühren aus und berücksichtigen Sie auch den besonderen Wert des Pkw. Die Hauptverhandlung dauert einen Tag. RA Flott hat 55 Kopien aus den Akten gefertigt, die ihm die Staatsanwaltschaft über sein Gerichtsfach zugestellt hatte.
   Erstellen Sie die Vergütungsrechnung für RA Flott.

13.* Fahrig befährt mit seinem Pkw eine Einbahnstraße, jedoch leider in verkehrter Richtung und verletzt den entgegenkommenden Mofa-Fahrer Putt erheblich. Fahrig hat vor dem Strafrich-

ter zu erscheinen. Putt lässt sich in diesem Strafverfahren von RA Schnurz als Beistand vertreten (§ 406f Abs. 1 StPO) und macht im Adhäsionsverfahren Schadenersatz und Schmerzensgeld in Höhe von 1.900,00 € geltend (§ 403 ZPO). Fahrig nimmt sich für das Verfahren vor dem Amtsgericht RA Piepe als Verteidiger, aber auch um die vermögensrechtlichen Ansprüche des Putt abzuwehren. Sämtliche Umstände sind von mittlerer Art. Die Hauptverhandlung findet an einem Tag statt.
Fertigen Sie die Vergütungsrechnungen a) von RA Schnurz und b) von RA Piepe. Schnurz hatte 12, Piepe 8 Fotokopien aus den Ermittlungsakten angefertigt, die beide Anwälte jeweils über ihr Gerichtsfach zur Einsicht erhalten hatten.

14.* In einem Strafverfahren gegen den Bumm vor dem Schöffengericht sieht das Gericht gemäß § 406 Abs. 1 S. 4 StPO durch Beschluss davon ab, über die vom Verletzten Wupp in Höhe von 4.200,00 € geltend gemachten Schadenersatzansprüche im so genannten Adhäsionsverfahren (Anhangverfahren) zu entscheiden.
RA Flopp, der den Wupp im strafrechtlichen Adhäsionsverfahren vertrat, erhebt nun wegen der zivilrechtlichen Ansprüche des Wupp auftragsgemäß Klage im Zivilprozess beim Amtsgericht gemäß § 406 Abs. 3 S. 3 StPO. Nachdem im Termin vor dem Amtsgericht nach erfolgloser Güteverhandlung streitig über den Schadenersatz verhandelt wurde, ergeht Urteil.
Berechnen Sie die Vergütung des RA Flopp unter Anrechnung der entsprechenden Gebühren aus dem strafrechtlichen Adhäsionsverfahren. Die Vergütungsrechnung für das Strafverfahren ist jedoch nicht zu fertigen.

15. RA Mut, der in einer Strafsache bereits im Vorverfahren für den Rainer Gauner zum Pflichtverteidiger bestellt worden ist, wird in zwei Terminen im Haftprüfungsverfahren tätig. Dem Gauner wird ein besonders schwerer Fall von Geldfälschung vorgeworfen. RA Mut hat im Vorverfahren 58 Fotokopien aus der amtlichen Ermittlungsakte gefertigt.
Nach Einreichung der Anklageschrift nimmt RA Mut einen Hauptverhandlungstermin vor der großen Strafkammer wahr (Dauer 4 Stunden), in dem auch das Urteil ergeht.
Erstellen Sie die Vergütungsrechnungen für RA Mut. Der Angeklagte Gauner war während der gesamten Verfahrensdauer in Untersuchungshaft.

16.* Wie vorstehende Aufgabe (Nr. 15). Jedoch gibt es drei Haftprüfungstermine im Vorverfahren. Im Hauptverfahren findet zudem die Hauptverhandlung vor dem Schöffengericht jetzt an zwei Verhandlungstagen statt, wobei am ersten Tag die Hauptverhandlung 4 Stunden und am zweiten Tag 6 Stunden dauert. Außerdem wird RA Mut auch tätig, um die vom Staatsanwalt im Hauptverfahren beantragte Einziehung der Druckmaschine des Gauner sowie des Vorrats an Spezialpapier abzuwenden. Die Druckmaschine und das Papier haben einen Wert von 9.125,00 €.
Erstellen Sie die vollständigen Vergütungsrechnungen für RA Mut.

17. Kloppig, als Raufbold bekannt, ist wegen einfacher Körperverletzung vom Schöffengericht zu zwei Jahren Freiheitsstrafe verurteilt worden. Er wurde durch RA Nixgut vertreten.
Er legt fristgemäß Berufung gegen das Urteil des Schöffengerichts ein und beantragt die Bestellung eines Pflichtverteidigers für die Berufungsinstanz. Die Staatsanwaltschaft legt auch Berufung ein. Der zum Pflichtverteidiger bestellte RA Schlechter begründet die Berufung und nimmt an der Berufungsverhandlung vor der kleinen Strafkammer teil, in der sich ergibt, dass eine gefährliche Körperverletzung vorgelegen hat. Es ergeht Urteil, worin Kloppig zu 2 Jahren und 6 Monaten Freiheitsstrafe verurteilt wird. Die Hauptverhandlung vor dem Berufungsgericht fand an zwei Tagen statt, wobei am ersten Tag die Verhandlung 4 Stunden und am zweiten Tag 9 Stunden gedauert hat.
Berechnen Sie die Vergütung von RA Schlechter als Pflichtverteidiger.

18. RA Wacker wurde nach Anklageerhebung als Pflichtverteidiger des Schlapphoff zu dessen Verteidigung im Verfahren in erster Instanz bestellt. Die Ermittlungsakte war ihm zur Ein-

sicht in sein Gerichtsfach eingelegt worden; er hat 59 Kopien daraus gefertigt. RA Wacker hat für sein Auftreten in der eintägigen Hauptverhandlung (Dauer 3 ½ Stunden) vor dem Strafrichter folgende Vergütung aus der Staatskasse erhalten:

Vergütungsrechnung des Pflichtverteidigers

	Grundgebühr gem. §§ 2 Abs. 2, 45 RVG, Nr. 4100 VV RVG	192,00 €
	Hauptverfahrensgebühr gem. §§ 2 Abs. 2, 45 RVG, Nr. 4106 VV RVG	158,00 €
	Terminsgebühr für einen Hauptverhandlungstag (Dauer 3 ½ Stunden) gem. §§ 2 Abs. 2, 45 RVG, Nr. 4108 VV RVG	264,00 €
20 %	Pauschale für Post- und Telekommunikationsentgelte gem. § 2 Abs. 2 RVG, Nr. 7002 VV RVG	20,00 €
	Dokumentenpauschale gem. § 2 Abs. 2 RVG, Nr. 7000 Ziff. 1 Lit. a) VV RVG (59 Seiten)	26,35 €
		660,35 €
19 %	USt. gem. § 2 Abs. 2 RVG, Nr. 7008 VV RVG	125,47 €
		785,82 €

Das Amtsgericht stellt auf Antrag von RA Wacker fest, dass der Verurteilte ohne Beeinträchtigung des für ihn und seine Familie notwendigen Unterhalts einen Wahlverteidiger bezahlen kann.

Erstellen Sie unter Berücksichtigung der Mittelgebühr die Vergütungsrechnung, die RA Wacker an seinen Mandanten schicken kann.

19.* RA Brastig tritt in der Berufungsverhandlung vor der kleinen Strafkammer als Vertreter von zwei Nebenklägern auf. Es kommt unter anderem zur Vernehmung eines neuen Zeugen. Die Hauptverhandlung dauert zwei Tage, die Umstände sind mittlerer Art. In der ersten Instanz war RA Brastig nicht tätig.

Erstellen Sie die Vergütungsrechnung für RA Brastig.

20.* Frau Hibbel will Frau Sabbel wegen Beleidigung im Wege der Privatklage verklagen. Sie schaltet RA Gütlich ein, der im Sühneversuch vor der dafür zuständigen Vergleichsstelle Frau Sabbel zum Abschluss eines Vergleichs bringen kann, sodass sie sich bei Frau Hibbel entschuldigt, 50,00 € an das städtische Tierheim zahlt und die Kosten des Verfahrens trägt. Dafür sieht Frau Hibbel von einer Privatklage ab.

Berechnen Sie die Vergütung von RA Gütlich.

21.* Ruhsam will gegen Polter wegen Hausfriedensbruchs mit einer Privatklage vorgehen. Er bittet RA Wumm, seine Rechte wahrzunehmen. Der zunächst durchgeführte Sühneversuch vor der dafür zuständigen Vergleichsstelle unter Mitwirkung von RA Wumm bleibt erfolglos; eine entsprechende Bescheinigung wird von der Vergleichsstelle erteilt.

RA Wumm erhebt nun auftragsgemäß Privatklage und nimmt den Termin zur Hauptverhandlung vor dem Strafrichter wahr. Polter wird verurteilt.

Erstellen Sie die Vergütungsrechnungen des RA Wumm.

22.* RA Nett vertritt in einem Strafverfahren vor der großen Strafkammer in der ungewöhnlich langen, nämlich mehr als acht Stunden dauernden Hauptverhandlung mit sehr umfangreicher Beweisaufnahme die Mutter des bei einem Verkehrsunfall getöteten Hurtig als Nebenklägerin.

Welche Vergütung kann RA Nett in Ansatz bringen?

23. Schnell wird eine Geschwindigkeitsüberschreitung mit seinem Pkw vorgeworfen. Nachdem Schnell den Anhörungsbogen erhalten hat, schaltet er RA Sieg ein und bespricht die Sache mit dem RA. Dieser übersendet den ausgefüllten Anhörungsbogen an das Ordnungsamt und bittet um Akteneinsicht. Daraufhin erhält er von dem Ordnungsamt die Mitteilung, das Ver-

fahren sei bereits wegen eines Defekts des von der Polizei eingesetzten Radarmessgerätes eingestellt worden.
Welche Vergütung kann RA Sieg in Ansatz bringen? Es handelt sich um eine durchschnittliche Angelegenheit. Das zu erwartende Bußgeld hätte 80,00 € betragen.

24. Hurtig wird eine Geschwindigkeitsüberschreitung um 12 km/h mit seinem Pkw vorgeworfen. Er schaltet RAin Prinzhorn ein, die sich die Ermittlungsakte durch die Post zustellen lässt, 2 Fotokopien daraus fertigt und einen Schriftsatz erstellt, in dem Sie darauf hinweist, dass Hurtig keinen Pkw japanischer Herstellung fahre und dass sein deutscher Kleinwagen auch nicht das im Anhörungsbogen angegebene Kennzeichen H–XD 64 trage, sondern das Kennzeichen H–LW 551. Daraufhin wird das Verfahren eingestellt.
Fertigen Sie die Vergütungsrechnung von RAin Prinzhorn unter Zugrundelegung der Mittelgebühr. Das für die Geschwindigkeitsüberschreitung zu erwartende Bußgeld hätte 25,00 € betragen.

25. Wegen Überholens im Baustellenbereich der Autobahn trotz bestehenden Überholverbots wird gegen Wüst ermittelt. Der beauftragte RA Zehnpfund lässt sich nach einer Besprechung der Sache mit dem Wüst die Ermittlungsakte durch die Post zustellen, fertigt 5 Fotokopien an und legt gegen den inzwischen ergangenen Bußgeldbescheid auftragsgemäß Einspruch ein. Im Bußgeldbescheid ist ein Bußgeld von 250,00 € festgesetzt worden.
Es kommt nach dem Einspruch zur Hauptverhandlung vor dem zuständigen Amtsgericht, welche RA Zehnpfund wahrnimmt.
Erstellen Sie die Vergütungsrechnungen des RA Zehnpfund. Es liegen Umstände mittlerer Art vor.

Lösungsteil Gruppe 22

1. §§ 2, 14, VV Nrn. 4100, 4102, 4104, 7002, 7008 RVG. [787,78 €]
2. §§ 2, 14, 17 Nr. 10a, VV Nrn. 4100, 4101, 4104, 4105, 4112, 4113, 7000, 7002, 7008 RVG, KV Nr. 9003 GKG. [I. 688,42 €, II. 345,10 €]
3. §§ 2, 14, VV Nrn. 4100, 4106, 4108, 7002, 7008 RVG. [a) und b) 937,72 €]
4. §§ 2, 14, 17 Nr. 10a, VV Nrn. 4100, 4101, 4102, 4103, 4104, 4105, 4118, 4119, 4120, 4121,7000, 7002, 7008 RVG, KV Nr. 9003 GKG. [I. 1.298,05 €, II. 2.554,93 €]
5. §§ 2, 14, VV Nrn. 4100, 4112, 4114, 7002, 7008 RVG. [1.942,68 €]
6. §§ 2, 14, VV Nrn. 4100, 4101, 4112, 4113, 4114, 4115, 7002, 7008 RVG. [2.363,94 €]
7. §§ 2, 14, VV Nrn. 4100, 4124, 4126, 7002, 7008 RVG. [1.222,13 €]
8. a) §§ 2, 14, 17 Nr. 10a, VV Nrn. 4100, 4104, 4106, 4108, 7000,7002, 7008 RVG, KV Nr. 9003 GKG. [I. 574,18 €, II. 652,12 €]
   b) §§ 2, 14, VV Nrn. 4100 (?), 4124, 4126, 7002, 7008 RVG. [936,53 €]
9. §§ 2, 14, VV Nrn. 4100, 4124, 4126, 7002, 7008 RVG. [1.392,90 €] [auch richtig: 1.050,77 €]
10. §§ 2, 14, VV Nrn. 4100, 4130, 4141, 7000, 7002, 7008 RVG. [2.064,65 €]
11. §§ 2, 14, VV Nrn. 4100, 4130, 4132, 7000, 7002, 7008 RVG. [2.192,34 €]
12. §§ 2, 14, VV Nrn. 4100, 4112, 4114, 4142, 7000, 7002, 7008 RVG. [4.030,83 €]
13. a) §§ 2, 13, 14, VV Vorbem. 4.1, Nrn. 4100, 4106, 4108, 4143, 7000, 7002, 7008 RVG. [1.363,74 €]
    b) §§ 2, 13, 14, VV Nrn. 4100, 4106, 4108, 4143, 7000, 7002, 7008 RVG. [1.361,36 €]
14. §§ 2, 13, VV Nrn. 3100, 3104, 4143, 7002, 7008 RVG. [797,20 €]

15. §§ 2, 17 Nr. 10a, 45, VV Nrn. 4100, 4101, 4102, 4104, 4112, 4113, 4114, 4115, 7000, 7002, 7008 RVG. [I. 815,39 €, II. 725,90 €]
16. §§ 2, 17 Nr. 10a, 45, 49, VV Nrn. 4100, 4101, 4102, 4103, 4104, 4105, 4106, 4107, 4108, 4109, 4110, 4142, 7000, 7002, 7008 RVG. [I. 815,39 €, II. 1.619,59 €]
17. §§ 2, 45, VV Nrn. 4100, 4124, 4126, 4129, 7002, 7008 RVG. [1.713,60 €]
18. §§ 2, 14, VV Nrn. 4100, 4106, 4108, 7000, 7002, 7008 RVG. [183,26 €]
19. §§ 2, 14, VV Nrn. 1008, 4100, 4124, 4126, 7002, 7008 RVG. [1.815,40 €]
20. §§ 2, 14, VV Nrn. 1000, 4100, 4102, 4104, 4141 (?), 4147, 7002, 7008, Vorbem. 4 Abs. 1, Vorbem. 4.1.2 RVG. [1.023,40 €]
21. §§ 2, 14, 17 Nr. 10a, VV Nrn. 4100, 4102, 4104, 4106, 4108, 7002, 7008, Vorbem. 4 Abs. 1, Vorbem. 4.1.2 RVG. [I. 787,78 €, II. 652,12 €]
22. §§ 2, 14, VV Nrn. 4100, 4112, 4114, 7002, 7008, Vorbem. 4 Abs. 1 RVG. [1.372,07 €]
23. §§ 2, 14, VV Nrn. 5100, 5103, 7002, 7008 RVG. [395,08 €]
24. §§ 2, 14, VV Nrn. 5100, 5101, 5115, 7000, 7002, 7008 RVG, KV Nr. 9003 GKG. [367,71 €]
25. §§ 2, 14, 17 Nr. 11, VV Nrn. 5100, 5103, 5109, 5110, 7000, 7002, 7008, Vorbem. 5.1.2 Abs. 1 RVG, KV Nr. 9003 GKG. [I. 412,34 €, II. 616,42 €]

23. Gebühren in Ehe- und anderen Familiensachen (→ § 11 Rdn 1 ff.)

Aufgabenteil Gruppe 23

1. Die Eheleute Locker haben sich vor einem Jahr im Urlaub kennen gelernt und geheiratet. Seitdem leben sie getrennt. Jetzt streben sie einverständlich die Scheidung an. Das gemeinsame Nettoeinkommen beträgt 2.700,00 €. Es handelt sich um eine durchschnittliche Scheidungssache.

   Wie hoch ist der Gegenstandswert der Scheidungssache?
2. Die Eheleute Armdran sind beide Auszubildende bei einem RA. Sie streben nach einjähriger Ehe und gleich langer Trennungszeit die Scheidung an. Das gemeinsame Nettoeinkommen beträgt 950,00 €.

   Wie hoch ist der Gegenstandswert der Scheidungssache?
3. Die Eheleute Rummel wollen sich trotz ihrer sieben Kinder scheiden lassen. Herr Rummel verdient insgesamt monatlich 4.500,00 € netto und erhält Weihnachts- und Urlaubsgeld in Höhe von zusammen 4.000,00 € netto. Frau Rummel ist Fotomodell, aber schon länger ohne Job. Es handelt sich um eine durchschnittliche Scheidungsangelegenheit.

   Ermitteln Sie den Gegenstandswert der Scheidungssache.
4. Die im Güterstand der Gütertrennung lebenden kinderlosen Eheleute Klapptnich beabsichtigen, sich scheiden zu lassen. Herr Klapptnich beauftragt RA Wurzel mit der Einreichung des Scheidungsantrages. Das gemeinsame monatliche Nettoeinkommen der Eheleute beträgt 2.900,00 €.

   Im Scheidungstermin hört das Gericht beide Eheleute an. Frau Klapptnich stimmt dem Scheidungsantrag zu, sodass die Ehe geschieden wird.

   Erstellen Sie die Gebührennote des RA Wurzel.
5. Die im Güterstand der Gütertrennung lebenden kinderlosen Eheleute Warnichs beabsichtigen, sich scheiden zu lassen. Frau Warnichs beauftragt RA Winzling mit der Einreichung des Scheidungsantrages. Bevor Winzling den Scheidungsantrag bei Gericht einreicht, führt er mehrere Gespräche mit seiner Mandantin und kann sie davon überzeugen, dass sie einen besseren Ehemann nicht mehr finden wird. Frau Warnichs zieht daraufhin ihren Auftrag zurück. Das gemeinsame monatliche Nettoeinkommen der Eheleute beträgt 2.500,00 €.

   Erstellen Sie die Gebührennote des RA Winzling.
6. Die kinderlosen Eheleute Gingnich, die in Gütertrennung leben, wollen sich scheiden lassen. Frau Gingnich beauftragt RA Grünling mit der Einreichung des Scheidungsantrages. Im Scheidungstermin hört das Gericht beide Eheleute an. Herr Gingnich stimmt dem Scheidungsantrag zu, sodass die folgende Verhandlung unstreitig verläuft.

   RA Grünling beantragt eine Vertagung des Termins bis nach der Mittagspause, da er noch einmal einen Aussöhnungsversuch durchführen möchte. Das Gericht gibt dem statt. RA Grünling lädt in der Mittagspause die Eheleute zum Essen ein und erreicht die Aussöhnung.

   Erstellen Sie die Gebührennote des RA Grünling. Das gemeinsame monatliche Nettoeinkommen der Eheleute beträgt 3.200,00 €.
7. Während der Trennungszeit von ihrem Mann macht Frau Dösig, geb. Dimmlich, Unterhaltsansprüche in Höhe von 300,00 € für sich und für ihre drei Kinder (in Höhe von jeweils 250,00 €) geltend. Für Mai bis Juli verlangt sie rückständigen Unterhalt. RA Droll reicht auftragsgemäß den Antrag gegen Herrn Dösig beim Familiengericht ein.

   Berechnen Sie den Gegenstandswert.

8. Wie vorstehende Aufgabe (Nr. 7). Das Familiengericht hat den Verfahrenswert gemäß § 55 FamGKG auf 15.750,00 € festgesetzt. Im Termin wird die Sache erörtert. Danach schlägt der Vertreter des Herrn Dösig, RA Dassel, den Abschluss eines Vergleichs vor, wonach Herr Dösig pro Person einen Unterhalt von monatlich 250,00 € zahlt, wenn Frau Dösig auf den rückständigen Unterhalt verzichtet. Dieser Vergleich wird von beiden Parteien angenommen. Das Gericht nimmt den Vergleich auf Antrag zu Protokoll.
   Berechnen Sie die Vergütung von RA Dassel.
9. Während der Trennungszeit beauftragt Frau Nuss RA Knacker damit, ein Verfahren zur Übertragung der elterlichen Sorge über ihre drei Kinder auf sie einzuleiten. RA Knacker stellt einen entsprechenden Antrag beim Familiengericht. Herr Nuss lässt seinerseits durch seinen RA die Übertragung des Sorgerechts auf sich sowie die Regelung des Umgangsrechtes beantragen.
   Das Gericht erörtert die Angelegenheit in einem Termin mit den Parteien und ihren Vertretern. Auch die Kinder werden angehört. Da die Frage der Übertragung der elterlichen Sorge weiterhin zwischen den Parteien streitig ist, beschließt das Gericht, eine eingehende Stellungnahme des Jugendamtes anzufordern. Das Jugendamt stellt Ermittlungen an und gibt dann seine ausführliche Stellungnahme ab. Danach ergeht ein Beschluss.
   a) Ermitteln Sie den Gegenstandswert für die Regelung des Sorgerechts und des Umgangsrechtes.
   b) Fertigen Sie die Vergütungsrechnung von RA Knacker. Das Gericht setzt den Wert des Verfahrens auf 10.000,00 € fest.
   c) Wie würde die Vergütungsrechnung aussehen, wenn die Parteien sich durch Vermittlung ihrer RAe über das Sorgerecht und das Umgangsrecht in einem außergerichtlichen Besprechungstermin geeinigt hätten, bevor RA Knacker den das Verfahren einleitenden Antrag beim Familiengericht eingereicht hätte?
10. Fortsetzung vorstehenden Falles (Aufgabe 9). RA Knacker beantragt nun in einem weiteren Verfahren für Frau Nuss die Herausgabe von Haushaltsgegenständen während des Getrenntlebens nach § 1361a BGB. In dem Verfahren wird die Sache erörtert, sodann ein Vergleich abgeschlossen. Die Haushaltsgegenstände haben einen Wert von 4.800,00 €.
    Fertigen Sie die Vergütungsrechnung für RA Knacker nur für die Haushaltssache.
11. Bereits vor der Scheidung lässt Frau Steinhart von RA Feste ein Verfahren wegen der Übertragung des Sorgerechtes über ihre beiden Kinder auf sich einleiten.
    Ermitteln Sie den Gegenstandswert des Verfahrens.
12. Wie vorstehende Aufgabe (Nr. 11). Nach Abschluss des Sorgerechtsverfahrens wird Scheidungsantrag gestellt. Nach Schluss der mündlichen Verhandlung in der Scheidungssache beantragt Herr Steinhart, geb. Pflaumkern, die Regelung des Umgangsrechtes.
    Stellen Sie den Gegenstandswert nur des Verfahrens über das Umgangsrecht fest.
13. Die Ehe der Eheleute Ende, die im gesetzlichen Güterstand leben, soll im Verbund geschieden werden. Folgende Angelegenheiten sind vom Gericht zu entscheiden: Scheidung der Ehe, Übertragung des Sorgerechts für zwei Kinder, Regelung des Umgangsrechtes, Unterhaltsansprüche für die Ehefrau in Höhe von 600,00 € monatlich und für jedes Kind 300,00 € monatlich, Versorgungsausgleich, Zugewinnausgleich, Teilung der Haushaltsgegenstände anlässlich der Scheidung nach § 1568b BGB.
    Es handelt sich um eine durchschnittliche Angelegenheit. Das gemeinsame monatliche Nettoeinkommen der Eheleute, die beide als Rechtsanwaltsfachangestellte tätig sind, beträgt 4.150,00 €. Zur Regelung des Versorgungsausgleiches überträgt das Gericht auf das Rentenkonto der Ehefrau vom Rentenkonto des Ehemannes eine Rentenanwartschaft, die einer späteren Rente von 175,00 € monatlich entspricht. Als Ausgleich für den Zugewinn erhält die

Ehefrau 14.780,00 € und der Ehemann erhält von den Haushaltsgegenständen (Wert 8.650,00 €) einen Teil.
Stellen Sie den Verfahrenswert fest.

14. In der Scheidungssache Ende (siehe vorstehende Aufgabe 13) vertritt RA Laber den Ehemann. Das Gericht entscheidet im Verbund über alles.
Herr Ende widerspricht dem Scheidungsantrag seiner Frau in allen Punkten. Im Scheidungstermin hört das Gericht die Eheleute an, wobei sich ergibt, dass eine Aussicht auf Weiterführung der Ehe nicht mehr besteht. Danach holt das Gericht die üblichen Auskünfte bei den Rentenversicherungsträgern und dem Jugendamt ein. Die Ehe wird geschieden, die Folgesachen werden entschieden.
Fertigen Sie die Vergütungsrechnung für RA Laber.

15.* Herr Rübzahl will sich scheiden lassen. Er erteilt RA Hohlzahn Auftrag, das gerichtliche Verfahren zur Scheidung der Ehe sowie für nachstehende Folgesachen einzuleiten: Regelung des Sorge- und des Umgangsrechtes, Kindesunterhalt und Versorgungsausgleich. Gleichzeitig soll RA Hohlzahn versuchen, eine gütliche Einigung über weitere Scheidungsfolgen mit dem RA von Frau Rübzahl auszuhandeln. Diese Verhandlungen über diese nicht anhängig gemachten Sachen sind erfolgreich, sodass bezüglich dieser weiteren Scheidungsfolgen für den Fall der Scheidung vereinbart wird:
- Unterhaltsverzicht der Ehefrau (400,00 € monatlich),
- die Ehefrau erhält 39.200,00 € zum Ausgleich des Zugewinns,
- die Ehefrau erhält die Ehewohnung und die Haushaltsgegenstände.

Im Scheidungstermin werden die Eheleute angehört. Das Gericht holt die üblichen Auskünfte bei den Rentenversicherungsträgern und dem Jugendamt ein. Nach mündlicher Verhandlung entscheidet das Gericht über die Scheidung der Ehe, den Versorgungsausgleich, überträgt der Ehefrau das Sorgerecht, gewährt dem Ehemann das Umgangsrecht und spricht dem Kind einen monatlichen Unterhalt von 300,00 € zu. Auf Antrag wird obige Scheidungsfolgenvereinbarung gerichtlich protokolliert.
Das Gericht setzt den Verfahrenswert gemäß § 55 Abs. 2 FamGKG wie folgt fest:
Für das Verfahren: Scheidung im Verbund 12.450,00 €, Versorgungsausgleich 2.640,00 €, Kindesunterhalt 3.600,00 €, Sorge- und Umgangsrecht jeweils 2.490,00 €.
Für den Mehrvergleich: Unterhaltsverzicht der Ehefrau 4.800,00 €, Zugewinnausgleich 39.200,00 €, Ehewohnung 5.000,00 und Haushaltssache 3.000,00 €.
Berechnen Sie die Vergütung von RA Hohlzahn.

16. Herr Pan lässt durch RA Toffel eine einstweilige Anordnung beantragen, um für die Dauer des Getrenntlebens von seiner Ehefrau die alleinige Benutzung der Ehewohnung gestattet zu bekommen (§ 1361b BGB). Das Gericht erlässt die einstweilige Anordnung durch Beschluss nach Erörterung in einem Termin (§ 207 FamFG).
Danach beantragt RA Toffel auftragsgemäß eine weitere einstweilige Anordnung, wonach Frau Pan ihrem Ehemann die ihm gehörenden Haushaltsgegenstände herauszugeben hat (§ 1361a BGB). Das Gericht erlässt auch diese einstweilige Anordnung durch Beschluss nach Erörterung in einem Termin.
Berechnen Sie die Vergütung des RA Toffel für die Verfahren über die einstweiligen Anordnungen.

17. Während der Dauer des Eheverfahrens regelt das Gericht auf Antrag von RA Schilf, Vertreter der Ehefrau, nach Erörterung und nachdem es die Eheleute, das Kind und das Jugendamt zu allen streitigen Fragen umfassend angehört hat, im Wege der einstweiligen Anordnung (§ 49 ff. FamFG) vorläufig die elterliche Sorge für das gemeinschaftliche Kind Otto der Eheleute Bach.
Fertigen Sie die Vergütungsrechnung nur für das Verfahren über die einstweilige Anordnung.

18. Frau Geißlein hat durch RA Wolf Scheidungsantrag stellen lassen. Während des Scheidungsverfahrens beantragt RA Wolf auftragsgemäß eine einstweilige Anordnung für Frau Geißlein auf Übertragung des Sorgerechts über ihre sieben Kinder. Der RA des Ehemannes widerspricht diesem Antrag in der vom Gericht angeordneten mündlichen Verhandlung. Das Gericht hört die Eheleute, die sieben Kinder und das Jugendamt zu den streitigen Problemen an. Das Gericht erlässt durch Beschluss eine entsprechende einstweilige Anordnung und überträgt Frau Geißlein das Sorgerecht.
Danach beantragt RA Wolf eine weitere einstweilige Anordnung, wonach Frau Geißlein für die Dauer des Scheidungsverfahrens gemäß § 1361b BGB das alleinige Nutzungsrecht an der Ehewohnung übertragen werden soll. Es ergeht ein ablehnender Beschluss nach Erörterung in einem Termin (§ 207 FamFG).
Erstellen Sie die Vergütungsrechnungen des RA Wolf für die Verfahren über die einstweiligen Anordnungen.
19. Frau Zick lebt von ihrem Ehemann getrennt und hat die Scheidung der Ehe beantragt. Sie fordert von Herrn Zick Trennungsunterhalt von 600,00 € monatlich (§ 1361 BGB) und lässt durch RAin Lämmerzahl deswegen eine einstweilige Anordnung beantragen (§ 246 FamFG). Das Familiengericht entscheidet durch Beschluss ohne mündliche Verhandlung (§ 246 Abs. 2 FamFG) und spricht ihr Trennungsunterhalt von 550,00 € monatlich zu.
Berechnen Sie die Vergütung der RAin für dieses Verfahren der einstweiligen Anordnung.

Lösungsteil Gruppe 23

1.	§ 43 FamGKG, § 23 RVG.	[8.100,00 €]
2.	§ 43 FamGKG, § 23 RVG.	[3.000,00 €]
3.	§ 43 FamGKG, § 23 RVG.	[9.250,00 €]
4.	§ 43 FamGKG, §§ 2, 13, 23, VV Nrn. 3100, 3104, 7002, 7008 RVG.	[1.786,49 €]
5.	§ 43 FamGKG, §§ 2, 13, 23 RVG, VV Nrn. 1001, 3100, 3101, 7002, 7008 RVG.	[1.482,62 €]
6.	§ 43 FamGKG, §§ 2, 13, 23 RVG, VV Nrn. 1001, 1003, 3100, 3104, 7002, 7008 RVG.	[2.739,38 €]
7.	§ 51 FamGKG, § 23 RVG.	[15.750,00 €]
8.	§ 51 FamGKG, §§ 2, 13, 23 RVG, VV Nrn. 1001, 1003, 3100, 3104, 7002, 7008 RVG.	[3.197,53 €]
9.	a) § 23 RVG, § 45 FamGKG.	10.000,00 €
	b) §§ 2, 13, 23, VV Nrn. 3100, 3104, 7002, 7008 RVG.	[1.963,50 €]
	c) §§ 2, 13, 23, VV Nrn. 1000, 3100, 3101, 3104, 7002, 7008 RVG.	[2.739,38 €]
10.	§ 48 FamGKG, § 200 FamFG, §§ 2, 13, 23, VV Nrn. 1000, 1003, 3100, 3104, 7002, 7008 RVG.	[756,84 €]
11.	§ 23 RVG, § 45 FamGKG.	[5.000,00 €]
12.	§ 137 Abs. 2 FamFG; § 23 RVG, § 45 FamGKG.	[5.000,00 €]
13.	§§ 16, 23 RVG, §§ 35, 43, 44, 48, 50, 51 FamGKG.	[52.100,00 €]
14.	§§ 2, 13, 16, 23, VV Nrn. 3100, 3104, 7002, 7008 RVG, §§ 35, 43, 44, 48, 50, 51 FamGKG.	[4.060,88 €]
15.	§§ 2, 13, 15, 16, 23, VV Nrn. 1000, 3100, 3101, 3104, 7002, 7008 RVG, §§ 35, 43, 44, 48, 50, 51 FamGKG.	[7.252,75 €]
16.	§§ 41, 48 FamGKG; §§ 51 Abs. 3, 200 FamFG; §§ 2, 13, 23, VV Nrn. 3100, 3104, 7002, 7008 RVG.	[insgesamt: 847,88 €]

17. § 51 Abs. 3 FamFG, §§ 41, 45 FamGKG, §§ 2, 13, VV Nrn. 3100, 3104, 7002, 7008 RVG. [724,41 €]
18. §§ 51 Abs. 3, 200 FamFG, §§ 41, 45, 48 FamGKG, §§ 2, 13, VV Nrn. 3100, 3104, 7002, 7008 RVG. [insgesamt: 1.271,81 €]
19. § 51 Abs. 3 FamFG, §§ 41, 51 FamGKG, §§ 2, 13, VV Nrn. 3100, 7002, 7008 RVG. [480,17 €]

24. Gebühren in Abstammungssachen und Unterhaltssachen von Kindern (→ § 11 Rdn 91 ff.)

Aufgabenteil Gruppe 24

1. Der drei Monate alte Klaus Locker, vertreten durch seine Mutter, Eva Locker, beantragt gegen den Grafen Alka von Seltzer ein Verfahren auf Feststellung von dessen Vaterschaft (§ 169 Ziff. 1 FamFG). Der Graf lässt sich in dem Verfahren, in dem die Angelegenheit erörtert (§ 175 FamFG) und ein erbbiologisches Gutachten erstellt wird, durch RA Stark vertreten. Im Beschluss des Familiengerichts wird festgestellt, dass Graf von Seltzer nicht der Vater ist.
Erstellen Sie die Honorarrechnung von RA Stark.

2.* Als Vater des inzwischen sechs Monate alten Klaus Locker soll jetzt der Willibald Knall festgestellt werden. Klaus, vertreten durch seine Mutter, Eva Locker, stellt nun gegen den Willibald Knall bei dem Amtsgericht/Familiengericht Antrag auf Feststellung des Bestehens eines Eltern-Kind-Verhältnisses (§ 1600d BGB, § 169 Ziff. 1 FamFG).
Weiterhin wird gemäß § 237 FamFG beantragt, „zugleich zu entscheiden, dass an den Antragsteller zu Händen seiner Mutter, Eva Locker, vom Tage der Geburt bis zum vollendeten 18. Lebensjahr Unterhalt in Höhe des Mindestunterhalts und gemäß den Altersstufen nach § 1612a Abs. 1 S. 3 BGB, vermindert um die nach § 1612b oder § 1612c BGB anzurechnenden Leistungen, zu zahlen ist. Die seit sechs Monaten rückständigen Unterhaltsbeträge sind sofort, die künftigen monatlich im Voraus zu zahlen."
Die Unterhaltssache wird gemäß § 179 Abs. 1 S. 2 FamFG mit der Abstammungssache verbunden. Das Kindergeld für Klaus ist nach § 1612b BGB hälftig anzurechnen.
RA Bester vertritt den Vater Willibald im Abstammungsverfahren, in dem nach Erörterung und Erstellung einer DNA-Analyse durch den medizinischen Gutachter der Willibald Knall als Vater von Klaus Locker festgestellt wird. Zugleich erlässt das Gericht den Beschluss, dass der Vater Unterhalt wie beantragt zu zahlen hat.
Berechnen Sie die Vergütung von RA Bester.

3. Ernst Burger hatte sich vor einigen Jahren in einer notariellen Urkunde zur Zahlung des Unterhaltes für sein Kind Anna Schneck in Höhe von 431,00 € monatlich verpflichtet (Kindergeld sollte nicht berücksichtigt werden). RA Holz beantragt als Bevollmächtigter des Vaters, den Betrag des Unterhalts im Verfahren nach § 239 FamFG abzuändern, da Herr Burger jetzt als Rentner nur noch geringere Einkünfte hat. Das Gericht erlässt einen Beschluss, in dem der Unterhalt auf monatlich 396,00 € festgesetzt wird. Ein Termin fand nicht statt.
Erstellen Sie die Gebührennote von RA Holz.

4.* In einem Abstammungsverfahren mit dem Ziel der Feststellung der Vaterschaft von Otto Wackel wird neben dem Antrag auf Feststellung der Vaterschaft gleichzeitig gemäß § 237 FamFG beantragt, über die Verpflichtung des Herrn Wackel zur Leistung des Mindestunterhalts der jeweiligen Altersstufe gemäß § 1612a Abs. 1 S. 3 BGB zu entscheiden. Unterhaltsrückstände werden nicht geltend gemacht.
Die beiden Verfahren werden nach § 179 Abs. 1 S. 2 FamFG miteinander verbunden. Nach mündlicher Verhandlung und Erstellung einer DNA-Analyse wird die Vaterschaft des Otto Wackel festgestellt und es ergeht ein Beschluss, der ihn antragsgemäß zur Zahlung des Unterhalts an seine 8 Monate alte Tochter Mea-Jasmin verpflichtet.
Das Gericht hat den Unterhalt gemäß § 51 Abs. 1 S. 2 FamGKG nach dem Mindestbetrag der jetzt maßgebenden Altersstufe gemäß § 1612a Abs. 1 S. 3 BGB unter Anwendung der Düsseldorfer Tabelle (Prozentsatz 120 %) und mit Anrechnung des anteiligen Kindergelds auf monatlich 540,50 € bestimmt.
Fertigen Sie die Vergütungsrechnung des RA des Herrn Wackel.

5. RA Kohl vertritt den 15-jährigen Robert Blüm. Nach der Trennung seiner Eltern verlangt Robert von seiner Mutter monatlichen Unterhalt in Höhe des 1,2fachen des Mindestunterhalts der Altersgruppe nach § 1612a Abs. 1 BGB im vereinfachten Verfahren nach den §§ 249 ff. FamFG. Unterhaltsrückstand wird für 7 Monate geltend gemacht. Das Kindergeld für Robert ist nach § 1612b BGB hälftig anzurechnen.

   Der Rechtspfleger (§ 25 Ziff. 2 Lit. c RPflG) entscheidet ohne mündliche Verhandlung durch Festsetzungsbeschluss und setzt den Unterhalt wie beantragt fest.

   Fertigen Sie die Honorarrechnung von RA Kohl.

6. Fortsetzung von Aufgabe Nr. 5. Frau Blüm hat als Antragsgegnerin im vereinfachten Verfahren Einwendungen nach § 252 Abs. 2 FamFG erhoben (eingeschränkte Leistungsfähigkeit), welche, da nicht unbegründet, vom Rechtspfleger nicht zurückgewiesen werden. Da kein Antrag nach § 254 S. 2 FamFG gestellt wurde, hat der Rechtspfleger in seinem Beschluss aus diesem Grunde keinen Unterhalt festgesetzt. Deshalb folgt auf Antrag von RA Kohl ein streitiges Verfahren nach § 255 FamFG; RA Kohl verlangt weiterhin Unterhalt in Höhe von 120 % des Mindestunterhalts, zuzüglich des rückständigen Unterhalts. Das Familiengericht entscheidet nach mündlicher Verhandlung und setzt in seinem Beschluss den Unterhalt auf 110 % des Mindestunterhalts der jeweiligen Altersstufe fest.

   Frau Blüm wurde als Antragsgegnerin im vereinfachten Verfahren von RA Greif vertreten, der sie auch im nachfolgenden streitigen Verfahren vertritt. Berechnen Sie die Vergütung des Verfahrensbevollmächtigten der Frau Blüm (RA Greif) für beide Verfahren.

7. In dem Vaterschaftsverfahren gegen den Emil Schulze erklärt nach Erörterung im Termin Herr Schulze die Anerkennung der Vaterschaft zur Niederschrift des Gerichts nach § 180 FamFG.

   Berechnen Sie die Vergütung seines Verfahrensbevollmächtigten.

Lösungsteil Gruppe 24

(Lösungen gelten für das Jahr 2026)

1.	§ 47 FamGKG; §§ 23, 2, 13, VV Nrn. 3100, 3104, 7002, 7008 RVG.	[724,41 €]
2.	§§ 33, 47, 51 FamGKG; §§ 23, 2, 13, VV Nrn. 3100, 3104, 7002, 7008 RVG. (Siehe § 11 Rdn 106 ff. und 110 f.).	[1.432,46 €]
3.	§ 51 FamGKG; §§ 23, 2, 13, VV Nrn. 3100, 7002, 7008 RVG.	[95,60 €]
4.	§§ 33, 47, 51 FamGKG; §§ 23, 2, 13, VV Nrn. 3100, 3104, 7002, 7008 RVG. (Siehe § 11 Rdn 106 ff. und 110 f.).	[1.432,46 €]
5.	§ 51 FamGKG; §§ 23, 2, 13, VV Nrn. 3100, 7002, 7008 RVG. (Siehe § 11 Rdn 101 ff. und 110 f.).	[1.117,53 €]
6.	§ 51 FamGKG; §§ 23, 2, 13, 17, VV Nrn. 3100, 3104, 7002, 7008 RVG. (Siehe § 11 Rdn 101 ff. und 110 f. und § 2 Rdn 151).	[I. 1.117,53 €, II. 1.033,40 €]
7.	§ 47 FamGKG; §§ 23, 2, 13, VV Nrn. 3100, 3104, 7002, 7008 RVG.	[724,41 €]

25. Vergütung des RA im Urkunden- und Wechselprozess (→ § 7 Rdn 72 ff.)

Aufgabenteil Gruppe 25

1. RA Butenschön klagt für Mandant Mörlin gegen Larisch auf Zahlung von 19.500,00 € im Urkundenprozess (I). Larisch beantragt Klageabweisung. Da er als Beweismittel nur Zeugen benennen kann, beantragt er im Verhandlungstermin, ihm die Geltendmachung seiner Rechte im Nachverfahren vorzubehalten. Es ergeht Vorbehaltsurteil in dem Larisch verurteilt zur Zahlung wird.
   Im anschließenden Nachverfahren (II) kommt es zu einer streitigen mündlichen Verhandlung, zur Zeugenvernehmung und zum Urteil.
   Erstellen Sie die Vergütungsrechnungen für RA Butenschön.
2. Brunngräber macht durch RA Schreck 5.750,00 € im Urkundenmahnverfahren (I) geltend. Der beantragte Urkundenmahnbescheid wird erlassen und dem Antragsgegner zugestellt.
   Die Gegenseite erhebt fristgerecht unbeschränkten Widerspruch, wodurch das Verfahren im Urkundenprozess (II) fortgesetzt wird. Nach streitiger Verhandlung und Beweisaufnahme durch Vorlage der Urkunde ergeht Vorbehaltsurteil gegen den Beklagten.
   Im Nachverfahren (III) widerspricht der Beklagte dem geltend gemachten Anspruch in streitiger mündlicher Verhandlung. Nach Beweisaufnahme durch umfangreiche Zeugenvernehmung und umfangreicher mündlicher Erörterung der Gutachten von zwei Sachverständigen über die Echtheit der Urkunde in insgesamt vier Terminen wird die Klage durch Urteil abgewiesen.
   Erstellen Sie die Vergütungsrechnungen von RA Schreck.
3. RA Blitz erhebt für Donner eine Klage auf Rückzahlung einer Darlehensforderung von 5.000,00 € im Urkundenprozess (I). Nach streitiger Verhandlung und Vorlage des Schuldscheins durch RA Blitz ergeht Vorbehaltsurteil.
   Im Nachverfahren (II) fordert RA Blitz weitere 1.000,00 €, für die es keinen Schuldschein gibt. Nach streitiger Verhandlung wird der Zeuge Lottermoser über die Darlehensgewährung vernommen, dann ergeht Urteil.
   Berechnen Sie die Vergütung von RA Blitz.
4. RA Nötig beantragt im Auftrag von Düppetell den Erlass eines Urkundenmahnbescheides (I) über 13.000,00 € nebst 10 % Zinsen seit dem 01. 08. d. J. zuzüglich 185,00 € Kosten. Der Gegner legt fristgerecht unbeschränkten Widerspruch ein.
   Die Sache wird im Urkundenprozess (II) fortgeführt, RA Nötig bleibt Bevollmächtigter des Düppetell. Nach streitiger Verhandlung und Vorlegung des in den Händen des Klägers befindlichen Wechsels ergeht Vorbehaltsurteil gegen den Beklagten.
   Der Beklagte setzt den Rechtsstreit im Nachverfahren (III) fort. Nach streitiger Verhandlung und Beweisaufnahme durch Vorlage der Urkunde, Parteivernehmung und Unterschriftenvergleich ergeht Urteil nach Antrag.
   Erstellen Sie die Vergütungsrechnungen von RA Nötig.
5. Klage im Urkundenprozess (I) über 22.112,00 € durch RA Brüll. Im ersten Termin ergeht nach streitiger mündlicher Verhandlung und Beweisaufnahme durch Vorlage der Urkunde und Parteivernehmung ein Vorbehaltsurteil.
   Anschließend macht der Beklagte seine Rechte im Nachverfahren (II) geltend. Nach streitiger Verhandlung und Erstattung eines Sachverständigengutachtens über die Echtheit der Unterschrift auf der Urkunde wird der Beklagte antragsgemäß verurteilt.
   Berechnen Sie
   a) die Anwaltsvergütung sowie
   b) die für die Klagerhebung notwendige Gerichtskostenvorauszahlung.

Lösungsteil Gruppe 25

1.	§§ 2, 13, 17, 23, VV Nrn. 3100, 3104, 7002, 7008 RVG.	[I. 2.618,00 €, II. 1.269,02 €]
2.	§§ 2, 13, 17, 23, VV Nrn. 1010, 3100, 3104, 3305, 7002, 7008 RVG.	[I. 516,46 €, II. 762,79 €, III. 762,79 €]
3.	§§ 2, 13, 17, 23, VV Nrn. 3100, 3104, 7002, 7008 RVG.	[I. 1.078,44 €, II. 707,04 €]
4.	§§ 2, 13, 17, 23, VV Nrn. 3100, 3104, 3305, 7002, 7008 RVG.	[I. 865,13 €, II. 1.285,80 €, III. 1.033,40 €]
5.	a) §§ 2, 13, 17, 23, VV Nrn. 3100, 3104, 7002, 7008 RVG.	[I. 2.781,63 €, II. 1.347,56 €]
	b) §§ 3, 12, 34, KV Nr. 1210 GKG, § 600 ZPO.	[1.306,50 €]

Stichwortverzeichnis

In diesem Stichwortverzeichnis sind die Randnummern den einzelnen Kapiteln zugeordnet, um das Auffinden der gesuchten Stelle zu erleichtern. Fette Zahlen bezeichnen die Kapitelnummer (Paragraph), magere Zahlen die Randnummer innerhalb des Kapitels. Wenn Sie nach der „Erinnerung gegen die Art und Weise der Zwangsvollstreckung" suchen, dann wissen Sie, dass die Zwangsvollstreckung im § 8 behandelt wird, und können beim Stichwort „Erinnerung" gezielt § 8 und dort die Randnummer 47 aufschlagen.

So beherrschen Sie das RVG – KostBRÄG 2025 inklusive!

Fälle und Lösungen zum RVG
Praktische Anwendung und Abrechnungsbeispiele
7. Auflage 2026,
ca. 1.600 Seiten, broschiert,
ca. 129,00 €
ISBN 978-3-8240-1757-7
Erscheint ca. Juli 2026

Mit Inkrafttreten des Kosten- und Betreuervergütungsrechtsänderungsgesetzes 2025 – KostBRÄG 2025 ist bei der Gebührenabrechnung nichts mehr so, wie es war. **Die 7. Auflage** des universellen Fallbuchs „Fälle und Lösungen zum RVG“, mit dem Sie Ihre Gebührenabrechnungen sicher und einfach erstellen können, wurde daher **komplett überarbeitet**.

Sie berücksichtigt **neben** der gesamten **aktuellen Rechtsprechung seit dem KostRÄG 2021** alle zwischenzeitlich ergangenen Gesetzesänderungen, vor allem **die Änderungen durch das KostBRÄG 2025** und die weiteren Änderungen, u.a. durch das Verbandsklagenrichtlinienumsetzungsgesetz – VRUG, das Gesetz zur weiteren Digitalisierung der Justiz, Zweites Gesetz zur Reform des Kapitalanleger-Musterverfahrensgesetzes sowie das Postrechtsmodernisierungsgesetz – PostModG wie auch Cannabisgesetz und bringt das Werk auf den aktuellen Stand der Rechtsprechung und Literatur.

Besonderes Gewicht kommt diesmal dem Übergangsrecht zu, also der Frage, wann noch altes und wann neues Gebührenrecht gilt. Daher ist das Kapitel § 40 völlig neu bearbeitet worden.

perfekt beraten

DeutscherAnwaltVerlag